CAMPING
FRANCE 2008

Sélection 2008

Près de **2 700** terrains sélectionnés dont :
1900 avec chalets, bungalows, mobile homes
990 pour camping-cars

Selection 2008	Auswahl 2008	Selectie 2008
Nearly **2 700** selected sites including: **1 900** with chalets, bungalows, mobile homes **990** with camper van facilities	Eine Auswahl von etwa **2 700** Campingplätzen, darunter: **1 900** mit Chalets, Bungalows, Mobil-Homes **990** ausgestattet für Wohnmobile	Een selectie van ongeveer **2 700** campings, waarvan: **1.900** met huisjes, bungalows, stacaravans **990** geschikt voor campers

Cher lecteur

Amateur d' « hébergement au grand air », sous tente, en caravane, en camping-car, dans un bungalow ou dans un mobile home à louer, pour vous Michelin a préparé avec le plus grand soin ce guide qui est une sélection des meilleurs terrains et emplacements en France, ceux qui offrent les cadres les plus agréables et des services de qualité.

Fidèle à l'esprit de classification cher à Michelin, ce guide vous propose en outre de connaître en un coup d'œil le niveau de chaque terrain grâce à un symbole, allant de 1 à 5 tentes.

Quelques clefs pour utiliser ce guide

→ Pour choisir un terrain

Le guide est découpé en 21 régions. Reportez-vous donc d'abord à la carte (p. 6) et au sommaire des régions (p .8). Votre choix fait, vous trouverez pour chaque région, reconnaissable à son bandeau de couleur, une carte détaillée où sont situées toutes les localités où se trouve au moins un terrain.

→ Pour retrouver une localité

Reportez-vous à l'index en fin de guide qui répertorie par ordre alphabétique toutes les localités citées.

→ Pour décider selon certains critères

Dans l'index thématique par régions (p. 54 à 790), classées par département, sont spécifiés des aménagements ou services particuliers comme la piscine, ou des animations.

→ Pour une description détaillée

Pour bien profiter de la présentation de chaque terrain, consultez dans votre langue la légende des « Signes conventionnels » (p. 12 à 27), puis reportez vous aux descriptions des terrains à partir de la page 53.

→ Pour les non francophones

Reportez-vous au lexique (p. 28) qui vous permettra de mieux comprendre les renseignements et descriptions.

Liebe Leser,

für Sie als Liebhaber der „Freiluftunterkunft" jeglicher Art – ob im Zelt, im Wohnwagen, in einem gemieteten Bungalow oder Mobil-Home – hat Michelin mit größter Sorgfalt diesen Führer zusammengestellt. Er enthält eine Auswahl der besten Camping- und Stellplätze in Frankreich, die eine angenehme Umgebung und gute Dienstleistungen bieten.

Dank der von Michelin vorgenommenen Art der Klassifizierung können Sie außerdem anhand dieses Führers durch das Zelte-Symbol (1 bis 5 Zelte) auf einen Blick die Einstufung der Plätze erkennen.

Einige Hinweise zur Benutzung des Führers

→ Auswahl eines Campingplatzes

Der Führer ist in 21 Regionen unterteilt. Schauen Sie sich zunächst die Karte (S. 6) und das Verzeichnis der Regionen (S. 8) an. Nachdem Sie so eine Auswahl getroffen haben, finden Sie zu jeder Region, die an ihrer farbigen Markierung zu erkennen ist, eine Detailkarte mit allen Orten, die mindestens einen Platz besitzen.

→ Ortswahl

Im Register am Ende dieses Bandes sind alle aufgeführten Orte alphabetisch aufgelistet.

→ Auswahl nach bestimmten Kriterien

In der nach Departements geordneten Ortstabelle (S. 54 bis 790) sind Besonderheiten der Ausstattung oder Dienstleistungen, wie beispielsweise ein Swimmingpool, oder Freizeitangebote, angegeben.

→ Detaillierte Beschreibung

Um die Beschreibung eines jeden Platzes voll nutzen zu können, sollten Sie sich zunächst mit der „Zeichenerklärung" (S. 12 bis 27) in Ihrer Sprache vertraut machen. Ab S. 53 finden Sie die Beschreibung der Campingplätze.

→ Für nicht französischsprachige Leser

Das Glossar (S. 28) hilft Ihnen, die Informationen und Beschreibungen besser zu verstehen.

Dear Reader,

If you love the outdoor life – in a tent, a caravan, a camper van, a bungalow or a rental mobile home – this Michelin guide is for you. We have carefully prepared this selection of the best camping grounds in France, those with the nicest surroundings and the best facilities.

In the Michelin tradition of classification, this guide offers a quick reference for evaluating the category of the site: from 1 to 5 tents.

A few tips for using the guide

→ To select a campsite

The guide covers 21 regions. First, look at the map (p. 6) and at the table of regions (p .8). Once you have narrowed down your choice, turn to the detailed map for that region, easily recognized by the coloured band, where you can see all of the localities that have at least one camping ground.

→ To find a specific locality

Turn to the index at the end of the guide, where all the places are listed in alphabetical order.

→ To make a selection based on specific criteria

In the table of localities (p. 54 to 790), classified by "départements", all of the facilities and services can be seen at a glance: swimming pool, activities, etc.

→ For a detailed description

To get the most information about a given camping site, look at the key to "Conventional Signs" (p. 12 to 27) to understand the symbols for each site, descriptions for which start on page 53.

→ To understand French terms

For further assistance in reading the descriptions, turn to the Lexicon (p. 28) for a translation of common terms

 Beste lezer,

Als liefhebber van een "verblijf in de buitenlucht", waarbij u in een tent, caravan, camper, bungalow of stacaravan overnacht, heeft Michelin met de grootste zorg deze gids voor u gemaakt, een selectie van de beste kampeerterreinen in Frankrijk, die stuk voor stuk in een mooie omgeving liggen en uitstekende kwaliteit bieden.

Zoals u weet maakt Michelin graag een indeling in categorieën, zodat u in deze gids in één oogopslag kunt zien welke klasse elk kampeerterrein heeft, dankzij een symbool van 1 tot 5 tenten.

Aanwijzingen voor een optimaal gebruik van deze gids

→ Om een kampeerterrein te kiezen

De gids is onderverdeeld in 21 streken. U kunt dus het beste eerst naar de kaart (blz. 6) en het overzicht van de streken (blz. 8) gaan. Als u uw keuze hebt bepaald, vindt u voor elke streek een gedetailleerde kaart waarop alle plaatsnamen staan vermeld die ten minste één kampeerterrein hebben. De streken zijn gemakkelijk terug te vinden dankzij de kleurstroken.

→ Om een plaatsnaam terug te vinden

In de index achter in de gids staan alle genoemde plaatsen op alfabetische volgorde.

→ Om op basis van bepaalde criteria te beslissen

In de lijst van plaatsnamen (blz. 54-790), die per departement zijn ingedeeld, staat vermeld welke voorzieningen of bijzondere diensten worden aangeboden, zoals een zwembad, of een animatieprogramma.

→ Voor een gedetailleerde beschrijving

Om een zo goed mogelijk beeld te krijgen van elk kampeerterrein, kunt u in uw taal de legenda de "tekens" (blz. 12-27) raadplegen en daarna de beschrijvingen van de kampeerterreinen doornemen (vanaf blz. 53).

→ Voor wie geen Frans spreekt

Aan de hand van de woordenlijst (blz. 28) kunt u de gegevens en beschrijvingen beter begrijpen.

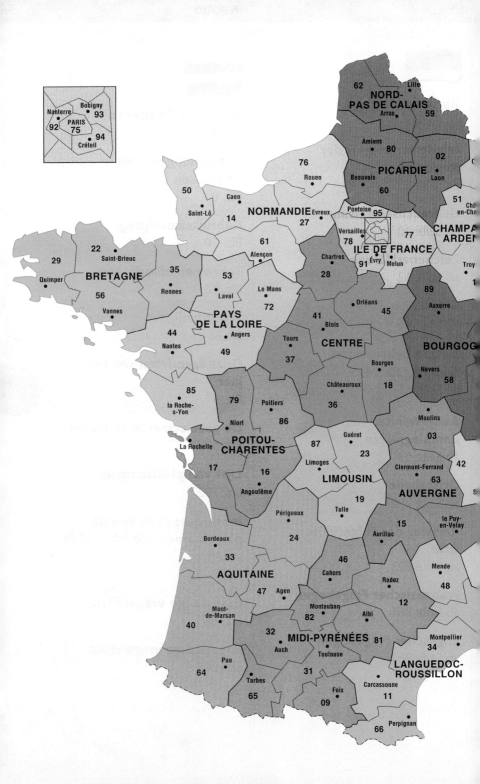

	ALSACE
	AQUITAINE
	AUVERGNE
	BOURGOGNE
	BRETAGNE
	CENTRE
	CHAMPAGNE-ARDENNE
	CORSE
	FRANCHE-COMTE
	ÎLE-DE-FRANCE
	LANGUEDOC-ROUSSILLON
	LIMOUSIN
	LORRAINE
	MIDI-PYRENEES
	NORD-PAS-DE-CALAIS
	NORMANDIE
	PAYS-DE-LA-LOIRE
	PICARDIE
	POITOU-CHARENTES
	PROVENCE
	RHÔNE-ALPES

7

SOMMAIRE DES RÉGIONS

8

9

Informations pratiques sur la localité et référence des publications Michelin

Practical information for each location and cross-reference to Michelin publications

Praktische Hinweise zu dem Ort und anderen Michelin-Publikationen

Praktische inlichtingen over de plaats en verwijzing naar de Michelin-uitgaven

---

Classement Michelin des terrains

Michelin classification of selected sites

Michelin-Klassifizierung des Campingplatzes

Classificatie van de kampeerterreinen volgens Michelin

Coordonnées et fonctionnement du terrain

Addresses and facilities

Adresse und Ausstattung des Campingplatzes

Adressen en service van het kampeerterrein

10

Descriptif du terrain

Description of the site

Beschreibung des Campingplatzes

Beschrijving van het kampeerterrein

Tarifs haute saison

Peak season rates

Tarif in der Hochsaison

Tarieven hoogseizoen

Types de locations proposées et tarifs

Hire options and rates

Optionen und Preise

Huurmogelijkheden en tarieven

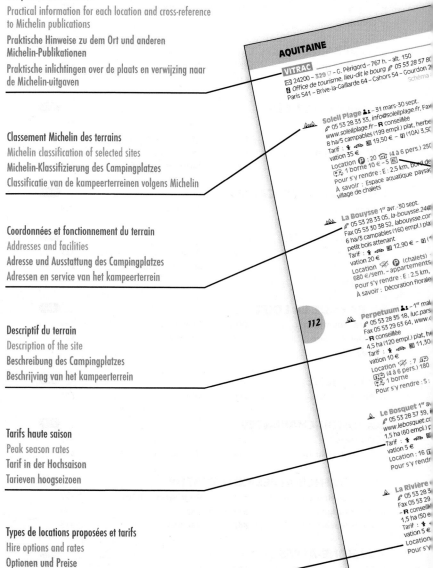

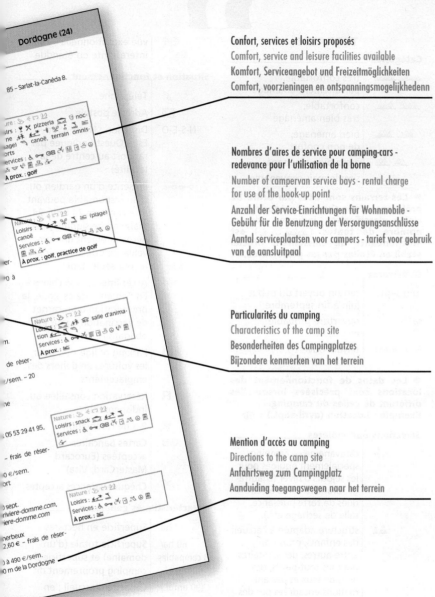

Confort, services et loisirs proposés
Comfort, service and leisure facilities available
Komfort, Serviceangebot und Freizeitmöglichkeiten
Comfort, voorzieningen en ontspanningsmogelijkhedenn

**Nombres d'aires de service pour camping-cars -
redevance pour l'utilisation de la borne**
Number of campervan service bays - rental charge
for use of the hook-up point
Anzahl der Service-Einrichtungen für Wohnmobile -
Gebühr für die Benutzung der Versorgungsanschlüsse
Aantal serviceplaatsen voor campers - tarief voor gebruik
van de aansluitpaal

Particularités du camping
Characteristics of the camp site
Besonderheiten des Campingplatzes
Bijzondere kenmerken van het terrein

Mention d'accès au camping
Directions to the camp site
Anfahrtsweg zum Campingplatz
Aanduiding toegangswegen naar het terrein

Pour les légendes détaillées se reporter aux pages 12 à 15
For detailed legends see pages 16 to 19
Einzelheiten der Zeichenerklärung siehe Seite 20 bis 23
Gedetailleerde verklaring van de tekens, zie blz. 24 en 27

TERRAINS

Catégories

△△△△ △△△△	très confortable, parfaitement aménagé
△△△ △△△	confortable, très bien aménagé
△△ △△	bien aménagé, de bon confort
△ △	assez bien aménagé
△ △	simple mais convenable

● **Les terrains sont cités par ordre de préférence dans chaque catégorie. Notre classification indiquée par un nombre de tentes (△△△△ ... △) est indépendante du classement officiel établi en étoiles par les préfectures.**

Ouvertures

juin-sept.	terrain ouvert du début juin à fin septembre
saison	ouverture probable en saison
Permanent	terrain ouvert toute l'année

● **Les dates de fonctionnement des locations sont précisées lorsqu'elles diffèrent de celles du camping. Exemple : Location (avril-sept.) : 🏠**

Sélections particulières

❄	caravaneige — campings spécialement équipés pour les séjours d'hiver (chauffage, branchements électriques de forte puissance, salle de séchage etc.).
👥	structure adaptée à l'accueil des enfants, proposant, entre autres, des sanitaires pour les tout-petits, des aires de jeux et des animations encadrées par des professionnels

Agrément et tranquillité

△△△ ... △	particulièrement agréable pour le cadre, la qualité et la variété des services proposés.
🌳🌳	terrain très tranquille, isolé — tranquille surtout la nuit

⇇	vue exceptionnelle — vue intéressante ou étendue

Situation et fonctionnement

☎	Téléphone
✉	Adresse postale
N-S-E-O	Direction : Nord – Sud – Est – Ouest (indiquée par rapport au centre de la localité)
🔑	Présence d'un gardien ou d'un responsable pouvant être contacté 24 h sur 24 mais ceci ne signifie pas nécessairement une surveillance effective — gardé le jour seulement.
🚫🐕	Accès interdit aux chiens — En l'absence de ce signe, la présentation d'un carnet de vaccination à jour est obligatoire.
🅿	Parking obligatoire pour les voitures en dehors des emplacements
R	Réservation conseillée ou indispensable
℞	Pas de réservation
GB	Cartes Bancaires acceptées (Eurocard, MasterCard, Visa)
ĊV	Chèques-vacances acceptés

Caractéristiques générales

3 ha	Superficie en hectares
60 ha/ 3 campables	Superficie totale (d'un domaine) et superficie du camping proprement dit
(90 empl.)	Capacité d'accueil : en nombre d'emplacements
⊏⊐	Emplacements nettement délimités
🌳 🌳🌳 🌳🌳🌳	Ombrage léger — moyen — fort (sous-bois)
⚓	Au bord de l'eau avec possibilité de baignade

12

Confort

M	terrain d'équipement sanitaire moderne
	Installations chauffées
⚠	Installations sanitaires accessibles aux handicapés physiques
	Lavabos en cabines individuelles (avec ou sans eau chaude)
	Salle de bains pour bébés
	Postes distributeurs d'eau chaude
⊕	Branchements individuels : Électricité – Eau – Évacuation

Services

	Aire de service pour camping-cars
	Nombre de bornes – Type de borne
1 borne 4 € – 3 ⊡ 15,50 €	Emplacements aménagés pour camping-cars – nombre d'emplacements – redevance journalière pour l'emplacement.
8 à 13 €	Formule Stop accueil camping-car FFCC redevance journalière pour la formule
	Lave-linge, laverie
	Supermarché — Magasin d'alimentation
	Plats cuisinés à emporter
	Borne internet
	Wifi

Loisirs

♟ ✕	Bar (licence III ou IV) — Restauration
	Salle de réunion, de séjour, de jeux
	Animations diverses (sportives, culturelles, détente)
	Club pour enfants
	Salle de remise en forme — Sauna
	Jeux pour enfants

⚲ ⚬	Location de vélos — Tir à l'arc
	Tennis : de plein air – couvert
m	Golf miniature
	Piscine : couverte – de plein air
≃	Bains autorisés ou baignade surveillée
	Toboggan aquatique
	Pêche
	Voile (école ou centre nautique)
	Promenade à cheval ou équitation

● **La plupart des services et certains loisirs de plein air ne sont accessibles qu'en saison, en fonction de la fréquentation du terrain et indépendamment de ses dates d'ouverture.**

À prox.	Nous n'indiquons que les aménagements ou installations qui se trouvent dans les environs.

Tarifs en €

Redevances journalières :

🚶 5 €	par personne
🚗 2 €	pour le véhicule
⊡ 7,50 €	pour l'emplacement (tente/caravane)
⚡ 2,50 € (4A)	pour l'électricité (nombre d'ampères)

Redevances forfaitaires :

25 € 🚶🚗⊡ ⚡ (10A)	emplacement pour 2 personnes, véhicule et électricité compris

● **Les prix ont été établis en automne 2007 et s'appliquent à la haute saison (à défaut, nous mentionnons les tarifs pratiqués l'année précédente). Dans tous les cas, ils sont donnés à titre indicatif et susceptibles d'être modifiés si le coût de la vie subit des variations importantes.**

● **Le nom des campings est inscrit en caractères maigres lorsque les propriétaires ne nous ont pas communiqué tous leurs tarifs.**

Locations et tarifs

	Nombre d'unités
15	Location de caravanes ou mobile homes sans sanitaires
(4 pers.) 198 à 335 €/sem.	Prix à la semaine, basse saison 198 et haute saison 335, pour 4 personnes maximum
	Nombre d'unités
12	Location de mobile homes
(4 à 6 pers.) 274 à 488 €/sem.	Prix à la semaine, basse saison 274 et haute saison 488, pour 6 personnes maximum
	Nombre d'unités
20	Location de bungalows ou chalets
(4 à 6 pers.) 305 à 595 €/sem.	Prix à la semaine, basse saison 305 et haute saison 595, pour 6 personnes maximum
	Nombre d'unités
6	Location de chambres. S'adresser au propriétaire pour tous renseignements

LOCALITÉS

23700	Numéro de code postal
343 B8	N° de la carte Michelin et coordonnées de carroyage
G. Bretagne	Localité décrite dans Le Guide Vert Michelin Bretagne
Rennes 47	Distance en kilomètres
1 050 h.	Population
alt. 675	Altitude de la localité
⚓	Station thermale
⊠ 05000 Gap	Code postal et nom de la commune de destination
1 200/1 900 m	Altitude de la station et altitude maximum atteinte par les remontées mécaniques
2	Nombre de téléphériques ou télécabines
14	Nombre de remonte-pentes et télésièges
	Ski de fond

⚓	Transports maritimes
🛈	Information touristique

LÉGENDE DES SCHÉMAS

Ressources camping

(⚫)	Localité possédant au moins un terrain sélectionné
⚠	Terrain de camping situé

Voirie

	Autoroute
	Double chaussée de type autoroutier
❶ ❷	Echangeurs numérotés : complet, partiel
	Route principale
	Itinéraire régional ou de dégagement
	Autre route
	Sens unique – Barrière de péage
	Piste cyclable – Chemin d'exploitation, sentier
	Pentes (Montée dans le sens de la flèche) 5 à 9 % – 9 à 13 % – 13 % et plus
	Col – Bac – Pont mobile
	Voie ferrée, gare – Voie ferrée touristique
③	Limite de charge (indiquée au-dessous de 5 tonnes)
	Hauteur limitée (indiquée au-dessous de 3 m)

ATTENTION : En France, nouvelle numérotation des routes nationales et départementales en cours.

Curiosités

	Eglise, chapelle – Château
	Phare – Monument mégalithique – Grotte
	Ruines – Curiosités diverses
	Table d'orientation, panorama – Point de vue

14

Repères

 Localité possédant un plan dans le Guide Michelin France

🛈 ✉ Information touristique – Bureau de poste principal

🏠 ᵼ Eglise, chapelle – Château

⚥ ▫ 🏛 Ruines – Monument – Château d'eau

🏥 ✿ Hôpital – Usine

☆ ☾ Fort – Barrage –
🛆 Phare

ᵼ ᵼᵼᵼ Calvaire – Cimetière

✈ 🛬 🛩 Aéroport – Aérodrome – Vol à voile

▢ ⌐ 🏇 Stade – Golf – Hippodrome

🐎 ♉ Centre équestre – Zoo – ⛸ Patinoire

•-○-•- Téléphérique ou télésiège – Forêt ou bois

⚒ ⚓ Piscine de plein air, couverte – Baignade

◆ 🛆 ✗ Base de loisirs – Centre de voile – Tennis

🛒 Centre commercial

● Localité possédant au moins un terrain de camping sélectionné

■ Localité dont un terrain au moins propose des locations

Lourdes Localité possédant au moins un terrain avec des emplacements pour camping-cars

Moyaux Localité disposant d'au moins un terrain agréable

🚐 Aire de service sur autoroute pour camping-cars

● Certaines prestations (piscine, tennis) de même que la taxe de séjour peuvent être facturées en sus.

● Les enfants bénéficient parfois de tarifs spéciaux ; se renseigner auprès du propriétaire.

● En cas de contestation ou de différend, lors d'un séjour sur un terrain de camping, au sujet des prix, des conditions de réservation, de l'hygiène ou des prestations, efforcez-vous de résoudre le problème directement sur place avec le propriétaire du terrain ou son représentant.

● Faute de parvenir à un arrangement amiable, et si vous êtes certain de votre bon droit, adressez-vous aux Services compétents de la Préfecture du département concerné.

● En ce qui nous concerne, nous examinons attentivement toutes les observations qui nous sont adressées afin de modifier, le cas échéant, les mentions

CAMPING SITES

Categories

🛆🛆🛆🛆 🛆🛆🛆🛆	Very comfortable, ideally equipped
🛆🛆🛆 🛆🛆🛆	Comfortable, very well equipped
🛆🛆🛆 🛆🛆🛆	Well equipped, good comfort
🛆🛆 🛆🛆	Reasonably comfortable
🛆 🛆	Quite comfortable

● **Camping sites are listed in order of preference within each category. The classification we give (🛆🛆🛆🛆 … 🛆) is totally independent of the official star classification awarded by the local "préfecture".**

Opening periods

juin-sept.	Site open from beginning June to end September
saison	Mainly open in season only
Permanent	Site open all year round

● **Opening dates for rented accommodation are given where they are different from the camping site opening dates:**
Exemple: Location (avril-sept.): 🏠

Special features

❄️	Winter caravan sites – These sites are specially equipped for a winter holiday in the mountains. Facilities generally include central heating, high power electric points and drying rooms for clothes and equipment.
	Child-friendly facility offering toilets for young children, playgrounds and activities monitored by professionals, among other things

Peaceful atmosphere and setting

🛆🛆🛆🛆 … 🛆	Particularly pleasant setting, quality and range of services available.

🦢 🦢	Quiet isolated site – Quiet site, especially at night
⪡ ⪡	Exceptional view – Interesting or extensive view

Location and access

☎	Telephone
✉	Postal address
N-S-E-O	Direction from nearest listed locality: North – South – East – West
⚷	24 hour security – a warden will usually live on site and can be contacted during reception hours, although this does not mean round-the-clock surveillance outside normal hours – day only
🐕‍🦺	No dogs. In all other cases a current vaccination certificate is required.
℗	Cars must be parked away from pitches
R	Advance booking recommended or essential
℟	Reservations not accepted
GB	Credit cards accepted (Eurocard, MasterCard, Visa)
C̓v	Chèque-vacances accepted

General characteristics

3 ha	Area available (in hectares; 1ha = 2.47 acres)
60 ha/ 3 campables	Total area of the property and area used for camping
(90 empl.)	Capacity (number of spaces)
⛺	Marked off pitches
♀ ♀♀ ♀♀♀	Shade – Fair amount of shade – Well shaded
⚠	Waterside location with swimming area

Comfort

M	Site with modern facilities
▥	Heating installations
♿	Sanitary installations for the physically handicapped

16

Individual wash rooms or wash basins with or without hot water

Baby changing facilities

Running water

Each bay is equipped with electricity – water – drainage

Facilities

Service bay for camper vans

Number of points

1 borne 4 € Sites equipped for
– 3 ▣ 15,50 € campervans – number of sites – daily fee per site.

Special price for camper on the site

Washing machines, laundry

Supermarket – Food shop

Take away meals

Internet point

Wifi

Recreational facilities

Bar (serving alcohol) – Eating places (restaurant, snack-bar)

Common room – Games room

Miscellaneous activities (sports, culture, leisure)

Children's club

Exercice room – Sauna

Playground

Cycle hire – Archery

Tennis courts: open air – covered

Mini golf

Swimming pool: covered – open air

Bathing allowed or supervised bathing

Water slide

Fishing

Sailing (school or centre)

Pony trekking, riding

● **The majority of outdoor leisure facilities are only open in season and in peak periods opening does not necessarily correspond to the opening of the site.**

À prox. We only feature facilities in close proximity to the camping site

Charges in €

Daily charge:

🚶 5 €	per person
🚗 2 €	per vehicle
▣ 7,50 €	per pitch (tent/caravan)
⚡ 2,50 € (4A)	for electricity (by no of amperes)

Rates included:

25 € 🚶🚗▣ pitch for 2 people
⚡ (10A) including vehicle and electricity

● **We give the prices which were supplied to us by the owners in Autumn 2007 (if this information was not available we show those from the previous year). In any event these should be regarded as basic charges and may alter due to fluctuations in the cost of living.**

● **Listings in light typeface indicate that not all revised tariff information has been provided by the owners.**

● **Supplementary charges may apply to some facilities (swimming pool, tennis) as well as for long stays.**

● **Special rates may apply for children – ask owner for details.**

Renting and charges

15 🚐	Number of units Caravan hire or mobile homes without bath rooms
(4 pers.) 198 à 335 €/sem.	Weekly rates, low season 198, high season 335, for up to 4 persons
12 🚐	Number of units Mobile home hire

17

(4 à 6 pers.) 274 à 488 €/sem.	Weekly rates, low season 274, high season 488, for up to 6 persons
20 🏠	Number of units Bungalow/Chalet hire
(4 à 6 pers.) 305 à 595 €/sem.	Weekly rates, low season 305, high season 595, for up to 6 persons
6 🛏	Number of units Rooms to rent – ask owner for full details

LOCALITIES

23700	Postal code number
343 B8	Michelin map number and fold
G. Bretagne	Place described in the Michelin Green Guide Brittany
Rennes 47	Distance in kilometres
1 050 h.	Population
alt. 675	Altitude (in metres)
🛁	Spa
✉ 05000 Gap	Postal number and name of the postal area
1 200/1 900 m	Altitude (in metres) of resort and highest point reached by lifts
2 ⛷	Number of cable-cars
14 ⛷	Number of ski and chair-lifts
🎿	Cross country skiing
⚓	Maritime services
🛈	Tourist information Centre

KEY TO THE LOCAL MAPS

Camping

(▲)	Locality with at least one camping site selected in the guide
▲	Location of camping site

Roads

▬▬▬	Motorway
═══	Dual carriageway with

	motorway characteristics
❶ ❷	Numbered junctions: complete, limited
═══	Major road
═══	Secondary road network
═══	Other road
═══╪	One-way road – Toll barrier
── ─ ─	Cycle track – Cart track, footpath
⟫⟫⟫	Gradient (ascent in the direction of the arrow) 1:20 to 1:12; 1:11 to 1:8; + 1:7
⟩╪⟨ Ⓑ △	Pass – Ferry – Drawbridge or swing bridge
▭ ⊥⊥⊥	Railway, station – Steam railways
③	Load limit (given when less than 5tons)
2⋅8	Headroom (given when less than 3m)

PLEASE NOTE The route nationale and route départementale road numbers are currently being changed in France.

Sights of interest

🏛 ✝ ⛨	Church, chapel – Castle, château
⌂ 🗿 ∩	Lighthouse – Megalithic monument – Cave
∴ ▲	Ruins – Miscellaneous sights
☀ ⟩	Viewing table, panoramic view – Viewpoint

Landmarks

🏛	Towns having a plan in the Michelin Guide
🛈 ⊗	Tourist Information Centre – General Post Office
⌂ ✝	Church, chapel – Castle, château
∴ ⋅ 🏛	Ruins – Statue or building – Water tower
🏥 ✿	Hospital – Factory or power station

☆ ☾ ⚲	Fort – Dam – Lighthouse
⚐ ⚐	Wayside cross – Cemetery
✈ 🛩 ▲	Airport – Airfield – Gliding airfield
▢ ⚑ ⚑	Stadium – Golf course – Racecourse
🐎 ⚶ ⚘	Horse riding – Zoo – Skating rink
•-o-o-• ▬	Cable-car or chairlift – Forest or wood
⚑ ⚑ ⚑	Outdoor or indoor, Swimming pool – Bathing spot
◆ ⚑ ✂	Outdoor leisure park/centre – Sailing – Tennis courts
🛒	Shopping centre
●	Town with at least one selected camping site
■	Locality with at least one selected site offering renting
Lourdes	Locality with at least one selected site with areas reserved for camper vans
Moyaux	Locality with at least one selected very quiet, isolated site
🚐	Motorway service area for camper vans

● If during your stay in a camping site you have grounds for complaint concerning your reservation, the prices, standards of hygiene or facilities offered, try in the first place to resolve the problem with the proprietor or the person responsible.

● If the disagreement cannot be solved in this way, and if you are sure that you are within your rights, it is possible to take the matter up with the Prefecture of the "département" in question.

● We welcome all suggestions and comments, be it criticism or praise, relating to camping sites recommended in our guide. We do, however, stress the fact that we have neither facilities, nor the authority to deal with matters of complaint between campers and proprietors.

CAMPINGPLÄTZE

Kategorie

⚕⚕⚕ ⚕⚕⚕	Sehr komfortabel, ausgezeichnet ausgestattet
⚕⚕ ⚕⚕	Komfortabel, sehr gut ausgestattet
⚕⚕ ⚕⚕	Mit gutem Komfort ausgestattet
⚕ ⚕	Ausreichend ausgestattet
⚕ ⚕	Einfach, aber ordentlich

● **Die Reihenfolge der Campingplätze innerhalb einer Kategorie entspricht unserer Empfehlung.**
Unsere Klassifizierung, durch eine entsprechende Anzahl von Zelten (⚕⚕⚕ ... ⚕) ausgedrückt, ist unabhängig von der offiziellen Klassifizierung durch Sterne, die von den Präfekturen vorgenommen wird.

Öffnungszeiten

juin-sept.	Campingplatz geöffnet von Anfang Juni bis Ende September
saison	Während der Hauptreisezeit (Saison) geöffnet
Permanent	Campingplatz ganzjährig geöffnet

● **Vermietungszeit: Sie wird extra angegeben, wenn sie sich von der Öffnungszeit des Campingplatzes unterscheidet. Beispiel: Location (avril-sept.): 🏠**

Besondere Merkmale

❄	Diese Gelände sind speziell für Wintercamping in den Bergen ausgestattet (Heizung, Starkstromanschlüsse, Trockenräume usw.).
▲⚊	Kinderfreundliches Konzept, das u. a. Sanitäranlagen für die Kleinsten, Spielplätze und ein Animations-Programm durch geschultes Personal bietet

Besonders schöne und ruhige Lage

⚕⚕⚕ ... ⚕	Besonders schöne Lage, gutes und vielfältiges Serviceangebot.
🦢 🦢	Ruhiger, abgelegener Campingplatz - Ruhiger Campingplatz, besonders nachts
≤ ≤	Eindrucksvolle Aussicht – Interessante oder weite Sicht

Lage und Dienstleistungen

☎ ✉	Telefon – Postanschrift
N-S-E-O	Richtung: Norden – Süden – Osten – Westen (Angabe ab Ortszentrum)
⚷ ⚷	Eine Aufsichtsperson kann Tag und Nacht bei Bedarf erreicht werden: Dies bedeutet jedoch nicht, dass der Platz bewacht ist – nur tagsüber.
🐕̸	Hunde nicht erlaubt – wenn dieses Zeichen nicht vorhanden ist, muss ein gültiger Impfpass vorgelegt werden.
℗	Parken nur auf vorgeschriebenen Parkplätzen außerhalb der Stellplätze
R	Reservierung empfehlenswert oder erforderlich.
R̸	Keine Reservierung
GB	Akzeptierte Kreditkarten (Eurocard, MasterCard, Visa)
c͞v	"Chèques vacances" werden akzeptiert.

Allgemeine Beschreibung

3 ha	Nutzfläche (in Hektar)
60 ha/ 3 campables	Gesamtfläche (eines Geländes) und Nutzfläche für Camping
(90 empl.)	Anzahl der Stellplätze
⊏⊐	Abgegrenzte Stellplätze
♀ ♀♀ ♀♀♀	Leicht schattig – ziemlich schattig – sehr schattig
⚓	Am Wasser mit Bademöglichkeit

Komfort

Ⓜ	Campingplatz mit moderner sanitärer Ausstattung
▥	Beheizte sanitäre Anlagen
&.	Sanitäre Einrichtungen für Körperbehinderte
⬚	Individuelle Waschräume (mit oder ohne Warmwasser)
⚲	Wickelraum
⚲	Wasserstelle
☺ ⚲ ⚲	Individuelle Anschlüsse: Strom – Wasser – Abwasser

Dienstleistungen

🚐	Service-Einrichtungen für Wohnmobile (Stromanschluss, Ver-/Entsorgung Wasser)
	Anzahl der Versorgungsanschlüsse
🚐1 borne 4 € – 3 ▣15,50 €	Stellplatz für Wohnmobile – Anzahl der Stellplätze – Tagespreis/Stellplatz.
🚐	Sonderpreis für Wohnmobil auf dem Campingplatz camping-car FFCC
▣	Miet-Waschmaschinen
🛒 ⚲	Supermarkt – Lebensmittelgeschäft
⚲	Fertiggerichte zum Mitnehmen
☎	Internetanschluss
📶	Wifi

Freizeitmöglichkeiten

♉ ✗	Bar mit Alkoholausschank – Restaurant, Snack-Bar
▱	Gemeinschaftsraum, Aufenthaltsraum, Spielhalle ...
⚲	Diverse Freizeitangebote (Sport, Kultur, Entspannung)
⚲	Kinderspielraum
⚲ ⚲	Fitness-Center – Sauna
⚲	Kinderspielplatz
⚲ ⚲	Fahrradverleih – Bogenschießen

✗ ✗	Tennisplatz – Hallentennisplatz
⚲	Minigolfplatz
⚲ ⚲	Hallenbad – Freibad
⚲	Baden erlaubt, teilweise mit Aufsicht
⚲	Wasserrutschbahn
⚲	Angeln
⚲	Segeln (Segelschule oder Segelclub)
⚲	Reiten

● **Die meisten dieser Freizeitmöglichkeiten stehen nur in der Hauptsaison zur Verfügung oder sie sind abhängig von der Belegung des Platzes. Auf keinen Fall sind sie identisch mit der Öffnungszeit des Platzes.**

À proximité	Wir geben nur die Einrichtungen an, welche sich in der Nähe des Platzes befinden.

Preise in €

Tagespreise:

⚲ 5 €	pro Person
⚲ 2 €	für das Auto
▣ 7,50 €	Platzgebühr (Zelt/Wohnwagen)
⚲ 2,50 € (4A)	Stromverbrauch (Anzahl der Ampere)

Pauschalgebühren:

25 € ⚲ ⚲ ▣ ⚲ (A)	Stellplatz für 2 Personen Fahrzeug und Strom

● **Die Preise wurden uns im Herbst 2007 mitgeteilt, es sind Hochsaisonpreise (falls nicht, sind die Preise des Vorjahres angegeben). Die Preise sind immer nur als Richtpreise zu betrachten. Sie können sich bei steigenden Lebenshaltungskosten ändern.**

● **Der Name eines Campingplatzes ist dünn gedruckt, wenn der Eigentümer uns keine Preise genannt hat.**

● **Für einige Einrichtungen (Schwimmbad, Tennis) sowie die Kurtaxe können separate Gebühren erhoben werden.**

● **Für Kinder erhält man im Allgemeinen spezielle Kindertarife, erkundigen Sie sich beim Eigentümer.**

21

Vermietung und Preise

	Anzahl der Wohneinheiten
15	Vermietung von Wohnwagen oder Wohnmobilen ohne Sanitäreinrichtung
(4 pers.) 198 à 335 €/sem.	Wochenpreise, Vorsaison 198 und Hochsaison 335, für maximal 4 pers.
12	Anzahl der Wohneinheiten Vermietung von Wohnmobilen
(4 à 6 pers.) 274 à 488 €/sem.	Wochenpreise, Vorsaison 274 und Hochsaison 488, für maximal 6 Pers.
20	Anzahl der Wohneinheiten Vermietung von Bungalows und Chalets
(4 à 6 pers.) 305 à 595 €/sem.	Wochenpreise, Vorsaison 305 und Hochsaison 595, für maximal 6 Pers.
6	Anzahl der Wohneinheiten Vermietung von Zimmern. Erkundigen Sie sich beim Eigentümer nach den Bedingungen

ORTE

23700	Postleitzahl
343 B8	Nr. der Michelin-Karte und Falte
G. Bretagne	Im Grünen Michelin-Reiseführer Bretagne beschriebener Ort
Rennes 47	Entfernung in Kilometern
1 050 h.	Einwohnerzahl
alt. 675	Höhe
⚕	Heilbad
⊠ 05000 Gap	Postleitzahl und Name des Verteilerpostamtes
1 200/1 900 m	Höhe des Wintersport-geländes und Maximal-Höhe, die mit Kabinenbahn oder Lift erreicht werden kann
2	Anzahl der Kabinenbahnen
14	Anzahl der Schlepp -oder Sessellifte

⚡	Langlaufloipen
	Schiffsverbindungen
🅘	Informationsstelle

KARTENSKIZZEN

Campingplätze

(Ⓞ)	Ort mit mindestens einem ausgewählten Campingplatz
△	Lage des Campingplatzes

Straßen

	Autobahn
	Schnellstraße (kreuzungs-frei)
➊ ➋	Nummerierte Anschlussstelle: Autobahneinfahrt- und/oder -ausfahrt
	Hauptverkehrsstraße
	Regionale Verbindungsstraße oder Entlastungsstrecke
	Andere Straße
	Einbahnstraße – Gebührenstelle
	Radweg – Wirtschaftsweg, Pfad
	Steigungen, Gefälle (Steigung in Pfeilrichtung 5-9 %, 9-13 %, 13 % und mehr)
	Pass – Fähre – Bewegliche Brücke
	Bahnlinie und Bahnhof – Museumseisenbahn-Linie
③	Höchstbelastung (angegeben bis 5t)
	Zulässige Gesamthöhe (angegeben bis 3 m)

ACHTUNG Die Nummerierung der National- und der Landstraßen in Frankreich wird z. Zt. geändert

Sehenswürdigkeiten

	Kirche, Kapelle – Schloss, Burg
	Leuchtturm – Menhir, Megalithgrab – Höhle

22

❖ ▲	Ruine – Sonstige Sehenswürdigkeit
⚒ ⚐	Orientierungstafel, Rundblick – Aussichtspunkt

Orientierungspunkte

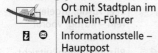	Ort mit Stadtplan im Michelin-Führer
🅱 ⊖	Informationsstelle – Hauptpost
⌂ ⚲	Kirche, Kapelle – Schloss, Burg
⚬⚬ . ⌸	Ruine – Denkmal – Wasserturm
⊞ ☼	Krankenhaus – Fabrik
☆ ☾	Festung – Staudamm – Leuchtturm
⚱ ⚰⚰⚰	Bildstock – Friedhof
✈ ✈ ⚚	Flughafen – Flugplatz – Segelflugplatz
⬜ ⌐ ⊛	Stadion – Golfplatz – Pferderennbahn
🏇 Ⱳ ⛸	Reitanlage – Zoo – Schlittschuhbahn
•–◦–◦–•	Seilschwebebahn oder Sessellift – Wald oder Gehölz
⛴ ⛱	Freibad – Hallenbad – Strandbad
◆ ⚓ ✄	Freizeiteinrichtungen – Segelzentrum – Tennisplatz
🛒	Einkaufszentrum
●	Ort mit mindestens einem ausgewählten Campingplatz
■	Ort mit mindestens einem Campingplatz mit Vermietung
Lourdes	Ort mit mindestens einem Campingplatz mit Stellplätzen die nur für Wohnmobile reserviert sind
Moyaux	Ort mit mindestens einem sehr ruhigen Campingplatz
🚐	Autobahnrastplätze mit Wartungsmöglichkeiten für Wohnmobile

● **Falls bei Ihrem Aufenthalt auf dem Campingplatz Schwierigkeiten bezüglich der Preise, Reservierung, Hygiene o. ä. auftreten, sollten Sie versuchen, diese direkt an Ort und Stelle mit dem Campingplatzbesitzer oder seinem Vertreter zu regeln.**

● **Wenn Sie von Ihrem Recht überzeugt sind, es Ihnen jedoch nicht gelingt, zu einer allseits befriedigenden Lösung zu kommen, können Sie sich an die entsprechende Stelle bei der zuständigen Präfektur wenden.**

● **Unsererseits überprüfen wir sorgfältig alle bei uns eingehenden Leserbriefe und ändern gegebenenfalls die Platzbewertung im Führer. Wir besitzen jedoch weder die rechtlichen Möglichkeiten noch die nötige Autorität, um Rechtsstreitigkeiten zwischen Platzeigentümern und Platzbenutzern zu schlichten.**

23

TERREINEN

Categorie

ᐃᐃᐃᐃ ᐃᐃᐃᐃ	Buitengewoon comfortabel, uitstekende inrichting
ᐃᐃᐃ ᐃᐃᐃ	Comfortabel, zeer goede inrichting
ᐃᐃ ᐃᐃ	Goed ingericht, geriefelijk
ᐃ ᐃ	Behoorlijk ingericht
ᐃ ᐃ	Eenvoudig maar behoorlijk

● **De terreinen worden voor iedere categorie opgegeven in volgorde van voorkeur.**
Onze classificatie wordt aangegeven met een aantal tenten (ᐃᐃᐃᐃ ... ᐃ). Zij staat los van de officiële classificatie die wordt uitgedrukt in sterren.

Openingstijden

juin-sept.	Terrein geopend van begin juni tot eind september
saison	Tijdens het seizoen geopend
Permanent	Terrein het gehele jaar geopend

● **Wanneer de data voor het verhuren verschillen van die van het kampeerterrein, dan worden zij gepreciseerd. Bijv. Location (avril-sept.):** 🏠

Bijzondere kenmerken

❄️	Geselecteerd caravaneige – Deze terreinen zijn speciaal ingericht voor winterverblijf in de bergen (verwarming, electriciteitsaansluiting met hoog vermogen, droogkamer, enz.).
👥	Kindvriendelijk etablissement met o.a. speciaal sanitair voor de kleintjes, speeltuintje en kinderactiviteiten onder begeleiding van professionals

Aangenaam en rustig verblijf

ᐃᐃᐃ ... ᐃ	Bijzonder aangenaam vanwege de omgeving, de kwaliteit en de diversiteit van de voorzieningen.
🛋️ 🛋️	Zeer rustig, afgelegen terrein – Rustig, vooral 's nachts
≪ ≪	Bijzonder mooi uitzicht – Interessant uitzicht of vergezicht

Ligging en service

☎️ ✉️	Telefoon – Postadres
N-S-E-O	Richting : Noord – Zuid – Oost – West (gezien vanuit het centrum van de plaats)
🔑 🔑	Er is een bewaker of een toezichthouder aanwezig die 24 uur per dag bereikbaar is. Dit betekent echter niet noodzakelijkerwijs dat er sprake is van een daadwerkelijke bewaking – alleen overdag bewaakt.
🐕	Honden niet toegelaten – Bij afwezigheid van dit teken dient men een recent vaccinatieboekje te kunnen tonen.
🅿️	Verplichte parkeerplaats voor auto's buiten de staanplaatsen
R	Reserveren raadzaam of noodzakelijk.
℞	Reservering niet mogelijk
GB	Creditcards worden geaccepteerd (Eurocard, MasterCard, Visa)
c⁄v	Reischeques worden geaccepteerd

Algemene kenmerken

3 ha	Oppervlakte in hectaren
60 ha/ 3 campables	Totale oppervlakte (van een landgoed) en oppervlakte van het eigenlijke kampeerterrein

(90 empl.)	Maximaal aantal staan-plaatsen
🛏	Duidelijk begrensde staan-plaatsen
♀ ♀♀ ♀♀♀	Weinig tot zeer schaduwrijk
⚠	Aan de waterkant met mogelijkheid tot zwemmen

Comfort

Ⓜ	Terrein met moderne sani-taire voorzieningen
▥	Verwarmde installaties
♿	Sanitaire installaties voor lichamelijk gehandicapten
🚿	Individuele wasgelegen-heid of wastafels (met of zonder warm water)
🚼	Wasplaats voor baby's
🔥	Waslokalen – Stromend water
😊 ⚡ 🚰	Individuele aansluitingen : Elektriciteit – Watertoevoer en-afvoer

Voorzieningen

🚐	Serviceplaats voor cam-pingcars
	Aantal aansluitpalen
🚐 1 borne 4 € – 3 ▣15,50 €	Serviceplaats voor cam-pingcars – aantal plaatsen – dagtarief voor de plaats.
🛥	Ter plaatse speciale formule voor camper
🔲 🛒 📦	Wasmachines, waslokaal Supermarkt – Kampwinkel
🍴	Dagschotels om mee te nemen
📞	Internetpaal
📶	Wifi

Ontspanning

♟ ✕	Bar (met vergunning) – Eetgelegenheid (restau-rant, snackbar)
🏠	Zaal voor bijeenkomsten, dagverblijf of speelzaal
🎯	Diverse activiteiten (sport, cultuur, ontspanning)

🤸	Kinderopvang
🏋 🧖	Fitness – Sauna
🎠	Kinderspelen
🚲 🎯	Verhuur van fietsen – Boogschieten
✂ 🎾	Tennis: overdekt – open-lucht
⛳	Mini-golf
🏊 🏊	Zwembad : overdekt – openlucht
🏊	Vrije zwemplaats of zwemplaats met toezicht
🛝	Waterglijbaan
🎣	Hengelsport
⛵	Zeilsport (school of water-sportcentrum)
🐎	Tochten te paard, paardrijden

● **De meeste voorzieningen en bepaal-de recreatiemogelijkheden in de open lucht zijn over het algemeen alleen toegankelijk tijdens het seizoen. Dit is afhankelijk van het aantal gasten op het terrein en staat los van de ope-ningsdata.**

À proximité	Wij vermelden alleen de faciliteiten of voorzienin-gen die zich in de omge-ving van de camping bevin-den.

Tarieven in €

Dagtarieven:

🚶 5 €	per persoon
🚗 2 €	voor het voertuig
▣ 7,50 €	voor de staanplaats (tent, caravan)
[⚡] 2,50 € (4A)	voor elektriciteit (aantal ampères)

Vaste tarieven:

25 € 🚶🚗▣ [⚡] (10A)	Staanplaats voor 2 personen, voertuig en elektriciteit inbegrepen

● **De prijzen zijn vastgesteld in het najaar van 2007 en gelden voor het hoogseizoen (indien deze niet beschik-baar zijn, vermelden wij de tarieven van het afgelopen jaar).**

25

- De prijzen worden steeds ter indicatie gegeven en kunnen gewijzigd worden indien de kosten voor levensonderhoud belangrijke veranderingen ondergaan.

- Wanneer de naam van de camping niet in vetgedrukte letters staat, betekent dit dat de eigenaar niet alle tarieven heeft doorgegeven.

- Bepaalde faciliteiten (zwembad, tennisbaan), evenals de toeristenbelasting, kunnen extra in rekening worden gebracht.

Voor kinderen geldt soms een speciaal tarief; informatie hierover bij de eigenaar.

Verhuur en tarieven

15 🚐	Aantal eenheden Verhuur van caravans – Stacaravans zonder sanitair
(4 pers.) 198 à 335 €/sem.	Prijs per week, laagseizoen 198 en hoogseizoen 335, voor maximaal 4 personen.
12 🚐	Aantal eenheden Verhuur van stacaravans
(4 à 6 pers.) 274 à 488 €/sem.	Prijs per week, laagseizoen 274 en hoogseizoen 488, voor maximaal 6 personen.
20 🏠	Aantal eenheden Verhuur van bungalows of huisjes
(4 à 6 pers.) 305 à 595 €/sem.	Prijs per week, laagseizoen 305 en hoogseizoen 595, voor maximaal 6 personen.
6 🛏	Aantal eenheden Verhuur van kamers. De eigenaar kan u meer informatie hierover verstrekken.

PLAATSEN

23700	Postcodenummer
343 B8	Nummer Michelinkaart en vouwbladnummer
G. Bretagne	Zie de Groene Michelingids Bretagne
Bourges 47	Afstanden in kilometers
1 050 h.	Aantal inwoners
alt. 675	Hoogte
♨	Kuuroord

✉ 05000 Gap	Postcode en plaatsnaam bestemming
1 200/1 900 m	Hoogte van het station en maximale hoogte van de mechanische skiliften
2 🚡	Aantal kabelbanen
14 ⛷	Aantal skiliften en stoeltjesliften
🎿	Langlaufen
⛴	Bootverbinding
🛈	Informatie voor toeristen

VERKLARING TEKENS OP SCHEMA'S
Kampeerterreinen

(❶)	Plaats met minstens één geselecteerd terrein in de gids
⚠	Ligging kampeerterrein

Wegen en spoorwegen

▬▬▬	Autosnelweg
══════	Dubbele rijbaan van het type autosnelweg
❶ ❷	Genummerde knooppunten : volledig, gedeeltelijk
══════	Hoofdweg
══════	Regionale of alternatieve route
══════	Andere weg
═══╪═══	Eenrichtingsverkeer – Tol
─ ─ ─	Fietspad – Bedrijfsweg, voetpad
≫≫≫	Hellingen (pijlen in de richting van de helling) 5 tot 9 %, 9 tot 13 %, 13 % of meer
≫╪═ B ⚠	Pas – Veerpont – Beweegbare brug
─╓─ ─╨─	Spoorweg, station – Spoorweg toeristentrein
③	Maximum draagvermogen (aangegeven onder 5 ton)
⊡8	Vrije hoogte (aangegeven onder 3 m)

OPGELET in Frankrijk worden de nummers van de nationale en de nationale en de departementale wegen momenteel.

Bezienswaardigheden

🏛 ♟ ✕	Kerk, kapel – Kasteel
⌁ ♙ ∩	Vuurtoren – Megaliet – Grot
⋰ ▲	Ruïnes – Andere bezienswaardigheden
⚘ ≽	Oriëntatietafel, panorama – Uitzichtpunt

Ter oriëntatie

	Plaats met een plattegrond in de Michelingids
Ⓖ ◉	Informatie voor toeristen – Hoofdpostkantoor
🏛 ♟ ▭	Kerk, kapel – Kasteel
⋰ ▪ 🗼	Ruïnes – Monument – Watertoren
⊞ ☼	Ziekenhuis – Fabriek
☆ (⚑	Fort – Stuwdam – Vuurtoren
† ♦♦♦	Calvarie – Begraafplaats
✈ 🛩 ⊿	Luchthaven – Vliegveld – Zweefvliegen
▭ ⛳ ⊛	Stadion – Golf – Renbaan
🏇 ⚲ ⛸	Manege – Dierentuin – Schaatsbaan
•-o-o• ▪	Kabelbaan of stoeltjeslift – Bos
🏊 🏊 🏊	Zwembad : openlucht, overdekt – Zwemgelegenheid
◆ ⛵ ✗	Recreatieoord – Zeilvereniging – Tennisbaan
🛒	Winkelcentrum
●	Plaats met tenminste één geselekteerd kampeerterrein
■	Plaats met minstens één terrein met huurmogelijkheden
	Plaats met minstens één terrein met plaatsen die alleen bestemd zijn voor campers

	Plaats met minstens één zeer rustig terrein
⛽	Serviceplaats langs de autosnelweg voor campers

● **Indien er tijdens uw verblijf op een kampeerterrein een meningsverschil zou ontstaan over prijzen, reserveringsvoorwaarden, hygiëne of dienstverlening, tracht dan ter plaatse met de eigenaar van het terrein of met zijn vervanger een oplossing te vinden.**

● **Mocht u op deze wijze niet tot overeenstemming komen, terwijl u overtuigd bent van uw goed recht, dan kunt u zich wenden tot de prefectuur van het betreffende departement.**

● **Van onze kant bestuderen wij zorgvuldig alle opmerkingen die wij ontvangen, om zo nodig wijzigingen aan te brengen in de omschrijving en waardering van door onze gids aanbevolen terreinen. Onze mogelijkheden zijn echter beperkt en ons personeel is niet bevoegd om als scheidsrechter op te treden of geschillen te regelen tussen eigenaren en kampeerders.**

accès difficile	difficult approach	schwierige Zufahrt	moeilijke toegang
accès direct à	direct access to...	Zufahrt zu...	rechtstreekse toegang tot...
accidenté	uneven, hilly	uneben	heuvelachtig
adhésion	membership	Beitritt	lidmaatschap
août	August	August	augustus
après	after	nach	na
Ascension	Ascension Day	Himmelfahrt	Hemelvaartsdag
assurance obligatoire	insurance cover compulsory	Versicherungspflicht	verzekering verplicht
automne	autumn	Herbst	herfst
avant	before	vor	voor
avenue (av.)	avenue	Avenue	laan
avril	April	April	april
baie	bay	Bucht	baai
base de loisirs	leisure facilities	Freizeitanlagen	recreatiepark
bois, boisé	wood, wooded	Wald, bewaldet	bebost
bord de...	shore	Ufer, Rand	aan de oever van...
boulevard (bd)	boulevard	Boulevard	boulevard
au bourg	in the town	im Ort	in het dorp
«Cadre agréable»	pleasant setting	angenehme Umgebung	aangename omgeving
«Cadre sauvage»	wild setting	urwüchsige Umgebung	woeste omgeving
carrefour	crossroads	Kreuzung	kruispunt
cases réfrigérées	refrigerated food storage facilities	Kühlboxen	Koelvakken
centre équestre	horseriding stables	Reitzentrum	manege
château	castle	Schloss, Burg	kasteel
chemin	path	Weg	weg
conseillé	advisable	empfohlen	aanbevolen
cotisation obligatoire	membership charge obligatory	ein Mitgliedsbeitrag wird verlangt	verplichte bijdrage
croisement difficile	difficult access	schwierige Überquerung	gevaarlijk Kruispunt
en cours d'aménagement, de transformations,	work in progress rebuilding	wird angelegt, wird umgebaut	in aanbouw, wordt verbouwd
crêperie	pancake restaurant, stall-	Pfannkuchen-Restaurant	pannekoekenhuis
décembre (déc.)	December	Dezember	december
«Décoration florale»	floral decoration	Blumenschmuck	bloemversiering
derrière	behind	hinter	achter
discothèque	disco	Diskothek	discotheek
à droite	to the right	nach rechts	naar rechts
église	church	Kirche	kerk
électricité (élect.)	electricity	Elektrizität	elektriciteit
entrée	way in, entrance	Eingang	ingang
«Entrée fleurie»	flowered entrance	blumengeschmückter Eingang	door bloemen omgeven ingang
étang	pond, pool	Teich	vijver
été	summer	Sommer	zomer
exclusivement	exclusively	ausschließlich	uitsluitend
falaise	cliff	Steilküste	steile kust
famille	family	Familie	gezin
fermé	closed	geschlossen	gesloten
février (fév.)	February	Februar	februari
forêt	forest, wood	Wald	bos
garage	parking facilities	überdachter Abstellplatz	parkeergelegenheid
garage pour caravanes	garage for caravans	Unterstellmöglichkeit für Wohnwagen	garage voor caravans

garderie (d'enfants)	children's crèche	Kindergarten	kinderdagverblijf
gare (S.N.C.F.)	railway station	Bahnhof	station
à gauche	to the left	nach links	naar links
gorges	gorges	Schlucht	bergengten
goudronné	surfaced road	geteert	geasfalteerd
gratuit	free, no charge	kostenlos	kosteloos
gravier	gravel	Kies	grint
gravillons	fine gravel	Rollsplitt	steenslag
herbeux	grassy	mit Gras bewachsen	grasland
hiver	winter	Winter	winter
hors saison	out of season	außerhalb der Saison	buiten het seizoen
île	island	Insel	eiland
incliné	sloping	abfallend	hellend
indispensable	essential	unbedingt erforderlich	noodzakelijk, onmisbaar
intersection	crossroads	Kreuzung	kruispunt
janvier (janv.)	January	Januar	januari
juillet (juil.)	July	Juli	juli
juin	June	Juni	juni
lac	lake	See	meer
lande	heath	Heide	hei
licence obligatoire	camping licence or international camping carnet	Lizenz wird verlangt	vergunning verplicht
lieu-dit	spot, site	Flurname, Weiler	oord
mai	May	Mai	mei
mairie	town hall	Bürgermeisteramt	stadhuis
mars	March	März	maart
matin	morning	Morgen	morgen
mer	sea	Meer	zee
mineurs non accompagnés non admis	people under 18 must be accompanied by an adult	Minderjährige ohne Begleitung nicht zugelassen	minderjarigen zonder geleide niet toegelaten
montagne	mountain	Gebirge	gebergte
Noël	Christmas	Weihnachten	Kerstmis
non clos	open site	nicht eingefriedet	niet omheind
novembre (nov.)	November	November	november
océan	ocean	Ozean	oceaan
octobre (oct.)	October	Oktober	oktober
ouverture prévue	opening scheduled	Eröffnung vorgesehen	vermoedelijke opening
Pâques	Easter	Ostern	Pasen
parcours de santé	fitness trail	Fitness-Pfad	trimbaan
passage non admis	no touring pitches	kein Kurzaufenthalt	niet toegankelijk voor kampeerders op doorreis
pente	slope	Steigung, Gefälle	helling
Pentecôte	Whitsun	Pfingsten	Pinksteren
personne (pers.)	person	Person	persoon
pierreux	stony	steinig	steenachtig
pinède	pine grove	Kiefernwäldchen	dennenbos
place (pl.)	square	Platz	plein
places limitées pour le passage	limited number of touring pitches	Plätze für kurzen Aufenthalt in begrenzter Zahl vorhanden	beperkt aantal plaatsen voor kampeerders op doorreis

29

LEXIQUE	LEXICON	GLOSSAR	WOORDENLIJST
plage	beach	Strand	strand
plan d'eau	stretch of water	Wasserfläche	watervlakte
plat	flat	eben	vlak
poneys	ponies	Ponys	pony's
pont	bridge	Brücke	brug
port	port, harbour	Hafen	haven
prairie	grassland	Wiese	weide
près de…	near	nahe bei…	bij…
presqu'île	peninsula	Halbinsel	schiereiland
prévu	projected	geplant	verwacht, gepland
printemps	spring	Frühjahr	voorjaar
en priorité	giving priority to…	mit Vorrang	voorrangs…
à proximité	nearby	in der Nähe von	in de nabijheid
quartier	(town) quarter	Stadtteil	wijk
Rameaux	Palm Sunday	Palmsonntag	Palmzondag
réservé	reserved	reserviert	gereserveerd
rive droite, gauche	right, left bank	rechtes, linkes Ufer	rechter, linker oever
rivière	river	Fluss	rivier
rocailleux	stony	steinig	vol kleine steentjes
rocheux	rocky	felsig	rotsachtig
route (rte)	road	Landstraße	weg
rue (r.)	street	Straße	straat
ruisseau	stream	Bach	beek
sablonneux	sandy	sandig	zanderig
saison	(tourist) season	Reisesaison	seizoen
avec sanitaires individuels	with individual sanitary arrangements	mit sanitären Anlagen für jeden Stellplatz	met eigen sanitair
schéma	local map	Kartenskizze	schema
semaine	week	Woche	week
septembre (sept.)	September	September	september
site	site	Landschaft	landschap
situation	situation	Lage	ligging
sortie	way out, exit	Ausgang	uitgang
sous-bois	underwood	Unterholz	geboomte
à la station	at the filling station	an der Tankstelle	bij het benzinestation
supplémentaire (suppl.)	additional	zuzüglich	extra
en terrasses	terraced	in Terrassen	terrasvormig
toboggan aquatique	water slide	Wasser-rutschbahn	waterglijbaan
torrent	torrent	Wildbach	bergstroom
Toussaint	All Saints' Day	Allerheiligen	Allerheiligen
tout compris	everything included	alles inbegriffen	alles inbegrepen
vacances scolaires	school holidays	Schulferien	schoolvakanties
vallonné	undulating	hügelig	heuvelachtig
verger	orchard	Obstgarten	boomgaard
vers	in the direction of	nach (Richtung)	naar (richting)
voir	see	sehen, siehe	zien, zie

Nos coup de cœur de l'année

Our favourite campsites of the year

Unsere beliebtesten Campingplätze des Jahres

Onze favoriete kampeerplekjes van het jaar

ENSOLITE
LE CAMPING AUTREMENT

Parmi les **2700 campings** que nous avons visités et sélectionnés pour vous, certains nous ont particulièrement séduits par leur caractère **insolite**.

Ce sont **nos coups de cœur de l'année**!

Ecoutez donc: de véritables yourtes mongoles à louer au cœur de l'Auvergne: c'est la proposition du camping de la Vie moderne. Le domaine des Ormes, en Normandie, vous offre la possibilité de dormir dans des cabanes perchées dans les arbres. Les enfants sont rois au camping du Petit Camarguais, dans le Languedoc Roussillon, où tout est conçu pour eux: club, animations, piscines et sanitaires adaptés! Pour chacun des 20 campings présentés en détail vous trouverez dans les pages qui suivent une description évocatrice, le pourquoi de son originalité ainsi que deux photos illustrant le site. Vous l'aurez compris, notre sélection de campings insolites a pour objectif de vous faire rêver, de vous donner un avant goût de vacances et de repos dans un style ou un cadre inattendu qui n'attend que vous pour être découvert!

Among the 2,700 camp sites we visited and selected for you, some of them caught our attention for their **originality**. These are **our favourites of the year!**

By way of example, the camping de la Vie moderne proposes authentic Mongolian yurts for rent in the heart of the Auvergne. The domaine des Ormes in Normandy offers the opportunity to sleep in a cabin perched up in the trees. Children are the focus of attention in the camping du Petit Camarguais, in the Languedoc Roussillon, where everything has been designed with them in mind: club, games, swimming pools and sanitary facilities! For each of the 20 camp sites presented in detail there is an evocative description, an explanation as to why the place is so original, and two photos illustrating the site. As you have surely guessed, the aim of our selection of original camp sites is to let you dream, give you a foretaste of holidays and leisure in an unexpected style or environment, just waiting to be discovered!

l'Oasis

L'Oasis
Oberbronn - Bas-Rhin (67) - p. 58

Un vent de bien-être souffle sur le parc naturel des Vosges du Nord. Découvrez le plaisir de la balnéothérapie au sein du camping municipal : sauna, piscine, hammam, fitness etc. À vous de choisir ! Si vous préférez le mouvement, gymnastique tonique et aquagym vous combleront. Goûtez aux plaisirs de la détente et laissez le temps s'étirer pour faire de ce séjour une douce parenthèse. Quant au terrain de camping, il vous permettra de profiter au mieux des vacances : chalets, terrains de jeux, animations... Qu'attendez-vous pour faire une halte à l'Oasis ?

Well-being in Alsace

An air of well-being blows over the North Vosges Nature Park. Treat yourself to the luxury of a spa in the heart of the city campsite: sauna, swimming pool, steam bath, fitness facilities, etc. There is something for everyone! Those with energy to spare will be able to work out in the gym and aquagym classes, while others will simply enjoy relaxing and taking things easy. Whatever your fancy, the village's accommodation, sports facilities and range of activities are designed to ensure you make the most of your holiday.

Alsace

Nature : 🐎 ⪕
Loisir : 🍷 snack 🎱 ✂ 🛷 🏊 parcours sportif, centre de remise en forme «l'Oasis»
Services : ♿ ⚷ ⅁⅁ ℅ 🏛 📇 ⛺ 〰 ☺ 🧺 ⚱
À prox : ⛪

INSOLITE
AMBIANCE POLYNÉSIENNE

La Paillotte

La Paillotte

La Paillotte
Azur - Landes (40) - p. 111

En bordure d'un lac classé site naturel et à proximité de l'océan, ce village ne ressemble à aucun autre...
Pins et bambous, paillottes et confortables chalets tahitiens vous plongent dans une atmosphère exotique et tropicale. Chaque logement a une grande terrasse avec des meubles en rotin qui poussent au farniente. Les campeurs ne sont pas délaissés : les emplacements sont spacieux et les sanitaires corrects. Tout est pensé pour le dépaysement : devenez Robinson Crusoë le temps d'un séjour au cœur de la forêt landaise !

Polynesian ambience

On the banks of a listed natural lake and near the ocean, this village is unlike any other. Pinewoods, bamboo groves, log cabins and Tahitian-style cottages set an exotic tropical scene. Each lodge boasts a large cane-furnished terrace, ideal for naps and relaxing. Campers have not been forgotten either - all the pitches are spacious and the shower/toilet block is more than adequate. All in all, you may well find yourself playing at Robinson Crusoe in the heart of the Landes forest!

Aquitaine

Nature : 🐚 ⟨ 🏕 🦆🦆 ⛰
Loisir : ♟ ✕ 🎱 🏓 🛶 🏖 🏐 🎣 canoë, pédalos
Services : ♿ ⚡ 🧺 ♨ 🐎 ☺ ⚕ 🚮 📞 📶 📺 🏧 🔌 🚿
À prox : 🚴 🎣 ✂ ⛰ ⚓

La Vie Moderne

34

La Vie Moderne

Céaux-d'Allègre - Haute-Loire (43) - p. 160

Vous avez l'habitude des mobile homes ? Venez tester les yourtes ! Dans un cadre très préservé, ce camping atypique propose d'investir l'habitat traditionnel mongol. Entrer dans une yourte, c'est avoir envie d'y rester car tout est authentique et pratique. Meubles peints à la main, poêle et bois : tout est ravissant ! Vous pouvez aussi vous retrouver dans la yourte commune pour échanger repas et discussions avec vos voisins. Laissez-vous guider vers la Mongolie et, sur votre route, n'hésitez pas à faire une pause à l'étang juste à côté !

Ever slept in a yourte?

Why not leave your camping car behind and try a yourte? This totally atypical campsite, set in beautifully unspoilt countryside, offers you the chance of sleeping in a traditional Mongolian home. As soon as you set foot inside a yourte, you will be enchanted by the authentic and practical hand-painted furniture and stove. You can also meet your neighbours in the communal yourte and share meals and adventures. A truly exceptional chance to sample Mongolia first hand, with the added bonus of the nearby Borne Orientale Lake.

Auvergne

Nature : 🦢 ⛱
Services : ♿ ☎ (juil. - août) ☺ ⛺
À prox : ✂ 🦢

ENSOLITE
LA VIE DE CHÂTEAU

35

La Grange Fort

Issoire - Puy-de-Dome (63) - p. 167

*U*n château médiéval au cœur d'un camping ? Si vous voulez planter votre tente face à une demeure du xve siècle, l'endroit est parfaitement choisi ! Perché en haut d'une colline, le site offre une vue absolument imprenable sur les volcans d'Auvergne.
À vous la vie de château : piscines, sauna, tennis, pêche... Profitez de l'occasion pour découvrir certaines activités dans un cadre naturel splendide : descendez l'Allier en canoë, galopez à travers champs ou survolez le Puy de Dôme en planeur. Laissez tomber votre armure et tentez l'aventure !

The Riviera at your feet

*T*he sight of the ultramarine blue sea and Corsica on the horizon will take your breath away. Perched on a rocky outcrop only two minutes from Monaco and Nice, this campsite commands a magnificent panorama of the Riviera. Yet, far from the city bustle, take the time to savour the chirping of the crickets and the sweet scent of rosemary. The nights are equally enchanting as the sea stretches across the horizon to merge into the star-studded sky. The campsite, closed to camping cars and caravans, accepts only "tented" campers, eager to enjoy the view, the peace and quiet and the surrounding countryside.

Auvergne

Nature :
Loisir : snack
Services :
sèche-linge

INSOLITE
LA BAIE DE ST-BRIEUC

P. Le Coz / Les Fauvettes

Les Fauvettes

Binic - Côtes-d'Armor (22) - p. 202

36

Sur une plage abandonnée... La chansonnette n'est pas loin pour les amateurs d'embruns. Ce terrain municipal s'étend le long de la côte du Goëlo et jouit d'une vue exceptionnelle sur la mer. Attention les yeux ! Vivez au rythme des marées le temps d'un séjour aux Fauvettes : bain de mer revigorant, chemin des douaniers et jeux sur la plage avec les enfants. À proximité se trouve une piscine qui vous relaxera avec sauna et hammam. Entre une excursion à l'île de Bréhat ou Saint-Brieuc, n'hésitez pas à profiter du soleil et du panorama.

Bay of St-Brieuc

Exceptionally located on a deserted beach, the noise of the breaking waves will provide the soundtrack to this holiday. The city campsite stretches along the Goëlo coast, commanding stunning views of the sea. Holidaymakers soon learn to organise their day around the ebb and flow of the tides, enjoying invigorating dips in the sea, walks along the coastal paths and beach games with the children. A nearby swimming pool also boasts a relaxing sauna and steam bath. So in between a trip to the island of Bréhat and Saint-Brieuc, be prepared to make the most of the sunshine and the seascape.

Bretagne

Nature : ⋖ sur la baie de St-Brieuc
Loisir : 🏄
Services : ♿ c̄V Ⓜ 🈸 ☺ 📞 🔲

P. Allan / Kura Images / Domaine des Ormes

Domaine des Ormes

Dol-de-Bretagne - Ille-et-Vilaine (35) - p. 243

Vous voulez prendre de la hauteur avec votre quotidien ? Des cabanes construites dans les arbres (de 4 à 13m de hauteur) vous permettent d'assouvir un rêve d'enfant : dormir en toute sécurité dans un lieu hors du commun. De la familiale à la tyrolienne, choisissez le modèle qui vous convient. Sensations fortes garanties !

Si vous préférez garder les pieds sur terre, le domaine des Ormes vous séduira aussi : poneys, parc aquatique, golf, terrain omnisport... Entre amis ou entre amoureux, l'atmosphère et l'aventure réveilleront le Peter Pan qui dort en vous !

A night in a tree house

Ever dreamt of sleeping a tree house? These tree cabins (between 4 and 13 metres off the ground) are a childhood dream come true, offering a safe night's sleep in a setting that is simply "out of this world". Ranging from two-people to family-sized cabins, choose the model that suits you and be ready to enjoy the thrill to the full. When you're ready to return to earth, the Domaine des Ormes has something for everyone: ponies, water leisure park, golf course, games and sports facilities, etc. Whether with friends, the family or in a couple, the adventurous atmosphere is certain to awaken the Peter Pan lying dormant in you!

Bretagne

Nature :

Loisir : pizzeria discothèque, salle d'animation poneys (centre équestre), golf, théâtre de plein air, terrain omnisport, practice de golf

Services : GB sèche-linge

J.F. Branchet / Michelin

Le Vieux-Moulin

Iles aux Moines - Morbihan (56) - p. 257

*L*e voyage à l'Île-aux-Moines vaut le détour : un camping traditionnel avec un emplacement idyllique. Vous êtes sur la plus grande île du golfe du Morbihan, mais le charme est intact. Seules les tentes sont acceptées dans ce camping, ce qui renforce le côté préservé du lieu. Encerclé par la mer, prenez le temps de vous balader dans la nature environnante. Savourez la Bretagne : les maisonnettes aux volets bleus, les bateaux de pêche et les envols de mouettes ! Un lieu qui donne envie de s'arrêter et de suspendre le temps.

Alone in the world

A trip to the Île-aux-Moines is well worth the effort, as a stay in this idyllically located traditional campsite will illustrate. Although the largest of the Morbihan islands, it has lost nothing of its insular charm. Only tents are allowed in this campsite, which further reinforces the unspoilt appeal of the location. Take the time to explore the magnificent countryside encircled by the sea. As you do, admire the picture postcard scenes of Brittany from the blue-shuttered cottages and fishing boats to the seagulls soaring skywards. All in all, you may well never want to leave this island that seems untouched by time.

Nature :
Loisir :
Services :
À prox :

Bretagne

INSOLITE
VILLAGE DE PÊCHEURS

M. Chaput / Michelin

Les bois du Bardelet
Gien - Loiret (45) - p. 293

39

*L*es pieds dans l'eau. Il n'y pas de mot plus juste pour décrire ce camping situé sur les bords de Loire. Près d'un étang, vous trouverez des chalets disposés de façon charmante et qui sont une réelle invitation au farniente. Bienvenue au royaume de la pêche ! Les amateurs partageront leurs trucs et astuces ou profiteront du calme environnant. Changez de programme le temps d'une journée et tentez une longueur dans la piscine, une virée en canoë ou une excursion à Gien pour admirer le doyen des châteaux de la Loire.

An anglers' village

*W*ater is the prevailing feature of this riverside campsite on the banks of the Loire. Located near a small lake, the cabins are pleasantly dotted around the site, inviting you to relax and wind down. Welcome to the kingdom of anglers! Enthusiasts will wax lyrical as they exchange tricks of the trade or simply enjoy the peaceful countryside. Others may prefer the swimming pool or the appeal of a canoe trip, while further afield is Gien, home to the oldest of the Loire castles.

Centre

Nature : 🌿 ♀♀
Loisir : ♟ ✗ 🏃 🚣 🚴 🏓 🎿 ⛳ canoë
Services : ♿ ⚷ GB 📺 🍴 🛒 ⚕ 🏊 ☉ 🚿 📞
🧺 sèche-linge 🔌 🚰

La Marina d'Erba

Marina d'Erba Rossa

Ghisonaccia - Haute-Corse (2B) - p. 321

p. 321

40

*V*enez avec vos enfants, ils vont tout simplement adorer ! Autruches, oies, kangourous, sangliers, ânes... Un véritable parc animalier est à l'honneur dans ce camping. Les petits seront ravis de venir voir les animaux tandis que les grands penseront à mettre du pain de côté tous les jours ! Les aménagements sont particulièrement soignés et le cadre fait rêver : profitez des chaises longues avec vue sur la mer ou déambulez le long des allées à l'ombre des palmiers. Si la nature vous attire, le maquis est à deux pas, tout comme la mer et la piscine, si vous avez envie de fraîcheur.

Poised between water and zoo

*H*eaven on earth for children! Ostriches, geese, kangaroos, boar and donkeys are just some of the inhabitants of the zoo that is the pride and joy of this campsite. Youngsters adore visiting the animals, although their parents will have to remember to save some bread to feed the site's menagerie! The setting is delightful and the amenities of particularly high quality from the long alleyways shaded by palm trees to the deckchairs overlooking the sea. The nearby maquis offers the chance to explore unspoilt countryside, after which you will be able to take a refreshing dip in the sea or the pool.

Nature : 🏕 ♉♉ ⛺
Loisir : 🍷 🍴 pizzeria 🎱 🍸 🤸 🛶 🚲 🏓 ⛳ 🏊
parc animalier
Services : ♿ ⚡ GB c̓v 🗄 ☺ ⛱ 📞 🔲 🔲 🚿
cases réfrigérées
À prox : discothèque 🐎 plongée, sports nautiques

Corse

INSOLITE
PARIS PAS CHER

Le bois de Boulogne
Paris (75) - p. 343

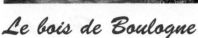

41

Paris a ses mystères que seul le camping peut percer !
Si les vacances à Paris sont trop chères, ce terrain situé au cœur du bois de Boulogne permet de se loger sans se ruiner. Une navette fait plusieurs fois par jour le transport jusqu'aux portes de Paris (en saison). Profitez de la proximité pour faire découvrir aux petits le jardin d'acclimatation, les serres d'Auteuil et le parc de Bagatelles. Pour les grands, journées culturelles et nuits parisiennes sont à portée de main !

Paris on a shoestring
Paris is a city of a mystery that only a campsite can reveal! A holiday in Paris can be ruinous, but this campsite in the heart of the Bois de Boulogne makes it possible to stay close to the centre without going broke. In season, a shuttle ferries campers to the gates of Paris several times a day. Kids will love the nearby Jardin d'acclimatation, Auteuil greenhouses and Bagatelles park, but the more mature visitor will probably be more attracted to Paris' culture and nightlife.

Ile-de-France

Nature : ⌂ 🌳🌳
Loisir : 🍷 🍴
Services : ♿ ⚷ GB ✂ 🏧 🛗 ☺ 🚿 ⚡ 📞
🧺 sèche-linge 🔌

R. Etienne / Rambouillet / Huttopia

Huttopia
Rambouillet - Yvelines (78) - p. 346

Loin des terrains industrialisés, Huttopia propose de retrouver les joies du camping sauvage dans la forêt de Rambouillet. Écologie peut-être, mais environnement surtout ! Huttopia met en avant la nature de façon ludique et originale. Le bois sera votre meilleur ami au cours de votre séjour : où donner de la tête entre cabanes, roulottes et forêt environnante ? Si le cœur vous en dit, profitez d'une partie de pêche en solo, d'un tour en vélo ou d'un plongeon dans la piscine. Mais soyez prudents, vous pourriez prendre goût à cette vie dans la peau de Tom Sawyer !

Back to grass roots

A far cry from some "industrial" campsites, Huttopia offers you the chance of rediscovering the joy of traditional ridge tent camping in the forest of Rambouillet. Ecological no doubt, but environmental above all! Huttopia places nature at the heart of its concept in an amusing and unusual manner. Wood naturally enough will dominate your stay from the log cabins and gypsy caravans to the surrounding forest. In terms of leisure activities, choose between a spot of quiet angling, a bicycle ride or a dip in the pool. Beware, though, you may never want to return to the city!

Ile-de-France

Nature : 🦎 🛏 ♨

Loisir : 🍷 snack 🎱 🎭 🎠 🐟

Services : ♿ ☎ 💳 📷 🏧 🗄 ⛱ 🙂 ♨ 🚼 ☏

🖨 sèche-linge

À prox : 🏊 ⛺ parc animalier

Le Petit Camarguais

Les petits camarguais

Port-Camargue - Gard (30) - p. 365

p. 365

Un lieu original pensé pour le plaisir des petits et le confort des grands. Les enfants sont rois dans ce domaine : club où ils sont encadrés, animations, piscines et sanitaires adaptés... Entre un concours de château de sable et une glissade sur les toboggans, ils auront à peine le temps de déguster une glace ! Les adultes n'ont qu'à bien se tenir : bains de soleil et bains de mer leur permettront de se relaxer à souhait. Rien de tel qu'une sortie, à vélo ou à cheval, pour découvrir le Gard et apprécier les vacances en famille. Attention, Casimir peut surgir à tout instant !

Children's Island

This unusual village has been designed to entertain the young and pamper the not so young. Children are without doubt the stars of the show from the play club complete with play leaders and special events to the specially adapted pools and shower/toilet facilities. As they rush from the sandcastle competition to the waterslides, they will hardly have time to stop for an ice cream. Mums and dads will however no doubt prefer relaxing in the sunshine, pausing only to cool off in the sea from time to time. Families also enjoy getting together to explore the Gard on horseback or by bicycle.

Languedoc-Roussilon

Nature : 〰 ♀♀
Loisir : ♊ snack ⊖ nocturne 🏃 🏇 -◉
⛵ terrain omnisport
Services : ⊶ ⊞ ⊂∨⊗ ☎ ⊙ 🗑 🛏 🚼
À prox : ✂ 🎾 🐎

INSOLITE
ENCERCLÉ D'EAU

Y. Desbuquois / Le Gibanel

Le Gibanel
Argentat - Corrèze (19) - p. 411

44

*U*n méandre de la Dordogne où le temps est suspendu ! L'eau encercle quasiment ce superbe terrain où trône un château du XVIe siècle. Votre confort est roi : la salle de restaurant dans l'enceinte du château, le cadre arboré, les sanitaires rénovés... Sans troubadour ni trompette, goûtez à l'accueil familial et chaleureux. Au cœur du Pays Vert, ce camping est un lieu parfait de villégiature. Glissez sur la Dordogne en canoë, testez vos talents au tir à l'arc ou découvrez les plaisirs de la Corrèze. À vous les parties de pétanque ou de pêche, à l'ombre d'un arbre ou les pieds dans l'eau.

Encircled by water

*T*ime appears to have stood still in this meander of the Dordogne! Water almost encircles this superb estate in the heart of which stands a 16C château. Your comfort takes pride of place from the restaurant in the castle walls and the wooded park to the renovated shower/toilet block. Free of the trappings of troubadours and trumpets, savour the warmth of a genuinely friendly welcome. In the heart of the French countryside, this campsite is the ideal holiday spot. Take a canoe onto the calm waters of the Dordogne, try your hand at archery or explore the Corrèze landscape. Closer to home, while away the hours playing boules beneath shady trees or angling as you cool your toes in the water.

Nature :

Loisir : ▼ pizzeria le soir 🏠 🍴 🎯 🏹 🐬 terrain omnisport, canoë

Services : ♿ ⛽ 💳 📷 🗑 🚿 🔥 ☺ 🚗 📞 🧺 sèche-linge 🧺 🚰

Limousin

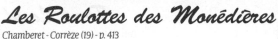
Les Roulottes des Monédières

Les Roulottes des Monédières

Chamberet - Corrèze (19) - p. 413

45

Roulez jeunesse ! À proximité d'Uzerche, une ribambelle de roulottes vous attend pour passer une nuit dans un cadre insolite. Ni feu de camp ni fado, mais ambiance garantie ! Équipées d'un lit et d'une salle d'eau, certaines ont aussi un coin cuisine pour ceux qui voudraient s'installer plus longtemps. En couple ou en famille, profitez de ce site sympathique qui n'a rien de rustique : mobilier de jardin, piscine couverte, arboretum, fitness... Et si vous voulez continuer à vous dépayser, n'hésitez pas à tenter le baptême de montgolfière à Pompadour !

A Bohemian night

Spend an unusual night in a gypsy caravan near Uzerche. The Bohemian atmosphere is so captivating that you won't even notice there's no campfire or singing! All the caravans are equipped with a bed and bathroom and some also boast a kitchenette should you wish to prolong your stay. Whether you're travelling as a couple or with a family, you will enjoy the amenities of this far from rustic site: garden furniture, indoor pool, arboretum, fitness facilities, etc. The more adventurous may even fancy a hot-air balloon ride at Pompadour!

Nature : 🐦 🌿
Loisir : snack 🍴 🚴 🎿 billard 🛷 🚲 🏞 poneys
Services : 🔑 🚐 GB c̄v 📖 📞 📠 sèche-linge 👕

Limousin

M. Chaput / Michelin

Port'Land

Port-en-Bessin - Calvados (14) - p. 513

La mer à proximité, un étang où se baigner, une piscine où barboter... L'eau semble être la reine du domaine, mais c'est en fait la nature qui prime ici. Des arbres aux fleurs, toutes les plantations ont été pensées par les propriétaires paysagistes. Le résultat coupera le souffle aux amoureux de verdure : un paysage arboré avec plus d'une centaine d'essences de bois. Et si vous voulez admirer l'horizon, testez votre swing au golf d'Omaha Beach tout en admirant la vue plongeante sur la mer.

Communing with nature

Swimmers and bathers will find it difficult to choose between the nearby sea, lake and swimming pool. At first glance, water seems to reign undisputed in this estate, but it is in fact nature that takes pride of place. From the trees to the flowers, every last detail of the site has been carefully planned and nurtured by the landscape designer owners. The beauty of the wooded landscape, home to over a hundred species of trees, will leave nature lovers lost for words. For a glimpse of the horizon, head up to Omaha Beach Golf Club and gaze at the sea crashing below at the foot of the cliffs.

Normandie

Nature : 🦌 🛏

Loisir : 🍷 ✕ 🏟 🎭 🏃 🏄 🎿 (découverte en saison)
🪶 terrain omnisport, parcours de santé

Services : ♿ ⚷ 🇬🇧 📶 Ⓜ 🚿 ♨ ⊕ ⛽ 🚰 📞
🔲 sèche-linge 🖥 ♨

À prox : ✕ 🦆 golf

INSOLITE
L'ÎLE EN HÉLICO

T. Lambelin / Océan

L'océan

La Couarde-sur-Mer - Île-de-Ré (17)- p. 619

Découvrir l'île de Ré à pied ou à vélo ne relève pas de l'exploit. En revanche, survoler l'île à bord d'un hélicoptère, voilà quelque chose d'insolite ! L'Océan propose des baptêmes d'hélicoptère pour tous les aventuriers qui ont soif de paysages (en haute saison). Prenez de la hauteur pour admirer les étendues de sable fin et le bleu azur de la mer. Une fois que vous aurez de nouveau les pieds sur terre, profitez de la piscine du camping, de la plage à proximité et des bains de soleil. Si vous n'êtes toujours pas fatigué, il est encore temps de faire le tour de l'île à vélo !

A helicopter view of the island

Exploring the island of Ré by bicycle or on foot is almost old-hat, but a helicopter tour of the island is definitely something else! In the high season, L'Océan offers helicopter flights for adventurers in search of stunning landscapes and, indeed, who could forget the sight of the island's long sandy beaches and deep blue sea? Once firmly back on land, head for the campsite's swimming pool or the nearby beach and bask in the sun, although those with energy still to spare are also welcome to embark on a bicycle tour of the island!

Poitou-Charentes

Nature : 🏕 ♀
Loisir : ♥ ✗ 🛏 🎯 🚴 salle d'animation 🛶 🚲 🎾
🎣 🏑 terrain omnisport
Services : ♿ ⚡ 🅶🅱 📶 🏧 ⛽ 😊 🧺 🚮 📞 📶
🎰 sèche-linge 🧴 ⛲
À prox : baptême d'hélicoptère en juil-août

INSOLITE
CHALUTIER DROIT DEVANT

Le Bâteau

Le Bateau
Rochefort - Charente-Maritime (17) - p. 630

Il est grand temps d'embarquer : bienvenue à bord d'un camping original et sympathique. Reproduit grandeur nature, un chalutier installé au détour d'une allée abrite les sanitaires. Transformez-vous en mousse le temps d'une douche et laissez les enfants admirer l'intérieur du bateau.

Il est solidement arrimé, mais que cela ne vous empêche pas de faire un plongeon dans la piscine ou une virée vers l'île de Ré !

Au cœur d'un méandre de la Charente, le camping est parfaitement situé pour faire de la voile, pêcher ou découvrir les environs.

Trawler on the horizon

This unusual and pleasant campsite offers the dual appeal of land and river. A full-scale reproduction of a fishing trawler moored in a bend on the riverbank is home to the site's shower/toilet block. Watch as your children excitedly explore the boat's interior, transformed into budding ship's boys and girls as they take their showers. However do not let the boat's firm anchorage prevent you from taking a dip in the pool or venturing further afield to explore the island of Ré. Tucked away on a meander of the Charente, the campsite is ideally located for sailing, angling and excursions around the region.

Poitou-Charentes

Nature :
Loisir : ☕ snack
Services :
À prox :

Le Futuriste

Le Futuriste

St-Georges-lès-Baillargeaux - Vienne (86)- p. 642

Le marais poitevin vous ouvre ses portes et, pas d'erreur possible, c'est bien le Futuroscope que vous apercevez dans la vallée ! Cette situation dominante permet de vivre au camping sans perdre de vue le parc et sa célèbre sphère. Profitez du Futuriste, de la piscine chauffée, des parties de pêches ou des aires de jeux. Puis, en famille ou entre amis, découvrez les attractions du Futuroscope et de son spectacle nocturne : les effets de lumière, d'images et de feu sont absolument spectaculaires !

Change of planet

As you enter this campsite, in the heart of the lush Poitevin marshlands, you are not mistaken, it is indeed the Futuroscope you can see in the distance. The site's lofty location makes it possible to combine the pleasures of camping whilst enjoying the magnificent view of the theme park and its famous dome. The Futuriste is packed with leisure activities for families and groups of friends, including a heated pool, angling and outdoors games. The appeal of the Futuroscope is however undeniable and the night-time show of lights and fireworks is simply spectacular!

Poitou-Charentes

Nature : ⇐ ▱ ♀
Loisir : ♼ ✕ ▱ ☺ *diurne* ⚗ ⚒ ⚟ ⚓
terrain omnisport
Services : ♿ ⚷ ⅁Ⅲ c̄v ⊞ ⊡ ⊙ ⚱ ⚐ ▣ *sèche-linge* ⚲

INSOLITE
LA RIVIERA À VOS PIEDS

Les Romarins

Les Romarins

Eze - Alpes-Maritimes (06) - p. 671

50

Un point de vue à couper le souffle : la mer bleu azur et la Corse à l'horizon... Perché sur un piton rocheux, ce camping jouit d'une vue absolument magnifique sur la Riviera, à deux pas de Monaco et Nice. Et pourtant, loin de la ville, prenez le temps d'apprécier le chant des cigales et le parfum du romarin. La nuit, le cadre est tout aussi enchanteur quand la mer à perte de vue se confond avec le ciel étoilé. Ici, pas de mobile home ni de caravane, seuls les campeurs sousl a tente profitent de la vue, du calme et des alentours !

The Riviera at your feet

The sight of the ultramarine blue sea and Corsica on the horizon will take your breath away. Perched on a rocky outcrop only two minutes from Monaco and Nice, this campsite commands a magnificent panorama of the Riviera. Yet, far from the city bustle, take the time to savour the chirping of the crickets and the sweet scent of rosemary. The nights are equally enchanting as the sea stretches across the horizon to merge into the star-studded sky. The campsite, closed to camping cars and caravans, accepts only "tented" campers, eager to enjoy the view, the peace and quiet and the surrounding countryside.

Provence-Alpes
Côte-d'Azur

Nature : 🌿 ⩽ baie de Villefranche et St-Jean-Cap-Ferrat ⚲
Loisir : 🍷
Services : 🔑 🅿 🚿 📶 🧺

L'étoile d'Argens

L'étoile d'Argens

St-Aygulf - Var (83) - p. 692

Une navette qui amène les vacanciers au milieu des vagues ? Toutes les 40 minutes, larguez les amarres et prenez la direction la mer ! Ce camping situé au bord de la rivière Argens et à deux pas de la mer offre ce court trajet sur l'eau qui amusera les enfants ; quant aux adultes, ils seront ravis de laisser leur voiture au camping. Côté terre, les emplacements respectent la végétation et sont assez spacieux. À proximité des gorges du Verdon et de Saint-Tropez, laissez-vous tenter par une escale ensoleillée. Une petite pensée pour les ados : piscines, terrain omnisport et discothèque les raviront.

Betwixt sea and river

A river shuttle thoughtfully ferries holidaymakers down to the seashore every 40 minutes, so hop on board and head to the sea! Children adore the excitement afforded by this brief river trip and adults are only too thankful to leave their cars behind in this campsite on the banks of the River Argens, just two minutes from the sea. Back on dry land, the site blends in admirably with the surrounding vegetation and the pitches are all quite spacious. Teenagers are inevitably enchanted by the village's swimming pools, sports courts and nightclub. Within easy reach of the Verdon Gorges and Saint-Tropez, it is ideal for a stay in sunny southern France.

Provence-Alpes Côte-d'Azur

Nature : 🐎 🛏 ♉♉
Loisir : 🍷 🍴 pizzeria 🎣 🏇 jacuzzi discothèque
🏄 🚴 ⛳ 🎾 🔫 ⛵ terrain omnisport, ponton d'amarrage
Services : ♿ ⚡ 🆖 📺 🏧 🍴 ♨ ⏰ ⛲ 🚿 🛁 📶
🧺 sèche-linge 🚰 🚿
À prox : golf

Les **terrains** sélectionnés ■

Selected **camping** sites ■

Ausgewählten **Campingplätze** ■

De geselekteerde **terreinen** ■

53

ALSACE

R. Mattes/Michelin

Si l'Alsace vous était contée, l'histoire décrirait le romantisme des châteaux forts érigés au pied des Vosges, les douces collines submergées d'une mer de ceps ou la féerie des villages de poupée égayant la plaine. Elle exalterait Colmar et l'adorable « petite Venise » avec ses balcons fleuris et ses cigognes, et inviterait à flâner dans Strasbourg dont le marché de Noël fait resplendir la cathédrale... Il se dégage de la capitale de l'Europe une chaleur que même la rudesse de l'hiver ne peut atténuer : nid douillet de la « Petite France » dont les belles maisons à colombages se reflètent dans l'Ill, ambiance conviviale des brasseries propices à la dégustation d'une bonne bière, et pittoresque décor des winstubs aptes à calmer les appétits les plus féroces avec force choucroutes, bäeckeoffes et kouglofs.

Alsace is perhaps the most romantic of France's regions, a place of fairy-tale castles, gentle vine-clad hills and picture-perfect villages perched on rocky outcrops or nestling in lush green valleys. From Colmar's Little Venice with its flower-decked balconies and famous storks to the lights of Strasbourg's Christmas market or the half-timbered houses reflected in the meanders of the River Ill, Alsace radiates a warmth that even the winter winds cannot chill. So make a beeline for the boisterous atmosphere of a brasserie and sample a real Alsace beer or head for a local "winstub" and tuck into a steaming dish of choucroute — sauerkraut with smoked pork — and a huge slice of kugelhof cake, all washed down with a glass of fruity Sylvaner or Riesling wine.

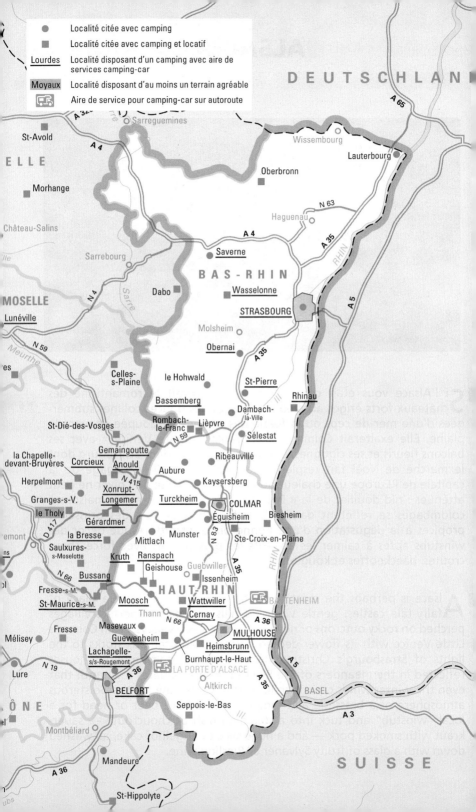

BASSEMBERG

⊠ 67220 – **315** H7 – 260 h. – alt. 280
Paris 432 – Barr 21 – St-Dié 35 – Sélestat 19 – Strasbourg 59.

Le Giessen 22 mars-21 sept.
  ℘ 03 88 58 98 14, *cplgiessen@atciat.com*,
  Fax 03 88 57 02 33, *http://www.camping-giessen.com*
  – **R** conseillée
  4 ha (175 empl.) plat, herbeux
  Tarif : 23,80 € ⚡ 🚐 🔲 🚿 (6A) – pers. suppl. 6,40 € – frais
  de réservation 25 €
  Location 🔥 : 24 🛏 (4 à 6 pers.) 294 à 735 €/sem. – 26
  🏠 (4 à 6 pers.) 189 à 672 €/sem. – bungalows toilés
  (avec sanitaires)
  🚐 1 borne artisanale
  Pour s'y rendre : sortie NE sur D 39, rte de Villé, bord du
  Giessen
  À savoir : près d'un complexe aquatique

| Nature : ≤ ⊏ |
| Loisirs : 🍴 🕐 diurne (Juil.-août) 🏖 |
| Services : 🔥 🚿 ⊖⊟ 🐾 🗑 🔲 🏪 ♿ |
| 🛁 ✈ 📷 |
| À prox. : 🎣 🏔 🔲 ⛷ 🏊 skate-park |

*Les indications d'accès à un terrain sont généralement indiquées,
dans notre guide, à partir du centre de la localité.*

DAMBACH-LA-VILLE

⊠ 67650 – **315** I7 – G. Alsace Lorraine – 1 973 h. – alt. 210
🅱 *Office de tourisme, 11, place du Marché* ℘ *03 88 92 61 00, Fax 03 88 92 47 11*
Paris 443 – Barr 17 – Obernai 24 – Saverne 61 – Sélestat 8 – Strasbourg 52.

Les Reflets du Vignoble avr.-1er nov.
  ℘ 03 88 92 48 60, *reflets@calixo.net*, Fax 03 88 92 48 60,
  www.les-reflets.com – **R** conseillée
  1,8 ha (120 empl.) plat, herbeux
  Tarif : 14,70 € ⚡ 🚐 🔲 🚿 (6A) – pers. suppl. 3,90 € – frais
  de réservation 15 €
  Pour s'y rendre : E : 1,2 km par D 210 rte d'Ebersheim et
  chemin à gauche
  À savoir : cadre ombragé

| Nature : 🌳🌳 |
| Services : 🔥 🚿 🐾 🗑 ♿ 🛁 📷 |
| À prox. : 🎣 |

57

Le HOHWALD

⊠ 67140 – **315** H6 – G. Alsace Lorraine – 386 h. – alt. 570 – Sports d'hiver : 600/1 100 m ⅀1 🎿
🅱 *Office de tourisme, square Kuntz* ℘ *03 88 08 33 92, Fax 03 88 08 30 14*
Paris 430 – Lunéville 89 – Molsheim 33 – St-Dié 46 – Sélestat 26 – Strasbourg 51.

Municipal Permanent
  ℘ 03 88 08 30 90, *lecamping.herrenhaus.@orange.fr*,
  Fax 03 88 08 30 90 – alt. 615 – **R** conseillée
  2 ha (100 empl.) accidenté, en terrasses, herbeux, gravillons
  Tarif : 13 € ⚡ 🚐 🔲 🚿 (16A) – pers. suppl. 4 €
  Pour s'y rendre : sortie O par D 425 rte de Villé
  À savoir : à la lisière d'une forêt

| Nature : 🌳🌳 |
| Loisirs : 🎣 🏖 parcours sportif |
| Services : 🚿 ⊖⊟ 🐾 🗑 ♿ 📷 |

LAUTERBOURG

⊠ 67630 – **315** N3 – 2 269 h. – alt. 115
🅱 *Office de tourisme, 21, rue de la 1ère Armée* ℘ *03 88 94 66 10, Fax 03 88 54 61 33*
Paris 519 – Haguenau 40 – Karlsruhe 22 – Strasbourg 63 – Wissembourg 20.

Municipal des Mouettes 15 mars-15 nov.
  ℘ 03 88 54 68 60, *camping-lauterbourg@wanadoo.fr*,
  Fax 03 88 54 68 60, *www.camping-lauterbourg.fr.st* – places
  limitées pour le passage – **R** conseillée 🐾
  2,7 ha (136 empl.) plat, herbeux
  Tarif : 16,30 € ⚡ 🚐 🔲 🚿 (6A) – pers. suppl. 3,70 €
  Pour s'y rendre : SO : 1,5 km par D 3 et chemin à gauche, à
  100 m d'un plan d'eau (accès direct)

| Loisirs : 🍴 snack |
| Services : 🔥 🚿 🔲 🗑 ♿ 📷 |
| À prox. : 🏖 🎣 🛶 🚣 |

OBERBRONN

✉ 67110 – **315** J3 – G. Alsace Lorraine – 1 424 h. – alt. 260
Paris 460 – Bitche 25 – Haguenau 24 – Saverne 36 – Strasbourg 53 – Wissembourg 37.

L'Oasis 15 mars-15 nov.
℘ 03 88 09 71 96, *oasis.oberbronn@laregie.fr,*
Fax 03 88 09 97 87 – **R** conseillée
2,5 ha (148 empl.) plat et peu incliné, herbeux, pierreux
Tarif : 15,90 € ⚹ 🚐 🔲 ⚡ (10A) – pers. suppl. 3,80 €
Location (permanent) : 28 🏠 (4 à 6 pers.) 255 à
700 €/sem. – huttes, gîte d'étape
🚐 1 borne eurorelais 4 € – 7 🔲 16 €
Pour s'y rendre : S : 1,5 km par D 28, rte d'Ingwiller et
chemin à gauche
À savoir : à la lisière d'une forêt

Nature : 🏕 ≤
Loisirs : 🍴 snack 🎯 🏊 🏓 🎿
parcours sportif, centre de remise
en forme "l'Oasis"
Services : 🚿 ⚡ GB 🚗 🛏 🗑 🧺 🔥
🕐 🖼 🛗
À prox. : 🏃

*Pour choisir et suivre un itinéraire
Pour calculer un kilométrage
Pour situer exactement un terrain (en fonction des
indications fournies dans le texte) :
Utilisez les **cartes MICHELIN** ,
compléments indispensables de cet ouvrage.*

OBERNAI

✉ 67210 – **315** I6 – G. Alsace Lorraine – 10 471 h. – alt. 185
🅸 *Office de tourisme, place du Beffroi* ℘ *03 88 95 64 13, Fax 03 88 49 90 84*
Paris 488 – Colmar 50 – Erstein 15 – Molsheim 12 – Sélestat 27 – Strasbourg 31.

58

Municipal le Vallon de l'Ehn Permanent
℘ 03 88 95 38 48, *camping@obernai.fr,* Fax 03 88 48 31 47,
www.camping-alsace.com – **R** conseillée
3 ha (150 empl.) plat, peu incliné, herbeux
Tarif : 16,40 € ⚹ 🚐 🔲 ⚡ (16A) – pers. suppl. 4 €
🚐 1 borne eurorelais 2 €
Pour s'y rendre : sortie O par D 426 rte d'Ottrott, pour
caravanes : accès conseillé par rocade au S de la ville

Nature : ≤
Loisirs : 🎯 🏊 🏃
Services : 🚿 ⚡ GB 🚗 🛏 🗑 🧺 🕐
🛗 🔥 🎣 🖼 sèche-linge
À prox. : 🏓 🖼 🎿 🐎 (centre
équestre) parc public

RHINAU

✉ 67860 – **315** K7 – G. Alsace Lorraine – 2 348 h. – alt. 158
🅸 *Office de tourisme, 35, rue du Rhin* ℘ *03 88 74 68 96, Fax 03 88 74 83 28*
Paris 525 – Marckolsheim 26 – Molsheim 38 – Obernai 28 – Sélestat 28 – Strasbourg 39.

Ferme des Tuileries avr.-sept.
℘ 03 88 74 60 45, *camping.fermetuileries@neuf.fr,*
Fax 03 88 74 85 35, *www.fermedestuileries.com* – **R** 🏕
4 ha (100 empl.) plat, herbeux
Tarif : 13,10 € ⚹ 🚐 🔲 ⚡ (6A) – pers. suppl. 3,30 €
Location (avr.-déc.) : 5 🏠 (4 à 6 pers.) 350 à 600 €/sem.
🚐 1 borne artisanale – 15 🔲
Pour s'y rendre : sortie NO rte de Benfeld

Nature : 🏕 🌳
Loisirs : snack 🎯 🚲 🏓 🏃 🎿 🚤
(plan d'eau) 🎿 🎣
Services : ⚡ 🚗 🛏 🗑 🧺 🕐 🖼 sè-
che-linge 🎣

ST-PIERRE

✉ 67140 – **315** I6 – 532 h. – alt. 179
Paris 498 – Barr 4 – Erstein 21 – Obernai 12 – Sélestat 15 – Strasbourg 40.

Municipal Beau Séjour 15 mai-sept.
℘ 03 88 08 52 24, *camping.saintpierre@laposte.net,*
Fax 03 88 08 52 24, *www.pays-de-barr.com* – **R** conseillée
0,6 ha (47 empl.) plat, herbeux
Tarif : 13 € ⚹ 🚐 🔲 ⚡ (6A) – pers. suppl. 3 €
🚐 6 🔲 14 €
Pour s'y rendre : au bourg, derrière l'église, bord du
Muttlbach

Nature : 🏕
Loisirs : 🏓
Services : ⚡ 🚗 🕐
À prox. : 🏊

SAVERNE

✉ 67700 – **315** I4 – G. Alsace Lorraine – 11 201 h. – alt. 200
🛈 *Office de tourisme, 37, Grand'Rue ℰ 03 88 91 80 47, Fax 03 88 71 02 90*
Paris 450 – Lunéville 88 – St-Avold 89 – Sarreguemines 65 – Strasbourg 39.

▲ **Municipal** avr.-sept.
ℰ 03 88 91 35 65, *camping.saverne@ffcc.asso.fr*,
Fax 03 88 91 35 65
2,1 ha (144 empl.) peu incliné, plat, herbeux
Tarif : (Prix 2007) 13,20 € 👤 🚗 🅿 (16A) – pers.
suppl. 3,20 €
🚐

Pour s'y rendre : SO : 1,3 km par D 171, rte du Haut-Barr et
rue Knoepffler à gauche

> Nature : ≤ ♀
> Loisirs : 🏠 ⚓
> Services : ♿ ☎ GB ⚡ 🏪 🔌 ☺ ⚖
> 🖼
> À prox. : ✖ 🐎 poneys (centre
> équestre)

SÉLESTAT

✉ 67600 – **315** I7 – G. Alsace Lorraine – 17 179 h. – alt. 170
🛈 *Office de tourisme, boulevard Leclerc ℰ 03 88 58 87 20, Fax 03 88 92 88 63*
Paris 441 – Colmar 24 – Gérardmer 65 – St-Dié 44 – Strasbourg 55.

▲ **Municipal les Cigognes** 15 avr.-sept.
ℰ 03 88 92 03 98, *accueil@selestat-tourisme.com*,
Fax 03 88 92 17 64, *www.selestat-tourisme.com*
– **R** conseillée
0,7 ha (48 empl.) plat, herbeux
Tarif : 13,90 € 👤 🚗 🅿 (6A) – pers. suppl. 3,50 €
🚐 1 borne eurorelais 4,35 € – 🚐 14.30 €
Pour s'y rendre : R. de la 1ère D.F.L.

> Nature : ♀
> Services : ☎ ⚡ 🔌 ☺ 🖼
> À prox. : ✖ 🖼 🏊

STRASBOURG

✉ 67000 – **315** K5 – G. Alsace Lorraine – 272 700 h. – alt. 143
🛈 *Office de tourisme, place de la Gare ℰ 03 88 32 51 49 – 17, place de la cathédrale ℰ 03 88 52 28 28,*
Fax 03 88 52 28 29
Paris 488 – Baden-Baden 63 – Karlsruhe 87 – Metz 162 – Stuttgart 160.

59

▲ **La Montagne Verte** Permanent
ℰ 03 88 30 25 46, *aquadis1@wanadoo.fr*,
Fax 03 86 37 95 83, *www.aquadis-loisirs.com* – **R** conseillée
2,5 ha (190 empl.) plat, herbeux
Tarif : 👤 3,90 € 🚗 2 € 🅿 5,60 € – 🅿 (6A) 4,50 € – frais de
réservation 10 €
🚐 1 borne artisanale – 20 🅿

> Nature : ♀
> Loisirs : 🍴 snack 🏠
> Services : ♿ ☎ GB ⚡ 🔌 🛁 ☺ ⚖
> 🖼 sèche-linge
> À prox. : ⚓ ✖

Les chaumes de la route des Crêtes

R. Mattes/Michelin

WASSELONNE

✉ 67310 – **315** I5 – G. Alsace Lorraine – 5 542 h. – alt. 220
🄸 *Syndicat d'initiative, 22, place du Général Leclerc 🕾 03 88 59 12 00, Fax 03 88 04 23 57*
Paris 464 – Haguenau 42 – Molsheim 15 – Saverne 15 – Sélestat 51 – Strasbourg 27.

🚐 **Municipal** 15 avr.-15 oct.
🕾 03 88 87 00 08, *camping-wasselonne@wanadoo.fr,*
Fax 03 88 87 00 08, *www.suisse-alsace.com* – **R** conseillée
1,5 ha (100 empl.) en terrasses, herbeux
Tarif : 13,50 € ⚹ ⇔ 🅴 🄶 (10A) – pers. suppl. 3,70 €
Location (permanent) : 6 🏠 (4 à 6 pers.) 320 à
435 €/sem.
⛽ 1 borne eurorelais 2 € – 5 🅴
Pour s'y rendre : O : 1 km par D 224 rte de Wangenbourg
À savoir : dans l'enceinte du centre de loisirs

> Nature : ≤ ⚲
> Loisirs : 🚴 🔲
> Services : ⚡ 🅶🄱 🗸 🗓 ⊛ 🔳 sèche-linge 🔲
> À prox. : ✕ ✗ 🔲

Haut-Rhin (68)

AUBURE

✉ 68150 – **315** H7 – G. Alsace Lorraine – 400 h. – alt. 800
Paris 435 – Colmar 27 – Gérardmer 48 – St-Dié 38 – Ste-Marie-aux-Mines 14 – Sélestat 28.

🚐 **Municipal la Ménère** mai-sept.
🕾 03 89 73 92 99, *aubure@cc-ribeauville.fr,*
Fax 03 89 73 93 45 – **R** conseillée
1,8 ha (70 empl.) en terrasses, herbeux, gravillons
Tarif : ⚹ 3,70 € 🅴 3,15 € – 🄶 (5A) 2,65 €
Pour s'y rendre : au bourg, près de la poste, accès
conseillé par sortie S, rte de Ribeauvillé et chemin à droite
À savoir : à l'orée d'une pinède

> Nature : 🦶 ≤ ⚲
> Services : ⚡ 🗸 🗓 ⊛
> À prox. : 🚴

BIESHEIM

✉ 68600 – **315** J8 – G. Alsace Lorraine – 2 315 h. – alt. 189
Paris 520 – Strasbourg 85 – Freiburg im Breisgau 37 – Basel 68 – Mulhouse 50.

🚐 **Intercommunal l'Île du Rhin** déb. avr.-déb. oct.
🕾 03 89 72 57 95, *camping@paysdebrisach.fr,*
Fax 03 89 72 14 21, *www.campingiledurhin.com*
– **R** conseillée
3 ha (251 empl.) plat et peu incliné, herbeux
Tarif : (Prix 2007) 17,85 € ⚹ ⇔ 🅴 🄶 (6A) – pers.
suppl. 4,15 € – frais de réservation 30 €
Location : 14 🛖 (4 à 6 pers.) 296 à 592 €/sem.
Pour s'y rendre : 4,5 km au SE par D 12, puis D 52
À savoir : site et cadre agréables entre le Rhin et le canal
d'Alsace

> Nature : ⚲
> Loisirs : snack 🔲 🄳 diurne
> (juil.-août) 🚴
> Services : 🗓 ⚡ 🅶🄱 🗸 🗓 ⊛ 🔳 ✕
> 🔳 sèche-linge 🔲 🔲
> À prox. : 🔲 🔲 🔲 🔲 ski nautique,
> port de plaisance

BURNHAUPT-LE-HAUT

✉ 68520 – **315** G10 – 1 505 h. – alt. 300
Paris 454 – Altkirch 16 – Belfort 32 – Mulhouse 17 – Thann 12.

🚐 **Les Castors**
🕾 03 89 48 78 58, *camping.les.castors@wanadoo.fr,*
Fax 03 89 62 74 66, *www.camping.alsace.com/burnhaupt*
– **R** conseillée
2,5 ha (135 empl.) plat, herbeux
Pour s'y rendre : 2,5 km au NO par D 466, rte de Guewen-heim
À savoir : cadre champêtre en bordure de rivière et d'un
étang

> Nature : ⚲
> Loisirs : 🍴 ✕ 🚴 🚴 🔲 🔲
> Services : 🗓 ⚡ 🗓 🔲 🔲 ⊛ 🔳
> sèche-linge

CERNAY

✉ 68700 – **315** H10 – G. Alsace Lorraine – 10 446 h. – alt. 275
🛈 *Office de tourisme, 1, rue Latouche* 📞 *03 89 75 50 35, Fax 03 89 75 49 24*
Paris 461 – Altkirch 26 – Belfort 39 – Colmar 37 – Guebwiller 15 – Mulhouse 18 – Thann 6.

⚠ **Municipal les Acacias** avr.-3 oct.
📞 03 89 75 56 97, Fax 03 89 39 72 29
3,5 ha (204 empl.) plat, herbeux
Tarif : 11,90 € 🛉 🚗 🔲 – pers. suppl. 3,50 €
🚐 1 borne artisanale
Pour s'y rendre : sortie rte de Belfort puis à dr; après le
pont, rue René-Guibert, bord de la Thur

> Nature : 🌳
> Loisirs : 🏛
> Services : 🔧 ⚡ 🆖 🔟 🛒 🚿 ⊕ 🔟
> À prox. : 🍴 🎯 🔲 (découverte en
> saison) poneys

COLMAR

✉ 68000 – **315** I8 – G. Alsace Lorraine – 65 136 h. – alt. 194
🛈 *Office de tourisme, 4, rue d'Unterlinden* 📞 *03 89 20 68 92, Fax 03 89 20 69 14*
Paris 450 – Basel 68 – Freiburg 51 – Nancy 140 – Strasbourg 78.

⛰ L'Ill
📞 03 89 41 15 94, *campingdelill@calixo.net*,
Fax 03 89 41 15 94 – **R** conseillée
2,2 ha (200 empl.) plat et terrasses, herbeux
Pour s'y rendre : 2 km à l'E par D 415, rte de Fribourg, à
Horbourg, bord de l'Ill

> Nature : 🌳🌳
> Loisirs : 🍴 snack 🏛 🛶 🎣
> Services : 🔧 ⚡ 🔟 🛒 🚿 ⊕ 🔟 🛒
> 🚿

ÉGUISHEIM

✉ 68420 – **315** H8 – G. Alsace Lorraine – 1 548 h. – alt. 210
🛈 *Office de tourisme, 22a, Grand'Rue* 📞 *03 89 23 40 33, Fax 03 89 41 86 20*
Paris 452 – Belfort 68 – Colmar 7 – Gérardmer 52 – Guebwiller 21 – Mulhouse 42 – Rouffach 11.

⚠ **Des Trois Châteaux** 20 mars-5 oct.
📞 03 89 23 19 39, *camping.eguisheim@wanadoo.fr*,
Fax 03 89 24 10 19, *www.eguisheimcamping.fr* – **R** conseillée
2 ha (121 empl.) plat et peu incliné, herbeux, gravier
Tarif : 17 € 🛉 🚗 🔲 🔌 (6A) – pers. suppl. 5 € – frais de
réservation 10 €
🚐 1 borne artisanale 3 €
Pour s'y rendre : à l'O du bourg
À savoir : situation agréable près du vignoble

> Nature : 🌿 ≤ 🌳
> Services : 🔧 ⚡ 🆖 🚿 🛒 🚿 ⊕ 🔟

61

Le lac Blanc

R. Mattes/Michelin

GEISHOUSE

✉ 68690 – **315** G9 – 472 h. – alt. 730
Paris 467 – Belfort 53 – Bussang 23 – Colmar 55 – Mulhouse 32.

▲ **Au Relais du Grand Ballon** Permanent
  ℘ 03 89 82 30 47, *aurelaisgeishouse@wanadoo.fr,*
  Fax 03 89 82 30 47, *www.aurelaisdugrandballon.com* –
  places limitées pour le passage – **R** conseillée
  0,3 ha (24 empl.) plat herbeux
  Tarif : ♦ 3,90 € ⟷ 1,50 € ▣ 3,50 € – ⁅⁆ (10A) 3,50 €
  Location : 4 ⌂ (4 à 6 pers.) 330 à 450 €/sem.
  Pour s'y rendre : sortie S, 17 Grande R.

Nature : 🌳 ⌂ ♀
Loisirs : ♀ ✕
Services : ♿ ⊶ GB ⚒ ⌨ 🔋 🍴 ♨
🔲 sèche-linge

GUEWENHEIM

✉ 68116 – **315** G10 – 1 176 h. – alt. 323
Paris 458 – Altkirch 23 – Belfort 36 – Mulhouse 21 – Thann 9.

▲ **La Doller** avr.-oct.
  ℘ 03 89 82 56 90, *campeurs-doller@wanadoo.fr,*
  Fax 03 89 82 82 31, *www.campingdoller.com* – **R** conseillée
  0,8 ha (40 empl.) plat, herbeux
  Tarif : ♦ 3,95 € ⟷ ▣ 3,40 € – ⁅⁆ (6A) 3,40 €
  Location : 8 ⌂ (2 à 4 pers.) 290 à 350 €/sem.
  🚐 1 borne flot bleu 4 € – 1 ▣ – 🚐 10 €
  Pour s'y rendre : 1 km au N par D 34 rte de Thann et
  chemin à dr., bord de la Doller
  À savoir : ambiance familiale dans un cadre verdoyant et
  fleuri

Nature : 🌳 ♀
Loisirs : ♀ 🚲 🎣 ⚽ 🦢 🏊
Services : ♿ ⊶ GB ⚒ ⌨ 🔋 🍴 ♨
♨ 🛒 ♨ 🔲
À prox. : ✕ 🎿

Si vous désirez réserver un emplacement pour vos vacances,
faites-vous préciser au préalable les conditions particulières de séjour,
les modalités de réservation, les tarifs en vigueur et les conditions de paiement.

62

HEIMSBRUNN

✉ 68990 – **315** H10 – 1 218 h. – alt. 280
Paris 456 – Altkirch 14 – Basel 50 – Belfort 34 – Mulhouse 10 – Thann 17.

▲ **Parc la Chaumière** Permanent
  ℘ 03 89 81 93 43, *reception@camping-lachaumiere.com,*
  Fax 03 89 81 93 43, *www.camping-lachaumiere.com* –
  places limitées pour le passage – **R** conseillée
  1 ha (66 empl.) plat, herbeux, gravillons
  Tarif : 13 € ♦ ⟷ ▣ ⁅⁆ (10A) – pers. suppl. 3,50 €
  Location 🐾 : 12 ⌂ (2 à 4 pers.) 100 à 330 €/sem. – 5
  ⌂ (4 à 6 pers.) 250 à 490 €/sem.
  🚐 1 borne artisanale – 4 ▣ 10,50 € – 🚐
  Pour s'y rendre : sortie S par D 19, rte d'Altkirch
  À savoir : dans un agréable cadre arbustif

Nature : 🌳 ⌂ ♀
Loisirs : 🚲 🏊 (petite piscine)
Services : ⊶ GB ⚒ ⌨ 🔋 ♨ 🍴 ⊗

ISSENHEIM

✉ 68500 – **315** H9 – G. Alsace Lorraine – 3 296 h. – alt. 245
Paris 487 – Strasbourg 98 – Colmar 24 – Mulhouse 22 – Belfort 52.

▲ **Le Florival** avr.-oct.
  ℘ 03 89 74 20 47, *contact@camping-leflorival.com,*
  Fax 03 89 74 20 47, *www.camping-leflorival.com*
  – **R** conseillée
  3,5 ha (85 empl.) plat, pierreux, herbeux
  Tarif : ♦ 3,20 € ⟷ 2,50 € ▣ 6 € – ⁅⁆ (10A) 3 €
  Location 🐾 : 20 ⌂ (4 à 6 pers.) 240 à 520 €/sem.
  Pour s'y rendre : 2,5 km au SE par D 430 rte de Mulhouse
  et D 5 à gauche, rte d'Issenheim

Nature : ⌂
Loisirs : 🎡 🚲
Services : ♿ ⊶ GB ⚒ ⌨ ♨ ⊗ 🔲
sèche-linge
À prox. : 🔲 🏊 🛶

KAYSERSBERG

✉ 68240 – **315** H8 – G. Alsace Lorraine – 2 676 h. – alt. 242

🛈 Office de tourisme, 39, rue du Gal-de-Gaulle ℰ 03 89 78 22 78, Fax 03 89 78 27 44

Paris 438 – Colmar 12 – Gérardmer 46 – Guebwiller 35 – Munster 22 – St-Dié 41 – Sélestat 24.

⚠ **Municipal** avr.-sept.
ℰ 03 89 47 14 47, camping@ville-kaysersberg.fr,
Fax 03 89 47 14 47, www.ville-kaysersberg.fr – **R** conseillée
⚡ (juil.-août)
1,6 ha (120 empl.) plat, herbeux
Tarif : 16,50 € ✶ 🚗 📧 🔌 (13A) – pers. suppl. 3,60 €
Pour s'y rendre : sortie NO par N 415 rte de St-Dié et r. des
Acacias à droite, bord de la Weiss

> Nature : ≤ 🌳
> Loisirs : 🏊 ✂
> Services : 🅾 ⚏ ✗ 🔧 ♨ ⊕ ♨ ⛟
> 📶 📮 sèche-linge

KRUTH

✉ 68820 – **315** F9 – G. Alsace Lorraine – 1 010 h. – alt. 498

Paris 453 – Colmar 63 – Épinal 68 – Gérardmer 31 – Mulhouse 40 – Thann 20 – Le Thillot 29.

⚠ **Le Schlossberg** Pâques-5 oct.
ℰ 03 89 82 26 76, info@schlossberg.fr, Fax 03 89 82 20 17,
www.schlossberg.fr – **R** conseillée
5,2 ha (200 empl.) peu incliné, terrasse, herbeux
Tarif : ✶ 4,20 € 🚗 📧 3,90 € – 🔌 (2A) 1,90 € – frais de
réservation 10 €
Location (permanent) : 6 🏠 (4 à 6 pers.) 280 à
530 €/sem.
🚐 1 borne 3 €
Pour s'y rendre : NO : 2,3 km par D 13B, rte de La Bresse et
rte à gauche, bord de la Bourbach
À savoir : site agréable au coeur du Parc des Ballons

> Nature : 🌿 ≤ 🌳
> Loisirs : 🍽 🏊
> Services : & ⚏ 🅾 ✗ 🍴 🔧 ♨ 🔥
> ⊕ 📮 sèche-linge

*The classification (1 to 5 tents, **black** or **red**) that we award to
selected sites in this Guide is a system that is our own.
It should not be confused with the classification (1 to 4 stars) of official organisations.*

63

LIEPVRE

✉ 68660 – **315** H7 – 1 632 h. – alt. 272

Paris 428 – Colmar 35 – Ribeauvillé 27 – St-Dié-des-Vosges 31 – Sélestat 15.

⚠ **Haut-Koenigsbourg** 15 mars-15 oct.
ℰ 03 89 58 43 20, camping.haut-koenigsbourg@wana
doo.fr, Fax 03 89 58 98 29, www.valdargent.com/camping-
ht-koenigsbourg.htm – **R** conseillée
1 ha (77 empl.) plat et peu incliné, herbeux
Tarif : 13,40 € ✶ 🚗 📧 🔌 (8A) – pers. suppl. 3,40 €
Location ⚡ : 6 🏠 (4 à 6 pers.) 265 à 500 €/sem.
Pour s'y rendre : E : 0,9 km par C 1 rte de la Vancelle
À savoir : entrée bordée par un séquoia centenaire

> Nature : 🌿 🌳
> Loisirs : 🚗 🏊
> Services : & ⚏ 🅾 ✗ 🍴 🔧 ♨ 🔥

MASEVAUX

✉ 68290 – **315** F10 – G. Alsace Lorraine – 3 329 h. – alt. 425

🛈 Office de tourisme, 1, place Gayardon ℰ 03 89 82 41 99, Fax 03 89 82 49 44

Paris 440 – Altkirch 32 – Belfort 24 – Colmar 57 – Mulhouse 30 – Thann 15 – Le Thillot 38.

⚠ **Le Masevaux** 15 fév.-déc.
ℰ 03 89 82 42 29, camping-masevaux@tv-com.net ou
contact@camping-masevaux.com, Fax 03 89 82 42 29,
www.camping-masevaux.com – **R** conseillée
3,5 ha (149 empl.) plat, herbeux
Tarif : 14,40 € ✶ 🚗 📧 🔌 (6A) – pers. suppl. 3,60 €
Pour s'y rendre : R. du stade, bord de la Doller
À savoir : agréable cadre boisé et fleuri

> Nature : 🌿 🌳🌳
> Loisirs : snack 🚗 🏊 🎣
> Services : & ⚏ 🅾 ✗ 🍴 🔧 ♨ ⊕
> 📶 📮 sèche-linge
> À prox. : 🚲 ✗ 🛷 🎿 terrain omnis-
> ports

MITTLACH

✉ 68380 – **315** G8 – 290 h. – alt. 550
Paris 467 – Colmar 28 – Gérardmer 42 – Guebwiller 44 – Thann 46.

   Municipal Langenwasen avr.-sept.
   ℘ 03 89 77 63 77, *mairiemittlach@wanadoo.fr*,
   Fax 03 89 77 74 36, *www.mittlach.fr* – alt. 620 – **R** conseillée
   3 ha (150 empl.) peu incliné, plat et terrasses, herbeux,
   gravier
   Tarif : (Prix 2007) ♣ 3,25 € – ⛬ 1,15 € – 🅴 2,45 € –
   [%] (10A) 6 €
   Pour s'y rendre : SO : 3 km, bord d'un ruisseau
   À savoir : site boisé au fond d'une vallée

Nature : 🌳 ⬳ 🏞 ♀
Loisirs : 🍴
Services : ☺ (juil.-août) 🆖 ⚡ ⊕ 🔥

MOOSCH

✉ 68690 – **315** G9 – G. Alsace Lorraine – 1 912 h. – alt. 390
Paris 463 – Colmar 51 – Gérardmer 42 – Mulhouse 28 – Thann 8 – Le Thillot 30.

   La Mine d'Argent 15 avr.-15 oct.
   ℘ 03 89 82 30 66, *moosch@camping-la-mine-argent.com*,
   Fax 03 89 82 30 66, *www.camping-la-mine-argent.com* –
   places limitées pour le passage – **R** conseillée
   2 ha (75 empl.) peu incliné, plat, en terrasses, herbeux
   Tarif : 14,85 € – ♣ ⛬ 🅴 [%] (6A) – pers. suppl. 3,60 €
   ⛽ 1 borne artisanale
   Pour s'y rendre : 1,5 km au SO par r.de la Mairie et r. de la
   Mine-d'Argent, bord d'un ruisseau
   À savoir : dans un site vallonné et verdoyant

Nature : 🌳 ⬳ ♀
Loisirs : 🍴 🚣
Services : ☺ 🆖 ⚡ 🔥 ⊕ 🔥 sèche-linge

Utilisez le guide de l'année.

64

MULHOUSE

✉ 68100 – **315** I10 – G. Alsace Lorraine – 110 359 h. – alt. 240
🛈 Office de tourisme, 9, avenue du Maréchal Foch ℘ 03 89 35 48 48, Fax 03 89 45 66 16
Paris 465 – Basel 34 – Belfort 43 – Besançon 130 – Colmar 46 – Dijon 218 – Freiburg 59 – Nancy 174 – Reims 379.

   L'Ill avr.-25 oct.
   ℘ 03 89 06 20 66, *campingdelill@wanadoo.fr*,
   Fax 03 89 61 18 34, *www.camping-de-lill.com* – **R** conseillée
   5 ha (210 empl.) plat, herbeux
   Tarif : (Prix 2007) 18,40 € ♣ ⛬ 🅴 [%] (5A) – pers.
   suppl. 4,80 €
   Location 🛖 : 8 ⛺ (4 à 6 pers.) 280 à 510 €/sem.
   ⛽ 1 borne artisanale 5 € – 16 🅴 18,40 €
   Pour s'y rendre : au SO de la ville, r. Pierre-de-Coubertin,
   par A 36, sortie Dornach
   À savoir : cadre boisé en bordure de rivière

Nature : ♀♀
Loisirs : 🍴
Services : ♿ ☺ 🆖 ⚡ 🏧 🔥 🔥 ⊕ 📞 🔥
À prox. : patinoire 🎾 🏓 🎿 ⛸ pistes de bi-cross et skate-board

MUNSTER

✉ 68140 – **315** G8 – G. Alsace Lorraine – 4 884 h. – alt. 400
🛈 Office de tourisme, 1, rue du Couvent ℘ 03 89 77 31 80, Fax 03 89 77 07 17
Paris 458 – Colmar 19 – Gérardmer 34 – Guebwiller 40 – Mulhouse 60 – St-Dié 54 – Strasbourg 96.

   Village Center Le Parc de la Fecht 26 avr.-13 sept.
   ℘ 03 89 77 31 08, *contact@village-center.com*,
   Fax 03 89 77 42 28, *www.village-center.com* – **R** conseillée
   4 ha (260 empl.) plat, herbeux
   Tarif : 20 € ♣ ⛬ 🅴 [%] (6A) – pers. suppl. 5 € – frais de
   réservation 30 €
   Location : 20 ⛺ (4 à 6 pers.) 252 à 714 €/sem.
   Pour s'y rendre : E : 1 km par D 10, rte de Turckheim
   À savoir : cadre boisé, au bord de la Fecht

Nature : ♀♀
Loisirs : 🍴 🎬 diurne (Juil.-août) nocturne (Juil.-août) 🚣
Services : ☺ 🆖 ⚡ 🔥 🏧 ⊕ 📞 🔥
À prox. : ⛸

RANSPACH

✉ 68470 – **315** G9 – G. Alsace Lorraine – 893 h. – alt. 430
Paris 459 – Belfort 54 – Bussang 15 – Gérardmer 38 – Thann 13.

Les Bouleaux Permanent
 ℘ 03 89 82 64 70, *contact@alsace-camping.com*,
Fax 03 89 39 14 17, *www.alsace-camping.com* – **R** conseillée
1,75 ha (100 empl.) plat, herbeux
Tarif : 15,40 € ✳ ⇌ 🅴 🅷 (6A) – pers. suppl. 4 € – frais de réservation 7 €
Location : 5 (4 à 6 pers.) 295 à 420 €/sem. – 7 🏠 (4 à 6 pers.) 300 à 500 €/sem.
🚐 1 borne artisanale 3,50 € – 2 🅴
Pour s'y rendre : au S du bourg par N 66

| Nature : ≤ ⛲ |
| Loisirs : 🍴 snack 🎱 🏛 🏊 |
| Services : 🛁 🔌 GB 🛒 🗑 🚿 🗑 ♿ 🔧 🌊 📶 sèche-linge |

Donnez-nous votre avis sur les terrains que nous recommandons.
Faites-nous connaître vos observations et vos découvertes
par mail à l'adresse : leguidecampingfrance@fr.michelin.com.

RIBEAUVILLÉ

✉ 68150 – **315** H7 – G. Alsace Lorraine – 4 929 h. – alt. 240
Paris 439 – Colmar 16 – Gérardmer 56 – Mulhouse 60 – St-Dié 42 – Sélestat 14.

Municipal Pierre-de-Coubertin 15 mars-15 nov.
 ℘ 03 89 73 66 71, *camping.ribeauville@wanadoo.fr*,
Fax 03 89 73 66 71, *www.camping-alsace.cim/ribeauville/index.htm* – **R**
3,5 ha (260 empl.) plat, herbeux
Tarif : ✳ 3,80 € ⇌ 🅴 4 € – 🅷 (6A) 4 €
Pour s'y rendre : sortie E 106 puis r. de Landau à gauche

| Nature : 🌳 ≤ ⛲⛲ |
| Loisirs : 🎱 🚗 ✂ |
| Services : 🛁 🔌 GB 🛒 🗑 🚿 ♿ 🔧 🗑 🚮 sèche-linge |
| À prox. : 🏊 🏊 🎿 |

65

ROMBACH-LE-FRANC

✉ 68660 – **315** H7 – 820 h. – alt. 290
Paris 431 – Colmar 38 – Ribeauvillé 30 – St-Dié 34 – Sélestat 18.

Municipal les Bouleaux 15 avr.-15 oct.
 ℘ 03 89 58 41 56, *mairie.rombach@calixo.fr*,
Fax 03 89 58 93 21 – croisement difficile pour caravanes – **R** conseillée
1,3 ha (50 empl.) non clos, plat et peu incliné, herbeux
Tarif : (Prix 2007) ✳ 2,40 € ⇌ 1,65 € 🅴 1,65 € – 🅷 (13A) 2,20 €
Location (permanent) 🚿 : 5 🏠 (4 à 6 pers.) 250 à 370 €/sem.
Pour s'y rendre : NO : 1,5 km par rte de la Hingrie
À savoir : dans un vallon entouré de sapins et traversé par un ruisseau

| Nature : 🌳 ⛲ |
| Loisirs : 🎱 🚗 |
| Services : 🛁 🔌 (juil.-août) 🛒 🗑 ♿ 🔧 |

STE-CROIX-EN-PLAINE

✉ 68127 – **315** I8 – 2 121 h. – alt. 192
Paris 471 – Belfort 78 – Colmar 10 – Freiburg-im-Breisgau 49 – Guebwiller 21 – Mulhouse 37.

Clairvacances 21 avr.-20 oct.
 ℘ 03 89 49 27 28, *clairvacances@wanadoo.fr*,
Fax 03 89 49 31 37, *www.clairvances.com* – **R** conseillée 🚿
4 ha (135 empl.) plat, herbeux
Tarif : 25 € ✳ ⇌ 🅴 🅷 (13A) – pers. suppl. 7 € – frais de réservation 15 €
Location : 10 (4 à 6 pers.) 290 à 720 €/sem.
Pour s'y rendre : 2,7 km au NO par D 1, rte d'Herrlisheim
À savoir : agréable décoration arbustive

| Nature : 🌲 |
| Loisirs : 🎱 🚗 🏓 🏊 |
| Services : 🛁 🔌 GB 🛒 M 🚻 🗑 🗑 ♿ 🔧 sèche-linge |

SEPPOIS-LE-BAS

✉ 68580 – **315** H11 – 946 h. – alt. 390
Paris 454 – Altkirch 13 – Basel 42 – Belfort 38 – Montbéliard 34.

Village Center Les Lupins 26 avr.-13 sept.
℘ 03 89 25 65 37, Fax 03 89 25 65 37 – **R** conseillée
3,5 ha (158 empl.) plat, terrasses, herbeux
Tarif : 20 € 👤 ⇌ 🔲 ⚡ (6A) – pers. suppl. 6 € – frais de réservation 30 €
Location ⓟ : 9 🚐 (4 à 6 pers.) 276 à 516 €/sem. – 10 🏠 (4 à 6 pers.) 276 à 516 €/sem.
Pour s'y rendre : sortie NE par D 17 rte d'Altkirch et r. de la gare à dr.
À savoir : sur le site verdoyant de l'ancienne gare

Nature : 🌿 ΩΩ
Loisirs : 🎬 🖥 diurne (juil.-août) nocturne (juil.-août) 🏊 🛝
Services : 🕹 🔌 GB 🖊 🍴 🚿 🛁 😊 🧺 🧺 sèche-linge
À prox. : 🍴 💥

TURCKHEIM

✉ 68230 – **315** H8 – G. Alsace Lorraine – 3 594 h. – alt. 225
🅱 *Office de tourisme, Corps de Garde* ℘ 03 89 27 38 44, Fax 03 89 80 83 22
Paris 471 – Colmar 7 – Gérardmer 47 – Munster 14 – St-Dié 51 – Le Thillot 66.

Les Cigognes 15 mars-oct.
℘ 03 89 27 02 00, *municipc@calixo.net, www.camping-turckheim.com* – **R** conseillée
2,5 ha (117 empl.) plat, herbeux
Tarif : (Prix 2007) 17 € 👤 ⇌ 🔲 ⚡ (10A) – pers. suppl. 3,60 €
🚐 1 borne 5,40 €
Pour s'y rendre : à l'O du bourg, derrière le stade - accès par chemin entre le passage à niveau et le pont
À savoir : au bord d'un petit canal et près de la Fecht

Nature : 🌳 Ω
Loisirs : 🎬
Services : 🕹 🔌 GB 🖊 🍴 🚿 🛁 🌊
😊 🧺 sèche-linge
À prox. : 💥

66

Si vous recherchez :
👥 *Un terrain offrant des équipements et des loisirs adaptés aux enfants*
🌿 *Un terrain agréable ou très tranquille*
L - M *Un terrain effectuant la location de caravanes, de mobile homes, de bungalows ou de chalets*
P *Un terrain ouvert toute l'année*
🚐 *Un terrain possédant une aire de services pour camping-cars*
Consultez le tableau des localités

Mittelbergheim

R. Mattes/Michelin

WATTWILLER

 68700 – **315** H10 – 1 593 h. – alt. 356

Paris 478 – Strasbourg 116 – Freiburg im Breisgau 81 – Basel 56 – Mulhouse 23.

Les Sources ♠♠ – 3 avr.-10 oct.
℘ 03 89 75 44 94, *camping.les.sources@wanadoo.fr*,
Fax 03 89 75 71 98, *www.camping-les-sources.com*
– **R** conseillée
15 ha (360 empl.) en terrasses, pierreux, gravier
Tarif : 28,50 € ⚹ ⚙ 🅴 🅿 (5A) – pers. suppl. 7 € – frais de
réservation 10 €
Location (3 avr.-3 janv.) : 65 🚐 (4 à 6 pers.) 192 à
560 €/sem. – 23 🏠 (4 à 6 pers.) 282 à 742 €/sem.
🚐 1 borne artisanale
Pour s'y rendre : 2 km à l'O par D 5 III, rte des Crètes

Nature : 🦌 🗔 〰〰
Loisirs : 🍴 ✕ pizzeria 🛋 🕙 diurne
(juil.-août) 🎋 🚣 ✕ 🎠 🏊 🛝
Services : 🅰 🔑 🆖 🔌 🚿 🛁 ☺ 📞
🔥 sèche-linge 🧺 🚿
À prox. : poneys

AQUITAINE

S. Sauvignier/Michelin

Bienvenue en Aquitaine, immuable terre d'accueil où déjà l'homme préhistorique avait élu domicile. La région se compose d'une mosaïque de paysages, mais tous ses habitants partagent le même sens de l'hospitalité. Après une visite aux maîtres ès foies gras et confits du Périgord et du Quercy, suivie d'un crochet par le Bordelais, ses châteaux et son vignoble si justement réputé, direction la Côte d'Argent, ses surfeurs, ses bars à tapas et ses amateurs de rugby ou de corridas élevés au gâteau basque et au piment d'Espelette… On cultive ici le goût du défi et de la fête, comme en témoignent ces paisibles villages préparant derrière leurs façades à colombages et volets rouges de fougueuses réjouissances où danses, jeux et chants célèbrent l'identité d'un peuple aux traditions toujours vivantes.

Aquitaine has welcomed mankind throughout the ages. Its varied mosaic of landscapes is as distinctive as its inhabitants' hospitality and good humour: a quick stop to buy confit of goose can easily lead to an invitation to look around the farm! No stay in Aquitaine would be complete without visiting at least one of Bordeaux' renowned vineyards. Afterwards head for the « Silver Coast », loved by surfers and rugby fans alike, have a drink in a tapas bar or even take ringside seats for a bullfight! This rugged, sunny land between the Pyrenees and the Atlantic remains fiercely proud of its identity: spend a little time in a sleepy Basque village and you'll soon discover that, at the first flourish of the region's colours, red and green, the locals still celebrate their traditions in truly vigorous style.

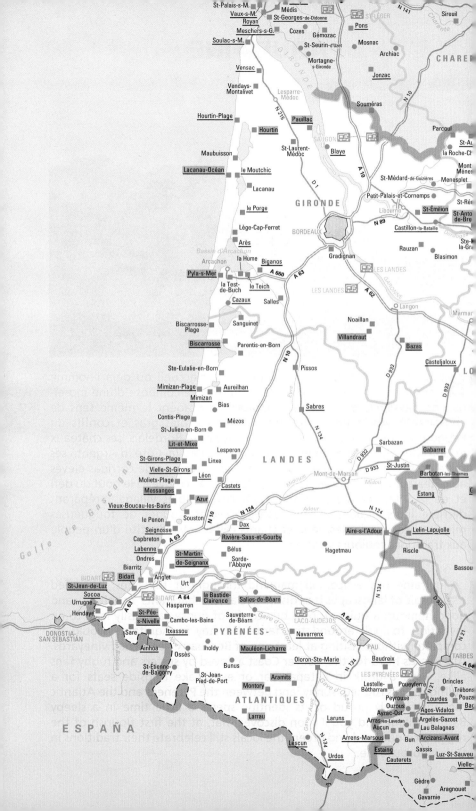

ALLES-SUR-DORDOGNE

✉ 24480 – **329** G6 – 321 h. – alt. 70
Paris 534 – Bergerac 36 – Le Bugue 12 – Les Eyzies-de-Tayac 22 – Périgueux 54 – Sarlat-la-Canéda 41.

🏕 **Port de Limeuil** mai-30 sept.
℘ 05 53 63 29 76, didierbonvallet@aol.com,
Fax 05 53 63 04 19, www.leportdelimeuil.com – **R** conseillée
7 ha/4 campables (90 empl.) plat, herbeux, sablonneux
Tarif : 28,40 € 🏕 ⛺ 🔲 🔌 (5A) – pers. suppl. 6,50 € – frais
de réservation 15 €
Location : 9 🚐 (4 à 6 pers.) 220 à 750 €/sem. – 1 gîte
🚐, 1 borne artisanale
Pour s'y rendre : 3 km au NE sur D 51ᴱ, près du pont de
Limeuil, au confluent de la Dordogne et de la Vézère

Nature : 🏞 🔆 ⚓
Loisirs : 🍴 🎱 ⚽ 🚴 🏊 canoë
Services : 🚿 ⛽ GB 🔧 🗜 🛒 ⊕ 🔥
📞 📺 🖥 sèche-linge 🔥 🚰
À prox. : 🏇 🐎

ANGOISSE

✉ 24270 – **329** H3 – 572 h. – alt. 345
Paris 445 – Bordeaux 180 – Périgueux 51 – Limoges 53 – Brive 55.

🏕 **Rouffiac en Périgord** (location exclusive de mobile
homes et chalets) Permanent
℘ 05 53 52 68 79, contact@semitour.com, www.semi
tour.com – empl. traditionnels également disponibles
– **R** conseillée
54 ha/6 campables en terrasses et peu incliné, herbeux
Location : 5 🚐 (4 à 6 pers.) 170 à 600 €/sem. – 4 🏡 (4
à 6 pers.) 150 à 550 €/sem.
Pour s'y rendre : 4 km au SE par D 80, rte de Payzac, à
150 m d'un plan d'eau (accès direct)
À savoir : Site agréable près d'une base nautique

Nature : 🏞 🔆 🔆
Loisirs : 🎱
Services : 🚿 ⛽ GB 🔧 🖥
À prox. : 🍴 🍴 🔆 🔆 🏖 (plage) 🏊 ⛵
mur d'escalade, téléski nautique,
canoë, pédalos

ANTONNE-ET-TRIGONANT

✉ 24420 – **329** F4 – 1 079 h. – alt. 106
Paris 484 – Bordeaux 139 – Périgueux 10 – Limoges 91 – Brive 67.

🏕 **Au Fil de l'Eau** 15 juin-15 sept.
℘ 05 53 06 17 88, campingaufildeleau@wanadoo.fr,
Fax 05 53 08 97 76, http://camping-aufildeleau.mon
site.wanadoo.fr – **R** conseillée
1,5 ha (50 empl.) non clos, plat, herbeux
Tarif : 15,50 € 🏕 ⛺ 🔲 🔌 (5A) – pers. suppl. 3,50 €
Location 🏖 : 6 🚐 (2 à 4 pers.) 150 à 275 €/sem. – 2
🚐 (4 à 6 pers.) 210 à 360 €/sem.
Pour s'y rendre : sortie NE et rte d'Escoire à dr., bord de
l'Isle

Nature : 🔆
Loisirs : ⚽ 🔆 canoë
Services : 🚿 ⛽ 🔧 🖥 ⊕ 🖥

ATUR

✉ 24750 – **329** F5 – 1 491 h. – alt. 224
Paris 499 – Bordeaux 134 – Périgueux 6 – Brive 83 – Angoulême 92.

🏕 **Le Grand Dague** Pâques-20 sept.
℘ 05 53 04 21 01, info@legranddague.fr,
Fax 05 53 04 22 01, www.legranddague.fr – **R** conseillée
22 ha/7 campables (93 empl.) incliné, herbeux
Tarif : 24,75 € 🏕 ⛺ 🔲 🔌 (6A) – pers. suppl. 6,50 € – frais
de réservation 23 €
Location : 18 🚐 (4 à 6 pers.) 105 à 700 €/sem. – 7 🏡
(4 à 6 pers.) 210 à 715 €/sem.
Pour s'y rendre : 3 km au SE par rte de St-Laurent-sur-
Manoire et chemin, par déviation S - venant de Brive ou
Limoges : prendre dir. Bergerac et chemin à dr.
À savoir : Pub aménagé dans une ferme restaurée

Nature : 🏞 🔆 🔆
Loisirs : 🍴 🍴 🎱 ⚽ 🔆 🏊 pain-ball
Services : 🚿 ⛽ GB 🎬 🗜 🛒 ⊕ 🔥
📞 🖥 🚰

BADEFOLS-SUR-DORDOGNE

✉ 24150 – **329** F6 – G. Périgord – 187 h. – alt. 42
Paris 542 – Bergerac 27 – Périgueux 54 – Sarlat-la-Canéda 47.

▵▵▵ **Les Bö-Bains** 4 avr.-27 sept.
  𝒫 05 53 73 52 52, *info@bo-bains.com*, Fax 05 53 73 52 55,
  www.bo-bains.com – places limitées pour le passage
  – **R** conseillée
  5 ha (97 empl.) plat, terrasse, herbeux
  Tarif : 33 € **†** ⟵ 🚗 回 ⑭ (10A) – pers. suppl. 8,50 € – frais
  de réservation 16 €
  Location : 52 🏚 (4 à 6 pers.) 249 à 779 €/sem. – 30 🏠
  (4 à 6 pers.) 245 à 969 €/sem.
  Pour s'y rendre : sortie O, par D 29, rte de Lalinde, bord de
  la Dordogne

> Nature : 🗏 ♥♥
> Loisirs : 🍸 ✗ snack 🔲 ♥ nocturne
> 🛶 🚣 🚲 🔹 🎣 🎯 🛁 🔫
> Services : ⅋ ⊶ GB ♉ 🗓 ⊕ ▵ ✥ ﹀
> 🖍 🏠 sèche-linge 🔒
> À prox. : ✗

Pour choisir et suivre un itinéraire
Pour calculer un kilométrage
Pour situer exactement un terrain (en fonction des
indications fournies dans le texte) :
Utilisez les **cartes MICHELIN**,
compléments indispensables de cet ouvrage.

BELVÈS

✉ 24170 – **329** H7 – G. Périgord – 1 431 h. – alt. 175
🛈 *Office de tourisme, 1, rue des Filhols* 𝒫 05 53 29 10 20
Paris 553 – Bergerac 52 – Le Bugue 24 – Les Eyzies-de-Tayac 25 – Sarlat-la-Canéda 34 – Villeneuve-sur-Lot 66.

▵▵▵ **Les Hauts de Ratebout** 🏊👤 –
  𝒫 05 53 29 02 10, *camping@hauts-ratebout.fr*,
  Fax 05 53 29 08 28, *www.hauts-ratebout.fr* – **R** conseillée
  ✗
  12 ha/6 campables (200 empl.) plat, incliné, en terrasses,
  herbeux
  Location : 40 🏚 – maisons périgourdines
  Pour s'y rendre : SE : 7 km par D 710 rte de Fumel, D 54 et
  rte à gauche
  À savoir : Sur les terres d'une ferme périgourdine restau-
  rée, domine la vallée

> Nature : ⑤ ≤ ♀
> Loisirs : 🍸 ✗ (le soir) snack 🔲 ♥
> 🛶 🚣 ✗ 🔲 🛁 🔫
> Services : ⅋ ⊶ 🔲 🗓 ⊕ ▵ ✥ ﹀
> 🖍 🏠 sèche-linge 🔒 ⊶

73

▵▵▵ **Le Moulin de la Pique** 🏊👤 – 12 avr.-11 oct.
  𝒫 05 53 29 01 15, *info@rcn-lemoulindelapique.fr*,
  Fax 05 53 28 29 09, *www.rcn-campings.fr* – **R** indispensable
  15 ha/6 campables (200 empl.) plat, terrasses, herbeux
  Tarif : 51 € **†** ⟵ 🚗 回 ⑭ (6A) – frais de réservation 14 €
  Location : 47 🏚 (4 à 6 pers.) 320 à 859 €/sem.
  Pour s'y rendre : SE : 3 km par D 710 rte de Fumel, bord
  de la Nauze, d'un étang et d'un bief
  À savoir : Autour d'un moulin du 18e s, cadre champêtre
  agrémenté d'un étang

> Nature : 🗏 ♥♥
> Loisirs : 🍸 snack 🔲 ♥ 🛶 🚣 🚲
> ✗ 🛁 🔫 ⌂
> Services : ⅋ ⊶ GB ♉ 🔲 🗓 ⊕
> ▵ ✥ 🏠 sèche-linge 🔒

▵▵▵ **Les Nauves** 🏊👤 – 19 avr.-27 sept.
  𝒫 05 53 29 12 64, *campinglesnauves@hotmail.com*,
  Fax 05 53 29 12 64, *www.lesnauves.com* – **R** conseillée
  40 ha/5 campables (100 empl.) peu incliné, herbeux
  Tarif : 22,90 € **†** ⟵ 🚗 回 ⑭ (10A) – pers. suppl. 4,60 € –
  frais de réservation 15 €
  Location (5 avr.-27 sept.) ✗ (15 juil.-15 août) : 4 🏚 (2
  à 4 pers.) 105 à 399 €/sem. – 25 🏚 (4 à 6 pers.) 189 à
  569 €/sem. – 4 🏠 (4 à 6 pers.) 269 à 689 €/sem. – 3
  bungalows toilés – 5 tentes
  🚐 1 borne artisanale
  Pour s'y rendre : SO : 4,5 km par D 53, rte de Monpazier et
  rte de Larzac à gauche

> Nature : ⑤ 🗏 ♥♥
> Loisirs : 🍸 snack 🔲 🛶 🚣 🛁
> Services : ⅋ ⊶ GB ♉ 🗓 ⊕ ⊼ ⊕
> 🖍 🖍 🏠 🔒
> À prox. : 🐎 poneys

BEYNAC-ET-CAZENAC

✉ 24220 – **329** H6 – G. Périgord – 506 h. – alt. 75

🛈 *Office de tourisme, La Balme* ℰ *05 53 29 43 08, Fax 05 53 29 43 08*

Paris 537 – Bergerac 62 – Brive-la-Gaillarde 63 – Fumel 60 – Gourdon 28 – Périgueux 66 – Sarlat-la-Canéda 12.

Schéma à Domme

⚠ **Le Capeyrou** Pâques-sept.

ℰ 05 53 29 54 95, *lecapeyrou@wanadoo.fr*,
Fax 05 53 28 36 27, *www.campinglecapeyrou.com*
– **R** conseillée
4,5 ha (120 empl.) plat, herbeux
Tarif : 21,10 € ⚡ ⇔ 🔲 🅷 (10A) – pers. suppl. 5,20 € –
frais de réservation 10 €
🚐 1 borne artisanale 6 €
Pour s'y rendre : Sortie Est, face à la station-service, bord
de la Dordogne

> Nature : ← 💯
> Loisirs : snack 🎱 ⚙ ⅃ ⚓ 🎣
> Services : 🚿 ⊶ GB 🅰 🍴 🏠 ♨ ⊕
> 🍴 🍴 📺 sèche-linge 🔧
> À prox. : 🏖 ♀ ✗ ⚓ canoë

Donnez-nous votre avis
sur les terrains que nous recommandons.
Faites-nous connaître vos observations et vos découvertes.
par mail à l'adresse : leguidecampingfrance@fr.michelin.com.

BIRON

✉ 24540 – **329** G8 – G. Périgord – 140 h. – alt. 200

Paris 583 – Beaumont 25 – Bergerac 46 – Fumel 20 – Sarlat-la-Canéda 58 – Villeneuve-sur-Lot 35.

⚠ **Le Moulinal** ⚎ – avr.-21 sept.

ℰ 05 53 40 84 60, *lemoulinal@perigord.com*,
Fax 05 53 40 81 49, *www.lemoulinal.com* – places limitées
pour le passage – **R** conseillée
10 ha/5 campables (300 empl.) plat, terrasses, herbeux
Tarif : 40 € ⚡ ⇔ 🔲 🅷 (10A) – pers. suppl. 10 € – frais de
réservation 30 €
Location : 131 🏠 (4 à 6 pers.) 210 à 1 036 €/sem. – 65
🏠 (4 à 6 pers.) 308 à 812 €/sem. – 10 bungalows toilés
Pour s'y rendre : 4 km au S rte de Lacapelle-Biron puis
2 km par rte de Villeréal à dr.
À savoir : Situation agréable au bord d'un étang, végétation luxuriante et variée

> Nature : 🌿 ← 🔲 💯
> Loisirs : ♀ ✗ 🎱 🎮 🏃 salle d'ani-
> mation ⚙ 🚲 🏇 ⅃ ⚓ (plage)
> 🎣 terrain omnisports, canoë
> Services : 🚿 ⊶ GB 🅰 🍴 🏠 ⊕ ♨
> 🔧 🍴 🍴 📺 sèche-linge 🏖 🔧
> À prox. : 🐎

La Vallée de Laurhibar

B. Kaufmann/Michelin

BRANTÔME

⊠ 24310 – **329** E3 – G. Périgord – 2 043 h. – alt. 104
🚹 *Syndicat d'initiative, boulevard Charlemagne 🖉 05 53 05 80 52, Fax 05 53 05 80 52*
Paris 470 – Angoulême 58 – Limoges 83 – Nontron 23 – Périgueux 27 – Ribérac 38 – Thiviers 26.

⚑ **Village Center** 👥
  🖉 05 53 05 75 24, Fax 05 53 04 53 25, – **R** conseillée
  5 ha (170 empl.) plat, herbeux
  Location : 5 🛖
  Pour s'y rendre : 1 km à l' E par D 78, rte de Thiviers, bord de la Dronne

> Nature : 🌳 ♧♧
> Loisirs : 🏕 🏊 🎿 🛶 ⤵
> Services : ⚙ 🛁 ⊛ 🖥
> À prox. : 🚲 canoë kayak

Le BUGUE

⊠ 24260 – **329** G6 – G. Périgord – 2 778 h. – alt. 62
🚹 *Office de tourisme, porte de la Vézère 🖉 05 53 07 20 48, Fax 05 53 54 92 30*
Paris 522 – Bergerac 47 – Brive-la-Gaillarde 72 – Cahors 86 – Périgueux 42 – Sarlat-la-Canéda 32.

⚑ **La Linotte** avr.-sept.
  🖉 05 53 07 17 61, infos@campinglalinotte.com,
  Fax 05 53 54 16 96, www.campinglalinotte.com – **R** conseillée
  13 ha/2,5 campables (101 empl.) en terrasses, plat et peu incliné, herbeux
  Tarif : 🧍 6,60 € – 🚗 🔌 8,95 € – 🔋 (6A) 3,30 € – frais de réservation 16 €
  Location 🏠 : 11 🛖 (2 à 4 pers.) 147 à 430 €/sem. – 36 🛖 (4 à 6 pers.) 189 à 610 €/sem. – 8 🏡 (4 à 6 pers.) 231 à 655 €/sem.
  🚐 1 borne artisanale 4,60 €
  Pour s'y rendre : 3,5 km au NE par D 710, rte de Périgueux, D 32ᴱ à dr., rte de Rouffignac et chemin
  À savoir : Bel espace aquatique avec pataugeoire ludique

> Nature : 🌳 ⬛ ♧♧
> Loisirs : 🛁 jacuzzi 🏊 🎿 🏓
> Services : ⚙ ⚡ GB ♻ 🖥 🛁 ⊛ 🍴 sèche-linge ⤵

⚑ **Les Trois Caupain** avr.-oct.
  🖉 05 53 07 24 60, info@camping-bugue.com,
  Fax 05 53 08 72 66, www.caupain.net – **R** conseillée
  4 ha (160 empl.) plat, herbeux
  Tarif : 20,10 € 🧍 🚗 🔌 (16A) – pers. suppl. 4,50 €
  Location : 34 🛖 (4 à 6 pers.) 159 à 600 €/sem.
  🚐 1 borne artisanale 4,50 € – 12 🔌 9,90 € – 12.70 €
  Pour s'y rendre : 1,5 km au SE par D 703, rte de Sarlat-la-Canéda et à dr. au bord de la Vézère

> Nature : 🌳 ♧♧
> Loisirs : pizzeria, snack 🎿 canoë-kayak, terrain omnisports
> Services : ⚙ ⚡ GB ♻ 🖥 🛁 ⊛ ⤵ 🍴 🐾 sèche-linge ⤵
> À prox. : ⤵

75

Le BUISSON-DE-CADOUIN

⊠ 24480 – **329** G6 – 2 075 h. – alt. 63
🚹 *Office de tourisme, place André Boissière 🖉 05 53 22 06 09, Fax 05 53 22 06 09*
Paris 532 – Bergerac 38 – Périgueux 52 – Sarlat-la-Canéda 36 – Villefranche-du-Périgord 35.

⚑ **Domaine de Fromengal** 👥 – avr.-oct.
  🖉 05 53 63 11 55, fromengal@domaine-fromengal.com,
  Fax 05 53 73 03 28, www.domaine-fromengal.com – **R** indispensable
  22 ha/3 campables (90 empl.) en terrasses, herbeux, bois attenant
  Tarif : (Prix 2007) 🧍 7,50 € 🚗 🔌 12 € – 🔋 (5A) 3,50 € – frais de réservation 19 €
  Location : 9 🛖 (2 à 4 pers.) 210 à 530 €/sem. – 25 🛖 (4 à 6 pers.) 260 à 810 €/sem. – 18 🏡 (4 à 6 pers.) 340 à 890 €/sem. – 4 bungalows toilés
  Pour s'y rendre : SO : 6,5 km par D 29, rte de Lalinde, D 2 à gauche, rte de Cadouin et chemin à droite

> Nature : 🌳 ⬛ ♀
> Loisirs : 🛁 🏕 🏊 🚲 🎣 🎿 🏓
> Services : ⚙ ⚡ GB ♻ 🖥 🛁 ⊛ ⤵ 🐾 🖥 sèche-linge ⤵ ⤵

CAMPAGNE

✉ 24260 – **329** G6 – G. Périgord – 310 h. – alt. 60
Paris 542 – Bergerac 51 – Belvès 19 – Les Eyzies-de-Tayac 7 – Sarlat-la-Canéda 27.

Le Val de la Marquise avr.-15 oct.
  * * 05 53 54 74 10, *val-marquise@wanadoo.fr,*
Fax 05 53 54 00 70, *www.levaldelamarquise.com*
– **R** conseillée
4 ha (104 empl.) plat et en terrasses, herbeux
Tarif : 20,90 € – 🏕 ⇔ 🔲 [½] (15A) – pers. suppl. 4,70 €
Location 🚫 : 2 ⏚ (2 à 4 pers.) 230 à 330 €/sem. – 8
⏚ (4 à 6 pers.) 195 à 590 €/sem. – 8 ⏠ (4 à 6 pers.)
230 à 640 €/sem.
⏚ 1 borne artisanale
Pour s'y rendre : E : 0,5 km par D 35, rte de St-Cyprien,
bord d'un étang

Nature : 🔲 ♤♤
Loisirs : snack 🛖 🏊 🎿 🎣
Services : 🚿 ⛽ GB 🐕 🏧 🗑 🛗 ♨
🛂 📳 sèche-linge 🚰

CARSAC-AILLAC

✉ 24200 – **329** I6 – G. Périgord – 1 217 h. – alt. 80
Paris 536 – Brive-la-Gaillarde 59 – Gourdon 18 – Sarlat-la-Canéda 9.
                                     Schéma à Domme

Le Plein Air des Bories fin avr.-fin sept.
  * * 05 53 28 15 67, *contact@camping-desbories.com,*
Fax 05 53 28 15 67, *www.camping-desbories.com*
– **R** conseillée
3,5 ha (110 empl.) plat, sablonneux, herbeux
Tarif : 23,30 € – 🏕 ⇔ 🔲 [½] (6A) – pers. suppl. 6,30 € – frais
de réservation 16 €
Location 🚫 (juil.-août) : 4 ⏚ (2 à 4 pers.) 160 à
405 €/sem. – 13 ⏚ (4 à 6 pers.) 260 à 605 €/sem.
Pour s'y rendre : S : 1,3 km par D 703, rte de Vitrac et
chemin à gauche, bord de la Dordogne
À savoir : Décoration arbustive et florale des emplacements

Nature : 🌊 🔲 ♤♤
Loisirs : 🍹 🛖 🏊 🎿 (découverte
en saison) 🛶 canoë
Services : 🚿 ⛽ GB 🐕 🗑 🛗 🛂 📳

Le Rocher de la Cave mai-20 sept.
  * * 05 53 28 14 26, *rocher.de.la.cave@wanadoo.fr,*
Fax 05 53 28 27 10, *www.rocherdelacave.com* – **R** conseillée
5 ha (150 empl.) plat, herbeux
Tarif : (Prix 2007) 🏕 4,95 € ⇔ 🔲 6,40 € – [½] (16A) 2,80 €
Location : 21 ⏚ (4 à 6 pers.) 210 à 605 €/sem. – 13
bungalows toilés – avec et sans sanitaires
Pour s'y rendre : S : 1,7 km par D 703, rte de Vitrac et
chemin à gauche, bord de la Dordogne

Nature : 🌊 ♤♤ ⛰
Loisirs : 🍹 🏊 🎿 🛶 canoë
Services : 🚿 ⛽ GB 🐕 🗑 🛂 🍴 📞
📳 sèche-linge 🚰

CASTELNAUD-LA-CHAPELLE

✉ 24250 – **329** H7 – G. Périgord – 426 h. – alt. 140
Paris 539 – Le Bugue 29 – Les Eyzies-de-Tayac 27 – Gourdon 25 – Périgueux 71 – Sarlat-la-Canéda 13.
                                     Schéma à Domme

Maisonneuve 22 mars-4 oct.
  * * 05 53 29 51 29, *contact@campingmaisonneuve.com,*
Fax 05 53 30 27 06, *www.campingmaisonneuve.com*
– **R** conseillée
6 ha/3 campables (140 empl.) non clos, plat, herbeux
Tarif : 🏕 5,50 € ⇔ 🔲 7,50 € – [½] (6A) 3,80 €
Location : 8 ⏚ (4 à 6 pers.) 260 à 610 €/sem. – gîte
d'étape
⏚ 1 borne artisanale
Pour s'y rendre : SE : 1 km par D 57 et chemin à gauche,
bord du Céou
À savoir : Ancienne ferme restaurée et fleurie

Nature : ⮜ 🔲 ♤♤
Loisirs : 🍹 snack 🛖 🏊 🎯 🛷
🛶
Services : 🚿 ⛽ GB 🐕 🗑 🛗 🛂 🛂
📞 📳 sèche-linge 🚰

CASTELNAUD-LA-CHAPELLE

Lou Castel juin-15 sept.
    ℘ 05 53 29 89 24, *loucastel2@wanadoo.fr*,
Fax 05 53 28 94 85, *www.loucastel.com* – **R** conseillée
5,5 ha/2,5 campables (110 empl.) plat, herbeux, pierreux,
bois attenant
Tarif : ✦ 5,10 € ⊷ 🅴 6,60 € – 🄵 (16A) 3,90 €
Location (permanent) : 5 🏚 (2 à 4 pers.) 158 à
548 €/sem. – 24 🚐 (4 à 6 pers.) 190 à 660 €/sem. – 10
🏠 (4 à 6 pers.) 190 à 720 €/sem. – 3 bungalows toilés
Pour s'y rendre : sortie S par D 57 puis 3,4 km par rte du
château à dr. - pour caravanes, accès fortement conseillé
par Pont-de-Cause et D 50, rte de Veyrines-de-Domme
À savoir : Agréable chênaie

Nature : 🏞 🚏 ♧♧
Loisirs : 🎣 ⚓ 🏊 ⚶ terrain om-
nisports
Services : 🚿 ⊶ 🚰 🗄 🛒 ⊛ 🚪 🚽 🔌

CASTELS

✉ 24220 – **329** H6 – 445 h. – alt. 50
Paris 551 – Bordeaux 181 – Montauban 145 – Brive-la-Gaillarde 73 – Périgueux 56.

La Noyeraie (location exclusive de chalets) Permanent
    ℘ 05 53 31 24 43, *la.noyeraie@free.st*, Fax 05 53 31 24 43,
www.la.noyeraie.free.fr – **R** conseillée
1,5 ha plat, herbeux
Location 🄿 : 13 🏠 (4 à 6 pers.) 210 à 625 €/sem.
Pour s'y rendre : 3 km au SE par D 703, rte de Sarlat-la-
Canéda

Nature : ♀
Loisirs : 🎣 ⚓ 🏊
Services : ⊶ 🚰 ▥ 🔌 sèche-linge

*Les indications d'accès à un terrain sont généralement indiquées,
dans notre guide, à partir du centre de la localité.*

CÉNAC-ET-ST-JULIEN

✉ 24250 – **329** I7 – G. Périgord – 1 068 h. – alt. 70
Paris 537 – Le Bugue 34 – Gourdon 20 – Sarlat-la-Canéda 12 – Souillac 32.
        Schéma à Domme

Le Pech de Caumont avr.-sept.
    ℘ 05 53 28 21 63, *jmilhac@perigord.com*,
Fax 05 53 29 99 73, *www.pech-de-caumont.com*
– **R** conseillée
2,2 ha (100 empl.) en terrasses, peu incliné, herbeux
Tarif : 18,55 € ✦ ⊷ 🅴 🄵 (6A) – pers. suppl. 4,70 € – frais
de réservation 12,50 €
Location 🏷 : 13 🚐 (4 à 6 pers.) 205 à 500 €/sem. – 6
🏠 (4 à 6 pers.) 255 à 555 €/sem.
Pour s'y rendre : S : 2 km
À savoir : Domine la vallée de la Dordogne, face au village
de Domme

Nature : 🏞 🚏 ♧♧
Loisirs : 🍴 🎣 ⚓ 🏊
Services : 🚿 ⊶ 🆖 🚰 🗄 ⚶ ⊛ 🚪
🚽 🔌 🛁

La CHAPELLE-AUBAREIL

✉ 24290 – **329** I5 – 373 h. – alt. 230
Paris 515 – Brive-la-Gaillarde 40 – Les Eyzies-de-Tayac 21 – Montignac 9 – Sarlat-la-Canéda 19.

La Fage mai-sept.
    ℘ 05 53 50 76 50, *camping.lafage@orange.fr*,
Fax 05 53 50 76 50, *www.camping-lafage.com* – **R** conseillée
5 ha (60 empl.) en terrasses, peu incliné, herbeux
Tarif : ✦ 5,50 € ⊷ 🅴 7 € – 🄵 (6A) 2,50 € – frais de réservation 9 €
Location : 12 🚐 (4 à 6 pers.) 225 à 495 €/sem. – 4 🏠
(4 à 6 pers.) 265 à 535 €/sem. – 3 tentes
Pour s'y rendre : NO : 1,2 km par rte de St-Amand-de-Coly
(vers D 704) et chemin à gauche

Nature : 🏞 🚏 ♧♧
Loisirs : pizzeria 🎣 ⚓ 🏊
Services : 🚿 ⊶ 🆖 🚰 ▥ 🗄 ⚶ ⊛
🚪 🚽 ⚉ 🔌 sèche-linge 🛁

77

COLY

✉ 24120 – **329** I5 – 230 h. – alt. 113 – Base de loisirs
Paris 504 – Brive-la-Gaillarde 29 – Lanouaille 45 – Périgueux 53 – Sarlat-la-Canéda 24.

⚠⚠⚠ **Résidence Les Cottages du Lac** (location exclusive
de chalets)
  ℘ 05 53 50 86 29, evasion@quietude.fr, Fax 05 53 50 69 16,
  www.quietude-evasion.com – **R** conseillée
  18 ha plat, herbeux, étangs
  Location : 74 🏠 (4 à 6 pers.) 360 à 1 124 €/sem.
  Pour s'y rendre : 2 km au SE par D 62, rte de la Cassagne,
  bord d'un plan d'eau

> Nature : 🏞 ⬅ 🐟 ⛰
> Loisirs : 🏆 🍴 🎯 nocturne 🏃 ⛷
> 🚴 ✂ 🏊 🛶 pédalos, canoë
> Services : 🚿 ⚷ (été) 🆑 🅿 🚰 🗄
> 🛒

CORNILLE

✉ 24750 – **329** F4 – 562 h. – alt. 190
Paris 482 – Bordeaux 148 – Périgueux 10 – Coulounieix-Chamiers 17 – Saint-Yrieix-la-Perche 57.

⚠⚠⚠ **Le Parc de la Forêt** (location exclusive de chalets)
  ℘ 05 53 35 50 45
  50 ha/6 campables vallonné, herbeux
  Location 🅿 : 48 🏠
  Pour s'y rendre : 3 km au S par D 8 et rte de Périgueux

> Nature : 🏞 ⬅ 🐟
> Loisirs : 🏆 pizzeria 🏠 hammam
> 🏃 ✂ 🏋 🏊 🐴 poneys (centre
> équestre)
> Services : 🚿 🚰 🔌 sèche-linge 🛒

Avant de vous installer, consultez les tarifs en cours,
affichés obligatoirement à l'entrée du terrain,
et renseignez-vous sur les conditions particulières de séjour.
Les indications portées dans le guide ont pu être modifiées depuis la mise à jour.

78

COUX-ET-BIGAROQUE

✉ 24220 – **329** G7 – 818 h. – alt. 85
Paris 548 – Bergerac 44 – Le Bugue 14 – Les Eyzies-de-Tayac 17 – Sarlat-la-Canéda 31 – Villeneuve-sur-Lot 73.

⚠⚠ **Les Valades** mai-sept.
  ℘ 05 53 29 14 27, camping.valades@wanadoo.fr,
  Fax 05 53 28 19 28, http://www.lesvalades.com – **R** indispensable
  11 ha (75 empl.) en terrasses, herbeux, étang, sous bois
  Tarif : 22 € 👤 🚗 🔌 (10A) – pers. suppl. 5,20 €
  Location (avr.-sept.) : 6 🚐 (4 à 6 pers.) 215 à
  630 €/sem. – 19 🏠 (4 à 6 pers.) 215 à 690 €/sem.
  Pour s'y rendre : NO : 4 km par D 703, rte des Eyzies puis à
  gauche, au lieu-dit les Valades
  À savoir : Cadre naturel et vallonné

> Nature : 🏞 ⬅ 🏕 🐟🐟
> Loisirs : pizzeria 🏠 🏃 🏊 🛶
> Services : 🚿 ⚷ 🅰 Ⓜ 🗄 🔌 ⊕ 🚰 🚰
> 🔌 🛒

COUZE-ET-ST-FRONT

✉ 24150 – **329** F7 – 759 h. – alt. 45
Paris 544 – Bergerac 21 – Lalinde 4 – Mussidan 46 – Périgueux 57.

⚠⚠ **Les Moulins** avr.-oct.
  ℘ 06 89 85 76 24, camping-des-moulins@wanadoo.fr,
  Fax 05 53 61 18 36, www.campingdesmoulins.com – places
  limitées pour le passage – **R** conseillée
  2,5 ha (42 empl.) plat et peu incliné, herbeux
  Tarif : 22 € 👤 🚗 🔌 (10A) – pers. suppl. 4 € – frais de
  réservation 10 €
  Location : 30 🚐 (4 à 6 pers.) 220 à 600 €/sem.
  🚐 1 borne artisanale – 🚐 12 €
  Pour s'y rendre : Sortie Sud-Est par D 660 rte de Beaumont et à droite, près du terrain de sports, bord de la
  Couze
  À savoir : Cadre verdoyant face au village perché sur un
  éperon rocheux

> Nature : ⬅ 🏕 🐟🐟
> Loisirs : 🏆 🏠 🏃 🏃 🎣 🏊 🛶
> Services : 🚿 ⚷ 🆑 🅿 🔌 🔌 🔌
> sèche-linge

DAGLAN

✉ 24250 – **329** I7 – 535 h. – alt. 101

🛈 *Syndicat d'initiative, le Bourg* 𝒫 *05 53 29 88 84, Fax 05 53 29 88 84*
Paris 547 – Cahors 48 – Fumel 40 – Gourdon 18 – Périgueux 80 – Sarlat-la-Canéda 22.

△△△ **Le Moulin de Paulhiac** 👥 – 15 mai-15 sept.
𝒫 05 53 28 20 88, *francis.armagnac@wanadoo.fr,*
Fax 05 53 29 33 45, *www.moulin-de-paulhiac.com*
– **R** conseillée
5 ha (150 empl.) plat, herbeux
Tarif : 27,95 € 🌟 ⇔ 回 🗓 (10A) – pers. suppl. 7 € – frais
de réservation 8 €
Location : 10 🛏 (4 à 6 pers.) 250 à 690 €/sem.
🛏 1 borne
Pour s'y rendre : NO : 4 km par D 57, rte de St-Cybranet,
bord du Céou

Nature : 🌿 🏞 ♀♀
Loisirs : 🍴 snack 🍽 🎯 🚴 🚣
(découverte en saison) 🏊 🎿 🛝
Services : 🔥 🔌 ⊞ ⟲ 🚿 🛁 🏪 🗑 ⚄
🔧 🧺 🚽 🖕 sèche-linge 🔲 🧴

△ **La Peyrugue** avr.-1er oct.
𝒫 05 53 28 40 26, *camping@peyrugue.com, www.peyru*
gue.com – **R** conseillée
5 ha/2,5 campables (85 empl.) terrasse, non clos, peu
incliné à incliné, herbeux, pierreux
Tarif : 24 € 🌟 ⇔ 回 🗓 (6A) – pers. suppl. 5,75 €
Location : 8 🛏 (4 à 6 pers.) 240 à 575 €/sem. – 8 🏠 (4
à 6 pers.) 315 à 650 €/sem.
Pour s'y rendre : N : 1,5 km par D 57, rte de St-Cybranet, à
150 m du Céou

Nature : 🌿 ♀♀
Loisirs : 🍴 🍽 🚴 🛝
Services : 🔥 🔌 ⊞ ⟲ 🚿 🛁 🏪 ⚄
🧺 🔲 sèche-linge 🧴

Si vous désirez réserver un emplacement pour vos vacances,
faites-vous préciser au préalable les conditions particulières de séjour,
les modalités de réservation, les tarifs en vigueur et les conditions de paiement.

79

DOMME

✉ 24250 – **329** I7 – G. Périgord – 987 h. – alt. 250

🛈 *Office de tourisme, place de la Halle* 𝒫 *05 53 31 71 00, Fax 05 53 31 71 09*
Paris 538 – Cahors 51 – Fumel 50 – Gourdon 20 – Périgueux 76 – Sarlat-la-Canéda 12.

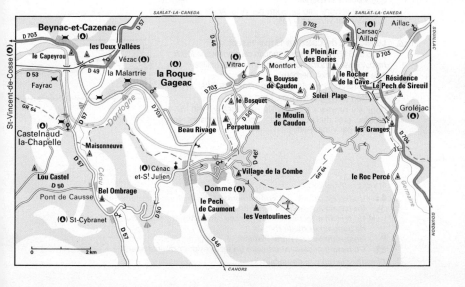

DOMME

🔺 **Les Ventoulines** (location exclusive de chalets) fin mars-déb. nov.
📞 05 53 28 36 29, *lesventoulines@wanadoo.fr*,
Fax 05 53 29 47 25, *www.cottage-ventoulines.com*
– **R** conseillée
3 ha non clos, en terrasses, herbeux
Location : 18 🏠 (4 à 6 pers.) 280 à 865 €/sem.
Pour s'y rendre : 3,6 km au SE

| Nature : 🌿 ♨♨♨ |
| Loisirs : 🎱 ⚡ 🏊 |
| Services : 🔽 ⛟ 🅟 GB 🔌 🛒 ▥ 📷 |

🔺 **Village de la Combe** (location exclusive de chalets) mars-oct.
📞 05 53 29 77 42, *lacombe24@wanadoo.fr*, *www.villagede lacombe.com*
2 ha plat, en terrasses, herbeux
Location : 12 🏠 (4 à 6 pers.) 290 à 680 €/sem.
Pour s'y rendre : 1,5 km au SE
À savoir : Location 2 nuits minimum hors sais.

| Nature : 🌿 ♨♨ |
| Loisirs : 🎱 🏊 |
| Services : 🔽 ⛟ 🔌 ▥ 📷 |

🔺 **Perpetuum** 👫 – mai-10 oct.
📞 05 53 28 35 18, *luc.parsy@wanadoo.fr*,
Fax 05 53 29 63 64, *www.campingleperpetuum.com*.
– **R** conseillée
4,5 ha (120 empl.) plat, herbeux
Tarif : 20,72 € 🌟 ⛺ 🚗 ▣ 🔌 (10A) – pers. suppl. 5,30 € – frais de réservation 10 €
Location 🏡 : 7 🚐 (2 à 4 pers.) 180 à 450 €/sem. – 20 🚐 (4 à 6 pers.) 200 à 640 €/sem.
🚐 1 borne raclet
Pour s'y rendre : au SE, 5 km par D 46. Accès par Vitrac et D 703 fortement conseillé, au bord de la Dordogne

| Nature : 🌿 ⛺ ♨♨ |
| Loisirs : snack 🎱 👫 salle d'animation ⚡ 🏊 🎣 |
| Services : 🔽 ⛟ 🔌 Ⓜ 🗑 🛁 Ⓐ 📷 sèche-linge 🧺 |
| À prox. : 🏊 |

🔺 **Le Bosquet** avr.-sept.
📞 05 53 28 37 39, *info@lebosquet.com*, Fax 05 53 29 41 95, *www.lebosquet.com* – **R** conseillée
1,5 ha (60 empl.) plat, herbeux
Tarif : 15 € 🌟 ⛺ 🚗 ▣ 🔌 (6A) – pers. suppl. 4 € – frais de réservation 6 €
Location : 3 🚐 (2 à 4 pers.) 150 à 370 €/sem. – 17 🚐 (4 à 6 pers.) 200 à 500 €/sem.
🚐 1 borne artisanale
Pour s'y rendre : au SE, 5 km par D 46. Accès fortement conseillée par Vitrac et D 703.

| Nature : 🌿 ⛺ ♨♨ |
| Loisirs : snack 🎱 ⚡ 🏊 |
| Services : 🔽 ⛟ GB 🔌 🗑 🛁 🔧 Ⓐ ⛟ 📷 🧺 |
| À prox. : canoë |

🔺 **Le Moulin de Caudon** 15 mai-15 sept.
📞 05 53 31 03 69, *camping.moulin.caudon@wanadoo.fr*, *http://www.campingdordogne.com* – **R** conseillée
2 ha (60 empl.) plat, herbeux
Tarif : (Prix 2007) 🌟 3,30 € ⛺ 🚗 2,70 € – 🔌 (10A) 2,70 €
Location : 4 🚐 (4 à 6 pers.) 380 à 480 €/sem.
Pour s'y rendre : 6 km au NE par D 46^E et D 50, rte de Groléjac, près de la Dordogne - Pour les caravanes, accès conseillé par Vitrac-Port

| Nature : ⛺ ♨♨ |
| Loisirs : 🎱 ⚡ |
| Services : 🔽 ⛟ (saison) 🔌 🗑 🛁 Ⓐ 📷 |
| À prox. : 🏊 |

Si vous recherchez :
👫 *Un terrain offrant des équipements et des loisirs adaptés aux enfants*
🌿 *Un terrain agréable ou très tranquille*
L - M *Un terrain effectuant la location de caravanes, de mobile homes, de bungalows ou de chalets*
P *Un terrain ouvert toute l'année*
🚐 *Un terrain possédant une aire de services pour camping-cars*
Consultez le tableau des localités

EYMET

✉ 24500 – **329** D8 – G. Périgord – 2 552 h. – alt. 54
🛈 *Office de tourisme, place de la Bastide* ✆ *05 53 23 74 95, Fax 05 53 23 74 95*
Paris 560 – Bergerac 24 – Castillonnès 19 – Duras 22 – Marmande 33 – Ste-Foy-la-Grande 31.

⚠ **Municipal Le Château** avr.-28 oct.
✆ 05 53 23 80 28, *jeanjacques@eymetcamping.com*,
Fax 05 53 83 02 20 – **R** conseillée
1,5 ha (66 empl.) plat, herbeux, jardin public attenant
Tarif : 12,35 € 🛉 🚐 🔲 🔌 (10A) – pers. suppl. 3,50 €
Pour s'y rendre : r. de la Sole, derrière le château, bord du Dropt
À savoir : Site agréable bordé par la rivière, le parc et les remparts

Nature : 🏞 ♤♤	
Loisirs : 🛶 canoë	
Services : 🛁 ⛽ 🔲 ⚡ 🔌 🔲	
À prox. : 🏊	

Les EYZIES-DE-TAYAC

✉ 24620 – **329** H6 – G. Périgord – 909 h. – alt. 70
🛈 *Office de tourisme, 19, av. de la Préhistoire* ✆ *05 53 06 97 05, Fax 05 53 06 90 79*
Paris 536 – Brive-la-Gaillarde 62 – Fumel 62 – Lalinde 35 – Périgueux 47 – Sarlat-la-Canéda 21.

⚠⚠⚠ **La Rivière** 5 avr.-1er nov.
✆ 05 53 06 97 14, *la-riviere@wanadoo.fr*,
Fax 05 53 35 20 85, *www.lariviereleseyzies.com* – **R** conseillée
7 ha/3 campables (120 empl.) plat, herbeux
Tarif : 21,30 € 🛉 🚐 🔲 🔌 (6A) – pers. suppl. 4,95 €
Location : 8 🛖 (4 à 6 pers.) 210 à 600 €/sem. – 6 🛏
🚐 1 borne artisanale 4,50 € – 🚐 10 €
Pour s'y rendre : 1 km au NO par D 47, rte de Périgueux et rte à gauche après le pont, à 200 m de la Vézère (accès direct)

Nature : 🏞 ♤♤	
Loisirs : 🍴 ✕ 🏊 🎣 🏓	
Services : 🛁 ⛽ ㏄ ⚡ 🔲 🔲 🛒 🔌	
🏧 🚿 🔌 🔲 sèche-linge 🛒	
À prox. : canoë kayak	

⚠ **La Ferme du Pelou** 15 mars-15 nov.
✆ 05 53 06 98 17, Fax 05 53 06 98 17, *www.lafermedupe lou.com* – **R** conseillée
1 ha (65 empl.) plat et peu incliné, herbeux
Tarif : 🛉 3,40 € 🚐 🔲 3,50 € – 🔌 (10A) 2,70 €
Location : 5 🛖 (2 à 4 pers.) 160 à 270 €/sem. – 2 🛖 (4 à 6 pers.) 250 à 440 €/sem.
🚐 1 borne artisanale – 6 🔲 13 €
Pour s'y rendre : 4 km au NE par D 706, rte de Montignac puis rte à dr.
À savoir : Ferme d'élevage en activité

Nature : 🐄 🏞 ♤♤	
Loisirs : 🎣 🏓	
Services : 🛁 ⛽ ㏄ 🔲 🔌 🔌 🔲	
sèche-linge	
À prox. : 🐎	

81

Enclos - Pays basque

B. Kaufmann/Michelin

FOSSEMAGNE

✉ 24210 – **329** G5 – 528 h. – alt. 70
Paris 492 – Brive-la-Gaillarde 49 – Excideuil 33 – Les Eyzies-de-Tayac 27 – Périgueux 26.

⚠ **Municipal le Manoire** 15 juin-août
    ℘ 05 53 04 43 46, Fax 05 53 06 49 94 – **R** conseillée
1 ha (35 empl.) plat, herbeux
Tarif : 8,40 € ⚹ ⇔ 🅴 🄳 (15A) – pers. suppl. 2,20 € – frais
de réservation 23 €
Pour s'y rendre : au SO du bourg, près d'un plan d'eau

Nature : 🗆 ♢♢ 🔺
Services : ♿ ⊶ ⊟ 🦮 ☺ 🚿
À prox. : ✖ ⟍ pédalos, canoë

GROLÉJAC

✉ 24250 – **329** I7 – 580 h. – alt. 67
Paris 537 – Gourdon 14 – Périgueux 80 – Sarlat-la-Canéda 13.
                          Schéma à Domme

⚠ **Les Granges** 👥 – 26 avr.-14 sept.
    ℘ 05 53 28 11 15, *contact@lesgranges-fr.com*,
Fax 05 53 28 57 13, *www.lesgranges-fr.com* – places limitées pour le passage – **R** conseillée
6 ha (188 empl.) plat, incliné et en terrasses, herbeux
Tarif : 27,60 € ⚹ ⇔ 🅴 🄳 (6A) – pers. suppl. 7,30 € – frais
de réservation 30 €
Location : 48 🏠 (4 à 6 pers.) 291 à 732 €/sem. – 20 🏡
(4 à 6 pers.) 334 à 853 €/sem.
Pour s'y rendre : au bourg

Nature : 🐠 🗆 ♢♢
Loisirs : 🍸 ✖ pizzeria 🏓 🕯 noc-
turne 🛝 🏸 🚲 🔥 🏊 ♨
Services : ♿ ⊶ ⊟ 🦮 🗑 ☕ ☺ 🚿
♨ 🧺 🔦 🖼 sèche-linge 🦮
À prox. : 🐴

⚠ **Résidence le Pech de Sireuil** (location exclusive de
chalets)
    ℘ 05 53 28 34 93, *martine@pechdesireuil.com*,
Fax 05 53 28 53 09
5 ha non clos, plat, vallonné, herbeux
Location : 14 🏡
Pour s'y rendre : N : 2 km par D 704 et à droite, rte de
Milhac

Nature : 🐠 🗆 ♢♢
Loisirs : 🏊
Services : ♿ ⊶ 🅿 🔦 🖼

⚠ **Municipal le Roc Percé**
    ℘ 05 53 59 48 70, Fax 05 53 29 39 74, *www.baseloisirs-grol*
lejac.com – **R** conseillée
2 ha (92 empl.) non clos, plat, herbeux
Pour s'y rendre : S : 2 km par D 704, D 50 rte de Domme et
rte de Nabirat à gauche, bord d'un plan d'eau

Nature : 🐠 ≤ 🗆 ♢♢ 🔺
Loisirs : 🏸 🛶 canoë, pédalos, bar-
ques
Services : ♿ ⊶ 🗑 ☺ 🚿 🖼

HAUTEFORT

✉ 24390 – **329** H4 – G. Périgord – 1 184 h. – alt. 160
🛈 *Office de tourisme, place du Marquis J. F. de Hautefort* ℘ *05 53 50 40 27*
Paris 466 – Bordeaux 190 – Périgueux 60 – Brive-la-Gaillarde 57 – Tulle 93.

⚠ **Les Sources** (location exclusive de chalets) mars-15 nov.
    ℘ 05 53 51 96 56, *info@hautefort-gites-dordogne.com*,
Fax 05 53 51 96 78, *www.hautefort-gites-dordogne.com* –
R indispensable
30 ha/5 campables vallonné, herbeux
Location 🅿 : 18 🏡 (4 à 6 pers.) 320 à 970 €/sem. – 6
🛏
Pour s'y rendre : 4 km au S sur D 704, et rte à gauche

Nature : 🐠 ≤ château de Hautefort
Loisirs : 🍸 🏓 🏸 🏊 quad, paint-
ball
Services : ♿ ⊶ ⊟ 🦮 🔦 ☕ 🖼

LES GUIDES VERTS **MICHELIN**
Paysages, monuments
Routes touristiques
Géographie
Histoire, Art
Itinéraire de visite
Plans de villes et de monuments

LANOUAILLE

✉ 24270 – **329** H3 – 966 h. – alt. 209 – Base de loisirs
🛈 *Syndicat d'initiative, place Thomas Robert Bugeaud* 𝄐 *05 53 62 17 82*
Paris 446 – Brantôme 47 – Limoges 55 – Périgueux 46 – Uzerche 47.

⚠ **Moulin de la Jarousse** (location exclusive de chalets)
Permanent
𝄐 05 53 52 37 91, *jarousse@wanadoo.fr*,
Fax 05 53 52 40 43, *www.location-en-dordogne.com* – ℞
8 ha plat, terrasse, herbeux, gravillons
Location : 8 🏠 (4 à 6 pers.) 330 à 820 €/sem.
Pour s'y rendre : 7 km au N par D 704, D 80 et rte secon-
daire, au lieu-dit La Jarousse
À savoir : Cadre sauvage et boisé dominant le lac

Nature : 🌿 ≤ 〰
Loisirs : 🚣 🚲 🏊 🎣
Services : ⌖ ℗ 🚿 🏪 🔌 🗄

LIMEUIL

✉ 24510 – **329** G6 – G. Périgord – 315 h. – alt. 65
🛈 *Syndicat d'initiative, Le Bourg* 𝄐 *05 53 63 38 90*
Paris 528 – Bergerac 43 – Brive-la-Gaillarde 78 – Périgueux 48 – Sarlat-la-Canéda 38.

⚠ **La Ferme des Poutiroux** 25 mars-7 nov.
𝄐 05 53 63 31 62, *camping.les.poutiroux@tiscali.fr*,
www.poutiroux.com – ℞ conseillée
2,5 ha (45 empl.) plat, en terrasses, peu incliné, herbeux
Tarif : 17,50 € 🟊 �car 🔲 🔌 (6A) – pers. suppl. 4,50 € – frais
de réservation 12 €
Location 🏠 : 9 🏕 (2 à 4 pers.) 150 à 350 €/sem. – 18
🏠 (4 à 6 pers.) 170 à 480 €/sem.
🚐 1 borne artisanale 3 €
Pour s'y rendre : sortie NO par D 31, rte de Trémolat puis
1 km par chemin de Paunat à droite

Nature : 🌿 ≤
Loisirs : 🍴 🚣 🎣
Services : 🚿 ⌖ 🚿 ☺ 🗄

Utilisez le guide de l'année.

MARCILLAC-ST-QUENTIN

✉ 24200 – **329** I6 – 664 h. – alt. 235
Paris 522 – Brive-la-Gaillarde 48 – Les Eyzies-de-Tayac 18 – Montignac 21 – Périgueux 74 – Sarlat-la-Canéda 10.

⚠ **Les Tailladis** Permanent
𝄐 05 53 59 10 95, *tailladis@aol.com*, Fax 05 53 29 47 56,
www.tailladis.com – ℞ conseillée
25 ha/8 campables (90 empl.) plat, en terrasses et incliné,
herbeux, pierreux
Tarif : 🟊 5,20 € 🚗 🔲 6,75 € – 🔌 (6A) 3,40 € – frais de
réservation 10 €
Location : 7 🏠 (4 à 6 pers.) 310 à 560 €/sem.
Pour s'y rendre : N : 2 km, à proximité de la D 48, bord de
la Beune et d'un petit étang

Nature : 🌿 ⛱ 〰
Loisirs : 🍴 ✗ 🏊 🎣
Services : 🚿 ⌖ 🆖 🚿 🏪 🗄 ☺ ☺
🔌 🗄 sèche-linge 🖼 🚿

MÉNESPLET

✉ 24700 – **329** B5 – 1 289 h. – alt. 43
Paris 532 – Bergerac 44 – Bordeaux 69 – Libourne 35 – Montpon-Ménestérol 5 – Périgueux 60.

⚠ **Camp'Gîte** Permanent
𝄐 05 53 81 84 39, *campgite.ber@perigord.tm.fr*,
Fax 05 53 81 62 74, *www.camp-gite.com*
1 ha (29 empl.) plat, herbeux
Tarif : 19 € 🟊 🚗 🔲 🔌 (16A) – pers. suppl. 5 €
Location : 🛏
Pour s'y rendre : 3,8 km au SO du bourg, au lieu-dit Les
Loges par rte de Laser
À savoir : Sur place également chambres et table d'hôte

Nature : 🌿 ⛱ ♀
Loisirs : 🚣
Services : 🚿 ⌖ 🚿 🗄 ☺ ☺ 🔌 🗄

83

MIALET

24450 – **329** G2 – 717 h. – alt. 320
Paris 436 – Limoges 49 – Nontron 23 – Périgueux 51 – Rochechouart 37.

L'Étang de Vivale (location exclusive de chalets)
05 53 52 66 05, *virenque.nathalie@orange.fr*,
Fax 05 53 52 47 94, *www.vivaledordogne.com* – ℝ
30 ha plat et vallonné, herbeux
Location : 17 ⌂ (4 à 6 pers.) 420 à 660 €/sem.
Pour s'y rendre : 0,7 km à l'O par D 79, rte de Nontron
À savoir : Bord du lac

Nature : 🌿 ≤ 🏞 ♀
Loisirs : 🍸 🎮 🚣 🚴 🎿 🛶 canoë, barques
Services : ♿ ⌀ 🅿 GB 🐾 🔥

MOLIÈRES

24480 – **329** F7 – G. Périgord – 292 h. – alt. 150
Paris 542 – Bergerac 31 – Le Bugue 20 – Les Eyzies-de-Tayac 31 – Sarlat-la-Canéda 47 – Villeneuve-sur-Lot 56.

La Grande Veyière avr.-oct.
05 53 63 25 84, *la-grande-veyiere@wanadoo.fr*,
Fax 05 53 63 18 25, *www.lagrandeveyiere.com* – ℝ conseillée
4 ha (64 empl.) peu incliné à incliné, en terrasses, herbeux
Tarif : (Prix 2007) 🚶 4,40 € 🚗 🔋 6,25 € – 🔌 (6A) 2,70 €
Location : 8 🛖 (2 à 4 pers.) 160 à 384 €/sem. – 14 🚐 (4 à 6 pers.) 190 à 522 €/sem.
Pour s'y rendre : SE : 2,2 km par D 27, rte de Cadouin et chemin à droite
À savoir : Agréable cadre naturel, verdoyant

Nature : 🌿 🏞 🎋
Loisirs : 🍸 🎮 🚣 🎿
Services : ♿ ⌀ GB 🐾 🔥 🚿 ☺ 📞 🔥

MONPAZIER

24540 – **329** G7 – G. Périgord – 516 h. – alt. 180
🅱 *Office de tourisme, place des Cornières* 05 53 22 68 59, Fax 05 53 74 30 08
Paris 575 – Bergerac 47 – Fumel 26 – Périgueux 75 – Sarlat-la-Canéda 50 – Villeneuve-sur-Lot 46.

Village Center Le Moulin de David 🔒 – 31 mai-7 sept.
05 53 22 65 25, *contact@village-center.com*,
Fax 05 53 23 99 76, *www.village-center.com* – ℝ conseillée
16 ha/4 campables (160 empl.) plat, terrasse, herbeux
Tarif : 40 € 🚶 🚗 🔋 🔌 (10A) – pers. suppl. 8 € – frais de réservation 30 €
Location : 43 🚐 (4 à 6 pers.) 364 à 854 €/sem. – 8 tentes
Pour s'y rendre : 3 km au SO par D 2 rte de Villeréal et chemin à gauche, bord d'un ruisseau

Nature : 🌿 🏞 🎋
Loisirs : 🍸 🍴 pizzeria 🎮 🎭 nocturne 🚣 🚴 ⛵ 🎿 🛶 (plan d'eau) 🏊
Services : ♿ ⌀ GB 🐾 🔥 🚿 ☺ ☀ 🚻 📞 📞 🔥 sèche-linge 🔥 🔥

MONTIGNAC

24290 – **329** H5 – G. Périgord – 3 023 h. – alt. 77
🅱 *Office de tourisme, place Bertran-de-Born* 05 53 51 82 60, Fax 05 53 50 49 72
Paris 513 – Brive-la-Gaillarde 39 – Périgueux 54 – Sarlat-la-Canéda 25.

Le Moulin du Bleufond avr.-11 oct.
05 53 51 83 95, *le.moulin.du.bleufond@wanadoo.fr*,
Fax 05 53 51 19 92, *www.bleufond.com* – ℝ conseillée
1,3 ha (84 empl.) plat, herbeux
Tarif : 20,70 € 🚶 🚗 🔋 🔌 (10A) – pers. suppl. 5,30 €
Location 🚫 (12 juil.-23 août) : 17 🚐 (4 à 6 pers.) 208 à 600 €/sem.
🚐 1 borne artisanale
Pour s'y rendre : 0,5 km au S par D 65 rte de Sergeac, près de la Vézère
À savoir : Beaux emplacements disposés autour de l'ancien moulin

Nature : 🌿 🏞 🎋
Loisirs : snack 🎮 ♨ jacuzzi 🚣 🎿
Services : ♿ ⌀ (juil.-août) GB 🐾 🔥 🚿 ☺ ☀ 🚻 📞 📞 🔥 sèche-linge 🔥
À prox. : 🍴 🛶 canoë

MONTPON-MÉNESTÉROL

✉ 24700 – **329** B5 – 5 385 h. – alt. 93

🛈 *Office de tourisme, place Clemenceau* ✆ *05 53 82 23 77, Fax 05 53 81 86 74*
Paris 532 – Bergerac 40 – Bordeaux 75 – Libourne 43 – Périgueux 56 – Ste-Foy-la-Grande 23.

⚠ **Le Port Vieux** avr.-sept.
  ✆ 05 53 80 22 16, *daniel.taillez455@orange.fr* – **R** conseillée
  2 ha (120 empl.) plat, herbeux
  Tarif : 12 € 🌣 ⇐ 🔋 🔌 (10A) – pers. suppl. 3 €
  Location : 3 🚐 (4 à 6 pers.) 250 à 460 €/sem. – 2 tentes
  Pour s'y rendre : sortie N par D 708, rte de Ribérac et à
  gauche avant le pont
  À savoir : Bord de l'Isle

Nature : 🏕 ♤♤
Loisirs : 🔲 🎣
Services : 🕭 🖙 GB 🐾 🗄 🏔 🄰 🄰
🍴 🔲
À prox. : 🚣 canoë

NONTRON

✉ 24300 – **329** E2 – G. Périgord – 3 500 h. – alt. 260

🛈 *Office de tourisme, 3, avenue du Général Leclerc* ✆ *05 53 56 25 50, Fax 05 53 60 34 13*
Paris 464 – Bordeaux 175 – Périgueux 49 – Angoulême 47 – Saint-Junien 53.

⚠ **De Nontron** Permanent
  ✆ 05 53 56 02 04, *camping-de-nontron@orange.fr,*
  www.campingdenontron.com – **R** conseillée
  2 ha (78 empl.) plat, herbeux, bord de rivière
  Tarif : 12,50 € 🌣 ⇐ 🔋 🔌 (10A) – pers. suppl. 3 €
  Location : 8 gîtes
  🚐 1 borne artisanale 3 € – 🚐 8 €
  Pour s'y rendre : 1 km au S par D 675, rte de Périgueux,
  aux stades

Nature : 🏕 ♤♤
Loisirs : 🔲 🎣
Services : 🕭 🖙 GB 🐾 🄰 🔲 sèche-
linge

Ne pas confondre :
⚠ ... à ... ⚠⚠⚠⚠ : *appréciation* **MICHELIN**
et
★ ... à ... ★★★★ : *classement officiel*

85

PARCOUL

✉ 24410 – **329** B4 – G. Périgord – 411 h. – alt. 70
Paris 503 – Bergerac 69 – Blaye 72 – Bordeaux 75 – Périgueux 67.

⚠ **Le Paradou** 15 mai-15 sept.
  ✆ 05 53 91 42 78, *le.paradou.24@wanadoo.fr,*
  Fax 05 53 90 49 92, *www.leparadou24.fr* – **R** conseillée
  20 ha/4 campables (100 empl.) plat, herbeux, pierreux
  Tarif : 14 € 🌣 ⇐ 🔋 🔌 (10A) – pers. suppl. 5 €
  Location (22 mars-26 oct.) : 36 🚐 (4 à 6 pers.) 249 à
  499 €/sem. – 3 🏠 (4 à 6 pers.) 169 à 369 €/sem.
  Pour s'y rendre : SO : 2 km par D 674 rte de La Roche-
  Chalais
  À savoir : au parc de loisirs

Nature : 🏕 ♤♤
Loisirs : 🔟
Services : 🕭 🖙 GB 🐾 🗄 🄰 🄰 🕾
🕭 🔲 location de réfrigérateurs
À prox. : au parc de loisirs : 🍴 café-
téria 🍴 🔲 🚣 🍴 🚣 (étang)
🄰 pédalos

PEYRIGNAC

✉ 24210 – **329** I5 – 394 h. – alt. 200
Paris 508 – Brive-la-Gaillarde 33 – Juillac 33 – Périgueux 44 – Sarlat-la-Canéda 37.

⚠ **La Garenne** avr.-15 nov.
  ✆ 05 53 50 57 73, *s.lagarenne@wanadoo.fr,*
  Fax 05 53 50 57 73, *http://membres.lycos.fr/campinglaga*
  renne/ – **R** conseillée
  4 ha/1,5 campable (70 empl.) plat, peu incliné, herbeux
  Tarif : 15,50 € 🌣 ⇐ 🔋 🔌 (6A) – pers. suppl. 4 €
  Location : 8 🚐 (4 à 6 pers.) 250 à 400 €/sem. – 6 🏠 (4
  à 6 pers.) 350 à 480 €/sem.
  🚐 🚐 17.50 €
  Pour s'y rendre : 0,8 km au N du bourg, près du stade

Nature : 🏞 𝟘𝟘𝟘
Loisirs : 🔲 🚣 🔟
Services : 🕭 🖙 GB 🐾 M ⏧ 🗄 🄰
🄰 🄰 🍴 🔲 🄰
À prox. : 🍴 🄰

PEYRILLAC-ET-MILLAC

✉ 24370 – **329** J6 – 213 h. – alt. 88
Paris 521 – Brive-la-Gaillarde 45 – Gourdon 23 – Sarlat-la-Canéda 22 – Souillac 8.

Au P'tit Bonheur avr.-sept.
 ℘ 05 53 29 77 93, *auptitbonheur@wanadoo.fr*,
 Fax 05 53 29 77 93, *www.camping-auptitbonheur.com*
 – **R** conseillée
 2,8 ha (90 empl.) incliné et en terrasses, herbeux, pierreux
 Tarif : 20 € ✴ ⚎ 🅴 ⚡ (10A) – pers. suppl. 5 € – frais de
 réservation 15 €
 Location 🏠 : 10 🛖 251 à 460 € – 11 🚍 237 à
 607 €/sem. – 9 🏚 257 à 654 €/sem.
 🚐 1 borne artisanale 5 €
 Pour s'y rendre : N : 2,5 km par rte du Bouscandier, à
 Millac
 À savoir : Plaisante décoration arbustive et florale

Nature : 🐟 ⌐ 🌳🌳
Loisirs : 🍺 snack 🏤 🏊 🚲 🛝
Services : 🔥 ☎ 🏪 🗑 ⚙ 🎑 🗑 🗑

PLAZAC

✉ 24580 – **329** H5 – G. Périgord – 577 h. – alt. 110
Paris 527 – Bergerac 65 – Brive-la-Gaillarde 53 – Périgueux 40 – Sarlat-la-Canéda 32.

Le Lac mai-sept.
 ℘ 05 53 50 75 86, *contact@campinglelac-dordogne.com*,
 Fax 05 53 50 58 36, *www.campinglelac-dordogne.com* – **R**
 indispensable
 7 ha/2,5 campables (100 empl.) peu incliné et plat, en
 terrasses, herbeux
 Tarif : ✴ 5,30 € ⚎ 🅴 5,30 € – ⚡ (10A) 3,20 € – frais de
 réservation 12 €
 Location : 21 🚍 (4 à 6 pers.) 235 à 530 €/sem.
 Pour s'y rendre : SE : 0,8 km par D 45, rte de Thonac
 À savoir : Bord du lac

Nature : 🐟 ⌐ 🌳🌳 ⛰
Loisirs : 🍺 snack 🏤 🏹 🏊 🎣 🛝
 🚣 terrain omnisports
Services : 🔥 ☎ 🇬🇧 🐾 🗑 ⚙ 🎑 🗑
 🚽 🛁 🚿 sèche-linge 🏖
À prox. : 🏖 pédalos

86

La ROCHE-CHALAIS

✉ 24490 – **329** B5 – 2 801 h. – alt. 60
🛈 *Syndicat d'initiative, 9, place du Puits qui Chante* ℘ 05 53 90 18 95
Paris 510 – Bergerac 62 – Blaye 67 – Bordeaux 68 – Périgueux 70.

Municipal de Gerbes 15 avr.-sept.
 ℘ 05 53 91 40 65, *camping.la.roche.chalais@wanadoo.fr*,
 Fax 05 53 90 32 01 – **R** conseillée
 3 ha (100 empl.) plat et terrasses, herbeux, petit bois
 attenant
 Tarif : ✴ 2,30 € ⚎ 🅴 2,80 € – ⚡ (5A) 2,30 €
 Pour s'y rendre : à 1 km, à l'Ouest de la localité, par la rue
 de la Dronne, bord de la rivière

Nature : 🐟 ⌐ 🌳🌳
Loisirs : 🏤 🏊 🚣 canoë
Services : 🔥 ☎ 🐾 🗑 ⚙ 🎑

La ROQUE-GAGEAC

✉ 24250 – **329** I7 – G. Périgord – 449 h. – alt. 85
🛈 *Office de tourisme, le Bourg* ℘ 05 53 29 17 01, Fax 05 53 31 24 48
Paris 535 – Brive-la-Gaillarde 71 – Cahors 53 – Fumel 52 – Lalinde 45 – Périgueux 71 – Sarlat-la-Canéda 9.

Schéma à Domme

Beau Rivage ♣♣ – avr.-sept.
 ℘ 05 53 28 32 05, *camping.beau.rivage@wanadoo.fr*,
 Fax 05 53 29 63 56, *www.camping-beau-rivage.com*
 – **R** conseillée
 8 ha (199 empl.) plat et en terrasses, herbeux, sablonneux
 Tarif : (Prix 2007) 21,85 € ✴ ⚎ 🅴 ⚡ (6A) – pers.
 suppl. 5,30 € – frais de réservation 18 €
 Location 🏠 : 22 🚍 (4 à 6 pers.) 250 à 600 €/sem.
 Pour s'y rendre : 4 km à l'E
 À savoir : Bord de la Dordogne

Nature : 🌳🌳 ⛰
Loisirs : 🍺 🍴 🏤 🎲 nocturne 🏹
 🏊 🎣 🛝 canoë
Services : 🔥 ☎ 🇬🇧 🐾 🗑 🗑 ⚙
 🚽 🛁 🗑 sèche-linge 🏖
À prox. : 🚲

⊠ 24580 – **329** G5 – G. Périgord – 1 484 h. – alt. 300
i *Syndicat d'initiative, le Bourg* ℘ *05 53 05 39 03*
Paris 531 – Bergerac 58 – Brive-la-Gaillarde 57 – Périgueux 32 – Sarlat-la-Canéda 37.

La Ferme Offrerie mai-13 sept.
℘ 05 53 35 33 26, *campingof!rerie@aol.com*,
Fax 05 53 05 76 30, *www.camping-ferme-offrerie.com* – **R**
indispensable
3,5 ha (48 empl.) plat, peu incliné, terrasses, herbeux
Tarif : 14,80 € ⚹ ⇔ ⓔ ⒣ (10A) – pers. suppl. 4 €
Location : 14 ⌂ (4 à 6 pers.) 280 à 505 €/sem.
⊟ 1 borne artisanale – 6 ⓔ
Pour s'y rendre : S : 2 km par D 32, rte des Grottes de
Rouffignac et à droite

Nature : 🌳 ⌑ ♀
Loisirs : 🏠 ♨ ⛱ 🏊
Services : ⚬ ♂ M 🗄 ♨ ☺ 🖼 🛒

La Nouvelle Croze 5 avr.-Toussaint
℘ 05 53 05 38 90, *contact@lanouvellecroze.com*,
Fax 05 53 46 61 71, *www.lanouvellecroze.com* – **R** conseillée
1,3 ha (40 empl.) plat, herbeux
Tarif : 18,90 € ⚹ ⇔ ⓔ ⒣ (5A) – pers. suppl. 4,85 €
Location : 16 ⌂ (4 à 6 pers.) 235 à 520 €/sem.
Pour s'y rendre : SE : 2,5 km par D 31, rte de Fleurac et
chemin à droite

Nature : 🌳 ♀
Loisirs : 🍽 🏠 ⛱ 🏊 golf (9 trous)
Services : 🅰 ⚬ (juil.-août) ⊖ℬ ♂
🗄 ☺ 🚿 🚽 📞 🖼 sèche-linge

Bleu Soleil avr.-sept.
℘ 05 53 05 48 30, *infos@camping-bleusoleil.com*,
www.camping-bleusoleil.com – **R** conseillée
70 ha/7 campables (110 empl.) en terrasses
Tarif : 20,50 € ⚹ ⇔ ⓔ ⒣ (10A) – pers. suppl. 5,10 € –
frais de réservation 13 €
Location : 16 ⌂ (4 à 6 pers.) 150 à 640 €/sem.
Pour s'y rendre : 1,5 km au N par D 31 rte de Thenon et
rte à dr.

Nature : 🌳 ≤ ♀♀
Loisirs : 🍽 ✕ 🏠 ⛱ 🏊
Services : ⚬ ⊖ℬ ♂ 🗄 ☺ 📞
🖼 sèche-linge 🛒 cases réfrigérées

87

⊠ 24330 – **329** G5 – 146 h. – alt. 152
Paris 491 – Brive-la-Gaillarde 96 – Limoges 105 – Périgueux 24.

La Pelonie avr.-25 oct.
℘ 05 53 07 55 78, *lapelonie@aol.com*, Fax 05 53 03 74 27,
www.lapelonie.com – **R** indispensable
3 ha (60 empl.) non clos, plat, herbeux
Tarif : 19,20 € ⚹ ⇔ ⓔ ⒣ (6A) – pers. suppl. 4,80 € – frais
de réservation 10 €
Location : 2 ⌂ (2 à 4 pers.) à 340 €/sem. – 13 ⌂ (4 à
6 pers.) 150 à 620 €/sem. – 3 tentes
Pour s'y rendre : SO : 1,8 km en direction de Milhac-Gare, à
la Bourgie, de Fossemagne, 6 km par RN 89 et chemin à
droite

Nature : ⌑ ♀♀
Loisirs : 🍽 snack ⛱ 🏊
Services : 🅰 ⚬ ⊖ℬ ♂ 🗄 ☺ 📞
📞 🖼 🛒

Si vous recherchez :
⚠ *Un terrain au bord de l'eau avec possibilité de baignade*
🌳 *Un terrain agréable ou très tranquille*
L   *Un terrain effectuant la location de caravanes, de mobile homes,*
   de bungalows ou de chalets
P   *Un terrain ouvert toute l'année*
⊟ *Un terrain possédant une aire de services pour camping-cars*
Consultez le tableau des localités

ST-ANTOINE-DE-BREUILH

✉ 24230 – **329** B6 – 1 844 h. – alt. 18
Paris 555 – Bergerac 30 – Duras 28 – Libourne 34 – Montpon-Ménestérol 23.

La Rivière Fleurie avr.-20 sept.
℘ 05 53 24 82 80, *info@la-riviere-fleurie.com*,
Fax 05 53 24 82 80, *www.la-riviere-fleurie.com* – **R** conseillée
2,5 ha (60 empl.) plat, herbeux
Tarif : 22,50 € ⚡ 🚗 🔲 🅹 (10A) – pers. suppl. 5,50 €
Location 🏠 : 5 🛏 (2 à 4 pers.) 150 à 310 €/sem. – 14
🏠 (4 à 6 pers.) 250 à 500 €/sem. – 4 studios
Pour s'y rendre : SO : 3 km, à St-Aulaye, à 100 m de la Dordogne

Nature : 🌳 🐟 ♀♀
Loisirs : ♀ snack 🎮 🏊 🏊
Services : & ⚡ 🐕 🅼 🔲 🛒 ⚙ 🔥 🚿
🅱 sèche-linge 🧺
À prox. : ✂ canoë

ST-AULAYE

✉ 24410 – **329** B4 – G. Périgord – 1 399 h. – alt. 61
🅸 *Syndicat d'initiative, place Pasteur* ℘ 05 53 90 63 74
Paris 504 – Bergerac 56 – Blaye 79 – Bordeaux 81 – Périgueux 56.

Municipal de la Plage 14 juin-15 sept.
℘ 05 53 90 62 20, *mairie-staulaye@voila.fr*,
Fax 05 53 90 59 89 – **R** conseillée
1 ha (70 empl.) plat, herbeux
Tarif : 10 € ⚡ 🚗 🔲 🅹 (5A) – pers. suppl. 1,80 €
Location : 13 🏠 (4 à 6 pers.) 120 à 355 €/sem. – 14 🏠
(4 à 6 pers.) 110 à 325 €/sem. – huttes
🏠 1 borne 3 €
Pour s'y rendre : sortie N par D 38, rte de Aubeterre, bord de la Dronne

Nature : 🐟 ♀♀
Loisirs : 🎮 🏊 🚲 ✂ ♟ 🏊 ↻
canoë
Services : & ⚡ 🐕 🔲 🛒 🔥 🅱 sèche-linge
À prox. : snack 🧺 ⛴ (plage) 🏊

ST-AVIT-DE-VIALARD

✉ 24260 – **329** G6 – 118 h. – alt. 210
Paris 520 – Bergerac 39 – Le Bugue 7 – Les Eyzies-de-Tayac 17 – Périgueux 40.

St-Avit Loisirs 🔸🔸 – avr.-27 sept.
℘ 05 53 02 64 00, *contact@saint-avit-loisirs.com*,
Fax 05 53 02 64 39, *www.saint-avit-loisirs.com* – places limitées pour le passage – **R** conseillée
40 ha/6 campables (350 empl.) plat, peu incliné, herbeux
Tarif : 38,70 € ⚡ 🚗 🔲 🅹 (6A) – pers. suppl. 9,70 € – frais de réservation 15 €
Location (fermé 21 déc.-6 janv.) : 7 🏠 (4 à 6 pers.) 413 à 913 €/sem. – 30 🏠 (4 à 6 pers.) 453 à 968 €/sem. – 30
🛏 – appartements
🏠 1 borne
Pour s'y rendre : 1,8 km au NO, rte de St-Alvère
À savoir : vaste domaine vallonné et boisé, bel espace aquatique

Nature : 🌳 ⬛ 🐟 ♀♀
Loisirs : ♀ ✂ self-service, pizzeria 🎮 ⚙ nocturne 🏋 🎵 salle d'animation 🏊 🚲 🏊 ✂ ♟ 🏊 🏊 terrain omnisports
Services : & ⚡ 🏧 🐕 🅼 🔲 🛒 🔥 ⚙
🏊 🚿 🔥 sèche-linge 🏊 🧺

ST-AVIT-SÉNIEUR

✉ 24440 – **329** F7 – G. Périgord-Quercy – 403 h. – alt. 164
Paris 545 – Bergerac 33 – Cahors 77 – Périgueux 65 – Villeneuve-sur-Lot 53.

Le Hameau des Laurières (location exclusive de chalets) Permanent
℘ 05 53 23 76 99, *efeyfant@club-internet.fr*,
Fax 05 53 23 77 02, *http://www.lehameau.com/laurieres* – **R** indispensable
1 ha en terrasses, incliné, herbeux
Location 🏠 : 10 🏠 (4 à 6 pers.) 245 à 820 €/sem.
Pour s'y rendre : SE : 1 km direction Montferrand, au lieu-dit les Gaudounes

Nature : 🌳
Loisirs : 🎮 🏊
Services : & 🅿 🏧 🐕 🔳 🔥 sèche-linge
À prox. : ✂

88

ST-CIRQ

✉ 24260 – **329** G6 – 106 h. – alt. 50

Paris 541 – Bergerac 53 – Le Bugue 6 – Les Eyzies-de-Tayac 6 – Périgueux 45.

Brin d'Amour avr.-26 oct.

  ℘ 05 53 07 23 73, *campingbrindamour@orange.fr*,
Fax 05 53 07 23 73, *www.brindamourcamping.com*
– **R** conseillée
4 ha (60 empl.) peu incliné et plat, en terrasses, herbeux,
petit étang
Tarif : 21 € ✹ ⇌ 🔲 🔌 (16A) – pers. suppl. 5 € – frais de
réservation 12,50 €
Location (15 mars-15 nov.) : 4 🛏 (4 à 6 pers.) 260 à
530 €/sem. – 10 🏠 (4 à 6 pers.) 300 à 610 €/sem.
Pour s'y rendre : N : 3,3 km par D 31, rte de Manaurie et
chemin à droite

Nature : 🌳 ⬅ 🏕 ♀
Loisirs : ♟ 🛋 🚲 ✗ ⚓
Services : 🔧 🚿 GB 🐕 🗄 ⊕ 🛁 ☂
🐾 🔥 🗜

Om een reisroute uit te stippelen en te volgen,
om het aantal kilometers te berekenen,
om precies de ligging van een terrein te bepalen
(aan de hand van de inlichtingen in de tekst),
*gebruikt u de **Michelinkaarten**,*
een onmisbare aanvulling op deze gids.

ST-CRÉPIN-ET-CARLUCET

✉ 24590 – **329** I6 – G. Périgord – 407 h. – alt. 262

Paris 514 – Brive-la-Gaillarde 40 – Les Eyzies-de-Tayac 29 – Montignac 21 – Périgueux 74 – Sarlat-la-Canéda 14.

Les Peneyrals ♣♣ – 10 mai-13 sept.

  ℘ 05 53 28 85 71, *camping.peneyrals@wanadoo.fr*,
Fax 05 53 28 80 99, *www.peneyrals.com* – **R** conseillée
12 ha/8 campables (199 empl.) en terrasses, herbeux,
pierreux, étang
Tarif : ✹ 7,90 € ⇌ 🔲 11,40 € – 🔌 (5A) 3,20 € – frais de
réservation 18 €
Location : 28 🛏 (4 à 6 pers.) 250 à 830 €/sem. – 21 🏠
(4 à 6 pers.) 300 à 920 €/sem.
🛒 1 borne
Pour s'y rendre : à St-Crépin, sur D 56, rte de Proissans
À savoir : Cadre vallonné avec emplacements en sous-bois
ou au bord d'un étang

Nature : 🌳 🏕 ♀♀
Loisirs : ♟ ✗ snack 🛋 ⛱ 🎯 🏊
🚲 ✗ 🎣 🔲 🏊 🛝 ⚓
Services : 🔧 🚿 GB 🐕 🏪 🗄 🛁 ⊕
🐾 🐾 🔥 sèche-linge 🔀 🗜

Combas village de gîtes (location exclusive de
chalets) Permanent

  ℘ 05 53 28 64 00, *combas@perigordgites.com*,
Fax 05 53 28 64 09, *www.perigordgites.com*
4 ha vallonné, herbeux
Location 🔧 🅿 : 22 🏠 (4 à 6 pers.) 250 à 990 €/sem.
Pour s'y rendre : 2 km à l'O par D 60 et à gauche
À savoir : Anciens bâtiments de ferme, en pierre, réamé-
nagés en gîtes

Nature : 🌳 ♀
Loisirs : ♟ 🛋 ⛱ ✗ 🏊
Services : 🚿 GB 🐕 🏪 🔥 🗜

ST-CYBRANET

✉ 24250 – **329** I7 – 350 h. – alt. 78

Paris 542 – Cahors 51 – Les Eyzies-de-Tayac 29 – Gourdon 21 – Sarlat-la-Canéda 16.

Schéma à Domme

Bel Ombrage juin-5 sept.

  ℘ 05 53 28 34 14, *belombrage@wanadoo.fr*,
Fax 05 53 59 64 64, *www.belombrage.com* – **R** conseillée
6 ha (180 empl.) plat, herbeux
Tarif : (Prix 2007) ✹ 5,30 € 🔲 7,30 € – 🔌 (10A) 3,80 €
Pour s'y rendre : NO : 0,8 km, bord du Céou

Nature : 🌳 🏕 ♀♀ ⛰
Loisirs : 🛋 ⛱ 🏊
Services : 🔧 🚿 🐕 🗄 ⊕ 🔥 sèche-
linge

89

ST-CYPRIEN

🖪 *Office de tourisme, place Charles-de-Gaulle* 📞 *05 53 30 36 09, Fax 05 53 28 55 05*
Paris 550 – Bordeaux 187 – Périgueux 55 – Bergerac 57 – Sarlat-la-Canéda 22.

  Le Cro-Magnon 🏕 – 14 juin-13 sept.
📞 05 53 29 13 70, *contact@domaine-cro-magnon.com*,
Fax 05 53 29 15 79, *www.domaine-cro-magnon.com*
– **R** conseillée
27 ha/6 campables (160 empl.) plat, pierreux, herbeux
Tarif : 28 € 🛉 🚗 🅴 🛁 (6A) – pers. suppl. 7 € – frais de
réservation 15 €
Location : 11 🛖 (4 à 6 pers.) 457 à 752 €/sem. – 10 🏠
(4 à 6 pers.) 606 à 783 €/sem.
Pour s'y rendre : 8 km au S par D 703 et D 48, dir. Berbi-
guières et D 50
À savoir : Cadre sauvage et boisé

> Nature : 🌿 ☐ 🔊
> Loisirs : 🍽 self service, pizzeria 🏓
> 🏊 spa 🚣 🚲 ✂ 🎣 🎬 (décou-
> verte en saison) ⛷ terrain omnis-
> ports
> Services : 🚿 ⚡ 🇬🇧 📶 🗄 🛁 🚰 📞
> 🖥 sèche-linge 🗜 🔧

ST-GENIÈS

✉ 24590 – **329** I6 – G. Périgord – 815 h. – alt. 232
Paris 515 – Brive-la-Gaillarde 41 – Les Eyzies-de-Tayac 29 – Montignac 13 – Périgueux 66 – Sarlat-la-Canéda 14.

  La Bouquerie 🏕 – 19 avr.-19 sept.
📞 05 53 28 98 22, *labouquerie@wanadoo.fr*,
Fax 05 53 29 19 75, *www.labouquerie.com* – places limitées
pour le passage – **R** indispensable
8 ha/4 campables (183 empl.) plat, peu incliné et en
terrasses, herbeux, pierreux, étang
Tarif : 25,50 € 🛉 🚗 🅴 🛁 (10A) – pers. suppl. 6,50 € –
frais de réservation 15 €
Location : 81 🛖 (4 à 6 pers.) 250 à 690 €/sem. – 11 🏠
(4 à 6 pers.) 260 à 700 €/sem.
Pour s'y rendre : 1,5 km au NO par D 704 rte de Montignac
et chemin à dr.
À savoir : Beaux emplacements sous une chênaie

> Nature : 🌿 ☐ 🔊
> Loisirs : 🍽 ✗ snack 🛶 🌙 nocturne
> 🏓 🚣 ✂ 🎣 ⛷
> Services : 🚿 ⚡ 🇬🇧 📶 🗄 🛁 🚰 @
> 📞 🖥 sèche-linge 🗜 🔧
> À prox. : 🏇

ST-JORY-DE-CHALAIS

✉ 24800 – **329** G3 – 596 h. – alt. 260
Paris 442 – Brantôme 31 – Châlus 23 – St-Yrieix-la-Perche 28 – Thiviers 13.

🛆 **Maisonneuve** avr.-oct.
📞 05 53 55 10 63, *camping.maisonneuve@wanadoo.fr*,
Fax 05 53 55 10 63, *www.camping-maisonneuve.com*
– **R** conseillée
10 ha/3 campables (43 empl.) plat, peu incliné, herbeux,
petit étang
Tarif : 23,50 € 🛉 🚗 🅴 🛁 (10A) – pers. suppl. 5,50 €
🚰 1 borne eurorelais 5 € –
Pour s'y rendre : Sortie NE par D 98, rte de Chalais et
chemin à dr.
À savoir : Autour de bâtisses anciennes en pierres du pays

> Nature : 🌿 ☐ 🔊
> Loisirs : 🍽 snack 🚲 ⛷ 🎣
> Services : 🚿 ⚡ 🇬🇧 📶 🗄 @ ⛷ 📞
> 🖥 🔧

ST-JULIEN-DE-LAMPON

✉ 24370 – **329** J6 – 576 h. – alt. 120
Paris 528 – Brive-la-Gaillarde 51 – Gourdon 17 – Sarlat-la-Canéda 17 – Souillac 14.

🛆 **Le Mondou** avr.-15 oct.
📞 05 53 29 70 37, *lemondou@camping-dordogne.info*,
Fax 05 53 29 70 37, *www.camping-dordogne.info*
– **R** conseillée
1,2 ha (60 empl.) peu incliné, pierreux, herbeux
Tarif : 16,75 € 🛉 🚗 🅴 🛁 (6A) – pers. suppl. 4,75 €
Pour s'y rendre : E : 1 km par D 50 rte de Mareuil et chemin
à droite

> Nature : 🌿 ☐ 🔊
> Loisirs : 🏊 ⛷
> Services : 🚿 ⚡ 🇬🇧 📶 🗄 @ 📞 🖥
> 🖥 🔧

ST-LÉON-SUR-VÉZÈRE

✉ 24290 – **329** H5 – G. Périgord – 419 h. – alt. 70
Paris 523 – Brive-la-Gaillarde 48 – Les Eyzies-de-Tayac 16 – Montignac 10 – Périgueux 47 – Sarlat-la-Canéda 24.

Le Paradis ♣♣ – 22 mars-25 oct.
📞 05 53 50 72 64, *le-paradis@perigord.com*,
Fax 05 53 50 75 90, *www.le-paradis.fr* – **R** indispensable
7 ha (200 empl.) plat, herbeux
Tarif : (Prix 2007) 29,50 € ⚡ ⇔ 🅔 (♪) (10A) – pers.
suppl. 7,20 € – frais de réservation 20 €
Location : 21 ▦ (4 à 6 pers.) 309 à 869 €/sem.
🚐 1 borne artisanale 1,50 €
Pour s'y rendre : 4 km au SO sur D 706 rte des Eyzies-de-Tayac, bord de la Vézère
À savoir : Installations de qualité autour d'une ancienne ferme restaurée

Nature : 🐿 ☐ 𝟿𝟿
Loisirs : 🍹 ✗ 🎮 🏖 🚣 ♨ 🚴 🛶
🛷 piste de bi-cross, canoë, terrain omnisports
Services : 🛁 ⛽ GB 🖊 Ⓜ ▥ 🗐 ♨
🚿 🧺 ♿ 🛒 🗑 🔥 🚽

ST-MARTIAL-DE-NABIRAT

✉ 24250 – **329** I7 – 513 h. – alt. 175
Paris 546 – Cahors 42 – Fumel 45 – Gourdon 11 – Périgueux 83 – Sarlat-la-Canéda 20.

Calmésympa 15 mai-15 sept.
📞 05 53 28 43 15, *duarte-jacqueline@wanadoo.fr*,
www.tourisme-céou.com/calmesympa.htm – **R** indispensable
2,7 ha (50 empl.) en terrasses et peu incliné, herbeux
Tarif : 13,90 € ⚡ ⇔ 🅔 (♪) (8A) – pers. suppl. 3,50 €
Location (30 mars-sept.) : 13 🛖 (2 à 4 pers.)
300 €/sem. – 10 ▦ (4 à 6 pers.) 565 €/sem. – gîtes
Pour s'y rendre : NO : 2,2 km par D 46, rte de Domme et chemin à gauche, au lieu-dit la Grèze

Nature : ☐ 𝟿𝟿
Loisirs : 🛷
Services : 🛁 ⛽ 🖊 Ⓜ ♨ ♿ 🗑

ST-RÉMY

✉ 24700 – **329** C6 – 353 h. – alt. 80
Paris 542 – Bergerac 33 – Libourne 46 – Montpon-Ménestérol 10 – Ste-Foy-la-Grande 16.

La Tuilière mai-oct.
📞 05 53 82 47 29, *la-tuiliere@wanadoo.fr*,
Fax 05 53 82 47 29, *www.campinglatuiliere.com* – **R** conseillée
8 ha (100 empl.) peu incliné, plat, herbeux
Tarif : ⚡ 3,70 € 🅔 5 € – (♪) (10A) 3,20 € – frais de réservation 10 €
Location (avr.-15 nov.) : 7 🛖 (2 à 4 pers.) 150 à 370 €/sem. – 9 ▦ (4 à 6 pers.) 225 à 470 €/sem. – 3 🏠 (4 à 6 pers.) 250 à 490 €/sem.
Pour s'y rendre : NO : 2,7 km par D 708, rte de Montpon-Ménesterol, bord d'un étang

Nature : 𝟿𝟿𝟿
Loisirs : 🍹 ✗ crêperie 🎮 🏖 🚴
❀ ✗ ♨ 🛷
Services : 🛁 ⛽ GB 🖊 ▥ 🗐 ♨ ♿
🗑 🔥

ST-SAUD-LACOUSSIÈRE

✉ 24470 – **329** F2 – 868 h. – alt. 370
Paris 443 – Brive-la-Gaillarde 105 – Châlus 23 – Limoges 57 – Nontron 16 – Périgueux 62.

Château Le Verdoyer ♣♣ – 26 avr.-6 oct.
📞 05 53 56 94 64, *chateau@verdoyer.fr*, Fax 05 53 56 38 70,
www.verdoyer.fr – **R** conseillée
15 ha/5 campables (150 empl.) peu incliné et en terrasses, herbeux, pierreux, étangs
Tarif : 34 € ⚡ ⇔ 🅔 (♪) (10A) – pers. suppl. 6,50 € – frais de réservation 15 €
Location : 15 ▦ (4 à 6 pers.) 255 à 700 €/sem. – 10 🏠 (4 à 6 pers.) 285 à 700 €/sem. – 5 🛏 – 1 appartement
🚐 1 borne artisanale
Pour s'y rendre : 2,5 km au NO par D 79, rte de Nontron et D 96, rte d'Abjat-sur-Bandiat, près d'étangs
À savoir : Cadre et site agréables autour du château et de ses dépendances

Nature : 🐿 ☐ 𝟿𝟿𝟿
Loisirs : 🍹 ✗ snack 🎮 🏖 🚣
🚴 ✗ ♨ 🎣 🛷 🛶 ♨
Services : 🛁 ⛽ GB 🖊 🗐 ♨ 🗑 ♨
🛒 ♿ 🔥 sèche-linge 🧺 🗑
cases réfrigérées
À prox. : 🏊 🐎

ST-VINCENT-DE-COSSE

✉ 24220 – **329** H6 – 351 h. – alt. 80
Paris 540 – Bergerac 61 – Brive-la-Gaillarde 65 – Fumel 58 – Gourdon 31 – Périgueux 64 – Sarlat-la-Canéda 14.

Le Tiradou avr.-oct.
  ℰ 05 53 30 30 73, *contact@camping-le-tiradou.com*,
Fax 05 53 31 16 24, *www.camping-le-tiradou.com*
– **R** conseillée
2 ha (60 empl.) plat, herbeux
Tarif : 19,50 € ★   🚐   🗉 🛱 (6A) – pers. suppl. 4,60 €
Location : 11 🛖 (4 à 6 pers.) 210 à 540 €/sem. – 5 🏠 (4 à 6 pers.) 240 à 600 €/sem.
Pour s'y rendre : à 0,5 km au SO du bourg, bord d'un ruisseau
À savoir : jolie décoration florale et arbustive.

> Nature : 🗒 ♉♉
> Loisirs : snack 🎡 jacuzzi ⛵ 🛝
> Services : ⛳ ⊶ 🄶🄱 ♻ 🗄 ♨ ☺ ℰ
> 📞 🖥 sèche-linge 🛒

*Ce guide n'est pas un répertoire de tous les terrains de camping
mais une sélection des meilleurs campings dans chaque catégorie.*

SALIGNAC-EYVIGUES

✉ 24590 – **329** I6 – G. Périgord – 1 008 h. – alt. 297
🛈 *Syndicat d'initiative, place du 19 Mars 1962 ℰ 05 53 28 81 93, Fax 05 53 28 85 26*
Paris 509 – Brive-la-Gaillarde 34 – Cahors 84 – Périgueux 70 – Sarlat-la-Canéda 18.

Le Temps de Vivre 12 avr.-18 oct.
  ℰ 05 53 28 93 21, *contact@temps-de-vivre.com*,
Fax 05 53 28 93 21, *www.tempsdevivre.com* – **R** conseillée
1 ha (50 empl.) en terrasses et peu incliné, pierreux, herbeux, bois attenant
Tarif : 21,50 € ★   🚐   🗉 🛱 (10A) – pers. suppl. 4,50 € – frais de réservation 10 €
Location (29 mars-Toussaint) : 18 🛖 (4 à 6 pers.) 245 à 639 €/sem. – 2 bungalows toilés
🚐 🛒 10 €
Pour s'y rendre : S : 1,5 km par D 61, rte de Carlux et chemin à droite

> Nature : 🦔 🗒 ♉♉
> Loisirs : ☂ 🎡 ⛵ 🛝
> Services : ⛳ ⊶ 🄶🄱 ♻ Ⓜ 🗄 ♨ ☺
> 📞 🖥 sèche-linge 🛒

SARLAT-LA-CANÉDA

✉ 24200 – **329** I6 – G. Périgord – 9 707 h. – alt. 145
🛈 *Office de tourisme, rue Tourny ℰ 05 53 31 45 45, Fax 05 53 59 19 44*
Paris 526 – Bergerac 74 – Brive-la-Gaillarde 52 – Cahors 60 – Périgueux 77.

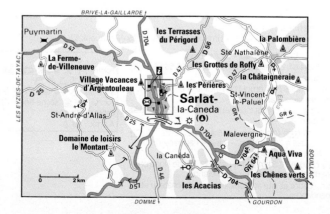

△△△ **La Palombière** ♣♣ – 26 avr.-14 sept.
   ℘ 05 53 59 42 34, *la.palombiere@wanadoo.fr*,
Fax 05 53 28 45 40, *www.lapalombiere.fr* – places limitées
pour le passage – **R** conseillée
8,5 ha/4 campables (177 empl.) peu incliné et en terrasses,
pierreux, herbeux
Tarif : 28 € ⋆ ⇔ ▣ ⒢ (10A) – pers. suppl. 7,30 € – frais
de réservation 22 €
Location : 35 ⊡ (4 à 6 pers.) 250 à 920 €/sem. – 10 ⌂
(4 à 6 pers.) 250 à 920 €/sem.
Pour s'y rendre : 9 km au NE

> Nature : ⏢ ▱ ♒
> Loisirs : ♟ ✗ ⊡ ⛹ ⚴ ⮳ 🚲 ⚲ ⚓
> ⛷ ⛸
> Services : ♿ ⛽ GB ⫶ 🗄 ♨ @ ⚑
> 🗣 ⚘ ⛾ 📶 sèche-linge ⚏ 🛁

△△△ **Le Moulin du Roch** ♣♣ – 30 avr.-13 sept.
   ℘ 05 53 59 20 27, *moulin.du.roch@wanadoo.fr*,
Fax 05 53 59 20 95, *www.moulin-du-roch.com* – **R** indispensable ⚘
8 ha (200 empl.) plat, peu incliné et en terrasses, herbeux,
petit étang
Tarif : 32 € ⋆ ⇔ ▣ ⒢ (6A) – pers. suppl. 9 € – frais de
réservation 19,50 €
Location : 17 ⊡ (2 à 4 pers.) 160 à 490 €/sem. – 48 ⊡
(4 à 6 pers.) 460 à 890 €/sem.
Pour s'y rendre : NO : 10 km par D 47, rte des Eyzies-de-
Tayac, bord d'un ruisseau (hors schéma)
À savoir : Ancien moulin périgourdin

> Nature : ▱ ♒
> Loisirs : ♟ ✗ snack ⊡ ⊙ nocturne
> ⛹ ⚴ ⚲ ⛷ ⛸
> Services : ♿ ⛽ GB ⫶ ⊞ 🗄 ♨ @
> ⚑ 🗣 ⚘ ⛾ 📶 sèche-linge ⚏ 🛁

△△△ **Village Center Aqua Viva** ♣♣ – 5 avr.-13 sept.
   ℘ 05 53 31 46 00, *contact@village-center.com*,
Fax 05 53 29 36 37, *www.village-center.com* – **R** conseillée
11 ha (186 empl.) plat, accidenté et en terrasses, herbeux
Tarif : 30 € ⋆ ⇔ ▣ ⒢ (6A) – pers. suppl. 8 € – frais de
réservation 30 €
Location ℗ : 9 ⊡ (4 à 6 pers.) 266 à 812 €/sem. – 35
⌂ (4 à 6 pers.) 266 à 812 €/sem.
Pour s'y rendre : 7 km au SE, bord de l'Enéa et d'un petit
étang

> Nature : ♒
> Loisirs : ♟ snack, pizzeria ⊡ ⊙
> nocturne ⛹ ⚴ ⮳ 🚲 ⛷ ⚲ ⛵ ⚓
> terrain omnisports
> Services : ♿ ⛽ GB ⫶ ⊞ 🗄 ♨ @
> ⚘ ⛾ 📶 sèche-linge ⚏ 🛁

93

△△ **La Châtaigneraie** mai-15 sept.
   ℘ 05 53 59 03 61, *lachataigneraie@wanadoo.fr*,
Fax 05 53 29 86 16, *www.campings-dordogne.com*
– **R** conseillée
9 ha (140 empl.) plat, en terrasses, herbeux, sablonneux
Tarif : 28,30 € ⋆ ⇔ ▣ ⒢ (10A) – pers. suppl. 7,20 € –
frais de réservation 18 €
Location : 47 ⊡ (4 à 6 pers.) 360 à 830 €/sem.
Pour s'y rendre : 10 km à l'E
À savoir : Jolie piscine entourée de murets de pierres du
pays

> Nature : ⏢ ▱ ♒
> Loisirs : ♟ snack ⊡ ⚴ ⚲ ⚓ ⛷
> ⛸ piste de bi-cross, parcours spor-
> tif
> Services : ♿ ⛽ (juil.-août) GB ⫶
> 🗄 ♨ @ ⚑ 🗣 ⚘ sèche-linge ⚏
> 🛁

△△ **Les Grottes de Roffy** 26 avr.-21 sept.
   ℘ 05 53 59 15 61, *roffy@perigord.com*, Fax 05 53 31 09 11,
www.roffy.fr – **R** conseillée
5 ha (166 empl.) en terrasses, herbeux
Tarif : 28 € ⋆ ⇔ ▣ ⒢ (6A) – pers. suppl. 7,20 € – frais de
réservation 15 €
Location : 12 ⊡ (4 à 6 pers.) 270 à 790 €/sem. – 2 gîtes
Pour s'y rendre : 8 km à l'E

> Nature : ⏢ ≼ ▱ ♒
> Loisirs : ♟ ✗ snack ⊡ ⚴ 🚲 ⚲
> ⛷
> Services : ♿ ⛽ GB ⫶ 🗄 ♨ @ ⚑
> 🗣 ⚘ ⛾ 📶 sèche-linge ⚏ 🛁

SARLAT-LA-CANÉDA

△△△ **Domaine de Loisirs le Montant** ♣♣ – mai-27 sept.
℘ 05 53 59 18 50, *contact@camping-sarlat.com*,
Fax 05 53 59 37 73, *www.camping-sarlat.com* – **R** conseillée
70 ha/8 campables (101 empl.) en terrasses, herbeux
Tarif : 22,50 € ✳ ⇔ 🔲 🔊 (10A) – pers. suppl. 5,50 € –
frais de réservation 9 €
Location : 6 ⛺ (4 à 6 pers.) 220 à 615 €/sem. – 31 🏠
(4 à 6 pers.) 240 à 770 €/sem. – gîtes
Pour s'y rendre : 2 km au SO par D 57, rte de Bergerac puis
2,3 km par chemin à dr.
À savoir : Locatif varié et de qualité dans un cadre sauvage,
vallonné et boisé

> Nature : 🏞 ⟜ ⌁ 00
> Loisirs : ♟ 🏠 🄯 nocturne 👫 ja-
> cuzzi 🚣 🚴 🎣 🏊 terrain omnis-
> ports
> Services : 👥 🚰 GB 🔌 🏧 🗑 🛒 ☺
> 🛢 🚽 🖰 sèche-linge 🖲
> À prox. : ✗

△△△ **Domaine Des Chênes Verts** 5 avr.-27 sept.
℘ 05 53 59 21 07, *chenes-verts@wanadoo.fr*,
Fax 05 53 31 05 51, *www.chenes-verts.com* – places limitées
pour le passage – **R** conseillée
8 ha (143 empl.) plat, peu incliné, en terrasses, herbeux
Tarif : 20 € ✳ ⇔ 🔲 🔊 (6A) – pers. suppl. 4 € – frais de
réservation 20 €
Location 🏖 (juil.-août) : 31 ⛺ – 76 🏠
⛽ 1 borne artisanale
Pour s'y rendre : SE : 8,5 km

> Nature : 🏞 ⌁ 00
> Loisirs : ♟ pizzeria 🏠 🚣 🚴 🔲
> 🏊
> Services : 👥 🚰 GB 🔌 🗑 ☺ 🛢
> sèche-linge 🖲 🖲

△△ **Les Terrasses du Périgord** 27 avr.-7 sept.
℘ 05 53 59 02 25, *terrasses-du-perigord@wanadoo.fr*,
Fax 05 53 59 16 48, *www.terrasses-du-perigord.com*
– **R** conseillée
5 ha (85 empl.) plat, en terrasses, herbeux
Tarif : 19,30 € ✳ ⇔ 🔲 🔊 (6A) – pers. suppl. 4,95 € – frais
de réservation 8 €
Location : 9 ⛺ (4 à 6 pers.) 190 à 560 €/sem. – 6 🏠 (4
à 6 pers.) 210 à 670 €/sem.
⛽ 1 borne artisanale – 2 🔲 6,30 €
Pour s'y rendre : 2,8 km au NE
À savoir : Coquet camping disposé en terrasses fleuries

> Nature : 🏞 ⟜ ⌁ 00
> Loisirs : snack 🏠 🚣 🎣 🏊 piste
> de bi-cross
> Services : 👥 🚰 GB 🔌 🏧 🗑 ☺
> 🛢 🖰 🖰 🛢 🖲 🖲

△ **Village Vacances d'Argentouleau** (location
exclusive de chalets) 9 févr.-17 nov.
℘ 05 53 59 30 23, *vilvac.argentouleau@wanadoo.fr*,
Fax 05 53 59 30 23, *www.sarlat-location.com*
2 ha plat, herbeux, gravier
Location 👥 🅿 : 22 🏠 (4 à 6 pers.) 200 à 695 €/sem.
Pour s'y rendre : 2 rte d'Argentouleau, devant la caserne
des pompiers

> Nature : 🏞 ⟜ 00(pinède)
> Loisirs : 🏠 🚣 🏊
> Services : 🚰 GB 🔌 🏧 🛢

△△ **Les Périères** vac. de printemps-sept.
℘ 05 53 59 05 84, *les-perieres@wanadoo.fr*,
Fax 05 53 28 57 51, *www.lesperieres.com* – **R** conseillée
11 ha/4 campables (100 empl.) en terrasses, herbeux
Tarif : (Prix 2007) 30,90 € ✳ ⇔ 🔲 🔊 (6A) – pers.
suppl. 6,30 € – frais de réservation 10 €
Location : maisonnettes
⛽ 1 borne artisanale
Pour s'y rendre : 1 km au NE, à la sortie de la ville
À savoir : Beaux emplacements en terrasses autour d'un
espace aquatique moderne

> Nature : 00
> Loisirs : ♟ 🏠 ⊜s 🚣 🎿 🔲 🏊
> parcours sportif
> Services : 👥 🚰 🔌 🏧 🗑 ☺ 🛢 🖰
> 🛢 sèche-linge

La Ferme de Villeneuve 🏕️ – avr.-oct.
℘ 05 53 30 30 90, *contact@fermedevilleneuve.com*,
Fax 05 53 30 24 44, *www.fermedevilleneuve.com*
– **R** conseillée
20 ha/2,5 campables (100 empl.) en terrasses, incliné,
herbeux, étang
Tarif : 19,50 € ✶ ⇌ 🅴 🅷 (6A) – pers. suppl. 5,20 € – frais
de réservation 6 €
Location ✂️ : 14 🚐 (2 à 4 pers.) 140 à 280 €/sem. – 10
🏠 (4 à 6 pers.) 265 à 565 €/sem.
Pour s'y rendre : NO : 8 km par D 47, rte des Eyzies-de-
Tayac et rte à gauche

Nature : 🌿 🏕️ 〰️ 💧
Loisirs : 🍴 pizzeria 🏓 🚗 🚲 🏊
Services : 🛁 🚰 CB 🔑 🅼 🍴 🚿 ☎️
📞 🛒 🧺 sèche-linge 🧹
À prox. : salle d'animation

Les Charmes Vac. de printemps-15 oct.
℘ 05 53 31 02 89, *les.charmes@wanadoo.fr*,
Fax 05 53 31 06 32, *www.campinglescharmesdordo
gne.com* – **R** conseillée
5,5 ha/1,8 campable (100 empl.) plat et peu incliné, en
terrasses, herbeux
Tarif : 19,80 € ✶ ⇌ 🅴 🅷 (6A) – pers. suppl. 5,10 €
Location : 4 🚐 (2 à 4 pers.) 165 à 479 €/sem. – 6 🏠 (4
à 6 pers.) 218 à 629 €/sem. – 5 🏠 (4 à 6 pers.) 195 à
664 €/sem. – 2 bungalows toilés
Pour s'y rendre : O : 10 km par D 47, rte des Eyzies-de-
Tayac puis 2,8 km par rte à gauche et D 25 à gauche (hors
schéma)

Nature : 🌿 〰️ 💧
Loisirs : 🍴 🚗 🏓 🏊 🎣 terrain
omnisports
Services : 🛁 🚰 CB 🔑 🍴 🚿 ☎️ 📞
🛒 🧹

Les Acacias avr.-sept.
℘ 05 53 31 08 50, *camping-acacias@wanadoo.fr*,
Fax 05 53 31 08 50, *www.acacias.fr* – **R** conseillée
4 ha (122 empl.) plat, peu incliné, terrasses, herbeux
Tarif : 18,50 € ✶ ⇌ 🅴 🅷 (6A) – pers. suppl. 5 € – frais de
réservation 10 €
Location ✂️ : 12 🏠 (4 à 6 pers.) 195 à 570 €/sem.
🚐 1 borne artisanale
Pour s'y rendre : 6 km au SE par D 704 et à dr. à l'hyper-
marché Leclerc
À savoir : navette en bus pour Sarlat

Nature : 🌿 🏕️ 〰️ 💧
Loisirs : 🍴 snack 🚗 🚲 🏊
Services : 🛁 🚰 CB 🔑 🅼 🍴 🚿 ☎️
📞 🛒 🧺 sèche-linge 🧹

95

SIGOULÈS

✉️ 24240 – **329** D7 – 694 h. – alt. 105 – Base de loisirs
🛈 *Syndicat d'initiative, rue de l'Eglise* ℘ 05 53 58 48 16
Paris 551 – Agen 85 – Bergerac 15 – Castillonnès 22 – Duras 25 – Ste-Foy-la-Grande 22.

La Gardonnette
℘ 05 53 58 81 94, *campingdelagardonnette@wanadoo.fr*,
Fax 05 53 58 81 94 – **R** conseillée
14 ha/3 campables (90 empl.) plat et peu incliné, herbeux,
bois attenant
Location : 🏠 – 🏠
Pour s'y rendre : N : 1,4 km par D 17, rte de Pomport,
bord de la Gardonnette et près d'un lac, à la base de loisirs

Nature : 🌿 💧
Loisirs : 🏠 🚗 🍴 ⛵ (plage) 🏊
🚣 pédalos, canoë
Services : 🛁 🚰 🍴 ☎️ 🛒

Si vous recherchez :
🏕️   *Un terrain offrant des équipements et des loisirs adaptés aux enfants*
🌿   *Un terrain agréable ou très tranquille*
L - M *Un terrain effectuant la location de caravanes, de mobile homes,
       de bungalows ou de chalets*
P   *Un terrain ouvert toute l'année*
🚐   *Un terrain possédant une aire de services pour camping-cars*
Consultez le tableau des localités

SIORAC-EN-PÉRIGORD

✉ 24170 – **329** G7 – G. Périgord – 893 h. – alt. 77
🛈 *Syndicat d'initiative, place de Siorac* ℰ 05 53 31 63 51
Paris 548 – Bergerac 45 – Cahors 68 – Périgueux 60 – Sarlat-la-Canéda 29.

⚠ **Le Port** 15 mai-sept.
  ℰ 05 53 31 63 81, *contact@campingduport.net*,
  Fax 05 53 28 42 65, *www.campingduport.net* – **R** conseillée
  2,5 ha (83 empl.) plat, herbeux
  Tarif : 15 € ⚡ 🚐 🔲 ⚡ (10A) – pers. suppl. 4,25 €
  Location (20 avr.-oct.) : 8 🛖 (4 à 6 pers.) 155 à
  450 €/sem.
  🚐 🛒 12 €
  Pour s'y rendre : au N-E du bourg, accès par D 25, rte de
  Buisson-Cussac et chemin devant Intermarché, bord de la
  Dordogne et de la Nauze

Nature : 🌳 ♀♀
Loisirs : 🎦 🏓 ⛵ 🎣
Services : ⚑ ⚟ (15 juil.-20 août) 🅰
🔲 ⊕ 🔲
À prox. : 🍴 snack ⚾ canoë, golf

LES GUIDES VERTS **MICHELIN**
Paysages, monuments
Routes touristiques
Géographie
Histoire, Art
Itinéraire de visite
Plans de villes et de monuments

TAMNIÈS

✉ 24620 – **329** H6 – 317 h. – alt. 200
Paris 522 – Brive-la-Gaillarde 47 – Les Eyzies-de-Tayac 14 – Périgueux 60 – Sarlat-la-Canéda 14.

⚠ **Le Pont de Mazerat** 12 avr.-20 sept.
  ℰ 05 53 29 14 95, *le.pont.de.mazerat@wanadoo.fr*,
  Fax 05 53 31 15 90, *www.lepontdemazerat.com* – **R** indispensable
  2,8 ha (83 empl.) plat et en terrasses, herbeux
  Tarif : ⚡ 5 € 🚐 🔲 6,95 € – ⚡ (6A) 2,99 € – frais de réservation 10,50 €
  Location : 11 🛖 (2 à 4 pers.) 205 à 460 €/sem. – 23 🛖
  (4 à 6 pers.) 265 à 610 €/sem.
  Pour s'y rendre : E : 1,6 km par D 48, bord du Beune et à
  proximité d'un plan d'eau

Nature : 🌳 ♀♀
Loisirs : 🍴 snack 🎦 🏓 🐴 🏊
Services : ⚑ ⚟ (juil.-sept.) ⊞⊟ 🅰
🔲🍴⊕ 🕯 🔲 🔲
À prox. : ⚾ ⛵ 🎣 🏇

TERRASSON-LAVILLEDIEU

✉ 24120 – **329** I5 – G. Périgord – 6 180 h. – alt. 90
🛈 *Office de tourisme, place du Foirail* ℰ 05 53 50 86 82, Fax 05 53 50 55 61
Paris 497 – Brive-la-Gaillarde 22 – Juillac 28 – Périgueux 53 – Sarlat-la-Canéda 32.

⚠ **La Salvinie** juil.-août
  ℰ 05 53 50 06 11 – **R** conseillée
  2,5 ha (70 empl.) plat, herbeux
  Tarif : 12,60 € ⚡ 🚐 🔲 ⚡ (6A) – pers. suppl. 3,50 €
  Pour s'y rendre : Sortie Sud par D 63, rte de Chavagnac
  puis 3,4 km par rte de Condat, à droite après le pont

Nature : ≤ 🌳 ♀
Loisirs : 🎦 🏓 🏊
Services : ⚑ ⚟ 🅰 🔲 ⊕

⚠ **Village Vacances le Clos du Moulin** (location
  exclusive de chalets) Permanent
  ℰ 05 53 51 68 95, *contact@leclosdumoulin.com*,
  Fax 05 53 51 68 95, *www.leclosdumoulin.com* – **R** indispen-
  sable
  1 ha plat, herbeux
  Location 🅿 : 14 🛖 (4 à 6 pers.) 200 à 795 €/sem.
  Pour s'y rendre : 6 km à l'O de Terrasson-Lavilledieu par
  N 89, rte de St-Lazare et D 62, rte de Coly, bord de rivière
  À savoir : Location au w.-end

Loisirs : 🍴 🚲 🏊
Services : ⚑ ⚟ 🅰 🍴 🕯 🕯 🔲
climatisation

THENON

✉ 24210 – **329** H5 – 1 205 h. – alt. 194

🛈 *Syndicat d'initiative, 25, avenue de la IVe République* ℰ *05 53 06 35 10*
Paris 515 – Brive-la-Gaillarde 41 – Excideuil 36 – Les Eyzies-de-Tayac 33 – Périgueux 34.

⚲ **Le Jarry Carrey** avr.-sept.
ℰ 05 53 05 20 78, *lejarrycarrey@aol.com,*
Fax 05 53 67 34 05 00, *www.lejarrycarrey.com* – **R** conseillée
9 ha/3 campables (67 empl.) non clos, peu incliné et en
terrasses, incliné, herbeux
Tarif : 16,50 € ⚲ 🚗 🅴 🚽 (10A) – pers. suppl. 4,20 €
Location (avr.-10 nov.) : 9 🚐 (4 à 6 pers.) 209 à
529 €/sem. – 4 🏠 (4 à 6 pers.) 189 à 499 €/sem.
Pour s'y rendre : SE : 4 km par D 67, rte de Montignac,
près de deux étangs

Nature : ≤ 🌳🌳
Loisirs : ☂ snack 🎱 🎣
Services : 🚻 ⚡ GB 🚿 Ⓜ 🏪 💈 ⚙
☎ 🚮 🔥 sèche-linge 🚲

THIVIERS

✉ 24800 – **329** G3 – G. Périgord – 3 261 h. – alt. 273

🛈 *Office de tourisme, place du Marechal Foch* ℰ *05 53 55 12 50, Fax 05 53 55 12 50*
Paris 449 – Brive-la-Gaillarde 81 – Limoges 62 – Nontron 33 – Périgueux 34 – St-Yrieix-la-Perche 32.

⚲ **Municipal le Repaire** mai-sept.
ℰ 05 53 52 69 75, *campingthiviers@wanadoo.fr,*
Fax 05 53 52 69 75, *www.thiviers.fr* – **R** conseillée
10 ha/4,5 campables (100 empl.) plat, peu incliné, terrasses,
herbeux, bois attenants
Tarif : 17 € ⚲ 🚗 🅴 🚽 (12A) – pers. suppl. 4 €
Location 🚫 🅿 : 10 🏠 (4 à 6 pers.) 325 à 410 €/sem.
🚐 1 borne artisanale – 10 🅴 – 🚐 13 €
Pour s'y rendre : 2 km au SE par D 707, rte de Lanouaille et
chemin à dr.
À savoir : Beaux emplacements autour d'un petit étang

Nature : 🏞 🌳
Loisirs : 🏊 🎱 🎣 parcours de
santé
Services : 🚻 ⚡ 🚿 🗄 ⚙ ☎ 🔥
À prox. : 🎿 🏖 (plage)

TOCANE-ST-APRE

✉ 24350 – **329** D4 – 1 484 h. – alt. 95

🛈 *Syndicat d'initiative, Mairie* ℰ *05 53 90 44 94, Fax 05 53 90 44 94*
Paris 498 – Brantôme 24 – Mussidan 33 – Périgueux 25 – Ribérac 15.

⚲ **Municipal le Pré Sec** 2 mai-sept.
ℰ 05 53 90 40 60, *mairie.tocane@wanadoo.fr,*
Fax 05 53 90 25 03, *www.tocane-saint-apre.com* – **R** indis-
pensable
1,8 ha (80 empl.) non clos, plat, herbeux
Tarif : 10,50 € ⚲ 🚗 🅴 🚽 (10A) – pers. suppl. 2,30 €
Location (permanent) : 14 🏠 (4 à 6 pers.) 250 à
360 €/sem.
Pour s'y rendre : Au N du bourg par D 103, rte de Monta-
grier, au stade, bord de la Dronne

Nature : 🏕 🏞 🌳🌳
Loisirs : 🏛 🏊 🎿 🏖 🎣 canoë,
piste de skate
Services : 🚻 ⚡ (15 juin-15 sept.) 🚿
🗄 ⚙ 🔥 🚲 🔥

TOURTOIRAC

✉ 24390 – **329** H4 – G. Périgord – 612 h. – alt. 140
Paris 465 – Brive-la-Gaillarde 57 – Lanouaille 20 – Limoges 75 – Périgueux 35 – Uzerche 64.

⚲ **Les Tourterelles** 👫 – 19 avr.-11 oct.
ℰ 05 53 51 11 17, *les-tourterelles@tiscali.fr, www.les-tour
terelles.com* – **R** conseillée
12 ha/3,5 campables (113 empl.) plat et peu incliné, en
terrasses, herbeux
Tarif : 25 € ⚲ 🚗 🅴 🚽 (6A) – pers. suppl. 3,80 € – frais de
réservation 20 €
Location : 20 🚐 (4 à 6 pers.) 325 à 505 €/sem. – 8 🏠
(4 à 6 pers.) 390 à 645 €/sem.
Pour s'y rendre : NO : 1,5 km par D 73, rte de Coulaures
À savoir : Cadre boisé et fleuri

Nature : 🏕 🏞 🌳🌳
Loisirs : ☂ ✖ 🏛 🏇 🎱 🎣 🏊
poneys
Services : 🚻 ⚡ GB 🚿 🗄 💈 ⚙ 🔥
🔥 🚲

TURSAC

✉ 24620 – **329** H6 – G. Périgord – 340 h. – alt. 75
Paris 536 – Bordeaux 172 – Périgueux 48 – Brive 57 – Bergerac 61.

▲ **Le Vézère Périgord** 23 mars-sept.
℘ 05 53 06 96 31, *info@levezereperigord.com*,
Fax 05 53 06 79 66, *www.levezereperigord.com* – **R** conseillée
3,5 ha (103 empl.) en terrasses et peu incliné, herbeux,
pierreux
Tarif : 21 € ✶ ⛟ 🅴 🗲 (10A) – pers. suppl. 5 €
Location : 20 🛖 (4 à 6 pers.) 210 à 615 €/sem. – 4
bungalows toilés
🚐 1 borne artisanale
Pour s'y rendre : 0,8 km au NE par D 706 rte de Montignac
et chemin à dr.
À savoir : Agréable sous-bois

> Nature : 🦕 🗔 ⛰
> Loisirs : 🍷 snack 🎬 🏊 🚴 ✂ 🛶
> Services : 🚿 ⚡ GB 🗄 🗄 🗄 ⊕ 🗄
> sèche-linge 🖉
> À prox. : canoë

VÉZAC

✉ 24220 – **329** I6 – 594 h. – alt. 90
Paris 535 – Bergerac 65 – Brive-la-Gaillarde 60 – Fumel 53 – Gourdon 27 – Périgueux 69 – Sarlat-la-Canéda 9.
Schéma à Domme

▲ **Les Deux Vallées**
℘ 05 53 29 53 55, *les2v@perigord.com*, Fax 05 53 31 09 81,
www.les-2-vallees.com
2,5 ha (100 empl.) plat, herbeux
Location : 🛖
Pour s'y rendre : O : derrière l'ancienne gare, bord d'un
petit étang
À savoir : de certains emplacements, vue imprenable sur
le château de Beynac

> Nature : 🦕 ⛲ 🗔 ⛰
> Loisirs : 🍷 snack 🎬 🏊 🚴 🎣 ⛵
> Services : 🚿 ≋ 🗄 🗄 ⊕ 🗄 🗄 🖉
> réfrigérateurs

98

VIEUX-MAREUIL

✉ 24340 – **329** E3 – 342 h. – alt. 129
Paris 499 – Bordeaux 166 – Périgueux 43 – Angoulême 43 – Soyaux 41.

▲ **L'Étang Bleu**
℘ 05 53 60 92 70, *marc@letangbleu.com*,
Fax 05 53 56 66 66, *www.letangbleu.com* – **R** conseillée
10 ha/6 campables (167 empl.) plat, herbeux, bois attenant,
étang
Location 🦟 : 5 🛖
🚐 1 borne artisanale
Pour s'y rendre : 2,5 km au N par D 93, rte de St-Sulpice-
de-Mareuil

> Nature : 🦕 🗔 🌳
> Loisirs : 🍷 snack 🎬 🏊 🛶 🛶
> Services : 🚿 ⚡ 🗄 ⊕ 🗄 🖉

VITRAC

✉ 24200 – **329** I7 – G. Périgord – 767 h. – alt. 150
🛈 *Office de tourisme, lieu-dit le bourg* ℘ 05 53 28 57 80
Paris 541 – Brive-la-Gaillarde 64 – Cahors 54 – Gourdon 23 – Lalinde 52 – Périgueux 85 – Sarlat-la-Canéda 8.
Schéma à Domme

▲ **Domaine Soleil Plage** ⛺ – 11 avr.-28 sept.
℘ 05 53 28 33 33, *info@soleilplage.fr*, Fax 05 53 28 30 24,
www.soleilplage.fr – **R** conseillée
8 ha/5 campables (199 empl.) plat, herbeux
Tarif : 32,20 € ✶ ⛟ 🅴 🗲 (10A) – pers. suppl. 8,10 €
Location (11 avr.-11 nov.) 🅿 : 34 🛖 (4 à 6 pers.) 280 à
750 €/sem. – 20 🏠 (4 à 6 pers.) 310 à 800 €/sem.
🚐 1 borne / artisanale / 2 € – 3 🅴 – 🚐 13.80 €
Pour s'y rendre : E : 2,5 km, bord de la Dordogne
À savoir : Espace aquatique paysagé près d'un joli petit
village de chalets

> Nature : 🦕 ⛲ 🗔 ⛰
> Loisirs : 🍷 ✗ pizzeria 🎬 🎡 🎯
> 🏊 🎣 🛶 ≈ (plage) ⛵ ca-
> noë, terrain omnisports
> Services : 🚿 ⚡ GB 🗄 Ⓜ 🗄 🗄 ⊕
> 🗄 🚽 🛁 🗄 sèche-linge 🖉 🖉
> À prox. : golf, practice de golf

▲▲▲ **La Bouysse** Pâques.-sept.
🖉 05 53 28 33 05, *info@labouysse.com*, Fax 05 53 30 38 52, *www.labouysse.com* – **R** conseillée
6 ha/3 campables (160 empl.) plat, peu incliné, herbeux, petit bois attenant
Tarif : ✦ 5,60 € ⇌ 🅴 7,30 € – 🔌 (10A) 3,90 €
Location ⚡ (juil.-août) 🅿 (chalets) : 9 ⌂ (4 à 6 pers.) 270 à 680 €/sem. – appartements
Pour s'y rendre : E : 2,5 km, près de la Dordogne
À savoir : Décoration florale et arbustive

Nature : ⟋ ▱ ♀♀
Loisirs : 🍷 🏹 ✖ ⚖ ≅ (plage) 🎵 canoë
Services : ⅙ ⊶ GB ⊘ 🖥 ♨ 🔔 ⓐ ⚘ ⚲ 🖳 sèche-linge ⚄ ⚶
À prox. : golf, practice de golf

Gironde (33)

ARES _____

✉ 33740 – **335** E6 – 4 680 h. – alt. 6
🆔 *Office de tourisme, esplanade G. Dartiquelongue* 🖉 *05 56 60 18 07, Fax 05 56 60 39 41*
Paris 627 – Arcachon 47 – Bordeaux 48.
Schéma à la Test-de-Buch

▲▲▲ **Les Rives de St-Brice** (location exclusive de maisonnettes) Permanent
🖉 05 57 26 99 31, *info@nemea.fr*, Fax 05 57 26 99 27, *www.nemea.fr*
4 ha plat
Location 🅿 : 132 ⌂ (4 à 6 pers.) 112 à 989 €/sem.
Pour s'y rendre : 1,7 km au SE près d'étangs et à 450 m du bassin

Nature : ⟋
Loisirs : ⌨ 🎣 🏋 🚲 🏊 ⚖
Services : ⅙ ⊶ GB ⊘ 🖥 🖳 sèche-linge lave-vaisselle
À prox. : 🎵

▲▲ **Les Goëlands** mars-oct.
🖉 05 56 82 55 64, *camping-les-goelands@wanadoo.fr*, Fax 05 56 82 07 51, *www.goelands.com* – **R** conseillée
10 ha/6 campables (400 empl.) plat et vallonné, sablonneux
Tarif : 23,94 € ✦ ⇌ 🅴 🔌 (6A) – pers. suppl. 6 € – frais de réservation 16,50 €
Location : 7 ⌂ (4 à 6 pers.) 350 à 600 €/sem.
🚐 1 borne – 🚐 17 €
Pour s'y rendre : 1,7 km du centre d'Andernos, près d'étangs et à 500 m du bassin

Nature : ♀♀
Loisirs : 🍷 🏋 🏊 ♨
Services : ⅙ ⊶ GB ⊘ 🖥 ⓐ ⚲ ⚘
🖥 sèche-linge ⚄ ⚶
À prox. : ≅ (étang) 🎿 🎵

▲▲ **La Cigale** 5 mai-sept.
🖉 05 56 60 22 59, *campinglacigaleares@wanadoo.fr*, Fax 05 57 70 41 66, *www.camping-lacigale-ares.com* – **R** conseillée
2,4 ha (100 empl.) plat, herbeux, sablonneux
Tarif : 31,50 € ✦ ⇌ 🅴 🔌 (6A) – pers. suppl. 6 € – frais de réservation 16 €
🚐 🚐 17 €
Pour s'y rendre : Sortie N par rte de Lège-Cap-Ferret

Nature : ▱ ♀♀
Loisirs : 🍷 snack 🖾 🏋 🏊
Services : ⅙ ⊶ GB ⊘ 🖥 ⚲ ⓐ 🖥 ⚶

▲▲ **Pasteur** mars-15 oct.
🖉 05 56 60 33 33, *pasteur.vacances@wanadoo.fr*, *www.atlantic-vacances.com* – places limitées pour le passage – **R** conseillée
1 ha (50 empl.) plat, herbeux, sablonneux
Tarif : 24 € ✦ ⇌ 🅴 🔌 (6A) – pers. suppl. 5 € – frais de réservation 17 €
Location (permanent) : 6 ⌂ (4 à 6 pers.) 230 à 650 €/sem. – 22 ⌂ (4 à 6 pers.) 240 à 660 €/sem.
🚐 1 borne artisanale 5 €
Pour s'y rendre : Par sortie SE, à 300 m du bassin, chemin face à la Mairie

Nature : ♀♀
Loisirs : 🏋 🚲 🏊 (petite piscine)
Services : ⅙ ⊶ ⊘ 🖥 ⓐ ⚘ 🖥

99

ARES

🔺 **Les Abberts** juin-15 sept.
📞 05 56 60 26 80, *campinglesabberts@orange.fr, www.le
sabberts.com* – **R** conseillée
2 ha (125 empl.) plat, sablonneux, herbeux
Tarif : 24,50 € 🚶 ⟵ 🔲 (6A) – pers. suppl. 5,50 € – frais
de réservation 15 €
Location (avr.-nov.) 🏕 : 14 🛏 (4 à 6 pers.) 250 à
720 €/sem. – 3 tentes
Pour s'y rendre : sortie N puis r. des Abberts à gauche

> Nature : 🌳
> Loisirs : 🍴 snack 🎮 🏊 (pe-
> tite piscine)
> Services : ♿ ⊶ GB 🐕 📷 ⊙ 🕻 📧
> 🚿

BAZAS

✉ 33430 – **335** J8 – G. Aquitaine – 4 357 h. – alt. 70
🛈 *Office de tourisme, 1, place de la Cathédrale* 📞 05 56 25 25 84, *Fax 05 56 25 95 59*
Paris 637 – Agen 84 – Bergerac 105 – Bordeaux 62 – Langon 17 – Mont-de-Marsan 70.

🔺 **Le Grand Pré** avr.-sept.
📞 05 56 65 13 17, *legrandpre@wanadoo.fr,*
Fax 05 56 25 90 52, *http://perso.wanadoo.fr/legrandpre/*
– **R** conseillée
70 ha/5 campables (44 empl.) plat, peu incliné, herbeux
Tarif : 22,70 € 🚶 ⟵ 🔲 (6A) – pers. suppl. 4,10 €
Location : 2 🛏 (4 à 6 pers.) 265 à 480 €/sem. – 🚐
🚐 1 borne artisanale
Pour s'y rendre : SE : 2,1 km par D 655, rte de Casteljaloux
et chemin à droite, au château d'Arbien

> Nature : 🌿 🌳
> Loisirs : 🍴 🎮 🏊 ⛵
> Services : ♿ ⊶ GB 🐕 🐾 ⊙ 🚿 ⚑
> 📧

*Benutzen Sie
– zur Wahl der Fahrtroute
– zur Berechnung der Entfernungen
– zur exakten Lokalisierung eines Campingplatzes (mit Hilfe der Angaben im Ortstext)
die für diesen Führer unentbehrlichen **MICHELIN-Karten** .*

BIGANOS

✉ 33380 – **335** F7 – 6 950 h. – alt. 16
🛈 *Office de tourisme, rue Jean Zay* 📞 05 57 70 67 56
Paris 629 – Andernos-les-Bains 15 – Arcachon 27 – Bordeaux 47.
Schéma à la Test-de-buch

🔺 **Le Marache** avr.-oct.
📞 05 57 70 61 19, *contact@marachevacances.com,*
Fax 05 56 82 62 60, *www.marachevacances.com*
– **R** conseillée
2 ha (115 empl.) plat, herbeux, sablonneux
Tarif : (Prix 2007) 20,50 € 🚶 ⟵ 🔲 (16A) – pers.
suppl. 5,50 € – frais de réservation 15 €
Location : 30 🛏 – 3 🏠 (4 à 6 pers.) 250 à 600 €/sem.
🚐 – 10 🔲
Pour s'y rendre : sortie N par D 3, rte d'Audenge et rte à
droite

> Nature : 🌳 🌿
> Loisirs : 🍴 🎮 🔆 nocturne 🏊 ter-
> rain omnisports
> Services : ♿ ⊶ 🐕 📷 ⊙ 🕻 📧 🚿

BLASIMON

✉ 33540 – **335** K6 – 711 h. – alt. 80
🛈 *Office de tourisme, 8, Lousteau Neuf* 📞 05 56 71 59 62
Paris 607 – Bordeaux 47 – Mérignac 63 – Pessac 60 – Talence 57.

🔺 **Le Lac** juin-15 sept.
📞 05 56 71 59 62, *blasimon@entredeuxmers.com,*
Fax 05 56 71 53 37 – **R**
50 ha/0,5 campable (35 empl.) plat, herbeux
Tarif : (Prix 2007) 16 € 🚶 ⟵ 🔲 (13A) – pers. suppl. 4 €
Pour s'y rendre : 2 km au NO par D 17 et à gauche devant
l'Abbaye

> Nature : 🌿 🌳
> Services : ♿ ⊶ 🐕 📷 ⊙ 🕻 📧
> à la base de loisirs : snack 🚿 🏊
> 🍴 ⛵ (plage)

BLAYE

⊠ 33390 – **335** H4 – G. Aquitaine – 4 666 h. – alt. 7
🛈 *Office de tourisme, allées Marines 🖉 05 57 42 12 09, Fax 05 57 42 91 94*
Paris 546 – Bordeaux 49 – Jonzac 52 – Libourne 45.

△ **Municipal de la Citadelle** mai-29 sept.
🖉 05 57 42 00 20, *mairie@blaye.net, http://www.blaye.net*
– **R** ⚡
1 ha (47 empl.) plat, peu incliné, terrasses, herbeux
Tarif : 12,50 € 🚶 ⇌ 🔲 🔌 (10A) – pers. suppl. 4,80 €
🚐 1 borne artisanale – 🔋 12.50 €
Pour s'y rendre : à l'O, dans l'enceinte de la citadelle

Nature : 🌳 ≤ ⛺ 🔒🔒
Services : ☎ ⓐ

CASTILLON LA BATAILLE

⊠ 33350 – **335** K5 – G. Aquitaine – 3 113 h. – alt. 17
🛈 *Office de tourisme, 7, allée de la République 🖉 05 57 40 27 58, Fax 05 57 40 49 76*
Paris 549 – Bergerac 46 – Libourne 18 – Montpon-Ménestérol 27 – Sauveterre-de-Guyenne 21.

△ **Municipal la Pelouse** mai-15 oct.
🖉 05 57 40 04 22, *camping.la.pelouse@wanadoo.fr*
– **R** conseillée
0,5 ha (38 empl.) plat, herbeux
Tarif : 11 € 🚶 ⇌ 🔲 🔌 (15A) – pers. suppl. 3,50 €
🚐 1 borne 11 € – 🔋 11 €
Pour s'y rendre : à l'E du bourg, bord de la Dordogne

Nature : 🔒🔒
Loisirs : 🏊 🎣
Services : ☎ ✗ 🔲 ⓐ 🔥

Si vous recherchez :
△ *Un terrain au bord de l'eau avec possibilité de baignade*
🌿 *Un terrain agréable ou très tranquille*
L *Un terrain effectuant la location de caravanes, de mobile homes,*
   de bungalows ou de chalets
P *Un terrain ouvert toute l'année*
🚐 *Un terrain possédant une aire de services pour camping-cars*
Consultez le tableau des localités

101

CAZAUX

⊠ 33260 – **335** E7
🛈 *Syndicat d'initiative, place du Général-de-Gaulle 🖉 05 56 22 91 75*
Paris 649 – Arcachon 18 – Belin-Béliet 51 – Biscarrosse 136 – Bordeaux 67.

△ **Municipal du Lac**
🖉 05 56 22 22 33, *mairiecazaux.ltdb@wanadoo.fr,*
Fax 05 56 22 97 89 – **R** conseillée
1,5 ha (90 empl.) plat, herbeux, sablonneux
🚐 1 borne artisanale
Pour s'y rendre : SO : 1,3 km par rte du lac, à 100 m du
canal des Landes et à proximité de l'étang de Cazaux

Nature : ♀
Loisirs : 🍴 🏊
Services : 🚿 ☎ 🍴 ⓐ 🔥 sèche-
linge 🧊 cases réfrigérées
À prox. : 🏊

GRADIGNAN

⊠ 33170 – **335** H6 – 22 193 h. – alt. 26
Paris 592 – Bordeaux 9 – Lyon 550 – Nantes 336 – Toulouse 241.

△ **Beausoleil** Permanent
🖉 05 56 89 17 66, *campingbeausoleil@wanadoo.fr,*
Fax 05 56 89 17 66, *www.camping-gradignanbeauso
leil.com* – **R** conseillée
0,5 ha (31 empl.) plat, peu incliné, gravillons, herbeux
Tarif : 19 € 🚶 ⇌ 🔲 🔌 (10A) – pers. suppl. 3,50 €
Location ⚡ : 3 🏠 (4 à 6 pers.) 300 à 425 €/sem.
Pour s'y rendre : 371 cours du Gén.-de-Gaulle, sur rocade
sortie 16, Gradignan

Nature : ⛺ ♀
Services : 🚿 ☎ ✗ Ⓜ 🏧 🔲 ⓐ 🧊
🚰 🔥

HOURTIN

✉ 33990 – **335** E3 – G. Aquitaine – 2 324 h. – alt. 18

🏢 *Office de tourisme, rue du Port* ✆ 05 56 09 19 00, Fax 05 56 09 22 33

Paris 638 – Andernos-les-Bains 55 – Bordeaux 65 – Lesparre-Médoc 17 – Pauillac 26.

Les Ourmes ♣♣ – 5 avr.-22 sept.

✆ 05 56 09 12 76, *lesourmes@free.fr*, Fax 05 56 09 23 90,
www.lesourmes.com – **R** conseillée
7 ha (300 empl.) plat, herbeux, sablonneux
Tarif : 24 € ✝ ⬌ 🅴 (6A) – pers. suppl. 4 € – frais de
réservation 16 €
Location 🛏 : 28 (4 à 6 pers.) 180 à 690 €/sem.
🚐 1 borne artisanale – 1 🅴 24 € – 🚗 10 €
Pour s'y rendre : O : 1,5 km par av. du Lac

| Nature : 🌿 ♧♧ |
| Loisirs : 🍴 snack 🎦 🕯 nocturne 🏸 🚣 🏊 |
| Services : 🔧 ⚡ (juil.-août) GB 🅒 🗄 👕 🏧 ⊙ 🐕 📶 sèche-linge 🧺 |
| À prox. : 🍴 🎯 🐴 (centre équestre) |

La Rotonde - Le Village Western ♣♣ – avr.-sept.

✆ 05 56 09 10 60, *la-rotonde@wanadoo.fr*,
Fax 05 56 73 81 37, *www.village-western.com* – **R** conseillée
17 ha/11 campables (300 empl.) plat, herbeux, sablonneux
Tarif : 27,30 € ✝ ⬌ 🅴 (6A) – pers. suppl. 6,05 € – frais
de réservation 18 €
Location : 54 (4 à 6 pers.) 250 à 765 €/sem. – 10 🏠
(4 à 6 pers.) 250 à 665 €/sem. – 5 bungalows toilés
Pour s'y rendre : O : 1,5 km par av. du Lac et chemin à
gauche, à 500 m du lac (accès direct)
À savoir : Original décor Western

| Nature : 🌿 ♧ |
| Loisirs : 🍴 snack, Tex-Mex 🎦 🕯 nocturne 🏸 🚣 🏊 🐴 (centre équestre) |
| Services : 🔧 ⚡ GB 🅒 🗄 👕 🏧 ⊙ 🐕 📶 sèche-linge 🧺 |
| À prox. : 🍴 🎯 |

Aires Naturelles l'Acacia et le Lac 15 mai-15 oct.

✆ 05 56 73 80 80, *camping.lacacia@wanadoo.fr*, *www.camping-lacacia.com* – **R** conseillée
5 ha/2 campables (50 empl.) plat, herbeux, sablonneux,
pinède attenante
Tarif : 14,70 € ✝ ⬌ 🅴 (16A) – pers. suppl. 4,20 €
Pour s'y rendre : SO : 7 km par D 3, rte de Carcans et
chemin à droite, au lieu-dit Ste-Hélène-de-Hourtin

| Nature : 🌿 ♧♧ |
| Loisirs : 🚣 🚴 |
| Services : ⚡ 🅒 👕 ⊙ 📶 sèche-linge |

102

HOURTIN-PLAGE

✉ 33990 – **335** D3

Paris 556 – Andernos-les-Bains 66 – Bordeaux 76 – Lesparre-Médoc 26 – Soulac-sur-Mer 42.

La Côte d'Argent ♣♣ – 17 mai-14 sept.

✆ 05 56 09 10 25, *info@camping-cote-dargent.com*,
Fax 05 56 09 24 96, *www.cca33.com* – **R** conseillée
20 ha (750 empl.) plat, vallonné, en terrasses, sablonneux
Tarif : 44 € ✝ ⬌ 🅴 (6A) – pers. suppl. 7 € – frais de
réservation 35 €
Location 🛏 : 250 (4 à 6 pers.) 343 à 1 043 €/sem. –
hôtel
🚐 1 borne eurorelais 11 € – 48 🅴
Pour s'y rendre : à 500 m de la plage

| Nature : 🌿 ♧♧ |
| Loisirs : 🍴 ✗ pizzeria, snack 🎦 🕯 🏸 🚣 🚴 🎯 🎱 🏊 🏄 🐴 terrain omnisports |
| Services : 🔧 ⚡ GB 🅒 M 🗄 👕 🏧 ⊙ 🌀 🐕 📶 sèche-linge 🧺 cases réfrigérées |

LA HUME

✉ 33470 – **335** E7 – G. Aquitaine

Paris 645 – Bordeaux 59 – Mérignac 62 – Pessac 56 – Talence 56.

Schéma à la Test-de-Buch

Village Club Khélus (location exclusive de chalets et
maisonnettes) Permanent

✆ 05 56 66 88 88, *kalisea@wanadoo.fr*, Fax 05 56 66 94 89,
www.kalisea.fr – **R** indispensable
20 ha plat, sablonneux
Location : 🏠 (4 à 6 pers.) 300 à 980 €/sem. – maisonnettes
Pour s'y rendre : 6,5 km au SO par A 660, rte d'Arcachon
et D 652, rte de la Hume puis chemin à gauche, à proximité
du parc Aqualand

| Nature : 🌿 ♧♧ |
| Loisirs : 🍴 ✗ pizzeria 🎦 🕯 🏸 🚣 🚴 🎯 🎱 🏊 |
| Services : ⚡ GB 🅒 🐕 📶 sèche-linge 🧺 |

△ **Municipal de Verdalle** 26 avr.-28 sept.
   ℎ 05 56 66 12 62, *info@campingdeverdalle.fr*,
Fax 05 56 66 12 62, *www.campingdeverdalle.fr* – **R** conseillée
1,5 ha (108 empl.) plat, sablonneux, pierreux
Tarif : 23 €   – pers. suppl. 5,50 € – frais
de réservation 12 €
Location : 6 (2 à 4 pers.) 270 à 490 €/sem.
Pour s'y rendre : Au Nord de la localité, par av. de la Plage
et chemin à droite, près du bassin, accès direct à la plage

Nature :
Services :
À prox. :

LACANAU

✉ 33680 – **335** E5 – 3 142 h. – alt. 17
Paris 625 – Bordeaux 47 – Mérignac 45 – Pessac 51 – Talence 56.

△ **Le Gîte Autrement** (location exclusive de chalets)
Permanent
ℎ 05 56 03 57 48, *gite-autrement@wanadoo.fr*,
Fax 05 56 03 57 48, *www.gite-autrement.com* – **R** conseillée
1 ha plat, herbeux
Location : 6 (4 à 6 pers.) 255 à 642 €/sem.
Pour s'y rendre : 2 km au NE par D 104, rte de Brach, à
Narsot
À savoir : possibilité de petit-déjeuner et table d'hôte le
soir.

Nature :
Services :

LACANAU-OCÉAN

✉ 33680 – **335** D4 – G. Aquitaine
⌂ Office de tourisme, place de L'Europe ℎ 05 56 03 21 01, Fax 05 56 03 11 89
Paris 636 – Andernos-les-Bains 38 – Arcachon 87 – Bordeaux 63 – Lesparre-Médoc 52.

△ **Yelloh! Village Les Grands Pins** ›– 26 avr.-20
sept.
ℎ 05 56 03 20 77, *reception@lesgrandspins.com*,
Fax 05 57 70 03 89, *www.lesgrandspins.com* – **R** indispensable
11 ha (570 empl.) vallonné et en terrasses, sablonneux
Tarif : 43 €   – pers. suppl. 9 € – frais de
réservation 30 €
Location : 169 (4 à 6 pers.) 210 à 1 148 €/sem.
1 borne 1 €
Pour s'y rendre : Au N de la station, av. des Grands-Pins, à
500 m de la plage (accès direct)

Nature : (pinède)
Loisirs : pizzeria terrain omnisports, parcours de santé et de VTT
Services : (saison) cases réfrigérées

103

△ Airotel de l'Océan ›
ℎ 05 56 03 24 45, *airotel.lacanau@wanadoo.fr*,
Fax 05 57 70 01 87, *www.airotel-ocean.com* – **R** conseillée
9 ha (550 empl.) plat et en terrasses, vallonné, sablonneux
Location : – 111
20
Pour s'y rendre : au N de la station, r. du Repos

Nature : (pinède)
Loisirs : discothèque école de surf
Services : cases réfrigéréees

LÈGE-CAP-FERRET

✉ 33950 – **335** E6 – 6 307 h. – alt. 9
⌂ Office de tourisme, 12, avenue de l'Océan ℎ 05 56 60 63 26
Paris 629 – Arcachon 65 – Belin-Beliet 56 – Bordeaux 50 – Cap-Ferret 24.
Schéma à la Test-de-Buch

△ **La Prairie** Permanent
ℎ 05 56 60 09 75, *camping.la.prairie@wanadoo.fr*,
www.campinglaprairie.com – **R** conseillé
2,5 ha (118 empl.) plat, herbeux, sablonneux
Tarif : 17 €   – pers. suppl. 3 €
Location (avr.-15 oct.) : 10 (4 à 6 pers.) 210 à
610 €/sem. – 5 bungalows toilés
Pour s'y rendre : 1 km au NE par D 3, rte du Porge

Nature :
Loisirs :
Services :

MAUBUISSON

✉ 33121 – **335** E4 – G. Aquitaine
Paris 637 – Bordeaux 59 – Mérignac 57 – Pessac 63 – Talence 68.

La Dune Bleue avr.-sept.
📞 05 57 70 12 12, *bombannes.camping@ucpa.asso.fr*,
Fax 05 57 70 12 10, *http://bombannes.ucpa.com* – **R** conseillée
4 ha (280 empl.) vallonné, sablonneux, herbeux
Tarif : 19 € 🏕 🚐 📧 ⚡ (10A) – pers. suppl. 5 € – frais de
réservation 9 €
Location : bungalows toilés
Pour s'y rendre : 2 km au NO, rte de Lacanau-Océan,
Domaine de Bombannes

> Nature : 🌲🌲(pinède)
> Services : 👤 ⚡ (juil-août) 🅶🅱 🐕
> 🔥 😊 🛒
> À prox. : 🍽 snack 🏃 ⛳ 🎯
> 🏊 🚣 🛶 canoë, pédalos

Le MOUTCHIC

✉ 33680 – **335** E4
Paris 632 – Bordeaux 55 – Mérignac 51 – Pessac 57 – Talence 63.

Talaris Vacances avr.-sept.
📞 05 56 03 04 15, *talarisvacances@free.fr*,
Fax 05 56 26 21 56, *www.talaris-vacances.fr* – **R** conseillée
10 ha (336 empl.) plat, herbeux, petit étang
Tarif : 30 € 🏕 🚐 📧 ⚡ (6A) – pers. suppl. 4,50 € – frais de
réservation 20 €
Location : 90 🛖 (4 à 6 pers.) 252 à 791 €/sem.
🚐 1 borne – 🔋 13 €
Pour s'y rendre : E : 2 km sur rte de Lacanau
À savoir : Agréable cadre boisé

> Nature : 🌲🌲
> Loisirs : 🍽 🎮 🎬 nocturne 🏃 🚴
> ✂ 🏓 🏊 ⛵
> Services : 👤 ⚡ 🅶🅱 🐕 🔥 😊 🛒
> 📞 📱 🛒 🏪 🎣

Le Tedey 26 avr.-20 sept.
📞 05 56 03 00 15, *camping@le-tedey.com*,
Fax 05 56 03 01 90, *www.le-tedey.com* – **R** conseillée 🐾
(juil.-août)
14 ha (700 empl.) plat, sablonneux, dunes boisées attenantes
Location : 36 🛖 (4 à 6 pers.) 330 à 665 €/sem.
Pour s'y rendre : S : 3 km par rte de Longarisse et chemin
à gauche
À savoir : sous les pins, agréable situation au bord de
l'étang et à proximite de l'océan

> Nature : 🐟 🌲🌲🏔
> Loisirs : 🍽 🎬 nocturne 🏃 🚴 🎣
> Services : 👤 ⚡ 🅶🅱 🐕 🔥 😊 🏪 😊
> 📞 🛒 🏪 🎣
> À prox. : 🎣

NOAILLAN

✉ 33730 – **335** I8 – 1 015 h. – alt. 34
Paris 635 – Bordeaux 56 – Mérignac 63 – Pessac 56 – Talence 53.

La Grange du Gélat (location exclusive de chalets)
Permanent
📞 05 56 25 37 18, *lagrangedugelat@wanadoo.fr*,
Fax 05 56 25 36 19, *www.lagrangedugelat.fr* – **R** conseillée 🐾
4 ha plat, herbeux
Location 🅿 : 6 🛖 (4 à 6 pers.) 195 à 550 €/sem.
Pour s'y rendre : 2 km à l'O par rte de Balézac

> Nature : 🐟 🌳
> Loisirs : 🏃 🏊 🎣
> Services : 🛒 🐕 🏛 📞 🛒

PAUILLAC

✉ 33250 – **335** G3 – G. Aquitaine – 5 175 h. – alt. 20
🅸 *Office de tourisme, La Verrerie* 📞 05 56 59 03 08, Fax 05 56 59 23 38
Paris 625 – Arcachon 113 – Blaye 16 – Bordeaux 54 – Lesparre-Médoc 23.

Municipal les Gabarreys 21 mars-10 oct.
📞 05 56 59 10 03, *camping.les.gabarreys@wanadoo.fr*,
Fax 05 56 73 30 68, *www.pauillac-medoc.com* – **R** conseillée
1,6 ha (59 empl.) plat, gravillons, herbeux
Tarif : 17,20 € 🏕 🚐 📧 ⚡ (10A) – pers. suppl. 4,50 € –
frais de réservation 9,50 €
Location : 6 🛖 (4 à 6 pers.) 260 à 460 €/sem.
🚐 1 borne artisanale 3,80 € – 30 📧 13,50 € – 🔋 13 €
Pour s'y rendre : S : 1 km par rue de la Rivière, près de la
Gironde

> Nature : 🐟 🏕 🌲🌲
> Loisirs : 🛒 🏃 🎣
> Services : 👤 ⚡ 🅶🅱 🐕 🔥 😊 🛒
> sèche-linge

PETIT-PALAIS-ET-CORNEMPS

⊠ 33570 – **335** K5 – G. Aquitaine – 551 h. – alt. 35
Paris 532 – Bergerac 51 – Castillon-la-Bataille 18 – Libourne 20 – Montpon-Ménestérol 20 – La Roche-Chalais 22.

⚠ **Le Pressoir** Permanent
   ℘ 05 57 69 73 25, *contact@campinglepressoir.com*,
   Fax 05 57 69 77 36, *www.campinglepressoir.com*
   – **R** conseillée
   2 ha (100 empl.) peu incliné et plat, herbeux
   Tarif : 26 € ★ ⇔ 🅴 ㈲ (6A) – pers. suppl. 7,50 € – frais de
   réservation 15 €
   Pour s'y rendre : NO : 1,7 km par D 21, rte de St-Médard-
   de-Guizières et chemin de Queyray à gauche

> Nature : 🌳 ⊡ ♀♀
> Loisirs : 🍸 ✗ ⚽ 🏊
> Services : 👌 🚰 ⒼⒷ 🗐 ⊕ ♨ ✆ 🖥

Le PORGE

⊠ 33680 – **335** E5 – 1 507 h. – alt. 8
🛈 *Office de tourisme, 3, place Saint-Seurin* ℘ *05 56 26 54 34*
Paris 624 – Andernos-les-Bains 18 – Bordeaux 47 – Lacanau-Océan 21 – Lesparre-Médoc 54.

⚠ **Municipal la Grigne** avr.-sept.
   ℘ 05 56 26 54 88, *camping@leporge.fr*, Fax 05 56 26 52 07,
   www.leporge.fr – **R** conseillée
   30 ha (700 empl.) vallonné, plat, sablonneux
   Tarif : 21,90 € ★ ⇔ 🅴 ㈲ (10A) – pers. suppl. 4,50 € –
   frais de réservation 15 €
   Location : 18 🛖 (4 à 6 pers.) 612 €/sem.
   🛒 1 borne artisanale 2 €
   Pour s'y rendre : 9,5 km à l'O par D 107, à 1 km du Porge-
   Océan

> Nature : ♀♀(pinède)
> Loisirs : 🍸 snack 🎬 ☒ ⚽ 🚲 ✗
> 🏊
> Services : 👌 🚰 ⒼⒷ 🗐 ⊕ 🧺 ♨
> 🖥 sèche-linge 🛒 ⚒

Utilisez les **cartes MICHELIN,**
complément indispensable de ce guide.

105

PYLA-SUR-MER

⊠ 33115 – **335** D7
🛈 *Syndicat d'initiative, 2, avenue Ermitage* ℘ *05 56 54 02 22, Fax 05 56 22 58 84*
Paris 648 – Arcachon 8 – Biscarrosse 34 – Bordeaux 66.
                     Schéma à la Test-de-Buch

⚠ **Yelloh! Village Panorama du Pyla** ♣ – 18 avr.-29
sept.
   ℘ 05 56 22 10 44, *mail@camping-panorama.com*,
   Fax 05 56 22 10 12, *www.camping-panorama.com*
   – **R** conseillée
   15 ha/10 campables (450 empl.) vallonné, terrasses, plat,
   sablonneux
   Tarif : 40 € ★ ⇔ 🅴 ㈲ (6A) – pers. suppl. 7 €
   Location : 50 🛖 (4 à 6 pers.) 203 à 945 €/sem. – 30 🏠
   (4 à 6 pers.) 385 à 994 €/sem. – 15 bungalows toilés
   Pour s'y rendre : S : 7 km par D 218, rte de Biscarrosse,
   accès piétonnier à la plage par escalier abrupt et chemin

> Nature : ≤ ♀♀(pinède)
> Loisirs : 🍸 ✗ crêperie, snack 🎬 ☒
> ⚽ ⛵ ⚽ ✗ 🏓 🏊 🏄 delta-
> plane, parapente, piste de skate
> Services : 👌 🚰 ⒼⒷ ✓ 🗐 🏊 ⊕
> ✆ ☎ 🖥 sèche-linge 🛒 ⚒ cases
> réfrigérées

⚠ **Le Petit Nice** ♣ – avr.-sept.
   ℘ 05 56 22 74 03, *info@petitnice.com*, Fax 05 56 22 14 31,
   www.petitnice.com – **R** indispensable
   5 ha (225 empl.) en terrasses, plat, incliné, vallonné,
   sablonneux, herbeux
   Tarif : 39 € ★ ⇔ 🅴 ㈲ (6A) – pers. suppl. 7 € – frais de
   réservation 30 €
   Location : 92 🛖 (4 à 6 pers.) 294 à 1 064 €/sem. – 5
   bungalows toilés
   🛒 1 borne artisanale
   Pour s'y rendre : rte de Biscarrosse, S : 7 km par D 218, rte
   de Biscarrosse, accès direct à la plage

> Nature : 🌳 ♀♀(pinède)
> Loisirs : 🍸 snack, pizzeria 🎬 ☒ ✗
> ⚽ ☒ 🏊 ♨
> Services : 👌 🚰 ⒼⒷ ✓ 🎵 🗐 ⊕
> 🖥 sèche-linge ⚙ ⚒ cases réfri-
> gérées

RAUZAN

✉ 33420 – **335** K6 – 1 035 h. – alt. 69
🛈 *Syndicat d'initiative, 12, rue de la Chapelle* 🕿 *05 57 84 03 88, Fax 05 57 84 05 09*
Paris 596 – Bergerac 57 – Bordeaux 39 – Langon 35 – Libourne 21.

△ **Le Vieux Château** avr.-1er oct.
🕿 05 57 84 15 38, *hoekstra.camping@wanadoo.fr*,
Fax 05 57 84 18 34, *www.vieux-chateau.com* – **R** conseillée
2,5 ha (74 empl.) non clos, plat, peu incliné, herbeux
Tarif : 21 € 🛉 ⇌ 🗐 🗄 (6A) – pers. suppl. 4,80 € – frais de
réservation 14 €
Location : 5 ▦ (4 à 6 pers.) 195 à 525 €/sem.
Pour s'y rendre : sortie N par D 123, rte de St-Jean-de-
Blaignac et chemin à gauche (1,2 km), chemin piétonnier
reliant le camping au village
À savoir : Au pied des ruines d'une forteresse du 12e s.

Nature : 🌳 𝟵𝟵(peupleraie)
Loisirs : 🏠 🏊
Services : 🚿 ⚡ GB 🛒 ⊙ ☂ 🍴 🛋

Si vous recherchez :
👫 *Un terrain offrant des équipements et des loisirs adaptés aux enfants*
🌳 *Un terrain agréable ou très tranquille*
L - M *Un terrain effectuant la location de caravanes, de mobile homes,*
de bungalows ou de chalets
P *Un terrain ouvert toute l'année*
▦ *Un terrain possédant une aire de services pour camping-cars*
Consultez le tableau des localités

ST-ÉMILION

✉ 33330 – **335** K5 – G. Aquitaine – 2 345 h. – alt. 30
🛈 *Office de tourisme, place des Créneaux* 🕿 *05 57 55 28 28, Fax 05 57 55 28 29*
Paris 584 – Bergerac 58 – Bordeaux 40 – Langon 49 – Libourne 9 – Marmande 59.

▲▲▲ **Domaine de la Barbanne** 👫 – 7 avr.-23 sept.
🕿 05 57 24 75 80, *barbanne@wanadoo.fr*,
Fax 05 57 24 69 68, *www.camping-saint-emilion.com* – traversée de St-Émilion interdite aux caravanes et camping-
cars – **R** conseillée
4,5 ha (160 empl.) plat, herbeux
Tarif : 32 € 🛉 ⇌ 🗐 🗄 (10A) – pers. suppl. 8,50 € – frais
de réservation 25 €
Location : 17 ▦ (4 à 6 pers.) 260 à 730 €/sem. – 16 🛏
▦ 1 borne eurorelais 5 € – 20 🗐 32 €
Pour s'y rendre : N : 3 km par D 122 rte de Lussac et rte à
droite, navette gratuite pour St-Émilion
À savoir : Les vignes et un petit lac offrent un cadre
pittoresque et charmant

Nature : 🌳 ▭ 𝟵𝟵
Loisirs : 🏠 🏸 centre de docu-
mentations touristiques 🎯 🚲
🎱 🍴 🏊 🛶 canoë, pédalos, parcours de santé
Services : 🚿 ⚡ GB 🛒 🍴 🛁 ⊙ ☂
🛋 sèche-linge 🛒 ♨

STE-FOY-LA-GRANDE

✉ 33220 – **335** M5 – G. Périgord – 2 788 h. – alt. 10
🛈 *Office de tourisme, 102, rue de la République* 🕿 *05 57 46 03 00, Fax 05 57 46 16 62*
Paris 555 – Bordeaux 71 – Langon 59 – Marmande 53 – Périgueux 67.

△ **La Bastide** 5 avr.-24 oct.
🕿 05 57 46 13 84, *contact@camping-bastide.com*,
Fax 05 57 46 13 84, *http://www.camping-bastide.com*
– **R** conseillée
1,2 ha (38 empl.) plat, herbeux
Tarif : 20 € 🛉 ⇌ 🗐 🗄 (10A) – pers. suppl. 4 €
Location (22 mars-24 oct.) 🎣 : 10 ▦ (4 à 6 pers.) 220
à 620 €/sem.
Pour s'y rendre : sortie NE par D 130, bord de la Dordogne
À savoir : Cadre fleuri

Nature : 🌳 𝟵𝟵
Loisirs : 🏠 🏊
Services : 🚿 ⚡ (juil.-août) GB 🛒
🛋 ⊙ ☂ 🛋 sèche-linge
À prox. : 🎣

ST-LAURENT-MEDOC

✉ 33112 – **335** G4 – 3 585 h. – alt. 6

🛈 *Syndicat d'initiative, 5, rue du Général-de-Gaulle* ℰ *05 56 59 92 66, Fax 05 56 59 92 66*

Paris 603 – Bordeaux 45 – Mérignac 41 – Pessac 48 – Talence 55.

⚠ **Le Paradis** avr.-15 sept.
   ℰ 05 56 59 42 15, *leparadismedoc@free.fr,*
   Fax 05 56 59 42 15, *www.leparadismedoc.com* – **R** conseillée
   3 ha (70 empl.) plat, herbeux
   Tarif : 22,50 € 🛉 ⇔ 🗉 🗓 (10A) – pers. suppl. 4 € – frais
   de réservation 12 €
   Location : 6 🛖 (2 à 4 pers.) 170 à 370 €/sem. – 10 🛖
   (4 à 6 pers.) 270 à 610 €/sem. – 4 🛖 (4 à 6 pers.) 295 à
   650 €/sem. – 4 bungalows toilés
   Pour s'y rendre : N. 2,5 km par N 215 rte de Lesparre

Nature : 🌳 ♀♀
Loisirs : 🍸 🏊⛵🏂 piste de bi-cross
Services : 🛁 🗝 ⌨ 🅿 🗓 🛒 🚿
🛎

*Demandez à votre libraire le catalogue des **publications MICHELIN**.*

ST-MÉDARD-DE-GUIZIÈRES

✉ 33230 – **335** K4 – 2 106 h. – alt. 15

Paris 528 – Bergerac 57 – Bordeaux 56 – Chalais 34 – Périgueux 87 – Ste-Foy-la-Grande 41.

⚠ **Municipal le Gua** mai-oct.
   ℰ 05 57 69 82 37
   1,5 ha (54 empl.) plat, herbeux
   Tarif : 9,70 € 🛉 ⇔ 🗉 🗓 (10A) – pers. suppl. 2,15 €
   Pour s'y rendre : N : 1,5 km par D 21 et à gauche, au bord
   de la rivière

Nature : 🌿 ♀♀
Services : 🛁 🗝 ⌨ ⊕
À prox. : 🍴 🎿 🎣

SALLES

✉ 33770 – **335** F7 – 4 487 h. – alt. 23

🛈 *Office de tourisme, rue de la Haute Landes* ℰ *05 56 88 30 11, Fax 05 56 88 43 95*

Paris 632 – Arcachon 36 – Belin-Béliet 11 – Biscarrosse 122 – Bordeaux 49.

⚠ **Le Park du Val de l'Eyre** avr.-oct.
   ℰ 05 56 88 47 03, *levaldeleyre@wanadoo.fr,*
   Fax 05 56 88 47 27, *www.valdeleyre.com* – **R** conseillée
   13 ha/4 campables (150 empl.) plat, vallonné, sablonneux,
   herbeux
   Tarif : 25,80 € 🛉 ⇔ 🗉 🗓 (10A) – pers. suppl. 6 €
   Location (mars-22 nov.) : 36 🛖 (4 à 6 pers.) 285 à
   570 €/sem. – 8 🛖 (4 à 6 pers.) 410 à 690 €/sem.
   Pour s'y rendre : sortie SO par D 108ᴱ ˢ, rte de Lugos, bord
   de l'Eyre et d'un étang - par A 63 : sortie 21

Nature : 🌿 ♀♀
Loisirs : 🍸 snack 🛋 🏐 🎿 🎣
Services : 🛁 🗝 ⌨ 🅿 🛒 🗓 ⊕ 🚰
🕯 🗓 sèche-linge 🛎
À prox. : 🛶 canoë

SOULAC-SUR-MER

✉ 33780 – **335** E1 – G. Aquitaine – 2 720 h. – alt. 7

🛈 *Office de tourisme, 68, rue de la plage* ℰ *05 56 09 86 61, Fax 05 56 73 63 76*

Paris 515 – Bordeaux 99 – Lesparre-Médoc 31 – Royan 12.

⚠ **Les Lacs** 🔺🔺 – 5 avr.-8 nov.
   ℰ 05 56 09 76 63, *info@camping-les-lacs.com,*
   Fax 05 56 09 98 02, *www.camping-les-lacs.com* – **R** conseillée
   5 ha (187 empl.) plat, sablonneux, herbeux
   Tarif : 31 € 🛉 ⇔ 🗉 🗓 (5A) – pers. suppl. 6 €
   Location : 44 🛖 (4 à 6 pers.) 180 à 850 €/sem. – 12 🛖
   (4 à 6 pers.) 260 à 780 €/sem.
   🛖 2 🗉 13 € – 🛏 13 €
   Pour s'y rendre : 3 km à l'E par D 101, rte des lacs, à
   l'Amélie-sur-Mer

Nature : 🌿 🌳 ♀♀
Loisirs : 🍸 pizzeria, snack 🛋 🍳 🏐
🏊 ⛵ 🎿 🎣
Services : 🛁 🗝 ⌨ 🅿 Ⓜ 🗓 🛒 ⊕
🚰 ⚓ 🕯 ⊙ 🗓 🛒 🛎
À prox. : 🐎

SOULAC-SUR-MER

▲▲▲ **Le Lilhan** avr.-sept.
 05 56 09 82 87, *contact@lelilhan.com*,
Fax 05 56 09 94 82, *www.lelilhan.com* – **R** conseillée
4 ha (185 empl.) plat, sablonneux
Tarif : 24,15 € ★ ⇌ 🅴 🏠 (10A) – pers. suppl. 4,50 € –
frais de réservation 18 €
Location : 40 🏠 (4 à 6 pers.) 280 à 635 €/sem. –
appartements
Pour s'y rendre : E : 2,8 km par D 101E 2 et D 101, à
l'Amélie-sur-Mer

Nature : 🌿 ♧♧
Loisirs : snack 🏠 🏊 jacuzzi 🚣
🎾 🏓 🍴
Services : 🚿 🔌 ⬅ 🔧 🛒 🗑 🧺 ♨ ⊙
📞 📶 📮 💧

▲▲ **L'Océan** juin-15 sept.
 05 56 09 76 10, *camping.ocean@wanadoo.fr*,
Fax 05 56 09 74 75, *http://perso.wanadoo.fr/cam
ping.ocean* – **R** conseillée
6 ha (300 empl.) plat, sablonneux, herbeux
Tarif : (Prix 2007) 25 € ★ ⇌ 🅴 🏠 (10A) – pers.
suppl. 4,50 € – frais de réservation 12 €
Pour s'y rendre : sortie E par D 101E 2 et D 101, à 300 m de
la plage, à l'Amélie-sur-Mer
À savoir : cadre naturel, presque sauvage !

Nature : 🌿 ♧♧♧
Loisirs : 🍷 🏠 🚲 🍴
Services : 🚿 🔌 🔧 🗑 🧺 ♨ ⊙ 📞 📮
sèche-linge 💧 🐾

*Raadpleeg, voordat U zich op een kampeerterrein installeert,
de tarieven die de beheerder verplicht
is bij de ingang van het terrein aan te geven.
Informeer ook naar de speciale verblijfsvoorwaarden.
De in deze gids vermelde gegevens kunnen
sinds het verschijnen van deze hereditie gewijzigd zijn.*

Le TEICH

108

✉ 33470 – **335** E7 – 4 822 h. – alt. 5
🛈 *Office de tourisme, Hôtel de ville* *05 56 22 80 46, Fax 05 56 22 89 65*
Paris 633 – Arcachon 20 – Belin-Béliet 34 – Bordeaux 50.
Schéma à la Test-de-Buch

▲▲▲ **Ker Helen** ▲▲ – 12 avr.-7 nov.
 05 56 66 03 79, *camping.kerhelen@wanadoo.fr*,
Fax 05 56 66 51 59, *www.kerhelen.com* – **R** conseillée
4 ha (140 empl.) plat, herbeux
Tarif : ★ 5 € 🅴 10,50 € – 🏠 (10A) 3,70 € – frais de réservation 16 €
Location : 42 🏠 (4 à 6 pers.) 240 à 690 €/sem. – 12 🏠
(4 à 6 pers.) 240 à 690 €/sem. – 10 bungalows toilés
🏠 1 borne artisanale – 🚐 13.50 €
Pour s'y rendre : O : 2 km par D 650 rte de Gujan-Mestras
À savoir : Décoration arbustive et florale

Nature : 🏞 ♧♧
Loisirs : 🍷 snack 🎲 nocturne 🎯
🚣 🏓 🏊
Services : 🚿 🔌 🔧 🗑 🛒 🧺 ♨ ⊙ 🐾
🎾 📮 sèche-linge 💧 🐾

La TESTE-DE-BUCH

✉ 33260 – **335** E7 – G. Aquitaine – 22 970 h. – alt. 5
🛈 *Office de tourisme, place Jean Hameau* *05 56 54 63 14, Fax 05 56 54 45 94*
Paris 642 – Andernos-les-Bains 35 – Arcachon 5 – Belin-Béliet 44 – Biscarrosse 34 – Bordeaux 60.

▲▲▲ **La Pinèda** ▲▲ – 31 mars-27 oct.
 05 56 22 23 24, *info@campinglapinede.net*,
Fax 05 56 22 98 03 – **R** conseillée
5 ha (200 empl.) plat, sablonneux, herbeux
Tarif : (Prix 2007) 25 € ★ ⇌ 🅴 🏠 (5A) – pers. suppl. 7 € –
frais de réservation 35 €
Location : 55 🏠 (4 à 6 pers.) 315 à 826 €/sem. – 6 🏠
(4 à 6 pers.) 224 à 679 €/sem.
Pour s'y rendre : S.: 5 km par D112, rte de Cazaux, Bord du
canal des Landes
À savoir : Bel espace aquatique et ludique

Nature : 🏞 ♧♧
Loisirs : 🍷 pizzeria 🏠 🎲 diurne 🎯
🚣 🚲 🏊
Services : 🚿 🔌 🛒 🔧 🗑 ♨ ⊙ 📮
🐾
À prox. : base de ski nautique

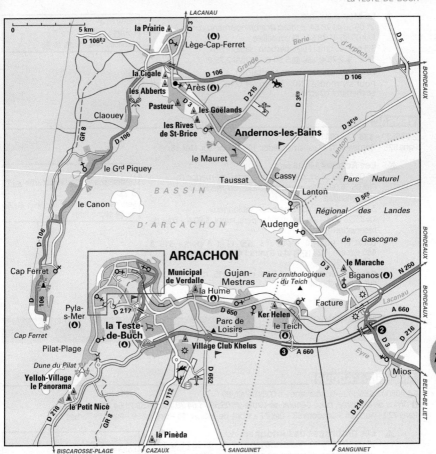

VENDAYS-MONTALIVET

✉ 33930 – **335** E2 – 1 827 h. – alt. 9
🛈 Office de tourisme, 62, avenue de l'Ocean 🕿 05 56 09 30 12, Fax 05 56 09 36 11
Paris 535 – Bordeaux 82 – Lesparre-Médoc 14 – Soulac-sur-Mer 21.

△ **La Chesnays** 15 avr.-15 oct.
🕿 05 56 41 72 74, lachesnays@camping-montalivet.com,
Fax 05 56 41 72 74, www.camping-montalivet.com
1,5 ha (59 empl.) plat, herbeux
Tarif : 16,50 € ✹ 🚗 🅴 🕅 (10A) – pers. suppl. 3,80 € –
frais de réservation 8 €
Location (avr.-15 oct.) 🏖 : 5 🛏 (4 à 6 pers.) 230 à
610 €/sem. – 2 bungalows toilés
Pour s'y rendre : 2 km au N par D 101, rte de Soulac

Nature : 🗟 🔾🔾
Loisirs : 🍴 🚲 🛝
Services : ♿ ☕ 🆖🅱 🧺 🛒 🚿 🏧 🔋

VENDAYS-MONTALIVET

⚠ **Le Mérin** avr.-oct.
 📞 05 56 41 78 64, *contact@campinglemerin.com*,
 Fax 05 56 41 78 64 – **R** conseillée
 3,5 ha (165 empl.) plat, herbeux, sablonneux
 Tarif : ✦ 2,75 € ⬌ 🗐 5,30 € – ⒢ (6A) 2,75 €
 Location : chalets (sans sanitaires)
 Pour s'y rendre : NO : 3,7 km par D 102, rte de Montalivet
 et chemin à gauche

> Nature : 🐚 ⛱ 0.0
> Loisirs : 🏖
> Services : ⊶ ♿ 🛒 ⓐ 📷

VENSAC

✉ 33590 – **335** E2 – 694 h. – alt. 5
Paris 528 – Bordeaux 82 – Lesparre-Médoc 14 – Soulac-sur-Mer 18.

⚠ **Les Acacias** juin-16 sept.
 📞 05 56 09 58 81, *contact@les-acacias-du-medoc.fr*,
 Fax 05 56 09 50 67, *www.les-acacias-du-medoc.fr*
 – **R** conseillée
 3,5 ha (175 empl.) plat, herbeux, sablonneux
 Tarif : 23 € ✦ ⬌ 🗐 ⒢ (6A) – pers. suppl. 3,80 € – frais de
 réservation 18 €
 Location (mai-16 sept.) : 5 🛖 (2 à 4 pers.) 315 à
 450 €/sem. – 28 🚐 (4 à 6 pers.) 405 à 660 €/sem.
 🚐🚲 10 €
 Pour s'y rendre : NE : 1,5 km par D 1215, rte de Verdon-
 sur-Mer et chemin à dr.

> Nature : 0.0
> Loisirs : snack 🍴 🎱 nocturne 🏖
> 🛴 m
> Services : ♿ ⊶ GB ♿ 📷 🛁 ⓐ 🏊
> 🔌 📷 sèche-linge 💈

Landes (40)

110

AIRE-SUR-L'ADOUR

✉ 40800 – **335** J12 – G. Aquitaine – 6 003 h. – alt. 80
🚹 *Office de tourisme, place Général-de-Gaulle* 📞 05 58 71 64 70, Fax 05 58 71 64 70
Paris 722 – Auch 84 – Condom 68 – Dax 77 – Mont-de-Marsan 33 – Orthez 59 – Pau 51 – Tarbes 72.

⚠ **Les Ombrages de l'Adour** avr.-oct.
 📞 05 58 71 75 10, *hetapsarl@yahoo.fr*, Fax 05 58 71 32 59,
 www.camping-adour-landes.com – **R** conseillée
 2 ha (100 empl.) plat, herbeux
 Tarif : 15,80 € ✦ ⬌ 🗐 – ⒢ (10A) 2,80 € – pers.
 suppl. 3,50 €
 Location : 4 🚐 (4 à 6 pers.) 190 à 385 €/sem.
 Pour s'y rendre : Près du pont, derrière les arènes, bord
 de l'Adour
 À savoir : Location à la nuitée hors sais.

> Nature : 0.0
> Loisirs : 🏖
> Services : ⊶ ♿ 📷 ⓐ 📷

AUREILHAN

✉ 40200 – **335** D9 – G. Aquitaine – 640 h. – alt. 10
Paris 689 – Bordeaux 103 – Mont-de-Marsan 79 – La Teste 59 – Dax 64.

⚠ **Village Center Aurilandes** 👫 – 17 mai-13 sept.
 📞 05 58 09 10 88, *diraurilandes@village-center.com*,
 Fax 05 58 09 01 89, *www.village-center.com/aurilandes*
 – **R** conseillée
 6 ha (520 empl.) plat, sablonneux, herbeux
 Tarif : 29 € ✦ ⬌ 🗐 ⒢ (3A) – pers. suppl. 6 € – frais de
 réservation 30 €
 Location : 72 🚐 (4 à 6 pers.) 357 à 847 €/sem.
 🚐 1 borne artisanale
 Pour s'y rendre : NE : 1 km, près du lac

> Nature : 0.0 ▲
> Loisirs : 🍴 🎱 🎯 🎣 🛥 jacuzzi
> 🏖 🚲 🏊 ⚓ terrain omnisports,
> ponton d'amarrage
> Services : ♿ ⊶ GB ♿ 🛁 ⓐ ☕ 📷
> sèche-linge 💈 💈
> À prox. : 🐴 poneys

AZUR

✉ 40140 – **335** D12 – 447 h. – alt. 9
Paris 730 – Bayonne 54 – Dax 25 – Mimizan 79 – Soustons 8 – Tartas 52.

▲▲▲ **La Paillotte** ▲▲ – 24 mai-21 sept.
     📞 05 58 48 12 12, *info@paillotte.com*, Fax 05 58 48 10 73,
     www.paillotte.com – **R** indispensable ✂
     7 ha (310 empl.) plat, sablonneux, herbeux
     Tarif : 46 € ✦ 🚗 🄴 ⚡ (10A) – pers. suppl. 7,50 €
     Location (26 avr.-21 sept.) : 116 🛖 182 à 1113 €/sem. –
     50 🏠 359 à 1197 €/sem.
     Pour s'y rendre : 1,5 km au SO, bord du lac de Soustons
     À savoir : Cadre, plantations et chalets aux couleurs exotiques

> Nature : 🌳 ‹ ☐ ♋ ⚓
> Loisirs : ▼ ✗ 🏠 ♿ ☂ ⚒ ⚓ ❀
> canoë, pédalos
> Services : ♿ ⊶ GB ☑ 🍴 👤 ⚒ ⊕
> ⚒ ⊷ ⚓ 🍴 🔲 sèche-linge ⚒ ⚒
> À prox. : 🚲 ☝ ✗ 🍴 ∿

▲▲ **Municipal Azur Rivage** 15 juin-15 sept.
     📞 05 58 48 30 72, *info@campingazurivage.com*,
     Fax 05 58 48 30 72, *www.campingazurivage.com*
     – **R** conseillée
     6,5 ha (250 empl.) plat, sablonneux, pierreux, herbeux
     Tarif : (Prix 2007) 17 € ✦ 🚗 🄴 ⚡ (10A) – pers.
     suppl. 3,70 € – frais de réservation 12 €
     Location (mars-oct.) : 🛖 (4 à 6 pers.) 211 à 575 €/sem.
     Pour s'y rendre : 2 km au SO, à 100 m du lac de Soustons
     À savoir : Piscine ludique

> Nature : 🌳 ♋
> Loisirs : ⚒ ⚒ ⚓
> Services : ♿ ⊶ (juil.-août) GB ☑
> 🍴 👤 ⊕ ⚒ 🔲 ⚒ ⚒ cases réfri-
> gérées
> À prox. : 🚲 ☝ ✗ 🍴 ≋ canoë,
> pédalos

Si vous recherchez :
  ⚠ *Un terrain au bord de l'eau avec possibilité de baignade*
  🌳 *Un terrain agréable ou très tranquille*
  L *Un terrain effectuant la location de caravanes, de mobile homes,*
     de bungalows ou de chalets
  P *Un terrain ouvert toute l'année*
  🚐 *Un terrain possédant une aire de services pour camping-cars*
  Consultez le tableau des localités

111

BÉLUS

✉ 40300 – **335** E13 – 433 h. – alt. 135
Paris 749 – Bayonne 37 – Dax 18 – Orthez 36 – Peyrehorade 7.

▲▲ **La Comtesse** avr.-sept.
     📞 05 58 57 69 07, *campinglacomtesse@wanadoo.fr*,
     Fax 05 58 57 62 50, *www.campinglacomtesse.com*
     – **R** conseillée
     6 ha (115 empl.) plat, herbeux
     Tarif : ✦ 3,90 € 🚗 2,70 € 🄴 6,50 € – ⚡ (10A) 3,70 € – frais
     de réservation 15 €
     Location (mars-déc.) ✂ : 18 🛖 (4 à 6 pers.) 260 à
     680 €/sem.
     Pour s'y rendre : NO : 2,5 km par D 75 et rte à droite
     À savoir : Agréable peupleraie autour de l'étang

> Nature : 🌳 ☐ ♋
> Loisirs : ▼ 🏠 ♿ ✗ ⚒ ⚓ ∿
> Services : ♿ ⊶ GB ☑ 🍴 ⊕ 🔲
> sèche-linge
> À prox. : ✗ ⚒

BIAS

✉ 40170 – **335** D10 – 514 h. – alt. 41
Paris 706 – Castets 33 – Mimizan 7 – Morcenx 30 – Parentis-en-Born 32.

▲▲ **Municipal le Tatiou** Pâques-oct.
     📞 05 58 09 04 76, *campingletatiou@wanadoo.fr*,
     Fax 05 58 82 44 30, *www.campingletatiou.com* – **R** conseillée
     10 ha (460 empl.) plat, sablonneux, herbeux
     Tarif : (Prix 2007) 19,85 € ✦ 🚗 🄴 ⚡ (10A) – pers.
     suppl. 4,45 € – frais de réservation 16 €
     Pour s'y rendre : O : 2 km par rte de Lespecier

> Nature : 🌳 ♋(pinède)
> Loisirs : ▼ snack, pizzeria 🏠 ♿
> 🚲 ✗ 🍴 ⚒
> Services : ♿ ⊶ GB ☑ M 🍴 👤 ⊕
> 🔲 sèche-linge ⚒ ⚒

BISCARROSSE

✉ 40600 – **335** E8 – G. Aquitaine – 9 281 h. – alt. 22
🛈 *Office de tourisme, 55, place Georges Dufau* ✆ *05 58 78 20 96, Fax 05 58 78 23 65*
Paris 656 – Arcachon 40 – Bayonne 128 – Bordeaux 74 – Dax 91 – Mont-de-Marsan 84.

Yelloh! Village Mayotte Vacances ♣♦ – 5 avr.-20 sept.
✆ 05 58 78 00 00, *camping@mayottevacances.com*,
Fax 05 58 78 83 91, *www.mayottevacances.com*
– **R** conseillée
15 ha (730 empl.) plat, sablonneux, herbeux
Tarif : 41 € ✳ 🚗 🔲 ⚡ (10A) – pers. suppl. 8 € – frais de réservation 30 €
Location 🏖 : 240 🏚 (4 à 6 pers.) 329 à 1 113 €/sem. – 28 🏠 (4 à 6 pers.) 385 à 1 036 €/sem.
Pour s'y rendre : N : 6 km par rte de Sanguinet puis, à Goubern, 2,5 km par rte à gauche, à 150 m de l'étang de Cazaux (accès direct)

> Nature : 🌿 🏕 🌳🌳
> Loisirs : ♈ ✗ snack 🎬 🎮 🏕 🎣 ⛵ hammam discothèque, balnéo 🚴 🎿 🔲 🎿 ⛷ terrain omnisports
> Services : 🚿 🔌 GB 🅿 🛒 🧺 🚮 cases 🍽 🖥 sèche-linge 🗜 🧼
> À prox. : 🏊 🎣 🛶

Domaine de la Rive ♣♦ – 5 avr.-7 sept.
✆ 05 58 78 12 33, *info@camping-de-la-rive.fr*,
Fax 05 58 78 12 92, *www.larive.fr* – **R** indispensable
15 ha (640 empl.) plat, sablonneux, herbeux
Tarif : 42 € ✳ 🚗 🔲 ⚡ (6A) – pers. suppl. 7,50 € – frais de réservation 35 €
Location 🏖 : 🏚 (4 à 6 pers.) 273 à 1 113 €/sem. – 🏠 (4 à 6 pers.) 399 à 1 225 €/sem.
🏚 1 borne
Pour s'y rendre : NE : 8 km par D 652, rte de Sanguinet, puis 2,2 km par rte à gauche, bord de l'étang de Cazaux
À savoir : Bel ensemble aquatique avec décoration florale et arbustive

> Nature : 🌿 🌳🌳
> Loisirs : ♈ ✗ snack, pizzeria 🎬 🎮 🏕 🚴 🎿 🔲 🎿 🏊 (plage) ⛷ 🐟 🎣 terrain omnisports, ski nautique, théâtre de plein air
> Services : 🚿 🔌 GB 🅿 🛒 🧺 🚮 🍽 🖥 🗜 🧼 cases réfrigérées

Les Écureuils ♣♦ – mai-sept.
✆ 05 58 09 80 00, *camping.les.ecureuils@wanadoo.fr*,
Fax 05 58 09 81 21, *www.ecureuils.fr* – places limitées pour le passage – **R** conseillée
6 ha (230 empl.) plat, herbeux, sablonneux
Tarif : 38 € ✳ 🚗 🔲 ⚡ (10A) – pers. suppl. 6,50 € – frais de réservation 32 €
🏚 1 borne artisanale 3 €
Pour s'y rendre : N : 4,2 km par rte de Sanguinet et rte de Navarrosse à gauche, à 400 m de l'étang de Cazaux
À savoir : Belle décoration arbustive et florale

> Nature : 🏕 🌿
> Loisirs : ♈ 🎬 🎮 snack, pizzeria 🎬 🏕 🚴 🎿 🔲 🏊 (plage) canoë
> Services : 🚿 🔌 GB 🅿 🛒 🖥 sèche-linge 🗜 🧼
> À prox. : 🐎 🎣 🛶 🎣

Bimbo mai-sept.
✆ 05 58 09 82 33, *campingbimbo@wanadoo.fr*,
Fax 05 58 09 80 14, *www.campingbimbo.fr* – places limitées pour le passage – **R** conseillé
6 ha (177 empl.) plat, sablonneux, herbeux
Tarif : 32 € ✳ 🚗 🔲 ⚡ (6A) – pers. suppl. 8 € – frais de réservation 23 €
Location (permanent) : 27 🏚 (4 à 6 pers.) 230 à 870 €/sem. – 10 🏠 (4 à 6 pers.) 375 à 985 €/sem.
Pour s'y rendre : N : 3,5 km par rte de Sanguinet et rte de Navarrosse à gauche

> Nature : 🏕 🌳🌳
> Loisirs : ♈ snack, pizzeria 🎬 🚴 ✗ 🔲 terrain omnisports
> Services : 🚿 🔌 GB 🅿 🛒 🧺 🚮 🍽 🖥 sèche-linge 🗜 🧼 cases réfrigérées
> À prox. : 🐎 🎣

La Fontaine de Nava (location exclusive de mobile homes) juil.-août
✆ 05 58 09 83 11, *lesfontainesdenava@wanadoo.fr*,
Fax 05 58 09 82 62, *www.lesfontainesdenava.com*
12 ha/7 campables plat, sablonneux, herbeux
Location 🏖 : 200 🏚 (4 à 6 pers.) 510 à 785 €/sem.
Pour s'y rendre : N : 3,5 km par rte de Sanguinet et rte de Navarrosse

> Nature : 🌿 🏕
> Loisirs : ♈ snack 🎬 🔲 🎿
> Services : 🔌 GB 🅿 🖥

Campéole de Navarrosse ♣♣ – 25 avr.-21 sept.
℘ 05 58 09 84 32, cplnavarrosse@atciat.com,
Fax 05 58 09 86 22, www.camping-navarrose.com – **R** indispensable
9 ha (500 empl.) plat, sablonneux, herbeux
Tarif : 29,10 € ✗ ⇐ 🅴 (10A) – pers. suppl. 8,60 € –
frais de réservation 25 €
Location : 45 ⬛ (4 à 6 pers.) 245 à 819 €/sem. – 86 🏠
(4 à 6 pers.) 231 à 693 €/sem. – bungalows toilés avec
et sans sanitaires
Pour s'y rendre : N : 5 km par rte de Sanguinet et rte de
Navarrosse à gauche, au bord de l'étang de Cazaux

Nature : 🏞 🌳🌳
Loisirs : 🎮 🏕 ⛵ ✘ 🏊
ponton d'amarrage
Services : ⚪ ⊶ GB ⚙ 🚽 ♿ ⊕ ✆
🔥 🧺 sèche-linge 🛒 ⚗
À prox. : 🚴 ⚓

à Biscarrosse-Plage NO : 9,5 km par D 146 – ✉ 40600

Campéole le Vivier mai-21 sept.
℘ 05 58 78 25 76, cplvivier@atciat.com, Fax 05 58 78 35 23,
www.campeole.com – **R** conseillée
17 ha (830 empl.) plat, vallonné, sablonneux, herbeux
Tarif : (Prix 2007) 28,50 € ✗ ⇐ 🅴 (10A) – pers.
suppl. 8,40 €
Location : 6 🚐 (2 à 4 pers.) 259 à 553 €/sem. – 43 ⬛
(4 à 6 pers.) 546 à 1 050 €/sem. – bungalows toilés avec
et sans sanitaires
Pour s'y rendre : au N de la station, à 700 m de la plage

Nature : 🌳🌳(pinède)
Loisirs : 🎮 🏕 salle d'animation
⛵ 🚴 ✘ 🏊
Services : ⚪ ⊶ GB ⚙ 🚽 ⊕ 🔥 🧺
sèche-linge ⚗ cases réfrigérées,
point d'informations touristiques
À prox. : 🏖

CAPBRETON

✉ 40130 – **335** C13 – G. Aquitaine – 6 659 h. – alt. 6
🛈 Office de tourisme, avenue Georges Pompidou ℘ 05 58 72 12 11, Fax 05 58 41 00 29
Paris 749 – Bayonne 22 – Biarritz 29 – Mont-de-Marsan 90 – St-Vincent-de-Tyrosse 12 – Soustons 19.

Municipal Bel Air Permanent
℘ 05 58 72 12 04, secretariat-general@capbreton.fr – **R** indispensable
1,5 ha (119 empl.) plat, sablonneux
Tarif : (Prix 2007) ✗ 5,80 € ⇐ 🅴 6,60 € – 🅷 3,40 € – frais
de réservation 20 €
Pour s'y rendre : sortie N par D 152, rte d'Hossegor, près
du Parc des Sports

Nature : 🔲 🌳🌳
Services : ⚪ ⊶ GB ⚙ 🚽 🏔 ⊕ 🔥
sèche-linge
À prox. : ✘

Vignes près de Moirax

J. Malburet/Michelin

CASTETS

✉ 40260 – **335** E11 – 1 808 h. – alt. 48

🏢 *Office de tourisme, place Pierre Barrère* ℰ *05 58 89 44 79*
Paris 710 – Dax 21 – Mimizan 40 – Mont-de-Marsan 61 – St-Vincent-de-Tyrosse 32.

⏴ **Municipal Le Galan** fév.-nov.
  ℰ 05 58 89 43 52, *contact@camping-legalan.com*,
  Fax 05 58 55 00 07, *www.camping-legalan.com* – **R** conseillée
  4 ha (200 empl.) plat, peu incliné, sablonneux, herbeux
  Tarif : ✹ 3,20 € ⬅ 1,10 € 🅴 6,40 € 🔌 (10A)
  Location : 10 ⌂ (4 à 6 pers.) 115 à 470 €/sem. – 3 bungalows toilés
  🅟 1 borne artisanale 3 €
  Pour s'y rendre : E : 1 km par D 42, rte de Taller et rte à droite

Nature : ⌂ 🔆
Loisirs : 🎱 🏖
Services : ⛸ ⌒ GB ⚡ 🍴 ⊕ ⚡ 🛒
🅟
À prox. : 🍴

CONTIS-PLAGE

✉ 40170 – **335** D10
Paris 714 – Bayonne 87 – Castets 32 – Dax 52 – Mimizan 24 – Mont-de-Marsan 76.

⏴ **Yelloh! Village Lous Seurrots** 🏕 – avr.-sept.
  ℰ 05 58 42 85 82, *info@lous-seurrots.com*,
  Fax 05 58 42 49 11, *www.lous-seurrots.com* – **R** indispensable
  14 ha (610 empl.) plat et vallonné, incliné, sablonneux, herbeux
  Tarif : 36 € ✹ ⬅ 🅴 – pers. suppl. 6 € – frais de réservation 20 €
  Location : 257 🏠 (4 à 6 pers.) 195 à 1 120 €/sem.
  Pour s'y rendre : sortie SE par D 41, au bord du Courant de Contis, à 700 m de la plage

Nature : ⌂ 🌲(pinède)
Loisirs : 🍴 ✗ pizzeria 🎱 🎮 🧗
🏖 🚲 🎯 🍴 🏊 théâtre de plein air
Services : ⛸ ⌒ GB ⚡ 🍴 🍳 ⊕
🌿 🧺 sèche-linge ⚡ 🧊 cases réfrigérées
À prox. : 🏇 🦆 école de surf

114

DAX

✉ 40100 – **335** E12 – G. Aquitaine – 19 515 h. – alt. 12 – 🌿

🏢 *Office de tourisme, 11, cours Foch* ℰ *05 58 56 86 86, Fax 05 58 56 86 80*
Paris 727 – Bayonne 54 – Biarritz 61 – Bordeaux 144 – Mont-de-Marsan 54 – Pau 85.

⏴ **Les Pins du Soleil** 🏕 – 29 mars-8 nov.
  ℰ 05 58 91 37 91, *pinsoleil@aol.com*, Fax 05 58 91 00 24,
  www.pinsoleil.com – **R** conseillée
  6 ha (145 empl.) plat et peu incliné, herbeux, sablonneux
  Tarif : 24 € ✹ ⬅ 🅴 🔌 (5A) – pers. suppl. 6 € – frais de réservation 10 €
  Location : 40 ⌂ (4 à 6 pers.) 280 à 699 €/sem. – 10 🏠 (4 à 6 pers.) 342 à 699 €/sem. – 4 bungalows toilés
  🅟 1 borne artisanale – 🚐 13 €
  Pour s'y rendre : NO : 5,8 km par N 124, rte de Bayonne et à gauche par D 459

Nature : ⌂ 🔆
Loisirs : snack 🎱 🧗 🏖 🚲 🏊
Services : ⛸ ⌒ GB ⚡ 🍴 🍳 ⊕ ⚡
🛒 🌿 🧺 sèche-linge 🧊

⏴ **Les Chênes** 🏕 – 22 mars-8 nov.
  ℰ 05 58 90 05 53, *camping-chenes@wanadoo.fr*,
  Fax 05 58 90 42 43, *www.camping-les-chenes.fr*
  – **R** conseillée
  5 ha (230 empl.) plat, herbeux, sablonneux, gravillons
  Tarif : (Prix 2007) 16,30 € ✹ ⬅ 🅴 🔌 (5A) – pers. suppl. 5 € – frais de réservation 7,50 €
  Location : 34 ⌂ (4 à 6 pers.) 290 à 490 €/sem. – 20 studios
  Pour s'y rendre : O : à 1,8 km du centre ville, au bois de Boulogne, à 200 m de l'Adour
  À savoir : agréable chênaie près d'un étang

Nature : 🌳 ⌂ 🔆
Loisirs : 🎱 🧗 🏖 🚲 🏊
Services : ⛸ ⌒ GB ⚡ 🍴 🍳 ⊕
🌿 🛒 🌿 🧺 sèche-linge ⚡
À prox. : 🍴 ✗ 🎣 🏇 practice de golf

⚠ **Abesses** 15 mars-26 oct.
    📞 05 58 91 65 34, *chenes@thermesadour.com*,
Fax 05 58 91 65 34, *www.THERMES-DAX.com* – **R** conseillée
4 ha (198 empl.) plat, herbeux, sablonneux, petit étang
Tarif : ★ 3,80 € ⛺ 🅿 5 € – 🔌 (10A) 2,60 €
Location : 27 🚐 (4 à 6 pers.) à 742 €/sem. – 11 🏠 (4 à 6 pers.) à 832 €/sem.
🚐 1 borne
Pour s'y rendre : NO : 7,5 km par rte de Bayonne, D 16 à droite et chemin d'Abesse

Nature : 🌳 🏞 🔅
Loisirs : 🎮 🎣
Services : ⚕ ⊶ GB ♿ ▥ 🚿 ☺ ⚿ 🔲 sèche-linge

⚠ **L'Étang d'Ardy** avr.-oct.
    📞 05 58 97 57 74, *info@etangardy.com*, Fax 05 58 97 52 82, *www.etangardy.com* – **R** conseillée
5 ha/3 campables (102 empl.) plat, herbeux, sablonneux
Tarif : 26 € ★ ⛺ 🅿 🔌 (10A) – pers. suppl. 4,50 €
Location : 21 🚐 (4 à 6 pers.) 265 à 520 €/sem. – 7 🏠 (4 à 6 pers.) 270 à 600 €/sem.
Pour s'y rendre : NO : 5,5 km par N 124, rte de Bayonne puis avant la bretelle de raccordement, 1,7 km par chemin à gauche, bord d'un étang

Nature : 🌳 🏞 🔅
Loisirs : 🎣 🎮 🎣
Services : ⚕ ⊶ GB ♿ 🚿 – 56 sanitaires individuels (🚿 ⚿ 🚽 wc) ☺ ⚿ 🔲

⚠ **Le Bascat** 8 mars-8 nov.
    📞 05 58 56 16 68, *info@campinglebascat.com*, Fax 05 58 56 20 56, *www.campinglebascat.com* – **R** conseillée
3,5 ha (160 empl.) plat et en terrasses, gravier, herbeux
Tarif : 15,20 € ★ ⛺ 🅿 🔌 (6A) – pers. suppl. 3,60 €
Location : 36 🚐 (4 à 6 pers.) 186 à 295 €/sem.
🚐 1 borne – 130 🅿 13,20 € – 🔲
Pour s'y rendre : O : à 2,8 km du centre ville par le bois de Boulogne, rue de Jouandin, accès à partir du Vieux Pont (rive gauche) et av. longeant les berges de l'Adour

Nature : 🌳 🔅
Loisirs : 🎮
Services : ⚕ ⊶ GB ♿ ▥ 🚿 ☺ ⚿ ⚿ 📞 🔲 sèche-linge 🔲

115

CABARRET

✉ 40310 – **335** L11 – 1 296 h. – alt. 153
🛈 *Syndicat d'initiative, 111, rue Armagnac* 📞 05 58 44 34 95
Paris 715 – Agen 66 – Auch 76 – Bordeaux 140 – Mont-de-Marsan 47 – Pau 94.

⚠ **Parc Municipal Touristique la Chêneraie**
mars-oct.
    📞 05 58 44 92 62, *la-cheneraie@orange.fr*, Fax 05 58 44 35 38 – **R** conseillée
0,7 ha (36 empl.) peu incliné, plat, herbeux
Tarif : 9,54 € ★ ⛺ 🅿 🔌 (10A) – pers. suppl. 2,44 €
Location (permanent) : 4 🚐 (4 à 6 pers.) 150 à 255 €/sem. – 10 🏠 (4 à 6 pers.) 175 à 295 €/sem.
Pour s'y rendre : sortie E par D 35 rte de Castelnau-d'Auzan et chemin à droite

Nature : 🌳 🏞 🔅
Services : ⚕ ⊶ ♿ ▥ ☺ 🔲
À prox. : 🎣 🎮

HAGETMAU

✉ 40700 – **335** H13 – G. Aquitaine – 4 403 h. – alt. 96
🛈 *Office de tourisme, place de la République* 📞 05 58 79 38 26, Fax 05 58 79 47 27
Paris 737 – Aire-sur-l'Adour 34 – Dax 45 – Mont-de-Marsan 29 – Orthez 25 – Pau 56 – Tartas 30.

⚠ **Municipal de la Cité Verte** juin-sept.
    📞 05 58 79 79 79, *laciteverte@netcourrier.com*, Fax 05 58 79 79 99, *www.laciteverte.com* – **R** conseillée
0,4 ha (24 empl.) plat, herbeux
Tarif : 22 € ★ ⛺ 🅿
Pour s'y rendre : au S de la ville par av. du Dr-Edouard-Castera, près des arènes et de la piscine, bord d'une rivière
À savoir : Proche des structures municipales sportives et de loisirs

Nature : 🌳 🏞 🔅
Loisirs : self-service 🎮 🏊 🎣
Services : ⊶ 🅿 ♿ – 24 sanitaires individuels (🚿 ⚿ 🚽 wc) ☺ ⚿ ⚿
À prox. : 🏀 🔲 🏊 parcours sportif, golf

LABENNE

✉ 40530 – **335** C13 – 3 345 h. – alt. 12

🚩 *Office de tourisme, place de la République* ✆ *05 59 45 40 99*

Paris 755 – Bayonne 12 – Capbreton 6 – Dax 36 – Hasparren 37 – Peyrehorade 37.

▲▲ **Municipal Les Pins Bleus** vac. de printemps-vac.
Toussaint
✆ 05 59 45 41 13, *lespinsbleus@wanadoo.fr*,
Fax 05 59 45 41 13, *www.lespinsbleus.com*
plat, sablonneux, herbeux
Tarif : 16,40 € 👤 ⟵ 🔲 🔌 (10A) – pers. suppl. 4,55 € –
frais de réservation 16,50 €
Location : 15 🛏 (4 à 6 pers.) 138 à 520 €/sem. – 21 🏠
(4 à 6 pers.) 210 à 570 €/sem. – bungalows toilés
🚐 1 borne artisanale
Pour s'y rendre : par D 126, rte de la plage et chemin à
gauche

> Nature : 🌳🌳
> Loisirs : snack 🔲 🏓 🚣 🚴 🛶
> Services : 🔌 GB 🐕 🔲 🅿 🛒 🔲
> sèche-linge cases réfrigérées

à Labenne-Océan O : 4 km par D 126 – ✉ 40530

▲▲▲ **Yelloh! Village le Sylvamar** 👥 – 26 avr.-17 sept.
✆ 05 59 45 75 16, *camping@sylvamar.fr*,
Fax 05 59 45 46 39, *www.sylvamar.fr* – **R** indispensable
20 ha/10 campables (580 empl.) plat, sablonneux, herbeux
Tarif : 40 € 👤 ⟵ 🔲 🔌 (10A) – pers. suppl. 7,50 €
Location 💲 : 130 🛏 (4 à 6 pers.) 203 à 980 €/sem. –
60 🏠 (4 à 6 pers.) 280 à 1 365 €/sem.
Pour s'y rendre : par D 126, rte de la Plage, près du
Boudigau
À savoir : Bel ensemble aquatique et quelques chalets
grand confort

> Nature : 🌿 🔲 🌳🌳
> Loisirs : 🍽 snack, pizzeria 🔲 🏓 🚴 ⚽ 🛶 🏊 théâtre de
> plein air, terrain omnisports
> Services : 🚿 🔌 GB 🐕 🔲 🅿 🛒 🔲 sèche-linge 🔲 🔲 cases
> réfrigérées, point d'informations
> touristiques
> À prox. : 🐎 parc animalier

▲▲ **Côte d'Argent** 👥 – 15 mars-oct.
✆ 05 59 45 42 02, *info@camping-cotedargent.com*,
Fax 05 59 45 73 31, *www.camping-cotedargent.com*
– **R** conseillée
4 ha (215 empl.) plat, herbeux, sablonneux
Tarif : (Prix 2007) 27,80 € 👤 ⟵ 🔲 🔌 (6A) – pers.
suppl. 4,55 € – frais de réservation 20 €
Location : 22 🛏 (4 à 6 pers.) 252 à 1 075 €/sem. – 35
🏠 (4 à 6 pers.) 185 à 1 100 €/sem. – 6 bungalows toilés
🚐 1 borne eurorelais 3,10 €
Pour s'y rendre : par D 126 rte de la plage

> Nature : 🔲 🌳🌳
> Loisirs : 🍽 snack, pizzeria 🕙 diurne
> 🏓 🚴 🛶 🏊 terrain omnis-
> ports
> Services : 🚿 🔌 GB 🐕 🔲 🅿 🛒
> 🛒 🔲 sèche-linge 🔲
> À prox. : 🔲 ⚽ parc aquatique

LÉON

✉ 40550 – **335** D11 – G. Aquitaine – 1 453 h. – alt. 9

🚩 *Syndicat d'initiative, 65, place Jean Baptiste Courtiau* ✆ *05 58 48 76 03, Fax 05 58 48 70 38*

Paris 724 – Castets 14 – Dax 30 – Mimizan 42 – Mont-de-Marsan 75 – St-Vincent-de-Tyrosse 32.

▲▲▲ **Lou Puntaou** 👥 – 15 mars-5 oct.
✆ 05 58 48 74 30, *reception@loupuntaou.com*,
Fax 05 58 48 70 42, *www.loupuntaou.com* – places limitées
pour le passage – **R** conseillée
14 ha (720 empl.) plat, herbeux, sablonneux
Tarif : 35 € 👤 ⟵ 🔲 🔌 (15A) – pers. suppl. 6 € – frais de
réservation 28 €
Location 💲 : 120 🛏 (4 à 6 pers.) 320 à 892 €/sem. –
133 🏠 (4 à 6 pers.) 320 à 798 €/sem.
🚐 1 borne
Pour s'y rendre : NO : 1,5 km sur D 142, à 100 m de l'étang
de Léon

> Nature : 🔲 🌳🌳
> Loisirs : 🍽 pizzeria 🔲 🕙 🏓 🚣
> 🚴 ⚽ 🔲 🛶 🏊
> Services : 🚿 🔌 GB 🐕 🔲 🅿 🛒 🔲
> 🔲 🔲 🔲 🔲
> À prox. : ✗ 🔲 🔲 🔲

*The classification (1 to 5 tents, **black** or red) that we award to
selected sites in this Guide is a system that is our own.
It should not be confused with the classification (1 to 4 stars) of official organisations.*

LESPERON

✉ 40260 – **335** E11 – 864 h. – alt. 75
Paris 698 – Castets 12 – Mimizan 34 – Mont-de-Marsan 59 – Sabres 43 – Tartas 30.

▲ **Parc de Couchoy** juin-15 sept.
  ℰ 05 58 89 60 15, *colinmrose@aol.com*, Fax 05 58 89 60 15,
  www.parcdecouchoy.com – **R** conseillée
  1,3 ha (71 empl.) plat, herbeux, sablonneux
  Tarif : 25 € ✸ ⇔ 🅴 🅗 (6A) – pers. suppl. 7 €
  Location 🏠 : 14 ▭ (4 à 6 pers.) 190 à 495 €/sem.
  Pour s'y rendre : O : 3 km par D 331, rte de Linxe

> Nature : 🗻 ♀♀
> Loisirs : ♀ 🏊
> Services : ⚬━ GB 🖏 🗄 🛎 ⊛ 🚿 🚽 🛁

LINXE

✉ 40260 – **335** D11 – 1 056 h. – alt. 33
🛈 *Office de tourisme, 57, route de l'Océan* ℰ 05 58 42 93 01
Paris 712 – Castets 10 – Dax 31 – Mimizan 37 – Soustons 27.

▲ **Municipal le Grandjean** 23 juin-1ᵉʳ sept.
  ℰ 05 58 42 90 00, *camping.grandjean@wanadoo.fr*,
  Fax 05 58 42 94 67 – **R** conseillée
  2 ha (100 empl.) plat, sablonneux, gravillons
  Tarif : (Prix 2007) 12,50 € ✸ ⇔ 🅴 🅗 (10A) – pers.
  suppl. 2,96 €
  Location : 2 ▭ (4 à 6 pers.) 355 à 426 €/sem.
  Pour s'y rendre : NO : 1,5 km par D 42, rte de St-Girons et
  D 397, rte de Mixe à droite
  À savoir : Agréable pinède

> Nature : ♀♀(pinède)
> Loisirs : 🏠 ⚿
> Services : ⅋ ⚬━ GB 🖏 Ⓜ 🗄 ⊛ 🚿
> 🛁 sèche-linge

LES GUIDES VERTS MICHELIN
Paysages, monuments
Routes touristiques
Géographie
Histoire, Art
Itinéraire de visite
Plans de villes et de monuments

117

LIT-ET-MIXE

✉ 40170 – **335** D10 – 1 441 h. – alt. 13
🛈 *Office de tourisme, 23, rue de l'Église* ℰ 05 58 42 72 47, Fax 05 58 42 43 02
Paris 710 – Castets 21 – Dax 42 – Mimizan 22 – Tartas 46.

⏞ **Village Center Les Vignes** ♣▲ – 26 avr.-13 sept.
  ℰ 05 58 42 85 60, *accvignes@lvillage-center.com*,
  Fax 05 58 42 74 36, *www.village-center.com* – **R** conseillée
  15 ha (450 empl.) plat, sablonneux, herbeux
  Tarif : 40 € ✸ ⇔ 🅴 🅗 (10A) – pers. suppl. 8 € – frais de
  réservation 30 €
  Location : ▭ (4 à 6 pers.) 280 à 1 162 €/sem. – 🏠 (4 à
  6 pers.) 280 à 1 162 €/sem. – 40 bungalows toilés
  Pour s'y rendre : SO : 2,7 km par D 652 et D 88, à droite,
  rte du Cap de l'Homy
  À savoir : Bel ensemble agrémenté de plantations variées

> Nature : ♀(pinède)
> Loisirs : ♀ ✗ snack 🏠 ▣ ⚿ cha-
> piteau d'animations ⚿ 🚲 ✾ ♠
> 🏊 ⚘ 🐴 terrain omnisports
> Services : ⅋ ⚬━ GB 🖏 🗄 🛎 ⊛ 🚿
> 🚽 🛋 🛁 🖏 sèche-linge 🔲 🍴

▲ **Municipal du Cap de l'Homy** mai-sept.
  ℰ 05 58 42 83 47, *contact@camping-cap-.com*,
  Fax 05 58 42 49 79, *www.camping-cap.com* – **R** conseillée
  10 ha (474 empl.) vallonné et plat, sablonneux
  Tarif : 17,50 € ✸ ⇔ 🅴 🅗 (7A) – pers. suppl. 6 € – frais de
  réservation 25 €
  Location 🏠 : 15 bungalows toilés
  ▭ 1 borne artisanale –
  Pour s'y rendre : O : 8 km par D 652 et D 88 à droite, à
  Cap-de-l'Homy, à 300 m de la plage (accès direct)

> Nature : 🗻 ♀♀♀(pinède)
> Loisirs : 🏠
> Services : ⅋ ⚬━ GB 🗄 🛎 ⊛ 🚿 🚽
> 🛁 🛋
> À prox. : ♀ snack pizzeria 🍴 🚲
> surf

MESSANGES

✉ 40660 – **335** C12 – 647 h. – alt. 8
🛈 *Office de tourisme, route des Lacs* 🕿 *05 58 48 93 10*
Paris 734 – Bayonne 45 – Castets 24 – Dax 33 – Soustons 13.

Airotel le Vieux Port ♣♣ – avr.-sept.
🕿 08 25 70 40 40, *contact@levieuxport.com*,
Fax 05 58 48 01 69, *www.levieuxport.com* – **R** indispensable
40 ha/30 campables (1406 empl.) vallonné, plat,
sablonneux, herbeux
Tarif : 46 € 🛉 🚐 🔲 ⚡ (6A) – pers. suppl. 7 € – frais de
réservation 37 €
Location 🏠 : 50 ⌂ (2 à 4 pers.) 250 à 610 €/sem. – 300
⌂ (4 à 6 pers.) 330 à 1 050 €/sem. – 100 ⌂ (4 à 6
pers.) 360 à 1 260 €/sem.
🚐 1 borne artisanale
Pour s'y rendre : SO : 2,5 km par D 652 rte de Vieux-
Boucau-les-Bains puis 0,8 km par chemin à droite, à 500 m
de la plage (accès direct)

> Nature : 🌳(pinède)
> Loisirs : 🍴 ✗ pizzeria, cafétéria,
> sandwicherie 🔲 🎱 🏓 🏌 🚲
> ✗ 🎳 🔲 🏊 ⛵ poneys terrain
> omnisports
> Services : 🚿 ⚓ GB 🅿 🔲 🚮 🗑 🛒 🧺
> 🦺 📞 📺 🔲 sèche-linge 🛒 🔧
> cases réfrigérées

Airotel Lou Pignada ♣♣ – (location exclusive de
caravanes, mobile homes et chalets)
🕿 0 825 70 40 40, *contact@loupignada.com*,
Fax 05 58 48 26 53, *www.loupignada.com* – **R** indispensable
8 ha plat, sablonneux, herbeux
Location 🏠 : 10 ⌂ (2 à 4 pers.) 225 à 560 €/sem. – 100
⌂ (4 à 6 pers.) 315 à 960 €/sem. – 25 ⌂ (4 à 6 pers.)
345 à 1 020 €/sem.
🚐 1 borne artisanale
Pour s'y rendre : S : 2 km par D 652 puis 0,5 km par rte à
gauche

> Nature : 🔲 🌳
> Loisirs : 🍴 ✗ pizzeria 🎱 🏓 🎯 🎾
> 🏌 🚲 ✗ 🔲 🏊 ⛵ terrain omnis-
> ports
> Services : 🚿 ⚓ GB 🅿 🔲 🗑 📞 🔲
> sèche-linge 🗑 🔧 cases réfri-
> gérées
> À prox. : 🛒

La Côte avr.-sept.
🕿 05 58 48 94 94, *info@campinglacote.com*,
Fax 05 58 48 94 44, *www.campinglacote.com* – **R** conseillée
3,5 ha (143 empl.) plat, herbeux, sablonneux
Tarif : 20,70 € 🛉 🚐 🔲 ⚡ (6A) – pers. suppl. 4,70 € – frais
de réservation 10 €
Location : 10 ⌂ (4 à 6 pers.) 230 à 580 €/sem.
🚐 1 borne artisanale
Pour s'y rendre : SO : 2,3 km par D 652, rte de Vieux-
Boucau-les-Bains et chemin à droite

> Nature : 🌿 🌳
> Loisirs : 🔲 jacuzzi 🎯 🏊
> Services : 🚿 ⚓ GB 🅿 🔲 🗑 🛒
> 🦺 🔲 sèche-linge cases réfrigérées
> À prox. : 🛒

Domaine de la Marina ♣♣ – (location exclusive de
mobile homes)
🕿 0 825 70 40 40, *contact@domainedelamarina.com*,
Fax 05 58 49 00 41, *www.domainedelamarina.com* – empl.
traditionnels également disponibles – **R**
4 ha (223 empl.) plat, sablonneux, herbeux
Tarif : 32 € 🛉 🚐 🔲 ⚡ (6A) – pers. suppl. 7 € – frais de
réservation 37 €
Location 🏠 : 100 ⌂
Pour s'y rendre : SO : 2,5 km par D 652 rte de Vieux-
Boucau puis 0,3 km par chemin à droite

> Nature : 🔲 🌿
> Loisirs : 🔲 🏓 🎯 🏊
> Services : 🚿 ⚓ GB 🅿 🔲 🗑 📞
> 🔲 sèche-linge 🗑 cases réfrigérées
> À prox. : 🛒 🍴 ✗ cafétéria pizzeria
> 🔧 🚲 ✗ 🎳 🐎

Les Acacias 19 mars-19 oct.
🕿 05 58 48 01 78, *lesacacias@lesacacias.com*,
Fax 05 58 48 23 12, *www.lesacacias.com* – **R** conseillée
1,7 ha (128 empl.) plat, herbeux, sablonneux
Tarif : 18,20 € 🛉 🚐 🔲 ⚡ (10A) – pers. suppl. 3,60 € –
frais de réservation 10 €
Location : 9 ⌂ (4 à 6 pers.) 220 à 600 €/sem.
🚐 1 borne
Pour s'y rendre : S : 2 km par D 652, rte de Vieux-Boucau-
les-Bains puis 1 km par rte à gauche

> Nature : 🌿 🌿
> Loisirs : 🔲 🎯
> Services : 🚿 ⚓ GB 🅿 🔲 🗑 📺 🔲
> sèche-linge
> À prox. : 🛒

MÉZOS

✉ 40170 – **335** E10 – 817 h. – alt. 23

🎫 *Office de tourisme, avenue du Born* ℘ *05 58 42 64 37, Fax 05 58 42 64 60*
Paris 700 – Bordeaux 118 – Castets 24 – Mimizan 16 – Mont-de-Marsan 62 – Tartas 47.

Le Village Topical Sen Yan ♣♣ – juin-15 sept.
℘ 05 58 42 60 05, *reception@sen-yan.com*,
Fax 05 58 42 64 56, *www.sen-yan.com* – **R** conseillée
8 ha (310 empl.) plat, sablonneux
Tarif : 35,50 € ✶ ⟵ 🅔 🚾 (6A) – pers. suppl. 6 € – frais de
réservation 26 €
Location 🞕 : 120 🛏 (4 à 6 pers.) 350 à 840 €/sem. –
40 🛖 (4 à 6 pers.) 490 à 990 €/sem.
Pour s'y rendre : E : 1 km par rte du Cout
À savoir : Bel ensemble avec piscines, palmiers et plantations

> Nature : 🦐 ▭ ♤♤
> Loisirs : 🍴 🗡 🏠 🏕 ⚓ 🛝 🛶 ⛵ 🏊
> 🚴 ♣♥ ⅄ 🎱 🏊 ⅄ terrain omnisports
> Services : 🚿 ⊶ 🇬🇧 🗔 🗑 ♲ ⊕ 🚮
> 🚽 🚿 🔥 sèche-linge 🚮 🚿

MIMIZAN

✉ 40200 – **335** D9 – G. Aquitaine – 6 864 h. – alt. 13

🎫 *Office de tourisme, 38, avenue Maurice Martin* ℘ *05 58 09 11 20, Fax 05 58 09 40 31*
Paris 692 – Arcachon 67 – Bayonne 109 – Bordeaux 109 – Dax 72 – Langon 107 – Mont-de-Marsan 77.

Les Écureuils juin-sept.
℘ 05 58 09 00 51, *muriell@free.fr*, Fax 05 58 09 00 51,
http://les-ecureuils.free.fr – **R** conseillée
2,7 ha (100 empl.) plat, sablonneux, herbeux
Tarif : 18,90 € ✶ ⟵ 🅔 🚾 (6A) – pers. suppl. 5,40 €
Location (avr-sept.) : 11 🛏 (4 à 6 pers.) 400 à
600 €/sem. – 4 🛖 (4 à 6 pers.) 390 à 700 €/sem.
Pour s'y rendre : S : 2,5 km par D 652, rte de Bias

> Nature : ♤♤
> Loisirs : 🏠 🏕 ⅄
> Services : 🚿 ⊶ 🇬🇧 🗑 ♲ ⊕ 🗔 🚿

Municipal du Lac avr.-sept.
℘ 05 58 09 01 21, *lac@mimizan-camping.com*,
Fax 05 58 09 43 06, *www.mimizan-camping.com* – **R** conseillée
8 ha (466 empl.) plat, sablonneux, herbeux
Tarif : 21 € ✶ ⟵ 🅔 🚾 (3A) – pers. suppl. 8 € – frais de
réservation 18 €
Location : bungalows toilés
🚐 1 borne Flot-bleu – 21 🅔
Pour s'y rendre : 2 km au N par D 87, rte de Gastes, bord
de l'étang d'Aureilhan

> Nature : ♤
> Loisirs : 🏕
> Services : 🚿 ⊶ 🇬🇧 🗑 ♲ ⊕ 🗔
> 🚮
> À prox. : ⚓ 🛥 ⚓ golf, pédalos, canoë

à Mimizan-Plage O : 6 km – ✉ 40200
🎫 *Office de tourisme, 38, av. Maurice Martin* ℘ *05 58 09 11 20, Fax 05 58 09 40 31*

Airotel Club Marina-Landes ♣♣ – 25 avr.-15 sept.
℘ 05 58 09 12 66, *contact@clubmarina.com*,
Fax 05 58 09 16 40, *www.marinalandes.com* – **R** conseillé
9 ha (583 empl.) plat, sablonneux
Tarif : (Prix 2007) 40 € ✶ ⟵ 🅔 🚾 (10A) – frais de réservation 8 €
Location : 82 🛏 (4 à 6 pers.) 199 à 995 €/sem. – 18 🛖
(4 à 6 pers.) 180 à 1 025 €/sem. – studios – bungalows
toilés
🚐 2 bornes artisanale et euro-relais 2 €
Pour s'y rendre : À 500 m de la plage Sud

> Nature : ▭ ♤♤
> Loisirs : 🍴 🗡 self-service 🏠 🏕 ♣♥
> 🎭 salle d'animation, discothèque
> 🏕 🚴 ⅄ �🏊 🏊
> Services : 🚿 ⊶ 🇬🇧 🗑 ♲ 🚮 ⊕
> 🚽 🚿 🗔 🚮 🚿
> À prox. : 🐎

Municipal de la Plage ♣♣ – 4 avr.-sept.
℘ 05 58 09 00 32, *contact@mimizan-camping.com*,
Fax 05 58 09 44 94, *www.mimizan-camping.com*
– **R** conseillé
16 ha (680 empl.) plat, vallonné, sablonneux, herbeux
Tarif : 20,50 € ✶ ⟵ 🅔 🚾 (10A) – pers. suppl. 9 € – frais
de réservation 18 €
Location 🅟 (chalets) : 26 🛏 (4 à 6 pers.) 195 à
610 €/sem. – 15 🛖 (4 à 6 pers.) 250 à 670 €/sem.
🚐 1 borne flot bleu 1,50 € – 33 🅔 16 €
Pour s'y rendre : Quartier N, bd de l'Atlantique

> Nature : ▭
> Loisirs : ♲ ♣♥ 🏕 terrain omnisports, mur d'escalade
> Services : 🚿 ⊶ 🇬🇧 🗑 ♲ ⊕ 🚿
> 🚽 🗔 🚮 cases réfrigérées

119

MOLIETS-PLAGE

⊠ 40660 – **335** C11 – G. Aquitaine
Paris 716 – Bordeaux 156 – Mont-de-Marsan 89 – Bayonne 67 – Anglet 70.

Airotel Le Saint-Martin ⚑ – 19 mars-11 nov.
℘ 05 58 48 52 30, *contact@camping-saint-martin.fr*,
Fax 05 58 48 50 73, *www.camping-saint-martin.fr* – **R** indispensable
18 ha (660 empl.) vallonné, plat, peu incliné, sablonneux
Tarif : 38 € ⚑ ⊞ – pers. suppl. 6 € – frais de réservation 33 €
Location : (4 à 6 pers.) 490 à 1 160 €/sem. – (4 à 6 pers.) 490 à 1 160 €/sem. – bungalows toilés
Pour s'y rendre : sur D 117, accès direct à la plage

> Nature : ☐ 🌿🌿
> Loisirs : 🍷 🍴 pizzeria, snack 🎱 🎮 🏊 🏊 terrain omnisports
> Services : ⚹ ☎ GB ✂ 🔥 🛒 @ ⚖ 🧺 sèche-linge 🧊 ⚓
> À prox. : 🚲 ⛳ golf (27 trous)

ONDRES

⊠ 40440 – **335** C13 – 3 650 h. – alt. 37
🛈 *Office de tourisme, Les Floralies - RN 10* ℘ *05 59 45 19 19, Fax 05 59 45 19 20*
Paris 761 – Bayonne 8 – Biarritz 15 – Dax 48.

Du Lac Permanent
℘ 05 59 45 28 45, *contact@camping-du-lac.fr*,
Fax 05 59 45 29 45, *www.camping-du-lac.fr* – **R** conseillée
3 ha (100 empl.) plat, terrasses, herbeux, sablonneux
Tarif : 30 € ⚑ ⊞ 🔌 (10A) – pers. suppl. 6 € – frais de réservation 18 €
Location 🐾 : 9 (2 à 4 pers.) 217 à 434 €/sem. – 18 (4 à 6 pers.) 260 à 763 €/sem. – 7 bungalows toilés
Pour s'y rendre : 2,2 km au N par N 10 puis D 26, rte d'Ondres-Plage puis dir. le Turc, chemin à dr., près d'un étang

> Nature : 🌊 ☐ 🌿🌿
> Loisirs : 🍷 🍴 🎱 ⛵ hammam 🎮 🏊
> Services : ⚹ ☎ GB ✂ 🔥 🛒 @ 🧺 sèche-linge ⚓
> À prox. : 🎣

PARENTIS-EN-BORN

⊠ 40160 – **335** E8 – G. Aquitaine – 4 429 h. – alt. 32
🛈 *Office de tourisme, place du Général-de-Gaulle* ℘ *05 58 78 43 60*
Paris 658 – Arcachon 43 – Bordeaux 76 – Mimizan 25 – Mont-de-Marsan 76.

La Forêt Lahitte avr.-sept.
℘ 05 58 78 47 17, *laforet3@wanadoo.fr*, Fax 05 58 78 43 64,
www.camping-lahitte.com – pour les caravanes, accès conseillé par la D 652, rte de Biscarrosse et chemin à gauche – places limitées pour le passage – **R** conseillée
3 ha (135 empl.) plat, sablonneux
Tarif : 24 € ⚑ ⊞ 🔌 (16A) – pers. suppl. 7 €
Location : 20 (4 à 6 pers.) 269 à 649 €/sem. – 6 (4 à 6 pers.) 269 à 599 €/sem. – 4 bungalows toilés
Pour s'y rendre : 3,5 km à l'O par D 652, au lieu-dit le Lac

> Nature : 🌊 🌿
> Loisirs : snack 🎱 🎮 🏊
> Services : ⚹ ☎ GB ✂ 🔥 🛒 @ ⚖ 🛒 ⚓ réfrigérateurs
> À prox. : 🏄 🎣 ⚓

Municipal Pipiou 11 fév.-16 nov.
℘ 05 58 78 57 25, *pipiou@parentis.com*,
Fax 05 58 78 93 17, *www.parentis.com/fr/camping.htm* – **R** conseillée
6 ha (324 empl.) plat, sablonneux
Location 🐾 (juil.-août) :
Pour s'y rendre : O : 2,5 km par D 43 et rte à droite, à 100 m de l'étang

> Nature : ☐ ⛰
> Loisirs : 🍷 pizzeria 🎮
> Services : ⚹ ☎ GB ✂ 🔥 🛒 @ 🧺 sèche-linge 🧊 ⚓
> À prox. : 🎱 🎣 ⚓

L'Arbre d'Or avr.-oct.
℘ 05 58 78 41 56, *arbre-dor@hotmail.fr*,
Fax 05 58 78 49 62, *www.arbre-dor.com* – **R** conseillée
4 ha (200 empl.) non clos, plat, sablonneux, herbeux
Tarif : 19,85 € ⚑ ⊞ 🔌 (6A) – pers. suppl. 4,45 €
Location : 7 (4 à 6 pers.) 230 à 699 €/sem. – 3 (4 à 6 pers.) 230 à 699 €/sem.
Pour s'y rendre : O : 1,5 km par D 43 rte de l'étang

> Nature : 🌿🌿 (pinède)
> Loisirs : 🍷 snack 🎱 🎮 🏊
> Services : ⚹ ☎ (juil.-août) GB ✂ 🔥 🏊 @ 🛒 ⚓

Le PENON

✉ 40510 – **335** C13 – G. Aquitaine
Paris 752 – Bordeaux 166 – Mont-de-Marsan 89 – Bayonne 29 – Anglet 36.

Village Camping Océliances ≗≗ – 26 avr.-28 sept.
℘ 05 58 43 30 30, *oceliances@wanadoo.fr*,
Fax 05 58 41 64 21, *www.oceliances.com* – **R** conseillée
15 ha (542 empl.) plat, vallonné, sablonneux
Tarif : (Prix 2007) 28,50 € 🛉 ⇔ 🗉 🍴 (6A) – pers.
suppl. 6,30 € – frais de réservation 16 €
Location 🏠 : ⊡ (4 à 6 pers.) 286 à 942 €/sem. – 18
bungalows toilés
Pour s'y rendre : sur D 79E, les Estagnots, à 500 m de la
plage

> Nature : 🞇🞇
> Loisirs : 🍴 snack, pizzeria 🖵 🞇 🛝
> 🛶 🚲 🏊 surf
> Services : 🛁 ⇌ GB 🕶 🗂 🚿 ⊿ ☉
> 🏊 🖤 🕊 📶 sèche-linge 🚮 🚰
> cases réfrigérées
> À prox. : ✗ golf (18 trous), parc de
> loisirs aquatiques (1,5 km), terrain
> omnisports

PISSOS

✉ 40410 – **335** G9 – G. Aquitaine – 1 097 h. – alt. 46
Paris 657 – Arcachon 72 – Biscarrosse 34 – Bordeaux 75 – Dax 85.

Municipal de l'Arriu juil.-15 sept.
℘ 05 58 08 90 38, *mairie.pissos@wanadoo.fr*,
Fax 05 58 08 92 93, *www.pissos.fr* – **R**
3 ha (74 empl.) plat, sablonneux
Tarif : 🛉 3,20 € ⇔ 🗉 5,10 € – 🍴 (12A) 2,10 €
Location (permanent) : 20 🏠 (4 à 6 pers.) 280 à
470 €/sem. – 5 bungalows toilés
Pour s'y rendre : E : 1,2 km par D 43, rte de Sore et chemin
à droite, après la piscine

> Nature : 🞖 🞇🞇(pinède)
> Services : 🛁 ⇌ 🕶 🗂 ☉ 🚰 🖤
> À prox. : 📶 🖵 🚲 ⁀🞂 ✗ 🞇 🐎 🞋

Benutzen Sie
– zur Wahl der Fahrtroute
– zur Berechnung der Entfernungen
– zur exakten Lokalisierung eines Campingplatzes (mit Hilfe der Angaben im Ortstext)
*die für diesen Führer unentbehrlichen **MICHELIN-Karten** .*

121

RIVIÈRE-SAAS-ET-GOURBY

✉ 40180 – **335** E12 – G. Aquitaine – 939 h. – alt. 50
Paris 742 – Bordeaux 156 – Mont-de-Marsan 68 – Bayonne 44 – Anglet 47.

Lou Bascou mars-oct.
℘ 05 58 97 57 29, *loubascou@wanadoo.fr*,
http://perso.wanadoo.fr/loubascou/ – **R** conseillée
1 ha (60 empl.) plat, herbeux
Tarif : 20 € 🛉 ⇔ 🗉 🍴 (10A) – pers. suppl. 5 €
Location (permanent) : 10 🏠 (4 à 6 pers.) 330 à
569 €/sem.
🛒 1 borne artisanale – 20 🗉
Pour s'y rendre : au NE du bourg

> Nature : 🞖 ≤ ⊡ ♀
> Loisirs : 🖵
> Services : 🛁 ⇌ 🕶 🚰 ☉ 🕊 🖤 📶
> sèche-linge
> À prox. : 🚮 🞇

SABRES

✉ 40630 – **335** G10 – G. Aquitaine – 1 107 h. – alt. 78
Paris 676 – Arcachon 92 – Bayonne 111 – Bordeaux 94 – Mimizan 41 – Mont-de-Marsan 36.

Le Domaine de Peyricat 14 juin-13 sept.
℘ 05 58 07 51 88, *aquitaine@relaisoleil.fr*,
Fax 05 58 07 51 86, *www.relaisoleil.com/sabres* – **R** conseil-
lée
20 ha/2 campables (69 empl.) plat, sablonneux, herbeux
Tarif : 🛉 4,75 € ⇔ 2,50 € 🗉 4,85 € – 🍴 (10A) 3,50 €
Location 🏠 : 6 🏠 (4 à 6 pers.) 300 à 650 €/sem.
🛒 1 borne eurorelais 5 € – 🚐 10 €
Pour s'y rendre : sortie S, rte de Luglon
À savoir : Nombreuses activités sportives

> Nature : ⊡ 🞇🞇
> Services : 🛁 ⇌ GB 🕶 🗂 ☉
> au Village Vacances : 📶 🍴 ✗ 🖵
> 🛝 🚲 🞇 🏊 terrain omnisports

ST-GIRONS-PLAGE

✉ 40560 – **335** C11
Paris 728 – Bordeaux 142 – Mont 79 – Bayonne 73 – Anglet 76.

Eurosol ♣♣ – 10 mai-13 sept.
   ℰ 05 58 47 90 14, *contact@camping-eurosol.com*,
   Fax 05 58 47 76 74, *www.camping-eurosol.com* – **R** conseillée
   18 ha (590 empl.) vallonné, plat, incliné, sablonneux, herbeux
   Tarif : 33 € ♣ 🚐 🅴 🗓 (10A) – pers. suppl. 5 € – frais de réservation 25 €
   Location ⚿ : 109 🛏 (4 à 6 pers.) 287 à 791 €/sem. – 16 🏠 (4 à 6 pers.) 287 à 791 €/sem.
   🚐 1 borne eurorelais – 10 🅴 32 €
   Pour s'y rendre : sur D 42, à 700 m de la plage

Nature : ⚿(pinède)
Loisirs : 🍴 snack, pizzeria 🎦 🎣 🏓 🚲 ♿ 🏊 ⛳ 🎪 terrain omnisports, surf
Services : & 🚿 GB 🛒 🗑 🛎 ⊕ 🚮 🚰 🛁 🔥 🧺 sèche-linge 🔌 🚻
À prox. : 🐎

Campéole les Tourterelles mai-sept.
   ℰ 05 58 47 93 12, *cpltourterelles@atciat.com*,
   Fax 05 58 47 92 03, *www.campeole.com* – **R** conseillée
   18 ha (822 empl.) plat, incliné, vallonné, sablonneux
   Tarif : 24,20 € ♣ 🚐 🅴 🗓 (10A) – pers. suppl. 5,50 € – frais de réservation 25 €
   Location : 30 🛏 (4 à 6 pers.) 266 à 833 €/sem. – bungalows toilés
   🚐 1 borne flot bleu 3,50 € – 30 🅴 11,50 €
   Pour s'y rendre : sur D 42 à 300 m de la plage, accès direct

Nature : ⚿(pinède)
Loisirs : 🏓 🏊 🚲
Services : & 🚿 GB 🛒 🗑 ⊕ 🚮 🔥 🖥

Donnez-nous votre avis sur les terrains que nous recommandons. Faites-nous connaître vos observations et vos découvertes par mail à l'adresse : leguidecampingfrance@fr.michelin.com.

122

ST-JULIEN-EN-BORN

✉ 40170 – **335** D10 – 1 316 h. – alt. 22
🛈 *Office de tourisme, rue des Écoles* ℰ 05 58 42 89 80
Paris 706 – Castets 23 – Dax 43 – Mimizan 18 – Morcenx 30.

Municipal la Lettre Fleurie avr.-sept.
   ℰ 05 58 42 74 09, *contact@camping-municipal-plage.com*,
   Fax 05 58 42 41 51, *www.camping-plage.com* – **R** indispensable
   8,5 ha (457 empl.) plat et sablonneux
   Tarif : (Prix 2007) ♣ 4,20 € 🚐 1,65 € 🅴 3,85 € – 🗓 (10A) 3,85 € – frais de réservation 15 €
   Pour s'y rendre : NO : 4 km par rte de Mimizan et rte de Contis-Plage

Nature : 🌿 ⚿(pinède)
Loisirs : 🍴 🎦 🏓 🏊 🏊
Services : & 🚿 GB 🛒 🗑 ⊕ 🚮 🖥 sèche-linge 🔥 🚻 cases réfrigérées

ST-JUSTIN

✉ 40240 – **335** J11 – 888 h. – alt. 90
🛈 *Office de tourisme, place des Tilleuls* ℰ 05 58 44 86 06, Fax 05 58 44 86 06
Paris 694 – Barbotan-les-Thermes 19 – Captieux 41 – Labrit 31 – Mont-de-Marsan 25 – Villeneuve-de-Marsan 17.

Le Pin mars-nov.
   ℰ 05 58 44 88 91, *camping.lepin@wanadoo.fr*,
   Fax 05 58 44 88 91, *www.campinglepin.com* – **R** conseillée
   3 ha (70 empl.) plat, herbeux, sablonneux
   Tarif : 21 € ♣ 🚐 🅴 🗓 (6A) – pers. suppl. 5 € – frais de réservation 19 €
   Location : 9 🛏 (2 à 4 pers.) 170 à 400 €/sem. – 2 🛏 (4 à 6 pers.) 210 à 550 €/sem. – 11 🏠 (4 à 6 pers.) 210 à 580 €/sem.
   🚐 1 borne artisanale – 🛒 11 €
   Pour s'y rendre : 2,3 km au N par D 626 rte de Roquefort, bord d'un petit étang

Nature : ⚿
Loisirs : 🍴 🍽 🏓 🏊 🎣 🐎
Services : & 🚿 GB 🛒 🗑 🛎 ⊕ 🚮 🖥 🚻

ST-MARTIN-DE-SEIGNANX

✉ 40390 – **335** C13 – 3 903 h. – alt. 57
Paris 766 – Bayonne 11 – Capbreton 15 – Dax 42 – Hasparren 31 – Peyrehorade 26.

Lou P'tit Poun ♣♣ – juin-15 sept.
℘ 05 59 56 55 79, *contact@louptitpoun.com*,
Fax 05 59 56 53 71, *www.louptitpoun.com* – **R** conseillée
6,5 ha (168 empl.) plat et peu incliné, en terrasses, herbeux
Tarif : 32,50 € ♣ ⟚ 🔲 🚽 (10A) – pers. suppl. 7 € – frais
de réservation 30 €

Location (mai-15 sept.) ⚡ : 8 🚐 (4 à 6 pers.) 250 à
710 €/sem. – 16 🏠 (4 à 6 pers.) 265 à 730 €/sem.
🚰 1 borne artisanale 6,50 €
Pour s'y rendre : 4,7 km au SO par N 117 rte de Bayonne
et chemin à gauche

> Nature : 🏕 ♀♀
> Loisirs : 🏠 🏕 🛶 ⛵
> Services : ⅙ ⟞ GB ⚒ 🔲 ♨ ⊕ 🚿
> 🚽 🔲 🚿

STE-EULALIE-EN-BORN

✉ 40200 – **335** D9 – 785 h. – alt. 26
Paris 673 – Arcachon 58 – Biscarrosse 98 – Mimizan 11 – Parentis-en-Born 15.

Les Bruyères mai-sept.
℘ 05 58 09 73 36, *bonjour@camping-les-bruyeres.com*,
Fax 05 58 09 75 58, *www.camping-les-bruyeres.com*
– **R** conseillée
3 ha (177 empl.) plat, sablonneux, herbeux
Tarif : 22,50 € ♣ ⟚ 🔲 🚽 (10A) – pers. suppl. 5,50 € –
frais de réservation 16 €

Location : 4 🚐 (2 à 4 pers.) 203 à 470 €/sem. – 20 🚐
(4 à 6 pers.) 224 à 610 €/sem.
Pour s'y rendre : N : 2,5 km par D 652 et rte de Lafont
À savoir : Produits régionaux maison à déguster et à em-
porter

> Nature : 🏞 🏕 ♀♀
> Loisirs : 🍽 snack 🏠 ✂ ⛵
> Services : ⅙ ⟞ GB ⚒ 🔲 ⊕ 🚿 🚽
> 🔲 🚿 🚿

123

SANGUINET

✉ 40460 – **335** E8 – G. Aquitaine – 1 982 h. – alt. 24
🛈 *Office de tourisme, 1, place de la Mairie* ℘ *05 58 78 67 72, Fax 05 58 78 67 26*
Paris 643 – Arcachon 27 – Belin-Béliet 26 – Biscarrosse 120 – Bordeaux 60.

Municipal Lou Broustaricq ♣♣ – 15 mars-15 nov.
℘ 05 58 82 74 82, *loubrousta@wanadoo.fr*,
Fax 05 58 82 10 74, *www.lou-broustaricq.com* – places limitées pour le passage – **R** indispensable ⚡
18,8 ha (570 empl.) plat, sablonneux
Tarif : 34,15 € ♣ ⟚ 🔲 🚽 (10A) – pers. suppl. 3,45 € –
frais de réservation 25 €

Location ⚡ : 142 🚐 (4 à 6 pers.) 200 à 798 €/sem.
Pour s'y rendre : NO : 2,8 km par rte de Bordeaux et
chemin de Langeot, à 300 m de l'étang de Cazaux

> Nature : 🏞 🏕 ♀
> Loisirs : 🍽 snack 🏠 🎣 🏕 🛶 🚲
> ✂ 🎯 ⛵
> Services : ⅙ ⟞ GB ⚒ 🔲 ♨ ⊕
> 🚿 🔲 sèche-linge 🚿 🚿
> À prox. : 🏊

SARBAZAN

✉ 40120 – **335** J10 – 941 h. – alt. 90
Paris 685 – Barbotan-les-Thermes 27 – Captieux 32 – Labrit 24 – Mont-de-Marsan 25.

Municipal (location exclusive de chalets)
℘ 05 58 45 64 93, *mairiedesarbazan@wanadoo.fr*,
Fax 05 58 45 69 91 – empl. traditionnels également dispo-
nibles
1 ha (50 empl.) non clos, plat, herbeux
Location : 6 🏠 (4 à 6 pers.) 120 à 260 €/sem.
Pour s'y rendre : à l'E du bourg
À savoir : Sous de grands pins, près d'un petit étang

> Nature : 🏞 ♀♀(pinède)
> Loisirs : 🛶
> Services : ⅙ 🔲 🔲
> À prox. : 🏠 ✂ 🎯 parcours de
> santé

SEIGNOSSE

✉ 40510 – **335** C12 – 2 427 h. – alt. 15

🛈 *Office de tourisme, avenue des Lacs* ✆ *05 58 43 32 15, Fax 05 58 43 32 66*

Paris 747 – Biarritz 36 – Dax 32 – Mont-de-Marsan 85 – Soustons 11.

▲▲▲ **La Pomme de Pin** avr.-sept.
✆ 05 58 77 00 71, *info@camping-lapommedepin.com,*
Fax 05 58 77 11 47, *www.camping-lapommedepin.com*
– **R** conseillée
5 ha (229 empl.) plat, herbeux, sablonneux
Tarif : 22,30 € 🛉 ⇔ 🗉 🕪 (6A) – pers. suppl. 5 € – frais de
réservation 20 €
Location : 22 🛖 (4 à 6 pers.) 290 à 710 €/sem.
🛒, 1 borne – 🚐 10 €
Pour s'y rendre : 2 km au SE par D 652 et D 337, rte de Saubion
À savoir : Bel espace aquatique

> Nature : 🌲 ♀♀(pinède)
> Loisirs : 🍴 snack, pizzeria 🛋 🏊
> 🖼 (découverte en saison)
> Services : 🛉 ⚡ GB 🕸 🛒🍴🚿 🧺
> 📞 🚰 🧺 sèche-linge 🖼 🛒 cases
> réfrigérées

SORDE-L'ABBAYE

✉ 40300 – **335** E13 – G. Aquitaine – 535 h. – alt. 17

Paris 758 – Bayonne 47 – Dax 27 – Oloron-Ste-Marie 63 – Orthez 28.

▲ **Municipal la Galupe** 15 juin-15 sept.
✆ 05 58 73 18 13, *mairie.sordelabbaye@wanadoo.fr,*
Fax 05 58 73 16 41 – **R** conseillée
0,6 ha (28 empl.) plat, herbeux, pierreux
Tarif : 9,50 € 🛉 ⇔ 🗉 🕪 (6A) – pers. suppl. 2 €
Pour s'y rendre : O : 1,3 km par D 29, rte de Peyrehorade,
D 123 à gauche et chemin avant le pont, près du Gave d'Oloron

> Nature : 🌳 🌲 ♀
> Services : 🛉 🕸 Ⓜ 🖼 ☺

SOUSTONS

✉ 40140 – **335** D12 – G. Aquitaine – 5 743 h. – alt. 9

🛈 *Office de tourisme, grange de Labouyrie* ✆ *05 58 41 52 62, Fax 05 58 41 30 63*

Paris 732 – Biarritz 53 – Castets 23 – Dax 29 – Mont-de-Marsan 81 – St-Vincent-de-Tyrosse 13.

▲▲▲ **L'Airial** avr.-15 oct.
✆ 05 58 41 12 48, *contact@camping-airial.com,*
Fax 05 58 41 53 83, *www.camping-airial.com* – **R** indispensable
16 ha (480 empl.) plat, vallonné, sablonneux
Tarif : (Prix 2007) 24,50 € 🛉 ⇔ 🗉 🕪 (10A) – pers.
suppl. 4,90 € – frais de réservation 18,80 €
Location : 20 🛖 (4 à 6 pers.) 250 à 660 €/sem. – 28 🏠
(4 à 6 pers.) 280 à 690 €/sem. – 8 studios
Pour s'y rendre : 2 km à l'O par D 652 rte de Vieux-Boucau-
les-Bains, à 200 m de l'étang de Soustons

> Nature : ♀♀
> Loisirs : 🍴 🛋 🍽 diurne 🎯 🚲 🎯
> 🏊 🖼
> Services : 🛉 ⚡ GB 🕸 🖼🍴☺ 📞
> 🖼 sèche-linge 🖼, cases réfrigérées

▲ **Le Dunéa** (location exclusive de chalets) 21 mars-14 oct.
✆ 05 58 48 00 59, *clubdunea@libertysurf.fr,*
Fax 05 58 48 03 22, *www.club-dunea.com*
0,5 ha plat, vallonné, sablonneux
Location 🐾 : 22 🏠 (4 à 6 pers.) 310 à 1 200 €/sem.
Pour s'y rendre : À 200 m du lac, à Port-d'Albret-Sud
À savoir : Location à la nuitée hors sais.

> Nature : 🌳 ♀
> Loisirs : 🛋 🏊
> Services : Ⓟ GB 🕸 📞 🖼
> À prox. : 🍽 🐎 golf

VIELLE-ST-GIRONS

✉ 40560 – **335** D11 – 1 026 h. – alt. 27

🛈 *Office de tourisme, route de Linxe* ✆ *05 58 47 94 94, Fax 05 58 47 90 00*

Paris 719 – Castets 16 – Dax 37 – Mimizan 32 – Soustons 28.

▲▲▲ **Sunêlia Le Col Vert** 🛉🛉 – 5 avr.-21 sept.
✆ 08 90 71 00 01, *contact@colvert.com,*
Fax 05 58 42 91 88, *www.colvert.com* – **R** conseillée
24 ha (800 empl.) plat, sablonneux, herbeux
Tarif : 31 € 🛉 ⇔ 🗉 🕪 (3A) – pers. suppl. 6,40 € – frais de
réservation 30 €
Location : 136 🛖 (4 à 6 pers.) 252 à 812 €/sem. – 34
🏠 (4 à 6 pers.) 315 à 889 €/sem. – 20 bungalows toilés
🛒, 1 borne artisanale – 2 🗉 31 € – 🚐 11 €
Pour s'y rendre : S :5,5 km par D 652, bord de l'étang de Léon
À savoir : balnéo et jeux pour enfants de qualité

> Nature : ♀♀(pinède) ⛰
> Loisirs : 🍴 snack, pizzeria 🛋 🍽 🎯
> 💆 ♨ hammam jacuzzi 🎯 🚲 🎯
> 🍽 🖼 🏊 🎯 terrain omnisports
> Services : 🛉 ⚡ GB 🕸 🖼☺🚿 🛒
> 🖼 📞 🖼 sèche-linge 🛒 🛒
> cases réfrigérées
> À prox. : 🎿 🎣 🐎 poneys canoë,
> pédalos, barques

L'Océane juil.-août
- 05 58 42 94 37, *camping.oceane@cario.fr*,
Fax 05 58 42 00 48, *www.camping-oceane.fr* – places limi-
tées pour le passage – **R** ✖
3 ha (50 empl.) non clos, plat, sablonneux, herbeux
Tarif : 20 € ✝ ⬌ 🅴 – pers. suppl. 7,50 €
Location (Pâques-20 sept.) : 25 🛖 (4 à 6 pers.) 340 à
515 €/sem.
Pour s'y rendre : N : 1 km par rte des lacs
À savoir : Agréable pinède

Nature : ♛(pinède)
Loisirs : 🍴 🏠 ⚡ 🚲 🏊
Services : ⊶ (juil.-août) ♨ 😊 🅰
sèche-linge ⚗

Le Parc du Bel Air
- 05 58 42 99 28, *camping-belair2@wanadoo.fr*,
Fax 05 58 42 99 28 – **R** indispensable
1 ha (50 empl.) plat, sablonneux, herbeux
Location : 5 🛖
Pour s'y rendre : SO : 5,2 km par D 652, rte de Léon et
D 328, rte de Pichelèbe à droite

Nature : ⚘ ♛(pinède)
Loisirs : ⚡
Services : 🚿 ⊶ 🏠 😊 🅰

Informieren Sie sich über die gültigen Gebühren,
bevor Sie Ihren Platz beziehen. Die Gebührensätze
müssen am Eingang des Campingplatzes angeschlagen sein.
Erkundigen Sie sich auch nach den Sonderleistungen.
Die im vorliegenden Band gemachten Angaben
können sich seit der Überarbeitung geändert haben.

VIEUX-BOUCAU-LES-BAINS

✉ 40480 – **335** C12 – G. Aquitaine – 1 379 h. – alt. 5
🛈 *Office de tourisme, Le Mail* ☎ 05 58 48 13 47, Fax 05 58 48 15 37
Paris 740 – Bayonne 41 – Biarritz 48 – Castets 28 – Dax 37 – Mimizan 55 – Mont-de-Marsan 90.

Municipal les Sablères avr.-15 oct.
- 05 58 48 12 29, *camping-lessableres@wanadoo.fr*,
Fax 05 58 48 20 70, *www.les-sableres.com* – **R** conseillée
11 ha (560 empl.) vallonné, sablonneux, herbeux
Tarif : 20,80 € ✝ ⬌ 🅴 🔌 (10A) – pers. suppl. 2,80 € –
frais de réservation 15 €
Location : 7 🛖 (4 à 6 pers.) 199 à 550 €/sem. – 11 🏠
(4 à 6 pers.) 292 à 780 €/sem.
🚐 1 borne
Pour s'y rendre : Au NO de la localité par bd du Marensin, à
250 m de la plage (accès direct)

Nature : ♀
Loisirs : ⚡ terrain omnisports
Services : 🚿 ⊶ 🅶🅱 ♨ 🏠 😊 🅰 ⚗
🧺 📞 🅰 sèche-linge cases réfri-
gérées
À prox. : 🍺 🍴 snack pizzeria ✖

125

Lot-et-Garonne (47)

AGEN

✉ 47000 – **336** F4 – G. Aquitaine – 30 170 h. – alt. 50
🛈 *Office de tourisme, 107, boulevard Carnot* ☎ 05 53 47 36 09, Fax 05 53 47 29 98
Paris 662 – Auch 74 – Bordeaux 141 – Pau 159 – Toulouse 116.

Château d'Allot (location exclusive de mobile homes)
19 avr.-27 sept.
- 05 53 68 33 11, *reza@grandbleu.fr*, Fax 05 53 68 33 11,
www.grandbleu.fr – **R** conseillée
12 ha/3 campables plat, herbeux, petit lac
Location 🚿 : 50 🛖 (4 à 6 pers.) 98 à 686 €/sem.
Pour s'y rendre : S : 10 km par D 305, puis D 17 rte de
Layrac et à gauche avant le pont de la Garonne, A 62, sortie
7 Agen puis Layrac par RN 21 et Agen par D 17, à droite du
pont de la Garonne

Nature : ⛱ ♛
Loisirs : 🍴 ✖ 🏠 🎣 💃 ✖ 🏊 ⚓
parcours de santé, practice de golf
Services : ⊶ 🅶🅱 ♨ 🎽 🅰

AGEN

Le Moulin de Mellet avr.-1er oct.
 𝒫 05 53 87 50 89, *moulin.mellet@wanadoo.fr*,
Fax 05 53 47 13 41, *www.camping-moulin-mellet.com*
– **R** conseillée
5 ha/3,5 campables (48 empl.) plat, herbeux, ruisseau, petit étang
Tarif : 21 € ⚹ ⛺ 🅴 🛁 (16A) – pers. suppl. 5,30 €
Location (avr.-1er déc.) 🏕 : 2 🛏 (4 à 6 pers.) 210 à 595 €/sem. – 2 🛖 (4 à 6 pers.) 210 à 595 €/sem.
Pour s'y rendre : NO : 12 km par N 113 et à droite par D 107 rte de Prayssas, à St Hilaire de Lusignan

Nature : 🞇
Loisirs : 🞇 🞇 🞇 🞇
Services : 🞇 🞇 🞇 🞇 🞇 🞇 🞇

BARBASTE

✉ 47230 – **336** D4 – 1 416 h. – alt. 45
🛈 *Syndicat d'initiative, place de la Mairie* 𝒫 05 53 65 84 85, Fax 05 53 65 51 38
Paris 700 – Agen 34 – Condom 29 – Damazan 17 – Gabarret 33.

Chalets René Queyreur (location exclusive de chalets)
Permanent
 𝒫 05 53 65 51 38, *mairie.barbaste@wanadoo.fr*,
Fax 05 53 97 18 36
5 ha plat, sablonneux
Location : 20 🛖 (4 à 6 pers.) 183 à 445 €/sem.
Pour s'y rendre : 3,5 km au SE par rte de Réaup et à gauche chemin du stade
À savoir : Cadre sauvage et boisé, au milieu des fougères

Nature : 🞇 🞇
Loisirs : 🞇
Services : 🞇 🞇 🞇

Benutzen Sie
– zur Wahl der Fahrtroute
– zur Berechnung der Entfernungen
– zur exakten Lokalisierung eines Campingplatzes (mit Hilfe der Angaben im Ortstext)
*die für diesen Führer unentbehrlichen **MICHELIN-Karten** .*

126

BEAUVILLE

✉ 47470 – **336** H4 – G. Aquitaine – 553 h. – alt. 208
🛈 *Office de tourisme, place de la Mairie* 𝒫 05 53 47 63 06, Fax 05 53 66 72 63
Paris 641 – Agen 26 – Moissac 32 – Montaigu-de-Quercy 16 – Valence 25 – Villeneuve-sur-Lot 28.

Les 2 Lacs avr.-oct.
 𝒫 05 53 95 45 41, *camping-les-2-lacs@wanadoo.fr*,
Fax 05 53 95 45 41, *www.les2lacs.info* – **R** conseillée
22 ha/2,5 campables (80 empl.) non clos, plat et terrasse, herbeux
Tarif : ⚹ 3,80 € ⛺ 🅴 5,75 € – 🛁 (6A) 2,15 €
Location (fermé 16 déc.-14 janv.) : 3 🛏 (4 à 6 pers.) 215 à 420 €/sem. – 5 bungalows toilés
Pour s'y rendre : SE : 0,9 km par D 122, rte de Bourg-de-Visa

Nature : 🞇 🞇 🞇
Loisirs : 🞇 🞇 🞇 🞇 canoë, barque
Services : 🞇 🞇 GB 🞇 🞇 🞇 🞇 🞇

CASTELJALOUX

✉ 47700 – **336** C4 – G. Aquitaine – 4 755 h. – alt. 52 – Base de loisirs
🛈 *Office de tourisme, Maison du Roy* 𝒫 05 53 93 00 00, Fax 05 53 20 74 32
Paris 674 – Agen 55 – Langon 55 – Marmande 23 – Mont-de-Marsan 73 – Nérac 30.

Les Chalets de Clarens (location exclusive de chalets)
 𝒫 05 53 93 07 45, *castel.chalets@orange.fr*,
Fax 05 53 93 07 45, *www.castel-chalets.com* – **R** conseillée
4 ha plat, sablonneux
Location : 24 🛖 (4 à 6 pers.) 275 à 480 €/sem.
🚐 1 borne eurorelais 10 € – 20 🅴 10 €
Pour s'y rendre : 2,5 km au SO par D 933, rte de Mont-de-Marsan, bord du lac et près de la base de loisirs

Nature : 🞇 🞇 (pinède) 🞇
Loisirs : 🞇 🞇 🞇
Services : 🞇 🞇 🞇 🞇 🞇 🞇
À prox. : 🍴 ✗ snack 🞇 🞇 🞇 🞇
(centre équestre) golf, pédalos, VTT

CASTELMORON-SUR-LOT

✉ 47260 – **336** E3 – 1 664 h. – alt. 49

🛈 *Syndicat d'initiative, Mairie* ℘ *05 53 84 90 36, Fax 05 53 88 19 21*
Paris 600 – Agen 33 – Bergerac 63 – Marmande 35 – Villeneuve-sur-Lot 21.

🔺🔺🔺 **Port-Lalande** (location exclusive de chalets) 5 avr.-8 nov.
℘ 05 53 79 37 04, *port-lalande@grandbleu.fr*,
Fax 05 53 79 37 04, *www.grandbleu.fr* – 🏦
4 ha plat, herbeux
Location 🅿 : 60 🏠 (4 à 6 pers.) 196 à 749 €/sem.
Pour s'y rendre : SE : 1,5 km du bourg
À savoir : Bord du Lot et d'un petit port de plaisance

Nature : 🌿 ⬳
Loisirs : 🛋 ⬮ 🎯 ⚓ 🏊 🎣 ponton d'amarrage
Services : ⛲ 🔌 GB 🅿 ▥ 🗄 sèche-linge

CASTILLONNÈS

✉ 47330 – **336** F2 – G. Aquitaine – 1 325 h. – alt. 119

🛈 *Office de tourisme, place des Cornières* ℘ *05 53 36 87 44*
Paris 561 – Agen 64 – Bergerac 27 – Marmande 44 – Périgueux 75.

🔺 **Municipal la Ferrette** juil.-août
℘ 05 53 36 94 68, *rouquet47@hotmail.fr*,
Fax 05 53 36 88 77
1 ha (32 empl.) non clos, plat et peu incliné, herbeux
Tarif : 12,50 € 👤 🚗 🔋 (6A) – pers. suppl. 3,50 €
Location : gîtes
Pour s'y rendre : Sortie Nord par N 21, rte de Bergerac

Nature : 🌳 🌿
Services : ⛲ 🔌 🅿 📷 ☺ 🗄
À prox. : 🍴 🏊

Si vous recherchez :

👫 *Un terrain offrant des équipements et des loisirs adaptés aux enfants*
🌿 *Un terrain agréable ou très tranquille*
L - M *Un terrain effectuant la location de caravanes, de mobile homes, de bungalows ou de chalets*
P *Un terrain ouvert toute l'année*
🚐 *Un terrain possédant une aire de services pour camping-cars*
Consultez le tableau des localités

127

CLAIRAC

✉ 47320 – **336** E3 – G. Aquitaine – 2 385 h. – alt. 52

🛈 *Office de tourisme, 16, place Viçoze* ℘ *05 53 88 71 59, Fax 05 53 88 71 59*
Paris 690 – Agen 42 – Casteljaloux 34 – Marmande 24 – Villeneuve-sur-lot 30.

🔺 **La Plage** juil.-août
℘ 05 53 79 03 51 – 🏦
0,8 ha (50 empl.) plat, herbeux
Pour s'y rendre : au bourg, au bord du Lot

Nature : 🌳 🌿
Services : ⛲ 🔌 GB 🅿 Ⓜ 📷 ☺ 🗄
À prox. : 🏖 (plage) 🎣 ponton d'amarrage

COURBIAC

✉ 47370 – **336** I3 – 112 h. – alt. 145
Paris 623 – Bordeaux 172 – Agen 46 – Montauban 59 – Bergerac 79.

🔺🔺 **Le Pouchou** Permanent
℘ 05 53 40 72 68, *le.pouchou@wanadoo.fr*,
Fax 05 53 40 72 68, *www.camping.le.pouchou.com*
– **R** conseillée
15 ha/2 campables (20 empl.) non clos, peu incliné, herbeux
Tarif : 17,50 € 👤 🚗 🔋 (10A) – pers. suppl. 4 €
Location : 2 🚐 (2 à 4 pers.) 231 à 280 €/sem. – 6 🏠 (4 à 6 pers.) 287 à 539 €/sem.
🚐 1 borne eurorelais 3 € – 3 🔋 8 € – 🛒 8 €
Pour s'y rendre : 1,8 km à l'O par rte de Tournon-d'Agenais et chemin à gauche
À savoir : Cadre agréable, vallonné autour d'un petit étang

Nature : 🌿 ⬳ 🌲
Loisirs : 🍴 🛋 🚲 🏊 🎣 départ sentiers pédestres, billard
Services : ⛲ 🔌 🅿 🐕 ☺ 🧺 🚿 🗄 sèche-linge

CUZORN

✉ 47500 – **336** H2 – 870 h. – alt. 95
Paris 581 – Bergerac 59 – Cahors 55 – Fumel 7 – Villeneuve-sur-Lot 32.

Les Loges de Mélis (location exclusive de chalets)
Permanent
  ✆ 05 53 40 96 46, *loges-de-melis@wanadoo.fr,*
  Fax 05 53 40 84 03, *www.loges-melis.com* – **R** conseillée
7 ha/1 campable en terrasses, herbeux
Location : 10 ⌂ (4 à 6 pers.) 250 à 680 €/sem.
Pour s'y rendre : 3 km au N par D 710 et chemin à gauche
À savoir : Location au w.-end et à la nuitée hors sais.

Nature : ⌂ ≤
Loisirs : 🎣 🏓 🚴 🎯 ⛷ golf (4 trous)
Services : & ℗ ⌀ 🏧 🛁

FUMEL

✉ 47500 – **336** H3 – G. Aquitaine – 5 423 h. – alt. 70
ℹ *Office de tourisme, place Georges Escande* ✆ 05 53 71 13 70, Fax 05 53 71 35 16
Paris 594 – Agen 55 – Bergerac 64 – Cahors 48 – Montauban 76 – Villeneuve-sur-Lot 27.

Domaine de Guillalmes (location exclusive de chalets)
mars-oct.
  ✆ 05 53 71 01 99, *info@guillalmes.com*, Fax 05 53 71 02 57,
  www.holidayvillagelot.com
3 ha plat, herbeux
Location : 17 ⌂ (4 à 6 pers.) 285 à 750 €/sem.
🚐 1 borne artisanale 4 € – 10 ▣ 20 €
Pour s'y rendre : E : 3 km par D 911, rte de Cahors puis à la sortie de Condat, 1 km par rte à droite, bord du Lot

Nature : ⌂ 🌳🌳
Loisirs : 🍴 snack 🚴 ✗ ⛷ ♨ canoë
Services : & ⊶ ℗ GB 🏧 ☎ 🛁 🚿

Les Catalpas avr.-oct.
  ✆ 05 53 71 11 99, *les-catalpas@wanadoo.fr,*
  Fax 05 53 71 11 99, *www.les-catalpas.com* – **R** conseillée
2,3 ha (80 empl.) plat, herbeux, goudronné
Tarif : 18 € 🕇 ⌒ ▣ 🚰 (10A) – pers. suppl. 4 €
🚐 – 10 ▣ 16 € – 🚐 12 €
Pour s'y rendre : E : 2 km par D 911 rte de Cahors puis, à la sortie de Condat, 1,2 km par rte à droite, bord du Lot

Nature : ⌂ 🌳🌳
Loisirs : ⛷ ≋ (bassin)
Services : ⊶ GB ⌀ 🏧 ☺ 📶 🛁

NÉRAC

✉ 47600 – **336** D5 – G. Aquitaine – 6 787 h. – alt. 65
ℹ *Office de tourisme, 7, avenue Mondenard* ✆ 05 53 65 27 75, Fax 05 53 65 97 48
Paris 710 – Bordeaux 132 – Montauban 111 – Agen 28 – Mont-de-Marsan 83.

Les Chalets de Nérac (location exclusive de chalets)
Permanent
  ✆ 05 53 97 02 66 – **R** conseillée
1 ha plat, herbeux
Location : 12 ⌂ (4 à 6 pers.) 150 à 400 €/sem.
Pour s'y rendre : 2 km au SE, dir. Agen et chemin à gauche après le Parc Royal

Nature : ♀
Loisirs : 🏓 ⛷
Services : ⊶ ⌀ 🛁
À prox. : ✗

PONT-DU-CASSE

✉ 47480 – **336** G4 – 4 259 h. – alt. 67
Paris 658 – Bordeaux 147 – Toulouse 122 – Montauban 96 – Agen 7.

Village de Loisirs Darel (location exclusive de chalets)
  ✆ 05 53 67 96 41, *gilbert.fongaro@ville-pontducasse.fr,*
  Fax 05 53 67 51 05 – **R** conseillée
34 ha/2 campables plat, vallonné, herbeux
Location ✗ ℗ : 12 ⌂
Pour s'y rendre : 3 km au SE, rte de Ferreol, à dr.
À savoir : Situation agréable en sous-bois, proche du centre équestre

Nature : ⌂ 🌳🌳
Loisirs : 🎣 🏓 🐎 poneys
Services : ⊶ 🏧 🛁
À prox. : golf

CABANON®

Trailer Tents

Quality
Innovation
Service

Very easy to tow

1 A Cabanon Trailer Tent is easy to tow and contains all you need for your Camping Holidays

2 A Cabanon Trailer Tent is very quick and simple to set-up for over-night stops - a comfortable «off-the-ground» bed in minutes.

Very quick and simple to set-up

3 A Cabanon Trailer Tent has a quality awning which provides a large lounge/living area.

A large lounge/living area

For further information :
call us on

01782 713099

E-mail to : uksales@cabanon.com or visit our Web-Site at :

www.cabanon.com

where you will see our full range of Trailer Tents, Tents and Awnings

ACSI / Michelin

a. 🏕️ *Meals served in the garden or on the terrace*

b. 🍇 *A particularly interesting wine list*

c. 🍺 *Cask beers and ales usually served*

Find out all the answers in the Michelin Guide "Eating Out in Pubs"!

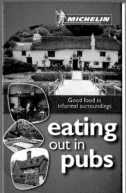

A selection of 550 dining pubs and inns throughout Britain and Ireland researched by the same inspectors who make the Michelin Guide.

- for good food and the right atmosphere
- in-depth descriptions bring out the feel of the place and the flavour of the cuisine.

The pleasure of travel with Michelin Maps and Guides.

www.michelin.co.uk

A better way forward

SALLES

⊠ 47150 – **336** H2 – 257 h. – alt. 120
Paris 588 – Agen 59 – Fumel 12 – Monflanquin 11 – Villeneuve-sur-Lot 29 – Villeréal 18.

▲▲ **Des Bastides** 26 avr.-15 sept.
 ℘ 05 53 40 83 09, *info@campingdesbastides.com*,
 Fax 05 53 40 81 76, *www.campingdesbastides.com*
 – **R** conseillée
 6 ha (96 empl.) en terrasses, herbeux
 Tarif : 25 € ⚹ ⟵⟶ 🅴 ⚡ (6A) – pers. suppl. 5,50 € – frais de
 réservation 18 €
 Location 🏕 : 10 🚐 (4 à 6 pers.) 238 à 675 €/sem. – 4
 🏠 (4 à 6 pers.) 238 à 675 €/sem.
 Pour s'y rendre : NE : 1 km rte de Fumel, au croisement
 des D 150 et D 162

Nature : ⊑⊒ 🌳🌳
Loisirs : 🍴 snack ⚓ 🚲 🌊
Services : ⛐ ⌒ GB 🚿 Ⓜ 🏧 🗄 🔥
⊛ ⍀ 🗄 sèche-linge 🔧

SAUVETERRE-LA-LÉMANCE

⊠ 47500 – **336** I2 – 623 h. – alt. 100
Paris 572 – Agen 68 – Fumel 14 – Monflanquin 27 – Puy-l'Évêque 17 – Villefranche-du-Périgord 10.

▲▲ **Moulin du Périé** 7 mai-20 sept.
 ℘ 05 53 40 67 26, *moulinduperie@wanadoo.fr*,
 Fax 05 53 40 62 46, *www.camping-moulin-perie.com*
 – **R** conseillée
 4 ha (125 empl.) plat, herbeux
 Tarif : 26,55 € ⚹ ⟵⟶ 🅴 ⚡ (6A) – pers. suppl. 6,70 € – frais
 de réservation 22 €
 Location 🏕 : 20 🚐 (4 à 6 pers.) 301 à 791 €/sem. – 4
 🏠 (4 à 6 pers.) 378 à 721 €/sem. – 10 bungalows toilés
 🚐 2 bornes artisanales – 8 🅴
 Pour s'y rendre : E : 3 km par rte de Loubejac, bord d'un
 ruisseau

Nature : ⌇ ⊑⊒ 🌳🌳(peupleraie)
Loisirs : 🍴 ✕ 🏠 ⚓ 🚲 🌊 ≈
(petit étang)
Services : ⛐ ⌒ GB 🚿 🗄 🔥 ⊛ ⍀
🗄 🔧

129

SÉRIGNAC-PÉBOUDOU

⊠ 47410 – **336** F2 – 169 h. – alt. 139
Paris 567 – Agen 64 – Bergerac 34 – Marmande 41 – Périgueux 81.

▲▲ **La Vallée de Gardeleau** avr.-oct.
 ℘ 05 53 36 96 96, *valleegardeleau@wanadoo.fr*,
 Fax 05 53 36 96 96, *http://perso.wanadoo.fr/camping.val
 leegardeleau.fr* – **R** conseillée
 2 ha (33 empl.) plat, peu incliné, herbeux
 Tarif : 17,20 € ⚹ ⟵⟶ 🅴 ⚡ (5A) – pers. suppl. 3,95 € – frais
 de réservation 10 €
 Location 🏕 : 7 🚐 (4 à 6 pers.) 235 à 495 €/sem. –
 bungalows toilés
 🚐 ⍀ 13 €

Nature : ⌇ ⊑⊒ 🌳🌳(chênaie)
Loisirs : 🍴 brasserie ⚓ 🌊
Services : ⛐ ⌒ GB 🚿 🗄 🔥 ⊛ 🗄
🔧

TRENTELS

⊠ 47140 – **336** H3 – 825 h. – alt. 50
Paris 607 – Agen 42 – Bergerac 72 – Cahors 60 – Montauban 82 – Villeneuve-sur-Lot 15.

▲ **Municipal de Lustrac** (location exclusive de chalets)
 Permanent
 ℘ 05 53 70 77 22, *mairie.trentels@wanadoo.fr*,
 Fax 05 53 40 03 41 – empl. traditionnels également disponibles – **R** conseillée
 0,5 ha plat, herbeux
 Location ⛐ : 7 🏠 (4 à 6 pers.) 140 à 410 €/sem.
 Pour s'y rendre : NE : 2,5 km par D 911, rte de Fumel et
 chemin à droite, direction Lustrac, bord du Lot

Nature : ⌇ ⊑⊒ 🌳🌳
Loisirs : 🏠 ⚲ canoë
Services : 🗄 sèche-linge
À prox. : ✂

VILLERÉAL

✉ 47210 – **336** G2 – G. Aquitaine – 1 186 h. – alt. 103

🅱 *Office de tourisme, place de la Halle* 🖉 *05 53 36 09 65, Fax 05 53 36 47 85*

Paris 566 – Agen 61 – Bergerac 35 – Cahors 76 – Marmande 56 – Sarlat-la-Canéda 65 – Villeneuve-sur-Lot 31.

⛰ **Château de Fonrives** ♠♣ – 31 mars-15 nov.
🖉 05 53 36 63 38, *contact@campingchateaufonrives.com*,
Fax 05 53 36 09 98, *www.campingchateaufonrives.com*
– **R** conseillée
20 ha/10 campables (200 empl.) plat, peu incliné, terrasses,
herbeux, pierreux
Tarif : (Prix 2007) 29 € ♣ 🚗 🅴 🈹 (6A) – pers.
suppl. 4,30 € – frais de réservation 20 €
Location : 56 🛏 (4 à 6 pers.) 180 à 729 €/sem. – 69 🏠
(4 à 6 pers.) 150 à 729 €/sem.
🚐 1 borne – 5 🅴 24,50 € – 🈹 15.50 €
Pour s'y rendre : NO : 2,2 km par D 207, rte d'Issigeac et à
gauche, au château

Nature : 🌳 🌊 🏞 ♨
Loisirs : 🍴 🍽 🎠 🚵 hammam jacuzzi 🎯 🚴 🏓 🛶 🏊 🎣 🎿
parcours sportif
Services : 🚿 ⚡ GB 🐕 🗑 🚽 ⊕ 🛁
🔌 🍴 🧺 sèche-linge 🧊 🚰

⛰ **Fontaine du Roc** avr.-1ᵉʳ oct.
🖉 05 53 36 08 16, *fontaine.du.roc@wanadoo.fr*,
Fax 05 53 61 60 23, *www.fontaineduroc.com* – **R** conseillée
2 ha (50 empl.) plat, herbeux
Tarif : 20 € ♣ 🚗 🅴 🈹 (10A) – pers. suppl. 5 € – frais de
réservation 10 €
Location (permanent) : 5 🏠 (4 à 6 pers.) 330 à 540 €/sem.
Pour s'y rendre : SE : 7,5 km sur D 255 et à gauche

Nature : 🌳 🌊 ♨
Loisirs : 🎠 🎯 🏊
Services : 🚿 ⚡ 🐕 🗑 ⊕ 🛁 🍴 🔌 🖼

Pyrénées-Atlantiques (64)

130

AINHOA

✉ 64250 – **342** C5 – G. Pays Basque – 599 h. – alt. 130

Paris 791 – Bayonne 28 – Biarritz 29 – Cambo-les-Bains 11 – Pau 125 – St-Jean-de-Luz 26.

⛰ **Xokoan** Permanent
🖉 05 59 29 90 26, Fax 05 59 29 73 82
0,6 ha (30 empl.) plat, peu incliné, herbeux
Tarif : 15 € ♣ 🚗 🅴 🈹 (10A) – pers. suppl. 5,50 €
Location 🈹 : 2 🛏 (4 à 6 pers.) 380 €/sem. – 6 🛏
🚐 1 borne artisanale 5 €
Pour s'y rendre : 2,5 km au SO de Dancharia puis à gauche
avant la douane, bord d'un ruisseau (frontière)

Nature : 🌳 ♨
Loisirs : 🍴 🍽 🎠
Services : 🚿 ⚡ 🗑 ⊕ 🛁 🖼 sèche-
linge 🚰
A prox. : 🛒

⛰ **Aire Naturelle Harazpy** 15 juin-sept.
🖉 05 59 29 89 38, Fax 05 59 29 89 38 🈹
1 ha (25 empl.) peu incliné, terrasses, herbeux
Tarif : ♣ 6 € – 🈹 (10A) 2,50 €
🚐 1 borne artisanale 5 €
Pour s'y rendre : Au NO du bourg, accès par place de l'Église

Nature : 🌳 🌊 ♀
Loisirs : 🎠
Services : 🚿 🐕 🗑 ⊕ 🖼 sèche-linge

ANGLET

✉ 64600 – **342** C2 – G. Pays Basque – 35 263 h. – alt. 20

🅱 *Office de tourisme, 1, avenue de la Chambre d'Amour* 🖉 *05 59 03 77 01, Fax 05 59 03 55 91*

Paris 773 – Bordeaux 187 – Pamplona 108 – Donostia-San Sebastián 51 – Pau 117.

⛰ **Le Parme** avr.-sept.
🖉 05 59 23 03 00, *campingdeparme@wanadoo.fr*,
Fax 05 59 41 29 55, *www.campingdeparme.com* – **R** conseillée
3,5 ha (197 empl.) en terrasses, plat, incliné, herbeux, gravier
Tarif : 30 € ♣ 🚗 🅴 🈹 (10A) – pers. suppl. 6,50 € – frais
de réservation 20 €
Location 🈹 (juil.-août) : 🚐 – 26 🛏 (4 à 6 pers.) 310
à 740 €/sem. – 14 🏠 (4 à 6 pers.) 330 à 780 €/sem.
Pour s'y rendre : 2 allée Etchecopar, quartier Brindos, près
de l'aéroport

Nature : 🏞 ♨
Loisirs : 🍴 snack 🎠 🎯 🚴 🏊
terrain omnisports
Services : 🚿 ⚡ (juil.-août) GB 🐕
🗑 ⊕ 🛁 🔌 🖼 sèche-linge 🧊 🚰

🔺 Fontaine-Laborde
📞 05 59 03 48 16, *fontaine-laborde@wanadoo.fr*,
Fax 05 59 03 11 72, *www.fontaine-laborde.com* ⊘
1 ha (99 empl.) plat, terrasse, herbeux, sablonneux
Pour s'y rendre : allée Fontaine-Laborde, à 300 m de la plage
À savoir : Fréquenté en majorité par jeunes surfeurs – réservé aux tentes

Nature : ♀
Loisirs : ♀ snack
Services : 🔲 ⊛ 🏧

ARAMITS

✉ 64570 – **342** H6 – G. Aquitaine – 653 h. – alt. 293
Paris 829 – Mauléon-Licharre 27 – Oloron-Ste-Marie 15 – Pau 49 – St-Jean-Pied-de-Port 61.

🔺 **Barétous-Pyrénées** févr.-15 oct.
📞 05 59 34 12 21, *atso64@hotmail.com*, Fax 05 59 34 67 19,
www.camping-pyrenees.net – **R** conseillée
2 ha (50 empl.) plat, herbeux
Tarif : 22,50 € ✶ 🚗 🔳 🔦 (10A) – pers. suppl. 5 € – frais de réservation 10 €
Location ⊘ : 10 🚐 (4 à 6 pers.) 200 à 595 €/sem. – 3 bungalows toilés
Pour s'y rendre : sortie O par D 918, rte de Mauléon-Licharre, bord du Vert de Barlanes

Nature : ⊛ 🏕 ♀♀
Loisirs : ♀ snack 🍴 🏊 🚲 🏓
Services : ♿ ⊶ 🆖 ✂ 🏧 🔲 ⊛ 🚿 🏧

Si vous recherchez :

🔺 *Un terrain au bord de l'eau avec possibilité de baignade*
⊛ *Un terrain agréable ou très tranquille*
L *Un terrain effectuant la location de caravanes, de mobile homes, de bungalows ou de chalets*
P *Un terrain ouvert toute l'année*
🚐 *Un terrain possédant une aire de services pour camping-cars*
Consultez le tableau des localités

131

LA-BASTIDE-CLAIRENCE

✉ 64240 – **342** E4 – G. Pays Basque – 881 h. – alt. 50
🅱 *Office de tourisme, maison Darrieux* 📞 05 59 29 65 05, Fax 05 59 29 65 05
Paris 767 – Bayonne 26 – Hasparren 9 – Peyrehorade 29 – Sauveterre-de-Béarn 40.

🔺 **Les Collines Iduki** (location exclusive d'appartements et maisonnettes) Permanent
📞 05 59 70 20 81, *contact@iduki.net*, Fax 05 59 70 20 25,
www.iduki.net – **R** indispensable
2,5 ha en terrasses
Location : 37 🏠 (4 à 6 pers.) 350 à 1 930 €/sem.
Pour s'y rendre : au bourg
À savoir : jolies constructions basques

Nature : ⊛ ≪ ♀♀
Loisirs : ✕ 🍴 🏊 🏊
Services : ♿ ⊶ 🅿 🆖 ✂ 🛁 🏧 sèche-linge
À prox. : ✂

BAUDREIX

✉ 64800 – **342** K5 – 473 h. – alt. 245 – Base de loisirs
Paris 791 – Argelès-Gazost 39 – Lourdes 26 – Oloron-Ste-Marie 48 – Pau 17 – Tarbes 40.

🔺 **Les Ôkiri** mai-sept.
📞 05 59 92 97 73, *les-okiri@wanadoo.fr*, Fax 05 59 13 93 77,
www.oela.net – **R** conseillée
20 ha/2 campables (60 empl.) plat, herbeux
Tarif : 23,40 € ✶ 🚗 🔳 🔦 (16A) – pers. suppl. 6,20 €
Location (permanent) ⊘ 🅿 (chalets) : 8 🚐 (4 à 6 pers.) 220 à 575 €/sem. – 24 🏠 (4 à 6 pers.) 240 à 695 €/sem.
🚐 1 borne 2,50 €
Pour s'y rendre : à la base de loisirs
À savoir : locations à la nuitée, week-end sauf juil.-août

Nature : ⊛ ≪ 🏕 ♀♀ 🔺
Loisirs : ♀ ✕ snack 🏊 🚲 ✂ 🏊 🛶 canoë, pédalos, sports en eaux vives, mur d'escalade, terrain omnisports, parcours de santé
Services : ♿ ⊶ (juil.-août) 🆖 ✂ 🔲 ⊛ 🏧 sèche-linge 🚿
À prox. : 🏧

✉ 64200 – *342* C4 – G. Pays Basque – 30 055 h. – alt. 19

🛈 *Office de tourisme, square d'Ixelles - Javalquinto ℰ 05 59 22 37 00, Fax 05 59 24 14 19*

Paris 772 – Bayonne 9 – Bordeaux 190 – Pau 122 – San Sebastián 47.

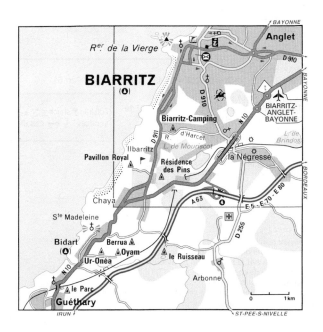

Biarritz-Camping

ℰ 05 59 23 00 12, *biarritz.camping@wanadoo.fr,*
Fax 05 59 43 74 67, *www.biarritz.camping.fr* – **R** conseillée

3 ha (190 empl.) plat et peu incliné, terrasses, herbeux

Location : 32 🏠

Pour s'y rendre : 28 rue d'Harcet

> Nature : 🎋🎋(peupleraie)
> Loisirs : 🍷 snack jacuzzi 🏓 🏊
> Services : 🛁 🔌 🖥 🧺 ⊕ 🔲 sèche-linge 🔌 🧺
> À prox. : 🐎 golf (18 trous)

✉ 64210 – *342* C2 – G. Pays Basque – 4 670 h. – alt. 40

🛈 *Office de tourisme, rue d'Erretegia ℰ 05 59 54 93 85, Fax 05 59 54 70 51*

Paris 783 – Bordeaux 196 – Pau 119 – Bayonne 13 – Anglet 9.

Schéma à Biarritz

Résidence des Pins ⚑ – 8 mai-20 sept.

ℰ 05 59 23 00 29, *contact@campingdespins.com,*
Fax 05 59 41 24 59, *www.campingdespins.com* – **R** conseillée

6 ha (400 empl.) en terrasses, peu incliné, herbeux, sablonneux

Tarif : 31,20 € 🏕 🚗 🔲 🔌 (10A) – pers. suppl. 6,40 € – frais de réservation 30 €

Location 🏠 : 34 🏠 (4 à 6 pers.) 280 à 805 €/sem. – 58 🏠 (4 à 6 pers.) 294 à 812 €/sem.

🚐 1 borne artisanale

Pour s'y rendre : 2 km au N

À savoir : Belle décoration florale

> Nature : 🞎 🎋🎋
> Loisirs : 🍷 snack, pizzeria 🛋 🎮 diurne 🏓 🏊 🎾 🏄 école de surf
> Services : 🛁 🔌 (juil.-août) 🆑 🖥 🧺 ⊕ 🐾 🔲 sèche-linge 🔌 🧺
> À prox. : 🏊 🐎 golf (18 trous), discothèque

Le Ruisseau ⚎ – (location exclusive de mobile homes)
26 avr.-15 sept.
☎ 05 59 41 94 50, *francoise.dumont3@wanadoo.fr*,
Fax 05 59 41 95 73, *www.camping-le-ruisseau.fr* – empl. traditionnels également disponibles – **R** conseillée
15 ha/7 campables plat et en terrasses, herbeux
Location : 98 ⌂ (4 à 6 pers.) 250 à 910 €/sem.
🚐 1 borne
Pour s'y rendre : 2 km à l'E par rte d'Arbonne, bord de
l'Ouhabia et d'un ruisseau
À savoir : Bel espace aquatique

> Nature : 🌳 ♈♈
> Loisirs : 🍴 cafétéria, pizzeria 🏠 ♈
> 🏓 ⚹ 🎯 jacuzzi ⚹ 🚴 ✂ 🎣
> 🏊 ⚒ △ ⚓ parcours de santé
> Services : ⚹ ⚓ GB ⚹ 🧺 ⚹ ⚹ ⚹ 📶
> sèche-linge ⚒ 🚿
> À prox. : 🚐

Berrua ⚎ – 5 avr.-3 oct.
☎ 05 59 54 96 66, *contact@berrua.com*, Fax 05 59 54 78 30,
www.berrua.com – **R** conseillée
5 ha (270 empl.) peu incliné et en terrasses, herbeux
Tarif : 36,80 € ⚹ 🚗 ⚹ ⚹ (6A) – pers. suppl. 6,40 € – frais
de réservation 30 €
Location ⚹ : 100 ⌂ (4 à 6 pers.) 330 à 938 €/sem. –
10 🏠 (4 à 6 pers.) 386 à 987 €/sem.
🚐 1 borne artisanale – 6 ⚹
Pour s'y rendre : 0,5 km à l'E par rte d'Arbonne
À savoir : Cadre soigné et fleuri

> Nature : 🌳 ♈♈
> Loisirs : 🍴 snack, pizzeria 🏠 ♈ ♈
> hammam ⚹ 🚴 ♈ ✂ 🏊 △
> Services : ⚹ ⚓ GB ⚹ M 🧺 ⚹ 🚿
> ⚹ ⚹ 📶 sèche-linge ⚒ 🚿

Ur-Onea 5 avr.-15 sept.
☎ 05 59 26 53 61, *uronea@wanadoo.fr*, Fax 05 59 26 53 94,
www.uronea.com – **R** conseillée
5 ha (280 empl.) peu incliné et en terrasses, herbeux,
sablonneux
Tarif : 29,50 € ⚹ 🚗 ⚹ ⚹ (10A) – pers. suppl. 5,50 € –
frais de réservation 25 €
Location (16 févr.-4 oct.) ⚹ : 50 ⌂ (4 à 6 pers.) 198 à
705 €/sem. – 5 🏠 (4 à 6 pers.) 265 à 705 €/sem.
Pour s'y rendre : 0,3 km à l'E, rue de la Chapelle, à 500 m
de la plage

> Nature : ♈♈
> Loisirs : 🍴 pizzeria, snack 🏠 ♈
>
> Services : ⚹ ⚓ GB ⚹ M 🧺 ⚹ △ 🚿
> ⚹ ⚹ 📶 sèche-linge 🚿 cases ré-
> frigérées, réfrigérateurs

133

Pavillon Royal 15 mai-sept.
☎ 05 59 23 00 54, *info@pavillon-royal.com*,
Fax 05 59 23 44 47, *www.pavillon-royal.com* – **R** indispensable ⚹
5 ha (303 empl.) plat et en terrasses, sablonneux, herbeux
Tarif : 45 € ⚹ 🚗 ⚹ ⚹ (5A) – pers. suppl. 9 € – frais de
réservation 25 €
Pour s'y rendre : 2 km au N, av. Prince-de-Galles, bord de
la plage
À savoir : Situation privilégiée entre golf, château et océan

> Nature : 🌿 ⚓ ♈ ♈ ⚠
> Loisirs : 🍴 ✗ pizzeria 🏠 ♈ 🏊
> Services : ⚹ ⚓ 🅿 (tentes) GB ⚹
> 🧺 △ ⚹ ⚹ 📶 ⚒ 🚿
> À prox. : 🎯 ♈ 🐎 golf (18 trous),
> discothèque

Oyam juin-27 sept.
☎ 05 59 54 91 61, *accueil@camping-oyam.com*,
Fax 05 59 54 76 87, *www.camping-oyam.com* – **R** conseillée
5 ha (230 empl.) plat, peu incliné, terrasses, herbeux
Tarif : 30,50 € ⚹ 🚗 ⚹ ⚹ (3A) – pers. suppl. 5,50 € – frais
de réservation 15 €
Location (5 avr.-27 sept.) ⚹ (15 juin-15 sept.) : 50 ⌂
(4 à 6 pers.) 252 à 721 €/sem. – 20 🏠 (4 à 6 pers.) 294 à
819 €/sem. – 14 appartements – bungalows toilés
Pour s'y rendre : 1 km à l'E par rte d'Arbonne puis rte à dr.

> Nature : 🌳 ♈♈(peupleraie)
> Loisirs : 🍴 snack 🏠 ♈ 🎯 🏊
> Services : ⚹ ⚓ ⚹ △ 🧺 ⚹ ⚹ ⚹
> 🚿

Le Parc
☎ 05 59 26 54 71, Fax 05 59 26 54 71, *www.camping-le
parc.com*
3 ha (200 empl.) en terrasses, herbeux
Location : ⌂ – pavillons
Pour s'y rendre : 1,2 km au S, à 400 m de la plage

> Nature : ♈♈
> Loisirs : 🍴 🏠 ♈
> Services : ⚹ M 🧺 △ 🧺 ⚹ ⚹

BUNUS

✉ 64120 – **342** F5 – 139 h. – alt. 186
Paris 820 – Bayonne 61 – Hasparren 38 – Mauléon-Licharre 22 – St-Jean-Pied-de-Port 21 – St-Palais 21.

▲ **Inxauseta** 20 juin-août
℘ 05 59 37 81 49, *inxauseta@laposte.net,*
Fax 05 59 37 81 49, *www.inxauseta.com* – **R** conseillée
0,8 ha (40 empl.) peu incliné, terrasses, herbeux
Tarif : ✦ 3,50 € ⇔ 🄴 3,50 € – 🄗 (5A) 2,20 €
Pour s'y rendre : Au bourg, près de l'église
À savoir : Belles salles de détente dans une ancienne maison basque rénovée

| Nature : 🝰 ≤ 🎯🎯 |
| Loisirs : 🎮 |
| Services : ⚬⊷ ⚙ ☺ |

CAMBO-LES-BAINS

✉ 64250 – **342** D4 – G. Pays Basque – 4 416 h. – alt. 67 – ♨ (fin février-mi déc.)
🄸 *Syndicat d'initiative, avenue de la Mairie* ℘ 05 59 29 70 25, Fax 05 59 29 90 77
Paris 783 – Bayonne 20 – Biarritz 21 – Pau 115 – St-Jean-de-Luz 31 – St-Jean-Pied-de-Port 35 – San Sebastián 62.

▲ **Bixta eder** 15 avr.-15 oct.
℘ 05 59 29 94 23, *camping.bixtaeder@wanadoo.fr,*
Fax 05 59 29 23 70, *www.camping-bixtaeder.com*
– **R** conseillée
1 ha (90 empl.) incliné, plat, herbeux, gravier
Tarif : 18,50 € ✦ ⇔ 🄴 🄗 (10A) – pers. suppl. 4 €
Location (mars-nov.) : 21 🏠 (4 à 6 pers.) 350 à
490 €/sem.
Pour s'y rendre : 1,3 km au SO par D 918, rte de St-Jean-de-Luz

| Nature : ⛩ 🎯🎯 |
| Loisirs : 🎮 |
| Services : ⚓ ⚬⊷ (juin-sept.) 🅶🅱 ⚙ |
| 🄳 ♨ ☺ ♨ 🄳 sèche-linge |
| À prox. : ✂ ⚓ |

HASPARREN

✉ 64240 – **342** E4 – G. Pays Basque – 5 477 h. – alt. 50
🄸 *Office de tourisme, 2, place Saint-Jean* ℘ 05 59 29 62 02, Fax 05 59 29 13 80
Paris 783 – Bayonne 24 – Biarritz 34 – Cambo-les-Bains 9 – Pau 106.

▲ **Chapital** avr.-Toussaint
℘ 05 59 29 62 94, Fax 05 59 29 69 71 – **R** conseillée
2,5 ha (138 empl.) plat, en terrasses, peu incliné, herbeux
Location : 5 🏠 (4 à 6 pers.) 200 à 530 €/sem. – 3 studios
Pour s'y rendre : 0,5 km à l'O par D 22 rte de Cambo-les-Bains

| Nature : 🎯🎯 |
| Loisirs : 🎮 |
| Services : ⚓ ⚬⊷ (juil.-août) ⚙ 🄳 ☺ |
| 🄶 |
| À prox. : 🛒 |

Bassin d'Arcachon depuis Petit-Piquey

J. Malburet/Michelin

HENDAYE

✉ 64700 – **342** B4 – G. Pays Basque – 12 596 h. – alt. 30
🛈 *Office de tourisme, 67, boulevard de la Mer* 𝄞 *05 59 20 00 34, Fax 05 59 20 79 17*
Paris 799 – Biarritz 31 – Pau 143 – St-Jean-de-Luz 12 – San Sebastián 21.

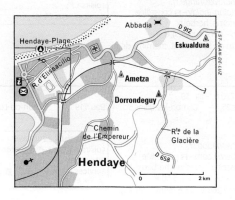

à la Plage N : 1 km

Ametza juin-sept.
𝄞 05 59 20 07 05, *ametza@neuf.fr*, Fax 05 59 20 32 16
– **R** conseillée
4,5 ha (300 empl.) en terrasses, plat, peu incliné, herbeux
Tarif : 26 € ★ ⛺ 🚗 🅴 (6A) – pers. suppl. 4,90 € – frais de réservation 12 €
Location (5 mai.-sept.) : 30 🛖 (4 à 6 pers.) 290 à 720 €/sem. – 6 🛖 (4 à 6 pers.) 360 à 680 €/sem.
Pour s'y rendre : 1 km à l'E, rue de l'Empereur

> Nature : 🌳🌳(peupleraie)
> Loisirs : 🍴 snack 🎱 🏕 🏊 ⚽ 🏊
> Services : ♿ ⛽ GB 🚿 🗑 ⚙ @ 🛒 📶 📷 sèche-linge ⚗ 🔧

Eskualduna 15 juin-sept.
𝄞 05 59 20 04 64, *contact@camping-eskualduna.fr*, Fax 05 59 20 69 28, *www.camping-eskualduna.fr* – **R** conseillée
10 ha (285 empl.) plat, incliné et en terrasses, herbeux
Tarif : 30 € ★ 🚗 🅴 (6A) – pers. suppl. 6 € – frais de réservation 20 €
Location (mai-oct.) : 26 🛖 (4 à 6 pers.) 260 à 770 €/sem.
Pour s'y rendre : 2 km à l'E, bord d'un ruisseau

> Nature : 🌳🌳🌳
> Loisirs : 🍴 snack 🎱 🏕 🏊 🏊
> Services : ⛽ GB 🚿 🗑 ⚙ @ 🛒 📷 ⚗ 🔧 réfrigérateurs
> À prox. : navettes gratuites pour les plages

La Corniche
𝄞 05 59 20 06 87, *campingdelacorniche@wanadoo.fr*, Fax 05 59 20 06 87, *www.camping-corniche.com* – **R** conseillée
5 ha (268 empl.) en terrasses, plat et peu incliné, herbeux, bois attenant
Location 🚫 : 5 🛖
Pour s'y rendre : 3 km au NE par D 912 et chemin à dr. (hors schéma)

> Nature : 🌊 🌳🌳
> Loisirs : 🍴 snack, pizzeria 🎱 🏊
> ⚽ 🏊
> Services : ♿ ⛽ 🗑 👕 🗑 @ 📷 sèche-linge 🔧

Dorrondeguy avr.-15 oct.
𝄞 05 59 20 26 16, *camping.dorrondeguy@wanadoo.fr*, Fax 05 59 20 26 16, *www.camping-dorrondeguy.com* – **R** conseillée
4 ha (120 empl.) terrasse, plat, peu incliné, herbeux
Tarif : 27 € ★ 🚗 🅴 (6A) – pers. suppl. 5,50 €
Location 🚫 : 25 🛖 (4 à 6 pers.) 280 à 650 €/sem. – 5 🛖 (4 à 6 pers.) 330 à 800 €/sem. – bungalows toilés
Pour s'y rendre : 5 km au NE par D 912 et D 658 à dr., rte de la Glacière

> Nature : 🌊 🏕 🌳🌳
> Loisirs : 🍴 🎱 🏊 🏊 fronton pelote basque
> Services : ♿ ⛽ GB 🚿 👕 🗑 @ 📷 🔧

135

IHOLDY

✉ 64640 – **342** E5 – G. Pays Basque – 412 h. – alt. 135
Paris 800 – Bayonne 41 – Cambo-les-Bains 26 – Hasparren 18 – St-Jean-Pied-de-Port 22 – St-Palais 19.

△ **Municipal Ur-Alde** mai-nov.
℘ 05 59 37 71 34, *camping.iholdy@orange.fr*,
Fax 05 59 37 71 34, *www.camping-iholdy.fr* – **R** conseillée
1,5 ha (47 empl.) plat et peu incliné, herbeux
Tarif : 16 € ✶ ⇌ 🗐 (6A) – pers. suppl. 4 €
Pour s'y rendre : Sortie E, rte de St-Palais et chemin à dr.,
bord d'un plan d'eau

Nature : ⊗ 🎋	
Loisirs : 🔧	
Services : 📶 ♿ ⊕ 🛒 📞	

ITXASSOU

✉ 64250 – **342** D5 – G. Pays Basque – 1 770 h. – alt. 39
Paris 787 – Bayonne 24 – Biarritz 25 – Cambo-les-Bains 5 – Pau 119 – St-Jean-de-Luz 34 –
St-Jean-Pied-de-Port 32.

△ **Hiriberria** 15 fév.-15 déc.
℘ 05 59 29 98 09, *hiriberria@wanadoo.fr*,
Fax 05 59 29 20 88, *www.hiriberria.com* – **R** conseillée
4 ha (228 empl.) plat, en terrasses, peu incliné, herbeux
Tarif : 20 € ✶ ⇌ 🗐 (5A) – pers. suppl. 5,50 €
Location : 13 🏠 (4 à 6 pers.) 260 à 485 €/sem. – 10 🏠
(4 à 6 pers.) 315 à 595 €/sem.
🚐 1 borne artisanale 3,50 €
Pour s'y rendre : 1 km au NO par D 918, rte de Cambo-les-
Bains et chemin à dr.
À savoir : joli petit village de chalets

Nature : ⊱ ⊏ 🎋 (peupleraie)	
Loisirs : 🔲 🏊 🎿 (découverte en saison)	
Services : ♿ ⚡ 📶 ♿ 📧 🛒 🛁 ⊕ 🛒 ⌄ 📞 📱	

LES GUIDES VERTS **MICHELIN**
Paysages, monuments
Routes touristiques
Géographie
Histoire, Art
Itinéraire de visite
Plans de villes et de monuments

136

LARRAU

✉ 64560 – **342** G4 – G. Pays Basque – 214 h. – alt. 636
Paris 840 – Bordeaux 254 – Pamplona 110 – Donostia-San Sebastián 142 – Pau 74.

△ **Les Chalets d'Iraty** (location exclusive de chalets)
Permanent
℘ 05 59 28 51 29, *info@chalets-pays-basque.com*,
Fax 05 59 28 72 38, *www.chalets-pays-basque.com* –
alt. 1 327 – **R**
2 000 ha/4 campables plat, incliné, herbeux, pierreux
Location 🅿 (hiver) : 40 🏠 (4 à 6 pers.) 235 à
325 €/sem.
Pour s'y rendre : 11 km à l'O par D 19, rte d'Iraty, au Col
Bagargui
À savoir : implantés dans la forêt d'Iraty

Nature : ⊗ 🎋	
Loisirs : ▮ ✗ 🚲 🍴	
Services : 📶 ♿ 📧 🛒 🛁 🛒	
À prox. : 🔧 🐎 ski de fond	

△ **D'Iraty** juin-oct.
℘ 05 59 28 51 29, *info@chalets-pays-basque.com*,
Fax 05 59 28 72 38, *www.chalets-pays-basque.com* –
alt. 1 000 – **R**
5 ha (70 empl.) non clos, plat, incliné, herbeux, pierreux
Tarif : (Prix 2007) ✶ 2,60 € ⇌ 1,70 € 🗐 4,15 € –
🗐 (10A) 2,30 €
Location (permanent) : 4 🏠 (4 à 6 pers.) 330 à
1 444 €/sem.
Pour s'y rendre : 13 km à l'O par D 19, rte d'Iraty
À savoir : Dans la forêt d'Iraty GR 10

Nature : ⊗ 🎋	
Loisirs : 🔧	
Services : ⚡ (juil.-août) 📶 ♿ 🛒 ⊕ 🛒	

LARUNS

✉ 64440 – **342** J7 – G. Aquitaine – 1 425 h. – alt. 523
🏢 *Office de tourisme, Maison de la Vallée d'Ossau* 📞 *05 59 05 31 41, Fax 05 59 05 35 49*
Paris 811 – Argelès-Gazost 49 – Lourdes 51 – Oloron-Ste-Marie 34 – Pau 39.

   🏕 **Les Gaves** Permanent
     📞 05 59 05 32 37, *campingdesgaves@wanadoo.fr,*
     Fax 05 59 05 47 14, *www.campingdesgaves.com* – places li-
     mitées pour le passage – **R** conseillée
     2,4 ha (101 empl.) plat, herbeux, gravier
     Tarif : (Prix 2007) ♦ 3,70 € ⇔ 🅴 9,60 € – (½) (10A) 4 € – frais
     de réservation 17 €
     Location 🏕 🅿 (chalets) : 7 ⌂ (4 à 6 pers.) 210 à
     588 €/sem. – 5 ⌂ (4 à 6 pers.) 336 à 679 €/sem. – 5
     appartements – gîtes
     🚐 1 borne – 4 🅴 10 € – 🚐 10 €
     Pour s'y rendre : 1,5 km au SE par rte du col d'Aubisque et
     chemin à gauche, bord du Gave d'Ossau

                                       Nature : ❄ 🐾 ← ⌂ ♀♀
                                       Loisirs : ♥ 🏛 ⚓
                                       Services : ⚡ 🇬🇧 ⚙ 🛉 ⊙ ⚐ 🚿 ⌂

LESCUN

✉ 64490 – **342** I7 – G. Aquitaine – 203 h. – alt. 900
Paris 846 – Lourdes 89 – Oloron-Ste-Marie 37 – Pau 70.

   🏕 **Le Lauzart** mai-15 sept.
     📞 05 59 34 51 77, *campinglauzart@wanadoo.fr,*
     Fax 05 59 34 51 77 – **R** indispensable
     1 ha (50 empl.) plat et peu incliné, en terrasses, pierreux,
     herbeux, rochers
     Tarif : 13,70 € ♦ ⇔ 🅴 (½) (10A) – pers. suppl. 2,80 €
     🚐 1 borne artisanale
     Pour s'y rendre : SO : 1,5 km par D 340
     À savoir : Cadre sauvage et montagnard

                                       Nature : 🐾 ← ♀♀
                                       Services : ♿ ⚡ ⚙ 🛉 ⊙ ⚐ ⊙ 🚿

137

LESTELLE-BÉTHARRAM

✉ 64800 – **342** K6 – G. Aquitaine – 786 h. – alt. 299
🏢 *Office de tourisme, Mairie* 📞 *05 59 71 96 35*
Paris 801 – Laruns 35 – Lourdes 17 – Pau 28.

   🏕 **Le Saillet** 15 avr.-sept.
     📞 05 59 71 98 65, *le-saillet@orange.fr, www.camping-le-*
     saillet.com – **R** conseillée
     4 ha (85 empl.) plat, herbeux
     Tarif : 18 € ♦ ⇔ 🅴 (½) (10A) – pers. suppl. 4 €
     Location (permanent) : 11 ⌂ (4 à 6 pers.) 280 à
     650 €/sem.
     Pour s'y rendre : au bourg, au bord du Gave de Pau

                                       Nature : 🐾 ⌂ ♀♀
                                       Loisirs : ⚓ ※ ⚐ ⚐ fronton
                                       Services : ♿ ⚡ 🇬🇧 ⚙ 🛉 ⊙ ⚐ ⚐
                                       🛉 sèche-linge
                                       À prox. : 🐎 sports en eaux vives

MAULÉON-LICHARRE

✉ 64130 – **342** G5 – G. Pays Basque – 3 347 h. – alt. 140
🏢 *Office de tourisme, 10, rue Doct Jean-Baptiste Heugas* 📞 *05 59 28 02 37, Fax 05 59 28 02 21*
Paris 802 – Oloron-Ste-Marie 31 – Orthez 39 – Pau 60 – St-Jean-Pied-de-Port 40 – Sauveterre-de-Béarn 25.

   🏕 **Uhaitza le Saison** mars-15 nov.
     📞 05 59 28 18 79, *camping.uhaitza@wanadoo.fr,*
     Fax 05 59 28 06 23, *www.camping-uhaitza.com* – **R** conseil-
     lée
     1 ha (50 empl.) plat, herbeux
     Tarif : ♦ 4,50 € ⇔ 2,80 € 🅴 5,20 € – (½) (10A) 4,80 € – frais
     de réservation 10 €
     Location (permanent) 🏕 : 2 ⌂ (4 à 6 pers.) 250 à
     510 €/sem. – 5 ⌂ (4 à 6 pers.) 280 à 570 €/sem.
     🚐 1 borne Seifel 4,30 € – 🚐 17 €
     Pour s'y rendre : 1,5 km au S par D 918 rte de Tardets-
     Sorholus, bord du Saison

                                       Nature : 🐾 ⌂ ♀♀
                                       Loisirs : ♥ 🏛 ⚓ ≤ ⚐
                                       Services : ♿ ⚡ ⚙ 🛉 ⊙ ⊙ ⊙ ⚐
                                       🚿 🏛

MAULÉON-LICHARRE

⚠ **Aire Naturelle la Ferme Landran** 23 mars-sept.
ℰ 05 59 28 19 55, *landran@wanadoo.fr*, Fax 05 59 28 23 20,
www.gites64.com/la-ferme-landran – **R** conseillée
1 ha (25 empl.) incliné et en terrasses, herbeux
Tarif : 11,80 € ✷ ⇌ 🔲 (6A) – pers. suppl. 2 €
Location (permanent) 🛏 : 2 🏠 (4 à 6 pers.) 220 à
330 €/sem. – gîte d'étape
🛒 1 borne eurorelais 3 €
Pour s'y rendre : 4,5 km au SO par D 918, rte de St-Jean-
Pied-de-Port puis 1,5 km par chemin de Lambarre à dr.
À savoir : Camping à la ferme

Nature : 🌿 ⚘
Loisirs : 🏠 🚣
Services : 🛁 🕯 🔲 ⊕ 🗑

MONTORY

✉ 64470 – **342** H4 – 349 h. – alt. 350
Paris 827 – Bordeaux 241 – Pamplona 121 – Pau 56 – Irun / Irún 125.

⚠ **Les Chalets de Soule** (location exclusive de mobile
homes) Permanent
ℰ 05 59 28 53 28, *leschaletsdesoule@wanadoo.fr*,
www.leschaletsdesoule.com – **R** conseillée
2 ha plat, herbeux
Location 🅿 : 15 🚐 (4 à 6 pers.) 232 à 450 €/sem.
Pour s'y rendre : 15 km au SE par D 26, rte de Tardets et
D 918 rte d'Oloron-Ste-Marie

Nature : 🌿 ⛺ ⚘⚘
Loisirs : 🚣 🏔
Services : 🕯 🔲 🗑
À prox. : ✗ quad

NAVARRENX

✉ 64190 – **342** H5 – G. Aquitaine – 1 133 h. – alt. 125
🛈 *Office de tourisme, place des Casernes ℰ* 05 59 66 54 80, Fax 05 59 66 54 80
Paris 787 – Oloron-Ste-Marie 23 – Orthez 22 – Pau 43 – St-Jean-Pied-de-Port 62 – Sauveterre-de-Béarn 22.

⚠ **Beau Rivage** 15 mars-12 oct.
ℰ 05 59 66 10 00, *beaucamping@free.fr, www.beaucam
ping.com* – **R** indispensable
2 ha (60 empl.) plat, en terrasses, herbeux
Tarif : 21,50 € ✷ ⇌ 🔲 (10A) – pers. suppl. 4,75 €
Location 🛏 : chalets (sans sanitaires)
🛒 1 borne artisanale
Pour s'y rendre : à l'O du bourg, entre le Gave d'Oloron et
les remparts du village

Nature : ⚘ ⛺ ⚘
Loisirs : 🚣
Services : 🛁 🕯 ⊖ 🔲 🗑 ⊕ 📞
🗑
À prox. : ✗ 🛷 🎣

OLORON-STE-MARIE

✉ 64400 – **342** I5 – G. Aquitaine – 10 992 h. – alt. 224
🛈 *Office de tourisme, allée du Comte de Tréville ℰ* 05 59 39 98 00, Fax 05 59 39 43 97
Paris 809 – Bayonne 105 – Dax 83 – Lourdes 58 – Mont-de-Marsan 101 – Pau 34.

⚠ **Le Stade** avr.-sept.
ℰ 05 59 39 11 26, *camping-du-stade@wanadoo.fr*,
Fax 05 59 39 11 26, *www.camping-du-stade.com* – **R** conseillée
5 ha (170 empl.) plat, herbeux
Tarif : 18,50 € ✷ ⇌ 🔲 (6A) – pers. suppl. 4 € – frais de
réservation 10 €
Location (permanent) : 11 🏠 (4 à 6 pers.) 275 à 490 €/sem.
🛒 1 borne artisanale 4 €
Pour s'y rendre : 4,5 km au S, dir. Saragosse, chemin la Gravette

Nature : 🌿 ⚘
Loisirs : 🍴 🚣
Services : 🛁 ⊖ 🕯 🔲 🗑 ⊕ 🗑
🗑
À prox. : snack ✗ 🎣

OSSÈS

✉ 64780 – **342** E5 – G. Pays Basque – 694 h. – alt. 102
Paris 805 – Biarritz 43 – Cambo-les-Bains 23 – Pau 129 – St-Étienne-de-Baïgorry 10 – St-Jean-Pied-de-Port 14.

⚠ **Aire Naturelle Mendikoa** 15 juin-1er sept.
ℰ 05 59 37 73 67, Fax 05 59 37 70 29, *www.campingmendi
koa.com* – croisement difficile pour caravanes – **R** conseillée
1 ha (25 empl.) plat, peu incliné, herbeux
Tarif : 8,90 € ✷ ⇌ 🔲 (3A) – pers. suppl. 1 €
Pour s'y rendre : sortie S par D 918, rte de St-Jean-Pied-
de-Port puis 1,7 km par chemin à gauche
À savoir : sur les terres d'une ferme

Nature : 🌿 ⚘⚘
Loisirs : 🏠
Services : ⊖ 🕯 ⊕

138

ST-ÉTIENNE-DE-BAIGORRY

✉ 64430 – **342** D5 – G. Pays Basque – 1 525 h. – alt. 163
🛈 *Office de tourisme, place de l'Église* ✆ *05 59 37 47 28, Fax 05 59 37 49 58*
Paris 813 – Biarritz 51 – Cambo-les-Bains 31 – Iruëa/Pamplona 72 – Pau 116 – St-Jean-Pied-de-Port 11.

⚠ **Municipal l'Irouleguy** mars-15 déc.
✆ 05 59 37 43 96, *comstetiennebaigorry@wanadoo.fr*,
Fax 05 59 37 48 20 – **R** indispensable
1,5 ha (67 empl.) plat, herbeux
Tarif : 11,40 € 🚶 ⛺ 🚗 📧 🏕 (6A) – pers. suppl. 2,70 €
Pour s'y rendre : sortie NE par D 15, rte de St-Jean-Pied-
de-Port et chemin à gauche devant la piscine, bord de la
Nive
À savoir : cadre verdoyant bordé par la rivière

Nature : ⩽ 🌳🌳
Services : 🚿 🔌 🚽 🏪 ☺
À prox. : 🛒 🍴 snack ✂ 🎿

Pour choisir et suivre un itinéraire
Pour calculer un kilométrage
Pour situer exactement un terrain (en fonction des
indications fournies dans le texte) :
Utilisez les cartes MICHELIN ,
compléments indispensables de cet ouvrage.

ST-JEAN-DE-LUZ

✉ 64500 – **342** C4 – G. Pays Basque – 13 247 h. – alt. 3
🛈 *Office de tourisme, place du Maréchal Foch* ✆ *05 59 26 03 16, Fax 05 59 26 21 47*
Paris 785 – Bayonne 24 – Biarritz 18 – Pau 129 – San Sebastián 31.

139

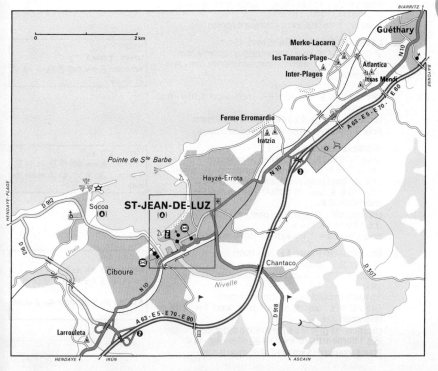

ST-JEAN-DE-LUZ

Itsas Mendi 4 avr.-28 sept.
℘ 05 59 26 56 50, *itsas@wanadoo.fr*, Fax 05 59 26 54 44, *www.itsas-mendi.com* – **R** conseillée
8,5 ha (472 empl.) en terrasses et incliné, herbeux
Tarif : 32,50 € ⚹ ⟷ 🅴 (10A) – pers. suppl. 6 € – frais de réservation 10 €
Location ⬦ : 69 ⬛ (4 à 6 pers.) 160 à 860 €/sem.
⬛, 1 borne artisanale
Pour s'y rendre : 5 km au NE, à 500 m de la plage
À savoir : bel espace aquatique

> Nature : ○○
> Loisirs : 🍴 ✗ ⚐ ⚓ ⛵ jacuzzi ⛵
> 🚴 ✗ ⚲ école de surf
> Services : ⚹ ⊶ GB ⚙ 🗄 ⬚ ⊛ ⚐
> 🗄 ⬚ ⬚ cases réfrigérées

Atlantica ♣♣ – avr.-sept.
℘ 05 59 47 72 44, *info@campingatlantica.com*, Fax 05 59 54 72 27, *www.camping.atlantica.com* – **R** conseillée
3,5 ha (200 empl.) plat, en terrasses, herbeux
Tarif : 31,50 € ⚹ ⟷ 🅴 (6A) – pers. suppl. 6,15 € – frais de réservation 25 €
Location ⬦ : 59 ⬛ (4 à 6 pers.) 250 à 800 €/sem. – 3 ⬛ (4 à 6 pers.) à 800 €/sem.
⬛, 1 borne artisanale
Pour s'y rendre : 5 km au NE, à 500 m de la plage
À savoir : décoration arbustive et florale

> Nature : ▭ ○○
> Loisirs : 🍴 snack ⚐ diurne ⚲
> ⛵ ⚲ ⚲ terrain omnisports
> Services : ⚹ ⊶ GB ⚙ 🗄 ⬚ ⊛ ⚐
> ⚐ 🗄 ⬚ ⬚ cases réfrigérées

Inter-Plages avr.-sept.
℘ 05 59 26 56 94, *www.campinginterplages.com* – **R**
2,5 ha (100 empl.) plat, incliné, herbeux
Tarif : (Prix 2007) 29 € ⚹ ⟷ 🅴 (10A) – pers. suppl. 8 € – frais de réservation 20 €
Location ⬦ : 20 ⬛ (4 à 6 pers.) 330 à 590 €/sem. – 5 ⬛ (4 à 6 pers.) 350 à 630 €/sem.
⬛, 1 borne artisanale 4,50 € – 1 🅴 24 €
Pour s'y rendre : 5 km au NE, quartier Acotz, à 150 m de la plage (accès direct)
À savoir : belle situation surplombant l'océan

> Nature : ⚲ ⟵ ▭ ⚲
> Loisirs : 🛋 ⛵ 🚴 ⚲
> Services : ⚹ ⊶ ⚙ ▦ ⬚ ⊛ ⚐ ⚐
> ☎ 🗄
> À prox. : ⬚ 🍴 snack ⬚ ⚲ école de surf

140

La Ferme Erromardie 15 mars-15 oct.
℘ 05 59 26 34 26, *contact@camping-erromardie.com*, Fax 05 59 51 26 02, *www.camping-erromardie.com* – **R** indispensable
2 ha (176 empl.) plat, herbeux
Tarif : 25,50 € ⚹ ⟷ 🅴 (6A) – pers. suppl. 5,50 € – frais de réservation 15 €
Location : 31 ⬛ (4 à 6 pers.) 250 à 650 €/sem.
Pour s'y rendre : 1,8 km au NE, près de la plage

> Nature : ▭ ○○
> Loisirs : 🍴 snack 🛋
> Services : ⚹ ⊶ GB ⚙ 🗄 ⬚ ⊛ ⚐
> 🗄 ⬚ ⬚

Merko-Lacarra avr.-18 oct.
℘ 05 59 26 56 76, *contact@merkolacarra.com*, Fax 05 59 54 73 81, *www.merkolacarra.com* – **R** conseillée
2 ha (128 empl.) plat, peu incliné à incliné, herbeux
Tarif : 30 € ⚹ ⟷ 🅴 (16A) – pers. suppl. 6 € – frais de réservation 16 €
Location ⬦ : 22 ⬛ (4 à 6 pers.) 252 à 714 €/sem.
⬛, 1 borne raclet 6 €
Pour s'y rendre : 5 km au NE, à 150 m de la plage

> Loisirs : 🛋 ⛵
> Services : ⚹ ⊶ GB ⚙ 🗄 ⊛ ⚐
> À prox. : ⬚ 🍴 ✗ ⬚ ⚲ école de surf

Les Tamaris-Plage ♣♣ – avr.-15 oct.
℘ 05 59 26 55 90, *tamaris1@wanadoo.fr*, Fax 05 59 47 70 15, *www.tamaris-plage.com* – **R** indispensable
1,5 ha (79 empl.) plat et peu incliné, herbeux
Tarif : 27 € ⚹ ⟷ 🅴 (7A) – pers. suppl. 6 € – frais de réservation 20 €
Location : 33 ⬛ (4 à 6 pers.) 300 à 650 €/sem.
⬛, 1 borne artisanale 4 € – 4 🅴 12 € – 🚌 16 €
Pour s'y rendre : 5 km au NE, à 80 m de la plage

> Nature : ▭ ⚲
> Loisirs : 🛋 ⚲ ⛵
> Services : ⚹ ⊶ GB ⚙ Ⓜ 🗄 ⬚ ⊛
> ☎ 🗄
> À prox. : ⬚ 🍴 ✗ ⬚ ⚲ école de surf

  ⚠ Iratzia

    𝒫 05 59 26 14 89, Fax 05 59 26 69 69 – **⋌**

    4,2 ha (280 empl.) plat, peu incliné et en terrasses, herbeux

    Pour s'y rendre : 1,5 km au NE, à 300 m de la plage

Nature : ♤♤
Loisirs : 🍸 ⛵
Services : 🚿 ⚲ 🗄 🔐 ⊕ 🛢 🧺 🚐

ST-JEAN-PIED-DE-PORT

✉ 64220 – **342** E6 – G. Pays Basque – 1 417 h. – alt. 159

🚇 *Office de tourisme, 14, place Charles-de-Gaulle 𝒫 05 59 37 03 57, Fax 05 59 37 34 91*

Paris 817 – Bayonne 54 – Biarritz 55 – Dax 105 – Oloron-Ste-Marie 70 – Pau 106 – San Sebastián 96.

  ▲▲▲ **Europ'Camping** avr.-sept.

    𝒫 05 59 37 12 78, europcamping64@orange.fr,

    Fax 05 59 37 29 82, www.europ-camping.com – **R** indispen-

    sable

    2 ha (110 empl.) peu incliné, plat, herbeux

    Tarif : 27 € 🟊 🚗 🅴 (6A) – pers. suppl. 5,60 € – frais de

    réservation 22 €

    Location 🏚 : 33 🛏 (4 à 6 pers.) 230 à 650 €/sem.

    Pour s'y rendre : 2 km au NO par D 918 rte de Bayonne et

    chemin à gauche, à Ascarat

    À savoir : location à la nuitée sauf en saison

Nature : ⛰ ≤ ♤♤
Loisirs : 🍸 snack 🍴 🎱 🍷
Services : 🚿 ⚲ GB 📶 🗄 ⊕ 🛒 📞 🔲 🧺
À prox. : ⌇

  ▲▲ **Narbaïtz** 8 mars-20 sept.

    𝒫 05 59 37 10 13, camping-narbaitz@wanadoo.fr,

    Fax 05 59 37 21 42, www.camping-narbaitz.com

    – **R** conseillée

    2,5 ha (133 empl.) plat et peu incliné, herbeux

    Tarif : (Prix 2007) 22 € 🟊 🚗 🅴 🅗 (6A) – pers.

    suppl. 3,50 € – frais de réservation 18 €

    Location 🏚 : 12 🛏 (4 à 6 pers.) 240 à 590 €/sem.

    Pour s'y rendre : 2,5 km au NO par D 918 rte de Bayonne

    et à gauche, rte de Ascarat, bord d'un ruisseau et à 50 m de

    la Nive

Nature : ≤ ♤♤
Loisirs : 🍴 🎣 🍷
Services : 🚿 ⚲ GB 📶 🔲 🗄 ⊕
📞 🔲 🧺
À prox. : ⌇

The Guide changes, so renew your Guide every year.

141

ST-PÉE-SUR-NIVELLE

✉ 64310 – **342** C4 – G. Pays Basque – 4 331 h. – alt. 30

🚇 *Office de tourisme, place du Fronton 𝒫 05 59 54 11 69, Fax 05 59 85 86 38*

Paris 785 – Bayonne 22 – Biarritz 17 – Cambo-les-Bains 17 – Pau 129 – St-Jean-de-Luz 14.

  ▲▲ **Goyetchea** 31 mai-19 sept.

    𝒫 05 59 54 19 59, info@camping-goyetchea.com,

    www.camping-goyetchea.com – **R** indispensable

    3 ha (140 empl.) plat et peu incliné, herbeux

    Tarif : 23,20 € 🟊 🚗 🅴 🅗 (6A) – pers. suppl. 4,50 € – frais

    de réservation 11 €

    Location (5 avr.-27 sept.) 🏚 : 27 🛏 (4 à 6 pers.) 200 à

    640 €/sem.

    Pour s'y rendre : 3,8 km à l'O de St-Pée-sur-Nivelle par

    D 918 et D 855, rte d'Ahetze à Ibarron

Nature : ⛰ ≤ ♤♤
Loisirs : 🍴 🎣 🍷
Services : 🚿 ⚲ GB 📶 🗄 ⊕ 📞
🔲 sèche-linge 🧺

  ⚠ **L'Ibarron** 10 mai-20 sept.

    𝒫 05 59 54 10 43, camping.dibarron@wanadoo.fr,

    Fax 05 59 54 51 95, www.camping-ibarron.com – **R** conseil-

    lée

    2,9 ha (194 empl.) plat, herbeux

    Tarif : 23 € 🟊 🚗 🅴 🅗 (5A) – pers. suppl. 4,50 € – frais de

    réservation 8 €

    Location 🏚 : 19 🛏 (4 à 6 pers.) 230 à 580 €/sem.

    🛢 1 borne artisanale 3,50 € – 6 🅴

    Pour s'y rendre : 3 km à l'O de St-Pée-sur-Nivelle, par

    D 918, à Ibarron

Nature : ♤♤
Loisirs : 🍴 🎣 🍷
Services : 🚿 ⚲ 📶 🗄 ⊕ 📞 🔲
À prox. : 🍗 🍸 ✗ 🧺 🚲

SALIES-DE-BÉARN

✉ 64270 – **342** G4 – G. Aquitaine – 4 759 h. – alt. 50 – ⚬

🖪 *Office de tourisme, rue des Bains* ℘ *05 59 38 00 33, Fax 05 59 38 02 95*

Paris 762 – Bayonne 60 – Dax 36 – Orthez 17 – Pau 64 – Peyrehorade 26.

⚠ **Municipal de Mosqueros** 15 mars-15 oct.

℘ 05 59 38 12 94, *mairie.salies@wanadoo.fr*,

Fax 05 59 38 06 43, *www.tourisme-bearn-gaves.com*

– **R** conseillée

0,7 ha (67 empl.) plat, en terrasses, herbeux

Tarif : (Prix 2007) ⚓ 2,60 € ⚘ 🅴 5,30 € – ⚡ 2,55 €

Pour s'y rendre : sortie O par D 17, rte de Bayonne

À savoir : à la base de plein air

Nature : 🌿 ♉♉	
Loisirs : 🎱	
Services : 🚿 ⚡ 🅒 🗄 🝙 ⊛ 🍴 🏧 📷	
À prox. : 🍴 ⚓	

SARE

✉ 64310 – **342** C5 – G. Pays Basque – 2 184 h. – alt. 70

🖪 *Office de tourisme, Herriko Etxea* ℘ 05 59 54 20 14, Fax 05 59 54 29 15

Paris 794 – Biarritz 26 – Cambo-les-Bains 19 – Pau 138 – St-Jean-de-Luz 14 – St-Pée-sur-Nivelle 9.

⚠ **La Petite Rhune** mai-sept.

℘ 05 59 54 23 97, *la-petite-rhune@wanadoo.fr*,

Fax 05 59 54 23 42, *www.lapetiterhune.com* – places limi-

tées pour le passage – **R** conseillée 🐾 (juil.-août)

1,5 ha (56 empl.) peu incliné, herbeux

Tarif : 23,80 € ⚓ ⚘ 🅴 ⚡ (10A) – pers. suppl. 4,80 € –

frais de réservation 10 €

Location (permanent) : 12 🏠 (4 à 6 pers.) 220 à

580 €/sem. – 3 appartements – 1 gîte

Pour s'y rendre : 2 km au S, sur rte reliant D 406 et D 306

Nature : 🌿 ⋖ ♉♉	
Loisirs : 🎱 🏊 🍴 ⚓ (petite piscine)	
Services : 🚿 ⚡ 🅒 🗄 🝙 🏧 ⊛ 📷 sèche-linge	
À prox. : 🍴 ✕	

SAUVETERRE-DE-BÉARN

✉ 64390 – **342** G4 – G. Aquitaine – 1 304 h. – alt. 69

🖪 *Office de tourisme, place Royale* ℘ 05 59 38 32 86

Paris 772 – Bayonne 70 – Mauléon-Licharre 25 – Oloron-Ste-Marie 42 – Orthez 21 – Peyrehorade 25.

⚠ Le Gave

℘ 05 59 38 53 30, *camping-du-gave@wanadoo.fr*,

Fax 05 59 36 19 88 – **R** conseillée

1,5 ha (55 empl.) plat, herbeux

Pour s'y rendre : Sortie S par D 933, rte de St-Palais puis

chemin à gauche avant le pont, bord du Gave d'Oloron

Nature : 🌿 ♉♉	
Loisirs : 🎣	
Services : ⚡ ⊛ 🏧 🍴 📷 sèche-linge	
À prox. : canoë, sports en eaux vives	

SOCOA

✉ 64122 – **342** B2 – G. Pays Basque

Paris 793 – Bordeaux 207 – Pau 130 – Bayonne 25 – Anglet 21.

Schéma à St-Jean-de-Luz

⚠ **Larrouleta** Permanent

℘ 05 59 47 37 84, *info@larrouleta.com*, Fax 05 59 47 42 54,

www.larrouleta.com – **R** conseillée

5 ha (263 empl.) plat et peu incliné, herbeux

Tarif : 19,50 € ⚓ ⚘ 🅴 ⚡ (5A) – pers. suppl. 6 €

🚐 1 borne artisanale – 25 🅴

Pour s'y rendre : 3 km au S, bord d'un plan d'eau et d'une

rivière

Nature : ♉♉(peupleraie)	
Loisirs : 🍴 snack 🎱 🏊 ✕ 🖼 (découverte en saison) ⚓ 🎣 pédalos	
Services : 🚿 ⚡ 🅶🅱 🅒 🛍 🗄 🝙 🏧 ⊛ 🍴 🍴 🐾 ☎ 📷 sèche-linge 🔧 🚾	

URDOS

✉ 64490 – **342** I7 – 108 h. – alt. 780
Paris 850 – Jaca 38 – Oloron-Ste-Marie 41 – Pau 75.

⚠ **Municipal Le Gave d'Aspe** mai-15 sept.
℘ 05 59 34 88 26, *guittonb@hotmail.com* – **R** conseillée
1,5 ha (80 empl.) non clos, plat et peu incliné, terrasse,
herbeux, pierreux
Tarif : 12,40 € ✶ 🚗 🗐 [5] (30A) – pers. suppl. 3 €
🚐 1 borne eurorelais 2 €
Pour s'y rendre : NO : 1,5 km par N 134 et chemin devant
l'ancienne gare, bord du Gave d'Aspe

Nature : 🔊 ⪡ ♤♤
Loisirs : 🍴 🏊 🎣
Services : ᴋ ⚬ᴧ ᴄᴠ ⊛ 🛈 🔲 sèche-
linge

URRUGNE

✉ 64122 – **342** B4 – G. Pays Basque – 7 043 h. – alt. 34
🄸 *Office de tourisme, place René Soubelet* ℘ 05 59 54 60 80, *Fax 05 59 54 63 49*
Paris 791 – Bayonne 29 – Biarritz 23 – Hendaye 8 – San Sebastián 27.

⛰ **Col d'Ibardin** ♣♣ – avr.-sept.
℘ 05 59 54 31 21, *info@col-ibardin.com*,
Fax 05 59 54 62 28, *www.col-ibardin.com* – **R** conseillée
8 ha (191 empl.) peu incliné, herbeux
Tarif : 34 € ✶ 🚗 🗐 [5] (10A) – pers. suppl. 6 € – frais de
réservation 30 €
Location (avr.-déb. nov.) 🏠 : 31 🚐 (4 à 6 pers.) 336 à
700 €/sem. – 16 🏠 (4 à 6 pers.) 406 à 805 €/sem.
Pour s'y rendre : 4 km au S par D 4, rte d'Ascain, bord d'un
ruisseau
À savoir : au milieu d'une forêt de chênes, emplacements
bordés par un ruisseau

Nature : 🔊 ⊏⊐ ♋♋(chênaie)
Loisirs : 🍴 🛋 🏸 🎣 ✂ 🛷 terrain omnisports
Services : ᴋ ⚬ᴧ ᴳᴮ ᴄᴠ 🗐 ♨ 🛋 ⊛
🔥 🍴 🛈 🔲 sèche-linge 🚮 🚿

URT

✉ 64240 – **342** E4 – G. Pays Basque – 1 702 h. – alt. 41
🄸 *Office de tourisme, Mairie* ℘ 05 59 56 20 33
Paris 757 – Bayonne 17 – Biarritz 24 – Cambo-les-Bains 28 – Pau 97.

143

⛰ **Etche Zahar** 20 mars-3 nov.
℘ 05 59 56 27 36, *info@etche-zahar.fr, www.etche-za
har.fr* – **R** conseillée 🏠 (août)
1,5 ha (43 empl.) non clos, plat, peu incliné, herbeux
Tarif : 21 € ✶ 🚗 🗐 [5] (10A) – pers. suppl. 3,70 € – frais
de réservation 12 €
Location (4 févr.-déc.) : 6 🚐 (4 à 6 pers.) 238 à
567 €/sem. – 8 🏠 (4 à 6 pers.) 231 à 602 €/sem. – 5
bungalows toilés
Pour s'y rendre : 1 km à l'O par D 257 direction Urcuit et à
gauche, allée de Mesples
À savoir : Bel ensemble de chalets entre bois et cultures

Nature : 🔊 ⊏⊐
Loisirs : 🛋 🚲 🎣
Services : ᴋ ⚬ᴧ ᴄᴠ 🅼 🗐 ⊛ 🛈 🔲
sèche-linge 🚮
À prox. : 🍴

AUVERGNE

J.L. Damase/Michelin

Chut... ! Chefs d'orchestre d'une symphonie muette depuis des millé-naires, imperturbables sanctuaires de la nature à l'état brut, les volcans d'Auvergne dorment paisiblement. Seuls remous perceptibles : les gronde-ments de Vulcania où de spectaculaires animations célèbrent ces titans assoupis... Dômes et puys sculptés par le feu forment un immense château d'eau se déversant en une multitude de lacs, de rivières et de sources pures, élixirs chargés de vertus légendaires. Pour mieux s'abandonner à ces « thermes de Jouvence », les curistes en quête de bien-être s'immergent dans l'ambiance élégante des villes d'eau où la tentation reste grande, malgré les conseils diététiques, de céder à la chaleur revigorante d'une potée, aux effluves d'un cantal affiné ou à l'inimitable saveur sucrée-salée d'un pounti.

Shhh! Auvergne's volcanoes are dormant and have been for many millennia, forming a natural rampart against the inroads of man and ensuring that this beautiful wilderness will never be entirely tamed. If you listen very carefully, you may just make out a distant rumble from Vulcania, where spectacular theme park attractions celebrate these sleeping giants. The region's domes and peaks are the source of countless mountain springs that cascade down the steep slopes into brooks, rivers and crystal-clear lakes. Renowned for the therapeutic qualities of its waters, the region has long played host to well-heeled *curistes* in its elegant spa resorts, but many visitors find it impossible to follow doctor's orders when faced with the enticing aroma of a country stew or a full-bodied Cantal cheese!

ABREST

✉ 03200 – **326** H6 – 2 428 h. – alt. 290 – Base de loisirs
Paris 361 – Clermont 70 – Moulins 63 – Montluçon 94 – Roanne 73.

⚠ **La Croix St-Martin** 2 avr.-oct.
℘ 04 70 32 67 74, *campingabrest@aol.com*,
Fax 04 70 32 67 74, *www.camping-vichy.com* – **R** conseillée
3 ha (100 empl.) plat, herbeux
Tarif : 16,40 € 🚶 🚐 ▣ (10A) – pers. suppl. 4,30 €
Location : 8 🏚 (4 à 6 pers.) 224 à 440 €/sem.
🚐 1 borne artisanale 5 € – 13 ▣ – 🛒 10 €
Pour s'y rendre : N : par av. des Graviers et chemin, près
de l'Allier

> Nature : 🟡
> Loisirs : 🎠 🏊
> Services : 👤 🚿 ⊖ B ⚡ 🗑 ⊕ 🔩
> sèche-linge
> À prox. : 🍴 casino 🎾 🏇 🎿 🛶 golf,
> canoë, swin golf

BRAIZE

✉ 03360 – **326** C2 – 257 h. – alt. 240
Paris 297 – Dun-sur-Auron 30 – Cérilly 16 – Culan 35 – Montluçon 40.

⚠ **Le Champ de la Chapelle** 18 avr.-oct.
℘ 04 70 06 15 45, *champdelachapelle@wanadoo.fr*,
www.champdelachapelle.com – **R** conseillée
5,6 ha (80 empl.) plat et peu incliné, accidenté, herbeux
Tarif : 15 € 🚶 🚐 ▣ (16A) – pers. suppl. 2,75 €
Pour s'y rendre : 5,7 km au S par D 28 rte de Meaulnes et
D 978ᴬ à gauche, rte de Tronçais puis 2 km par rte à gauche
À savoir : agréable situation en forêt

> Nature : 🌲 🟡🟡
> Loisirs : 🏄 ⛵ (plage)
> Services : 👤 🚿 ⊖ B ⚡ 🗑 ⊕ 🛆 📞
> 📱 🔩
> à l'étang de St-Bonnet : 🍴 🍽 🎾 🏇
> 🛶 club nautique

*Les indications d'accès à un terrain sont généralement indiquées,
dans notre guide, à partir du centre de la localité.*

147

COULEUVRE

✉ 03320 – **326** E2 – 645 h. – alt. 267
Paris 289 – Bourbon-l'Archambault 18 – Cérilly 10 – Cosne-d'Allier 27 – Moulins 42.

⚠ **Municipal la Font St-Julien** avr.-sept.
℘ 04 70 66 10 45, *mairie-couleuvre@wanadoo.fr*,
Fax 04 70 66 10 09 – **R** conseillée
2 ha (50 empl.) peu incliné, herbeux
Tarif : (Prix 2007) 🚶 1,85 € 🚐 ▣ 3,45 € – ⚡ 5 €
Pour s'y rendre : sortie SO par D 3, rte de Cérilly et à dr.
À savoir : Bord d'un étang

> Nature : 🌲 🟡
> Loisirs : 🏄 🎾 🏊 🛶 parc anima-
> lier
> Services : ⚡ 🗑 ⊕ 🔩

DOMPIERRE-SUR-BESBRE

✉ 03290 – **326** J3 – 3 477 h. – alt. 234
🄸 *Office de tourisme, 145, Grande Rue* ℘ *04 70 34 61 31, Fax 04 70 34 27 16*
Paris 324 – Bourbon-Lancy 19 – Decize 46 – Digoin 27 – Lapalisse 36 – Moulins 31.

⚠ **Municipal** 15 mai-15 sept.
℘ 04 70 34 55 57, *mairie-de-dompierre-sur-besbre@wana
doo.fr*, Fax 04 70 48 11 39 – **R** conseillée
2 ha (70 empl.) plat, herbeux
Tarif : (Prix 2007) 8,30 € 🚶 🚐 ▣ (10A) – pers.
suppl. 2,10 €
🚐 1 borne artisanale 2,30 €
Pour s'y rendre : Sortie SE par N 79, rte de Digoin, près de
la Besbre et à proximité d'un étang
À savoir : Décoration arbustive et florale

> Nature : 🌲 🗐 🟡
> Loisirs : 🏄 🎠 🎾
> Services : 🚿 ⚡ 🚑 ⊕ 🛆 ➿ 🔩
> À prox. : 🍴 🏊 parc animalier et
> parc d'attractions

FERRIÈRES-SUR-SICHON

☒ 03250 – **326** I6 – 561 h. – alt. 545
Paris 375 – Lapalisse 30 – Roanne 50 – Thiers 35 – Vichy 27.

▲ **Municipal le Galizan** juin-sept.
⌀ 04 70 41 10 10, *mairie.ferrieres@wanadoo.fr,*
Fax 04 70 41 15 22 – **R** conseillée
0,7 ha (32 empl.) plat, herbeux, pierreux
Tarif : ⚹ 2,20 € ⇔ 1,10 € 🅴 1,10 € – [⚡] (10A) 2,20 €
Pour s'y rendre : 0,7 km au SE du bourg par D 122, rte
Thiers et chemin à gauche après le petit pont, près du
Sichon et d'un étang

> Nature : 🐾 ♀
> Loisirs : ✂
> Services : 🗄 ☺
> À prox. : ⛵ (étang) 🏊

GANNAT

☒ 03800 – **326** G6 – G. Auvergne – 5 838 h. – alt. 345
🚩 *Office de tourisme, 11, place Hennequin* ⌀ 04 70 90 17 78, Fax 04 70 90 19 45
Paris 383 – Clermont-Ferrand 49 – Montluçon 78 – Moulins 58 – Vichy 20.

▲▲ **Municipal le Mont Libre** avr.-oct.
⌀ 04 70 90 12 16, *camping.gannat@wanadoo.fr,*
Fax 04 70 90 12 16, *www.bassin-gannat.com* – **R** conseillée
1,5 ha (70 empl.) en terrasses, herbeux
Tarif : 12,20 € ⚹ ⇔ 🅴 [⚡] (10A) – pers. suppl. 2,20 €
Location : 10 🏠 (4 à 6 pers.) 205 à 370 €/sem.
🚐 1 borne artisanale 3,40 €
Pour s'y rendre : 1 km au S par D 2009 et rte à dr.

> Nature : ← 🏕 ♀
> Loisirs : 🍴 🏊 🎣 (petite piscine)
> Services : ♿ ⚡ 🅶🅱 🐕 🗄 ☺ 🖎
> À prox. : 🛒 ✂ 🎯 🔳

ISLE-ET-BARDAIS

148

☒ 03360 – **326** D2 – 321 h. – alt. 285
Paris 280 – Bourges 60 – Cérilly 9 – Montluçon 52 – St-Amand-Montrond 26 – Sancoins 22.

▲▲ **Les Écossais** avr.-sept.
⌀ 04 70 66 62 57, *campingecossais@aol.com,*
Fax 04 70 66 63 99, *www.campingstroncais.com*
– **R** conseillée
2 ha (70 empl.) plat, peu incliné, herbeux
Tarif : (Prix 2007) ⚹ 2,64 € ⇔ 1,25 € 🅴 1,25 € – [⚡] 2,87 € –
frais de réservation 12 €
Location (permanent) : 7 🏠 (4 à 6 pers.) 232 à
366 €/sem. – huttes
Pour s'y rendre : 1 km au S par rte des Chamignoux
À savoir : Au bord de l'étang de Pirot et à l'orée de la forêt
de Tronçais

> Nature : 🐾 🏕 ♀♀
> Loisirs : 🍴 🏊 ✂ 🎣 ⛵ (plage)
> Services : ⚡ 🅶🅱 🐕 🗄 ☺ 🖎 sèche-linge
> À prox. : 🏊 🏊

LAPALISSE

☒ 03120 – **326** I5 – G. Auvergne – 3 332 h. – alt. 280
🚩 *Office de tourisme, 26, rue Winston Churchill* ⌀ 04 70 99 08 39, Fax 04 70 99 28 09
Paris 346 – Digoin 45 – Mâcon 122 – Moulins 50 – Roanne 49 – St-Pourçain-sur-Sioule 30.

▲ **Camping Communautaire** avr.-sept.
⌀ 04 70 99 26 31, *office.tourisme@cc-paysdelapalisse.fr,*
Fax 04 70 99 33 53, *www.cc-paysdelapalisse.com*
0,8 ha (66 empl.) plat, herbeux
Tarif : 10,60 € ⚹ 🅴 [⚡] (6A) – pers. suppl. 2,20 €
Location (mars-nov.) 🏊 : 4 🏠 (4 à 6 pers.) 220 à
330 €/sem.
🚐 🚍 7.80 €
Pour s'y rendre : sortie SE par N 7, rte de Roanne, bord de
la Besbre, chemin piétonnier reliant le camping au centre
ville

> Nature : ♀
> Loisirs : 🏊 ✂ 🏊 parcours de santé
> Services : ♿ ⚡ 🐕 ☺ 🖎

Le MAYET-DE-MONTAGNE

✉ 03250 – **326** J6 – G. Auvergne – 1 598 h. – alt. 535

🏢 *Office de tourisme, rue Roger Degoulange* ☎ *04 70 59 38 40, Fax 04 70 59 37 24*

Paris 369 – Clermont-Ferrand 81 – Lapalisse 23 – Moulins 73 – Roanne 47 – Thiers 44 – Vichy 27.

⚠ **Municipal du Lac** 15 mars-oct.
☎ 04 70 59 70 52, *accueil.mairie.lemayetdemontagne@wa nadoo.fr*, Fax 04 70 59 38 38 – **R** conseillée
1 ha (50 empl.) peu incliné, plat, herbeux
Tarif : 7,52 € ✶ 🚐 🔲 🅗 (10A) – pers. suppl. 1,80 €
Location 🚫 : 3 🛏 (4 à 6 pers.) 180 à 280 €/sem. – huttes
Pour s'y rendre : 1,2 km au S par D 7 rte de Laprugne et chemin de Fumouse
À savoir : près du lac des Moines

> Nature : 🌳 🗻 ♀
> Loisirs : 🏓 ⛵ ✂
> Services : ఉ ⊶ (juil.-août) 🔲 ⊕ 🗑
> À prox. : ⛵ 🎣

Si vous désirez réserver un emplacement pour vos vacances,
faites-vous préciser au préalable les conditions particulières de séjour,
les modalités de réservation, les tarifs en vigueur et les conditions de paiement.

NÉRIS-LES-BAINS

✉ 03310 – **326** C5 – G. Auvergne – 2 708 h. – alt. 364

🏢 *Office de tourisme, carrefour des Arènes* ☎ *04 70 03 11 03, Fax 04 70 09 05 29*

Paris 336 – Clermont-Ferrand 86 – Montluçon 9 – Moulins 73 – St-Pourçain-sur-Sioule 55.

⚠ **Municipal du Lac** 29 mars-26 oct.
☎ 04 70 03 24 70, *campingdulac-neris@orange.fr.*,
Fax 04 70 03 79 99, *www.ville-neris-les-bains.fr* – **R**
3,5 ha (135 empl.) plat, peu incliné, terrasse, herbeux, gravillons
Tarif : (Prix 2007) 13,13 € ✶ 🚐 🔲 🅗 (10A) – pers. suppl. 3,60 €
Location : 19 🛏 (4 à 6 pers.) 201 à 284 €/sem. – studios – huttes
🚐 1 borne raclet 2,50 € – 6 🔲 3 €
Pour s'y rendre : au Sud-Ouest de la ville, par D 155, rte de Villebret, bord de la rivière
À savoir : situation agréable près de l'ancienne gare et d'un lac

> Nature : 🌳 🗻 ♀
> Loisirs : ♛ snack 🏓 ⛹ ⛵ 🎣
> Services : ఉ ⊶ ⊞ ⊘ 🔲 ⊕ 🛒 🗑
> À prox. : 🚴 ✂ 🎣 🎣 🏊 parcours de santé, golf

149

Le Val d'Allier

PIERREFITTE-SUR-LOIRE

✉ 03470 – **326** J3 – 534 h. – alt. 228
Paris 324 – Bourbon-Lancy 20 – Lapalisse 50 – Moulins 42 – Paray-le-Monial 28.

△ **Municipal le Vernay** 8 mars-9 nov.
℘ 04 70 47 02 49, *mairie-pierrefitte-sur-loire@wanadoo.fr*,
Fax 04 70 47 03 72 – **R** conseillée
2 ha (35 empl.) plat, herbeux
Tarif : 9,60 € ⚹ ⬄ 🅴 🛆 (6A) – pers. suppl. 2,40 €
Location : 6 ⬚⬚ (4 à 6 pers.) 220 à 350 €/sem.
Pour s'y rendre : sortie NO par N 79, rte de Dompierre,
D 295 à gauche, rte de Saligny-sur-Roudon puis 0,9 km par
chemin à droite après le pont, à 200 m du canal
À savoir : près d'un plan d'eau

> Nature : ⇐ 🗔
> Services : 🚿 ⛇ (juil.août) 🗑 🚮 ⊕
> À prox. : 🍴 ✖ ⚴ ⚁ 🛶 (plage) 🖉 parcours de santé, pédalos, canoë

ST-BONNET-TRONÇAIS

✉ 03360 – **326** D3 – G. Auvergne – 783 h. – alt. 224
Paris 301 – Bourges 57 – Cérilly 12 – Montluçon 44 – St-Amand-Montrond 20 – Sancoins 30.

△△ **Champ Fossé** avr.-oct.
℘ 04 70 06 11 30, *champfosse.aol.com*, Fax 04 70 06 15 01,
www.campingstroncais.com – **R** conseillée
3 ha (110 empl.) peu incliné, herbeux
Tarif : (Prix 2007) ⚹ 4 € ⬄ 1,13 € 🅴 4 € – 🛆 3 € – frais de
réservation 12 €
Location (permanent) : 2 ⬚⬚ (4 à 6 pers.) 261 à
389 €/sem. – gîtes
⬚⬚ 🚐 10 €
Pour s'y rendre : 0,7 km au SO
À savoir : belle situation au bord de l'étang de St-Bonnet

> Nature : 🌳 ⇐ ⚲
> Loisirs : 🍴 ⬚⬚ ⚁ 🏇
> Services : ⛇ 🏧 ⛇ 🗑 ⊕ 🖲 séche-linge
> À prox. : ⚴ 🚲 ⚁ 🔥 ⚁ (plage) 🏊 🖉 canoë, pédalos

150

*Donnez-nous votre avis
sur les terrains que nous recommandons.
Faites-nous connaître vos observations et vos découvertes.
par mail à l'adresse : leguidecampingfrance@fr.michelin.com.*

ST-POURÇAIN-SUR-SIOULE

✉ 03500 – **326** G5 – G. Auvergne – 5 266 h. – alt. 234
🛈 Office de tourisme, 29, rue Marcellin Berthelot ℘ 04 70 45 32 73, Fax 04 70 45 60 27
Paris 325 – Montluçon 66 – Moulins 33 – Riom 61 – Roanne 79 – Vichy 28.

△ **Municipal de l'Île de la Ronde** 2 mai-sept.
℘ 04 70 45 45 43, *hdv.st.pourcain.s.sioule@wanadoo.fr*,
Fax 04 70 45 55 27, *www.ville-saint-pourcain-sur-sioule.com* – **R** conseillée
1,5 ha (50 empl.) plat, herbeux
Tarif : (Prix 2007) ⚹ 1,95 € ⬄ 1,65 € 🅴 1,90 € – 🛆 2,15 €
Pour s'y rendre : quai de la Ronde
À savoir : dans un parc public, agréable à côtoyer en
bordure de la Sioule

> Nature : 🗔 ⚲
> Loisirs : ⚴ 🖉
> Services : 🚿 🏧 ⛇ 🗑 ⊕ 🖲
> À prox. : 🎣 ✖ ⚁ ⬚⬚

ST-YORRE

✉ 03270 – **326** H6 – G. Auvergne – 2 840 h. – alt. 275
Paris 362 – Clermont-Ferrand 65 – Montluçon 108 – Moulins 65 – Roanne 67.

△ **Municipal la Gravière** mai-sept.
℘ 04 70 59 21 00, *mairie@ville-saint-yorre.fr*,
Fax 04 70 59 21 00, *www.mairie-saint-yorre.fr* – **R** conseillée
1,5 ha (80 empl.) plat, herbeux
Tarif : (Prix 2007) 12 € ⚹ ⬄ 🅴 🛆 (10A) – pers. suppl. 3 €
⬚⬚ 1 borne artisanale 3 €
Pour s'y rendre : sortie SO par D 55E rte de Randan, près
de l'Allier avec accès direct (rive gauche)

> Nature : 🗔 ⚲⚲
> Loisirs : ⚴
> Services : 🚿 🏧 🗑 🛁 🔥 ⊕ ⚁ 🖵 🖲
> À prox. : 🎣 ✖ 🔥 🖵 ⚁ 🖉 parcours sportif

SAZERET

✉ 03390 – **326** E4 – 149 h. – alt. 370
Paris 348 – Gannat 44 – Montluçon 34 – Montmarault 4 – Moulins 49 – St-Pourçain-sur-Sioule 31.

△ **La Petite Valette** avr.-oct.
📞 04 70 07 64 57, *la.petite.valette@wanadoo.fr*,
Fax 04 70 07 25 48, *www.valette.nl* – croisement difficile à
certains endroits (chemin) – **R** conseillée
4 ha (55 empl.) plat, peu incliné, herbeux, étang
Tarif : 20,80 € ⚹ ⇔ 🔲 (₺) (6A) – pers. suppl. 4,95 €
Pour s'y rendre : NE : 5,5 km, accès par rte des Deux-
Chaises longeant la N 79 et chemin des Prugnes à gauche.
Par A 71 sortie 11 puis 1 km par D 46 et 4 km à gauche par
rte des Deux-Chaises longeant la N 79
À savoir : décoration arbustive et florale autour d'une
ancienne ferme

> Nature : 🦅 ⊏⊐ ♀
> Loisirs : 🚴 ⛄ ⤳
> Services : 🛁 ⊶ ᴳᴮ 🏧 🔲 ☺ 🖥
> À prox. : ✄ 🐎

TREIGNAT

✉ 03380 – **326** B4 – 475 h. – alt. 450
Paris 342 – Boussac 11 – Culan 27 – Gouzon 25 – Montluçon 25.

△ **Municipal de l'Étang d'Herculat**
📞 04 70 07 03 89, Fax 04 70 07 03 72 – **R** conseillée
1,6 ha (35 empl.) incliné, peu incliné, plat, herbeux
Tarif : (Prix 2007) 12,63 € ⚹ ⇔ 🔲 (₺) (16A)
Location : studios – huttes
Pour s'y rendre : NE : 2,3 km, accès par chemin à gauche,
après l'église
À savoir : situation agréable au bord de l'étang

> Nature : 🦅 ⊏⊐ ⚠
> Loisirs : 🎣 ⛱ ⤳
> Services : 🛁 ⊶ (juil.-août) 🔲 ☺ 🚿

VALLON-EN-SULLY

✉ 03190 – **326** C3 – G. Auvergne – 1 712 h. – alt. 192
Paris 313 – La Châtre 55 – Cosne-d'Allier 23 – Montluçon 25 – Moulins 89 – St-Amand-Montrond 28.

△ **Municipal les Soupirs** 15 juin-15 sept.
📞 04 70 06 50 96, *mairie.vallonensully@wanadoo.fr*
– **R** conseillée
2 ha (50 empl.) plat, herbeux, étang
Tarif : ⚹ 1,50 € ⇔ 1,50 € 🔲 2 € – (₺) (20A) 4 €
Pour s'y rendre : SE : 1 km par D 11, entre le Cher et le
Canal du Berry, et chemin à droite

> Nature : 🦅 ♀
> Loisirs : 🏓 ⤳
> Services : ⊶ (juil.-août) ☺
> À prox. : 🍴 snack ⛱ ✄

151

Cantal (15)

ARNAC

✉ 15150 – **330** B4 – 173 h. – alt. 620
Paris 541 – Argentat 38 – Aurillac 35 – Mauriac 36 – Égletons 61.

🔺 **Village Vacances la Gineste** (location exclusive de
mobile homes et chalets) Permanent
📞 04 71 62 91 90, *lagineste@mairie-arnac.fr*,
Fax 04 71 62 92 72, *www.mairie-arnac.fr* – **R** indispensable
3 ha en terrasses, herbeux
Location 🅿 : 80 🚐 (4 à 6 pers.) 200 à 370 €/sem. – 40
🏠 (4 à 6 pers.) 250 à 590 €/sem.
Pour s'y rendre : 3 km au NO par D 61 rte de Pleaux puis
1,2 km par chemin à dr., à la Gineste
À savoir : situation agréable sur une presqu'île du lac
d'Enchanet

> Nature : 🦅 ≤ ⊏⊐ ♀
> Loisirs : 🍴 ✗ 🎣 🖥 ⛱ 🚴 ✄ ⛄
> 🏖 (plage) ⤳ 🏍 quad
> Services : ⊶ ᴳᴮ ⚲ 🔲 🚿 ⛽
> À prox. : sports nautiques

ARPAJON-SUR-CÈRE

✉ 15130 – **330** C5 – 5 545 h. – alt. 613
Paris 559 – Argentat 56 – Aurillac 5 – Maurs 44 – Sousceyrac 46.

⚠ **La Cère** juin-sept.
📞 04 71 64 55 07, Fax 04 71 64 55 07, *http://www.caba.fr*
– **R** conseillée
2 ha (106 empl.) plat, herbeux
Tarif : 13 € ✹ 🚐 🅴 ⓖ (10A) – pers. suppl. 2 €
Location (permanent) : 10 🛖 (4 à 6 pers.) 250 à
470 €/sem.
Pour s'y rendre : au S de la ville, accès par D 920, face à la
station Esso, bord de la rivière
À savoir : cadre boisé et soigné

Nature : 🏞 ♀
Loisirs : 🎣 🏊 🛝
Services : 🔥 ⛽ 🚿 📶 ☺ 🔋
À prox. : 🅿 🎣 🍴 🏌 golf (9 trous)

AURILLAC

✉ 15000 – **330** C5 – G. Auvergne – 30 551 h. – alt. 610
🛈 *Office de tourisme, place du square* 📞 04 71 48 46 58, Fax 04 71 48 99 39
Paris 557 – Brive-la-Gaillarde 98 – Clermont-Ferrand 158 – Montauban 174 – Montluçon 263.

⚠ **Municipal l'Ombrade** juin-15 sept.
📞 04 71 48 28 87, Fax 04 71 48 28 87, *http://www.caba.fr*
– **R** conseillée
7,5 ha (200 empl.) plat et en terrasses, herbeux
Tarif : 11,50 € ✹ 🚐 🅴 ⓖ (10A) – pers. suppl. 3 €
Pour s'y rendre : 1 km au N par D 17 et chemin du
Gué-Bouliaga à dr., de part et d'autre de la Jordanne

Nature : ♀♀
Loisirs : 🎣
Services : 🔥 ⛽ 🚿 📶 ☺ 🔋 🛒 🔋
À prox. : 🍴

Benutzen Sie
– zur Wahl der Fahrtroute
– zur Berechnung der Entfernungen
– zur exakten Lokalisierung eines Campingplatzes (mit Hilfe der Angaben im Ortstext)
die für diesen Führer unentbehrlichen **MICHELIN-Karten** .

152

CASSANIOUZE

✉ 15340 – **330** C6 – 547 h. – alt. 638
Paris 590 – Aurillac 35 – Entraygues-sur-Truyère 26 – Montsalvy 18 – Rodez 53.

⚠ **Le Coursavy** 20 avr.-20 sept.
📞 04 71 49 97 70, *camping.coursavy@wanadoo.fr*,
Fax 04 71 49 97 70, *www.campingcoursavy.com*
– **R** conseillée
2 ha (50 empl.) plat, terrasse, herbeux
Tarif : 21,50 € ✹ 🚐 🅴 ⓖ (5A) – pers. suppl. 3,30 €
Pour s'y rendre : 10 km au SO par D 601, rte de Conques
et D 141 à gauche, rte d'Entraygues, bord du Lot et d'un
ruisseau
À savoir : cadre champêtre dans la vallée verdoyante du
Lot

Nature : 🌳 ≤ ♀
Loisirs : 🍴 🏊
Services : 🔥 ⛽ 🚿 🌊 ☺ 📞 🔋
À prox. : 🏊 (petite piscine) canoë
kayak

CHAMPS-SUR-TARENTAINE

✉ 15270 – **330** D2 – G. Auvergne – 1 044 h. – alt. 450
🛈 *Syndicat d'initiative, Mairie* 📞 04 71 78 72 75, Fax 04 71 78 75 09
Paris 500 – Aurillac 90 – Clermont-Ferrand 82 – Condat 24 – Mauriac 38 – Ussel 36.

⚠ **Municipal de la Tarentaine** 15 juin-15 sept.
📞 04 71 78 71 25, *contact@champs-marchal.org*,
Fax 04 71 78 75 09, *www.champs-marchal.org* – **R** conseil-
lée
4 ha (126 empl.) plat, herbeux
Tarif : ✹ 2,30 € 🚐 1,45 € 🅴 1,70 € – ⓖ (8A) 2,10 €
Pour s'y rendre : 1 km au SO par D 679 et D 22, rte de
Bort-les-Orgues et rte de Saignes, bord de la Tarentaine

Nature : 🌳 🏞 ♀
Loisirs : 🎣 🎿
Services : 🔥 ⛽ 🚿 📶 🌊 ☺ 🔋 🔋
À prox. : 🏊 🚲 🍴 🏊

⚠ **Les Chalets de l'Eau Verte** (location exclusive de chalets) Permanent
    ℘ 04 71 78 78 78, *contact@auvergne-chalets.fr*,
Fax 04 73 83 20 30, *http://www.auvergne-chalets.fr* – **R** indispensable
8 ha peu incliné, plat, herbeux
Location 🅿 : 6 🏠 (4 à 6 pers.) 269 à 769 €/sem.
Pour s'y rendre : 7 km à l'O par D 22, puis D 522 et petit chemin à dr.
À savoir : location 2 nuits minimum hors sais.

| Nature : 🐟 |
| Loisirs : 🏠 |
| Services : ⚡ 🚗 🐾 |
| À prox. : ✕ 🍴 ♨ 🐎 |

CHAUDES-AIGUES

✉ 15110 – **330** G5 – G. Auvergne – 986 h. – alt. 750 – ♨ (fin avril-fin oct.)
🅱 *Syndicat d'initiative, 1, avenue Georges Pompidou* ℘ *04 71 23 52 75, Fax 04 71 23 51 98*
Paris 538 – Aurillac 94 – Entraygues-sur-Truyère 62 – Espalion 54 – St-Chély-d'Apcher 30 – St-Flour 27.

⚠ **Municipal le Château du Couffour** mai-20 oct.
    ℘ 04 71 23 57 08, *mairie.chaudesaigues@wanadoo.fr*,
Fax 04 71 23 57 08, *www.chaudesaigues.com* – alt. 900
– **R** conseillée
2,5 ha (170 empl.) plat, peu incliné, terrasses, herbeux
Tarif : 🛉 2,50 € 🚗 1,20 € 🗐 1,50 € – 🔌 (6A) 2,50 €
🚐 1 borne artisanale
Pour s'y rendre : S : 2 km par D 921, rte de Laguiole puis chemin à droite, au stade

| Nature : 🐟 < 🌳 |
| Loisirs : 🏠 🐎 ✕ 🍴 |
| Services : 🚿 ⚡ 🐾 🛒 ♨ 🅿 |
| À prox. : casino 🚲 🎿 escalade |

JALEYRAC

✉ 15200 – **330** C3 – 374 h. – alt. 450
Paris 495 – Aurillac 61 – Bort-les-Orgues 23 – Mauriac 10 – Salers 24 – Ussel 51.

⚠ **Municipal de Lavaurs** 15 juin-15 sept.
    ℘ 04 71 69 73 65, *mairie.jaleyrac@wanadoo.fr*,
Fax 04 71 69 74 19
1 ha (33 empl.) plat et peu incliné, herbeux
Tarif : (Prix 2007) 8,45 € 🛉 🚗 🗐 🔌 (10A) – pers. suppl. 1,75 €
Location : huttes
Pour s'y rendre : 7 km au SO par D 138, D 922, rte de Mauriac et D 38 à dr., au lieu-dit Lavaurs, près d'un étang, accès conseillé par D 922, rte de Mauriac et D 38 à dr.

| Nature : 🐟 🏞 |
| Loisirs : 🏠 🐎 ✕ 🍴 |
| Services : 🚿 ⚡ 🛒 ♨ 🅿 |
| À prox. : ✕ 🐟 |

153

JUSSAC

✉ 15250 – **330** C5 – 1 779 h. – alt. 630
Paris 560 – Aurillac 11 – Laroquebrou 28 – Mauriac 43 – Vic-sur-Cère 31.

⚠ **Le Moulin** 15 juin-15 sept.
    ℘ 04 71 46 69 85, *s.pradel@caba.fr*, Fax 04 71 46 69 85,
http://www.caba.fr – **R** conseillée
1 ha (52 empl.) plat, herbeux
Tarif : 10,50 € 🛉 🚗 🗐 – pers. suppl. 3 €
Location (mai-sept.) : 5 🚉 (4 à 6 pers.) 250 à 320 €/sem.
Pour s'y rendre : à l'O du bourg par D 922 vers Mauriac et chemin près du pont, bord de l'Authre

| Nature : 🏞 |
| Loisirs : 🏠 🐟 |
| Services : 🚿 ⚡ 🛒 🗐 ♨ 🅿 🎣 🅿 |
| À prox. : 🍴 🐟 🐎 |

LES GUIDES VERTS **MICHELIN**
Paysages, monuments
Routes touristiques
Géographie
Histoire, Art
Itinéraire de visite
Plans de villes et de monuments

LACAPELLE-DEL-FRAISSE

⊠ 15120 – **330** C6 – 251 h. – alt. 830
Paris 624 – Clermont-Ferrand 174 – Aurillac 23 – Rodez 74 – Onet-le-Château 81.

⚠ **Les Chalets du Veinazes** (location exclusive de chalets)
    𝒫 04 71 62 56 90, *info@cantal-chalets.com, www.cantal-chalets.com* – **R** conseillée
2,5 ha plat, herbeux
Location : 13 🏠
Pour s'y rendre : 2 km au SE par D 20, lieu-dit La-Case

Nature : 🐾 ⬍
Loisirs : 🏊
À prox. : 🍸 ✕

LACAPELLE-VIESCAMP

⊠ 15150 – **330** B5 – 434 h. – alt. 550
Paris 547 – Aurillac 19 – Figeac 57 – Laroquebrou 12 – St-Céré 48.

🏕 **La Presqu'île du Puech** 15 mai-15 sept.
    𝒫 04 71 46 42 38, *truyere@aol.com, www.camping-lac-auvergne.com* – **R** indispensable
2 ha (97 empl.) peu incliné à incliné, pierreux, herbeux
Tarif : 19 € ★ 🚗 🔲 (🔌) (6A) – pers. suppl. 4 € – frais de réservation 10 €
Location (15 avr.-15 oct.) ✂ (juil.-août) : 9 🏠 (4 à 6 pers.) 250 à 550 €/sem. – huttes
Pour s'y rendre : 3 km au SO par D 18, rte d'Aurillac et rte à dr., à 150 m du lac de St-Étienne-Cantalès
À savoir : Site et situation agréables dans une presqu'île du lac

Nature : 🐾 ⬍ Cadre agréable dans une presqu'île 🌳🌳(pinède)
Loisirs : 🎣 🎮 🏊
Services : 🅿 🚿 GB 🐕 🗑 ♨ 🚻
À prox. : 🔳 🍸 snack 🛥 canoë, base nautique

154

LANOBRE

⊠ 15270 – **330** D2 – G. Auvergne – 1 416 h. – alt. 650
Paris 493 – Bort-les-Orgues 7 – La Bourboule 33 – Condat 30 – Mauriac 38 – Ussel 33.

🏕 **Village Center la Siauve** 2 juin-16 sept.
    𝒫 04 71 40 31 85, *accsiauve@wanadoo.fr*,
Fax 04 71 40 34 33, *www.village-center.com* – alt. 660
– **R** conseillée
8 ha (220 empl.) en terrasses, herbeux
Tarif : 14 € ★ 🚗 🔲 (🔌) (6A) – pers. suppl. 4 € – frais de réservation 30 €
Location : 14 🚐 (4 à 6 pers.) 252 à 581 €/sem. – 19 🏠 (4 à 6 pers.) 168 à 322 €/sem. – huttes
Pour s'y rendre : 3 km au SO par D 922, rte de Bort-les-Orgues et rte à dr., à 200 m du lac (accès direct)
À savoir : location à la nuitée hors sais.

Nature : 🐾 ⬍ ⛱ 🌳
Loisirs : 🍸 pizzeria 🎬 🎣 diurne 🎠 🚲
Services : 🅿 🚿 GB 🐕 🗑 ♨ 🚻
À prox. : 🎮 🏊 🛥 (plage) base nautique

MASSIAC

⊠ 15500 – **330** H3 – G. Auvergne – 1 857 h. – alt. 534
🛈 Office de tourisme, 24, rue du Dr Mallet 𝒫 04 71 23 07 76, Fax 04 71 23 08 50
Paris 484 – Aurillac 84 – Brioude 23 – Issoire 38 – Murat 37 – St-Flour 30.

⚠ **Municipal de l'Alagnon** 7 mai-14 sept.
    𝒫 04 71 23 03 93, *bureausg@mairiedemassiac.fr*,
Fax 04 71 23 03 93 – **R** conseillée
2,5 ha (90 empl.) plat, herbeux
Tarif : 6,85 € ★ 🚗 🔲 – pers. suppl. 1,90 €
Pour s'y rendre : 0,8 km à l'O par N 122, rte de Murat, bord de la rivière

Nature : ⬍ 🌳🌳
Loisirs : 🎠
Services : 🅿 🚿 GB 🐕 🗑 ♨
À prox. : ✕ 🚣 🎮 🏊

MAURIAC

✉ 15200 – **330** B3 – G. Auvergne – 4 019 h. – alt. 722
🛈 *Office de tourisme, 1, rue Chappe d'Auteroche* 📞 *04 71 67 30 26, Fax 04 71 68 25 08*
Paris 490 – Aurillac 53 – Le Mont-Dore 77 – Riom-ès-Montagnes 37 – Salers 20 – Tulle 73.

⛰ **Val St-Jean** 26 avr.-28 sept.
📞 04 71 67 31 13, *contact@revea-vacances.com*,
Fax 04 71 68 17 34, *www.revea-vacances.fr* – **R** conseillée
3,5 ha (100 empl.) en terrasses, peu incliné, herbeux
Tarif : 23,10 € ★ ⛺ 🅴 🕿 (10A) – pers. suppl. 5,40 €
Location (5 avr.-2 nov.) : 20 🏠 (4 à 6 pers.) 260 à
640 €/sem. – chalets (sans sanitaires)
Pour s'y rendre : 2,2 km à l'O par D 681, rte de Pleaux et
D 682 à dr., accès direct à un plan d'eau

> Nature : 🏖 ⩽ 🏕 ♀
> Loisirs : 🎬
> Services : 🔥 🚿 GB ♻ 🗑 🅰 ♨ ☂
> 🖲 sèche-linge
> À prox. : 🍴 snack 🚣 🚴 ⛵ 🏊 ⚓
> (plage) ⛷ 🎣 🏌 golf, pédalos

MAURS

✉ 15600 – **330** B6 – G. Auvergne – 2 253 h. – alt. 290
🛈 *Office de tourisme, place de l'Europe* 📞 *04 71 46 73 72, Fax 04 71 46 74 81*
Paris 568 – Aurillac 43 – Entraygues-sur-Truyère 50 – Figeac 22 – Rodez 60 – Tulle 93.

⛰ **Municipal le Vert** mai-sept.
📞 04 71 49 04 15, *mairie@ville-maurs.fr* – **R** conseillée
1,2 ha (58 empl.) plat, herbeux
Tarif : 11,10 € ★ ⛺ 🅴 🕿 (15A) – pers. suppl. 2,40 €
Location (permanent) : 4 🏠 (4 à 6 pers.) 90 à
450 €/sem.
Pour s'y rendre : SE : 0,8 km par D 663, rte de Decazeville,
bord de la Rance

> Nature : 🏕 ♀♀
> Loisirs : 🎬 🚣 🎯 ⛏ 🏊
> Services : 🔥 🚿 ♻ 🗑 🅰 ♨ ☂ 🖲
> À prox. : 🍴 🚴 🐎

NEUSSARGUES-MOISSAC

✉ 15170 – **330** F4 – 1 030 h. – alt. 834
🛈 *Syndicat d'initiative, Mairie* 📞 *04 71 20 56 69*
Paris 509 – Aurillac 58 – Brioude 49 – Issoire 64 – St-Flour 22.

⛰ **Municipal de la Prade** 15 juin-15 sept.
📞 04 71 20 50 21, *camping@neussargues-moissac.fr*,
www.neussargues-moissac.fr – **R** conseillée
1 ha (32 empl.) en terrasses, plat, herbeux, petit bois
Tarif : (Prix 2007) 9,25 € ★ ⛺ 🅴 🕿 (10A) – pers.
suppl. 1,70 €
Location (permanent) 🅿 (chalets) : 4 🛖 (4 à 6 pers.)
250 à 318 €/sem. – 6 🏠 (4 à 6 pers.) 246 à 437 €/sem.
Pour s'y rendre : sortie O par D 304, rte de Murat, bord de
l'Alagnon

> Nature : ⩽ 🏕
> Loisirs : 🎬 🚣 🏊
> Services : 🔥 🚿 ♻ 🗑 🅰 ♨ ☂ 🖲

155

NEUVÉGLISE

✉ 15260 – **330** F5 – G. Auvergne – 1 022 h. – alt. 938
🛈 *Office de tourisme, le Bourg* 📞 *04 71 23 85 43, Fax 04 71 23 86 40*
Paris 528 – Aurillac 78 – Entraygues-sur-Truyère 70 – Espalion 66 – St-Chély-d'Apcher 42 – St-Flour 17.

⛰ **Le Belvédère** 15 avr.-15 oct.
📞 04 71 23 50 50, *belvedere.cantal@wanadoo.fr*,
Fax 04 71 23 58 93, *www.campinglebelvedere.com* – accès
aux emplacements par forte pente, mise en place et sortie
des caravanes à la demande – alt. 670 – **R** conseillée
5 ha (120 empl.) en terrasses, herbeux, pierreux
Tarif : 24 € ★ ⛺ 🅴 🕿 (6A) – pers. suppl. 6 € – frais de
réservation 16 €
Location : 18 🛖 (4 à 6 pers.) 230 à 540 €/sem. – 4 🏠
(4 à 6 pers.) 320 à 730 €/sem. – 4 bungalows toilés
🛖 1 borne artisanale 4 €
Pour s'y rendre : 6,5 km au S par D 48, D 921, rte de
Chaudes-Aigues et chemin de Gros à dr.
À savoir : agréable situation dominante

> Nature : 🏖 ⩽ gorges de la Truyère
> 🏕 ♀
> Loisirs : 🍴 snack 🎬 🎱 ⛏ 🎿 🏊
> Services : 🔥 🚿 GB ♻ 🗑 🅰 ♨ 🅰
> ☂ 🛶 🐾 sèche-linge 🖲

PAULHENC

⊠ 15230 – **330** E5 – 283 h. – alt. 930
Paris 553 – Clermont-Ferrand 136 – Aurillac 63 – Saint-Flour 36 – Arpajon-sur-Cère 58.

ᨺ **Le Hameau de Gîtes** (location exclusive de maisonnettes)
    𝒫 04 71 23 35 74, *paulhenc.mairie@wanadoo.fr*,
Fax 04 71 23 31 35 – alt. 950
1 ha incliné, peu incliné, herbeux
Location ⅁ 🅿 : 8 🏠
Pour s'y rendre : au bourg
À savoir : location au w-end sf juil.-août

> Nature : 🐾
> Loisirs : 🎿
> À prox. : 🍷 ✕ 🦢 golf

PERS

⊠ 15290 – **330** B5 – 234 h. – alt. 570
Paris 547 – Argentat 45 – Aurillac 25 – Maurs 24 – Sousceyrac 25.

ᨺ **Le Viaduc** mi-avr.-mi-oct.
    𝒫 04 71 64 70 08, *campingduviaduc@wanadoo.fr*,
Fax 04 71 64 70 08, *www.camping-cantal.com* – **R** conseillée
1 ha (65 empl.) en terrasses, herbeux, gravillons
Tarif : 15,70 € 🏃 ⇔ 🔲 ⚡ (10A) – pers. suppl. 3,80 € – frais de réservation 12 €
Location 🚲 : 8 🏚 (4 à 6 pers.) 270 à 510 €/sem.
🚐 1 borne artisanale 5 €
Pour s'y rendre : 5 km au NE par D 32, D 61 et chemin du Ribeyres à gauche, bord du lac de St-Etienne-Cantalès
À savoir : situation agréable

> Nature : 🐾 ⋜ 🏕 ♀
> Loisirs : 🍷 🎣 🏊 🛶 canoë kayak
> Services : ⅁ 🚿 🖎 🛒 ⊕ 🧺 🗎 🍴
> À prox. : sports nautiques

*The classification (1 to 5 tents, **black** or red) that we award to selected sites in this Guide is a system that is our own.*
It should not be confused with the classification (1 to 4 stars) of official organisations.

156

PLEAUX

⊠ 15700 – **330** B4 – 1 823 h. – alt. 641
🅱 *Office de tourisme, place Georges Pompidou* 𝒫 04 71 40 91 40
Paris 534 – Argentat 29 – Aurillac 46 – Égletons 44.

ᨺ **Municipal de Longayroux** avr.-oct.
    𝒫 04 71 40 48 30, *pleaux@wanadoo.fr*, Fax 04 71 40 49 03,
http://mairie.wanadoo.fr/pleaux/ – croisement difficile sur 6 km – places limitées pour le passage – **R** conseillée
0,6 ha (48 empl.) peu incliné, herbeux, gravillons
Tarif : (Prix 2007) 13,70 € 🏃 ⇔ 🔲 ⚡ (5A) – pers. suppl. 3,20 €
Location (12 avr.-11 oct.) : huttes
Pour s'y rendre : S : 15 km par D 6, rte de St-Christophe-les-Gorges et rte de Longayroux à droite, bord du lac d'Enchanet
À savoir : dans un site agréable

> Nature : 🐾 ⋜ 🏕 ♀
> Loisirs : 🍷 🏊 ≈ (plage) 🦢
> Services : ⅁ 🚿 (juil.-août) 🖎 ⊕ 🖥

Le ROUGET

⊠ 15290 – **330** B5 – 901 h. – alt. 614
Paris 613 – Clermont-Ferrand 177 – Aurillac 24 – Figeac 41 – Decazeville 41.

ᨺ **Village Vacances Le Moulin du Teil** (location exclusive de chalets)
    𝒫 04 71 46 10 29, Fax 04 71 46 15 41 – **R** conseillée
10 ha plat, herbeux
Location ⅁ : 20 🏠 (4 à 6 pers.) 189 à 571 €/sem.
Pour s'y rendre : à la base de loisirs

> Loisirs : 🍷 🎳 nocturne 🏊 ≈ 🦢 balnéo, base nautique, canoë, pédalos
> Services : 🖎 🖥 sèche-linge
> À prox. : ✕ 🎿 ⛷ 🎿 poneys parcours de santé

SAIGNES

✉ 15240 – **330** C2 – G. Auvergne – 1 006 h. – alt. 480
Paris 483 – Aurillac 78 – Clermont-Ferrand 91 – Mauriac 26 – Le Mont-Dore 55 – Ussel 39.

Municipal Bellevue juil.-août
℘ 04 71 40 68 40, *saignes.mairie@wanadoo.fr*,
Fax 04 71 40 61 65, *www.saignes-mairie.fr* – **R** conseillée
1 ha (42 empl.) plat, herbeux
Tarif : (Prix 2007) ✶ 1,95 € ⟺ 国 2,12 € – 閉 (16A) 2,10 €
Pour s'y rendre : sortie NO du bourg, au stade

> Nature : ⩽ ▭ ♀
> Loisirs : 🎣 ⛹ ̇
> Services : ⅃ ⊶ ⅍ 🗄 ☺ 🖥
> À prox. : ⚗ ♨

ST-FLOUR

✉ 15100 – **330** G4 – G. Auvergne – 6 625 h. – alt. 783
🚹 *Office de tourisme, 17 bis, place d'Armes* ℘ 04 71 60 22 50, Fax 04 71 60 05 14
Paris 513 – Aurillac 70 – Issoire 67 – Millau 132 – Le Puy-en-Velay 94 – Rodez 111.

International Roche-Murat avr.-oct.
℘ 04 71 60 43 63, *courrier@camping-saint-flour.com*,
Fax 04 71 60 02 10, *www.camping-saint-flour.com*
– **R** conseillée
3 ha (119 empl.) en terrasses, herbeux, pinède attenante
Tarif : 13,60 € ✶ ⟺ 国 閉 (10A) – pers. suppl. 2,80 €
Location (permanent) : 11 ⌂ (4 à 6 pers.) 267 à
376 €/sem.
Pour s'y rendre : 4,7 km au NE par D 921, D 909, rte de
Clermont-Ferrand et avant l'échangeur de l'autoroute A 75,
chemin à gauche, au rd-pt - par A 75 : sortie 28

> Nature : ⩽ ▭
> Loisirs : 🎣 ⛹
> Services : ⅃ ⊶ ⅍ 🎱 🗄 ☺ 🚿 ♨
> ⟿ 🐾 🖥 sèche-linge

ST-GÉRONS

✉ 15150 – **330** B5 – 177 h. – alt. 526
Paris 538 – Argentat 35 – Aurillac 24 – Maurs 33 – Sousceyrac 25.

La Presqu'île d'Espinet juin-août
℘ 04 71 62 28 90, *camping.despinet@orange.fr*,
Fax 04 71 62 28 90, *www.camping-espinet.com* – **R** conseil-
lée
3 ha (105 empl.) peu incliné, herbeux, bois
Tarif : 15,70 € ✶ ⟺ 国 閉 (10A) – pers. suppl. 3 €
Location : 20 ⌂ (4 à 6 pers.) 300 à 450 €/sem.
Pour s'y rendre : 8,5 km au SE par rte d'Espinet, à 300 m
du lac de St-Étienne-Cantalès
À savoir : dans un site agréable

> Nature : ⥾ ▭ ⩊
> Loisirs : ⛹ ⋔ ♨
> Services : ⅃ ⊶ ⅍ 🗄 ☺ 🖥
> À prox. : ⛲ snack ⚗ ⛵ (plage) ⤳

157

ST-JUST

✉ 15320 – **330** H5 – 222 h. – alt. 950
Paris 531 – Chaudes-Aigues 29 – Ruynes-en-Margeride 22 – St-Chély-d'Apcher 16 – St-Flour 28.

Municipal 22 mars-sept.
℘ 04 71 73 72 57, *commune.stjust@wanadoo.fr*,
Fax 04 71 73 71 44, *www.saintjust.com*
2 ha (60 empl.) plat et peu incliné, terrasse, herbeux
Tarif : 11,60 € ✶ ⟺ 国 閉 (10A) – pers. suppl. 2,10 €
Location (permanent) : 7 ⌂ (4 à 6 pers.) 210 à
380 €/sem. – gîtes
Pour s'y rendre : au SE du bourg, bord d'un ruisseau. Par
A 75, sortie 31 ou 32
À savoir : location à la nuitée hors sais.

> Nature : ⥾ ♀
> Loisirs : 🎣 ⟆ nocturne ⚙
> Services : ⊶ ⅍ 🗄 ☺ 🖥 sèche-
> linge
> À prox. : ⚒ ⛲ ✕ ⚓ ⚗ ♨

Benutzen Sie
– zur Wahl der Fahrtroute
– zur Berechnung der Entfernungen
– zur exakten Lokalisierung eines Campingplatzes (mit Hilfe der Angaben im Ortstext)
die für diesen Führer unentbehrlichen **MICHELIN-Karten** *.*

ST-MAMET-LA-SALVETAT

✉ 15220 – **330** B5 – 1 321 h. – alt. 680
🛈 *Office de tourisme, le Bourg* ℘ *04 71 49 33 00*
Paris 555 – Argentat 53 – Aurillac 20 – Maurs 24 – Sousceyrac 27.

⚠ **Municipal** avr.-oct.
℘ 04 71 64 75 21, Fax 04 71 64 79 80 – **R** conseillée
0,8 ha (41 empl.) peu incliné, herbeux
Tarif : 11,90 € ⚹ 🚗 🅵 🅙 (16A) – pers. suppl. 2,35 €
Location : 3 ⬛ (4 à 6 pers.) 175 à 350 €/sem. – 7 🏠 (4 à 6 pers.) 220 à 420 €/sem.
Pour s'y rendre : à l'E du bourg, accès par D 20, rte de Montsalvy et chemin du stade, à dr.

Nature : 🌿 ⌒
Loisirs : 🍴 🏸
Services : 🚿 🔧 🍴 🅵 🅙 🔲
À prox. : 🎾 ⛷ 🏊

ST-MARTIN-VALMEROUX

✉ 15140 – **330** C4 – G. Auvergne – 911 h. – alt. 646
🛈 *Syndicat d'initiative, le Bourg* ℘ *04 71 69 27 62, Fax 04 71 69 24 52*
Paris 510 – Aurillac 33 – Mauriac 21 – Murat 53 – Salers 10.

⚠ **Municipal le Moulin du Teinturier** 15 juin-15 sept.
℘ 04 71 69 43 12, *mairie.saint-martin-valmeroux@wanadoo.fr*, Fax 04 71 69 24 52 – **R** conseillée
3 ha (100 empl.) plat, herbeux
Tarif : (Prix 2007) 12,90 € ⚹ 🚗 🅵 🅙 (10A) – pers. suppl. 2,70 €
Location (permanent) : 10 🏠 (4 à 6 pers.) 180 à 495 €/sem.
Pour s'y rendre : à l'O du bourg, sur D 37, rte de Ste-Eulalie-Nozières, bord de la Maronne

Nature : ≤ ⌒
Loisirs : 🍴 🏸 🐟
Services : 🚿 🔧 🍴 🅵 🔲
À prox. : 🎾 ⛷ 🏊 poneys 🚐

Si vous recherchez :
👥 *Un terrain offrant des équipements et des loisirs adaptés aux enfants*
🌿 *Un terrain agréable ou très tranquille*
L - M *Un terrain effectuant la location de caravanes, de mobile homes, de bungalows ou de chalets*
P *Un terrain ouvert toute l'année*
🚐 *Un terrain possédant une aire de services pour camping-cars*
Consultez le tableau des localités

158

Le Lac Chambon

J. Damase/Michelin

THIÉZAC

☒ 15800 – **330** E4 – G. Auvergne – 614 h. – alt. 805
🚩 *Office de tourisme, le Bourg* ℰ 04 71 47 03 50, Fax 04 71 47 03 83
Paris 542 – Aurillac 26 – Murat 23 – Vic-sur-Cère 7.

⚠ **Municipal de la Bédisse** 15 juin-15 sept.
ℰ 04 71 47 00 41, *otthiezac@wanadoo.fr* – **R** conseillée
1,5 ha (116 empl.) plat, herbeux
Tarif : ★ 2,50 € ⚹ 1,40 € ▣ 1,40 € – ⋔ (10A) 2,20 € – frais
de réservation 8 €

Pour s'y rendre : sortie SE par D 59, rte de Raulhac et à
gauche, sur les deux rives de la Cère

Nature : ⅏ ≤ ⊏ ⬝⬝
Loisirs : ⌂ ⟆
Services : 🔧 ⚲ ⬚ ⬚ ⬚ ⬚ ⊛ ⬚
À prox. : ⤸ ✕ ⬚ ⬚

TRIZAC

☒ 15400 – **330** D3 – G. Auvergne – 657 h. – alt. 960
Paris 518 – Aurillac 69 – Mauriac 24 – Murat 50.

⚠ **Municipal le Pioulat** 15 juin-15 sept.
ℰ 04 71 78 64 20, *mairie.trizac@wanadoo.fr* – **R** conseillée
1,5 ha (60 empl.) plat, peu incliné et en terrasses, herbeux
Tarif : ★ 2,10 € ★ 1,40 € ▣ 1,60 € – ⋔ 2,30 €
Location : huttes
Pour s'y rendre : sortie S rte de Mauriac, bord d'un étang

Nature : ≤ ⊏
Loisirs : ⬡ ⟆
Services : 🔧 ⚲ ⬚ ⬚ ⬚ ⬚ ⊛ ⬚
À prox. : ✕

VIC-SUR-CÈRE

☒ 15800 – **330** D5 – G. Auvergne – 1 890 h. – alt. 678
🚩 *Office de tourisme, avenue André Mercier* ℰ 04 71 47 50 68, Fax 04 71 47 58 56
Paris 549 – Aurillac 19 – Murat 29.

⚠⚠ **La Pommeraie** mai-15 sept.
ℰ 04 71 47 54 18, *pommeraie@wanadoo.fr*,
Fax 04 71 49 63 30, *www.camping-la-pommeraie.com* –
alt. 750 – **R** conseillée
2,8 ha (100 empl.) en terrasses, herbeux, pierreux
Tarif : 29 € ★ ⚹ ▣ ⋔ (6A) – pers. suppl. 6 € – frais de
réservation 16 €
Location : 30 ⬚ – studios
Pour s'y rendre : 2,5 km au SE par D 54, D 154 et chemin à
dr.
À savoir : belle situation dominante

Nature : ⅏ ≤ les monts, la vallée et
la ville ⊏ ⬝
Loisirs : ▾ ✕ ⬚ ⬚ nocturne ⤸
✕ ⬚ centre de randonnées
Services : 🔧 ⚲ ⬚ ⬚ ⬚ ⬚ ⬚ ⊛
⬚ ⬚ ⬚ ⬚ sèche-linge ⬚ ⬚

⚠ **Municipal du Carladez** avr.-sept.
ℰ 04 71 47 51 04, *vicsurcere@wanadoo.fr*,
Fax 04 71 47 50 59, *www.vicsurcere.com* – **R** conseillée
3 ha (250 empl.) plat, herbeux
Tarif : (Prix 2007) ★ 2,70 € ⚹ 1,50 € ▣ 1,50 € – ⋔ 2,50 €
Pour s'y rendre : rte de Salvanhac, bord de la Cère

Nature : ≤ ⬝
Loisirs : ⌂ ⤸
Services : 🔧 ⚲ ⬚ ⬚ ⬚ ⬚ ⬚ ⊛ ⬚
sèche-linge
À prox. : ⬚ ✕ ⬚ ⬚ ⬚ ⬚

159

Haute-Loire (43)

ALLEYRAS

☒ 43580 – **331** E4 – 231 h. – alt. 779
Paris 549 – Brioude 71 – Langogne 43 – Le Puy-en-Velay 32 – St-Chély-d'Apcher 59.

⚠ **Municipal Au Fil de l'Eau** 11 avr.-28 oct.
ℰ 04 71 57 56 86, *mairie.camping-municipal@akeo
net.com*, Fax 04 71 57 56 86 – alt. 660 – **R** conseillée
0,9 ha (60 empl.) plat et peu incliné, terrasse, herbeux
Location : huttes
⬚ 1 borne flot bleu 3 €
Pour s'y rendre : 2,5 km au NO, à Pont-d'Alleyras, accès
direct à l'Allier

Nature : ⅏ ≤
Loisirs : ⤸
Services : 🔧 ⚲ (juil.-août) ⬚ ⊛ ⬚
sèche-linge
À prox. : ⬚ ✕ ⟆ canoë

CEAUX-D'ALLEGRE

✉ 43270 – **331** E2 – 412 h. – alt. 905
Paris 523 – Allègre 5 – La Chaise-Dieu 21 – Craponne-sur-Arzon 23 – Le Puy-en-Velay 25 – Retournac 38.

⚠ **La Vie Moderne** 15 avr.-15 oct.
  📞 04 71 00 79 66, *lavie.moderne@laposte.net*, *www.lavie moderne.com* – **R** conseillée
  0,5 ha (35 empl.) plat, herbeux, pierreux
  Tarif : 12 € ✳ ⛬ 🅴 (10A) – pers. suppl. 3 €
  Location : 6 yourtes
  Pour s'y rendre : 1 km au NE par D 134, rte de Bellevue-la-Montagne et chemin à gauche, bord de la Borne et près d'un étang

> Nature : 🐟 ☐
> Services : ஃ ⊶ (juil.-août) ☺ 🚿
> À prox. : ✗ 🎣

La CHAISE-DIEU

✉ 43160 – **331** E2 – G. Auvergne – 772 h. – alt. 1 080
🅱 *Office de tourisme, place de la Mairie* 📞 04 71 00 01 16, Fax 04 71 00 03 45
Paris 503 – Ambert 29 – Brioude 35 – Issoire 59 – Le Puy-en-Velay 42 – St-Étienne 81 – Yssingeaux 59.

⚠ **Municipal les Prades** juin-sept.
  📞 04 71 00 07 88, Fax 04 71 00 03 43 – **R** conseillée
  3 ha (100 empl.) peu incliné, herbeux
  Tarif : 12,20 € ✳ ⛬ 🅴 (10A) – pers. suppl. 3,25 €
  Location : huttes
  Pour s'y rendre : 2 km au NE par D 906, rte d'Ambert, près du plan d'eau de la Tour (accès direct)

> Nature : 🌲🌲(sapinière)
> Loisirs : 🏓
> Services : ஃ ⊶ 🔧 🗑 ☺ 🖥
> À prox. : ✗ 🚣 🐎 poneys

*LES GUIDES VERTS **MICHELIN***
Paysages, monuments
Routes touristiques
Géographie
Histoire, Art
Itinéraire de visite
Plans de villes et de monuments

Le CHAMBON-SUR-LIGNON

✉ 43400 – **331** H3 – G. Lyon Drôme Ardèche – 2 642 h. – alt. 967
🅱 *Office de tourisme, 1, rue des Quatre Saisons* 📞 04 71 59 71 56, Fax 04 71 65 88 78
Paris 573 – Annonay 48 – Lamastre 32 – Le Puy-en-Velay 45 – Privas 75 – St-Étienne 60 – Yssingeaux 22.

⚠ **Les Hirondelles** juil.-1er sept.
  📞 04 71 59 73 84, *les.hirondelles.bader@wanadoo.fr*,
  Fax 04 71 65 88 80, *www.campingleshirondelles.fr* –
  alt. 1 000 – **R** conseillée
  1 ha (45 empl.) plat, en terrasses, herbeux
  Tarif : 21,30 € ✳ ⛬ 🅴 (4A) – pers. suppl. 4,20 €
  Location 🚫 : 5 🏠 (4 à 6 pers.) 240 à 410 €/sem. – ⛺
  – 1 appartement
  🍴 🛒 18 €
  Pour s'y rendre : 1 km au S par D 151 et D 7 à gauche, rte de la Suchère
  À savoir : cadre agréable dominant le village

> Nature : 🐟 ← ☐ ♀
> Loisirs : 🍴 🎱 🏓
> Services : ஃ ⊶ ⊝ 🔧 🗑 🛁 ☺ 🖥 🚿
> **Au plan d'eau :** 🎣 ✗ 🚗 🚣 🐎 (centre équestre) parcours sportif, golf

⚠ **Le Lignon** 15 mai-sept.
  📞 04 71 59 72 86, *f.valla@campingdulignon.eu*,
  Fax 04 71 59 72 86, *www.campingdulignon.com* – alt. 1 000
  – **R** conseillée
  2 ha (130 empl.) plat, herbeux
  Tarif : 15 € ✳ ⛬ 🅴 (10A) – pers. suppl. 3 € – frais de réservation 20 €
  Location : 9 bungalows toilés
  Pour s'y rendre : sortie SO par D 15, rte de Mazet-sur-Voy et à dr. avant le pont, près de la rivière

> Nature : ♀
> Loisirs : 🎱 🏓 🚲
> Services : ஃ ⊶ 🔧 🛏 🗑 ☺ 🖥 🚿
> **au plan d'eau :** 🎣 ✗ 🚗 🚣 🐎 (centre équestre) - parcours sportif, golf, parcours aventures

CHAMPAGNAC-LE-VIEUX

✉ 43440 – **331** D1 – G. Auvergne – 277 h. – alt. 880
Paris 486 – Brioude 16 – La Chaise-Dieu 25 – Clermont-Ferrand 76 – Le Puy-en-Velay 67.

⚠ **Le Chanterelle**
   ℘ 04 71 76 34 00, *camping@champagnac.com*,
Fax 04 71 76 34 00, *www.champagnac.com* – **R** conseillée
4 ha (90 empl.) en terrasses, herbeux, gravillons
Location : 20 🏠 – 10 bungalows toilés
Pour s'y rendre : 1,4 km au N par D 5, rte d'Auzon, et chemin à dr.
À savoir : dans un site verdoyant, près d'un plan d'eau

Nature : 🐚 ⌑ 🎴
Loisirs : 🍴 🚿 🚲
Services : ♿ ⛽ 🗑 📷 ⊕ 🚰 ☂ 📞 🕯 🧺 sèche-linge
À prox. : 🏠 ✗ 🏊 (plage) 🎣 🐎 (centre équestre) parcours de santé

LAVOÛTE-SUR-LOIRE

✉ 43800 – **331** F3 – 687 h. – alt. 561
Paris 540 – La Chaise-Dieu 37 – Craponne-sur-Arzon 28 – Le Puy-en-Velay 13 – St-Étienne 70 – Saugues 56.

⚠ **Municipal les Longes** mai-15 sept.
   ℘ 04 71 08 18 79, *mairie.lavoutesurloire@wanadoo.fr*,
Fax 04 71 08 16 96, *www.cc/emblavez.fr* – **R**
1 ha (57 empl.) plat, herbeux
Tarif : ♦ 2,20 € 🚗 1,90 € 🅴 2,20 € – ⚡ (6A) 1,90 €
Location ✗ : 5 🏠 (4 à 6 pers.) 195 à 390 €/sem.
Pour s'y rendre : 1 km à l'E par D 7, rte de Rosières puis 0,4 km par rue à gauche, près de la Loire (accès direct)

Nature : ⇐ ⌑
Loisirs : ✗
Services : ♿ ⛽ 📷 🗑 ⊕ 🧺
À prox. : 🏊 🎣

MONISTROL-D'ALLIER

✉ 43580 – **331** D4 – G. Auvergne – 256 h. – alt. 590
Paris 535 – Brioude 58 – Langogne 56 – Le Puy-en-Velay 28 – St-Chély-d'Apcher 57 – Saugues 16.

⚠ **Municipal le Vivier** 15 avr.-15 sept.
   ℘ 04 71 57 24 14, *mairie.monistroldallier@wanadoo.fr*,
Fax 04 71 57 25 03, *www.monistroldallier.com* – **R** conseillée
1 ha (48 empl.) plat, herbeux, pierreux
Tarif : 12 € ♦ 🚗 🅴 ⚡ (10A) – pers. suppl. 2,90 €
Pour s'y rendre : au S du bourg, près de l'Allier (accès direct)

Nature : ⇐ ♀
Loisirs : 🏠
Services : ♿ ⛽ 📷 🗑 ⊕
À prox. : pizzeria 🚴 🏐 ✗ 🎣 m 🎣 sports en eaux vives

161

PAULHAGUET

✉ 43230 – **331** D2 – 981 h. – alt. 562
🅳 *Office de tourisme, place Lafayette* ℘ 04 71 76 62 67
Paris 495 – Brioude 18 – La Chaise-Dieu 24 – Langeac 15 – Le Puy-en-Velay 47.

⚠ **La Fridière** avr.-15 oct.
   ℘ 04 71 76 65 54, *camping.paulhaguet@wanadoo.fr*,
www.campingfr.nl – **R** conseillée
3 ha (45 empl.) plat, herbeux
Tarif : 16,50 € ♦ 🚗 🅴 ⚡ (16A) – pers. suppl. 3,50 €
🚐 1 borne eurorelais
Pour s'y rendre : SE : par D 4, bord de la Senouire

Nature : 🐚 ⌑
Loisirs : 🍴 🏠 🚴 🎣
Services : ♿ ⛽ 📷 🗑 ⊕ 🚰 📞 🕯 🧺

Le PUY-EN-VELAY

✉ 43000 – **331** F3 – G. Auvergne – 20 490 h. – alt. 629
🅳 *Office de tourisme, 2, place du Clauzel* ℘ 04 71 09 38 41, Fax 04 71 05 22 62
Paris 539 – Aurillac 168 – Clermont-Ferrand 129 – Lyon 134 – Mende 87 – St-Étienne 76 – Valence 110.

⚠ **Bouthezard** 15 mars-oct.
   ℘ 04 71 09 55 09 – **R** conseillée
1 ha (80 empl.) plat, herbeux
Tarif : ♦ 2,80 € 🚗 1,73 € 🅴 2,95 € – ⚡ (6A) 3,10 € – frais de réservation 25,45 €
🚐 1 borne artisanale 3,16 €
Pour s'y rendre : NO : à Aiguilhe, bord de la Borne

Nature : 🎴
Loisirs : 🏠
Services : ♿ ⛽ 🗑 📷 🗑 🍴 ⊕ 🧺
À prox. : ✗ 🏊 🎣

ST-DIDIER-EN-VELAY

✉ 43140 – **331** H2 – 2 891 h. – alt. 830
🛈 *Office de tourisme, 11, rue de l'ancien Hôtel de Ville* 📞 *04 71 66 25 72, Fax 04 71 61 25 83*
Paris 538 – Annonay 49 – Monistrol-sur-Loire 11 – Le Puy-en-Velay 58 – St-Étienne 25.

🅰 **La Fressange** mai-sept.
📞 04 71 66 25 28, Fax 04 71 66 25 28 – **R** conseillée
1,5 ha (104 empl.) incliné, peu incliné, en terrasses, herbeux
Tarif : (Prix 2007) 15,54 € 🚶 🚐 🔲 🅗 (15A) – pers.
suppl. 4,31 €

Location (permanent) : 11 🏠 (4 à 6 pers.) 155 à
470 €/sem.

Pour s'y rendre : 0,8 km au SE par D 45 rte de St-Romain-
Lachalm et à gauche, bord d'un ruisseau

Loisirs : 🏊 🚴
Services : 👤 ⛽ GB 🏧 🗄 ♨ ⊕ 🔲
À prox. : 🎿 🛶 parcours sportif

ST-PAULIEN

✉ 43350 – **331** E3 – 1 912 h. – alt. 795
🛈 *Office de tourisme, place Saint-Georges* 📞 *04 71 00 50 01, Fax 04 71 00 50 01*
Paris 529 – La Chaise-Dieu 28 – Craponne-sur-Arzon 25 – Le Puy-en-Velay 14 – St-Étienne 89 – Saugues 44.

🅰 **La Rochelambert** avr.-sept.
📞 04 71 00 54 02, *infos@camping-rochelambert.com*,
Fax 04 71 00 54 02, *www.camping-rochelambert.com*
– **R** conseillée
3 ha (100 empl.) plat, herbeux, en terrasses
Tarif : 16,20 € 🚶 🚐 🔲 🅗 (10A) – pers. suppl. 3,95 €
Location : 12 🏠 (4 à 6 pers.) 250 à 470 €/sem. – huttes
🚐 1 borne 4 €
Pour s'y rendre : 2,7 km au SO par D 13, rte d'Allègre et
D 25 à gauche, rte de Loudes, près de la Borne (accès direct)

Nature : 🛝
Loisirs : 🍹 snack 🏊 🎿 🛶
Services : 👤 ⛽ GB 🏧 🗄 ⊕ 🔲
sèche-linge

STE-SIGOLÈNE

✉ 43600 – **331** H2 – 5 432 h. – alt. 808
🛈 *Office de tourisme, place du 8 mai* 📞 *04 71 66 13 07*
Paris 551 – Annonay 50 – Monistrol-sur-Loire 8 – Montfaucon-en-Velay 14 – Le Puy-en-Velay 55 – St-Étienne 39.

🅰 **Le Vaubarlet** 👫 – mai-sept.
📞 04 71 66 64 95, *camping@vaubarlet.com*,
Fax 04 71 66 11 98, *www.vaubarlet.com* – alt. 600
– **R** conseillée
15 ha/3 campables (131 empl.) plat, herbeux
Tarif : 21 € 🚶 🚐 🔲 🅗 (6A) – pers. suppl. 4 € – frais de
réservation 15 €
Location : 12 🚐 (4 à 6 pers.) 285 à 600 €/sem. – 5 🏠
(4 à 6 pers.) 285 à 600 €/sem. – 12 bungalows toilés
Pour s'y rendre : 6 km au SO par D 43, rte de Grazac
À savoir : dans une vallée verdoyante traversée par la
Dunière

Nature : 🐟 ≤
Loisirs : 🍹 pizzeria 🎬 🕐diurne 👫
🏊 🚴 🛶
Services : 👤 ⛽ GB 🏧 🗄 ♨ ⊕ 📞
🔲 sèche-linge 🖨

SAUGUES

✉ 43170 – **331** D4 – G. Auvergne – 2 013 h. – alt. 960
🛈 *Office de tourisme, cours Dr Gervais* 📞 *04 71 77 71 38, Fax 04 71 77 71 38*
Paris 529 – Brioude 51 – Mende 72 – Le Puy-en-Velay 43 – St-Chély-d'Apcher 42 – St-Flour 52.

🅰 **Municipal Sporting de la Seuge** 15 avr.-15 oct.
📞 06 65 15 04 32, *adm.mairie-saugues@wanadoo.fr*,
Fax 04 71 77 66 40, *www.mairie-saugues.com* – **R** conseillée
3 ha (112 empl.) plat, herbeux, pierreux
Tarif : 10,60 € 🚶 🚐 🔲 🅗 (10A) – pers. suppl. 2,80 €
Location (permanent) : 15 🏠 (4 à 6 pers.) 185 à
455 €/sem.
🚐 1 borne artisanale 2 € – 🚐 10.60 €
Pour s'y rendre : sortie O par D 589, rte du Malzieu-Ville et
à dr., bord de la Seuge et près de deux plans d'eau et d'une
pinède

Nature : ≤ 🌲
Loisirs : 🎬 🏊 🎿 🏊 🛶
Services : 👤 ⛽ GB 🏧 🗄 ♨ ⊕ 🔲
sèche-linge
À prox. : 🏇 ⛸ 🔲 🐎 parcours
sportif, terrain omnisports, pédalos

VOREY

✉ 43800 – **331** F2 – 1 451 h. – alt. 540
₫ Office de tourisme, rue Louis Jouvet ✆ 04 71 01 30 67
Paris 544 – Ambert 53 – Craponne-sur-Arzon 18 – Le Puy en Velay 23 – St-Étienne 70 – Yssingeaux 28.

Les Moulettes mai-15 sept.
✆ 04 71 03 70 48, campinglesmoulettes@libertysurf.fr,
www.camping-les-moulettes.fr – **R** conseillée
1,3 ha (45 empl.) plat, herbeux
Tarif : 17,50 € 👤 🚗 🔲 🔌 (10A) – pers. suppl. 4 €
Location (permanent) : 6 🛖 (4 à 6 pers.) 230 à
520 €/sem.
Pour s'y rendre : à l'O du centre bourg, bord de l'Arzon

> Nature : 🏕 💧💧
> Loisirs : 🍴 snack 🏛 🎣 🏊 🎿
> Services : 🚿 🔌 🖤 🗃 🅿 🚹 ♿ 🧊
> À prox. : 🎾 🏌 🚉

Puy-de-Dôme (63)

AMBERT

✉ 63600 – **326** J9 – G. Auvergne – 7 309 h. – alt. 535
₫ Office de tourisme, 4, place de Hôtel de Ville ✆ 04 73 82 61 90, Fax 04 73 82 48 36
Paris 438 – Brioude 63 – Clermont-Ferrand 77 – Montbrison 47 – Le Puy-en-Velay 71 – Thiers 53.

Municipal Les Trois Chênes 8 mai-sept.
✆ 04 73 82 34 68, tourisme@ville-ambert.fr,
Fax 04 73 82 12 01, www.camping-ambert.com – **R** conseil-
lée
3 ha (120 empl.) plat, herbeux
Tarif : 17,60 € 👤 🚗 🔲 🔌 (10A) – pers. suppl. 4,10 €
Location (permanent) : 8 🛖 (4 à 6 pers.) 280 à
480 €/sem.
🚐 1 borne eurorelais 2 € – 5 🔲 10 €
Pour s'y rendre : 1,5 km au S par D 906, rte de la Chaise-
Dieu, près de la Dore
À savoir : agréable cadre verdoyant

> Nature : ⬅ 🏕 💧💧
> Loisirs : 🏛 🔳 ⛷
> Services : 🚿 🔌 GB 🖤 🗃 🅿 ♿ 🚹
> 🧊 sèche-linge
> Au plan d'eau : 🍴 🎣 🏖 🚣 🏊 ter-
> rain omnisports, parcours de santé
> - 🥘 snack 🍴

163

AYDAT

✉ 63970 – **326** E9 – G. Auvergne – 1 647 h. – alt. 850
₫ Office de tourisme, le Lac ✆ 04 73 79 37 69
Paris 438 – La Bourboule 33 – Clermont-Ferrand 21 – Issoire 38 – Pontgibaud 31 – Rochefort-Montagne 28.

Lac d'Aydat avr.-sept.
✆ 04 73 79 38 09, info@camping-lac-aydat.com,
Fax 04 73 79 34 13 – **R** conseillée
7 ha (150 empl.) accidenté et plat, en terrasses, herbeux,
pierreux
Tarif : 21 € 👤 🚗 🔲 🔌 (10A) – pers. suppl. 5 € – frais de
réservation 20 €
Location (permanent) : 4 🛖 (2 à 4 pers.) 150 à
380 €/sem. – 28 🛖 (4 à 6 pers.) 200 à 510 €/sem. – 17
🛖 (4 à 6 pers.) 290 à 610 €/sem.
🚐 1 borne artisanale
Pour s'y rendre : 2 km au NE par D 90 et chemin à dr., près
du lac
À savoir : agréable pinède

> Nature : 💧💧
> Loisirs : 🍴 snack 🏛 🎣
> Services : 🚿 🔌 GB 🖤 🎏 🗃 🅿
> 🧊 sèche-linge
> À prox. : 🍴 🎿 🛶 🚲 🏊 (plage)
> 🏊 🐾 🐴

Des Volcans juin-août
✆ 04 73 79 33 90, keith_harvey@compuserve.com,
Fax 04 73 79 33 90 – alt. 1 020 – **R** conseillée
1,3 ha (54 empl.) peu incliné, herbeux
Tarif : 👤 3 € 🚗 1 € 🔲 2 € – 🔌 (4A) 2,60 €
Pour s'y rendre : à la Garandie, O : 3,2 km d'Aydat par
D 788

> Nature : 🌳 ⬅ 🌿
> Loisirs : 🔳
> Services : 🔌 🖤 ♿
> au lac : 🍴 snack 🍴 🚲 🏊 (plage) 🛶
> 🐾 mur d'escalade

BAGNOLS

⊠ 63810 – **326** C9 – G. Auvergne – 532 h. – alt. 862
Paris 483 – Bort-les-Orgues 19 – La Bourboule 23 – Bourg-Lastic 38 – Clermont-Ferrand 64.

Municipal la Thialle 22 mars-2 nov.
℘ 04 73 22 28 00, *mairie.bagnols63@wanadoo.fr*,
Fax 04 73 22 20 04 – **R** conseillée
2,8 ha (70 empl.) plat, herbeux, gravillons
Tarif : **†** 3 € – ⇔ 1,50 € – 回 1,75 € – 朗 (3A) 2 €
Location : 3 ⌂ (4 à 6 pers.) 135 à 259 €/sem. – huttes
Pour s'y rendre : sortie SE par D 25, rte de St-Donat, bord
de la Thialle

> Nature : ♀
> Loisirs : 🍴 🚣 🎣 🏊 (petite pis-
> cine) 🛶
> Services : 🚿 ⚡ (saison) 🗑 ▥ 🛒 ☺
> 🅿
> À prox. : 🚲 🗙

BILLOM

⊠ 63160 – **326** H8 – G. Auvergne – 4 246 h. – alt. 340
🅱 *Office de tourisme, 13, rue Carnot* ℘ 04 73 68 39 85, Fax 04 73 68 38 91
Paris 437 – Clermont-Ferrand 28 – Cunlhat 30 – Issoire 31 – Thiers 27.

Municipal le Colombier 15 juin-14 sept.
℘ 04 73 68 91 50, *mairie-billom@wanadoo.fr*,
Fax 04 73 73 37 60, *www.billon.fr*
1 ha (40 empl.) plat et peu incliné, herbeux
Tarif : 11 € **†** ⇔ 回 – pers. suppl. 2,50 €
Location : 12 ⌂ (4 à 6 pers.) 320 à 370 €/sem.
Pour s'y rendre : au NE de la localité par rte de Lezoux et r.
des Tennis

> Nature : 🛏 ♀
> Loisirs : 🍴 🚣
> Services : 🚿 ⚡ 🗑 🛒 ☺ 🅿
> À prox. : 🛒 🗙 🎮 🏞 🏊 🐎

Si vous recherchez :
△ *Un terrain au bord de l'eau avec possibilité de baignade*
🛶 *Un terrain agréable ou très tranquille*
L *Un terrain effectuant la location de caravanes, de mobile homes,*
  de bungalows ou de chalets
P *Un terrain ouvert toute l'année*
🅿 *Un terrain possédant une aire de services pour camping-cars*
Consultez le tableau des localités

La BOURBOULE

⊠ 63150 – **326** D9 – G. Auvergne – 2 043 h. – alt. 880 – ♨ (début fév.-fin oct.)
🅱 *Office de tourisme, place de la République* ℘ 04 73 65 57 71, Fax 04 73 65 50 21
Paris 469 – Aubusson 82 – Clermont-Ferrand 50 – Mauriac 71 – Ussel 51.

Les Clarines fermé 12 nov.-20 déc.
℘ 04 73 81 02 30, *clarines.les@wanadoo.fr*,
Fax 04 73 81 09 34, *www.camping-les-clarines.com*
– **R** conseillée
3,75 ha (194 empl.) incliné, peu incliné, en terrasses,
herbeux, gravillons
Tarif : 19 € **†** ⇔ 回 朗 (10A) – pers. suppl. 4,75 €
Location : 24 ⛺ (4 à 6 pers.) 272 à 608 €/sem. – gîtes
Pour s'y rendre : av. du Gén.-Leclerc

> Nature : ♀♀
> Loisirs : 🍴 🍴 🎬 diurne 🚣 🏊
> Services : ⚡ 🅶🅱 🗑 🛒 🛍 ☺ 🍴
> 🚽 🐕 🅿 sèche-linge
> À prox. : 🛒 🚿

Municipal les Vernières Pâques-sept.
℘ 04 73 81 10 20, *ville-labourboule@wanadoo.fr*,
Fax 04 73 65 54 98 – **R**
1,5 ha (165 empl.) plat et terrasse, herbeux
Tarif : (Prix 2007) **†** 3 € 回 2,55 € – 朗 (10A) 5,35 €
Pour s'y rendre : sortie E par D 130, rte du Mont-Dore,
près de la Dordogne

> Nature : ← 🛏 ♀
> Loisirs : 🍴 🚣
> Services : 🚿 ⚡ 🗑 ▥ 🛒 ☺ 🅿
> À prox. : 🗙 🏞 🏊

CEYRAT

✉ 63122 – **326** F8 – G. Auvergne – 5 593 h. – alt. 560
🏢 *Syndicat d'initiative, 1, rue Frédéric Brunmurol* ℘ *04 73 61 53 23*
Paris 423 – Clermont-Ferrand 6 – Issoire 36 – Le Mont-Dore 42 – Royat 5.

Le Chanset Permanent
℘ 04 73 61 30 73, *camping.lechanset@wanadoo.fr,*
Fax 04 73 61 30 73, *www.ceyrat.com* – alt. 600 – **R** conseillée
5 ha (140 empl.) plat et incliné, herbeux
Tarif : 🛉 3,25 € 🚗 2 € 🅴 5,80 € – 🔌 (10A) 3,75 €
Location : 15 🏠 (4 à 6 pers.) 203 à 535 €/sem.
🚐 1 borne artisanale 2,50 €
Pour s'y rendre : av. J.-B.-Marrou

Nature : 🌳
Loisirs : 🍽 snack 🎦 ♨ 🏊
Services : 🚿 ⚡ GB 🅰 🏧 🛁 👶 ☺
🛒 🚰 👶 🐕 🚰 sèche-linge 🧺 🚗

*The classification (1 to 5 tents, **black** or **red**) that we award to
selected sites in this Guide is a system that is our own.
It should not be confused with the classification (1 to 4 stars) of official organisations.*

CHAMBON-SUR-LAC

✉ 63790 – **326** E9 – G. Auvergne – alt. 877 – Sports d'hiver : 1 150/1 760 m ☃9 🎿
Paris 456 – Clermont-Ferrand 37 – Condat 39 – Issoire 32 – Le Mont-Dore 18.

Le Pré Bas 👥♿ – mai-sept.
℘ 04 73 88 63 04, *prebas@campingauvergne.com,*
Fax 04 73 88 65 93, *www.campingauvergne.com*
– **R** conseillée
3,8 ha (180 empl.) plat et peu incliné, herbeux
Tarif : (Prix 2007) 25 € 🛉 🚗 🅴 🔌 (6A) – pers.
suppl. 5,40 € – frais de réservation 15 €
Location 🐾 : 100 🏠 (4 à 6 pers.) 248 à 732 €/sem.
🚐 1 borne artisanale
Pour s'y rendre : à Varennes, près du lac (accès direct)
À savoir : belle décoration florale et arbustive

Nature : ↙ 🛏 🌳
Loisirs : 🍽 snack, pizzeria 🎦 🐾 🏌
🏖 🏊 🏊 🚣 terrain omnisports
Services : 🚿 ⚡ GB 🅰 🛁 👶 ☺ 🐕
👶 🚰 sèche-linge 🚗
À prox. : 🏊 🚤 🛶 canoë, quad

Serrette 15 mai-15 sept.
℘ 04 73 88 67 67, *camping.de.serrette@wanadoo.fr,*
Fax 04 73 88 81 73, *http://perso.wanadoo.fr/cam
ping.de.serrette* – alt. 1 000 – **R** conseillée
2 ha (75 empl.) en terrasses, incliné, herbeux, pierreux
Tarif : 🛉 4,70 € 🅴 5,70 € – 🔌 (6A) 4,70 € – frais de réservation 10 €
Location 🐾 : 6 🏠 (2 à 4 pers.) 155 à 330 €/sem. – 4
🏠 (4 à 6 pers.) 290 à 595 €/sem.
Pour s'y rendre : O : 2,5 km par D 996, rte du Mont-Dore
et D 636 (à gauche) rte de Chambon des Neiges (hors
schéma)

Nature : 🌲 ↙ lac et montagnes 🌳
Loisirs : 🎦 🏊 (découverte l'été)
Services : 🚿 ⚡ 🅰 🛁 ☺ 🚰
Au lac : 🏊 ♨ 🚤 (plage) 🎣

CHAMBON-SUR-LAC

▲▲ **La Plage** mai-sept.
  ℘ 04 73 88 60 04, *lac-chambon@wanadoo.fr, www.lac-chambon-plage.fr* – **R** conseillée
  7 ha (372 empl.) plat, incliné, en terrasses, herbeux, pierreux
  Tarif : (Prix 2007) 19,20 € ✶ ⇐ 🅴 (ⅰ) (10A) – pers. suppl. 3,80 €
  Location (avr.-oct.) : 18 🏠 (4 à 6 pers.) 250 à 590 €/sem. – 10 ⊨ – hôtel
  🚐 🔋 6 €
  Pour s'y rendre : 3 km à l'E par D 996, rte de Murol et chemin à dr.
  À savoir : agréable situation près du lac

> Nature : ≤ ⊏⊐ 🏊 △
> Loisirs : 🍸 🗙 🎞 salle d'animation et de spectacles 🏃 🎾 🛝 🎣
> Services : 🚿 🚰 (juil.-août) GB ⚡
> 🧺 🛁 ☺ 🔲 sèche-linge 🔌 🛒

▲▲ **les Bombes** 8 mai-21 sept.
  ℘ 04 73 88 64 03, *les-bombes.camping@orange.fr,* Fax 04 73 88 64 03, *www.camping-les-bombes.com* – **R** conseillée
  5 ha (150 empl.) plat, herbeux
  Tarif : ✶ 5 € ⇐ 🅴 6 € – (ⅰ) (6A) 4,50 € – frais de réservation 10 €
  Location : 12 🚐 (4 à 6 pers.) 250 à 630 €/sem.
  🚐 1 borne flot bleu 3 €
  Pour s'y rendre : à l'E de Chambon-sur-Lac vers rte de Murol et à droite, bord de la Couze de Chambon (hors schéma)
  À savoir : location à la nuitée hors sais.

> Nature : ≤ Vallée de Chaudefour 🌳
> Loisirs : snack 🎞 🏃 🛶
> Services : 🚿 🚰 GB ⚡ 🧺 🛁 ☎ 🔲 🛒
> Au lac : 🏖 🏊 (plage) 🐎

CHÂTELGUYON

✉ 63140 – **326** F7 – G. Auvergne – 5 241 h. – alt. 430 – ♨ (déb. mai-fin sept.)
🛈 *Office de tourisme, 1, avenue de l'Europe* ℘ 04 73 86 01 17, Fax 04 73 86 27 03
Paris 411 – Aubusson 93 – Clermont-Ferrand 21 – Gannat 31 – Vichy 43 – Volvic 11.

▲▲ **Clos de Balanède** ♿🚹 – 12 avr.-1er oct.
  ℘ 04 73 86 02 47, *clos-balanede.sarl-camping@wanadoo.fr,* Fax 04 73 86 05 64, *www.balanede.com* – **R** conseillée
  4 ha (285 empl.) plat et peu incliné, herbeux
  Tarif : 18,30 € ✶ ⇐ 🅴 (ⅰ) (10A) – pers. suppl. 4,60 €
  Location : 35 🚐 (4 à 6 pers.) 380 à 510 €/sem.
  🚐 1 borne artisanale 10 € – 16 🅴 5 € – 🔋 17 €
  Pour s'y rendre : sortie SE par D 985, rte de Riom

> Nature : 🌳🌳
> Loisirs : 🍸 snack 🎞 🚿 🏃 🏃 🚲 🛝 🛶
> Services : 🚿 🚰 GB ⚡ 🧺 🛁 ☺ 🛒 💇 👜 🔲 sèche-linge 🛒

COURNON-D'AUVERGNE

✉ 63800 – **326** G8 – G. Auvergne – 18 866 h. – alt. 380 – Base de loisirs
Paris 422 – Clermont-Ferrand 12 – Issoire 31 – Le Mont-Dore 54 – Thiers 40 – Vichy 61.

▲▲ **Municipal le Pré des Laveuses** avr.-oct.
  ℘ 04 73 84 81 30, *camping@cournon-auvergne.fr,* Fax 04 73 84 65 90, *www.cournon-auvergne.fr/camping* – **R** conseillée
  5 ha (150 empl.) plat, herbeux, pierreux, gravier
  Tarif : (Prix 2007) 19 € ✶ ⇐ 🅴 (ⅰ) (10A) – pers. suppl. 4,50 €
  Location (permanent) 🌿 : 12 🚐 (4 à 6 pers.) 200 à 390 €/sem. – 18 🏠 (4 à 6 pers.) 230 à 465 €/sem.
  🚐 1 borne flot bleu 2,20 € – 10 🅴 4,30 €
  Pour s'y rendre : 1,5 km à l'E par rte de Billom et rte de la plage à gauche
  À savoir : entre un plan d'eau aménagé et l'Allier

> Nature : 🌳🌳 △
> Loisirs : 🍸 🎞 🏃
> Services : 🚿 🚰 GB ⚡ 🏛 🧺 🛁 ☺ 📞 🔲 sèche-linge
> À prox. : 🎣 🛝 🛶 (couverte l'hiver) 🏊 🎣

COURPIÈRE

✉ 63120 – **326** I8 – G. Auvergne – 4 612 h. – alt. 320
🛈 *Office de tourisme, place de la Cité Administrative* ℘ *04 73 51 20 27, Fax 04 73 51 20 27*
Paris 399 – Ambert 40 – Clermont-Ferrand 50 – Issoire 53 – Lezoux 18 – Thiers 15.

⚠ **Municipal les Taillades** juil.-15 sept.
℘ 04 73 51 22 80, *mairie.courpiere@wanadoo.fr*,
Fax 04 73 51 21 55, *www.ville-courpiere.fr* – **R** conseillée
0,5 ha (40 empl.) plat, herbeux
Tarif : 11 € ✶ ⬳ 🅴 (10A) – pers. suppl. 2,60 € – frais
de réservation 10 €
Pour s'y rendre : sortie S par D 906, rte d'Ambert, D 7 à
gauche, rte d'Aubusson-d'Auvergne et chemin à dr., à la
piscine et près d'un ruisseau

> Nature : ⌂
> Loisirs : ⌲
> Services : ⚙ ⊶ ⟳ 🗑 ⊕ 🖽
> À prox. : ⛺ 🚲 ✂ 🐎 (centre
> équestre)

CUNLHAT

✉ 63590 – **326** I9 – 1 350 h. – alt. 700
🛈 *Office de tourisme, 8, Grande Rue* ℘ *04 73 82 57 00*
Paris 420 – Ambert 26 – Clermont-Ferrand 58 – Issoire 38 – Thiers 36.

⚠ **La Barge** mai-14 sept.
℘ 04 73 82 57 10, *contact@revea-vacances.com*,
Fax 04 73 82 57 15, *www.revea-vacances.fr* – **R** conseillée
6 ha/1 campable plat et en terrasses, herbeux
Tarif : 12 € ✶ ⬳ 🅴 (5A) – pers. suppl. 2,80 € – frais de
réservation 10 €
Location (5 avr.-26 oct.) : 20 ⌂ (4 à 6 pers.) 170 à
370 €/sem.
Pour s'y rendre : S : 1,2 km par D 105, rte de St-Amant-
Roche-Savine, à la base de loisirs, près d'un plan d'eau

> Nature : ≼
> Loisirs : 🏠 ✂
> Services : ⚙ GB ⟳ ⊕ 🖽
> Au plan d'eau : ⛾ ✗ ⛵ ⅃ 🛶
> (plage) ⛱

ISSOIRE

✉ 63500 – **326** G9 – G. Auvergne – 13 773 h. – alt. 400
🛈 *Office de tourisme, place Charles de Gaulle* ℘ *04 73 89 15 90, Fax 04 73 89 96 13*
Paris 446 – Aurillac 121 – Clermont-Ferrand 36 – Le Puy-en-Velay 94 – Rodez 177 – St-Étienne 173 – Thiers 56 –
Tulle 169.

⚠ **La Grange Fort** 15 avr.-15 oct.
℘ 04 73 71 02 43, *chateau@lagrangefort.com*,
Fax 04 73 71 07 69, *www.lagrangefort.com* – par A 75 sortie
13 dir. Parentignat – **R** conseillée
23 ha/4 campables (120 empl.) plat, peu incliné, herbeux
Tarif : ✶ 6,10 € ⬳ 3 € 🅴 11,90 € – (6A) 3,50 € – frais de
réservation 25 €
Location ⌂ : 8 🛖 (4 à 6 pers.) 275 à 725 €/sem. – 12
⌂ (4 à 6 pers.) 260 à 735 €/sem. – ⤟ – appartements
🚐 1 borne artisanale 5 €
Pour s'y rendre : 4 km au SE par D 996, rte de la Chaise-
Dieu puis à dr., 3 km par D 34, rte d'Auzat-sur-Allier
À savoir : autour d'un pittoresque château médiéval dominant l'Allier

> Nature : ⌂ ≼ ⌂ ♀
> Loisirs : ⛾ ✗ snack 🏠 ≋ jacuzzi
> ⛹ 🚲 ✂ ⅃ ⌲
> Services : ⚙ ⊶ 🅿 GB ⟳ 🎏 🗑 ⚑
> ⛟ ⊕ ∿ 🖽 sèche-linge ⚒

⚠ **Municipal du Mas** avr.-vac. Toussaint
℘ 04 73 89 03 59, *camping-mas@wanadoo.fr*,
Fax 04 73 89 41 05, *http://monsite.wanadoo.fr/cam
pingmas* – **R** conseillée
3 ha (138 empl.) plat, herbeux
Tarif : 15,80 € ✶ ⬳ 🅴 (10A) – pers. suppl. 4 €
Location : 6 ⌂ (4 à 6 pers.) 264 à 410 €/sem.
🚐 1 borne flot bleu – 6 🅴 18,80 €
Pour s'y rendre : 2,5 km à l'E par D 9, rte d'Orbeil et à dr., à
50 m d'un plan d'eau et à 300 m de l'Allier. Par A 75 sortie
12

> Nature : ≼ ♀
> Loisirs : 🏠 diurne ⛹ ⚐
> Services : ⊶ GB ⟳ 🎏 🗑 ⊕ ∿ ⚑
> ⛟ 🖽 sèche-linge ⚒
> A prox. : ⛺ ✗ 🚲 ⚓ ✂ bowling,
> VTT

167

LAPEYROUSE

✉ 63700 – **326** E5 – 587 h. – alt. 510
Paris 350 – Clermont-Ferrand 74 – Commentry 15 – Montmarault 14 – St-Éloy-les-Mines 14 – Vichy 55.

Municipal les Marins 15 juin-1er sept.
℘ 04 73 52 02 73, *lapeyrouse63@free.fr*,
Fax 04 73 52 03 89, *http://63lapeyrouse.free.fr* – **R**
2 ha (68 empl.) plat, herbeux
Tarif : 15 € **↑** 🚐 🔳 🗓 (16A) – pers. suppl. 4 €
Location (permanent) : 6 🏠 (4 à 6 pers.) 250 à
550 €/sem.
Pour s'y rendre : 2 km au SE par D 998, rte d'Echassières
et D 100 à dr., rte de Durmignat
À savoir : décoration arbustive des emplacements, près
d'un plan d'eau

> Nature : 🏞 🖼
> Loisirs : 🍴 🏕 🚴 ⛵ (plage) 🎣
> Services : ♿ 🚰 🗓 🗂 🗑 ⊕ 🔳
> À prox. : 🍷 🍴

MONTAIGUT-LE-BLANC

✉ 63320 – **326** F9 – G. Auvergne – 601 h. – alt. 500
Paris 443 – Clermont-Ferrand 33 – Issoire 17 – Pontgibaud 46 – Rochefort-Montagne 43 – St-Nectaire 10.

Municipal le Pré 15 mai-sept.
℘ 04 73 96 75 07, *montaigut-le-blanc@wanadoo.fr*,
Fax 04 73 96 70 05, *www.ville-montaigut-le-blanc.fr*
– **R** conseillée
3 ha (100 empl.) plat, herbeux
Location (permanent) : 7 🏠 (4 à 6 pers.) 220 à
500 €/sem.
Pour s'y rendre : au bourg, près de la poste, bord de la
Couze de Chambon

> Nature : ⬅ 🖼 🌳
> Loisirs : 🍴 🏕
> Services : ♿ 🚰 🗓 🗑 ⊕ 🔳
> À prox. : 🍴 🛝 🛶

Le MONT-DORE

✉ 63240 – **326** D9 – G. Auvergne – 1 682 h. – alt. 1 050 – 🎿 (déb. mai-fin oct.) – Sports d'hiver : 1 050/1 850 m
🚡2 ⛷18 🎿
🛈 Office de tourisme, avenue du Maréchal Leclerc ℘ 04 73 65 20 21, Fax 04 73 65 05 71
Paris 462 – Aubusson 87 – Clermont-Ferrand 43 – Issoire 49 – Mauriac 77 – Ussel 56.

Municipal l'Esquiladou 26 avr.-18 oct.
℘ 04 73 65 23 74, *camping.esquiladou@wanadoo.fr*,
Fax 04 73 65 23 74, *www.mairie-mont-dore.fr* – alt. 1 010
– **R** conseillée
1,8 ha (100 empl.) en terrasses, gravillons
Tarif : 14 € **↑** 🚐 🔳 🗓 (10A) – pers. suppl. 3,25 €
Location (fermé 19 oct.-14 déc.) : 17 🚐 (4 à 6 pers.)
250 à 600 €/sem.
Pour s'y rendre : à Queureuilh, par D 996, rte de Murat-le-
Quaire et rte des cascades à dr.
À savoir : dans un site montagneux, verdoyant et boisé

> Nature : ⬅ 🖼
> Loisirs : 🍴 🏕
> Services : ♿ 🚰 ⊖🖪 🗓 🎞 🗑 ⊕ 📞
> 🔳 sèche-linge
> À prox. : 🍴 🛝 🖼 🛶 🐎

MURAT-LE-QUAIRE

✉ 63150 – **326** D9 – G. Auvergne – 499 h. – alt. 1 050
Paris 478 – Clermont 45 – Aurillac 120 – Cournon 60 – Riom 60.

Le Panoramique mai-20 sept.
℘ 04 73 81 18 79, *camping.panoramique@wanadoo.fr*,
Fax 04 73 65 57 34, *http://menbres.lycos.fr/campingpano
ramique/* – alt. 1 000 – **R** conseillée
3 ha (85 empl.) en terrasses, herbeux
Tarif : 19,60 € **↑** 🚐 🔳 🗓 (6A) – pers. suppl. 3,60 €
Location (20 déc.-10 nov.) 🏂 (juil.-août) : 5 🏠 (4 à 6
pers.) 430 à 595 €/sem.
🚐 1 borne artisanale 3 € – 10 🔳 15,20 € – 🚐 13 €
Pour s'y rendre : 1,4 km à l'E par D 219, rte du Mont-Dore
et chemin à gauche
À savoir : belle situation dominante

> Nature : 🏞 ⬅ Les Monts Dore et la
> vallée
> Loisirs : 🍷 snack 🍴 🏕
> Services : ♿ 🚰 🗓 🎞 🗑 🔳 🍴 🛝 🗑 ⊕ 🚐 🔳
> 🔳

▲ **Municipal les Couderts** avr.-15 oct.
   ℰ 04 73 65 54 81, *campinglescouderts@orange.fr*,
   Fax 04 73 81 17 44, *http://campinglescouderts.mon*
   site.orange.fr – alt. 1 040 – **R** conseillée
   1,7 ha (58 empl.) plat, peu incliné, en terrasses, herbeux
   Tarif : 13,60 € ✶ ⇦ 🅴 🅷 (10A) – pers. suppl. 2,80 €
   Location (permanent) : 5 🛖 (4 à 6 pers.) 290 à
   515 €/sem. – huttes
   Pour s'y rendre : sortie N, rte de la Banne d'Ordanche,
   bord d'un ruisseau

> Nature : 🏞 ⚟ ☐ ♀
> Loisirs : 🏕
> Services : ⚕ ⚬ 🚙 🍴 🛒 🔥 ♨ 🗑 ☺ ☎
> 🧺 sèche-linge

▲ **Municipal du Plan d'Eau** juil.-août
   ℰ 04 73 81 10 05, *campinglescouderts@orange.fr*,
   Fax 04 73 81 17 44 – alt. 1 050 – **R** conseillée
   0,8 ha (40 empl.) plat, peu incliné, herbeux
   Tarif : 13,60 € ✶ ⇦ 🅴 🅷 (10A) – pers. suppl. 2,80 €
   Pour s'y rendre : 1 km au N sur D 609, rte de la Banne-
   d'Ordanche, bord d'un ruisseau et près d'un plan d'eau

> Nature : 🏞 ⚟ ☐
> Loisirs : ♟ 🍴 🏕
> Services : ⚕ ⚬ 🚙 🔥 ☺ 🗑
> À prox. : 🎣 ✕ ✖ ⚓ (plan d'eau)
> 🎿 parcours de santé

MUROL

✉ 63790 – **326** E9 – G. Auvergne – 563 h. – alt. 830
Paris 456 – Besse-en-Chandesse 10 – Clermont-Ferrand 37 – Condat 37 – Issoire 30 – Le Mont-Dore 19.
Schéma à Chambon (Lac)

⛰ **La Ribeyre** mai-15 sept.
   ℰ 04 73 88 64 29, *laribeyre@free.fr*, Fax 04 73 88 68 41,
   www.camping-laribeyre.com – **R** conseillée
   10 ha (400 empl.) plat, herbeux, étang
   Tarif : 30,35 € ✶ ⇦ 🅴 🅷 (6A) – pers. suppl. 6,70 € – frais
   de réservation 15 €
   Location 🏕 : 68 🛖 (4 à 6 pers.) 308 à 973 €/sem. –
   chalets sans sanitaires
   Pour s'y rendre : 1,2 km au S, rte de Jassat, bord d'un
   ruisseau
   À savoir : magnifique parc aquatique

> Nature : 🏞 ⚟ ♀
> Loisirs : pizzeria, snack 🍴 ⚟ 🏕
> ✖ 🏊 🛝 ⚓ (plan d'eau) 🎾
> Services : ⚕ ⚬ 🆗 🚙 🔥 ♨ 🗑 ☺
> 🎿 🧺 sèche-linge
> À prox. : 🎣 canoë

⛰ **Le Repos du Baladin** 26 avr.-13 sept.
   ℰ 04 73 88 61 93, *reposbaladin@free.fr*, Fax 04 73 88 66 41,
   http://reposbaladin.free.fr – **R** conseillée
   1,6 ha (62 empl.) plat et peu incliné, terrasses, herbeux
   Tarif : 20,90 € ✶ ⇦ 🅴 🅷 (5A) – pers. suppl. 3,90 € – frais
   de réservation 13 €
   Location : 16 🛖 (4 à 6 pers.) 200 à 595 €/sem. – 6 🛏
   Pour s'y rendre : 1,5 km à l'E par D 146, rte de St-Diéry, à
   Groire

> Nature : ⚟ ☐ ♀♀
> Loisirs : ♟ ✕ 🍴 🆓 🏕 🛝
> Services : ⚕ ⚬ 🚙 🔥 ♨ ☺ ☎ ☎ 🗑
> 🚿

169

NÉBOUZAT

✉ 63210 – **326** E8 – 635 h. – alt. 860
Paris 434 – La Bourboule 34 – Clermont-Ferrand 20 – Pontgibaud 19 – St-Nectaire 30.

⛰ **Les Dômes** mai-15 sept.
   ℰ 04 73 87 14 06, *camping.les-domes@wanadoo.fr*,
   Fax 04 73 87 18 81, *www.les-domes.com* – alt. 815
   – **R** conseillée
   1 ha (65 empl.) plat, herbeux
   Tarif : 20,50 € ✶ ⇦ 🅴 🅷 (10A) – pers. suppl. 6 €
   Location : 3 🛖 (4 à 6 pers.) 281 à 469 €/sem. – 5 🛖 (4
   à 6 pers.) 329 à 595 €/sem. – bungalows
   🚐 1 borne artisanale 5 € – 10 🅴
   Pour s'y rendre : aux 4 Routes, par D 216, rte de Roche-
   fort-Montagne
   À savoir : entrée fleurie, cadre verdoyant soigné

> Nature : ⚟ ♀
> Loisirs : 🍴 ☐ (découverte en sai-
> son)
> Services : ⚬ 🚙 🔥 ♨ 🗑 ☺ 🎿 🗑
> 🗑
> À prox. : 🎣 ✕ ⚓ ♨ 🐎

NONETTE

✉ 63340 – **326** G10 – G. Auvergne – 289 h. – alt. 480
Paris 467 – Clermont-Ferrand 51 – Cournon-d'Auvergne 47 – Riom 66 – Chamalières 53.

⚠ **Les Loges** 22 mars-11 oct.
℘ 04 73 71 65 82, *les.loges.nonette@wanadoo.fr,*
Fax 04 73 71 67 23, *www.lesloges.com* – **R** conseillée
4 ha (126 empl.) plat, herbeux
Tarif : 20,40 € ✝ ⇎ 🅴 🄸 (6A) – pers. suppl. 4,80 €
Location : 🚐 (4 à 6 pers.) 160 à 620 €/sem.
Pour s'y rendre : 2 km au S par D 722 rte du Breuil-sur-Couze puis 1 km par chemin près du pont, bord de l'Allier

Nature : 🌿 🗔 ⧉
Loisirs : ☂ ⚓ 🏊 🛶 canoë-kayak
Services : ⅙ ⚡ ⴳ⴮ ⴷⵠ 🗄 🖥 ⤳ ☉
🖥 ⛴
À prox. : ✗

ORCET

✉ 63670 – **326** G8 – 2 681 h. – alt. 400
Paris 424 – Billom 16 – Clermont-Ferrand 14 – Issoire 25 – St-Nectaire 30.

⚠ **Clos Auroy** Permanent
℘ 04 73 84 26 97, *contact@campingclub.info,*
Fax 04 73 84 26 97, *www.camping-le-clos-auroy.com*
– **R** conseillée
3 ha (91 empl.) plat et en terrasses, herbeux
Tarif : 23,75 € ✝ ⇎ 🅴 🄸 (10A) – pers. suppl. 4,50 € –
frais de réservation 20 €
Location 🚿 : 8 🚐 (4 à 6 pers.) 300 à 725 €/sem.
🚐 1 borne eurorelais 4,50 €
Pour s'y rendre : à 200 m au S du bourg, près de l'Auzon
À savoir : belle délimitation arbustive des emplacements

Nature : 🗔
Loisirs : snack 🚗 ⧉ diurne
(juil.-août) jacuzzi ⚓ 🏊
Services : ⅙ ⚡ ⴳ⴮ ⴷⵠ 🎱 🗄 ☉ ⤳
📬 ⧖ 🖥 sèche-linge
À prox. : ⚾

ORLÉAT

✉ 63190 – **326** H7 – 1 623 h. – alt. 380
Paris 440 – Clermont 34 – Roanne 76 – Vichy 38 – Moulins 98.

⚠ Le Pont-Astier
℘ 04 73 53 64 40, *info@camping-massifcentral.com,*
Fax 04 73 53 64 40, *www.revea-vacances.fr* – **R** conseillée
2 ha (90 empl.) plat, herbeux
Location : 6 🚐
Pour s'y rendre : 5 km à l'E par D 85, D 224 et chemin à gauche, à Pont-Astier, bord de la Dore

Nature : ≼ 🗔
Loisirs : ☂ ✗ ⚓ ⚾ ⌂ ♫
Services : ⅙ ⚡ 🗄 ☉ 🖥
À prox. : ⚓

Le lac de Guéry et massif du Sancy

J. Damase/Michelin

PONT-DE-MENAT

✉ 63560 – **326** E6 – G. Auvergne
Paris 369 – Aubusson 85 – Clermont-Ferrand 53 – Gannat 26 – Montluçon 42 – Riom 35 – St-Pourçain-sur-Sioule 51.

Municipal les Tarteaux avr.-sept.
℘ 04 73 85 52 47, *mairiemenat@wanadoo.fr*,
Fax 04 73 85 50 22, *www.commune-de-menat.com* – **R**
1,7 ha (100 empl.) plat et peu incliné, herbeux
Tarif : 10,10 € ✶ ⟌ 🔲 ⒝ (5A) – pers. suppl. 2,40 €
Location (permanent) : 15 🏠 (4 à 6 pers.) 215 à 315 €/sem.
Pour s'y rendre : 0,8 km au SO, rive gauche de la Sioule
À savoir : agréable site dans les gorges

Nature : ⌂ ← ⊏⊐ ⊕⊕ ⚠
Loisirs : ⚓
Services : ⅊ ⊶ (juil.-août) ⚒ 🔲 ⚲
⊕ 🔲
À prox. : ☂ ✗ ⚡ ☂ ⚬

PONTGIBAUD

✉ 63230 – **326** E8 – G. Auvergne – 776 h. – alt. 735
🅱 *Office de tourisme, rue du Commerce* ℘ 04 73 88 90 99, Fax 04 73 88 90 09
Paris 432 – Aubusson 68 – Clermont-Ferrand 23 – Le Mont-Dore 37 – Riom 26 – Ussel 68.

Municipal de la Palle 15 avr.-15 oct.
℘ 04 73 88 96 99, *mairie.pontgibaud@wanadoo.fr*,
Fax 04 73 88 77 77 – **R** conseillée
4,5 ha (120 empl.) plat, herbeux
Tarif : 11,80 € ✶ ⟌ 🔲 ⒝ (16A) – pers. suppl. 3 €
🚐 1 borne 2 € – 🚐 9.20 €
Pour s'y rendre : 0,5 km au SO par D 986, rte de Rochefort-Montagne, bord de la Sioule

Nature : ⊏⊐
Loisirs : ⚡ ⚓
Services : ⅊ ⊶ (juil.-août) � ⚒
🔲 ⊕ 🔲
À prox. : ☂ ✗

Donnez-nous votre avis sur les terrains que nous recommandons.
Faites-nous connaître vos observations et vos découvertes
par mail à l'adresse : leguidecampingfrance@fr.michelin.com.

171

PUY-GUILLAUME

✉ 63290 – **326** H7 – 2 624 h. – alt. 285
Paris 374 – Clermont-Ferrand 53 – Lezoux 27 – Riom 35 – Thiers 15.

Municipal de la Dore mai-sept.
℘ 04 73 94 78 51, *mairie.puyguillaume@wanadoo.fr*,
Fax 04 73 94 12 98, *www.puy-guillaume.com* – **R** conseillée
3 ha (100 empl.) plat, herbeux
Tarif : ✶ 3,50 € 🔲 4,10 € – ⒝ 3,50 €
Pour s'y rendre : Sortie O par D 63 rte de Randan et à dr. avant le pont, près de la rivière

Nature : ♀
Loisirs : ⌂ ⚡ ⚒ ⚓
Services : ⅊ ⊶ ⚒ 🔲 ⊕ 🔲
À prox. : ☂ ✗ ☂ parcours de santé

ROYAT

✉ 63130 – **326** F8 – G. Auvergne – 4 658 h. – alt. 450 – ♨ (fin mars-fin oct.)
🅱 *Syndicat d'initiative, 1, avenue Auguste Rouzaud* ℘ 04 73 29 74 70, Fax 04 73 35 81 07
Paris 423 – Aubusson 89 – La Bourboule 47 – Clermont-Ferrand 5 – Le Mont-Dore 40.

Indigo Royat ♟♟ – 5 avr.-19 oct.
℘ 04 73 35 97 05, *royat@camping-indigo.com*,
Fax 04 73 35 67 69, *www.camping-indigo.com* – **R** indispensable
7 ha (200 empl.) en terrasses, peu incliné, gravier, herbeux
Tarif : (Prix 2007) 26 € ✶ ⟌ 🔲 ⒝ (10A) – pers. suppl. 5 €
– frais de réservation 17 €
Location : 31 🏠 (4 à 6 pers.) 300 à 670 €/sem. – 6 🏠 (4 à 6 pers.) 350 à 760 €/sem. – huttes
🚐 1 borne artisanale 3,50 €
Pour s'y rendre : 2 km au SE par D 941^c, rte du Mont-Dore et D 5 à dr., rte de Charade
À savoir : agréable cadre, verdoyant et ombragé

Nature : ⊏⊐ ♀
Loisirs : ☂ snack, pizzeria ⌂ ⊕
diurne nocturne (juil.-août) ⚡
⚡ ⚬ ☂ ⚒
Services : ⅊ ⊶ ⒣early ⚒ ▥ 🔲 ♨ ⊕
☎ 🔲

ST-AMANT-ROCHE-SAVINE

✉ 63890 – **326** I9 – 530 h. – alt. 950
Paris 474 – Ambert 12 – La Chaise-Dieu 39 – Clermont-Ferrand 65 – Issoire 45 – Thiers 48.

⚠ **Municipal Saviloisirs** mai-sept.
    ℘ 04 73 95 73 60, *saviloisirs@wanadoo.fr*,
    Fax 04 73 95 72 62, *www.saviloisirs.com*
    1,3 ha (19 empl.) en terrasses, herbeux
    Tarif : 10 € **♣** ⇌ 🅴 🛢 (5A) – pers. suppl. 2,90 €
    Location (permanent) : 30 🏠 (4 à 6 pers.) 210 à
    300 €/sem.
    Pour s'y rendre : à l'E du bourg

> Nature : ≤ 🗺
> Loisirs : 🎱 🏸 🚣
> Services : 🚭 ⚡ ♻ 🗄 🐕 😊 ♨ 🌡
> 🔲 sèche-linge
> À prox. : 🍽

ST-ÉLOY-LES-MINES

✉ 63700 – **326** E6 – 4 134 h. – alt. 490
Paris 358 – Clermont-Ferrand 64 – Guéret 86 – Montluçon 31 – Moulins 72 – Vichy 58.

⚠ **Municipal la Poule d'Eau** juin-sept.
    ℘ 04 73 85 45 47, *selm.maire@wanadoo.fr*,
    Fax 04 73 85 07 75 – **R** conseillée
    1,8 ha (50 empl.) peu incliné, herbeux
    Tarif : 8,08 € **♣** ⇌ 🅴 🛢 (6A) – pers. suppl. 1,76 €
    🚐 1 borne flot bleu 2 €
    Pour s'y rendre : sortie S par D 2144 rte de Clermont puis
    à dr., 1,3 km par D 110, rte de Pionsat
    À savoir : cadre verdoyant au bord de deux plans d'eau

> Nature : ≤ 🗺 ⚲ ≜
> Loisirs : 🚣 🎣
> Services : 🚭 ⚡ ♻ 😊
> À prox. : 🍴 🍽 snack 🍽 🎮 🔲 ≈
> (plage) parcours de santé

Pour choisir et suivre un itinéraire
Pour calculer un kilométrage
Pour situer exactement un terrain (en fonction des
indications fournies dans le texte) :
*Utilisez les **cartes MICHELIN** ,*
compléments indispensables de cet ouvrage.

ST-GERMAIN-L'HERM

✉ 63630 – **326** I10 – G. Auvergne – 515 h. – alt. 1 050
🛈 *Office de tourisme, route de la Chaise-Dieu* ℘ 04 73 72 05 95, Fax 04 73 72 05 95
Paris 476 – Ambert 27 – Brioude 33 – Clermont-Ferrand 66 – Le Puy-en-Velay 69 – St-Étienne 107.

⚠ **St-Éloy** mai-14 sept.
    ℘ 04 73 72 05 13, *contact@revea-vacances.com*,
    Fax 04 73 72 05 13, *www.revea-vacances.fr* – **R** conseillée
    3 ha (63 empl.) plat, en terrasses et vallonné, herbeux
    Tarif : 14,10 € **♣** ⇌ 🅴 🛢 (8A) – pers. suppl. 3 € – frais de
    réservation 10 €
    Location : huttes
    Pour s'y rendre : sortie SE, sur D 999, rte de la Chaise-Dieu

> Nature : ≤
> Loisirs : 🎱 🏸 🚣
> Services : 🚭 🌐 ♻ 🗄 😊 ♨ 🔲
> À prox. : 🍽 ≈

ST-GERVAIS-D'AUVERGNE

✉ 63390 – **326** D6 – G. Auvergne – 1 272 h. – alt. 725 – Base de loisirs
🛈 *Office de tourisme, rue du Général Desaix* ℘ 04 73 85 80 94
Paris 377 – Aubusson 72 – Clermont-Ferrand 55 – Gannat 41 – Montluçon 47 – Riom 39 – Ussel 87.

⚠ **Municipal de l'Étang Philippe** avr.-sept.
    ℘ 04 73 85 74 84, *camping.stgervais-auvergne@wana*
    doo.fr, Fax 04 73 85 74 84, *www.ville-stgervais-auvergne.fr*
    – **R** conseillée
    3 ha (130 empl.) plat et peu incliné, herbeux
    Tarif : 10 € **♣** ⇌ 🅴 🛢 (10A) – pers. suppl. 1,50 €
    Location : 6 🏠 (4 à 6 pers.) 220 à 375 €/sem.
    🚐 1 borne eurorelais 2 € –
    Pour s'y rendre : sortie N par D 987, rte de St-Éloy-les-
    Mines, près d'un plan d'eau

> Nature : 🗺 ⚲ ≜
> Loisirs : 🎱
> Services : 🚭 ⚡ ♻ 🗄 😊 🔲
> À prox. : 🍴 🚣 🍽 🎿 ≈ (plage)
> 🎣 🏇

ST-HIPPOLYTE

✉ 63140 – **326** F7 – G. Auvergne
Paris 409 – Clermont 20 – Montluçon 77 – Vichy 46 – Moulins 90.

⚠ **La Croze** mai-15 oct.
    𝓟 04 73 86 08 27, *campinglacroze@wanadoo.fr*,
Fax 04 73 86 43 32, *www.campingcroze.com* – **R** conseillée
3,7 ha (100 empl.) plat, peu incliné et en terrasses, herbeux,
pierreux
Tarif : 12,30 € 🚶 🚙 🔲 💧 (10A) – pers. suppl. 2,50 €
Location (permanent) : 11 🏠 (4 à 6 pers.) 270 à
400 €/sem. – 9 🏠 (4 à 6 pers.) 360 à 480 €/sem.
Pour s'y rendre : 1 km au SE par D 227, rte de Riom

Nature : 🌄 ♀
Loisirs : 🏊 🎿
Services : & ⚡ GB 🐕 🔲 🛒 ☺ 🖨
sèche-linge

ST-NECTAIRE

✉ 63710 – **326** E9 – G. Auvergne – 675 h. – alt. 700 – ♨ (mi avril-mi oct.)
🏢 *Office de tourisme, les Grands Thermes* 𝓟 04 73 88 50 86, Fax 04 73 88 40 48
Paris 453 – Clermont-Ferrand 43 – Issoire 27 – Le Mont-Dore 24.

⚠ **le Viginet** 5 avr.-28 sept.
    𝓟 04 73 88 53 80, *contact@revea-vacances.com*, *www.re
vea-vacances.fr* – **R** conseillée
2 ha (61 empl.) plat, peu incliné et incliné, herbeux, pierreux
Tarif : 19,60 € 🚶 🚙 🔲 💧 (10A) – pers. suppl. 4,20 € –
frais de réservation 10 €
Location : 10 🏠 (4 à 6 pers.) 240 à 590 €/sem. – huttes
Pour s'y rendre : sortie SE par D 996 puis 0,6 km par
chemin à gauche (face au garage Ford)
À savoir : situation dominante

Nature : 🌄 ← 🏞 ♀
Loisirs : 🏠 ☺ diurne 🏊 🎿
Services : & ⚡ GB 🐕 🔲 ☺ 🖨
À prox. : ✂ ⛏ parcours de santé,

⚠ **La Clé des Champs** 5 avr.-4 oct.
    𝓟 04 73 88 52 33, *campingcledeschamps@free.fr*,
www.campingcledeschamps.com – **R** conseillée
1 ha (84 empl.) plat, peu incliné et en terrasses, herbeux
Tarif : 20,10 € 🚶 🚙 🔲 💧 (6A) – pers. suppl. 5 € – frais de
réservation 16 €
Location (permanent) : 4 🏠 (4 à 6 pers.) 160 à
580 €/sem. – 6 🏠 (4 à 6 pers.) 200 à 630 €/sem.
🚐 1 borne eurorelais 4 € – 🚐 10 €
Pour s'y rendre : sortie SE par D 996 et D 642, rte des
Granges, bord d'un ruisseau et à 200 m de la Couze de
Chambon

Nature : 🏞 ♀
Loisirs : 🏠 🏊 🎿 ♀
Services : & ⚡ 🐕 🔲 ☺ 🚿 ⛽ 🖨

173

ST-RÉMY-SUR-DUROLLE

✉ 63550 – **326** I7 – G. Auvergne – 1 925 h. – alt. 620
Paris 395 – Chabreloche 13 – Clermont-Ferrand 55 – Thiers 7.

⚠ **Municipal les Chanterelles** 12 avr.-12 oct.
    𝓟 04 73 94 31 71, *contact@revea-vacances.com*,
Fax 04 73 94 31 71, *www.revea-vacances.fr* – **R** conseillée
5 ha (150 empl.) incliné et en terrasses, herbeux
Tarif : 17,20 € 🚶 🚙 🔲 💧 (8A) – pers. suppl. 3,50 €
Pour s'y rendre : 3 km au NE par D 201 et chemin à dr. Par
A 72, sortie 3
À savoir : situation agréable en moyenne montagne et à
proximité d'un plan d'eau

Nature : ← ♀
Loisirs : 🏠 🏊
Services : & ⚡ GB 🐕 🔲 🚿 ☺ 🖨
Au plan d'eau : 🍴 🏖 🍴 ✗ ✂ 🎣 ⛏
🎿 🏖 (plage) ⛷ 🏸 squash

⚠ **Parc résidentiel de la Motte** (location exclusive de
chalets)
    𝓟 04 73 94 31 71, *contact@chalets-de-flore.fr*,
Fax 04 73 93 71 00, *www.revea-vacances.fr* – **R** conseillée
3 ha plat, herbeux, incliné
Location : 15 🏠 (4 à 6 pers.) 175 à 490 €/sem.
Pour s'y rendre : 2,5 km au NE par D 201 et chemin à dr.
Par A 72, sortie 3

Nature : 🌄
Loisirs : 🏊 🎿
Services : ⚡ GB 🐕 🖨
Au plan d'eau : 🏖 🍴 ✗ ✂ 🎣 ⛏ 🎿
🏖 (plage) ⛷ 🏸 squash

SAUVESSANGES

✉ 63840 – **326** K10 – 531 h. – alt. 910
Paris 469 – Ambert 32 – La Chaise-Dieu 29 – Craponne-sur-Arzon 8 – Montbrison 44 – St-Étienne 55.

⚠ **Municipal le Bandier** avr.-oct.
  📞 04 73 95 94 29, *sauvessanges.mairie@wanadoo.fr*,
  Fax 04 73 95 33 95, *www.chez.com/sauvessanges* – places
  limitées pour le passage – **R** conseillée
  1,5 ha (23 empl.) plat, herbeux
  Tarif : 🕴 1,70 € 🚗 1,10 € 🔲 2,10 € – 🔌 2,20 €
  Pour s'y rendre : SE : 2 km par D 251, rte d'Usson-en-
  Forez, près du stade et à 100 m de l'Ance

Nature : ⛰ 🏞
Loisirs : 🏠 🏓
Services : 🚿 ⚡ (juil.-août) 🛁 ⊕ 🚰
🚻

SINGLES

✉ 63690 – **326** C9 – 210 h. – alt. 737
Paris 484 – Bort-les-Orgues 27 – La Bourboule 23 – Bourg-Lastic 20 – Clermont-Ferrand 65.

⚠⚠ **Le Moulin de Serre** 🏕 – 12 avr.-14 sept.
  📞 04 73 21 16 06, *moulin-de-serre@wanadoo.fr*,
  Fax 04 73 21 12 56, *www.moulindeserre.com* – **R** conseillée
  7 ha/2,6 campables (90 empl.) plat, herbeux
  Tarif : 21,55 € 🕴 🚗 🔲 🔌 (10A) – pers. suppl. 4,20 € –
  frais de réservation 15 €
  Location 🏚 : 23 🏠 (4 à 6 pers.) 165 à 690 €/sem. – 12
  bungalows toilés
  🚐 1 borne artisanale 4 € – 🚐 9.95 €
  Pour s'y rendre : 1,7 km au S de la Guinguette, par D 73,
  rte de Bort-les-Orgues, bord de la Burande
  À savoir : cadre verdoyant dans une petite vallée

Nature : ⛰ 🌲 🏞 🌳
Loisirs : 🍴 snack 🏠 🎮 🎯 🏓 🚲
🎱 🏊 🛶 canoë
Services : 🚿 ⚡ GB 🛁 🍽 🔲 🚰 ⊕ 🚰
🏠 sèche-linge 🚿

Avant de vous installer, consultez les tarifs en cours,
affichés obligatoirement à l'entrée du terrain,
et renseignez-vous sur les conditions particulières de séjour.
Les indications portées dans le guide ont pu être modifiées depuis la mise à jour.

174

TAUVES

✉ 63690 – **326** C9 – G. Auvergne – 863 h. – alt. 820
Paris 474 – Bort-les-Orgues 27 – La Bourboule 13 – Bourg-Lastic 29 – Clermont-Ferrand 55.

⚠⚠ **Les Aurandeix** avr.-oct.
  📞 04 73 21 14 06, *camping.les.aurandeix@orange.fr*,
  Fax 04 73 21 14 06, *www.camping-les-aurandeix.fr*
  – **R** conseillée
  2 ha (90 empl.) plat, en terrasses, incliné, herbeux
  Tarif : 19 € 🕴 🚗 🔲 🔌 (10A) – pers. suppl. 4 € – frais de
  réservation 10 €
  Location (15 déc- 15 mars, avr.-11 nov.) : huttes
  🚐 1 borne flot bleu 5 € – 🚐 10 €
  Pour s'y rendre : à l'E du bourg, au stade

Nature : 🏞 🌳
Loisirs : 🏠 🏓 🎱 🏊
Services : 🚿 ⚡ 🛁 🔲 🚰 ⊕ 📞 🔲
sèche-linge
À prox. : au plan d'eau à la Tour
d'Auvergne : parcours de santé 🚶
🏊 🚣

THIERS

✉ 63300 – **326** I7 – G. Auvergne – 13 338 h. – alt. 420 – Base de loisirs
🅱 *Office de tourisme, maison du Pirou* 📞 04 73 80 65 65, Fax 04 73 80 01 32
Paris 388 – Clermont-Ferrand 43 – Roanne 75 – St-Étienne 108 – Vichy 36.

⚠ **Base de Loisirs Iloa** 15 mai-15 sept.
  📞 04 73 80 92 35, *communication@ville-thiers.fr*,
  Fax 04 73 80 88 81, *www.ville-thiers.fr* – **R** conseillée
  1 ha (46 empl.) plat, herbeux
  Tarif : 13,70 € 🕴 🚗 🔲 🔌 (10A) – pers. suppl. 3,40 €
  Pour s'y rendre : 6,5 km à l'O par rte de Vichy, D 94 à
  gauche et D 44, rte de Dorat, à 350 m d'un plan d'eau (accès
  direct). Par A 72 : sortie Thiers-Ouest

Loisirs : 🏓 🎱 🏊
Services : 🚿 ⚡ 🛁 🔲 🚰 ⊕ 🚰 🚻
🔲
À la base de loisirs : 🍴 🍽 🛶 🚣 🏊 🚤
🏄 🚐

La TOUR-D'AUVERGNE

✉ 63680 – **326** D9 – G. Auvergne – 719 h. – alt. 1 000 – Sports d'hiver : 1 150/1 450 m ⚡3 ⚡
🏢 *Office de tourisme, rue de la Pavade* ☎ *04 73 21 79 78, Fax 04 73 21 79 70*
Paris 477 – Besse-en-Chandesse 31 – Bort-les-Orgues 27 – La Bourboule 13 – Clermont-Ferrand 58 – Le Mont-Dore 18.

⚠ **La Chauderie** 31 mai-14 sept.
☎ 04 73 21 55 01, *contact@revea-vacances.com*,
Fax 04 73 21 55 01, *www.revea-vacances.fr* – **R** conseillée
1,5 ha (90 empl.) plat et en terrasses, peu incliné, herbeux, pierreux
Tarif : 16,70 € ✶ ⚘ 🅴 (⚡) (5A) – pers. suppl. 3,20 € – frais de réservation 10 €
Location : huttes
Pour s'y rendre : SE : 1,3 km par D 203, rte de Besse-en-Chandesse, bord de la Burande

Nature : ≤ 🏞
Loisirs : 🍴 snack 🎱 🎿
Services : 🔧 ⚡ GB 🚿 🗄 ♨ ⊕ 🖥
À prox. : 🎿 ⛵ 🎣 🐎 (centre équestre)

VIVEROLS

✉ 63840 – **326** K10 – 390 h. – alt. 860
Paris 463 – Ambert 25 – Clermont-Ferrand 103 – Montbrison 38 – St-Étienne 57.

⚠ **Municipal le Pradoux** 5 avr.-2 nov.
☎ 04 73 95 34 31, *viverols@wanadoo.fr*, Fax 04 73 95 33 07
– places limitées pour le passage – **R** conseillée
1,2 ha (49 empl.) plat, herbeux
Tarif : 9,80 € ✶ ⚘ 🅴 – pers. suppl. 1,70 €
🚐 1 borne flot bleu 2 € – 4 🅴
Pour s'y rendre : au SO du bourg par D 111, rte de Medey-rolles, près de la Ligonne

Loisirs : 🎱 🎿
Services : 🔧 🚿 🗄 ⊕ ♨ 🖥
À prox. : 🎿 🎣

VOLLORE-VILLE

✉ 63120 – **326** I8 – 684 h. – alt. 540
Paris 406 – Ambert 45 – Clermont-Ferrand 57 – Issoire 60 – Lezoux 24 – Thiers 18.

⚠ **Le Grun Chignore** fermé 15 déc.-15 janv.
☎ 04 73 53 73 37, *camping-du-chignore@hotmail.fr*,
Fax 04 73 53 73 37, *www.campingauvergne.fr* – **R** conseil-lée
1,5 ha (33 empl.) plat et terrasse, herbeux
Tarif : ✶ 2,50 € ⚘ 1,30 € 🅴 3 € – (⚡) (6A) 3,10 €
Pour s'y rendre : 1 km au NE par D 7, rte de Celles-sur-Durolle, à 150 m d'un étang

Nature : ≤ 🏞
Loisirs : 🍴 snack 🏊 (petite piscine)
Services : 🔧 ⚡ GB 🚿 🗄 ⊕ 🖥
Au lac d'Aubusson : 🎿 ⛵ (plage) 🎣 💧

175

BOURGOGNE

S. Sauvignier/Michelin

Découvrir la Bourgogne c'est un peu se transporter, avec une machine à remonter le temps, à l'époque des grands-ducs d'Occident. Nés de leur goût d'absolu, nobles châteaux et riches abbayes témoignent d'un passé où grandiloquence rimait avec prestige. Qui oserait leur reprocher cette folie des grandeurs après avoir visité Dijon, cité d'art par excellence ? Et comment leur contester le titre de « princes des meilleurs vins de la chrétienté » lorsque des légions de gourmets sillonnent la Côte d'Or pour explorer ses caves, antres capiteux où mûrissent des crus d'exception ? Les ripailles se poursuivent autour de moelleuses gougères, d'un odorant époisses ou d'un délicieux pain d'épice. Après ces péchés gourmands, un retour à des plaisirs plus sages s'impose, telle une promenade en péniche au fil des canaux.

A visit to Burgundy takes travellers back through time to an era when its mighty Dukes rivalled even the kings of France; stately castles and rich abbeys still bear witness to a golden age of ostentation and prestige. As we look back now, it is difficult to reproach them for the flamboyance which has made Dijon a world-renowned city of art. And who would dispute Burgundy's claim to the "best wines in Christendom« when wine-lovers still flock to the region in search of the finest vintages? A dedication to time-honoured traditions also rules the region's cuisine, from strong-smelling époisses cheese to gingerbread dripping with honey. After such extravagant pleasures, what could be better than a barge trip down the region's canals and rivers to digest in peace amid unspoilt countryside?

ARNAY-LE-DUC

✉ 21230 – **320** G7 – G. Bourgogne – 1 829 h. – alt. 375
🛈 *Office de tourisme, 15, rue Saint-Jacques ℘ 03 80 90 07 55*
Paris 285 – Autun 28 – Beaune 36 – Chagny 38 – Dijon 59 – Montbard 74 – Saulieu 29.

⛰ **l'Étang de Fouché** 15 avr.-15 oct.
℘ 03 80 90 02 23, *info@campingfouche.com*,
Fax 03 80 90 11 91, *www.campingfouche.com* – **R** conseil-
lée
8 ha (209 empl.) plat, peu incliné, herbeux
Tarif : 21,80 € ✶ ⛺ 🔳 ⚡ (10A) – pers. suppl. 5,20 € –
frais de réservation 10 €
Location : 19 🏠 (4 à 6 pers.) 210 à 660 €/sem.
Pour s'y rendre : E : 0,7 km par D 17C, rte de Longecourt
À savoir : Situation plaisante au bord d'un étang

> Nature : 🏞 ← 🌳 ♀ ⛰
> Loisirs : 🍽 snack, brasserie 🏛 🎬
> diurne 🚣 🛶 🚴
> Services : 🚿 🛒 GB 🚐 📶 🛁 ⊕ ♨
> 🗑 📞 ⌚ 📱 sèche-linge 🏧 🌳
> À prox. : 🍴 ⛵ (plage) ⛷

BEAUNE

✉ 21200 – **320** I7 – G. Bourgogne – 21 923 h. – alt. 220
🛈 *Office de tourisme, 1, rue de l'Hôtel Dieu ℘ 03 80 26 21 30, Fax 03 80 26 21 39*
Paris 308 – Autun 49 – Auxerre 149 – Chalon-sur-Saône 29 – Dijon 45 – Dole 65.

⛰ **Municipal les Cent Vignes** 15 mars-oct.
℘ 03 80 22 03 91, *simone.studer.mairie-beaune@wana
doo.fr*, Fax 03 80 22 03 91 – **R** conseillée
2 ha (116 empl.) plat, herbeux, gravillons
Tarif : 16,25 € ✶ ⛺ 🔳 ⚡ (10A) – pers. suppl. 3,60 € –
frais de réservation 20 €
Pour s'y rendre : Sortie N par r. du Faubourg-St-Nicolas et
D 18 à gauche, 10 r. Auguste-Dubois
À savoir : Belle délimitation des emplacements et entrée
fleurie

> Nature : 🌳 ♀
> Loisirs : 🍽 snack 🏛 🛶 terrain
> omnisports
> Services : 🚿 🛒 GB 🚐 📶 🛁 ⊕ ♨
> 🗑 🌳

BLIGNY-SUR-OUCHE

✉ 21360 – **320** I7 – 750 h. – alt. 360
🛈 *Office de tourisme, 21, place de l'Hôtel de Ville ℘ 03 80 20 16 51, Fax 03 80 20 17 90*
Paris 295 – Dijon 63 – Chalon-sur-Saône 48 – Le Creusot 62 – Beaune 19.

⛰ **Les Iscles** mai-sept.
℘ 03 80 20 00 64, Fax 03 80 20 00 64 – **R** conseillée
1,2 ha (70 empl.) plat, herbeux
Tarif : ✶ 2,50 € ⛺ 1,50 € 🔳 2,50 € – ⚡ (6A) 2,50 €
Pour s'y rendre : 0,8 km au N, rte de Pouilly-en-Auxois

> Nature : ♀♀
> Services : 🚿 🛒 🚐 🏕 ⊕
> À prox. : ⛵

179

CHÂTILLON-SUR-SEINE

✉ 21400 – **320** H2 – G. Bourgogne – 6 269 h. – alt. 219
🛈 *Office de tourisme, place Marmont ℘ 03 80 91 13 19, Fax 03 80 91 21 46*
Paris 233 – Auxerre 85 – Avallon 75 – Chaumont 60 – Dijon 83 – Langres 74 – Saulieu 79 – Troyes 69.

⛰ **Municipal Louis-Rigoly** avr.-sept.
℘ 03 80 91 03 05, *tourism-chatillon-sur-seine@wana
doo.fr*, Fax 03 80 91 21 46 – **R** conseillée
0,8 ha (54 empl.) peu incliné, plat, herbeux, goudronné
Tarif : ✶ 3,30 € ⛺ 1,40 € 🔳 3,15 € – ⚡ (4A) 2,25 €
🚐 1 borne raclet 4 €
Pour s'y rendre : Esplanade St-Vorles par rte de Langres
À savoir : Sur les hauteurs ombragées de la ville

> Nature : 🏞 🌳 ♀
> Services : 🚿 🛒 🚐 ⊕ 🛁
> À prox. : 🍴 🗡 🏓 🏊 ⛷

DIJON

✉ 21000 – **320** K6 – G. Bourgogne – 149 867 h. – alt. 245
🛈 *Office de tourisme, 34, rue des Forges ℘ 08 92 70 05 58, Fax 03 80 30 90 02*
Paris 316 – Besançon 93 – Chalon 72 – Le Creusot 91 – Dole 51.

⛰ **Municipal du Lac** avr.-15 oct.
℘ 03 80 43 54 72, *campingdijon@wanadoo.fr*,
Fax 03 80 45 57 06, *www.camping-dijon.com* – **R** conseillée
2,5 ha (121 empl.) plat, herbeux
Tarif : ✶ 3,20 € ⛺ ⚡ 🔳 5 € – ⚡ (5A) 3 €
🚐 2 bornes artisanales 5 € – 22 🔳 – 🚐 14.40 €
Pour s'y rendre : 3 bd Chamoine-Kir

> Nature : 🌳 ♀
> Services : 🚿 🛒 GB 🏕 🛁 ⊕ 📱
> À prox. : 🏓 ⛵ 🎣 ⛵

MARCENAY

✉ 21330 – **320** G2 – 116 h. – alt. 220
Paris 232 – Auxerre 72 – Chaumont 73 – Dijon 89 – Montbard 35 – Troyes 66.

Les Grèbes
℘ 03 80 81 61 72, *marcenay@club-internet.fr*,
Fax 03 80 81 61 99
2,4 ha (90 empl.) plat, herbeux
Tarif : 16 € ⚊ 🚗 🅴 🅷 (10A) – pers. suppl. 3,50 €
Location : 5 🛖
Pour s'y rendre : N : 0,8 km
À savoir : Situation agréable près d'un lac

Nature : 🐟 🏕 ⛰
Loisirs : 🍸 🎯
Services : 🛁 🚿 GB 🔌 🛒 🍴 ⊕ 🚻
📮 🔥
À prox. : 🍴 🎿 🛥 (plage)

MEURSAULT

✉ 21190 – **320** I8 – G. Bourgogne – 1 598 h. – alt. 243
🛈 Office de tourisme, place de l'Hôtel de Ville ℘ 03 80 21 25 90, Fax 03 80 21 61 62
Paris 326 – Dijon 56 – Chalon-sur-Saône 28 – Le Creusot 40 – Beaune 9.

La Grappe d'Or avr.-15 oct.
℘ 03 80 21 22 48, *info@camping-meursault.com*,
Fax 03 80 21 65 74, *www.camping-meursault.com*
– **R** conseillée
4,5 ha (170 empl.) en terrasses, peu incliné, plat, herbeux,
gravillons
Tarif : 21,50 € ⚊ 🚗 🅴 🅷 (10A) – pers. suppl. 3,70 € –
frais de réservation 10 €
Location (mai-10 oct.) 🏊 : 12 🛖 (4 à 6 pers.) 273 à
490 €/sem. – 4 🏠 (4 à 6 pers.) 310 à 490 €/sem.
🚐 1 borne artisanale 4 €
Pour s'y rendre : Sortie Nord, rte de Volnay

Nature : ⛰ ♀
Loisirs : snack 🏖 🚴 🎱 ⛷ 🏊
Services : 🚿 GB 🔌 🏊 ⊕ 🛒 🚻

Si vous désirez réserver un emplacement pour vos vacances,
faites-vous préciser au préalable les conditions particulières de séjour,
les modalités de réservation, les tarifs en vigueur et les conditions de paiement.

MONTBARD

✉ 21500 – **320** G4 – G. Bourgogne – 6 300 h. – alt. 221
🛈 Office de tourisme, place Henri Vincenot ℘ 03 80 92 53 81, Fax 03 80 89 17 38
Paris 240 – Autun 87 – Auxerre 81 – Dijon 81 – Troyes 100.

Municipal
℘ 03 80 92 21 60, *camping.montbard@wanadoo.fr*,
Fax 03 80 92 21 60, *www.montbard.com* – **R** conseillée
2,5 ha (80 empl.) plat, herbeux, gravillons
Location : huttes
Pour s'y rendre : Par D 980 déviation Nord-Ouest de la
ville, près de la piscine
À savoir : Agréable décoration arbustive des emplacements

Nature : ⛰ 🏕 ♀
Loisirs : 🎯 🏖
Services : 🛁 🚿 🛒 🍴 ⊕ 🚻 🚗 📮
À prox. : 🛁 hammam 🎱 ⛷ 🏊
(centre aquatique)

NOLAY

✉ 21340 – **320** H8 – G. Bourgogne – 1 547 h. – alt. 299
🛈 Office de tourisme, 24, rue de la République ℘ 03 80 21 80 73, Fax 03 80 21 80 73
Paris 316 – Autun 30 – Beaune 20 – Chalon-sur-Saône 34 – Dijon 64.

La Bruyère
℘ 03 80 21 87 59, *camping-la-bruyere@mutualite21.org*,
Fax 03 80 21 87 59 – **R** conseillée
1,2 ha (22 empl.) plat, terrasses, herbeux
Location : 3 🏠
🚐 1 borne artisanale
Pour s'y rendre : 1,2 km à l'O par D 973, rte d'Autun et
chemin à gauche

Nature : 🐟 ⛰
Loisirs : 🎯
Services : 🛁 🚿 🛒 🏊 ⊕ 📮 sèche-
linge

PONT-ET-MASSÈNE

✉ 21140 – **320** G5 – 173 h. – alt. 265
Paris 250 – Dijon 79 – Auxerre 85 – Le Creusot 94 – Beaune 76.

Le Lac de Pont 30 avr.-sept.
    ✆ 03 80 97 01 26, *campinglacdepont*, Fax 03 80 97 01 26
    – **R** conseillée
    2,5 ha (150 empl.) plat, peu incliné, herbeux, bois attenant
    Tarif : (Prix 2007) 18,30 € ✶   🚗   🅴 (%) (16A) – pers.
    suppl. 4,50 €
    🚐 1 borne
    Pour s'y rendre : Au bourg, accès par le pont, sur D 103^Z
    en direction de Précy-sous-Thil
    À savoir : Agréable site boisé, près d'un lac

> Nature : 🐟 ⇐ 🏕 ⛰
> Loisirs : pizzeria 🎮 🏄 🚲 ✗ 🎣
> Services : 🛁 ⊶ GB 🐾 🔒 ♨ ⊕ 🗑
> 💧 🔁 🏪
> À prox. : 🍹 ✗ club nautique

POUILLY-EN-AUXOIS

✉ 21320 – **320** H6 – G. Bourgogne – 1 502 h. – alt. 390
🅱 *Office de tourisme, le Colombier* ✆ 03 80 90 74 24, Fax 03 80 90 74 24
Paris 270 – Avallon 66 – Beaune 42 – Dijon 44 – Montbard 59.

Le Vert Auxois 15 avr.-15 oct.
    ✆ 03 80 90 71 89, *vert.auxois@wanadoo.fr, http://cam
    ping.vertauxois.free.fr* – **R** conseillée
    1 ha (70 empl.) plat, herbeux
    Tarif : ✶ 2,90 € 🚗 1 € 🅴 4 € – (%) (10A) 4,50 €
    🚐 1 borne artisanale 3 € – 5 € 🅴
    Pour s'y rendre : Vers sortie NO, rue du 8-Mai et à gauche
    après l'église

> Services : ⊶ 🐾 ⊕ ♨ 🔁 🗑 sèche-
> linge

SANTENAY

✉ 21590 – **320** I8 – 904 h. – alt. 225
🅱 *Office de tourisme, gare SNCF* ✆ 03 80 20 63 15, Fax 03 80 20 69 15
Paris 330 – Autun 39 – Beaune 18 – Chalon-sur-Saône 25 – Le Creusot 29 – Dijon 63 – Dole 83.

Les Sources 15 avr.-oct.
    ✆ 03 80 20 66 55, *info@campingsantenay.com*,
    Fax 03 80 20 67 36, *www.campingsantenay.com*
    – **R** conseillée
    3,1 ha (150 empl.) peu incliné et plat, herbeux
    Tarif : 20 € ✶   🚗   🅴 (%) (6A) – pers. suppl. 3,70 €
    🚐 1 borne artisanale 5 €
    Pour s'y rendre : SO : 1 km par rte de Cheilly-les-Maranges,
    près du centre thermal

> Nature : ⇐ 🌳
> Loisirs : snack 🏄 🏊
> Services : 🛁 ⊶ GB 🐾 🔒 ⊕ ♨ 📶
> 🗑 🔁 🏪
> À prox. : ✗ 🚣

181

SAULIEU

✉ 21210 – **320** F6 – G. Bourgogne – 2 837 h. – alt. 535
🅱 *Syndicat d'initiative, 24, rue d'Argentine* ✆ 03 80 64 00 21, Fax 03 80 64 00 21
Paris 248 – Autun 40 – Avallon 39 – Beaune 65 – Clamecy 78 – Dijon 73.

Municipal le Perron 5 avr.-20 sept.
    ✆ 03 80 64 16 19, *camping.saulieu@wanadoo.fr*,
    Fax 03 80 64 16 19, *www.saulieu.fr* – **R** conseillée
    8 ha (157 empl.) plat et peu incliné, herbeux
    Tarif : (Prix 2007) 16 € ✶   🚗   🅴 (%) (10A) – pers. suppl. 3 €
    Location (permanent) : huttes
    Pour s'y rendre : NO : 1 km par D 906, rte de Paris, près
    d'un étang

> Loisirs : 🎮 🏄 🚲 ✗ 🎣 🏊
> Services : 🛁 ⊶ GB 🐾 🛒 🗑 🔁 ⊕
> 🔁 🗑

Benutzen Sie
– zur Wahl der Fahrtroute
– zur Berechnung der Entfernungen
– zur exakten Lokalisierung eines Campingplatzes (mit Hilfe der Angaben im Ortstext)
*die für diesen Führer unentbehrlichen **MICHELIN-Karten**.*

SAVIGNY-LÈS-BEAUNE

✉ 21420 – **320** I7 – G. Bourgogne – 1 422 h. – alt. 237

🏢 *Syndicat d'initiative, 13, rue Vauchey Very* ☎ *03 80 26 12 56, Fax 03 80 26 12 56*

Paris 314 – Dijon 39 – Chalon 38 – Le Creusot 51 – Dole 70.

△ **Les Premiers Prés** 15 mars-oct.

☎ 03 80 26 15 06, *Mairie.savigny-savigny-beaune@wanadoo.fr*,
Fax 03 80 21 56 63, *www.camping-savigny-les-beaune.fr*
– **R** conseillée

1,5 ha (90 empl.) plat et peu incliné, herbeux

Tarif : 🚶 3 € ⟻ 1,60 € 🔲 3,40 € – 🗲 (6A) 3,50 €
🛒 1 borne flot bleu 5 €

Pour s'y rendre : NO : 1 km par D 2 rte de Bouilland

À savoir : Cadre verdoyant au bord d'un ruisseau

> Nature : 🌳🌳
> Loisirs : 🎠
> Services : ♿ ⟻ GB ⚡ 🔲 ☺ ♨

VANDENESSE-EN-AUXOIS

✉ 21320 – **320** H6 – 216 h. – alt. 360

Paris 275 – Arnay-le-Duc 16 – Autun 42 – Châteauneuf 3 – Dijon 44.

⚠ **Le Lac de Panthier** 👥 – 5 avr.-12 oct.

☎ 03 80 49 21 94, *info@lac-de-panthier.com*,
Fax 03 80 49 25 80, *www.lac-de-panthier.com* – **R** conseillée

5,2 ha (207 empl.) en terrasses, plat et peu incliné, herbeux

Tarif : 25 € 🚶 ⟻ 🔲 🗲 (6A) – pers. suppl. 6,40 € – frais de réservation 15 €

Location : 36 🏠 (4 à 6 pers.) 336 à 770 €/sem. – 14 🏡 (4 à 6 pers.) 385 à 770 €/sem.

Pour s'y rendre : NE : 2,5 km par D 977 bis, rte de Commarin et rte à gauche, près du lac

> Nature : 🌊 ← 🌲 ♀ ⛰
> Loisirs : 🍷 🍴 pizzeria, grill 🏠 🏃
> 🍺 🎿 🚲 🏊 🎣 🛶
> Services : ♿ ⟻ GB ⚡ 🔲 ♨ 🚿 ☺
> ♨ ♨ 🔲 🚮 🛒 ☺
> À prox. : 🛥 🦆

*LES GUIDES VERTS **MICHELIN***
Paysages, monuments
Routes touristiques
Géographie
Histoire, Art
Itinéraire de visite
Plans de villes et de monuments

182

House boat sur le canal de Bourgogne

S. Sauvignier/Michelin

VENAREY-LES-LAUMES

✉ 21150 – **320** G4 – G. Bourgogne – 3 274 h. – alt. 235
🛈 *Office de tourisme, place Bingerbrück* 𝒫 *03 80 96 89 13, Fax 03 80 96 13 22*
Paris 259 – Avallon 54 – Dijon 66 – Montbard 15 – Saulieu 42 – Semur-en-Auxois 13 – Vitteaux 20.

⚠ **Municipal Alésia** avr.-15 oct.
𝒫 03 80 96 07 76, *camping.venarey@wanadoo.fr*,
Fax 03 80 96 07 76
1,5 ha (67 empl.) plat, herbeux, gravillons
Tarif : 11,90 € 🚶 🚙 🔲 🚿 (10A) – pers. suppl. 2,50 €
Location (permanent) : 5 🏠 (4 à 6 pers.) 160 à 420 €/sem.
Pour s'y rendre : Sortie Ouest par D 954, rte de Semur-en-Auxois et rue à droite, avant le pont, bord de la Brenne et près d'un plan d'eau

Nature : 🏕 ♀
Loisirs : 🎣 🏌 🐎
Services : 🔧 🕿 🅶🅱 🐕 🗑 🗄 ♿ ♨
À prox. : 🍴 ⛱ (plage)

*Donnez-nous votre avis
sur les terrains que nous recommandons.
Faites-nous connaître vos observations et vos découvertes.
par mail à l'adresse : leguidecampingfrance@fr.michelin.com.*

VIGNOLES

✉ 21200 – **320** J7 – 727 h. – alt. 202
Paris 317 – Dijon 40 – Chalon 34 – Le Creusot 51 – Dole 60.

⚠ **Les Bouleaux** Permanent
𝒫 03 80 22 26 88 – **R** conseillée
1,6 ha (46 empl.) plat, herbeux
Tarif : 🚶 3,60 € 🚙 1,70 € 🔲 3 € – 🚿 (6A) 4,30 €
Pour s'y rendre : À Chevignerot, bord d'un ruisseau

Nature : 🏕 ♀♀
Loisirs : 🎣
Services : 🔧 🕿 🗑 🗄 ♿ 🖥

183

Nièvre (58)

La CHARITÉ-SUR-LOIRE

✉ 58400 – **319** B8 – G. Bourgogne – 5 460 h. – alt. 170
🛈 *Syndicat d'initiative, 5, place Sainte-Croix* 𝒫 *03 86 70 15 06, Fax 03 86 70 21 55*
Paris 212 – Bourges 51 – Clamecy 54 – Cosne-sur-Loire 30 – Nevers 25.

⚠ **Municipal la Saulaie** mai-sept.
𝒫 03 86 70 00 83, *contact@lacharitesurloire-tourisme.com*
– **R** conseillée
1,7 ha (100 empl.) plat, herbeux
Tarif : 🚶 6 € 🚙 🔲 – 🚿 (10A) 3 €
Pour s'y rendre : Sortie Sud-Ouest, rte de Bourges
À savoir : Dans l'Île de la Saulaie, près de la plage

Nature : ♀
Loisirs : 🎣 🏊 🐎
Services : 🔧 🕿 🐕 🗑 ♿ ♨ 🚰
À prox. : 🍴 🖼 canoë

CHÂTEAU-CHINON

✉ 58120 – **319** G9 – G. Bourgogne – 2 990 h. – alt. 510
🛈 *Syndicat d'initiative, place Saint-Christophe* 𝒫 *03 86 85 06 58, Fax 03 86 85 06 58*
Paris 281 – Autun 39 – Avallon 60 – Clamecy 65 – Moulins 89 – Nevers 65 – Saulieu 45.

⚠ **Municipal du Perthuy d'Oiseau** mai-sept.
𝒫 03 86 85 08 17, *mairiechateauchinonville@wanadoo.fr*,
Fax 03 86 85 01 00 – **R** conseillée
1,8 ha (52 empl.) peu incliné à incliné, herbeux
Tarif : 🚶 2 € 🚙 2,50 € 🔲 1,50 € – 🚿 (8A) 2,50 €
🚐 1 borne flot bleu
Pour s'y rendre : Sortie S par D 27, rte de Luzy et à droite
À savoir : À l'orée d'une forêt

Nature : 🌳 ≤ 🏕 ♀
Loisirs : 🎣
Services : 🔧 🕿 🐕 🗑 ♿ ♨

CHEVENON

⊠ 58160 – **319** C10 – G. Bourgogne – 662 h. – alt. 190
Paris 251 – Dijon 188 – Moulins 51 – Tours 231.

⚠ **Municipal** Permanent
   𝒫 03 86 68 71 71 – ℞
4 ha/2 campables (63 empl.) plat et peu incliné, herbeux, en terrasses
Tarif : (Prix 2007) ⋆ 2,25 € ⟺ 1,15 € ▣ 1,75 € – [⚡] (16A) 9,15 €
Pour s'y rendre : 1,4 km au SO par D 200, rte de Magny-Cours, près d'un plan d'eau

> Nature : ⌷ ♢♢
> Services : ⚓ ⚏ ⚒⃠ 🗑 ⚇
> À prox. : ⚴ ≌ (plage) ⚵ ⚲

CLAMECY

⊠ 58500 – **319** E7 – G. Bourgogne – 4 806 h. – alt. 144
🛈 Office de tourisme, rue du Grand Marché 𝒫 03 86 27 02 51, Fax 03 86 27 20 65
Paris 208 – Auxerre 42 – Avallon 38 – Bourges 105 – Cosne-sur-Loire 52 – Dijon 145 – Nevers 69.

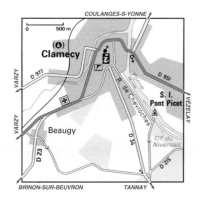

⚠ **Le Pont Picot** 19 avr.-4 oct.
   𝒫 03 86 27 05 97, tourism.clamecy@wanadoo.fr,
Fax 03 86 27 20 65, www.vaux-yonne.com – ℞ conseillée
1 ha (90 empl.) plat, herbeux
Tarif : ⋆ 2,80 € ⟺ 2 € ▣ 2 € – [⚡] 2,80 €
🚐 🚙 8 €
Pour s'y rendre : S : bord de l'Yonne et du canal du Nivernais, accès conseillé par Beaugy
À savoir : Situation agréable dans une petite île

> Nature : ⚐ ♀
> Loisirs : ⚲
> Services : ⚓ ⚏ ⚒⃠ ⚇ 🖥 sèche-linge
> À prox. : canoë

CORANCY

⊠ 58120 – **319** G9 – G. Bourgogne – 366 h. – alt. 368
Paris 275 – Château-Chinon 7 – Corbigny 38 – Decize 59 – Nevers 69 – St-Honoré-les-Bains 32.

⚠ **Les Soulins** Pâques-Toussaint
   𝒫 03 86 78 01 62, campingcorancy@orange.fr, www.corancy.com – ℞ conseillée
1,2 ha (42 empl.) plat et peu incliné, herbeux
Tarif : 14,50 € ⋆ ⟺ ▣ [⚡] (10A) – pers. suppl. 3,50 €
🚐 🚙 12.50 €
Pour s'y rendre : NO : 3,5 km par D 12, D 161 rte de Montigny-en-Morvan et D 230 à gauche après le pont
À savoir : Près du lac

> Nature : ⚐ ⋖
> Loisirs : 🛋 ⚶ ⚲
> Services : ⚓ ⚏ ⚒⃠ 🗑 ⚇ ⚉ ⚓ 🖥
> À prox. : ≌

CRUX-LA-VILLE

✉ 58330 – **319** E9 – 453 h. – alt. 319
Paris 248 – Autun 85 – Avallon 138 – La Charité-sur-Loire 45 – Clamecy 39 – Nevers 41.

⚠ **Le Merle** avr.-oct.
     ℰ 03 86 58 38 42, *aquadis1@wanadoo.fr*,
Fax 03 86 37 95 83, *www.aquadis-loisirs.com* – **R** conseillée
2,6 ha (100 empl.) plat, peu incliné, herbeux
Tarif : 19,30 € ✶ ⇔ 🅴 ⑭ (6A) – pers. suppl. 4,40 € – frais
de réservation 10 €
Location (permanent) : 6 ⛺ (4 à 6 pers.) 180 à
460 €/sem. – 5 ⛺ (4 à 6 pers.) 210 à 530 €/sem.
Pour s'y rendre : 4,5 km au SO par D 34 rte de St-Saulge et
D 181 à droite, rte de Ste-Marie, bord d'un l'étang

> Nature : 🌿 ♨ ⚠
> Loisirs : snack 🍴 🏊 🚲 🎣
> Services : ⚙ ⛟ GB ⚐ 🍴 ♨ ⊕ 🅿
> À prox. : pédalos, canoë

GIMOUILLE

✉ 58470 – **319** B10 – 512 h. – alt. 210
Paris 257 – Dijon 195 – Nevers 11 – Bourges 59 – Montluçon 91.

⚠ **Domaine du Grand Bois** (location exclusive de chalets
et de roulottes) – 22 mars-12 nov.
     ℰ 03 86 21 09 21, *info@grand-bois.com*,
Fax 03 86 21 09 22, *www.grand-bois.com* – **R** conseillée
15 ha vallonné, herbeux
Location ⚙ (5 chalets) 🅿 : 50 ⛺ (4 à 6 pers.) 483 à
994 €/sem. – 7 roulottes
Pour s'y rendre : SE : 2 km par D134 puis rte de Fertot

> Nature : 🌿
> Loisirs : 🍴 🏠 💪 🏊 🚲 🎾 🎣
> 🏊 🎣 🐎 poneys (centre équestre)
> canoë
> Services : ⚙ ⛟ GB ⚐ 🐾 📶 🅿
> sèche-linge 🗄
> À prox. : ✗

LIMANTON

✉ 58290 – **319** F10 – 300 h. – alt. 300
Paris 287 – Bourges 116 – Dijon 143 – Moulins 73 – Troyes 182.

⚠ **Municipal au Bord de l'Eau**
     ℰ 03 86 84 32 70, *mairie.limanton@wanadoo.fr*,
Fax 03 86 84 94 77
0,9 ha (48 empl.) plat, herbeux
Pour s'y rendre : S : 4,9 km par D 132 et D 111, rte de
Pannecot, chemin à droite, après le passage à niveau
À savoir : Proche d'un petit port de plaisance

> Nature : 🌿 ♀
> Loisirs : 🍴 🏊 🎾 🎣
> Services : ⚙ 🍴 ⊕ ♨ ⚠
> À prox. : canoë, kayak

LUZY

✉ 58170 – **319** G11 – G. Bourgogne – 2 234 h. – alt. 275
🄸 *Syndicat d'initiative, place Chanzy* ℰ *03 86 30 02 65*
Paris 314 – Autun 34 – Château-Chinon 39 – Moulins 62 – Nevers 78.

⚠ **Château de Chigy** 🚻 – 26 avr.-sept.
     ℰ 03 86 30 10 80, *reception@chateaudechigy.com.fr*,
Fax 03 86 30 09 22, *www.chateaudechigy.com.fr*
– **R** conseillée
70 ha/15 campables (200 empl.) plat, peu incliné et en
terrasses, herbeux
Tarif : 28 € ✶ ⇔ 🅴 ⑭ (6A) – pers. suppl. 6,50 €
Location (permanent) : 30 ⛺ (4 à 6 pers.) 252 à
1 120 €/sem. – 2 appartements – 6 gîtes
Pour s'y rendre : SO : 4 km par D 973, rte de Bourbon-
Lancy puis chemin à gauche
À savoir : Vaste domaine autour d'un château : prairies,
bois, étangs

> Nature : 🌿 ≪
> Loisirs : 🍴 ✗ snack 🍴 ⚙ 🏊 💪
> 🏊 🎣 (découverte en saison) 🏊 🎣
> 🎣 terrain omnisports
> Services : ⚙ ⛟ GB ⚐ 🍴 🛁 ⊕ 🅿
> 🚿

MONTIGNY-EN-MORVAN

✉ 58120 – **319** G9 – 357 h. – alt. 350
Paris 269 – Château-Chinon 13 – Corbigny 26 – Nevers 64 – Prémery 56 – St-Saulge 38.

▲ **Municipal du Lac** mai-sept.
    𝒫 03 86 84 71 77, mairie.montigny-en-morvan@orange.fr,
    Fax 03 86 84 76 46 – **R**
    2 ha (59 empl.) plat et peu accidenté, pierreux, herbeux
    Tarif : ✦ 2,44 € ⇆ 1,68 € 🅴 1,98 € – [½] 1,83 €
    Pour s'y rendre : NE : 2,3 km par D 944, D 303 rte du
    barrage de Pannecière-Chaumard et chemin à droite, au
    Nord-Est du lieu-dit Bonin
    À savoir : Site agréable près d'un lac

Nature : 🌳 ♀
Loisirs : 🏊 🎣
Services : ♿ ⟲ ⚟ 🗟 🛆 ☺
À prox. : 🏊

La NOCLE-MAULAIX

✉ 58250 – **319** F11 – 332 h. – alt. 330
Paris 301 – Bourbon-Lancy 20 – Decize 32 – Gueugnon 36 – Luzy 19 – Nevers 65.

▲ **Municipal de l'Étang Marnant**
    𝒫 03 86 30 84 13, mairie-la-nocle-maulaix@wanadoo.fr,
    Fax 03 86 30 84 23 – **R** conseillée
    1 ha (15 empl.) peu incliné, herbeux
    Pour s'y rendre : Sortie O, par D 30
    À savoir : Au bord d'un étang

Nature : 🗔 ♀
Loisirs : 🎣
Services : ☺ 🛆 🖥
À prox. : 🏊 pédalos

OUROUX-EN-MORVAN

✉ 58230 – **319** G8 – G. Bourgogne – 670 h. – alt. 555
🖪 Syndicat d'initiative, place Jean Gautherin 𝒫 03 86 78 20 11
Paris 263 – Autun 44 – Avallon 48 – Château-Chinon 23 – Clamecy 53 – Nevers 75 – Saulieu 34.

▲ **Les Genêts**
    𝒫 03 86 78 22 88, josette.guyollot@wanadoo.fr
    – **R** conseillée
    1 ha (70 empl.) en terrasses, plat et peu incliné, herbeux
    Location 🛏 : 3 🏚
    Pour s'y rendre : Sortie Nord-Ouest par D 17, rte de
    Lormes et D 232 à gauche, rte de Pannecière
    À savoir : Cadre verdoyant

Nature : 🌳 ⋖ 🗔
Loisirs : 🏠
Services : ♿ ⛐ 🗟 ☺ 🖥 sèche-linge
À prox. : ✂

Vignoble de Chablis en automne

S. Sauvignier/Michelin

PRÉMERY

✉ 58700 – **319** C8 – G. Bourgogne – 2 201 h. – alt. 237

🏛 *Office de tourisme, Tour du Château* ℰ *03 86 68 99 07, Fax 03 86 37 98 72*

Paris 231 – La Charité-sur-Loire 28 – Château-Chinon 57 – Clamecy 41 – Cosne-sur-Loire 49 – Nevers 29.

⚠ **Municipal** mai-sept.
    ℰ 03 86 37 99 42, *contact@mairie-premery.com*,
    Fax 03 86 37 98 72 – **R** conseillée
    1,6 ha (46 empl.) plat et peu incliné, herbeux, gravillons
    Tarif : 7,60 € ⚹ ⇌ 🅴 – pers. suppl. 3,10 €
    Location (permanent) : 10 🏠 – huttes
    Pour s'y rendre : Sortie Nord-Est par D 977, rte de Clamecy
    et chemin à droite
    À savoir : Près de la Nièvre et d'un plan d'eau

> Loisirs : 🎣
> Services : ⅍ ⚲ (juil.-août) ⅌ ⚙ ⚶ 🖪
> À prox. : 🚴 ✗ % ⛴

ST-HONORÉ-LES-BAINS

✉ 58360 – **319** G10 – G. Bourgogne – 763 h. – alt. 300 – ♨ (2 avril-13 oct.)

🏛 *Syndicat d'initiative, 13, rue Henri Renaud* ℰ *03 86 30 71 70, Fax 03 86 30 71 70*

Paris 303 – Château-Chinon 28 – Luzy 22 – Moulins 69 – Nevers 67 – St-Pierre-le-Moutier 68.

⚠ **Camping et Gîtes des bains** ⚶⚶ – avr.-oct.
    ℰ 03 86 30 73 44, *camping-les-bains@wanadoo.fr*,
    Fax 03 86 30 61 88, *www.campinglesbains.com* – **R** conseil-
    lée
    4,5 ha (130 empl.) plat, herbeux
    Tarif : 19,50 € ⚹ ⇌ 🅴 🅙 (6A) – pers. suppl. 4,50 € – frais
    de réservation 14 €
    Location (permanent) : 19 gîtes
    🚐 1 borne artisanale 3,20 €
    Pour s'y rendre : Sortie O, rte de Vandenesse

> Nature : ▭ ♀
> Loisirs : 🍹 snack 🏃 🎣 ⛷ 🏐 ⛳
> 🐎 poneys
> Services : ⅍ ⚲ ⊂⊃🅱 ⅌ 🖵 ⚶ ⚙ ❄
> ☏ 🖪 sèche-linge ⚒
> À prox. : ✗

⚠ **Municipal Plateau du Gué** avr.-oct.
    ℰ 03 86 30 76 00, *mairie-de-st-honore-les-bains@wana
    doo.fr*, Fax 03 86 30 73 33 – **R** conseillée
    1,2 ha (73 empl.) peu incliné et plat, herbeux
    Tarif : ⚹ 2,45 € ⇌ 1,75 € 🅴 1,75 € – 🅙 (10A) 2,80 €
    🚐 1 borne flot bleu 2 €
    Pour s'y rendre : Au bourg, 13 rue Eugène-Collin, à 150 m
    de la poste

> Nature : ♀
> Loisirs : 🖼 🎣
> Services : ⅍ ⚲ ⅌ 🎞 🖵 ⚙ 🖪

ST-LÉGER-DE-FOUGERET

✉ 58120 – **319** G9 – 356 h. – alt. 500

Paris 308 – Dijon 122 – Nevers 65 – Le Creusot 69 – Beaune 90.

⚠ **L'Etang de Fougeraie** mai-sept.
    ℰ 03 86 85 11 85, *campingfougeraie@orange.fr*,
    Fax 03 86 79 40 72, *www.campingfougeraie.com*
    – **R** conseillée
    7 ha (60 empl.) plat et vallonné, terrasses, herbeux
    Tarif : 15,90 € ⚹ ⇌ 🅴 🅙 (10A) – pers. suppl. 4,50 € –
    frais de réservation 15 €
    Location (permanent) : 3 🏠 (4 à 6 pers.) 290 à
    450 €/sem.
    Pour s'y rendre : SE : 2,4 km par D 157 rte d'Onlay
    À savoir : Cadre champêtre autour d'un étang

> Nature : 🐟 ⪡
> Loisirs : 🍹 ✗ 🚲 ⛴ 🎣
> Services : ⅍ ⚲ ⊂⊃🅱 ⅌ 🖵 ⚶ ⚙ 🖪
> sèche-linge ⚒ réfrigérateur

187

LES GUIDES VERTS **MICHELIN**
Paysages, monuments
Routes touristiques
Géographie
Histoire, Art
Itinéraire de visite
Plans de villes et de monuments

ST-PÉREUSE

✉ 58110 – **319** F9 – 286 h. – alt. 355
Paris 289 – Autun 54 – Château-Chinon 15 – Clamecy 57 – Nevers 53.

Manoir de Bezolle 15 avr.-15 sept.
☎ 03 86 84 42 55, *info@bezolle.com*, Fax 03 86 84 43 77,
www.bezolle.com – **R** conseillée
8 ha/5 campables (140 empl.) en terrasses, plat, peu incliné,
herbeux, petits étangs
Tarif : 28 € 👤 ⛺ 🚐 📧 (10A) – pers. suppl. 6 € – frais de
réservation 10 €
Location (15 mars-15 nov.) : 4 ⛺ (4 à 6 pers.) 300 à
630 €/sem. – 12 🏠 (4 à 6 pers.) 200 à 770 €/sem.
🚐 1 borne artisanale 5 €
Pour s'y rendre : SE : sur D 11, à 300 m de la D 978, rte de
Château-Chinon
À savoir : Dans le parc du Manoir

> Nature : 🌳 ≤ ♨
> Loisirs : 🍴 ✕ 🛋 🎣 🏕 🎠
> Services : 🔥 🚿 GB 🅿 🏪 🛒 ❄ 👜
> 🛁 ⚡ 🧺 🧴 sèche-linge 🔌 🚗

Les SETTONS

✉ 58230 – **319** H8 – G. Bourgogne – Base de loisirs
Paris 259 – Autun 41 – Avallon 44 – Château-Chinon 25 – Clamecy 60 – Nevers 87 – Saulieu 23.

Les Mésanges mai-15 sept.
☎ 03 86 84 55 77, Fax 03 86 84 55 77
5 ha (100 empl.) peu incliné et en terrasses, herbeux, étang
Tarif : (Prix 2007) 👤 4 € 🚐 2,70 € 📧 3,50 € – ⚡ (4A) 3,30 €
🚐 1 borne artisanale – 🚐 10 €
Pour s'y rendre : S : 4 km par D 193, D 520, rte de Planchez
et rte de Chevigny à gauche, à 200 m du lac
À savoir : Situation agréable au bord d'un étang

> Nature : 🌳 🛖 ♀
> Loisirs : 🎣 🐾
> Services : 🔥 🚿 🛒 🛁 👜 ⚡ 🧴 🧺 🧊
> sèche-linge
> À prox. : 🛶

Plage du Midi avr.-15 oct.
☎ 03 86 84 51 97, *campplagedumidi@aol.com*,
Fax 03 86 84 57 31, *www.settons-camping.com* – **R** conseil-
lée
4 ha (160 empl.) peu incliné, herbeux
Tarif : 18,10 € 👤 ⛺ 🚐 📧 (10A) – pers. suppl. 4,30 €
Location : 15 🏠 (4 à 6 pers.) 280 à 457 €/sem.
Pour s'y rendre : SE : 2,5 km par D 193 et rte à droite
À savoir : Au bord d'un lac

> Nature : ≤ ♀ ⛰
> Loisirs : 🍴
> Services : 🔥 🚿 GB 🅿 🛒 🛁 👜 📶
> 🧊 sèche-linge 🔌
> À prox. : ✕ 🍴 🚣 pédalos

La Plage des Settons 15 avr.-sept.
☎ 03 86 84 51 99, *camping@settons-tourisme.com*,
Fax 03 86 84 54 81, *www.settons-tourisme.com*
– **R** conseillée
2,6 ha (68 empl.) en terrasses, gravillons, herbeux
Tarif : (Prix 2007) 👤 3,80 € 🚐 2,10 € 📧 2,50 € –
⚡ (3A) 2,80 €
🚐 🚐 10 €
Pour s'y rendre : Au S du barrage à 300 m
À savoir : Agréables emplacements en terrasses, face au
lac

> Nature : 🌳 ≤ 🛖 ⛰
> Loisirs : 🛋 🎣
> Services : 🔥 🚿 GB 🅿 🛁 👜 ⚡ 📶
> 🧊
> À prox. : 🍴 ✕ 🚣 🍴

La Cabane Verte
☎ 03 86 76 02 25, *cabane.verte@orange.fr*,
Fax 03 86 76 02 25 – **R** conseillée
3,8 ha (100 empl.) en terrasses, peu incliné, herbeux
Pour s'y rendre : S : 8 km par D 193, D 520, rte de Planchez
puis à gauche, par Chevigny, rte de Gien-sur-Cure et D 501
à gauche
À savoir : Près d'un lac

> Nature : 🌳 🛖
> Loisirs : snack 🛋 🎣 🚲 🐾
> Services : 🔥 🚿 🛁 👜 🧊 sèche-
> linge
> À prox. : 🛶 pédalos

188

VARZY

✉ 58210 – **319** D7 – G. Bourgogne – 1 303 h. – alt. 249
🛈 *Office de tourisme, rue Delangle* ℰ *03 86 29 74 08*
Paris 224 – La Charité-sur-Loire 37 – Clamecy 17 – Cosne-sur-Loire 43 – Nevers 53.

▲ **Municipal du Moulin Naudin** mai-sept.
  ℰ 03 86 29 43 12, *mairievarzy@wanadoo.fr*,
  Fax 03 86 29 72 73 – **R** conseillée
  3 ha (50 empl.) plat, peu incliné et terrasse, herbeux
  Tarif : (Prix 2007) 🛉 2,60 € – 🚗 1,70 € – 🔲 1,70 € –
  🔌 (5A) 2,10 €
  Pour s'y rendre : N : 1,5 km par D 977
  À savoir : Près d'un plan d'eau

Nature : ⊏⊐ ⧠	
Loisirs : 🎣	
Services : ⊕ ᗱ ⌁ 🖰	
À prox. : 🍽 ⌇	

Saône-et-Loire (71)

AUTUN

✉ 71400 – **320** F8 – G. Bourgogne – 16 419 h. – alt. 326
🛈 *Office de tourisme, 2, avenue Charles de Gaulle* ℰ *03 85 86 80 38, Fax 03 85 86 80 49*
Paris 287 – Auxerre 128 – Avallon 78 – Chalon-sur-Saône 51 – Dijon 85 – Mâcon 111 – Moulins 97 – Nevers 104.

▲ **Municipal de la Porte d'Arroux** avr.-oct.
  ℰ 03 85 52 10 82, *contact@camping-autun.com*,
  Fax 03 85 52 88 56, *www.camping-autun.com* – **R** conseil-
  lée
  2,8 ha (104 empl.) plat, herbeux
  Tarif : 🛉 3,20 € – 🚗 1,55 € – 🔲 5,70 € – 🔌 (6A) 2,95 €
  🚐 1 borne Artisanale 3 € – 4 🔲 14,30 € – 🚐 10 €
  Pour s'y rendre : Sortie N par D 980, rte de Saulieu,
  faubourg d'Arroux
  À savoir : Beaux emplacements ombragés au bord du
  Ternin

Nature : ⊏⊐ ⧠⧠		
Loisirs : 🍸 brasserie ⌂ ⌇		
Services : 🚿 ⊶ ⌷ ꝺ 🖰 ⊕ 📻 🖰		
🚿		

189

BOURBON-LANCY

✉ 71140 – **320** C10 – G. Bourgogne – 5 634 h. – alt. 240 – 🛉 – Base de loisirs
🛈 *Office de tourisme, place d'Aligre* ℰ *03 85 89 18 27, Fax 03 85 89 28 38*
Paris 308 – Autun 62 – Mâcon 110 – Montceau-les-Mines 55 – Moulins 36 – Nevers 72.

▲ **Saint-Prix** avr.-4 nov.
  ℰ 03 85 89 20 98, *aquadis1@wanadoo.fr*,
  Fax 03 86 37 95 83, *www.aquadis-loisirs.com* – **R** conseillée
  – camping en 2 parties distinctes
  2,5 ha (128 empl.) plat, peu incliné et en terrasses, herbeux
  Tarif : 18 € 🛉 🚗 🔲 🔌 (6A) – pers. suppl. 4,40 € – frais de
  réservation 10 €
  Location : 22 ⌂ (4 à 6 pers.) 176 à 525 €/sem.
  🚐 1 borne 2 €
  Pour s'y rendre : Vers sortie SO, rte de Digoin, proche de la
  piscine
  À savoir : À 200 m d'un plan d'eau

Nature : ⊏⊐ ⧠⧠		
Loisirs : ⌂ ⊙		
Services : ⊶ ⌷ ꝺ 🖰 ⊕ ᗱ ⌁		
🖰		
À prox. : 🥨 🍸 snack ⌁ ⌇ ⌇		
(plage) 🎣 🐎 terrain omnisports,		
cinéma		

CHAGNY

✉ 71150 – **320** I8 – G. Bourgogne – 5 591 h. – alt. 215
🛈 *Office de tourisme, 2, place des Halles* ℰ *03 85 87 25 95, Fax 03 85 87 14 44*
Paris 327 – Autun 44 – Beaune 15 – Chalon-sur-Saône 20 – Mâcon 77 – Montceau 47.

▲ **Le Pâquier Fané**
  ℰ 03 85 87 21 42, *campingchagny@aol.com*,
  http://site.voila.fr/campingdupaquierfane
  1,8 ha (85 empl.) plat, herbeux
  Pour s'y rendre : À l'Ouest de la ville, rue Pâquier-Fané
  À savoir : Cadre agréable au bord de la Dheune

Nature : ⊏⊐ ⧠	
Loisirs : snack ⊙	
Services : 🚿 ⊶ ꝺ ⌁ ⊕ 🖰 ᗱ	
À prox. : 🍽 ⌇	

CHAMBILLY

✉ 71110 – **320** E12 – 497 h. – alt. 249
Paris 363 – Chauffailles 28 – Digoin 27 – Dompierre-sur-Besbre 55 – Lapalisse 36 – Roanne 34.

⚠ **La Motte aux Merles** avr.-oct.
  📞 03 85 25 37 67 – **R** conseillée
  1 ha (25 empl.) plat, herbeux, peu incliné
  Tarif : 12 € ⚹ 🚐 🗐 ⚡ (8A) – pers. suppl. 2,90 €
  Location : 2 🏠 (4 à 6 pers.) 214 €/sem.
  Pour s'y rendre : SO : 5 km par D 990, rte de Lapalisse et chemin à gauche

Nature : 🐾 ≼
Loisirs : 🏋 🚴 🏊 (petite piscine)
Services : 🐕 ⚡ 🗐 ⊕ 🗑

CHAROLLES

✉ 71120 – **320** F11 – G. Bourgogne – 3 027 h. – alt. 279
🛈 *Office de tourisme, 24, rue Baudinot* 📞 *03 85 24 05 95, Fax 03 85 24 28 12*
Paris 374 – Autun 80 – Chalon-sur-Saône 67 – Mâcon 55 – Moulins 81 – Roanne 61.

⚠ **Municipal** avr.-5 oct.
  📞 03 85 24 04 90, camping.charolles@orange.fr,
  Fax 03 85 24 04 90 – **R** conseillée
  1 ha (60 empl.) plat, herbeux, gravillons
  Tarif : (Prix 2007) 9,50 € ⚹ 🚐 🗐 ⚡ (6A) – pers. suppl. 2 €
  🚰, 1 borne eurorelais 3 € – ⛽ 9 €
  Pour s'y rendre : Sortie Nord-Est, rte de Mâcon et D 33 rte de Viry à gauche
  À savoir : Cadre agréable au bord de l'Arconce

Nature : 🏞 🟡
Services : 🐕 ⚡ GB ⚓ ⊕ 🏊 🚿 🗑
À prox. : 🏠 🏊 🎣

CHAUFFAILLES

✉ 71170 – **320** G12 – 4 119 h. – alt. 405
🛈 *Office de tourisme, 1, rue Gambetta* 📞 *03 85 26 07 06, Fax 03 85 26 03 92*
Paris 404 – Charolles 32 – Lyon 77 – Mâcon 64 – Roanne 33.

⚠ **Municipal les Feuilles**
  📞 03 85 26 48 12, mairie.adm.chauffailles@wanadoo.fr,
  Fax 03 85 26 55 02 – **R** conseillée
  4 ha (75 empl.) plat et peu incliné, herbeux, gravillons
  Location : huttes
  Pour s'y rendre : Au SO de la ville, par rue du Chatillon
  À savoir : Cadre verdoyant au bord du Botoret

Nature : 🏞 🟡
Loisirs : 🏠 🏋 🏐
Services : 🐕 ⚡ 🗐 🏊 ⊕ 🏊 🗑
À prox. : 🏊

La CLAYETTE

✉ 71800 – **320** F12 – G. Bourgogne – 2 069 h. – alt. 369
🛈 *Office de tourisme, 3, route de Charolles* 📞 *03 85 28 16 35, Fax 03 85 28 28 34*
Paris 387 – Charolles 20 – Lapalisse 64 – Lyon 85 – Mâcon 54 – Roanne 41.

⚠ **les Bruyères** avr.-4 nov.
  📞 03 85 28 09 15, aquadis1@wanadoo.fr,
  Fax 03 85 28 09 15, www.aquadis-loisirs.com – **R** conseillée
  2,2 ha (100 empl.) plat, peu incliné, herbeux, gravier
  Tarif : 14,80 € ⚹ 🚐 🗐 ⚡ (6A) – pers. suppl. 3,80 €
  Location : 4 🚐 (4 à 6 pers.) 176 à 372 €/sem.
  Pour s'y rendre : E : sur D 79, rte de St-Bonnet-de-Joux
  À savoir : Face au lac et au château

Nature : 🏞 🟡🟡
Loisirs : 🏠 🏋
Services : 🐕 ⚡ GB ⚓ 🔥 🗐 ⊕ 🗑
À prox. : 🏐 🏊 🏊 🚣 🎣

CLUNY

✉ 71250 – **320** H11 – G. Bourgogne – 4 376 h. – alt. 248
🛈 *Office de tourisme, 6, rue Mercière* 📞 *03 85 59 05 34, Fax 03 85 59 06 95*
Paris 384 – Chalon-sur-Saône 49 – Charolles 43 – Mâcon 25 – Montceau-les-Mines 44 – Roanne 81 – Tournus 33.

⚠ **Municipal St-Vital** 28 avr.-6 oct.
  📞 03 85 59 08 34, camping.st.vital@orange.fr,
  Fax 03 85 59 08 34 – **R** conseillée
  3 ha (174 empl.) plat, herbeux, peu incliné
  Tarif : (Prix 2007) ⚹ 3,80 € 🚐 2,20 € 🗐 2,20 € –
  ⚡ (6A) 2,80 €
  Pour s'y rendre : Sortie E par D 15, rte d'Azé

Nature : ≼
Services : ⚡ GB ⚓ 🔥 🗐 ⊕ 🗑
À prox. : 🏐 🏞 🏊 🐎

CORMATIN

✉ 71460 – **320** I10 – G. Bourgogne – 452 h. – alt. 212

🛈 *Office de tourisme, le bourg* ℘ *03 85 50 71 49*

Paris 371 – Chalon-sur-Saône 37 – Mâcon 36 – Montceau-les-Mines 41.

⛺ **Le Hameau des Champs** 21 mars-sept.
℘ *03 85 50 76 71, camping.cormatin@wanadoo.fr,*
Fax 03 85 50 76 98, *www.le-hameau-des-champs.com*
– **R** conseillée
5,2 ha (60 empl.) plat, herbeux
Tarif : 15,70 € ✱ 🚗 🅴 (13A) – pers. suppl. 3,50 €
Location (permanent) : 10 🏠 (4 à 6 pers.) 342 à
475 €/sem.
🚐 1 borne 3 €
Pour s'y rendre : Sortie N par D 981, rte de Chalon-sur-
Saône, à 150 m d'un plan d'eau et de la Voie Verte Givry-
Cluny

Nature : 🏞
Loisirs : 🍹 snack 🎣 🚴
Services : 🚿 ⚬━ GB ⚙ 🖭 ④ 🌳 ☇ 🖭
À prox. : 🎣

*The classification (1 to 5 tents, **black** or red) that we award to*
selected sites in this Guide is a system that is our own.
It should not be confused with the classification (1 to 4 stars) of official organisations.

COUCHES

✉ 71490 – **320** H8 – G. Bourgogne – 1 409 h. – alt. 320

🛈 *Syndicat d'initiative, 3, Grande Rue* ℘ *03 85 49 69 47, Fax 03 85 49 69 47*

Paris 328 – Autun 26 – Beaune 31 – Le Creusot 16 – Chalon-sur-Saône 26.

⛺ **Municipal la Gabrelle** Pâques-fin sept.
℘ *03 85 45 59 49, camping-la-gabrelle@orange.fr,*
Fax 03 85 98 19 29 – **R** conseillée
1 ha (50 empl.) en terrasses, herbeux
Tarif : 10 € ✱ 🚗 🅴 – pers. suppl. 2 €
Pour s'y rendre : NO : 1,7 km par D 978 rte d'Autun, près
d'un petit plan d'eau

Nature : ☐
Loisirs : 🍹 snack 🍴 🎣
Services : 🚿 ⚬━ GB ④ 🖭

CRÊCHES-SUR-SAÔNE

✉ 71680 – **320** I12 – 2 753 h. – alt. 180

🛈 *Syndicat d'initiative, 466, route nationale 6* ℘ *03 85 37 48 32, Fax 03 85 36 57 91*

Paris 398 – Bourg-en-Bresse 45 – Mâcon 9 – Villefranche-sur-Saône 30.

⛺ **Municipal Port d'Arciat** 15 mai-15 sept.
℘ *03 85 37 11 83, camping-creches.sur.saone@wana*
doo.fr, Fax 03 85 36 57 91, *http://membres.lycos.fr/cam*
pingduportdarciat – **R** conseillée
5 ha (160 empl.) plat, herbeux
Tarif : 14,20 € ✱ 🚗 🅴 (6A) – pers. suppl. 3,60 €
Pour s'y rendre : E : 1,5 km par D 31, rte de Pont de Veyle
À savoir : En bordure de Saône et près d'un plan d'eau,
accès direct

Nature : ♀
Loisirs : 🎣 🐟
Services : 🚿 ⚬━ GB ⚙ 🖭 🌀 ④ 🖭
À prox. : 🍹 snack 🚣 🏄 🏊

DIGOIN

✉ 71160 – **320** D11 – G. Bourgogne – 8 947 h. – alt. 232

🛈 *Office de tourisme, 8, rue Guilleminot* ℘ *03 85 53 00 81, Fax 03 85 53 27 54*

Paris 337 – Autun 69 – Charolles 26 – Moulins 57 – Roanne 57 – Vichy 69.

⛺ **La Chevrette** mars-oct.
℘ *03 85 53 11 49, lachevrette@wanadoo.fr,*
Fax 03 85 88 59 70, *www.lachevrette.com* – **R** conseillée
1,6 ha (100 empl.) plat et terrasse, herbeux, gravillons
Tarif : 18 € ✱ 🚗 🅴 (10A) – pers. suppl. 3,80 €
Location ✂ : 2 🏠 (4 à 6 pers.) 380 à 450 €/sem.
Pour s'y rendre : Sortie O en direction de Moulins, vers la
piscine municipale et près de la Loire

Nature : ☐ ♀
Loisirs : snack 🍴 🚴
Services : 🚿 ⚬━ GB ⚙ 🎮 ④ 🌳 ☇ 🖭 🖭
À prox. : 🧗 🏊 🎣

DOMPIERRE-LES-ORMES

✉ 71520 – **320** G11 – 792 h. – alt. 480
Paris 405 – Chauffailles 28 – Cluny 23 – Mâcon 35 – Montceau-les-Mines 52 – Paray-le-Monial 37.

🔺 **Le Village des Meuniers** mai-sept.
  📞 03 85 50 36 60, *levillagedesmeuniers@wanadoo.fr*,
  Fax 03 85 50 36 61, *www.villagedesmeuniers.com*
  – **R** conseillée
  3 ha (113 empl.) en terrasses, plat et peu incliné, herbeux
  Tarif : 25,50 € ✶ ➡ 🄴 🄗 (16A) – pers. suppl. 8,25 € –
  frais de réservation 15 €
  Location (permanent) : 15 🛖 (4 à 6 pers.) 291 à
  620 €/sem. – gîtes
  🛒 1 borne flot bleu 2 € – 🚐 15 €
  Pour s'y rendre : Sortie NO par D 41, rte de la Clayette et
  chemin à droite, près du stade
  À savoir : Situation dominante et panoramique

> Nature : 🏞 ⬅ 🏕
> Loisirs : 🍸 snack 🎬 🎲 nocturne
> 🎣 🏟 🏊 ⛷
> Services : 🖐 ⚡ 🆖 🐕 🖼 ⊕ 🚿 🚻
> 🚮
> À prox. : 🍴 terrain omnisports

ÉPINAC

✉ 71360 – **320** H8 – 2 522 h. – alt. 340
🅸 *Office de tourisme, 10, rue Roger Salengro* 📞 *03 85 82 04 20*
Paris 304 – Arnay-le-Duc 20 – Autun 19 – Chagny 29 – Beaune 34.

🔺 **Municipal le Pont Vert**
  📞 03 85 82 00 26, *info@campingdupontvert.com*,
  Fax 03 85 82 13 67, *www.campingdupontvert.com*
  2,9 ha (71 empl.) plat, herbeux
  Location : huttes
  Pour s'y rendre : Sortie S par D 43 et chemin à droite, bord
  de la Drée

> Nature : 🏞 🏕 🌳
> Loisirs : 🎬
> Services : 🖐 🖼 🔥 ⊕ 🚮
> À prox. : 🍸 snack 🎣 🏟 🚣

192

GIGNY-SUR-SAÔNE

✉ 71240 – **320** J10 – 504 h. – alt. 178
Paris 355 – Chalon-sur-Saône 29 – Le Creusot 51 – Louhans 30 – Mâcon 47 – Tournus 13.

🔺 **Domaine de l'Épervière** avr.-sept.
  📞 03 85 94 16 90, *domaine-de-leperviere@wanadoo.fr*,
  Fax 03 85 94 16 97, *www.domaine-eperviere.com* – places
  limitées pour le passage – **R** indispensable
  7 ha (100 empl.) plat, herbeux, gravillons
  Tarif : 32 € ✶ ➡ 🄴 🄗 (10A) – pers. suppl. 7,70 € – frais
  de réservation 10 €
  Location 🐾 : 5 🛖 (4 à 6 pers.) 399 à 799 €/sem. –
  gîtes
  Pour s'y rendre : S : 1 km, à l'Épervière
  À savoir : Agréable parc boisé au bord d'un étang

> Nature : 🏞 🏕 🌳🌳
> Loisirs : 🍸 ✗ pizzeria 🎬 🎣 🚲
> 🎿 🏊 🏊 (bassin) 🚣
> Services : 🖐 ⚡ 🆖 🐕 🖼 🔥 ⊕ 🛒 📞
> 📞 🖼 🚿 🚻
> À prox. : 🍴

GUEUGNON

✉ 71130 – **320** E10 – 8 563 h. – alt. 243
Paris 335 – Autun 53 – Bourbon-Lancy 27 – Digoin 16 – Mâcon 87 – Montceau-les-Mines 29 – Moulins 63.

🔺 **Municipal de Chazey** juin-sept.
  📞 03 85 85 23 11, *officedetourisme@gueugnon.fr*,
  Fax 03 85 85 50 61, *www.gueugnon.fr* – **R** conseillée
  1 ha (20 empl.) plat, herbeux
  Tarif : (Prix 2007) ✶ 2,60 € ➡ 🄴 5,20 € – 🄗 (10A) 3,70 €
  Location (permanent) : 3 🛖 (4 à 6 pers.) 160 à
  320 €/sem.
  Pour s'y rendre : S : 4 km par D 994, rte de Digoin et
  chemin à droite
  À savoir : Près d'un petit canal et de deux plans d'eau

> Nature : 🏞 🏕
> Loisirs : 🎬 🎣
> Services : 🖐 ⚡ 🐕 🖼 ⊕ 🚿 🚮
> À prox. : 🏟 🏊 (plage) 🚣

ISSY-L'EVÊQUE

✉ 71760 – **320** D9 – 907 h. – alt. 310

Paris 325 – Bourbon-Lancy 25 – Gueugnon 17 – Luzy 12 – Montceau-les-Mines 39 – Paray-le-Monial 37.

L'Étang Neuf mai-14 sept.
℘ 03 85 24 96 05, *info@camping-etang-neuf.com,*
www.camping-etang-neuf.com – **R** conseillée
6 ha/3 campables (71 empl.) plat, peu incliné, herbeux,
gravillons
Tarif : 17 € ✶ 🚗 🅴 ⚡ (6A) – pers. suppl. 4,50 € – frais de
réservation 10 €
Location ⚙ : 22 🛖 (4 à 6 pers.) 350 à 499 €/sem. – 4
🏠 (4 à 6 pers.) 270 à 599 €/sem.
Pour s'y rendre : O : 1 km par D 42, rte de Grury et chemin
à droite
À savoir : Situation agréable en bordure d'un étang et d'un
bois

> Nature : 🌳 ⩽ 🏞
> Loisirs : 🍴 🏛 ♨ 🏊
> Services : 👍 🔌 GB 🅰 🛒 ⊕ 💧 🧺
> 🖼
> À prox. : 🎯 🏊 🐴 🐎

LAIVES

✉ 71240 – **320** J10 – 901 h. – alt. 198

Paris 355 – Chalon-sur-Saône 20 – Mâcon 48 – Montceau-les-Mines 49 – Tournus 14.

Les Lacs de Laives - la Héronnière 26 avr.-15 sept.
℘ 03 85 44 98 85, *camping.laives@wanadoo.fr,*
Fax 03 85 44 98 85, *www.camping-laheronniere.com*
– **R** conseillée
1,5 ha (80 empl.) plat, herbeux
Tarif : 20,40 € ✶ 🚗 🅴 ⚡ (6A) – pers. suppl. 4,40 €
Pour s'y rendre : N : 4,2 km par D 18, rte de Buxy et rte à
droite
À savoir : Près des lacs de Laives

> Nature : 🌳 🏞 ⚘
> Loisirs : 🚲 🏊
> Services : 👍 🔌 GB 🅰 🛒 ⊕ 🖼
> À prox. : 🍴 snack 🏊

LOUHANS

✉ 71500 – **320** L10 – G. Bourgogne – 6 237 h. – alt. 179

🅱 *Office de tourisme, 1, Arcade Saint-Jean ℘ 03 85 75 05 02, Fax 03 85 75 48 70*

Paris 373 – Bourg-en-Bresse 61 – Chalon-sur-Saône 38 – Dijon 85 – Dole 76 – Tournus 31.

Municipal avr.-sept.
℘ 03 85 75 19 02, Fax 03 85 76 75 11 – **R** conseillée
1 ha (60 empl.) plat, herbeux, gravillons
Tarif : (Prix 2007) ✶ 1,90 € 🚗 1,80 € 🅴 1,80 € –
⚡ (16A) 3,70 €
Pour s'y rendre : SO : 1 km par D 971, rte de Tournus et
D 12, rte de Romenay, à gauche après le stade
À savoir : Cadre verdoyant en bordure de rivière

> Nature : 🏞 ⚘⚘
> Services : 👍 🔌 (juil.-août) 🅰 🛒 ⊕
> À prox. : ✗ 🏊 🏊

MATOUR

✉ 71520 – **320** G12 – G. Bourgogne – 998 h. – alt. 500

🅱 *Office de tourisme, ℘ 03 85 59 72 24, Fax 03 85 59 72 24*

Paris 405 – Chauffailles 22 – Cluny 24 – Mâcon 36 – Paray-le-Monial 47.

Le Paluet mai-sept.
℘ 03 85 59 70 58, *mairie.matour@wanadoo.fr,*
Fax 03 85 59 74 54, *www.matour.com* – **R** conseillée
3 ha (75 empl.) plat et peu incliné, terrasses, herbeux,
gravillons
Tarif : 16,60 € ✶ 🚗 🅴 ⚡ (10A) – pers. suppl. 4,20 € –
frais de réservation 10 €
Location : 10 🏠 (4 à 6 pers.) 290 à 440 €/sem.
🚐 1 borne artisanale
Pour s'y rendre : O : rte de la Clayette et à gauche
À savoir : Au bord d'un étang et proche d'un complexe de
loisirs

> Nature : 🌳 🏞 ⚘
> Loisirs : 🏛 ♨ 🚲 ✗ 🎯 🏊 🏊 🐎
> terrain omnisports
> Services : 👍 🔌 (saison) GB 🅰 🛒
> ⊕ 🚰 🖼 sèche-linge

PALINGES

✉ 71430 – **320** F10 – 1 494 h. – alt. 274
Paris 352 – Charolles 16 – Lapalisse 70 – Lyon 136 – Mâcon 70 – Paray-le-Monial 19.

△ **Le Lac** avr.-oct.
  ✆ 03 85 88 14 49, *camping.palinges@hotmail.fr*,
  http://home.planet.nl/~jeroenvs – **R** conseillée
  1,5 ha (44 empl.) en terrasses, peu incliné, herbeux
  Tarif : 17,60 € *¥* ⊷ 🔲 (10A) – pers. suppl. 2,30 €
  Location : 7 🏠 (4 à 6 pers.) 220 à 600 €/sem.
  1 borne artisanale –
  Pour s'y rendre : NE : 1 km par D 128, rte de Génelard
  À savoir : Près d'un plan d'eau

Nature : 🔲
Loisirs : 🔲 ✦ 🚲
Services : ⅄ ⊶ ⅊ M 🔲 🔲 ⊙ 🔲 🔲
réfrégirateur, congélateur
À prox. : 🔲 🔲 (plage) 🔲

ST-GERMAIN-DU-BOIS

✉ 71330 – **320** L9 – 1 765 h. – alt. 210
Paris 367 – Chalon-sur-Saône 33 – Dole 58 – Lons-le-Saunier 29 – Mâcon 75 – Tournus 40.

△ **Municipal de l'Étang Titard** mai-15 sept.
  ✆ 03 85 72 06 15, *mairie-71330-saint-germain-du-
  bois@wanadoo.fr*, Fax 03 85 72 03 38 – **R** conseillée
  1 ha (40 empl.) plat, terrasse, peu incliné, herbeux
  Tarif : *¥* 1,90 € ⊷ 🔲 1,95 € – 🔲 1,85 €
  Pour s'y rendre : Sortie S par D 13, rte de Louhans
  À savoir : Près d'un étang

Nature : ♀
Loisirs : 🔲
Services : ⅄ ⊶ ⅊ 🔲 ⊙ 🔲 🔲
À prox. : 🔲 🔲 🔲 🔲 parcours
sportif

ST-POINT

✉ 71520 – **320** H11 – G. Bourgogne – 316 h. – alt. 335
Paris 396 – Beaune 90 – Cluny 14 – Mâcon 26 – Paray-le-Monial 55.

△ **Lac de St-Point-Lamartine** avr.-oct.
  ✆ 03 85 50 52 31, *camping.stpoint@wanadoo.fr*,
  Fax 03 85 50 51 92, *http://perso.wanadoo.fr/cam
  ping.stpoint* – **R** conseillée
  3 ha (102 empl.) plat et peu incliné, terrasses, herbeux
  Tarif : 19 € *¥* ⊷ 🔲 (13A) – pers. suppl. 2,20 €
  Pour s'y rendre : Sortie S par D 22, rte de Tramayes, au
  bord d'un lac

Nature : 🔲 ◁ 🔲
Loisirs : 🔲 🔲
Services : ⅄ ⊶ GB ⅊ 🔲 ⊙ 🔲 🔲
À prox. : 🔲 snack 🔲 🔲 terrain om-
nisports

SALORNAY-SUR-GUYE

✉ 71250 – **320** H10 – 702 h. – alt. 210
Paris 377 – Chalon-sur-Saône 51 – Cluny 12 – Paray-le-Monial 44 – Tournus 29.

△ **Municipal de la Clochette** 24 mai-7 sept.
  ✆ 03 85 59 90 11, *mairie.salornay@wanadoo.fr*,
  Fax 03 85 59 47 52 – **R** conseillée
  1 ha (60 empl.) plat et terrasse, herbeux
  Tarif : 9 € *¥* ⊷ 🔲 (10A) – pers. suppl. 2 €
  1 borne artisanale 4 €
  Pour s'y rendre : Au bourg, accès par chemin devant la
  poste
  À savoir : Au bord de la Gande

Nature : 🔲 ♀
Loisirs : 🔲
Services : ⅄ ⅊ 🔲 ⊙
À prox. : 🔲

TOURNUS

✉ 71700 – **320** J10 – G. Bourgogne – 6 231 h. – alt. 193
🄱 *Office de tourisme, 2, place de l'abbaye* ✆ 03 85 27 00 20, Fax 03 85 27 00 21
Paris 360 – Bourg-en-Bresse 70 – Chalon-sur-Saône 28 – Lons-le-Saunier 58 – Louhans 31 – Mâcon 37 –
Montceau-les-Mines 65.

△ Municipal En Bagatelle
  ✆ 03 85 51 16 58, *campingtournus@aol.com* – **R** conseillée
  2 ha (90 empl.) plat, herbeux
  Pour s'y rendre : À 1 km au Nord de la localité par rue
  St-Laurent, en face de la gare, attenant à la piscine et à
  150 m de la Saône (accès direct)

Loisirs : 🔲
Services : ⅄ ⊶ 🔲 🔲 ⊙ 🔲
À prox. : 🔲 🔲 🔲

194

ANCY-LE-FRANC

✉ 89160 – **319** H5 – G. Bourgogne – 1 108 h. – alt. 180

🛈 Syndicat d'initiative, 59, Grande Rue ℰ 03 86 75 03 15, Fax 03 86 75 04 41

Paris 215 – Auxerre 54 – Châtillon-sur-Seine 38 – Montbard 27 – Tonnerre 18.

⚑ **Municipal** 15 juin-15 sept.
ℰ 03 86 75 13 21, *mairie.ancylefranc@wanadoo.fr,*
Fax 03 86 75 19 51
0,5 ha (30 empl.) plat, herbeux
Tarif : (Prix 2007) 👤 2 € ⟵ 1 € 🅴 2 € – 🔌 2 €
Pour s'y rendre : Sortie Sud par D 905, rte de Montbard,
face au château, bord d'un ruisseau et près d'un étang

| Nature : 🌳🌳 |
| Services : 🔧 ⊕ |
| À prox. : ✖ |

ANDRYES

✉ 89480 – **319** D6 – 445 h. – alt. 162

Paris 204 – Auxerre 39 – Avallon 44 – Clamecy 10 – Cosne-sur-Loire 49.

⚑ **Au Bois Joli** avr.-1ᵉʳ nov.
ℰ 03 86 81 70 48, *info@campingauboisjoli.com,*
Fax 03 86 81 70 48, *www.campingauboisjoli.com*
– **R** conseillée
5 ha (100 empl.) incliné et en terrasses, herbeux, pierreux
Tarif : 21 € 👤 ⟵ 🅴 🔌 (6A) – pers. suppl. 3,80 €
Location 🏠 : 4 🏚 (4 à 6 pers.) 195 à 550 €/sem.
Pour s'y rendre : SO : 0,8 km par rte de Villeprenoy
À savoir : Cadre boisé

| Nature : 🌿 🌳🌳 |
| Loisirs : brasserie, (dîner seulement) |
| 🏠 🚤 🚲 🏊 quad |
| Services : 🔧 ⊶ GB 🐾 🏢 🗑 ⊕ 🚿 |
| 🚽 🐾 📶 🖥 |
| À prox. : ✖ |

ASQUINS

✉ 89450 – **319** F7 – G. Bourgogne – 280 h. – alt. 146

Paris 219 – Dijon 123 – Auxerre 49 – Avallon 17 – Montbard 77.

⚑ **Municipal le Patis** mai-28 sept.
ℰ 03 86 33 30 80, *mairie.asquins@wanadoo.fr,*
Fax 03 86 33 20 07 – **R** conseillée
1 ha (33 empl.) plat, herbeux
Tarif : (Prix 2007) 👤 2 € ⟵ 2 € 🅴 2 € – 🔌 (20A) 3 €
Pour s'y rendre : E : 0,3 km bord de la Cure

| Nature : 🌿 |
| Loisirs : 🏠 🚤 |
| Services : 🔧 ⊶ 🐾 🏢 🗑 ⊕ 🚿 |
| À prox. : 🏖 |

195

AUXERRE

✉ 89000 – **319** E5 – G. Bourgogne – 37 790 h. – alt. 130

🛈 Office de tourisme, 1-2, quai de la République ℰ 03 86 52 06 19, Fax 03 86 51 23 27

Paris 166 – Bourges 144 – Chalon-sur-Saône 176 – Chaumont 143 – Dijon 152 – Nevers 110 – Sens 59 – Troyes 81.

⚑ **Municipal** 15 avr.-sept.
ℰ 03 86 52 11 15, *camping.mairie@auxerre.com,*
Fax 03 86 51 17 54 – **R** conseillée
4,5 ha (220 empl.) plat, herbeux
Tarif : 12,10 € 👤 ⟵ 🅴 🔌 (6A) – pers. suppl. 3,45 €
🏚 1 borne artisanale 2,30 € – 🚐 12.10 €
Pour s'y rendre : Au SE de la ville, près du stade, 8 rte de Vaux, à 150 m de l'Yonne

| Nature : 🌳🌳 |
| Loisirs : 🏠 🚤 🎣 |
| Services : 🔧 ⊶ GB 🐾 🏢 🗑 ⊕ 🚿 |
| 🖥 sèche-linge 🧺 |
| À prox. : ✖ 🎯 🛶 🏊 |

AVALLON

✉ 89200 – **319** G7 – G. Bourgogne – 8 217 h. – alt. 250

🛈 Syndicat d'initiative, 6, rue Bocquillot ℰ 03 86 34 14 19, Fax 03 86 34 28 29

Paris 220 – Dijon 106 – Auxerre 55 – Autun 80 – Cosne 91.

⚑ **Municipal Sous Roches** avr.-15 oct.
ℰ 03 86 34 10 39, *campingsousroches@ville-avallon.fr,*
Fax 03 86 34 10 39 – **R** conseillée
2,7 ha (402 empl.) en terrasses, plat, herbeux
Tarif : 13,40 € 👤 ⟵ 🅴 🔌 (6A) – pers. suppl. 3 €
🏚 1 borne artisanale
Pour s'y rendre : SE : 2 km par D 944 et D 427 à gauche près du Cousin

| Nature : 🌿 |
| Loisirs : 🏠 🚤 🎣 |
| Services : 🔧 ⊶ 🐾 ⊕ 🖥 sèche-linge |

CHABLIS

✉ 89800 – **319** F5 – G. Bourgogne – 2 594 h. – alt. 135
🏛 *Office de tourisme, 1, rue du Maréchal de Lattre* ℰ *03 86 42 80 80, Fax 03 86 42 49 71*
Paris 181 – Dijon 138 – Orléans 172 – Troyes 76.

▲ **Municipal du Serein** juin-21 sept.
ℰ 03 86 42 44 39, *ot-chablis@chablis.net,*
Fax 03 86 42 49 71, *www.chablis.net* – **R** conseillée
2 ha (50 empl.) plat, herbeux
Tarif : 10,30 € ✹ ⇌ 🅴 – pers. suppl. 1,95 €
Pour s'y rendre : O : 0,6 km par D 956 rte de Tonnerre et
chemin à droite après le pont, bord du Serein

Nature : ⛺ ♀
Loisirs : 🚴🏊
Services : ⚡ ♂ ⚲ ♨ ④

L'ISLE-SUR-SEREIN

✉ 89440 – **319** H6 – 716 h. – alt. 190
Paris 209 – Auxerre 50 – Avallon 17 – Montbard 36 – Tonnerre 36.

▲ **Municipal le Parc du Château** 15 avr.-sept.
ℰ 03 86 33 93 50, Fax 03 86 33 91 81 – **R** conseillée
1 ha (40 empl.) plat, herbeux
Tarif : (Prix 2007) ✹ 2,20 € ⇌ 1,60 € 🅴 1,60 € –
⚡ (10A) 2,50 €
Location : 3 🛖 (4 à 6 pers.) 200 €/sem.
🚐 1 borne artisanale – 2 🅴
Pour s'y rendre : S : 0,8 km par D 86, rte d'Avallon, au
stade, à 150 m du Serein (accès direct)

Nature : ♀
Services : ⚡♂ ⚲ 📷 🝐 ④ ♨
À prox. : 🚴🏊 ✗ **parcours sportif**

LIGNY-LE-CHÂTEL

✉ 89144 – **319** F4 – G. Bourgogne – 1 289 h. – alt. 130
Paris 178 – Auxerre 22 – Sens 60 – Tonnerre 28 – Troyes 64.

▲ **Municipal la Noue Marou** Pâques-sept.
ℰ 03 86 47 56 99, Fax 03 86 47 44 02 – **R** conseillée
2 ha (42 empl.) plat, herbeux
Tarif : (Prix 2007) ✹ 2,50 € ⇌ 5,50 € 🅴 5,50 € –
⚡ (10A) 3 €
Pour s'y rendre : Sortie SO par D 8, rte d'Auxerre et chemin à gauche, bord du Serein

Nature : 🌊
Loisirs : 🎣
Services : ⚹ ♂ 🖭 🝐 ④ 🏧
À prox. : 🚴🏊 ✗ ⚓

Une péniche sur le canal de Bourgogne

S. Sauvignier/Michelin

MIGENNES

✉ 89400 – **319** E4 – 8 165 h. – alt. 87

🛈 *Office de tourisme, 1, place François Mitterrand* ℰ *03 86 80 03 70, Fax 03 86 92 95 32*

Paris 162 – Dijon 169 – Auxerre 22 – Sens 46 – Joigny 10.

🔺 **Les Confluents** 28 mars-2 nov.
ℰ 03 86 80 94 55, *planethome2003@yahoo.fr*,
Fax 03 86 80 94 55, *www.les-confluents.com* – **R** conseillée
1,5 ha (63 empl.) plat, herbeux
Tarif : 15,26 € ✱ 🚐 🅴 🕃 (10A) – pers. suppl. 3,35 €
Location : 8 🛖 (4 à 6 pers.) 223 à 370 €/sem.
🚰 1 borne artisanale 3 €
Pour s'y rendre : Sortie Migennes par D 277, allée Léo-Lagrange

Nature : 🏕 ♀
Loisirs : snack 🍴 🏊 🚴 ⛵
Services : 🔌 GB 🗙 🚿 🏪 🔧 ⊕ ♨ ♻ 🔥 🔥
À prox. : ⛳ ✂ 🎣 canoë sports nautiques

ST-SAUVEUR-EN-PUISAYE

✉ 89520 – **319** C6 – G. Bourgogne – 939 h. – alt. 259

🛈 *Office de tourisme, place du Château* ℰ *03 86 45 61 31, Fax 03 86 45 63 13*

Paris 174 – Dijon 184 – Moulins 146 – Tours 242 – Troyes 120.

🔺 **Parc des Joumiers** 29 avr.-3 nov.
ℰ 03 86 45 66 28, *campingmoteljoumiers@wanadoo.fr*,
Fax 03 86 45 60 27, *www.camping-motel-joumiers.com*
– **R** conseillée
21 ha/7 campables (100 empl.) plat et peu incliné, herbeux, étang
Tarif : 16,90 € ✱ 🚐 🅴 🕃 (10A) – pers. suppl. 3,60 €
Location : 13 🛖 (4 à 6 pers.) 340 à 440 €/sem. – 3 🏠
(4 à 6 pers.) 360 à 460 €/sem. – motel
🚰 1 borne artisanale 3 € – 🔥 10 €
Pour s'y rendre : NO : 2,3 km par D 7, rte de Mézilles et chemin à droite
À savoir : Au bord d'un étang

Nature : 🐟 🏕 ⛰
Loisirs : ✗ 🏊 🎣
Services : 👤 🔌 GB 🗙 🏪 🔧 ⊕ ♨ 🔥 🔥
À prox. : pédalos

TONNERRE

✉ 89700 – **319** G4 – G. Bourgogne – 5 979 h. – alt. 156

🛈 *Office de tourisme, place Marguerite de Bourgogne* ℰ *03 86 55 14 48, Fax 03 86 54 41 82*

Paris 199 – Auxerre 38 – Montbard 45 – Troyes 60.

🔺 **Municipal de la Cascade** avr.-nov.
ℰ 03 86 55 15 44, *ot.tonnerre@wanadoo.fr, www.tonnerre.fr* – **R** conseillée
3 ha (115 empl.) plat, herbeux
Tarif : 15 € ✱ 🚐 🅴 🕃 (6A) – pers. suppl. 3 €
Location (permanent) : 7 🏠 (4 à 6 pers.) 455 €/sem.
🚰 1 borne artisanale 2,60 € – 7 🅴 9,50 €
Pour s'y rendre : Sortie N par D 905, rte de Troyes et D 944, direction centre-ville, au bord du canal de l'Yonne

Nature : ♀
Loisirs : 🍴 🚴
Services : 👤 🔌 GB 🗙 🏪 🔧 ⊕ 🔥
À prox. : 🏊 🎣

VERMENTON

✉ 89270 – **319** F6 – G. Bourgogne – 1 199 h. – alt. 125

🛈 *Syndicat d'initiative, 25, rue Général-de-Gaulle* ℰ *03 86 81 54 26, Fax 03 86 81 67 54*

Paris 190 – Auxerre 24 – Avallon 28 – Vézelay 28.

🔺 **Municipal les Coullemières** avr.-sept.
ℰ 03 86 81 53 02, *camping.vermenton@orange.fr*,
Fax 03 86 81 53 02, *www.camping.vermenton.com*
– **R** conseillée
1 ha (50 empl.) plat, herbeux
Tarif : (Prix 2007) 13 € ✱ 🚐 🅴 🕃 (6A) – pers. suppl. 3 €
🚰 1 borne artisanale – 4 🅴 13 €
Pour s'y rendre : Au SO de la localité, derrière la gare
À savoir : Cadre agréable près de la Cure (plan d'eau)

Nature : ♀ ⛰
Loisirs : 🍴 🏊 🚴 ✂
Services : 👤 🔌 (saison) GB 🗙 🏪 🔧 ⊕ 🔥 🔥
À prox. : 🏊 (plage) canoë, parcours sportif

BRETAGNE

R. Deschamps/Michelin

Brute comme ses côtes de granit, riante comme ses petits ports de pêche avec leurs flottes colorées, émouvante comme ses calvaires et ses enclos paroissiaux, mystérieuse comme ses dolmens, ses menhirs et ses forêts enchantées, la Bretagne doit son charme à son essence maritime, à la variété de ses paysages et à l'originalité de sa culture. Attachés à leurs légendes, leur langue et leurs coutumes héritées d'un lointain passé celte, les Bretons cultivent leur identité à travers force manifestations folkloriques, festoù-noz et autres rassemblements où se défient bardes, sonneurs et bagadoùs. Des pauses friandes ponctuent généreusement cette riche palette festive de bolées de cidre, de crêpes, de galettes-saucisses et de tous les trésors gourmands qui font la réputation de la gastronomie locale.

Brittany — Breizh to its inhabitants — is a region of harsh granite coastlines, mysterious forests, pretty ports and brightly painted fishing boats. Its charm lies in its brisk sea breeze, its incredibly varied landscapes and the people themselves, born, so they say, with a drop of salt water in their blood. Proud of the language handed down from their Celtic ancestors, today's Bretons nurture their identity with intense and vibrant celebrations of folklore and custom. Of course, such devotion to culture requires plenty of good, wholesome nourishment: sweet and savoury pancakes, thick slices of butter cake and mugs of cold cider. However, Brittany's gastronomic reputation extends much further and gourmets can feast on the oysters, lobster and crab for which it is famous.

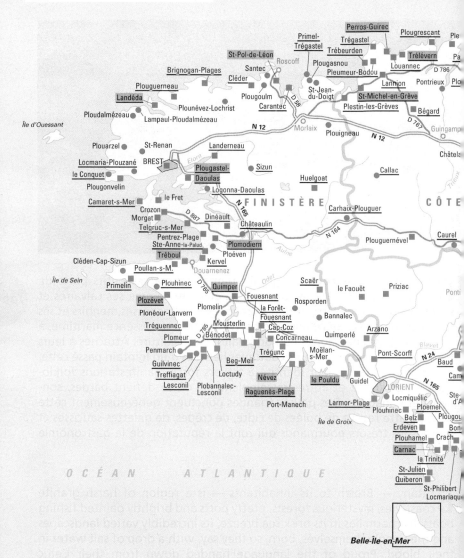

MANCHE

- ● Localité citée avec camping
- ■ Localité citée avec camping et locatif
- <u>Lourdes</u> Localité disposant d'un camping avec aire de services camping-car
- <u>Moyaux</u> Localité disposant d'au moins un terrain agréable
- 🚐 Aire de service pour camping-car sur autoroute

OCÉAN ATLANTIQUE

Belle-Île-en-Mer

Île d'Ouessant

Île de Sein

Île de Groix

FINISTÈRE

CÔTE

Perros-Guirec
Plougrescant
Primel-Trégastel
Trégastel
Trébeurden
St-Pol-de-Léon
Plougasnou
Pleumeur-Bodou
Louannec
Trélévern
Brignogan-Plages
Santec
Cléder
St-Jean-du-Doigt
Lannion
Pontrieux
Plouguerneau
Plougoulm
Carantec
St-Michel-en-Grève
Landéda
Plounévez-Lochrist
Plestin-les-Grèves
Bégard
Ploudalmézeau
Lampaul-Ploudalmézeau
Morlaix
Plouigneau
Guingamp
N 12
N 12
Plouarzel
St-Renan
Landerneau
Châtela
Locmaria-Plouzané
BREST
Sizun
Callac
le Conquet
Plougastel-Daoulas
Huelgoat
Plougonvelin
Logonna-Daoulas
Camaret-s-Mer
le Fret
N 165
Carhaix-Plouguer
Crozon
Dinéault
Morgat
Châteaulin
Caurel
Telgruc-s-Mer
Plouguernével
Pentrez-Plage
N 164
Plouguernével
Ste-Anne-la-Palud
Plomodiern
Cléden-Cap-Sizun
Tréboul
Ploéven
Kervel
Poullan-s-M.
Douarnenez
Primelin
Plouhinec
Quimper
Scaër
le Faouët
Priziac
Ponti
Plozévet
Fouesnant
Rosporden
Plonéour-Lanvern
Plomelin
la Forêt-Fouesnant
Bannalec
Tréguennec
Mousterlin
Cap-Coz
Arzano
Plomeur
Bénodet
Concarneau
Quimperlé
Pont-Scorff
N 24
Penmarch
Trégunc
Moëlan-s-Mer
Baud
Guilvinec
Beg-Meil
le Pouldu
Guidel
LORIENT
Cam
Treffiagat
Loctudy
Névez
N 165
Ste-d'A
Lesconil
Plobannalec-Lesconil
Raguenès-Plage
Locmiquélic
Larmor-Plage
Ploemel
Plougo
Port-Manech
Plouhinec
Belz
Erdeven
Bon
Plouharnel
Crach
Carnac
la Trinité
St-Julien
Quiberon
St-Philibert
Locmariaqu

BÉGARD

✉ 22140 – **309** C3 – 4 474 h. – alt. 142
Paris 499 – Rennes 147 – St-Brieuc 46 – Lannion 20 – Morlaix 50.

▲▲▲ **Donant**
     🌫 02 96 45 46 46, *camping.begard@wanadoo.fr*,
     Fax 02 96 45 46 48, *www.camping-donant-bretagne.com*
     – **R** conseillée
     4 ha (91 empl.) en terrasses, plat, herbeux
     Location (permanent) : 15 🏠 – 5 bungalows toilés
     🚐 1 borne artisanale 5 €
     Pour s'y rendre : sortie S : 1,7 km par D 767, rte de Guin-
     gamp, en face du parc de loisirs "Armoripark"

> Nature : 🏞
> Loisirs : 🏠 Salle d'animation 🛶
> Services : ♿ ⚡ (1er juil.-31 août)
> 🅶🅱 ⚕ Ⓜ 🕾 ⊕ 🔥 sèche-linge
> À prox. : 🍽 🛝 🏊 ♨ 🏄

BINIC

✉ 22520 – **309** F3 – G. Bretagne – 3 110 h. – alt. 35
🛈 *Office de tourisme, avenue du Général-de-Gaulle* 🌫 02 96 73 60 12, Fax 02 96 73 35 23
Paris 463 – Guingamp 37 – Lannion 69 – Paimpol 31 – St-Brieuc 15 – St-Quay-Portrieux 6.

▲▲ **Le Panoramic** avr.-sept.
     🌫 02 96 73 60 43, *camping.le.panoramic@wanadoo.fr*,
     Fax 02 96 69 27 66, *www.lepanoramic.net* – **R** conseillée
     4 ha (150 empl.) plat, peu incliné, en terrasses, herbeux
     Tarif : 23,50 € 🚶 🚗 🅴 🔌 (10A) – pers. suppl. 5,30 € –
     frais de réservation 10 €
     Location : 16 🚐 (4 à 6 pers.) 288 à 650 €/sem. – 8 🏠
     (4 à 6 pers.) 330 à 610 €/sem.
     Pour s'y rendre : S : 1 km

> Nature : 🏞 ♀
> Loisirs : 🍽 snack 🏠 🛶 🏊
> Services : ♿ ⚡ 🅶🅱 ⚕ Ⓜ ⅏ 🕾
> ⊕ 🔥 sèche-linge
> À prox. : 🛝 🍴 🛝 🎣 🐎 poneys golf,
> canoë de mer

▲ **Municipal des Fauvettes** Pâques-sept.
     🌫 02 96 73 60 83, *ville.binic@wanadoo.fr*, *http://www.ville-*
     binic.fr – **R** conseillée
     1 ha (83 empl.) plat, terrasse, peu incliné, herbeux
     Tarif : 14 € 🚶 🚗 🅴 🔌 (4A) – pers. suppl. 5 €
     Location 🚫 : 3 🚐 – 3 studios
     🚐 1 borne
     Pour s'y rendre : au NE de la ville, rue des Fauvettes, à
     50 m de la plage par sentier des douaniers, accès conseillé
     par D 786 rte de St-Quay-Portrieux et au rond-point à
     droite
     À savoir : Agréable situation dominante et panoramique

> Nature : ⩽ sur la baie de St-Brieuc
> Loisirs : 🛶
> Services : ♿ ⚕ Ⓜ 🕾 ⊕ 📞 🔥

202

CALLAC

✉ 22160 – **309** B4 – G. Bretagne – 2 459 h. – alt. 172
🛈 *Syndicat d'initiative, Mairie* 🌫 02 96 45 81 30, Fax 02 96 45 91 70
Paris 510 – Carhaix-Plouguer 22 – Guingamp 28 – Morlaix 41 – St-Brieuc 58.

▲ **Municipal Verte Vallée** 15 juin-15 sept.
     🌫 02 96 45 58 50, *commune@mairie-callac.fr*,
     Fax 02 96 45 91 70 – **R** conseillée
     1 ha (60 empl.) peu incliné et incliné, herbeux
     Tarif : (Prix 2007) 🚶 2,36 € 🚗 1,18 € 🅴 1,82 € –
     🔌 (20A) 1,82 €
     🚐 1 borne eurorelais 2 € – 8 🅴
     Pour s'y rendre : sortie O par D 28, rte de Morlaix et av.
     Ernest-Renan à gauche, à 50 m d'un plan d'eau

> Nature : 🏞
> Loisirs : 🚴 🍴 🛝
> Services : ♿ ⚡ (juil.-août) ⚕ 🏊 ⊕

LES GUIDES VERTS **MICHELIN**
Paysages, monuments
Routes touristiques
Géographie
Histoire, Art
Itinéraire de visite
Plans de villes et de monuments

CAUREL

⊠ 22530 – **309** D5 – 387 h. – alt. 188
Paris 461 – Carhaix-Plouguer 45 – Guingamp 48 – Loudéac 24 – Pontivy 22 – St-Brieuc 48.

Nautic International 15 mai-25 sept.
    ℘ 02 96 28 57 94, *contact@campingnautic.fr*,
Fax 02 96 26 02 00, *www.campingnautic.fr* – **R** conseillée
3,6 ha (120 empl.) peu incliné et plat, en terrasses, herbeux
Tarif : 27,40 € ⚹ 🚗 🅴 🗲 (10A) – pers. suppl. 6 € – frais
de réservation 15,24 €
🚐, 1 borne eurorelais – 13 €
Pour s'y rendre : SO : 2 km, au lieu-dit Beau-Rivage, bord
du lac de Guerlédan
À savoir : Agréable cadre verdoyant

Nature : 🏞 🖵 ♀ �
Loisirs : 🏠 🚣 ⚹ 🛝 🎣 ponton d'amarrage
Services : ⚹ ⚹ 🅶🅱 🔧 🗑 ☺ 🛒
🖥 sèche-linge 🖇
À prox. : ⚹ ✗ crêperie 🔥 canoë

CHÂTELAUDREN

⊠ 22170 – **309** E3 – 921 h. – alt. 105
🅱 *Syndicat d'initiative, 31, rue de la gare* ℘ *02 96 79 77 71, Fax 02 96 79 77 78*
Paris 469 – Guingamp 17 – Lannion 49 – St-Brieuc 18 – St-Quay-Portrieux 21.

Municipal de l'Étang 2 mai-sept.
    ℘ 02 96 74 10 38, *mairiechatelaudren@wanadoo.fr*,
Fax 02 96 74 22 19
0,2 ha (17 empl.) plat, herbeux
Tarif : (Prix 2007) ⚹ 2,60 € 🚗 🅴 3,47 € – 🗲 (10A) 2,60 €
Pour s'y rendre : Au bourg, rue de la gare, bord d'un
étang

Nature : 🖵
Services : ⚹ 🔧 🗑 ☺
À prox. : 🚣 🐎 poneys

ERQUY

⊠ 22430 – **309** H3 – G. Bretagne – 3 760 h. – alt. 12
🅱 *Office de tourisme, 3, rue du 19 Mars 1962* ℘ *02 96 72 30 12, Fax 02 96 72 02 88*
Paris 451 – Dinan 46 – Dinard 39 – Lamballe 21 – Rennes 102 – St-Brieuc 33.

203

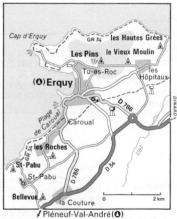

Le Vieux Moulin 🏕 – 28 avr.-6 sept.
    ℘ 02 96 72 34 23, *camp.vieux.moulin@wanadoo.fr*,
Fax 02 96 72 36 63, *www.camping-vieux-moulin.com*
– **R** conseillée
2,5 ha (173 empl.) plat et peu incliné, herbeux
Tarif : 36,80 € ⚹ 🚗 🅴 🗲 (10A) – pers. suppl. 5,90 € –
frais de réservation 30 €
Location : 68 🛖 (4 à 6 pers.) 340 à 930 €/sem.
Pour s'y rendre : 2 km à l'E
À savoir : Cadre verdoyant, convivial et soigné

Nature : 🖵 ♀
Loisirs : ⚹ pizzeria, grill 🏠 👫 🛝 discothèque, spa 🚣 🛝 🎿 ♨
Services : ⚹ ⚹ 🅶🅱 🔧 🗑 ♨ 🏧 ☺ 🛒 🗑 🖥 🖇 🛒
À prox. : 🛍 ⚹ 🎣 🔥 ♪ 🐎 (centre équestre) école de plongée, canoë de mer

ERQUY

Yelloh! Village Les Pins 26 avr.-13 sept.
📞 02 96 72 31 12, *camping.des.pins@wanadoo.fr*,
Fax 02 96 63 67 94, *www.yellohvillage-les-pins.com* – **R** indispensable
10 ha (385 empl.) peu incliné et plat, herbeux
Tarif : 34 € 🧍 🚗 🅴 (6A) – pers. suppl. 5 € – frais de
réservation 30 €
Location : 128 (4 à 6 pers.) 308 à 1 092 €/sem. – 6
(4 à 6 pers.) 350 à 812 €/sem. – bungalows toilés
Pour s'y rendre : 1 km au N
À savoir : Agréable espace aquatique

Nature :
Loisirs : jacuzzi balnéo
Services : sèche-linge
À prox. : (centre équestre) école de plongée, canoë de mer

Bellevue 15 avr.-15 sept.
📞 02 96 72 33 04, *campingbellevue@yahoo.fr*,
Fax 02 96 72 48 03, *http://www.campingbellevue.fr*
– **R** conseillée
2 ha (140 empl.) plat, herbeux
Tarif : 24,30 € 🧍 🚗 🅴 (10A) – pers. suppl. 5 € – frais
de réservation 15 €
Location (avr.-sept.) : 15 (4 à 6 pers.) 290 à
630 €/sem.
1 borne artisanale
Pour s'y rendre : SO : 5,5 km
À savoir : Entrée fleurie et décoration arbustive des emplacements

Nature :
Loisirs : (décou-verte en saison)
Services : sèche-linge
À prox. : crêperie (centre équestre) école de plongée, canoë de mer

St-Pabu avr.-10 oct.
📞 02 96 72 24 65, *camping@saintpabu.com*,
Fax 02 96 72 87 17, *www.saintpabu.com* – **R** conseillée
5,5 ha (409 empl.) plat, peu incliné et en terrasses, herbeux
Tarif : 22,50 € 🧍 🚗 🅴 (6A) – pers. suppl. 5 € – frais de
réservation 20 €
Location : 35 (4 à 6 pers.) 270 à 650 €/sem.
1 borne artisanale 6 €
Pour s'y rendre : SO : 4 km
À savoir : Face à la baie d'Erquy, près de la plage

Nature :
Loisirs :
Services : sèche-linge
À prox. : (centre équestre) école de plongée, char à voile

Les Roches avr.-14 sept.
📞 02 96 72 32 90, *info@camping-les-roches.com*,
Fax 02 96 63 57 84, *www.camping-les-roches.com*
– **R** conseillée
3 ha (160 empl.) plat, peu incliné et en terrasses, herbeux
Tarif : 17,40 € 🧍 🚗 🅴 (10A) – pers. suppl. 3,80 €
Location (avr.-2 nov.) : 15 (4 à 6 pers.) 280 à
455 €/sem.
1 borne artisanale – 9.50 €
Pour s'y rendre : SO : 3 km
À savoir : Décoration arbustive

Nature :
Loisirs :
Services : sèche-linge
À prox. : (centre équestre) école de plongée, canoë de mer

Des Hautes Grées avr.-sept.
📞 02 96 72 34 78, *hautesgrees@wanadoo.fr*,
Fax 02 96 72 30 15, *www.camping-hautes-grees.com*
– **R** conseillée
2,5 ha (148 empl.) plat et peu incliné, herbeux
Tarif : 14,50 € 🧍 🚗 🅴 (10A) – pers. suppl. 5 € – frais
de réservation 15,50 €
Location : 20 (4 à 6 pers.) 290 à 620 €/sem.
1 borne artisanale 2,50 € – 10 €
Pour s'y rendre : NE : 3,5 km, à 400 m de la plage St-Michel

Nature :
Loisirs : jacuzzi
Services : sèche-linge
À prox. : école de plongée, canoë de mer

204

*Donnez-nous votre avis
sur les terrains que nous recommandons.
Faites-nous connaître vos observations et vos découvertes.
par mail à l'adresse : leguidecampingfrance@fr.michelin.com.*

ÉTABLES-SUR-MER

✉ 22680 – **309** E3 – G. Bretagne – 2 514 h. – alt. 65
🛈 *Office de tourisme, 9, rue de la République* 📞 *02 96 70 65 41, Fax 02 96 70 68 27*
Paris 467 – Guingamp 31 – Lannion 56 – St-Brieuc 19 – St-Quay-Portrieux 3.

⛰ **L'Abri-Côtier** mai-15 sept.
📞 02 96 70 61 57, *camping.abricotier@wanadoo.fr,*
Fax 02 96 70 65 23, *www.camping-abricotier.fr* – **R** indispensable
2 ha (140 empl.) plat et peu incliné, herbeux
Tarif : 20,90 € ⚹ 🚗 🅴 🔌 (10A) – pers. suppl. 4,70 €
Location : 10 🚐 (4 à 6 pers.) 270 à 560 €/sem.
Pour s'y rendre : N : 1 km par rte de St-Quay-Portrieux et à gauche, rue de la Ville-es-Rouxel

Nature : 🌊
Loisirs : 🍽 jacuzzi 🏊
Services : 🚿 ⚡ 🏧 ⚕ 🏛 🗄 🛒 🕎
🧺 🧹 🧴 🔲 sèche-linge 🔌 🔧
À prox. : 🎾 🏓 ⛳ 🐴 🐎 poneys golf, canoë de mer

JUGON-LES-LACS

✉ 22270 – **309** I4 – G. Bretagne – 1 348 h. – alt. 29
🛈 *Office de tourisme, place du Martray* 📞 *02 96 31 70 75*
Paris 417 – Lamballe 22 – Plancoët 16 – St-Brieuc 59 – St-Méen-le-Grand 35.

⛰ **Au Bocage du Lac** avr.-sept.
📞 02 96 31 60 16, *contact@campingjugon.com,*
Fax 02 96 31 75 04, *www.campingjugon.com* – **R** conseillée
4 ha (180 empl.) plat et peu incliné, herbeux
Tarif : (Prix 2007) 20,40 € ⚹ 🚗 🅴 🔌 (5A) – pers. suppl. 4,70 € – frais de réservation 15 €
Location (avr.-26 oct.) : 7 🚐 (4 à 6 pers.) 255 à 570 €/sem. – 28 🏠 (4 à 6 pers.) 255 à 570 €/sem. – bungalows toilés – gîtes
🚐 1 borne raclet 2,50 €
Pour s'y rendre : SE : 1 km par D 52 rte de Mégrit
À savoir : Au bord du grand étang de Jugon

Nature : 🏞 🌳
Loisirs : 🍽 🏕 🎱 🛶 🏓 🏊 🛷 🎿
poneys parc animalier
Services : 🚿 ⚡ 🏧 ⚕ Ⓜ 🗄 🛒 🕎
🧴 🔲 sèche-linge
À prox. : 🚲 🎾 💧 canoë de mer

LANCIEUX

✉ 22770 – **309** J3 – G. Bretagne – 1 220 h. – alt. 24
🛈 *Office de tourisme, square Jean Conan* 📞 *02 96 86 25 37*
Paris 413 – Dinan 22 – Dol-de-Bretagne 36 – Lamballe 39 – St-Brieuc 60 – St-Malo 15.

⛰ **Municipal les Mielles** avr.-sept.
📞 02 96 86 22 98, *campinglesmielles@wanadoo.fr,*
Fax 02 96 86 28 20 – **R**
2,5 ha (153 empl.) plat à peu incliné, herbeux
Tarif : (Prix 2007) ⚹ 7 € 🚗 🅴 – 🔌 (6A) 3 €
Pour s'y rendre : au SO du bourg, rue Jules-Jeunet, à 300 m de la plage

Services : 🚿 ⚡ 🏧 ⚕ 🗄 🏊 ⊕ 🔲
À prox. : 🎾 🎣 🏓 💧 🐎 golf

LANLOUP

✉ 22580 – **309** E2 – G. Bretagne – 214 h. – alt. 58
Paris 484 – Guingamp 29 – Lannion 44 – St-Brieuc 36 – St-Quay-Portrieux 15.

⛰ **Le Neptune** 5 avr.-20 oct.
📞 02 96 22 33 35, *contact@leneptune.com,*
Fax 02 96 22 68 45, *www.leneptune.com* – **R** conseillée
2 ha (84 empl.) plat, peu incliné, herbeux
Tarif : 22,60 € ⚹ 🚗 🅴 🔌 (6A) – pers. suppl. 5,30 €
Location : 8 🚐 (4 à 6 pers.) 260 à 620 €/sem. – 10 🏠 (4 à 6 pers.) 220 à 650 €/sem.
🚐 1 borne artisanale 8 €
Pour s'y rendre : sortie O
À savoir : Cadre arbustif plaisant

Nature : 🏞 🌳
Loisirs : 🍽 🏕 🛶 🚲 🏓 🔲 (découverte en saison)
Services : 🚿 ⚡ 🏧 ⚕ 🗄 🛒 ⊕ 🕎
🔲 sèche-linge 🔧
À prox. : 🎾

LANNION

✉ 22300 – **309** B2 – G. Bretagne – 18 368 h. – alt. 12
🛈 *Office de tourisme, 2, quai d'Aiguillon* ✆ *02 96 46 41 00, Fax 02 96 37 19 64*
Paris 516 – Brest 96 – Morlaix 42 – St-Brieuc 65.

🛆 **Municipal des 2 Rives** mars-sept.
✆ 02 96 46 31 40, *anthony.pezron@ville-lannion.fr,*
Fax 02 96 46 53 35, *www.ville-lannion.fr–* **R** conseillée
2,3 ha (105 empl.) plat et peu incliné, herbeux
Tarif : (Prix 2007) ★ 3,20 € ⇔ 2 € 🔲 4,70 € – [½] 2 €
Location (permanent) : 14 🏠 (4 à 6 pers.) 285 à
433 €/sem. – 8 bungalows toilés
🚐 1 borne 7,20 € – 8 🔲 12,90 €
Pour s'y rendre : SE : 2 km par D 767, rte de Guingamp et
rte à droite après le centre commercial Leclerc
À savoir : Plaisante décoration arbustive sur les deux rives
du Léguer

> Nature : 🏞
> Loisirs : 🍴 🏊 🎣
> Services : ⚒ ⊶ (juil.-août) GB 🐂
> 🖥 🛁 ⊙ 🚿 🚾 🖭 sèche-linge
> À prox. : 🏇 ⚒ 🎳 🏊 🐎 (centre
> équestre) sentier pédestre, canoë

LANTIC

✉ 22410 – **309** E3 – 1 117 h. – alt. 50
Paris 466 – Brest 139 – Lorient 133 – Rennes 116 – St-Brieuc 18.

🛆 **Les Étangs** avr.-sept.
✆ 02 96 71 95 47, *contact@campinglesetangs.com,*
Fax 02 96 71 95 47, *www.campinglesetangs.com*
– **R** conseillée
1,5 ha (82 empl.) peu incliné, plat, herbeux
Tarif : 15,90 € ★ ⚒ ⇔ 🔲 [½] (6A) – pers. suppl. 3,80 €
Location : 5 🛏 (2 à 4 pers.) 170 à 340 €/sem. – 6 🚋 (4
à 6 pers.) 210 à 530 €/sem. – 1 🏠 (4 à 6 pers.) 210 à
470 €/sem.
🚐 1 borne artisanale 4 € – 1 🔲 – 🛒 8 €
Pour s'y rendre : E : 2 km par D 4, rte de Binic, près de
deux étangs

> Nature : 🌳 ♀
> Loisirs : 🏊 🎣
> Services : ⚒ ⊶ GB 🐂 🖥 🛁 ☁ ⊙ ⚒
> 🖭
> À prox. : ⚒ 🎣 🐎 poneys golf,
> canoë de mer

206

LOUANNEC

✉ 22700 – **309** B2 – 2 384 h. – alt. 53
Paris 527 – Rennes 175 – Lannion 10 – Morlaix 48.
Schéma à Perros-Guirec

🛆 **Municipal Ernest Renan** juin-sept.
✆ 02 96 23 11 78, *camping-louannec@wanadoo.fr,*
Fax 02 96 49 04 47, *http://www.louannec.com/camping-
louannec.html–* **R** conseillée
4 ha (265 empl.) plat, herbeux
Location (avr.-sept.) : 8 🚋 (4 à 6 pers.) 225 à
525 €/sem.
🚐 1 borne artisanale 3,85 €
Pour s'y rendre : O : 1 km, bord de mer

> Nature : ≤ ⛰
> Loisirs : 🍴 🏠 🕐 diurne 🏊 🎣 ♦
> Services : ⚒ ⊶ GB 🐂 🖥 🛁 ⊙ ⚒
> 🚾 🖭 sèche-linge 🛁 🏊
> À prox. : 🐎

MATIGNON

✉ 22550 – **309** I3 – 1 537 h. – alt. 70
🛈 *Office de tourisme, place du Général-de-Gaulle* ✆ *02 96 41 12 53, Fax 02 96 41 29 70*
Paris 425 – Dinan 30 – Dinard 23 – Lamballe 23 – St-Brieuc 44 – St-Cast-le-Guildo 7.

🛆 **Le Vallon aux Merlettes** 26 avr.-27 sept.
✆ 02 96 41 11 61, *giblanchet@wanadoo.fr, www.camping-
matignon.com–* **R** conseillée
3 ha (100 empl.) plat, peu incliné, herbeux
Tarif : 16,20 € ★ ⇔ 🔲 [½] (6A) – pers. suppl. 3,80 €
Location (29 mars-25 oct.) : 5 🚋 (4 à 6 pers.) 200 à
430 €/sem.
🚐 1 borne artisanale 2 €
Pour s'y rendre : SO : par D 13, rte de Lamballe, au stade

> Nature : 🌳 ♀
> Loisirs : 🏠 ⚒ 🎳
> Services : ⚒ ⊶ GB 🐂 🖥 🛁 ⊙ ⚒
> 🖭
> À prox. : 🏇 🏊 ♦ 🐎 (centre éques-
> tre) école de plongée, canoë de
> mer, golf

PAIMPOL

✉ 22500 – **309** D2 – G. Bretagne – 7 932 h. – alt. 15
🛈 *Office de tourisme, 19, rue du Général Leclerc* ✆ *02 96 20 83 16, Fax 02 96 55 11 12*
Paris 494 – Guingamp 29 – Lannion 33 – St-Brieuc 46.

⚠ **Municipal de Cruckin-Kérity** Pâques-15 oct.
   ✆ 02 96 20 78 47, *contact@camping-paimpol.com,*
   Fax 02 96 20 75 00, *www.camping-paimpol.com*
   – **R** conseillée
   2 ha (146 empl.) plat, herbeux
   Tarif : 16,80 € 🚶 🚐 🔲 🔌 (6A) – pers. suppl. 3,30 € – frais
   de réservation 20 €
   🚐 1 **borne artisanale** – 1 🔲 9,60 €
   Pour s'y rendre : À Kérity, SE : 2 km par D 786, rte de
   St-Quay-Portrieux, attenant au stade, à 100 m de la plage
   de Cruckin

> Nature : 🦢 🖼
> Loisirs : 🛋 🏊
> Services : 👥 🔌 (juil.-août) 🕹 🐕
> 🛗 🛁 ⚙ 💧 🖥 sèche-linge
> À prox. : crêperie 🍴 🎯 🛶 🚤 par-
> cours de santé, piste de bi-cross

*LES GUIDES VERTS **MICHELIN***
Paysages, monuments
Routes touristiques
Géographie
Histoire, Art
Itinéraire de visite
Plans de villes et de monuments

PERROS-GUIREC

✉ 22700 – **309** B2 – G. Bretagne – 7 614 h. – alt. 60
🛈 *Office de tourisme, 21, place de l'Hôtel de Ville* ✆ *02 96 23 21 15, Fax 02 96 23 04 72*
Paris 527 – Lannion 12 – St-Brieuc 76 – Tréguier 19.

⚠ **Yelloh! Village Le Ranolien** 👥 – 5 avr.-14 sept.
   ✆ 02 96 91 65 65, *info@yellohvillage-ranolien.com,*
   Fax 02 96 91 41 90, *www.leranolien.fr* – places limitées pour
   le passage – **R** conseillée
   16 ha (520 empl.) plat, peu incliné, accidenté, herbeux,
   rocheux
   Tarif : 40 € 🚶 🚐 🔲 🔌 (10A) – pers. suppl. 8 €
   Location : 314 🛖 (4 à 6 pers.) 245 à 1 204 €/sem.
   Pour s'y rendre : 1 km au SE, à 200 m de la mer
   À savoir : Au coeur de la côte de granit rose dans un cadre
   naturel et sauvage

> Nature : ⛰ 🖼 🌳
> Loisirs : 🍴 crêperie, snack, pizzeria
> 🛋 🎮 🏊 🎣 salle d'animation,
> discothèque, bibliothèque 🏊 🎯
> 🏓 🛶 ⛱ terrain omnisports
> Services : 👥 🔌 🕹 🐕 🖥 🛗 🛁 ⚙
> 💧 🍴 🖥 sèche-linge 🔧 🚿

PERROS-GUIREC

⚑ **Claire Fontaine** juin-15 sept.
    ☎ 02 96 23 03 55, Fax 02 96 49 06 19, *www.camping-claire-fontaine.com* – **R** conseillée
3 ha (180 empl.) plat, peu incliné, herbeux
Tarif : (Prix 2007) 20 € ☀ ⛺ 🅴 (6A) – pers. suppl. 8 € – frais de réservation 10 €
Location (mai-fin sept.) : 3 🏠 (4 à 6 pers.) 320 à 600 €/sem. – 6 🛏
🚐 1 borne artisanale
Pour s'y rendre : SO : 2,6 km, par rue des Frères Mantrier, rte de Pleumeur-Bodou et rte à droite
À savoir : Cadre agréable autour d'une ancienne ferme de caractère rénovée

> Nature : ♀
> Loisirs : 🛋
> Services : ⚬━ 🐾 🖪 🛁 ⊛ 🖳 sèche-linge
> À prox. : ✗ 🖾 🗙 (centre équestre) golf

PLANCOËT

✉ 22130 – **309** I3 – 2 589 h. – alt. 41
🄸 *Syndicat d'initiative, 1, rue des Venelles* ☎ 02 96 84 00 57
Paris 417 – Dinan 17 – Dinard 20 – St-Brieuc 46 – St-Malo 26.

⚑ **Municipal du Verger** juin-15 sept.
    ☎ 02 96 84 03 42, *mairie-plancoet@wanadoo.fr*, Fax 02 96 84 19 49 – **R** conseillée
1,2 ha (100 empl.) plat, herbeux
Tarif : 10 € ☀ ⛺ 🅴 (6A) – pers. suppl. 2,40 €
Pour s'y rendre : vers sortie SE rte de Dinan, derrière la caserne des sapeurs-pompiers, bord de l'Arguenon et d'un petit plan d'eau

> Nature : 🌳 ♀
> Loisirs : ⌬
> Services : ⚲ ⚬━ (juil.-août) 🐾 🖪 🛋
> ⊛ 🖳 sèche-linge
> À prox. : ⟲ ✗ 🖾 🗙 (centre équestre) golf, canoë, kayak

LES GUIDES VERTS **MICHELIN**
Paysages, monuments
Routes touristiques
Géographie
Histoire, Art
Itinéraire de visite
Plans de villes et de monuments

208

PLANGUENOUAL

✉ 22400 – **309** G3 – 1 550 h. – alt. 76
Paris 440 – Guingamp 52 – Lannion 84 – St-Brieuc 19 – St-Quay-Portrieux 38.

⚑ **Municipal** 15 juin-15 sept.
    ☎ 02 96 32 71 93, *mairie.planguenoual@wanadoo.fr* – **R**
1,5 ha (64 empl.) plat et en terrasses, herbeux
Tarif : (Prix 2007) 11,60 € ☀ ⛺ 🅴 – pers. suppl. 3,40 €
Pour s'y rendre : NO : 2,5 km par D 59

> Nature : 🌿 ⟟
> Services : ⚬━ (juil.-août) 🐾 🖪 ⊛ 🖳
> À prox. : ✗ 🖾 🖸 🗙 (centre équestre) golf, école de plongée, canoë de mer

PLÉNEUF-VAL-ANDRÉ

✉ 22370 – **309** G3 – G. Bretagne – 3 680 h. – alt. 52
🄸 *Office de tourisme, 1, cours Winston Churchill* ☎ 02 96 72 20 55, Fax 02 96 63 00 34
Paris 446 – Dinan 43 – Erquy 9 – Lamballe 16 – St-Brieuc 28 – St-Cast-le-Guildo 30 – St-Malo 51.
Schéma à Erquy

⚑ **Le Minihy** juin-sept.
    ☎ 02 96 72 22 95, *campingminihy@voila.fr*, *www.camping-minihy-val-andre.com* – **R** conseillée
1 ha (65 empl.) plat et peu incliné, herbeux
Tarif : (Prix 2007) 18,70 € ☀ ⛺ 🅴 (6A) – pers. suppl. 4,25 € – frais de réservation 10 €
Location (avr.-1er nov.) : 9 🏠 (4 à 6 pers.) 240 à 490 €/sem.
Pour s'y rendre : SO : rte du port de Dahouët, rue du Minihy

> Nature : ♀
> Loisirs : 🛋 ⟲
> Services : ⚬━ 🖭 🐾 🖪 ⊛ ⌬ 🖳
> À prox. : ✗ 🖸 ◔ 🗙 (centre équestre) golf, école de plongée, canoë de mer

PLESTIN-LES-GRÈVES

⊠ 22310 – **309** A3 – G. Bretagne – 3 415 h. – alt. 45

⚑ *Syndicat d'initiative, place de la Mairie* ✆ *02 96 35 61 93, Fax 02 96 54 12 54*

Paris 528 – Brest 79 – Guingamp 46 – Lannion 18 – Morlaix 24 – St-Brieuc 77.

⚑ **Municipal St-Efflam** avr.-sept.
✆ 02 96 35 62 15, *campingmunicipalplestin@wanadoo.fr*,
Fax 02 96 35 09 75, *www.camping-municipal-bretagne.com*
– **R** conseillée
4 ha (190 empl.) plat, peu incliné, terrasses, herbeux
Tarif : (Prix 2007) 13,70 € ✝ ⛺ 🚗 🖽 [½] (10A) – pers.
suppl. 2,70 €
Location : 9 ⌂ (4 à 6 pers.) 183 à 360 €/sem. – 8 🏠 (4
à 6 pers.) 230 à 390 €/sem.
🚐 1 borne raclet 3,50 €
Pour s'y rendre : NE : 3,5 km, à St-Efflam, par D 786 rte de
St-Michel-en-Grève, à 200 m de la mer
À savoir : Face à la mer, situation en terrasses, à l'orée d'un
petit bois

> Nature : ≪
> Loisirs : 🍸 🏡 🏊
> Services : ⅙ ⚡ (juil.-août) ⌾⃝ 🚙
> 🖽 🕭 ☺ 🖩
> À prox. : ✕ ◊

⚑ **Aire Naturelle Ker-Rolland** 16 juin-5 sept.
✆ 02 96 35 08 37, *usert3625@aol.com*, Fax 02 96 35 08 37 –
R indispensable
1,6 ha (22 empl.) plat, herbeux
Tarif : 10,80 € ✝ ⛺ 🚗 🖽 [½] (13A) – pers. suppl. 2,60 €
Pour s'y rendre : SO : 2,2 km par D 786, rte de Morlaix et à
gauche, rte de Plouégat-Guérand
À savoir : Sur le domaine d'une ferme en activité

> Loisirs : 🏡
> Services : ⅙ ⚡ 🖋 ☺ 🖩

PLEUBIAN

⊠ 22610 – **309** D1 – G. Bretagne – 2 691 h. – alt. 48

⚑ *Office de tourisme, place du Château* ✆ *02 96 22 84 85*

Paris 506 – Lannion 31 – Paimpol 13 – St-Brieuc 58 – Tréguier 13.

⚑ **Le Port la Chaîne** 5 avr.-13 sept.
✆ 02 96 22 92 38, *info@portlachaine.com*, Fax 02 96 22 87 92,
www.portlachaine.com – **R** indispensable
4,9 ha (200 empl.) en terrasses, plat et peu incliné, herbeux
Tarif : 25,50 € ✝ ⛺ 🚗 🖽 [½] (16A) – pers. suppl. 5,70 € –
frais de réservation 24 €
Location : 43 ⌂ (4 à 6 pers.) 245 à 784 €/sem.
Pour s'y rendre : N : 2 km par D 20 rte de Larmor-Pleubian
et rte à gauche
À savoir : Cadre boisé au bord de la mer

> Nature : 🌲 ♀♀ 🔺
> Loisirs : 🍸 snack 🏡 🎇 nocturne
> 🏊 🎣
> Services : ⅙ ⚡ ⌾⃝ 🚙 🖽 🕭 🖋 ☺
> 🌂 🚿 🐾 🖩 sèche-linge 🐕
> À prox. : 🐎

209

PLEUMEUR-BODOU

⊠ 22560 – **309** A2 – G. Bretagne – 3 825 h. – alt. 94

⚑ *Office de tourisme, 11, rue des Chardons* ✆ *02 96 23 91 47, Fax 02 96 23 91 48*

Paris 523 – Lannion 8 – Perros-Guirec 10 – St-Brieuc 72 – Trébeurden 4 – Tréguier 26.

Schéma à Trébeurden

⚑ **Le Port** 22 mars-5 oct.
✆ 02 96 23 87 79, *renseignements@camping-du-
port.com*, Fax 02 96 15 30 40, *www.camping-du-port.com*
– **R** conseillée
2 ha (80 empl.) non clos, plat et peu incliné, accidenté,
herbeux, rochers
Tarif : 19,10 € ✝ ⛺ 🚗 🖽 [½] (16A) – pers. suppl. 5,50 € –
frais de réservation 10 €
Location : 17 ⌂ (4 à 6 pers.) 190 à 590 €/sem. – 6 🏠
(4 à 6 pers.) 190 à 590 €/sem.
🚐 1 borne eurorelais 5 €
Pour s'y rendre : À Landrellec, N : 6 km
À savoir : Au bord de la mer, quelques emplacements ont
les pieds dans l'eau

> Nature : 🌲 ≪ 🔺
> Loisirs : 🍸 snack 🏊 🚲
> Services : ⅙ ⚡ ⌾⃝ 🚙 🖽 🕭 ☺ 🌂
> 🚿 🖩
> À prox. : 🚣 ✕ ⚓ 🏊 🖽 ◊ 🐾 (centre
> équestre) golf

PLÉVEN

⊠ 22130 – **309** I4 – 565 h. – alt. 80
Paris 431 – Dinan 24 – Dinard 28 – St-Brieuc 38 – St-Malo 34.

    ▲ **Municipal** avr.-15 nov.
      ℘ 02 96 84 46 71, *camping.pleven@wanadoo.fr*,
      Fax 02 96 84 46 71 – **R** conseillée
      1 ha (40 empl.) plat et peu incliné, herbeux
      Tarif : 6,70 € ⚹ ⇔ ▣ ⟨ℏ⟩ (16A) – pers. suppl. 1,50 €
      Pour s'y rendre : Au bourg
      À savoir : Dans l'agréable parc fleuri de la mairie

Nature : ♀
Loisirs : 🏖
Services : ⊶ ⚐ ⧄ ☺ ⚲
À prox. : 🍴

PLOUÉZEC

⊠ 22470 – **309** E2 – 3 181 h. – alt. 100
🛈 *Syndicat d'initiative, rue du Lieutenant-Colonel Simon* ℘ 02 96 22 72 92
Paris 489 – Guingamp 28 – Lannion 39 – Paimpol 6 – St-Brieuc 41.

    ▲▲ **Domaine du Launay** avr.-sept.
      ℘ 02 96 20 63 15, *domainedulaunay@wanadoo.fr*,
      Fax 02 96 16 43 86, *www.domaine-du-launay.com*
      – **R** conseillée
      4 ha (90 empl.) peu incliné, herbeux
      Tarif : 18,80 € ⚹ ⇔ ▣ ⟨ℏ⟩ (16A) – pers. suppl. 4 €
      Location : 🛏 (2 à 4 pers.) 220 à 490 €/sem. – 🛏 (4 à 6
      pers.) 320 à 570 €/sem.
      🚐 1 borne artisanale 3 € – 8 ▣ 12 € – 🛁 12 €
      Pour s'y rendre : SO : 3,1 km par D 77, rte de Yvias et rte à
      droite
      À savoir : Belle décoration arbustive

Nature : 🌳 < ⌂ ♀
Loisirs : 🍴 🏠 salle d'animation
🏖 🚲 ♨ ⅃ swin-golf
Services : & ⊶ GB ⧄ ⚐ ☺ 🖨
sèche-linge
À prox. : 🎿 ◑ 🐎 poneys

    ▲▲ **Le Cap Horn** 20 mars-fin oct.
      ℘ 02 96 20 64 28, *lecaphorn@hotmail.com*,
      Fax 02 96 20 63 88, *www.lecaphorn.com* – **R** conseillée
      4 ha (149 empl.) en terrasses et peu incliné, herbeux,
      pierreux
      Tarif : 25 € ⚹ ⇔ ▣ ⟨ℏ⟩ (6A) – pers. suppl. 5,50 € – frais de
      réservation 10 €
      Location : 20 🛏 (4 à 6 pers.) 290 à 710 €/sem.
      Pour s'y rendre : À Port-Lazo, NE : 2,3 km par D 77, accès
      direct à la plage
      À savoir : Situation dominant l'Anse de Paimpol et l'Île de
      Bréhat

Nature : 🌳 < ⌂
Loisirs : 🍴 🏠 🏖 🚲 ⅃ kayak de
mer
Services : & ⊶ GB ⧄ ⚐ △ ♨ ☺
⚲ ⚲ 🖨 sèche-linge ⚖
À prox. : 🎿 ◑ 🐎 poneys

PLOUGRESCANT

⊠ 22820 – **309** C1 – 1 402 h. – alt. 53
Paris 516 – Lannion 26 – Perros-Guirec 23 – St-Brieuc 68 – Tréguier 8.

    ▲▲ **Le Varlen** 15 mars-5 nov.
      ℘ 02 96 92 52 15, Fax 02 96 92 50 34, *www.levarlen.com* –
      R indispensable
      1 ha (65 empl.) plat, herbeux
      Tarif : 17,40 € ⚹ ⇔ ▣ ⟨ℏ⟩ (10A) – pers. suppl. 3,60 € –
      frais de réservation 8 €
      Location : 13 🛏 (4 à 6 pers.) 215 à 535 €/sem. – 4
      studios – 3 bungalows toilés
      🚐 1 borne artisanale – 🛁 10 €
      Pour s'y rendre : NE : 2 km rte de Porz-Hir, à 200 m de la
      mer

Nature : 🌳 ⌂
Loisirs : 🍴 🏠 🏖
Services : & ⊶ GB ⧄ ⚐ ♨ ☺ ⚲
⚲ ⚲ 🖨 ⚖
À prox. : ✗

    ▲ **Le Gouffre** 15 mai-15 sept.
      ℘ 02 96 92 02 95, *campingdugouffre@orange.fr*,
      Fax 02 96 92 52 99, *www.camping-gouffre.com* – places li-
      mitées pour le passage – **R** indispensable
      3 ha (130 empl.) plat, peu incliné, herbeux
      Tarif : ⚹ 4 € ⇔ ▣ 5 € – ⟨ℏ⟩ (6A) 2,50 €
      Location 🎿 : 25 🛏 (4 à 6 pers.) 210 à 520 €/sem.
      Pour s'y rendre : N : 2,7 km par rte de la pointe du château

Nature : 🌳 < ⌂
Services : & ⊶ (juil.-août) GB ⧄
M ⚐ ☺ 🖨
À prox. : 🎿 ▣ ◑ 🐎 (centre éques-
tre) canoë

PLOUGUERNÉVEL

✉ 22110 – **309** C5 – 2 222 h. – alt. 219
Paris 479 – Carhaix-Plouguer 28 – Guingamp 45 – Loudéac 42 – Pontivy 34 – St-Brieuc 54.

⚠ **Municipal de Kermarc'h** avr.-oct.
ℰ 02 96 29 10 95, village.kermarc@orange.fr
3,5 ha/0,5 campable (24 empl.) en terrasses et peu incliné,
herbeux
Tarif : 11,38 € ⚹ 🚗 ▣ (9A) – pers. suppl. 3,57 €
Location : gîte d'étape, gîtes
Pour s'y rendre : SO : 3,8 km, au Village de Vacances
À savoir : Autour d'une ancienne ferme restaurée

Nature : ☡
Loisirs : ⛹
Services : ⚅ ⊶ ⛟ ☺

PLOUHA

✉ 22580 – **309** E2 – G. Bretagne – 4 397 h. – alt. 96
🛈 Office de tourisme, 5, avenue Laënnec ℰ 02 96 20 24 73, Fax 02 96 22 57 05
Paris 479 – Guingamp 24 – Lannion 49 – St-Brieuc 31 – St-Quay-Portrieux 10.

⛰ **Domaine de Keravel** 15 mai-sept.
ℰ 02 96 22 49 13, keravel@wanadoo.fr, www.keravel.com
– **R** conseillée
5 ha/2 campables (116 empl.) en terrasses et peu incliné,
herbeux
Tarif : 27,90 € ⚹ 🚗 ▣ (16A) – pers. suppl. 6,60 €
Location (permanent) : 6 🏠 (4 à 6 pers.) 300 à
690 €/sem. – appartements
Pour s'y rendre : NE : 2 km rte de la Trinité, près de la
chapelle
À savoir : Dans l'agréable parc d'un manoir

Nature : ☡ ▱ ♤
Loisirs : 🍴 ⛹ ✖ ⚒
Services : ⚅ ⊶ ⊟ ⛟ ⬚ ☺ ☺ ⚱
⤳ ☃ 🗑 sèche-linge
À prox. : 🥤 ⛳ ♨ ⚓ 🏇 poneys golf,
canoë de mer

*LES GUIDES VERTS **MICHELIN***
Paysages, monuments
Routes touristiques
Géographie
Histoire, Art
Itinéraire de visite
Plans de villes et de monuments

211

PLURIEN

✉ 22240 – **309** H3 – 1 235 h. – alt. 48
🛈 Office de tourisme, manoir de Montangué ℰ 02 96 72 18 52
Paris 436 – Dinard 34 – Lamballe 25 – Plancoët 23 – St-Brieuc 37 – St-Cast-le-Guildo 18.

⚠ **Municipal la Saline** juin-15 sept.
ℰ 02 96 72 17 40, commune-plurien@wanadoo.fr – **R**
3 ha (150 empl.) plat, peu incliné et en terrasses, herbeux
Tarif : (Prix 2007) ⚹ 2,75 € 🚗 1,15 € ▣ 2,20 € – (4) 2,20 €
Pour s'y rendre : NO : 1,2 km par D 34, rte de Sables-d'Or-
les-Pins, à 500 m de la mer

Nature : ≼
Loisirs : ⛹
Services : ⚅ ⊶ ⛟ ⬚ ☺ 🗑 sèche-
linge
À prox. : 🥤 ✖ 🎣 ♨ ⚓ 🏇 (centre
équestre) golf, école de plongée,
canoë de mer

PONTRIEUX

✉ 22260 – **309** D2 – 1 121 h. – alt. 13
🛈 Syndicat d'initiative, place de Trocquer ℰ 02 96 95 14 03
Paris 491 – Guingamp 18 – Lannion 27 – Morlaix 67 – St-Brieuc 43.

⚠ **Traou-Mélédern** Permanent
ℰ 02 96 95 69 27, http://campingpontrieux.free.fr
– **R** conseillée
1 ha (50 empl.) plat, herbeux
Tarif : 13 € ⚹ 🚗 ▣ (6A) – pers. suppl. 3 €
Pour s'y rendre : S : à 400 m du bourg, bord du Trieux

Nature : ▱
Loisirs : ⛹
Services : ⚅ ⊶ (juin-sept.) ⛟ ☌
☺ 🗑
À prox. : port de plaisance, canoë

PORDIC

22590 – **309** F3 – 5 176 h. – alt. 97
Paris 459 – Guingamp 33 – Lannion 65 – St-Brieuc 11 – St-Quay-Portrieux 12.

Les Madières 29 mars-2 nov.
02 96 79 02 48, *campinglesmadieres@wanadoo.fr*,
www.campinglesmadieres.com – **R** conseillée
1,6 ha (93 empl.) plat et peu incliné, herbeux
Location : 7 (4 à 6 pers.) 280 à 540 €/sem.
Pour s'y rendre : NE : 2 km par rte de Binic et à dr., rte de Vau Madec
À savoir : Agréable cadre verdoyant et ombragé, de quelques emplacements vue sur la mer et le port de St-Quay-Portrieux

Nature :
Loisirs : snack
Services : sèche-linge
À prox. : poneys golf, canoë de mer

Le Roc de l'Hervieu 30 avr.-sept.
02 96 79 30 12, *le.roc.de.lhervieu@wanadoo.fr*,
Fax 02 96 79 30 12, *www.campinglerocdelhervieu.fr* –
places limitées pour le passage – **R** conseillée
2,5 ha (179 empl.) plat, herbeux
Tarif : 19,80 € (10A) – pers. suppl. 4,20 €
Pour s'y rendre : NE : 3 km par rte de la Pointe de Pordic et chemin à droite

Nature :
Loisirs :
Services :
À prox. : poneys golf, canoë de mer

ST-BRIEUC

22000 – **309** F3 – G. Bretagne – 46 087 h. – alt. 78
Office de tourisme, 7, rue Saint-Gouéno 08 25 00 22 22, Fax 02 96 61 42 16
Paris 451 – Brest 144 – Dinan 61 – Lorient 115 – Morlaix 84 – Quimper 127 – St-Malo 71.

Les Vallées Pâques-fin oct.
02 96 94 05 05, *campingdesvallees@wanadoo.fr*,
Fax 02 96 94 05 05, *htp:www.saint-brieuc.fr/services/cam ping/camping1htm* – **R** conseillée
4 ha (108 empl.) plat, terrasses, herbeux
Tarif : 4,70 € 12,50 € – (10A) 4 €
Location : 18 (4 à 6 pers.) 260 à 690 €/sem.
1 borne artisanale 4 €
Pour s'y rendre : Boulevard Paul-Doumer, à proximité du Parc de Brézillet

Nature :
Loisirs : snack
Services : sèche-linge
À prox. : hammam (centre équestre) nouveau centre aquatique

le lac de Guerlédan

G. Targat/Michelin

212

ST-CAST-LE-GUILDO

✉ 22380 – **309** I3 – G. Bretagne – 3 187 h. – alt. 52

🛈 *Office de tourisme, place Charles-de-Gaulle* 𝒫 02 96 41 81 52, Fax 02 96 41 76 19

Paris 427 – Avranches 91 – Dinan 32 – St-Brieuc 50 – St-Malo 31.

△△△ **Château de Galinée** ♣♣ – 3 mai-13 sept.
𝒫 02 96 41 10 56, *chateaugalinee@wanadoo.fr*,
Fax 02 96 41 03 72, *www.chateaudegalinee.com*
– **R** conseillée
12 ha (272 empl.) plat, herbeux
Tarif : 34,20 € 🛉 ⛺ 🚗 🗐 🗗 (10A) – pers. suppl. 6,20 € –
frais de réservation 20 €
Location (19 avr.-13 sept.) 🛇 : 50 🚐 (4 à 6 pers.) 250
à 900 €/sem. – bungalows toilés
Pour s'y rendre : 7 km au S, accès par D 786, près du
carrefour avec la rte de St-Cast-le-Guildo
À savoir : Bel ensemble de piscines et plantations

> Nature : 🌳 ☍ ♀♀
> Loisirs : 🍸 snack 🏠 🛝 ⛷ 🚲
> ✂ 🏛 🛋 🏊 🛶
> Services : ᴴ ⚡ GB 🗄 ⛽ 🛒 🖻 🛎 🗆
> 🗱 🐾 📞 🖭 sèche-linge 🗲 🗷
> À prox. : 🗶 🌶 🐎 golf, canoë de
> mer

△△ **Le Châtelet** ♣♣ – 28 avr.-12 sept.
𝒫 02 96 41 96 33, *chateletcp@aol.com*, Fax 02 96 41 97 99,
www.lechatelet.com – **R** conseillée
7,6 ha/3,9 campables (180 empl.) en terrasses, plat et peu
incliné, herbeux, petit étang
Tarif : 39,10 € 🛉 ⛺ 🚗 🗐 🗗 (8A) – pers. suppl. 6,50 € – frais
de réservation 23 €
Location : 39 🚐 (4 à 6 pers.) 320 à 770 €/sem.
🚐 1 borne eurorelais
Pour s'y rendre : 1 km à l'O, r. des Nouettes, à 250 m de la
mer et de la plage (accès direct)
À savoir : Cadre et situation dominante, agréables sur la
baie de la Frênaye

> Nature : 🌳 ⟨ ☍ ♀
> Loisirs : 🍸 snack 🏠 🛝 ⛷ ⛷
> 🛶
> Services : ᴴ ⚡ (déb. juil.-fin août)
> GB 🗄 🖻 🛎 🗆 🏊 🗱 🐾 📞 🖭 sèche-
> linge 🗲 🗷
> À prox. : 🗶 🌶 🛋 🐎 golf, canoë
> de mer

△△ **Les Mielles** (location exclusive de mobile homes) 15
mars-15 nov.
𝒫 02 96 41 87 60, *info@campings-vert-bleu.com*,
Fax 02 96 81 04 77, *www.campings-vert-bleu.com*
– **R** conseillée
3,5 ha plat, herbeux
Location : 14 🚐 (4 à 6 pers.) 335 à 647 €/sem.
Pour s'y rendre : sortie S par D 19, rte de St-Malo, bd de la
Vieuxville, attenant au stade et à 200 m de la plage

> Nature : ☍
> Loisirs : 🏠 🗓 diurne 🏊
> Services : ᴴ ⚡ GB 🗄 🖻 🛎 📞
> 🖭 sèche-linge
> À prox. : 🗶 🌶 🛋 🐎 golf,
> canoë de mer

213

ST-MICHEL-EN-GRÈVE

✉ 22300 – **309** A2 – G. Bretagne – 399 h. – alt. 12

🛈 *Syndicat d'initiative, rue de la Côte-des-Bruyères* 𝒫 02 96 35 74 87, Fax 02 96 54 12 54

Paris 526 – Guingamp 43 – Lannion 11 – Morlaix 31 – St-Brieuc 75.

△△△ **Les Capucines** 15 mars-sept.
𝒫 02 96 35 72 28, *les.capucines@wanadoo.fr*,
Fax 02 96 35 78 98, *www.lescapucines.fr* – **R** conseillée
4 ha (100 empl.) peu incliné, plat, herbeux
Tarif : 26,60 € 🛉 ⛺ 🚗 🗐 🗗 (7A) – pers. suppl. 5,40 € – frais
de réservation 15 €
Location : 7 🚐 (4 à 6 pers.) 260 à 650 €/sem. – 5 🏠 (4
à 6 pers.) 290 à 650 €/sem.
🚐 1 borne artisanale 5 €
Pour s'y rendre : 1,5 km au N par rte de Lannion et chemin
à gauche
À savoir : Cadre agréable avec décoration arbustive soignée

> Nature : 🌳 ☍ ♀
> Loisirs : 🍸 🏠 ⛷ 🚲 🏛 🏊 terrain
> omnisports
> Services : ᴴ ⚡ GB 🗄 🖻 🛎 🗆 🗱
> 🗱 📞 🖭 sèche-linge 🗲 🗷

Si vous désirez réserver un emplacement pour vos vacances,
faites-vous préciser au préalable les conditions particulières de séjour,
les modalités de réservation, les tarifs en vigueur et les conditions de paiement.

ST-SAMSON-SUR-RANCE

⊠ 22100 – **309** J4 – 1 151 h. – alt. 64
Paris 401 – Rennes 57 – Fougères 79.

Schéma à Taden

🏕 **Municipal Beauséjour** juin-sept.
  𝒫 02 96 39 53 27, *beausejour.stsamson@orange.fr*,
  Fax 02 96 87 94 12, *www.beausejour-camping.com*
  – **R** conseillée
  3 ha (120 empl.) plat, herbeux
  Tarif : 15,90 € ✱ 🚗 🔲 ⛽ (10A) – pers. suppl. 3,90 €
  Pour s'y rendre : E : 3 km, par D 57 et D 12 à droite
  À savoir : Décoration arbustive

> Loisirs : 🏠 🏊
> Services : ☕ ⛽ 🅿 🐕 🔲 🌳 🗑
> À prox. : 🍽 🎣 🍴 🖼 🔭 🛶 🐎
> poneys (centre équestre)

TADEN

⊠ 22100 – **309** J4 – G. Bretagne – 1 741 h. – alt. 46
Paris 405 – Rennes 56 – St-Brieuc 65 – St-Malo 27 – Fougères 74.

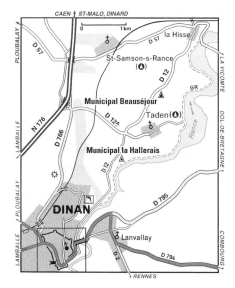

🏕 **Municipal de la Hallerais** 10 mars-2 nov.
  𝒫 02 96 39 15 93, *camping.la.hallerais@wanadoo.fr*,
  Fax 02 96 39 94 64, *http://www.wdirect.fr/hallerais.htm*
  – **R** conseillée
  5 ha (228 empl.) plat, peu incliné et en terrasses, herbeux
  Tarif : 20,30 € ✱ 🚗 🔲 ⛽ (6A) – pers. suppl. 3,80 €
  Location : 11 🏠 (4 à 6 pers.) 242 à 561 €/sem.
  🚐 1 borne flot bleu 2 € – 10 🔲
  Pour s'y rendre : au SO du bourg
  À savoir : Cadre et situation dominante sur la vallée de la Rance

> Nature : 🦌 🏞 🌳🌳
> Loisirs : 🍽 🍴 🏠 🏊 🍴 🔭 🏊
> Services : ☕ ⛽ 🅿 🐕 🍴 🔲 ⑧ 🛁
> 🚰 🗑 sèche-linge 🧺 🍴
> À prox. : 🖼 🛶 🦆 🐎 poneys (centre équestre) canoë

Benutzen Sie
– zur Wahl der Fahrtroute
– zur Berechnung der Entfernungen
– zur exakten Lokalisierung eines Campingplatzes (mit Hilfe der Angaben im Ortstext)
*die für diesen Führer unentbehrlichen **MICHELIN-Karten** .*

214

TRÉBEURDEN

✉ 22560 – **309** A2 – G. Bretagne – 3 451 h. – alt. 81
🛈 *Office de tourisme, place de Crec'h Héry* 𝒫 *02 96 23 51 64, Fax 02 96 15 44 87*
Paris 525 – Lannion 10 – Perros-Guirec 14 – St-Brieuc 74.

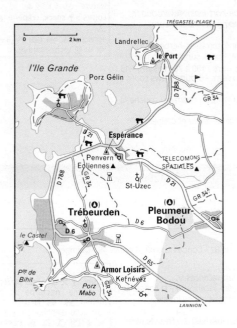

⚠ **L'Espérance** avr.-sept.
  𝒫 02 96 91 95 05, *accueil@camping-esperance.com*,
  www.camping-esperance.com – **R** conseillée
  1 ha (70 empl.) non clos, plat, herbeux
  Tarif : 🧍 4,40 € – 🚗 2,80 € – 🔲 4,90 € – 🔌 (10A) 2,80 € – frais
  de réservation 15 €
  Location : 6 🚐 (4 à 6 pers.) 250 à 500 €/sem.
  🚐 1 borne
  Pour s'y rendre : NO : 5 km par D 788, rte de Trégastel,
  près de la mer

Nature : ≤ 🏞
Loisirs : 🍽 🎪
Services : 🚿 🔧 🚐 🗑 🔥 ⓦ 🏧
sèche-linge
À prox. : 🎣 🖱 🛶 🏊 🚣 🐎 (centre
équestre) golf

TRÉGASTEL

✉ 22730 – **309** B2 – G. Bretagne – 2 234 h. – alt. 58
🛈 *Office de tourisme, place Sainte-Anne* 𝒫 *02 96 15 38 38, Fax 02 96 23 85 97*
Paris 526 – Lannion 11 – Perros-Guirec 9 – St-Brieuc 75 – Trébeurden 11 – Tréguier 26.

⚠ **Tourony-Camping** 5 avr.-20 sept.
  𝒫 02 96 23 86 61, *contact@camping-tourony.com*,
  Fax 02 96 15 97 84, *www.camping-tourony.com*
  – **R** conseillée
  2 ha (100 empl.) plat, herbeux
  Tarif : 19,70 € 🧍 🚗 🔲 – pers. suppl. 4,80 € – frais de
  réservation 13 €
  Location : 15 🚐 (4 à 6 pers.) 240 à 530 €/sem. – 4 🏚
  (4 à 6 pers.) 240 à 480 €/sem.
  🚐 1 borne artisanale
  Pour s'y rendre : E : 1,8 km par D 788, rte de Perros-
  Guirec, à 500 m de la plage
  À savoir : En bordure d'un étang et près de la mer

Nature : ♀
Loisirs : 🍽 snack 🏊🏄
Services : 🚿 🔧 (juil.-août) ⚙ 🏧
🗑 🔥 ⓦ 🚐 🚰 ♨ sèche-linge
À prox. : 🎣 🖱 🛶 🏊 🚣 🐎 (centre
équestre) golf, terrain omnisports

TRÉLÉVERN

⊠ 22660 – **309** B2 – 1 309 h. – alt. 76
Paris 524 – Lannion 13 – Perros-Guirec 9 – St-Brieuc 73 – Trébeurden 19 – Tréguier 15.

🏕 **Port-l'Épine** 5 avr.-19 sept.
    📞 02 96 23 71 94, *camping-de-port-lepine@wanadoo.fr*,
Fax 02 96 23 77 83, *www.camping-port-lepine.com*
– **R** conseillée
3 ha (160 empl.) plat, peu incliné, terrasses, herbeux
Tarif : 30 € ✚ 🚐 回 (16A) – pers. suppl. 7 €
Location 🏚 : 36 🚐 (4 à 6 pers.) 180 à 784 €/sem. – 15 🏠 (4 à 6 pers.) 234 à 721 €/sem. – 5 bungalows toilés
🚐 1 borne artisanale
Pour s'y rendre : 1,5 km au NO puis chemin à gauche, à Port-l'Épine
À savoir : Au calme entre plage de galets et collines

Nature : 🏖 ❤ 🌳 🏔
Loisirs : 🍸 snack, crêperie 🏖 🚲 ☂
Services : 🚿 ⌕ GB 🏧 🧊 ♨ 🚿
🔄 ♨ 🧺 sèche-linge 🔌

Finistère (29)

ARZANO

⊠ 29300 – **308** K7 – 1 324 h. – alt. 91
Paris 508 – Carhaix-Plouguer 54 – Châteaulin 82 – Concarneau 40 – Pontivy 46 – Quimper 58.

🏕 **Ty Nadan** 👥 – 28 mars-4 sept.
    📞 02 98 71 75 47, *info@tynadan-vacances.fr*,
Fax 02 98 71 77 31, *www.tynadan-vacances.fr* – **R** conseillée
20,5 ha/5 campables (325 empl.) plat et peu incliné, herbeux
Tarif : ✚ 8,90 € 回 22,50 € – (10A) 6,60 € – frais de réservation 25 €
Location : 40 🚐 (4 à 6 pers.) 294 à 945 €/sem. – 9 🏠 (4 à 6 pers.) 348 à 1 204 €/sem. – 2 appartements – 6 bungalows toilés – 2 gîtes
🚐 1 borne
Pour s'y rendre : 3 km à l'O par rte de Locunolé, bord de l'Ellé
À savoir : Espace aquatique couvert et nombreuses activités loisirs et sportives

Nature : 🏖 🌳 🏔
Loisirs : 🍸 ✗ crêperie, pizzeria 🏠 🌙 diurne nocturne (soirées à thème) 🏓 🚌 jacuzzi discothèque, salle d'animation 🏖 🚲 ☂ ✂ ⚓ 🏊 ☂ 🏇 poneys mur d'escalade, canoë de mer, quad
Services : 🚿 ⌕ GB 🏧 🧊 ♨ 🚿 🔄 ♨ 🧺 sèche-linge 🔌
À prox. : parc aventure

BANNALEC

⊠ 29380 – **308** I17 – 4 785 h. – alt. 98
🏢 Office de tourisme, Kerbail 📞 02 98 39 43 34, Fax 02 98 39 53 44
Paris 535 – Rennes 184 – Quimper 43 – Lorient 39 – Lanester 40.

🏕 **Les Genêts d'Or** avr.-sept.
    📞 02 98 39 54 35, *info@holidaybrittany.com*,
Fax 02 98 39 54 35, *www.holidaybrittany.com* – **R** conseillée
3 ha (52 empl.) plat, herbeux
Tarif : 16 € ✚ 🚐 回 (6A) – pers. suppl. 3,50 €
Pour s'y rendre : sortie S, direction le Trévoux

Nature : 🏖 (verger)
Loisirs : 🏠
Services : 🚿 ⌕ ♨ 🧺 sèche-linge

Si vous recherchez :
👥 *Un terrain offrant des équipements et des loisirs adaptés aux enfants*
🏖 *Un terrain agréable ou très tranquille*
L - M *Un terrain effectuant la location de caravanes, de mobile homes, de bungalows ou de chalets*
P *Un terrain ouvert toute l'année*
🚐 *Un terrain possédant une aire de services pour camping-cars*
Consultez le tableau des localités

BEG-MEIL

✉ 29170 – **308** H7 – G. Bretagne
Paris 562 – Rennes 211 – Quimper 23 – Brest 95 – Lorient 65.

Schéma à Fouesnant

La Piscine ♙♟ – 15 mai-15 sept.
℘ 02 98 56 56 06, *contact@campingdelapiscine.com*,
Fax 02 98 56 57 64, *www.campingdelapiscine.com*
– **R** conseillée
3,8 ha (185 empl.) plat, herbeux, petit étang
Tarif : 29,40 € ♦ ⇔ 🅴 ⒢ (10A) – pers. suppl. 5,90 € –
frais de réservation 20 €
Location (12 avr.-15 sept.) ⚡ : 29 ⛺ (4 à 6 pers.) 190
à 730 €/sem.
⛽ 1 borne artisanale – 2 🅴 15 €
Pour s'y rendre : 4 km au NO

> Nature : 🏞 ☡ ♀
> Loisirs : 🍴 ⚽ ⛵ ♨ ⛱ 🏊 ⚓
> piste de bi-cross
> Services : 🚿 ⚡ GB 🛒 🍴 🚱 🏧 ⊚
> 🚮 🚰 🛎 📞 🖥 sèche-linge ⛽ 🚗
> À prox. : ✂ ⛳ ☡ 🐴 golf

La Roche Percée ♙♟ – (location exclusive de mobile
homes) 5 avr.-27 sept.
℘ 02 98 94 94 15, *contact@camping-larochepercee.com*,
Fax 02 98 94 48 05, *www.camping-larochepercee.com*
– **R** conseillée
2 ha plat, peu incliné, herbeux
Location : 40 ⛺ (4 à 6 pers.) 260 à 760 €/sem.
Pour s'y rendre : N : 1,5 km par D 45, rte de Fouesnant à
500 m de la plage de Kerveltrec

> Nature : 🏞 ☡
> Loisirs : 🍴 ⚽ ⛵ 🚲 🏌 ⛱ 🏊 ⚓
> Services : ⚡ GB 🍴 🚱 🏧 ⊚ 📞
> 🖥 sèche-linge
> À prox. : ✗ crêperie ✂ 🐴 golf

Le Kervastard 23 mai-8 sept.
℘ 02 98 94 91 52, *camping.le.kervastard@wanadoo.fr*,
Fax 02 98 94 99 83, *www.campinglekervastard.com*
– **R** conseillée
2 ha (128 empl.) plat, herbeux
Tarif : 27,40 € ♦ ⇔ 🅴 ⒢ (10A) – pers. suppl. 5,90 € –
frais de réservation 16 €
Location (28 mars-sept.) : 22 ⛺ (4 à 6 pers.) 280 à
660 €/sem.
⛽ 1 borne eurorelais 3 €
Pour s'y rendre : Au bourg, à 300 m du port et 600 m des
plages

> Nature : ☡
> Loisirs : 🍴 ⛵ 🏊
> Services : 🚿 ⚡ GB 🍴 🚱 🏧 ⊚
> 🖥 sèche-linge
> À prox. : ⛱ ✗ ☡

217

BÉNODET

✉ 29950 – **308** G7 – G. Bretagne – 2 750 h.
🛈 *Office de tourisme, 29, avenue de la Mer* ℘ *02 98 57 00 14, Fax 02 98 57 23 00*
Paris 563 – Concarneau 19 – Fouesnant 8 – Pont-l'Abbé 13 – Quimper 17 – Quimperlé 47.

Le Letty 15 juin-6 sept.
℘ 02 98 57 04 69, *reception@campingduletty.com*,
Fax 02 98 66 22 56, *www.campingduletty.com* – **R** conseil-
lée
10 ha (493 empl.) plat, herbeux
Tarif : ♦ 6,50 € ⇔ 2 € 🅴 9 € – ⒢ (10A) 4 €
Location ⚡ : 15 ⛺ (2 à 4 pers.) 360 à 550 €/sem.
⛽ 1 borne artisanale
Pour s'y rendre : au SE de la localité
À savoir : Agréable situation en bordure de plage

> Nature : 🏞 ♀ ⛰
> Loisirs : 🍴 rôtisserie 🛒 🎱 🏊 ♨
> hammam bibliothèque, salle d'ani-
> mation, salle de bridge ⛵ ⚓ ✂
> squash, canoë kayak
> Services : 🚿 ⚡ GB 🍴 🚱 🏧 ⊚ 🚮
> 🚰 🛎 🖥 sèche-linge ⛽ 🚗
> À prox. : 🏞 🏌 ☡ 🐴

Le Poulquer 15 mai-sept.
℘ 02 98 57 04 19, *campingdupoulquer@wanadoo.fr*,
Fax 02 98 66 20 30, *www.campingdupoulquer.com*
– **R** conseillée
3 ha (240 empl.) plat et peu incliné, herbeux
Tarif : ♦ 6 € ⇔ 2,90 € 🅴 6,70 € – ⒢ (6A) 3,50 € – frais de
réservation 16 €
Location ⚡ : 24 ⛺ (4 à 6 pers.) 250 à 620 €/sem.
Pour s'y rendre : R. du Poulquer, à 150 m de la mer
À savoir : Cadre verdoyant et ombragé

> Nature : ☡ ♀♀
> Loisirs : 🍴 snack 🛒 ⛵ 🏊
> Services : 🚿 ⚡ 🍴 🚱 ⊚ 🖥 sèche-
> linge
> À prox. : ✂ 🏞 🏌 ☡ 🐴

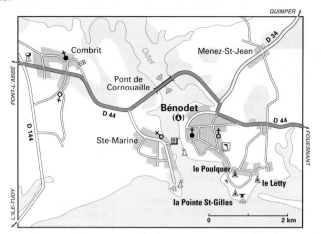

▲▲▲ **La Pointe St-Gilles** 👥 – 30 avr.-7 sept.
    𝒫 02 98 57 05 37, *sunelia@stgilles.fr*, Fax 02 98 57 27 52, *www.stgilles.fr* – places limitées pour le passage – **R** conseillée ✀
    11 ha/7 campables (486 empl.) plat, herbeux
    Tarif : 38 € 🏕 🚗 📧 ⚡ (6A) – pers. suppl. 7 € – frais de réservation 30 €
    Location : 130 🛖 (4 à 6 pers.) 386,40 à 1 036 €/sem.
    🚐 1 borne artisanale 20 € – 5 📧 20 € – 🚐 20 €
    Pour s'y rendre : À la pointe St-Gilles, à 50 m de la plage
    À savoir : Agréable situation face à l'océan

> Nature : ✎ ← ⟷
> Loisirs : 🍴 pizzeria 🎦 🌙 nocturne ✳ jacuzzi 🏊 ✂ 🎯 parcours sportif
> Services : 🚿 ⚡ GB 🚗 📶 🛒 🐕 🌳
> 🛒 🧺 sèche-linge ⚒ 🚿
> À prox. : 🎣 🏊 🚣 🐎 🎣

218

▉ **BREST** _____

✉ 29200 – **308** E4 – G. Bretagne – 149 634 h. – alt. 35
🛈 *Office de tourisme, Place de la Liberté 𝒫 02 98 44 24 96, Fax 02 98 44 53 73*
Paris 596 – Lorient 133 – Quimper 72 – Rennes 246 – St-Brieuc 145.

▲▲▲ **Le Goulet** Permanent
    𝒫 02 98 45 86 84, *campingdugoulet@wanadoo.fr*, *www.campingdugoulet.com* – **R** conseillée
    4,5 ha (155 empl.) en terrasses, herbeux, gravier
    Tarif : 26 € 🏕 🚗 📧 ⚡ (6A) – pers. suppl. 5 € – frais de réservation 10 €
    Location ✀ : 40 🛖 (4 à 6 pers.) 385 à 730 €/sem.
    Pour s'y rendre : O : 6 km par D 789 rte du Conquet puis à gauche rte de Ste-Anne-du-Portzic, au lieu-dit Lanhouarnec
    À savoir : Décoration arbustive

> Nature : ⟷
> Loisirs : 🍴 snack 🎦 salle d'animation ✳ 🏊 ✂
> Services : 🚿 ⚡ GB 🚗 📶 🛒 🐕 🌳
> 🛒 🧺 sèche-linge

Si vous recherchez :
  △ *Un terrain au bord de l'eau avec possibilité de baignade*
  ✎ *Un terrain agréable ou très tranquille*
  L *Un terrain effectuant la location de caravanes, de mobile homes, de bungalows ou de chalets*
  P *Un terrain ouvert toute l'année*
  🚐 *Un terrain possédant une aire de services pour camping-cars*
Consultez le tableau des localités

BRIGNOGAN-PLAGES

✉ 29890 – **308** F3 – G. Bretagne – 849 h. – alt. 17

🏢 *Office de tourisme, 7, avenue du Général-de-Gaulle* ℘ *02 98 83 41 08, Fax 02 98 83 41 08*

Paris 585 – Brest 41 – Carhaix-Plouguer 83 – Landerneau 27 – Morlaix 49 – St-Pol-de-Léon 31.

⚠ **La Côte des Légendes** 29 mars-2 nov.
℘ 02 98 83 41 65, *camping-cote-des-legendes@wana doo.fr, Fax 02 98 83 59 94, www.campingcotedeslegen des.com* – **R** conseillée
3,5 ha (150 empl.) plat, herbeux, sablonneux
Tarif : 16,60 € ✦ ⬟ 回 ⚡ (10A) – pers. suppl. 4 €
Location : 11 ⬚⬚ (4 à 6 pers.) 270 à 552 €/sem.
⬚⬚ 1 borne raclet 2,15 € – 4 回 – ⬚ 7.45 €
Pour s'y rendre : NO : 2 km par rte de la plage
À savoir : Bord de plage

Nature : ⬟ ☐ ⛰
Loisirs : ⬚⬚ ⛵
Services : & ⊶ (juil.- août) ⊖ ⬚ ⬚ ☐ ⚲ ⚲
À prox. : ⚲

⚠ **Les Nymphéas** juil.-1er sept.
℘ 02 98 83 52 57, *lucien.maze@freesbee.fr, www.campin glesnympheas.com* – **R** conseillée
1,2 ha (52 empl.) plat, herbeux
Tarif : 15 € ✦ ⬟ 回 ⚡ (6A) – pers. suppl. 3,50 €
Location (mai-15 sept.) : 5 ⬚⬚ (4 à 6 pers.) 260 à 460 €/sem.
Pour s'y rendre : Sortie S par D 770 rte de Lesneven
À savoir : Décoration florale et arbustive variée

Nature : ☐ ⚲
Loisirs : ⬚⬚ ⚲ (petite piscine)
Services : ⊶ ⚲ ⬚ ⊛ ☐

CAMARET-SUR-MER

✉ 29570 – **308** D5 – G. Bretagne – 2 668 h. – alt. 4

🏢 *Office de tourisme, 15, quai Kleber* ℘ *02 98 27 93 60, Fax 02 98 27 87 22*

Paris 597 – Brest 4 – Châteaulin 45 – Crozon 11 – Morlaix 91 – Quimper 60.

Schéma à Crozon

219

⚠ **Le Grand Large** avr.-sept.
℘ 02 98 27 91 41, *contact@campinglegrandlarge.com,* Fax 02 98 27 93 72, *www.campinglegrandlarge.com* – **R** conseillée
2,8 ha (123 empl.) plat et peu incliné, herbeux
Tarif : 25,90 € ✦ ⬟ 回 ⚡ (6A) – pers. suppl. 4,60 € – frais de réservation 16 €
Location : 24 ⬚⬚ (4 à 6 pers.) 255 à 670 €/sem.
⬚⬚ 1 borne artisanale
Pour s'y rendre : 3 km au NE par D 355 et rte à dr., à 400 m de la plage, à Lambézen

Nature : ⬟ ⪡ ☐
Loisirs : ⚐ ⬚⬚ ⛵ ⛰ ⚲ ⚲
Services : & ⊶ ⊖ ⚲ ⬚ ⊛ ☐ ⚲ ⚲ ⚲ ⬚ sèche-linge ⚲ ⚲

CAP-COZ

✉ 29170 – **308** H7 – G. Bretagne

Paris 558 – Rennes 207 – Quimper 22 – Brest 93 – Lorient 61.

Schéma à Fouesnant

⚠ **Les Mimosas** Permanent
℘ 02 98 56 55 81, *contact@camping-les-mimosas.com, www.camping-les-mimosas.com* – **R** conseillée
1,2 ha (95 empl.) plat et peu incliné, terrasses, herbeux
Tarif : 15,80 € ✦ ⬟ 回 ⚡ (10A) – pers. suppl. 3,30 € – frais de réservation 10 €
Location : 17 ⬚⬚ (4 à 6 pers.) 210 à 560 €/sem.
⬚⬚ ⬚ 15.80 €
Pour s'y rendre : NO : 1 km

Nature : ☐ ⚲
Loisirs : ⚲
Services : ⊶ ⚲ ⬚ ⚲ ⊛ ☐
À prox. : ⚲ ⬚ ⚲ ⚲ golf

CAP-COZ

⚠ **Pen an Cap** mai-15 sept.
    𝒫 02 98 56 09 23, *contact@penancap.com*, *www.penan cap.com* – **R** conseillée
1,3 ha (100 empl.) peu incliné, herbeux, verger
Tarif : 16,90 € 🟊 🚐 🔲 [₰] (6A) – pers. suppl. 3,90 €
Location : 8 🏚 (4 à 6 pers.) 220 à 520 €/sem.
Pour s'y rendre : Au N de la station, à 300 m de la mer

Nature : 🏞 ♀
Loisirs : 🏛 🏃 🎿
Services : ⚬╼ ⚙ 🗓 🏊 ⊕ 🔳
À prox. : ✖ 🔲 🛁 🐎 golf

✉ 29660 – **308** H2 – G. Bretagne – 2 724 h. – alt. 37
🏢 *Office de tourisme, 4, rue Pasteur* 𝒫 02 98 67 00 43, Fax 02 98 67 90 51
Paris 552 – Brest 71 – Lannion 53 – Morlaix 14 – Quimper 90 – St-Pol-de-Léon 10.

🏔 **Yelloh! Village Les Mouettes** 15 mai-7 sept.
    𝒫 02 98 67 02 46, *camping@les-mouettes.com*,
Fax 02 98 78 31 46, *www.les-mouettes.com* – places limi-tées pour le passage – **R** indispensable
7 ha (273 empl.) plat et en terrasses, herbeux, étang
Tarif : 44 € 🟊 🚐 🔲 [₰] (10A) – pers. suppl. 7 € – frais de réservation 30 €
Location 🏊 : 123 🏚 (4 à 6 pers.) 220 à 1 078 €/sem. – 34 🏠 (4 à 6 pers.) 330 à 1 442 €/sem.
🏚 1 borne
Pour s'y rendre : 1,5 km au SO par rte de St-Pol-de-Léon et rte à dr., à la Grande Grève, près de la mer
À savoir : Agréable parc aquatique paysager avec tobog-gans géants

Nature : 🏞 ☐ ♀
Loisirs : 🍽 pizzeria 🏛 🎦 nocturne bibliothèque 🏃 🎿 ♨ 🏊 🏓
Services : 🚻 ⚬╼ 🆖 ⚙ 🗓 🏊 ⊕ 🚮 🚰 🧺 🐕 sèche-linge 🛒 🚿

✉ 29270 – **308** J5 – G. Bretagne – 7 648 h. – alt. 138
🏢 *Office de tourisme, rue Brizeux* 𝒫 02 98 93 04 42, Fax 02 98 93 23 83
Paris 506 – Brest 86 – Concarneau 66 – Guingamp 49 – Lorient 74 – Morlaix 51 – Pontivy 59 – Quimper 61 – St-Brieuc 79.

⚠ **Municipal de la Vallée de l'Hyères** mai-sept.
    𝒫 02 98 99 10 58, *communication@ville-carhaix.com*,
www.ville-carhaix.com – **R** conseillée
1 ha (62 empl.) plat, herbeux
Tarif : 🟊 1,90 € 🚐 1,45 € 🔲 1,80 € – [₰] (16A) 2,10 €
🏚 1 borne 2,10 €
Pour s'y rendre : O : 2,3 km en direction de Morlaix et rte devant la gendarmerie, bord de l'Hyères et d'étangs
À savoir : Belle décoration arbustive autour des étangs

Nature : 🏞 ♀
Loisirs : 🍽
Services : ⚬╼ ⚙ ⊕
À prox. : 🐎 (centre équestre) par-cours de santé, canoë

✉ 29150 – **308** G5 – G. Bretagne – 5 157 h. – alt. 10
🏢 *Office de tourisme, quai Cosmao* 𝒫 02 98 86 02 11, Fax 02 98 86 38 74
Paris 548 – Brest 49 – Douarnenez 27 – Châteauneuf-du-Faou 24 – Quimper 29.

⚠ **La Pointe Superbe** 15 mars-oct.
    𝒫 02 98 86 51 53, *lapointecamping@aol.com*,
Fax 02 98 86 51 53, *www.lapointesuperbecamping.com* – **R** conseillée
2,5 ha (60 empl.) plat et peu incliné, terrasses, herbeux, forêt
Tarif : 18,50 € 🟊 🚐 🔲 [₰] (10A) – pers. suppl. 4 € – frais de réservation 15 €
🏚 1 borne 4 € – 25 🔲 18,50 € – 🚐
Pour s'y rendre : S : 1,6 km par D 770 rte de Quimper et chemin à gauche, direction St-Goulitz
À savoir : Cadre agréable et soigné en lisière de forêt

Nature : 🏞 ☐ ♀♀
Loisirs : 🏛 🏃
Services : 🚻 ⚬╼ ⚙ 🗓 🚿 ⊕

CLÉDEN-CAP-SIZUN

✉ 29770 – **308** D6 – 1 037 h. – alt. 30
Paris 608 – Audierne 11 – Douarnenez 27 – Quimper 46.

La Baie Permanent
𝒫 02 98 70 64 28 – **R**
0,4 ha (27 empl.) peu incliné et terrasse, herbeux
Tarif : 🛉 3,20 € – ⟲ 1,60 € 🅴 3 € – [⚡] 2,50 €
Pour s'y rendre : O : 2,5 km, à Lescleden

> Nature : 🌿 ←
> Loisirs : 🍸 ✕
> Services : ⚬━ ⊛ 🖳

CLÉDER

✉ 29233 – **308** G3 – 3 641 h. – alt. 51
🛈 *Office de tourisme, place de Gaulle* 𝒫 02 98 69 43 01
Paris 564 – Brest 56 – Brignogan-Plages 22 – Morlaix 28 – St-Pol-de-Léon 9.

Village de Roguennic mai-15 sept.
𝒫 02 98 69 63 88, Fax 02 98 61 95 45, *www.campingvillage roguennic.com* – **R** conseillée
8 ha (300 empl.) plat et accidenté, sablonneux, herbeux, dunes, bois attenant
Tarif : 11,35 € 🛉 ⟲ 🅴 [⚡] (6A) – pers. suppl. 3 €
Location (permanent) : 50 🏠 (4 à 6 pers.) 228 à 515 €/sem.
🚐 1 borne eurorelais
Pour s'y rendre : N : 5 km
À savoir : Au bord d'une très belle plage de sable fin

> Nature : 🌿 🏔
> Loisirs : 🎮 🛝 🏊 🛶
> Services : 🚿 ⚬━ (juil.-août) GB ✕
> 🖼 ⊛ 🖳 🖳 🖳
> **Au centre de loisirs :** snack pizzeria
> ✕ 🎯 parcours sportif

CONCARNEAU

✉ 29900 – **308** H7 – G. Bretagne – 19 453 h. – alt. 4
🛈 *Office de tourisme, quai d'Aiguillon* 𝒫 02 98 97 01 44, Fax 02 98 50 88 81
Paris 546 – Brest 96 – Lorient 49 – Quimper 22 – St-Brieuc 131 – Vannes 102.

Les Prés Verts mai-22 sept.
𝒫 02 98 97 09 74, *info@presverts.com*, Fax 02 98 97 32 06, *www.presverts.com* – **R** conseillée
2,5 ha (150 empl.) plat et peu incliné, herbeux
Tarif : 26,90 € 🛉 ⟲ 🅴 [⚡] (6A) – pers. suppl. 6,50 € – frais de réservation 20 €
Location 🏄 : 4 🛖 – 6 🏠
Pour s'y rendre : NO : 3 km par rte du bord de mer et à gauche, à 250 m de la plage (accès direct)
À savoir : Décoration florale et arbustive

> Nature : 🌿 ⚘
> Loisirs : 🎮 🏊 🎣 🛶
> Services : ⚬━ GB ✕ 🖼 🗻 ⊛ 🖳
> sèche-linge 🖳
> **À prox. :** 🛒 ✕ 🎳 ⟆ 🐎 poneys

Lochrist 15 juin-15 sept.
𝒫 02 98 97 25 95, *campingdelochrist@wanadoo.fr*, Fax 02 98 50 66 99, *www.campingdelochrist.com*
– **R** conseillée
1,5 ha (100 empl.) plat, herbeux
Tarif : 17,80 € 🛉 ⟲ 🅴 [⚡] (10A) – pers. suppl. 3,90 €
Location (Pâques-1er déc.) : 6 🛖 (4 à 6 pers.) 520 €/sem.
Pour s'y rendre : N : 3,5 km par D 783 rte de Quimper et chemin à gauche
À savoir : Dans un verger, autour d'une ancienne ferme restaurée

> Loisirs : 🍸 🎮 🏊
> Services : ⚬━ GB ✕ 🖼 ⊛ ☕ 🖳
> sèche-linge
> **À prox. :** 🛒 ✕ 🎳 ⟆ 🐎

Les Sables Blancs avr.-sept.
𝒫 02 98 97 16 44, *contact@camping-lessablesblancs.com*, Fax 02 98 97 16 44, *www.camping-lessablesblancs.com*
– **R** conseillée
3 ha (149 empl.) en terrasses, peu incliné, plat, herbeux
Location : 18 🛖 (4 à 6 pers.) 190 à 610 €/sem. – 4 🏠 (4 à 6 pers.) 240 €/sem.
🚐 1 borne 4 €
Pour s'y rendre : NO : 1,5 km par rte du bord de mer, à 200 m de la plage

> Nature : 🌿 ⟆ ⚘
> Loisirs : 🍸 snack 🏊
> Services : 🚿 ⚬━ GB ✕ 🖼 ☕ ⊛ 🖳
> **À prox. :** 🛒 ✕ 🎳 ⟆ 🐎

Le CONQUET

✉ 29217 – **308** C4 – G. Bretagne – 2 408 h. – alt. 30
🚹 Office de tourisme, parc de Beauséjour ☎ 02 98 89 11 31, Fax 02 98 89 08 20
Paris 619 – Brest 24 – Brignogan-Plages 59 – St-Pol-de-Léon 85.

△ **Le Théven - Les Blancs sablons**
☎ 02 98 89 06 90, cledelles.conquet@wanadoo.fr,
Fax 02 98 89 06 90, www.lescledelles.com – **R** conseillée
12 ha (360 empl.) plat, sablonneux, herbeux
🚐 1 borne
Pour s'y rendre : NE : 5 km par rte de la plage des Blancs
Sablons, à 400 m de la plage, chemin et passerelle pour
piétons reliant le camping à la ville

> Nature : 🦢 🗓
> Services : 🖰 ⚡ ☺ 🖩 sèche-linge
> 🗓

CROZON

✉ 29160 – **308** E5 – G. Bretagne – 7 535 h. – alt. 85
🚹 Office de tourisme, boulevard de Pralognan ☎ 02 98 27 07 92, Fax 02 98 27 24 89
Paris 587 – Brest 60 – Châteaulin 35 – Douarnenez 40 – Morlaix 81 – Quimper 49.

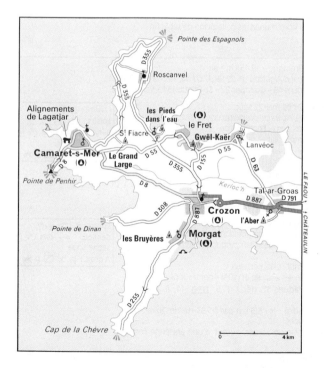

△ **Les Pieds dans l'Eau** 15 juin-15 sept.
☎ 02 98 27 62 43, lespiedsdansleau@free.fr, www.lespieds
dansleau.free.fr – **R** conseillée
1,8 ha (118 empl.) peu incliné, herbeux
Tarif : 17,80 € 🏕 🚗 🗓 🗓 (6A) – pers. suppl. 4 €
Pour s'y rendre : NO : 6 km par rte de Roscanvel et à
droite, à St-Fiacre, bord de mer

> Nature : 🦢 < △
> Loisirs : 🎣 ♪
> Services : 🖰 ⚡ ♨ 🗓 ☺ 🌊 🖩

CROZON

▲ **L'Aber** Permanent

    📞 02 98 27 02 96, *contact@camping-aber.com, www.cam ping-aber.com* – **R** conseillée

    1,6 ha (100 empl.) en terrasses, plat, peu incliné, herbeux

    Tarif : 14,60 € 🧍 🚗 📷 💡 (5A) – pers. suppl. 3,70 €

    Location : 11 🛖

    Pour s'y rendre : E : 5 km par D 887, rte de Châteaulin, puis à Tal-ar-Groas, 1 km à droite, rte de l'Aber

    À savoir : Agréable situation en terrasses dominant la mer

> Nature : ⪡ baie de Douarnenez
> Loisirs : 🍽 snack ⛱
> Services : ♿ ⛽ GB ☇ 🚿 ☺ 🏧

DINÉAULT

✉ 29150 – **308** G5 – 1 391 h. – alt. 160

Paris 560 – Rennes 208 – Quimper 36 – Brest 54 – Concarneau 58.

▲ **Ty Provost** juin-15 sept.

    📞 02 98 86 29 23, *contact@typrovost.com, www.typro vost.com* – **R** conseillée

    1,2 ha (50 empl.) terrasses, plat et peu incliné, herbeux

    Tarif : 17 € 🧍 🚗 📷 💡 (6A) – pers. suppl. 3,50 €

    Location (permanent) : 5 🛖 (4 à 6 pers.) 180 à 340 €/sem. – 7 🏡 (4 à 6 pers.) 180 à 390 €/sem. 🛖, 1 borne artisanale 4,50 € – 4 📷 7,50 € – 🚜 7,50 €

    Pour s'y rendre : NO : 4,5 km par rte de la gare et chemin à dr., de Dineault, SE 4 km par C 1, rte de Châteaulin et chemin à gauche

    À savoir : cadre et situation agréables

> Nature : ⪡
> Loisirs : 🍽 🍔 🚴
> Services : ♿ ⛽ (juin-15 sept.) GB ☇ 🚿 ♿ ☺ 🍱 🏧 sèche-linge

La FORÊT-FOUESNANT

✉ 29940 – **308** H7 – G. Bretagne – 2 809 h. – alt. 19

🛈 Office de tourisme, 2, rue du Port *📞* 02 98 51 42 07, Fax 02 98 51 44 52

Paris 553 – Rennes 202 – Quimper 18 – Brest 94 – Lorient 56.

Schéma à Fouesnant

223

▲▲▲ **Kerleven** 👨👩 – 26 avr.-28 sept.

    📞 02 98 56 98 83, *contact@camping-de-kerleven.com,* Fax 02 98 56 82 22, *www.camping-de-kerleven.com* – **R** conseillée

    4 ha (185 empl.) plat et en terrasses, herbeux

    Tarif : 30,60 € 🧍 🚗 📷 💡 (10A) – pers. suppl. 7,50 € – frais de réservation 8 €

    Location : 26 🛖 (4 à 6 pers.) 250 à 640 €/sem. 🛖, 1 borne eurorelais 2 €

    Pour s'y rendre : SE : 2 km, à 200 m de la plage

> Nature : 🍃 ♀
> Loisirs : 🍽 crêperie, snack 🍔 🎱 🚴
> 🚴 ⛱ 🎣 🏊 🏊
> Services : ♿ ⛽ GB ☇ 🚿 ♿ 🍱 ☺
> 🚿 🍸 🏧 sèche-linge 🍱 ☇
> À prox. : ✂ 🏊 🐎

▲▲▲ **Les Saules** 👨👩 – 5 avr.-20 sept.

    📞 02 98 56 98 57, *camping.les.saules@wanadoo.fr,* Fax 02 98 56 86 60, *www.camping-les-saules.com* – **R** conseillée

    4 ha (242 empl.) plat et peu incliné, herbeux

    Tarif : 28,60 € 🧍 🚗 📷 💡 (6A) – frais de réservation 17 €

    Location : 32 🛖 (4 à 6 pers.) 350 à 720 €/sem.

    Pour s'y rendre : SE : 2,5 km, près de la plage de Kereven (accès direct)

> Nature : 🍃 ♀ ⛰
> Loisirs : 🍽 crêperie, snack 🍔 🚴
> 🚴 🎣 🏊
> Services : ⛽ GB ☇ 🚿 ♿ 🍱 ☺ 🍸
> 🏧 sèche-linge 🍱
> À prox. : ✂ 📷 🐎 🏌 golf

▲▲▲ **Kéranterec** 👨👩 – 5 avr.-21 sept.

    📞 02 98 56 98 11, *info@camping-keranterec.com,* Fax 02 98 56 81 73, *www.camping-keranterec.com* – **R** conseillée

    6,5 ha (265 empl.) plat, peu incliné et en terrasses, herbeux

    Tarif : 🧍 8,50 € 🚗 13 € – 💡 (10A) 4 € – frais de réservation 30 €

    Location : 50 🛖 (4 à 6 pers.) 250 à 850 €/sem. 🛖, 1 borne – 5 📷

    Pour s'y rendre : 2,8 km au SE

    À savoir : Autour d'une ancienne ferme restaurée, au bord de l'océan

> Nature : 🌲 🍃 ♀ ⛰
> Loisirs : 🍽 pizzeria, crêperie 🍔 ☇
> nocturne 🚴 salle d'animation
> 🚴 ✂ 🎣 🏊
> Services : ♿ ⛽ GB ☇ 🚿 ♿ ☺ 🍱
> 🍸 🍸 🏧 sèche-linge
> À prox. : 📷 🐎 golf, école de plongée

La FORÊT-FOUESNANT

▲▲ **Manoir de Penn ar Ster** 10 fév.-12 nov.
  ℘ 02 98 56 97 75, *info@camping-pennarster.com*,
  Fax 02 98 56 80 49, *www.camping-pennarster.com*
  – **R** conseillée
  3 ha (105 empl.) plat, peu incliné et en terrasses, herbeux
  Tarif : (Prix 2007) 25,50 € 🚶 ⇌ 🅴 🅿 (10A) – pers.
  suppl. 6,50 € – frais de réservation 15 €
  Location : 🚐 (4 à 6 pers.) 260 à 640 €/sem.
  🚐, 1 borne artisanale 5 € – 8 🅴 22 €
  Pour s'y rendre : sortie NE, rte de Quimper et à gauche
  À savoir : Entrée accueillante avec mini-golf aménagé en
  jardin d'agrément

Nature : 🌳 ☐ ♀
Loisirs : 🍴 ✂ ⚐
Services : ♿ ⚡ ⊡ ✂ ▥ ☐ ♨ ☺
🏕 🚰 📞 🧺 sèche-linge
À prox. : ♞ 🏌 golf, école de plon-
gée

FOUESNANT

✉ 29170 – **308** G7 – G. Bretagne – 8 076 h. – alt. 30
🅱 *Office de tourisme, Espace Kernevelech* ℘ *02 98 51 18 88, Fax 02 98 56 64 02*
Paris 555 – Carhaix-Plouguer 69 – Concarneau 11 – Quimper 16 – Quimperlé 39 – Rosporden 18.

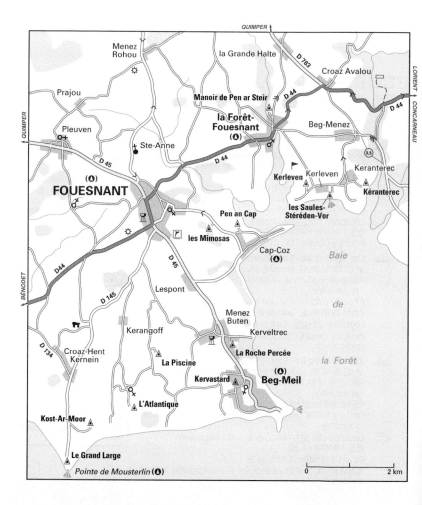

▲▲▲ **Sunelia L'Atlantique** ♣♣ – 27 avr.-7 sept.
ℱ 02 98 56 14 44, *sunelia@lAtlantique.fr*,
Fax 02 98 56 18 67, *www.lAtlantique.fr* – places limitées
pour le passage – **R** conseillée ⚡
10 ha (432 empl.) plat, herbeux
Tarif : 39 € ★ ⇔ ▣ 🖉 (5A) – pers. suppl. 7 € – frais de
réservation 30 €
Location : 100 ⊡ (4 à 6 pers.) 336 à 1 106 €/sem. – 6
⌂ (4 à 6 pers.) 364 à 959 €/sem.
⊞ 1 borne artisanale 15 €
Pour s'y rendre : 4,5 km au S, à 400 m de la plage (accès
direct)
À savoir : Bel ensemble aquatique

> Nature : ⌖ ◻ ♀
> Loisirs : ▸ snack, crêperie ▦ 🖉 🏃
> salle d'animation 🛶 🚴 ✗ 🏓 🎿
> 🏊
> Services : ♿ ⚡ GB 🅿 🗄 ⊕ 🔥 ⓐ
> 🚮 ♨ ♨ 📻 sèche-linge ⚒ ♨
> À prox. : ♫ 🏇 golf

Le FRET

✉ 29160 – **308** D5 – G. Bretagne
Paris 591 – Rennes 239 – Quimper 56 – Brest 10 – Concarneau 79.

Schéma à Crozon

▲ **Gwel Kaër** avr.-sept.
ℱ 02 98 27 61 06, *info@camping-gwel-kaer.com*,
Fax 02 98 27 61 06, *www.camping-gwel-kaer.com*
– **R** conseillée
2,2 ha (98 empl.) en terrasses, plat et peu incliné, herbeux
Tarif : ★ 3,80 € ⇔ 1,90 € ▣ 3,80 € – 🖉 (6A) 3 €
Location ⚡ : 6 ⊡ (4 à 6 pers.) 290 à 495 €/sem.
Pour s'y rendre : sortie SE par D 55, rte de Crozon, bord
de mer

> Nature : ⌖ ≤ ♀ ⛰
> Loisirs : 🛶
> Services : ♿ ⚡ (15 juin-15 sept.)
> GB 🅿 🗄 🔥 ⓐ ♨ 📻

GUILVINEC

✉ 29730 – **308** F8 – G. Bretagne – 3 042 h. – alt. 5
🚹 *Office de tourisme, 62, rue de la Marine* ℱ 02 98 58 29 29, Fax 02 98 58 34 05
Paris 584 – Douarnenez 44 – Pont-l'Abbé 10 – Quimper 30.

▲▲▲ **Yelloh! Village la Plage** ♣♣ – 5 avr.-15 sept.
ℱ 02 98 58 61 90, *info@yellohvillage-la-plage.com*,
Fax 02 98 58 89 06, *www.villagelaplage.com* – **R** conseillée
7 ha (410 empl.) plat, herbeux, sablonneux
Tarif : 40 € ★ ⇔ ▣ 🖉 (5A) – pers. suppl. 7 €
Location : 103 ⊡ (4 à 6 pers.) 224 à 1 169 €/sem. – 10
tentes
⊞ 1 borne artisanale 6 €
Pour s'y rendre : 2 km à l'O, rte de la Corniche vers
Penmarch, à 100 m de la plage (accès direct)

> Nature : ♀
> Loisirs : ▸ crêperie, pizzeria, snack
> ▦ 🖉 🏃 🛶 🚴 ✗ 🏓 🎿 🏊
> Services : ♿ ⚡ GB 🅿 🗄 🔥 ⓐ
> 🚮 ♨ ♨ 🕯 📻 sèche-linge ⚒
> À prox. : ♫

HUELGOAT

✉ 29690 – **308** I4 – G. Bretagne – 1 687 h. – alt. 149
🚹 *Syndicat d'initiative, Moulin du Chaos* ℱ 02 98 99 72 32
Paris 523 – Brest 66 – Carhaix-Plouguer 18 – Châteaulin 36 – Landerneau 45 – Morlaix 30 – Quimper 57.

▲▲ **La Rivière d' Argent** 12 avr.-12 oct.
ℱ 02 98 99 72 50, *campriviere@wanadoo.fr*, *www.lariviere
dargent.com* – **R** conseillée
5 ha (90 empl.) plat, herbeux
Tarif : 18,20 € ★ ⇔ ▣ 🖉 (6A) – pers. suppl. 4 € – frais de
réservation 10 €
Location (22 mars-12 oct.) : 9 ⊡ (4 à 6 pers.) 200 à
490 €/sem.
⊞ 🚐 7.50 €
Pour s'y rendre : E : 3,4 km par D 769A, rte de Locmaria-
Berrien et chemin à droite
À savoir : Agréable situation en bordure de rivière et en
lisière de forêt

> Nature : ⌖ ◻ ♀
> Loisirs : ▸ snack 🛶 ✗ 🎿 ⤢
> Services : ♿ ⚡ GB 🅿 🗄 ⓐ ♨ 🕯
> 🕯 📻 ♨

HUELGOAT

▲ **Municipal du Lac** 15 juin-15 sept.
    ℘ 02 98 99 78 80, *mairie.huelgoat@wanadoo.fr*,
    Fax 02 98 99 75 72
    1 ha (85 empl.) plat, herbeux
    Tarif : (Prix 2007) ⁂ 3 € ⇔ 🅔 3,50 € – ⒣ (7A) 2,05 €
    Pour s'y rendre : O : 0,8 km par rte de Brest, bord d'une
    rivière et d'un étang

> Nature : 🗀
> Services : ♿ ☎ (juil.-août) ⚡ ☺ ♨ ♻
> À prox. : ⚓

KERVEL

✉ 29550 – **308** F6
Paris 586 – Rennes 234 – Quimper 24 – Brest 67 – Concarneau 47.

▲▲▲ **International de Kervel** ♟ – 22 mars-27 sept.
    ℘ 02 98 92 51 54, *camping.kervel@wanadoo.fr*,
    Fax 02 98 92 54 96, *www.kervel.com* – **R** indispensable
    7 ha (330 empl.) plat, herbeux
    Tarif : 27 € ⁂ ⇔ 🅔 ⒣ (10A) – pers. suppl. 6,50 €
    Location : 79 🛖 (4 à 6 pers.) 154 à 756 €/sem.
    🚐 1 borne

> Nature : 🌳🌳
> Loisirs : 🍹 🎦 ⚙ nocturne 🧒 🏹 🚴 🎯 ♨ 🏊 terrain omnisports
> Services : ♿ ☎ GB ⚡ 🗄 ☺ ☺ ♻ 📶 📷 sèche-linge 🏧 🚿

LAMPAUL-PLOUDALMEZEAU

✉ 29830 – **308** D3 – 606 h. – alt. 24
Paris 613 – Brest 27 – Brignogan-Plages 36 – Ploudalmézeau 4.

▲ **Municipal des Dunes** 15 juin-15 sept.
    ℘ 02 98 48 14 29, *lampaul-ploudalmezeau.mairie@wana
    doo.fr*, Fax 02 98 48 19 32 – **R** conseillée
    1,5 ha (150 empl.) non clos, plat, sablonneux, herbeux,
    dunes
    Tarif : 10,10 € ⁂ ⇔ 🅔 – pers. suppl. 3,35 €
    Pour s'y rendre : N : à 0,7 km du bourg, à côté du terrain
    de sports et à 100 m de la plage (accès direct)

> Nature : 🏖
> Loisirs : 🎦
> Services : ♿ ☎ (juil.-août) ⚡ 🗄 ♨ ☺ 📷 sèche-linge

LANDÉDA

✉ 29870 – **308** D3 – 2 949 h. – alt. 52
Paris 604 – Brest 28 – Brignogan-Plages 25 – Ploudalmézeau 17.

▲▲ **Les Abers** mai-sept.
    ℘ 02 98 04 93 35, *info@camping-des-abers.com*,
    Fax 02 98 04 84 35, *www.camping-des-abers.com*
    – **R** conseillée
    4,5 ha (180 empl.) plat, en terrasses, sablonneux, herbeux,
    dunes
    Tarif : 17 € ⁂ ⇔ 🅔 ⒣ (10A) – pers. suppl. 3,40 €
    Location : 22 🛖 (4 à 6 pers.) 260 à 560 €/sem.
    🚐 1 borne artisanale
    Pour s'y rendre : 2,5 km au NO, aux dunes de Ste-Margue-
    rite
    À savoir : Situation agréable au bord de la plage et table
    d'orientation explicative sur le site

> Nature : 🏖 ≤ ⛰
> Loisirs : 🎦 ⚙ 🏹 🚴
> Services : ♿ ☎ GB ⚡ 🗄 ☺ ☺ 🔧 📷 sèche-linge 🏧
> À prox. : 🍹 ✗

226

Si vous recherchez :
♟ *Un terrain offrant des équipements et des loisirs adaptés aux enfants*
🏖 *Un terrain agréable ou très tranquille*
L - M *Un terrain effectuant la location de caravanes, de mobile homes,*
    de bungalows ou de chalets
P *Un terrain ouvert toute l'année*
🚐 *Un terrain possédant une aire de services pour camping-cars*
Consultez le tableau des localités

LANDERNEAU

✉ 29800 – **308** F4 – G. Bretagne – 14 281 h. – alt. 10
🛈 *Office de tourisme, Pont de Rohan* ℰ *02 98 85 13 09, Fax 02 98 21 39 27*
Paris 575 – Brest 24 – Carhaix-Plouguer 60 – Morlaix 39 – Quimper 65.

⚠ **Municipal les Berges de l'Elorn** avr.-oct.
ℰ 02 98 21 66 59, *ti-ker-landerne@mairie-landerneau.fr*,
Fax 02 98 85 43 35, *www.ville-landerneau.fr* – **R** conseillée
0,5 ha (42 empl.) plat, herbeux
Tarif : (Prix 2007) 12,80 € ⚹ 🚗 🅴 🕃 (10A) – pers.
suppl. 2,90 €
Location (permanent) 🛏 : 9 🛖 (4 à 6 pers.) 186 à
375 €/sem.
🛒 6 🅴 9,50 €
Pour s'y rendre : au SO de la ville, rte de Quimper près du
stade et de la piscine
À savoir : au bord de l'Elorn (rive gauche)

> Nature : 🏞 ♀
> Loisirs : 🏊 ✗
> Services : & ⚡ 🌣 ♨ 🅿
> À prox. : 🏊 ⛷ 🚲

LESCONIL

✉ 29740 – **308** F8 – G. Bretagne
Paris 581 – Douarnenez 41 – Guilvinec 6 – Loctudy 7 – Pont-l'Abbé 9 – Quimper 28.

⚠ **Les Dunes** fin mai-mi-sept.
ℰ 02 98 87 81 78, Fax 02 98 82 27 05 – **R** conseillée
2,8 ha (120 empl.) plat, herbeux
Tarif : 20,80 € ⚹ 🚗 🅴 🕃 (10A) – pers. suppl. 4,75 €
🛒 1 borne artisanale
Pour s'y rendre : O : 1 km par rte de Guilvinec, à 150 m de
la plage (accès direct)
À savoir : Entrée fleurie agrémentée d'objets marins divers

> Nature : 🏞
> Loisirs : 🏠 🏊
> Services : & ⚡ 🅶🅱 🌣 🌣 ♨ 🅿
> 🅿 sèche-linge
> À prox. : 🏊 ✗ 🏖 ♦ 🏇

⚠ **La Grande Plage** mai-sept.
ℰ 02 98 87 88 27, *campinggrandeplage@hotmail.com*,
Fax 02 98 87 88 27, *www.campinggrandeplage.com*
– **R** conseillée
1,8 ha (100 empl.) plat et incliné, herbeux
Tarif : 20,85 € ⚹ 🚗 🅴 🕃 (6A) – pers. suppl. 4,35 €
Location (22 mars-sept.) : 5 🛖 (4 à 6 pers.) 255 à
540 €/sem.
🛒 1 borne eurorelais – 🌙 12 €
Pour s'y rendre : O : 1 km par rte de Guilvinec, à 300 m de
la plage (accès direct)

> Nature : 🏞 ♀
> Loisirs : 🏠 🏊
> Services : & ⚡ 🌣 🅼 🌣 ♨ 🅿
> sèche-linge
> À prox. : 🏊 ✗ 🏖 ♦ 🏇

227

⚠ **Keralouet** 5 avr.-27 sept.
ℰ 02 98 82 23 05, *campingkeralouet@wanadoo.fr*,
Fax 02 98 87 76 65, *www.campingkeralouet.com*
– **R** conseillée
1 ha (64 empl.) plat, herbeux
Tarif : 14,70 € ⚹ 🚗 🅴 🕃 (4A) – pers. suppl. 3 €
Location (permanent) : 4 🛖 (2 à 4 pers.) 204 à
315 €/sem. – 5 🏠 (4 à 6 pers.) 252 à 555 €/sem.
Pour s'y rendre : E : 1 km sur rte de Loctudy

> Nature : ♀
> Loisirs : 🏊
> Services : & ⚡ 🌣 🌣 ♨ 🅿
> À prox. : 🏊 ✗ 🏖 ♦ 🏇

LOCMARIA-PLOUZANÉ

✉ 29280 – **308** D4 – 4 246 h. – alt. 65
Paris 610 – Brest 15 – Brignogan-Plages 50 – Ploudalmézeau 23.

⚠ **Municipal de Portez** 15 mai-15 sept.
ℰ 02 98 48 49 85, *camping-portez@wanadoo.fr*,
Fax 02 98 48 49 85 – **R** conseillée
2 ha (110 empl.) non clos, plat, en terrasses, herbeux
Tarif : 25 € ⚹ 🚗 🅴 🕃 (8A) – pers. suppl. 5 €
🛒 1 borne eurorelais 4,20 €
Pour s'y rendre : SO : 3,5 km par D 789 et rte de la plage
de Trégana, à 200 m de la plage

> Nature : ⛰ 🏞
> Loisirs : 🏠 🏊
> Services : & ⚡ (15 juin-15 sept.) 🌣
> 🌣 ♨ 🅿 sèche-linge

LOCTUDY

✉ 29750 – **308** F8 – G. Bretagne – 3 659 h. – alt. 8
🛈 *Office de tourisme, place des Anciens Combattants* ℘ *02 98 87 53 78, Fax 02 98 87 57 07*
Paris 578 – Bénodet 18 – Concarneau 35 – Pont-l'Abbé 6 – Quimper 25.

⚠ **Les Hortensias** avr.-sept.
℘ 02 98 87 46 64, *leshortensias@libertysurf.fr, www.cam
ping-les-hortensias.com* – **R** conseillée
1,5 ha (100 empl.) plat, herbeux
Tarif : 19,60 € 🛉 ⛟ 🅴 🄳 (6A) – pers. suppl. 4 €
Location ✎ : 15 🛏 (4 à 6 pers.) 215 à 600 €/sem.
Pour s'y rendre : SO : 3 km par rte de Larvor, à 500 m de la
plage de Lodonnec

Nature : ♀
Loisirs : 🏄 🎣 🛶
Services : ⅙ ⊶ GB ⚡ ⛏ ⊛ 🗎
sèche-linge
À prox. : 🍽 🍴 🎣 🛶

LOGONNA-DAOULAS

✉ 29460 – **308** F5 – G. Bretagne – 1 579 h. – alt. 45
Paris 571 – Brest 27 – Camaret-sur-Mer 50 – Le Faou 12 – Landerneau 19.

⚠ **Le Roz** Permanent
℘ 02 98 20 67 86 – **R** conseillée
1 ha (65 empl.) peu incliné, incliné, herbeux
Tarif : 15 € 🛉 ⛟ 🅴 🄳 (16A) – pers. suppl. 3 €
🛏, 1 borne artisanale 3 € – 6 🅴 10 €
Pour s'y rendre : O : 2 km par rte de la Pointe du Bindy, à
50 m de la plage

Nature : 🌿 ⌑
Loisirs : 🏄
Services : ⅙ ⊶ ⚡ 🗎 ⛏ ⊛ 🗃 ↯
🗎

Si vous recherchez :
⚠ *Un terrain au bord de l'eau avec possibilité de baignade*
🌿 *Un terrain agréable ou très tranquille*
L *Un terrain effectuant la location de caravanes, de mobile homes,
de bungalows ou de chalets*
P *Un terrain ouvert toute l'année*
🛏 *Un terrain possédant une aire de services pour camping-cars*
Consultez le tableau des localités

228

MOËLAN-SUR-MER

✉ 29350 – **308** J8 – G. Bretagne – 6 592 h. – alt. 58
🛈 *Office de tourisme, 20, place de l'Église* ℘ *02 98 39 67 28, Fax 02 98 39 63 93*
Paris 523 – Carhaix-Plouguer 66 – Concarneau 27 – Lorient 27 – Quimper 50 – Quimperlé 10.

⚠ **L'Île Percée** vac. de Printemps-15 sept.
℘ 02 98 71 16 25 – **R** conseillée
1 ha (65 empl.) plat, herbeux
Tarif : 15,50 € 🛉 ⛟ 🅴 – pers. suppl. 3,40 € – frais de
réservation 8 €
Pour s'y rendre : O : 5,8 km par D 116, rte de Kerfany-les-
Pins, puis 1,7 km par rte à gauche, à la plage de Trenez
À savoir : agréable site sauvage surplombant l'océan

Nature : 🌿 ←
Loisirs : 🍴
Services : ⅙ ⊶ ⚡ 🗎 ⛱ ⛏ ⊛ 🗎
À prox. : snack 🐎 sentiers pédes-
tres

MORGAT

✉ 29160 – **308** E5 – G. Bretagne
Paris 590 – Rennes 238 – Quimper 55 – Brest 15 – Concarneau 79.

⚠ **Les Bruyères** 15 mai-15 sept.
℘ 02 98 26 14 87, *camping.les.bruyeres@presquile-cro
zon.com, Fax 02 98 26 17 73, www.presquile-crozon.com*
– **R** conseillée
4 ha (130 empl.) plat, herbeux
Tarif : 16,20 € 🛉 ⛟ 🅴 🄳 (5A) – pers. suppl. 3,80 €
Location (avr.-sept.) ✎ : 6 🛏 (4 à 6 pers.) 275 à
425 €/sem.
Pour s'y rendre : O : 1,8 km par D 255, rte du cap de la
Chèvre et chemin à droite menant au village et à la plage

Nature : 🌿
Services : ⊶ GB ⚡ 🗎 ⛱ ⊛ ↻ 🗎

MOUSTERLIN

✉ 29170 – **308** G7 – G. Bretagne
Paris 563 – Rennes 212 – Quimper 22 – Brest 94 – Lorient 65.
Schéma à Fouesnant

🔺 **Le Grand Large** ♣♣ – avr.-15 sept.
   𝒫 02 98 56 04 06, *info@yellohvillage-grand-large.com*,
Fax 02 98 56 58 26, *www.villagelegrandlarge.com* – places limitées pour le passage – **R** conseillée
5,8 ha (287 empl.) plat, herbeux
Tarif : (Prix 2007) 37 € ♦ ⬌ 🅴 (5A) – pers. suppl. 7 € –
frais de réservation 25 €
Location : 170 🛖 (4 à 6 pers.) 483 à 903 €/sem. –
bungalows toilés
🛖 1 borne artisanale – 🛒
Pour s'y rendre : À la Pointe de Mousterlin, près de la plage

> Nature : 🌿 ♀
> Loisirs : 🍽 snack 🏠 🏃 ⛲ jacuzzi
> 🚗 🚲 ⛷ 🏊 🏊 terrain omnis-
> ports
> Services : 🚿 ⛽ GB 🚐 📷 🛁 🅰 🚮
> 🧺 🔌 📞 sèche-linge 🚿 🛒
> À prox. : 🐎

🔺 **Kost-Ar-Moor**
   𝒫 02 98 56 04 16, *kost-ar-moor@wanadoo.fr*,
Fax 02 98 56 65 02, *www.camping-kost-ar-moor.com*
– **R** conseillée
3,5 ha (177 empl.) plat, herbeux
Location : 13 🛖 – 5 appartements
Pour s'y rendre : À 500 m de la plage

> Nature : 🌿 ♀♀
> Loisirs : 🍽 🏠 🚗
> Services : 🚿 ⛽ 📷 🛁 🅰 📷 sèche-
> linge 🚿
> À prox. : ⛷ 🐎 golf

NÉVEZ

✉ 29920 – **308** I8 – G. Bretagne – 2 466 h. – alt. 40
🚩 *Office de tourisme, place de l' Église* 𝒫 02 98 06 87 90, Fax 02 98 06 73 09
Paris 541 – Concarneau 14 – Pont-Aven 8 – Quimper 40 – Quimperlé 25.

🔺 **Les Chaumières** mi-mai-mi-sept.
   𝒫 02 98 06 73 06, *campingdeschaumieres@wanadoo.fr*,
Fax 02 98 06 78 34 – **R** conseillée
3 ha (110 empl.) plat, herbeux
Tarif : 19,20 € ♦ ⬌ 🅴 (6A) – pers. suppl. 4,55 €
Location (5 avr.-27 sept.) : 6 🛖 (4 à 6 pers.) 230 à
520 €/sem.
Pour s'y rendre : 3 km au S par D 77 et rte à dr., à
Kérascoët

> Nature : 🌿 ⛺ ♀
> Loisirs : 🚗
> Services : 🚿 ⛽ (juil.-août) GB 🚐
> 🛁 🅰 📷 sèche-linge
> À prox. : 🍽 crêperie ⛷ 🏊 🐎
> poneys

229

PENMARCH

✉ 29760 – **308** E8 – G. Bretagne – 5 889 h. – alt. 7
🚩 *Office de tourisme, place Maréchal Davout* 𝒫 02 98 58 81 44
Paris 585 – Audierne 40 – Douarnenez 45 – Pont-l'Abbé 12 – Quimper 31.

🔺 **Municipal de Toul ar Ster** 15 juin-15 sept.
   𝒫 02 98 58 86 88, Fax 02 98 58 41 57 – **R** conseillée
3 ha (202 empl.) plat, herbeux, sablonneux
Tarif : ♦ 2,70 € ⬌ 1,90 € 🅴 2,60 € – 🅳 2,30 €
Pour s'y rendre : SE : 1,4 km par rte de Guilvinec par la côte
et rte à droite, à 100 m de la plage (accès direct)

> Nature : 🌿
> Services : 🚿 ⛽ (juil.-août) 🚐 🅰 📷
> À prox. : 🐎

PENTREZ-PLAGE

✉ 29550 – **308** F5
Paris 566 – Brest 55 – Châteaulin 18 – Crozon 18 – Douarnenez 23 – Quimper 33.
Schéma à Plomodiern

🔺 **Ker-Ys** mai-15 sept.
   𝒫 02 98 26 53 95, *camping-kerys@wanadoo.fr*,
Fax 02 98 26 52 48, *www.ker-ys.com* – **R** conseillée
3 ha (190 empl.) plat et peu incliné, herbeux
Location 🐾 (juil.-août) : 30 🛖
Pour s'y rendre : Près de la plage

> Nature : ⛺ ♀
> Loisirs : 🍸 🎭 diurne 🏃 🚗 🏊
> 🏊
> Services : 🚿 ⛽ GB 🚐 📷 🛁 🅰 🔌
> 📷 sèche-linge
> À prox. : 🍽 crêperie ⛷

PLOBANNALEC-LESCONIL

✉ 29740 – **308** F8 – 3 007 h. – alt. 16
Paris 578 – Audierne 38 – Douarnezez 38 – Pont-l'Abbé 6 – Quimper 25.

⚠ **Yelloh! Village le Manoir de Kerlut** 👥– 26
avr.-sept.
℘ 02 98 82 23 89, *info@yellohvillage-manoir-de-ker
lut.com*, Fax 02 98 82 26 49, *www.domainemanoirdeker
lut.com* – **R** conseillée
12 ha/8 campables (240 empl.) plat, herbeux
Tarif : 39 € 🏕 🚐 🔲 (5A) – pers. suppl. 7 €
Location : 159 🛖 (4 à 6 pers.) 210 à 1 169 €/sem. – 21
🏠 (4 à 6 pers.) 294 à 1 015 €/sem. – 8 tentes
Pour s'y rendre : 1,6 km au S par D 102, rte de Lesconil et
chemin à gauche, accès à la plage par navettes gratuites

Nature : 🏞 ♀
Loisirs : 🍴 crêperie 🏠 🎱 🏃 🛝
🛶 🚣 🚲 ✂ 🏊 🎣
Services : ♿ ⚡ 🖥 📶 🚿 🛎 ⚙ 📞
📞 🖼 sèche-linge 🧺
À prox. : 🛒 ⛵ ♨ 🐎

LES GUIDES VERTS **MICHELIN**
Paysages, monuments
Routes touristiques
Géographie
Histoire, Art
Itinéraire de visite
Plans de villes et de monuments

PLOÉVEN

✉ 29550 – **308** F6 – 436 h. – alt. 60
🛈 *Syndicat d'initiative, Mairie* ℘ *02 98 81 51 84, Fax 02 98 81 58 79*
Paris 585 – Brest 64 – Châteaulin 15 – Crozon 25 – Douarnenez 15 – Quimper 25.
                         Schéma à Plomodiern

230

⚠ **La Mer** juin-sept.
℘ 02 98 81 29 19, *campingdelamer29@orange.fr*,
Fax 02 98 81 29 19, *www.campingdelamer29.fr* – **R** conseil-
lée
1 ha (54 empl.) plat, herbeux
Tarif : 🏕 3 € 🚐 2 € 🔲 3 € – 🔌 (6A) 2,70 €
Pour s'y rendre : SO : 3 km, à 300 m de la plage de
Ty-an-Quer

Services : ⚡ 📶 🌀 ⚙ 📞 🖼

PLOMEUR

✉ 29120 – **308** F7 – G. Bretagne – 3 203 h. – alt. 33
🛈 *Office de tourisme, 1, place de l'Église* ℘ *02 98 82 09 05*
Paris 579 – Douarnenez 39 – Pont-l'Abbé 6 – Quimper 26.

⚠ **Lanven** avr.-sept.
℘ 02 98 82 00 75, *campinglanven@wanadoo.fr*,
Fax 02 98 82 04 37, *www.campinglanven.com* – **R** conseillée
2,2 ha (120 empl.) plat, herbeux
Tarif : 15,60 € 🏕 🚐 🔲 🔌 (6A) – pers. suppl. 3,80 €
🚐 1 borne – 6 🔲
Pour s'y rendre : NO : 3,5 km par D 57 rte de Plonéour-
Lanvern puis à gauche rte de la chapelle Beuzec et chemin à
droite

Nature : 🌿 🏞 ♀
Loisirs : 🍴 crêperie, (dîner seule-ment) 🏃
Services : ⚡ 🖥 📶 🌀 ⚙ 📞

⚠ **Aire Naturelle Kéraluic** avr.-sept.
℘ 02 98 82 10 22, *camping@keraluic.fr*, Fax 02 98 82 10 22,
www.keraluic.fr – **R** indispensable
1 ha (25 empl.) plat, herbeux
Tarif : 17,40 € 🏕 🚐 🔲 🔌 (6A) – pers. suppl. 3,90 €
Location (permanent) 🏠 : 6 🛖
Pour s'y rendre : NE : 4,3 km par D 57, rte de Plonéour-
Lanvern et à St-Jean-Trolimon à droite, rte de Pont-l'Abbé
À savoir : Ancien corps de ferme agréablement rénové

Nature : 🌿
Loisirs : 🏃
Services : ♿ ⚡ 🖥 📶 🌀 ⚙ 📞 🖼

PLOMODIERN

✉ 29550 – **308** F5 – G. Bretagne – 2 076 h. – alt. 60
🆔 *Syndicat d'initiative, place de l'Église* ℰ *02 98 81 27 37, Fax 02 98 81 59 91*
Paris 559 – Brest 60 – Châteaulin 12 – Crozon 25 – Douarnenez 18 – Quimper 28.

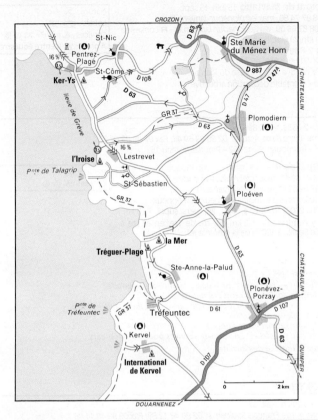

🅼 **L'Iroise** 15 avr.-sept.
ℰ 02 98 81 52 72, *campingiroise@aol.com*,
Fax 02 98 81 26 10, *www.camping-iroise.com* – **R** conseillée
2,5 ha (132 empl.) peu incliné, en terrasses, herbeux
Tarif : 🛉 6,50 € ⟷ 🚗 🅴 12,90 € – 🔌 (6A) 3,80 €
Location (avr.-sept.) : 13 🛏 (4 à 6 pers.) 275 à
710 €/sem. – 13 🏠 (4 à 6 pers.) 245 à 600 €/sem.
🚐 1 borne
Pour s'y rendre : 5 km au SO, à 150 m de la plage de
Pors-ar-Vag
À savoir : Cadre et situation agréables

> Nature : 🌿 ⩽ Lieue de Grève
> Loisirs : 🛉 🛁 jacuzzi balnéo 🏄
> 🏓 🏊 ⚽
> Services : 🚿 ⊶ 🆖 🏧 🔲 ☺ ⊕ ⚕
> 🚰 🧺 sèche-linge ⛟
> À prox. : ✕ club nautique

Si vous recherchez :
🧑‍🧒 *Un terrain offrant des équipements et des loisirs adaptés aux enfants*
🌿 *Un terrain agréable ou très tranquille*
L - M *Un terrain effectuant la location de caravanes, de mobile homes,*
de bungalows ou de chalets
P *Un terrain ouvert toute l'année*
🚐 *Un terrain possédant une aire de services pour camping-cars*
Consultez le tableau des localités

PLONÉOUR-LANVERN

✉ 29720 – **308** F7 – 4 800 h. – alt. 71

🛈 *Syndicat d'initiative, place Charles-de-Gaulle* ☏ *02 98 82 70 10, Fax 02 98 82 70 19*
Paris 578 – Douarnenez 25 – Guilvinec 14 – Plouhinec 21 – Pont-l'Abbé 7 – Quimper 25.

⚠ **Municipal de Mariano** 15 juin-15 sept.
☏ 02 98 87 74 80, *mairie@ploneour-lanvern.fr*,
Fax 02 98 82 66 09, *www.ploneour-lanvern.fr* – **R** conseillée
1 ha (59 empl.) plat, herbeux
Tarif : ♣ 2 € 🄴 3,50 € – 🛇 3 €
🚐 1 borne eurorelais 2 €
Pour s'y rendre : N : impasse du Plateau
À savoir : Agréable décoration arbustive

Nature : 🕭 ⬍ 🏕 ♀
Loisirs : 🎪 ✂
Services : 🕭 ☕ 🖤 🔊 ⊕ 📧
À prox. : 🐎 (centre équestre)

PLOUARZEL

✉ 29810 – **308** C4 – 2 458 h. – alt. 89

🛈 *Office de tourisme, place Saint-Arzel* ☏ *02 98 89 69 46, Fax 02 98 89 69 22*
Paris 614 – Brest 23 – Brignogan-Plages 52 – Ploudalmézeau 15.

⚠ **Municipal de Porsévigné** 15 mai-15 sept.
☏ 02 98 89 69 16, *plouarzel.mairie@wanadoo.fr*,
Fax 02 98 89 32 02, *www.plouarzel.com*
1,9 ha (100 empl.) peu incliné, herbeux, sablonneux
Tarif : (Prix 2007) 10,55 € ♣ 🚐 🄴 – pers. suppl. 1,75 €
Pour s'y rendre : O : 5,2 km par rte de Trezien et rte à
droite (île Segal), à 100 m de la mer (plage)

Nature : 🕭 ⬍
Services : 🕭 🖤 ⊕

Si vous recherchez :

⚠ *Un terrain au bord de l'eau avec possibilité de baignade*
🕭 *Un terrain agréable ou très tranquille*
L *Un terrain effectuant la location de caravanes, de mobile homes,*
de bungalows ou de chalets
P *Un terrain ouvert toute l'année*
🚐 *Un terrain possédant une aire de services pour camping-cars*
Consultez le tableau des localités

232

PLOUDALMÉZEAU

✉ 29830 – **308** D3 – 4 994 h. – alt. 57

🛈 *Office de tourisme, 1, rue François Squiban* ☏ *02 98 48 12 88, Fax 02 98 48 11 88*
Paris 611 – Brest 26 – Landerneau 40 – Morlaix 75 – Quimper 95.

⚠ **Dunes de Tréompan**
☏ 02 98 48 09 85, *blue.camping@wanadoo.fr*,
Fax 02 98 48 09 85, *www.holidays-camping.eu* – **R** conseillée
2 ha (134 empl.) non clos, plat, herbeux, sablonneux, dunes
Pour s'y rendre : N : 3,5 km par D 26, rte de Portsall, à
200 m de la plage de Tréompan (accès direct)

Nature : 🕭
Services : 🕭 🖤 ⊕

PLOUGASNOU

✉ 29630 – **308** I2 – G. Bretagne – 3 393 h. – alt. 55

🛈 *Syndicat d'initiative, place du Général Leclerc* ☏ *02 98 67 31 88*
Paris 545 – Brest 76 – Guingamp 62 – Lannion 34 – Morlaix 22 – Quimper 95.

⚠ **De Mesqueau**
☏ 02 98 67 37 45, *ocarron@yahoo.com*, Fax 02 98 67 82 79,
www.campsiteinbrittany.com – **R** conseillée ✾
16 ha/3 campables (100 empl.) plat, herbeux
Pour s'y rendre : S : 3,5 km par D 46, rte de Morlaix puis
0,8 km par rte à gauche, à 100 m d'un plan d'eau (accès
direct)

Nature : 🕭 ♀
Loisirs : 🎪 🚣 ✂
Services : 🕭 🖤 🖥 ⊕ 🛁

PLOUGASTEL-DAOULAS

⊠ 29470 – **308** E4 – 12 248 h. – alt. 113
🚹 *Office de tourisme, 4 bis, place du Calvaire ℘ 02 98 40 34 98, Fax 02 98 40 68 85*
Paris 596 – Brest 12 – Morlaix 60 – Quimper 64.

⚑ **St-Jean** fermé 23-31 déc.
℘ *02 98 40 32 90, info@campingsaintjean.com,*
Fax *02 98 04 23 11, www.campingsaintjean.com*
– **R** conseillée
1,6 ha (125 empl.) plat, peu incliné, en terrasses, herbeux,
gravillons
Tarif : 22,60 € 🛊 ⇌ 🔳 🚰 (10A) – pers. suppl. 4,90 € –
frais de réservation 15 €
Location : 34 ⛺ (4 à 6 pers.) 170 à 710 €/sem. – 6 🏠
(4 à 6 pers.) 250 à 670 €/sem.
⛽ 1 borne artisanale 4 € – 8 🔳
Pour s'y rendre : 4,6 km au NE par D 29, au lieu-dit St-Jean,
par N 165 sortie centre commercial Leclerc
À savoir : situation et site agréables au bord de l'Estuaire
de l'Elorn

> Nature : 🐾 ≤ 🖵 ≙
> Loisirs : 🍴 🎱 ⚓ 🎣 ⚄ kayak de mer
> Services : 🛁 🔄 GB 🐕 🏧 🔲 🛒 ♨
> ⊕ 🚿 ⚐ 🐾 🖼 sèche-linge

PLOUGONVELIN

⊠ 29217 – **308** C4 – 2 868 h. – alt. 44
🚹 *Office de tourisme, boulevard de la Mer ℘ 02 98 48 30 18, Fax 02 98 48 25 94*
Paris 616 – Brest 21 – Brignogan-Plages 56 – Quimper 95 – St-Pol-de-Léon 82.

⚑ **Les Terrasses de Bertheaume** (location exclusive de
mobile homes) Permanent
℘ *02 98 48 32 37, Fax 02 98 48 32 37, www.camping-*
BREST.com – empl. traditionnels également disponibles
– **R** conseillée
2 ha en terrasses, herbeux
Location : 32 ⛺ (4 à 6 pers.) 206 à 500 €/sem.
Pour s'y rendre : E : 1,2 km près de la plage de Perzel
(accès direct)

> Nature : 🐾 ≤
> Loisirs : 🎱 ⚓ 🏊 (petite piscine)
> Services : 🔄 🐕 ⊕ 🖼 sèche-linge
> À prox. : école de plongée

233

PLOUGOULM

⊠ 29250 – **308** G3 – 1 621 h. – alt. 60
Paris 560 – Brest 58 – Brignogan-Plages 27 – Morlaix 24 – Roscoff 10.

⚑ **Municipal du Bois de la Palud** 15 juin-6 sept.
℘ *02 98 29 81 82, mairie-de-plougoulm@wanadoo.fr,*
Fax *02 98 29 92 26* – **R** conseillée
0,7 ha (34 empl.) en terrasses et peu incliné, herbeux
Tarif : 16 € 🛊 ⇌ 🔳 🚰 (8A) – pers. suppl. 4 €
Pour s'y rendre : O : 1 km, par rte de Plouescat et chemin
à droite

> Nature : 🐾 ≤ 🖵 ♀
> Services : 🛁 🔄 GB 🐕 ⊕ 🚿
> À prox. : ⚓

PLOUGUERNEAU

⊠ 29880 – **308** D3 – 5 628 h. – alt. 60
🚹 *Office de tourisme, place de l'Europe ℘ 02 98 04 70 93*
Paris 604 – Brest 27 – Landerneau 33 – Morlaix 68 – Quimper 93.

⚑ **Du Vougot** avr.-15 oct.
℘ *02 98 25 61 51, campingduvougot@hotmail.fr,*
Fax *02 98 25 61 51, www.campingplageduvougot.com*
– **R** conseillée
2,5 ha (55 empl.) plat, peu incliné, sablonneux, herbeux
Location : 16 ⛺ (4 à 6 pers.) 190 à 560 €/sem.
Pour s'y rendre : NE : 7,4 km par D 13 et D 10 rte de
Guisseny, puis D 52 grève du Vougot, à 250 m de la mer
À savoir : Emplacements spacieux et agréablement déli-
mités par arbustes

> Nature : 🐾 🖵
> Loisirs : ⚓
> Services : 🔄 GB 🐕 🔲 ⊕
> À prox. : centre nautique

PLOUGUERNEAU

La Grève Blanche 7 mai-12 oct.
   ℘ 02 98 04 70 35, *lroudaut@free.fr*, Fax 02 98 04 63 97,
www.campinggreveblanche.fr.st – **R** conseillée
2,5 ha (100 empl.) plat, peu incliné, herbeux, sablonneux,
rochers
Tarif : 13,40 € ⚹ ⟶ 🚐 📆 (9A) – pers. suppl. 3 €
🚐, 1 borne artisanale 3 € – 🚐 10.50 €
Pour s'y rendre : N : 4 km par D 32, rte de St-Michel et à
gauche, bord de plage

Nature : ≤ ⛰
Loisirs : 🍸 ⛵
Services : 🐕 ⟶ ⟲ @ 🛜

PLOUHINEC

✉ 29780 – **308** E6 – 4 106 h. – alt. 101
🛈 *Office de tourisme, place Jean Moulin* ℘ 02 98 70 74 55, Fax 02 98 70 72 76
Paris 594 – Audierne 5 – Douarnenez 18 – Pont-l'Abbé 27 – Quimper 33.

Kersiny-Plage avr.-sept.
   ℘ 02 98 70 82 44, *info@kersinyplage.com*,
Fax 09 56 08 64 82, *www.kersinyplage.com* – **R** conseillée
2 ha (100 empl.) en terrasses, peu incliné, herbeux
Tarif : 16,20 € ⚹ ⟶ 📆 (8A) – pers. suppl. 3,60 € – frais
de réservation 10 €
🚐, 1 borne artisanale
Pour s'y rendre : SO par D 784 rte d'Audierne puis Sud, à
1 km par rte de Kersiny, à 100 m de la plage (accès direct)
À savoir : Agréable situation

Nature : 🏞 ≤ mer et côte
Services : ⟶ GB ⟲ 🔥 @ 🛜
À prox. : 🍴

Si vous recherchez :
  👫 *Un terrain offrant des équipements et des loisirs adaptés aux enfants*
  🏞 *Un terrain agréable ou très tranquille*
  L - M *Un terrain effectuant la location de caravanes, de mobile homes,*
      de bungalows ou de chalets
  P   *Un terrain ouvert toute l'année*
  🚐 *Un terrain possédant une aire de services pour camping-cars*
Consultez le tableau des localités

234

PLOUIGNEAU

✉ 29610 – **308** I3 – 4 138 h. – alt. 156
Paris 526 – Brest 72 – Carhaix-Plouguer 43 – Guingamp 44 – Lannion 32 – Morlaix 11.

Aire Naturelle la Ferme de Croas Men avr.-oct.
   ℘ 02 98 79 11 50, *fermecroasmen@free.fr*,
Fax 02 98 79 11 50, *http://camping.croasmen.free.fr*
– **R** conseillée
1 ha (25 empl.) plat, herbeux, verger
Tarif : ⚹ 3 € ⟶ 2 € 📆 2,80 € – 📆 (6A) 3 €
Pour s'y rendre : NO : 2,5 km par D 712 et D 64, rte de
Lanmeur puis 4,7 km par rte de Lanleya à gauche et rte de
Garlan
À savoir : Sur le domaine d'une ferme en activité

Nature : 🏞
Loisirs : 🎮 ⛵
Services : 🐕 ⟲ 🔥 @ 🛜
À prox. : 🐎

PLOUNÉVEZ-LOCHRIST

✉ 29430 – **308** F3 – 2 278 h. – alt. 70
Paris 576 – Brest 41 – Landerneau 24 – Landivisiau 22 – St-Pol-de-Léon 22.

Municipal Odé-Vras
   ℘ 02 98 61 65 17, *mairie.plounevezlochrist@wanadoo.fr*
– **R** conseillée
3 ha (135 empl.) plat, sablonneux, herbeux
Pour s'y rendre : N : à 4,5 km du bourg, par D 10, à 300 m
de la baie de Kernic (accès direct)

Nature : 🏞 ♀
Loisirs : 🎮 ⛵
Services : ⟶ 🔥 @ 🛜 sèche-linge

PLOZÉVET

✉ 29710 – **308** E7 – G. Bretagne – 2 748 h. – alt. 70
🚩 *Office de tourisme, place Henri Normant ℘ 02 98 91 45 15, Fax 02 98 91 47 00*
Paris 588 – Audierne 11 – Douarnenez 19 – Pont-l'Abbé 22 – Quimper 27.

⛰ **La Corniche** 5 avr.-27 sept.
℘ 02 98 91 33 94, *infos@campinglacorniche.com*,
Fax 02 98 91 41 53, *www.campinglacorniche.com*
– **R** conseillée
2 ha (120 empl.) plat, herbeux
Tarif : 20,20 € 👤 🚗 🅴 (6A) – pers. suppl. 4,50 € – frais
de réservation 10 €
Location : 5 🚐 (4 à 6 pers.) 260 à 570 €/sem. – 13 🏠
(4 à 6 pers.) 240 à 550 €/sem.
🚐, 1 borne artisanale 4 €
Pour s'y rendre : Sortie S par rte de la mer

> Nature : 🏞
> Loisirs : 🍽 🏠 🏊 🏊
> Services : 🚿 ⛽ GB 🅰 🗄 ⊕ 🅰
> 🚰 👥 📶 🔥 sèche-linge
> À prox. : 🥾

PORT-MANECH

✉ 29920 – **308** I8 – G. Bretagne
Paris 545 – Carhaix-Plouguer 73 – Concarneau 18 – Pont-Aven 12 – Quimper 44 – Quimperlé 29.

⛰ **St-Nicolas** mai-14 sept.
℘ 02 98 06 89 75, *cpsn@club-internet.fr*,
Fax 02 98 06 74 61, *www.campinglesaintnicolas.com*
– **R** conseillée
3 ha (180 empl.) plat, incliné et en terrasses, herbeux
Tarif : 24,30 € 👤 🚗 🅴 (6A) – pers. suppl. 4 € – frais de
réservation 15 €
Location (avr.-sept.) 🚭 : 9 🚐 (4 à 6 pers.) 210 à
640 €/sem.
Pour s'y rendre : au N du bourg, à 200 m de la plage
À savoir : décoration arbustive et florale

> Nature : 🏖 🌳🌳
> Loisirs : 🏠 🏊 🏊
> Services : 🚿 ⛽ GB 🅰 🗄 🔥 ⊕ 🅰
> sèche-linge
> À prox. : 🍽 🚣

235

Le POULDU

✉ 29360 – **308** J8 – G. Bretagne
Paris 521 – Concarneau 37 – Lorient 25 – Moëlan-sur-Mer 10 – Quimper 61 – Quimperlé 14.

⛰ **Les Embruns** 4 avr.-13 sept.
℘ 02 98 39 91 07, *camping-les-embruns@wanadoo.fr*,
Fax 02 98 39 97 87, *www.camping-les-embruns.com*
– **R** conseillée
4 ha (180 empl.) plat et peu incliné, herbeux, sablonneux,
verger
Tarif : 29,90 € 👤 🚗 🅴 (10A) – pers. suppl. 5,50 € –
frais de réservation 20 €
Location : 27 🚐 (4 à 6 pers.) 290 à 750 €/sem.
🚐, 1 borne flot bleu 4 € – 18 🅴 10 € – 🚐 14 €
Pour s'y rendre : Au bourg, r. du Philosophe-Alain, à 350 m
de la plage
À savoir : Belle décoration arbustive et florale

> Nature : 🏖 🌳
> Loisirs : 🍽 🏠 🌙 diurne 🏊 🏇 🔲
> (découverte en saison)
> Services : 🚿 ⛽ GB 🅰 🅼 🗄 🔥 🔥
> ⊕ 🅰 🚰 👥 🔥 sèche-linge 🔥 🔥
> À prox. : 🍴 🐴 🏇

⛰ **Keranquernat** mai-6 sept.
℘ 02 98 39 92 32, *camping.keranquernat@wanadoo.fr*,
www.camping.keranquernat.com – **R** conseillée
1,5 ha (100 empl.) plat et peu incliné, herbeux
Tarif : 20 € 👤 🚗 🅴 (6A) – pers. suppl. 4 € – frais de
réservation 8 €
Location 🚭 : 10 🚐 (4 à 6 pers.) 200 à 490 €/sem.
Pour s'y rendre : sortie NE
À savoir : cadre agréable sous les pommiers, au milieu des
fleurs

> Nature : 🏞 🏖 🌳
> Loisirs : 🏠 🏊 🏊
> Services : 🚿 ⛽ (juil.-août) 🅰 🗄 🔥
> 🔥 ⊕ 🅰 sèche-linge
> À prox. : 🍴 🐴 🏇 poneys

Le POULDU

Les Grands Sables 5 avr.-14 sept.
 𝒫 02 98 39 94 43, *campinggrandssables@tiscali.fr*,
Fax 02 98 39 97 47, *www.camping-lesgrandssables.com*
– **R** conseillée
2,4 ha (147 empl.) plat, peu incliné, terrasses, herbeux,
sablonneux
Tarif : 18,70 € 🚶 🚐 🅴 🔌 (6A) – pers. suppl. 4,50 € – frais
de réservation 8 €
Location : 10 🛏 (2 à 4 pers.) 155 à 338 €/sem. – 11 🛏
(4 à 6 pers.) 215 à 470 €/sem.
🚐 🚐 10.70 €
Pour s'y rendre : Au bourg, rue du Philosophe-Alain, à
200 m de la plage
À savoir : Dans un cadre verdoyant et ombragé

| Nature : 🌳 |
| Loisirs : 🏖 |
| Services : ⚬ 🧺 🛒 🚮 ⊕ 🅿 |
| À prox. : 🎯 🐴 🐎 |

Locouarn juin-7 sept.
 𝒫 02 98 39 91 79, *info@camping-locouarn.com*,
Fax 02 98 39 97 62, *www.camping-locouarn.com*
– **R** conseillée
2,5 ha (100 empl.) plat et peu incliné, herbeux
Tarif : 19,40 € 🚶 🚐 🅴 🔌 (6A) – pers. suppl. 3,25 €
Location (5 avr.-15 sept.) : 13 🛏 (4 à 6 pers.) 180 à
530 €/sem.
Pour s'y rendre : N : 2 km par D 49 rte de Quimperlé
À savoir : Cadre verdoyant

| Loisirs : 🏊 |
| Services : ♿ ⚬ 🧺 🛒 🚮 ⊕ 🚿 🔽 |
| 🧺 sèche-linge |
| À prox. : 🏊 🍽 🎯 🚣 🐎 poneys |

POULLAN-SUR-MER

✉ 29100 – **308** E6 – 1 517 h. – alt. 79
Paris 596 – Rennes 244 – Quimper 30 – Brest 80 – Concarneau 57.

Le Pil Koad 👥 – 26 avr.-28 sept.
 𝒫 02 98 74 26 39, *info@pil-koad.com*, Fax 02 98 74 55 97,
www.pil-koad.com – **R** conseillée
5,7 ha (110 empl.) plat, herbeux
Tarif : 30,80 € 🚶 🚐 🅴 🔌 (10A) – pers. suppl. 5,10 €
Location (22 mars-sept.) : 66 🛏 (4 à 6 pers.) 210 à
980 €/sem. – 20 🏠 (4 à 6 pers.) 315 à 817 €/sem.
🚐 1 borne flot bleu 2 € – 🚐 13 €
Pour s'y rendre : 0,6 km à l'E de la localité de Poullan-sur-
Mer

| Nature : 🦌 🏕 🌳 |
| Loisirs : 🍽 🍴 🎱 🎦 nocturne 🏃 🏖 🚴 🏓 🎯 🏐 🏊 🎣 terrain om- |
| nisports |
| Services : ♿ ⚬ 📇 🧺 🛒 🚮 🛁 ⊕ 🚿 |
| 🔽 🛎 🛎 🧺 sèche-linge 🏊 🚿 |

Aber Ildut

B. Kaufmann/Michelin

PRIMEL-TRÉGASTEL

✉ 29630 – **308** I2 – G. Bretagne
Paris 554 – Rennes 198 – Quimper 105 – Brest 79 – Lannion 38.

⚠ **Municipal de la Mer** juin-sept.
    ℘ 02 98 72 37 06, *commune-de-plougasnou@wanadoo.fr*,
    Fax 02 98 72 37 06, *www.mairie-plougasnou.fr* – ℞
    1 ha (63 empl.) plat et peu incliné, terrasse, herbeux
    Tarif : (Prix 2007) 15,60 € ⚹ ⇔ 🅴 – pers. suppl. 3,40 €
    🛒 1 borne artisanale 2 €
    Pour s'y rendre : 4 km au N par D 46
    À savoir : Situation agréable et site au bord de la mer

> Nature : 🌳 ⬅ Île de Batz et Roscoff ⚠
> Loisirs : 🏓 🏕
> Services : 🛁 ⚡ (juil.-août) ⏣🅱 🚗
> 🛢 ⊚ 🌀 sèche-linge
> À prox. : 🍴 snack crêperie

PRIMELIN

✉ 29770 – **308** D6 – 787 h. – alt. 78
Paris 605 – Audierne 7 – Douarnenez 28 – Quimper 44.

⚠ **Municipal de Kermalero** 10 mars-oct.
    ℘ 02 98 74 84 75, *campingkermalero@wanadoo.fr*,
    Fax 02 98 74 84 75 – ℞ conseillée
    1 ha (75 empl.) plat et peu incliné, herbeux
    Tarif : 12,50 € ⚹ ⇔ 🅴 🔌 (6A) – pers. suppl. 3 €
    Location : 4 🛖 (2 à 4 pers.) 179 à 284 €/sem.
    🛒 1 borne raclet 2 € – 6 🅴 2,30 €
    Pour s'y rendre : Sortie O vers le port

> Nature : 🌳 ⬅ 🏞
> Loisirs : 🏓 🏕
> Services : 🛁 ⚡ (juil.-août) 🚗 ⊚ 🏖
> 🛢 ⊚ 🌀 sèche-linge
> À prox. : 🍴

*Ce guide n'est pas un répertoire de tous les terrains de camping
mais une sélection des meilleurs campings dans chaque catégorie.*

QUIMPER

✉ 29000 – **308** G7 – G. Bretagne – 63 238 h. – alt. 41 – Base de loisirs
🛈 *Office de tourisme, place de la Résistance* ℘ 02 98 53 04 05, Fax 02 98 53 31 33
Paris 564 – Brest 73 – Lorient 67 – Rennes 215 – St-Brieuc 130 – Vannes 121.

⚠ **L'Orangerie de Lanniron** 👥 – 15 mai-15 sept.
    ℘ 02 98 90 62 02, *camping@lanniron.com*,
    Fax 02 98 52 15 56, *www.lanniron.com* – ℞ conseillée
    17 ha/4 campables (199 empl.) plat, herbeux
    Tarif : 36,40 € ⚹ ⇔ 🅴 🔌 (10A) – pers. suppl. 7,10 € –
    frais de réservation 20 €
    Location (permanent) ⚜ : 23 🛖 (4 à 6 pers.) 322 à
    875 €/sem. – 10 studios – 5 maisonnettes
    🛒 1 borne 4 €
    Pour s'y rendre : 3 km au S par bd périphérique puis sortie
    vers Bénodet et rte à dr., près de la zone de loisirs de
    Creac'h Gwen
    À savoir : Dans le parc d'un manoir du XVe s., au bord de
    l'Odet

> Nature : 🏞 🌳🌳
> Loisirs : 🍴 ✕ 🏓 🎬 nocturne 🏃
> 🏊 🚴 ⚽ 🏓 🎿 canoë-kayak de
> mer
> Services : 🛁 ⚡ ⏣🅱 🚗 🏧 🏖 ⊚ 🏖
> 🛢 ⊚ 🌀 sèche-linge 🛒 🚿
> À prox. : ⛸ patinoire 🎾 🏊 🚣 par-
> cours sportif

QUIMPERLÉ

✉ 29300 – **308** J7 – G. Bretagne – 10 850 h. – alt. 30
🛈 *Office de tourisme, 45, place Saint-Michel* ℘ 02 98 96 04 32, Fax 02 98 96 16 12
Paris 517 – Carhaix-Plouguer 57 – Concarneau 32 – Pontivy 76 – Quimper 49 – Rennes 169 – Saint Brieuc 110 –
Vannes 74.

⚠ **Municipal de Kerbertrand** juin-15 sept.
    ℘ 02 98 39 31 30, *contact@quimperletourisme.com*,
    Fax 02 98 96 16 12, *www.quimperletourisme.com*
    – ℞ conseillée
    1 ha (40 empl.) plat, herbeux
    Tarif : (Prix 2007) ⚹ 2,55 € ⇔ 1,10 € 🅴 1,95 € – 🔌 1,65 €
    Pour s'y rendre : O : 1,5 km par D 783, rte de Concarneau
    et chemin à droite, après le stade, face au centre Leclerc

> Nature : 🌳
> Loisirs : 🏓 🏕
> Services : ⚡ ⊚
> À prox. : 🚣 🍴 🎾 🏊 canoë

RAGUENÈS-PLAGE

✉ 29920 – **308** I8 – G. Bretagne
Paris 545 – Carhaix-Plouguer 73 – Concarneau 17 – Pont-Aven 12 – Quimper 38 – Quimperlé 29.

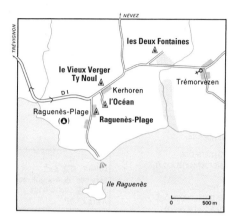

Les Deux Fontaines 8 mai-13 sept.
℘ 02 98 06 81 91, *info@les2fontaines.fr*,
Fax 02 98 06 71 80, *www.les2fontaines.com* – **R** conseillée
8 ha (293 empl.) plat, herbeux
Tarif : 36,10 € ✱ ⇔ 🄴 (6A) – pers. suppl. 6,10 € – frais
de réservation 15 €

Location : 30 ▭ (4 à 6 pers.) 168 à 903 €/sem. – 11 ⌂
(4 à 6 pers.) 240 à 868 €/sem.
▭, 1 borne artisanale – ▭
Pour s'y rendre : 1,3 km au N par rte de Névez et rte de
Trémorvezen

Nature : ▭
Loisirs : ▭
Services : ▭ sèche-linge ▭
À prox. : poneys

Le Raguenès-Plage avr.-sept.
℘ 02 98 06 80 69, *info@camping-le-raguenes-plage.com*,
Fax 02 98 06 89 05, *www.camping-le-raguenes-plage.com*
– **R** conseillée
6 ha (287 empl.) plat, herbeux
Tarif : (Prix 2007) 32,60 € ✱ ⇔ 🄴 (10A) – pers.
suppl. 5,70 €

Location : 46 ▭ (4 à 6 pers.) 280 à 820 €/sem.
À savoir : Agréable cadre boisé, près de l'océan (accès
direct)

Nature : ▭
Loisirs : ▭ ✗ snack, pizzeria ▭ diurne ▭
Services : ▭ sèche-linge ▭
À prox. : ▭

L'Océan 15 mai-15 sept.
℘ 02 98 06 87 13, *campingocean@orange.fr*,
Fax 02 98 06 78 26 – **R** conseillée
2,2 ha (150 empl.) plat, herbeux, sablonneux
Tarif : ✱ 5,30 € 🄴 9,40 € – (6A) 3,70 €
Location 🔸 : 7 ▭ (4 à 6 pers.) 330 à 550 €/sem.
▭, 1 borne artisanale
Pour s'y rendre : Sortie N par rte de Névez et à dr., à 350 m
de la plage (accès direct)
À savoir : Décoration florale

Nature : ▭
Loisirs : ▭
Services : ▭ sèche-linge
À prox. : ▭ poneys

Le Vieux Verger-Ty Noul 12 avr.-27 sept.
℘ 02 98 06 86 08, *contact@campingduvieuxverger.com*,
Fax 02 98 06 63 07, *www.campingduvieuxverger.com*
– **R** conseillée
2,5 ha (128 empl.) plat, herbeux
Tarif : 19,50 € ✱ ⇔ 🄴 (10A) – pers. suppl. 4,50 €
Pour s'y rendre : sortie N rte de Névez

Nature : ▭
Loisirs : ▭
Services : ▭

ROSPORDEN

✉ 29140 – **308** I7 – G. Bretagne – 6 441 h. – alt. 125
🛈 *Syndicat d'initiative, rue Lebas* 📞 *02 98 59 27 26*
Paris 544 – Carhaix-Plouguer 51 – Châteaulin 50 – Concarneau 15 – Quimper 22 – Quimperlé 28.

△ **Municipal Roz-an-Duc** 21 juin-6 sept.
📞 02 98 59 90 27, *mairie.rosporden@oleane.fr*,
Fax 02 98 59 92 00 – **R** conseillée
1 ha (49 empl.) non clos, plat et en terrasses, herbeux
Tarif : 🛉 2,40 € – ⇌ 1,30 € – 🗉 2,35 € – 🔌 (10A) 2,40 €
Pour s'y rendre : N : 1 km par D 36 rte de Châteauneuf-du-
Faou et à droite, à la piscine, à 100 m d'un étang
À savoir : Agréable cadre boisé au bord de l'Aven

Nature : 🌿 ☐ 🟢🟢
Services : 🚿 ⚡ 🛒 ⊕ 🔩 sèche-linge
À prox. : 🍴 ✗ ⊠ ☐ ⤢ parcours sportif

ST-JEAN-DU-DOIGT

✉ 29630 – **308** I2 – G. Bretagne – 628 h. – alt. 15
Paris 544 – Brest 77 – Guingamp 61 – Lannion 33 – Morlaix 22 – Quimper 96.

△ **Municipal du Pont Ar Gler** 27 juin-août
📞 02 98 67 32 15, *st-jean-du-doigt-mairie@wanadoo.fr*,
Fax 02 98 67 84 64
1 ha (34 empl.) plat et en terrasses, herbeux
Tarif : 🛉 2,70 € – ⇌ 1,40 € – 🗉 3,30 € – 🔌 (10A) 2,20 €
Pour s'y rendre : Au bourg, face à l'église

Nature : 🌿 ☐
Loisirs : ☐ 🏓
Services : 🚿 ⚡ ⚘ ⌀ ⊕ ⊿ 🔩

ST-POL-DE-LÉON

✉ 29250 – **308** H2 – G. Bretagne – 7 121 h. – alt. 60
🛈 *Office de tourisme, Pavillon du Tourisme* 📞 *02 98 69 05 69, Fax 02 98 69 01 20*
Paris 557 – Brest 62 – Brignogan-Plages 31 – Morlaix 21 – Roscoff 6.

▲▲ **Ar Kleguer** avr.-23 sept.
📞 02 98 69 18 81, *info@camping-ar-kleguer.com*,
www.camping-ar-kleguer.com – **R** conseillée
5 ha (173 empl.) plat, peu incliné, accidenté, herbeux,
rochers
Tarif : 23,40 € 🛉 ⇌ 🗉 🔌 (10A) – pers. suppl. 5,10 € –
frais de réservation 18 €
Location : 35 🏠 (4 à 6 pers.) 255 à 630 €/sem. – 9 🏡
(4 à 6 pers.) 255 à 630 €/sem.
Pour s'y rendre : À l'E de la ville, rte de Ste-Anne, près de
la plage
À savoir : Agréable parc paysager et animalier

Nature : 🌿 ‹ ☐ ♀ ⛰
Loisirs : 🍴 ☐ 🎯 🏓 ✗ ⛶ ⊿ ⛷ terrain omnisports couvert
Services : 🚿 ⚡ (juil.-août) 🅶🅱 ⌀ Ⓜ 🗗 ⊿ ⊕ 🔩 sèche-linge

▲▲ **Le Trologot** mai-sept.
📞 02 98 69 06 26, *camping-trologot@wanadoo.fr*,
Fax 02 98 29 18 30, *www.camping-trologot.com*
– **R** conseillée
2 ha (100 empl.) plat, herbeux
Tarif : 20,90 € 🛉 ⇌ 🗉 🔌 (10A) – pers. suppl. 4,60 € –
frais de réservation 10 €
Location (avr.-sept.) : 15 🏠 (4 à 6 pers.) 250 à
590 €/sem.
Pour s'y rendre : À l'E de la ville, rte de l'îlot St-Anne, près
de la plage

Nature : ☐ ♀
Loisirs : 🍴 🏓 ⛷
Services : 🚿 ⚡ 🅶🅱 ⌀ 🗗 ⊿ ⊕ 🔩 sèche-linge

ST-RENAN

✉ 29290 – **308** D4 – 6 818 h. – alt. 50
🛈 *Office de tourisme, place du Vieux Marché* 📞 *02 98 84 23 78, Fax 02 98 32 60 18*
Paris 605 – Brest 14 – Brignogan-Plages 43 – Ploudalmézeau 14.

△ Municipal de Lokournan
📞 02 98 84 37 67, *saint-renan.mairie@saint-renan.fr*,
Fax 02 98 32 43 20, *www.saint-renan.com* – **R** conseillée
0,8 ha (30 empl.) plat, sablonneux, herbeux
Pour s'y rendre : sortie NO par D 27 et chemin à droite,
près du stade
À savoir : près d'un petit lac

Nature : 🌿 ☐ 🟢🟢
Services : 🚿 ⊿ ⊕
À prox. : ⊠

239

STE-ANNE-LA-PALUD

✉ 29550 – **308** F6 – G. Bretagne – alt. 65
Paris 587 – Rennes 235 – Quimper 25 – Brest 65 – Concarneau 48.

⚠ **La Plage de Tréguer** 5 avr.-27 sept.
    ✆ 02 98 92 53 52, *camping-treguer-plage@wanadoo.fr,*
Fax 02 98 92 54 89, *www.camping-treguer-plage.com*
– **R** conseillée
5,8 ha (272 empl.) plat, sablonneux, herbeux
Tarif : (Prix 2007) 16,90 € ✱ 🚗 🅴 (4) (6A) – pers.
suppl. 3,80 € – frais de réservation 8 €
Location (15 avr.-27 sept.) : 19 🚐 (2 à 4 pers.) 155 à
360 €/sem.
🚐 1 borne artisanale 2 € – 60 🅴
Pour s'y rendre : N : 1,3 km
À savoir : Agréable cadre sauvage au bord de la plage

> Nature : 🏖 ⩽ ⛰
> Loisirs : ☂ snack 🛖 🏊
> Services : ⚬—ᵀ 😎 🐕 🗄 ⊕ 🌭 ⋒ 📶 🖥
> sèche-linge
> À prox. : ✗

SCAËR

✉ 29390 – **308** I6 – 5 267 h. – alt. 190
🄸 *Office de tourisme, 42, rue Jean Jaurès ✆ 02 98 59 49 37*
Paris 544 – Carhaix-Plouguer 38 – Concarneau 29 – Quimper 35 – Quimperlé 25 – Rosporden 15.

⚠ **Municipal de Kérisole**
    ✆ 02 98 57 60 91, *mairie@ville-scaer.fr,* Fax 02 98 59 42 10,
www.ville-scaer.fr
4 ha/2,3 campables (83 empl.) plat, peu incliné, herbeux
Location : 3 🚐
Pour s'y rendre : sortie E par rte du Faouët

> Nature : 🏖
> Loisirs : 🛖 🏊
> Services : ⅙ ⚬—ᵀ 🗄 ⊕ 🖥 sèche-
> linge
> À prox. : ✗ 🛶 parcours de santé
> 🚐

SIZUN

✉ 29450 – **308** G4 – G. Bretagne – 1 850 h. – alt. 112
🄸 *Office de tourisme, 3, rue de l'Argoat ✆ 02 98 68 88 40*
Paris 572 – Brest 37 – Carhaix-Plouguer 44 – Châteaulin 36 – Landerneau 16 – Morlaix 36 – Quimper 59.

⚠ **Municipal du Gollen** avr.-sept.
    ✆ 02 98 24 11 43, *mairie.sizun@wanadoo.fr,*
Fax 02 98 68 86 56, *www.mairie-sizun.fr* – **R**
0,6 ha (30 empl.) non clos, plat, herbeux
Tarif : 12,40 € ✱ 🚗 🅴 (4) (10A) – pers. suppl. 2,60 €
Pour s'y rendre : S : 1 km par D 30, rte de St-Cadou et à
gauche, bord de l'Elorn - passerelle piétons pour rejoindre
le centre du bourg

> Nature : 🏖
> Loisirs : 🎣
> Services : ⅙ 🐕 🗄 ⊕ 🌲
> À prox. : ✗ 🛶 🚐

240

TELGRUC-SUR-MER

✉ 29560 – **308** E5 – 1 822 h. – alt. 90
🄸 *Syndicat d'initiative, 6, rue du Ménez-Hom ✆ 02 98 27 78 06*
Paris 572 – Châteaulin 25 – Douarnenez 29 – Quimper 39.

⚠⚠ **Armorique** avr.-sept.
    ✆ 02 98 27 77 33, *contact@campingarmorique.com,*
Fax 02 98 27 38 38, *www.campingarmorique.com* – **R** indispensable
2,5 ha (100 empl.) en terrasses, plat à peu incliné, herbeux
Tarif : 24,50 € ✱ 🚗 🅴 (4) (6A) – pers. suppl. 5,50 € – frais
de réservation 16 €
Location : 25 🚐 (4 à 6 pers.) 220 à 695 €/sem. – 10 🏠
(4 à 6 pers.) 290 à 685 €/sem.
🚐 1 borne raclet
Pour s'y rendre : SO : 1,2 km par rte de Trez-Bellec-Plage

> Nature : 🏖 ⩽ ⛺ ♀
> Loisirs : ☂ ✗ 🛖 🏊 🛝 🏊
> Services : ⅙ ⚬—ᵀ 😎 🐕 🗄 ♨ 🗄 ⊕
> 🖥 sèche-linge 🧹

Donnez-nous votre avis sur les terrains que nous recommandons.
Faites-nous connaître vos observations et vos découvertes
par mail à l'adresse : leguidecampingfrance@fr.michelin.com.

TRÉBOUL

✉ 29100 – **308** E6
Paris 591 – Rennes 239 – Quimper 29 – Brest 75 – Concarneau 53.

Kerleyou 30 avr.-20 sept.
📞 02 98 74 13 03, *campingdekerleyou@wanadoo.fr*,
Fax 02 98 74 09 61, *www.camping-kerleyou.com*
– **R** conseillée
3,5 ha (100 empl.) plat et peu incliné, herbeux
Tarif : 20,15 € ✱ ⟵ 🅴 (10A) – pers. suppl. 4 € – frais
de réservation 11 €
Location : 10 ⟪⟫ (4 à 6 pers.) 248 à 620 €/sem. – 10 ⌂
(4 à 6 pers.) 252 à 628 €/sem.
Pour s'y rendre : 1 km à l'O par rue du Préfet-Collignon

Nature : 🌿 ⌑ 🌳
Loisirs : 🍴 crêperie, pizzeria 🔲
🏄 🛝
Services : 🚿 ⚬⟲ 🅶🅱 ⟳ 📗 ⊛ 🔳
sèche-linge

Trézulien 5 avr.-27 sept.
📞 02 98 74 12 30, *francoise.guenneau@wanadoo.fr*,
Fax 02 98 74 01 16, *www.camping-trezulien.com*
– **R** conseillée
3 ha (150 empl.), en terrasses, peu incliné, plat, herbeux
Tarif : 14,10 € ✱ ⟵ 🅴 (10A) – pers. suppl. 3,10 € –
frais de réservation 11 €
Location : 9 ⟪⟫ (4 à 6 pers.) 160 à 490 €/sem.
Pour s'y rendre : Par rue Frédéric-Le-Guyader

Nature : 🌿 ⟨ 🌳
Loisirs : 🍴 🏄
Services : 🚿 ⚬⟲ (saison) 🅶🅱 ⟳ 📗
⊛ 🔳

Si vous recherchez :

⚠ *Un terrain au bord de l'eau avec possibilité de baignade*
🌿 *Un terrain agréable ou très tranquille*
L *Un terrain effectuant la location de caravanes, de mobile homes,*
    de bungalows ou de chalets
P *Un terrain ouvert toute l'année*
🚐 *Un terrain possédant une aire de services pour camping-cars*
Consultez le tableau des localités

241

TREFFIAGAT

✉ 29730 – **308** F8 – 2 168 h. – alt. 20
Paris 582 – Audierne 39 – Douarnenez 41 – Pont-l'Abbé 8 – Quimper 28.

Les Ormes rnai-sept.
📞 02 98 58 21 27, *campingdesormes@aol.com*,
Fax 02 98 58 91 36 – **R** conseillée
2 ha (76 empl.) plat, herbeux
Tarif : (Prix 2007) ✱ 3,40 € ⟵ 2 € 🅴 3,60 € – (6A) 2,90 €
🚐 1 borne – 🐖 10 €
Pour s'y rendre : S : 2 km, à Kerlay, à 400 m de la plage
(accès direct)

Nature : 🌿 ⌑
Loisirs : 🏄
Services : ⚬⟲ ⟳ ⊛ 🔳
À prox. : 🚾

TRÉGUENNEC

✉ 29720 – **308** F7 – 342 h. – alt. 31
Paris 582 – Audierne 27 – Douarnenez 27 – Pont-l'Abbé 11 – Quimper 29.

Kerlaz avr.-sept.
📞 02 98 87 76 79, *contact@kerlaz.com*, *www.kerlaz.com*
– **R** conseillée
1,25 ha (80 empl.) plat, herbeux
Tarif : ✱ 3,80 € ⟵ 2,20 € 🅴 5,20 € – (6A) 3,40 € – frais
de réservation 10 €
Location : 6 ⟪⟫ (2 à 4 pers.) 130 à 240 €/sem. – 10 ⟪⟫
(4 à 6 pers.) 255 à 500 €/sem. – 5 ⌂ (4 à 6 pers.) 290 à
570 €/sem.
🚐 1 borne artisanale
Pour s'y rendre : Au bourg, par D 156

Nature : 🌳
Loisirs : 🍴 🏄 🚴 🔲 (découverte
en saison)
Services : ⚬⟲ (juil.-août) 🅶🅱 ⟳ 📗
🔥 ⊛ 🔳 sèche-linge
À prox. : 🚾 crêperie 🐎 (centre
équestre)

✉ 29910 – **308** H7 – 6 354 h. – alt. 45

🛈 *Office de tourisme, Kérambourg* 📞 *02 98 50 22 05, Fax 02 98 50 18 48*

Paris 543 – Concarneau 7 – Pont-Aven 9 – Quimper 29 – Quimperlé 27.

⛰ **Le Pendruc** 15 juin-15 sept.

📞 *02 98 97 66 28, info@domainedependruc.com,*
Fax 02 98 50 24 30, *www.domainedependruc.com*
– **R** conseillée
6 ha (200 empl.) plat, herbeux
Tarif : 🛉 5 € – 🚗 2 € 🔲 8 € – 🔌 (6A) 3,20 € – frais de réservation 10 €
Location (avr.-sept.) 🏠 : 30 🛏 (4 à 6 pers.) 220 à 695 €/sem.
Pour s'y rendre : SO : 2,8 km rte de Pendruc et à gauche

Nature : 🐾 🗔
Loisirs : 🍸 snack 🏠 🎯 🏃 🛝 🚲 🏊
Services : 🔌 GB 🐕 🔲 😊 🗓 sèche-linge
À prox. : 🍴 🤿

⛰ **La Pommeraie** 🔆 – mi-mai-sept.

📞 *02 98 50 02 73, pommeraie@club-internet.fr,*
Fax 02 98 50 07 91, *www.campingdelapomeraie.com*
– **R** conseillée
7 ha (198 empl.) plat, herbeux, verger
Tarif : 28 € 🛉 🚗 🔲 🔌 (6A) – pers. suppl. 3,50 €
Location (29 mars-15 oct.) : 70 🛏 (4 à 6 pers.) 250 à 610 €/sem.
🛏 1 borne artisanale – 🚐 10 €
Pour s'y rendre : 6 km au S par D 1, rte de la Pointe de Trévignon et à gauche rte de St-Philibert

Nature : 🗔 🌳
Loisirs : 🍸 crêperie 🏠 🎯 🏃 jacuzzi salle d'animation 🛝 🚲 🏊 🎾 terrain omnisports
Services : 🅰 🔌 GB 🐕 🔲 🚿 ⛽ 🔥 🌬 💧 🗓 sèche-linge 🧺 🧹

242

✉ 35260 – **309** K2 – G. Bretagne – 5 203 h. – alt. 50

🛈 *Office de tourisme, 44, rue du Port* 📞 *02 99 89 63 72, Fax 02 99 89 75 08*

Paris 398 – Avranches 61 – Dinan 35 – Fougères 73 – Le Mont-St-Michel 49 – St-Malo 16.

⛰ **Le Bois Pastel** 5 avr.-5 oct.

📞 *02 99 89 66 10, camping.bois-pastel@wanadoo.fr,*
Fax 02 99 89 60 11, *www.campingboispastel.fr* – **R** conseillée
4,2 ha (199 empl.) plat, herbeux
Tarif : 26 € 🛉 🚗 🔲 🔌 (6A) – pers. suppl. 4,50 € – frais de réservation 15 €
Location : 16 🛏 (4 à 6 pers.) 260 à 510 €/sem.
🛏 1 borne artisanale
Pour s'y rendre : NO : 7 km par D 201, rte côtière et à gauche rue de la Corgnais

Nature : 🐾 🌳 🗔
Loisirs : 🍸 🛝 🗔
Services : 🅰 🔌 GB 🐕 🔲 😊 💧 🗓 sèche-linge 🧺 🧹
À prox. : 🍴 🏇 🤿 🐎 poneys canoë de mer

⛰ **Notre-Dame du Verger** saison

📞 *02 99 89 72 84, Fax 02 99 89 60 11* – **R** conseillée
2,5 ha (56 empl.) en terrasses et peu incliné, herbeux
Tarif : 26 € 🛉 🚗 🔲 🔌 (6A) – pers. suppl. 4,50 € – frais de réservation 15 €
🛏 1 borne artisanale 4 €
Pour s'y rendre : NO : 6,5 km par D 201, rte côtière, à 500 m de la plage (accès direct par sentier)

Loisirs : 🍸 🏠 🏊
Services : 🔌 🐕 🔲 😊 🌬 💧 🗓 sèche-linge
À prox. : 🍴 🏇 🤿 🐎 poneys canoë de mer

Benutzen Sie
– zur Wahl der Fahrtroute
– zur Berechnung der Entfernungen
– zur exakten Lokalisierung eines Campingplatzes (mit Hilfe der Angaben im Ortstext)
die für diesen Führer unentbehrlichen **MICHELIN-Karten** .

La CHAPELLE-AUX-FILTZMEENS

✉ 35190 – **309** L4 – 382 h. – alt. 40
Paris 388 – Rennes 39 – Saint-Malo 42 – Fougères 83 – Cesson-Sévigné 44.

⚠ **Le Domaine du Logis** 22 mars.-oct.
  ℘ 02 99 45 25 45, *domainedulogis@wanadoo.fr*,
  Fax 02 99 45 30 40, *www.domainedulogis.com* – **R** conseillée
  20 ha/6 campables (180 empl.) plat, herbeux
  Tarif : ☆ 5 € ⇐ 🅴 18 € – ⚡ (10A) 4 € – frais de réservation 10 €
  Location ⚘ : 19 ⬚ (4 à 6 pers.) 250 à 690 €/sem.
  ⬚, 1 borne – 8 🅴 7 € – 🚐 10 €
  Pour s'y rendre : SO : 0,8 km par D 13, rte de St-Domineuc
  et à droite

Nature : ⬚ ♀
Loisirs : ☂ snack, brasserie ⬚ 🏕
⬚⬚⬚
Services : ⬚ ⬚ GB ⬚ 🔲 ⬚ ⬚ ⬚
⬚⬚⬚
À prox. : ⬚

CHÂTEAUGIRON

✉ 35410 – **309** M6 – G. Bretagne – 5 500 h. – alt. 45
🅱 *Office de tourisme, le Château* ℘ 02 99 37 89 02
Paris 336 – Angers 114 – Châteaubriant 45 – Fougères 56 – Nozay 66 – Rennes 17 – Vitré 32.

⚠ **Municipal les Grands Bosquets** avr.-sept.
  ℘ 02 99 37 41 69, *mairie@ville-chateaugiron.fr*,
  Fax 02 99 37 43 55, *www.ville-chateaugiron.fr* – **R** conseillée
  ⚘
  0,6 ha (33 empl.) plat, herbeux
  Tarif : ☆ 1,60 € 🅴 2,55 € – ⚡ 2,15 €
  Pour s'y rendre : sortie E par D 34, rte d'Ossé
  À savoir : au bord d'un plan d'eau

Nature : ♀ ⬚
Services : ⬚ (août) ⬚
À prox. : ⬚ ⬚ terrain omnis-
ports

CHÂTILLON-EN-VENDELAIS

✉ 35210 – **309** O5 – 1 551 h. – alt. 133
Paris 311 – Fougères 17 – Rennes 49 – Vitré 13.

⚠ **Municipal du Lac** 15 mai-sept.
  ℘ 02 99 76 06 32, *accueil.mairie@chatillon-en-vendelais.fr*,
  Fax 02 99 76 12 39
  0,6 ha (61 empl.) peu incliné, herbeux
  Tarif : 10,76 € ☆ ⇐ 🅴 ⚡ (6A) – pers. suppl. 2,32 €
  Pour s'y rendre : N : 0,5 km par D 108, bord de l'étang de
  Châtillon
  À savoir : site agréable et cadre verdoyant

Nature : ⬚ ⬚ ⬚ ♀ ⬚
Loisirs : ⬚
Services : ⬚ 🔲 ⬚
À prox. : ☂ crêperie ⬚ pédalos

243

DOL-DE-BRETAGNE

✉ 35120 – **309** L3 – G. Bretagne – 4 563 h. – alt. 20
🅱 *Syndicat d'initiative, 3, Grande Rue des Stuarts* ℘ 02 99 48 15 37, Fax 02 99 48 14 13
Paris 378 – Alençon 154 – Dinan 26 – Fougères 54 – Rennes 57 – St-Malo 28.

⚠ **Domaine des Ormes** 17 mai-7 sept.
  ℘ 02 99 73 53 00, *info@lesormes.com*, Fax 02 99 73 53 55,
  www.lesormes.com – places limitées pour le passage
  – **R** conseillée
  160 ha/40 campables (750 empl.) plat et peu incliné,
  herbeux
  Tarif : 44,60 € ☆ ⇐ 🅴 ⚡ (6A) – pers. suppl. 7,50 € – frais
  de réservation 20 €
  Location (mars-nov.) : 42 ⬚ (4 à 6 pers.) 335 à
  1 100 €/sem. – 10 ⬚ (4 à 6 pers.) 462 à 998 €/sem. –
  hôtel, studios, gîtes, cabanes perchées
  Pour s'y rendre : S : 7,5 km par D 795, rte de Combourg
  puis chemin à gauche, à Epiniac
  À savoir : grands espaces et nombreuses activités autour
  d'un château du 16e s.

Nature : ⬚ ⬚ ⬚
Loisirs : ☂ ✗ pizzeria ⬚ ⬚ ⬚
discothèque, salle d'animation ⬚
⬚ ⬚ ✗ ⬚ ⬚ ⬚ ⬚ ⬚ poneys
(centre équestre) golf, théâtre de
plein air, terrain omnisports, pra-
tice de golf
Services : ⬚ ⬚ GB ⬚ 🔲 ⬚ ⬚ ⬚ ⬚
sèche-linge ⬚ ⬚

DOL-DE-BRETAGNE

▲▲▲ **Le Vieux Chêne** 5 avr.-21 sept.
ℰ 02 99 48 09 55, *vieux.chene@wanadoo.fr*,
Fax 02 99 48 13 37, *www.camping-vieuxchene.fr*
– **R** conseillée
4 ha/2 campables (199 empl.) plat, peu incliné, herbeux
Tarif : 33,90 € ✱ ⟵ 🅴 🅶 (10A) – pers. suppl. 6 € – frais
de réservation 15 €
Location (22 mars-21 sept.) : 2 🚐 (4 à 6 pers.) 440 à
780 €/sem. – 18 🏠 (4 à 6 pers.) 400 à 820 €/sem.
🚐 1 borne artisanale 5 € – 2 🅴
Pour s'y rendre : E : 5 km, par N 176, rte de Pontorson, à
Baguer-Pican, accès conseillé par la déviation, sortie Dol-de-
Bretagne-Est et D 80
À savoir : Situation plaisante autour d'une ferme bordée
d'étangs

> Nature : 🏞 🗒 ♈
> Loisirs : 🍴 snack, crêperie 🏕 🏃
> ✂ 🎣 🏊 🛶 poneys
> Services : 🔥 ⚡ GB 🐄 🍴 🚿 ⊕ 🏪
> 🚾 📷 sèche-linge 🍖 🏕

FEINS

✉ 35440 – **309** M5 – 710 h. – alt. 104
Paris 369 – Avranches 55 – Fougères 44 – Rennes 30 – St-Malo 50.

▲▲ **Municipal l'Étang de Boulet** mai-sept.
ℰ 02 99 69 63 23, *feins@wanadoo.fr*, Fax 02 99 69 66 25,
www.feins.fr – **R** conseillée
1,5 ha (40 empl.) plat, herbeux
Tarif : ✱ 3 € ⟵ 1 € 🅴 2,50 € – 🅶 (10A) 3 €
Pour s'y rendre : NE : 2 km par D 91, rte de Marcillé-Raoul
et chemin à gauche
À savoir : situation agréable près de l'étang de Boulet

> Nature : 🏞 ⪡ 🗒 ⛰
> Loisirs : 🏕 🏃
> Services : 🔥 ⚡ (juil.-août) GB 🐄
> 🍴 ⊕ 🏪 🚾 sèche-linge
> À prox. : 🚣 🦆 🐎 (centre équestre)

FOUGÈRES

✉ 35300 – **309** O4 – G. Bretagne – 21 779 h. – alt. 115
🅱 *Office de tourisme, 2, rue Nationale* ℰ 02 99 94 12 20, Fax 02 99 94 77 30
Paris 326 – Caen 148 – Le Mans 132 – Nantes 158 – St-Brieuc 148.

▲ **Municipal de Paron** mai-28 sept.
ℰ 02 99 99 40 81, *fougeres.mda@wanadoo.fr*,
Fax 02 99 94 27 94
2,5 ha (90 empl.) plat et peu incliné, herbeux
Tarif : 12 € ✱ ⟵ 🅴 🅶 (10A) – pers. suppl. 2,30 €
Pour s'y rendre : E : 1,5 km par D 17 rte de la Chapelle-
Janson, accès recommandé par rocade Est
À savoir : agréable cadre arbustif

> Nature : 🗒 ♈
> Loisirs : 🏃
> Services : ⚡ GB 🐄 🍴 ⊕ 📷
> À prox. : 🍖 ⚡ ✂ 🎿 🎣 🔲 🐎 (cen-
> tre équestre) canoë

MARCILLÉ-ROBERT

✉ 35240 – **309** N7 – 856 h. – alt. 65
Paris 333 – Bain-de-Bretagne 33 – Châteaubriant 30 – La Guerche-de-Bretagne 11 – Rennes 39 – Vitré 26.

▲ **Municipal de l'Étang** avr.-oct.
ℰ 02 99 43 67 34, *mairie.marcille-robert@wanadoo.fr*,
Fax 02 99 43 54 34
0,5 ha (22 empl.) plat, en terrasses, herbeux
Pour s'y rendre : sortie S par D 32 rte d'Arbrissel
À savoir : cadre agréable surplombant un étang

> Nature : 🏞 ⪡ 🗒 ♀
> Services : 🔥 🐄 🍴 🏊 ⊕
> À prox. : 🏃 ✂ 🐟 pédalos

MARTIGNÉ-FERCHAUD

✉ 35640 – **309** O8 – 2 634 h. – alt. 90
🅱 *Syndicat d'initiative, place Sainte-Anne* ℰ 02 99 47 84 37
Paris 340 – Bain-de-Bretagne 31 – Châteaubriant 15 – La Guerche-de-Bretagne 16 – Rennes 46.

▲ **Municipal du Bois Feuillet** juin-sept.
ℰ 02 99 47 84 38, *mairie-de-martigne-ferchaud@wana
doo.fr*, Fax 02 99 47 84 65, *www.ville-martigne-ferchaud.fr*
– **R** conseillée
1,7 ha (50 empl.) en terrasses, herbeux, plat
🚐 1 borne artisanale
Pour s'y rendre : NE du bourg
À savoir : près de l'étang des Forges (accès direct)

> Nature : ⪡ 🗒
> Loisirs : 🏕 🍴
> Services : 🔥 ⚡ (juil.-août) 🐄 🍴 ⊕
> 🏊 🚾 📷
> À prox. : 🏃 ✂ 🚣 (plage) 🐟 🦆
> pédalos

244

PAIMPONT

✉ 35380 – **309** I6 – G. Bretagne – 1 395 h. – alt. 159
🛈 Syndicat d'initiative, 5, esplanade de Brocéliande 🗐 02 99 07 84 23, Fax 02 99 07 84 24
Paris 390 – Dinan 60 – Ploërmel 26 – Redon 47 – Rennes 41.

⚠ **Municipal Paimpont Brocéliande** mai-sept.
🗐 02 99 07 89 16, mairie.paimpont@wanadoo.fr,
Fax 02 99 07 88 18, www.paimpont.fr – ℞
1,5 ha (90 empl.) plat, herbeux
Tarif : (Prix 2007) 🛉 2,70 € ⇔ 2,40 € ▣ 1,15 € –
🔌 (5A) 2,70 €
Pour s'y rendre : sortie N par D 773, à proximité de l'étang

> Loisirs : 🛋 ⚽
> Services : ♿ ⚡ (juil.-août) 🖥 ♨ 🗑
> sèche-linge
> À prox. : ✗ 🚐

PARAMÉ

✉ 35400 – **309** K3
Paris 404 – Rennes 71 – St-Malo 5 – St-Brieuc 91 – Fougères 89.
Schéma à St-Jouan-des-Guérets

⚠ **Municipal les Îlots** juil.-août
🗐 02 99 56 98 72, camping@ville-saint-malo.fr,
Fax 02 99 21 92 62, http://www.ville-saint-malo.fr/cam
pings – ℞ conseillée
2 ha (156 empl.) plat, herbeux
Tarif : (Prix 2007) 16,40 € 🛉 ⇔ ▣ 🔌 (10A) – pers.
suppl. 5,70 €
🚐 1 borne artisanale 3,10 €
Pour s'y rendre : à Rothéneuf, av. de la Guimorais, près de
la plage du Havre

> Loisirs : ⚽
> Services : ♿ ⚡ GB 🖥 🗑 ♨
> À prox. : ✗ 🖼 🗺 ≉ 🐎 🐴 (centre
> équestre)

Pour choisir et suivre un itinéraire
Pour calculer un kilométrage
Pour situer exactement un terrain (en fonction des
indications fournies dans le texte) :
*Utilisez les **cartes MICHELIN**,*
compléments indispensables de cet ouvrage.

245

Le PERTRE

✉ 35370 – **309** P6 – 1 361 h. – alt. 174
Paris 303 – Châteaubriant 55 – Laval 25 – Redon 116 – Rennes 53 – Vitré 20.

⚠ **Municipal le Chardonneret** Permanent
🗐 06 79 50 41 77, mairielepertre@wanadoo.fr,
Fax 02 99 96 98 92, www.lepertre.fr – ℞ conseillée ✗
1 ha (31 empl.) plat et peu incliné, herbeux
Tarif : 🛉 2,60 € ▣ 1,70 € – 🔌 (6A) 3,30 €
Pour s'y rendre : sortie SO par D 43 rte de Brielles et rue à
droite
À savoir : près d'un plan d'eau

> Nature : 🐾 🗩
> Services : ♿ 🖥 📖 ♨
> À prox. : ⚽ ✗ 🖼 ♨ ≉ (plage)

RENNES

✉ 35000 – **309** L6 – G. Bretagne – 206 229 h. – alt. 40
🛈 Office de tourisme, 11, rue Saint-Yves 🗐 02 99 67 11 11, Fax 02 99 67 11 00
Paris 349 – Angers 129 – Brest 246 – Caen 185 – Le Mans 155 – Nantes 108.

⚠ **Municipal des Gayeulles** Permanent
🗐 02 99 36 91 22, camping.rennes@wanadoo.fr,
Fax 02 23 20 06 34, www.camping-rennes.com – ℞ conseillée
3 ha (179 empl.) plat, herbeux
Tarif : 🛉 3,50 € ⇔ 1,70 € ▣ 7,20 € – 🔌 (16A) 3,30 €
🚐 1 borne 2 € – 30 ▣
Pour s'y rendre : sortie NE vers N 12 rte de Fougères puis
av. des Gayeulles et rue Maurice-Audin, près d'un étang
À savoir : dans l'agréable parc des Gayeulles

> Nature : 🐾
> Loisirs : ⚽
> Services : ♿ ⚡ (juil.-août) GB 🖥
> 📖 ♨ ♨ ⚒ 🗑 🗑 sèche-linge
> À prox. : 🏒 patinoire 🎣 ✗ 🖼 ♨ 🗺
> (découverte en saison) parc anima-
> lier

ST-BENOÎT-DES-ONDES

✉ 35114 – **309** K3 – 799 h. – alt. 1
Paris 390 – Cancale 9 – Dinard 21 – Dol-de-Bretagne 13 – Le Mont-St-Michel 41 – Rennes 68 – St-Malo 15.

⚠ **L'Île Verte** juin-7 sept.
    02 99 58 62 55
    1,2 ha (43 empl.) plat, herbeux
    Tarif : 21,70 € ★ 🚗 🅴 (6A) – pers. suppl. 4 €
    Pour s'y rendre : au S du bourg, près de l'église, à 400 m
    du bord de mer
    À savoir : agréable cadre fleuri

> Nature : 🌳 🏞
> Loisirs : 🎯 🚴
> Services : ♿ ⚡ ⚕ 🗄 🅰 🚿 🔥 sè-
> che-linge
> À prox. : ✗ 🚣

ST-BRIAC-SUR-MER

✉ 35800 – **309** J3 – G. Bretagne – 2 054 h. – alt. 30
🛈 Office de tourisme, 49, Grande Rue 02 99 88 32 47, Fax 02 99 88 32 47
Paris 411 – Dinan 24 – Dol-de-Bretagne 34 – Lamballe 41 – St-Brieuc 62 – St-Cast-le-Guildo 22 – St-Malo 13.

⚠⚠⚠ **Émeraude** 12 avr.-21 sept.
    02 99 88 34 55, *camping.emeraude@wanadoo.fr*,
    Fax 02 99 88 99 13, *www.camping-emeraude.com* – **R** in-
    dispensable
    3,2 ha (194 empl.) plat et peu incliné, herbeux
    Tarif : 29,60 € ★ 🚗 🅴 (6A) – pers. suppl. 6 € – frais de
    réservation 16 €
    Location : 43 🛖 (4 à 6 pers.) 260 à 620 €/sem. – 14 🏠
    (4 à 6 pers.) 280 à 650 €/sem.
    🚐 1 borne eurorelais 2,50 € – 🚐 12.50 €
    Pour s'y rendre : chemin de la Souris
    À savoir : bel espace aquatique

> Nature : 🌳 💧
> Loisirs : 🍸 snack 🍴 🎯 🔥 🏊 🏖
> Services : ♿ ⚡ 🆎 ⚕ Ⓜ 🗄 🔥 🅰
> 🅰 🚰 ⓦ 🅱 sèche-linge 🧺
> À prox. : ✗ 🎣 🖼 🚣 🐎 golf

*LES GUIDES VERTS **MICHELIN***
Paysages, monuments
Routes touristiques
Géographie
Histoire, Art
Itinéraire de visite
Plans de villes et de monuments

ST-COULOMB

✉ 35350 – **309** K2 – 2 168 h. – alt. 35
Paris 398 – Cancale 6 – Dinard 18 – Dol-de-Bretagne 21 – Rennes 76 – St-Malo 6.

⚠ **Du Guesclin** avr.oct.
    02 99 89 03 24, *reservation@camping-duguesclin.com*,
    www.camping-duguesclin.com – places limitées pour le
    passage – **R** conseillée
    0,9 ha (43 empl.) peu incliné, herbeux
    Tarif : 16,60 € ★ 🚗 🅴 (6A) – pers. suppl. 3,60 €
    Location : 6 🛖 (4 à 6 pers.) 190 à 490 €/sem.
    Pour s'y rendre : NE : 2,5 km par D 355, rte de Cancale et
    rte à gauche

> Nature : 🌳 ≤ 🏞
> Services : ♿ ⚡ ⚕ 🏊 🅰 🅰 🚰 ⓦ

⚠ **De Tannée** déb.avr.-fin sept.
    02 99 89 41 20, *campingdetannee@orange.fr*,
    Fax 02 99 89 41 20, *www.campingdetannee.com*
    – **R** conseillée 🐾
    0,44 ha (23 empl.) peu incliné, plat
    Tarif : 20,10 € ★ 🚗 🅴 (10A) – pers. suppl. 3,90 € –
    frais de réservation 10 €
    Location : 6 🛖 (4 à 6 pers.) 260 à 560 €/sem.
    Pour s'y rendre : NE : 2,5 km par D 355, rte de Cancale et
    rte à gauche
    À savoir : belle vue sur le fort Duguesclin

> Nature : 🌳 ≤ 🏞
> Loisirs : 🏊 (découverte en saison)
> Services : ♿ ⚡ 🗄 🅰 ⓦ 🅱

ST-JOUAN-DES-GUÉRETS

✉ 35430 – **309** K3 – 2 484 h. – alt. 31
Paris 396 – Rennes 63 – St-Malo 8 – St-Brieuc 83 – Fougères 81.

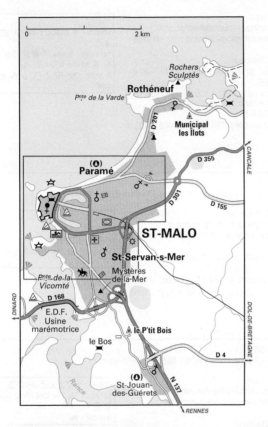

Le P'tit Bois ♣♦ – 5 avr.-13 sept.
𝒫 02 99 21 14 30, *camping.ptitbois@wanadoo.fr*,
Fax 02 99 81 74 14, *www.ptitbois.com* – **R** conseillée
6 ha (274 empl.) plat, herbeux
Tarif : ♣ 8 € – ⇌ 4 € 回 19 € – 𝖍 (10A) 4 € – frais de réservation 30 €
Location : 105 ⟦⟧ (4 à 6 pers.) 294 à 910 €/sem.
⟦⟧ 1 borne artisanale 7 €
Pour s'y rendre : Accès par N 137
À savoir : Bel ensemble paysager

Nature : ⌴ ♀
Loisirs : ♟ pizzeria, snack ⟦⟧ 🗗 ♣♦
hammam jacuzzi salle d'animation
⟦⟧ ⚑ ✕ 🕍 🎿 🏊 ⚐ terrain omnisports
Services : ♿ ⟐ ᴳᴮ ⟐ 🗑 ⟐ ⟐ ⟐
⟐ ⟐ 📷 sèche-linge ⟐ ⟐
À prox. : 🛒 🐴 poneys

Si vous recherchez :

♣♦ *Un terrain offrant des équipements et des loisirs adaptés aux enfants*
♨ *Un terrain agréable ou très tranquille*
L - M *Un terrain effectuant la location de caravanes, de mobile homes,*
  de bungalows ou de chalets
P *Un terrain ouvert toute l'année*
⟦⟧ *Un terrain possédant une aire de services pour camping-cars*
Consultez le tableau des localités

ST-LUNAIRE

✉ 35800 – **309** J3 – G. Bretagne – 2 250 h. – alt. 20
🏢 *Office de tourisme, 72, boulevard du Général-de-Gaulle* ☎ *02 99 46 31 09, Fax 02 99 46 31 09*
Paris 410 – Rennes 76 – St-Malo 14 – St-Brieuc 67 – Fougères 95.

▲▲▲ **La Touesse** avr.-28 sept.
☎ 02 99 46 61 13, *camping.la.touesse@wanadoo.fr*,
Fax 02 99 16 02 58, *www.campinglatouesse.com* – **R** indispensable
2,5 ha (160 empl.) plat, herbeux
Tarif : 23,50 € ✱ ⬅ 🅴 🄹 (10A) – pers. suppl. 5,20 € –
frais de réservation 16 €
Location : 6 🛖 (2 à 4 pers.) 180 à 420 €/sem. – 50 🚐
(4 à 6 pers.) 210 à 595 €/sem. – 3 studios
🚐 1 borne artisanale 6 €
Pour s'y rendre : E : 2 km par D 786 rte de Dinard, à 400 m
de la plage

> Nature : 🌳
> Loisirs : 🍴 snack, pizzeria 🖼 🏊 🛶
> Services : 🚿 ⚡ 🛒 🧺 🚮 🅿 🖉 🛒 🚰
> 🛎 sèche-linge 🏧 🚜
> À prox. : 🎿 🖼 🎯 🖼 🚣 poneys golf

ST-MARCAN

✉ 35120 – **309** M3 – 380 h. – alt. 60
Paris 370 – Dinan 42 – Dol-de-Bretagne 14 – Le Mont-St-Michel 17 – Rennes 68 – St-Malo 32.

▲ **Le Balcon de la Baie** avr.-oct.
☎ 02 99 80 22 95, *lebalcondelabaie@wanadoo.fr*,
Fax 02 99 80 22 95, *www.lebalcondelabaie.com* – **R** conseillée
2,8 ha (66 empl.) peu incliné, plat, herbeux
Tarif : ✱ 4,60 € 🅴 5,20 € – 🄹 (6A) 3,60 €
Location : 12 🚐 (4 à 6 pers.) 300 à 520 €/sem.
Pour s'y rendre : SE : 0,5 km par D 89 rte de Pleine-
Fougères et à gauche

> Nature : 🌿 ⇐ Baie du Mont-St-Michel 🌿
> Loisirs : 🖼 🛶 🏊
> Services : 🚿 ⚡ GB 🧺 🚮 🅿 🖉
> 🖼

ST-PÈRE

✉ 35430 – **309** K3 – 1 750 h. – alt. 50
Paris 392 – Cancale 14 – Dinard 15 – Dol-de-Bretagne 16 – Rennes 62 – St-Malo 16.

▲▲ **Bel Évent** 22 mars-12 oct.
☎ 02 99 58 83 79, *contact@camping-bel-event.com*,
Fax 02 99 58 82 24, *www.camping-bel-event.com*
– **R** conseillée
2,5 ha (109 empl.) plat, herbeux
Location 🚫 : 17 🚐 (4 à 6 pers.) 220 à 570 €/sem.
Pour s'y rendre : SE : 1,5 km par D 74 rte de Châteauneuf
et chemin à droite

> Loisirs : 🍴 🖼 🛶 🚲 🎯 🏊
> Services : 🚿 ⚡ GB 🧺 🚮 🅿 🖉 🚰
> 🅿 🖼 sèche-linge 🏧
> À prox. : 🐎

TINTÉNIAC

✉ 35190 – **309** K5 – G. Bretagne – 2 434 h. – alt. 40
🏢 *Syndicat d'initiative, 17, rue de la Libération* ☎ *02 99 68 09 62*
Paris 377 – Avranches 70 – Dinan 28 – Dol-de-Bretagne 30 – Fougères 75 – Rennes 30 – St-Malo 42.

▲▲ **Les Peupliers** avr.- sept.
☎ 02 99 45 49 75, *camping.les.peupliers@wanadoo.fr*,
wwwles-peupliers-campingfr – **R** conseillée
4 ha (100 empl.) plat, herbeux
Tarif : 20,10 € ✱ ⬅ 🅴 🄹 (5A) – pers. suppl. 5,20 €
Location (mars-oct.) 🚫 : 6 🚐 (4 à 6 pers.) 270 à
518 €/sem.
🚐 1 borne artisanale - 2 🅴 14,90 €
Pour s'y rendre : SE : 2 km par l'ancienne rte de Rennes, à
la Besnelais, bord d'étangs, par N 137, sortie Tinténiac Sud
À savoir : En bordure d'étangs ombragés par des sapins et
des peupliers

> Nature : 🏞
> Loisirs : 🍴 🖼 🛶 🚲 🎿 🏊
> Services : 🚿 ⚡ GB 🧺 Ⓜ 🚮 🅿 🖉
> 🏧 🚰 🖼 sèche-linge

✉ 56190 – **308** P9 – 1 255 h. – alt. 30
🏢 *Syndicat d'initiative, 1, place du Requerio* 🌐 *02 97 41 20 49*
Paris 465 – Muzillac 7 – Redon 42 – La Roche-Bernard 22 – Sarzeau 20 – Vannes 24.

D'Arvor avr.-sept.
🌐 02 97 41 16 69, *info@campingdarvor.com*,
Fax 02 97 48 10 77, *www.campingdarvor.com* – places limitées pour le passage – **R** conseillée
4 ha (140 empl.) plat, herbeux, étang
Tarif : 20 € 🚶 🚐 ▣ (6A) – pers. suppl. 4,50 € – frais de réservation 15 €
Location : 70 (4 à 6 pers.) 220 à 630 €/sem.
Pour s'y rendre : 1,5 km à l'O par D 20, rte de Sarzeau, et à gauche, rte de Brouel

Nature : 🌳
Loisirs : 🍴 snack 🔳 ⛱ 🎯 ⛵ 🚣
Services : ♿ 🚿 🔧 ⓔ 🚰 🔋 sèche-linge

Le Bédume avr.-sept.
🌐 02 97 41 68 13, *campingdubedume@free.fr*,
Fax 02 97 41 56 79, *www.bedume.com* – **R** conseillée
5 ha (200 empl.) plat, herbeux
Tarif : 21 € 🚶 🚐 ▣ (6A) – pers. suppl. 5 € – frais de réservation 10 €
Location (15 mars-15 nov.) : 32 (4 à 6 pers.) à 730 €/sem.
Pour s'y rendre : 6 km au SE par rte de Bétahon
À savoir : Près de la plage (accès direct)

Nature : 🌳
Loisirs : 🍴 🔳 ⛱ ⛵ 🎯 🎱 🚣 🏊 terrain omnisports
Services : ♿ 🚿 ⊞ 🔧 🚰 🔋 ⓔ 🔋 sèche-linge 🧺

Les Peupliers avr.-oct.
🌐 02 97 41 12 51, Fax 02 97 41 12 51, *www.campingdes peupliers.com* – places limitées pour le passage – **R** conseillée
4 ha (165 empl.) plat, peu incliné, herbeux
Tarif : 🚶 4,93 € 🚐 ▣ 7,38 € – (10A) 3,41 €
Location : 8 (4 à 6 pers.) 300 à 575 €/sem.
Pour s'y rendre : Sortie par D 140, rte de Damgan puis Ouest 0,8 km par chemin à droite

Nature : 🌳
Loisirs : 🍴 🔳 ⛱ nocturne ⛵ 🎱 🏊 terrain omnisports
Services : ♿ 🚿 🔧 🚰 🔋 ⓔ 🔋 🔋 sèche-linge 🧺

249

Le Kermadec 15 juin-15 sept.
🌐 02 97 41 15 90, Fax 02 97 41 15 90, *www.campingkerma dec.com* – **R** conseillée
1,2 ha (35 empl.) plat, herbeux
Tarif : 14,90 € 🚶 🚐 ▣ (6A) – pers. suppl. 2,90 €
Location (avr.-oct.) 🏕 : 5 (2 à 4 pers.) 175 €/sem. – 3 (4 à 6 pers.) 315 à 420 €/sem. – 12 (4 à 6 pers.) 315 à 420 €/sem.
Pour s'y rendre : SO : 2,5 km par D 140, rte de Damgan et rte à droite

Nature : 🌊 🌳
Loisirs : ⛵ 🏊
Services : 🔧 🚰 🔋 ⓔ 🔋

L' Escale mai-sept.
🌐 02 97 41 16 25, *camp.escale@wanadoo.fr*,
Fax 02 97 41 16 25, *www.campingescale.com* – places limitées pour le passage – **R** conseillée
4 ha (120 empl.) plat, herbeux
Tarif : (Prix 2007) 15,30 € 🚶 🚐 ▣ (6A) – pers. suppl. 3,80 €
Location (avr.-oct.) 🏕 : 10 (4 à 6 pers.) 195 à 560 €/sem.
Pour s'y rendre : S : 5 km au lieu-dit Tréhervé

Nature : 🌳
Loisirs : 🍴
Services : ♿ 🚿 🔧 Ⓜ 🚰 🔋 ⓔ 🔋 🧺
À prox. : 🍴 🎱 🐴 poneys

ARRADON

✉ 56610 – **308** O9 – 4 719 h. – alt. 40
🛈 *Syndicat d'initiative, 2, place de l'église* 📞 *02 97 44 77 44*
Paris 467 – Auray 18 – Lorient 62 – Quiberon 49 – Vannes 8.

⛰ **Penboch** 5 avr.-20 sept.
📞 *02 97 44 71 29, info@camping-penboch.fr,*
Fax 02 97 44 79 10, *www.camping-penboch.fr* – **R** conseillée
3,5 ha (175 empl.) plat, herbeux
Tarif : 38 € 👤 🚗 🔲 ⚡ (10A) – pers. suppl. 6 € – frais de réservation 20 €
Location 🏕 (juil.-août) : 35 🏠 (4 à 6 pers.) 220 à 860 €/sem. – 4 🏠 (4 à 6 pers.) 350 à 820 €/sem.
🚐 1 borne artisanale 3 € – 🚐 13 €
Pour s'y rendre : 2 km au SE par rte de Roguedas, à 200 m de la plage
À savoir : cadre verdoyant et ombrage plaisant

Nature : 🏞 🗔 ♀♀
Loisirs : 🍽 snack 🎲 🏸 🎠 🛝 🏊 ⛱ terrain omnisports
Services : 🚿 🔌 ☎ 🏧 🛒 🚻 🔺 ♨ 🗑
🧺 🚽 🚰 📞 🗑 sèche-linge 🧼
À prox. : 🚤 🎣

⛰ **L'Allée** avr.-sept.
📞 *02 97 44 01 98, campingdelallee@free.fr,*
Fax 02 97 44 73 74, *www.camping-allee.com* – **R** conseillée
3 ha (148 empl.) plat et peu incliné, herbeux
Tarif : (Prix 2007) 22,40 € 👤 🚲 🚗 🔲 ⚡ (10A) – pers. suppl. 4,70 € – frais de réservation 20 €
Location 🏕 : 14 🏠 (4 à 6 pers.) 280 à 670 €/sem.
Pour s'y rendre : O : 1,5 km par rte du Moustoir et à gauche

Nature : 🏞 🗔 ♀
Loisirs : 🎲 🏸 🏊
Services : 🚿 🔌 (juil.-août) 🏧 🏸
🚻 🔺 ♨ 🗑 sèche-linge
À prox. : ✂ 🐴 🏇 golf

⛰ **Municipal du Parc Priol** 15 juin-15 sept.
📞 *02 97 44 70 49, info.tourisme@arradon.fr,*
Fax 02 94 77 05 42, *www.arradon.com* – **R**
1 ha (200 empl.) plat, herbeux
Tarif : (Prix 2007) 👤 2,60 € 🚗 1,40 € 🔲 2,60 € – ⚡ 2,60 €
🚐 1 borne flot bleu 2 €
Pour s'y rendre : rue de la Mairie, face au parc Priol

Loisirs : 🏸
Services : 🏧 🔺 ♨ 🗑
À prox. : ✖ 🔺 🚤 🎣 🐴

250

ARZON

✉ 56640 – **308** N9 – G. Bretagne – 2 056 h. – alt. 9
🛈 *Office de tourisme, rond-point du Crouesty* 📞 *02 97 53 69 69, Fax 02 97 53 76 10*
Paris 487 – Auray 52 – Lorient 94 – Quiberon 81 – La Trinité-sur-Mer 66 – Vannes 33.
Schéma à Sarzeau

⛰ **Municipal le Tindio** 21 mars-5 nov.
📞 *02 97 53 75 59, letindio@arzon.fr,* Fax 02 97 53 91 23, *www.arzon.fr*
5 ha (220 empl.) plat et peu incliné, herbeux
Tarif : 14,05 € 👤 🚗 🔲 ⚡ (10A) – pers. suppl. 3 €
🚐 1 borne artisanale 2 € – 🚐 9 €
Pour s'y rendre : NE : 0,8 km à Kerners
À savoir : En bordure de mer

Loisirs : 🏸
Services : 🚿 🔌 ☎ 🏧 🛒 🔺 ♨ ♨ 🗑
🧺 🚽 🗑 sèche-linge
À prox. : 🐴 🏇 (centre équestre) golf

BADEN

✉ 56870 – **308** N9 – 3 360 h. – alt. 28
Paris 473 – Auray 9 – Lorient 52 – Quiberon 40 – Vannes 15.

⛰ **Mané Guernehué** 👥 – 5 avr.-sept.
📞 *02 97 57 02 06, info@camping-baden.com,*
Fax 02 97 57 15 43, *www.camping-baden.com* – **R** conseillée
18 ha/8 campables (377 empl.) plat, peu incliné à incliné et en terrasses, herbeux, étangs
Tarif : 39 € 👤 🚗 🔲 ⚡ (10A) – pers. suppl. 6,50 € – frais de réservation 20 €
Location : 80 🏠 (4 à 6 pers.) 185 à 1 015 €/sem. – 14 🏠 (4 à 6 pers.) 357 à 882 €/sem.
🚐 1 borne artisanale 6 € – 🚐 13 €
Pour s'y rendre : 1 km au SO par rte de Mériadec et à dr.

Nature : 🏞 🗔 ♀
Loisirs : 🍽 ✖ pizzeria, crêperie 🎲 🕐 diurne nocturne (soirées à thème) 🏸 🎡 🛁 jacuzzi salle d'animation 🏸 ⛳ 🛝 🏊 ⛱ 🎠 parcours sportif, terrain omnisports, promenades en poneys
Services : 🚿 🔌 ☎ 🏧 🛒 🚻 🔺 ♨ 🗑
🚽 🚰 📞 🗑 sèche-linge 🧺 🧼
À prox. : ✂ golf

BELLE-ÎLE-EN-MER

✉ 56360 – **308** – G. Bretagne – 2 457 h. – alt. 7

▬ *En été réservation indispensable pour le passage des véhicules et des caravanes. Départ Quiberon (Port-Maria), arrivée au Palais - Traversée 45 mn - renseignements et tarifs : Société Morbihannaise de Navigation, 56360 Le Palais (Belle-Île-en-Mer)* ✆ 08 20 05 60 00

🛈 *Office de tourisme, quai Bonnelle, Le Palais* ✆ 02 97 31 81 93, Fax 02 97 31 56 17

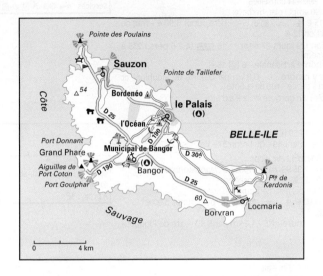

Bangor ✉ 56360 – **308** L11 – G. Bretagne – 738 h. – alt. 45

△ **Municipal de Bangor**
✆ 02 97 31 89 75, *mairie.bangor@wanadoo.fr*,
Fax 02 97 31 89 75 – **R** conseillée
0,8 ha (55 empl.) incliné, peu incliné, herbeux
Pour s'y rendre : À l'O du bourg

> Nature : 🐾 ⌂
> Services : ⊛
> À prox. : ✗ 🐎 poneys

Le Palais ✉ 56360 – **308** M10 – G. Bretagne – 2 457 h. – alt. 7

⋀⋀ **Bordenéo** 5 avr.-20 sept.
✆ 02 97 31 88 96, *camping.bordeneo@wanadoo.fr*,
Fax 02 97 31 87 77, *www.bordeneo.com* – **R** conseillée
3 ha (202 empl.) plat, herbeux
Location 🏕 : 57 🏚
Pour s'y rendre : NO : 1,7 km par rte de Port Fouquet, à 500 m de la mer
À savoir : Décoration florale et arbustive

> Nature : 🐾 ⌂ 🌿🌿
> Loisirs : 🍽 snack 🎲 🏓 🚲 ✗ 🏊
> 🏖 🐎 poneys
> Services : 🔥 ⚡ GB 🧺 🚿 🚽 ⊛ 🚰
> 🏪 🚿
> À prox. : 🛶 🎣 🍴 🎿 canoë de mer,
> école de plongée

⋀⋀ **L'Océan** avr.-sept.
✆ 02 97 31 83 86, *ocean-belle-ile@wanadoo.fr*,
Fax 02 97 31 87 60, *www.camping-ocean-belle-ile.com*
– **R** conseillée
2,7 ha (125 empl.) plat, peu incliné, herbeux
Tarif : 🛉 4,90 € ⛺ 🅿 8,10 € – 🔌 3,05 €
Location (15 fév.-nov.) : 15 🏚 (4 à 6 pers.) 338 à
691 €/sem. – 32 🏠 (4 à 6 pers.) 294 à 732 €/sem. –
bungalows toilés
Pour s'y rendre : Au SO du bourg, à 500 m du port

> Nature : 🐾 ⌂ 🌿🌿(pinède)
> Loisirs : snack, crêperie 🏓 🏊
> Services : 🔥 ⚡ GB 🧺 🚿 🚽 ⊛ 🛒
> 🚰 🏪 🚿
> À prox. : 🎣 ✗ 🎿 🛶 🐎 poneys
> école de plongée, canoë de mer,
> golf

BELZ

✉ 56550 – **308** L8 – 3 289 h. – alt. 12
Paris 494 – Rennes 143 – Vannes 34 – Lorient 25 – Lanester 22.

Le Moulin des Oies 12 avr.-27 sept.
𝒫 02 97 55 53 26, *moulindesoies@wanadoo.fr*,
Fax 02 97 55 53 26, *http://.lemoulindesoies.free.fr* ✉
56550 Belz – **R** conseillée
1,9 ha (90 empl.) plat, herbeux
Tarif : 15 € ⛺ ⛺ 🔲 (6A) – pers. suppl. 3,90 € – frais de
réservation 12 €
Location (29 mars-27 sept.) : 13 🏠 (4 à 6 pers.) 235 à
605 €/sem.
🚐 1 borne artisanale – 6 🔲 15 €
Pour s'y rendre : O : 0,8 km par D 9, rte de Plouhinec et
chemin à droite - rue de la Côte
À savoir : En bordure de la Ria d'Étel

Nature : 🌿 🌳
Loisirs : 🏊 🏖 (bassin d'eau de mer)
Services : ⚬ GB 🐕 🔲 🚿

Le BONO

✉ 56400 – **308** N9 – 1 859 h. – alt. 10
Paris 475 – Auray 6 – Lorient 49 – Quiberon 37 – Vannes 17.

Parc-Lann 12 avr.-sept.
𝒫 02 97 57 93 93, *campingduparclann@wanadoo.fr*,
Fax 02 97 57 93 93 – **R** conseillée
2 ha (60 empl.) plat, herbeux
Tarif : 14,90 € ⛺ ⛺ 🔲 (6A) – pers. suppl. 3,90 €
🚐 🚐 8 €
Pour s'y rendre : NE : 1,2 km par D 101ᴱ, rte de Plougou-
melen

Loisirs : 🏠 🏊
Services : ♿ ⚬ (juil.-août) 🐕 🔲 🚿
🚿 🔲
À prox. : 🍴

CAMORS

✉ 56330 – **308** M7 – 2 353 h. – alt. 113
Paris 472 – Auray 24 – Lorient 39 – Pontivy 31 – Vannes 31.

Municipal du Petit Bois juil.-août
𝒫 02 97 39 18 36, *commune.de.camors@wanadoo.fr*,
Fax 02 97 39 28 99, *www.camors56.com* – **R** conseillée
1 ha (30 empl.) en terrasses, plat, herbeux
Tarif : ⛺ 2,30 € ⛺ 2 € 🔲 1,80 € – 🔲 2,30 €
🚐 1 borne artisanale 3 €
Pour s'y rendre : O : 1 km par D 189, rte de Lambel-Camors
À savoir : Près d'étangs et d'une forêt domaniale

Nature : 🌿
Services : ♿ ⚬ 🐕 🔲 🚿
À prox. : 🏊 🍴 🎣 🏇 parcours
sportif

La Côte d'Émeraude

CARNAC

✉ 56340 – **308** M9 – G. Bretagne – 4 444 h. – alt. 16

🛈 *Office de tourisme, 74, avenue des Druides* ℘ *02 97 52 13 52, Fax 02 97 52 86 10*

Paris 490 – Auray 13 – Lorient 49 – Quiberon 19 – Quimperlé 63 – Vannes 33.

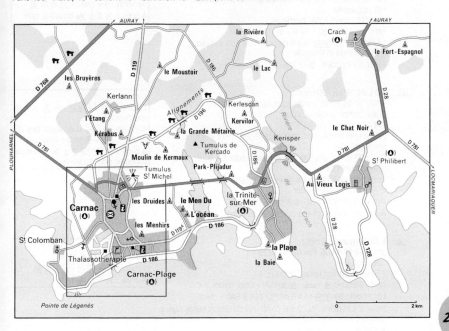

⚠ **La Grande Métairie** ♣♦ – 22 mars-6 sept.
℘ 02 97 52 24 01, *info@lagrandemetairie.com,*
Fax 02 97 52 83 58, *www.lagrandemetairie.com* – places limitées pour le passage – **R** conseillée
15 ha/11 campables (575 empl.) plat et peu incliné, herbeux, rocheux
Tarif : 42,80 € ✶ 🚙 🖲 🕿 (6A) – pers. suppl. 7,50 €
Location : 125 🏠 (4 à 6 pers.) 245 à 920 €/sem.
🚐 2 bornes artisanales 6 €
Pour s'y rendre : 2,5 km au NE
À savoir : Domaine au bord de l'étang de Kerloquet, bel espace aquatique

> Nature : 🏕 ♀
> Loisirs : ♟ ✗ pizzeria 🛋 🏕 ♣ jacuzzi Cyber café, discothèque ♨
> 🚴 🎯 🎣 📺 ♒ 🏊 poneys petit parc animalier, théâtre de plein air, piste de bi-cross, baptême de l'air, parcours acrobatique
> Services : 🚿 ⚡ 🅶🅱 🐕 🗓 🖥 ♿ 🚽 🏧 🚰 🗄 sèche-linge 🖅 🛒
> À prox. : 🛒 🐎

⚠ **Le Moustoir** ♣♦ – 5 avr.-27 sept.
℘ 02 97 52 16 18, *info@lemoustoir.com,*
Fax 02 97 52 88 37, *www.lemoustoir.com* – **R** conseillée
5 ha (165 empl.) incliné, plat, herbeux
Tarif : 30,60 € ✶ 🚙 🖲 🕿 (10A) – pers. suppl. 4,80 €
Location : 50 🏠 (4 à 6 pers.) 210 à 777 €/sem.
🚐 1 borne artisanale
Pour s'y rendre : NE : 3 km

> Nature : 🏕 ♀
> Loisirs : ♟ 🛋 🏕 ♣ ♨ ✗ 🎣 ♒
> Services : 🚿 ⚡ 🅶🅱 🐕 🗓 🖥 ♿ 🚽 🏧 🚰 🗄 sèche-linge 🖅 🛒
> À prox. : 🛒 🎯 🐎 golf

⚠ **Moulin de Kermaux** avr.-15 sept.
℘ 02 97 52 15 90, *moulin-de-kermaux@wanadoo.fr,*
Fax 02 97 52 83 85, *www.camping-moulin-de-kermaux.com* – **R** indispensable
3 ha (150 empl.) plat et peu incliné, herbeux
Tarif : (Prix 2007) 27 € ✶ 🚙 🖲 🕿 (6A) – pers. suppl. 4,50 €
Location 🐾 : 20 🏠 (4 à 6 pers.) 240 à 650 €/sem.
🚐 1 borne artisanale 3,50 €
Pour s'y rendre : 2,5 km au NE

> Nature : 🌲 🏕 ♀♀
> Loisirs : ♟ 🛋 ♣ ⛵ jacuzzi ♨ 🏊 ♒ terrain omnisports
> Services : 🚿 ⚡ 🅶🅱 🐕 🗓 🅿 ♿ 🚰 🗄 sèche-linge 🖅 🛒
> À prox. : 🛒 🎯 ✗ 🐎 golf

CARNAC

△△ **Les Bruyères** avr.-15 oct.
 ℰ 02 97 52 30 57, *camping.les.bruyeres@wanadoo.fr*,
 Fax 02 97 52 30 57, *www.camping-lesbruyeres.com*
 – **R** conseillée
 2 ha (112 empl.) plat, herbeux
 Tarif : ⚹ 4,20 € 🔲 7,80 € – 🔋 (10A) 4,55 €
 Location : 12 🚐 (4 à 6 pers.) 210 à 555 €/sem.
 🚐 1 borne artisanale
 Pour s'y rendre : N : 3 km

 Nature : 🌿 ♀
 Loisirs : 🛋 🏊 🏓
 Services : ⚡ GB 🐕 🗑 🛁 ☺ 🔲
 À prox. : 🛒 🛖 💧 🐎 bowling, golf

△△ **Le Lac** 12 avr.-20 sept.
 ℰ 02 97 55 78 78, *camping.dulac@wanadoo.fr*,
 www.camping-carnac.com
 – **R** conseillée
 2,5 ha (140 empl.) plat, terrasses, légèrement vallonné,
 herbeux
 Tarif : 23 € ⚹ 🚗 🔲 🔋 (6A) – pers. suppl. 4,80 € – frais de
 réservation 15 €
 Location : 6 🚐 (4 à 6 pers.) 265 à 685 €/sem.
 🚐 1 borne artisanale
 Pour s'y rendre : NE : 6,3 km
 À savoir : Cadre et site agréables au bord du lac

 Nature : 🌿 ⟨ ▭ ♀
 Loisirs : 🛋 🏌 🏊 🚲 ⛷ terrain
 multisports
 Services : ♿ ⚡ (juil.-août) GB 🐕
 🗑 🛁 🔥 ☺ 🧺 🔲 sèche-linge 🧺,
 À prox. : 🛒 🍴 🛖 💧 🐎, école de
 plongée, golf, bowling

△ **L'Étang** avr.-15 oct.
 ℰ 02 97 52 14 06, Fax 02 97 52 23 19
 – **R** conseillée
 2,5 ha (165 empl.) plat, herbeux
 Tarif : 20,80 € ⚹ 🚗 🔲 🔋 (6A) – pers. suppl. 5 €
 Location : 30 🚐 (4 à 6 pers.) 220 à 540 €/sem.
 Pour s'y rendre : N : 2 km par D 119 direction Auray puis à
 gauche, à Kerlann, à 50 m de l'étang
 À savoir : Cadre verdoyant

 Nature : 🌿 ▭
 Loisirs : 🍴 🏊 🏓 ⛷ 🏊
 Services : ⚡ 🐕 🗑 🛁 ☺ 🔲
 À prox. : 🛒 💧 🐎 golf

△ **Kérabus** avr.-sept.
 ℰ 02 97 52 24 90, *contact@camping-kerabus.com*,
 www.camping-kerabus.com
 – **R** conseillée
 1,4 ha (73 empl.) plat, herbeux
 Tarif : 20,10 € ⚹ 🚗 🔲 🔋 (6A) – pers. suppl. 4,10 €
 Location 🏕 : 8 🚐
 Pour s'y rendre : NE : 2 km

 Nature : 🌿 ♀
 Loisirs : 🏊
 Services : ⚡ GB 🐕 🗑 ☺ 🔲
 À prox. : 🛒 💧 🏓 🐎 terrain om-
 nisports, golf

△ **La Rivière**
 ℰ 02 97 55 78 29 – **R**
 0,5 ha (33 empl.) plat, herbeux
 Pour s'y rendre : NE : 6,5 km
 À savoir : agréable cadre arbustif et ombragé

 Nature : 🌿 ▭ ♀
 Services : ⚡ 🗑 ☺
 À prox. : 🛒 🛖 💧 🐎 école de
 plongée, bowling, golf

à Carnac-Plage S : 1,5 km – ✉ 56340

△△△ **Les Menhirs** ♣♣ – 26 avr.-27 sept.
 ℰ 02 97 52 94 67, *contact@lesmenhirs.com*,
 Fax 02 97 52 25 38, *www.lesmenhirs.com*
 – places limitées pour le passage
 – **R** conseillée
 6 ha (360 empl.) plat, herbeux
 Tarif : 49,38 € ⚹ 🚗 🔲 🔋 (10A) – pers. suppl. 7,83 € –
 frais de réservation 20 €
 Location 🏕 : 39 🚐 (4 à 6 pers.) 362 à 807 €/sem.
 Pour s'y rendre : Allée St-Michel, à 400 m de la plage

 Nature : ▭ ♀♀
 Loisirs : 🍴 snack, pizzeria 🛋 ☺ 🎣
 🏌 🛁 jacuzzi salle d'animation, espace forme 🏊 🏓 ⛷ 🏊 po-
 neys terrain omnisports
 Services : ♿ ⚡ GB 🐕 🗑 🛁 ☺ 🧺
 🔲 sèche-linge 🧺 🍴
 À prox. : 🛒 🚲 💧

254

CARNAC

▲▲▲ **Les Druides** 24 mai-13 sept.
      02 97 52 08 18, *contact@camping-les-druides.com*,
Fax 02 97 52 96 13, *www.camping-les-druides.com* – **R** indispensable
2,5 ha (110 empl.) plat, peu incliné, herbeux
Tarif : 32,70 € ✶ 🚐 🔲 (6A) – pers. suppl. 5,60 € – frais de réservation 16 €
Location (5 avr.-13 sept.) : 9 🛏 (4 à 6 pers.) 280 à 690 €/sem.
🚐 1 borne artisanale
Pour s'y rendre : E : quartier Beaumer, à 500 m de la plage

> Nature : ♀
> Loisirs : 🏠 🚣 ⛲ terrain omnisports
> Services : & 🚿 GB ⚡ 🖥 🛒 ⊕ 🧊 🗑 🔲 sèche-linge
> À prox. : 🛒 ✗ ♨

▲▲ **Le Men-Du** avr.-1ᵉʳ oct.
      02 97 52 04 23, *mendu@wanadoo.fr*, Fax 02 97 52 04 23, *www.camping-mendu.com* – **R** indispensable
1,5 ha (100 empl.) plat, peu incliné, herbeux
Tarif : 25 € ✶ 🚐 🔲 (6A) – pers. suppl. 4,50 € – frais de réservation 15 €
Location : 18 🛏 (4 à 6 pers.) 230 à 590 €/sem.
Pour s'y rendre : quartier le Men-Du, à 300 m de la plage

> Nature : 🗔 ♀
> Loisirs : snack
> Services : 🚿 ⚡ 🖥 ⊕ 🧊
> À prox. : 🛒 ✗ ♨ 🐎

▲▲ **L'Océan** 4 avr.-sept.
      02 97 52 03 98, *angelina.oliviero@wanadoo.fr*,
Fax 02 97 52 03 98, *www.camping-delocean.com* – **R** conseillée
0,5 ha (50 empl.) plat et peu incliné, herbeux
Tarif : 26 € ✶ 🚐 🔲 (7A) – pers. suppl. 5 € – frais de réservation 15 €
Location : 14 🛏 (4 à 6 pers.) 250 à 600 €/sem.
🚐 1 borne artisanale
Pour s'y rendre : quartier le Men-Du, à 250 m de la plage

> Nature : ♀
> Loisirs : 🚣
> Services : & 🚿 ⚡ 🖥 🛒 ⊕ 🧊
> À prox. : 🛒 ✗ ♨ 🐎

255

CRACH _____

✉ 56950 – **308** M9 – 3 030 h. – alt. 35
Paris 482 – Auray 6 – Lorient 46 – Quiberon 29 – Vannes 25.
                                  Schéma à Carnac

▲▲▲ **Le Fort Espagnol** mai-6 sept.
      02 97 55 14 88, *fort-espagnol@wanadoo.fr*,
Fax 02 97 30 01 04, *www.fort-espagnol.com* – **R** conseillée
5 ha (190 empl.) peu incliné et plat, herbeux
Tarif : 29,70 € ✶ 🚐 🔲 (10A) – pers. suppl. 6,50 € – frais de réservation 20 €
Location 🍴 : 16 🛏 (4 à 6 pers.) 370 à 700 €/sem. – 4 🏠 (4 à 6 pers.) 400 à 740 €/sem. – 10 bungalows toilés
Pour s'y rendre : 0,8 km à l'E par rte de la Rivière d'Auray

> Nature : 🌲 🗔 ♀♀(pinède)
> Loisirs : 🍴 pizzeria 🏠 🚣 ⛲ 🏊
> Services : & 🚿 GB ⚡ Ⓜ 🛏 🖥 🛒 🧊 ⊕ 🧊 🗑 🔲
> À prox. : 🛒 ✗ ♨

ERDEVEN _____

✉ 56410 – **308** M9 – 2 523 h. – alt. 18
🅱 *Syndicat d'initiative, 7, rue Abbé-Le-Barh* 🖉 *02 97 55 64 60, Fax 02 97 55 66 75*
Paris 492 – Auray 15 – Carnac 10 – Lorient 28 – Quiberon 20 – Quimperlé 46 – Vannes 34.

▲▲▲ **Les Sept Saints** ♣ – 15 mai-15 sept.
      02 97 55 52 65, *info@septsaints.com*, Fax 02 97 55 22 67, *www.sept.saints.com* – **R** conseillée
7 ha/5 campables (200 empl.) plat et peu incliné, herbeux
Tarif : 37,50 € ✶ 🚐 🔲 (10A) – pers. suppl. 7 € – frais de réservation 20 €
Location (5 avr.-21 sept.) : 65 🛏 (4 à 6 pers.) 270 à 780 €/sem. – 19 🏠 (4 à 6 pers.) 330 à 820 €/sem.
🚐 1 borne artisanale
Pour s'y rendre : 2 km au NO par D 781, rte de Plouhinec et rte à gauche

> Nature : 🗔 ♀♀(pinède)
> Loisirs : 🍴 🏠 🎳 👶 jacuzzi 🚣 🎠 🏊 🏄 terrain omnisports
> Services : & 🚿 GB ⚡ 🖥 🛒 ⊕ 🧊 🗑 ⚬ 🔲 sèche-linge 🧊 🗑
> À prox. : 🛒 ✗ 🎣 ♨ 🐎 canoë de mer, char à voile

ERDEVEN

Les Mégalithes mai-15 sept.
     ℘ 02 97 55 68 76, *ot.erdeven@wanadoo.fr* – **R** conseillée
4,3 ha (100 empl.) plat, herbeux
Tarif : 24 € ⚏ ⟐ 🅴 (10A) – pers. suppl. 5 €
🚐, 1 borne raclet 4 €
Pour s'y rendre : S : 1,5 km par D 781, rte de Carnac et rte
à droite

> Nature : ⬛
> Loisirs : 🏊 ⛱
> Services : ⚙ ⚬ GB ⚗ 🔋 🛁 ⚐ 🖥
> sèche-linge
> À prox. : 🎿 🏇 🐎 (centre éques-
> tre) canoë de mer, char à voile

La Croëz-Villieu mai-sept.
     ℘ 02 97 55 90 43, *camping-la-croez-villieu@wanadoo.fr*,
Fax 02 97 55 64 83, *www.la.croez-villieu.com* – places limitées pour le passage – **R** indispensable
3 ha (134 empl.) plat, herbeux
Tarif : 21,15 € ⚏ ⟐ 🅴 (6A) – pers. suppl. 4,90 € – frais
de réservation 16 €
Location (avr.-15 oct.) : 20 🛖 (4 à 6 pers.) 246 à
622 €/sem.
Pour s'y rendre : SO : 1 km par rte de Kerhillio

> Nature : ⬛ ♀
> Loisirs : 🍴 🎮 🏊 ⛱
> Services : ⚬ ⚗ 🔋 🛁 ⚐ 🖥 sèche-
> linge
> À prox. : 🚲 🎿 🏇 🐎 (centre
> équestre) canoë de mer, char à
> voile

Idéal Camping avr.-sept.
     ℘ 02 97 55 67 66, *info@camping-l-ideal.com*,
Fax 02 97 55 93 12, *www.camping-l-ideal.com* – **R** conseil-
lée
0,6 ha (30 empl.) plat, herbeux
Tarif : (Prix 2007) 33 € ⚏ ⟐ 🅴 (10A) – pers. suppl. 5 €
– frais de réservation 20 €
Location : 23 🛖 (4 à 6 pers.) 280 à 760 €/sem.
Pour s'y rendre : SO : 2,2 km, rte de Kerhillis, les Lisveur

> Nature : 🌿
> Loisirs : 🍴 🎮 🏊 ⚐
> Services : ⚙ ⚬ GB ⚗ ⚒ 📶
> sèche-linge 🚿

Kerzerho juin-14 sept.
     ℘ 02 97 55 63 17, *info@camping-kerzerho.com*,
Fax 02 97 55 63 17, *www.camping-kerzerho.com* – places limitées pour le passage – **R** conseillée
6 ha (287 empl.) plat, herbeux, étang
Tarif : 28 € ⚏ ⟐ 🅴 (10A) – pers. suppl. 5 € – frais de
réservation 20 €
Location (mai-14 sept.) : 30 🛖 (4 à 6 pers.) 290 à
640 €/sem.
Pour s'y rendre : SE : 1 km sur D 781

> Nature : ⬛ ♀
> Loisirs : snack 🎮 🏇 🏊 🎿
> Services : ⚙ ⚬ GB ⚗ 🔋 🛁 ⚐ 🚲
> 🖥 sèche-linge 🚿
> À prox. : sentiers de randonnées

Le FAOUËT

✉ 56320 – **308** J6 – G. Bretagne – 2 806 h. – alt. 68
🛈 *Office de tourisme, 3, rue des Cendres* ℘ *02 97 23 23 23, Fax 02 97 23 11 66*
Paris 516 – Carhaix-Plouguer 35 – Lorient 40 – Pontivy 47 – Quimperlé 21.

Municipal Beg er Roch 15 mars-sept.
     ℘ 02 97 23 15 11, *camping-lefaouet@wanadoo.fr*,
Fax 02 97 23 11 66 – **R** conseillée
3 ha (65 empl.) plat, herbeux
Tarif : (Prix 2007) 16,15 € ⚏ ⟐ 🅴 (5A) – pers.
suppl. 3,80 € – frais de réservation 15 €
Location : 8 🛖 (4 à 6 pers.) 200 à 450 €/sem. – 10
bungalows toilés
Pour s'y rendre : SE : 2 km par D 769 rte de Lorient
À savoir : Cadre agréable au bord de l'Ellé

> Nature : ♀
> Loisirs : 🎮 🏊 🏇 🚣
> Services : ⚙ ⚬ ⚗ 📶 🔋 ⚐ 🚲 🖥
> sèche-linge

LES GUIDES VERTS **MICHELIN**
Paysages, monuments
Routes touristiques
Géographie
Histoire, Art
Itinéraire de visite
Plans de villes et de monuments

Le GUERNO

⊠ 56190 – **308** Q9 – G. Bretagne – 582 h. – alt. 60
Paris 460 – Muzillac 8 – Redon 30 – La Roche-Bernard 17 – Sarzeau 34 – Vannes 34.

△ **Municipal de Borg-Néhué** avr.-oct.
    ℘ 02 97 42 94 76, *mairie.leguerno@wanadoo.fr*,
    Fax 02 97 42 84 36, *www.leguerno.fr* – **R** conseillée
    1,4 ha (50 empl.) plat, herbeux
    Tarif : (Prix 2007) 10,74 € 🛉 ⬅ 🗉 🗓 (10A) – pers.
    suppl. 2,55 €
    Location (permanent) : 9 🏠 (4 à 6 pers.) 153 à
    408 €/sem.
    Pour s'y rendre : NO : 0,5 km par rte de Noyal-Muzillac

> Nature : 🌿 🗔 ♀
> Loisirs : 🏃
> Services : 👤 🗓 🖲 🕃 ☺ 🗒
> À prox. : ✕ 🖘

GUIDEL

⊠ 56520 – **308** K8 – 9 156 h. – alt. 38
🖪 *Office de tourisme, 9, rue Saint-Maurice* ℘ 02 97 65 01 74, Fax 02 97 65 09 36
Paris 511 – Nantes 178 – Quimper 60 – Rennes 162.

⩕ **Les Jardins de Kergal** 21 mars-sept.
    ℘ 06 83 46 53 08, *jardins.kergal@wanadoo.fr*,
    Fax 02 97 32 88 27, *www.camping-lorient.com* – **R** conseil-
    lée
    5 ha (153 empl.) plat, herbeux
    Tarif : 29,50 € 🛉 ⬅ 🗉 🗓 (10A)
    Location : 27 🛖 (4 à 6 pers.) 330 à 735 €/sem. – 25 🏠
    (4 à 6 pers.) 330 à 635 €/sem.
    Pour s'y rendre : SO : 3 km par D 306 rte de Guidel-Plages
    et chemin à gauche
    À savoir : Agréable cadre boisé

> Nature : 🌿 ♀♀
> Loisirs : 🍸 🗔 🏃 🚵 ✕ 🏕 🗔 🏊
> 🏖 terrain omnisports
> Services : 👤 ⊶ GB 🖲 🗓 🕃 ☺ ⚲ 🌢
> ♨ 🗒 sèche-linge
> À prox. : 🖂 🐎 (centre équestre)
> parcours sportif

257

ÎLE-AUX-MOINES

⊠ 56780 – **308** N9 – G. Bretagne – 610 h. – alt. 16
Paris 483 – Rennes 132 – Vannes 15 – Lorient 59.

△ **Municipal du Vieux Moulin** 15 juin-15 sept.
    ℘ 02 97 26 30 68, *mairie@ileauxmoines.fr*,
    Fax 02 97 26 38 27 – **R** conseillée 🚿
    1 ha (44 empl.) plat et peu incliné, herbeux
    Tarif : (Prix 2007) 🛉 ⬅ 🗉 6 €
    Pour s'y rendre : sortie SE du bourg, rte de la Pointe de
    Brouel
    À savoir : réservé aux tentes

> Nature : 🌿
> Loisirs : 🏃
> Services : ⊶ GB 🖲 🝔
> À prox. : 🔳

JOSSELIN

⊠ 56120 – **308** P7 – G. Bretagne – 2 419 h. – alt. 58
🖪 *Office de tourisme, place de la Congrégation* ℘ 02 97 22 36 43, Fax 02 97 22 20 44
Paris 428 – Dinan 86 – Lorient 76 – Pontivy 35 – Rennes 79 – St-Brieuc 79 – Vannes 41.

⩕ **Le Bas de la Lande** avr.-oct.
    ℘ 02 97 22 22 20, *campingbasdelalande@wanadoo.fr*,
    Fax 02 97 73 93 85, *www.josselin.com* – **R** conseillée
    2 ha (60 empl.) plat, peu incliné et en terrasses, herbeux,
    pinède attenante
    Tarif : 14,10 € 🛉 ⬅ 🗉 🗓 (6A) – pers. suppl. 3 €
    Location : 4 🛖 (4 à 6 pers.) 300 à 366 €/sem.
    🖘 1 borne – 6 🗉 5 €
    Pour s'y rendre : O : 2 km par D 778 et D 724 rte de
    Guégon à gauche à 50 m de l'Oust - par voie rapide : sortie
    Ouest Guégon

> Nature : 🗔
> Loisirs : 🍸 🗔 🏃
> Services : 👤 ⊶ GB 🖲 🗓 🕃 ☺ 🗒
> sèche-linge
> À prox. : 🏕 🎣

KERVOYAL

✉ 56750 – **308** P9
Paris 471 – Rennes 124 – Vannes 30 – Lorient 87.

   Oasis avr.-20 oct.
      02 97 41 10 52, *camping-loasis@wanadoo.fr*,
     Fax 02 97 41 10 52, *www.campingloasis.com* – **R**
     3 ha (150 empl.) plat, herbeux
     Tarif : 19,40 € ✶ 🚐 🖿 ⟨ℏ⟩ (6A) – pers. suppl. 3,20 €
     Location (7 avr.-6 oct.) : 14 ⛺ (4 à 6 pers.) 195 à
     570 €/sem.
     🚐 1 borne raclet
     Pour s'y rendre : à 100 m de la plage

> Nature : 🐾 ♀
> Loisirs : 🏊
> Services : 🔌 🐕 🖿 ♨ ⊕ 🖪
> À prox. : ✗ 🖼 🗼 ≅ ♨ 🐎

LARMOR-PLAGE

✉ 56260 – **308** K8 – G. Bretagne – 8 470 h. – alt. 4 – Base de loisirs
Paris 510 – Lorient 7 – Quimper 74 – Vannes 66.

   La Fontaine Permanent
      02 97 33 71 28, *camping-la-fontaine@sellor.com*,
     Fax 02 97 33 70 32, *www.sellor.com* – **R** conseillée
     4 ha (130 empl.) plat, peu incliné, herbeux
     Tarif : 19 € ✶ 🚐 🖿 ⟨ℏ⟩ (16A) – pers. suppl. 4,40 € – frais
     de réservation 13,30 €
     Location : 11 ⛺ (4 à 6 pers.) 232 à 459 €/sem.
     🚐 1 borne raclet – 🚿 10.30 €
     Pour s'y rendre : à l'O de la station, à 300 m du D 152
     (accès conseillé) et à 1,2 km de la base de loisirs

> Nature : 🐾 ⊏⊐
> Loisirs : 🏠 🏓 🏊 🚲
> Services : ♿ 🔌 GB 🐕 🏧 🖿 ⊕ ♨
> 🛁 👟 🖪 sèche-linge
> À prox. : ⊠ ✗ 🖼 🐎

Raadpleeg, voordat U zich op een kampeerterrein installeert,
de tarieven die de beheerder verplicht
is bij de ingang van het terrein aan te geven.
Informeer ook naar de speciale verblijfsvoorwaarden.
De in deze gids vermelde gegevens kunnen
sinds het verschijnen van deze hereditie gewijzigd zijn.

258

LOCMARIAQUER

✉ 56740 – **308** N9 – G. Bretagne – 1 367 h. – alt. 5
🛈 *Office de tourisme, rue de la Victoire* *02 97 57 33 05, Fax 02 97 57 44 30*
Paris 488 – Auray 13 – Quiberon 31 – La Trinité-sur-Mer 10 – Vannes 31.

   Lann-Brick 15 mars-4 oct.
      02 97 57 32 79, *camping.lannbrick@wanadoo.fr*,
     Fax 02 97 57 45 47, *www.camping-lannbrick.com* – **R** indis-
     pensable
     1,2 ha (98 empl.) plat, herbeux
     Tarif : 20 € ✶ 🚐 🖿 ⟨ℏ⟩ (6A) – pers. suppl. 4 € – frais de
     réservation 10 €
     Location : 14 ⛺ (4 à 6 pers.) 250 à 560 €/sem.
     Pour s'y rendre : 2,5 km au NO par rte de Kérinis, à 200 m
     de la mer

> Nature : ⊏⊐ ♀
> Loisirs : ♟ 🏠 🏊 🚲 ⊠ balnéo
> Services : ♿ 🔌 GB 🐕 🖿 ♨ ⊕ 🖪
> sèche-linge
> À prox. : ✗ 🗼 ♨

LOCMIQUÉLIC

✉ 56570 – **308** K8 – 3 945 h. – alt. 10
Paris 500 – Auray 38 – Lorient 15 – Quiberon 38 – Quimperlé 33.

   Municipal du Blavet Permanent
      02 97 33 91 73, *mairie-de-locmiquelic@megalis.org*,
     Fax 02 97 33 54 94 – **R**
     1 ha (50 empl.) plat, herbeux
     Tarif : 9,64 € ✶ 🚐 🖿 ⟨ℏ⟩ (15A) – pers. suppl. 3,86 €
     Pour s'y rendre : N : par D 111, rte du port de Pen-Mané,
     près d'un plan d'eau et à 250 m du Blavet (mer)

> Nature : ♀
> Loisirs : 🏊
> Services : 🔌 🐕 ⊕ 🖪
> À prox. : ✗ ⊠ ♨ swin golf

MEUCON

✉ 56890 – **308** O8 – 1 268 h. – alt. 80
Paris 467 – Rennes 116 – Vannes 8 – Lorient 62 – Lanester 59.

Le Haras Permanent
📞 02 97 44 66 06, *camping-vannes@wanadoo.fr,*
Fax 02 97 44 49 41, *http://campingvannes.free.fr*
– **R** conseillée
14 ha/1 campable (50 empl.) plat, peu incliné, herbeux, bois
Tarif : 23 € 🛉 ⇌ 🖭 🔌 (10A) – pers. suppl. 4 €
Location : 33 ⛺ (4 à 6 pers.) 220 à 730 €/sem. – 6 🏠
(4 à 6 pers.) 250 à 670 €/sem.
⛽ 1 borne artisanale – 7 🖭
Pour s'y rendre : NE : 4 km par D 778, aérodrome de
Vannes-Meucon

> Nature : 🏞 ▱ ♀
> Loisirs : 🍽 snack 🏊 🚲 ✕ ♨ ⛷
> 🐾 petit parc animalier
> Services : 🚿 🔌 GB 🅰 🗑 🍴 🛁 ⊛
> 🖭 sèche-linge
> À prox. : ✕ 🐴 poneys (centre
> équestre) ULM

MUZILLAC

✉ 56190 – **308** Q9 – 3 805 h. – alt. 20
🛈 *Office de tourisme, Place St Julien* 📞 *02 97 41 53 04*
Paris 460 – Nantes 86 – Redon 36 – La Roche-Bernard 16 – Vannes 26.

Le Relais de l'Océan avr.-sept.
📞 02 97 41 66 48, *relais-ocean@wanadoo.fr,*
Fax 02 97 48 65 88, *www.relais-ocean.com* – **R** conseillée
1,7 ha (90 empl.) plat, herbeux
Tarif : 🛉 3,90 € ⇌ 🖭 6,60 € – 🔌 (6A) 2,95 € – frais de
réservation 18 €
Location : 35 ⛺ (4 à 6 pers.) 238 à 673 €/sem.
Pour s'y rendre : O : 3 km par D 20, rte d'Ambon et rte de
Damgan à gauche

> Nature : ▱
> Loisirs : 🏛 🏊 🚲 ✕ ⛷
> Services : 🚿 🔌 GB 🅰 🍴 🛁 🌊 ⊛
> 💧 🖭 sèche-linge
> À prox. : 🍖

Municipal
📞 02 97 41 67 01, *mairie.muzillac@wanadoo.fr,*
Fax 02 97 41 41 58, *www.muzillac.fr* – **R** conseillée
1 ha (100 empl.) plat, herbeux
Pour s'y rendre : E : par rte de Péaule et chemin près du stade

> Loisirs : 🏛
> Services : 🚿 🔌 🍴 🛁 ⊛
> À prox. : ✕

259

NAIZIN

✉ 56500 – **308** O7 – 1 524 h. – alt. 106
Paris 454 – Ploërmel 40 – Pontivy 16 – Rennes 106 – Vannes 41.

Municipal de Coetdan 15 avr.-oct.
📞 02 97 27 43 27, *mairie-de-naizin@wanadoo.fr,*
Fax 02 97 27 46 82
0,7 ha (28 empl.) plat et peu incliné, herbeux
Tarif : 🛉 1,60 € ⇌ 1,10 € 🖭 1,60 € – 🔌 (10A) 1,60 €
Pour s'y rendre : E : 0,6 km par D 17 et D 203 direction
Réguiny
À savoir : Cadre agréable près d'un plan d'eau

> Nature : ▱ ♀
> Loisirs : ⏳
> Services : 🚿 🅰 ⊛
> À prox. : 🏊 ♨ parcours de santé,
> pédalos, ferme animalière

NOYAL-MUZILLAC

✉ 56190 – **308** Q9 – 1 920 h. – alt. 52
Paris 468 – Rennes 108 – Vannes 31 – Lorient 88.

Moulin de Cadillac mai-sept.
📞 02 97 67 03 47, *infos@moulin-cadillac.com,*
Fax 02 97 67 00 02, *www.camping-moulin-cadillac.com*
– **R** conseillée
7 ha (192 empl.) plat, herbeux, étangs, bois attenant
Tarif : (Prix 2007) 17,80 € 🛉 ⇌ 🖭 🔌 (10A) – pers.
suppl. 4,50 € – frais de réservation 10 €
Location (Pâques-sept.) : 20 ⛺ (4 à 6 pers.) 160 à
610 €/sem. – 19 🏠 (4 à 6 pers.) 160 à 560 €/sem.
⛽ 1 borne artisanale
Pour s'y rendre : NO : 4,5 km par rte de Berric
À savoir : Entrée fleurie et cadre agréable, au bord du
Kervily

> Nature : 🏞 ▱ ♀
> Loisirs : 🍽 🏛 🎦 nocturne salle
> d'animation 🏊 ✕ ♨ ⛷ 🎣 🚣
> parc animalier, terrain omnisports
> Services : 🚿 🔌 GB 🅰 🍴 🛁 🌊 ⊛
> 🖭 sèche-linge 🚲
> À prox. : poneys

PÉNESTIN

✉ 56760 – **308** Q10 – 1 527 h. – alt. 20

🚪 *Office de tourisme, allée du Grand Pré* 🏕 *02 99 90 37 74, Fax 02 99 90 47 08*
Paris 458 – La Baule 29 – Nantes 84 – La Roche-Bernard 18 – St-Nazaire 43 – Vannes 48.

⚑ **Inly** 5 avr.-21 sept.
🏕 02 99 90 35 09, *inly-info@wanadoo.fr*,
Fax 02 99 90 40 93, *www.camping-inly.com* – places limitées
pour le passage – **R** conseillée
30 ha/12 campables (500 empl.) plat, herbeux, pierreux
Tarif : 38 € 🕴 ⟷ 🔲 🔌 (10A) – pers. suppl. 6 € – frais de
réservation 15 €
Location : 80 🛖 (4 à 6 pers.) 245 à 980 €/sem.
Pour s'y rendre : 2 km au SE par D 201 et rte à gauche

> Nature : 🌿 ⌐ 🌳
> Loisirs : 🍴 ✗ snack, crêperie, pizze-
> ria 🏠 🎭 diurne nocturne (soirées
> à thème) 🏕 🚴 🚲 ⛳ ⛵ 🏊 🌊
> 🎣 🐎 poneys canoë
> Services : ⚡ GB 🚿 🍴 🅿 ♨ 🚮 ⛲ 🧺
> 🍴 🅿 sèche-linge 🧺 🔥

⚑ **Les Îles** ♨♦ – 4 avr.-18 oct.
🏕 02 99 90 30 24, *contact@camping-des-iles.fr*,
Fax 02 99 90 44 55, *www.camping-des-iles.fr* – **R** conseillée
3,5 ha (184 empl.) plat, herbeux, étang
Tarif : 38,50 € 🕴 ⟷ 🔲 🔌 (6A) – pers. suppl. 5 € – frais de
réservation 20 €
Location : 58 🛖 (4 à 6 pers.) 290 à 770 €/sem. – 8
bungalows toilés
🚐 1 borne artisanale 2 € – 2 🔲 18 €
Pour s'y rendre : 4,5 km au S par D 201 à dr., à la Pointe du
Bile
À savoir : En bordure d'Océan

> Nature : ⌐ 🌳 ⚠
> Loisirs : 🍴 snack 🏠 🎭 nocturne
> (soirées à thème) 🏕 🚴 🚲 ⛳ ⛵
> 🏊 🌊 terrain omnisports
> Services : ⚿ ⚡ GB 🚿 Ⓜ 🅿 ♨ ⛲
> 🍴 🅿 sèche-linge 🧺 🔥
> À prox. : 🐎 poneys

⚑ **Le Cénic** 10 avr.-15 sept.
🏕 02 99 90 45 65, *info@lecenic.com*, Fax 02 99 90 45 05,
www.lecenic.com – **R** conseillée
5,5 ha (310 empl.) plat, peu incliné, herbeux
Tarif : 31 € 🕴 ⟷ 🔲 🔌 (6A) – pers. suppl. 6 € – frais de
réservation 15 €
Location 🏚 : 65 🛖 (4 à 6 pers.) 280 à 630 €/sem. – 15
🏠 (4 à 6 pers.) 280 à 630 €/sem.
🚐 1 borne artisanale 3 € – 7 🔲 – 🛒 10 €
Pour s'y rendre : 1,5 km à l'E par D 34 rte de la Roche-
Bernard, bord d'un étang
À savoir : bel ensemble aquatique couvert

> Nature : 🌳
> Loisirs : 🍴 🏠 🎭 salle d'animation
> 🚴 Ⓜ ⚡ 🌊 🏊 🌊
> Services : ⚿ ⚡ GB 🚿 🅿 ♨ ⛲ 🅿
> sèche-linge

⚑ **Les Parcs** avr.-sept.
🏕 02 99 90 30 59, *lesparcs@club-internet.fr*,
Fax 02 99 90 37 42, *www.camping-lesparcs.com*
– **R** conseillée
2,5 ha (75 empl.) plat et peu incliné, herbeux
Tarif : 19,50 € 🕴 ⟷ 🔲 🔌 (6A) – pers. suppl. 4,50 € – frais
de réservation 15 €
Location : 22 🛖 (4 à 6 pers.) 190 à 550 €/sem.
Pour s'y rendre : E : 0,5 km par D 34 rte de la Roche-
Bernard

> Nature : ⌐ 🌳🌳
> Loisirs : 🍴 🌊 (petite piscine)
> Services : ⚿ ⚡ GB 🚿 🅿 ♨ ⛲ 🍴
> 🅿
> À prox. : 🌲 ⛳ 🎣

PLOEMEL

✉ 56400 – **308** M9 – 2 047 h. – alt. 46
Paris 485 – Auray 8 – Lorient 34 – Quiberon 23 – Vannes 27.

⚑ **Municipal St-Laurent** Permanent
🏕 02 97 56 85 90, *camping.saint.laurent@wanadoo.fr*,
Fax 02 97 56 85 90, *www.ploemel.com* – **R** conseillée
3 ha (90 empl.) plat, peu incliné, herbeux
Tarif : 16 € 🕴 ⟷ 🔲 🔌 (10A) – pers. suppl. 3,50 €
Location 🏚 : 5 🛖 (4 à 6 pers.) 210 à 590 €/sem.
🚐 🛒 10 €
Pour s'y rendre : NO : 2,5 km rte de Belz, à proximité du
carrefour D 22 et D 186

> Nature : ⌐ 🌳(pinède)
> Loisirs : snack 🚴 🚲 🌊
> Services : ⚡ GB 🚿 🅿 ♨ ⛲ 🅿 🔥
> À prox. : golf

△△ **Kergo** mai-sept.
  ℰ 02 97 56 80 66, *camping.kergo@wanadoo.fr*,
  Fax 02 97 56 80 66, *www.campingkergo.com* – **R** conseillée
  2,5 ha (135 empl.) peu incliné et plat, herbeux
  Tarif : 16,10 € ✱ ⇔ ▣ (⚡) (10A) – pers. suppl. 3,60 €
  Location (avr.-oct.) : 14 🚐 (4 à 6 pers.) 240 à
  560 €/sem.
  🚐 🍴 13.50 €
  Pour s'y rendre : SE : 2 km par D 186 rte de la Trinité-sur-Mer et à gauche

> Nature : 🌿 ♀
> Loisirs : 🎮 🏊 🚲
> Services : 🛁 ⚡ GB 🕊 🍳 ⚘ ⛱ 🔲

PLOUGOUMELEN

✉ 56400 – **308** N9 – 1 762 h. – alt. 27
Paris 471 – Auray 10 – Lorient 51 – Quiberon 39 – Vannes 14.

△ **Municipal Kergouguec** 15 juin-15 sept.
  ℰ 02 97 57 88 74, *mairie.plougoumelen@wanadoo.fr*
  1,5 ha (80 empl.) plat à peu incliné, herbeux
  Tarif : ✱ 2,50 € ⇔ 1,50 € ▣ 2,10 € – (⚡) (6A) 3 €
  Pour s'y rendre : à 0,5 km au Sud du bourg, par rte de Baden, au stade

> Nature : ♀
> Loisirs : ✂
> Services : 🛁 ⚡ 🕊 🍳 ⚘ 🔲
> À prox. : golf

△ **La Fontaine du Hallate** avr.-1er oct.
  ℰ 09 64 04 90 16, *clegloanic@campinghallate.com*,
  www.campinghallate.com – **R** conseillée
  1 ha (45 empl.) peu incliné, plat, herbeux
  Tarif : 12 € ✱ ⇔ ▣ (⚡) (4A) – pers. suppl. 2 € – frais de réservation 15 €
  Location : 10 🚐 (4 à 6 pers.) 250 à 400 €/sem.
  Pour s'y rendre : SE : 3,2 km vers Ploeren et rte de Baden à droite, au lieu-dit Hallate

> Nature : 🌿 ≪
> Loisirs : 🏊
> Services : 🍳 ⚘ 🔲 sèche-linge
> À prox. : ✂ golf

261

  🛥 ✗ *ATTENTION...*
  🚣 *ces éléments ne fonctionnent généralement qu'en saison,*
  🛷 🐎 *quelles que soient les dates d'ouverture du terrain.*

PLOUHARNEL

✉ 56340 – **308** M9 – 1 700 h. – alt. 21
🛈 *Office de tourisme, rond-point de l'Océan* ℰ *02 97 52 32 93*
Paris 490 – Auray 13 – Lorient 33 – Quiberon 15 – Quimperlé 51 – Vannes 33.

△△ **Kersily** avr.-oct.
  ℰ 02 97 52 39 65, *camping.kersily@wanadoo.fr*,
  Fax 02 97 52 44 76, *www.camping-kersily.com* – **R** conseillée
  2,5 ha (120 empl.) plat et peu incliné, herbeux
  Tarif : ✱ 4,70 € ⇔ 2 € ▣ 5,90 € – (⚡) (6A) 2,80 € – frais de réservation 10 €
  Location : 22 🚐 (4 à 6 pers.) 200 à 600 €/sem.
  🚐 1 borne artisanale 2 €
  Pour s'y rendre : NO : 2,5 km par D 781 rte de Lorient et rte de Ste-Barbe, à gauche

> Nature : 🌿 ♀♀
> Loisirs : snack 🎮 🎶 nocturne salle d'animation 🏊 ✂ 🏓 ⛱
> Services : 🛁 ⚡ GB 🍳 🕊 ⚘ ⛱ ⚗ 🐾 ↻ 🔲 sèche-linge
> À prox. : 🏇 🐎 poneys golf, terrain omnisports

△ **Les Goélands** juin-15 sept.
  ℰ 02 97 52 31 92, *angelina.oliviero@wanadoo.fr*
  – **R** conseillée
  1,6 ha (80 empl.) plat, herbeux
  Tarif : 18 € ✱ ⇔ ▣ (⚡) (5A) – pers. suppl. 5 € – frais de réservation 15 €
  Location (mai-fin sept.) : 10 🚐 (4 à 6 pers.) 250 à 700 €/sem.
  Pour s'y rendre : E : 1,5 km par D 781 rte de Carnac puis 0,5 km par rte à gauche

> Nature : 🌿 ♀
> Services : ⚡ GB 🍳 🔥 ⚘ 🐾
> À prox. : ✂ 🐎 poneys golf

PLOUHINEC

✉ 56680 – **308** L8 – 4 143 h. – alt. 10
Paris 503 – Auray 22 – Lorient 18 – Quiberon 30 – Quimperlé 36.

▲▲▲ **Moténo** 5 avr.-15 sept.
     ℘ 02 97 36 76 63, *info@camping-moteno.com*,
     Fax 02 97 85 81 84, *www.camping-le-moteno.com*
     – **R** conseillée
     4 ha (230 empl.) plat, herbeux
     Tarif : 37 € 🏕 ⛺ 🅴 🔌 (10A) – pers. suppl. 6 € – frais de
     réservation 22 €
     Location : 70 🛖 (4 à 6 pers.) 192 à 737 €/sem. – 37 🏠
     (4 à 6 pers.) 253 à 731 €/sem.
     Pour s'y rendre : 4,5 km au SE par D 781 et à dr., rte du
     Magouër

> Nature : 🏞 🌳
> Loisirs : 🍴 snack 🎱 🎬, salle d'animation 🏊 🚴 🏊 🏐 terrain omnisports
> Services : 🚿 ⚡ GB 🅰 🚻 🛁 ☺ 🔧
> sèche-linge 🧺 🚰

▲▲▲ **La Lande du Bélier** (location exclusive de mobile
     homes) avr.-sept.
     ℘ 02 97 85 80 98, *lldb@wanadoo.fr*, Fax 02 97 85 84 59,
     www.la-lande-du-belier.com – **R** indispensable
     5,5 ha plat, herbeux
     Location : 30 🛖 (4 à 6 pers.) 210 à 540 €/sem.
     Pour s'y rendre : 1,5 km par D 781 rte de Carnac
     À savoir : parc paysagé

> Nature : 🏞 🌳(pinède)
> Loisirs : 🍴 snack 🎱 🎬
> Services : ⚡ 🅰 📞 📶
> À prox. : ✂ 🎣

▲ **Municipal Kérabus** juil.-août
     ℘ 02 97 36 61 67, *mairie.plouhinec56@wanadoo.fr*,
     Fax 02 97 85 88 89 – **R**
     4 ha (100 empl.) non clos, plat, herbeux, pinède attenante
     Tarif : 11 € 🏕 ⛺ 🅴 🔌 (10A) – pers. suppl. 2,50 €
     🚐 1 borne aire service 3 € – 45 🅴 6 €
     Pour s'y rendre : SE : 3 km par D 781, rte de Carnac et à
     droite, rte du Magouër, au stade

> Nature : 🌿 🏞
> Loisirs : 🏊 ✂ poneys
> Services : 🚿 ⚡ GB 🅰 🛁 ☺ 🔧
> À prox. : 🎣

262

PONT-SCORFF

✉ 56620 – **308** K8 – G. Bretagne – 2 623 h. – alt. 42
🛈 *Syndicat d'initiative, rue de Lorient* ℘ 02 97 32 50 27, Fax 02 97 32 59 96
Paris 509 – Auray 47 – Lorient 11 – Quiberon 56 – Quimperlé 13.

▲ **Ty Nénez** Permanent
     ℘ 02 97 32 51 16, *camping-ty-nenez@wanadoo.fr*,
     Fax 02 97 32 43 77, *www.lorient-camping.com* – **R** indispensable
     1,5 ha (50 empl.) plat, peu incliné, herbeux
     Tarif : 10,45 € 🏕 ⛺ 🅴 🔌 (16A) – pers. suppl. 2,25 €
     Location : 7 🛖 (4 à 6 pers.) 434 à 476 €/sem.
     🚐 1 borne raclet 2 € – 🚐 7.70 €
     Pour s'y rendre : SO : 1,8 km par D 6 rte de Lorient

> Loisirs : 🍴
> Services : 🚿 ⚡ GB 🅰 🚻 🛁 🔧 ☺
> À prox. : 🛒 ✂

PRIZIAC

✉ 56320 – **308** K6 – 986 h. – alt. 163
Paris 498 – Concarneau 55 – Lorient 42 – Pontivy 39 – Rennes 148 – Saint-Brieuc 83 – Vannes 90.

▲ **Municipal Bel Air** avr.-sept.
     ℘ 02 97 34 63 55, *mairie.priziac@wanadoo.fr*,
     Fax 02 97 34 64 67 – **R** conseillée
     1,5 ha (50 empl.) plat, herbeux
     Tarif : 🏕 2,40 € ⛺ 1,15 € 🅴 1,65 € – 🔌 1,95 €
     Location : 4 🛖 (4 à 6 pers.) 180 à 352 €/sem.
     Pour s'y rendre : N : 0,5 km par D 109 et à gauche
     À savoir : cadre verdoyant et ombragé près d'un plan
     d'eau

> Nature : 🌿 🌳
> Loisirs : 🎱
> Services : 🚿 🅰 🛁 ☺ 🔧
> À prox. : 🍴 🏊 ✂ 🎿 🚣 ⛵ (plage) 🎣
> pédalos, base nautique

QUIBERON

✉ 56170 – **308** M10 – G. Bretagne – 5 073 h. – alt. 10
🏢 *Office de tourisme, 14, rue de Verdun* ✆ *08 25 13 56 00, Fax 02 97 30 58 22*
Paris 505 – Auray 28 – Concarneau 98 – Lorient 47 – Vannes 47.

 Le Bois d'Amour 👥♨ – 5 avr.-28 sept.
✆ 04 42 20 47 25, *info@homair.com*, Fax 04 42 95 03 63,
www.homair.com – **R** indispensable
4,6 ha (290 empl.) plat, sablonneux, herbeux
Location : 150 🚐
🚐, 1 borne – 3 🗒
Pour s'y rendre : 1,5 km au SE, à 300 m de la mer et du
centre de thalassothérapie

> Nature : 🏕 ♀
> Loisirs : 🍴 snack 🛋 🏓 🛝 🚴
> 🏊
> Services : 🚿 ⚿ GB 🌳 📷 ♨ ☺ 🔌
> 🧺 sèche-linge 🧹
> À prox. : 🎿 🎣 ♨ 🐎 (centre éques-
> tre) practice de golf

 Les Joncs du Roch 5 avr.-27 sept.
✆ 02 97 50 24 37, *campinglesjoncsduroch@9bisiness.fr*,
Fax 02 97 50 24 37, *www.campinglesjoncsduroch.9busi
ness.fr* – **R** indispensable
2,3 ha (163 empl.) plat, herbeux
Tarif : 25,10 € ✶ 🚗 🔲 📧 (10A) – pers. suppl. 4,90 € –
frais de réservation 28,60 €
Location 🏠 : 12 🚐 (4 à 6 pers.) 350 à 640 €/sem. – 3
bungalows toilés
Pour s'y rendre : SE : 2 km, rue de l'aérodrome, à 500 m
de la mer

> Nature : 🏕 ♀
> Loisirs : 🛋 🛝 terrain omnis-
> ports
> Services : 🚿 ⚿ GB 🌳 📷 ♨ ☺ 🧹
> 🚰 🧺 sèche-linge
> À prox. : snack 🎿 🎣 ♨ 🐎 poneys
> (centre équestre) practice de golf

La ROCHE-BERNARD

✉ 56130 – **308** R9 – G. Bretagne – 796 h. – alt. 38
🛈 *Office de tourisme, 14, rue du Docteur Cornudet* ℘ *02 99 90 67 98, Fax 02 99 90 67 99*
Paris 444 – Nantes 70 – Ploërmel 55 – Redon 28 – St-Nazaire 37 – Vannes 42.

△ **Municipal le Pâtis** Pâques-sept.
℘ 02 99 90 60 13, *mairie-LRB@wanadoo.fr*,
Fax 02 99 90 88 28 – **R** conseillée
1 ha (58 empl.) plat, herbeux
Tarif : 🛉 3 € 🚗 2 € 🗉 4 € – 🗲 3 € – frais de réservation 8 €
Pour s'y rendre : à l'O du bourg vers le port de plaisance
À savoir : près de la Vilaine (accès direct)

Nature : 🗀 ♀
Loisirs : 🏠 🚲
Services : 🕭 ⚬ (juil.-août) 🔾🕭 ♂⁄
🏢 🖸 ⊕ 🚿 🖥
À prox. : 🏇 🏊 (découverte en saison) 🛶 canoë

ROCHEFORT-EN-TERRE

✉ 56220 – **308** Q8 – G. Bretagne – 693 h. – alt. 40
🛈 *Office de tourisme, 7, place du Puits* ℘ *02 97 43 33 57, Fax 02 97 43 33 57*
Paris 431 – Ploërmel 34 – Redon 26 – Rennes 82 – La Roche-Bernard 27 – Vannes 36.

△ **Le Moulin Neuf**
℘ 02 97 43 37 52, Fax 02 97 43 35 45 – **R** conseillée
2,5 ha (60 empl.) plat et incliné, herbeux
Pour s'y rendre : SO : 1 km par D 774, rte de Péaule et chemin à droite, à 500 m d'un plan d'eau

Nature : 🕭
Loisirs : 🏇 🏓 🏊
Services : 🕭 ⚬ 🖸 🚿 ⊕ 🖥 sèche-linge
À prox. : 🗶 🚣 (plage) 🎣

Si vous recherchez :
△ *Un terrain au bord de l'eau avec possibilité de baignade*
🕭 *Un terrain agréable ou très tranquille*
L *Un terrain effectuant la location de caravanes, de mobile homes, de bungalows ou de chalets*
P *Un terrain ouvert toute l'année*
🚐 *Un terrain possédant une aire de services pour camping-cars*
Consultez le tableau des localités

ROHAN

✉ 56580 – **308** O6 – G. Bretagne – 1 521 h. – alt. 55
Paris 451 – Lorient 72 – Pontivy 17 – Quimperlé 86 – Vannes 53.

△ **Municipal le Val d'Oust** juin-15 sept.
℘ 02 97 51 57 58, *mairie.rohan@wanadoo.fr*,
Fax 02 97 51 52 11 – **R** conseillée
1 ha (45 empl.) plat, herbeux
Tarif : (Prix 2007) 🛉 3 € 🚗 1,20 € 🗉 1,50 € – 🗲 2,70 €
Pour s'y rendre : sortie NO, rte de St-Gouvry
À savoir : au bord du canal de Nantes-à-Brest et près d'un plan d'eau

Nature : ♀♀
Loisirs : 🏇
Services : 🕭 ♂⁄ ⊕ 🖥
À prox. : 🍴 crêperie 🏓 🚣 (plage) parcours sportif

ST-CONGARD

✉ 56140 – **308** R8 – 637 h. – alt. 20
Paris 420 – Josselin 33 – Ploërmel 24 – Redon 26 – Vannes 42.

△ **Municipal du Halage** 15 juin-15 sept.
℘ 02 97 43 50 13, *mairie-st-congard@wanadoo.fr*,
Fax 02 97 43 54 75 – **R** conseillée
0,8 ha (42 empl.) plat à peu incliné, herbeux
Tarif : (Prix 2007) 🛉 2,30 € 🚗 🗉 2,30 € – 🗲 (5A) 2,30 €
Pour s'y rendre : Au bourg, près de l'église et de l'Oust

Nature : 🕭 🗀 ♀
Loisirs : 🏇
Services : ♂⁄ ⊕

ST-GILDAS-DE-RHUYS

✉ 56730 – **308** N9 – G. Bretagne – 1 436 h. – alt. 10
🅸 *Office de tourisme, place Monseigneur Ropert* ☎ 02 97 45 31 45
Paris 483 – Arzon 9 – Auray 48 – Sarzeau 7 – Vannes 29.
Schéma à Sarzeau

▲▲▲ **Le Menhir** mai-8 sept.
  ☎ 02 97 45 22 88, *campingmenhir@aol.com*,
  Fax 02 97 45 37 18, *www.campingdumenhir.com* – **R** indis-
  pensable
  5 ha/3 campables (180 empl.) plat et peu incliné, herbeux
  Tarif : 30,50 € 🛉 ⬅ 🅴 🚿 (10A) – pers. suppl. 5,80 € –
  frais de réservation 18,50 €
  Location 🏠 : 40 🚐 (4 à 6 pers.) 229 à 700 €/sem.
  Pour s'y rendre : 3,5 km au N, accès conseillé par D 780 rte
  Port-Navalo

> Nature : 🖵 ♀♀
> Loisirs : 🍽 snack, pizzeria 🖬 🎦
> nocturne 🏇 🚲 🎾 🏓 🏊
> Services : 🛠 ⛽ GB 🚗 🗄 🚿 🛒
> 🗑 🚱 🖴 sèche-linge 🏠 🛒
> À prox. : ♦ 🐎 (centre équestre)
> golf

▲ **Goh'Velin** avr.-20 sept.
  ☎ 02 97 45 21 67, *gohvelin@cegetel.net*,
  Fax 02 97 45 21 67, *www.gohvelin.fr* – **R** conseillée
  1 ha (93 empl.) plat et peu incliné, herbeux
  Tarif : (Prix 2007) 🛉 4,20 € ⬅ 🅴 6 € – 🚿 (6A) 3,10 € – frais
  de réservation 9 €
  Location : 12 🚐 (4 à 6 pers.) 250 à 520 €/sem.
  Pour s'y rendre : N : 1,5 km, à 300 m de la plage

> Nature : 🖵 ♀
> Loisirs : 🖬 🔺 🏊
> Services : ⛽ GB 🚗 🗄 🚱 🖴
> À prox. : 🏓 🐎 🐎 (centre équestre)
> golf

ST-JACUT-LES-PINS

✉ 56220 – **308** R8 – 1 552 h. – alt. 63
Paris 419 – Ploërmel 38 – Redon 13 – La Roche-Bernard 26 – Vannes 47.

▲ **Municipal les Étangs de Bodéan** 15 juin-15 sept.
  ☎ 02 99 91 28 65, *mairie.st-jacutlespins@wanadoo.fr*,
  Fax 02 99 91 30 44 – **R** conseillée
  1 ha (50 empl.) plat et peu incliné, herbeux
  Tarif : (Prix 2007) 🛉 2 € 🅴 2,60 € – 🚿 2 €
  Pour s'y rendre : SO : 2,5 km par D 137 rte de St-Gorgon
  À savoir : belle décoration arbustive, au bord d'un étang

> Nature : 🐟 ♀
> Loisirs : 🔺 🐦
> Services : 🗄 🚱

265

ST-JULIEN

✉ 56170 – **308** M10
Paris 503 – Auray 27 – Lorient 46 – Quiberon 2 – Vannes 46.
Schéma à Quiberon

▲▲▲ **Beauséjour** 29 avr.-16 sept.
  ☎ 02 97 30 44 93, *info@campingbeausejour.com*,
  Fax 02 97 50 44 73, *www.campingbeausejour.com*
  – **R** conseillée
  2,4 ha (160 empl.) plat et peu incliné, herbeux, sablonneux
  Tarif : 25,60 € 🛉 ⬅ 🅴 🚿 (10A) – pers. suppl. 4 € – frais
  de réservation 18 €
  Location : 15 🚐 (4 à 6 pers.) 270 à 640 €/sem.
  🚐 1 borne artisanale 4 €
  Pour s'y rendre : N : 0,8 km, à 50 m de la mer

> Loisirs : 🖬 🔺 🚲
> Services : 🛠 ⛽ (juil.-août) GB 🚗
> 🗄 🚿 🚱 🚱 🖴 🛒 🐎
> À prox. : 🏇 🍽 🏓 🎾 🖼 🏓 ♦ 🐎
> école de plongée, char à voile

▲▲▲ **Do.Mi.Si.La.Mi.** avr.-5 nov.
  ☎ 02 97 50 22 52, *camping@domisilami.com*,
  Fax 02 97 50 26 69, *www.domisilami.com*
  4,4 ha (350 empl.) plat et peu incliné, herbeux
  Tarif : 24,80 € 🛉 ⬅ 🅴 🚿 (10A) – pers. suppl. 4,20 €
  Location 🏠 : 40 🚐 (4 à 6 pers.) 240 à 725 €/sem.
  🚐 1 borne artisanale 6 €
  Pour s'y rendre : N : 0,6 km, à 50 m de la mer
  À savoir : décoration arbustive

> Nature : 🖵
> Loisirs : 🍽 🍴 🖬 🔺 🚲 terrain
> omnisports
> Services : 🛠 ⛽ GB 🚗 🗄 🚿 🚱 🛒
> 🗑 🖴 sèche-linge 🛒
> À prox. : 🏇 snack 🎾 🖼 🏓 ♦ 🐎
> école de plongée, char à voile

ST-PHILIBERT

✉ 56470 – **308** N9 – 1 258 h. – alt. 15
Paris 486 – Auray 11 – Locmariaquer 7 – Quiberon 27 – La Trinité-sur-Mer 6.

Schéma à Carnac

Les Palmiers Permanent
℘ 02 97 55 01 17, *contact@campinglespalmiers.com*,
Fax 02 97 30 03 91, *www.campinglespalmiers.com*
– **R** conseillée
2 ha (115 empl.) plat et peu incliné, herbeux
Tarif : 24,50 € 👤 🚗 🔲 (2) (10A) – pers. suppl. 5,50 € –
frais de réservation 16,50 €
Pour s'y rendre : O : 2 km, à 500 m de la rivière de Crach
(mer)
À savoir : ancienne ferme restaurée et fleurie

Nature : ♀
Loisirs : 🍴 crêperie 🎦 salle d'animation 🚴 🎣 🏊
Services : 🚿 ⛽ GB 🔧 M 🛒 🔆 @
🐾 🌀 sèche-linge
À prox. : 🍴 🎿 🐕

Le Chat Noir Pâques-sept.
℘ 02 97 55 04 90, *chatnoir@campinglechatnoir.com*,
Fax 02 97 55 04 90, *www.camping-lechatnoir.com* – **R** indispensable
1,7 ha (98 empl.) plat et peu incliné, herbeux
Tarif : 21,80 € 👤 🚗 🔲 (2) (10A) – pers. suppl. 5 € – frais
de réservation 20 €
Location : 31 📦 (4 à 6 pers.) 230 à 615 €/sem.
Pour s'y rendre : N : 1 km

Nature : 🏞 ♀♀
Loisirs : 🎦 🎿 🏊
Services : 🚿 ⛽ GB 🔧 🛒 🔆 @ 🐾
🌀 sèche-linge
À prox. : 🍴 🎿 🐕

STE-ANNE-D'AURAY

✉ 56400 – **308** N8 – G. Bretagne – 1 844 h. – alt. 42
🅱 *Office de tourisme, 26, rue de Vannes* ℘ 02 97 57 69 16, Fax 02 97 57 79 22
Paris 475 – Auray 7 – Hennebont 33 – Locminé 27 – Lorient 44 – Quimperlé 58 – Vannes 16.

266

Municipal du Motten juin-sept.
℘ 02 97 57 60 27, *contact@sainte-anne-auray.com*,
Fax 02 97 57 72 33 – **R** conseillée
1,5 ha (115 empl.) plat, herbeux
Tarif : 👤 2,60 € 🚗 1,60 € 🔲 2,20 € – (2) (10A) 3 €
Pour s'y rendre : SO : 1 km par D 17 rte d'Auray et rue du
Parc à droite

Nature : ♀
Loisirs : 🎦 🎿 🎾
Services : 🚿 ⛽ 🔧 @ 🌀
À prox. : 🔲

SARZEAU

✉ 56370 – **308** O9 – G. Bretagne – 6 143 h. – alt. 30
🅱 *Office de tourisme, rue du Père Coudrin* ℘ 02 97 41 82 37, Fax 02 97 41 74 95
Paris 478 – Nantes 111 – Redon 62 – Vannes 23.

Le Bohat 👥 – 25 avr.-26 sept.
℘ 02 97 41 78 68, *lebohat@campinglebohat.com*,
Fax 02 97 41 70 97, *www.domainelebohat.com* – **R** conseillée
4,5 ha (225 empl.) plat, herbeux
Tarif : 27 € 👤 🚗 🔲 (2) (10A) – pers. suppl. 3,10 € – frais
de réservation 10 €
Location (avr.-26 sept.) 🏠 : 16 📦 (4 à 6 pers.) 192 à
656 €/sem.
📦 1 borne artisanale
Pour s'y rendre : O : 2,8 km

Nature : 🌳 ♀(verger)
Loisirs : 🍴 🎦 🎯 🎿 🚴 🏊
Services : 🚿 ⛽ GB 🔧 🛒 🔆 🔆 @
🐾 🌀 sèche-linge
À prox. : 🍴 🎿 🎱 🐕 🐎 (centre
équestre) golf

An Trest mai-14 sept.
℘ 02 97 41 79 60, *letreste@campingletreste.com*,
Fax 02 97 41 36 21, *www.an-trest.com* – **R** conseillée
5 ha (225 empl.) plat, herbeux
Tarif : 26 € 👤 🚗 🔲 (2) (10A) – pers. suppl. 5,60 € – frais
de réservation 12 €
Location : 8 🏠 (2 à 4 pers.) 180 à 370 €/sem. – 19 📦
(4 à 6 pers.) 210 à 705 €/sem.
Pour s'y rendre : S : 2,5 km, rte du Roaliguen

Loisirs : 🍴 🎦 🎿 🏊
Services : 🚿 ⛽ GB 🔧 🛒 🔆 @ 🐾
🌀 sèche-linge 🚰
À prox. : 🍴 🎿 🎱 🐕 🐎 (centre
équestre), golf

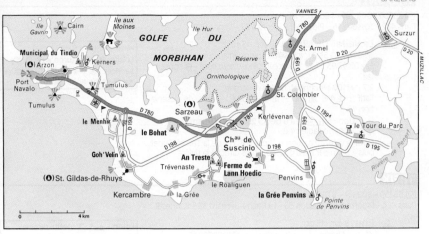

⚠ **La Grée Penvins** avr.-sept.
  📞 02 97 67 33 96, *info@campinglagreepenvins.com*,
  Fax 02 97 67 40 70, *www.campinglagreepenvins.com* – ℞
  2,5 ha (125 empl.) plat, terrasse, herbeux, sablonneux
  Tarif : 🚶 3,30 € 🚗 🅴 5,50 € – 🔌 (6A) 2,45 €
  Location 🏷 : 9 🏠 (4 à 6 pers.) 245 à 555 €/sem.
  Pour s'y rendre : SE : 9 km par D 198
  À savoir : accès direct à la plage de la Pointe de Penvins

> Nature : 🌊 ⚠
> Services : 🚿 ⚑ 🍴 🚮 🌊 ⊕ 📷
> À prox. : 🍸 🍴 🎦 ♨

⚠ **Ferme de Lann Hoedic** avr.-oct.
  📞 02 97 48 01 73, *contact@camping-lannhoedic.fr*,
  Fax 02 97 41 72 87, *www.camping-lannhoedic.fr*
  – ℞ conseillée
  3,6 ha (128 empl.) peu incliné, plat, herbeux
  Tarif : 19,20 € 🚶 🚗 🅴 🔌 (10A) – pers. suppl. 4,30 € –
  frais de réservation 10 €
  Location : 10 🏠 (4 à 6 pers.) 235 à 550 €/sem.
  🚐 1 borne artisanale 19,20 € – 🚐 10 €
  Pour s'y rendre : S : 4 km rte du Roaliguen

> Nature : 🌊
> Loisirs : 🚣 🚲
> Services : ⚑ 🍴 📦 🚮 🌊 ⊕ 📷 ☎
> 📞 🛎 📷 sèche-linge
> À prox. : 🐎

SÉRENT

✉ 56460 – **308** P8 – 2 716 h. – alt. 80
Paris 432 – Josselin 17 – Locminé 31 – Ploërmel 19 – Redon 47 – Vannes 31.

⚠ **Municipal du Pont Salmon** mai-sept.
  📞 02 97 75 91 98, *mairie.serent@wanadoo.fr*,
  Fax 02 97 75 98 35, *www.serent.fr*
  1 ha (40 empl.) plat, herbeux
  Tarif : 9,10 € 🚶 🚗 🅴 – pers. suppl. 1,70 €
  🚐 1 borne artisanale 3,25 € – 10 🅴
  Pour s'y rendre : au bourg, vers rte de Ploërmel, au stade

> Loisirs : 🚣 🏊
> Services : 🍴 🎱 📦 ⊕ 📷
> À prox. : 🎱

LES GUIDES VERTS **MICHELIN**
Paysages, monuments
Routes touristiques
Géographie
Histoire, Art
Itinéraire de visite
Plans de villes et de monuments

TAUPONT

✉ 56800 – **308** Q7 – 1 908 h. – alt. 81
Paris 422 – Josselin 16 – Ploërmel 5 – Rohan 37 – Vannes 50.

La Vallée du Ninian 15 avr.-15 sept.
℘ 02 97 93 53 01, *infos@camping-ninian.com,*
Fax 02 97 93 57 27, *www.camping-ninian.com* – **R** conseillée
2,7 ha (100 empl.) plat, herbeux, verger
Tarif : ⋆ 4 € 🗉 6 € – 🔌 (6A) 3,50 € – frais de réservation 10 €
Location : 5 🛏 (4 à 6 pers.) 230 à 480 €/sem.
🚐 1 borne raclet 4 €
Pour s'y rendre : Sortie N par D 8, rte de la Trinité-Phoët, puis 2,5 km par rte à gauche, accès direct à la rivière

Nature : 🏞 🗗 👤
Loisirs : 🍸 🌙 nocturne 🏕 🏊 🎣
Services : 🕭 ⚡ 🗖 🗑 📅 🐟 ⊛ 🖾
🖾 🖾 sèche-linge 🖾

THEIX

✉ 56450 – **308** P9 – 5 029 h. – alt. 5
Paris 464 – Ploërmel 51 – Redon 58 – La Roche-Bernard 33 – Vannes 9.

Rhuys avr.-15 oct.
℘ 02 97 54 14 77, *campingderhuys@wanadoo.fr,*
Fax 02 97 54 14 77 – **R** conseillée
2 ha (60 empl.) peu incliné, herbeux
Tarif : ⋆ 5,40 € 🚗 🗉 9,50 € – 🔌 (6A) 3 € – frais de réservation 15 €
Location (avr.-sept.) : 8 🛏 (4 à 6 pers.) 170 à 630 €/sem.
🚐 1 borne artisanale – 🚐 10 €
Pour s'y rendre : À 3,5 km au NO du bourg, par N 165, venant de Vannes : sortie Sarzeau

Loisirs : 🏕 🏊 (petite piscine)
Services : 🕭 ⚡ 🗖 🗑 📅 🐟 🖾
🖾 🖾 🖾
À prox. : 🐴 🍸 ✕ 🍴 🖾 🖾 🖾

268

Le TOUR-DU-PARC

✉ 56370 – **308** P9 – 741 h.
Paris 476 – La Baule 62 – Redon 57 – St-Nazaire 81 – Vannes 22.

Le Cadran Solaire avr.-sept.
℘ 02 97 67 30 40, *cadransolaire56@yahoo.fr,*
Fax 02 97 67 40 28, *www.campingcadransolaire.com* – **R** conseillée
2 ha (115 empl.) plat, herbeux
Tarif : ⋆ 4,20 € 🚗 🗉 8,20 € – 🔌 (10A) 2,90 € – frais de réservation 10 €
Location (avr.-oct.) 🏂 : 9 🛏 (4 à 6 pers.) 250 à 530 €/sem.
Pour s'y rendre : S : 2 km par D 324, rte de Sarzeau

Nature : 🗗 👤👤
Loisirs : 🍴 🏕 🍴
Services : 🕭 ⚡ 🗖 🗑 Ⓜ 🗑 📅 ⊛
🖾 sèche-linge 🖾
À prox. : 🐟 🐴 (centre équestre)

TRÉDION

✉ 56250 – **308** P8 – G. Bretagne – 888 h. – alt. 85
Paris 441 – Josselin 24 – Locminé 26 – Ploërmel 28 – Redon 53 – Vannes 25.

Municipal l'Étang aux Biches juil.-août
℘ 02 97 67 14 06, Fax 02 97 67 13 41 – **R** conseillée
10 ha/0,5 campable (34 empl.) peu incliné et plat, herbeux, bois
Tarif : ⋆ 1,60 € 🚗 1,10 € 🗉 1,10 € – 🔌 1,90 €
Pour s'y rendre : S : 1,3 km par D 1, rte d'Elven
À savoir : Situation agréable au bord de deux étangs

Nature : 🏞 ⋖ 🗗 👤
Loisirs : 🏕 🍴 🐟 parcours sportif
Services : 🕭 ⊛

Ne pas confondre :
🔺 ... à ... 🔺🔺🔺 : *appréciation* **MICHELIN**
et
★ ... à ... ★★★★ : *classement officiel*

La TRINITÉ-SUR-MER

✉ 56470 – **308** M9 – G. Bretagne – 1 530 h. – alt. 20
🛈 *Office de tourisme, 30, cours des Quais* ✆ 02 97 55 72 21, Fax 02 97 55 78 07
Paris 488 – Auray 13 – Carnac 4 – Lorient 52 – Quiberon 23 – Quimperlé 66 – Vannes 31.
Schéma à Carnac

La Baie ♣♣ – 17 mai-14 sept.
✆ 02 97 55 73 42, *contact@campingdelabaie.com,*
Fax 02 76 01 33 37, *www.campingdelabaie.com* – places li-
mitées pour le passage – **R** conseillée
2,2 ha (170 empl.) plat, herbeux, sablonneux
Tarif : (Prix 2007) 40,20 € ✶ ⬌ 🅴 🔌 (6A) – pers.
suppl. 3,10 € – frais de réservation 20 €
Location : 🛖 (4 à 6 pers.) 259 à 721 €/sem.
Pour s'y rendre : 1,5 km au S, à 100 m de la plage de
Kervilen

Nature : ▱ ♀
Loisirs : 🏠 🎮 👫 🏊 🚴 ♨ ♨
Services : 🚿 ⚡ GB ⚖ 🏧 🛒 @ 🍴
🖥 🚰 🧺
À prox. : ♨ 🍽 ✕ crêperie 🎣 🏹 ♪
billard, golf

La Plage ♣♣ – 30 avr.-14 sept.
✆ 02 97 55 73 28, *camping@camping-plage.com,*
Fax 02 97 55 88 31, *www.camping-plage.com* – **R** conseillée
3 ha (200 empl.) plat et peu incliné, herbeux, sablonneux
Tarif : 38,60 € ✶ ⬌ 🅴 🔌 (10A) – pers. suppl. 5,10 € –
frais de réservation 15 €
Location : 26 🛖 (4 à 6 pers.) 280 à 787 €/sem.
🛒 1 borne 3 € – 1 🅴 13 € – 🚐 13 €
Pour s'y rendre : 1 km au S, accès direct à la plage de
Kervilen

Nature : ▱ ♀ ♨
Loisirs : 🏠 🎮 👫 jacuzzi 🏊 🚴
✕ 🏹 🚣 ♨ billard, golf, canoë de
mer
Services : 🚿 ⚡ GB ⚖ 🏧 🛒 @ 🍴
🖥 🖥 sèche-linge
À prox. : ♨ 🍽 ✕ crêperie 🎣 ♪

Kervilor mai-14 sept.
✆ 02 97 55 76 75, *ebideau@camping-kervilor.com,*
Fax 02 97 55 87 26, *www.camping-kervilor.com* – **R** conseillée
5 ha (230 empl.) plat et peu incliné, herbeux
Tarif : 31,10 € ✶ ⬌ 🅴 🔌 (10A) – pers. suppl. 5,05 € –
frais de réservation 18 €
Location (mars-sept.) : 68 🛖 (4 à 6 pers.) 250 à
870 €/sem.
🛒 1 borne artisanale 5 €
Pour s'y rendre : 1,6 km au N

Nature : 🌲 ▱ ♀
Loisirs : 🍴 🏠 🏊 🚴 ✕ 🏹 ♨ ♨
terrain omnisports
Services : 🚿 ⚡ GB ⚖ 🏧 🛒 🍴
🖥 sèche-linge ♨ 🎣
À prox. : ♪ golf

Park-Plijadur avr.-sept.
✆ 02 97 55 72 05, *parkplijadur@hotmail.com,*
Fax 02 72 68 95 06, *www.parkplijadur.com* – **R** conseillée
5 ha (198 empl.) plat, herbeux, sablonneux
Tarif : 32,50 € ✶ ⬌ 🅴 🔌 (10A) – pers. suppl. 5,50 € –
frais de réservation 20 €
Location 🏊 (juil.-août) : 18 🛖 (4 à 6 pers.) 230 à
800 €/sem.
🛒 1 borne artisanale 2 €
Pour s'y rendre : NO : 1,3 km sur D 781, rte de Carnac
À savoir : Au bord d'un étang

Nature : ▱ ♀♀
Loisirs : 🍴 🏠 🏊 🚴 🏹 ♨
Services : 🚿 ⚡ GB ⚖ 🏧 🛒 @ 🍴
📱 🖥 ♨
À prox. : 🛒 ✕ ♪ 🏇

VANNES

✉ 56000 – **308** 09 – G. Bretagne – 51 759 h. – alt. 20
🛈 *Office de tourisme, 1, rue Thiers* ✆ 08 25 13 56 10, Fax 02 97 47 29 49
Paris 459 – Quimper 122 – Rennes 110 – St-Brieuc 107 – St-Nazaire 86.

Municipal de Conleau avr.-sept.
✆ 02 97 63 13 88, *camping@mairie-vannes.fr,*
Fax 02 97 40 38 82, *www.mairie-vannes.fr* – **R** conseillée
5 ha (260 empl.) incliné à peu incliné, herbeux
Tarif : 20,80 € ✶ ⬌ 🅴 🔌 (6A) – pers. suppl. 4,20 € – frais
de réservation 20 €
🛒 1 borne 5 € – 33 🅴 10 €
Pour s'y rendre : S : direction parc du Golfe par l'avenue
du Mar.-Juin, à la pointe de Conleau
À savoir : Site agréable

Nature : ♀♀
Loisirs : 🍴 🏠 🏊 🚴
Services : 🚿 ⚡ GB ⚖ 🏧 @ ♨ 🧺
🖥 sèche-linge cases réfrigérées
À prox. : 🛒 ✕ 🎣 🏊 🚣 ♨

CENTRE

S. Sauvignier/Michelin

La Belle au bois dormant sommeillerait encore, dit-on, dans l'un des splendides châteaux qui bordent la Loire et ses affluents : Chambord, Azay-le-Rideau, Chenonceau... Autant de logis royaux au décor de conte de fées, agrémentés de jardins étourdissants de beauté. Une foule de spectacles son et lumière y font revivre aujourd'hui les fastes de la Cour, prenant le relais des écrivains qui, de Ronsard à Genevoix en passant par Balzac et George Sand, ont immortalisé la Vallée des rois, trempé leur plume aux étangs de la giboyeuse Sologne ou dépeint l'envoûtante atmosphère du bocage berrichon. Après avoir savouré un délicieux poulet en barbouille, prêtez donc l'oreille aux histoires de loups-garous contées par vos hôtes… Vous constaterez que les gens du pays manient aussi bien les mots que les casseroles !

Sleeping Beauty is said to slumber still within the thick walls of one of the Loire's fairy-tale castles, like Chambord, Azay-le-Rideau or Chenonceau. A list of the region's architectural wonders and glorious gardens would be endless; but its treasures are shown to full effect in a season of »son et lumière« shows. The landscape has inspired any number of writers, from Pierre de Ronsard, "the Prince of Poets", to Balzac and Georges Sand; all succumbed to the charm of this valley of kings, without forgetting to give the game-rich woodlands their due. To savour the region's two-fold talent for storytelling and culinary arts, first tuck into a delicious chicken stew, then curl up by the fireside to hear your hosts' age-old local legends.

✉ 18700 – **323** K2 – G. Châteaux de la Loire – 5 907 h. – alt. 180
🛈 *Office de tourisme, 1, rue de l'Église* ℰ *02 48 58 40 20, Fax 02 48 58 40 20*
Paris 180 – Bourges 48 – Cosne-sur-Loire 41 – Gien 30 – Orléans 67 – Salbris 32 – Vierzon 44.

⛰ **Les Étangs** avr.-sept.
ℰ 02 48 58 02 37, camping.aubigny@orange.fr,
Fax 02 48 58 02 37
3 ha (100 empl.) plat, herbeux
Tarif : 17,90 € 🕴 ⇔ 🗐 🕑 (10A) – pers. suppl. 4 €
Location (permanent) : 4 ▦ (4 à 6 pers.) 336 à
581 €/sem. – 4 🏠 (4 à 6 pers.) 371 à 651 €/sem.
Pour s'y rendre : 1,4 km à l'E par D 923 rte d'Oizon, près
d'un étang (accès direct)

Nature : 🌳🌳(chênaie)
Loisirs : 🏠 🏕
Services : 🛁 ⛽ GB 🐕 📶 🚰 🍴 🛒 🗑
À prox. : 🍽 🛶 🎣

✉ 18000 – **323** K4 – G. Limousin Berry – 72 480 h. – alt. 153
🛈 *Office de tourisme, 21, rue Victor Hugo* ℰ *02 48 23 02 60, Fax 02 48 23 02 69*
Paris 244 – Châteauroux 65 – Dijon 254 – Nevers 69 – Orléans 121 – Tours 157.

⛰ **Municipal Robinson** 15 mars-15 nov.
ℰ 02 48 20 16 85, secretariat-culture@ville-bourges.fr,
Fax 02 48 50 32 39, www.ville.bourges.fr – **R** conseillée
2,2 ha (116 empl.) plat, peu incliné, herbeux, gravier
Tarif : 🕴 3,80 € ⇔ 🗐 4,90 € – 🕑 (16A) 7,60 €
Pour s'y rendre : vers sortie S par D 2144, rte de Montlu-
çon et bd de l'Industrie à gauche, près du Lac d'Auron.
Sortie A 71 : suivre Bourges Centre et fléchage

Nature : 🏕 🌳
Loisirs : 🏕 🎣
Services : 🛁 ⛽ GB 🗑 📶 🚰 🍴 🛒
À prox. : 🍽 🏓 🛶 🎿 🐎 (centre
équestre) golf, canoë

274

✉ 18370 – **323** J7 – 2 058 h. – alt. 247
🛈 *Office de tourisme, 69, rue de la Libération* ℰ *02 48 61 39 89*
Paris 313 – Aubusson 79 – Bourges 66 – La Châtre 19 – Guéret 59 – Montluçon 46 – St-Amand-Montrond 37.

⛰ **Municipal l'Étang Merlin** mai-sept.
ℰ 02 48 61 31 38, camping.chateaumeillant.chalets@wana
doo.fr, Fax 02 48 61 33 73, http://monsite.wanadoo.fr/cha
lets.etang.merlin – **R** conseillée
1,5 ha (30 empl.) plat, herbeux
Tarif : 10 € 🕴 ⇔ 🗐 🕑 (5A) – pers. suppl. 2,50 €
Location (permanent) 🏷 : 6 🏠 (4 à 6 pers.) 147 à
275 €/sem.
🚰 1 borne artisanale – 🛒 11 €
Pour s'y rendre : NO : 1 km par D 70, rte de Beddes et D 80
à gauche rte de Vicq
À savoir : chalets agréablement situés sur la rive de l'étang

Nature : 🏕 🌳
Loisirs : 🏠 🏕 🚲 🎣
Services : 🛁 ⛽ 🐕 📶 🚰 🍴 🛒 🗑
À prox. : 🍽 🏊

✉ 18150 – **323** N5 – 3 397 h. – alt. 184
🛈 *Office de tourisme, 1, place Auguste Fournier* ℰ *02 48 74 25 60*
Paris 242 – Bourges 48 – La Charité-sur-Loire 31 – Nevers 22 – Sancoins 16.

⛰ **Municipal le Robinson** 15 avr.-15 oct.
ℰ 02 48 74 18 86, mairie.laguerche18@wanadoo.fr,
Fax 02 48 74 18 86, www.berry.tm.fr – **R** conseillée
1,5 ha (33 empl.) plat et peu incliné, herbeux
Tarif : 9,30 € 🕴 ⇔ 🗐 🕑 (10A) – pers. suppl. 2,20 €
Location (permanent) : 🏠 (4 à 6 pers.) 200 à
380 €/sem.
Pour s'y rendre : SE : 1,4 km par D 200, rte d'Apremont
puis à droite, 0,6 km par D 218 et chemin à gauche
À savoir : situation agréable au bord d'un plan d'eau

Nature : 🏕 🌳
Loisirs : 🏠 🎣
Services : 🛁 🐕 📶 🍴 🗑
À prox. : 🍷 🏕 🏊 pédalos

JARS

✉ 18260 – **323** M2 – G. Limousin Berry – 505 h. – alt. 285
Paris 188 – Aubigny-sur-Nère 24 – Bourges 47 – Cosne-sur-Loire 21 – Gien 44 – Sancerre 15.

⚠ **La Balance** mai-oct.
℘ 02 48 58 74 50, Fax 02 48 73 88 79 – **R** conseillée
0,9 ha (25 empl.) peu incliné, plat, herbeux
Tarif : 👤 1,75 € 🚗 1,15 € 🔲 1,75 € – 🔋 1,75 €
Location : gîte d'étape
Pour s'y rendre : SO : 0,8 km par D 74 et chemin à droite
À savoir : près d'un étang

> Nature : ♀
> Services : 🖘 🐾 🛁
> À prox. : 🍴 🎾 🛝 🏊 🎣 canoë

LUNERY

✉ 18400 – **323** J5 – 1 536 h. – alt. 150
Paris 256 – Bourges 23 – Châteauroux 51 – Issoudun 28 – Vierzon 39.

⚠ **Intercommunal de Lunery** 14 avr.-15 sept.
℘ 02 48 68 07 38, *fercher@fr.oleane.com*,
Fax 02 48 55 26 78 – **R** conseillée
0,5 ha (37 empl.) plat, herbeux
Tarif : 👤 4 € 🚗 🔲 6 € – 🔋 (10A) 1 €
🚐 1 borne artisanale 6 €
Pour s'y rendre : au bourg, près de l'église
À savoir : autour des vestiges d'un ancien moulin, près du
Cher

> Nature : 🏞 ♀
> Loisirs : 🎮 🏕
> Services : 🛆 🔌 GB 🖘 🚿 ⊕
> À prox. : 🍴 ✕ 🎾

ST-AMAND-MONTROND

✉ 18200 – **323** L6 – G. Limousin Berry – 11 447 h. – alt. 160
🛈 *Office de tourisme, place de la République* ℘ 02 48 96 16 86, Fax 02 48 96 46 64
Paris 282 – Bourges 52 – Châteauroux 65 – Montluçon 56 – Moulins 79 – Nevers 70.

275

⚠ **Municipal de la Roche** avr.-sept.
℘ 02 48 96 09 36, *ot-sam@wanadoo.fr*, Fax 02 48 96 09 36,
www.ville-saint-amand-montrond.fr – **R** conseillée
4 ha (120 empl.) plat, peu incliné, herbeux
Tarif : (Prix 2007) 👤 2,70 € 🚗 🔲 3,80 € – 🔋 (5A) 2,50 €
🚐 1 borne – 4 🔲
Pour s'y rendre : sortie SE par D 2144, rte de Montluçon et
chemin de la Roche à dr. avant le canal, près du Cher

> Nature : 🏖 ♀
> Loisirs : 🎮 🏕 🎾
> Services : 🛆 🔌 🚿 🎱 🏛 🛒 🏧 ⊕ 📷
> À prox. : 🛶

La forêt solognote en automne

S. Sauvignier/Michelin

ST-SATUR

✉ 18300 – **323** N2 – G. Limousin Berry – 1 731 h. – alt. 155
🛈 *Office de tourisme, 25, rue du Commerce* 📞 *02 48 54 01 30, Fax 02 48 54 01 30*
Paris 194 – Aubigny-sur-Nère 42 – Bourges 50 – Cosne-sur-Loire 12 – Gien 55 – Sancerre 4.

    ⚑ **René Foltzer** mai-sept.
       📞 02 48 54 04 67, *otsi.saint.satur@wanadoo.fr,*
       Fax 02 48 54 01 30 – **R** conseillée ⚸
       1 ha (85 empl.) plat, herbeux
       Tarif : 👤 2,30 € ⟺ 🔲 4 € – [⚡] (10A) 2,75 €
       Pour s'y rendre : à St-Thibault, E : 1 km par D 2
       À savoir : près de la Loire (accès direct)

> Nature : 🏞 ♨♨
> Loisirs : 🏕 ✄
> Services : ♿ ⚡ ⊖ 🚿 🗑 ⊕ 🚮 🚰
> 🏧
> À prox. : 🚲 🎯 🛝 🏊 ⚓ golf, canoë

Eure-et-Loir (28)

La BAZOCHE-GOUET

✉ 28330 – **311** B7 – G. Châteaux de la Loire – 1 249 h. – alt. 185
🛈 *Syndicat d'initiative, place du Marché* 📞 *02 37 49 23 45*
Paris 146 – Brou 18 – Chartres 61 – Châteaudun 33 – La Ferté-Bernard 31 – Vendôme 48.

    ⚑ **Municipal la Rivière**
       📞 02 37 49 36 49, *commune-bazoche-gouet@wanadoo.fr,*
       Fax 02 37 49 27 16 – **R** conseillée
       1,8 ha (30 empl.) plat, herbeux
       Pour s'y rendre : 1,5 km au SO par D 927, rte de la Cha-
       pelle-Guillaume et chemin à gauche
       À savoir : au bord de l'Yerre et près d'étangs

> Loisirs : 🚲 ⚓
> Services : ♿ ⚡ 🗑 ⊕ 🚮

276

BONNEVAL

✉ 28800 – **311** E6 – G. Châteaux de la Loire – 4 285 h. – alt. 128
🛈 *Office de tourisme, 2, square Westerham* 📞 *02 37 47 55 89, Fax 02 37 96 28 62*
Paris 117 – Ablis 61 – Chartres 31 – Châteaudun 14 – Étampes 90 – Orléans 60.

    ⚑ **Municipal le Bois Chièvre** avr.-oct.
       📞 02 37 47 54 01, *camping-bonneval-28@orange.fr,*
       www.camping-bonneval.fr – **R** conseillée
       4,5 ha/2,5 campables (130 empl.) plat et peu incliné,
       herbeux, gravier, bois attenant
       Tarif : 13,70 € 👤 ⟺ 🔲 [⚡] (6A) – pers, suppl. 3,20 €
       🚐 1 borne artisanale 3 € – 24 🔲 – 🚐 10 €
       Pour s'y rendre : 1,5 km au S par rte de Conie et rte de
       Vouvray à dr., bord du Loir
       À savoir : agréable chênaie dominant le Loir

> Nature : 🐟 🏞 ♨♨♨
> Loisirs : 🏕 ⚽ ⚓
> Services : ♿ ⚡ ⊖ 🚿 🚮 🗑 ⊕ 🚰
> 🚰 🏧
> À prox. : 🏊

CHARTRES

✉ 28000 – **311** E5 – G. Île de France – 40 361 h. – alt. 142
Paris 92 – Orléans 84 – Dreux 38 – Rambouillet 45 – Versailles 78.

    ⚑ **Les Bords de l'Eure** 10 avr.-15 nov.
       📞 02 37 28 79 43, *camping-roussel-chartres@wanadoo.fr,*
       Fax 02 37 28 79 43, *www.auxbordsdeleure.com* – **R** conseil-
       lée
       4 ha (100 empl.) plat, herbeux
       Tarif : 15 € 👤 ⟺ 🔲 [⚡] (6A) – pers. suppl. 3 €
       🚐 1 borne eurorelais 3 €
       Pour s'y rendre : au SE de la ville
       À savoir : agréable cadre boisé près de la rivière

> Nature : ♨♨
> Loisirs : 🏕 ⚽
> Services : ♿ ⚡ ⊖ 🚿 🚮 🗑 ♨ ⊕
> 🚰 🏧
> À prox. : ✄ ⚓ parcours sportif

CLOYES-SUR-LE-LOIR

✉ 28220 – **311** D8 – G. Châteaux de la Loire – 2 636 h. – alt. 97
🛈 *Office de tourisme, 11, place Gambetta, Fax 02 37 98 55 27*
Paris 143 – Blois 54 – Chartres 57 – Châteaudun 13 – Le Mans 93 – Orléans 65.

⋀⋀⋀ **Parc de Loisirs - Le Val Fleuri** 15 mars-15 nov.
   𝒫 02 37 98 50 53, *info@parc-de-loisirs.com*,
   Fax 02 37 98 33 84, *www.parc-de-loisirs.com* – places limi-
   tées pour le passage – **R** conseillée
   5 ha (196 empl.) plat, herbeux
   Tarif : 23,95 € 🛉 ⇔ 🔳 🗓 (5A) – pers. suppl. 5,75 € – frais
   de réservation 16 €
   Location : 10 🛏 (4 à 6 pers.) 355 à 634 €/sem.
   Pour s'y rendre : sortie N par D 35 rte de Chartres puis
   D 23 à gauche
   À savoir : situation agréable au bord du Loir

   > Nature : 🖼 ♀
   > Loisirs : 🍴 🗡 snack, pizzeria 🛋
   > 🛝 🎠 🔭 🛶 ᠕ 🚣 poneys, canoë,
   > pédalos, jet-ski
   > Services : � ⚡ GB 🐕 🗓 @ ᠘ 🚿
   > 🕯 🔘 sèche-linge ⬜ ᠘
   > À prox. : 🍴 ◑

COURVILLE-SUR-EURE

✉ 28190 – **311** D5 – 2 739 h. – alt. 170
🛈 *Syndicat d'initiative, 2, rue de l'Arsenal 𝒫 02 37 23 22 22*
Paris 111 – Bonneval 47 – Chartres 20 – Dreux 37 – Nogent-le-Rotrou 35.

⋀ **Municipal les Bords de l'Eure** 17 mai-16 sept.
   𝒫 02 37 23 76 38, *secretaria-mairie@courville-sur-eure.fr*,
   Fax 02 37 18 07 99, *www.courville-sur-eure.fr* – **R** conseillée
   2 ha (80 empl.) plat, herbeux
   Tarif : 9,55 € 🛉 ⇔ 🔳 🗓 (6A) – pers. suppl. 2,25 €
   Pour s'y rendre : sortie S par D 114 rte de St-Germain-le-
   Gaillard
   À savoir : cadre arboré sur les bords de la rivière

   > Nature : 🖼 ♀
   > Loisirs : 🚣
   > Services : ⅽ ⚡ 🐕 ᠕
   > À prox. : 🛝 🔭

FONTAINE-SIMON

✉ 28240 – **311** C4 – 838 h. – alt. 200
Paris 117 – Chartres 40 – Dreux 40 – Évreux 66 – Mortagne-au-Perche 41 – Nogent-le-Rotrou 27.

⋀⋀⋀ **Municipal** avr.-1ᵉʳnov.
   𝒫 02 37 81 88 11, *fontaine-simon@wanadoo.fr*,
   Fax 02 37 81 83 47, *www.mairie-fontaine-simon.fr*
   – **R** conseillée
   4 ha (112 empl.) plat, herbeux
   Tarif : 13 € 🛉 ⇔ 🔳 🗓 (6A) – pers. suppl. 2,19 €
   Pour s'y rendre : 1,2 km au N par rte de Senonches et rte
   de la Ferrière à gauche
   À savoir : au bord de l'Eure et d'un plan d'eau

   > Loisirs : 🛝 🚣
   > Services : ⅽ ⚡ (juil.-août) 🐕 🗓 ᠕
   > @ ᠘ 🔘
   > À prox. : 🗡 ⛴ hammam 🔲 ᠍ 🔭
   > pédalos

277

MAINTENON

✉ 28130 – **311** F4 – G. Île de France – 4 440 h. – alt. 109
🛈 *Office de tourisme, place Aristide Briand 𝒫 02 37 23 05 04*
Paris 87 – Chartres 18 – Dreux 31 – Houdan 28 – Rambouillet 22 – Versailles 55.

⋀⋀⋀ **Les Îlots de St-Val** Permanent
   𝒫 02 37 82 71 30, *lesilots@campinglesilotsdestval.com*,
   Fax 02 37 82 77 67, *www.campinglesilotsdestval.com* –
   places limitées pour le passage – **R** conseillée
   10 ha/6 campables (153 empl.) plat et incliné, herbeux,
   pierreux
   Tarif : 🛉 5,20 € ⇔ 🔳 5,20 € – 🗓 (6A) 3,70 €
   Location 🏷 : 11 🛏 (4 à 6 pers.) 245 à 370 €/sem. – 4
   🏠 (4 à 6 pers.) 215 à 320 €/sem.
   Pour s'y rendre : NO : 4,5 km par D 983, rte de Nogent-le-
   roi puis 1 km par D 101³, rte de Neron à gauche

   > Nature : ᠔
   > Loisirs : 🛋 🛝 🗡
   > Services : ⅽ ⚡ GB 🐕 ᠓ 🗓 @ ᠘
   > 🔘
   > À prox. : 🔭 🐎 (centre équestre)
   > golf

⊠ 28400 – **311** A6 – G. Normandie Vallée de la Seine – 11 524 h. – alt. 116
🛈 *Office de tourisme, 44, rue Villette-Gaté 📞 02 37 29 68 86, Fax 02 37 29 68 86*
Paris 146 – Alençon 65 – Chartres 54 – Châteaudun 55 – Le Mans 76 – Mortagne-au-Perche 36.

⚠ Municipal des Viennes
📞 02 37 52 80 51, *courriel@ville-nogent-le-rotrou.fr,*
Fax 02 37 29 68 69, *www.ville-nogent-le-rotrou.fr*
– **R** conseillée
0,5 ha (30 empl.) plat, herbeux
Pour s'y rendre : au N de la ville par av. des Prés (D 103) et
rue des Viennes
À savoir : au bord de l'Huisne

Nature : ▭ ⚲
Loisirs : 🛶
Services : ⊙ 🗄 ⊛ ⚲ ☂
À prox. : 🏓 ✂ 🎣 ⚲

Indre (36)

⊠ 36270 – **323** F8 – 301 h. – alt. 240
Paris 313 – Argenton sur Creuse 14 – La Châtre 49 – Montmorillon 7 – Éguzon 0.

⚠ **Municipal Montcocu** mai-sept.
📞 02 54 25 34 28, *syndicat.laceguzon@wanadoo.fr* – pour
caravanes : à partir du lieu-dit "Montcocu", pente à 12% sur
1 km – **R** conseillée
1 ha (26 empl.) en terrasses, herbeux
Tarif : ⚹ 1,80 € 🚗 🔌 2,20 € – ⚡ (8A) 2,60 €
Location : 9 bungalows toilés
Pour s'y rendre : SE : 4,8 km par D 913 rte d'Éguzon et
D 72, à gauche rte de Pont-de-Piles
À savoir : Situation et site agréables dans la vallée de la
Creuse

Nature : 🌳 ▭ ⚲ ⛰
Loisirs : 🍸 🎣 canoë
Services : 🚿 ⚷ ⟲ 🗄 ⊛

278

⊠ 36300 – **323** C7 – G. Limousin Berry – 6 998 h. – alt. 85
🛈 *Office de tourisme, place de la Libération 📞 02 54 37 05 13, Fax 02 54 37 31 93*
Paris 326 – Bellac 62 – Châteauroux 61 – Châtellerault 52 – Poitiers 62.

⚠ l'Isle d'Avant
📞 02 54 37 88 22, *swaouanc@gmail.com,*
Fax 02 54 37 20 46, *www.canoe-decouverte.com*
– **R** conseillée
1 ha (75 empl.) plat, herbeux
🚐 1 borne artisanale
Pour s'y rendre : E : 2 km sur D 951 rte de Châteauroux,
bord de la Creuse

Nature : ▭ ⚲⚲
Loisirs : 🛖 🎣
Services : ⚷ 🗄 🛁 ⊛ ⚲ 🖥 sèche-linge
À prox. : ✂ ⚓ canoë

⊠ 36500 – **323** E5 – 4 581 h. – alt. 111
🛈 *Syndicat d'initiative, 11, passage du Marché 📞 02 54 84 22 00, Fax 02 54 02 13 45*
Paris 286 – Le Blanc 47 – Châteauroux 25 – Châtellerault 78 – Tours 91.

⚠ **Municipal la Tête Noire** mai-sept.
📞 02 54 84 17 27, *mairie.buzancais@buzancais.fr,*
Fax 02 54 02 13 45, *www.buzancais.fr* – **R** conseillée
2,5 ha (134 empl.) plat, herbeux
Tarif : ⚹ 3 € 🔌 2,80 € – ⚡ (16A) 2,80 €
Location : 4 🏚 (4 à 6 pers.) 180 à 220 €/sem.
🚐 1 borne artisanale 3 € – 10 🔌 11,60 €
Pour s'y rendre : au NO de la ville par la rue des Ponts,
bord de l'Indre

Nature : 🌳 ⚲⚲
Loisirs : 🛖 🛶
Services : ⚷ ⚓ ⟲ 🗄 🛁 ⊛ 🖥
À prox. : ✂ ⚓ terrain omnisports,
piste de roller, skate-board

CHAILLAC

✉ 36310 – **323** D8 – 1 170 h. – alt. 180
Paris 333 – Argenton-sur-Creuse 35 – Le Blanc 34 – Magnac-Laval 34 – La Trimouille 23.

▲ **Municipal les Vieux Chênes** Permanent
𝒫 02 54 25 61 39, *chaillac.mairie@wanadoo.fr*,
Fax 02 54 25 65 41 – **R** indispensable
2 ha (40 empl.) incliné à peu incliné, herbeux
Tarif : 9,40 € 🏃 🚐 📵 – pers. suppl. 1,80 €
Location 🏕 : 3 🏠 (4 à 6 pers.) 183 à 287 €/sem.
Pour s'y rendre : au SO du bourg, au terrain de sports,
bord d'un étang et à 500 m d'un plan d'eau
À savoir : cadre verdoyant, fleuri et soigné

> Nature : 🏕 ♀
> Loisirs : 🛝 🖐 parcours de santé
> Services : 🚿 🗑 🏪 📵 ☺ 🚿 🏧
> À prox. : 🎾 🛶 🏊 pédalos

CHÂTEAUROUX

✉ 36000 – **323** G6 – G. Limousin Berry – 49 632 h. – alt. 155
🅱 Office de tourisme, 1, place de la Gare 𝒫 02 54 34 10 74, Fax 02 54 27 57 97
Paris 265 – Blois 101 – Bourges 65 – Châtellerault 98 – Guéret 89 – Limoges 125 – Montluçon 100 – Tours 115.

▲▲ **Municipal le Rochat Belle-Isle** mai-sept.
𝒫 02 54 34 26 56, *camping.le-rochat@orange.fr*,
Fax 02 54 34 26 56 – **R** conseillée
4 ha (205 empl.) plat, herbeux, gravillons
Tarif : 17,40 € 🏃 🚐 📵 🔌 (5A) – pers. suppl. 3,60 €
Pour s'y rendre : au N par av. de Paris et r. à gauche, bord
de l'Indre et à 100 m d'un plan d'eau
À savoir : à proximité, bus gratuit pour l'accès au centre
ville

> Nature : 🏕 ♀♀
> Loisirs : 🍴 🛝
> Services : 🖐 🚿 ⊖⊟ 🗑 🏪 📵 ☺
> 🚿 🗑 sèche-linge
> À prox. : 🏕 🍴 ✕ bowling 🏓 🛶 🏊
> 🛶 🐎 parcours de santé, cyber café
> 🚲

*Les indications d'accès à un terrain sont généralement indiquées,
dans notre guide, à partir du centre de la localité.*

279

La CHÂTRE

✉ 36400 – **323** H7 – G. Limousin Berry – 4 547 h. – alt. 210
🅱 Office de tourisme, 134, rue Nationale 𝒫 02 54 48 22 64, Fax 02 54 06 09 15
Paris 298 – Bourges 69 – Châteauroux 37 – Guéret 53 – Montluçon 65 – Poitiers 138 – St-Amand-Montrond 51.

▲ **Intercommunal le Val Vert** juin-15 sept.
𝒫 02 54 48 32 42, *c.slow@cc-lachatre-stesevere.fr*,
Fax 02 54 48 32 87 – **R** conseillée
2 ha (77 empl.) en terrasses, plat, herbeux
Tarif : 10,35 € 🏃 🚐 📵 🔌 (5A) – pers. suppl. 2,40 €
Pour s'y rendre : sortie SE par D 943, rte de Montluçon
puis 2 km par D 83ᴬ, rte de Briante à dr. et chemin, à
proximité de l'Indre
À savoir : dans un site campagnard très verdoyant

> Nature : 🦌 🏕
> Services : 🖐 🚿 🗑 ☺ 🚿 🗑
> À prox. : 🛶 🐎

ÉGUZON

✉ 36270 – **323** F8 – G. Limousin Berry – 1 373 h. – alt. 243 – Base de loisirs
🅱 Office de tourisme, 2, rue Jules Ferry 𝒫 02 54 47 43 69, Fax 02 54 47 35 60
Paris 319 – Argenton-sur-Creuse 20 – La Châtre 47 – Guéret 50 – Montmorillon 64 – La Souterraine 39.

▲▲ **Municipal du Lac Les Nugiras** Permanent
𝒫 02 54 47 45 22, *nugiras@orange.fr*, Fax 02 54 47 45 22 –
R
4 ha (180 empl.) plat et en terrasses, peu incliné, herbeux,
pierreux
Tarif : 11,20 € 🏃 🚐 📵 🔌 (10A) – pers. suppl. 2,70 €
Location : 7 🏠 (4 à 6 pers.) 195 à 354 €/sem. – bungalows toilés
🚐 1 borne artisanale 4,30 € – 🚐 8.20 €
Pour s'y rendre : SE : 3 km par D 36, rte du lac de Chambon
puis 0,5 km par rte à droite, à 450 m du lac

> Nature : ≤ ♀
> Loisirs : 🍴 🛝
> Services : 🖐 🚿 🚿 🗑 ☺ 🚿 🗑 📵
> 🚿
> À prox. : 🚲 🏊 (plage) 🛶 🛶 ♦
> canoë, pédalos, escalade, ski nauti-
> que

FOUGÈRES

✉ 36190 – **323** F8
Paris 326 – Aigurande 19 – Argenton-sur-Creuse 26 – Crozant 9 – Guéret 49.

Municipal de Fougères avr.-oct.
 ℘ 02 54 47 20 01, *campingfougeres.36@wanadoo.fr*,
 Fax 02 54 47 34 41, *www.fougeres36.com* – **R** conseillée
 4,5 ha (150 empl.) en terrasses, plat, peu incliné, herbeux,
 pierreux
 Tarif : (Prix 2007) 12,10 € ✶ ⚗ 🅴 (🖊)(10A) – pers.
 suppl. 3,50 €
 Location : 13 🏠 (4 à 6 pers.) 170 à 440 €/sem.
 À savoir : site agréable au bord du lac de Chambon

Nature : ⩽ ♀
Loisirs : 🏠 🚣 ✕ 🎣 ♨ ⛵ ⤳
Services : 🚿 ⚡ GB 🐕 🗄 ⊙ 🔥 🔩
À prox. : ✕ snack 🔥 pédalos, canoë

GARGILESSE-DAMPIERRE

✉ 36190 – **323** F7 – G. Limousin Berry – 324 h. – alt. 220
🚹 *Office de tourisme, le Bourg* ℘ 02 54 47 85 06, Fax 02 54 47 71 22
Paris 310 – Châteauroux 45 – Guéret 59 – Poitiers 113.

La Chaumerette avr.-fév.
 ℘ 02 54 47 73 44, *lachaumerette@orange.fr* – **R** conseillée
 2,6 ha (72 empl.) plat, herbeux, pierreux
 Tarif : (Prix 2007) 13,50 € ✶ ⚗ 🅴 – (🖊)(10A) 4,50 € –
 pers. suppl. 2,50 €
 Pour s'y rendre : SO : 1,4 km par D 39, rte d'Argenton-sur-
 Creuse et chemin à gauche menant au barrage de la Roche
 au Moine
 À savoir : cadre pittoresque, en partie sur une île de la
 Creuse

Nature : ☀ ♀♀
Loisirs : ♈ snack ⤳
Services : 🚿 ⚡ GB 🐕 🗄 🔩 ⊙

*Ce guide n'est pas un répertoire de tous les terrains de camping
mais une sélection des meilleurs campings dans chaque catégorie.*

280

LUÇAY-LE-MÂLE

✉ 36360 – **323** E4 – G. Limousin Berry – 1 706 h. – alt. 160
Paris 240 – Le Blanc 73 – Blois 60 – Châteauroux 43 – Châtellerault 92 – Loches 39 – Tours 80.

Municipal la Foulquetière avr.-15 oct.
 ℘ 02 54 40 52 88, *mairie@ville-lucaylemale.fr*,
 Fax 02 54 40 42 47
 1,5 ha (30 empl.) plat, peu incliné, herbeux
 Tarif : 8 € ✶ ⚗ 🅴 (🖊)(6A) – pers. suppl. 2 €
 Location (permanent) ⚡ : 3 🏠 (4 à 6 pers.) 230 à
 290 €/sem.
 🚐 1 borne artisanale 3 € – 🚐 11 €
 Pour s'y rendre : SO : 3,8 km par D 960, rte de Loches,
 D 13, rte d'Ecueillé à gauche et chemin à droite
 À savoir : à 80 m d'un plan d'eau très prisé des pêcheurs

Nature : ⛱ ♀
Loisirs : 🚣
Services : 🚿 ⚡ 🐕 ▥ ⊙ ⛽ 🔩
À prox. : ♈ ✕ 🚴 ✕ 🔥 ⛵ (plage)
⤳ canoë, pédalos

NEUVY-ST-SÉPULCHRE

✉ 36230 – **323** G7 – G. Limousin Berry – 1 654 h. – alt. 186
Paris 295 – Argenton-sur-Creuse 24 – Châteauroux 29 – La Châtre 16 – Guéret 67 – La Souterraine 74.

Municipal les Frênes 15 juin-15 sept.
 ℘ 02 54 30 82 51, *mairie.neuvysaintsepulchre@wana
 doo.fr*, Fax 02 54 30 88 94 – **R** conseillée
 1 ha (35 empl.) plat, herbeux
 Tarif : 12,50 € ✶ ⚗ 🅴 (🖊)(9A) – pers. suppl. 2 €
 Location (permanent) ⚡ : 2 🏠 (4 à 6 pers.) 180 à
 210 €/sem.
 Pour s'y rendre : sortie O par D 927, rte d'Argenton-sur-
 Creuse puis 0,6 km par rue à gauche et chemin à dr., à
 100 m d'un lac et de la Bouzanne

Nature : ☀ ⛱ ♀
Loisirs : 🚣 ♨
Services : ⚡ GB 🐕 🗄 🔩 ⊙ ⛽ 🚰
🔩 sèche-linge
À prox. : ♈ snack 🔥 ⤳

ROSNAY

36300 – **323** D6 – 526 h. – alt. 112
Paris 307 – Argenton-sur-Creuse 31 – Le Blanc 16 – Châteauroux 44.

Municipal Permanent
02 54 37 80 17, *rosnay-mairie@wanadoo.fr,*
Fax 02 54 37 02 86
2 ha (36 empl.) plat, herbeux
Tarif : (Prix 2007) ✦ 1,90 € ⇌ 1,60 € 🅴 2,10 € –
🔌 (10A) 3,20 €
🚐 1 borne
Pour s'y rendre : N : 0,5 km par D 44 rte de St-Michel-en-Brenne
À savoir : agréable structure bordée par un étang

Nature : 🌿 ♧♧
Loisirs : 🎮 🎣
Services : ⛺ Ⓜ 🛁 ⊛ ♨

VALENÇAY

36600 – **323** F4 – G. Châteaux de la Loire – 2 736 h. – alt. 140
🚩 *Office de tourisme, 2, avenue de la Résistance* 02 54 00 04 42, Fax 02 54 00 27 67
Paris 233 – Blois 59 – Bourges 73 – Châteauroux 42 – Loches 50 – Vierzon 51.

Municipal les Chênes 26 avr.-27 sept.
02 54 00 03 92, *camping@mairie-valencay.fr,*
Fax 02 54 00 03 92 – **R** conseillée
5 ha (50 empl.) plat et peu incliné, herbeux
Tarif : 15,30 € ✦ ⇌ 🅴 🔌 (10A) – pers. suppl. 3,50 €
🚐 1 borne artisanale 3,50 €
Pour s'y rendre : 1 km à l'O sur D 960, rte de Luçay-le-Mâle
À savoir : agréable cadre de verdure en bordure d'étang

Nature : 🏕 ♧♧
Loisirs : 🚣 🛶 🎣
Services : 🚿 ⛏ ⛺ 🔩 ⊛ 🖥

VATAN

36150 – **323** G4 – G. Limousin Berry – 1 972 h. – alt. 140
🚩 *Office de tourisme, place de la République* 02 54 49 71 69
Paris 235 – Blois 78 – Bourges 50 – Châteauroux 31 – Issoudun 21 – Vierzon 28.

Municipal 5 mai-19 sept.
02 54 49 91 37, *vatan.mairie1@wanadoo.fr,*
Fax 02 54 49 93 72, *www.vatan-en-berry.com* – **R** conseillée
2,4 ha (55 empl.) plat, herbeux, pierreux
Tarif : (Prix 2007) 10 € ✦ ⇌ 🅴 🔌 (10A) – pers. suppl. 4 €
Location : 3 🏠 (4 à 6 pers.) 140 à 230 €/sem.
Pour s'y rendre : sortie O par D 2, rte de Guilly et rue du collège à gauche
À savoir : bord d'un étang d'agrément

281

Nature : 🏕 ♧♧
Loisirs : 🚣 🏊
Services : 🚿 ⛏ ⛺ 🔩 ⊛ ♨ 🚽 🖥
À prox. : 🎾 🏊

Indre-et-Loire (37)

AZAY-LE-RIDEAU

37190 – **317** L5 – G. Châteaux de la Loire – 3 100 h. – alt. 51
🚩 *Office de tourisme, 4, rue du Château* 02 47 45 44 40, Fax 02 47 45 31 46
Paris 265 – Châtellerault 61 – Chinon 21 – Loches 58 – Saumur 47 – Tours 26.

Municipal le Sabot 21 mars-1er oct.
02 47 45 42 72, *camping.lesabot@wanadoo.fr,*
Fax 02 47 45 49 11 – **R** conseillée
6 ha (256 empl.) plat, herbeux
Tarif : (Prix 2007) 14,30 € ✦ ⇌ 🅴 🔌 (10A) – pers. suppl. 3,20 €
🚐 1 borne raclet 5 € – 15 🅴
Pour s'y rendre : sortie E par D 84, rte d'Artannes et r. du Stade à dr., à proximité du château, bord de l'Indre
À savoir : situation agréable, entrée fleurie

Nature : 🌿 ♧
Loisirs : 🍴 🚣 🚲
Services : 🚿 ⛏ ⊝🅱 ⛺ 🔩 🛒 ⊛ 🎣
🖥 sèche-linge
À prox. : 🎾 🏏 🏊

BALLAN-MIRÉ

⊠ 37510 – **317** M4 – 7 059 h. – alt. 88

🖪 *Office de tourisme, 1, place du 11 novembre* 🖉 *02 47 53 87 47*
Paris 251 – Azay-le-Rideau 17 – Langeais 20 – Montbazon 13 – Tours 12.

▲▲ **La Mignardière** 22 mars-19 sept.
🖉 02 47 73 31 00, *info@mignardiere.com*,
Fax 02 47 73 31 01, *www.mignardiere.com* – **R** conseillée
2,5 ha (177 empl.) plat, herbeux, petit bois attenant
Tarif : 24,20 € ✦ ⇌ 🅔 (½) (10A) – pers. suppl. 5,30 €
Location : 14 ⬚⬚ (4 à 6 pers.) 203 à 595 €/sem. – 21 ⬚
(4 à 6 pers.) 224 à 686 €/sem.
⬚ 1 borne artisanale 4 € – 🛒 13 €
Pour s'y rendre : 2,5 km au NE du bourg, à proximité du
plan d'eau de Joué-Ballan

Nature : ⬚ ♀
Loisirs : ⛵ 🚲 ⚡ 🏊 ▦ ♨
Services : ♿ ⌽ GB �
À prox. : ♀ grill ⚡ ♞ poneys golf

BOURGUEIL

⊠ 37140 – **317** J5 – G. Châteaux de la Loire – 4 109 h. – alt. 42

🖪 *Syndicat d'initiative, 16, place de l'église* 🖉 *02 47 97 91 39, Fax 02 47 97 91 39*
Paris 281 – Angers 81 – Chinon 16 – Saumur 23 – Tours 45.

▲ **Municipal Parc Capitaine** 15 mai-15 sept.
🖉 02 47 97 85 62, *contact@bourgueil.fr*,
Fax 02 47 97 85 62, *www.bourgueil.fr* – **R** conseillée
2 ha (80 empl.) plat, herbeux
Tarif : (Prix 2007) 11,75 € ✦ ⇌ 🅔 (½) (10A) – pers.
suppl. 1,95 €
Pour s'y rendre : S : 1,5 km par D 749, rte de Chinon
À savoir : cadre verdoyant et ombragé près d'un plan
d'eau

Nature : ⬚ ♀
Loisirs : ♠ ♣
Services : ♿ ⌽ GB
À prox. : ▦ ♀ ⛵ 🏊 🎿

282

CHEMILLÉ-SUR-INDROIS

⊠ 37460 – **317** P6 – 197 h. – alt. 97

🖪 *Syndicat d'initiative, le bourg* 🖉 *02 47 92 60 75*
Paris 244 – Châtillon-sur-Indre 25 – Loches 16 – Montrichard 27 – St-Aignan 21 – Tours 57.

▲ **Les Coteaux du Lac** 5 avr.-sept.
🖉 02 47 92 77 83, *lescoteauxdulac@wanadoo.fr*,
Fax 02 47 92 72 95, *www.lescoteauxdulac.com* – **R** conseillée
1 ha (72 empl.) plat et peu incliné, herbeux
Tarif : 21,40 € ✦ ⇌ 🅔 (½) (10A) – pers. suppl. 4,80 € –
frais de réservation 11 €
⬚ 1 borne 4 € – 4 🅔 21,40 € – 🛒 13 €
Pour s'y rendre : au SO du bourg
À savoir : agréable situation près d'un plan d'eau

Nature : ✦
Services : ⌽ GB �
À prox. : ♀ brasserie ⛵ 🏊 🎿
♞ poneys, pédalos

CHINON

⊠ 37500 – **317** K6 – G. Châteaux de la Loire – 8 716 h. – alt. 40

🖪 *Office de tourisme, place Hofheim* 🖉 *02 47 93 17 85, Fax 02 47 93 93 05*
Paris 285 – Châtellerault 51 – Poitiers 80 – Saumur 29 – Thouars 51 – Tours 46.

▲ **Intercommunal de l'Île Auger** 15 mars-15 oct.
🖉 02 47 93 08 35, *communaute.r.csb@wanadoo.fr*,
Fax 02 47 93 91 15, *www.ville.chinon.com* – **R** conseillée
4,5 ha (277 empl.) plat, herbeux
Tarif : (Prix 2007) ✦ 1,95 € ⇌ 🅔 4,35 € – (½) (12A) 3,30 €
⬚
Pour s'y rendre : quai Danton
À savoir : situation agréable face au château et en bordure
de la Vienne

Nature : ✦ ville et château ♀
Loisirs : ⛵ ♣
Services : ♿ ⌽ GB �
À prox. : 🏊 🎿

DESCARTES

✉ 37160 – **317** N7 – G. Châteaux de la Loire – 4 019 h. – alt. 50
🛈 *Office de tourisme, place Blaise Pascal ℘ 02 47 92 42 20, Fax 02 47 59 72 20*
Paris 292 – Châteauroux 94 – Châtellerault 24 – Chinon 51 – Loches 32 – Tours 59.

⚠ **Municipal la Grosse Motte** mai-sept.
℘ 02 47 59 85 90, *otm@ville-descartes.fr*,
Fax 02 47 92 72 20, *www.ville-descartes.fr* – **R** conseillée
1 ha (50 empl.) plat et vallonné, herbeux
Tarif : (Prix 2007) 8,40 € 👤 🚗 🔲 (10A) – pers.
suppl. 2,15 €
Location (permanent) 🏷 : 6 🏠 (4 à 6 pers.) 250 à
285 €/sem. – gîte d'étape
Pour s'y rendre : sortie S par D 750, rte du Blanc et allée
Léo-Lagrange à droite, bord de la Creuse
À savoir : parc ombragé attenant à un complexe de loisirs
et à un jardin public

> Nature : 🏞 🗗 ♀♀
> Loisirs : 🎣
> Services : ⚕ 🖫 🖳 🕭
> À prox. : 🏊 ✗ 🎣 🛶 canoë

L'ÎLE-BOUCHARD

✉ 37220 – **317** L6 – G. Châteaux de la Loire – 1 764 h. – alt. 41
🛈 *Office de tourisme, 16, place Bouchard ℘ 02 47 58 67 75, Fax 02 47 58 67 75*
Paris 284 – Châteauroux 118 – Châtellerault 49 – Chinon 16 – Saumur 42 – Tours 45.

⚠ **Municipal les Bords de Vienne**
℘ 02 47 95 23 59, *mairie.ilebouchard@wanadoo.fr*,
Fax 02 47 58 67 35 – **R**
1 ha (90 empl.) plat, herbeux
Location : gîte d'étape
Pour s'y rendre : près du quartier St-Gilles, en amont du
pont sur la Vienne, près de la rivière

> Nature : ♀♀
> Loisirs : 🎣
> Services : ⚕ ⟲ 🖫 🖳 🕭 🖩
> À prox. : 🍴 ✗ 🛶 canoë

MARCILLY-SUR-VIENNE

✉ 37800 – **317** M6 – 509 h. – alt. 60
Paris 280 – Azay-le-Rideau 32 – Chinon 30 – Châtellerault 29 – Descartes 18 – Richelieu 21 – Tours 47.

⚠ **Intercommunal la Croix de la Motte** 15 juin-15
sept.
℘ 02 47 65 20 38, *s.beillard@cc-saintemauredetouraine.fr*,
www.cc-saintemauredetouraine.fr – **R** conseillée
1,5 ha (61 empl.) plat, herbeux
Tarif : (Prix 2007) 👤 2,15 € 🚗 🔲 2,70 € – 🔌 (6A) 2,60 €
Pour s'y rendre : N : 1,2 km par D 18, rte de l'Île-Bouchard
et rue à dr.
À savoir : plaisant cadre ombragé, près de la Vienne

> Nature : 🏞 🗗 ♀
> Loisirs : 🏊 🎣
> Services : ⚕ ⟲ 🖫 🖳 🕭 🖩
> À prox. : 🏖 (plage) canoë

283

MONTBAZON

✉ 37250 – **317** N5 – G. Châteaux de la Loire – 3 434 h. – alt. 59
🛈 *Office de tourisme, esplanade du Val de l'Indre ℘ 02 47 26 97 87, Fax 02 47 26 22 42*
Paris 247 – Châtellerault 59 – Chinon 41 – Loches 33 – Montrichard 42 – Saumur 73 – Tours 15.

⚠ **La Grange Rouge** mai-15 sept.
℘ 02 47 26 06 43, *ma.widd@wanadoo.fr*,
Fax 02 47 26 03 13, *www.camping-montbazon.com*
– **R** conseillée
2 ha (108 empl.) plat, herbeux
Tarif : 15,70 € 👤 🚗 🔲 🔌 (6A) – pers. suppl. 3,70 € – frais
de réservation 12 €
Location (15 avr.-sept.) : 6 🛖 (4 à 6 pers.) 275 à
495 €/sem.
Pour s'y rendre : rte de Tours, après le pont sur l'Indre
À savoir : situation plaisante en bordure de rivière et près
du centre ville

> Nature : ♀♀
> Loisirs : snack, brasserie 🍴 🏊
> Services : ⚕ ⟲ 🆖 🖫 🖳 🕭 🖩
> À prox. : ✗ 🖼 🎣 parcours sportif

MONTLOUIS-SUR-LOIRE

✉ 37270 – **317** N4 – G. Châteaux de la Loire – 9 657 h. – alt. 60
🅱 *Office de tourisme, place François Mitterrand* ✆ *02 47 45 00 16, Fax 02 47 45 87 10*
Paris 235 – Amboise 14 – Blois 49 – Château-Renault 32 – Loches 39 – Montrichard 33 – Tours 11.

🅰 **les Peupliers** avr.-oct.
✆ 02 47 50 81 90, *aquadis1@wanadoo.fr,*
Fax 03 86 37 95 83, *www.aquadis-loisirs.com* – **R** conseillée
6 ha (252 empl.) plat, herbeux
Tarif : 17,80 € ⚹ ⟵ 🅴 (፩) (6A) – pers. suppl. 3,10 € – frais
de réservation 10 €
Location : 4 ⬚ (4 à 6 pers.) 180 à 460 €/sem.
🛒 1 borne artisanale – 10 🅴 – 🚐 9.80 €
Pour s'y rendre : O : 1,5 km par D 751, rte de Tours, à
100 m de la Loire
À savoir : plaisant cadre boisé

Nature : ◻ 🌿🌿
Loisirs : 🍽 🎮 🏊
Services : 🚿 ⚡ 🆖 🚲 🔥 🧺 🔧 ♨
🍴 🚮
À prox. : 🎿 ⚓ 🎣

PREUILLY-SUR-CLAISE

✉ 37290 – **317** O7 – G. Châteaux de la Loire – 1 293 h. – alt. 80
Paris 299 – Le Blanc 31 – Châteauroux 64 – Châtellerault 35 – Loches 36 – Tours 84.

🅰 **Municipal** mai-15 sept.
✆ 02 47 94 50 04, *mairie-preuilly@wanadoo.fr,*
Fax 02 47 94 63 26 – **R** conseillée
0,7 ha (37 empl.) plat, herbeux
Tarif : ⚹ 2 € ⟵ 🅴 3,50 € – (፩) (6A) 3,20 €
Pour s'y rendre : au SO du bourg, près de la piscine, de la
Claise et d'un étang
À savoir : cadre verdoyant au milieu d'un complexe de
loisirs

Nature : ◻ 🌿
Loisirs : 🎣
Services : ♨ 🚮
À prox. : ⚓ 🎿 🎣 🛶 parcours
sportif

284

ST-AVERTIN

✉ 37550 – **317** N4 – 14 092 h. – alt. 49
🅱 *Office de tourisme, 36, rue Rochepinard* ✆ *02 47 27 01 72, Fax 02 47 27 04 86*
Paris 245 – Orléans 121 – Tours 7 – Blois 70 – Joué-lès-Tours 9.

🅰 **Les Rives du Cher** 15 avr.-15 oct.
✆ 02 47 27 27 60, *contact@camping-lesrivesducher.com,*
Fax 02 47 25 82 89, *www.camping-lesrivesducher.com*
– **R** conseillée
2 ha (90 empl.) plat, herbeux
Tarif : ⚹ 3,80 € ⟵ 2,50 € 🅴 3,80 € – (፩) (10A) 5 €
Location : 4 ⬚ (4 à 6 pers.) 300 à 531 €/sem.
🛒 1 borne artisanale – 12 🅴 8,80 €
Pour s'y rendre : au N par rive gauche du Cher
À savoir : près d'un plan d'eau

Nature : ◻ 🌿
Services : 🚿 ⚡ 🆖 🚲 🎥 🔥 🧺 🔧
♨ 🚮 🧺 sèche-linge
À prox. : 🎿 🎣 📺 🎣 💧

STE-CATHERINE-DE-FIERBOIS

✉ 37800 – **317** M6 – G. Châteaux de la Loire – 611 h. – alt. 114
Paris 263 – Azay-le-Rideau 25 – Chinon 37 – Ligueil 19 – Tours 31.

🅰 **Parc de Fierbois** ♣♦ – 28 avr.-12 sept.
✆ 02 47 65 43 35, *parc.fierbois@wanadoo.fr,*
Fax 02 47 65 53 75, *www.fierbois.com* – places limitées pour
le passage – **R** conseillée
30 ha/12 campables (320 empl.) plat et terrasses, herbeux
Tarif : 44,30 € ⚹ ⟵ 🅴 (፩) (4A) – pers. suppl. 8 €
Location : 30 ⬚ (4 à 6 pers.) 231 à 1 071 €/sem. – 19
🏠 (4 à 6 pers.) 245 à 1 260 €/sem. – 10 bungalows
toilés – 8 gîtes
🛒 1 borne eurorelais – 🚐 13 €
Pour s'y rendre : S : 1,2 km
À savoir : agréable et vaste domaine avec bois, lac et parc
aquatique

Nature : ◻ 🌿🌿 ♨
Loisirs : 🍽 🍴 pizzeria 🎮 🎲 🚣 🎾
🎿 🚲 🎯 🎣 📺 🎣 🏊 (plage)
🎮 🏓
Services : 🚿 ⚡ 🆖 🚲 🔥 ♨ 🚮 🍴
🔧 🔥 🚰 🧺 sèche-linge 🚮 🍴
cases réfrigérées
À prox. : canoë, pédalos, parcours
aventure

STE-MAURE-DE-TOURAINE

✉ 37800 – **317** M6 – G. Châteaux de la Loire – 3 909 h. – alt. 85
🛈 *Office de tourisme, rue du Château* ℰ *02 47 65 66 20, Fax 02 47 34 04 28*
Paris 273 – Le Blanc 71 – Châtellerault 39 – Chinon 32 – Loches 31 – Thouars 73 – Tours 40.

⚠ Municipal de Marans
    ℰ 02 47 65 44 93 – **R** conseillée
    1 ha (66 empl.) plat et peu incliné, herbeux
    🚐 1 borne Artisanale – 2 🅴
    Pour s'y rendre : 1,5 km au SE par D 760, rte de Loches, et
    à gauche, rue de Toizelet, à 150 m d'un plan d'eau

Loisirs : 🏃 parcours sportif
Services : 🕹 ⚡ 🅰 🚿
À prox. : 🎣

SAVIGNY-EN-VÉRON

✉ 37420 – **317** J5 – 1 272 h. – alt. 40
Paris 292 – Chinon 9 – Langeais 27 – Saumur 20 – Tours 54.

⚠ **Municipal la Fritillaire** avr.-15 oct.
    ℰ 02 47 58 03 79, *lafritillaire.veron@ffcc.fr,*
    Fax 02 47 58 03 81, *www.lafritillaire.camp-in-France.com*
    – **R** conseillée
    2,5 ha (100 empl.) plat, herbeux, bois attenant
    Tarif : (Prix 2007) 13 € 🚹   🚐   🅴 💧 (10A) – pers.
    suppl. 2,50 €
    🚐 1 borne artisanale 3,50 € – 🛒 9.80 €
    Pour s'y rendre : à l'O du bourg

Nature : 🌿 🏞
Loisirs : 🛝
Services : 🕹 ⚡ GB 🅰 Ⓜ 🚿 🛁 🔌 🚰 ♨ 🧺 🚮 ♿ 🏪
À prox. : 🍴 🎣 🏊 🛶 🎣 🐴

SONZAY

✉ 37360 – **317** L3 – 1 120 h. – alt. 94
Paris 257 – Château-la-Vallière 39 – Langeais 26 – Tours 25.

⚠ **L'Arada Parc** 22 mars-25 oct.
    ℰ 02 47 24 72 69, *laradaparc@free.fr,* Fax 02 47 24 72 70,
    www.laradaparc.com – **R** conseillée
    1,7 ha (94 empl.) plat et peu incliné, herbeux
    Tarif : 24,10 € 🚹   🚐   🅴 💧 (10A) – pers. suppl. 4,75 € –
    frais de réservation 9 €
    Location : 10 🛖 (4 à 6 pers.) 255 à 645 €/sem.
    🚐 1 borne artisanale 4,60 €
    Pour s'y rendre : sortie O par D 68 rte de Souvigné et à dr.

Nature : 🌿 🏞
Loisirs : 🍴 snack 🏡 🏃 🚲 ♨ 🎣
Services : 🕹 ⚡ GB 🅰 Ⓜ 🚰 🛁 ♨
🚮 🚽 🐾 🚿 🚮
À prox. : 🍴 🎣

295

Paysage de la Brenne

VEIGNÉ

✉ 37250 – **317** N5 – 5 474 h. – alt. 58
Paris 252 – Orléans 128 – Tours 16 – Joué-lès-Tours 11 – Saint-Cyr-sur-Loire 20.

⚠ **La Plage** avr.-oct.
🖉 02 47 26 23 00, *camping.veigne@aol.fr*,
Fax 02 47 73 11 47, *www.touraine-vacance.com*
– **R** conseillée
2 ha (120 empl.) plat, herbeux
Tarif : ✚ 3,60 € ⟵ 1,50 € 🅴 3,60 € – ⒥ (10A) 4,10 € – frais
de réservation 10 €
Location : 15 bungalows toilés
🛒 1 borne artisanale 2 € – 5 🅴
Pour s'y rendre : sortie N par D 50, rte de Tours, bord de
l'Indre

> Nature : ⚲
> Loisirs : 🍸 ✗ 🎱 nocturne 🎯 ⚡
> 🏊 🎣
> Services : ♿ ⛽ (saison) GB ♻ 🔋
> 🍽 ⊙ ♨ 🧺 sèche-linge
> À prox. : canoë-kayak

La VILLE-AUX-DAMES

✉ 37700 – **317** N4 – 4 647 h. – alt. 50
Paris 244 – Orléans 120 – Tours 7 – Blois 53 – Joué 14.

⚠ **Les Acacias** fermé w.-end et jours fériés d'oct. à mars
🖉 02 47 44 08 16, *camplvad@orange.fr*, Fax 02 47 46 26 65
– **R** conseillée
2,6 ha (90 empl.) plat, herbeux
Tarif : 14,60 € ✚ ⟵ 🅴 ⒥ (4A) – pers. suppl. 2,90 €
Location : 7 ⌂ (2 à 4 pers.) 240 €/sem. – 8 🛖 (4 à 6
pers.) 450 €/sem.
🛒 1 borne artisanale 5 €
Pour s'y rendre : au NE du bourg, près du D 751

> Nature : ⚲⚲
> Loisirs : snack 🎯
> Services : ♿ ⛽ GB ♻ 🖧 🔋 ⊙ 🔋
> sèche-linge
> À prox. : 🍸 snack ✗ 🎱 parcours de
> santé

VOUVRAY

✉ 37210 – **317** N4 – G. Châteaux de la Loire – 3 046 h. – alt. 55
🅱 *Office de tourisme, 12, rue Rabelais* 🖉 02 47 52 68 73, Fax 02 47 52 70 88
Paris 240 – Amboise 18 – Château-Renault 25 – Chenonceaux 30 – Tours 10.

⚠ **Le Bec de Cisse** mai-29 sept.
🖉 02 47 52 68 81, *commune.vouvray@wanadoo.fr*,
Fax 02 47 52 67 76 – **R** conseillée
2 ha (33 empl.) plat, herbeux
Tarif : 14,80 € ✚ ⟵ 🅴 ⒥ (10A) – pers. suppl. 3,30 €
Pour s'y rendre : au S du bourg, bord de la Cisse

> Nature : ⌂ ⚲
> Services : ♿ ⛽ 🖧 ⊙ ⚑
> À prox. : ✗ 🏊 ⛴ ⚓ parc de loisirs
> de Rochecorbon

Loir-et-Cher (41)

BRACIEUX

✉ 41250 – **318** G6 – 1 158 h. – alt. 70
🅱 *Syndicat d'initiative, 10 Les Jardins du Moulin* 🖉 02 54 46 09 15, Fax 02 54 46 09 15
Paris 185 – Blois 19 – Montrichard 39 – Orléans 64 – Romorantin-Lanthenay 30.

⚠ **Municipal des Châteaux** 28 mars-nov.
🖉 02 54 46 41 84, *campingdebracieux@wanadoo.fr*,
Fax 02 54 46 41 21, *www.campingdeschateaux.com*
– **R** conseillée
8 ha (380 empl.) plat, herbeux
Tarif : 18,15 € ✚ ⟵ 🅴 ⒥ (3A) – pers. suppl. 4,70 €
Location : 14 🛖 (4 à 6 pers.) 370 à 490 €/sem. – 10 🏠
(4 à 6 pers.) 420 à 478 €/sem.
🛒 1 borne 🚐 15.60 €
Pour s'y rendre : sortie N, rte de Blois, bord du Beuvron
À savoir : cadre boisé composé d'essences variées

> Nature : 🌿 ⚲⚲
> Loisirs : 🎱 🎯 ✗ 🏊
> Services : ♿ ⛽ GB ♻ 🖧 ⊙ 🔋

286

CANDÉ-SUR-BEUVRON

✉ 41120 – **318** E7 – 1 208 h. – alt. 70
🅱 *Syndicat d'initiative, 10, route de Blois* ℘ *02 54 44 00 44, Fax 02 54 44 00 44*
Paris 199 – Blois 15 – Chaumont-sur-Loire 7 – Montrichard 21 – Orléans 78 – Tours 51.

La Grande Tortue 5 avr.-20 sept.
℘ 02 54 44 15 20, *grandetortue@wanadoo.fr,*
Fax 02 54 44 19 45, *www.la-grande-tortue.com* – **R** conseillée
5 ha (208 empl.) plat, peu incliné, herbeux, sablonneux
Tarif : 30,50 € 🏕 🚗 🔲 (🔌) (10A) – pers. suppl. 8 € – frais
de réservation 16 €
Location : 28 🛖 (4 à 6 pers.) 286 à 665 €/sem. – 8 🏠
(4 à 6 pers.) 403 à 728 €/sem. – bungalows toilés
Pour s'y rendre : S : 0,5 km par D 751, rte de Chaumont-
sur-Loire et à gauche rte de la Pieuse, à proximité du
Beuvron

Nature : 🌊 🏞 ♤♤
Loisirs : 🍽 snack 🛖 ⛱ 🏊 (dé-
couverte en saison)
Services : 🔥 🚿 GB 🧺 🎱 ⊕ 🌳 ♨
🌊 🕯 🖼 🚰

*Si vous désirez réserver un emplacement pour vos vacances,
faites-vous préciser au préalable les conditions particulières de séjour,
les modalités de réservation, les tarifs en vigueur et les conditions de paiement.*

CHAUMONT-SUR-LOIRE

✉ 41150 – **318** E7 – G. Châteaux de la Loire – 1 031 h. – alt. 69
🅱 *Office de tourisme, 24, rue du Maréchal Leclerc* ℘ *02 54 20 91 73, Fax 02 54 20 90 34*
Paris 201 – Amboise 21 – Blois 18 – Contres 24 – Montrichard 19 – St-Aignan 35.

Municipal Grosse Grève 8 mai-sept.
℘ 02 54 20 95 22, *mairie.chaumontsloire@wanadoo.fr,*
Fax 02 54 20 99 61, *www.chaumont-sur-loire.fr*
4 ha (150 empl.) plat et peu accidenté, herbeux, sablonneux
Tarif : 9,90 € 🏕 🚗 🔲 (🔌) (10A) – pers. suppl. 2,70 €
🚐 1 borne eurorelais 2 €
Pour s'y rendre : sortie E par D 751, rte de Blois et r. à
gauche, avant le pont, bord de la Loire

Loisirs : ⛱ 🏊
Services : 🔥 🚿 🧺 🎱 ⊕ 🖼 sèche-
linge
À prox. : 🚲

287

CHÉMERY

✉ 41700 – **318** F7 – 849 h. – alt. 90
🅱 *Office de tourisme, rue Nationale* ℘ *02 54 71 31 08, Fax 02 54 71 31 08*
Paris 213 – Blois 32 – Montrichard 29 – Romorantin-Lanthenay 29 – St-Aignan 15 – Selles-sur-Cher 11.

Municipal le Gué 15 avr.-15 oct.
℘ 02 54 71 31 11, *ot.chemery@wanadoo.fr,*
Fax 02 54 71 45 21 – **R** conseillée
1,2 ha (50 empl.) plat, herbeux
Tarif : 14 € 🏕 🚗 🔲 (🔌) (10A) – pers. suppl. 3,50 €
🚐 1 borne 3,50 € – 🚐 10 €
Pour s'y rendre : à l'O du bourg par rte de Couddes, au
bord d'un ruisseau

Nature : 🌊 ♀
Loisirs : 🏊
Services : 🚿 🧺 ⊕ 🖼
À prox. : 🏊

FRÉTEVAL

✉ 41160 – **318** E4 – G. Châteaux de la Loire – 897 h. – alt. 89
Paris 158 – Beaugency 39 – Blois 40 – Cloyes-sur-le-Loir 17 – Vendôme 19.

La Maladrerie 15 mars-oct.
℘ 02 54 82 62 75, *campingdelamaladrerie@aliceadsl.fr,*
Fax 02 54 82 62 75 – places limitées pour le passage
– **R** conseillée
16 ha/1,5 campable (107 empl.) plat, pierreux, herbeux
Tarif : 11,55 € 🏕 🚗 🔲
Pour s'y rendre : au NO du bourg par rte du Plessis et
chemin à gauche après le passage à niveau, bord de deux
étangs

Nature : ♤♤
Loisirs : 🍽 🍴 🎣 🏊 🏊
Services : 🔥 🚿 🧺 🎱 🛝 ⊕ 🖼

MAREUIL-SUR-CHER

✉ 41110 – **318** E8 – 957 h. – alt. 63

🛈 *Syndicat d'initiative, 3, rue du Passeur ℰ 02 54 75 31 48, Fax 02 54 75 31 48*

Paris 225 – Blois 47 – Châtillon-sur-Indre 41 – Montrichard 16 – St-Aignan 6.

⚠ **Municipal le Port** 5 avr.-sept.

ℰ 02 54 32 79 51, *leportdemareuil@orange.fr,*

Fax 02 47 92 72 95, *www.campingleportdemareuil.com*

– **R** conseillée

1 ha (50 empl.) plat, herbeux

Tarif : 11,80 € 🛉 🚐 🖲 🚱 (10A) – pers. suppl. 2,50 €

Pour s'y rendre : au bourg, près de l'église et du château

À savoir : décoration arbustive, en bordure du Cher

| Nature : 🐟 ⛟ 🍃 |
| Loisirs : 🏊 🎾 🐟 canoë |
| Services : 🔥 ⚡ 🛒 ⊕ 🚿 🗑 |
| À prox. : 🚤 |

MENNETOU-SUR-CHER

✉ 41320 – **318** I8 – G. Limousin Berry – 903 h. – alt. 100

🛈 *Office de tourisme, 21, Grande Rue ℰ 02 54 98 12 29*

Paris 209 – Bourges 56 – Romorantin-Lanthenay 18 – Selles-sur-Cher 27 – Vierzon 16.

⚠ **Municipal Val Rose** 15 avr.-15 sept.

ℰ 02 54 98 11 02, *mairie.mennetou@wanadoo.fr,*

Fax 02 54 98 10 56 – **R** conseillée

0,8 ha (50 empl.) plat, herbeux

Tarif : 7,50 € 🛉 🚐 🖲 🚱 (6A) – pers. suppl. 1,50 €

Pour s'y rendre : au S du bourg, à dr. après le pont sur le canal, à 100 m du Cher

| Nature : ⛟ 🍃 |
| Loisirs : 🏊 |
| Services : 🔥 ⚡ 🛒 🗑 ⊕ |
| À prox. : 🎾 🏊 🐟 🛶 canoë |

Benutzen Sie
– zur Wahl der Fahrtroute
– zur Berechnung der Entfernungen
– zur exakten Lokalisierung eines Campingplatzes (mit Hilfe der Angaben im Ortstext)
*die für diesen Führer unentbehrlichen **MICHELIN-Karten** .*

288

MESLAND

✉ 41150 – **318** D6 – 528 h. – alt. 79

Paris 205 – Amboise 19 – Blois 23 – Château-Renault 20 – Montrichard 27 – Tours 45.

⚠ **Parc du Val de Loire** 🛉🛉 – 5 avr.-27 sept.

ℰ 02 54 70 27 18, *parcduvaldeloire@wanadoo.fr,*

Fax 02 54 70 21 71, *www.parcduvaldeloire.com* – **R** conseillée

15 ha (300 empl.) plat et peu incliné, herbeux

Tarif : 30,50 € 🛉 🚐 🖲 🚱 (10A) – pers. suppl. 7 € – frais de réservation 15 €

Location : 50 🛖 (4 à 6 pers.) 195 à 620 €/sem. – 40 🏠 (4 à 6 pers.) 195 à 620 €/sem.

Pour s'y rendre : O : 1,5 km rte de Fleuray

À savoir : cadre boisé face au vignoble

| Nature : 🐟 ⛟ 🍃🍃 |
| Loisirs : 🍴 ✕ 🎪 🛝 🏊 🚲 🎾 ⛰ 🏊 🛶 |
| Services : 🔥 🌐 🛒 🗑 🛁 🛎 ⊕ 🚿 🗑 🧺 🖲 🚿 🛒 |

MONTOIRE-SUR-LE-LOIR

✉ 41800 – **318** C5 – G. Châteaux de la Loire – 4 275 h. – alt. 65

🛈 *Syndicat d'initiative, 16, place Clemenceau ℰ 02 54 85 23 30, Fax 02 54 85 23 87*

Paris 186 – Blois 50 – Château-Renault 21 – La Flèche 81 – Le Mans 70 – St-Calais 24 – Vendôme 19.

⚠ **Municipal les Reclusages** déb. mai-fin sept.

ℰ 02 54 85 02 53, *mairie.montoire@wanadoo.fr,*

Fax 02 54 85 05 29 – **R** conseillée

2 ha (133 empl.) plat, herbeux

Tarif : 🛉 2,60 € 🚐 🖲 1,65 € – 🚱 (10A) 3,30 €

Pour s'y rendre : sortie SO, rte de Tours et rte de Lavardin à gauche après le pont

À savoir : au bord du Loir

| Nature : 🍃🍃 |
| Loisirs : 🍴 🐟 |
| Services : 🔥 ⚡ 🛒 🗑 ⊕ 🖲 |
| À prox. : 🏊 ⛰ 🛟 🏊 |

MORÉE

✉ 41160 – **318** E4 – 994 h. – alt. 96
Paris 154 – Blois 42 – Châteaudun 24 – Orléans 58 – Vendôme 21.

△ **Municipal de la Varenne** 14 juin-2 sept.
𝒫 02 54 82 06 16, *mairie-de-moree@wanadoo.fr*,
Fax 02 54 89 15 10 – **R** conseillée
0,8 ha (43 empl.) plat, herbeux
Tarif : ★ 4 € 🚗 🅴 3,50 € – 🅖 (8A) 3 €
🚐 1 borne artisanale 3 €
Pour s'y rendre : à l'O du bourg, bord d'un plan d'eau, accès conseillé par D 19 rte de St-Hilaire-la-Gravelle et chemin à gauche

Nature : 🌿
Loisirs : 🏖 (plage) ⚓
Services : 👤 🚿 ✂ 🔥 🛒 ⓦ
À prox. : 🏊

MUIDES-SUR-LOIRE

✉ 41500 – **318** G5 – 1 157 h. – alt. 82
🅱 *Syndicat d'initiative, place de la Libération* 𝒫 02 54 87 58 36, Fax 02 54 87 58 36
Paris 169 – Beaugency 17 – Blois 20 – Chambord 9 – Vendôme 53.

⩘ **Château des Marais** ♣♣ – 10 mai-20 sept.
𝒫 02 54 87 05 42, *chateau.des.marais@wanadoo.fr*,
Fax 02 54 87 05 43, *www.chateau-des-marais.com*
– **R** conseillée
8 ha (198 empl.) plat, herbeux
Tarif : 42 € ★ 🚗 🅴 🅖 (10A) – pers. suppl. 8 € – frais de réservation 25 €
Location 🏠 : 12 🛖 (4 à 6 pers.) 560 à 910 €/sem. – 2 🏡 (4 à 6 pers.) 660 à 990 €/sem. – 🛏 – (hôtel)
🚐 1 borne artisanale 6 €
Pour s'y rendre : au SE du bourg par D 103, rte de Crouy-sur-Cosson - pour caravanes : accès par D 112, rte de Chambord et D 103 à dr.
À savoir : dans l'agréable parc boisé du château (XVIIe s.)

Nature : 🌿 ♣♣
Loisirs : 🍴 ✕ 🎱 📺 nocturne 🏊
🏖 🚲 ✕ 🏓 🎿 ♨
Services : 👤 🚿 ⃝B 🔥 🔥 ⓦ ✂ 🛒
♨ 🐾 🏪 🛒 🚿
À prox. : canoë

△ **Municipal Bellevue** 25 avr.-15 sept.
𝒫 02 54 87 01 56, *mairie.muides@wanadoo.fr*,
Fax 02 54 87 01 25, *www.perso.wanadoo.fr/mairie-muides* – **R**
2,5 ha (100 empl.) plat, herbeux, sablonneux
Tarif : ★ 2,85 € 🚗 🅴 2 € – 🅖 (8A) 2,70 €
🚐 1 borne artisanale 6,20 €
Pour s'y rendre : au N du bourg par D 112, rte de Mer et à gauche avant le pont, près de la Loire

Services : 👤 🚿 (juin-août) ✂ ⓦ 🔥
À prox. : 🏊 ✕

289

Le lac de Vassivière

NEUNG-SUR-BEUVRON

✉ 41210 – **318** H6 – 1 112 h. – alt. 102
Paris 183 – Beaugency 33 – Blois 39 – Lamotte-Beuvron 20 – Romorantin-Lanthenay 21 – Salbris 26.

⚠ **Municipal de la Varenne** Pâques-5 oct.
    02 54 83 68 52, camping.lavarenne@wanadoo.fr,
Fax 02 54 83 68 52, *www.neung-sur-beuvron.fr* – **R** conseillée
4 ha (73 empl.) plat, peu incliné, herbeux, sablonneux
Tarif : 10 € 🚶 🚐 🔲 💧 (10A) – pers. suppl. 2,30 €
🚐 1 borne artisanale – 🚰 10 €
Pour s'y rendre : NE : 1 km, accès par rue à gauche de
l'église, près du Beuvron
À savoir : agréable cadre boisé

> Nature : 🌿 ⊏ 🌳🌳(chênaie)
> Loisirs : ✂
> Services : 🚿 🔌 GB 🛒 💧 ⚲ 🏠

NOUAN-LE-FUZELIER

✉ 41600 – **318** J6 – 2 319 h. – alt. 113
🏢 *Syndicat d'initiative, place de la Gare*   *02 54 88 76 75*
Paris 177 – Blois 59 – Cosne-sur-Loire 74 – Gien 56 – Lamotte-Beuvron 8 – Orléans 44 – Salbris 13.

⚠ **La Grande Sologne** avr.-oct.
    02 54 88 70 22, camping-lagrandesologne@wanadoo.fr,
Fax 02 54 88 41 74 – **R** conseillée
10 ha/4 campables (180 empl.) plat, herbeux
Tarif : 18 € 🚶 🚐 🔲 – pers. suppl. 5 €
Location : 4 🛖 (4 à 6 pers.) 300 à 600 €/sem.
🚐 1 borne – 🚰
Pour s'y rendre : sortie S par D 2020 puis chemin à gauche
en face de la gare
À savoir : cadre boisé au bord d'un étang

> Nature : 🌳🌳
> Loisirs : 🍴 🎣 🛝 🏓
> Services : 🚿 🔌 GB 🛒 💧 🏠
> À prox. : 🍴 ✕ ✂ 🏊

290

ONZAIN

✉ 41150 – **318** E6 – G. Châteaux de la Loire – 3 141 h. – alt. 69
🏢 *Syndicat d'initiative, 3, rue Gustave Marc*   *02 54 20 78 52*
Paris 201 – Amboise 21 – Blois 19 – Château-Renault 24 – Montrichard 23 – Tours 44.

⚠ **Le Dugny** 👪 – 13 fév.-11 nov.
    02 54 20 70 66, info@dugny.fr, Fax 02 54 33 71 69,
www.dugny.fr – **R** conseillée ✂
8 ha (302 empl.) peu incliné, herbeux, pierreux
Tarif : 50 € 🚶 🚐 🔲 💧 (10A) – pers. suppl. 9 €
Location (6 avr.-29 sept.) : 100 🛖 (4 à 6 pers.) 210 à
1 029 €/sem. – 5 🏠 (4 à 6 pers.) 175 à 980 €/sem.
🚐 15 🔲 15 €
Pour s'y rendre : 4,3 km au NE par D 58, rte de Chouzy-
sur-Cisse, D 45 rte de Chambon-sur-Cisse et chemin à gauche, bord d'un étang

> Nature : 🌿 ⊏ 🌳🌳
> Loisirs : 🍴 ✕ snack 🎣 💆 🛝 ja-
> cuzzi 🎣 🛝 🏊 🏊 ⛸
> Services : 🚿 🔌 GB 🛒 💧 🏠 🏠 ⚲
> 🚻 🚿 🧺 🏠 sèche-linge 🏪 🛒
> À prox. : 🐎 stage ULM, canotage

Si vous recherchez :
👪   *Un terrain offrant des équipements et des loisirs adaptés aux enfants*
🌿   *Un terrain agréable ou très tranquille*
L - M *Un terrain effectuant la location de caravanes, de mobile homes,*
    de bungalows ou de chalets
P   *Un terrain ouvert toute l'année*
🚐   *Un terrain possédant une aire de services pour camping-cars*
Consultez le tableau des localités

PIERREFITTE-SUR-SAULDRE

✉ 41300 – **318** J6 – 851 h. – alt. 125
🛈 *Syndicat d'initiative, 10, place de l'Église* ℘ *02 54 88 67 15, Fax 02 54 88 67 15*
Paris 185 – Aubigny-sur-Nère 23 – Blois 73 – Bourges 55 – Orléans 52 – Salbris 13.

⚠ **Yelloh! Village Sologne Parc des Alicourts** ♣♦ –
30 avr.-10 sept.
℘ *02 54 88 63 34, parcdesalicourts@yellohvillage.com,*
Fax 02 54 88 58 40, *www.yellohvillage.com* – **R** indispensable
21 ha/10 campables (420 empl.) plat, en terrasses, herbeux, sablonneux
Tarif : 42 € 🏕 👤 ⟵ 🚐 🗉 ⚡ (6A) – pers. suppl. 9 €
Location 🛖 : 135 🛏 (4 à 6 pers.) 259 à 1 120 €/sem. –
105 🏠 (4 à 6 pers.) 259 à 1 393 €/sem.
🚐 1 borne
Pour s'y rendre : NE : 6 km par D 126 et D 126ᴮ, au Domaine des Alicourts, bord d'un étang
À savoir : beau domaine ou détente et plaisirs de l'eau seront comblés

> Nature : 🌳 ⌂ ♀♀
> Loisirs : 🍸 ✗ 🏛 🎦 nocturne 🎯
> 🔥 hammam salle d'animation
> 🏊 🚴 ✗ 🎣 🛝 ≈ (plage) 🏐 🎣
> golf, piste de bi-cross, piste de rollers et de skates, canoë, pédalos
> Services : 🏃 🚿 GB 🔧 🛒 🏪 ⊕ 🍴
> ♨ 🛁 🖼 🛒 🚮

ROMORANTIN-LANTHENAY

✉ 41200 – **318** H7 – G. Châteaux de la Loire – 18 350 h. – alt. 93
🛈 *Office de tourisme, place de la Paix* ℘ *02 54 76 43 89, Fax 02 54 76 96 24*
Paris 202 – Blois 42 – Bourges 74 – Châteauroux 72 – Orléans 67 – Tours 95 – Vierzon 38.

⚠ **Tournefeuille** Permanent
℘ *02 54 95 37 08, camping.romo@wanadoo.fr,*
Fax 02 54 76 54 90, *www.camping-romorantin.com*
– **R** conseillée
1,5 ha (103 empl.) plat, herbeux
Tarif : 15,95 € 🏕 👤 ⟵ 🚐 🗉 ⚡ (6A) – pers. suppl. 6,20 €
Location : 6 🏠 (4 à 6 pers.) 280 à 450 €/sem.
🚐 1 borne artisanale 3 € – 🚐 13 €
Pour s'y rendre : sortie E rte de Salbris, r. de Long-Eaton, bord de la Sauldre

> Nature : 🌳 ♀
> Loisirs : snack 🏛 🎯 🚴
> Services : 🏃 🚿 GB 🔧 🏪 🛒 ⊕ 🍴
> ♨ 🛁 🖼
> À prox. : 🛒 ✗ 🖼 🛝 canoë

291

SALBRIS

✉ 41300 – **318** J7 – G. Châteaux de la Loire – 6 029 h. – alt. 104
🛈 *Office de tourisme, 1, rue du Général Girault* ℘ *02 54 97 22 27, Fax 02 54 97 22 27*
Paris 187 – Aubigny-sur-Nère 32 – Blois 65 – Lamotte-Beuvron 21 – Romorantin-Lanthenay 27 – Vierzon 24.

⚠ **Sologne** 22 mars-28 sept.
℘ *02 54 97 06 38, campingdesologne@wanadoo.fr, http://
monsite.wanadoo.fr/camping.salbris* – **R** indispensable
2 ha (81 empl.) plat, herbeux
Tarif : 16,50 € 🏕 👤 ⟵ 🚐 🗉 ⚡ (10A) – pers. suppl. 4,50 €
Location 🛖 : 3 🛏 (4 à 6 pers.) 413 à 455 €/sem.
🚐 1 borne artisanale 17 €
Pour s'y rendre : sortie NE par D 55, rte de Pierrefitte-sur-Sauldre, bord d'un plan d'eau et près de la Sauldre - accès au centre-ville par chemin piétonnier

> Nature : ⌂ ♀
> Loisirs : 🏛
> Services : 🏃 🚿 GB 🔧 🛒 ⊕ 🍴 ♨
> 🖼
> À prox. : 🛒 ✗ 🖼 🛝 🛝

SEILLAC

✉ 41150 – **318** D6 – 78 h. – alt. 115
Paris 198 – Amboise 25 – Blois 17 – Montrichard 29 – Tours 50.

⚠ **Aire Naturelle La Ferme de Prunay** 25 avr.-sept.
℘ *02 54 70 02 01, contact@prunay.com,*
Fax 02 54 70 12 72, *www.prunay.fr* – **R** indispensable
2 ha (25 empl.) plat, herbeux, pièce d'eau, verger
Tarif : 25,20 € 🏕 👤 ⟵ 🚐 🗉 ⚡ (12A) – pers. suppl. 9,10 €
Location : 4 🛏
Pour s'y rendre : NE : 2,5 km par D 131, rte de Chambon-sur-Cisse

> Nature : 🌳 ≤ ⌂
> Loisirs : 🏛 🎯 🚴 🛝
> Services : 🚿 GB 🔧 🛒 ⊕ 🍴 🖼

SUÈVRES

✉ 41500 – **318** F5 – G. Châteaux de la Loire – 1 371 h. – alt. 83
🅱 *Syndicat d'initiative, place de la Mairie* 📞 *02 54 87 85 27*
Paris 170 – Beaugency 18 – Blois 15 – Chambord 16 – Vendôme 46.

Château de la Grenouillère 👥 – 26 avr.-6 sept.
📞 02 54 87 80 37, *la.grenouillere@wanadoo.fr*,
Fax 02 54 87 84 21, *www.camping-loire.com* – **R** indispensable
11 ha (250 empl.) plat, herbeux
Tarif : (Prix 2007) 37 € 🏕 ⛺ 🚐 📧
Location 🏠 : 7 🚏 (4 à 6 pers.) 450 à 830 €/sem. – 23 🏠 (4 à 6 pers.) 400 à 760 €/sem.
🚐 1 borne artisanale
Pour s'y rendre : 3 km au NE sur rte d'Orléans
À savoir : parc boisé et verger agréable

Nature : 🌳 🌳
Loisirs : 🍴 ✗ pizzeria 🏠 🎣 🏃
🚴 🚵 ⛵ 🏓 🏊 🏖
Services : ♿ ⛽ 🔌 🔧 🚿 🛒 💧 🏪
🚰 🧺 🚾 sèche-linge 💈 💺

THORÉ-LA-ROCHETTE

✉ 41100 – **318** C5 – 883 h. – alt. 75
Paris 176 – Blois 42 – Château-Renault 25 – La Ferté-Bernard 58 – Vendôme 9.

Intercommunal la Bonne Aventure mi-juin-fin août
📞 02 54 72 00 59, *campings@cpvendome.com*,
Fax 02 54 89 41 01, *www.vendome.com*
2 ha (60 empl.) plat, herbeux
Tarif : (Prix 2007) 12,70 € 🏕 ⛺ 📧 🚿 (5A) – pers. suppl. 2,70 €
Pour s'y rendre : N : 1,7 km par D 82, rte de Lunay et rte à dr., près du stade, bord du Loir

Nature : 🌿 🌊
Loisirs : 🏠 🚴 🚵 ✗ 🎣
Services : ♿ ⛽ 🔌 🔧 🚿 🏪
À prox. : 🏊

292

Loiret (45)

BEAULIEU-SUR-LOIRE

✉ 45630 – **318** N6 – 1 693 h. – alt. 156
🅱 *Office de tourisme, place d'Armes* 📞 *02 38 35 87 24, Fax 02 38 35 30 10*
Paris 170 – Aubigny-sur-Nère 36 – Briare 15 – Gien 27 – Cosne-sur-Loire 21.

Municipal Touristique du Canal Pâques-Toussaint
📞 02 38 35 32 16, *beaulieu-sur-loire@orange.fr*,
Fax 02 38 35 86 57
0,6 ha (37 empl.) plat, herbeux
Tarif : (Prix 2007) 🏕 2,35 € 📧 1,17 € – 🚿 (6A) 2,65 €
🚐 1 borne artisanale
Pour s'y rendre : sortie E par D 926, rte de Bonny-sur-Loire, près du canal (halte nautique)

Nature : 🌳 🌊
Services : ♿ 🔧 ⛽ 🏪
À prox. : ✗ 🎣 canoë

BRIARE

✉ 45250 – **318** N6 – G. Château de la Loire – 5 994 h. – alt. 135
🅱 *Office de tourisme, 1, place de Gaulle* 📞 *02 38 31 24 51*
Paris 160 – Orléans 85 – Gien 11 – Montargis 50 – Châlette-sur-Loing 48.

Le Martinet avr.-sept.
📞 02 38 31 24 50, *yannick.bouget@wanadoo.fr*,
Fax 02 38 31 24 50, *www.recrea.fr/campingbriare/*
– **R** conseillée
4,5 ha (160 empl.) plat, herbeux
Tarif : 14 € 🏕 ⛺ 📧 🚿 (10A) – pers. suppl. 2,85 €
🚐 1 borne artisanale 2,50 €
Pour s'y rendre : 1 km au N par le centre-ville entre la Loire et le canal

Nature : 🌿 🌊
Loisirs : 🎣
Services : ♿ ⛽ 🔌 🔧 🚿 🏊 🏪
🚰 🏪
À prox. : 🚵 🏊 🎣 canoë, bateaux électriques

CHÂTILLON-COLIGNY

✉ 45230 – **318** O5 – G. Bourgogne – 1 946 h. – alt. 130
🛈 Office de tourisme, 2, place Coligny ℘ 02 38 96 02 33
Paris 140 – Auxerre 70 – Gien 26 – Joigny 48 – Montargis 23.

⚐ **Municipal de la Lancière** avr.-sept.
℘ 02 38 92 54 73, lalanciere@wanadoo.fr – places limitées
pour le passage – ℞
1,9 ha (55 empl.) plat, herbeux
Tarif : ⭑ 2,95 € ⟺ 1,20 € 🅴 1,60 € – 🔌 (6A) 2,95 €
Pour s'y rendre : au S du bourg, entre le Loing et le canal
de Briare (halte fluviale)

Nature : 🗠🌳
Loisirs : 🏊 🎣
Services : ⚡ 🚻 🚿 ⊛ 🅿 cases réfrigérées

COULLONS

✉ 45720 – **318** L6 – 2 274 h. – alt. 166
Paris 165 – Aubigny-sur-Nère 18 – Gien 16 – Orléans 60 – Sancerre 47 – Sully-sur-Loire 22.

⚐ **Municipal Plancherotte** avr.-oct.
℘ 02 38 29 20 42, coullons.mairie@wanadoo.fr, www.coul
lons.fr – ℞ conseillée
1,9 ha (60 empl.) plat, herbeux
Tarif : 9,28 € ⭑ ⟺ 🅴 🔌 (10A) – pers. suppl. 1,62 €
Pour s'y rendre : O : 1 km par D 51, rte de Cerdon et rte
des Brosses à gauche, à 50 m d'un plan d'eau (accès direct)
À savoir : beaux emplacements délimités

Nature : 🌳🗠🌿
Services : ♿ ⚡ 🚿 ⊛ 🚾
À prox. : 🏊 ⛳ 🏊 🏇 (centre équestre) piste de bi-cross

GIEN

✉ 45500 – **318** M5 – G. Châteaux de la Loire – 15 332 h. – alt. 162
🛈 Office de tourisme, place Jean Jaurès ℘ 02 38 67 25 28, Fax 02 38 38 23 16
Paris 149 – Auxerre 85 – Bourges 77 – Cosne-sur-Loire 46 – Orléans 70 – Vierzon 74.

293

⚐ **Sunelia les Bois du Bardelet** ▲▲ – avr.-sept.
℘ 02 38 67 47 39, contact@bardelet.com,
Fax 02 38 38 27 16, www.bardelet.com – ℞ conseillée
15 ha/8 campables (260 empl.) plat, herbeux, étangs
Tarif : 39 € ⭑ ⟺ 🅴 🔌 (16A) – pers. suppl. 6,20 € – frais
de réservation 30 €
Location 🔌 🅿 : 25 🛖 (4 à 6 pers.) 280 à 903 €/sem.
– 54 🏠 (4 à 6 pers.) 224 à 973 €/sem.
🚐 1 borne artisanale 8 € – 25 🅴 10 € – 🚐 10 €
Pour s'y rendre : 5 km au SO par D 940 rte de Bourges et
2 km par rte à gauche, pour les usagers venant de Gien,
accès conseillé par D 53 rte de Poilly-lez-Gien et 1ᵉʳᵉ rte à
dr.
À savoir : cadre agréable, au bord d'un étang et belle
piscine d'intérieur

Nature : 🌳 🌿
Loisirs : 🍴 🍽 🎮 🏊 🏊 🚲 🎯 ⛳ 🎣 🛶 canoë
Services : ♿ ⚡ GB 🚿 🍴 🏧 🚿 ⊛ 🚾 🅿 sèche-linge 🗠 🍴

ISDES

✉ 45620 – **318** K5 – 476 h. – alt. 152
Paris 174 – Bourges 75 – Gien 35 – Orléans 40 – Romorantin-Lanthenay 61 – Vierzon 69.

⚐ **Municipal les Prés Bas** 12 avr.-15 sept.
℘ 02 38 29 10 82, mail.isdes@wanadoo.fr,
Fax 02 38 29 12 53, www.coeur-de-france.com/isdes.html
– ℞ conseillée
0,5 ha (20 empl.) plat, herbeux
Tarif : (Prix 2007) 9 € ⭑ ⟺ 🅴 🔌 (16A) – pers. suppl. 2 €
Location : gîte d'étape
🚐 1 borne 4 €
Pour s'y rendre : sortie NE par D 59 rte de Sully-sur-Loire
près d'un étang

Nature : 🗠
Loisirs : 🎣
Services : ♿ ⚡ 🚿 ⊛ 🚾
À prox. : 🏊

LORRIS

✉ 45260 – **318** M4 – G. Châteaux de la Loire – 2 674 h. – alt. 126
🛈 *Office de tourisme, 2, rue des Halles* ℘ *02 38 94 81 42, Fax 02 38 94 88 00*
Paris 132 – Gien 27 – Montargis 23 – Orléans 55 – Pithiviers 45 – Sully-sur-Loire 19.

L'Étang des Bois avr.-sept.
℘ 02 38 92 32 00, *canal.orleans@wanadoo.fr,*
Fax 02 38 46 82 92, *www.canal.orleans.monsite.wanadoo.fr*
– **R** conseillée
3 ha (150 empl.) plat, gravillons
Tarif : 15,40 € 🛉 ⇔ 🗐 (10A) – pers. suppl. 3 €
Pour s'y rendre : O : 6 km par D 88, rte de Châteauneuf-
sur-Loire, près de l'étang des Bois
À savoir : cadre boisé dans un site agréable

> Nature : 🗺 ♀♀
> Loisirs : 🏠 🔥
> Services : ⚬━ 🗄 🗐 ⊕ 🏖 🚰 🖳
> À prox. : ✗ 🏞 🛥 (plage) 🐎 🐴
> (centre équestre)

MONTARGIS

✉ 45200 – **318** N4 – 15 030 h. – alt. 95
🛈 *Office de tourisme, rue du Port* ℘ *02 38 98 00 87, Fax 02 38 98 82 01*
Paris 109 – Auxerre 252 – Nemours 36 – Nevers 126 – Orléans 73.

Municipal de la Forêt fév.-nov.
℘ 02 38 98 00 20, *campings.agglo.montargoise@wana
doo.fr,* Fax 02 38 95 02 29 – **R** conseillée
5,5 ha (100 empl.) plat, pierreux, sablonneux, herbeux
Tarif : 11,80 € 🛉 ⇔ 🗐 (6A) – pers. suppl. 2,40 €
🚐 1 borne flot bleu
Pour s'y rendre : sortie N par D 943 et 1 km par D 815, rte
de Paucourt

> Nature : ♀♀(chênaie)
> Loisirs : 🗺 🔥
> Services : ও ⚬━ 🗄 🗐 🗄 🏖 ⊕ 🏖
> 🚰
> À prox. : ✗ 🏊

NIBELLE

✉ 45340 – **318** K3 – 752 h. – alt. 123
🛈 *Office de tourisme, 42, rue Saint-Sauveur* ℘ *02 38 32 23 66*
Paris 102 – Chartres 91 – Châteauneuf-sur-Loire 24 – Neuville-aux-Bois 27 – Pithiviers 20.

Parc de Nibelle mars-nov.
℘ 02 38 32 23 55, *contact@caravaning-nibelle.com,*
Fax 02 38 32 03 87, *www.parc-nibelle.com* – **R** conseillée
10 ha (120 empl.) plat, pierreux, herbeux
Tarif : 31 € 🛉 ⇔ 🗐 (4A) – pers. suppl. 12 €
Location (mi-avr.-1er nov.) : 10 🏠 (4 à 6 pers.) 310 à
570 €/sem.
Pour s'y rendre : E : 2 km par D 230, rte de Boiscommun
puis D 9 à dr.
À savoir : agréable cadre boisé et soigné

> Nature : 🌳 🗺 ♀
> Loisirs : snack 🗺 🔥 🚲 ✗ 🔥 🏊
> Services : ও ⚬━ 🗄 🗐 🏖 ⊕ 🗤 🖳
> À prox. : ✗

OLIVET

✉ 45160 – **318** I4 – G. Châteaux de la Loire – 19 195 h. – alt. 100
🛈 *Office de tourisme, 236, rue Paul Genain* ℘ *02 38 63 49 68, Fax 02 38 63 50 45*
Paris 137 – Orléans 4 – Blois 70 – Chartres 78 – Vierzon 82.

Municipal avr.-15 oct.
℘ 02 38 63 53 94, *campingolivet@wanadoo.fr,*
Fax 02 38 63 58 96, *www.camping-olivet.org* – **R** indispen-
sable
1 ha (46 empl.) plat, herbeux
Tarif : 15,70 € 🛉 ⇔ 🗐 (16A) – pers. suppl. 3,40 €
🚐 🚌 15.90 €
Pour s'y rendre : 2 km au SE par D 14, rte de St-Cyr-en-Val
À savoir : situation agréable au confluent du Loiret et du
Dhuy

> Nature : 🗺 ♀♀
> Loisirs : 🗺
> Services : ও ⚬━ 🏧 🗄 🗐 🗄 ⊕ 🏖
> 🚰 🖳
> À prox. : 🔥 🏊

ST-PÈRE-SUR-LOIRE

⊠ 45600 – **318** L5 – 1 003 h. – alt. 115

Paris 147 – Aubigny-sur-Nère 38 – Châteauneuf-sur-Loire 40 – Gien 25 – Montargis 39 – Orléans 49 – Sully-sur-Loire 2.

△△ **Hortus, le Jardin de Sully** Permanent

    ℰ 02 38 36 35 94, *info@camping-hortus.com, www.cam ping-hortus.com* – **R** conseillée

    2,7 ha (80 empl.) plat, herbeux, pierreux, gravier

    Tarif : 19,50 € ⚹ ⇌ 🅴 🅙 (10A) – pers. suppl. 5,20 €

    Location : 13 🚐 (4 à 6 pers.) 300 à 595 €/sem.

    🚐 1 borne raclet 2 €

    Pour s'y rendre : à l'O du bourg, sur D 60 rte de Château-neuf-sur-Loire, près du fleuve

> Loisirs : 🎬 ⛵
> Services : ⅋ ⛽ GB ⅋ 🚿 🍴 ☺ ⚐
> 🚰 📞 ❄ 🔋
> À prox. : ✗ ♣ parcours de santé

VITRY-AUX-LOGES

⊠ 45530 – **318** K4 – 1 724 h. – alt. 120

Paris 111 – Bellegarde 17 – Châteauneuf-sur-Loire 11 – Malesherbes 48 – Orléans 38 – Pithiviers 30.

△△ **Étang de la Vallée** avr.-sept.

    ℰ 02 38 59 35 77, *canal.orleans@wanadoo.fr,*

    Fax 02 38 46 82 92, *www.canal.orleans.monsite.wanadoo.fr*

    – **R** conseillée ✄

    3,7 ha (180 empl.) plat, herbeux

    Tarif : 15,40 € ⚹ ⇌ 🅴 🅙 (10A) – pers. suppl. 3 €

    Pour s'y rendre : NE : à 3,3 km du bourg, à 100 m de l'étang

    À savoir : agréable cadre boisé à proximité d'une base de loisirs

> Nature : 🗺 ♀
> Loisirs : ⛵ ♣
> Services : ⅋ ⛽ ⅋ 🍴 ☺ ⚐ 🚰 🔋
> À prox. : 🍴 snack 🏖 (plage) 🐾 pé-dalos

CHAMPAGNE-ARDENNE

S. Sauvignier/Michelin

Le visiteur de la région Champagne-Ardenne a les yeux qui pétillent, et une soudaine effervescence s'empare de ses papilles lorsque surgit devant lui un océan de ceps. Il s'imagine déjà sablant le champagne, ce subtil breuvage baptisé « vin du diable » avant qu'un moine ne perce le secret de ses bulles. Faisant étape à Reims, il succombe à la beauté de sa cathédrale, puis à la douceur de ses biscuits roses. À Troyes, il s'éprend autant de la poésie des ruelles bordées de maisons à colombages que du fumet s'échappant de friandes andouillettes. Pour expier ses péchés, il se retire dans les profondeurs boisées des Ardennes, mais loin d'être un chemin de croix, l'escapade réserve d'agréables surprises : observation de grues cendrées, dégustation d'un ragoût de marcassin... Une autre façon de coincer la bulle !

It's easy to spot visitors bound for Champagne by the sparkle in their eyes and their delight as they look out over mile upon mile of vineyards: in their minds' eye, they are already raising a glass of the famous delicacy which was known as »devil's wine« before a monk discovered the secret of its divine bubbles. As they continue their voyage, the beautiful cathedral of Reims rises up before them. At Troyes, they drink in the sight of its half-timbered houses and feast on andouillettes, the local chitterling sausages. After these treats, our visitors can explore the Ardennes forest, by bike or along its hiking trails, but this woodland retreat, bordered by the gentle Meuse, has other delights in store: watching the graceful flight of the crane over an unruffled lake, or trying a plate of local wild boar.

ATTIGNY

✉ 08130 – **306** J6 – 1 200 h. – alt. 83
Paris 202 – Charleville-Mézières 37 – Reims 57 – Rethel 18.

Municipal le Vallage avr.-sept.
℘ 03 24 71 23 06, *mairie-d-attigny@wanadoo.fr*,
Fax 03 24 71 94 00 – **R**
1,2 ha (68 empl.) plat, herbeux, goudronné
Pour s'y rendre : Sortie N, rte de Charleville-Mézières et
rue à gauche après le pont sur l'Aisne, près d'un étang

> Nature : 🞖
> Services : ⊶ ⚐ Ⅲ 🖪 ⊕ ♨ 🌫
> À prox. : ⚓ ✶

BOURG-FIDÈLE

✉ 08230 – **306** J3 – 771 h. – alt. 370
Paris 237 – Charleville-Mézières 22 – Fumay 21 – Hirson 39 – Rethel 52.

La Murée Permanent
℘ 03 24 54 24 45, *campingdelamuree@wanadoo.fr*,
www.campingdelamuree.com – **R** conseillée
1,5 ha (23 empl.) peu incliné, herbeux
Tarif : 18 € ✶ ⚐ 🖪 🌢 (10A) – pers. suppl. 3,50 €
🚐 🐾 13 €
Pour s'y rendre : 1 km au N par D 22 rte de Rocroi
À savoir : Cadre boisé en bordure d'étangs

> Nature : 🞖 ♀
> Loisirs : ☕ snack ⚓ 🞖
> Services : 🕭 ⊶ ⚐ Ⅲ 🖪 ⊕ ♨ 🌫 ⚲
> 🖪 sèche-linge

BUZANCY

✉ 08240 – **306** L6 – 411 h. – alt. 176
Paris 228 – Châlons-en-Champagne 86 – Charleville-Mézières 58 – Metz 130 – Reims 84.

La Samaritaine 30 avr.-28 sept.
℘ 03 24 30 08 88, *info@campinglasamaritaine.com*,
Fax 03 24 30 29 39, *www.campinglasamaritaine.com*
– **R** conseillée
2 ha (110 empl.) plat, herbeux, pierreux
Tarif : 23,40 € ✶ ⚐ 🖪 🌢 (10A) – pers. suppl. 4,95 € –
frais de réservation 10 €
Location : 10 🚍 (4 à 6 pers.) 294 à 497 €/sem. – 9 🏠
(4 à 6 pers.) 385 à 609 €/sem.
🚐 1 borne artisanale 3 € – 3 🖪 5,90 €
Pour s'y rendre : SO : 1,4 km par chemin à droite près de
la base de loisirs

> Nature : 🞖
> Loisirs : snack 🎱
> Services : 🕭 ⊶ ⊕🖪 ⚐ Ⅿ 🖪 ⊕ ♨
> 🌫 🖪
> À prox. : 🏊

299

Le CHESNE

✉ 08390 – **306** K5 – G. Champagne Ardenne – 939 h. – alt. 164 – Base de loisirs
Paris 232 – Buzancy 20 – Charleville-Mézières 39 – Rethel 32 – Vouziers 18.

Lac de Bairon Permanent
℘ 03 24 30 11 66, *campinglacdebairon@cg08.fr*,
Fax 03 24 30 11 66 – **R** conseillée
6,8 ha (170 empl.) plat et en terrasses, herbeux, gravillons
Tarif : (Prix 2007) 14,50 € ✶ ⚐ 🖪 🌢 (10A) – pers.
suppl. 3,20 €
🚐 1 borne flot bleu
Pour s'y rendre : NE : 2,8 km par D 991, rte de Charleville-
Mézières et rte de Sauville, à droite. Pour caravanes : accès
conseillé par D 977, rte de Sedan et D 12 à gauche
À savoir : Situation agréable au bord du lac

> Nature : 🞖 ≤ ♀♀ ⚠
> Loisirs : 🎱 ⚓ 🚲
> Services : 🕭 ⊶ Ⅲ 🖪 ⊕ 🖪
> À prox. : 🖪 sèche-linge ✶ 🏊 ◊
> canoë

Pour choisir et suivre un itinéraire
Pour calculer un kilométrage
Pour situer exactement un terrain (en fonction des
indications fournies dans le texte) :
*Utilisez les **cartes MICHELIN**,*
compléments indispensables de cet ouvrage.

HAULMÉ

✉ 08800 – **306** K3 – 84 h. – alt. 175
Paris 248 – Charleville-Mézières 19 – Dinant 64 – Namur 99 – Sedan 39.

⚠ **Base de Loisirs Départementale** Permanent
 ✆ 03 24 32 81 61, *campinghaulme@cg08.fr*,
 Fax 03 24 32 37 66 – ℞
 15 ha (405 empl.) plat, herbeux
 Tarif : ✹ 3,20 € ⛺ 1,55 € 🅴 3,20 € – 🔌 (6A) 2,65 €
 🚐 1 borne flot bleu – 5 🅴
 Pour s'y rendre : Sortie NE, puis 0,8 km par chemin à
 droite après le pont
 À savoir : Au bord de la Semoy

> Nature : ≤ ⚲
> Loisirs : 🏠 🏖 🚲 🎿 🎣
> Services : 🚿 ⛽ GB 🧺 🚮 🔥 🅰 🔲
> À prox. : parcours sportif, canoë

Les MAZURES

✉ 08500 – **306** J3 – 774 h. – alt. 330 – Base de loisirs
Paris 249 – Charleville-Mézières 20 – Fumay 16 – Hirson 50 – Rethel 63.

⚠ **Départemental Lac des Vieilles Forges**
 ✆ 03 24 40 17 31, *campingvieillesforges@cg08.fr*,
 Fax 03 24 40 17 31 – ℞ conseillée
 12 ha/3 campables (300 empl.) en terrasses, gravillons
 Location : gîtes
 Pour s'y rendre : S : 2 km par D 40, rte de Renwez puis
 2 km par rte à droite, à 100 m du lac
 À savoir : Terrasses ombragées dominant le lac

> Nature : 🐟 ⛁ ⚲⚲
> Loisirs : 🏠 🏖 🚲
> Services : 🚿 ⛽ 🔥 🅰 🔲
> À prox. : 🎿 🏖 (plage) 🚣

SEDAN

✉ 08200 – **306** L4 – G. Champagne Ardenne – 20 548 h. – alt. 154
🛈 *Office de tourisme, place du Château Fort* ✆ 03 24 27 73 73, Fax 03 24 29 03 28
Paris 246 – Châlons-en-Champagne 117 – Charleville-Mézières 25 – Luxembourg 104 – Reims 101 – Verdun 81.

⚠ **Municipal** avr.-sept.
 ✆ 03 24 27 13 05, Fax 03 24 27 13 05 – ℞ conseillée
 3 ha (130 empl.) plat, herbeux
 Tarif : (Prix 2007) ✹ 2,60 € ⛺ 🅴 2,90 € 🔌 (10A)
 Pour s'y rendre : Bd Fabert
 À savoir : Sur la prairie de Torcy, au bord de la Meuse (halte
 fluviale)

> Nature : ⚲
> Loisirs : 🏖
> Services : 🚿 ⛽ 🔥 🅰

Rives du lac d'Orient au Mesnil-St-Père

P. Gajic/Michelin

SIGNY-L'ABBAYE

✉ 08460 – **306** I4 – G. Champagne Ardenne – 1 340 h. – alt. 240

🛈 *Syndicat d'initiative, cour Rogelet* ✆ *03 24 53 10 10, Fax 03 24 53 10 10*

Paris 208 – Charleville-Mézières 31 – Hirson 41 – Laon 74 – Rethel 23 – Rocroi 30 – Sedan 52.

⚠ **Municipal l'Abbaye** mai-sept.
✆ 03 24 52 87 73, *mairie-signy-l.abbaye@wanadoo.fr,*
Fax 03 24 52 87 44 – **R** conseillée
1,2 ha (60 empl.) plat, herbeux, gravillons
Tarif : (Prix 2007) 👤 1,70 € – 🚗 1,20 € – 🔲 1,40 € – 🔌 2,70 €
Pour s'y rendre : Au N du bourg, près du stade, bord de la
Vaux

> Services : 🔌 GB 🎱 ⊕
> À prox. : ✂

Aube (10)

AIX-EN-OTHE

✉ 10160 – **313** CA – G. Champagne Ardenne – 2 131 h. – alt. 149

🛈 *Office de tourisme, 21, rue des Vannes* ✆ *03 25 80 81 71, Fax 03 25 46 75 09*

Paris 144 – Châlons-en-Champagne 116 – Troyes 33 – Auxerre 66 – Sens 39.

⚠ **Municipal de la Nosle**
✆ 03 25 46 75 44, *mairie-aix-en-othe@wanadoo.fr,*
Fax 03 25 46 75 09, *www.ville-aix-en-othe.com* – **R** conseillée
3 ha (90 empl.) plat, herbeux
Pour s'y rendre : Sortie bourg par D 374, dir. Villemoison-
en-Othe

> Nature : 🌳
> Services : 👤 🚿 🔥
> À prox. : 🛒 🍹 ✗ 🏠 🎣

DIENVILLE

✉ 10500 – **313** H3 – 747 h. – alt. 128 – Base de loisirs

Paris 209 – Bar-sur-Aube 20 – Bar-sur-Seine 33 – Brienne-le-Château 8 – Troyes 38.

⚠ **Le Tertre** 👥 – 23 mars-15 oct.
✆ 03 25 92 26 50, *campingdutertre@wanadoo.fr,*
Fax 03 25 92 26 50, *www.campingdutertre.fr* – **R** conseillée
3,5 ha (155 empl.) plat, herbeux, gravier
Tarif : 18,60 € 👤 🚗 🔲 🔌 (6A) – pers. suppl. 3,80 € – frais
de réservation 12 €
Location (fermé 16 oct.-nov.) : 13 🏠 (4 à 6 pers.) 150 à
450 €/sem.
Pour s'y rendre : Sortie Ouest sur D 11, rte de Radonvilliers
À savoir : Face à la station nautique de la base de loisirs

> Nature : 🏕
> Loisirs : 🍹 snack 🎯 🛷 🏊
> Services : 👤 🚿 GB 🔥 🛢 🔥 ⊕
> 🌳 🚾 🔥
> À prox. : ✂ 🚤 🎣 ski nautique
> jet-ski

ERVY-LE-CHÂTEL

✉ 10130 – **313** D5 – G. Champagne Ardenne – 1 214 h. – alt. 160

🛈 *Office de tourisme, boulevard des Grands Fossés* ✆ *03 25 70 04 45, Fax 03 25 70 22 04*

Paris 169 – Auxerre 48 – St-Florentin 18 – Sens 62 – Tonnerre 25 – Troyes 38.

⚠ **Municipal les Mottes** mi-mai-mi-sept.
✆ 03 25 70 07 96, *mairie-ervy-le-chatel@wanadoo.fr,*
Fax 03 25 70 02 52 – **R**
0,7 ha (53 empl.) plat, herbeux
Tarif : 👤 2,50 € 🚗 2 € 🔲 2 € – 🔌 (5A) 2,50 €
Pour s'y rendre : E : 1,8 km par D 374, rte d'Auxon, D 92 et
chemin à droite après le passage à niveau
À savoir : En bordure d'une petite rivière et d'un bois

> Nature : 🐟
> Loisirs : 🎣
> Services : 👤 🚿 🔥 🔥 ⊕ 🖥

301

*Les indications d'accès à un terrain sont généralement indiquées,
dans notre guide, à partir du centre de la localité.*

GÉRAUDOT

✉ 10220 – **313** F4 – G. Champagne Ardenne – 291 h. – alt. 146
Paris 192 – Bar-sur-Aube 36 – Bar-sur-Seine 28 – Brienne-le-Château 26 – Troyes 24.

⚠ **L'Épine aux Moines** 15 avr.-15 oct.
   β 03 25 41 24 36, Fax 03 25 41 24 36 – **R** conseillée
2,8 ha (186 empl.) plat et peu incliné, herbeux
Tarif : 15,70 € ⚑ ⇔ 🅴 🌐 (6A) – pers. suppl. 4,80 €
Pour s'y rendre : SE : 1,3 km par D 43
À savoir : Cadre verdoyant près du lac de la Forêt d'Orient

Nature : ♀
Services : ⚐ ⚐ ⚐ 🏢 ⚐ 🗑
À prox. : 🍴 pizzeria ♨ 🏖 (plage) 🌊

RADONVILLIERS

✉ 10500 – **313** H3 – 367 h. – alt. 130
Paris 206 – Bar-sur-Aube 22 – Bar-sur-Seine 35 – Brienne-le-Château 6 – Troyes 36.

⚠ Municipal le Garillon
   β 03 25 92 21 46, Fax 03 25 92 21 34
1 ha (55 empl.) plat, herbeux
Pour s'y rendre : sortie Sud-Ouest par D 11 rte de Piney et
à droite, bord d'un ruisseau et à 250 m du lac, (haut de la
digue par escalier)

Services : ⚐ ⚐ ⚐
À prox. : ⚐

Pour choisir et suivre un itinéraire
Pour calculer un kilométrage
Pour situer exactement un terrain (en fonction des
indications fournies dans le texte) :
Utilisez les **cartes MICHELIN** *,*
compléments indispensables de cet ouvrage.

SOULAINES-DHUYS

✉ 10200 – **313** I3 – 267 h. – alt. 153
Paris 228 – Bar-sur-Aube 18 – Brienne-le-Château 17 – Chaumont 48 – Troyes 58.

⚠ **La Croix Badeau** avr.-sept.
   β 03 25 27 05 43, *steveheusghem@hotmail.com*,
Fax 03 25 27 10 03, *www.croix-badeau.com* – **R** conseillée
1 ha (39 empl.) peu incliné, herbeux, gravier, gravillons
Tarif : 13,50 € ⚑ ⇔ 🅴 🌐 (10A) – pers. suppl. 2,70 €
Pour s'y rendre : Au NE du bourg, près de l'église

Nature : ⌐
Loisirs : 🛋
Services : ⚐ ⚐ 🅶🅱 ⚐ 🏢 ⚐ ⚐ ⚐
⚐
À prox. : ⚐ ⚐

Méandres de la Meuse

TROYES

✉ 10000 – **313** E4 – G. Champagne Ardenne – 60 958 h. – alt. 113
🛈 *Office de tourisme, 16, boulevard Carnot ℰ 03 25 82 62 70, Fax 03 25 73 06 81*
Paris 170 – Dijon 185 – Nancy 186.

Municipal déb. avr.-mi-nov.
ℰ 03 25 81 02 64, *info@troyescamping.net*,
Fax 03 25 81 02 64, *www.troyescamping.net*
3,8 ha (110 empl.) plat, herbeux
Tarif : 17,40 € 🛉 ⇌ 🔲 🔌 (5A) – pers. suppl. 4,40 €
🚐 1 borne artisanale 2,70 € – 12 🔲 14,70 €
Pour s'y rendre : 2 km au NE par rte de Nancy
À savoir : Agréable décoration arbustive

> Nature : ♀
> Loisirs : 🔲 🏊 🚲 ⚽
> Services : ♿ ⚡ ⌨ GB 🗄 ▥ ▥ ⊕ ▣ sèche-linge
> À prox. : 🏊 🎣

Marne (51)

CHÂLONS-EN-CHAMPAGNE

✉ 51000 – **306** I9 – G. Champagne Ardenne – 47 339 h. – alt. 83
🛈 *Office de tourisme, 3, quai des Arts ℰ 03 26 65 17 89, Fax 03 26 65 35 65*
Paris 188 – Charleville-Mézières 101 – Metz 157 – Nancy 162 – Reims 47 – Troyes 82.

Municipal avr.-oct.
ℰ 03 26 68 38 00, *camping-mairie.chalons@wanadoo.fr*,
Fax 03 26 68 38 00 – **R** conseillée
3,5 ha (148 empl.) plat, herbeux, gravier
Tarif : (Prix 2007) 🛉 4,80 € ⇌ 3,20 € 🔲 4,80 € –
🔌 (10A) 3,20 €
🚐 1 borne artisanale
Pour s'y rendre : Sortie SE par N 44, rte de Vitry-le François
et D 60, rte de Sarry
À savoir : Entrée fleurie et cadre agréable au bord d'un
étang

> Nature : ▭ ♀
> Loisirs : snack 🔲 🏊 ✂ 🎯 🎣
> Services : ♿ ⚡ GB 🗄 ▥ 🗄 🛒 ⊕ 🚿 ▥ sèche-linge

303

ÉPERNAY

✉ 51200 – **306** F8 – G. Champagne Ardenne – 25 844 h. – alt. 75
🛈 *Office de tourisme, 7, avenue de Champagne ℰ 03 26 53 33 00, Fax 03 26 51 95 22*
Paris 143 – Amiens 199 – Charleville-Mézières 113 – Meaux 96 – Troyes 109.

Municipal 25 avr.-29 sept.
ℰ 03 26 55 32 14, *camping.epernay@free.fr*,
Fax 03 26 52 36 09, *www.epernay.fr* – **R** conseillée
2 ha (119 empl.) plat, herbeux
Tarif : 16,15 € 🛉 ⇌ 🔲 🔌 (5A) – pers. suppl. 3,50 €
🚐 1 borne flot bleu
Pour s'y rendre : N : 1,5 km par D 301 rte de Cumière, au
bord de la Marne (halte nautique)

> Nature : ▭ ♀
> Loisirs : 🏊 🚲 🧗 mur d'escalade
> Services : ♿ ⚡ GB ▥ 🏔 ⊕ ▣

FISMES

✉ 51170 – **306** E7 – G. Champagne Ardenne – 5 313 h. – alt. 70
🛈 *Office de tourisme, 28, rue René Letilly ℰ 03 26 48 81 28, Fax 03 26 48 12 09*
Paris 131 – Fère-en-Tardenois 20 – Laon 37 – Reims 29 – Soissons 30.

Municipal 2 mai-15 sept.
ℰ 03 26 48 10 26, Fax 03 26 48 82 25 – **R** conseillée
0,8 ha (33 empl.) plat, herbeux, gravillons
Tarif : (Prix 2007) 12,30 € 🛉 ⇌ 🔲 🔌 (30A) – pers.
suppl. 2,30 €
Pour s'y rendre : NO par N 31, près du stade

> Services : ⚡ ⊕
> À prox. : 🛒

GIFFAUMONT-CHAMPAUBERT

✉ 51290 – **306** K11 – G. Champagne Ardenne – 234 h. – alt. 130
🛈 *Office de tourisme, Maison du Lac ℰ 03 26 72 62 80, Fax 03 26 72 64 69*
Paris 213 – Châlons-en-Champagne 67 – Saint-Dizier 25 – Bar-le-Duc 52 – Vitry-le-François 31.

Résidence de Tourisme Marina-Holyder

(location exclusive de maisonnettes) Permanent
ℰ 03 26 72 99 90, *locader@wanadoo.fr*, Fax 03 26 72 99 91,
www.marina-holyder.com
2 ha plat, herbeux
Location : 50 🏠 (4 à 6 pers.) 455 à 665 €/sem.
Pour s'y rendre : Au bord du lac

Nature : 🌳
Loisirs : 🍴 ✕ pizzeria 🌙 nocturne 🏓 🎣 ⛵ hammam jacuzzi 🛝 🎯 🎿 🎣
Services : ⚡ 🅿 ⏚ ✂ 📞 📺 sèche-linge 🧺
À prox. : 🚲

SÉZANNE

✉ 51120 – **306** E10 – G. Champagne Ardenne – 5 585 h. – alt. 137
🛈 *Office de tourisme, place de la République ℰ 03 26 80 51 43, Fax 03 26 80 54 13*
Paris 116 – Châlons-en-Champagne 59 – Meaux 78 – Melun 89 – Sens 83 – Troyes 62.

Municipal avr.-sept.

ℰ 03 26 80 57 00, *campingdesezanne@wanadoo.fr*
– **R** conseillée
1 ha (79 empl.) incliné, herbeux
Pour s'y rendre : Sortie Ouest par D 373, rte de Paris (près N 4) puis 0,7 km par chemin à gauche et rte de Launat à droite

Loisirs : 🛝 🎿 🏊
Services : 🚿 ⚡ ☺
À prox. : ✕

Village et vignoble d'Hautvillers

ANDELOT

✉ 52700 – **313** L4 – 1 004 h. – alt. 286

🛈 *Syndicat d'initiative, place Cantarel* ✆ *03 25 03 78 60*

Paris 287 – Bologne 14 – Chaumont 23 – Joinville 33 – Langres 58 – Neufchâteau 34.

⚠ **Municipal du Moulin** 15 juin-15 sept.
✆ 03 25 32 61 28, *mairie.andelot@wanadoo.fr* – **R** conseillée
1,9 ha (56 empl.) plat, herbeux
Tarif : (Prix 2007) ⚹ 2,50 € 🅴 3 € – 🖭 (16A) 2,20 €
Pour s'y rendre : N : 1 km par D 147, rte de Vignes-la-Côte, bord du Rognon
À savoir : Cadre agréable en bordure de rivière

Nature : 🖼
Loisirs : 🎱 🏓 🏃
Services : ⅙ ⚬━ 🖥 🔊 ⊛ ⌂ 🕾

BANNES

✉ 52360 – **313** M6 – 392 h. – alt. 388

Paris 291 – Chaumont 35 – Dijon 86 – Langres 9 – Nancy 128.

⚠ **Hautoreille** Permanent
✆ 03 25 84 83 40, *campinghautoreille@orange.fr*,
Fax 03 25 84 83 40, *www.campinghautoreille.com*
– **R** conseillée
3,5 ha (100 empl.) plat, peu incliné, herbeux
Tarif : 16 € ⚹ 🚗 🅴 🖭 (6A) – pers. suppl. 4 €
Pour s'y rendre : Sortie SO par D 74, rte de Langres puis 0,7 km par chemin à gauche

Nature : 🐾
Loisirs : 🍽 ✕ 🎱
Services : ⅙ ⚬━ 🐴 📶 🖥 🔊 ⊛ 📱

BOURBONNE-LES-BAINS

✉ 52400 – **313** O6 – G. Alsace Lorraine – 2 495 h. – alt. 290 – ♨ (début mars-fin nov.)

🛈 *Office de tourisme, place des Bains* ✆ *03 25 90 01 71, Fax 03 25 90 14 12*

Paris 313 – Chaumont 55 – Dijon 124 – Langres 39 – Neufchâteau 53 – Vesoul 58.

⚠ **Le Montmorency** 3 mars-oct.
✆ 03 25 90 08 64, *c.montmorency@wanadoo.fr*,
Fax 03 25 84 23 74, *www.camping-montmorency.com*
– **R** conseillée
2 ha (74 empl.) peu incliné, herbeux, gravillons
Tarif : 14 € ⚹ 🚗 🅴 🖭 (10A) – pers. suppl. 3,60 €
Location (avr.-oct.) : 2 🛖
🚐 1 borne artisanale 3,50 € – 3 🅴
Pour s'y rendre : Sortie O par rte de Chaumont et rue à dr., à 100 m du stade

Nature : ≤ ♀
Services : ⚬━ GB 🐴 🖥 ⊛ ⌂ 🕾
À prox. : ✂ 🔲 (découverte en saison)

305

BRAUCOURT

✉ 52290 – **313** I2

Paris 220 – Bar-sur-Aube 39 – Brienne-le-Château 29 – Châlons-en-Champagne 69 – Joinville 31 – St-Dizier 17.

⚠ **Presqu'île de Champaubert** avr.-nov.
✆ 03 25 04 13 20, *ilechampaubert@free.fr*,
Fax 03 25 94 33 51, *http://ilechampaubert.free.fr*
– **R** conseillée
3,6 ha (200 empl.) plat, herbeux
Tarif : 29 € ⚹ 🚗 🅴 🖭 (6A) – pers. suppl. 5 €
Location : 10 🛖 (4 à 6 pers.) 315 à 693 €/sem.
🚐 1 borne artisanale – 12 🅴 17 €
Pour s'y rendre : 3 km au NO par D 153
À savoir : Situation agréable au bord du lac de Der-Chantecoq

Nature : ≤ 🖼 ♀♀ 🏔
Loisirs : 🍽 snack 🎱 🕹 diurne nocturne (juil.-août) 🏓 ✂ 🏹
Services : ⅙ ⚬━ GB 🐴 🖥 🚿 ⊛ 📱 sèche-linge
À prox. : 🏊 ⚓ canoë kayak, pédalos

Donnez-nous votre avis
sur les terrains que nous recommandons.
Faites-nous connaître vos observations et vos découvertes.
par mail à l'adresse : leguidecampingfrance@fr.michelin.com.

FRONCLES-BUXIÈRES

✉ 52320 – *313* K4 – 1 760 h. – alt. 226
Paris 288 – Bar-sur-Aube 42 – Chaumont 27 – Joinville 21 – Rimaucourt 22.

△ **Municipal les Deux Ponts** 15 mars-15 oct.
   ℘ 03 25 02 31 21, *mairie.froncles@wanadoo.fr,*
   Fax 03 25 02 09 80 – **R** conseillée
   0,5 ha (23 empl.) plat, herbeux
   Tarif : (Prix 2007) ⚑ 2 € ⇔ 🅴 2,50 € – ⚡ (10A) 3 €
   Pour s'y rendre : Sortie N par D 253 rte de Doulaincourt,
   bord de la Marne et près du canal de la Marne à la Saône

> Nature : 🌿 ⛫
> Loisirs : 🎣
> Services : ☎ ♿
> À prox. : ✗

MONTIGNY-LE-ROI

✉ 52140 – *313* M6 – 2 211 h. – alt. 404
Paris 296 – Bourbonne-les-Bains 21 – Chaumont 35 – Langres 23 – Neufchâteau 50 – Vittel 50.

🏕 **Le Château** 15 avr.-15 oct.
   ℘ 03 25 88 07 94, *campingmontigny52@wanadoo.fr,*
   Fax 03 25 87 38 93, *www.campingduchateau.com*
   – **R** conseillée
   6 ha/2 campables (75 empl.) plat, en terrasses, herbeux
   Tarif : 14 € ⚑ ⇔ 🅴 ⚡ (6A) – pers. suppl. 4 €
   🚐 1 borne raclet 2 €
   Pour s'y rendre : Accès par centre bourg et rue Hubert-
   Collot, chemin piétonnier pour accéder au village
   À savoir : Dans un parc boisé dominant la vallée de la
   Meuse

> Nature : ≼
> Loisirs : 🏊 ✗
> Services : ♿ ☎ GB ⚒ 🛖 🍴 🛁 ♨
> ♿ 🐾
> À prox. : ✗ snack

THONNANCE-LES-MOULINS

✉ 52230 – *313* L3 – 107 h. – alt. 282
Paris 254 – Bar-le-Duc 64 – Chaumont 48 – Commercy 55 – Ligny-en-Barrois 38 – Neufchâteau 38 – St-Dizier 42.

🏕 **La Forge de Sainte Marie** ⚑– 26 avr.-12 sept.
   ℘ 03 25 94 42 00, *la.forge.de.sainte.marie@wanadoo.fr,*
   Fax 03 25 94 41 43, *www.laforgedesaintemarie.com*
   – **R** conseillée
   32 ha/3 campables (133 empl.) plat et en terrasses, peu
   incliné, herbeux, étang
   Tarif : 29,90 € ⚑ ⇔ 🅴 ⚡ (6A) – pers. suppl. 7,20 €
   Location : 6 🛖 (4 à 6 pers.) 225 à 800 €/sem. – 15 gîtes
   Pour s'y rendre : O : 1,7 km par D 427, rte de Joinville, bord
   du Rongeant
   À savoir : Cadre agréable autour d'une ancienne forge
   restaurée

> Nature : 🌿 ⛫ ♨
> Loisirs : ✗ ✗ 🎯 ⚽ ⛹ 🏊 🚲 🖼
> 🎣
> Services : ♿ ☎ GB ⚒ 🍴 🛁 ♨ ♿
> ♨ 🐾 🖼 🛒 sèche-linge

CORSE

A. de Valroger/Michelin

J oyau émergeant de la Méditerranée, la Corse éblouit quiconque la visite. Les citadelles campées sur ses côtes rappellent combien accéder à ses trésors se mérite. Il faut un brin de témérité pour affronter ses routes sinueuses ou s'aventurer dans le maquis, inextricable enchevêtrement végétal. Mais heureux le promeneur qui croise une chapelle isolée, traverse un village hors du temps, tombe nez à nez avec un troupeau de mouflons ou découvre un merveilleux panorama. Les Corses défendent fièrement ce patrimoine, et savent réconforter le randonneur fourbu avec une simple assiette de cochonnailles, un morceau de fromage ou une pâtisserie maison. Quant aux adeptes du farniente, les anses sableuses de l'île de Beauté, aux eaux d'une limpidité tropicale, leur promettent de merveilleux moments de détente...

C orsica catches the eye like a jewel in the Mediterranean sun. Its citadels, high on the island's rocky flanks, will reward your efforts as you follow the twisting roads. Enjoy spectacular views and breathe in the fragrance of wild rosemary as you make your way up the rugged, maquis-covered hills: the sudden sight of a secluded chapel, a vision of a timeless village or an encounter with a herd of mountain sheep are among the memories that walkers, cyclists, riders and drivers take home with them. After exploring the island's wild interior, you will be ready to plunge into the clear, turquoise sea or just recharge your solar batteries as you bask on the warm sand. And after a long day, weary travellers can always be revived with platters of cooked meats, cheese and home-made pastries.

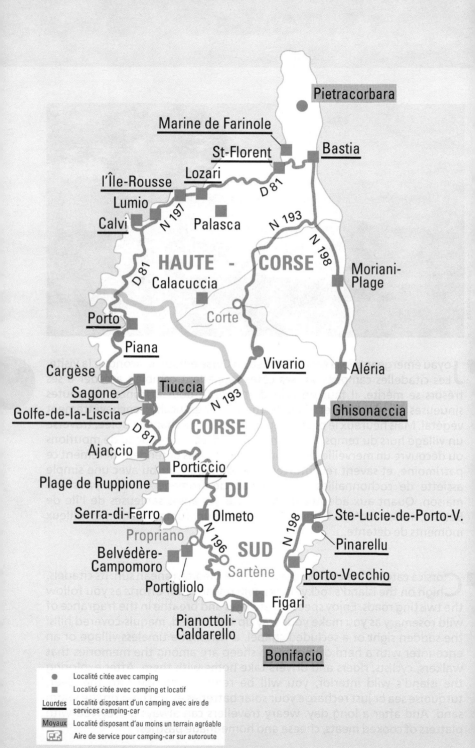

Pietracorbara

Marine de Farinole

St-Florent

Bastia

Lozari

D 81

l'Île-Rousse

Lumio

N 197

Palasca

Calvi

N 193

N 198

HAUTE - CORSE

Moriani-Plage

D 81

Calacuccia

Porto

Corte

Piana

Vivario

Aléria

Cargèse

Sagone

Tiuccia

N 193

Golfe-de-la-Liscia

D 81

CORSE

Ghisonaccia

Ajaccio

Porticcio

DU

Plage de Ruppione

Serra-di-Ferro

Olmeto

N 198

Ste-Lucie-de-Porto-V.

Propriano

N 196

SUD

Pinarellu

Belvédère-Campomoro

Sartène

Porto-Vecchio

Portigliolo

Figari

Pianottoli-Caldarello

Bonifacio

● Localité citée avec camping

■ Localité citée avec camping et locatif

<u>Lourdes</u> Localité disposant d'un camping avec aire de services camping-car

Moyaux Localité disposant d'au moins un terrain agréable

🚐 Aire de service pour camping-car sur autoroute

AJACCIO

✉ 20000 – **345** B8 – G. Corse – 52 880 h.

⚓ SNCM quai l'Herminier ☎3260 dites «SNCM» (0,15 €/mn); CMN 15 bd Sampiero 0 810 20 13 20 - Fax 04 95 21 57 60

🛈 *Office de tourisme, boulevard du Roi Jérôme ☎ 04 95 51 53 03, Fax 04 95 51 53 01*

Bastia 147 – Bonifacio 131 – Calvi 166 – Corte 80 – L'Ile-Rousse 141.

△ **Les Mimosas** avr.-15 oct.

☎ 04 95 20 99 85, *campingmimosas@wanadoo.fr,*
Fax 04 95 10 01 77, *www.camping-lesmimosas.com* – ℝ ⌇
2,5 ha (70 empl.) plat et en terrasses
Tarif : 18,40 € ⚹ ⇔ 🅴 (ᵩ) (10A) – pers. suppl. 5,30 €
Location (permanent) : 11 🛏 (4 à 6 pers.) 290 à
630 €/sem.
Pour s'y rendre : Sortie N par D 61, rte d'Alata et à gauche,
rte des Milelli

> Nature : ⌇ 🌳🌳
> Loisirs : snack
> Services : 🚿 ⚊ 🚻 🔲 ⚗ ⊛ 🔲

BELVÉDÈRE-CAMPOMORO

✉ 20110 – **345** B10 – G. Corse – 135 h. – alt. 5

Ajaccio 88 – Bonifacio 72 – Porto 82 – Sartène 24.

△ **La Vallée** mai-sept.

☎ 04 95 74 21 20, Fax 04 95 74 21 20, *www.campomoro-la
vallee.com* – ℝ conseillée
3,5 ha (199 empl.) plat, peu incliné, terrasses, herbeux, sablonneux
Tarif : ⚹ 8 € ⇔ 4,50 € 🅴 5 € – (ᵩ) (10A) 8 €
Location ⌇ ℗ : 🏠 (4 à 6 pers.) 460 à 850 €/sem. –
appartements
Pour s'y rendre : Au bourg, à 50 m de la plage

> Nature : ♀
> Services : 🚿 ⚊ 🆎 🚻 🔲 ⊛ 🔲
> À prox. : 🏊

BONIFACIO

✉ 20169 – **345** D11 – G. Corse – 2 658 h. – alt. 55

🛈 *Office de tourisme, 2, rue Fred Scamaroni ☎ 04 95 73 11 88, Fax 04 95 73 14 97*

Ajaccio 132 – Corte 150 – Sartène 50.

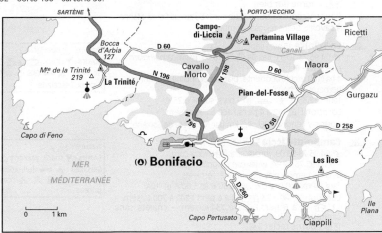

309

△ **U-Farniente** ⚹⚹ – 25 mars-15 oct.

☎ 04 95 73 05 47, *pertamina@wanadoo.fr,*
Fax 04 95 73 11 42, *www.camping-pertamina.com*
– ℝ conseillée
15 ha/3 campables (150 empl.) plat, peu incliné, pierreux
Tarif : 31,50 € ⚹ ⇔ 🅴 – pers. suppl. 9,50 € – frais de
réservation 17 €
Location : 11 🛏 (4 à 6 pers.) 310 à 935 €/sem. – 65 🏠 (4
à 6 pers.) 250 à 1 070 €/sem. – 5 villas – 20 bungalows toilés
Pour s'y rendre : NE : 5 km par N 198 rte de Bastia, à
Pertamina Village
À savoir : Agréable domaine

> Nature : ⌇ 🔲 🌳🌳
> Loisirs : ✗ pizzeria 🔲 ⊛ ⚹⚹ 🎣
> ⚏ ⚹ ✗ 🔲 🔲 ♨
> Services : ⚊ 🆎 🚻 🔲 ♨ ⊛ ⚬ 🔲
> 🏊 🔲 cases réfrigérées

BONIFACIO

Rondinara 15 mai-sept.
⌀ 04 95 70 43 15, *reception@rondinara.fr*,
Fax 04 95 70 56 79, *www.rondinara.fr* – ℟
5 ha (120 empl.) peu incliné et en terrasses, pierreux
Tarif : 24,40 € ✶ ⬳ 🄴 💧 (6A) – pers. suppl. 7 €
Location : 31 ⟨⟩ (4 à 6 pers.) 460 à 700 €/sem.
🄲 1 borne eurorelais
Pour s'y rendre : NE : 18 km par N 198, rte de Porto-Vecchio et D 158 à droite, rte de la pointe de la Rondinara, à 400 m de la plage (hors schéma)
À savoir : Belle décoration florale et site agréable

Nature : 🌿 ⩽
Loisirs : 🍸 snack, crêperie 🎬 🏊
Services : 🖐 ⚿ GB ⟨ ᵛ 🗑 ⊘ 🅰 🛒 🚿
À prox. : canoë, pédalos, quad

Les Îles avr.-10 oct.
⌀ 04 95 73 11 89, *camping.des.iles.bonifacio@wanadoo.fr*,
Fax 04 95 71 21 55 – ℟
8 ha (100 empl.) peu incliné, vallonné, pierreux
Tarif : 25,50 € ✶ ⬳ 🄴 💧 (6A) – pers. suppl. 7,50 €
Location ⨝ : 15 ⟨⟩ (4 à 6 pers.) 440 à 600 €/sem. – 20 🏠 (4 à 6 pers.) 500 à 750 €/sem. – chalets sans sanitaires
Pour s'y rendre : E : 4,5 km rte de Piantarella, vers l'embarcadère de Cavallo

Nature : ⩽ la Sardaigne et les îles
Loisirs : snack 🎬 🏊 ✗ 🎯 🏊
Services : 🖐 ⚿ GB ⟨ ᵛ 🗑 ⊘ 🅰 🛒 🚿

Pian del Fosse Pâques-20 oct.
⌀ 04 95 73 16 34, *pian.del.fosse@wanadoo.fr*,
Fax 04 95 73 16 34, *www.piandelfosse.com* – ℟ conseillée
5,5 ha (100 empl.) peu incliné et incliné, en terrasses, pierreux, oliveraie
Tarif : 27,50 € ✶ ⬳ 🄴 💧 (4A) – pers. suppl. 7,70 €
Location ⨝ : 10 🏠 (4 à 6 pers.) 480 à 860 €/sem. – 12 bungalows toilés
🄲 1 borne flot bleu
Pour s'y rendre : NE : 3,8 km sur D 58 rte de Santa-Manza
À savoir : Belles terrasses ombragées

Nature : 🌿 ⩽ ▭ 🌳🌳
Loisirs : 🏊
Services : 🖐 ⚿ Ⓟ GB ⟨ ᵛ 🗑 ⊘ 🅰 🅰
À prox. : 🐎

310

La Trinité 15 avr.-sept.
⌀ 04 95 73 10 91, Fax 04 95 73 16 90, *www.campinglatrinite.com* – ℟
4 ha (100 empl.) accidenté, plat et peu incliné, sablonneux, herbeux, rocheux
Tarif : 22,35 € ✶ ⬳ 🄴 – pers. suppl. 6,25 €
Location : ⟨⟩ (2 à 4 pers.) 160 à 290 €/sem.
Pour s'y rendre : NO : 4,5 km par N 196 rte de Sartène

Nature : ⩽ Bonifacio 🌳
Loisirs : 🍸 snack 🎬 🏊 🏊
Services : 🖐 ⚿ GB ⟨ ᵛ ⊘ 🅰 🛒
À prox. : escalade

Campo-di-Liccia 5 avr.-12 oct.
⌀ 04 95 73 03 09, *info@campingdiliccia.com*,
Fax 04 95 73 19 94, *www.campingdiliccia.com* – ℟
5 ha (161 empl.) plat, peu incliné, terrasses
Tarif : (Prix 2007) ✶ 6 € ⬳ 2,50 € 🄴 3,60 € 💧 (10A)
Location (.) ⨝ : 23 ⟨⟩ (4 à 6 pers.) 240 à 700 €/sem. – 11 🏠 (4 à 6 pers.) 285 à 734 €/sem. – chalets sans sanitaires
🄲 1 borne raclet 3 €
Pour s'y rendre : NE : 5,2 km par N 198, rte de Bastia
À savoir : Agréable cadre boisé

Nature : 🌳🌳
Loisirs : 🍸 snack, pizzeria 🏊
Services : 🖐 ⚿ (juil.-août) GB ⟨ ᵛ 🗑 ⊘ 🅰 ✆ 🅰 🛒 🚿 cases réfrigérées

Si vous recherchez :
👥 *Un terrain offrant des équipements et des loisirs adaptés aux enfants*
🌿 *Un terrain agréable ou très tranquille*
L - M *Un terrain effectuant la location de caravanes, de mobile homes, de bungalows ou de chalets*
P   *Un terrain ouvert toute l'année*
🄲 *Un terrain possédant une aire de services pour camping-cars*
Consultez le tableau des localités

CARGÈSE

⊠ 20130 – **345** A7 – G. Corse – 982 h. – alt. 75

🖪 *Office de tourisme, rue du Dr Dragacci 🖉 04 95 26 41 31, Fax 04 95 26 48 80*
Ajaccio 51 – Calvi 106 – Corte 119 – Piana 21 – Porto 33.

⚠ **Torraccia** 21 avr.-sept.
🖉 04 95 26 42 39, *contact@camping-torraccia.com*,
Fax 04 95 26 42 39, *www.camping-torraccia.com*
3 ha (66 empl.) en terrasses, accidenté, pierreux
Tarif : (Prix 2007) ⛺ 7,50 € – 🚗 3,10 € – 🔋 3,10 € –
🔌 (6A) 3,10 €
Location : 20 🏠 (4 à 6 pers.) 360 à 770 €/sem.
Pour s'y rendre : N : 4,5 km par D 81 rte de Porto

> Nature : ≼ vallée, montagne et la
> côte ♀
> Loisirs : 🛝
> Services : 🗜 ⚡ GB 🅱 ≈ 🌙 🐾 🖼
> 🍴

FIGARI

⊠ 20114 – **345** D11 – G. Corse – 1 005 h. – alt. 80
Ajaccio 122 – Bonifacio 18 – Porto-Vecchio 20 – Sartène 39.

⚠ **U Moru** 15 juin-15 sept.
🖉 04 95 71 23 40, *u-moru@wanadoo.fr*, Fax 04 95 71 26 19,
www.u-moru.com – **R** conseillée
6 ha/4 campables (100 empl.) peu incliné, plat, herbeux,
sablonneux
Tarif : ⛺ 7 € 🚗 2,50 € 🔋 3 € – 🔌 (5A) 3,20 €
Location : 🏠 – 8 🏠 (4 à 6 pers.) à 640 €/sem.
Pour s'y rendre : NE : 5 km par D 859 rte de Porto-Vecchio

> Nature : 🏞 ≼ ⌂ ♀♀
> Loisirs : snack 🍴 🛶 🛝 (petite
> piscine)
> Services : ⚡ GB 🅱 ≈ ☺ 🐾 🖼
> 🏪, réfrigérateur
> À prox. : 🍴 🐎

LA LISCIA (GOLFE DE)

⊠ 20111 – **345** B7 – G. Corse
Ajaccio 26 – Calvi 131 – Corte 94 – Vico 25.

⚠ **La Liscia** mai-sept.
🖉 04 95 52 20 65, *francois.ferraro@wanadoo.fr*,
Fax 04 95 52 30 24, *www.la-liscia.com* ⊠ 20111 Calcatoggio – **R** conseillée
3 ha (100 empl.) plat et en terrasses, herbeux
Tarif : 23,90 € ⛺ 🚗 🔋 🔌 (5A) – pers. suppl. 6,80 € – frais
de réservation 15 €
Location (avr.-sept.) 🏖 (juil.-août) : 11 🏠 (2 à 4 pers.)
280 à 450 €/sem. – 5 🏠 (4 à 6 pers.) 480 à 780 €/sem.
🏠, 1 borne artisanale
Pour s'y rendre : Par D 81, à 5 km au NO de Calcatoggio,
bord de la Liscia

> Nature : ♀♀
> Loisirs : 🍴 snack, pizzeria 🍴 🚲
> Services : 🗜 ⚡ GB 🅱 ≈ ☺ 🖼
> 🏪

311

OLMETO

⊠ 20113 – **345** C9 – G. Corse – 1 115 h. – alt. 320
🖪 *Syndicat d'initiative, Village 🖉 04 95 74 65 87, Fax 04 95 74 62 86*
Ajaccio 64 – Propriano 8 – Sartène 20.

à la Plage SO : 7 km par D 157

⚠ **Village Club du Ras L'Bol** avr.-sept.
🖉 04 95 74 04 25, *fpaoletti@raslbol.com*,
Fax 04 95 74 01 30, *www.raslbol.com* – **R** conseillée
6 ha (150 empl.) plat, peu incliné et en terrasses, herbeux,
rochers
Tarif : (Prix 2007) ⛺ 7,30 € 🔋 8,20 € – 🔌 3,50 € – frais de
réservation 25 €
Location : 🏠 (4 à 6 pers.) 438 à 808 €/sem.
Pour s'y rendre : À 7 km par D 157, à 50 m de la plage

> Nature : ♀
> Loisirs : 🍴 🍽 snack, pizzeria 🛶
> 🚲
> Services : 🗜 GB 🅱 🍴 ☺ 🖼 🏪
> À prox. : 🐾 discothèque, canoë,
> pédalos

OLMETO

🏕 **L'Esplanade** avr.-15 oct.
📞 04 95 76 05 03, *campinglesplanade@club-internet.fr*,
Fax 04 95 76 16 22, *www.camping-esplanade.com*
– **R** conseillée
4,5 ha (100 empl.) en terrasses, plat, peu incliné, vallonné,
accidenté, rochers
Tarif : 25,10 € 🛖 🚗 🅿️ (𝄞) (10A) – pers. suppl. 7,50 €
Location 🏠 : 50 🏠 (4 à 6 pers.) 350 à 760 €/sem.
Pour s'y rendre : 1,6 km par D 157, à la Tour de la Calanda,
à 100 m de la plage (accès direct)

> Nature : ⛩ 🎋
> Loisirs : pizzeria 🏓 🏖 🛶
> Services : 🚿 🔌 ⌨ ✂ ⊕ 🔥 🧺

PIANA

✉ 20115 – **345** A6 – G. Corse – 428 h. – alt. 420
🛈 *Syndicat d'initiative,* 📞 *04 95 27 84 42, Fax 04 95 27 82 72*
Ajaccio 72 – Calvi 85 – Évisa 33 – Porto 13.

🏕 **Plage d'Arone**
📞 04 95 20 64 54 – **R**
3,8 ha (125 empl.) plat, sablonneux, pierreux
🚐 1 borne artisanale
Pour s'y rendre : SO : 11,5 km par D 824, à 500 m de la
plage
À savoir : Agréable cadre fleuri

> Nature : 🏝 🎋
> Services : 🚿 🔌 ⊕ 🌊 🔥 🧺

PIANOTTOLI-CALDARELLO

✉ 20131 – **345** D11 – G. Corse – 729 h. – alt. 60
Ajaccio 113 – Bonifacio 19 – Porto-Vecchio 29 – Sartène 31.

🏕 **Kévano Plage** mai-sept.
📞 04 95 71 83 22, *rene.picciocchi@wanadoo.fr*,
Fax 04 95 71 83 83 – **R** conseillée
6 ha (100 empl.) en terrasses, plat, peu incliné, sablonneux,
accidenté, rochers
Tarif : 26,90 € 🛖 🚗 🅿️ (𝄞) (3A) – pers. suppl. 8,40 € – frais
de réservation 30 €
Pour s'y rendre : SE : 3,3 km par D 122 et rte à droite, à
500 m de la plage
À savoir : Cadre sauvage au milieu du maquis et des rochers de granit

> Nature : 🏝 ⟨ ⛩ 🎋
> Loisirs : snack, pizzeria 🏖
> Services : 🚿 🔌 ⌨ 🗄 🌊 ⊕ 🔥 🧺
> 🍴

Les Agriates

G. Magnin/Michelin

PINARELLU

20144 – **345** F9 – G. Corse
Ajaccio 146 – Bonifacio 44 – Porto-Vecchio 16.

⚠ **California** 15 mai-15 oct.
    𝄞 04 95 71 49 24, Fax 04 95 71 49 24, *www.camping.cali*
fornia.net ⊠ 20144 Ste-Lucie-de-Porto-Vecchio – ℞ ⚘
(juil.-août)
7 ha/5 campables (100 empl.) peu accidenté et plat,
sablonneux, étang
Tarif : ★ 8,50 € ⇦ 3 € ▣ 7 € – ⒢ (6A) 3 €
🚐 1 borne artisanale
Pour s'y rendre : S : 0,8 km par D 468 et 1,5 km par chemin
à gauche, à 50 m de la plage (accès direct)

> Nature : 🏖 ♀ ▲
> Loisirs : snack 🏊 ✗
> Services : ♿ ⚷ 🅿 (saison) ⚙ 📷
> 🔄 ☺ 🖼 🔋 🔲 ⚏
> À prox. : 🐎 sports nautiques, quad

RUPPIONE (PLAGE DE)

20166 – **345** B9 – G. Corse
Ajaccio 28 – Propriano 47 – Sartène 59.

⚠ **Le Sud** 10 avr.-10 oct.
    𝄞 04 95 25 40 51, *info@camping-le-sud.com*,
Fax 04 95 25 47 39, *http://camping-le-sud.com* ⊠ 20166
Porticcio
4 ha (200 empl.) en terrasses et accidenté
Tarif : ★ 6,40 € ⇦ 2,40 € ▣ 2,40 € – ⒢ 2,90 €
Location : 14 🏠 (4 à 6 pers.) 295 à 740 €/sem.
Pour s'y rendre : Par D 55, à 100 m de la plage

> Nature : ≤ ♀♀
> Loisirs : ♟ pizzeria 🔄
> Services : ♿ ⚷ (juil.-août) ⚙ 📷 🔄
> ☺ 🖼
> À prox. : 🛒

PORTICCIO

20166 – **345** B8 – G. Corse
🄳 Office de tourisme, les Marines 𝄞 04 95 25 01 01, Fax 04 95 25 11 12
Ajaccio 19 – Sartène 68.

⚠ **U-Prunelli** 29 mars-2 nov.
    𝄞 04 95 25 19 23, *camping-prunelli@wanadoo.fr*,
Fax 04 95 25 16 87, *www.camping-prunelli.com* – ℞
5,5 ha (200 empl.) plat, herbeux
Tarif : 30 € ★ ⇦ ▣ ⒢ (20A) – pers. suppl. 9 €
Location : 40 🏠 (4 à 6 pers.) 320 à 650 €/sem.
🚐 1 borne artisanale
Pour s'y rendre : NE : 3,5 km par D 55, rte d'Ajaccio, au
pont de Pisciatello
À savoir : Agréable cadre fleuri, au bord du Prunelli

> Nature : ⊑ ♀♀
> Loisirs : ♟ pizzeria, snack 🏊 ⤢
> Services : ⚷ GB 📷 🔄 ⚒ ⚐ ⚓ 🖼
> 🔲 ⚏ cases réfrigérées

313

PORTIGLIOLO

20110 – **345** C10 – G. Corse
Ajaccio 80 – Propriano 9 – Sartène 15.

⚠ **Lecci e Murta**
    𝄞 04 95 76 02 67, Fax 04 95 77 03 38, *www.camping-leccie*
murta.com ⊠ 20110 Propriano – **R** conseillée ⚘
4 ha (150 empl.) en terrasses, plat, pierreux, herbeux
Location : 30 🏠
Pour s'y rendre : À 500 m de la plage
À savoir : Site sauvage

> Nature : 🏖 ≤ ⊑ ♀♀
> Loisirs : ♟ ✗ pizzeria 🏊 ✗ ⤢
> Services : ⚷ 🅿 ☺ 🔄 🖼 🔲 cases
> réfrigérées

⚠ **U Livanti** (location exclusive de chalets)
    𝄞 04 95 76 08 06, *livanti@club-internet.fr*,
Fax 04 95 76 25 14, *www.ulivanti.com* ⊠ 20110 Propriano
– **R** indispensable ⚘
6 ha terrasse, incliné, peu incliné, sablonneux
Location 🅿 **:** 50 🏠
Pour s'y rendre : Sortie SE par D 121, route de Campo-
moro
À savoir : Au bord de la plage de Portigliolo

> Loisirs : ♟ ✗ snack 🌙 nocturne
> Services : ⚷ 🔄 🖼
> À prox. : ⚓ plongée, canoë, ski nau-
> tique

PORTO

✉ 20150 – **345** B6 – G. Corse
🛈 *Office de tourisme, place de La Marine* ✆ *04 95 26 10 55, Fax 04 95 26 14 25*
Ajaccio 84 – Calvi 73 – Corte 93 – Évisa 23.

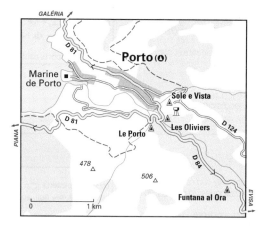

Les Oliviers 28 mars-10 nov.
✆ 04 95 26 14 49, lesoliviersporto@wanadoo.fr,
Fax 04 95 26 12 49, www.camping-oliviers-porto.com ✉
20150 Ota – **R** conseillée
5,4 ha (216 empl.) en terrasses
Tarif : 29,22 € 🐕 ⛺ 🅿 (10A) – pers. suppl. 8,80 € –
frais de réservation 15 €
Location 🏚 : 36 🏠 (4 à 6 pers.) 495 à 902 €/sem.
Pour s'y rendre : Par D 81, au pont, bord du Porto

Nature : 🏞 🌳 ♤♤
Loisirs : snack 🏓 🎣 🛶 hammam
🏊 🎯
Services : 🔌 🅿 (juil.-août) 🏧 🛒
🗄 🚿 ♨ ⚙ 📞 🏪 ⚓ cases réfri-
gérées
À prox. : 🍴 ✕ 🚴 ◊

Funtana al Ora avr.-oct.
✆ 04 95 26 11 65, Fax 04 95 26 10 83, www.funtanaa
lora.com ✉ 20150 Ota – **R** conseillée
2 ha (70 empl.) en terrasses, rochers
Tarif : 25,50 € 🐕 ⛺ 🅿 (5A) – pers. suppl. 7,30 €
Location : 7 🏠 (4 à 6 pers.) 350 à 750 €/sem.
🚐 1 borne artisanale 3,50 €
Pour s'y rendre : SE : 1,4 km par D 84 rte d'Evisa, à 200 m
du Porto

Nature : 🏞 🌳 ♤♤
Loisirs : 🏠 🏊
Services : 🚿 🔌 🏧 🗄 🚿 ♨ 📺
sèche-linge cases réfrigérées

Sole e Vista avr.-oct.
✆ 04 95 26 15 71, fceccaldi@freesurf.fr, Fax 04 95 26 10 79,
www.camping-sole-e-vista.com – **R** conseillée
3,5 ha (150 empl.) en terrasses, rochers
Tarif : 24,10 € 🐕 ⛺ 🅿 (16A) – pers. suppl. 7 €
🚐 1 borne artisanale
Pour s'y rendre : Accès principal par parking du supermarché - accès secondaire E : 1 km par D 124, rte d'Ota, à
150 m du Porto

Nature : 🏞 🌳 ♤
Services : 🔌 🅿 🏧 ♨ ⚙ 📺
À prox. : 🍴 🏖

Le Porto mi-juin-sept.
✆ 04 95 26 13 67, francoise.ceccaldi@gmail.com,
Fax 04 95 26 10 79, www.camping-le-porto.com ✉ 20150
Ota – **R** conseillée
2 ha (60 empl.) en terrasses, herbeux
Tarif : 21 € 🐕 ⛺ 🅿 (5A) – pers. suppl. 5,60 €
Pour s'y rendre : Sortie O par D 81 rte de Piana, à 200 m
du Porto
À savoir : Belles terrasses ombragées

Nature : ♤♤
Services : 🚿 🔌 🏧 ♨ ⚙ 📞 📺
À prox. : 🏖

*Les indications d'accès à un terrain sont généralement indiquées,
dans notre guide, à partir du centre de la localité.*

314

PORTO-VECCHIO

✉ 20137 – **345** E10 – G. Corse – 10 326 h. – alt. 40
⛴ SAPV pour SNCM Port de Commerce 04 95 70 06 03 - Fax 04 95 70 33 59
🛈 *Office de tourisme, rue du Docteur Camille de Rocca Serra* 📞 *04 95 70 09 58, Fax 04 95 70 03 72*
Ajaccio 141 – Bonifacio 28 – Corte 121 – Sartène 59.

U Pirellu avr.-sept.
📞 04 95 70 23 44, *u.pirellu@wanadoo.fr*,
Fax 04 95 70 60 22, *www.u-pirellu.com* – accès à certains
emplacements par forte pente – 🏍 ⊗
5 ha (150 empl.) incliné et en terrasses, pierreux
Tarif : 27,90 € 🚶 🚐 🔲 💧 (6A) – pers. suppl. 8,30 €
Location : 11 🏠 (4 à 6 pers.) 340 à 920 €/sem.
Pour s'y rendre : E : 9 km à Piccovagia
À savoir : Agréable chênaie

> Nature : < ⊏☐ 🌳🌳
> Loisirs : 🍽 pizzeria, grill ⛱ 🏖 🎣
> ☐
> Services : 🚿 🔧 🅿 (tentes) GB 🐕
> 🔲 🗑 ☺ ☎ 🧺 🔥 ♨
> À prox. : 🛥 plongée, sports nautiques

La Vetta juin-1er oct.
📞 04 95 70 09 86, *info@campinglavetta.com*,
Fax 04 95 70 43 21, *www.campinglavetta.com* – 🏍
8 ha (100 empl.) incliné, en terrasses, pierreux, herbeux,
rochers
Tarif : (Prix 2007) 🚶 7,50 € 🚐 2,50 € 🔲 4 € – 💧 (10A) 3 €
Location ⊗ : 18 🏕 (4 à 6 pers.) 455 à 1 372 €/sem.
Pour s'y rendre : N : 5,5 km

> Nature : 🌳🌳
> Loisirs : snack 🏖 🌊
> Services : 🔧 GB 🐕 🔲 ♨ ☺ ♨ ☎ 🔥

U-Stabiacciu déb.avr.-mi-oct.
📞 04 95 70 37 17, *stabiacciu@wanadoo.fr*,
Fax 04 95 70 62 59, *www.ustabiacciu.com* – 🏍
4,5 ha (160 empl.) plat, herbeux, sablonneux
Tarif : (Prix 2007) 🚶 6,80 € 🚐 2,30 € 🔲 2,80 € – 💧 (5A) 3 €
Location ⊗ : 7 🏠 (4 à 6 pers.) 300 à 615 €/sem. –
chalets sans sanitaires
Pour s'y rendre : S : 2 km

> Nature : 🌳🌳
> Loisirs : 🍽 grill ⛱ bowling 🏖 🎣
> Services : 🔧 GB 🐕 🔲 ♨ ☺ 🔥
> ♨
> À prox. : 🛥

Arutoli avr.-15 oct.
📞 04 95 70 12 73, *info@arutoli.com*, Fax 04 95 70 63 95,
www.arutoli.com – 🏍
4 ha (150 empl.) plat, peu incliné, herbeux
Tarif : (Prix 2007) 🚶 6,45 € 🚐 3,25 € 🔲 4 € – 💧 (6A) 3,15 €
Location : 20 🏠 (4 à 6 pers.) 350 à 930 €/sem.
Pour s'y rendre : NO : 2 km par D 368, rte de l'Ospédale
À savoir : Agréable cadre boisé et fleuri

> Nature : 🌳 🌳🌳
> Loisirs : pizzeria, grill 🏠 🌊
> Services : 🔧 GB 🐕 🔲 ♨ ☺ 🔥
> ♨ 🔥
> À prox. : 🛥

315

Pitrera
  04 95 70 20 10, *michel.branca@wanadoo.fr*,
Fax 04 95 70 54 43, *www.pitrera.com* – **R** conseillée
3 ha (75 empl.) accidenté, incliné à peu incliné, terrasses, pierreux
Location : 42
Pour s'y rendre : N : 5,8 km par N 198, rte de Bastia

Nature :
Loisirs : pizzeria nocturne
Services : cases réfrigérées

La Baie des Voiles mai-sept.
  04 95 70 01 23, *labaiedesvoiles@online.fr*,
Fax 04 95 70 01 23, *http://labaiedesvoiles.free.fr* – **R**
3 ha (180 empl.) plat et en terrasses, sablonneux, herbeux, rochers
Tarif : 6,50 € 2,50 € 2,50 € – 3 €
Pour s'y rendre : NE : 6 km, bord de la plage

Nature :
Loisirs : snack
Services :
À prox. :

Bella Vista 15 juin-15 sept.
  04 95 70 58 01, *camping.bellavista@wanadoo.fr*,
Fax 04 95 70 61 44, *http://www.campingbellavista.com.fr*
2,5 ha (100 empl.) en terrasses, herbeux, pierreux
Tarif : 19,80 € pers. suppl. 6,50 €
Location (30 avr.-sept.) : 8 (4 à 6 pers.) 390 à 1 100 €/sem.
Pour s'y rendre : E : 9,3 km, à Piccovagia

Nature :
Loisirs : pizzeria, grill
Services :
À prox. : plongée

L'Oso juin-15 sept.
  04 95 71 60 99, Fax 04 93 70 37 33 – **R**
3,2 ha (90 empl.) plat, herbeux
Tarif : 21,60 € pers. suppl. 6 €
Location : 16 (4 à 6 pers.) 400 à 600 €/sem.
Pour s'y rendre : NE : 8 km, bord de l'Oso

Nature :
Loisirs : (petite piscine)
Services :

Les Ilots d'Or 15 avr.-15 oct.
  04 95 70 01 30, *info@campinglesilotsdor.com*,
Fax 04 95 70 01 30, *www.campinglesilotsdor.com* – **R**
4 ha (180 empl.) plat et en terrasses, sablonneux, herbeux, rochers
Tarif : 21,50 € pers. suppl. 6,50 €
Location : 11 (4 à 6 pers.) 420 à 700 €/sem. – 16 (4 à 6 pers.) 420 à 700 €/sem.
Pour s'y rendre : NE : 6 km, bord de plage

Nature :
Loisirs : snack
Services :

Les Jardins du Golfe juin-sept.
  04 95 70 46 92, *campingjdg@adpei-corse.com*,
Fax 04 95 72 10 28, *www.jardinsdugolfe.com* – **R**
4 ha (200 empl.) plat, herbeux, sablonneux
Tarif : 18,60 € pers. suppl. 5,50 €
Location (avr.-15 nov.) : 9 (4 à 6 pers.) 420 à 680 €/sem.
Pour s'y rendre : S : 5,2 km par rte de Palombaggia

Nature :
Loisirs : snack (petite piscine)
Services :

Golfo di Sogno
  04 95 70 08 98, *reception@golfo-di-sogno.fr*,
Fax 04 95 70 41 43, *www.golfo-di-sogno.fr* – **R**
22 ha (650 empl.) plat, sablonneux
Location : 10 – 80 – 12 villas – chalets sans sanitaires
1 borne Flot bleu
Pour s'y rendre : NE : 6 km par D 468

Nature : (pinède)
Loisirs : base nautique
Services :

*Si vous désirez réserver un emplacement pour vos vacances,
faites-vous préciser au préalable les conditions particulières de séjour,
les modalités de réservation, les tarifs en vigueur et les conditions de paiement.*

STE-LUCIE-DE-PORTO-VECCHIO

✉ 20144 – **345** F9 – G. Corse
🛈 *Syndicat d'initiative, Mairie annexe* ℰ *04 95 71 48 99, Fax 04 95 71 48 99*
Ajaccio 142 – Porto-Vecchio 16.

⚲ **Santa-Lucia** 14 mai-15 sept.
ℰ 04 95 71 45 28, *informations@campingsantalucia.com*,
Fax 04 95 71 45 28, *www.campingsantalucia.com*
– **R** conseillée
3 ha (160 empl.) plat et peu incliné, sablonneux, pierreux,
rochers
Tarif : ✸ 7,95 € ⇔ 3,20 € 🅴 4,90 € – 🔌 (6A) 2,80 € – frais
de réservation 8 €
Location ✂ : 21 🏠 (4 à 6 pers.) 325 à 779 €/sem.
Pour s'y rendre : Sortie SO, rte de Porto-Vecchio
À savoir : Agréable cadre boisé

Nature : ♀♀
Loisirs : snack 🏓 🐟 ⛵ 🎣 ⛷
Services : ♿ ⊶ GB ♻ 🖥 🅰 ⓦ 📞 🔥 🖼
🚿
À prox. : 🛒 🐎 plongée

⚲ **Fautea** 4 mai-sept.
ℰ 04 95 71 41 51, Fax 04 95 71 57 62 – **R**
5 ha (100 empl.) en terrasses, sablonneux, pierreux
Tarif : (Prix 2007) ✸ 7,60 € ⇔ 2,10 € 🅴 3,70 € –
🔌 (3A) 3,80 €
Pour s'y rendre : NE : 5 km par N 198

Nature : ♀
Loisirs : 🐟⛵
Services : ⊶ 🖥 🛁 🧺 🅰 ⓦ 📞 🖼 🧖
À prox. : ✗ 🍴 🐎 plongée

Si vous recherchez :
⚲ *Un terrain au bord de l'eau avec possibilité de baignade*
🐾 *Un terrain agréable ou très tranquille*
L   *Un terrain effectuant la location de caravanes, de mobile homes,*
   de bungalows ou de chalets
P   *Un terrain ouvert toute l'année*
🚐 *Un terrain possédant une aire de services pour camping-cars*
Consultez le tableau des localités

317

SAGONE

✉ 20118 – **345** B7 – G. Corse
Ajaccio 38 – Calvi 119 – Corte 106 – Sartène 110.

⚲ **Le Sagone** 30 avr.-sept.
ℰ 04 95 28 04 15, *sagone.camping@wanadoo.fr*,
Fax 04 95 28 08 28, *www.camping.sagone.com* – **R** conseil-
lée
9 ha (300 empl.) plat, herbeux
Tarif : 27,85 € ✸ ⇔ 🅴 🔌 (10A) – pers. suppl. 8,10 € –
frais de réservation 18,80 €
Location (avr.-15 oct.) : 15 🚐 (4 à 6 pers.) 431 à
725 €/sem. – 70 🏠 (4 à 6 pers.) 431 à 788 €/sem.
🚐 1 borne artisanale 4 €
Pour s'y rendre : N : 2 km par D 70, rte de Vico
À savoir : Agréable cadre fleuri et ombragé, au bord de la
Sagone

Nature : 🐾 ⌂ ♀♀
Loisirs : pizzeria, self-service 🍽 🖥
nocturne 🐟⛵ ⛷
Services : ♿ ⊶ GB ♻ 🖥 🛁 🧺 🅰
🧖 ⓦ 📞 🖼 🚿 cases réfrigérées
À prox. : 🛒 🐎 plongée

SERRA-DI-FERRO

✉ 20140 – **345** B9 – G. Corse – 352 h. – alt. 140
Ajaccio 47 – Propriano 20 – Sartène 32.

⚲ **Alfonsi U Caseddu** juin-15 oct.
ℰ 04 95 74 01 80, Fax 04 95 74 07 67 – **R**
3,5 ha (100 empl.) plat, peu incliné, sablonneux, herbeux
Tarif : 23,60 € ✸ ⇔ 🅴 🔌 (10A) – pers. suppl. 5,80 €
🚐 1 borne artisanale
Pour s'y rendre : S : 5 km par D 155, rte de Propriano et
D 757 à droite, à l'entrée de Porto-Pollo
À savoir : Agréable situation en bord de mer

Nature : ♀ ⚲
Loisirs : 🍴 ✗ pizzeria
Services : ♿ ⊶ GB ♻ 🖥 🅰 🖼

TIUCCIA

✉ 20111 – **345** B7 – G. Corse
Ajaccio 30 – Cargèse 22 – Vico 22.

Les Couchants mai-oct.
📞 04 95 52 26 60, *camping.les-couchants@wanadoo.fr*,
Fax 04 95 52 31 77 ✉ 20111 Casaglione – **R**
5 ha (120 empl.) en terrasses, peu incliné, herbeux
Tarif : (Prix 2007) ✝ 6,50 € ⬅ 🄴 3,50 € – ⅛ (5A) 4,50 €
Location 🚫 : 8 🏠
Pour s'y rendre : N : 4,9 km par D 81 et D 25 à droite, rte
de Casaglione
À savoir : Agréable cadre fleuri

Nature : 🌿 ⬜ 🌳🌳
Loisirs : 🍽 ✕ 🏊 🛶
Services : 🚿 ⚡ 🔲 ⊕ 🗑 🔄

Haute-Corse (2B)

ALÉRIA

✉ 20270 – **345** G7 – G. Corse – 1 966 h. – alt. 20
🛈 *Office de tourisme, Casa Luciana* 📞 *04 95 57 01 51, Fax 04 95 57 03 79*
Bastia 71 – Corte 50 – Vescovato 52.

Marina d'Aléria 25 avr.-13 oct.
📞 04 95 57 01 42, *info@marina-aleria.com*,
Fax 04 95 57 04 29, *www.marina-aleria.com* – **R** conseillée
17 ha/7 campables (220 empl.) plat, sablonneux, herbeux
Tarif : 35,20 € ✝ ⬅ 🄴 ⅛ (6A) – pers. suppl. 6,65 € – frais
de réservation 18 €
Location : 117 🚐 (4 à 6 pers.) 279 à 769 €/sem. – 31
🏠 (4 à 6 pers.) 219 à 674 €/sem.
Pour s'y rendre : E : à 3 km de Cateraggio par N 200, à la
plage de Padulone, bord du Tavignano
À savoir : Décoration florale

Nature : 🌳🌳 ⛰
Loisirs : pizzeria, grill 🍴 🌞 diurne
🏃 🏊 🚴 ✕ 🛶
Services : 🚿 ⚡ GB 🔲 🛁 ⊕ 🔄
🗑 💧 🔄 cases réfrigérées
À prox. : 🚤 sports nautiques

Le Niolo

318

BASTIA

✉ 20200 – **345** F3 – G. Corse – 37 884 h.
▬ SNCM Nouveau Port ✆3260 dites « SNCM » (0,15 €/mn); CMN Port de Commerce ✆0 810 20 13 20 - Fax 04 95 32 37 01
🛈 *Office de tourisme, place Saint-Nicolas* ✆ *04 95 54 20 40, Fax 04 95 54 20 41*
Ajaccio 148 – Bonifacio 171 – Calvi 92 – Corte 69 – Porto 136.

⚠ **San Damiano** avr.-oct.
✆ 04 95 33 68 02, *san.damiano@wanadoo.fr*,
Fax 04 95 30 84 10, *www.campingsandamiano.com* – ℞
12 ha (280 empl.) plat, sablonneux
Tarif : 24,20 € 🚶 🚗 📶 🎫 (6A) – pers. suppl. 7 €
Location 🛏 : 30 🏠 (4 à 6 pers.) 280 à 714 €/sem.
🚐 1 borne artisanale
Pour s'y rendre : SE : 9 km par N 193 et D 107 à gauche,
direction Lido de la Marana

> Nature : 🌳 ♋♋(pinède) ⛰
> Loisirs : 🍴 🗙 🎲 🚣 🎯 ⛏
> Services : & ⚡ 🌐 🛒 🍴 🧺 🛎 🚰
> 📞 📷 ♨
> À prox. : 🐎 poneys

CALACUCCIA

✉ 20224 – **345** D5 – G. Corse – 340 h. – alt. 830
🛈 *Office de tourisme, avenue Valdoniello* ✆ *04 95 47 12 62, Fax 04 95 47 12 62*
Ajaccio 107 – Bastia 76 – Porto-Vecchio 146 – Corte 27.

⚠ **Acquaviva** mi-avr.-mi-oct.
✆ 04 95 47 00 39, *stella.acquaviva@wanadoo.fr*,
Fax 04 95 48 08 82, *http://www.acquaviva-fr.com* – ℞
4 ha (25 empl.) plat, incliné, herbeux, pierreux
Tarif : 18 € 🚶 🚗 📶 – pers. suppl. 5 €
Location : hôtel
Pour s'y rendre : face à la station total

> Nature : 🏞 ⬉ Lac et montagnes ♋
> Services : & ⚡ 🌐 🛒 Ⓜ 🧺 🛎 🚰
> 📷
> À prox. : 🏊 🛶 canoë-kayak, plan-
> che à voile

CALVI

✉ 20260 – **345** B4 – G. Corse – 5 177 h.
▬ CCR pour SNCM quai Landry ✆ 04 95 65 01 38 - fax 04 95 65 09 75
🛈 *Office de tourisme, Port de Plaisance* ✆ *04 95 65 16 67, Fax 04 95 65 14 09*
Bastia 92 – Corte 88 – L'Ile-Rousse 25 – Porto 73.

319

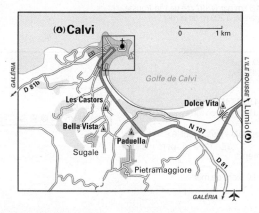

⚠ **Paduella** 10 mai-15 oct.
✆ 04 95 65 06 16, Fax 04 95 31 43 90, *www.campingpa
duella.com* – **R** conseillée
4 ha (130 empl.) plat et en terrasses, sablonneux
Tarif : 24,65 € 🚶 🚗 📶 🎫 (6A) – pers. suppl. 7,50 €
Pour s'y rendre : SE : 1,8 km par N 197 rte de l'Ile-Rousse,
à 400 m de la plage
À savoir : Agréable cadre boisé de différentes essences

> Nature : ♋♋
> Loisirs : 🍴
> Services : & ⚡ 🛒 🧺 🛎 🚰 📷
> ♨
> À prox. : 🛒

CALVI

⚏ **Bella Vista** avr.-sept.
    𝄐 04 95 65 11 76, *bellavista.camping@wanadoo.fr*,
Fax 04 95 65 03 03, *www.camping-bellavista.com*
6 ha/4 campables (156 empl.) plat et peu incliné
Tarif : 25 € ✶ ⟺ 🔲 (10A) – pers. suppl. 7 €
Location : 9 ⌂ (4 à 6 pers.) 350 à 700 €/sem.
🚐 🔋 21 €
Pour s'y rendre : S : 1,5 km par N 197 et rte de Pietra-maggiore à droite

Nature : 🏞 ΩΩ
Loisirs : snack ⚓🏖
Services : ♿ ⚷ 🅿 (juil.-août) 🇬🇧
🏧 ⊕ 🚿 🚽 🔲 🏊 🖌

⚏ **Paradella** mai-sept.
    𝄐 04 95 65 00 97, *info@camping-paradella.com*,
Fax 04 95 65 11 11, *www.camping-paradella.com* – ℞
5 ha (150 empl.) plat, sablonneux, herbeux
Tarif : 21,60 € ✶ ⟺ 🔲 (3A) – pers. suppl. 6,40 € – frais
de réservation 10 €
Location (mi-avr.-sept.) ✂ : 18 ⌂ (4 à 6 pers.) 310 à
710 €/sem.
🚐 1 borne artisanale 5 € – 🔋 21.80 €
Pour s'y rendre : SE : 9,5 km par N 197 rte de l'Ile-Rousse
et D 81 à droite rte de l'aéroport
À savoir : Beaux emplacements sous les eucalyptus

Nature : ⊏ ΩΩ
Loisirs : ⚓🏖 🚲 ✗ ⚒
Services : ♿ ⚷ 🏧 ⊕ ☏ 🔲 🏊

⚏ **Les Castors** 14 avr.-10 oct.
    𝄐 04 95 65 13 30, *lescastors2@wanadoo.fr*,
Fax 04 95 65 31 95, *www.castors.fr* – ℞ ✂
2 ha (80 empl.) plat, herbeux
Tarif : ✶ 9,60 € ⟺ 3,50 € 🔲 4,30 € – (15A) 4,20 €
Location (mi-avr.-7 nov.) : 26 🚐 (4 à 6 pers.) 445 à
835 €/sem. – 34 ⌂ (4 à 6 pers.) 395 à 745 €/sem.
Pour s'y rendre : S : 1 km par N 197 et rte de Pietra-maggiore à droite

Loisirs : pizzeria, snack ⚓🏖 ⚒
Services : ⚷ 🇬🇧 🏧 ⊕ ☏ 🔲 🏊
À prox. : ⚓

⚑ **Dolce Vita** mai-sept.
    𝄐 04 95 65 05 99, Fax 04 95 65 31 25, *www.dolce-vita.org* –
℞
6 ha (200 empl.) plat, herbeux, sablonneux
Tarif : ✶ 8,80 € ⟺ 3 € 🔲 3 € – (10A) 4 €
Pour s'y rendre : SE : 4.5 km par N 197 rte de l'Île-Rousse,
à l'embouchure de la Figarella, à 200 m de la mer

Nature : ΩΩ
Loisirs : snack ⚓🏖 🚲 ⌖
Services : ⚷ 🏧 🗄 🔌 ⊕ ☏ 🔲
🏊

FARINOLE (MARINE DE)

✉ 20253 – **345** F3 – 179 h. – alt. 250
Bastia 20 – Rogliano 61 – St-Florent 13.

⚑ **A Stella** avr.-oct.
    𝄐 04 95 37 14 37, Fax 04 95 37 13 84 – ℞
3 ha (100 empl.) plat, peu incliné et en terrasses, pierreux,
herbeux
Tarif : 22 € ✶ ⟺ 🔲 (10A) – pers. suppl. 6 €
Location (juin-sept.) : 5 🚐 (2 à 4 pers.) 350 à
380 €/sem. – appartements
🚐 🔋 18.50 €
Pour s'y rendre : Par D 80, bord de mer

Nature : 🏞 Ω ⛰
Loisirs : 🏠
Services : 🏧 🔌 ⊕ 🔲 🖌

Si vous recherchez :

👥   *Un terrain offrant des équipements et des loisirs adaptés aux enfants*
🏞   *Un terrain agréable ou très tranquille*
L – M *Un terrain effectuant la location de caravanes, de mobile homes,*
       de bungalows ou de chalets
P   *Un terrain ouvert toute l'année*
🚐   *Un terrain possédant une aire de services pour camping-cars*
Consultez le tableau des localités

320

GHISONACCIA

✉ 20240 – **345** F7 – G. Corse – 3 168 h. – alt. 25
🏢 *Office de tourisme, RN 198* 𝒫 *04 95 56 12 38*
Bastia 85 – Aléria 14 – Ghisoni 27 – Venaco 56.

△△△ **Marina d'Erba Rossa** 5 avr.-25 oct.
𝒫 04 95 56 25 14, *erbarossa@wanadoo.fr*,
Fax 04 95 56 27 23, *www.marina-erbarossa.com* – **R** indispensable
12 ha/8 campables (160 empl.) plat, herbeux
Tarif : 41,40 € 🛉 ⇔ 🗉 🛱 (10A) – pers. suppl. 8,10 € – frais de réservation 20 €
Location : 90 🚐 (4 à 6 pers.) 196 à 840 €/sem. – 110 🏠 (4 à 6 pers.) 308 à 1 043 €/sem.
Pour s'y rendre : E : 4 km par D 144, bord de plage
À savoir : Bel ensemble résidentiel

Nature : 🖾 ⭕⭕ ⚠
Loisirs : 🍸 ✗ pizzeria 🏠 🏕 ⛹ ⚽ ⛵ 🎣 ☐ parc animalier
Services : 🛉 ⚬⛽ ⮞ 🗑 🌳 ⊘ 🚿 🕻 🖾 🖉 ⛟ cases réfrigérées
À prox. : discothèque 🐎 plongée sports nautiques

△△△ **Arinella-Bianca** 12 avr.-sept.
𝒫 04 95 56 04 78, *arinella@arinellabianca.com*,
Fax 04 95 56 12 54, *www.arinellabianca.com* – **R** indispensable
10 ha (416 empl.) plat, herbeux, sablonneux
Tarif : 37 € 🛉 ⇔ 🗉 🛱 (6A) – pers. suppl. 10 € – frais de réservation 35 €
Location (12 avr.-11 oct.) : 141 🚐 (4 à 6 pers.) 150 à 910 €/sem. – 64 🏠 (4 à 6 pers.) 200 à 1 050 €/sem.
🖙, 2 bornes raclet 9 €
Pour s'y rendre : E : 3,5 km par D 144 puis 0,7 km par chemin à droite
À savoir : Cadre agréable au bord de la plage

Nature : ⭕⭕ ⚠
Loisirs : 🍸 ✗ pizzeria 🏠 🏕 ⛹ discothèque ⚽ ☐
Services : 🛉 ⚬⛽ 🅿 ⮞ ⊘ 🗑 ⛟ ⊕ 🕻 🖒 🖾 🖉 ⛟ cases réfrigérées
À prox. : 🐎

ILE ROUSSE

✉ 20220 – **345** C4 – G. Corse – 2 774 h.
🚢 CCR pour SNCM av. Joseph-Calizi 𝒫 04 95 60 09 56 - Fax 04 95 60 02 56
🏢 *Syndicat d'initiative, 7, place Paoli* 𝒫 *04 95 60 04 35, Fax 04 95 60 24 74*
Bastia 67 – Calvi 25 – Corte 63.

△ **Le Bodri**
𝒫 04 95 60 10 86, Fax 04 95 60 39 02, *www.campinglebodri.com* – **R**
6 ha (333 empl.) plat, peu incliné à incliné, pierreux
Location : 20 🏠
🖙 1 borne artisanale
Pour s'y rendre : SO : 2,5 km rte de Calvi, à 300 m de la plage

Loisirs : snack, pizzeria 🏕
Services : ⚬⛽ ⊕ 🖾 🖉 cases réfrigérées
À prox. : ≋

LOZARI

✉ 20226 – **345** D4 – G. Corse
Bastia 61 – Belgodère 10 – Calvi 33 – L'Ile-Rousse 8.

△ **Le Clos des Chênes** avr.-sept.
𝒫 04 95 60 15 13 , *cdc.lozari@wanadoo.fr*,
Fax 04 95 60 21 16, *http://www.closdeschenes.fr* ✉ 20226 Belgodere
5 ha (235 empl.) plat, peu incliné, pierreux
Tarif : 28 € 🛉 ⇔ 🗉 🛱 (4A) – pers. suppl. 8,50 €
Location 🐾 : 4 🛏 (2 à 4 pers.) 250 à 490 €/sem. – 20 🚐 (4 à 6 pers.) 340 à 760 €/sem. – 23 🏠 (4 à 6 pers.) 340 à 980 €/sem.
🖙 1 borne 10 €
Pour s'y rendre : S : 1,5 km par N 197 rte de Belgodère

Nature : 🌳 ⭕
Loisirs : 🍸 snack 🏠 🏕 ⚽ ☐ ⛱
Services : 🛉 ⚬⛽ ⊘ 🗑 ⛟ ⊕ 🖾 🖉 ⛟ cases réfrigérées

LUMIO

⊠ 20260 – **345** B4 – G. Corse – 1 040 h. – alt. 150
Ajaccio 158 – Bastia 83 – Corte 77 – Calvi 10.

▲▲ **Le Panoramic** 20 mai-15 sept.
      ℰ 04 95 60 73 13, *panoramic@web-office.fr,*
      Fax 04 95 60 73 13, *www.le-panoramic.com* – **R** conseillée
      6 ha (100 empl.) en terrasses, pierreux, sablonneux
      Tarif : 20,53 € ⚡ ⬛ 🔲 (6A) – pers. suppl. 6,20 €
      Location 🏠 : 8 🚐 (4 à 6 pers.) 620 à 720 €/sem.
      Pour s'y rendre : NE : 2 km sur D 71, rte de Belgodère
      À savoir : Belles terrasses ombragées

> Nature : 🌳 ♡♡
> Loisirs : pizzeria 🎿
> Services : ⚡ ✂ ⊕ 🖼 ♨

MORIANI -PLAGE

⊠ 20230 – **345** G5 – G. Corse
Bastia 40 – Corte 67 – Vescovato 21.

▲▲ **Merendella**
      ℰ 04 95 38 53 47, *merendel@club-internet.fr,*
      Fax 04 95 38 44 01, *www.merendella.com* – **R** conseillée 🏄
      7 ha (196 empl.) plat, herbeux, sablonneux
      Location 🏠 : chalets (sans sanitaires)
      Pour s'y rendre : S : 1,2 km par N 198 rte de Porto-Vecchio, bord de plage

> Nature : ▭ ♡♡(chênaie)
> Loisirs : 🛶
> Services : ⚑ ⚡ ⬛ ⊕ 🖼 ♨
> À prox. : ✗ ♦ 🐎 (centre équestre)
> plongée

PALASCA

⊠ 20226 – **345** D4 – G. Corse – 117 h. – alt. 350
Ajaccio 132 – Bastia 78 – Corte 53 – Calvi 40.

▲▲ **Village de l'Ostriconi** Pâques-15 oct.
      ℰ 04 95 60 10 05, *info@village-ostriconi.com,*
      Fax 04 95 60 01 47, *www.village-ostriconi.com* – **R**
      5 ha (134 empl.) accidenté, plat, en terrasses, pierreux, herbeux
      Tarif : ⚡ 7,50 € ⬛ 3,10 € 🔲 3,10 € – 🔲 (2A) 3,90 €
      Location 🏠 : 7 🚐 (4 à 6 pers.) 393 à 646 €/sem. – 24 🏠 (4 à 6 pers.) 393 à 646 €/sem. – 3 studios
      Pour s'y rendre : à 800 m de la plage de l'Ostriconi, d'une rivière et d'un étang

> Nature : ♡♡
> Loisirs : ♟ ✗ 🏊 🎿
> Services : ⚡ ⊖B ⬛ ⊕ ♨ cases réfrigérées

Le lac de Melo

PIETRACORBARA

✉ 20233 – **345** F2 – G. Corse – 433 h. – alt. 150
Paris 967 – Ajaccio 170 – Bastia 21 – Biguglia 31 – Borgo 40.

   La Pietra avr.-15 oct.
     ℘ 04 95 35 27 49, Fax 04 95 35 28 57 – **R**
3 ha (66 empl.) plat, herbeux
Tarif : ✸ 10 € ▣ 3,60 € – (⨎) (20A) 3,40 €
Pour s'y rendre : SE : 4 km par D 232 et chemin à gauche,
à 500 m de la plage
À savoir : Beaux emplacements délimités

> Nature : ⌂ 🏕 ♀♀
> Loisirs : snack 🔲 🚲 ✗ ⊿
> Services : ⅙ ⊶ GB ⅍ 🔲 🛁 ⊕ ⌁
> 🔲
> À prox. : 🏇 quad

ST-FLORENT

✉ 20217 – **345** E3 – G. Corse – 1 474 h.
🄱 *Office de tourisme, centre Administratif* ℘ 04 95 37 06 04, Fax 04 95 35 30 74
Bastia 22 – Calvi 70 – Corte 75 – L'Île-Rousse 45.

   La Pinede juin-1er oct.
     ℘ 04 95 37 07 26, *camping.la.pinede@wanadoo.fr*,
Fax 04 95 37 17 73, *www.camping-la-pinede.com* – **R**
3 ha (130 empl.) plat, incliné et en terrasses, pierreux,
herbeux
Tarif : 28 € ✸ 🚐 ▣ (⨎) (2A) – pers. suppl. 5 €
Location (avr.-1er oct.) 🏠 : 20 🏠 (4 à 6 pers.) 300 à
790 €/sem.
Pour s'y rendre : S : 1,8 km par rte de l'Ile-Rousse et
chemin à gauche après le pont, bord de l'Aliso

> Nature : ⌂ ♀♀
> Loisirs : ⊿ 🥾 ponton d'amarrage
> Services : ⅙ ⊶ GB ⅍ 🔲 ⊕ ⅃ 🔲
> 🔲 🛒 réfrigérateurs
> À prox. : 🏇

VIVARIO

✉ 20219 – **345** E6 – G. Corse – 509 h. – alt. 850
Bastia 89 – Aléria 49 – Corte 22 – Bocognano 22.

   Aire Naturelle le Soleil 15 avr.-15 oct.
     ℘ 04 95 47 21 16, *camping-lesoleil@orange.fr*,
Fax 04 95 47 21 16 – alt. 800 – **R** conseillée
1 ha (25 empl.) en terrasses, peu incliné et plat, herbeux
Tarif : 17,50 € ✸ 🚐 ▣ (⨎) (10A) – pers. suppl. 5,50 €
🔲 🚐 17.50 €
Pour s'y rendre : SO : 6 km par N 193, rte d'Ajaccio, à
Tattone, près de la gare

> Nature : ⌂ ♀
> Loisirs : 🍴 pizzeria
> Services : ⊶ GB ⊕
> À prox. : 🥾

323

FRANCHE-COMTÉ

Il était une fois... la Franche-Comté ! Ses contes et légendes s'inspirent d'une nature mystérieuse qui réserve bien des surprises aux visiteurs curieux. La forêt de résineux s'y étend par monts et par vaux, jetant de doux sortilèges aux explorateurs de grottes, gouffres et gorges qu'elle dissimule. La magie des lieux tient aussi à l'abondance des torrents, cascades et lacs dont les larges taches bleutées contrastent avec le vert des pâturages. Les artisans comtois transforment comme par enchantement le bois en horloges, jouets et pipes pour les touristes en quête de souvenirs. Et l'éventail des arômes déployés par les produits du terroir envoûte les gastronomes : fromage de comté au goût de noisette, savoureuses charcuteries fumées et radieux cortège de vins distillant des bouquets subtils et fruités.

Once upon a time in a land called Franche-Comté...many of France's tales and legends begin in the secret wilderness of this secluded region on the Swiss border. The Jura's peaks and dales, clad in a cloak of fragrant conifers, cast a gentle charm over its explorers: the magic spell is also woven by the waterfalls, grottoes and mysterious lakes, their dark blue waters reflecting the surrounding hills. Nimble-fingered craftsmen transform the local wood into clocks, toys and pipes which will delight anyone with a love of fine craftsmanship. Hungry travellers will want to savour the rich, hazelnut tang of Comté cheese, but beware: the delicate smoked and salted meats, in which you can almost taste the pine and juniper, plus Franche-Comté's sumptuous and subtly fruity wines may lure you back for more!

BONNAL

✉ 25680 – **321** I1 – 24 h. – alt. 270
Paris 392 – Besançon 47 – Belfort 51 – Épinal 106 – Montbéliard 46.

⏶⏶⏶ **Le Val de Bonnal**
  📞 03 81 86 90 87, *val-de-bonnal@wanadoo.fr*,
  Fax 03 81 86 03 92 – **R** conseillée
  120 ha/15 campables (320 empl.) plat, herbeux
  🚐 1 borne artisanale
  À savoir : Situation agréable en bordure de l'Ognon et près
  d'un plan d'eau

> Nature : 🌳 ⌇ 🎣
> Loisirs : 🍽 snack 🛏 🌙 nocturne
> 🏃 🚣 🚲 🛝 🏊 ⛸ 🎣
> Services : ♿ ⛽ 🚿 ⊕ 🗑 🧺 🔌
> À prox. : ✕

CHALEZEULE

✉ 25220 – **321** G3 – 952 h. – alt. 252
Paris 410 – Dijon 96 – Lyon 229 – Nancy 209.

⏶⏶ **Municipal de la Plage** avr.-sept.
  📞 03 81 88 04 26, *laplage.besancon@ffcc.fr*,
  Fax 03 81 50 54 62, *www.laplage.camp-in-france.com*
  – **R** conseillée
  1,8 ha (113 empl.) plat, terrasse, herbeux
  Tarif : (Prix 2007) 🚶 3,85 € 🚗 🅴 5,25 € – 🔌 (6A) 3,50 €
  🚐 1 borne artisanale 4 € – 3 🅴 16,95 € – 🚐 10.50 €
  Pour s'y rendre : 4,5 km au NE, sur D 683 rte de Belfort,
  bord du Doubs

> Nature : 🎣
> Loisirs : 🍽 snack
> Services : ♿ ⛽ 🆖 🚿 ▥ 🗑 🧺 ⊕
> 🧺 sèche-linge
> À prox. : ✕ ⛸ 🏊 🎣

HUANNE-MONTMARTIN

✉ 25680 – **321** I2 – 72 h. – alt. 310
Paris 392 – Baume-les-Dames 14 – Besançon 37 – Montbéliard 52 – Vesoul 34.

⏶⏶⏶ **Le Bois de Reveuge** 21 avr.-13 sept.
  📞 03 81 84 38 60, *info@campingduboisdereveuge.com*,
  Fax 03 81 84 44 04, *www.campingduboisdereveuge.com*
  – **R** conseillée
  20 ha/11 campables (281 empl.) en terrasses, gravier,
  herbeux, sous-bois attenant
  Tarif : 30 € 🚶 🚗 🅴 🔌 (6A) – pers. suppl. 7 € – frais de
  réservation 25 €
  Location 🏠 : 118 �caravan (4 à 6 pers.) 210 à 910 €/sem. –
  34 🏡 (4 à 6 pers.) 252 à 812 €/sem.
  Pour s'y rendre : N : 1,1 km par D 113, rte de Rougemont
  À savoir : Autour de deux étangs à la lisière d'un bois

> Nature : 🌳 ⌇ 🎣🎣
> Loisirs : snack, pizzeria 🛏 🏃
> 🚣 🚲 ⛵ 🛝 (découverte l'été)
> 🏊
> Services : ♿ ⛽ 🆖 🚿 🗑 ⊕ 🧺 🔌 ☕
> 🔌 🧺 🗑 🚿
> À prox. : canoë

327

LABERGEMENT-STE-MARIE

✉ 25160 – **321** H6 – 920 h. – alt. 859
Paris 454 – Champagnole 41 – Pontarlier 17 – St-Laurent-en-Grandvaux 41 – Salins-les-Bains 45 – Yverdon-les-Bains 41.

⏶ **Le Lac** mai-sept.
  📞 03 81 69 31 24, *camping.lac.remoray@wanadoo.fr*,
  Fax 03 81 69 31 24, *www.camping-lac-remoray.com*
  – **R** conseillée
  1,8 ha (70 empl.) plat, peu incliné et en terrasses, herbeux
  Tarif : 14,50 € 🚶 🚗 🅴 🔌 (6A) – pers. suppl. 4 €
  Location : 4 �caravan (4 à 6 pers.) 190 à 410 €/sem.
  Pour s'y rendre : Sortie SO par D 437, rte de Mouthe et rue
  du lac à droite
  À savoir : À 300 m du lac de Remoray

> Nature : ≼
> Loisirs : 🍽 ✕ 🛏
> Services : ♿ ⛽ 🆖 🚿 🗑 🔌 ⊕ 🗑
> 🚿
> À prox. : ⛸ 🏊 🎣

Donnez-nous votre avis
sur les terrains que nous recommandons.
Faites-nous connaître vos observations et vos découvertes.
par mail à l'adresse : leguidecampingfrance@fr.michelin.com.

LEVIER

⊠ 25270 – **321** G5 – 1 700 h. – alt. 719
Paris 443 – Besançon 45 – Champagnole 37 – Pontarlier 22 – Salins-les-Bains 24.

⚠ **La Forêt** mai-15 sept.
  ℘ 03 81 89 53 46, *camping@camping-dela-foret.com*,
  Fax 03 81 89 53 46, *www.camping-dela-forêt.com*
  – **R** conseillée
  1,5 ha (70 empl.) plat, herbeux, peu incliné et terrasse
  Tarif : 20 € 🕆 ⇦ 🔲 🗲 (6A) – pers. suppl. 3,60 € – frais de
  réservation 10 €
  Location (avril-sept.) : 2 ⏢ (4 à 6 pers.) 400 à
  480 €/sem. – 2 🏠 (4 à 6 pers.) 330 à 440 €/sem.
  Pour s'y rendre : NE : 1 km par D 41, rte de Septfontaines
  À savoir : À la lisière d'une forêt

> Nature : 🌿 🞈🞈
> Loisirs : 🎱 ⚽ ⚓
> Services : 🕭 ⚡ ⅁Ⅾ ♻ 🗟 ☺ 🕳 🖳
> À prox. : parcours sportif

MAICHE

⊠ 25120 – **321** K3 – G. Franche-Comté Jura – 3 978 h. – alt. 777
🛈 *Syndicat d'initiative, place de la Mairie* ℘ 03 81 64 11 88, Fax 03 81 64 02 30
Paris 501 – Baume-les-Dames 69 – Besançon 74 – Montbéliard 43 – Morteau 29 – Pontarlier 60.

⚠ **Municipal St-Michel** fermé 3 sem. entre nov.-déc.
  ℘ 03 81 64 12 56, *camping.maiche@wanadoo.fr*,
  Fax 03 81 64 12 56, *www.mairie-maiche.fr* – **R** conseillée
  2 ha (70 empl.) peu incliné, en terrasses, herbeux, bois
  attenant
  Tarif : (Prix 2007) 12,20 € 🕆 ⇦ 🔲 🗲 (6A) – pers.
  suppl. 2,95 €
  Location : 5 🏠 (4 à 6 pers.) 195 à 244 €/sem. – (sans
  sanitaires) - gîte d'étape
  Pour s'y rendre : 1,3 km au S, sur D 422 reliant le D 464,
  rte de Charquemont et le D 437, rte de Pontarlier, accès
  conseillé par D 437, rte de Pontarlier

> Nature : 🌿
> Loisirs : ⚽
> Services : 🕭 ⚡ ⅁Ⅾ ♻ 🕮 ☺ 🖳
> À prox. : 🚵 hammam jacuzzi 🔲 ⚐
> 🏊 complexe aquatique

328

MALBUISSON

⊠ 25160 – **321** H6 – G. Franche-Comté Jura – 400 h. – alt. 900 – Base de loisirs
🛈 *Office de tourisme, 69, Grande Rue* ℘ 03 81 69 31 21, Fax 03 81 69 71 94
Paris 456 – Besançon 74 – Champagnole 42 – Pontarlier 16 – St-Claude 72 – Salins-les-Bains 46.

⚠ **Les Fuvettes** avr.-sept.
  ℘ 03 81 69 31 50, *les-fuvettes@wanadoo.fr*,
  Fax 03 81 69 70 46, *www.camping-fuvettes.com*
  – **R** conseillée
  6 ha (320 empl.) plat et peu incliné, herbeux, pierreux
  Tarif : 25 € 🕆 ⇦ 🔲 🗲 (6A) – pers. suppl. 5 € – frais de
  réservation 10 €
  Location : 30 ⏢ (4 à 6 pers.) 230 à 620 €/sem. – 9 🏠
  (4 à 6 pers.) 295 à 670 €/sem.
  ⏢, 1 borne artisanale 3 € – 🔋 10 €
  Pour s'y rendre : SO : 1 km
  À savoir : Au bord du lac de St-Point

> Nature : ⋞ 🞈 ⚠
> Loisirs : 🍴 snack 🎱 ⚽ 🦆 🔲 ⚐
> 🏊
> Services : 🕭 ⚡ (juil.-août) ⅁Ⅾ ♻
> 🕮 🕮 🗟 🎣 ☺ 🖳 🖳 🚿

MANDEURE

⊠ 25350 – **321** K2 – G. Franche-Comté Jura – 5 142 h. – alt. 336
Paris 473 – Baume-les-Dames 41 – Maîche 34 – Sochaux 15 – Montbéliard 15.

⚠ **Municipal les Grands Ansanges** mai-sept.
  ℘ 03 81 35 23 79, *mairie.mandeure@ville-mandeure.com*,
  Fax 03 81 30 09 26, *www.ville-mandeure.com* – **R** conseillée
  1,7 ha (96 empl.) plat, herbeux
  Tarif : (Prix 2007) 🕆 2,70 € ⇦ 🔲 5,50 € – 🗲 (10A) 4 €
  Pour s'y rendre : NO : sortie vers Pont-de-Roide, rue de
  l'Église, au bord du Doubs

> Nature : 🌿
> Loisirs : 🍴 🎱 🦆 🏊
> Services : ⚡ ♻ 🗟 🎣 ☺ 🖳

MONTAGNEY

✉ 25680 – **321** H2 – 112 h. - alt. 255
Paris 386 – Baume-les-Dames 23 – Besançon 40 – Montbéliard 61 – Vesoul 27.

⚠ **La Forge**
🖉 03 81 86 01 70, *espacesportifdelaforge@wanadoo.fr*,
Fax 03 81 86 01 70, *www.espacesportifdelaforge.com*
– **R** conseillée
1,2 ha (56 empl.) plat, herbeux
Pour s'y rendre : Au N du bourg
À savoir : Agréable situation au bord de l'Ognon

> Nature : 🌲
> Loisirs : 🎣
> Services : ♿ ⚡ 🚿 ⊕ 🔲
> À prox. : canoë

ORNANS

✉ 25290 – **321** G4 – G. Franche-Comté Jura – 4 037 h. - alt. 355
🏠 *Office de tourisme, 7, rue Pierre Vernier* 🖉 *03 81 62 21 50, Fax 03 81 62 02 63*
Paris 428 – Baume-les-Dames 42 – Besançon 26 – Morteau 48 – Pontarlier 37 – Salins-les-Bains 37.

⚠ **Domaine Le Chanet** 29 mars-3 nov.
🖉 03 81 62 23 44, *contact@lechanet.com*,
Fax 03 81 62 13 97, *www.lechanet.com* – **R** conseillée
1,4 ha (95 empl.) incliné et peu incliné, herbeux
Tarif : 20,90 € 👤 🚗 🔲 👤 (6A) – pers. suppl. 3,70 € – frais
de réservation 15 €
Location : 15 🏠 (4 à 6 pers.) 200 à 540 €/sem. – 3 gîtes
🚐 1 borne artisanale 3 € – 8 🔲 17,40 €
Pour s'y rendre : 1,5 km au SO par D 241, rte de Chassagne-St-Denis et chemin à dr., à 100 m de la Loue

> Nature : 🌲 ≤
> Loisirs : snack, pizzeria 🍴 🏓 ⛷
> (petite piscine)
> Services : ♿ ⚡ 🏧 ✂ 🏪 🚿 👕 ⊕
> 🔲 👃 👗 🔲 sèche-linge 🔲
> À prox. : ✂ 🎣

PONTARLIER

✉ 25300 – **321** I5 – G. Franche-Comté Jura – 18 360 h. - alt. 838
🏠 *Office de tourisme, 14 bis, rue de la Gare* 🖉 *03 81 46 48 33, Fax 03 81 46 83 32*
Paris 462 – Basel 180 – Beaune 164 – Belfort 126 – Besançon 60 – Dole 88 – Genève 115 – Lausanne 67 –
Lons-le-Saunier 82 – Neuchâtel 56.

329

⚠ **Le Larmont**
🖉 03 81 46 23 33, *lelarmont.pontarlier@fwanadoo.fr*,
Fax 03 81 46 23 34, *en cours* – alt. 880 – **R** conseillée
4 ha (75 empl.) en terrasses, herbeux, gravier
Location : 5 🏠
🚐 1 borne / Raclet / – 10 🔲
Pour s'y rendre : Au SE de la ville en dir. de Lausanne, près
du centre équestre

> Nature : 🌲 ≤ 🏔
> Loisirs : 🍴 🏓 🐎 poneys
> Services : ♿ ⚡ 🏪 🚿 👗 ⊕ 👃 👕 🔲
> À prox. : parcours sportif

QUINGEY

✉ 25440 – **321** F4 – 1 049 h. – alt. 275
Paris 397 – Baume-les-Dames 40 – Besançon 23 – Morteau 78 – Pontarlier 73 – Salins-les-Bains 20.

⚠ **Municipal les Promenades** mai-sept.
    🕿 03 81 63 74 01, *mairie-quingey@wanadoo.fr*,
    Fax 03 81 63 74 01, *www.campingquingey.fr* – **R** indispen-
    sable
    1,5 ha (61 empl.) plat, herbeux, gravier
    Tarif : 13,80 € ✶ ⇢ 🄴 (6A) – pers. suppl. 3,55 €
    Pour s'y rendre : Sortie S, rte de Lons-le-Saunier et chemin
    à gauche après le pont

> Nature : ⌷ 🞈🞈
> Loisirs : 🛝 🎣
> Services : ⅏ ⊶ (juill.-août) ⚒ 🗗 ⊕ ⊜
> 🚿 🕎 🖳
> À prox. : 🏊 🚲 🛶 canoë

ST-HIPPOLYTE

✉ 25190 – **321** K3 – G. Franche-Comté Jura – 1 045 h. – alt. 380
🛈 *Office de tourisme, place de l'Hôtel de Ville* 🕿 03 81 96 58 00
Paris 490 – Basel 93 – Belfort 48 – Besançon 89 – Montbéliard 32 – Pontarlier 71.

⚠ **Les Grands Champs** 15 avr.-15 sept.
    🕿 03 81 96 54 53, *tourisme@ville-saint-hippolyte.fr*
    – **R** conseillée
    2,2 ha (65 empl.) en terrasses et peu incliné, herbeux,
    pierreux
    Tarif : 12,20 € ✶ ⇢ 🄴 (6A) – pers. suppl. 2,80 €
    Location : huttes
    Pour s'y rendre : NE : 1 km par D 121, rte de Monté-
    cheroux et chemin à droite, près du Doubs (accès direct)

> Nature : 🐟 ≤ 🞈
> Loisirs : 🎣
> Services : ⅏ ⊶ (juill.-août) 🗗 ⊕ 🖳

ST-POINT-LAC

✉ 25160 – **321** H6 – G. Franche-Comté Jura – 190 h. – alt. 860 – Base de loisirs
Paris 453 – Champagnole 39 – Pontarlier 13 – St-Laurent-en-Grandvaux 45 – Salins-les-Bains 43 –
Yverdon-les-Bains 44.

⚠ **Municipal** mai-sept.
    🕿 03 81 69 61 64, *camping-saintpointlac@wanadoo.fr*,
    Fax 03 81 69 65 74, *www.campingsaintpointlac.com*
    – **R** conseillée
    1 ha (84 empl.) plat, herbeux, gravillons
    Tarif : (Prix 2007) 14,50 € ✶ ⇢ 🄴 (16A) – pers.
    suppl. 2,50 € – frais de réservation 7,60 €
    Pour s'y rendre : Au bourg
    À savoir : Près du lac de St-Point

> Nature : ≤
> Loisirs : 🍴 🏊
> Services : ⅏ ⊶ (25 juin-août) ⊖⊟
> 🚿 🕎 🗗 ⊕ 🖳
> À prox. : 🏊 🎣, base nautique

Jura (39)

ARBOIS

✉ 39600 – **321** E5 – G. Franche-Comté Jura – 3 698 h. – alt. 350
🛈 *Office de tourisme, 10, rue de l'Hôtel de Ville* 🕿 03 84 66 55 50, Fax 03 84 66 25 50
Paris 407 – Besançon 46 – Dole 34 – Lons-le-Saunier 40 – Salins-les-Bains 13.

⚠⚠ **Municipal les Vignes**
    🕿 03 84 66 14 12, *info@campingarbois.fr*,
    Fax 03 84 66 14 12 – **R** conseillée
    2,3 ha (139 empl.) en terrasses et peu incliné, herbeux,
    gravillons, gravier
    Pour s'y rendre : Sortie E par D 107, rte de Mesnay, près
    du stade et de la piscine
    À savoir : Emplacements agréablement ombragés

> Nature : ≤ ⌷ 🞈
> Loisirs : 🍴 🏊
> Services : ⅏ ⊶ 🗗 🚿 🛁 🕎 ⊕ 🚿 🕎
> 🖳 🛏
> À prox. : 🏊

BONLIEU

✉ 39130 – **321** F7 – G. Franche-Comté Jura – 225 h. – alt. 785
Paris 439 – Champagnole 23 – Lons-le-Saunier 32 – Morez 24 – St-Claude 42.

▲ **L'Abbaye** mai-sept.
    📞 03 84 25 57 04, *camping.abbaye@wanadoo.fr*,
Fax 03 84 25 50 82, *www.camping-abbaye.com* – **R** conseillée
3 ha (80 empl.) incliné, plat, herbeux
Tarif : 16,50 € ✶ ⇔ ▣ 🔌 (6A) – pers. suppl. 4,20 €
Location (15 avr.-oct.) ⚡ : 3 🛖 (4 à 6 pers.) 250 à
455 €/sem.
Pour s'y rendre : E : 1,5 km par D 678, rte de St-Laurent-
en-Grandvaux

> Nature : 🌳 ≤ 🏞
> Loisirs : 🍹 ✗ 🎣
> Services : 🚿 ⚡ GB 🐾 🏪 🗑 🛁 ④ 🖼 🚲
> À prox. : 🐎

CHAMPAGNOLE

✉ 39300 – **321** F6 – G. Franche-Comté Jura – 8 616 h. – alt. 541
🚩 *Office de tourisme, rue Baronne Delort* 📞 03 84 52 43 67, Fax 03 84 52 54 57
Paris 420 – Besançon 66 – Dole 68 – Genève 86 – Lons-le-Saunier 34 – Pontarlier 46 – St-Claude 53.

⚠ **Municipal de Boyse** juin-15 sept.
    📞 03 84 52 00 32, *camping.boyse@wanadoo.fr*,
Fax 03 84 52 01 16, *www.camping.champagnole.com*
– **R** conseillée
7 ha (240 empl.) plat, peu incliné, herbeux
Tarif : 16,80 € ✶ ⇔ ▣ 🔌 (10A) – pers. suppl. 4,25 €
Location (permanent) : 25 🛖 (4 à 6 pers.) 325 à
510 €/sem.
🚐 1 borne 3,50 € – 5 ▣ 5 €
Pour s'y rendre : Sortie NO par D 5, rte de Lons-le-Saunier
et r. Georges Vallerey à gauche
À savoir : Accès direct à l'Ain

> Nature : 🌳 ♙♙
> Loisirs : snack 🛖 🎣 🏓 🎱 🏊
> Services : 🚿 ⚡ GB 🐾 M 🗑 🛁 ④
> 🖼 sèche-linge 🚲
> À prox. : 🎿 🎣 🚣, parcours sportif

CHANCIA

✉ 01590 – **321** D8 – 142 h. – alt. 320
Paris 452 – Bourg-en-Bresse 48 – Lons-le-Saunier 46 – Nantua 30 – Oyonnax 16 – St-Claude 29.

▲ **Municipal les Cyclamens** 2 mai-sept.
    📞 04 74 75 82 14, *campinglescyclamens@wanadoo.fr*,
www.camping-chancia.com – places limitées pour le passage
2 ha (160 empl.) plat, herbeux
Tarif : 13,70 € ✶ ⇔ ▣ 🔌 (10A) – pers. suppl. 2,80 €
Pour s'y rendre : SO : 1,5 km par D 60E et chemin à
gauche, au confluent de l'Ain et de la Bienne
À savoir : code postal dans l'Ain (01) mais terrain situé dans
le Jura (39) !

> Nature : 🌳 ≤ ♙
> Loisirs : 🛖 🎣
> Services : 🚿 ⚡ 🐾 🗑 🛁 ④ 🚐 🖼
> À prox. : 🚣 🚣 ♬, terrain omnis-
> ports

CHÂTILLON

✉ 39130 – **321** E7 – 127 h. – alt. 500
Paris 421 – Champagnole 24 – Clairvaux-les-Lacs 15 – Lons-le-Saunier 19 – Poligny 24.

⚠ **Domaine de l'Épinette** 15 juin-15 sept.
    📞 03 84 25 71 44, *contact@domaine-epinette.com*,
Fax 03 84 25 75 96, *www.domaine-epinette.com*
– **R** conseillée
7 ha (150 empl.) en terrasses, plat et peu incliné, herbeux,
pierreux
Tarif : 26,50 € ✶ ⇔ ▣ 🔌 (6A) – pers. suppl. 5 € – frais de
réservation 30 €
Location : 33 🛖 (4 à 6 pers.) 217 à 540 €/sem.
🚐 4 ▣ 16,50 € – 🚐 12 €
Pour s'y rendre : S : 1,3 km par D 151, rte de Blye

> Nature : 🌳 ≤
> Loisirs : 🏊 🚣 ♬
> Services : 🚿 ⚡ GB 🐾 🗑 🛁 ④ 🖼
> À prox. : canoë

331

CLAIRVAUX-LES-LACS

✉ 39130 – **321** E7 – G. Franche-Comté Jura – 1 472 h. – alt. 540
🛈 *Office de tourisme, 36, Grande Rue* ℘ *03 84 25 27 47, Fax 03 84 25 23 00*
Paris 428 – Bourg-en-Bresse 94 – Champagnole 34 – Lons-le-Saunier 22 – St-Claude 34 –
St-Laurent-en-Grandvaux 24.

Yelloh! Village le Fayolan ♣♣ – 30 avr.-14 sept.
℘ 03 84 25 26 19, *reservation@rsl39.com,*
Fax 03 84 25 26 20, *www.relaisoleiljura.com* – **R** conseillée
13 ha (516 empl.) peu incliné, plat et en terrasses, herbeux,
gravillons, pinède
Tarif : 36 € ✱ ⟵ 🖩 ⚡ (6A) – pers. suppl. 6,50 € – frais de
réservation 20 €
Location : 100 ⟅⟆ (4 à 6 pers.) 210 à 784 €/sem. – 7 ⌂
(4 à 6 pers.) 210 à 784 €/sem.
⟅⟆ 1 borne
Pour s'y rendre : SE : 1,2 km par D 118 rte de Châtel-de-
Joux et chemin à droite
À savoir : Au bord du lac

> Nature : ⇐ ⛱ ♀ ⚠
> Loisirs : ☂ snack ▦ ⛳ ☆ ⛵ salle d'animation ⟿ 🖩 ☲ ⟿
> Services : ⚴ ⌷ ⟵ ⊞ ⟵ ⟵ 🖩 ♨ ⊕ ☲ ⟿ ⟿ ⟶ 🖩 ⟿ ⟿
> À prox. : ⟿, parcours de santé

Le Grand Lac 16 juin-2 sept.
℘ 03 84 25 22 14, *legrandlac@rsl39.com,*
Fax 03 84 25 26 20, *www.relaisoleiljura.com* – **R** conseillée
2,5 ha (191 empl.) peu incliné à incliné, plat, terrasses,
herbeux
Tarif : (Prix 2007) 19 € ✱ ⟵ 🖩 ⚡ (6A) – pers.
suppl. 3,80 € – adhésion obligatoire 11 €
Location : 16 ⟅⟆ (4 à 6 pers.) 259 à 518 €/sem.
Pour s'y rendre : SE : 0,8 km par D 118 rte de Châtel-de-
Joux et chemin à droite

> Nature : ⇐ ♀ ⚠
> Services : ⚴ ⌷ ⊞ ⟵ 🖩 ♨ ⊕ ⟶
> À prox. : ⟿ ⟿ canoë

DOLE

✉ 39100 – **321** C4 – G. Franche-Comté Jura – 24 949 h. – alt. 220
🛈 *Office de tourisme, 6, place Grévy* ℘ *03 84 72 11 22, Fax 03 84 82 49 27*
Paris 363 – Besançon 55 – Chalon-sur-Saône 67 – Dijon 50 – Genève 155 – Lons-le-Saunier 57.

Le Pasquier 15 mars-15 oct.
℘ 03 84 72 02 61, *lola@camping-le-pasquier.com,*
Fax 03 84 79 23 44, *http://www.camping-le-pasquier.com*
– **R** conseillée
2 ha (120 empl.) plat, herbeux, gravillons
Tarif : 17,20 € ✱ ⟵ 🖩 ⚡ (10A) – pers. suppl. 3,30 € –
frais de réservation 10 €
Location : 4 ⟅⟆ (4 à 6 pers.) 270 à 475 €/sem.
⟅⟆ 1 borne artisanale 4,60 €
Pour s'y rendre : SE par av. Jean-Jaurès
À savoir : Cadre verdoyant, près du Doubs

> Nature : ♀
> Loisirs : ☂ snack ⟿ ☲ (petite piscine)
> Services : ⚴ ⌷ ⊞ ⟵ 🖩 ⊕ ☲ ⟿ 🖩 sèche-linge
> À prox. : ⟿ ⟿

DOUCIER

✉ 39130 – **321** E7 – G. Franche-Comté Jura – 270 h. – alt. 526
Paris 427 – Champagnole 21 – Lons-le-Saunier 25.

Domaine de Chalain mai-20 sept.
℘ 03 84 25 78 78, *chalain@chalain.com,* Fax 03 84 25 70 06,
www.chalain.com – **R** conseillée
30 ha/18 campables (804 empl.) plat, herbeux, pierreux
Tarif : 33 € ✱ ⟵ 🖩 ⚡ (7A) – pers. suppl. 5 €
Location ⟿ : 37 ⟅⟆ (4 à 6 pers.) 280 à 595 €/sem. –
huttes
⟅⟆ 2 bornes artisanales
Pour s'y rendre : NE : 3 km
À savoir : Agréablement situé entre forêts et lac de Chalain

> Nature : ⇐ ♀ ⚠
> Loisirs : ☂ snack ▦ 🎣 ☆ ⟿ ⛵ ⚽ ☂ ✂ ⚓ 🖩 ☲ ⟿ ⟿, parcours VTT
> Services : ⚴ ⌷ ⊞ ⟵ 🖩 🖩 🖩 ♨ ⊕ ☲ ⟿ ⟵ ⟿ 🖩 ⟿ ⟶

FONCINE-LE-HAUT

⊠ 39460 – **321** G7 – G. Franche-Comté Jura – 945 h. – alt. 790
Paris 444 – Champagnole 24 – Clairvaux-les-Lacs 34 – Lons-le-Saunier 62 – Mouthe 13.

Municipal Le Val de Saine 15 juin-15 sept.
℘ 03 84 51 93 11, *foncine@juramontsrivieres.fr*,
Fax 03 84 51 90 19
1 ha (72 empl.) plat, herbeux, non clos
Tarif : ⚹ 2,30 € ▣ 1,20 € – ⓖ 1,52 €
Location (permanent) : 14 🏠 (4 à 6 pers.) 250 à
450 €/sem.
Pour s'y rendre : Sortie Sud-Ouest par D 437, rte de St-
Laurent-en-Grandvaux et à gauche, au stade, bord de la Saine

> Nature : 🙶🙶
> Loisirs : 🛶 ⚙ 🎣
> Services : 🔥 ⟶ 🛒 🗄 ⚒ ♿ 🚻 🛒
> 🅱
> À prox. : parcours de santé

Les chalets du Val de Saine (location exclusive de
chalets) Permanent
℘ 03 84 51 93 11, *hautejouxmontnoir@wanadoo.fr*,
Fax 03 84 51 90 19 – alt. 900 – **R** conseillée
1,2 ha plat, herbeux
Location ⓟ : 14 🏠 (4 à 6 pers.) 250 à 450 €/sem.
Pour s'y rendre : au bourg

> Nature : 🙶
> Loisirs : 🎣
> Services : ⟶ 🛒 🅱
> À prox. : 🏖 🍽 ✕ ✕ 🏞

LONS-LE-SAUNIER

⊠ 39000 – **321** D6 – G. Franche-Comté Jura – 18 483 h. – alt. 255 – ♨ (début avril-fin oct.)
🄱 *Office de tourisme, place du 11 Novembre* ℘ 03 84 24 65 01, Fax 03 84 43 22 59
Paris 408 – Besançon 84 – Bourg-en-Bresse 73 – Chalon-sur-Saône 61 – Dijon 94 – Dole 56 – Mâcon 98 –
Pontarlier 82.

La Marjorie avr.-15 oct.
℘ 03 84 24 26 94, *info@camping-marjorie.com*,
Fax 03 84 24 08 40, *www.camping-marjorie.com* – **R** conseillée
9 ha/3 campables (204 empl.) plat, herbeux, goudronné,
pierreux
Tarif : 18,90 € ⚹ 🚗 ▣ ⓖ (6A) – pers. suppl. 4,20 € – frais
de réservation 15 €
Location : 4 🛖 (4 à 6 pers.) 240 à 540 €/sem. – 11 🏠
(4 à 6 pers.) 220 à 540 €/sem.
🚐 1 borne artisanale 4 € – 37 ▣ – 🔌 13 €
Pour s'y rendre : Au NE de la localité en dir. de Besançon
par bd de Ceinture
À savoir : Agréable décoration arbustive, au bord d'un
ruisseau

> Nature : ⌖ ♀
> Loisirs : 🍸 🎬 📺 nocturne
> (juil.-août) 🏃
> Services : 🔥 ⟶ 🅶🅱 🛒 🗄 ♿ ♿
> 🛒 🚻 ⚒ 🔔 sèche-linge 🏖
> À prox. : ✕ 🏞 ⛷

Mouthier-Haute Pierre

G. Magnin/Michelin

MAISOD

✉ 39260 – **321** E8 – G. Franche-Comté Jura – 271 h. – alt. 520
Paris 436 – Lons-le-Saunier 30 – Oyonnax 34 – St-Claude 29.

Trelachaume 19 avr.-6 sept.
   𝒫 03 84 42 03 26, *info@camping-trelachaume.com*,
Fax 09 59 73 74 70, *www.camping-trelachaume.com*
– **R** conseillée
3 ha (180 empl.) plat, peu incliné à incliné, herbeux, pierreux
Tarif : 16,40 € ✱ 🚗 🔲 ⒣ (6A) – pers. suppl. 3,30 €
Pour s'y rendre : S : 2,2 km par D 301 et rte à droite

Nature : ⌾ ♀
Loisirs : 🏠 🏊
Services : ♿ ⚡ GB ⚕ 🗄 ☺ 📶 🚿

MARIGNY

✉ 39130 – **321** E6 – 174 h. – alt. 519
Paris 426 – Arbois 32 – Champagnole 17 – Doucier 5 – Lons-le-Saunier 27 – Poligny 29.

La Pergola ♟ – mai-15 sept.
   𝒫 03 84 25 70 03, *contact@lapergola.com*,
Fax 03 84 25 75 96, *www.lapergola.com* – **R** indispensable
10 ha (350 empl.) en terrasses, herbeux, pierreux
Tarif : 36 € ✱ 🚗 🔲 ⒣ (6A) – pers. suppl. 7 € – frais de
réservation 30 €
Location : 126 🏠 (4 à 6 pers.) 250 à 650 €/sem.
Pour s'y rendre : S : 0,8 km
À savoir : Bel ensemble de piscines dominant le lac de
Chalain

Nature : ← 🏕 ♀ ⌂
Loisirs : ♟ brasserie 🏠 ⛲nocturne
🏋 🏊 🚲 🎱 ☱ 🌊 ♪
Services : ♿ ⚡ GB ⚕ Ⓜ 🗄 ☺ ☺
🔥 🚽 ⚲ 📶 🗄 🚿 🚿
À prox. : canoë

MESNOIS

334

✉ 39130 – **321** E7 – 154 h. – alt. 460
Paris 431 – Besançon 90 – Lons-le-Saunier 18 – Chalon-sur-Saône 77 – Bourg-en-Bresse 79.

Beauregard avr.-sept.
   𝒫 03 84 48 32 51, *reception@juracampingbeauregard.com*, Fax 03 84 48 32 51, *www.juracampingbeauregard.com* – **R** conseillée
4,5 ha (192 empl.) peu incliné et en terrasses, herbeux
Tarif : 24,50 € ✱ 🚗 🔲 ⒣ (6A) – pers. suppl. 4,10 € – frais
de réservation 8 €
Location : 20 🏠 (4 à 6 pers.) 290 à 580 €/sem. –
bungalows toilés
Pour s'y rendre : Sortie S

Nature : ← 🏕 ♀
Loisirs : ♟ ✗ 🏠 ☱
Services : ♿ ⚡ GB ⚕ 🗄 ☺ ☺ 🚿
sèche-linge 🚿

MONNET-LA-VILLE

✉ 39300 – **321** E6 – 330 h. – alt. 550
Paris 421 – Arbois 28 – Champagnole 11 – Doucier 10 – Lons-le-Saunier 25 – Poligny 25.

Le Gît juin-août
   𝒫 03 84 51 21 17, *christian.olivier22@wanadoo.fr*
– **R** conseillée
4,5 ha (100 empl.) plat, peu incliné, herbeux
Tarif : ✱ 3,50 € 🚗 2 € 🔲 2 € – ⒣ (5A) 2,50 €
Pour s'y rendre : À Monnet-le-Bourg, SE : 1 km par D 40,
rte de Mont-sur-Monnet et chemin à droite

Nature : ⌾ ←
Loisirs : 🏠
Services : ♿ ⚡ ⚕ 🗄 ☺ ⚲ 🚿

Sous Doriat mai-sept.
   𝒫 03 84 51 21 43, *camping.sousdoriat@wanadoo.fr*,
Fax 03 84 51 21 43, *www.camping-sous-doriat.com*
– **R** conseillée
2,5 ha (130 empl.) plat, herbeux
Tarif : 16,10 € ✱ 🚗 🔲 ⒣ (10A) – pers. suppl. 3,80 € –
frais de réservation 10 €
Location : 6 🏠 (4 à 6 pers.) 290 à 430 €/sem.
Pour s'y rendre : Sortie Nord par D 27E, rte de Ney

Nature : ← ♀
Loisirs : 🏠 🏊
Services : ♿ ⚡ GB ⚕ 🗄 ☺ ☺ 🚿
À prox. : ☱ ♟ ✗

OUNANS

⊠ 39380 – **321** D5 – 282 h. – alt. 230
Paris 383 – Arbois 16 – Arc-et-Senans 13 – Dole 23 – Poligny 25 – Salins-les-Bains 21.

La Plage Blanche avr.-15 oct.
  𝒫 03 84 37 69 63, *reservation@la-plage-blanche.com*,
  Fax 03 84 37 60 21, *www.la-plage-blanche.com* – **R** conseil-
  lée
  5 ha (220 empl.) plat, herbeux
  Tarif : 22 € 🚹 🚗 🔲 🔌 (10A) – pers. suppl. 5,50 €
  Location : 8 🛖 (4 à 6 pers.) 460 à 560 €/sem. – 20
  bungalows toilés
  🚐 1 borne artisanale –
  Pour s'y rendre : 1,5 km au N par D 71, rte de Montbarey
  et chemin à gauche
  À savoir : Au bord de la Loue

Nature : 🌿 ⚲
Loisirs : 🍽 snack, brasserie, pizzeria
🏠 🎣 🏊 🎠
Services : 👤 🔌 GB 🚗 🔲 ⊕ 🔲
sèche-linge 🏧 🚿
à la base de loisirs : canoë, VTT

Le Val d'Amour avr.-sept.
  𝒫 03 84 37 61 89, *camping@levaldamour.com*,
  Fax 03 84 37 78 69, *www.levaldamour.com* – **R** conseillée
  3,7 ha (100 empl.) plat, herbeux, verger
  Tarif : 17,80 € 🚹 🚗 🔲 🔌 (10A) – pers. suppl. 4,70 €
  Location (mars-nov.) : 8 🛖 (4 à 6 pers.) à 450 €/sem. –
  8 🏠 (4 à 6 pers.) à 505 €/sem.
  🚐 1 borne artisanale 2,50 € – 4 🔲
  Pour s'y rendre : Sortie E par D 472 dir. Chambray
  À savoir : Arbres et arbustes offrent un beau cadre harmo-
  nieux

Nature : 🌿 ⚲⚲
Loisirs : snack 🍴 diurne (juil.-août)
nocturne 🎣 🚲 🏊 piste de bi-
cross
Services : 👤 🔌 GB 🚗 🔲 🏧 ⊕ 🚿
🔲 sèche-linge

POLIGNY

⊠ 39800 – **321** E5 – G. Franche-Comté Jura – 4 511 h. – alt. 373
🛈 *Office de tourisme, 20, place des Déportés* 𝒫 *03 84 37 24 21, Fax 03 84 37 22 37*
Paris 397 – Besançon 57 – Dole 45 – Lons-le-Saunier 30 – Pontarlier 63.

335

La Croix du Dan 12 juin-23 sept.
  𝒫 03 84 73 77 58, *cccgrimont@wanadoo.fr*,
  Fax 03 84 73 77 59 – **R** conseillée
  1,5 ha (87 empl.) plat, herbeux
  Tarif : (Prix 2007) 🚹 1,70 € 🚗 1,70 € 🔲 6,30 € 🔌 (8A)
  Pour s'y rendre : SO : 1 km par N 83 direction Lons-le-
  Saunier

Nature : ≤ ⚲
Loisirs : 🎣
Services : 👤 GB 🚗 🔲 ⊕ 🚿 🔲

PONT-DU-NAVOY

⊠ 39300 – **321** E6 – 226 h. – alt. 470
Paris 420 – Arbois 26 – Champagnole 11 – Lons-le-Saunier 23 – Poligny 23.

Le Bivouac 15 mars-15 oct.
  𝒫 03 84 51 26 95, Fax 03 84 51 29 70 – **R** conseillée
  2,3 ha (90 empl.) plat, herbeux
  Tarif : 15,50 € 🚹 🚗 🔲 🔌 (16A) – pers. suppl. 3,80 €
  Location 🏕 : 7 🏠 (4 à 6 pers.) 400 à 460 €/sem.
  Pour s'y rendre : 0,5 km au S par D 27, rte de Montigny-
  sur-l'Ain, bord de l'Ain

Nature : ≤
Loisirs : 🍽 snack 🏊 🎣
Services : 👤 🔌 GB 🚗 🔲 🏧 ⊕ 🔲

ST-CLAUDE

⊠ 39200 – **321** F8 – G. Franche-Comté Jura – 12 303 h. – alt. 450
🛈 *Office de tourisme, 1, avenue de Belfort* 𝒫 *03 84 45 34 24, Fax 03 84 41 02 72*
Paris 465 – Annecy 88 – Bourg-en-Bresse 90 – Genève 60 – Lons-le-Saunier 59.

Municipal du Martinet mai-sept.
  𝒫 03 84 45 00 40, *www.saint-claude.fr*
  2,9 ha (130 empl.) plat et incliné, herbeux
  Tarif : 🚹 2,80 € 🔲 3,80 € – 🔌 2,30 €
  Pour s'y rendre : SE : 2 km par rte de Genève et D 290 à
  droite, au confluent du Flumen et du Tacon
  À savoir : Blotti dans un agréable site montagneux

Nature : ≤ ⚲⚲
Loisirs : 🍽 snack 🏠
Services : 👤 🚗 🔲 ⊕ 🔲 🏧
À prox. : 🎿 🏓 🏊 🎣

ST-LAURENT-EN-GRANDVAUX

✉ 39150 – **321** F7 – G. Franche-Comté Jura – 1 767 h. – alt. 904
🛈 *Office de tourisme, 7, place Charles Thevenin ℰ 03 84 60 15 25, Fax 03 84 60 85 73*
Paris 442 – Champagnole 22 – Lons-le-Saunier 45 – Morez 11 – Pontarlier 57 – St-Claude 31.

⚠ **Municipal Champ de Mars** 16 déc.-sept.
ℰ 03 84 60 19 30, *champmars.camping@orange.fr*,
Fax 03 84 60 19 72, *www.st-laurent39.fr* – **R** conseillée
3 ha (150 empl.) plat et peu incliné, herbeux
Tarif : 10,40 € ⚹ ⟵ 🅴 ⚡ (6A) – pers. suppl. 2,85 €
Location : 10 🏠 (4 à 6 pers.) 250 à 450 €/sem.
🚐 12 🅴 – 🚐 7,70 €
Pour s'y rendre : Sortie E par N 5

Nature : ❀ ≤
Loisirs : 🏠
Services : ♿ ⊶ GB ⚐ ▥ ⊕ 🚿 ⚐
🖼 sèche-linge

SALINS-LES-BAINS

✉ 39110 – **321** F5 – G. Franche-Comté Jura – 3 333 h. – alt. 340 – ⚓ (début mars-fin oct.)
🛈 *Office de tourisme, place des Salines ℰ 03 84 73 01 34, Fax 03 84 37 92 85*
Paris 419 – Besançon 41 – Dole 43 – Lons-le-Saunier 52 – Poligny 24 – Pontarlier 46.

⚠ **Municipal** avr.-sept.
ℰ 03 84 37 92 70 – **R** conseillée
1 ha (44 empl.) plat, herbeux, gravillons
Tarif : 14,80 € ⚹ ⟵ 🅴 ⚡ (10A) – pers. suppl. 3,20 €
Pour s'y rendre : Sortie N rte de Besançon, près de
l'ancienne gare

Nature : ≤ ⟷
Loisirs : 🏠 🏓 ⚒ (petite piscine)
Services : ♿ ⊶ ⚐ 🖼 ⊕ 🖼

La TOUR-DU-MEIX

✉ 39270 – **321** D7 – 162 h. – alt. 470
Paris 430 – Champagnole 42 – Lons-le-Saunier 24 – St-Claude 36 – St-Laurent-en-Grandvaux 37.

⚠ **Surchauffant** 25 avr.-16 sept.
ℰ 03 84 25 41 08, *info@camping-surchauffant.fr*,
Fax 03 84 35 56 88, *www.camping-surchauffant.fr* – **R** in-
dispensable
2,5 ha (180 empl.) plat, herbeux, pierreux
Tarif : 18,50 € ⚹ ⟵ 🅴 – ⚡ (6A) 2,70 € – pers.
suppl. 4,40 €
Location ⚘ : 24 🏠 (4 à 6 pers.) 294 à 609 €/sem.
Pour s'y rendre : Au Pont de la Pyle, SE : 1 km par D 470 et
chemin à gauche, à 150 m du lac de Vouglans (accès direct)
À savoir : Dans un site agréable

Nature : ⚲ ≤ ⚘
Loisirs : 🏠 🏓
Services : ♿ ⊶ (juil.-août) GB ⚐
🖼 ⊕ ⚐ 🖼
À prox. : ♈ ✗ ⚓ 🎣

UXELLES

✉ 39130 – **321** I2 – 39 h. – alt. 598
Paris 440 – Besançon 93 – Genève 86 – Lausanne 102 – Annecy 136.

⚠ **Relais Soleil les Crozats** (location exclusive de chalets
et de chambres) – fermé 8 au 30 nov.
ℰ 03 84 25 26 19, *reservation@rsl39.com*,
Fax 03 84 25 51 31, *www.relaisoleiljura.com* – **R** indispen-
sable
2 ha peu incliné, plat, herbeux
Location 🅿 : 15 🏠 (4 à 6 pers.) 308 à 819 €/sem. – 28
🛏
Pour s'y rendre : au bourg

Nature : ❀ ⚘
Loisirs : ♈ ✗ 🏠 ⚐ 🏓 ⚐ ham-mam
Services : ⊶ GB ⚐ ⚐ 🖼 sèche-linge ⚐

Donnez-nous votre avis
sur les terrains que nous recommandons.
Faites-nous connaître vos observations et vos découvertes.
par mail à l'adresse : leguidecampingfrance@fr.michelin.com.

336

CROMARY

✉ 70190 – **314** E8 – 164 h. – alt. 219
Paris 419 – Belfort 88 – Besançon 21 – Gray 50 – Montbéliard 72 – Vesoul 34.

▲ **L'Esplanade** avr.-sept.
    ℘ 03 84 91 82 00, Fax 03 84 91 82 00, *www.lesplanade.nl*
    – **R** conseillée
    2,7 ha (65 empl.) plat, herbeux
    Tarif : 13,40 € 🕴 🚗 🔲 ⚡ (8A) – pers. suppl. 2,80 €
    Pour s'y rendre : Au S du bourg par D 276
    À savoir : Dans un site champêtre avec un accès direct à la
    rivière

> Nature : 🏞 ≤ 🏕
> Loisirs : snack 🎱 🛶
> Services : ♿ ⚡ 🚗 🔲 ⊕ 🔲

FRESSE

✉ 70270 – **314** H6 – 634 h. – alt. 472
Paris 405 – Belfort 31 – Épinal 71 – Luxeuil-les-Bains 30 – Vesoul 48.

▲ **La Broche** 15 avr.-15 oct.
    ℘ 03 84 63 31 40, Fax 03 84 63 31 40, *www.camping-bro
che.com* – **R** conseillée
    2 ha (50 empl.) peu incliné, plat, terrasse, herbeux
    Tarif : 11,50 € 🕴 🚗 🔲 ⚡ (10A) – pers. suppl. 3 €
    Location : 6 🛖 (2 à 4 pers.) 154 à 168 €/sem.
    Pour s'y rendre : Sortie O, rte de Melesey et chemin à
gauche
    À savoir : Dans un site vallonné et boisé, au bord d'un
étang

> Nature : 🏞 ≤
> Loisirs : 🛶
> Services : ♿ ⚡ 🚗 🔲 ⊕

LURE

✉ 70200 – **314** G6 – G. Franche-Comté Jura – 8 727 h. – alt. 290
🛈 *Office de tourisme, 35, avenue Carnot* ℘ 03 84 62 80 52, Fax 03 84 62 74 61
Paris 387 – Belfort 37 – Besançon 77 – Épinal 77 – Montbéliard 35 – Vesoul 30.

337

▲ **Intercommunal de Lure** juin-sept.
    ℘ 03 84 30 43 40, *brigitte-duhaut@pays-de-lure.org*,
    Fax 03 84 89 00 31, *www.pays-de-lure.fr* – **R** conseillée
    1 ha (45 empl.) plat, herbeux
    Tarif : 9,20 € 🕴 🚗 🔲 – pers. suppl. 2,80 €
    Pour s'y rendre : SE : 1,4 km par D 64 vers rte de Belfort
puis 0,8 km par D 18 à droite, rte de l'Isle-sur-le-Doubs, à
50 m de l'Ognon (accès direct)

> Loisirs : 🎱 🛶
> Services : ♿ ⚡ GB 🚗 🔲 ⚬ ⊕ 🔲
> À prox. : 🛒 ⚙ 🏇 poneys

Site de Nans-sous-Sainte-Anne

G. Magnin/Michelin

MÉLISEY

✉ 70270 – **314** H6 – 1 794 h. – alt. 330
🛈 *Office de tourisme, place de la Gare ☎ 03 84 63 22 80, Fax 03 84 63 26 94*
Paris 397 – Belfort 33 – Épinal 63 – Luxeuil-les-Bains 22 – Vesoul 40.

△ **La Pierre** 15 mai-15 sept.
☎ 03 84 63 23 08, *mairie.melisey@wanadoo.fr* – places limi-tées pour le passage – **R** conseillée
1,5 ha (50 empl.) plat, peu incliné, herbeux
Tarif : (Prix 2007) ♣ 2,50 € ⛺ 1,20 € 🅴 2,50 € – 🔌 (4A) 2 €
Location (permanent) : 4 🏠 (4 à 6 pers.) 238 à 432 €/sem.
Pour s'y rendre : N : 2,7 km sur D 293, rte de Mélay
À savoir : Cadre pittoresque dans un site boisé

Nature : 🐾 🏞
Loisirs : 🍴
Services : 🚿 🗂 🏧 ⓐ

PESMES

✉ 70140 – **314** B9 – G. Franche-Comté Jura – 1 057 h. – alt. 205
🛈 *Office de tourisme, 19, rue Jacques Prévost ☎ 06 87 73 13 05, Fax 03 84 31 23 37*
Paris 387 – Besançon 52 – Vesoul 64 – Dijon 69 – Dole 28.

🏔 **La Colombière** Permanent
☎ 03 84 31 20 15 – **R** conseillée
1 ha (70 empl.) plat, herbeux
Tarif : 8 € ♣ ⛺ 🅴 🔌 (10A) – pers. suppl. 1,70 €
Location : 4 🚐 (4 à 6 pers.) 280 à 350 €/sem.
🚐 🚌 12 €
Pour s'y rendre : Sortie S par D 475, rte de Dole, bord de l'Ognon

Nature : ♀
Loisirs : 🍴 🎣
Services : 🚿 ⛽ GB 🗂 🍴 🏧 ⓐ
À prox. : 🍴 ✖ 🚴 canoë kayak

Si vous recherchez :
👫 *Un terrain offrant des équipements et des loisirs adaptés aux enfants*
🐾 *Un terrain agréable ou très tranquille*
L - M *Un terrain effectuant la location de caravanes, de mobile homes, de bungalows ou de chalets*
P *Un terrain ouvert toute l'année*
🚐 *Un terrain possédant une aire de services pour camping-cars*
Consultez le tableau des localités

338

RENAUCOURT

✉ 70120 – **314** C7 – 115 h. – alt. 209
Paris 338 – Besançon 58 – Bourbonne-les-Bains 49 – Épinal 98 – Langres 55.

△ **Municipal la Fontaine aux Fées** mai-oct.
☎ 03 84 92 04 18, Fax 03 84 92 04 18 – **R** conseillée
2 ha (24 empl.) plat, herbeux
Tarif : 8 € ♣ ⛺ 🅴 🔌 (13A) – pers. suppl. 2 €
Pour s'y rendre : SO : 1,3 km par rte de Volon
À savoir : À la lisière d'un bois, près d'un étang

Services : ⛽ ⓐ 🚿
À prox. : 🏊 🎣

VESOUL

✉ 70000 – **314** E7 – G. Franche-Comté Jura – 17 168 h. – alt. 221 – Base de loisirs
🛈 *Office de tourisme, 2,rue Gevrey ☎ 03 84 97 10 85, Fax 03 84 97 10 84*
Paris 360 – Belfort 68 – Besançon 47 – Épinal 91 – Langres 76 – Vittel 86.

🏔 **International du Lac** fermé 19 déc.-2 janv.
☎ 03 84 76 22 86, *camping_dulac@yahoo.fr, www.cam ping-vesoul.com* – **R**
3 ha (160 empl.) plat, herbeux
Tarif : ♣ 3,50 € ⛺ 2,50 € 🅴 3,35 € – 🔌 (6A) 2 €
Location 🐾 : 6 🚐 (4 à 6 pers.) 250 à 510 €/sem.
🚐 1 borne 2,50 €
À savoir : Près d'un vaste lac

Nature : 🐾 🏞
Loisirs : 🍴 🎣
Services : 🚿 ⛽ GB 🗂 🍴 🗂 🏧 ⓐ
🚿 🚰 🔲 sèche-linge
À prox. : 🍴 ✖ snack 🚣 🚴 🏊 ⛷

VILLERSEXEL

✉ 70110 – **314** G7 – 1 444 h. – alt. 287
🛈 *Office de tourisme, 33, rue des Cités* ℰ *03 84 20 59 59, Fax 03 84 20 59 59*
Paris 386 – Belfort 41 – Besançon 59 – Lure 18 – Montbéliard 34 – Vesoul 27.

⚠ **Le Chapeau Chinois** avr.-sept.
ℰ 03 84 63 40 60, *villersexelcamp@aol.com*,
Fax 03 84 63 40 60 – **R** conseillée
2 ha (80 empl.) plat, herbeux
Tarif : ✿ 2,90 € ⬅ 2 € 🔲 4,10 € – ⚡ (10A) 2,50 €
Location ⚜ : ☗ – gîtes
Pour s'y rendre : 1 km au N par D 486, rte de Lure et
chemin à dr. après le pont
À savoir : Au bord de l'Ognon

> Nature : 🌳 ♀
> Loisirs : 🎱 ✗ ≋ ⌇
> Services : ⅋ ⊶ GB ⌇ ☺ ℅
> À prox. : ✗ ♙ canoë

Territoire-de-Belfort (90)

BELFORT

✉ 90000 – **315** F11 – G. Franche-Comté Jura – 50 417 h. – alt. 360
🛈 *Office de tourisme, 2 bis, rue Clemenceau* ℰ *03 84 55 90 90, Fax 03 84 55 90 70*
Paris 422 – Lure 33 – Luxeuil-les-Bains 52 – Montbéliard 23 – Mulhouse 41 – Vesoul 63.

⚠ **L'Étang des Forges** 7 avr.-sept.
ℰ 03 84 22 54 92, *contact@camping-belfort.com*,
Fax 03 84 22 76 55, *www.camping-belfort.com* – **R** conseillée
3,4 ha (90 empl.) plat, herbeux, pierreux
Tarif : 18 € ✿ ⬅ 🔲 ⚡ (6A) – pers. suppl. 3 €
🚐 1 borne flot bleu
Pour s'y rendre : 1,5 km au N par D 13, rte d'Offemont et
à dr., r. Béthouart, par A sortie 13

> Nature : ≼
> Loisirs : 🎱 ⚹ 🎯 ≋ (bassin)
> Services : ⅋ ⊶ GB ⌇ ⊞ 🗜 ⊞ 😊 ☺
> 🌊 ✓ 🖩 sèche-linge
> À prox. : ⚲

339

LACHAPELLE-SOUS-ROUGEMONT

✉ 90360 – **315** G10 – 460 h. – alt. 400
Paris 442 – Belfort 16 – Basel 66 – Colmar 55 – Mulhouse 29 – Thann 18.

⚠ **La Seigneurie** avr.-oct.
ℰ 03 84 23 00 13, *mairielachapelle-rougemont@wana*
doo.fr, Fax 03 84 23 05 04, www.campingdela seigneu
rie.com – **R** conseillée
3 ha (120 empl.) plat, herbeux
Tarif : 17 € ✿ ⬅ 🔲 ⚡ (6A) – pers. suppl. 3,60 €
🚐 1 borne eurorelais
Pour s'y rendre : 3,2 km au N par D 11, rte de Lauw
À savoir : En lisière de forêt, près d'un étang

> Nature : 🌳 ♀
> Loisirs : ♟ 🎯
> Services : ⅋ ⊶ GB ⌇ 🗜 ☺ 🖩
> À prox. : ✗ ⌇

ÎLE-DE-FRANCE

S. Sauvignier/Michelin

L'Île-de-France s'identifie à Paris. Historique, culturelle, moderne, la capitale, que domine la silhouette élancée de la tour Eiffel, mêle sans vergogne palais royaux devenus musées, édifices contemporains, petites maisons bohèmes et immeubles haussmanniens. Mille ambiances s'y côtoient : calme villageois des ruelles fleuries, effervescence des Grands Boulevards, convivialité bruyante des bistrots, intimité des ateliers d'artistes, décontraction des terrasses de café où s'affiche parfois une star du show-biz, affriolants spectacles de cabaret… Hors la métropole, la région recèle d'autres richesses : nobles demeures entourées de hautes futaies, parc enchanté de Disneyland, joyeuses guinguettes des bords de Marne… Sans oublier Versailles qui abrite « le plus beau château du monde », paré de tous ses ors.

Paris, the City of Light, is the heart of the île de France, a chic and cosmopolitan capital where former royal palaces are adorned with glass pyramids, railway stations become museums and alleyways of bohemian houses lead off from broad, plane-planted boulevards. Paris is never-ending in its contrasts: from bustling department stores to elegant cafés, from the bateaux-mouches, gliding past the city by night, to the whirlwind glitz of a cabaret. But the land along the Seine is not content to stay in the shadows of France's illustrious first city; the region is home to secluded chateaux, the magic of Disneyland and the gaiety of the summer cafés on the banks of the Marne. And who could forget the sheer splendour of Versailles, the most beautiful palace in the world?

Légende

- Localité citée avec camping
- Localité citée avec camping et locatif
- *Lourdes* — Localité disposant d'un camping avec aire de services camping-car
- *Moyaux* — Localité disposant d'au moins un terrain agréable
- Aire de service pour camping-car sur autoroute

PARIS

✉ 75000 Plans : 50-54-55 et 56 – G. Paris – 2 125 246 h. – alt. 30

🛈 *25, rue des Pyramides (1ᵉʳ) ℰ 08 92 68 30 00, Fax 01 49 52 53 00 Office de tourisme, 20, bd Diderot, Gare de Lyon ℰ 08 92 68 30 00, Fax 01 49 52 53 00 Office de tourisme, 18, rue de Dunkerque, Gare du Nord ℰ 08 92 68 30 00, Fax 01 49 52 53 00 Office de tourisme, 11 bis, rue Scribe ℰ 08 92 68 30 00, Fax 01 49 52 53 00 Office de tourisme, place du Tertre Montmartre ℰ 08 92 68 30 00, Fax 01 49 52 53 00 Office de tourisme, Tour Eiffel ℰ 08 92 68 30 00, Fax 01 49 52 53 00 Office de tourisme, Carroussel du Louvre ℰ 08 92 68 30 00, Fax 01 49 52 53 00*

Au Bois de Boulogne – ✉ 75016

Du Bois de Boulogne Permanent
ℰ 01 45 24 30 00, paris@campingparis.fr,
Fax 01 42 24 42 95, www.campingparis.fr – **R** conseillée –
réservé aux usagers résidant hors Île de France
7 ha (510 empl.) plat, gravillons, herbeux
Tarif : (Prix 2007) 35,70 € 👤 🚗 🔲 🔌 (10A) – pers.
suppl. 6,70 € – frais de réservation 13,50 €
Location : 75 🛖 (4 à 6 pers.) à 696,50 €/sem.
🚐 4 bornes artisanales 5 € –
Pour s'y rendre : allée du Bord de l'Eau, entre le pont de
Suresnes et le pont de Puteaux, bord de la Seine

Nature : 🏞 🌳🌳
Loisirs : 🍽 ✕
Services : 🚿 🔌 ⛽ 🅿 🍷 🏧 🛒
🚽 💧 🧺 sèche-linge 🏪

Seine-et-Marne (77)

BAGNEAUX-SUR-LOING

✉ 77167 – **312** F6 – 1 595 h. – alt. 45
Paris 84 – Fontainebleau 21 – Melun 39 – Montargis 30 – Pithiviers 39 – Sens 48.

Municipal de Pierre le Sault avr.-oct.
ℰ 01 64 29 24 44, Fax 01 64 29 24 44 – places limitées pour
le passage – **R**
3 ha (160 empl.) plat, herbeux, bois attenant
Tarif : 👤 2,60 € 🚗 🔲 2,20 € – 🔌 (6A) 3,05 €
Pour s'y rendre : Au NE de la ville, près du terrain de
sports, entre le canal et le Loing, à 200 m d'un plan d'eau

Nature : 🏞 🌳
Loisirs : 🚣 🏊 🎾
Services : 🚿 🔌 🏧 🅿 🍷 🛒
sèche-linge
À prox. : 🛼 piste de rolier skate

343

BLANDY

✉ 77115 – **312** F4 – G. Île-de-France – 721 h. – alt. 86
Paris 55 – Fontainebleau 22 – Melun 12 – Montereau-Fault-Yonne 29 – Provins 41.

Le Pré de l'Étang 15 fév.-15 nov.
ℰ 01 60 66 96 34, Fax 01 60 66 96 34 – **R** conseillée
1,7 ha (62 empl.) plat, herbeux
Tarif : 18,50 € 👤 🚗 🔲 🔌 (10A) – pers. suppl. 4,50 €
Pour s'y rendre : sortie E, rte de St-Méry
À savoir : cadre verdoyant en bordure d'un petit étang

Nature : 🌊 🏞
Loisirs : 🏊
Services : 🚿 🔌 🏧 🅿 ⛽

BOULANCOURT

✉ 77760 – **312** D6 – 325 h. – alt. 79
Paris 79 – Étampes 33 – Fontainebleau 28 – Melun 44 – Nemours 27 – Pithiviers 24.

Île de Boulancourt Permanent
ℰ 01 64 24 13 38, camping-ile-de-boulancourt@wana
doo.fr, Fax 01 64 24 10 43, www.camping-iledeboulan
court.com – places limitées pour le passage – **R** conseillée
5 ha (100 empl.) plat, herbeux
Tarif : 15 € 👤 🚗 🔲 🔌 (3A) – pers. suppl. 4 €
Location 🛖 : gîtes
🚐 1 borne raclet 2 € – 3 🔲 15 € – 🚰 10 €
Pour s'y rendre : S : par D 103ᴬ, rte d'Augerville-la-Rivière
À savoir : Cadre boisé et agréable situation dans une boucle de l'Essonne

Nature : 🌊 🌳🌳
Loisirs : 🚣 ♦
Services : 🔌 🏧 🅿 🛗 ⛽ 🛒
À la base de loisirs de Buthiers : ⛷
golf, pratice de golf - 🎾

CREVECOEUR-EN-BRIE

✉ 77610 – **312** G3 – 299 h. – alt. 116
Paris 51 – Melun 36 – Boulogne 59 – Argenteuil 66 – Montreuil 47.

Caravaning des 4 Vents mars-1er nov.
℘ 01 64 07 41 11, *f.george@free.fr*, Fax 01 64 07 45 07,
www.caravaning-4vents.fr – places limitées pour le passage
– **R** conseillée
9 ha (199 empl.) plat, herbeux
Tarif : 25 € 🏕 🚗 🔲 🚿 (6A) – pers. suppl. 5 €
Location 🏖 : 6 🏠 (4 à 6 pers.) 560 €/sem.
🚐 1 borne artisanale – 12 🔲 25 €
Pour s'y rendre : O : 1 km par rte de la Houssaye et rte à
gauche

> Nature : 🌲 🌿
> Loisirs : 🛖 🏊 🛝
> Services : 🅰 🔌 GB 🔲 🚿 ⊕ 🚰 📞 📠
> À prox. : 🍴 🐎 poneys

La FERTÉ-SOUS-JOUARRE

✉ 77260 – **312** H2 – 8 584 h. – alt. 58
🛈 Office de tourisme, 34, rue des Pelletiers ℘ 01 60 01 87 99, Fax 01 60 22 99 82
Paris 67 – Melun 70 – Reims 83 – Troyes 116.

Le Caravaning des Bondons Permanent
℘ 01 60 22 00 98, *castel@chateaudesbondons.com*,
Fax 01 60 22 97 01 – places limitées pour le passage
– **R** conseillée
30 ha/10 campables (247 empl.) plat et peu incliné,
herbeux, étang
Tarif : 24 € 🏕 🚗 🔲 🚿 (5A) – pers. suppl. 7 €
Location : hôtel
Pour s'y rendre : E : 2 km par D 407 et D 70, rte de
Montmenard puis 1,4 km rue des Bondons
À savoir : Dans le parc du Château des Bondons

> Nature : 🌲 🌳 🌿
> Loisirs : 🍴
> Services : 🅰 🔌 GB 🔲 🚿 ⊕ 🚰 📠
> À prox. : 🍴 🛝 🐎 (centre éques-
> tre)

344

JABLINES

✉ 77450 – **312** F2 – G. Île-de-France – 574 h. – alt. 46 – Base de loisirs
Paris 44 – Meaux 14 – Melun 57.

L'International 29 mars-25 oct.
℘ 01 60 26 09 37, *welcome@camping-jablines.com*,
Fax 01 60 26 43 33, *www.camping-jablines.com* – **R** conseil-
lée
300 ha/4 campables (150 empl.) plat, herbeux
Tarif : 24 € 🏕 🚗 🔲 🚿 (10A) – pers. suppl. 7 € – frais de
réservation 9 €
Location 🏖 : 8 🏠 (4 à 6 pers.) 420 à 610 €/sem.
🚐 1 borne raclet 2,50 € – 8 🔲 24 €
Pour s'y rendre : SO : 2 km par D 45, rte d'Annet-sur-
Marne, à 9 km du Parc Disneyland-Paris
À savoir : Situation agréable dans une boucle de la Marne

> Nature : 🌲 🌳
> Loisirs : 🏊
> Services : 🅰 🔌 GB 🚲 🔲 🚿 ⊕ 🚰
> 📠 📞 🔲 sèche-linge 🏧
> À la base de loisirs : 🍴 cafétéria 🏖
> 🍴 🛝 ♨ 🛶 (plan d'eau) 🚡 téléski
> nautique, poneys (centre équestre)

MARNE-LA-VALLÉE

✉ 77206 – **312** E2 – G. Île-de-France
Paris 27 – Meaux 29 – Melun 40.

à Disneyland Paris 38 km à l'Est de Paris par A⁴ – ✉ 77777

Davy Crockett Ranch (location exclusive de mobile
homes) Permanent
℘ 0825 30 60 30, *dlpcpgfrontoffice@disney.com*,
Fax 01 60 45 69 33, *www.disneylandparis.com* – **R** 🏖
57 ha plat, sablonneux
Location : 595 🏠 – à partir de 119 €/nuitée par pers.
avec petit déj.
Pour s'y rendre : Par A 4, sortie 13 et rte Ranch Davy
Crockett
À savoir : Agréable cadre boisé

> Nature : 🌲 🌳 🌿
> Loisirs : 🍴 self-service 🛖 🎮 🏊
> 🚲 🍴 🎮 🔲 🛶 poneys parc anima-
> lier, théâtre de plein air
> Services : 🅰 🔌 GB 🅼 🔲 🛁 ⊕ 🚰
> 📠 🔲 🏧

MELUN

✉ 77000 – **312** E4 – G. Île de France – 35 695 h. – alt. 43

🛈 *Office de tourisme, 18, rue Paul Doumer* ℘ *01 64 52 64 52, Fax 01 60 56 54 31*
Paris 47 – Chartres 105 – Fontainebleau 18 – Meaux 55 – Orléans 104 – Reims 145 – Sens 75.

⚑ La Belle Étoile avr.-19 oct.
℘ 01 64 39 48 12, *info@campinglabelleetoile.com*,
Fax 01 64 37 25 55, *www.campinglabelleetoile.com*
– **R** conseillée
3,5 ha (190 empl.) plat, herbeux
Tarif : 22 € ✴ ⇐ 🅴 (½) (6A) – pers. suppl. 6,20 – frais de
réservation 8 €
Location 🛖 : 11 ⟦⟧ (4 à 6 pers.) 366 à 600 €/sem.
🔲 1 borne artisanale 2 €
Pour s'y rendre : SE par D 606, rte de Fontainebleau, av.
de la Seine et quai Joffre (rive gauche), à la Rochette près
du fleuve

Nature : 🌳
Loisirs : 🎱 ⚓ ≃ (bassin)
Services : ⚷ 🅶🅱 ⚙ ⊞ 🔥 ⊟ ⊘ ⚗
🚾 ⚐ 🔲 sèche-linge
À prox. : 🐴 hammam 🍴 🎣 🔲 ⚓
(petite piscine) 🌊

MONTJAY-LA-TOUR

✉ 77410 – **312** E2
Paris 38 – Melun 50 – Boulogne 45 – Argenteuil 41 – Montreuil 25.

⚑ Le Parc Permanent
℘ 01 60 26 20 79, *camping.leparc@club-internet.fr*,
Fax 01 60 27 02 75, *www.campingleparc.fr* – places limitées
pour le passage – **R** conseillée
10 ha (340 empl.) plat et en terrasses, peu incliné, gravier,
herbeux
Tarif : 35 € ✴ ⇐ 🅴 (½) (6A) – pers. suppl. 8 € – frais de
réservation 20 €
Location : 50 ⟦⟧ (4 à 6 pers.) 440 à 720 €/sem.
🔲 1 borne 15 € – 5 🅴 30 €
Pour s'y rendre : sortie E par D 105 vers la D 104 direction
Annet

Nature : 🌲 🌳🌳
Loisirs : snack 🎱 ⊟ ⚓
Services : ♿ ⚷ 🅶🅱 ⊞ 🔥 ⊘ ⚗ ⊘
⚐ ⚐ 🔲 sèche-linge
À prox. : 🍴

345

POMMEUSE

✉ 77515 – **312** H3 – 2 476 h. – alt. 67
Paris 58 – Château-Thierry 49 – Créteil 54 – Meaux 23 – Melun 47 – Provins 43.

⚑ Le Chêne Gris 🏕 – 28 avr.-oct.
℘ 01 64 04 21 80, *infi@lechenegris.fr*, Fax 01 64 20 05 89,
www.lechenegris.com – **R** indispensable
6 ha (198 empl.) en terrasses, herbeux, gravier
Tarif : 37 € ✴ ⇐ 🅴 (½) (32A) – pers. suppl. 3,75 €
Location : 110 ⟦⟧ (4 à 6 pers.) 354 à 654 €/sem. – 25
tentes
🔲 🍺 24 €
Pour s'y rendre : SO : 2 km, derrière la gare de Fare-
moutiers-Pommeuse

Nature : 🌲 🌳🌳
Loisirs : ✗ 🎱 ⊟ 🎣 ⚓ ⚓
Services : ♿ ⚷ 🅶🅱 ⚙ ⊞ 🔥 ⊘ ⚗
⚗ 🚾 ⚐ 🔲 sèche-linge ⚗
À prox. : 🍴 🎣 🔲

TOUQUIN

✉ 77131 – **312** H3 – 950 h. – alt. 112
Paris 57 – Coulommiers 12 – Melun 36 – Montereau-Fault-Yonne 48 – Provins 31.

⚑ Les Étangs Fleuris 15 avr.-15 sept.
℘ 01 64 04 16 36, *contact@etangs-fleuris.com*,
Fax 01 64 04 12 28, *www.etangsfleuris.com* – **R** conseillée
5,5 ha (175 empl.) plat, peu incliné, herbeux
Tarif : 18 € ✴ ⇐ 🅴 (½) (10A) – pers. suppl. 9 €
Pour s'y rendre : E : 3 km, rte de la Boiserotte
À savoir : Agréable cadre boisé

Nature : 🌿 🌲 🌳🌳
Loisirs : 🍴 🎱 ⚓ 🎣 ⚓ 🌊 terrain
omnisports
Services : ⚷ 🅶🅱 ⚙ ⊞ 🔥 ⊘ ⚗ ⚗
⚐ ⚐ 🔲 sèche-linge
À prox. : 🍴 🐴 (centre équestre)

VENEUX-LES-SABLONS

✉ 77250 – **312** F5 – 4 617 h. – alt. 76
Paris 72 – Fontainebleau 9 – Melun 26 – Montereau-Fault-Yonne 14 – Nemours 21 – Sens 45.

   Les Courtilles du Lido 22 mars-20 sept.
       ℘ 01 60 70 46 05, *lescourtilles-dulido@wanadoo.fr*,
       Fax 01 64 70 62 65, *www.les.courtilles.du.lido.fr*
       5 ha (196 empl.) plat, herbeux
       Tarif : 19 € 🛉 ⬡ 🅴 (½) (10A) – pers. suppl. 3,75 €
       Location ⚡ : 13 ⟨⟩ (4 à 6 pers.) 272 à 700 €/sem.
       ⟨⟩ 1 borne 4 €
       Pour s'y rendre : NE : 1,5 km, chemin du Passeur

> Nature : ⟨⟩ ♤♤
> Loisirs : ♟ ⟨⟩ 🛉 ⟨⟩
> Services : ⟨⟩ GB ⟨⟩ 🗄 ⟨⟩ ⊕ ⟨⟩ ⟨⟩
> ⟨⟩ 🖼 sèche-linge

VERDELOT

✉ 77510 – **312** J2 – G. Champagne Ardenne – 653 h. – alt. 115
Paris 89 – Melun 70 – Reims 80 – Troyes 104.

   Caravaning de la Fée 15 mars-15 nov.
       ℘ 01 64 04 80 19, *caravaninglafee@wanadoo.fr*,
       Fax 01 64 04 81 84, *www.caravaning-de-la-fee.com* – places
       limitées pour le passage – **R** conseillée
       5,8 ha (100 empl.) peu incliné, herbeux
       Tarif : 23,50 € 🛉 ⬡ 🅴 (½) (10A) – pers. suppl. 6,50 €
       Pour s'y rendre : S : 0,5 km par rte de St-Barthélémy et à
       droite
       À savoir : Au bord du Petit Morin et d'un étang

> Nature : ⟨⟩ ⟨⟩ ♤(verger)
> Loisirs : ⟨⟩ 🛉 ⟨⟩
> Services : ⟨⟩ ⟨⟩ 🖽 🗄 ⊕ ⟨⟩ ⟨⟩ 🖼
> À prox. : ⟨⟩ ⟨⟩ (centre équestre)

Yvelines (78)

RAMBOUILLET

✉ 78120 – **311** G4 – G. Île-de-France – 24 758 h. – alt. 160
🅸 *Office de tourisme, place de la Libération* ℘ *01 34 83 21 21, Fax 01 34 83 21 31*
Paris 53 – Chartres 42 – Étampes 44 – Mantes-la-Jolie 50 – Orléans 93 – Versailles 35.

   Huttopia 28 mars-2 nov.
       ℘ 01 30 41 07 34, *rambouillet@huttopia.com*,
       Fax 01 30 41 00 17, *www.huttopia.com* – **R** conseillée
       8 ha (93 empl.) plat, gravier, herbeux
       Tarif : 28,20 € 🛉 ⬡ 🅴 (½) (6A) – pers. suppl. 6,50 €
       Location : cabanes, canadiennes, roulottes
       ⟨⟩ 1 borne flot bleu – 10 🅴
       Pour s'y rendre : rue du château d'eau, à 4 km au sud du
       centre ville
       À savoir : En bordure d'un étang, au coeur de la forêt

> Nature : ⟨⟩ ⟨⟩ ♤♤
> Loisirs : ♟ snack ⟨⟩ ⟨⟩ ⟨⟩ ⟨⟩ ⟨⟩
> Services : ⟨⟩ ⟨⟩ GB ⟨⟩ 🖽 🗄 ⊕
> ⟨⟩ ⟨⟩ ⟨⟩ 🖼 sèche-linge ⟨⟩
> À prox. : ⟨⟩ ⟨⟩ parc animalier

VERSAILLES

✉ 78000 – **311** I3 – G. Île de France – 85 726 h. – alt. 130
Paris 29 – Chartres 80 – Fontainebleau 73 – Rambouillet 35 – Rouen 123.

   Huttopia Versailles 28 mars-2 nov.
       ℘ 01 39 51 23 61, *versailles@huttopia.com*,
       Fax 01 39 53 68 29, *www.huttopia.com* – **R** indispensable
       4,6 ha (180 empl.) incliné, peu incliné, en terrasses,
       pierreux, herbeux
       Tarif : (Prix 2007) 35,90 € 🛉 ⬡ 🅴 (½) (10A) – pers.
       suppl. 7,90 € – frais de réservation 17 €
       Location : 20 ⟨⟩ (4 à 6 pers.) 623,70 à 1 001,70 €/sem. –
       10 tentes – roulottes
       ⟨⟩ 1 borne artisanale 3,50 €
       Pour s'y rendre : au S de la ville, 31 r. Berthelot
       À savoir : Cadre boisé proche de la ville

> Nature : ♤♤
> Loisirs : snack ⟨⟩ ⟨⟩
> Services : ⟨⟩ ⟨⟩ GB ⟨⟩ 🖽 🗄 ⊕ ⊕
> ⟨⟩ ⟨⟩ 🖼 sèche-linge
> À prox. : ⟨⟩

ÉTAMPES

✉ 91150 – **312** B5 – G. Île de France – 21 839 h. – alt. 80 – Base de loisirs

🛈 *Office de tourisme, place de l'Hôtel de Ville* ✆ *01 69 92 69 00, Fax 01 69 92 69 28*

Paris 51 – Chartres 59 – Évry 35 – Fontainebleau 45 – Melun 49 – Orléans 76 – Versailles 58.

⚠ **Le Vauvert** fermé 16 déc.-15 janv.
✆ 01 64 94 21 39, Fax 01 69 92 72 59 – places limitées pour le passage – ⊮
8 ha (288 empl.) plat, herbeux
Tarif : 18 € 🕴 ⛺ 🔲 [½] (10A) – pers. suppl. 5 €
Pour s'y rendre : 2,3 km au S par D 49 rte de Saclas
À savoir : Cadre agréable, au bord de la Juine

Nature : ⌂
Loisirs : 🍴 ⌂ 🏃 ※
Services : 🕹 ⚬ 🔲 🔲 ♨ ⊘ 🔲 ⊽
À la base de loisirs : -◐ 🔲 🔲 🏊 🐎 (centre équestre), escalade

VILLIERS-SUR-ORGE

✉ 91700 – **312** C4 – 3 753 h. – alt. 75

Paris 25 – Chartres 71 – Dreux 89 – Évry 15 – Melun 41 – Versailles 32.

⚠ **Le Beau Village** Permanent
✆ 01 60 16 17 86, *le-beau-village@wanadoo.fr,*
Fax 01 60 16 31 46, *www.beau-village.com* – places limitées pour le passage – **R** conseillée
2,5 ha (100 empl.) plat, herbeux
Tarif : 18 € 🕴 ⛺ 🔲 [½] (10A) – pers. suppl. 4,50 €
Location ✂ : 10 🔲 (4 à 6 pers.) 245 à 400 €/sem.
🚐 1 borne flot bleu 2 €
Pour s'y rendre : SE : 0,6 km par le centre-ville, bord de l'Orge, à 800 m de la gare de St-Geneviève-des-Bois - par A 6 sortie 6

Nature : 🐟 ⌂ ♀
Loisirs : 🍴 ⌂ 🏃
Services : 🕹 ⚬ GB 🔲 Ⓜ 🔲 🔲 ♨ ⊘ 🔲 🔲 sèche-linge
À prox. : ※ 🔲

347

LANGUEDOC-ROUSSILLON

D. Pazery/Michelin

Kaléidoscope est le mot qui convient pour évoquer la diversité des paysages et des cultures du Languedoc-Roussillon. Au rythme endiablé des sardanes et des ferias, vous serez tour à tour conquis par la beauté vertigineuse des gorges du Tarn, l'altière splendeur des Pyrénées, l'envoûtante atmosphère des grottes, l'admirable solitude des « citadelles du vertige » cathares, les entêtants parfums de la garrigue, la splendeur des remparts de Carcassonne, l'exubérance des retables catalans, la quiétude du canal du Midi, la rude majesté des Cévennes... Cascade de sensations fortes qui mettent l'estomac à rude épreuve : à vous d'y remédier avec une assiette d'aligot, une bourride sétoise ou un cassoulet géant, suivi d'un roquefort affiné juste ce qu'il faut et arrosé d'un vin de pays à la belle couleur... rubis !

Languedoc-Roussillon is home to one of France's most diverse collages of landscape and culture: the feverish rhythm of its festivals, the dizzying beauty of the Tarn Gorges, the bewitching spell of its caves and stone statues, the seclusion of its clifftop citadels, the heady perfumes of its sunburnt garrigue, the nonchalant flamingos on its long salt flats, the splendour of Carcassonne's ramparts, the quiet waters of the Midi Canal and the harsh majesty of the Cévennes. Taking in so many sights and sensations is likely to exhaust most explorers, but remedies are close at hand: a plate of "aligot", mashed potato, garlic and cheese, and a simmering cassoulet, the famously rich combination of duck, sausage, beans and herbs, followed by a slice of Roquefort cheese and a glass of ruby-red wine.

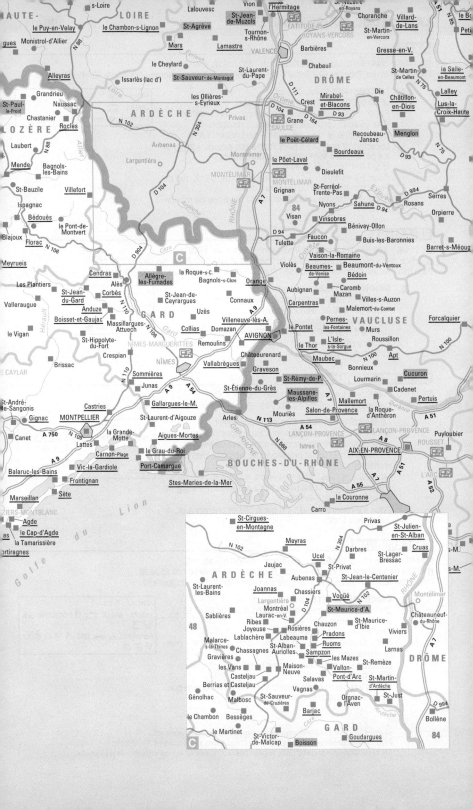

AXAT

✉ 11140 – **344** E6 – G. Languedoc Roussillon – 832 h. – alt. 398
Paris 809 – Ax-les-Thermes 52 – Belcaire 32 – Carcassonne 65 – Font-Romeu-Odeillo-Via 65 – Perpignan 66.

⚠ **La Crémade** 12 avr.-20 sept.
  𝒫 04 68 20 50 64, *lacremade@hotmail.fr*,
  Fax 04 68 20 50 64, *www.lacremade.com* – **R** conseillée
  4 ha (95 empl.) peu incliné, herbeux, forêt attenante
  Tarif : 13,70 € ✳ ⛺ 🅴 ⚡ (6A) – pers. suppl. 3,80 €
  Location : 7 🛖 (4 à 6 pers.) 220 à 360 €/sem. – 2 🏠 (4
  à 6 pers.) 220 à 360 €/sem. – appartements
  🚐 1 borne – 4 🅴 11,40 €
  Pour s'y rendre : NE : 2,8 km par D 118, D 117, rte de
  Perpignan et chemin du château à droite
  À savoir : dans un agréable site boisé de moyenne monta-
  gne

Nature : 🌿 ≤ 🏞 ♋♋
Loisirs : 🏊
Services : 🕭 ⚡ ✇ 🍴 🛒 🔄 ⊕ 🚿

BELCAIRE

✉ 11340 – **344** C6 – G. Languedoc Roussillon – 392 h. – alt. 1 002
🛈 *Office de tourisme, 22, avenue d'Ax les Thermes* 𝒫 04 68 20 75 89, Fax 04 68 20 79 13
Paris 810 – Ax-les-Thermes 26 – Axat 32 – Foix 54 – Font-Romeu-Odeillo-Via 82 – Quillan 29.

⚠ **Municipal le Lac** juin-sept.
  𝒫 04 68 20 39 47, *mairie.belcaire@wanadoo.fr*,
  Fax 04 68 20 36 48 – **R** conseillée
  0,6 ha (37 empl.) peu incliné, herbeux
  Tarif : ✳ 3 € 🅴 4,50 € – ⚡ (10A) 1,50 €
  Pour s'y rendre : sortie O par D 613, rte d'Ax-les-Thermes,
  à 150 m d'un plan d'eau

Nature : ≤ ♋
Loisirs : 🏊
Services : 🕭 ✇ GB ✇ ⊕ 🚿
À prox. : ✗ 🍴 🚤 🐎

BROUSSES-ET-VILLARET

✉ 11390 – **344** E2 – G. Languedoc Roussillon – 307 h. – alt. 412
Paris 768 – Carcassonne 21 – Castelnaudary 36 – Foix 88 – Mazamet 29 – Revel 31.

⚠ **Le Martinet-Rouge Birdie** 24 mai-6 sept.
  𝒫 04 68 26 51 98, *campinglemartinetrouge@orange.fr*,
  www.camping-lemartinetrouge.com – **R** conseillée
  2,5 ha (35 empl.) plat et peu accidenté, herbeux, pierreux,
  rochers
  Tarif : 18 € ✳ ⛺ 🅴 ⚡ (6A) – pers. suppl. 5 €
  Location : 6 🛖 (4 à 6 pers.) 245 à 485 €/sem. – 3 🏠 (4
  à 6 pers.) 265 à 565 €/sem.
  Pour s'y rendre : S : 0,5 km par D 203 et chemin à dr., à
  200 m de la Dure

Nature : 🌿 🏕 ♋♋
Loisirs : 🍴 snack 🏊 🎣 🚣 🏓
Services : 🕭 ⚡ ✇ 🛒 🔄 🔄 ⊕ 🕯 🚿 🔄
À prox. : ✗

CARCASSONNE

✉ 11000 – **344** F3 – G. Languedoc Roussillon – 43 950 h. – alt. 110
🛈 *Office de tourisme, 28, rue de Verdun* 𝒫 04 68 10 24 30, Fax 04 68 10 24 38
Paris 768 – Albi 110 – Béziers 90 – Narbonne 61 – Perpignan 114 – Toulouse 92.

⚠⚠⚠ **Campéole la Cité** 15 mars-15 oct.
  𝒫 04 68 25 11 77, *cpllacite@atciat.com*, Fax 04 68 47 33 13,
  www.campeoles.com
  7 ha (200 empl.) plat, herbeux
  Tarif : 27,90 € ✳ ⛺ 🅴 ⚡ (10A) – pers. suppl. 7 € – frais
  de réservation 25 €
  Location : 24 🛖 – bungalows toilés
  🚐 1 borne
  Pour s'y rendre : sortie E par D 6113, rte de Narbonne puis
  1,8 km par D 104, près d'un bras de l'Aude

Nature : ≤ 🏕
Loisirs : snack 🏊 🌙 nocturne 🏃
✗ 🎣
Services : 🕭 ⚡ GB ✇ 🔄 ⊕ 🕯
🔄 🔄 🔄

Si vous désirez réserver un emplacement pour vos vacances,
faites-vous préciser au préalable les conditions particulières de séjour,
les modalités de réservation, les tarifs en vigueur et les conditions de paiement.

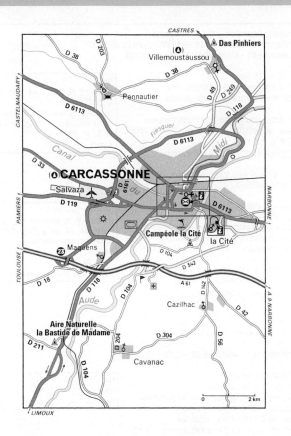

MONTCLAR

✉ 11250 – **344** E4 – 172 h. – alt. 210

Paris 766 – Carcassonne 19 – Castelnaudary 41 – Limoux 15 – St-Hilaire 9.

▲▲▲ **Yelloh! Village Domaine d'Arnauteille** ♣♣ – 20 mars-3 oct.

☎ 04 68 26 84 53, *arnauteille@mnet.fr*, Fax 04 68 26 91 10, *www.arnauteille.com* – **R** conseillée

115 ha/10 campables (185 empl.) plat, terrasses, peu incliné, herbeux

Tarif : 34 € ✱ ⚷ 回 〔ź〕 (6A) – pers. suppl. 7,70 € – frais de réservation 17 €

Location : 50 ⊡ (4 à 6 pers.) 308 à 805 €/sem. – 10 ⌂ (4 à 6 pers.) 399 à 903 €/sem. – bungalows toilés

🚐 1 borne

Pour s'y rendre : SE : 2,2 km par D 43

À savoir : dans un vaste et agréable domaine vallonné et sauvage

Nature : ⚲ ⟨ ⌂ ♧♧
Loisirs : ✕ ⌂ 𝄞 nocturne ⚡
⚴ ⛷ 🐎 terrain omnisports
Services : ⚹ ⚬ GB 🔧 M 🏧 🛒 ⚿
⚤ ⚲ 🔖 ⚗

Benutzen Sie
– zur Wahl der Fahrtroute
– zur Berechnung der Entfernungen
– zur exakten Lokalisierung eines Campingplatzes (mit Hilfe der Angaben im Ortstext)
die für diesen Führer unentbehrlichen **MICHELIN-Karten** *.*

NARBONNE

✉ 11100 – **344** J3 – G. Languedoc Roussillon – 46 510 h. – alt. 13
🛈 *Office de tourisme, place Roger Salengro* ℘ 04 68 65 15 60, Fax 04 68 65 59 12
Paris 787 – Béziers 28 – Carcassonne 61 – Montpellier 96 – Perpignan 64.

▲▲▲ **La Nautique** 15 fév.-15 nov.
℘ 04 68 90 48 19, *info@campinglanautique.com*,
Fax 04 68 90 73 39, *www.campinglanautique.com*
– **R** conseillée
16 ha (390 empl.) plat et peu incliné, gravillons, herbeux
Tarif : 37 € 🛉 ⬌ 🖪 (10A) – pers. suppl. 7,50 € – frais
de réservation 20 €
Location : 80 🛏 (4 à 6 pers.) 280 à 735 €/sem.
🛒, 1 borne –
Pour s'y rendre : 4,5 km au S, près de l'étang de Bages,
Par A9 sortie 38 Narbonne-Sud

> Nature : ≤ 🏞 🌳
> Loisirs : 🍴 🗙 🏪 🛁 👫 🚣 🚲 🎣
> 🛝 🏊 🛶 canoë
> Services : 🛃 🔌 GB 🐕 – 390 sani-
> taires individuels (🚿 ♨ wc) 🅿 🅰
> 🔭 🌡 🛒 🗄 🛒
> À prox. : 🌊

▲▲ **Les Mimosas** 🛉 – 21 mars-oct.
℘ 04 68 49 03 72, *info@lesmimosas.com*,
Fax 04 68 49 39 45, *www.lesmimosas.com* – **R** conseillée
9 ha (250 empl.) plat, herbeux, sablonneux, pierreux
Tarif : 30 € 🛉 ⬌ 🖪 (6A) – pers. suppl. 6,50 € – frais de
réservation 25 €
Location 🐾 : 18 🛏 (4 à 6 pers.) 252 à 609 €/sem. – 9
🏠 (4 à 6 pers.) 294 à 749 €/sem. – 4 studios
Pour s'y rendre : 6 km au SE à Mandirac

> Nature : 🐟 🏞 🌳🌳
> Loisirs : 🍴 🗙 pizzeria 🏪 🛁 noc-
> turne 👫 🏀 🎱 🚲 🎣 🛝 🏊
> 🏊 terrain omnisports
> Services : 🛃 🔌 GB 🐕 🗄 🛁 🅿 🅰
> 🔭 🌡 🗄 🛒
> À prox. : 🐎 (centre équestre)

NÉBIAS

✉ 11500 – **344** D5 – 244 h. – alt. 581
Paris 802 – Belcaire 27 – Carcassonne 62 – Lavelanet 28 – Quillan 10.

354

▲▲ **Le Fontaulié-Sud** mai-15 sept.
℘ 04 68 20 17 62, *lefontauliesud@free.fr*,
Fax 04 68 20 17 62, *www.fontauliesud.com* – **R** conseillée
3,5 ha (69 empl.) plat et incliné, herbeux, pinède
Tarif : 18 € 🛉 ⬌ 🖪 (4A) – pers. suppl. 5 €
Location : 14 🛏 (4 à 6 pers.) 240 à 390 €/sem. – 4 🏠
(4 à 6 pers.) 300 à 490 €/sem.
Pour s'y rendre : Sortie NO par D 117 puis 0,6 km par
chemin à gauche
À savoir : agréable cadre naturel et sauvage

> Nature : 🐟 ≤ 🏞 🌳🌳
> Loisirs : 🏪 🚲 🏊 🐎 🐎
> Services : 🔌 🐕 🗄 🅿 🗄

QUILLAN

✉ 11500 – **344** E5 – G. Languedoc Roussillon – 3 542 h. – alt. 291
🛈 *Office de tourisme, square André Tricoire* ℘ 04 68 20 07 78, Fax 04 68 20 04 91
Paris 797 – Andorra-la-Vella 113 – Ax-les-Thermes 55 – Carcassonne 52 – Foix 64 – Font-Romeu-Odeillo-Via 78 –
Perpignan 76.

▲▲▲ **L'Espinet** (location exclusive de maisonnettes)
℘ 04 68 20 88 88, Fax 04 68 20 97 97, *www.lespinet.com*
– **R** conseillée
125 ha/25 campables pierreux, herbeux
Location 🅿 : 120 🏠
Pour s'y rendre : 1 km au N par D 118

> Nature : ≤ 🌳
> Loisirs : 🍴 🗙 🏪 👫 🏀 🎱 ham-
> mam jacuzzi 🎣 🏊 🏊
> Services : 🛃 🔌

▲ **Municipal la Sapinette** avr.-oct.
℘ 04 68 20 13 52, *campingsapinette@wanadoo.fr*,
Fax 04 68 20 27 80, *www.villedequillan.fr* – **R** conseillée
1,8 ha (82 empl.) plat, peu incliné, terrasses, herbeux,
sapinière
Tarif : 🛉 5 € ⬌ 🖪 12 € – (16A) 3 €
Pour s'y rendre : O : 0,8 km par D 79, rte de Ginoles

> Nature : 🐟 ≤
> Loisirs : 🏪 🏊
> Services : 🛃 🔌 GB 🐕 🗄 🅿 🅰 🔭
> 🗄

RENNES-LES-BAINS

✉ 11190 – **344** E5 – G. languedoc Roussillon – 159 h. – alt. 310 – ⚓ (mi-avr. à mi-nov.)
🏢 *Syndicat d'initiative, rue des Thermes* ☎ *04 68 69 88 04*
Paris 793 – Axat 33 – Carcassonne 49 – Mouthoumet 26 – Perpignan 71.

⚑ **La Bernède** 12 mai-sept.
☎ 04 68 69 86 49, *camping.renneslesbains@wanadoo.fr*,
Fax 04 68 74 09 31 – **R** indispensable
0,8 ha (34 empl.) plat et peu incliné, herbeux
Tarif : 14,55 € ✦ ➝ 🅔 🄓 (10A) – pers. suppl. 3,85 €
Location (avr.-15 oct.) ⚡ : 5 ⬛ (4 à 6 pers.) 285 à
468 €/sem.
Pour s'y rendre : sortie S par D 14 rte de Bugarach et
chemin à gauche, près de la Sals

Nature : 🌳 ♀
Services : ⚐ ☕ (juil.-août) ⚒ @
À prox. : 🚵 ✗ ⚒ 🛆 ⚓

ROQUEFORT-DES-CORBIÈRES

✉ 11540 – **344** I5 – 664 h. – alt. 50
Paris 813 – Montpellier 118 – Carcassonne 78 – Perpignan 45 – Béziers 57.

⚑ **Gîtes La Capelle** (location exclusive de chalets) 8
mars-20 déc.
☎ 04 68 48 82 80, *b.annest@libertysurf.fr, www.gitelaca
pelle.com* – **R**
0,3 ha plat
Location ⚡ 🅟 : 12 🏠 (4 à 6 pers.) 240 à 660 €/sem.
Pour s'y rendre : au bourg, r. La-Capelle

Nature : 🌳 ♀♀
Loisirs : 🏠 ♨
Services : ☕ ⚒ ▥ 🔊 ⊠

LES GUIDES VERTS **MICHELIN**
Paysages, monuments
Routes touristiques
Géographie
Histoire, Art
Itinéraire de visite
Plans de villes et de monuments

355

TRÈBES

✉ 11800 – **344** F3 – 5 495 h. – alt. 84
🏢 *Syndicat d'initiative, 12, avenue Pierre Curie* ☎ *04 68 78 89 50*
Paris 776 – Carcassonne 8 – Conques-sur-Orbiel 9 – Lézignan-Corbières 28 – Olonzac 28.

⚑ **A l'Ombre des Micocouliers** avr.-sept.
☎ 04 68 78 61 75, *infos@campingmicocouliers.com*,
Fax 04 68 78 88 77, *www.campingmicocouliers.com*
– **R** conseillée
1,5 ha (70 empl.) plat, sablonneux, herbeux
Tarif : 19 € ✦ ➝ 🅔 🄓 (16A) – pers. suppl. 4,20 €
🚐 1 borne – 🅖 10.50 €
Pour s'y rendre : chemin de la Lande, bord de l'Aude

Nature : 🏕 ♀
Loisirs : 🏊 ♨ 🐎
Services : ⚒ ☕ 🔊 🔆 @ ⊠ 🛁
À prox. : 🚲 ✗ ♨ terrain omnis-
ports

VILLEGLY

✉ 11600 – **344** F3 – 747 h. – alt. 130
Paris 778 – Lézignan-Corbières 36 – Mazamet 46 – Carcassonne 14 – Castelnaudary 53.

⚑ **Moulin de Ste-Anne** mars-15 nov.
☎ 04 68 72 20 80, *campingstanne@wanadoo.fr*,
Fax 04 68 72 27 15, *www.moulindesainteanne.com*
– **R** conseillée
1,6 ha (60 empl.) plat et peu incliné, terrasses, herbeux,
pierreux
Tarif : 17 € ✦ ➝ 🅔 🄓 (10A) – pers. suppl. 4,50 € – frais
de réservation 17 €
Location : 12 🏠 (4 à 6 pers.) 280 à 610 €/sem.
Pour s'y rendre : sortie E par D 435, rte de Villarzel

Nature : 🏕
Loisirs : 🍴 snack 🏠 ♨
Services : ⚒ ☕ 🆚 ⚒ 🔊 @ 🛆 🌫
🔊 ⊠

✉ 11620 – **344** F3 – 2 696 h. – alt. 114
Paris 775 – Montpellier 164 – Carcassonne 6 – Perpignan 129 – Béziers 80.

Schéma à Carcassonne

Das Pinhiers mars-oct.
   ℘ 04 68 47 81 90, *campindaspinhiers@wanadoo.fr*,
Fax 04 68 71 43 49, *www.camping-carcassonne.net*
– **R** conseillée
2 ha (72 empl.) plat à incliné, en terrasses, sous-bois
attenant
Tarif : 16,20 € ✱ ⇌ 🅴 🄷 (10A) – pers. suppl. 4,20 € –
frais de réservation 15 €
Location : 7 🛖 (4 à 6 pers.) 245 à 530 €/sem.
🚐 1 borne 4 € – 🚱 12.70 €
Pour s'y rendre : N : 1 km du bourg
À savoir : cadre agréable et fleuri

| Nature : ≼ ☐ ♀ |
| Loisirs : 🎱 ⛺ ♜ 🏊 |
| Services : ৬ ⌁ ᴳᴮ ↻ 🗟 🛁 ⚒ ☺ |
| ⛲ 🧺 ⌁ |
| À prox. : ✖ 🐎 |

✉ 11150 – **344** D3 – 1 024 h. – alt. 130
Paris 743 – Carcassonne 25 – Castelnaudary 12 – Montréal 14 – Revel 32.

Municipal Champ de la Rize saison
   ℘ 04 68 94 30 13, *mairie@villepinte11.fr*, Fax 04 68 94 23 24
– **R** conseillée
1 ha (50 empl.) plat, herbeux
Pour s'y rendre : sortie NE
À savoir : Dans un agréable parc boisé

| Nature : ♀ ♀ |
| Loisirs : ⛺ |
| Services : ৬ ⌁ ↻ 🛁 ☺ ⛲ 🗟 |
| À prox. : ✖ |

356

Gard (30)

✉ 30220 – **339** K7 – G. Provence – 6 012 h. – alt. 3
🛈 *Office de tourisme, place Saint-Louis* ℘ 04 66 53 73 00, Fax 04 66 53 65 94
Paris 745 – Arles 49 – Montpellier 38 – Nîmes 42 – Sète 56.

Yelloh! Village La Petite Camargue 👫 – 26
avr.-19 sept.
   ℘ 04 66 53 98 98, *info@yellohvillage-petite-camar
gue.com*, Fax 04 66 53 98 80, *www.yellohvillage-petite.ca
margue.com* – **R** indispensable
42 ha/10 campables (553 empl.) plat, herbeux, sablonneux
Tarif : 43 € ✱ ⇌ 🅴 🄷 (6A) – pers. suppl. 8 €
Location 🏊 : 200 🛖 (4 à 6 pers.) 203 à 924 €/sem.
🚐 1 borne artisanale
Pour s'y rendre : O : 3,5 km par D 62, rte de Montpellier,
accès à la plage par navettes gratuites

| Nature : ☐ ♀ ♀ |
| Loisirs : 🍸 ✖ pizzeria, bodega 🎱 |
| 🎬 ⛺ discothèque, bibliothèque |
| ⛺ 🚲 ✖ 🏊 🏊 |
| Services : ৬ ⌁ ᴳᴮ ↻ Ⓜ 🗟 🛁 ☺ |
| ⛲ 🧺 ⌁ 🍴 🛁 🚿 |
| À prox. : 🎣 |

Si vous recherchez :

👫   *Un terrain offrant des équipements et des loisirs adaptés aux enfants*
🍃   *Un terrain agréable ou très tranquille*
L - M *Un terrain effectuant la location de caravanes, de mobile homes,
      de bungalows ou de chalets*
P   *Un terrain ouvert toute l'année*
🚐   *Un terrain possédant une aire de services pour camping-cars*
Consultez le tableau des localités

ALLÈGRE-LES-FUMADES

30500 – **339** K3 – 616 h. – alt. 135

Office de tourisme, Hameau des Fumades ℘ 04 66 24 80 24, Fax 04 66 24 83 29
Paris 696 – Alès 16 – Barjac 102 – La Grand-Combe 28 – St-Ambroix 14.

Domaine des Fumades ⚐⚐ – 12 avr.-6 sept.
℘ 04 66 24 80 78, domaine.des.fumades@wanadoo.fr,
Fax 04 66 24 82 42, www.domaine-des-fumades.com – **R**
indispensable
15 ha/6 campables (230 empl.) plat et peu incliné, herbeux,
pierreux
Tarif : (Prix 2007) 30 € ⚐ ⚐ ⚐ (6A) – pers. suppl. 7 € –
frais de réservation 25 €

Location (5 avr.-27 sept.) : 107 ⚐ (4 à 6 pers.) 133 à
896 €/sem. – 27 ⚐ (4 à 6 pers.) 147 à 980 €/sem.
Pour s'y rendre : accès par D 241, à proximité de l'Établis-
sement thermal, bord de l'Alauzène

Nature : ⚐ ⚐ ⚐
Loisirs : ⚐ ⚐ ⚐ ⚐ nocturne ⚐
⚐ salle d'animation ⚐ ⚐ ⚐
⚐ ⚐ ⚐
Services : ⚐ ⚐ GB ⚐ ⚐ ⚐ ⚐ ⚐
⚐ ⚐ ⚐
À prox. : ⚐

Donnez-nous votre avis
sur les terrains que nous recommandons.
Faites-nous connaître vos observations et vos découvertes.
par mail à l'adresse : leguidecampingfrance@fr.michelin.com.

ANDUZE

30140 – **339** I4 – G. Languedoc Roussillon – 3 004 h. – alt. 135

Office de tourisme, plan de Brie ℘ 04 66 61 98 17, Fax 04 66 61 79 77
Paris 718 – Alès 15 – Florac 68 – Lodève 84 – Montpellier 60 – Nîmes 46 – Le Vigan 52.

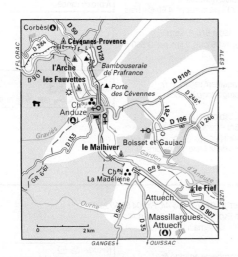

L'Arche ⚐⚐ – 15 mars-sept.
℘ 04 66 61 74 08, camping.arche@wanadoo.fr,
Fax 04 66 61 88 94, www.camping-arche.fr – **R** conseillée
5 ha (250 empl.) plat, peu incliné et terrasses, herbeux
Tarif : 32,50 € ⚐ ⚐ ⚐ (6A) – pers. suppl. 6,80 € – frais
de réservation 15 €
Location ⚐ : 28 ⚐ (4 à 6 pers.) 235 à 925 €/sem.
⚐ 1 borne raclet 2 € – 6 ⚐ 10 € – ⚐ 10 €
Pour s'y rendre : NO : 2 km, bord du Gardon
À savoir : en bordure des pittoresques gorges du Gardon

Nature : ⚐ ⚐ ⚐ ⚐
Loisirs : ⚐ ⚐ snack ⚐ ⚐ nocturne
⚐ ⚐ hammam squash ⚐ ⚐
terrain omnisports
Services : ⚐ ⚐ GB ⚐ ⚐ ⚐ ⚐ ⚐
⚐ ⚐ ⚐ ⚐ ⚐ ⚐ ⚐ ⚐
À prox. : ⚐

ANDUZE

� **Les Fauvettes** ≛ – 28 avr.-13 sept.
     📞 04 66 61 72 23, *camping-les-fauvettes@wanadoo.fr*,
www.lesfauvettes.fr – **R** conseillée
7 ha/3 campables (133 empl.) plat, peu incliné et en
terrasses, herbeux
Tarif : 23,60 € ✳ 🚗 🅴 🚰 (10A) – pers. suppl. 5 €
Location : 15 🏚 (4 à 6 pers.) 315 à 680 €/sem. – 20 🏠
(4 à 6 pers.) 260 à 580 €/sem.
Pour s'y rendre : NO : 1,7 km

> Nature : ⇐ 🗔 🞐🞐
> Loisirs : 🍴 snack 🛋 🎠 🛝 🚣 🏊
> 🛶
> Services : 🦽 🔂 🅶🅱 🞉 🗄 🛁 🞐 🞐
> 🞐 🞐 🗄 🞐
> À prox. : 🛒 🍴 🚴

⚠ **Le Bel Eté** mai-25 sept.
     📞 04 66 61 76 04, *contact@camping-bel-ete.com*,
Fax 04 66 61 76 04, *www.camping-bel-ete.com* – **R** conseil-
lée
2,26 ha (97 empl.) plat, herbeux
Tarif : 26,80 € ✳ 🚗 🅴 🚰 (6A) – pers. suppl. 5,20 € – frais
de réservation 15 €
Location : 12 🏚 (4 à 6 pers.) 290 à 645 €/sem.
Pour s'y rendre : SE : 2,5 km, accès direct au Gardon

> Nature : 🞐
> Loisirs : 🛋 🛝 🞐 🚣 🏊
> Services : 🦽 🔂 🅶🅱 🞉 🗄 🛁 🞐 🞐
> 🞐 🞐 🗄 🞐
> À prox. : 🞐 golf

BAGNOLS-SUR-CÈZE

✉ 30200 – **339** M4 – G. Provence – 18 103 h. – alt. 51
🅸 *Office de tourisme, Espace Saint-Gilles* 📞 04 66 89 54 61, Fax 04 66 89 83 38
Paris 653 – Alès 54 – Avignon 34 – Nîmes 56 – Orange 25 – Pont-St-Esprit 12.

⚠ **Les Genêts d'Or** avr.-sept.
     📞 04 66 89 58 67, *info@camping-genets-dor.com*,
Fax 04 66 89 58 67, *www.camping-genets-dor.com*
– **R** conseillée 🞐 (juil.-20 août)
8 ha/3,5 campables (95 empl.) plat, herbeux
Tarif : 26,15 € ✳ 🚗 🅴 🚰 (6A) – pers. suppl. 4,60 € – frais
de réservation 8 €
Location : 8 🏚 (4 à 6 pers.) 350 à 575 €/sem.
Pour s'y rendre : sortie N par N 86 puis 2 km par D 360 à
dr., bord de la Cèze

> Nature : 🞐🞐 ⛰
> Loisirs : 🍴 🞐 🛝 🚣 🏊 🞐
> Services : 🦽 🔂 🅶🅱 🞉 🗄 🛁 🞐 🞐
> 🗄 🞐 🞐
> À prox. : canoë

⚠ **La Coquille** Pâques-15 sept.
     📞 04 66 89 03 05, *campinglacoquille@wanadoo.fr*,
Fax 04 66 89 59 86, *www.campinglacoquille.com*
– **R** conseillée
1,2 ha (30 empl.) plat, herbeux, sablonneux
Tarif : 22,50 € ✳ 🚗 🅴 🚰 (6A) – pers. suppl. 3,50 €
Pour s'y rendre : sortie N par N 86 rte de Pont-St-Esprit
puis 1,7 km par D 360 à dr., près de la Cèze (accès direct)

> Nature : 🞐
> Loisirs : 🛋 🞐 🚣
> Services : 🦽 🔂 🅶🅱 🞉 🗄 🞐 🗄 🞐

BARJAC

✉ 30430 – **339** L3 – 1 379 h. – alt. 171
🅸 *Office de tourisme, place Charles Guynet* 📞 04 66 24 53 44, Fax 04 66 60 23 08
Paris 666 – Alès 34 – Aubenas 45 – Pont-St-Esprit 33 – Vallon-Pont-d'Arc 13.
Schéma à St-Remèze

⚠ **La Combe** avr.-sept.
     📞 04 66 24 51 21, *camping.lacombe@wanadoo.fr*,
Fax 04 66 24 51 21, *www.campinglacombe.com*
– **R** conseillée
2,5 ha (100 empl.) plat et peu incliné, herbeux
Tarif : 20,36 € ✳ 🚗 🅴 🚰 (6A) – pers. suppl. 7,35 €
Location (avr.-mi-nov.) : 4 🛖 (2 à 4 pers.) 247 à
384 €/sem. – 8 🏚 (4 à 6 pers.) 279 à 546 €/sem. – 4 🏠
(4 à 6 pers.) 342 à 630 €/sem.
🚐 1 borne eurorelais 5 €
Pour s'y rendre : O : 3 km par D 901, rte des Vans et D 384
à dr., rte de Mas Reboul

> Nature : 🞐 🞐🞐
> Loisirs : 🍴 🛋 🞐 🚣
> Services : 🔂 🅶🅱 🞉 🗄 🞐 🞐 🗄

358

BESSÈGES

✉ 30160 – **339** J3 – 3 137 h. – alt. 170

🛈 *Office de tourisme, 50, rue de la République* ☎ 04 66 25 08 60

Paris 651 – Alès 32 – La Grand-Combe 20 – Les Vans 18 – Villefort 34.

⛰ **Les Drouilhèdes** avr.-1er oct.

☎ 04 66 25 04 80, *info@campingcevennes.com,*
Fax 04 66 25 10 95, *www.campingcevennes.com*
– **R** conseillée

2 ha (90 empl.) plat, herbeux, pierreux

Tarif : 26,05 € ⚹ 👗 🔌 🕒 (6A) – pers. suppl. 4,55 € – frais
de réservation 12,75 €

Location : 6 🛖 (4 à 6 pers.) 315 à 595 €/sem.

Pour s'y rendre : O : 2 km par D 17 rte de Génolhac puis
1 km par D 386 à dr., bord de la Cèze

> Nature : 🐟 ← 🏕 ⚲⚲ ⛰
> Loisirs : 🍸 🏊 ⚹ 🎣 🐴
> Services : 🚿 🔌 🕳 GB 🗜 🚮 🕎 🗑 🏧
> 🛒 🍴 🚰

BOISSET-ET-GAUJAC

✉ 30140 – **339** J4 – 1 787 h. – alt. 140

Paris 722 – Montpellier 103 – Nîmes 53 – Alès 14 – Lunel 79.

⛰ **Domaine de Gaujac** 🏕🚶 – avr.-sept.

☎ 04 66 61 80 65, *gravieres@clubinternet.fr,*
Fax 04 66 60 53 90, *www.domaine-de-gaujac.com*
– **R** conseillée

10 ha/6,5 campables (275 empl.) plat, herbeux, terrasse,
peu incliné

Tarif : 24,50 € ⚹ 🚶 👗 🕒 (6A) – pers. suppl. 5,70 € – frais
de réservation 20 €

Location 🐾 : 5 🛖 (4 à 6 pers.) 225 à 616 €/sem. – 21
🛖 (4 à 6 pers.) 200 à 665 €/sem.
🚐 1 borne artisanale 3,50 € – 8 🔲 10 € – 🚌 10 €

Pour s'y rendre : 6 km au SE d'Alès par D 6110, et D 910 à
gauche

> Nature : ⚲
> Loisirs : 🍸 ✗ pizzeria 🏠 🕒 diurne
> nocturne (juil.-août) 🚿 jacuzzi bal-
> néo 🏊 🌊 🏖
> Services : 🚿 🔌 🕳 GB 🗜 🛢 🕎 🗑 🚮
> 🏧 🍴 🚰 🛒 🔄 sèche-linge 🧺 🚰
> À prox. : 🚰 🐴

359

BOISSON

✉ 30500 – **339** K3

Paris 682 – Alès 19 – Barjac 17 – La Grand-Combe 28 – Lussan 17 – St-Ambroix 11.

⛰ **Château de Boisson** 🏕🚶 – 12 avr.-sept.

☎ 04 66 24 85 61, *reception@chateaudeboisson.com,*
Fax 04 66 24 80 14, *www.chateaudeboisson.com*
– **R** conseillée 🐾 (5 juil.-23 août)

7,5 ha (174 empl.) plat, herbeux, pierreux

Tarif : 33 € ⚹ 👗 🕒 (6A) – pers. suppl. 7 € – frais de
réservation 25 €

Location : 68 🛖 (4 à 6 pers.) 154 à 896 €/sem. –
appartements

Pour s'y rendre : au bourg

À savoir : au pied d'un château cévenol restauré

> Nature : 🐟 🏕 ⚲⚲
> Loisirs : 🍸 ✗ snack 🏠 🕒 nocturne
> 🚿 🏊 ⚹ 🌊 🛶 🏖
> Services : 🚿 🔌 🕳 GB 🗜 🗑 🏧 🚮
> 🔄 🍴 🔄 🗑 🚰 cases réfrigérées
> À prox. : 🏖

CENDRAS

✉ 30480 – **339** J4 – 1 952 h. – alt. 155

Paris 694 – Montpellier 76 – Nîmes 50 – Avignon 76 – Arles 81.

⛰ **La Croix Clémentine** 23 mars-15 sept.

☎ 04 66 86 52 69, *clementine@clementine.fr,*
Fax 04 66 86 54 84, *www.clementine.fr* – **R** conseillée

10 ha (250 empl.) plat et en terrasses, pierreux, herbeux

Tarif : 22 € ⚹ 👗 🕒 (6A) – pers. suppl. 8 € – frais de
réservation 8 €

Location : 20 🛖 (4 à 6 pers.) 245 à 670 €/sem.
🚐 1 borne eurorelais 5 € – 10 🔲 24 €

Pour s'y rendre : NO : 2 km par D 916 et D 32 à gauche

À savoir : cadre agréable et boisé

> Nature : 🐟 🏕 ⚲⚲
> Loisirs : 🍸 ✗ 🏠 🕒 nocturne 🏊
> 🚲 ⚹ 🎣 🌊
> Services : 🚿 🔌 GB 🗜 🗑 🏧 🏧 🚮
> 🔄 🍴 🗑 🌊 🚰
> À prox. : 🐟 🐴

Le CHAMBON

✉ 30450 – **339** J3 – 240 h. – alt. 260
Paris 640 – Alès 31 – Florac 59 – Génolhac 10 – La-Grand-Combe 19 – St-Ambroix 25.

⚠ **Municipal le Luech** juil.-août
℘ 04 66 61 51 32, *mairie-de-chambon@wanadoo.fr*,
Fax 04 66 61 47 92 – **R** conseillée
0,5 ha (43 empl.) non clos, peu incliné et en terrasses,
pierreux, herbeux
Tarif : ★ 2,10 € ⟷ 1,50 € 回 2,70 € – 劮 (4A) 3,10 €
Pour s'y rendre : NO : 0,6 km par D 29, rte de Chambo-
rigaud, bord du Luech

> Nature : 99
> Services : ᴕ ⟜ ♒ 🖼 ⊛
> À prox. : 🚲 ✗

COLLIAS

✉ 30210 – **339** L5 – 829 h. – alt. 45
Paris 694 – Alès 45 – Avignon 32 – Bagnols-sur-Cèze 35 – Nîmes 25 – Pont-du-Gard 8.

⚠⚠ **Le Barralet** Pâques-15 sept.
℘ 04 66 22 84 52, *camping@barralet.fr*, Fax 04 66 22 89 17,
www.camping-barralet.com – **R** conseillée
2 ha (90 empl.) plat et peu incliné, herbeux
Tarif : 21,50 € ★ ⟷ 回 劮 (13A)
Location : 22 ⎚ (4 à 6 pers.) 250 à 560 €/sem.
⎚ 1 borne raclet
Pour s'y rendre : NE : 1 km par D 3 rte d'Uzès et chemin à
dr.

> Nature : ♒ ≤
> Loisirs : ▼ pizzeria ♒
> Services : ᴕ ⟜ ⊖ᴮ ♒ 🖼 ⊛ ℂ 🖼
> ♒

CONNAUX

✉ 30330 – **339** M4 – 1 623 h. – alt. 86
Paris 661 – Avignon 32 – Alès 52 – Nîmes 48 – Orange 29 – Pont-St-Esprit 20 – Uzès 21.

⚠⚠ **Le Vieux Verger** permanent
℘ 04 66 82 91 62, *campinglevieuxverger@wanadoo.fr*,
Fax 04 66 82 60 02, *www.levieuxverger.com* – **R** conseillée
3 ha (60 empl.) en terrasses, pierreux, herbeux
Tarif : 17,90 € ★ ⟷ 回 劮 (10A) – pers. suppl. 4,90 €
Location : 10 ⎚ 349 à 539 €/sem. – 4 🏠 389 à
529 €/sem.
Pour s'y rendre : au S du bourg, à 200 m de la D 6086

> Nature : ⟚ ♀
> Loisirs : snack ♒
> Services : ᴕ ⟜ ⊖ᴮ ♒ 🖼 ⊛ 🖼
> À prox. : ✗

Orlagues au pied de l'Espinouse

CORBES

✉ 30140 – **339** I4 – 127 h. – alt. 200
Paris 693 – Montpellier 66 – Nîmes 52 – Avignon 86 – Arles 83.
Schéma à Anduze

▲▲▲ **Cévennes-Provence** 20 mars-1ᵉʳ nov.
  ℰ 04 66 61 73 10, *marais@camping-cevennes-provence.fr*,
  Fax 04 66 61 60 74, *www.camping-cevennes-provence.fr*
  – **R** conseillée
  30 ha/15 campables (230 empl.) plat, accidenté et en
  terrasses, herbeux
  Tarif : 24,10 € ✶ ⌁ 🅔 🅗 (12A) – pers. suppl. 4,70 € –
  frais de réservation 12 €
  Location : 16 🏠 (4 à 6 pers.) 295 à 615 €/sem.
  🚐 1 borne flot bleu – 6 🅔 19,80 €
  Pour s'y rendre : au Mas-du-Pont, bord du Gardon de
  Mialet et près du Gardon de St-Jean
  À savoir : terrasses ombragées dominant les pittoresques
  gorges du Gardon

Si vous recherchez :
  ⚓ *Un terrain au bord de l'eau avec possibilité de baignade*
   Un terrain agréable ou très tranquille
  L *Un terrain effectuant la location de caravanes, de mobile homes,*
     de bungalows ou de chalets
  P *Un terrain ouvert toute l'année*
  🚐 *Un terrain possédant une aire de services pour camping-cars*
  Consultez le tableau des localités

361

CRESPIAN

✉ 30260 – **339** J5 – 206 h. – alt. 80
Paris 731 – Alès 32 – Anduze 27 – Nîmes 24 – Quissac 11 – Sommières 12.

▲▲ **Mas de Reilhe** 5 avr.-21 sept.
  ℰ 04 66 77 82 12, *info@camping-mas-de-reilhe.fr*,
  Fax 04 66 80 26 50, *www.camping-mas-de-reilhe.fr*
  – **R** conseillée
  2 ha (90 empl.) plat, accidenté et en terrasses, herbeux,
  pierreux
  Tarif : 23,40 € ✶ ⌁ 🅔 🅗 (6A) – pers. suppl. 5,50 € – frais
  de réservation 19 €
  Location : 6 🚐 (4 à 6 pers.) 250 à 680 €/sem. – 5 🏠 (4
  à 6 pers.) 295 à 660 €/sem. – bungalows toilés
  Pour s'y rendre : sortie S par D 6110, rte de Sommières

DOMAZAN

✉ 30390 – **339** M5 – 740 h. – alt. 52
Paris 683 – Alès 60 – Avignon 17 – Nîmes 33 – Orange 32 – Pont-St-Esprit 46.

▲ **Le Bois des Écureuils** Permanent
  ℰ 04 66 57 10 03, *infos@boisdesecureuils.com*,
  Fax 04 66 57 10 03, *www.boisdesecureuils.com* – **R** conseil-
  lée
  1,5 ha (46 empl.) plat, gravillons, gravier
  Tarif : 18 € ✶ ⌁ 🅔 🅗 (6A) – pers. suppl. 3,50 €
  Location : 5 🚐 (2 à 4 pers.) 150 à 310 €/sem. – 10 🚐
  (4 à 6 pers.) 190 à 480 €/sem.
  Pour s'y rendre : 4 km au NE, sur D 6100, rte d'Avignon

GALLARGUES-LE-MONTUEUX

✉ 30660 – **339** J6 – 2 303 h. – alt. 55
Paris 727 – Aigues-Mortes 21 – Montpellier 39 – Nîmes 25 – Sommières 11.

Les Amandiers ♣♣ – avr.-sept.
  ℘ 04 66 35 28 02, *camping-lesamandiers@orange.fr,*
  Fax 04 66 51 48 57, *www.camping-lesamandiers.fr*
  – **R** conseillée
  3 ha (150 empl.) plat, pierreux, herbeux
  Tarif : 19,80 € ✸ ⇌ 🅴 (16A) – pers. suppl. 3,80 € –
  frais de réservation 15 €
  Location (15 avr.-15 sept.) ⚡ : 26 ⛺ (4 à 6 pers.) 259
  à 508 €/sem.
  ⛽ 1 borne artisanale – 2 🅴 18,50 € – 🚐 18.50 €
  Pour s'y rendre : sortie Sud-Ouest, rte de Lunel et rue du
  stade, à dr.

Nature : ⌲
Loisirs : 🍹 snack 🎏 nocturne 🏃
🏊 🎾 ⛳
Services : 🕭 ⚲ GB 🐾 🗄 🛁 🛒 ⓐ
🍴 ⚗ 🍽 🏖 💈
À prox. : 🎯

GÉNOLHAC

✉ 30450 – **339** I2 – G. Languedoc Roussillon – 840 h. – alt. 490
🚩 *Office de tourisme, l'Arceau* ℘ 04 66 61 18 32, Fax 04 66 61 18 32
Paris 632 – Alès 37 – Florac 49 – La Grand-Combe 26 – Nîmes 81 – Villefort 15.

Les Esparnettes avr.-sept.
  ℘ 04 66 61 44 50 – **R** conseillée
  1,5 ha (63 empl.) plat, herbeux
  Tarif : 10,80 € ✸ ⇌ 🅴 (4A) – pers. suppl. 2,30 €
  Pour s'y rendre : S : 4,5 km par D 906, rte de Chambo-
  rigaud puis 0,4 km par D 278 à dr., à Pont-de-Rastel, bord
  du Luech

Nature : 🌊 ≤ ♀
Loisirs : 🏛 🏊 🎣
Services : 🕭 ⚲ 🐾 🗄 ⓐ 🛒
À prox. : 🎯

GOUDARGUES

✉ 30630 – **339** L3 – G. Provence – 945 h. – alt. 77
🚩 *Office de tourisme, 4, route de Pont-Saint-Esprit* ℘ 04 66 82 30 02
Paris 667 – Alès 51 – Bagnols-sur-Cèze 17 – Barjac 20 – Lussan 17 – Pont-St-Esprit 25.

Les Amarines 2 avr.-15 oct.
  ℘ 04 66 82 24 92, *les.amarines@wanadoo.fr,*
  Fax 04 66 82 38 64, *www.campinglesamarines.com*
  – **R** conseillée
  3,7 ha (120 empl.) plat, herbeux
  Tarif : 22,45 € ✸ ⇌ 🅴 (6A) – pers. suppl. 5,60 €
  Location ⚡ : 13 ⛺ (4 à 6 pers.) 267 à 578 €/sem.
  Pour s'y rendre : NE : 1 km par D 23, bord de la Cèze

Nature : ⌲ ♀♀
Loisirs : 🏛 🏊 🏊 🎣
Services : 🕭 ⚲ GB 🐾 🗄 🛁 🛒 ⓐ
🏖 ⚗ 🏬

St-Michelet avr.-sept.
  ℘ 04 66 82 24 99, *camping.st.michelet@wanadoo.fr*
  – **R** conseillée
  4 ha (140 empl.) plat et peu incliné, terrasse, herbeux
  Tarif : (Prix 2007) 17 € ✸ ⇌ 🅴 (6A) – pers. suppl. 3 €
  Location : 14 ⛺ (4 à 6 pers.) 380 à 480 €/sem.
  Pour s'y rendre : NO : 1 km par D 371, rte de Frigoulet,
  bord de la Cèze

Nature : 🌊 ♀♀ ⌛
Loisirs : snack 🏛 🏊
Services : 🕭 ⚲ GB 🐾 🗄 🛁 🛒 ⓐ
🏖 ⚗ 🏬

La Grenouille avr.-1er oct.
  ℘ 04 66 82 21 36, *camping-la-grenouille@wanadoo.fr,*
  Fax 04 66 82 27 77, *www.camping-la-grenouille.com* – **R** indispensable
  0,8 ha (50 empl.) plat, herbeux
  Tarif : 18 € ✸ ⇌ 🅴 (6A) – pers. suppl. 2,50 € – frais de
  réservation 10 €
  ⛽ 1 borne eurorelais
  Pour s'y rendre : au bourg, près de la Cèze (accès direct)
  et bord d'un ruisseau

Nature : 🌊 ⌲ ♀♀
Loisirs : 🏊 (petite piscine) 🎣
Services : 🕭 ⚲ GB 🐾 🗄 🛁 🛒 ⓐ
🏬
À prox. : 🎯

Le GRAU-DU-ROI

✉ 30240 – **339** J7 – G. Provence – 5 875 h. – alt. 2

🅳 *Office de tourisme, 30, rue Michel Rédarès* 📞 *04 66 51 67 70, Fax 04 66 51 06 80*

Paris 751 – Aigues-Mortes 7 – Arles 55 – Lunel 22 – Montpellier 34 – Nîmes 49 – Sète 52.

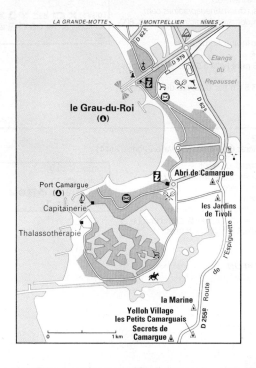

⛰️ Le Boucanet 👥 – 23 mars-4 oct.

📞 04 66 51 41 48, *contact@campingboucanet.fr,*
Fax 04 66 51 41 87, *www.campingboucanet.fr* – **R** conseil-lée ✂️

7,5 ha (458 empl.) plat, sablonneux

Tarif : (Prix 2007) 37,70 € 🧍 ⛺ 🅴 🔌 (6A) – pers. suppl. 8,70 € – frais de réservation 26 €

Location : 163 🚐 (4 à 6 pers.) 252 à 987 €/sem.
🚐 1 borne eurorelais 4 € – 5 🅴

Pour s'y rendre : NO : à 2 km du Grau-du-Roi (rive dr.) par rte de la Grande-Motte, bord de plage (hors schéma)

Nature : 🏞 ♀ 🌳
Loisirs : 🍽 ✕ 🏃 ⛵ 🚴 🎣 🏊 ⛱
Services : ♿ ⛽ GB 🐾 📷 🛁 ⓐ ☎
🔲 🛒 ♨ cases réfrigérées
À prox. : 🎮 🐎 golf

JUNAS

✉ 30250 – **339** J6 – 721 h. – alt. 75

Paris 730 – Aigues-Mortes 30 – Aimargues 15 – Montpellier 42 – Nîmes 26 – Sommières 5.

⛰️ Les Chênes 5 avr.-12 oct.

📞 04 66 80 99 07, *chenes@wanadoo.fr,* Fax 04 66 51 33 23,
www.camping-les-chenes.com – **R** conseillée

1,7 ha (90 empl.) plat et peu incliné, pierreux, herbeux

Tarif : 16,40 € 🧍 ⛺ 🅴 🔌 (10A) – pers. suppl. 3,50 € – frais de réservation 9 €

Location ✂️ : 10 🚐 (4 à 6 pers.) 290 à 525 €/sem.

Pour s'y rendre : S : 1,3 km par D 140, rte de Sommières et chemin à gauche, au lieu-dit les Tuileries Basses

Nature : 🌿 ♀
Loisirs : 🏃 ⛱
Services : ♿ ⛽ GB 🐾 🛁 ⓐ ☎ 🖥
🔲

LANUÉJOLS

⊠ 30750 – **339** F4 – 330 h. – alt. 905
Paris 656 – Alès 109 – Mende 68 – Millau 35 – Nîmes 113 – Le Vigan 49.

⚠ **Domaine de Pradines** avr.-oct.
℘ 04 67 82 73 85, *contact@domainedepradines.com*,
Fax 04 67 82 73 04, *www.domainedepradines.com* – alt. 800
– **R** conseillée
30 ha (75 empl.) plat, peu incliné, herbeux
Tarif : ⚹ 6 € – [½] (16A) 3 €
Location : 7 ⌂ (4 à 6 pers.) 425 à 550 €/sem. – chambres d'hôte
Pour s'y rendre : O : 3,5 km par D 28, rte de Roujarie et chemin à gauche

> Nature : ⛰ ≤ ♀
> Loisirs : ✗ 🏠 🏄 ✗ ♨ 🐎
> Services : & ⚲ GB ⚙ 📷 ☺ 🕯 🗑 🎱 🏕

LE MARTINET

⊠ 30960 – **339** J3 – 764 h. – alt. 252
Paris 682 – Alès 21 – Aubenas 69 – Florac 61 – Nîmes 65 – Vallon-Pont-d'Arc 41.

⚠ **Municipal Aimé Giraud** juil.-août
℘ 04 66 24 95 00, *mairie.lemartinet@wanadoo.fr*,
Fax 04 66 24 96 96 – **R** conseillée
1 ha (27 empl.) plat, herbeux
Tarif : 14 € ⚹ ⇔ 🅴 [½] (5A) – pers. suppl. 3 €
Pour s'y rendre : sortie NO, rte de la Grand'Combe, à l'intersection D 59 et D 162, bord de l'Auzonnet

> Nature : ≤ 🏕 ♀
> Loisirs : 🏠 🎣
> Services : & ⚲ ⚙ 📷 ☺ 🎱 🏕
> À prox. : ✗ ♨ 🚣

---

*LES GUIDES VERTS **MICHELIN***
Paysages, monuments
Routes touristiques
Géographie
Histoire, Art
Itinéraire de visite
Plans de villes et de monuments

364

MASSILLARGUES-ATTUECH

⊠ 30140 – **339** J4 – 522 h. – alt. 156
Paris 726 – Montpellier 56 – Nîmes 43 – Avignon 78 – Arles 74.
Schéma à Anduze

⚠⚠ **Le Fief d'Anduze** avr.-sept.
℘ 04 66 61 81 71, *lefief@wanadoo.fr*, Fax 04 66 61 87 80,
www.campinglefiefdanduze.com – **R** conseillée
5,5 ha (112 empl.) plat, herbeux
Tarif : 20,70 € ⚹ ⇔ 🅴 [½] (6A) – pers. suppl. 4,10 €
Location : 20 ⌂ (4 à 6 pers.) 245 à 480 €/sem.
Pour s'y rendre : N : 1,5 km, à Atuech, par D 982, près d'un étang (accès direct)

> Nature : ⛰ ♀♀
> Loisirs : pizzeria 🏠 🏄 ♨
> Services : ⚲ GB ⚙ 📷 🎱 🏕 ☺ 🗑
> 🎱 🏕
> À prox. : 🎣

Les PLANTIERS

⊠ 30122 – **339** H4 – 228 h. – alt. 400
Paris 667 – Alès 48 – Florac 46 – Montpellier 85 – Nîmes 79 – Le Vigan 43.

⚠ **La Presqu'île du Caylou** 15 avr.-15 oct.
℘ 04 66 83 92 85, Fax 04 66 83 92 85 – **R** conseillée
4 ha (75 empl.) en terrasses et peu incliné, pierreux, herbeux
Tarif : 11 € ⚹ ⇔ 🅴 [½] (10A) – pers. suppl. 2 €
Location 🏕 : 3 ⌂ (4 à 6 pers.) 300 à 351 €/sem.
Pour s'y rendre : NE : 1 km par D 20, rte de Saumane, bord du Gardon au Borgne
À savoir : dans le coude d'une vallée rocheuse et verdoyante

> Nature : ≤ 🏕 ♀
> Loisirs : 🍽 🏠 🏄 ✗ ♨ 🚣 🎣
> Services : & ⚲ ⚙ 🏕 ☺ 🎱

PORT-CAMARGUE

✉ 30240 – **339** J7
Paris 762 – Montpellier 36 – Nîmes 47 – Avignon 93 – Béziers 99.

Schéma au Grau-du-Roi

ᴍᴍ **Yelloh! Village Secrets de Camargue** 19 avr.-5 oct.
  ℘ 04 66 80 08 00, *info@yellohvillage-secrets-de-camar gue.com*, Fax 04 66 80 08 01, *www.yellohvillage-secrets-de-camargue.com* – places limitées pour le passage
– **R** conseillée
3,5 ha (177 empl.) plat, sablonneux
Tarif : 43 € ✳ ⇌ 🖹 (10A) – pers. suppl. 8 €
Location ⚡ : 80 🚐 (4 à 6 pers.) 189 à 931 €/sem.
Pour s'y rendre : rte de l'Espiguette
À savoir : navettes gratuites pour la plage

Nature : ⛲ ⌂ ♀
Loisirs : ♀ ✗ ⚙ ⚒
Services : ♿ ⚬⛟ GB ⚙ M 🖹 ♨ ☺
⚱ ⛤ ⚬ ⚬ 📷 sèche-linge
À prox. : snack ⚘ ✗ 📷 🐎 🐾

ᴍᴍ **Les Jardins de Tivoli** avr.-sept.
  ℘ 04 66 53 97 00, *contact@lesjardinsdetivoli.fr*,
Fax 04 66 51 09 81, *www.lesjardinsdetivoli.com* – places li-mitées pour le passage – **R** indispensable
6,5 ha (368 empl.) plat, sablonneux
Tarif : 56 € ✳ ⇌ 🖹 🖹 (10A) – pers. suppl. 8 € – frais de réservation 25 €
Location ⚡ : 🏠 (4 à 6 pers.) 234 à 700 €/sem.
Pour s'y rendre : rte de l'Espiguette

Nature : ⌂ ♀♀
Loisirs : ♀ snack, pizzeria 🚐 🖹
discothèque ⚒ ⚙ ✗ ⚓ ⚒
Services : ⚬⛟ GB ⚙ – 368 sanitaires
individuels (🖹 wc) ☺ ⚬ 📷 ♨ ⚘
À prox. : 🐎

ᴍᴍ **Yelloh! Village Les Petits Camarguais** 👫 –
(location exclusive de mobile homes) 5 avr.-20 sept.
  ℘ 04 66 51 16 16, *info@yellohvillage-petits-camar guais.com*, Fax 04 66 51 16 17, *www.yellohvillage-petits-ca marguais.com* – **R** indispensable ⚡
3,5 ha plat, sablonneux, herbeux
Location : 135 🚐 (4 à 6 pers.) 189 à 952 €/sem.
Pour s'y rendre : rte de l'Espiguette
À savoir : navettes gratuites pour la plage

Nature : ⌂ ♀♀
Loisirs : ♀ snack 🖹 nocturne 🏃
⚒ ⚓ ⚒ terrain omnisports
Services : ⚬⛟ GB ⚙ ♨ ⚬ ⚬ 📷 ♨
À prox. : ✗ 📷 🐎

ᴍᴍ **La Marine** 👫 – (location exclusive de mobile homes et caravanes) 5 avr.-27 sept.
  ℘ 04 66 53 36 90, *marine@vacances-directes.com*,
Fax 04 66 51 50 45, *www.campinglamarine.com* – 🏠 ⚡
5 ha plat, herbeux, sablonneux
Location : 19 🚐 (2 à 4 pers.) 182 à 553 €/sem. – 210 🚐 (4 à 6 pers.) 266 à 966 €/sem. – 14 🏠 (4 à 6 pers.) 280 à 812 €/sem.
Pour s'y rendre : rte de l'Espiguette

Nature : ♀
Loisirs : ♀ pizzeria 🚐 🖹 nocturne
🏃 ⚒ ⚙ ⚓ ⚒ ⚓
Services : ♿ ⚬⛟ GB ⚙ ♨ ☺ ⚬ 📷
⚱ ♨ ⚘
À prox. : 🏖 🐎

ᴍᴍ **Abri de Camargue** avr.-sept.
  ℘ 04 66 51 54 83, *contact@abridecamargue.fr*,
Fax 04 66 51 76 42, *www.abridecamargue.fr* – **R** conseillée
4 ha (277 empl.) plat, herbeux, sablonneux
Tarif : 54 € ✳ ⇌ 🖹 🖹 (6A) – pers. suppl. 9 €
Location : 80 🚐 (4 à 6 pers.) 385 à 805 €/sem.
🚐, 1 borne eurorelais 7 €
Pour s'y rendre : rte de l'Espiguette, face au parc d'attrac-tions

Nature : ⌂ ♀♀
Loisirs : ♀ snack 🖹 diurne 🏃 ⚒
⚒ ⚒ salle de cinéma
Services : ⚬⛟ GB ⚙ 🖹 ☺ 📷 sèche-linge ♨ ⚘

365

LES GUIDES VERTS MICHELIN
Paysages, monuments
Routes touristiques
Géographie
Histoire, Art
Itinéraire de visite
Plans de villes et de monuments

REMOULINS

✉ 30210 – **339** M5 – G. Provence – 1 996 h. – alt. 27
🛈 *Office de tourisme, place des Grands Jours* 𝒫 *04 66 37 22 34, Fax 04 66 37 22 34*
Paris 685 – Alès 50 – Arles 37 – Avignon 23 – Nîmes 23 – Orange 34 – Pont-St-Esprit 40.

La Sousta ⚑ – mars-oct.
𝒫 04 66 37 12 80, *info@lasousta.com*, Fax 04 66 37 23 69,
www.lasousta.com – **R** conseillée
14 ha (300 empl.) plat et accidenté, herbeux, sablonneux
Tarif : 23 € 🚻 ⛺ 🅿 🔌 (6A) – pers. suppl. 7 € – frais de
réservation 13 €
Location : 60 🛖 (4 à 6 pers.) 284 à 585 €/sem.
Pour s'y rendre : NO : 2 km rte du Pont du Gard, rive dr.
À savoir : agréable cadre boisé en bordure du Gardon,
proche du Pont du Gard

> Nature : 🌳 🌿
> Loisirs : 🍽 snack ⛹ 🏊 🎯 🧗 🛶
> 🏖 🎣
> Services : 🚿 🔌 GB 🐾 🗑 🧺 ⚐ 🛒
> ♨ 💈 🏪 🚮 🧼

La ROQUE-SUR-CÈZE

✉ 30200 – **339** M3 – G. Provence – 194 h. – alt. 90
Paris 663 – Alès 53 – Bagnols-sur-Cèze 13 – Bourg-St-Andéol 35 – Uzès 32.

Les Cascades avr.-sept.
𝒫 04 66 82 72 97, *info@campinglescascades.com*,
Fax 04 66 82 68 51, *www.campinglescascades.com* – **R** in-
dispensable
5 ha (118 empl.) plat, peu incliné, en terrasses, herbeux
Tarif : 21,90 € 🚻 ⛺ 🅿 🔌 (10A) – pers. suppl. 5 € – frais
de réservation 15 €
Location : 23 🛖 (4 à 6 pers.) 280 à 675 €/sem. – 5
bungalows toilés
Pour s'y rendre : 0,6 km au S par D 166, accès direct à la
Cèze

> Nature : 📷 🌿
> Loisirs : 🍽 snack, pizzeria 🎮 🛶 🏖
> 🎣 terrain omnisports
> Services : 🚿 🔌 GB 🐾 🗑 🧺 ⚐
> ♨ 💈

ST-HIPPOLYTE-DU-FORT

✉ 30170 – **339** I5 – 3 391 h. – alt. 165
🛈 *Office de tourisme, les Casernes* 𝒫 *04 66 77 91 65, Fax 04 66 77 25 36*
Paris 703 – Alès 35 – Anduze 22 – Nîmes 48 – Quissac 15 – Le Vigan 31.

Graniers 15 juin-5 sept.
𝒫 04 66 85 21 44, *campingdegraniers@tiscali.fr*,
Fax 04 66 85 21 44 – **R** conseillée
2 ha (50 empl.) peu incliné, terrasses, herbeux, bois
attenant
Tarif : 22 € 🚻 ⛺ 🅿 🔌 (6A) – pers. suppl. 3,50 € – frais de
réservation 10 €
Location 🚫 : 2 🛖 (4 à 6 pers.) 300 à 400 €/sem.
Pour s'y rendre : NE : 4 km par rte d'Uzès puis D 133, rte
de Monoblet et chemin à dr., bord d'un ruisseau

> Nature : 🌄 🌿
> Loisirs : 🍽 🛶
> Services : 🔌 🐾 🗑 🧺 ⚐ ♨

ST-JEAN-DE-CEYRARGUES

✉ 30360 – **339** K4 – 156 h. – alt. 180
Paris 700 – Alès 18 – Nîmes 33 – Uzès 21.

Les Vistes 22 mars-27 sept., Toussaint et Noël
𝒫 04 66 83 28 09, *info@lesvistes.com, www.lesvistes.com*
– **R** conseillée
6 ha/3 campables (52 empl.) non clos, plat, peu incliné,
pierreux, herbeux
Tarif : 19,20 € 🚻 ⛺ 🅿 🔌 (6A) – pers. suppl. 4,50 €
Location : 11 🏠 (4 à 6 pers.) 230 à 530 €/sem.
Pour s'y rendre : S : 0,5 km par D 7
À savoir : belle situation panoramique

> Nature : 🌄 ⬅ Mt-Aigoual 🌿(pi-
> nède)
> Loisirs : ⛹ 🛶
> Services : 🚿 🔌 (saison) 🐾 💈 🧺 ⚐
> ♨

ST-JEAN-DU-GARD

✉ 30270 – **339** I4 – G. Languedoc Roussillon – 2 563 h. – alt. 183

🅱 *Office de tourisme, place Rabaut Saint-Étienne ℰ 04 66 85 32 11, Fax 04 66 85 16 28*

Paris 675 – Alès 28 – Florac 54 – Lodève 91 – Montpellier 74 – Nîmes 60 – Le Vigan 59.

▲▲▲ **Mas de la Cam** 28 avr.-20 sept.
ℰ 04 66 85 12 02, *camping@masdelacam.fr*,
Fax 04 66 85 12 07, *www.masdelacam.fr* – **R** conseillée
6 ha (200 empl.) peu incliné, en terrasses, herbeux
Location 🚲 : bungalows toilés – gîtes
Pour s'y rendre : 3 km au NO par D 907, rte de St-André-de-Valborgne, bord du Gardon de St-Jean
À savoir : site agréable dans une vallée verdoyante

Nature : ⛰ ≤ 🏞 ♨♨
Loisirs : 🍽 snack 🎰 🎶 nocturne 🏊 🏓 🛶 ⛵ 🎯 terrain omnisports
Services : 🚿 ⚡ 🅶🅱 ⌀ 🖭 🛒 🔧 ⓐ 🧺 🔥 🖥 ⊗ ♨

▲▲▲ **Les Sources** avr.-sept.
ℰ 04 66 85 38 03, *camping-des-sources@wanadoo.fr*,
Fax 04 66 85 16 09, *www.camping-des-sources.fr* – **R** indispensable
3 ha (92 empl.) peu incliné et en terrasses, herbeux
Tarif : 23 € 🚶 🚗 🅔 🔌 (10A) – pers. suppl. 4,50 € – frais de réservation 8 €
Location (permanent) : 12 🏠 (4 à 6 pers.) 265 à 585 €/sem.
🚐 1 borne artisanale 4 €
Pour s'y rendre : 1 km au NE par D 983 et D 50, rte de Mialet
À savoir : agréable cadre champêtre, ambiance familiale

Nature : ⛰ ≤ 🏞 ♨♨
Loisirs : 🍽 snack 🎰 🏊 🛶
Services : 🚿 ⚡ 🅶🅱 ⌀ 🖭 🛒 🔧 ⓐ 🚰 🔥 🖥 🖭

▲▲ **La Forêt** mai-15 sept.
ℰ 04 66 85 37 00, *laforet30@aol.com*, Fax 04 66 85 07 05,
www.campingalaforet.com – **R** conseillée
3 ha (75 empl.) plat et en terrasses, pierreux, herbeux
Tarif : (Prix 2007) 23,40 € 🚶 🚗 🅔 🔌 (6A) – pers. suppl. 4,60 €
Location (avr.-15 sept.) 🚲 : 3 🏠 (4 à 6 pers.) 300 à 500 €/sem. – chalets (sans sanitaires)
Pour s'y rendre : 2 km au N par D 983, rte de St-Étienne-Vallée-Française puis 2 km par D 333, rte de Falguières
À savoir : à l'orée d'une vaste pinède

Nature : ⛰ ≤ 🏞 ♀
Loisirs : 🏊 🛶
Services : ⚡ 🅶🅱 🛒 🔧 ⓐ 🔥 🖥 🖭

367

ST-LAURENT-D'AIGOUZE

✉ 30220 – **339** K7 – 2 738 h. – alt. 3

Paris 737 – Aigues-Mortes 8 – La Grande-Motte 83 – Montpellier 42 – Nîmes 35 – Sommières 23.

▲▲ **Fleur de Camargue** 5 avr.-27 sept.
ℰ 04 66 88 15 42, *accv@aol.com*, Fax 04 66 88 10 21,
www.fleur-de-camargue.com – **R** indispensable
4 ha (160 empl.) plat, pierreux, herbeux
Tarif : 27 € 🚶 🚗 🅔 🔌 (10A) – pers. suppl. 5 € – frais de réservation 17 €
Location 🚲 : 35 🏠 (4 à 6 pers.) 190 à 640 €/sem.
Pour s'y rendre : S : 2,8 km par D 46

Nature : 🏞 ♀
Loisirs : snack 🎰 🏊 🛶 🏓
Services : 🚿 ⚡ 🅶🅱 ⌀ 🖭 🔧 ⓐ 🖥 ♨ 🖭

Si vous recherchez :

👫 *Un terrain offrant des équipements et des loisirs adaptés aux enfants*
🦢 *Un terrain agréable ou très tranquille*
L - M *Un terrain effectuant la location de caravanes, de mobile homes,*
     de bungalows ou de chalets
P *Un terrain ouvert toute l'année*
🚐 *Un terrain possédant une aire de services pour camping-cars*
Consultez le tableau des localités

✉ 30500 – **339** K3 – 538 h. – alt. 140
Paris 680 – Alès 23 – Barjac 15 – La Grand-Combe 25 – Lussan 21 – St-Ambroix 4.

Domaine de Labeiller 👫 – mai-sept.
   ℘ 04 66 24 15 27, *campinglabeiller@wanadoo.fr*,
Fax 04 66 24 14 08, *www.campinglabeiller.com* – **R** conseillée
3 ha (132 empl.) en terrasses, plat, pierreux, herbeux
Tarif : 27 € ✶ ⚷ ⇔ 🅴 🅷 (6A) – pers. suppl. 6 €
Location : 17 🚐 (4 à 6 pers.) 300 à 650 €/sem. – gîtes
Pour s'y rendre : SE : 1 km, accès par D 51, rte de St-Jean-
de-Maruéjols et chemin à gauche
À savoir : agréable chênaie autour d'un bel espace aquatique

Nature : 🌳 🏞 ⚘⚘
Loisirs : 🍴 snack 🏕 🚣 🏊 ⛱
Services : 🕹 ⚷ 🐾 🗑 🛁 ☺ 🛒 🔋
À prox. : 🛶 canoë

✉ 30250 – **339** J6 – 3 677 h. – alt. 34
🛈 *Office de tourisme, 5, quai Frédéric Gaussorgues* ℘ 04 66 80 99 30, Fax 04 66 80 06 95
Paris 734 – Alès 44 – Montpellier 35 – Nîmes 29.

Municipal de Garanel avr.-sept.
   ℘ 04 66 80 33 49, *mairie-sommieres@wanadoo.fr*,
Fax 04 66 80 33 49 – **R** conseillée
7 ha (60 empl.) plat, pierreux, sablonneux
Tarif : (Prix 2007) 13,30 € ✶ ⇔ 🅴 🅷 (10A) – pers.
suppl. 2,35 €
Pour s'y rendre : derrière les arènes, près du Vidourle

Nature : ⚘
Services : ⚷ 🐾 🏞 ☺ 🛁 🔋
À prox. : 🛖 🛶 canoë

Domaine de Massereau 28 mars-15 nov.
   ℘ 04 66 53 11 20, *info@massereau.fr*, Fax 04 66 73 32 29,
www.massereau.fr – **R** conseillée
90 ha/7,7 campables (89 empl.) plat, peu incliné, herbeux,
pierreux
Tarif : 35 € ✶ ⇔ 🅴 🅷 (16A) – pers. suppl. 8,50 € – frais
de réservation 18 €
Location 🐾 : 45 🚐 (4 à 6 pers.) 231 à 732 €/sem. – 12
🏠 (4 à 6 pers.) 294 à 816 €/sem. – bungalows toilés
🚐 1 borne eurorelais 2 €
Pour s'y rendre : 2,5 km au SE par D 12, rte d'Aubais
À savoir : au milieu d'un domaine viticole

Nature : 🌳 🏞 ⚘⚘
Loisirs : 🍴 snack, pizzeria 🚴 🎣 🏊
⛵ parcours de santé
Services : 🕹 ⚷ 🏧 🐾 🗑 🛁 ☺ 🛒
🚿 🛒 🔋 sèche-linge 🔥 ✂
À prox. : 🛶 🚲 piste cyclable

Saint-Guilhem-le-Désert

L. Campion/Michelin

UZÈS

✉ 30700 – **339** L4 – G. Provence – 8 007 h. – alt. 138

🛈 *Office de tourisme, place Albert 1er* ☎ *04 66 22 68 88, Fax 04 66 22 95 19*

Paris 682 – Alès 52 – Arles 52 – Avignon 38 – Montélimar 82 – Montpellier 83 – Nîmes 25.

Le Moulin Neuf Pâques-20 sept.
☎ 04 66 22 17 21, *lemoulinneuf@yahoo.fr*,
Fax 04 66 22 91 82, *www.le-moulin-neuf.com* – **R** conseillée
5 ha (131 empl.) plat, herbeux
Tarif : 20,10 € ✶ ⛺ 🚗 🔲 (5A) – pers. suppl. 4,80 € – frais de réservation 10 €
Location (permanent) : 🏠 (4 à 6 pers.) 240 à 580 €/sem.
Pour s'y rendre : NE : 4,5 km par D 982, rte de Bagnols-sur-Cèze et D 5 à gauche
À savoir : agréable cadre ombragé

> Nature : ⬡ ⟷ ⚏
> Loisirs : 🍸 snack 🏠 🏃 🎯 🚴 🐾 🔩 ⛏
> Services : 🚿 ⊶ GB 🔧 📷 ⊙ 🚮 📞 🔲 🔩 🚗
> À prox. : 🐎

Le Mas de Rey 23 mars-1er nov.
☎ 04 66 22 18 27, *info@campingmasderey.com*,
Fax 04 66 22 18 27, *www.campingmasderey.com* – **R** indispensable
5 ha/2,5 campables (60 empl.) plat, herbeux
Tarif : 21 € ✶ ⛺ 🚗 🔲 (10A) – pers. suppl. 5,50 € – frais de réservation 8 €
Location : 3 🏠 (4 à 6 pers.) 400 à 700 €/sem. – chalets (sans sanitaires)
Pour s'y rendre : SO : 3 km par D 982, rte d'Arpaillargues puis chemin à gauche
À savoir : emplacements fleuris

> Nature : ⬡ ⟷ ♀
> Loisirs : 🏠 🎯 ⛏
> Services : 🚿 ⊶ GB 🔧 📷 🚮 ⊙ 🔲
> 🏊
> À prox. : 🐾 ✂ 🐎 parcours de santé

Les indications d'accès à un terrain sont généralement indiquées, dans notre guide, à partir du centre de la localité.

369

VALLABRÈGUES

✉ 30300 – **339** M5 – 1 197 h. – alt. 8

Paris 698 – Arles 26 – Avignon 22 – Beaucaire 9 – Nîmes 32 – Pont-du-Gard 25.

Lou Vincen avr.-20 oct.
☎ 04 66 59 21 29, *campinglouvincen@wanadoo.fr*,
Fax 04 66 59 07 41, *www.campinglouvincen.com*
– **R** conseillée
1,4 ha (75 empl.) plat, herbeux
Tarif : 19,10 € ✶ ⛺ 🚗 🔲 (6A) – pers. suppl. 5,30 € – frais de réservation 17 €
Location (12 avr.-5 oct.) ✂ : 6 🚐 (4 à 6 pers.) 273 à 540 €/sem.
🚐 1 borne artisanale – 🔌 10 €
Pour s'y rendre : à l'O du bourg, à 100 m du Rhône et d'un petit lac

> Nature : ⬡ ♀
> Loisirs : ⛏
> Services : ⊶ GB 🔧 📷 ⊙ 🚮 📻 🔲
> À prox. : ✂ 🔩 🚣 🐎

VALLERAUGUE

✉ 30570 – **339** G4 – G. Languedoc Roussillon – 1 009 h. – alt. 346

🛈 *Office de tourisme, quartier des Horts* ☎ *04 67 82 25 10, Fax 04 67 64 82 15*

Paris 684 – Mende 100 – Millau 75 – Nîmes 86 – Le Vigan 22.

Le Pied de l'Aigoual déb. juin-15 sept.
☎ 04 67 82 24 40, *monteils30@aol.com*, Fax 04 67 82 24 23
– **R** conseillée
2,7 ha (80 empl.) plat, herbeux
Tarif : 17 € ✶ 🚗 🔲 (6A) – pers. suppl. 4 €
Location : gîtes
Pour s'y rendre : O : 2,2 km par D 986, rte de l'Espérou, à 60 m de l'Hérault

> Nature : ♀♀
> Loisirs : 🏠 🎯 ⛏
> Services : ⊶ 🔧 🛶 ⊙ 🔲

Le VIGAN

✉ 30120 – **339** G5 – G. Languedoc Roussillon – 4 429 h. – alt. 221

🗗 *Office de tourisme, place du Marché* ✆ *04 67 81 01 72, Fax 04 67 81 86 79*

Paris 707 – Alès 66 – Lodève 50 – Mende 108 – Millau 72 – Montpellier 61 – Nîmes 77.

⛰ **Le Val de l'Arre** avr.-sept.
✆ 04 67 81 02 77, valdelarre@wanadoo.fr,
Fax 04 67 81 71 23, www.valdelarre.com – **R** conseillée
4 ha (180 empl.) plat, peu incliné et en terrasses, herbeux
Tarif : 19,90 € ✳ 🚗 📧 🛈 (10A) – pers. suppl. 5,20 € –
frais de réservation 15 €

Location 🏕 : 8 🛖 (4 à 6 pers.) 280 à 595 €/sem. –
chalets (sans sanitaires)

Pour s'y rendre : E : 2,5 km par D 999 rte de Ganges et
chemin à dr., bord de l'Arre

VILLENEUVE-LÈS-AVIGNON

✉ 30400 – **339** N5 – G. Provence – 11 791 h. – alt. 23

🗗 *Office de tourisme, 1, place Charles David* ✆ *04 90 25 61 33, Fax 04 90 25 91 55*

Paris 678 – Avignon 8 – Nîmes 46 – Orange 28 – Pont-St-Esprit 42.

⛰ **Campéole L'Île des Papes** ♟ – 29 mars-2 nov.
✆ 04 90 15 15 90, cpliledespapes@atciat.com,
Fax 04 90 15 15 91, www.campeole.com – **R** conseillée
20 ha (348 empl.) plat, gravillons, herbeux, plan d'eau
Tarif : 25,10 € ✳ 🚗 📧 🛈 (10A) – pers. suppl. 6,90 € –
frais de réservation 10 €

Location : 30 🛖 (4 à 6 pers.) 364 à 756 €/sem. – 79 🏠
(4 à 6 pers.) 350 à 714 €/sem. – bungalows toilés
🚐 1 borne

Pour s'y rendre : NE : 4,5 km par D 980, rte de Roque-
maure et D 780 à dr., rte du barrage de Villeneuve, entre le
Rhône et le canal

⛰ **Municipal de la Laune** avr.-15 oct.
✆ 04 90 25 76 06, campingdelalaune@wanadoo.fr,
Fax 04 90 25 76 06 – **R** conseillée
2,3 ha (123 empl.) plat, herbeux
Tarif : 19,80 € ✳ 🚗 📧 🛈 (6A) – pers. suppl. 5 € – frais de
réservation 34 €
🚐 1 borne 3,50 € – 23 📧 16,80 € – 🍖 9 €

Pour s'y rendre : au NE de la ville, chemin St-Honoré, accès
par D 980, près du stade et des piscines

Hérault (34)

AGDE

✉ 34300 – **339** F9 – G. Languedoc Roussillon – 19 988 h. – alt. 5

🗗 *Office de tourisme, 1, place Molière* ✆ *04 67 94 29 68, Fax 04 67 94 03 50*

Paris 754 – Béziers 24 – Lodève 60 – Millau 118 – Montpellier 56 – Sète 25.

⛰ **Les Champs Blancs** 7 avr.-sept.
✆ 04 67 94 23 42, champs.blancs@wanadoo.fr,
Fax 04 67 94 87 81, www.champs-blancs.fr – places limitées
pour le passage – **R** conseillée
15 ha/4 campables (336 empl.) plat, gravillons, herbeux
Tarif : 41 € ✳ 🚗 📧 🛈 (10A) – pers. suppl. 10 € – frais de
réservation 25 €

Location 🏕 : 100 🛖 (4 à 6 pers.) 270 à 715 €/sem. – 7
🏠 (4 à 6 pers.) 330 à 805 €/sem.

Pour s'y rendre : S : 2 km par rte de Rochelongue

À savoir : bel espace aquatique

⛰ **Yelloh-Village! Mer et Soleil** 🏕 – 5 avr.-11 oct.
📞 04 67 94 21 14, *contact@camping-mer-soleil.com*,
Fax 04 67 94 81 94, *www.camping-mer-soleil.com*
– **R** conseillée
8 ha (497 empl.) plat, sablonneux, herbeux
Tarif : 42 € 🚶 🚐 🔲 🚰 (6A) – pers. suppl. 7 € – frais de
réservation 16 €
Location 🛏 : 152 🚐 (4 à 6 pers.) 210 à 875 €/sem.
🚐 1 borne artisanale 10 € – 20 🔲 10 € – 🚐 10 €
Pour s'y rendre : S : 3 km par rte de Rochelongue

Nature : 🏞 🌳🌳
Loisirs : 🍴 pizzeria, snack 🍸 noc-
turne 🎿 🏸 🏓 🚴 🐎 🎣 🏊
⛵
Services : 👤 🔌 GB 🐾 🚿 🛁 ⏰ 🧺
🔧 🛒
À prox. : 🐎

⛰ **Neptune** avr.-sept.
📞 04 67 94 23 94, *info@campingleneptune.com*,
Fax 04 67 94 48 77, *www.campingleneptune.com* – **R** indis-
pensable
2,1 ha (165 empl.) plat, herbeux
Tarif : 27,20 € 🚶 🚐 🔲 🚰 (6A) – pers. suppl. 5,60 € – frais
de réservation 20 €
Location 🛏 : 15 🚐 (4 à 6 pers.) 266 à 672 €/sem.
Pour s'y rendre : S : 2 km, près de l'Hérault
À savoir : décoration arbustive et florale

Nature : 🏞 🌳
Loisirs : 🍴 🏓 🚴 🏊
Services : 👤 🔌 (juil.-août) GB 🐾
🔧 🛁 ⏰ 🧺 🛒 🛒
À prox. : ✂ 🎣 🐎

⛰ **Les Romarins** 15 avr.-25 sept.
📞 04 67 94 18 59, *contact@romarins.com*,
Fax 04 67 26 58 80, *www.romarins.com* – **R** conseillée
1,8 ha (120 empl.) plat, herbeux, sablonneux
Tarif : 25,65 € 🚶 🚐 🔲 🚰 (6A) – pers. suppl. 6,50 € – frais
de réservation 20 €
Location 🛏 : 🚐 (4 à 6 pers.) 290 à 640 €/sem.
Pour s'y rendre : S : 3 km, près de l'Hérault

Nature : 🌳
Loisirs : 🍴 snack 🏓 ✂ 🏊
Services : 👤 🔌 GB 🐾 🔧 🛁 ⏰ 🛒
À prox. : 🎾 ⛳ 🐎 golf, base nauti-
que, parc d'attractions aquatiques

AGDE

⚠️ **Le Rochelongue**
🕿 04 67 21 25 51, *le.rochelongue@wanadoo.fr*,
Fax 04 67 94 04 23 – **R** conseillée
2 ha (100 empl.) plat, gravillons, herbeux
Location : 🏠 – 🏠
Pour s'y rendre : à Rochelongue, S : 4 km, à 500 m de la plage

> Nature : ☐ ♀
> Loisirs : 🍷 snack, pizzeria 🏊 🦺
> Services : 🚿 ⚡ 🗄 🔥 🔥 ⚐ 🅰 🍴 🔥
> À prox. : 🍽️ 🎣 🐎 base nautique, golf, parc d'attractions aquatiques

⚠️ **La Mer** Pâques-1er oct.
🕿 04 67 94 72 21, *camping-la-mer@wanadoo.fr*,
Fax 04 67 94 72 07, *www.camping-la-mer.net* – **R** conseillée
2 ha (119 empl.) plat, herbeux, sablonneux
Tarif : 22 € ⚹ 🚗 🔋 🔌 (6A) – pers. suppl. 5,50 €
Location : 8 🏠 (4 à 6 pers.) 280 à 680 €/sem.
Pour s'y rendre : S : 4,3 km, rte de Rochelongue, à 200 m de la plage

> Nature : ☐ ♀♀
> Loisirs : 🍷 pizzeria 🏊
> Services : 🚿 ⚡ 🧺 🔥 🔥 🅰 🍴 🔥
> À prox. : 🍽️ 🎣 🐎 golf, base nautique, parc d'attractions aquatiques

Ce guide n'est pas un répertoire de tous les terrains de camping mais une sélection des meilleurs campings dans chaque catégorie.

BALARUC-LES-BAINS

✉️ 34540 – **339** H8 – G. Languedoc Roussillon – 5 688 h. – alt. 3 – ⚓
🅱 *Syndicat d'initiative, Pavillon Sévigné* 🕿 04 67 46 81 46, Fax 04 67 46 81 54
Paris 781 – Agde 32 – Béziers 52 – Frontignan 8 – Lodève 54 – Montpellier 33 – Sète 9.

⚠️ **Les Vignes** avr.-oct.
🕿 04 67 48 04 93, *camping.lesvignes@free.fr*,
Fax 04 67 18 74 32, *www.camping-lesvignes.com* – places limitées pour le passage – **R** conseillée
2 ha (169 empl.) plat, herbeux, gravier
Tarif : 21 € ⚹ 🚗 🔋 🔌 (10A) – pers. suppl. 5 € – frais de réservation 10 €
Location : 8 🏠 (4 à 6 pers.) 255 à 500 €/sem.
🏠 1 borne flot bleu 4 € – 🚌 10 €
Pour s'y rendre : NE : 1,7 km par D 129, D 2E 6, à dr., rte de Sète et chemin à gauche

> Nature : ☐ ♀
> Loisirs : snack 🏠 🏊 🦺
> Services : 🚿 ⚡ GB 🧺 🗄 🔥 🅰 🔥
> 🍴 🍴 🔥

⚠️ **Le Mas du Padre** 🏕️ – 5 avr.-12 oct.
🕿 04 67 48 53 41, *contact@mas-du-padre.com*,
Fax 04 67 48 08 94, *www.mas-du-padre.com* – **R** conseillée
1,8 ha (116 empl.) peu incliné, pierreux, herbeux
Tarif : 30,30 € ⚹ 🚗 🔋 🔌 (10A) – pers. suppl. 4,40 € – frais de réservation 9,50 €
Location : 11 🏠 (4 à 6 pers.) 287 à 630 €/sem.
Pour s'y rendre : NE : 2 km par D 2E et chemin à dr.
À savoir : sur une petite colline à l'ombre d'une grande variété d'arbres

> Nature : ☐ ♀♀
> Loisirs : 🏠 🏕️ 🏊 🦺
> Services : 🚿 ⚡ GB 🧺 🗄 🔥 🅰 🔥
> réfrigérateurs

BRISSAC

✉️ 34190 – **339** H5 – G. Languedoc Roussillon – 442 h. – alt. 145
Paris 732 – Ganges 7 – Montpellier 41 – St-Hippolyte-du-Fort 19 – St-Martin-de-Londres 17 – Le Vigan 25.

⚠️ **Le Val d'Hérault** 15 mars-oct.
🕿 04 67 73 72 29, *levaldherault@orange.fr*,
Fax 04 67 73 30 81, *www.camping-levaldherault.com*
– **R** conseillée
4 ha (135 empl.) peu incliné et en terrasses, pierreux
Tarif : 24 € ⚹ 🚗 🔋 🔌 (6A) – pers. suppl. 5,05 € – frais de réservation 10 €
Location : 24 🏠 (4 à 6 pers.) 480 à 745 €/sem. – 5 🏠 (4 à 6 pers.) 580 à 647 €/sem.
Pour s'y rendre : S : 4 km par D 4 rte de Causse-de-la-Selle, à 250 m de l'Hérault (accès direct)

> Nature : 🏞️ ☐ ♀♀
> Loisirs : 🍷 snack 🏠 🕯️ nocturne 🏊 🦺
> Services : 🚿 ⚡ GB 🧺 🗄 🔥 🅰 🔥
> 🍴 🍴 🔥 🏊 🏊
> À prox. : 🏖️ (plage) escalade

CANET

✉ 34800 – **339** F7 – 1 598 h. – alt. 42
Paris 717 – Béziers 47 – Clermont-l'Hérault 6 – Gignac 10 – Montpellier 39 – Sète 39.

⚏ **Les Rivières** avr.-15 sept.
     📞 04 67 96 75 53, *camping-les-rivieres@wanadoo.fr*,
     Fax 04 67 96 58 35, *www.camping-lesrivieres.com*
     – **R** conseillée
     3 ha (90 empl.) plat, pierreux, herbeux
     Tarif : 26 € ✶ 🚗 🔲 💶 (6A) – pers. suppl. 5,50 € – frais de
     réservation 10 €
     Location 🏠 : 10 🚐 – 8 🏠 (4 à 6 pers.) 210 à
     485 €/sem.
     Pour s'y rendre : N : 1,8 km par D 131ᴱ, à la Sablière
     À savoir : belle situation au bord de l'Hérault

> Nature : 🌿 ⌂ ♀ ⛰
> Loisirs : 🍽 snack, pizzeria 🛖 ja-cuzzi ✖ 🏊 ⛱ ⤸
> Services : 🚿 ⚓ ✂ 🛗 🗜 🖋 ⊕ 🖙 🖨 ⤴
> À prox. : 🐎

Le CAP-D'AGDE

✉ 34300 – **339** G9 – G. Languedoc Roussillon
🛈 *Office de tourisme, rond-point du Bon Accueil* 📞 04 67 01 04 04, Fax 04 67 26 22 99
Paris 767 – Montpellier 57 – Béziers 29 – Narbonne 59 – Sète 25.

⚏ **La Clape** 30 mars-sept.
     📞 04 67 26 41 32, *contact@camping-laclape.com*,
     Fax 04 67 26 45 25, *www.camping-laclape.com* – **R** conseil-
     lée
     7 ha (450 empl.) plat, herbeux, pierreux
     Tarif : (Prix 2007) 26,90 € ✶ 🚗 🔲 💶 (10A) – pers.
     suppl. 5,50 € – frais de réservation 23 €
     Location 🏠 : 62 🚐 (4 à 6 pers.) 275 à 615 €/sem. – 23
     🏠 (4 à 6 pers.) 325 à 695 €/sem.
     🚐 1 borne – 1 🔲 23 €
     Pour s'y rendre : près de la plage (accès direct)

> Nature : ⌂ ♀♀
> Loisirs : 🍽 snack 🛖 🏄 🏊
> Services : 🚿 ⚓ 🅶🅱 ✂ 🛗 🗜 ♨ 🖋
> ⊕ 🖙 🖨 ⤸ ⤴ réfrigérateurs
> À prox. : ✖ 🖼 ⛓

CARNON-PLAGE

✉ 34280 – **339** I7 – G. Languedoc Roussillon
🛈 *Office de tourisme, rue du Levant* 📞 04 67 50 51 15, Fax 04 67 50 54 04
Paris 758 – Aigues-Mortes 20 – Montpellier 20 – Nîmes 56 – Sète 37.

⚏ **Intercommunal les Saladelles** avr.-15 sept.
     📞 04 67 68 23 71, *camping.saladelles@wanadoo.fr*,
     Fax 04 67 68 23 71, *www.sivom-etang-or.fr* – **R** conseillée
     7,6 ha (384 empl.) plat, sablonneux
     Tarif : (Prix 2007) 19,20 € ✶ 🚗 🔲 💶 (15A) – pers.
     suppl. 3,70 € – frais de réservation 10 €
     Location 🏠 : 20 🚐 (4 à 6 pers.) 172 à 582 €/sem.
     🚐 1 borne artisanale – 18 🔲 11 €
     Pour s'y rendre : par D 59, Carnon Est, à 100 m de la plage

> Services : 🚿 ⚓ 🅶🅱 ✂ 🗜 ⊕ ⤸ ⤴
> 🖨

CASTRIES

✉ 34160 – **339** I6 – G. Midi Pyrénées – 5 146 h. – alt. 70
🛈 *Syndicat d'initiative, 19, rue Sainte Catherine* 📞 04 99 74 01 77, Fax 04 99 74 01 77
Paris 746 – Lunel 15 – Montpellier 19 – Nîmes 44.

⚏ **Fondespierre** Permanent
     📞 04 67 91 20 03, *pcomtat@free.fr*, Fax 04 67 16 41 48,
     www.campingfondespierre.com – accès aux emplacements
     par forte pente, mise en place et sortie des caravanes à la
     demande – **R** conseillée
     3 ha (103 empl.) en terrasses et peu incliné, pierreux
     Tarif : 27,50 € ✶ 🚗 🔲 💶 (10A) – pers. suppl. 4,50 € –
     frais de réservation 15 €
     Location : 15 🚐 (4 à 6 pers.) 279 à 639 €/sem.
     🚐 1 borne artisanale 4 €
     Pour s'y rendre : NE : 2,5 km par D 610, rte de Sommières
     et rte à gauche

> Nature : 🌿 ⌂ ♀
> Loisirs : 🚴 🏊
> Services : 🚿 ⚓ 🅶🅱 ✂ 🗜 ♨ ⊕ ⤸
> 🖙 🖨
> À prox. : ✖

CLERMONT-L'HÉRAULT

✉ 34800 – **339** F7 – G. Languedoc Roussillon – 6 532 h. – alt. 92

🛈 *Office de tourisme, 9, rue René Gosse* ✆ 04 67 96 23 86, Fax 04 67 96 98 58

Paris 718 – Béziers 46 – Lodève 24 – Montpellier 42 – Pézenas 22 – Sète 55.

Municipal du Lac du Salagou Permanent

✆ 04 67 96 13 13, *centretouristique@wanadoo.fr*,
Fax 04 67 96 32 12, *www.lesalagou.fr* – **R** conseillée
7,5 ha (388 empl.) plat et en terrasses, peu incliné, pierreux,
gravier, herbeux.
Tarif : 15,30 € 🛉 ⇔ 🅴 🄜 (5A) – pers. suppl. 2,20 € – frais
de réservation 15 €
Location 🚫 : 8 🛖 – gîtes
🛱 1 borne artisanale – 🔧 12.70 €
Pour s'y rendre : NO : 5 km par D 156ᴱ ⁴, à 300 m du lac
À savoir : situation agréable à proximité du lac et de la base
nautique

Nature : ≤ 🗀 ♀
Loisirs : 🏠 🏊 🐟
Services : 🕭 ⚬ ᴳᴮ ♻ ♨ ⊙ ⌇ 🗑 cases réfrigérées
À prox. : 🍴 ✕ pizzeria 🚣 🚲 ⛵ 🚤

CREISSAN

✉ 34370 – **339** D8 – 938 h. – alt. 90

Paris 774 – Béziers 21 – Murviel-lès-Béziers 20 – Narbonne 25 – Olonzac 30 – St-Chinian 12.

Municipal les Oliviers avr.-sept.

✆ 04 67 93 81 85, *mairie@creissan.com*, Fax 04 67 93 85 28,
www.creisan.com – **R** conseillée
0,4 ha (20 empl.) plat, herbeux
Tarif : 13,25 € 🛉 ⇔ 🅴 – pers. suppl. 2,75 €
Location : gîtes
Pour s'y rendre : au NO du bourg

Nature : 🗀 ♀
Services : 🕭 ⚬ (juil.-août) ♻ ⊙ ♨ 🗑
À prox. : ✕ 🚤

FRONTIGNAN

✉ 34110 – **339** H8 – G. Languedoc Roussillon – 19 145 h. – alt. 2

Paris 775 – Lodève 59 – Montpellier 26 – Sète 10.

à Frontignan-Plage S : 1 km – ✉ 34110

Les Tamaris 👥 – 3 avr.-26 sept.

✆ 04 67 43 44 77, *les-tamaris@wanadoo.fr*,
Fax 04 67 18 97 90, *www.les-tamaris.fr* – **R** conseillée
4 ha (250 empl.) plat, herbeux, pierreux
Tarif : 39 € 🛉 ⇔ 🅴 🄜 (10A) – pers. suppl. 8 € – frais de
réservation 25 €
Location 🚫 : 12 🛖 (2 à 4 pers.) 140 à 450 €/sem. – 40
🛖 (4 à 6 pers.) 200 à 700 €/sem. – 30 🏠 (4 à 6 pers.)
280 à 890 €/sem.
🛱 1 borne raclet 4,50 €
Pour s'y rendre : NE par D 60
À savoir : cadre agréable, au bord de la plage

Nature : 🗀 ♀ ⚠
Loisirs : 🍴 ✕ pizzeria 🏠 🕭 nocturne 🏓 🎮 🏊 🚤
Services : 🕭 ⚬ ᴳᴮ ♻ 🗄 ♨ ⊙ ♨ 🛒 ⌇ 🗑 ⛲ 🛒 cases réfrigérées

GIGNAC

✉ 34150 – **339** G7 – G. Languedoc Roussillon – 3 955 h. – alt. 53

🛈 *Office de tourisme, place du Gen Claparède* ✆ 04 67 57 58 83, Fax 04 67 57 67 95

Paris 719 – Béziers 58 – Clermont-l'Hérault 12 – Lodève 25 – Montpellier 30 – Sète 57.

Municipal la Meuse juin-sept.

✆ 04 67 57 92 97, *camping.meuse@wanadoo.fr*,
Fax 04 67 57 25 65, *www.ville-gignac.fr* – **R** indispensable
3,4 ha (61 empl.) plat, herbeux
Tarif : 🛉 2 € ⇔ 🅴 8 € – 🄜 (16A) 2,20 €
🛱 1 borne 3 €
Pour s'y rendre : NE : 1,2 km par D 32, rte d'Aniane puis
chemin à gauche, à 200 m de l'Hérault et d'une base nautique

Nature : 🗀 ♀
Loisirs : snack 🚤
Services : 🕭 ⚬ ᴳᴮ ♻ 🗄 ♨ ⊙ 🗑
À prox. : ⛵ 🚤 ⚓ parcours sportif, mur d'escalade

La GRANDE-MOTTE

✉ 34280 – **339** J7 – G. Languedoc Roussillon – 6 458 h. – alt. 1
🏢 *Office de tourisme, allée des Parcs* 📞 *04 67 56 42 00, Fax 04 67 29 91 42*
Paris 747 – Aigues-Mortes 12 – Lunel 16 – Montpellier 28 – Nîmes 45 – Palavas-les-Flots 16 – Sète 47.

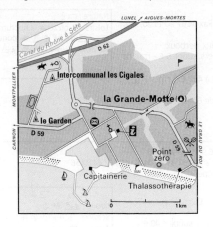

Le Garden ⚲⚥ – avr.-oct.
📞 04 67 56 50 09, *campinglegarden@orange.fr*,
Fax 04 67 56 25 69, *www.legarden.fr* – **R**
3 ha (209 empl.) plat, herbeux, sablonneux
Tarif : 38 € ✶ ⚲ 🅴 ⚡ (10A) – pers. suppl. 9 €
Location : 200 🏠 (4 à 6 pers.) 385 à 812 €/sem.
Pour s'y rendre : sortie O par D 59, à 300 m de la plage

> Nature : ⊏ 🌲🌲(pinède)
> Loisirs : 🍸 🍴 pizzeria 🏠 🏃 🏊
> 🛝
> Services : 🚿 🔌 GB Ⓜ 🗄 🚿 🔄 ☒
> 📵 ⛽ 🚽
> À prox. : 🏇

Intercommunal les Cigales avr.-oct.
📞 04 67 56 50 85, *camping.lescigales@wanadoo.fr*,
Fax 04 67 56 50 85, *www.sivom-etang-or.fr* – **R** indispensable
2,5 ha (180 empl.) plat, sablonneux
Tarif : 19,50 € ✶ ⚲ 🅴 ⚡ (10A) – pers. suppl. 5,50 € –
frais de réservation 10 €
Location : 20 🏠 (4 à 6 pers.) 230 à 610 €/sem.
Pour s'y rendre : sortie O par D 59

> Loisirs : 🏊
> Services : 🔌 GB ⚗ ☒ 🔄 ⚒ ☒
> À prox. : 🐴 poneys

375

LATTES

✉ 34970 – **339** I7 – G. Languedoc Roussillon – 13 768 h. – alt. 3
🏢 *Office de tourisme, 679, avenue de Montpellier* 📞 *04 67 22 52 91*
Paris 766 – Montpellier 7 – Nîmes 54 – Béziers 68 – Arles 80.

Le Parc avr.-oct.
📞 04 67 65 85 67, *camping-le-parc@wanadoo.fr*,
Fax 04 67 20 20 58, *www.leparccamping.com* – **R** conseillée
1,6 ha (100 empl.) plat, herbeux, pierreux
Tarif : 24,80 € ✶ ⚲ 🅴 ⚡ (10A) – pers. suppl. 5,50 € –
frais de réservation 15 €
Location ⚲ : 24 🏠 (4 à 6 pers.) 255 à 670 €/sem.
Pour s'y rendre : NE : 2 km par D 172

> Nature : 🌲🌲
> Loisirs : snack 🏊 🛝
> Services : 🚿 🔌 GB ⚗ 🗄 📶 ☒ 📞
> 📵
> À prox. : 🎾 🚲 🍴 🐴 parcours de santé

Benutzen Sie
– zur Wahl der Fahrtroute
– zur Berechnung der Entfernungen
– zur exakten Lokalisierung eines Campingplatzes (mit Hilfe der Angaben im Ortstext)
*die für diesen Führer unentbehrlichen **MICHELIN-Karten** .*

LAURENS

✉ 34480 – **339** E7 – 932 h. – alt. 140

Paris 736 – Bédarieux 14 – Béziers 22 – Clermont-l'Hérault 40 – Montpellier 91 – Sète 61.

⛰ **L'Oliveraie** ♣♂ – Permanent

📞 04 67 90 24 36, oliveraie@free.fr, Fax 04 67 90 11 20, www.oliveraie.com – **R** conseillée

7 ha (116 empl.) plat, terrasse, pierreux, herbeux

Tarif : 26,80 € ✶ ⇔ 🅴 (6A) – pers. suppl. 5 € – frais de réservation 20 €

Location 🏠 : 10 🛖 (2 à 4 pers.) à 400 €/sem. – 7 🛖 (4 à 6 pers.) 300 à 550 €/sem.

Pour s'y rendre : N : 2 km par rte de Bédarieux et chemin à dr.

> Nature : 🌳 ♀
> Loisirs : 🍽 pizzeria 🌙 nocturne 🏃
> 🚣 🏇 🚲 ✂ ⛳ 🎠 poneys
> Services : 🚿 ⛽ 🛒 🚻 🔥 🛁 ⚕ ⊕
> 🚮 ♨ 🧺 🔥 🍴
> À prox. : 🚵

LODÈVE

✉ 34700 – **339** E6 – G. Languedoc Roussillon – 6 900 h. – alt. 165

🛈 Office de tourisme, 7, place de la République 📞 04 67 88 86 44, Fax 04 67 44 07 56

Paris 695 – Alès 98 – Béziers 63 – Millau 60 – Montpellier 55 – Pézenas 39.

⛰ **Municipal les Vailhès** avr.-sept.

📞 04 67 44 25 98, Fax 04 67 44 65 97 – **R**

4 ha (246 empl.) en terrasses, herbeux

Tarif : 13,60 € ✶ ⇔ 🅴 (10A) – pers. suppl. 3,40 €

Pour s'y rendre : 7 km au S par D 609, rte de Montpellier puis 2 km par D 148, rte d'Octon et chemin à gauche, par voie rapide sortie 54

À savoir : belle situation au bord du lac du Salagou

> Nature : 🏞 ⬤ ♀ 🏔
> Loisirs : 🚣 🚲 🛶
> Services : 🚿 ⛽ 🚻 ⊕ 🔥
> À prox. : 🎣

MARSEILLAN

✉ 34340 – **339** G8 – G. Languedoc Roussillon – 6 199 h. – alt. 3

🛈 Office de tourisme, avenue de la Méditerranée 📞 04 67 21 82 43, Fax 04 67 21 82 58

Paris 754 – Agde 7 – Béziers 31 – Montpellier 49 – Pézenas 20 – Sète 24.

à Marseillan-Plage S : 6 km par D 51ᴱ – ✉ 34340

⛰ **Yelloh-Village! Méditerranées - la Nouvelle Floride** ♣♂ – 25 avr.-27 sept.

📞 04 67 21 94 49, info@nouvelle-floride.com, Fax 04 67 21 81 05, www.lesmediterranees.com – **R** conseillée

6,5 ha (459 empl.) plat, herbeux, sablonneux

Tarif : 44 € ✶ ⇔ 🅴 (6A) – pers. suppl. 8 € – frais de réservation 50 €

Location 🏠 : 160 🛖 (4 à 6 pers.) 189 à 917 €/sem.

À savoir : situation agréable en bordure de plage

> Nature : 🌳 ♀♀ 🏔
> Loisirs : 🍽 pizzeria, brasserie, snack 🌙 nocturne 🏃 🎪 salle d'animation 🚣 🏊 🏓 terrain omnisports
> Services : 🚿 ⛽ 🛒 🚻 🔥 🛁 ⚕ 🚮
> ♨ 🧺 🔥 🍴
> À prox. : 🎵 discothèque

⛰ **Charlemagne** ♣♂ – 25 avr.-27 sept.

📞 04 67 21 92 49, info@charlemagne-camping.com, Fax 04 67 21 86 11, www.lesmediterranees.com – **R** conseillée

6,7 ha (480 empl.) plat, sablonneux, herbeux

Tarif : 44 € ✶ ⇔ 🅴 (10A) – pers. suppl. 8 € – frais de réservation 50 €

Location 🏠 : 280 🛖 (4 à 6 pers.) 273 à 1 064 €/sem.

🛖 1 borne artisanale

Pour s'y rendre : à 250 m de la plage

> Nature : 🌳 ♀♀
> Loisirs : 🍽 🍴 pizzeria 🏠 🌙 nocturne 🏃 🎪 discothèque 🚣 🏊 🏓
> Services : 🚿 ⛽ 🛒 🚻 🔥 🛁 ⚕ 🚮
> ♨ 🧺 🔥 🍴
> À prox. : terrain omnisports

⛰ **Languedoc-Camping** mars-oct.

📞 04 67 21 92 55, languedoc.camping.fr@wanadoo.fr, www.campinglanguedoc.com – **R** indispensable

1,5 ha (118 empl.) plat, herbeux

Tarif : (Prix 2007) ✶ ⇔ 🅴 35 € – frais de réservation 31 €

Location 🏠 : 11 🛖 (4 à 6 pers.) 270 à 590 €/sem.

À savoir : au bord de la plage

> Nature : 🌳 ♀♀ 🏔
> Loisirs : 🚣
> Services : 🚿 ⛽ 🛒 🚻 Ⓜ 🔥 🛁 ⚕
> 🔥 🧺

⚠ **Le Galet**
    📞 04 67 21 95 61, *reception@camping-galet.com*,
    Fax 04 67 21 87 23, *www.camping-galet.com* – **R** indispensable
    3 ha (275 empl.) plat, sablonneux, herbeux
    Location : 20 🛖
    Pour s'y rendre : à 250 m de la plage

| Nature : 🌲 ♀ |
| Loisirs : 🏄 🏊 ⛷ |
| Services : ♿ 🚿 📶 🗑 🧺 ⊕ 🔲 |
| À prox. : 🍴 🍽 🎣 |

⚠ **La Créole** avr.-15 oct.
    📞 04 67 21 92 69, *campinglacreole@wanadoo.fr*,
    Fax 04 67 26 58 16, *www.campinglacreole.com* – **R** conseillée
    1,5 ha (110 empl.) plat, sablonneux, herbeux
    Tarif : 28,60 € ✶ 🚗 🔲 ⚡ (6A) – pers. suppl. 4,80 € – frais de réservation 16 €
    Location 🐾 : 15 🛖 (4 à 6 pers.) 230 à 560 €/sem.
    🚐 1 borne artisanale
    À savoir : en bordure d'une belle plage de sable fin

| Nature : 🌲 ♀♀ 🌊 |
| Loisirs : 🏄 |
| Services : ♿ 🚿 GB ⚕ 🗑 🧺 🪣 ⊕ ⚬ 🔲 |
| À prox. : 🍽 🏓 🎠 🐎 (centre équestre) golf, parc d'attractions |

✉ 34000 – **339** I7 – G. Languedoc Roussillon – 225 392 h. – alt. 27
🛈 *Office de tourisme, 30, allée Jean de Latrre de Tassigny* 📞 *04 67 60 60 60, Fax 04 67 60 60 61*
Paris 758 – Marseille 173 – Nice 330 – Nîmes 55 – Toulouse 242.

⚠ **Le Floréal**
    📞 04 67 92 93 05, *info@camping-le-floreal.com*,
    Fax 04 67 92 93 05, *www.camping-le-floreal.com*
    – **R** conseillée
    1,5 ha (134 empl.) plat, sablonneux, herbeux
    Location 🐾 : 14 🛖
    🚐 1 borne artisanale
    Pour s'y rendre : sortie SE par D 986 rte de Palavas-les-Flots-accès par le 1er pont après celui de l'autoroute - par A9 sortie 30 Montpellier-Sud, dir. Palavas-les-Flots

| Nature : 🌲 ♀♀ |
| Loisirs : 🏄 |
| Services : ♿ 🚿 🗑 🧺 🪣 ⊕ 🔲 |

✉ 34800 – **339** E7 – 397 h. – alt. 185
🛈 *Office de tourisme, le village* 📞 *04 67 96 22 79*
Paris 709 – Béziers 55 – Lodève 15 – Montpellier 56.

⚠ **Le Mas de Carles** avr.-15 oct.
    📞 04 67 96 32 33 – **R** conseillée
    1 ha (40 empl.) plat et peu incliné, terrasses, herbeux, gravillons
    Tarif : (Prix 2007) 19,80 € ✶ 🚗 🔲 ⚡ (6A) – pers. suppl. 4 €
    Pour s'y rendre : SE : à 0,6 km du bourg par D 148E
    À savoir : agréable cadre fleuri autour d'un mas et en plein coeur des vignes

| Nature : 🐟 ≤ 🌲 ♀♀ |
| Loisirs : 🏄 🏊 |
| Services : 🚿 🧺 ⊕ |
| À prox. : 🍽 |

✉ 34120 – **339** F8 – G. Languedoc Roussillon – 7 443 h. – alt. 15
🛈 *Office de tourisme, place Gambetta* 📞 *04 67 98 36 40, Fax 04 67 98 96 80*
Paris 734 – Agde 22 – Béziers 24 – Lodève 39 – Montpellier 55 – Sète 38.

⚠ **Saint Christol** 15 avr.-15 sept.
    📞 04 67 98 09 00, *saintchristol@worldonline.fr*,
    Fax 04 67 98 89 61, *www.campingsaintchristol.com*
    – **R** conseillée
    1,5 ha (93 empl.) plat, gravier
    Tarif : 19,20 € ✶ 🚗 🔲 ⚡ (10A) – pers. suppl. 3,60 €
    Location : 8 🏠 (4 à 6 pers.) 300 à 620 €/sem.
    Pour s'y rendre : NE : 0,6 km par D 30E, rte de Nizas et chemin à dr.

| Nature : 🌲 ♀♀ |
| Loisirs : snack 🍴 🏊 |
| Services : ♿ 🚿 GB ⚕ ⊕ 🔲 |
| À prox. : 🍽 |

PÉZENAS

△ **Municipal le Castelsec** avr.-11 oct.
📞 04 67 98 04 02, Fax 04 67 90 72 47 – **R** conseillée
0,8 ha (40 empl.) plat et en terrasses, herbeux, pinède
attenante
Tarif : 15,80 € ☀ ☀ 📶 Ⓙ (10A) – pers. suppl. 3,15 €
Location (permanent) : 22 🛖 (4 à 6 pers.) 190 à
430 €/sem. – gîtes
Pour s'y rendre : sortie SO, rte de Béziers et r. à dr. après
le centre commercial Champion

Nature : ≤ 🛏 🌱
Loisirs : 🛏 %
Services : ♿ ― GB 📶 🚿 ⓒ 📷
À prox. : 🛒

PORTIRAGNES

✉ 34420 – **339** F9 – 2 278 h. – alt. 10
🛈 Office de tourisme, place du Bicentenaire 📞 04 67 90 92 51, Fax 04 67 90 92 51
Paris 762 – Agde 13 – Béziers 13 – Narbonne 40 – Valras-Plage 14.

à Portiragnes-Plage S : 4 km par D 37 – ✉ 34420

▲▲▲ **Les Mimosas** 👤 – 24 mai-6 sept.
📞 04 67 90 92 92, les.mimosas.portiragnes@wanadoo.fr,
Fax 04 67 90 85 39, www.mimosas.com – places limitées
pour le passage – **R** conseillée
7 ha (400 empl.) plat, herbeux
Tarif : 36 € ☀ ☀ 📶 Ⓙ (6A) – pers. suppl. 9 € – frais de
réservation 33 €
Location : 9 🛖 (2 à 4 pers.) 378 à 630 €/sem. – 207 🛖
(4 à 6 pers.) 413 à 756 €/sem. – 4 🛖 (4 à 6 pers.) 483 à
840 €/sem. – 10 bungalows toilés – (avec sanitaires)
🛖 1 borne raclet 2 €

Nature : 🛏 🌱🌱
Loisirs : 🏓 🛏 🍷 nocturne 🚴 🎱
🏊 🚴 🚲 🚴 ⛳ terrain omnisports
Services : ♿ ― GB 📶 🚿 🛀 – 10
sanitaires individuels (🛁 ⚡ wc) ☀
☀ 🛒 🛒 cases réfrigérées
À prox. : ponton d'amarrage

▲▲▲ **Les Sablons** 👤 – avr.-sept.
📞 04 67 90 90 55, contact@les-sablons.com,
Fax 04 67 90 82 91, www.les-sablons.com – **R** indispensable
15 ha (800 empl.) plat, herbeux, sablonneux, étang
Tarif : 45 € ☀ ☀ 📶 Ⓙ (6A) – pers. suppl. 8 € – frais de
réservation 25 €
Location : 180 🛖 (4 à 6 pers.) 205 à 917 €/sem. – 83
🛖 (4 à 6 pers.) 205 à 1 043 €/sem.
Pour s'y rendre : sortie N, rte de Portiragnes, en bordure
de plage et d'un étang (accès direct)
À savoir : situation agréable entre étang et mer

Nature : 🛏 🌱🌱 ⛰
Loisirs : 🏓 🍴 snack, pizzeria 🍷 nocturne 🚴 discothèque 🚴 🚲 🎣
% 🏊 ⛳
Services : ♿ ― GB 📶 🚿 🛀 ⓒ ☀
☀ 🛒 🛒 cases réfrigérées
À prox. : 🎣 ⚓

▲▲▲ **L'Émeraude** 15 mai-1er sept.
📞 04 67 90 93 76, contact@campinglemeraude.com,
Fax 04 67 09 91 18, www.campinglemeraude.com
– **R** conseillée
4,2 ha (280 empl.) plat, herbeux
Tarif : (Prix 2007) 31 € ☀ ☀ 📶 Ⓙ (5A) – pers. suppl. 7 € –
frais de réservation 16 €
Location % : 105 🛖 (4 à 6 pers.) 285 à 620 €/sem. –
11 🛖 (4 à 6 pers.) 285 à 620 €/sem.
Pour s'y rendre : N : 1 km par rte de Portiragnes

Nature : 🌱🌱
Loisirs : 🏓 snack 🛏 🍷 nocturne
🚴 % 🏊
Services : ♿ ― GB 📶 🚿 🛀 ⓒ 📷
🛒 🛒 cases réfrigérées
À prox. : 🐎

ST-ANDRÉ-DE-SANGONIS

✉ 34725 – **339** G7 – 3 782 h. – alt. 65
Paris 715 – Béziers 54 – Clermont-l'Hérault 8 – Gignac 5 – Montpellier 34 – Sète 61.

△ **Le Septimanien** 5 avr.-27 sept.
📞 04 67 57 84 23, leseptimanien@yahoo.fr,
Fax 04 67 57 84 23, www.camping-leseptimanien.com
– **R** conseillée
2,6 ha (86 empl.) plat et en terrasses, pierreux
Tarif : 21,80 € ☀ ☀ 📶 Ⓙ (10A) – pers. suppl. 4 € – frais
de réservation 9 €
Location : 10 🛖 (4 à 6 pers.) 320 à 480 €/sem. – 9 🛖
(4 à 6 pers.) 355 à 530 €/sem.
Pour s'y rendre : SO : 1 km par D 4, rte de Brignac, bord
d'un ruisseau

Nature : 🌲 🛏
Loisirs : 🏓 snack 🚴 🏊
Services : ♿ ― GB 📶 🚿 ⓒ 📷 🛒
À prox. : % 🐎

378

ST-PONS-DE-THOMIÈRES

✉ 34220 – **339** B8 – G. Languedoc Roussillon – 2 287 h. – alt. 301
⌂ *Office de tourisme, place du Foirail* ℰ *04 67 97 06 65, Fax 04 67 97 95 07*
Paris 750 – Béziers 54 – Carcassonne 64 – Castres 54 – Lodève 73 – Narbonne 53.

⚠ **Aire Naturelle la Borio de Roque** 15 mai-15 sept.
  ℰ 04 67 97 10 97, *info@borioderoque.com*,
  Fax 04 67 97 21 61, *www.borioderoque.com* – 🏕
  100 ha/2,5 campables (25 empl.) en terrasses, herbeux
  Tarif : ♦ 4,50 € – 🚗 2,25 € – 🔋 9 € – 🔌 (6A) 3 € – frais de
  réservation 16,50 €
  Location : gîtes
  Pour s'y rendre : NO : 3,9 km par D 907, rte de la Salvetat-
  sur-Agout, puis à dr., 1,2 km par chemin empierré, bord
  d'un ruisseau
  À savoir : dans un site boisé de moyenne montagne

Nature :	🏞 < 🏕 🌳
Loisirs :	🎿 🏊 ⛷
Services :	🚿 🔑 🗑 ⊕ 🌐
À prox. :	🎣

Benutzen Sie
– zur Wahl der Fahrtroute
– zur Berechnung der Entfernungen
– zur exakten Lokalisierung eines Campingplatzes (mit Hilfe der Angaben im Ortstext)
die für diesen Führer unentbehrlichen **MICHELIN-Karten** .

La SALVETAT-SUR-AGOUT

✉ 34330 – **339** B7 – G. Languedoc Roussillon – 1 118 h. – alt. 700
⌂ *Office de tourisme, place des Archers* ℰ *04 67 97 64 44, Fax 04 67 97 83 16*
Paris 725 – Anglès 17 – Brassac 26 – Lacaune 20 – Olargues 27 – St-Pons-de-Thomières 22.

⚠ **La Blaquière** juin-août
  ℰ 04 67 97 61 29, *jerome.calas@wanadoo.fr, www.cam*
  pingblaquiere.com – **R** conseillée
  0,8 ha (60 empl.) plat, herbeux
  Tarif : 14 € ♦ 🔋 🔌 (6A) – pers. suppl. 3,50 €
  Location : 5 🛖 (2 à 4 pers.) 130 à 280 €/sem. – 8 🚐 (4
  à 6 pers.) 250 à 450 €/sem.
  Pour s'y rendre : sortie N, rte de Lacaune, bord de l'Agout

Nature :	🌳🌳
Loisirs :	🏖 🛶
Services :	🔑 (saison) 🐕 🏊 ⊕
À prox. :	🏊 🏊 ✕

379

SÉRIGNAN

✉ 34410 – **339** E9 – G. Languedoc Roussillon – 6 134 h. – alt. 7
⌂ *Office de tourisme, place de la Libération* ℰ *04 67 32 42 21, Fax 04 67 32 37 97*
Paris 765 – Agde 22 – Béziers 11 – Narbonne 34 – Valras-Plage 4.

⚠⚠⚠ **Les Vignes d'Or** 🏖♦ – 15 janv.-15 déc.
  ℰ 04 67 32 37 18, *info@vignesdor.com*, Fax 04 67 32 00 80,
  www.vignesdor.com – **R** indispensable
  4 ha (250 empl.) plat, herbeux, pierreux
  Tarif : 29,70 € ♦ 🔋 🔌 (6A) – pers. suppl. 6 € – frais de
  réservation 23 €
  Location (5 avr.-27 sept.) : 50 🚐 (4 à 6 pers.) 170 à
  689 €/sem. – 10 🏠 (4 à 6 pers.) 200 à 799 €/sem. –
  bungalows toilés
  Pour s'y rendre : S : 3,5 km, rte de Valras-Plage, prendre la
  contre-allée située derrière le garage Citroën

Nature :	🏞 🏕 🌳
Loisirs :	🍴 brasserie, pizzeria 🌙 noc-
	turne 🏃 🏊 ⛷ 🏊 terrain omnis-
	ports
Services :	🚿 🔑 GB 🐕 🗑 🚿 ⊕ 🌐
	🌐 🗑 🚿
À prox. :	🛒 ✕ 🐎

⚠⚠ **Le Paradis** avr.-sept.
  ℰ 04 67 32 24 03, *Paradiscamping34@aol.com*,
  Fax 04 67 32 24 03, *www.camping-leparadis.com*
  – **R** conseillée 🐕
  2,2 ha (129 empl.) plat, herbeux
  Tarif : 28 € ♦ 🚗 🔋 🔌 (6A) – pers. suppl. 4,50 € – frais de
  réservation 16 €
  Location : 16 🚐 (4 à 6 pers.) 190 à 550 €/sem.
  Pour s'y rendre : S : 1,5 km par rte de Valras-Plage
  À savoir : cadre agréable

Nature :	🏕 🌳🌳
Loisirs :	snack 🎿 🏊 ⛷
Services :	🚿 🔑 GB 🐕 🗑 🚿 ⊕ 🌐
	🚿 🚿
À prox. :	🛒

SÉRIGNAN

à Sérignan-Plage SE : 5 km par D 37ᴱ – ⊠ 34410

▲▲▲ **Yelloh-Village! Le Sérignan Plage** ▲▲ – 24 avr.-21 sept.
 ℘ 04 67 32 35 33, *info@leserignanplage.com*,
 Fax 04 67 32 26 36, *www.leserignanplage.com* – **R** conseillée
 16 ha (900 empl.) plat, herbeux, sablonneux
 Tarif : 44 € ⚹ ⇌ 🗐 🛢 (6A) – pers. suppl. 8 € – frais de réservation 30 €
 Location 🏖 : 207 ⟨⟩ (4 à 6 pers.) 203 à 1 288 €/sem. – 53 ⌂ (4 à 6 pers.) 203 à 980 €/sem.
 Pour s'y rendre : en bordure de plage, accès direct
 À savoir : beaux bâtiments sur le thème d'auberge provençale avec petits commerces de proximités

> Nature : 🌲 ⌱ ⬤⬤ ♨
> Loisirs : 🍴 ✗ snack, pizzeria, crêperie 🔲 🌙 nocturne 🏓 🎿 discothèque 🏊 ✗ 🔳 ♨ 🎿 balnéo
> Services : 🚿 🔌 🅿 GB 🅲 🗒 🛁 🚰 🍴 🔲 🛒 🚿
> À prox. : ⚓

▲▲▲ **Aloha Village** ▲▲ – 26 avr.-14 sept.
 ℘ 04 67 39 71 30, *info@yellohvillage-aloha.com*,
 Fax 04 67 32 58 15, *www.yellohvillage-aloha.com* – **R** conseillée
 9,5 ha (470 empl.) plat, herbeux, sablonneux
 Tarif : 43 € ⚹ ⇌ 🗐 🛢 (10A) – pers. suppl. 6 €
 Location 🏖 : 109 ⟨⟩ (4 à 6 pers.) 203 à 1 162 €/sem. – 44 ⌂ (4 à 6 pers.) 203 à 924 €/sem.
 ⟨⟩ 1 borne artisanale
 À savoir : en bordure de plage

> Nature : ⌱ ⬤⬤ ♨
> Loisirs : 🍴 ✗ pizzeria 🔲 🌙 nocturne 🏓 salle d'animation 🏊 🚲 ✗ 🔳 ♨
> Services : 🚿 🔌 GB 🅲 🗒 🛁 🚰 🍴 🔲 🛒 ♨
> À prox. : 🏇 🏄 école de voile, catamaran

▲▲▲ **Le Clos Virgile** ▲▲ – 3 mai-15 sept.
 ℘ 04 67 32 20 64, *le.clos.virgile@wanadoo.fr*,
 Fax 04 67 32 05 42, *www.leclosvirgile.com* – **R** conseillée
 5 ha (300 empl.) plat, sablonneux, herbeux
 Tarif : (Prix 2007) 35 € ⚹ ⇌ 🗐 🛢 (6A) – pers. suppl. 6 € – frais de réservation 20 €
 Location 🏖 : 82 ⟨⟩ (4 à 6 pers.) 200 à 730 €/sem. – 22 ⌂ (4 à 6 pers.) 250 à 740 €/sem.
 Pour s'y rendre : à 500 m de la plage

> Nature : ⬤⬤
> Loisirs : 🍴 ✗ 🔲 🌙 nocturne 🏓 🏊 🔳 ♨
> Services : 🚿 🔌 GB 🅲 🗒 🛁 🚰 🔲 ♨ 🚿
> À prox. : 🏇 🏄

▲▲▲ **Beauséjour** ▲▲ – avr.-sept.
 ℘ 04 67 39 50 93, *info@camping-beausejour.com*,
 Fax 04 67 32 01 96, *www.camping-beausejour.com* – **R** conseillée
 10 ha/6 campables (380 empl.) plat, herbeux, sablonneux
 Tarif : 36,50 € ⚹ ⇌ 🗐 🛢 (10A) – pers. suppl. 6 €
 Location 🏖 : 10 ⟨⟩ (4 à 6 pers.) 210 à 700 €/sem. – 50 ⌂ (4 à 6 pers.) 280 à 910 €/sem.
 Pour s'y rendre : en bordure de plage

> Nature : 🌲 ⌱ ⬤⬤ ♨
> Loisirs : 🍴 brasserie, pizzeria 🌙 nocturne 🏓 🎿 discothèque 🏊 piste de bi-cross
> Services : 🚿 🔌 GB 🅲 🗒 🛁 🚰 🔲 ♨ 🚿
> À prox. : base nautique

SÈTE

⊠ 34200 – **339** H8 – G. Languedoc Roussillon – 39 542 h. – alt. 4
🛈 *Office de tourisme, 60, rue Mario Roustan* ℘ 04 67 74 71 71, Fax 04 67 46 17 54
Paris 787 – Béziers 48 – Lodève 63 – Montpellier 35.

▲▲▲ **Village Center Le Castellas** ▲▲ – 5 avr.-20 sept.
 ℘ 04 67 51 63 00, *orentet@village-center.com*,
 Fax 04 67 51 63 01, *www.village-center.com* – **R** indispensable
 23 ha (989 empl.) plat, sablonneux, gravillons
 Tarif : 40 € ⚹ ⇌ 🗐 🛢 (10A) – pers. suppl. 8 €
 Location : 374 ⟨⟩ (4 à 6 pers.) 308 à 854 €/sem. – 70 ⌂ (4 à 6 pers.) 350 à 882 €/sem.
 ⟨⟩ 1 borne
 Pour s'y rendre : SO : 11 km par D 612, rte d'Agde, près de la plage

> Nature : ⌱ ⬤
> Loisirs : 🍴 cafétéria, pizzeria, snack 🌙 🏓 🚲 ✗ 🎿 🔳 terrain omnisports
> Services : 🚿 🔌 GB 🅲 🗒 🛁 🚰 🍴 🔲 🛒 🚿 cases réfrigérées
> À prox. : ⚓ 🏇

380

La TAMARISSIÈRE

✉ 34300 – **339** F9
Paris 761 – Montpellier 62 – Béziers 24 – Narbonne 54 – Sète 29.
Schéma à Agde

    ▲ **La Tamarissière** 15 avr.-15 sept.
        ℘ 04 67 94 79 46, contact@camping-tamarissiere.com,
        Fax 04 67 94 78 23, *www.camping-tamarissiere.com*
        – **R** conseillée
        10 ha (700 empl.) plat, peu incliné et accidenté, sablonneux,
        herbeux
        Tarif : 25,60 € ✶ ⇌ 🅔 ⓗ (10A) – pers. suppl. 4,30 € –
        frais de réservation 24 €
        Location 🏠 : 55 ⏢ (4 à 6 pers.) 288 à 670 €/sem.
        À savoir : situation agréable sous les pins et au bord de
        mer

> Nature : 🌳 🌿 ⚠
> Services : ᕕ ⊶ GB 🐕 🔥 ⊕ 🔲
> cases réfrigérées
> À prox. : 🍸 ✕

La TOUR-SUR-ORB

✉ 34260 – **339** D7 – 1 050 h. – alt. 228
Paris 717 – Béziers 40 – Clermont-l'Hérault 35 – Millau 81 – St-Affrique 75.

    ▲ **Municipal**
        ℘ 04 67 95 05 44, mairie.latoursurorb@wanadoo.fr,
        Fax 04 67 95 31 91 – **R** conseillée
        0,7 ha (26 empl.) plat, herbeux
        Pour s'y rendre : sortie N, derrière Écomarché

> Nature : 🌲 🌿
> Loisirs : 🏠 🚴 ✕ terrain omnis-
> ports
> Services : ᕕ 🔥 🛁 ⊕

VALRAS-PLAGE

✉ 34350 – **339** E9 – G. Languedoc Roussillon – 3 625 h. – alt. 1
🛈 *Office de tourisme, place René Cassin ℘ 04 67 32 36 04, Fax 04 67 32 33 41*
Paris 767 – Agde 25 – Béziers 16 – Montpellier 76.

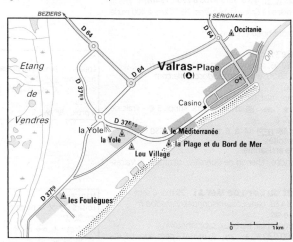

381

    ▲▲ **Lou Village** 🏕 – 26 avr.-14 sept.
        ℘ 04 67 37 33 79, info@louvillage.com, Fax 04 67 37 53 56,
        www.louvillage.com – **R** conseillée
        8 ha (600 empl.) plat, sablonneux, herbeux, étangs
        Tarif : 42 € ✶ ⇌ 🅔 ⓗ (10A) – pers. suppl. 7,20 € – frais
        de réservation 30 €
        Location 🏠 : 48 ⏢ (2 à 4 pers.) 269 à 564 €/sem. – 68
        ⏢ (4 à 6 pers.) 409 à 769 €/sem. – 68 🏠 (4 à 6 pers.)
        479 à 870 €/sem.
        Pour s'y rendre : SO : 2 km, à 100 m de la plage (accès
        direct)
        À savoir : bel espace aquatique

> Nature : 🌲 🌿 ⚠
> Loisirs : 🍸 ✕ pizzeria 🎦 🎵 noc-
> turne 🚴 ✕ 🏊 ⚴
> Services : ᕕ ⊶ GB 🐕 🔥 🛁 🔥 ⊕
> 🍴 🔲 🛁 ♿
> À prox. : 🎣 🐎 jet-ski

VALRAS-PLAGE

△△△ **Le Méditerranée** 15 avr.-15 sept.
    ℘ 04 67 37 34 29, *service@camping-le-mediterranee.com*,
Fax 04 67 37 58 47, *www.camping-le-mediterranee.com* –
R indispensable
4,5 ha (367 empl.) plat, sablonneux, herbeux
Tarif : (Prix 2007) 32,50 € ✿ ⬛ (6A) – pers.
suppl. 6,30 € – frais de réservation 25 €
Location ✂ : 50 ⬛ (4 à 6 pers.) 250 à 715 €/sem. – 10
⬛ (4 à 6 pers.) 347 à 780 €/sem.
Pour s'y rendre : SO : 1,5 km rte de Vendres, à 200 m de la
plage

> **Nature :** ♀♀
> **Loisirs :** ♀ brasserie ⬛ ⬛ ⬛ ⬛
> **Services :** ⬛ ⬛ GB ⬛ ⬛ ⬛ ⬛ ⬛
> ⬛ ⬛ ⬛ ⬛
> **À prox. :** ⬛ ⬛ ⬛ ⬛ (centre
> équestre)

△△△ **Domaine de La Yole** 26 avr.-20 sept.
    ℘ 04 67 37 33 87, *info@campinglayole.com*,
Fax 04 67 37 44 89, *www.campinglayole.com* – **R** conseillée
20 ha (1007 empl.) plat, peu incliné, herbeux, sablonneux
Tarif : 41,10 € ✿ ⬛ ⬛ (5A) – pers. suppl. 7 € – frais de
réservation 25 €
Location : 20 ⬛ (4 à 6 pers.) 392 à 1 015 €/sem. – 100
⬛ (4 à 6 pers.) 462 à 924 €/sem.
Pour s'y rendre : SO : 2 km, à 500 m de la plage

> **Nature :** ♀♀
> **Loisirs :** ♀ brasserie, pizzeria, self-
> service ⬛ ⬛ nocturne ⬛ ⬛ ⬛
> ⬛ ⬛ ⬛ terrain omnisport
> **Services :** ⬛ ⬛ GB ⬛ ⬛ ⬛ ⬛ ⬛ ⬛
> ⬛ ⬛ ⬛ ⬛ ⬛ ⬛ ⬛
> **À prox. :** ⬛

△△△ **Les Foulègues** 26 avr.-25 sept.
    ℘ 04 67 37 33 65, *info@campinglesfoulegues.com*,
Fax 04 67 37 54 75, *www.campinglesfoulegues.com*
– **R** conseillée
5,3 ha (339 empl.) plat, herbeux, sablonneux
Tarif : (Prix 2007) 37,50 € ✿ ⬛ ⬛ (6A) – pers.
suppl. 6,80 € – frais de réservation 28 €
Location : 23 ⬛ (4 à 6 pers.) 200 à 775 €/sem.
Pour s'y rendre : à Grau-de-Vendres, SO : 5 km, à 400 m de
la plage
À savoir : cadre boisé et fleuri

> **Nature :** ⬛ ♀♀
> **Loisirs :** ♀ ✗ ⬛ ⬛ ⬛ ⬛ ⬛
> **Services :** ⬛ ⬛ GB ⬛ ⬛ ⬛ ⬛
> ⬛ ⬛ ⬛ ⬛ ⬛
> **À prox. :** ⬛ ⬛

△△△ **L'Occitanie** 31 mai-6 sept.
    ℘ 04 67 39 59 06, *campingoccitanie@wanadoo.fr*,
Fax 04 67 32 58 20, *www.campingoccitanie.com*
– **R** conseillée
6 ha (400 empl.) plat, herbeux
Tarif : 29 € ✿ ⬛ ⬛ (5A) – pers. suppl. 5 € – frais de
réservation 20 €
Location : 48 ⬛ (4 à 6 pers.) 217 à 630 €/sem. –
bungalows toilés
⬛ 1 borne artisanale
Pour s'y rendre : chemin de Querelles, giratoire de Valras-
Plage E

> **Nature :** ⬛ ♀♀
> **Loisirs :** ♀ brasserie, pizzeria ⬛ ⬛
> nocturne ⬛ ⬛ ⬛
> **Services :** ⬛ ⬛ GB ⬛ ⬛ ⬛ ⬛ ⬛
> ⬛ ⬛
> **À prox. :** ⬛ ⬛

△△△ **La Plage et du Bord de Mer** ⬛ – 25 mai-6 sept.
    ℘ 04 67 37 34 38, *daniel.coumelongue@wanadoo.fr*
– **R** conseillée ⬛
13 ha (655 empl.) plat, herbeux, sablonneux
Tarif : (Prix 2007) 32 € ✿ ⬛ ⬛ (6A) – pers. suppl. 6 € –
frais de réservation 20 €
Pour s'y rendre : SO : 1,5 km rte de Vendres, bord de mer
À savoir : au bord d'une belle plage de sable fin

> **Nature :** ⬛
> **Loisirs :** ♀ ✗ ⬛ nocturne ⬛ ⬛
> ⬛ ⬛ ⬛
> **Services :** ⬛ ⬛ ⬛ ⬛ ⬛ ⬛ ⬛ ⬛
> ⬛ ⬛ ⬛ ⬛
> **À prox. :** ⬛ ⬛

Om een reisroute uit te stippelen en te volgen,
om het aantal kilometers te berekenen,
om precies de ligging van een terrein te bepalen
(aan de hand van de inlichtingen in de tekst),
gebruikt u de **Michelinkaarten** *,*
een onmisbare aanvulling op deze gids.

VIAS

✉ 34450 – **339** F9 – G. Languedoc Roussillon – 4 354 h. – alt. 10
🛈 *Office de tourisme, avenue de la Méditerranée* 📞 *04 67 21 76 25, Fax 04 67 21 55 46*
Paris 752 – Agde 5 – Béziers 19 – Narbonne 46 – Sète 30 – Valras-Plage 20.

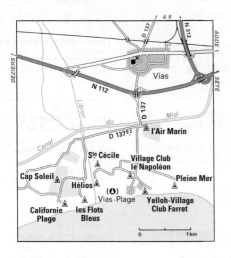

à la Plage S : 2,5 km par D 137

🏕 **Yelloh-Village! Club Farret** 👥– 24 avr.-11 oct.
📞 04 67 21 64 45, *info@yellohvillage-club-farret.com*,
Fax 04 67 21 70 49, *www.yellohvillage-club-farret.com*
– **R** conseillée
7 ha (437 empl.) plat, sablonneux, herbeux
Location 🏠 : 124 🚐 (4 à 6 pers.) 203 à 980 €/sem. –
62 🏠 (4 à 6 pers.) 182 à 735 €/sem.
🚐
Pour s'y rendre : bord de plage
À savoir : bel espace aquatique

Nature : 🏞 🎣 ⛰
Loisirs : 🍸 ✖ 🎲 nocturne 🎪 🎮
salle de spectacle et d'animation
🏄 🚲 💆 🏊
Services : 🚿 🔌 GB 🔧 🚰 🚾 😊 🧊 🧺
🌳 🛒 🚿
À prox. : 🏹 🐎 poneys parc d'attractions, parcours sportif

🏕 **Le Napoléon** 👥– 21 mars-sept.
📞 04 67 01 07 80, *reception@camping-napoleon.fr*,
Fax 04 67 01 07 85, *www.camping-napoleon.fr* – **R** conseillée
3 ha (250 empl.) plat, herbeux, sablonneux
Tarif : 39 € 🚶 🚗 🔲 🔌 (10A) – pers. suppl. 7 € – frais de réservation 30 €
Location 🏠 : 65 🚐 (4 à 6 pers.) 263 à 700 €/sem. – 36 🏠 (4 à 6 pers.) 305 à 780 €/sem. – appartements
🚐 1 borne
Pour s'y rendre : à 250 m de la plage

Nature : 🏞 🎣
Loisirs : 🍸 ✖ pizzeria 🎲 🎲 nocturne 🎪 🎮 🎵 discothèque 🏄
🚲 💆 🏊
Services : 🚿 🔌 GB 🔧 🚾 😊 🧊
🌳 🛒 🚿 cases réfrigérées
À prox. : parcours sportif, parc d'attractions

🏕 **Méditerranée-Plage** 22 mars-21 sept.
📞 04 67 90 99 07, *contact@mediterranee-plage.com*,
Fax 04 67 90 99 17, *www.mediterranee-plage.com*
– **R** conseillée
9,6 ha (490 empl.) plat, herbeux, sablonneux
Tarif : 36,40 € 🚶 🚗 🔲 🔌 (6A) – pers. suppl. 6,10 € – frais de réservation 25 €
Location 🏠 (juil.août) : 165 🚐 (4 à 6 pers.) 235 à 830 €/sem. – studios
Pour s'y rendre : SO : 6 km par D 137ᴱ ², bord de plage (hors schéma)
À savoir : cadre agréable en bordure de mer

Nature : 🐚 ⛰
Loisirs : 🍸 pizzeria, crêperie 🎲 🎲
nocturne 🎪 🎮 🚲 ✖ 🏹 🏊
Services : 🚿 🔌 GB 🔧 🚰 😊 🏊 😊
🌳 🛒 💆 🚿

383

VIAS

Les Flots Bleus déb.-avr.-fin sept.
📞 04 67 21 64 80, *campinglesflotsbleus@wanadoo.fr*,
Fax 04 67 01 78 12, *www.camping-flotsbleus.com* – **R** indispensable
5 ha (314 empl.) plat, herbeux, sablonneux
Tarif : 32 € ✦ ⇌ 🅔 (6A) – pers. suppl. 5,50 € – frais de réservation 22 €
Location 🕸 (juil.-août) : 80 ▦ (4 à 6 pers.) 210 à 730 €/sem. – 6 🏠 (4 à 6 pers.) 210 à 610 €/sem.
🚐 1 borne artisanale 4 € – 20 🅔 – 🚙 10 €
Pour s'y rendre : SO : bord de plage

Nature : 🏞 ♤♤ ⛰
Loisirs : 🍽 snack, pizzeria 🎭 ☺ nocturne 🛝 🏊 ⛵ terrain omnisports
Services : 🚿 ⊶ GB 🐕 🗻 🖨 🧺 ♨
🔥 🧊 ♿
À prox. : parcours sportif, parc d'attractions

Cap Soleil ♣♦ – Permanent
📞 04 67 21 64 77, *cap.soleil@wanadoo.fr*,
Fax 04 67 21 70 66, *www.capsoleil.fr* – **R** conseillée
4,5 ha (288 empl.) plat, herbeux
Tarif : 35 € ✦ ⇌ 🅔 (6A) – pers. suppl. 6 €
Location (avr.-sept.) : 40 ▦ (4 à 6 pers.) 160 à 890 €/sem.
🚐 1 borne – 5 🅔
Pour s'y rendre : à 600 m de la plage
À savoir : bel ensemble aquatique

Nature : 🏞 ♤♤
Loisirs : 🍽 pizzeria, snack 🎭 ☺ nocturne 🛝 🛝 🎣 🎿 ⛵ 🏊
Services : 🚿 ⊶ (juil.-août) GB 🐕 🗻 🖨 ☺ 🧺 🧊 réfrigérateurs
À prox. : 🐎

Californie Plage ♣♦ – avr.-oct.
📞 04 67 21 64 69, *californie.plage@wanadoo.fr*,
Fax 04 67 21 54 62, *www.californie-plage.fr* – **R** conseillée
5,8 ha (371 empl.) plat, herbeux, sablonneux
Tarif : (Prix 2007) 33 € ✦ ⇌ 🅔 (3A) – pers. suppl. 5 € – frais de réservation 25 €
Location 🕸 : ▦
Pour s'y rendre : au SO par D 137ᴱ et chemin à gauche, bord de plage

Nature : ♤♤ ⛰
Loisirs : 🍽 🍴 ☺ nocturne 🛝 🏊 🚲 ⛵ terrain omnisports
Services : ⊶ GB 🐕 🗻 🖨 🧺 ♨
🧊 🧺 cases réfrigérées
À prox. : 🍴 ⛵ parcours sportif, parc d'attractions

L'Air Marin ♣♦ – 15 mai-20 sept.
📞 04 67 21 64 90, *info@camping-air-marin.fr*,
Fax 04 67 21 76 79, *www.camping-air-marin.fr* – places limitées pour le passage – **R** conseillée
5,5 ha (320 empl.) plat, herbeux
Tarif : 35 € ✦ ⇌ 🅔 (6A) – pers. suppl. 7 € – frais de réservation 20 €
Location (12 avr.-20 sept.) : 50 ▦ (4 à 6 pers.) 250 à 790 €/sem.
Pour s'y rendre : près du canal du Midi

Nature : 🏞 ♤♤
Loisirs : 🍽 brasserie, snack ☺ nocturne 🛝 🎣 🛝 🍴 ⛵ 🏊 terrain omnisports, canoë, barques
Services : 🚿 ⊶ 🗻 🖨 ☺ 🧺 🧊 🧺
À prox. : 🐎 🏹 parc d'attractions

Hélios mai-27 sept.
📞 04 67 21 63 66, *franceschi.louis@wanadoo.fr*,
Fax 04 67 21 63 66, *www.camping-helios.com* – **R** conseillée
2,5 ha (200 empl.) plat, sablonneux, herbeux
Tarif : 23 € ✦ ⇌ 🅔 (6A) – pers. suppl. 3,70 € – frais de réservation 10 €
Location : 14 ▦ (4 à 6 pers.) 183 à 490 €/sem. – 6 🏠 (4 à 6 pers.) 206 à 525 €/sem.
Pour s'y rendre : près du Libron et à 250 m de la plage

Nature : 🌿 ♤♤
Loisirs : 🍽 snack 🎭 🛝
Services : 🚿 ⊶ GB 🐕 🗻 🖨 🧺 ♨
🧊 🧺 🧺
À prox. : 🐎 🏹 parcours sportif, parc d'attractions

Club Ste Cécile 12 avr.-19 sept.
📞 04 67 21 63 70, *campingsaintececile@wanadoo.fr*,
Fax 04 67 21 48 71 – **R** conseillée
2 ha (105 empl.) plat, sablonneux, herbeux
Tarif : 32 € ✦ ⇌ 🅔 (3A) – pers. suppl. 5 € – frais de réservation 10 €
Location : 40 ▦ (4 à 6 pers.) 300 à 750 €/sem. – appartements
Pour s'y rendre : près du Libron, à 500 m de la plage

Nature : 🌿 🏞 ♤♤
Loisirs : 🎭 🍴 🏊
Services : 🚿 ⊶ GB 🐕 🗻 🖨 ☺
🧊 🧺
À prox. : 🐎 🏹 parc d'attractions, parcours sportif

▲ **Pleine Mer** fermé 4 janv.-4 fév.
𝄢 04 67 21 63 83, *camping.pleinemer@wanadoo.fr*,
Fax 04 67 21 91 93, *http://www.campingpleinemer.fr*
– **R** conseillée
1 ha (94 empl.) plat, sablonneux, herbeux
Tarif : 30 € ⚹ ⇌ 回 (5) (6A) – pers. suppl. 4 €
Location (5 avr.-sept.) ✗ : 50 ⛺ (4 à 6 pers.) 200 à
670 €/sem.
Pour s'y rendre : à 120 m de la plage, (accès direct)

Nature : ⛱ ♀ ≜
Loisirs : ☂ snack 🎬
Services : & ⚡ (8 avr.-30 sept.) ⊞
✂ 🗄 ♨ 🔋 ⊕ ♨ ♿ 🔥
À prox. : 🏕 🐎 parc d'attractions,
parcours sportif

▲ **Le Petit Mousse** ♣ – (location exclusive de mobile
homes et caravanes) – 7 mai-14 sept.
𝄢 04 67 90 99 04, *lepetitmousse34@wanadoo.fr*,
Fax 04 67 90 97 95, *www.vacances-directes.com* – **R** ✗
5,2 ha plat, sablonneux, herbeux
Location : 56 ⛺ (2 à 4 pers.) 182 à 553 €/sem. – 312
⛺ (4 à 6 pers.) 280 à 966 €/sem.
Pour s'y rendre : 4 km au SO, au bord de la mer (hors
schéma)

Nature : ♀♀ ≜
Loisirs : ☂ ✗ pizzeria 🎬 ⊕ 🏕
🏕 🚲 🏊
Services : ⚡ ⊞ ✂ ♨ 🔋 ⊕ 回 sè-
che-linge ▦ ♨

VIC-LA-GARDIOLE

✉ 34110 – **339** H8 – 2 464 h. – alt. 10
🛈 *Office de tourisme, 30, boulevard des Aresquiers* 𝄢 04 67 78 94 43
Paris 770 – Clermont-l'Hérault 55 – Montpellier 21 – Pézenas 43 – Sète 16.

▲ **Le Clos Fleuri** Permanent
𝄢 04 67 78 15 68, *reception@camping-clos-fleuri.fr*,
Fax 04 67 78 77 62, *www.camping-clos-fleuri.fr* – **R** conseillée
2 ha (121 empl.) plat, peu incliné, herbeux, sablonneux,
pierreux
Tarif : 23,50 € ⚹ ⇌ 回 (5) (6A) – pers. suppl. 4,80 € – frais
de réservation 21 €
Location : 5 ⛺ (4 à 6 pers.) 266 à 620 €/sem. – 11 🏠
(4 à 6 pers.) 218 à 632 €/sem.
⛺ 1 borne artisanale
Pour s'y rendre : sortie E, rte de la mer

Nature : 🏞 ⛱ ♀♀
Loisirs : ☂ brasserie, pizzeria 🏕
🏊
Services : & ⚡ ⊞ ✂ 回 ♨ ⊕ ♨
回 ♨

385

Le lac de Villefort

VILLENEUVE-LÈS-BÉZIERS

✉ 34420 – **339** E9 – 3 434 h. – alt. 6

🛈 *Office de tourisme, place de la Fontaine* ✆ *04 67 39 48 83*

Paris 762 – Montpellier 66 – Béziers 7 – Narbonne 40 – Sète 53.

△ **Les Berges du Canal** 15 avr.-15 sept.
✆ 04 67 39 36 09, *contact@lesbergesducanal.com*,
Fax 04 67 39 82 07, *www.lesbergesducanal.com*
– **R** conseillée
3 ha (102 empl.) plat, herbeux, pierreux
Tarif : 23 € 🏕 ⛺ 🅴 🔌 (15A) – pers. suppl. 4,50 € – frais
de réservation 7,50 €
Location : 4 🚐 (2 à 4 pers.) 280 à 450 €/sem. – 20 🚐
(4 à 6 pers.) 507 à 617 €/sem.
🚐 1 borne artisanale 2 €
Pour s'y rendre : NE du bourg, au bord du canal du Midi

> Nature : 🛶 ♧♧
> Loisirs : 🍴 snack 🛶 ⛵ 🛥 ponton d'amarrage, halte nautique
> Services : 🚿 ⚡ 🆖 🐕 🎏 ⚓ @ 📞 📺 🔄
> À prox. : 🎣

Lozère (48)

BAGNOLS-LES-BAINS

✉ 48190 – **330** J7 – G. Languedoc Roussillon – 243 h. – alt. 913 – ♨ (déb. avr.-fin oct.)

🛈 *Office de tourisme, avenue de la gare* ✆ *04 66 47 61 13*

Paris 603 – Langogne 42 – Mende 21 – Villefort 38.

386

△ **Luminade**
✆ 04 66 47 67 96, *laluminade.maurin@wanadoo.fr*,
Fax 04 66 49 39 51 – **R** indispensable
0,5 ha (12 empl.) plat, herbeux
Location : 6 🏠
Pour s'y rendre : sortie O par D 901, rte de Mende et
chemin à dr., bord du Lot

> Nature : 🛶
> Loisirs : ⛵
> Services : 🚿 🎏 @ 🛁 📺
> À prox. : 🎣

BÉDOUÈS

✉ 48400 – **330** J8 – 299 h. – alt. 565

Paris 624 – Alès 69 – Florac 5 – Mende 39.

△ **Chon du Tarn** avr.-20 oct.
✆ 04 66 45 09 14, *info@camping-chondutarn.com*,
Fax 04 66 45 22 91, *http://www.camping-chondutarn.com*
– **R** conseillée
2 ha (100 empl.) plat, peu incliné, herbeux
Tarif : 12,40 € 🏕 ⛺ 🅴 🔌 (6A) – pers. suppl. 3,50 €
🚐 1 borne artisanale
Pour s'y rendre : sortie NE, rte de Cocurès
À savoir : cadre agréable et verdoyant au bord du Tarn

> Nature : 🌳 ≤ ♧(verger)
> Loisirs : ⛵ 🏊
> Services : 🚿 ⚡ 🐕 🎏 @ 🛁 📞 📺
> À prox. : 🍴 snack escalade

BLAJOUX

✉ 48320 – **330** I8

Paris 638 – Montpellier 180 – Mende 34 – Millau 87 – La Grand-Combe 72.

△ **Village Vacances de Blajoux** (location exclusive de
maisonnettes) Permanent
✆ 04 66 49 46 00, *villagegitesblajoux@yahoo.fr*,
Fax 04 66 49 46 29, *villages-gites-blajoux.com*
0,8 ha plat, terrasse
Location : 28 🏠 (4 à 6 pers.) 209 à 685 €/sem.
Pour s'y rendre : sur D 907, rte de Quézac
À savoir : location au w.-end et à la nuitée hors sais.

> Nature : 🌳 ≤
> Loisirs : 🛶 🛥
> Services : 🚿 ⚡ 🅿 🐕 📺 📺

CANILHAC

✉ 48500 – **330** G8 – 102 h. – alt. 700
Paris 593 – La Canourgue 8 – Marvejols 26 – Mende 52 – St-Geniez-d'Olt 24 – Sévérac-le-Château 20.

△ **Municipal la Vallée** juil.-août
  𝒫 04 66 32 91 14, *commune.canilhac@wanadoo.fr*,
  www.commune-canilhac.fr – **R** conseillée
  1 ha (50 empl.) plat, herbeux
  Tarif : 14,50 € ⚹ 🚗 🅿 (9A) – pers. suppl. 3 €
  Location : 2 🚏 (4 à 6 pers.) 350 €/sem.
  Pour s'y rendre : N : 12 km par D 809, rte de Marvejols,
  D 988 à gauche, rte de St-Geniez-d'Olt et chemin à gauche,
  bord du Lot, par A 75, sortie 40 dir. St-Laurent-d'Olt puis
  5 km par D 988
  À savoir : dans une petite vallée verdoyante

Nature : 🌳 ≤ 🏞 ♀
Loisirs : 🎬 🚣 🏊 🛶 🎣
Services : 🔣 🚿 🐾 Ⓜ 🗓 ⊕ 🔥 🗑
À prox. : 🍴

LA CANOURGUE

✉ 48500 – **330** H8 – G. Languedoc Roussillon – 1 922 h. – alt. 563
🛈 *Syndicat d'initiative, rue de la ville* 𝒫 04 66 32 83 67
Paris 588 – Marvejols 21 – Mende 40 – Millau 53 – Rodez 70.

▲▲▲ **Village Vacances de la Canourgue** (location
  exclusive de maisonnettes) Permanent
  𝒫 04 66 32 87 08, *sla@lozere-resa.com*, Fax 04 66 32 87 08
  – **R** conseillée
  3 ha en terrasses
  Location : 48 🏠 (4 à 6 pers.) 111 à 711 €/sem.
  Pour s'y rendre : O : 1,5 km, rte de Banassac, à dr. juste
  avant Intermarché

Nature : 🌳 ≤ ♀
Loisirs : 🎬 🏊
Services : 🔣 🚿 🐾 🗑 📞 🗑
À prox. : 🛒

▲▲ **Val d'Urugne** 15 avr.-sept.
  𝒫 04 66 32 84 00, *lozereleisure@wanadoo.fr*,
  Fax 04 66 32 88 14, *www.lozereleisure.com* – **R** conseillée
  8 ha (50 empl.) plat et peu incliné, pierreux, herbeux
  Tarif : 16,50 € ⚹ 🚗 🅿 (6A) – pers. suppl. 4 €
  Location (avr.-15 nov.) : 22 🏠 (4 à 6 pers.) 232 à
  690 €/sem.
  🚐 1 borne raclet 6 € – 🚐 16.50 €
  Pour s'y rendre : SE : 3,6 km par D 988, rte de Chanac,
  après le golf, au bord de l'Urugne

Nature : 🌳 ≤ 🏞 ♀
Loisirs : 🚣 🏊
Services : 🔣 🚿 (saison) 🅶🅱 🐾 🗓
⊕ 🔥 🖳 📞 🗑
À prox. : 🍴 snack golf (18 trous)

387

CHASTANIER

✉ 48300 – **330** K6 – 89 h. – alt. 1 090
Paris 570 – Châteauneuf-de-Randon 17 – Langogne 10 – Marvejols 71 – Mende 44 – Saugues 42.

△ **Pont de Braye** 15 mai-15 sept.
  𝒫 04 66 69 53 04 – **R** conseillée
  1,5 ha (35 empl.) plat et terrasses, herbeux
  Tarif : (Prix 2007) 14,50 € ⚹ 🚗 🅿 (5A) – pers.
  suppl. 3,40 €
  Pour s'y rendre : O : 1 km, carrefour D 988 et D 34, bord
  du Chapeauroux

Loisirs : 🎬
Services : 🔣 🚿 🐾 ⊕ 🔥 🖳 🗑
À prox. : 🍴 🍽 🍴 🐴 (centre éques-
tre)

CHIRAC

✉ 48100 – **330** H7 – 1 006 h. – alt. 625
Paris 587 – Montpellier 173 – Mende 37 – Marvejols 6 – Espalion 78.

△ **Village Vacances** (location exclusive de chalets)
  𝒫 04 66 48 48 48, *sla@lozere-resa.com*, Fax 04 66 65 03 55,
  www.lozere-resa.com – **R** conseillée
  1,5 ha plat, herbeux
  Location : 15 🏠 (4 à 6 pers.) 203 à 598 €/sem.
  Pour s'y rendre : N : sortie du bourg, rte de Marvejols -
  A 75 sortie 39 puis D 809 rte de Marvejols

Nature : 🌳 ≤
Loisirs : 🍴
Services : 🔣 🅿 🅶🅱 🐾 🗓 🗑
À prox. : 🎣

FLORAC

✉ 48400 – **330** J9 – G. Languedoc Roussillon – 1 996 h. – alt. 542

🛈 *Office de tourisme, 33, avenue J. Monestier* ℰ *04 66 45 01 14, Fax 04 66 45 25 80*

Paris 622 – Alès 65 – Mende 38 – Millau 84 – Rodez 123 – Le Vigan 72.

▲ Municipal le Pont du Tarn

ℰ 04 66 45 18 26, *pontdutarn@aol.com, www.camping
pontdutarn.com* – **R** conseillée

3 ha (181 empl.) plat, terrasse, herbeux, pierreux

Location : 11 🏠

🚐 🔔 8 €

Pour s'y rendre : N : 2 km par D 806 rte de Mende et D 998
à dr., accès direct au Tarn

Nature : ≤ ♀
Loisirs : 🏓 🏐 🛝 ⚽
Services : ₺ ⊙⊸ ⊛ ♨ ⏚ 🚿 🕯 🔲
À prox. : ✗ 🐎

GRANDRIEU

✉ 48600 – **330** J6 – 773 h. – alt. 1 160

🛈 *Syndicat d'initiative, place du Foirail* ℰ *04 66 46 34 51*

Paris 554 – Langogne 28 – Châteauneuf-de-Randon 19 – Marvejols 61 – Mende 46 – Saugues 26.

▲ **Municipal le Valadio** 15 juin-15 sept.

ℰ 04 66 46 31 39, *mairie.grandrieu@wanadoo.fr,*
Fax 04 66 46 37 50 – alt. 1 200 – **R** conseillée

1 ha (33 empl.) plat et en terrasses, peu incliné, pierreux,
herbeux

Tarif : 🚶 1,80 € 🚐 🔲 2,70 € – 🔌 (12A) 1,80 €

Pour s'y rendre : au S du bourg, accès par r. devant la
poste, à 100 m du Grandrieu et d'un plan d'eau

Nature : ≤
Loisirs : 🏓 🎣
Services : ₺ ♂ 🔲 ⊛
À prox. : ✗ 🛶

*The classification (1 to 5 tents, **black** or red) that we award to
selected sites in this Guide is a system that is our own.
It should not be confused with the classification (1 to 4 stars) of official organisations.*

388

ISPAGNAC

✉ 48320 – **330** J8 – G. Languedoc Roussillon – 759 h. – alt. 518

🛈 *Office de tourisme, le village* ℰ *04 66 44 20 89, Fax 04 66 44 20 90*

Paris 612 – Florac 11 – Mende 28 – Meyrueis 46 – Ste-Enimie 17.

▲▲ **Municipal du Pré Morjal** avr.-oct.

ℰ 04 66 44 23 77, *contact@lepremorjal.fr, www.lepremor
jal.fr* – **R** conseillée

2 ha (123 empl.) plat, herbeux

Tarif : 17 € 🚶 🚐 🔲 🔌 (10A) – pers. suppl. 3,80 € – frais
de réservation 10 €

Location (permanent) : 4 🏠 (4 à 6 pers.) 300 à
470 €/sem.

Pour s'y rendre : sortie O par D 907^b i s, rte de Millau et
chemin à gauche, près du Tarn

À savoir : Agréable cadre boisé aux portes des Gorges du
Tarn

Nature : 🌳 ≤ 🗇 ♀♀
Loisirs : 🎱 🏓 🛝
Services : ₺ ♂⊸ ⊞ ♂ ⃢ 🔲 ♒ ⊛ ♨ 🚿 🕯 🔲
À prox. : 🚲 ✗ 🐎

LAUBERT

✉ 48170 – **330** J7 – 134 h. – alt. 1 200 – Sports d'hiver : 1 200/1 264 m 🎿1 🏂

Paris 584 – Langogne 28 – Marvejols 46 – Mende 19.

▲ **Municipal la Pontière** Permanent

ℰ 04 66 47 72 09, *mairie.laubert@wanadoo.fr,*
Fax 04 66 47 71 37 – **R** conseillée

2 ha (33 empl.) peu incliné et accidenté, pierreux, rochers,
herbeux

Tarif : (Prix 2007) 10,50 € 🚶 🚐 🔲 🔌 (10A) – pers.
suppl. 1,50 €

Pour s'y rendre : SO : 0,5 km par N 88 et D 6, rte de
Rieutort-de-Randon à dr.

Nature : ≤ ♀
Loisirs : 🍴 snack 🎱 🏓
Services : ₺ ♂ ⃢ 🔲 ⊛ 🔲 🚿

le MALZIEU-VILLE

✉ 48140 – **330** I5 – G. Languedoc-Roussillon – 970 h. – alt. 860
🚹 *Office de tourisme, tour de Bodon* 🖉 *04 66 31 82 73*
Paris 541 – Mende 51 – Le Puy-en-Velay 74 – Saint-Flour 150.

   Les Chalets de la Margeride (location exclusive de chalets) Permanent
   🖉 04 66 42 56 00, *info@chalets-margeride.com*,
   Fax 04 66 42 56 01, *www.chalets-margeride.com*
   50 ha/2 campables en terrasses, herbeux
   Location : 21 🏠 (4 à 6 pers.) 270 à 653 €/sem.
   Pour s'y rendre : NO : 4,5 km par D 989, rte de St-Chély-d'Apcher, D 4, rte de la Garde, à dr. et chemin au lieu-dit Chassagnes - Par A 75 : sortie 32
   À savoir : agréable situation panoramique sur les Monts de la Margeride

| Nature : 🏞 ⬿ |
| Loisirs : 🍴 🏠 🚣 🚴 🖾 (découverte en saison) 🦌 |
| Services : ⌾ 🅿 🗴 🏢 🗑 🖲 |
| À prox. : 🍴 |

   La Piscine
   🖉 04 66 31 47 63, Fax 04 66 31 47 63 – **R** conseillée
   1 ha (64 empl.) plat et peu incliné, pierreux, herbeux
   Location : 🏠
   Pour s'y rendre : N : 1,5 km par D 989 rte de St-Chély-d'Apcher et chemin à gauche après le pont, près de la piscine et d'un plan d'eau

| Nature : 🏞 ⬿ |
| Loisirs : 🚣 |
| Services : 🗴 🗑 ⊕ 🗴 🗴 |
| À prox. : 🍴 🛥 🗴 🗴 |

   *LES GUIDES VERTS **MICHELIN***
   Paysages, monuments
   Routes touristiques
   Géographie
   Histoire, Art
   Itinéraire de visite
   Plans de villes et de monuments

389

MARVEJOLS

✉ 48100 – **330** H7 – G. Languedoc Roussillon – 5 501 h. – alt. 650
🚹 *Office de tourisme, place Henri IV* 🖉 *04 66 32 02 14, Fax 04 66 32 02 14*
Paris 573 – Espalion 64 – Florac 50 – Mende 28 – St-Chély-d'Apcher 34.

   VAL V.V.F. Camping et Village 15 mai-15 sept.
   🖉 04 66 32 03 69, *marvejols@valvvf.fr*, Fax 04 66 32 43 56
   – **R** conseillée 🦌
   3 ha (57 empl.) plat, herbeux
   Tarif : (Prix 2007) 16 € 🛉 🚐 🗐 (🕃) (5A) – pers. suppl. 4 €
   Location (12 avr.-mi-sept.) : 9 🏠 (4 à 6 pers.) 252 à 750 €/sem.
   Pour s'y rendre : E : 1,3 km par D 999, D 1 rte de Montrodat et chemin à dr., bord du Colagnet, Par A75, sortie 38

| Nature : 🏕 🌳🌳 |
| Loisirs : 🏠 |
| Services : 🗴 🅿 GB 🗴 🗑 ⊕ 🗴 🗴 🖲 |
| À prox. : 🏇 🛥 🍴 🗴 🐴 (centre équestre) terrain omnisports |

MENDE

✉ 48000 – **330** J7 – G. Languedoc Roussillon – 11 804 h. – alt. 731
🚹 *Office de tourisme, Place du Foirail* 🖉 *04 66 94 00 23, Fax 04 66 94 21 10*
Paris 584 – Clermont-Ferrand 174 – Florac 38 – Langogne 46 – Millau 96 – Le Puy-en-Velay 88.

   Tivoli Permanent
   🖉 04 66 65 00 38, *tivoli.camping@alicetro.fr*,
   Fax 04 66 65 00 38, *www.campingtivoli.com* – **R** conseillée
   1,8 ha (100 empl.) plat, herbeux
   Tarif : 17,55 € 🛉 🚐 🗐 (🕃) (6A) – pers. suppl. 4,50 € – frais de réservation 15 €
   Location (avr.-15 oct.) 🦌 : 18 🏠 (4 à 6 pers.) 240 à 520 €/sem.
   🖀 1 borne artisanale – 🖾 17.55 €
   Pour s'y rendre : 2 km au SO par N 88, rte de Rodez et chemin à dr., face au complexe sportif, bord du Lot

| Nature : 🌳🌳 |
| Loisirs : 🍴 🏠 🚣 🗴 |
| Services : 🗴 ⌾ 🗴 🏢 🗑 ⊕ 🖲 |
| À prox. : 🍴 |

MEYRUEIS

✉ 48150 – **330** I9 – G. Languedoc Roussillon – 851 h. – alt. 698

🏢 *Office de tourisme, Tour de l'Horloge* 𝄢 *04 66 45 60 33, Fax 04 66 45 65 27*

Paris 643 – Florac 36 – Mende 57 – Millau 43 – Rodez 99 – Sévérac-le-Château 44 – Le Vigan 56.

Capelan 30 avr.-15 sept.

𝄢 04 66 45 60 50, *camping.le.capelan@wanadoo.fr*,
Fax 04 66 45 60 50, *www.campingcapelan.com* – **R** conseillée

2,8 ha (100 empl.) plat, herbeux

Tarif : 23 € ✝ ⟵ 🔲 🅷 (6A) – pers. suppl. 4,40 € – frais de réservation 16 €

Location ⚡ : 40 ▥ (4 à 6 pers.) 165 à 670 €/sem.
🚐 1 borne artisanale 4,50 €

Pour s'y rendre : 1 km au NO sur D 996 rte du Rozier, bord de la Jonte, accès direct au village par passerelle et sentier

À savoir : site agréable dans les gorges de la Jonte

> Nature : ≤ 🗆 ♀
> Loisirs : 🍴 🏠 🎱 🛶 🛝 🏊 ⛵
> Services : ⅋ ⊶ 🅶🅱 ⚕ Ⓜ 🔒 🖨 – 3 sanitaires individuels (🚿 wc) ⊕ ⚐ ⅋ ⌁ 🖨 sèche-linge 📠
> À prox. : ✖ 🐎 (centre équestre) voies d'escalades sur rochers

---

Le Champ d'Ayres 12 avr.-20 sept.

𝄢 04 66 45 60 51, *campinglechampdayres@wanadoo.fr*,
Fax 04 66 45 60 51, *www.campinglechampdayres.com* – **R** conseillée

1,5 ha (85 empl.) peu incliné, herbeux

Tarif : 23 € ✝ ⟵ 🔲 🅷 (10A) – pers. suppl. 4 € – frais de réservation 15 €

Location : 14 ▥ (4 à 6 pers.) 250 à 590 €/sem. – 7 🏠 (4 à 6 pers.) 160 à 450 €/sem.
🚐 1 borne eurorelais 4 €

Pour s'y rendre : 0,5 km à l'E par D 57 rte de Campis, près de la Brèze

> Nature : 🌳 ≤ 🗆 ♀
> Loisirs : 🍴 🏠 🛶 🛝
> Services : ⅋ ⊶ 🅶🅱 ⚕ 🔒 🖨 ⊕ ⌁ ⅋ 🖨
> À prox. : ✖ 🏇 🐎 (centre équestre)

La Cascade 5 avr.-sept.

𝄢 04 66 45 45 45, *contact@camping-la-cascade.com*,
Fax 04 66 45 48 48, *www.camping-la-cascade.com* – **R** conseillée

1 ha (50 empl.) plat et un peu vallonné, herbeux

Tarif : 17,90 € ✝ ⟵ 🔲 🅷 (10A) – pers. suppl. 3,80 €

Location (5 avr.-2 nov.) ⚡ : 13 🏠 (4 à 6 pers.) 245 à 620 €/sem. – gîte d'étape

Pour s'y rendre : 3,8 km au NE par D 996, rte de Florac et chemin à dr., au lieu-dit Salvensac, près de la Jonte et d'une cascade

À savoir : cadre et site agréables au milieu d'une nature préservée

> Nature : 🌳 ≤
> Loisirs : 🏠 🛶
> Services : ⅋ ⊶ 🅶🅱 ⚕ 🔒 🖨 ⊕ 📡 ⅋ 🖨
> À prox. : ✖ 🛝 🐎

Le Pré de Charlet 26 avr.-déb. oct.

𝄢 04 66 45 63 65, *lepredecharlet@gmail.com*,
Fax 04 66 45 63 24, *www.camping-lepredecharlet.com* – **R** conseillée

2 ha (70 empl.) plat, peu incliné et en terrasses, herbeux

Tarif : 14,60 € ✝ ⟵ 🔲 🅷 (10A) – pers. suppl. 3 €

Location : 6 ▥ (4 à 6 pers.) 220 à 450 €/sem.

Pour s'y rendre : NE : 1 km par D 996 rte de Florac, bord de la Jonte

> Nature : 🌳 ≤ ♀♀
> Loisirs : 🏠 🛶
> Services : ⅋ ⊶ (15 juin-15 sept.) ⚕ 🔒 🖨 📡 ⊕ 🖨
> À prox. : ✖ 🏇 🛝 🐎 (centre équestre)

Aire Naturelle le Pré des Amarines 6 juil.-26 août

𝄢 04 66 45 61 65, *www.camping-amarines.com* – alt. 750 – **R** conseillée

2 ha (25 empl.) plat et un peu vallonné, herbeux

Tarif : ✝ 3 € ⟵ 🔲 7 € – 🅷 (6A) 3 €

Pour s'y rendre : NE : 5,7 km par D 996, rte de Florac et chemin à dr., au Castel, près du lieu-dit Gatuzières, bord de la Jonte

À savoir : dans la vallée de la Jonte

> Nature : 🌳 ≤ ♀
> Loisirs : ⚓
> Services : ⅋ ⊶ ⚕ 🔒 🖨 📡 ⊕ 🖨
> À prox. : 🚲 ✖ 🏇 🛝 🐎 (centre équestre)

NASBINALS

⊠ 48260 – **330** G7 – 504 h. – alt. 1 180
⒤ *Office de tourisme, Village* ℰ 04 66 32 55 73, Fax 04 66 32 55 73
Paris 573 – Aumont-Aubrac 24 – Chaudes-Aigues 27 – Espalion 34 – Mende 57 – Rodez 64 – St-Flour 53.

Municipal 20 mai-sept.
ℰ 04 66 32 51 87, *mairie.nasbinals@laposte.net*,
Fax 04 66 32 50 01 – alt. 1 100 – **R**
2 ha (75 empl.) plat et peu incliné, herbeux
Tarif : (Prix 2007) 8,30 € **⭑** 🚗 ▤ 🅷 (10A) – pers.
suppl. 2 €
Pour s'y rendre : NO : 1 km par D 12, rte de St-Urcize

> Nature : ⌂ ⩕
> Services : 🛆 ⊶ (juil.-août) GB 🗴
> ▥ ⊛
> À prox. : 🐎 (centre équestre)

NAUSSAC

⊠ 48300 – **330** L6 – 189 h. – alt. 920 – Base de loisirs
Paris 575 – Grandrieu 26 – Langogne 3 – Mende 46 – Le Puy-en-Velay 53 – Thueyts 45.

Les Terrasses du Lac 15 avr.-sept.
ℰ 04 66 69 29 62, *info@naussac.com*, Fax 04 66 69 24 78,
www.naussac.com
6 ha (180 empl.) incliné, en terrasses, herbeux, pierreux
Tarif : 16 € **⭑** 🚗 ▤ 🅷 (10A) – pers. suppl. 3,50 € – frais
de réservation 10 €
Location (avr.-2 nov.) : 6 🏠 (4 à 6 pers.) 275 à
595 €/sem. – 🏨 – (hôtel) - huttes
Pour s'y rendre : au N du bourg par D 26, rte de Saugues
et à gauche, à 200 m du lac (accès direct)
À savoir : belle situation dominant le lac

> Nature : ⩕
> Loisirs : 🍴 ✗ 🏛 ▨ nocturne 🏃
> 🚲 🎾 🏊 (petite piscine)
> Services : 🛆 ⊶ GB 🗴 🕮 ▤ ⊛ 📞
> 📞 ▥ 🗴
> À prox. : discothèque 🛶 🏊
> (plage) 🛶 🎣 🚣 🐎

*Demandez à votre libraire le catalogue des **publications MICHELIN.***

391

Le PONT-DE-MONTVERT

⊠ 48220 – **330** K8 – G. Languedoc Roussillon – 272 h. – alt. 875
⒤ *Office de tourisme, le Quai* ℰ 04 66 45 81 94, Fax 04 66 45 81 94
Paris 629 – Le Bleymard 22 – Florac 21 – Génolhac 28 – Mende 45 – Villefort 43.

Aire Naturelle la Barette mai-15 sept.
ℰ 04 66 45 82 16 – alt. 1 200 – **R** conseillée
1 ha (20 empl.) en terrasses, herbeux, pierreux, rochers
Tarif : 12,50 € **⭑** 🚗 ▤ 🅷 (4A) – pers. suppl. 4 €
Pour s'y rendre : N : 6 km par D 20, rte de Bleymard, à
Finiels
À savoir : site agréable et sauvage

> Nature : ⌂ ⩕ Mont-Lozère
> Loisirs : 🏛
> Services : ⊶ 🗴 ⊛ ▥
> À prox. : 🚲 🗴

ROCLES

⊠ 48300 – **330** K6 – 197 h. – alt. 1 085
Paris 581 – Grandrieu 20 – Langogne 8 – Mende 44 – Le Puy-en-Velay 59 – Thueyts 50.

Rondin des Bois mai-sept.
ℰ 04 66 69 50 46, *rondin.com@wanadoo.fr*,
Fax 04 66 69 53 83, *www.camping-rondin.com* – alt. 1 000
– **R** conseillée
2 ha (78 empl.) en terrasses, plat et peu incliné, pierreux,
rochers
Tarif : 16,50 € **⭑** 🚗 ▤ 🅷 (10A) – pers. suppl. 4,50 € –
frais de réservation 10 €
Location (permanent) 🐾 : 6 🛖 (4 à 6 pers.) 350 à
462 €/sem. – 8 🏠 (4 à 6 pers.) 420 à 560 €/sem.
🚐 1 borne artisanale 15 €
Pour s'y rendre : N : 3 km par rte de Bessettes et chemin
de Vaysset, à dr.
À savoir : dans un site sauvage, à proximité du lac de
Naussac

> Nature : ⌂ ⩕ 🏕
> Loisirs : 🍴 ✗ 🏛 🏃 🚲 🎣 ♨ 🏊
> Services : 🛆 ⊶ GB 🗴 ▥ 🛆 ⊛ 📞
> ▥ 🗴
> À prox. : 🐕 🐎 (centre équestre)

Le ROZIER

✉ 48150 – **330** H9 – G. Languedoc Roussillon – 153 h. – alt. 400

🛈 *Office de tourisme, route de Meyrueis 🖉 05 65 62 60 89, Fax 05 65 62 60 27*

Paris 632 – Florac 57 – Mende 63 – Millau 23 – Sévérac-le-Château 23 – Le Vigan 72.

Les Prades mai-sept.
🖉 05 65 62 62 09, lesprades@wanadoo.fr,
Fax 05 65 62 62 09, www.campinglesprades.com ✉ 12720
Peyreleau – **R** conseillée
3,5 ha (150 empl.) plat, herbeux, sablonneux
Tarif : 24 € ✱ 🚗 🗉 🔌 (6A) – pers. suppl. 4,70 € – frais de
réservation 15 €
Location 🏠 : 25 ⛺ (4 à 6 pers.) 230 à 590 €/sem. – 5
bungalows toilés – gîtes
Pour s'y rendre : O : 4 km par Peyreleau et D 187 à dr., rte
de la Cresse, bord du Tarn

> Nature : 🌄 ≤ 🌳🌳
> Loisirs : 🍴 snack 🛜 🎠 🚲 ♨ 🎯 ⚒ ≋
> ⚒ mur d'escalade, canoë-kayak
> Services : 🚿 ⚡ GB 🅰 🕯 🗊 🛁 ☺ 🌀
> 🛟 🖳 🍽 🛒 🚲
> À prox. : 🐎 (centre équestre)

Le St Pal mai-sept.
🖉 05 65 62 64 46, saintpal@wanadoo.fr, Fax 05 65 58 79 82,
www.campingsaintpal.com ✉ 12720 Mostuéjouls
– **R** conseillée
1,5 ha (75 empl.) plat, herbeux
Tarif : 25,20 € ✱ 🚗 🗉 🔌 (6A) – pers. suppl. 4,80 € – frais
de réservation 31 €
Location : 14 ⛺ (4 à 6 pers.) 270 à 574 €/sem.
⛺, 1 borne artisanale – 🚐 17 €
Pour s'y rendre : NO : 1 km par D 907, rte de Millau, bord
du Tarn, à Mostuéjouls

> Nature : ≤ 🌳🌳 ⚜
> Loisirs : 🏠 ⚒ 🎯
> Services : 🚿 ⚡ GB 🅰 🕯 🗊 🛁 ☺ 🌀
> 🖳
> À prox. : 🚲 🎯 🐎

ST-BAUZILE

✉ 48000 – **330** J8 – 504 h. – alt. 750

Paris 598 – Chanac 19 – Florac 29 – Marvejols 30 – Mende 13 – Ste-Énimie 25.

Municipal les Berges de Bramont juil.-15 sept.
🖉 04 66 47 05 97, mairiedestbauzile@wanadoo.fr,
Fax 04 66 47 00 45 – **R**
1,5 ha (50 empl.) plat, terrasse, herbeux
Tarif : 12 € ✱ 🚗 🗉 – pers. suppl. 2,30 €
Pour s'y rendre : SO : 1,5 km par D 41, D 806 rte de Mende
et à Rouffiac chemin à gauche, près du Bramont et du
complexe sportif

> Nature : ≤
> Loisirs : 🏠 🛶
> Services : 🚿 ⚡ 🅰 🗊 ☺ 🚲 🌀
> À prox. : 🍴 🍽 🚲 ♨ 🎯

ST-GEORGES-DE-LÉVÉJAC

✉ 48500 – **330** H9 – 243 h. – alt. 900

Paris 603 – Florac 53 – Mende 45 – Millau 49 – Sévérac-le-Château 20 – Le Vigan 93.

Cassaduc juil.-août
🖉 04 66 48 85 80, Fax 04 66 48 85 80, http://cardoule.com/
camping-cassaduc – **R**
2,2 ha (75 empl.) en terrasses et peu incliné, herbeux, pierreux
Tarif : 15 € ✱ 🚗 🗉 🔌 (10A) – pers. suppl. 5 €
Pour s'y rendre : SE : 1,4 km par rte du Point Sublime et
rte à gauche
À savoir : à 500 m du Point Sublime

> Nature : 🌄 ≤ 🌳🌳(pinède)
> Services : 🚿 ⚡ 🅰 ☺ 🚲 🌀 🖳
> À prox. : 🍴 snack

ST-GERMAIN-DU-TEIL

✉ 48340 – **330** H8 – 803 h. – alt. 760

🛈 *Syndicat d'initiative, croix Rouby 🖉 04 66 32 65 45*

Paris 601 – Montpellier 166 – Mende 46 – Millau 58 – Marvejols 27.

Chalet du Plan d'Eau de Booz (location exclusive de
chalets)
🖉 04 66 32 69 09, booz@france48.com, Fax 04 66 32 69 09
– **R** conseillée
5 ha plat, plan d'eau
Location : 43 🏠
Pour s'y rendre : SE : 6 km par D 52 - A 75, sortie 39ᵇ et à
gauche sur D 52

> Nature : 🌊
> Loisirs : 🍴 🏠 🎯 ⚒ 🎯 pédalos,
> canoë-kayak, optimist
> Services : 🚿 ⚡ 🍴 🖳

392

ST-LÉGER-DE-PEYRE

✉ 48100 – **330** H7 – 176 h. – alt. 780
Paris 581 – Montpellier 188 – Mende 34 – Marvejols 6 – Espalion 93.

▲▲▲ **Hameau Ste-Lucie** (location exclusive de maisonnettes et de maisons) 6 févr.-6 janv.
     𝄞 04 66 32 09 22, *infos@loupsdugevaudan.com*,
Fax 04 66 32 83 65, *www.loupsdugevaudan.com* – alt. 1 100
– **R** indispensable
30 ha/2 campables en terrasses, non clos
Location : 8 🏠 (4 à 6 pers.) 125 à 572 €/sem.
Pour s'y rendre : NO : 15 km par D 2 et D 809 puis chemin à dr. à Ste-Lucie - A 75, sortie 37 puis N 9 rte de Marvejols et à gauche, Ste-Lucie
À savoir : vue à 180°, sur la Lozère, au calme absolu, tout près des loups

| Nature : 🐾 ≤ mont Lozère, mont Aigoual |
| Loisirs : ♟ ✕ |
| Services : ☞ 🅿 GB 🗑 |
| À prox. : parc aux loups du Gévaudan |

Utilisez les **cartes MICHELIN,**
complément indispensable de ce guide.

ST-PAUL-LE-FROID

✉ 48600 – **330** J6 – 186 h. – alt. 1 302
Paris 582 – Montpellier 237 – Mende 54 – Le Puy-en-Velay 61 – Saint-Flour 69.

▲▲ **Village Vacances les Baraques des Bouviers**
(location exclusive de chalets et de chalets nordiques)
fermé 11 nov.-18 déc.
     𝄞 04 66 47 41 54, *bouviers@france48.com*,
Fax 04 66 47 30 76 – alt. 1 418 – **R** indispensable
2 ha non clos, plat, en terrasses
Location : 14 🏠 (4 à 6 pers.) 199 à 585 €/sem. – 2 studios
Pour s'y rendre : SO : 8 km par D 59 et D 5, à la Baraque des Bouviers - GR 43 - à la station de ski - Par A 75, sortie 34 puis D 806 jusqu'à Serverette et D 5 à gauche

| Nature : 🐾 ≤ ♤♤ |
| Loisirs : 🎿 |
| Services : GB 🐾 🗑 ♨ 📷 |
| À prox. : ♟ ✕ 🚴 raquettes, ski de fond |

393

STE-ÉNIMIE

✉ 48210 – **330** I8 – G. Languedoc Roussillon – 509 h. – alt. 470
🛈 *Office de tourisme, village* 𝄞 04 66 48 53 44, Fax 04 66 48 47 70
Paris 612 – Florac 27 – Mende 28 – Meyrueis 30 – Millau 57 – Sévérac-le-Château 49 – Le Vigan 82.

▲▲ **Camping Couderc** avr.-sept.
     𝄞 04 66 48 50 53, *campingcouderc@wanadoo.fr*,
Fax 04 66 48 58 59, *www.campingcouderc.fr* – **R** conseillée
2,5 ha (113 empl.) en terrasses, pierreux, herbeux
Tarif : 20 € ✱ 🚗 🅴 ⚡ (16A) – pers. suppl. 4 € – frais de réservation 15 €
Location : 7 🏠 (4 à 6 pers.) 250 à 480 €/sem.
🚐, 1 borne 3 € –
Pour s'y rendre : 2 km au SO par D 907 bis, rte de Millau, bord du Tarn
À savoir : dans les gorges du Tarn

| Nature : ≤ ♤♤ 🏔 |
| Loisirs : ♟ 🏊 🐾 |
| Services : 🅰 ☞ 🐾 🗑 🗄 🛁 ☺ ♨ 📷 |
| À prox. : canoë |

▲ **Les Fayards** 15 avr.-15 sept.
     𝄞 04 66 48 57 36, *info@camping-les-fayards.com*,
www.camping-les-fayards.com – **R** conseillée
2 ha (90 empl.) plat, herbeux, pierreux, terrasse
Tarif : 16 € ✱ 🚗 🅴 ⚡ (5A) – pers. suppl. 4 € – frais de réservation 10 €
Location (avr.-sept.) 🏠 : 4 🏠 (4 à 6 pers.) 240 à 490 €/sem. – 4 bungalows toilés
Pour s'y rendre : 3 km au SO par D 907 bis, rte de Millau, bord du Tarn
À savoir : situation agréable dans les gorges du Tarn

| Nature : 🐾 🏕 ♤♤ |
| Loisirs : ♟ 🏊 🐾 canoë-kayak |
| Services : 🅰 ☞ GB 🐾 🗄 ☺ 🛁 🗑 |

STE-ÉNIMIE

Le Site de Castelbouc 15 mars-15 sept.
   ✆ 04 66 48 58 08, *camping.lesite@wanadoo.fr*,
Fax 04 66 48 58 08 – **R** conseillée
1 ha (60 empl.) non clos, plat, peu incliné, herbeux
Tarif : 11 € ✳ ⇔ 🔲 (½) (5A) – pers. suppl. 3,20 €
Location : 6 🛖 (4 à 6 pers.) 250 à 450 €/sem.
Pour s'y rendre : SE : 7 km par D 907^B, rte d'Ispagnac puis
0,5 km par rte de Castelbouc à dr., bord du Tarn
À savoir : site et situation agréables dans les gorges du
Tarn

> Nature : 🏞 ← 🏕 ♨ ⛰
> Loisirs : 🛶 canoë-kayak
> Services : 🚿 ⛽ GB 🅿 🍽 ♨ ⊙ 🏪

Les VIGNES

✉ 48210 – **330** H9 – G. Languedoc Roussillon – 118 h. – alt. 410
🏠 *Office de tourisme, le village* ✆ 04 66 48 80 90
Paris 615 – Mende 52 – Meyrueis 33 – Le Rozier 12 – Ste-Enimie 25 – Sévérac-le-Château 22.

Castel de la Peyre (location exclusive de maisonnettes)
   ✆ 04 66 48 89 81, *www.lozere-resa.com* – **R** conseillée
1 ha non clos, en terrasses
Location : 10 🛖
Pour s'y rendre : S : sur D 16, rive gauche du Tarn

> Nature : 🏞 ←
> Loisirs : 🏠 🎣
> Services : 🚿 🎱 🏪

La Blaquière mai-15 sept.
   ✆ 04 66 48 54 93, *campingblaquiere@wanadoo.fr*,
Fax 04 66 48 54 93, *www.campingblaquiere.fr* – **R** conseillée
1 ha (72 empl.) plat, en terrasses, herbeux, pierreux,
sablonneux
Tarif : 16 € ✳ ⇔ 🔲 (½) (6A) – pers. suppl. 3,55 € – frais de
réservation 13 €
Location : 4 bungalows toilés
Pour s'y rendre : NE : 6 km par D 907Bis, rte de Florac,
bord du Tarn

> Nature : 🏕 ♨ ⛰
> Loisirs : 🏠 🎣 🎣 🛶
> Services : 🚿 🔌 🅿 🍽 ⬆ ♨ ⊙ 🏪
> 🛁 🚻
> À prox. : canoë-kayak

The Guide changes, so renew your Guide every year.

394

VILLEFORT

✉ 48800 – **330** L8 – G. Languedoc Roussillon – 620 h. – alt. 600
🏠 *Office de tourisme, rue de l'Église* ✆ 04 66 46 87 30, Fax 04 66 46 85 33
Paris 616 – Alès 52 – Aubenas 61 – Florac 63 – Mende 58 – Pont-St-Esprit 90 – Le Puy-en-Velay 85.

Morangiés - Le Lac mai-sept.
   ✆ 04 66 46 81 27, *jo.genti.le@libertysurf.fr*,
Fax 04 66 46 81 27, *www.camping-lac-cevennes.com*
– **R** conseillée
4 ha (75 empl.) en terrasses, herbeux, gravillons
Tarif : 15,60 € ✳ ⇔ 🔲 (½) (10A) – pers. suppl. 3,60 €
Location (permanent) : 32 🛖 (4 à 6 pers.) 256 à
475 €/sem. – 19 🛖 (4 à 6 pers.) 345 à 585 €/sem.
Pour s'y rendre : 3,4 km au N par D 901, rte de Mende,
D 906, rte de Prévenchère et à gauche chemin de Poucha-
resses
À savoir : agréable situation au bord du lac et d'une base
nautique

> Nature : 🏞 ← 🏕 ♀
> Loisirs : 🏠 🎣 🛶
> Services : 🚿 🔌 🅿 🍽 ♨ ⊙ 🛁 📞
> 🏪
> À prox. : 🚴 ✂ ⛷ 🚣 🎣 🏇 canoë

La Palhère mai-15 sept.
   ✆ 04 66 46 80 63, Fax 04 66 46 80 63, *http://villefort.free.fr*
– alt. 750 – **R** conseillée
1,8 ha (45 empl.) en terrasses, herbeux, pierreux
Tarif : 14 € ✳ ⇔ 🔲 (½) (6A) – pers. suppl. 4 €
🚐 🔌 13.50 €
Pour s'y rendre : 4 km au SO par D 66, rte du Mas-de-la-
Barque, bord d'un torrent

> Nature : 🏞 ← ♀
> Loisirs : snack 🛶 🛶
> Services : 🔌 🅿 🍽 ⬆ ♨ ⊙ 🛁 📞
> 🚻
> À prox. : ✂

ARGELÈS-SUR-MER

✉ 66700 – **344** J7 – G. Languedoc Roussillon – 9 069 h. – alt. 19
🏢 *Office de tourisme, place de l'Europe* 𝒫 *04 68 81 15 85, Fax 04 68 81 16 01*
Paris 872 – Céret 28 – Perpignan 22 – Port-Vendres 9 – Prades 66.

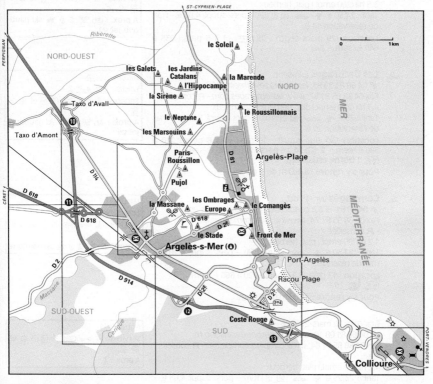

Centre

⛰ **Pujol** juin-15 sept.
    𝒫 04 68 81 00 25, *postmaster@campingdepujol.com,*
    Fax 04 68 81 21 21, *www.campingdepujol.com* – **R** conseillée
    4,1 ha (249 empl.) plat, herbeux, sablonneux
    Tarif : 27 € 🛉 🚗 🗐 🗗 (6A) – pers. suppl. 6 €
    À savoir : espace piscine agréable

> Nature : 🎋🎋
> Loisirs : 🍸 snack 🎣 🚣 ⛷ 🏊
> Services : 🛁 ⚏ 🌐 ⚒ 🐕 🛒 🖄 🅿️ 🕽
> 🗄 🍴 🛒
> À prox. : 🚲 🎾 🎿 🐎 ski nautique,
> jet ski

⛰ **Le Stade** avr.-sept.
    𝒫 04 68 81 04 40, *info@campingdustade.com,*
    Fax 04 68 95 84 55, *www.campingdustade.com* – **R** conseillée
    2,4 ha (185 empl.) plat, herbeux
    Tarif : 23,50 € 🛉 🚗 🗐 🗗 (6A) – pers. suppl. 4,50 € – frais
    de réservation 10 €
    Location 🏚 : 12 🛖 (4 à 6 pers.) 280 à 550 €/sem.
    Pour s'y rendre : rte de la plage

> Nature : 🎋🎋
> Loisirs : pizzeria 🚣
> Services : 🛁 ⚏ 🌐 ⚒ 🐕 🛒 🅿️ 🖄
> 🗄
> À prox. : 🎾 🚣 🏊

⛰ **La Massane** 15 mars-15 oct.
    𝒫 04 68 81 06 85, *camping.massane@infonie.fr,*
    Fax 04 68 81 59 18, *www.camping.massane.com* – **R** conseillée
    2,7 ha (184 empl.) plat, herbeux
    Tarif : 25 € 🛉 🚗 🗐 🗗 (6A) – pers. suppl. 5 € – frais de
    réservation 12 €
    Location : 6 🛖 (2 à 4 pers.) 170 à 410 €/sem. – 20 🛖
    (4 à 6 pers.) 250 à 590 €/sem.

> Nature : 🏕 🎋
> Loisirs : 🏠 🚣 ⛷ 🏊
> Services : 🛁 ⚏ 🌐 ⚒ 🐕 🛒 🛖 🅿️
> 🗄 🚿
> À prox. : 🎾

ARGELÈS-SUR-MER

⚠️ **Paris-Roussillon** 15 mai-15 sept.
    ✆ 04 68 81 19 71, *contact@parisroussillon.com*,
Fax 04 68 81 68 77, *www.parisroussillon.com* – **R** conseillée
3,5 ha (200 empl.) plat, herbeux
Tarif : 24,50 € ⚹ ⚘ 🅴 ⚡ (6A) – pers. suppl. 4,80 € – frais
de réservation 14 €
Location (29 mars-sept.) : 28 🛏 (4 à 6 pers.) 235 à
640 €/sem. – 🛏

Nature : 🌊 ♀♀
Loisirs : ♀ snack 🚣 ⛵
Services : ⚹ 🔑 GB ⚙ 🗑 ♨ ☺ 📞
🖥 🛒 🛎
À prox. : 🚴 ✂ 🎣 🐕 🐎 ski nauti-
que, jet ski

⚠️ **Les Ombrages** juin-sept.
    ✆ 04 68 81 29 83, *les-ombrages@freesurf.fr*,
Fax 04 68 95 81 87, *www.les-ombrages.com* – **R** conseillée
4,1 ha (270 empl.) plat, herbeux, sablonneux
Tarif : 25 € ⚹ ⚘ 🅴 ⚡ (10A) – pers. suppl. 5,50 € – frais
de réservation 20 €
Location ✂ (juil.-août) : 10 🛏 (4 à 6 pers.) 210 à
580 €/sem. – 2 🏚 (4 à 6 pers.) 220 à 490 €/sem.
🚐 1 borne artisanale
Pour s'y rendre : à 400 m de la plage

Nature : 🌳 ♀♀♀
Loisirs : 🍴 🚣 ⛵ 🎣
Services : ⚹ 🔑 GB ⚙ 🗑 ♨ ☺ 📞
🖥
À prox. : 🚴 ✂ 🐕 🐎 ski nautique,
jet ski

⚠️ **Comangès** avr.-1ᵉʳ oct.
    ✆ 04 68 81 15 62, *contact@campingcomanges.com*,
Fax 04 68 95 87 74, *www.campingcomanges.com*
– **R** conseillée
1,2 ha (90 empl.) plat, herbeux
Tarif : 27,50 € ⚹ ⚘ 🅴 ⚡ (10A) – pers. suppl. 6,20 € –
frais de réservation 20 €
Location : 17 🛏 (4 à 6 pers.) 220 à 660 €/sem.
🚐 🔌 10 €
Pour s'y rendre : à 300 m de la plage

Nature : ♀♀
Loisirs : 🚣
Services : ⚹ 🔑 GB ⚙ 🗑 ♨ ☺ 📞
🖥
À prox. : 🚴 ✂ 🎣 🐕 🐎 ski nautique

396

⚠️ **Europe** 22 mars-27 sept.
    ✆ 04 68 81 08 10, *camping.europe@wanadoo.fr*,
Fax 04 68 95 71 84, *www.camping.europe.net* – **R** conseil-
lée
1,2 ha (91 empl.) plat, herbeux
Tarif : 23,25 € ⚹ ⚘ 🅴 ⚡ (10A) – pers. suppl. 4,65 € –
frais de réservation 20 €
Location ✂ : 11 🛏 (4 à 6 pers.) 180 à 600 €/sem.
Pour s'y rendre : à 500 m de la plage

Nature : ♀♀
Services : ⚹ 🔑 GB ⚙ 🗑 ♨ ☺ 📞
🖥 🛒
À prox. : 🎣

Nord

⚠️ **La Sirène et l'Hippocampe** 🧑‍🤝‍🧑 – 18 avr.-28 sept.
    ✆ 04 68 81 04 61, *contact@camping-lasirene.fr*,
Fax 04 68 81 69 74, *www.camping-lasirene.fr* – **R** indispensable
21 ha (903 empl.) plat, herbeux
Tarif : 43 € ⚹ ⚘ 🅴 ⚡ (12A) – pers. suppl. 9 € – frais de
réservation 20 €
Location : 440 🛏 (4 à 6 pers.) 220 à 1 393 €/sem. – 20
🏚 (4 à 6 pers.) 248 à 1 043 €/sem.
À savoir : beau parc aquatique paysager

Nature : 🌳 ♀♀
Loisirs : ♀ ✕ pizzeria, crêperie 🍴
🎥 nocturne 🎯 discothèque 🚣
🚴 ⛳ ✂ 🎣 🏊 ⛵ 🐎 école de plongée
Services : ⚹ 🔑 GB ⚙ 🗑 ♨ ☺ 🛒
📞 🖥 🛒 🛎

⚠️ **Les Marsouins** 12 avr.-20 sept.
    ✆ 04 68 81 14 81, *marsouin@campmed.com*,
Fax 04 68 95 93 58, *www.campmed.com* – **R** conseillée
10 ha (587 empl.) plat, herbeux
Tarif : 30 € ⚹ ⚘ 🅴 ⚡ (6A) – pers. suppl. 5,80 €
Location : 137 🛏 (4 à 6 pers.) 224 à 693 €/sem.
🚐 1 borne artisanale 4 € – 10 🅴 30 €

Nature : ♀♀
Loisirs : ♀ snack, pizzeria, crêperie
🎥 nocturne 🎯 🚣 🚴 🏊 école
de plongée, terrain omnisports
Services : ⚹ 🔑 GB ⚙ 🗑 🏊 ☺ 🛒
🛒 📞 📞 🖥 🛒 🛎 bureau d'infor-
mations touristiques

Les Galets ♣♣ – 22 mars-sept.
℘ 04 68 81 08 12, *lesgalets@campinglesgalets.fr*,
Fax 04 68 81 68 76, *www.campmed.com* – places limitées
pour le passage – **R** conseillée
5 ha (232 empl.) plat, herbeux
Tarif : 35 € ♣ ⟵ 🅴 🖋 (6A) – pers. suppl. 7,50 € – frais de
réservation 45 €
Location : 126 🚐 (4 à 6 pers.) 150 à 882 €/sem.
🚐 1 borne 4 € – 6 🅴 – 🚐 10 €
À savoir : cadre agréable autour d'un bel espace aquatique

Nature : 🏞 🌳🌳
Loisirs : 🍽 ✕ 🚗 🏊 nocturne 🏃 ⛵ 🏄 🛶 terrain omnisports
Services : 🚿 🔑 GB 🖋 🗄 🗑 ☎ 🛒 📞 🖼 🚰
À prox. : 🚴 🐎 poneys (centre équestre)

Le Roussillonnais 14 avr.-sept.
℘ 04 68 81 10 42, *camping.rouss@infonie.fr*,
Fax 04 68 95 96 11, *www.leroussillonnais.com* – **R** conseillée
10 ha (719 empl.) plat, sablonneux, herbeux
Tarif : 25 € ♣ ⟵ 🅴 🖋 (6A) – pers. suppl. 5,20 €
Location (mi- mai-mi-sept.) 🏠 : 24 🚐 (4 à 6 pers.)
295 à 630 €/sem. – 26 🏡 (4 à 6 pers.) 305 à 650 €/sem.
🚐 1 borne eurorelais – 18 🅴 – 🚐 10 €
Pour s'y rendre : près de la plage (accès direct)

Nature : 🌳 ⛰
Loisirs : 🍽 ✕ pizzeria 🚗 🏄 🚲 🍽 terrain omnisports
Services : 🚿 🔑 (juil.- août) GB 🖋 🗄 🗑 ☎ 🛒 🖼 🚰
À prox. : 🚴 🐎 ski nautique

Le Soleil ♣♣ – 10 mai-20 sept.
℘ 04 68 81 14 48, *camping.lesoleil@wanadoo.fr*,
Fax 04 68 81 44 34, *www.campmed.com* – **R** conseillée 🏠
17 ha (844 empl.) plat, herbeux, sablonneux
Tarif : 33,50 € ♣ ⟵ 🅴 🖋 (6A) – pers. suppl. 8,60 € – frais
de réservation 18,30 €
Location : 73 🚐 (4 à 6 pers.) 252 à 616 €/sem.
🚐 1 borne artisanale
Pour s'y rendre : près de la plage (accès direct)
À savoir : cadre agréable au bord de la mer

Nature : 🏞 🌳 ⛰
Loisirs : 🍽 ✕ pizzeria, brasserie 🚗 🏊 nocturne 🏃 🎵 discothèque ⛵ 🍽 🛶 🐎 petit parc animalier
Services : 🚿 🔑 GB 🖋 🗄 🗑 ☎ 🛒 📞 🖼 🚰

La Marende 26 avr.-27 sept.
℘ 04 68 81 12 09, *info@marende.com*, Fax 04 68 81 88 52,
www.marende.com – **R** conseillée
3 ha (208 empl.) plat, herbeux, sablonneux
Tarif : 28 € ♣ ⟵ 🅴 🖋 (6A) – pers. suppl. 5,50 € – frais de
réservation 15 €
Location 🏠 : 42 🚐 (4 à 6 pers.) 230 à 600 €/sem.
🚐 1 borne artisanale
Pour s'y rendre : à 400 m de la plage

Nature : 🏞 🌳🌳
Loisirs : 🍽 snack ⛵ 🛶
Services : 🚿 🔑 GB 🖋 🗄 🗑 ☎ 🛒 📞 🖼 🚰
À prox. : 🍽 🚴 🐎

Les Jardins Catalans (location exclusive de mobile
homes) fermé janv.
℘ 04 68 81 11 68, *info@camping-jardinscatalans.fr*,
Fax 04 68 95 75 80, *www.camping-jardinscatalans.fr* – 🏨
4,5 ha plat, herbeux
Location : 130 🚐 (4 à 6 pers.) 220 à 740 €/sem.

Nature : 🌳
Loisirs : 🍽 brasserie, pizzeria 🏊 nocturne 🎵 ⛵ 🛶
Services : 🔑 GB 🖋 🛒 🚰

Sud

Le Front de Mer ♣♣ – avr.-sept.
℘ 04 68 81 08 70, *front.de.mer@cegetel.net*,
Fax 04 68 81 87 21, *www.camping-front-mer.com*
– **R** conseillée
10 ha (588 empl.) plat, herbeux
Tarif : 33,35 € ♣ ⟵ 🅴 🖋 (6A) – pers. suppl. 5,80 € – frais
de réservation 15,50 €
Location : 🚐 (4 à 6 pers.) 230 à 850 €/sem.
Pour s'y rendre : à 250 m de la plage

Nature : 🏞 🌳🌳
Loisirs : 🍽 ✕ pizzeria 🏊 nocturne 🏃 jacuzzi ⛵ 🛶 🛶 🏊
Services : 🚿 🔑 GB 🖋 🗄 🗑 ☎ 🛒 📞 🖼 🚰

ARGELÈS-SUR-MER

▲▲ **Coste Rouge** juin-15 sept.
🏕 04 68 81 08 94, *info@lacosterouge.com*,
Fax 04 68 95 94 17, *www.lacosterouge.com* – **R** conseillée
3,7 ha (145 empl.) plat, peu incliné, terrasses, herbeux,
gravier
Tarif : 23,50 € 🚶 🚐 🔲 🔌 (6A) – pers. suppl. 4,80 € – frais
de réservation 13 €
Location (Pâques-oct.) : 50 🛖 (4 à 6 pers.) 209 à
589 €/sem. – studios
Pour s'y rendre : SE : 3 km

Nature : 🏕 🎍
Loisirs : snack 🏛 🛥 ⚓
Services : 🚿 🚻 GB 🔧 🗑 🛒 ⚖
🏪 ♨
À prox. : 🚴 🎣 🐎 ⛵ ski nautique, jet
ski

ARLES-SUR-TECH

✉ 66150 – **344** G8 – G. Languedoc Roussillon – 2 700 h. – alt. 280
🚹 *Office de tourisme, rue Barjau* 🏕 *04 68 39 11 99*
Paris 886 – Amélie-les-Bains-Palalda 4 – Perpignan 45 – Prats-de-Mollo-la-Preste 19.

▲▲ **Le Vallespir** avr.-oct.
🏕 04 68 39 90 00, *camping.le.vallespir@wanadoo.fr*,
Fax 04 68 39 90 09, *www.camping-le-vallespir.com*
– **R** conseillée
2,5 ha (135 empl.) plat et peu incliné, herbeux
Tarif : 22,55 € 🚶 🚐 🔲 🔌 (10A) – pers. suppl. 5,50 €
Location : 30 🛖 (4 à 6 pers.) 211 à 602 €/sem.
Pour s'y rendre : NE : 2 km rte d'Amélie-les-Bains-Palalda,
bord du Tech

Nature : ⛰ 🏕 ♀
Loisirs : 🍴 snack 🏛 🛥 ✂ 🎱
Services : 🚿 🚻 GB 🔧 🗑 🛒 ⚖ ♨
🏪

Le BARCARÈS

✉ 66420 – **344** J6 – 3 514 h. – alt. 3
Paris 839 – Narbonne 56 – Perpignan 23 – Quillan 84.

398

▲▲▲ **L'Europe** Permanent
🏕 04 68 86 15 36, *reception@europe-camping.com*,
Fax 04 68 86 47 88, *www.europe-camping.com* – places limitées pour le passage – **R** conseillée
6 ha (360 empl.) plat, herbeux
Tarif : 44 € 🚶 🚐 🔲 🔌 (16A) – pers. suppl. 7,50 € – frais
de réservation 30 €
Location : 45 🛖 (4 à 6 pers.) 280 à 750 €/sem. – 39 🏠
(4 à 6 pers.) 280 à 820 €/sem.
Pour s'y rendre : SO : 2 km par D 90, à 200 m de l'Agly

Nature : 🏕 ♀
Loisirs : 🍴 ✗ 🏛 ☕ nocturne 🎰
🛥 ✂ 🎱 🏊
Services : 🚿 🚻 GB 🔧 – 360 sani-
taires individuels (🚿 ⚒ wc) ⚖ ♨
🛒 📞 🏪 🗑 ⚖ ♨

▲▲▲ **California** 🧍🧍 – avr.-sept.
🏕 04 68 86 16 08, *camping-california@wanadoo.fr*,
Fax 04 68 86 18 20, *www.camping-california.fr* – **R** conseillée
5 ha (265 empl.) plat, herbeux
Tarif : 32,10 € 🚶 🚐 🔲 🔌 (10A) – pers. suppl. 5 € – frais
de réservation 30 €
Location : 🛖 (4 à 6 pers.) 595 à 686 €/sem. – 🏠 (4 à 6
pers.) 735 à 840 €/sem.
🛖 1 borne artisanale 1 €
Pour s'y rendre : SO : 1,5 km par D 90

Nature : 🏕 🎍
Loisirs : 🍴 snack 🏛 🚴 🎰 🎠
🚲 ⛳ ✂ 🎱 🏊
Services : 🚿 🚻 GB 🔧 🗑 🛒 ⚖ ♨
🛒 📞 🏪 🗑 ⚖
À prox. : 🎣 🐎 ⛵ plongée, location
de bateaux

▲▲▲ **Le Soleil Bleu** 5 avr.-1ᵉʳ nov.
🏕 04 68 86 15 50, *infos@lesoleilbleu.com*,
Fax 04 68 86 40 90, *www.lesoleilbleu.com* – **R** conseillée
3 ha (176 empl.) plat, herbeux, pierreux, sablonneux
Tarif : 43 € 🚶 🚐 🔲 🔌 (16A) – pers. suppl. 4 € – frais de
réservation 29 €
Location : 124 🛖 (4 à 6 pers.) 200 à 1 020 €/sem. – 34
🏠 (4 à 6 pers.) 290 à 890 €/sem.
Pour s'y rendre : SO : 1,4 km par D 90, à 100 m de l'Agly
À savoir : agréable cadre verdoyant et ombragé

Nature : 🏕 🎍
Loisirs : 🍴 snack 🏛 ☕ nocturne
🚴 🛥 🏊
Services : 🚿 🚻 GB 🔧 🗑 ⚖ ♨ 🛒
📞 🏪 🗑 ⚖ ♨

Le Pré Catalan ♟♦ – 30 avr.-20 sept.
 ✆ 04 68 86 12 60, *info@precatalan.com*,
Fax 04 68 86 40 17, *www.precatalan.com* – **R** conseillée
4 ha (250 empl.) plat, sablonneux, herbeux
Tarif : 37 € ⚹ ⇔ 🅴 (10A) – pers. suppl. 6 € – frais de
réservation 25 €
Location : 75 🛏 (4 à 6 pers.) 245 à 973 €/sem.
Pour s'y rendre : SO : 1,5 km par D 90 puis 0,6 km par
chemin à dr.

> Nature : 🏕 ♀
> Loisirs : 🍽 ✗ 🏠 🖾 nocturne 🏃 🏊 🎯 terrain omnisports
> Services : ♿ ⚬🚽 🆖 🐕 ♨ ⚙ ☎ ♨ 🛆 🍴
> À prox. : 🏊 🎣 🐎 plongée, location de bateaux

La Salanque (location exclusive de bungalows)
 ✆ 04 68 86 14 86, *village.la.salanque@wanadoo.fr*,
Fax 04 68 86 47 98, *www.village-salanque.com* – **R** conseillée
3,5 ha plat, herbeux
Location : 107 🏠
Pour s'y rendre : O : 1,8 km par chemin de l'Hourtou

> Loisirs : 🍽 snack 🏠 🏃 🖾 🛶
> 🏊 🎯 terrain omnisports
> Services : ⚬🚽 🛆 🍴

Las Bousigues ♟♦ – 29 mars-27 sept.
 ✆ 04 68 86 16 19, *lasbousigues@wanadoo.fr*,
Fax 04 68 86 28 44, *www.camping-barcares.com*
 – **R** conseillée
3 ha (199 empl.) plat, sablonneux
Tarif : 34 € ⚹ ⇔ 🅴 (10A) – pers. suppl. 7 €
Location 🏊 : 17 🛏 (4 à 6 pers.) 147 à 728 €/sem. – 14
🏠 (4 à 6 pers.) 182 à 651 €/sem.
🚐 1 borne / artisanale / 3 € – 🚙
Pour s'y rendre : O : 0,9 km, av. des Corbières

> Nature : 🏕 ♀♀
> Loisirs : 🍽 snack 🏠 🏃 🏊 🎯 🛝
> Services : ♿ ⚬🚽 🆖 🐕 ♨ ♨ 🛆 – 31 sanitaires individuels (🚿 ⚱ wc) ☎ 📞 🛆 🍽 🍴

La Croix du Sud 4 avr.-sept.
 ✆ 04 68 86 16 61, *camplacroixdusud@wanadoo.fr*,
Fax 04 68 86 20 03, *www.lacroixdusud.fr* – places limitées
pour le passage – **R** conseillée
3,5 ha (200 empl.) plat, herbeux
Tarif : 33,50 € ⚹ ⇔ 🅴 (10A) – pers. suppl. 8,50 € –
frais de réservation 27 €
Location : 85 🛏 (4 à 6 pers.) 180 à 780 €/sem. – 22 🏠
(4 à 6 pers.) 250 à 700 €/sem.
Pour s'y rendre : SO : 1,4 km par D 90, par D 83 sortie 10

> Nature : 🏕 ♀
> Loisirs : 🍽 🖾 nocturne 🏃 🎯 terrain omnisports
> Services : ♿ ⚬🚽 🆖 🐕 ♨ 🖾 ☎ 📞 🛆 🍴

399

L'Oasis ♟♦ – 14 juin-13 sept.
 ✆ 04 68 86 12 43, *camping.loasis@wanadoo.fr*,
Fax 04 68 86 46 83, *www.camping-oasis.com* – **R** conseillée
10 ha (496 empl.) plat, herbeux, sablonneux
Tarif : 29 € ⚹ ⇔ 🅴 (10A) – pers. suppl. 6,50 € – frais
de réservation 25 €
Location 🏊 : 16 🛏 (2 à 4 pers.) 182 à 525 €/sem. – 171
🛏 (4 à 6 pers.) 203 à 819 €/sem. – chalets (sans
sanitaires)
Pour s'y rendre : SO : 1,3 km par D 90

> Loisirs : 🍽 snack, pizzeria 🖾 nocturne 🏃 🏊 🎯 🛝
> Services : ♿ ⚬🚽 🆖 🐕 ♨ ☎ 🛆 🍴

La Presqu'île ♟♦ – 5 avr.-29 sept.
 ✆ 04 68 86 12 80, *contact@lapresquile.com*,
Fax 04 68 86 25 09, *www.lapresquile.com* – places limitées
pour le passage – **R** conseillée
3,5 ha (163 empl.) plat, sablonneux, herbeux
Tarif : 32 € ⚹ ⇔ 🅴 (6A) – pers. suppl. 6 € – frais de
réservation 23 €
Location : 10 🛏 (2 à 4 pers.) 180 à 530 €/sem. – 40 🛏
(4 à 6 pers.) 210 à 725 €/sem. – 40 🏠 (4 à 6 pers.) 210 à
725 €/sem.
Pour s'y rendre : sortie 11, dir. la Presqu'Île

> Nature : 🏕 ♀♀
> Loisirs : 🍽 🏠 🏃 🖾 🏊 🛶 ✗ 🎯 🛝 ponton d'amarrage
> Services : ♿ ⚬🚽 🆖 🐕 ♨ ☎ 🛆 sèche-linge 🛆 🍴

*En juin et septembre les campings sont plus calmes, moins fréquentés
et pratiquent souvent des tarifs " hors saison ".*

BOURG-MADAME

✉ 66760 – **344** C8 – G. Languedoc Roussillon – 1 166 h. – alt. 1 140
🏠 *Office de tourisme, 1, place Catalogne* ✆ *04 68 04 55 35*
Paris 847 – Andorra-la-Vella 68 – Ax-les-Thermes 45 – Carcassonne 143 – Foix 88 – Font-Romeu-Odeillo-Via 18 – Perpignan 103.

⚠ **Mas Piques** Permanent
✆ 04 68 04 62 11, *campiques@wanadoo.fr,*
Fax 04 68 04 68 32, *www.campingmaspiques.fr* – places limitées pour le passage – **R** conseillée
1,5 ha (103 empl.) plat, herbeux
Tarif : 22,20 € ✶ ⇔ 🅴 🅗 (10A) – pers. suppl. 4 €
Location : 6 🛏 (2 à 4 pers.) 370 à 410 €/sem. – 8 🛏 (4 à 6 pers.) 460 à 480 €/sem.
Pour s'y rendre : Au N de la ville, rue du Train-Jaune, près du Rahur (frontière)

Nature : ≤ ♀
Loisirs : 🎠
Services : �& ⊶ ♂ 🗄 🖪 ⚗ ☺ ♨ 🚾 🖸
À prox. : 🛝 terrain omnisports

En juin et septembre les campings sont plus calmes, moins fréquentés et pratiquent souvent des tarifs " hors saison ".

CANET-PLAGE

✉ 66140 – **344** J6 – G. Languedoc Roussillon
Paris 849 – Argelès-sur-Mer 20 – Le Boulou 35 – Canet-en-Roussillon 3 – Perpignan 13 – St-Laurent-de-la-Salanque 13.

⚠ **Le Brasilia** ♣♦ – 26 avr.-27 sept.
✆ 04 68 80 23 82, *camping-le-brasilia@wanadoo.fr,*
Fax 04 68 73 32 97, *www.brasilia.fr* – **R** conseillée
15 ha (826 empl.) plat, sablonneux, herbeux
Tarif : 44 € ✶ ⇔ 🅴 🅗 (6A) – pers. suppl. 8,20 € – frais de réservation 30 €
Location : 🛏 (4 à 6 pers.) 294 à 1 092 €/sem. – 🏠 (4 à 6 pers.) 196 à 784 €/sem. – pavillons
🚐 1 borne artisanale
Pour s'y rendre : bord de la Têt et accès direct à la plage
À savoir : cadre agréable, emplacements verdoyants et ombragés

Nature : 🏞 ♀♀ ⚠
Loisirs : ♟ ✗ self-service 🎠 ⑨ nocturne ⛹ ♬ discothèque ⛷ 🚴 ✖ ⛴ terrain omnisports
Services : �& ⊶ ⊟ ♂ 🖪 ⚗ ☺ ♨ 🚾 📞 💬 🖸 🛒 🍴
À prox. : 🛝 🐎 golf

⚠ **Ma Prairie** ♣♦ – 5 mai-25 sept.
✆ 04 68 73 26 17, *ma.prairie@wanadoo.fr,*
Fax 04 68 73 28 82, *www.maprairie.com* – **R** conseillée
4 ha (260 empl.) plat, herbeux
Tarif : 35 € ✶ ⇔ 🅴 🅗 (10A) – pers. suppl. 7 € – frais de réservation 20 €
Location 🏷 : 49 🛏 (4 à 6 pers.) 196 à 920 €/sem.
Pour s'y rendre : O : 2,5 km, à Canet-Village (hors schéma) - sortir par D 11, rte d'Elne et chemin à dr.
À savoir : joli cadre bien arboré et fleuri

Nature : 🏞 ♀♀
Loisirs : ♟ ✗ snack 🎠 ⑨ nocturne ⛹ ⛷ 🚴 ✖ ⛴
Services : �& ⊶ ⊟ ♂ 🖪 ☺ ♨ ℓ 📞 🖸 ⚡ 🚁
À prox. : 🛝 🐎 golf

▲▲▲ **Les Peupliers** 24 mai-13 sept.
    ℘ 04 68 80 35 87, *contact@camping-les-peupliers.fr*,
    Fax 04 68 73 38 75, *www.camping-les-peupliers.fr*
    – **R** conseillée
    4 ha (245 empl.) plat, herbeux
    Tarif : 40,50 € ★ ⇔ 圁 ⚡ (6A) – pers. suppl. 6 € – frais de
    réservation 23 €
    Location : 80 ⌂ (4 à 6 pers.) 252 à 707 €/sem. – 9 ⌂
    (4 à 6 pers.) 406 à 728 €/sem.
    Pour s'y rendre : à 500 m de la mer

> Nature : ⌂ ♀♀
> Loisirs : ♀ snack 🚣 🏊
> Services : 👤 ⚡ GB 🐕 🏧 🏪 ⊛ 🔵
> À prox. : 🛒 ✕ 🎮 🏌 ⚓ 🚴

▲ **Les Fontaines** mai-sept.
    ℘ 04 68 80 22 57, *campinglesfontaines@wanadoo.fr*,
    Fax 04 68 80 22 57, *www.camping-les-fontaines.com* – **R**
    indispensable
    5,3 ha (160 empl.) plat, pierreux, herbeux
    Tarif : 27,50 € ★ ⇔ 圁 ⚡ (10A) – pers. suppl. 5 € – frais
    de réservation 15 €
    ⛽ 1 borne artisanale 5 €
    Pour s'y rendre : 4 km au SO par D 11, rte de St-Nazaire
    (hors schéma)

> Nature : ⌂
> Loisirs : 🏠 🚣 🏊
> Services : 👤 ⚡ GB 🐕 🏧 ⊛ 🚴
> ⚡ 💧 🔵

CASTEIL

✉ 66820 – **344** F7 – 130 h. – alt. 780
🏛 *Syndicat d'initiative, 1, rue du Canigou* ℘ 04 68 05 67 63, *Fax 04 68 05 61 34*
Paris 878 – Montpellier 215 – Perpignan 59 – Carcassonne 126 – Canet 68.

▲ **Domaine St-Martin** avr.-2 nov.
    ℘ 04 68 05 52 09, *info@domainestmartin.com*,
    Fax 04 68 05 52 09, *www.domainestmartin.com* – accès aux
    emplacements par forte pente, mise en place et sortie des
    caravanes à la demande – **R** conseillée
    4,5 ha (45 empl.) en terrasses, pierreux, rochers
    Tarif : 21,50 € ★ ⇔ 圁 ⚡ (10A) – pers. suppl. 4,80 € –
    frais de réservation 15 €
    ⛽ 🚿 10 €
    Pour s'y rendre : sortie N par D 116 et chemin à droite
    À savoir : cadre pittoresque au pied du Massif du Canigou,
    près d'une cascade

> Nature : ⛰ ≤ ⌂ ♀♀
> Loisirs : ✕ 🏠 🏊
> Services : 👤 ⚡ 🐕 🏧 ⊛ 💧 📶 🔵
> 🚴
> À prox. : ✕

401

CÉRET

✉ 66400 – **344** H8 – G. Languedoc Roussillon – 7 291 h. – alt. 153
🏛 *Office de tourisme, 1, avenue Georges Clemenceau* ℘ 04 68 87 00 53, *Fax 04 68 87 00 56*
Paris 875 – Gerona 81 – Perpignan 34 – Port-Vendres 37 – Prades 72.

▲ **Municipal Bosquet de Nogarède** avr.-oct.
    ℘ 04 68 87 26 72, *mairie.de.ceret@wanadoo.fr* – **R**
    3 ha (95 empl.) plat et accidenté, pierreux, herbeux
    Tarif : 11,10 € ★ ⇔ 圁 ⚡ (6A)
    Pour s'y rendre : E : 0,5 km par D 618, rte de Maureillas-las-
    Illas, bord d'un ruisseau

> Nature : ♀♀
> Loisirs : 🚣
> Services : 👤 ⚡ 🐕 🏧 ⊛ 🔵

EGAT

✉ 66120 – **344** D7 – G. Languedoc Roussillon – 494 h. – alt. 1 650
Paris 856 – Andorra-la-Vella 70 – Ax-les-Thermes 53 – Bourg-Madame 15 – Font-Romeu-Odeillo-Via 4 –
Saillagouse 12.

▲ **Las Clotes** Permanent
    ℘ 04 68 30 26 90, Fax 04 68 30 26 90 – **R** conseillée
    2 ha (80 empl.) en terrasses, herbeux, rochers
    Tarif : 15,50 € ★ ⇔ 圁 ⚡ (6A) – pers. suppl. 3,50 €
    Pour s'y rendre : à 400 m au N du bourg, bord d'un petit
    ruisseau
    À savoir : agréable situation dominante à flanc de colline
    rocheuse

> Nature : ⛰ ≤ Sierra del Cadi et
> Puigmal
> Loisirs : 🏠
> Services : 👤 ⚡ (juil.-août) 🐕 🏧 🔵
> ⊛ 🔵

ERR

✉ 66800 – **344** D8 – 551 h. – alt. 1 350 – Sports d'hiver : 1 850/2 520 m ✠8 ✠
Paris 854 – Andorra-la-Vella 77 – Ax-les-Thermes 52 – Bourg-Madame 10 – Font-Romeu-Odeillo-Via 15 – Saillagouse 3.

⚐ **Le Puigmal** fermé 1ᵉʳ au 20 oct.
℘ 04 68 04 71 83, *contact@camping-le-puigmal.fr*,
Fax 04 68 04 04 88, *www.camping-le-puigmal.com*
– **R** conseillée
3,2 ha (125 empl.) peu incliné, herbeux
Tarif : 20,70 € ✝ ⇔ 🅴 🄼 (6A) – pers. suppl. 4,10 €
Location ✾ : 8 🚐 (4 à 6 pers.) 320 à 430 €/sem.
Pour s'y rendre : par D 33B, à Err-Bas

Nature : 🌳 ≤ 🎢
Loisirs : 🍹 🏕
Services : 🕭 ⚡ GB 🛒 ⊞ 🔧 🛋 ⊛ 🗑 🅿
À prox. : 🎣 🏊

⚐ **Las Closas** fermé oct.
℘ 04 68 04 71 42, *camping.las.closas@wanadoo.fr*,
Fax 04 68 04 07 20, *www.camping-las-closas.com*
– **R** conseillée
2 ha (118 empl.) plat et peu incliné, herbeux
Tarif : 16,20 € ✝ ⇔ 🅴 🄼 (3A) – pers. suppl. 4 €
Location : 10 🚐 (4 à 6 pers.) 350 à 420 €/sem.
Pour s'y rendre : par D 33B, à Err-Bas

Nature : ≤ 🎢
Loisirs : 🍹 🏕
Services : 🕭 ⚡ GB 🛒 ⊞ 🔧 ⊛ 🛒
À prox. : 🎿 🎣 🏊

Si vous recherchez :
⚠ *Un terrain au bord de l'eau avec possibilité de baignade*
🌿 *Un terrain agréable ou très tranquille*
L *Un terrain effectuant la location de caravanes, de mobile homes, de bungalows ou de chalets*
P *Un terrain ouvert toute l'année*
🚐 *Un terrain possédant une aire de services pour camping-cars*
Consultez le tableau des localités

402

ESTAVAR

✉ 66800 – **344** D8 – 409 h. – alt. 1 200
Paris 861 – Montpellier 254 – Perpignan 98 – Limoux 112.

⚐ **L'Enclave** fermé 26 sept.-24 oct.
℘ 04 68 04 72 27, *contact@camping-lenclave.com*,
Fax 04 68 04 07 15, *www.camping.lenclave.com* – **R** indispensable
3,5 ha (178 empl.) plat et peu incliné, en terrasses, pierreux, herbeux
Tarif : 26,50 € ✝ ⇔ 🅴 🄼 (10A) – pers. suppl. 5,40 € – frais de réservation 7,70 €
Location : 20 🚐 (4 à 6 pers.) 245 à 640 €/sem.
🚐 1 borne raclet 6 €
Pour s'y rendre : sortie E par D 33, bord de l'Angoust

Nature : 🌿 🛏 🎢
Loisirs : 🍹 🏕 🎿 🎣 🏊
Services : 🕭 ⚡ GB 🛒 ⊞ 🔧 🛋 ⊛
🛋 🗑 🐾 🎛 sèche-linge
À prox. : 🍹 ✗ 🚣 🎯 🐎

FUILLA

✉ 66820 – **344** F7 – 329 h. – alt. 547
Paris 902 – Font-Romeu-Odeillo-Via 42 – Perpignan 55 – Prades 9 – Vernet-les-Bains 10.

⚐ **Le Rotja** avr.-oct.
℘ 04 68 96 52 75, *camping@camping-lerotja.com*,
Fax 04 68 96 52 75, *www.camping-lerotja.com* – **R**
1,2 ha (50 empl.) plat, peu incliné, herbeux, pierreux, verger
Tarif : 20,50 € ✝ ⇔ 🅴 🄼 (6A) – pers. suppl. 3,50 € – frais de réservation 15 €
Location : 8 🚐 (4 à 6 pers.) 190 à 475 €/sem.
Pour s'y rendre : au bourg

Nature : 🌿 ≤ 🛏 🎢
Loisirs : snack 🚲 🏊 (petite piscine)
Services : 🕭 ⚡ GB 🛒 ⊞ ⊛ 🐾 📞
🗑
À prox. : 🎳 🍹 ✗ 🎿

LAROQUE-DES-ALBÈRES

✉ 66740 – **344** I7 – 1 909 h. – alt. 100

🚩 *Office de tourisme, 20, rue Carbonneil* ℰ *04 68 95 49 97, Fax 04 68 95 42 58*

Paris 881 – Argelès-sur-Mer 11 – Le Boulou 14 – Collioure 18 – La Jonquera 26 – Perpignan 24.

    Les Albères avr.-sept.

      ℰ 04 68 89 23 64, *camping-des-alberes@wanadoo.fr*,
Fax 04 68 89 14 30, *www.camping-des-alberes.com*
– **R** conseillée
5 ha (211 empl.) peu incliné et en terrasses, pierreux, herbeux
Tarif : 27 € 👤 ⟵ 🅔 💲 (6A) – pers. suppl. 6 € – frais de réservation 15 €
Location : 15 🛖 (4 à 6 pers.) 330 à 590 €/sem. – 9 🏠 (4 à 6 pers.) 330 à 590 €/sem.
Pour s'y rendre : sortie NE par D 2, rte d'Argelès-sur-Mer puis 0,4 km par chemin à dr.
À savoir : agréable cadre boisé

> Nature : 🌿 ⟨ 🏞 ♤♤
> Loisirs : 🍴 snack 🏛 🌙 nocturne 🏊 ⛳ 🎢 parc animalier
> Services : 🚻 ⛽ 🚗 🗄 ♨ ⊛ 🔥 🚿 ⚏

MATEMALE

✉ 66210 – **344** D7 – 242 h. – alt. 1 514

🚩 *Office de tourisme, 29, rue du Pont de l'Aude* ℰ *04 68 30 59 57, Fax 04 68 30 59 57*

Paris 855 – Font-Romeu-Odeillo-Via 20 – Perpignan 92 – Prades 46.

    Le Lac week-end, vac. scol., mai-sept.

      ℰ 04 68 30 94 49, Fax 04 68 04 35 16, *www.camping-lac-matemale.com* – alt. 1 540 – places limitées pour le passage
– **R** conseillée
3,5 ha (110 empl.) plat et légèrement accidenté, herbeux, forêt de pins attenante
Tarif : 17,60 € 👤 ⟵ 🅔 💲 (3A) – pers. suppl. 5 €
Pour s'y rendre : SO : 1,7 km par D 52, rte des Angles et rte à gauche, à 150 m du lac, accès direct au village par chemin piétonnier
À savoir : Dans un site agréable de haute montagne

> Nature : 🌿 ⟨ ♤♤(pinède)
> Loisirs : 🏛 🏊
> Services : 🚻 ⛽ 🅶🅱 🚗 ♨ ♨ ⊛ 🛟
> 🚿 📶
> À prox. : 🍴 snack discothèque 🚲 ⛵ 🎾 🎢 ⚓ 🏇 sentier sportif, practice de golf 🚐

403

MAUREILLAS-LAS-ILLAS

✉ 66480 – **344** H8 – 2 281 h. – alt. 130

🚩 *Syndicat d'initiative, avenue Mal Joffre* ℰ *04 68 83 48 00*

Paris 873 – Gerona 71 – Perpignan 31 – Port-Vendres 31 – Prades 69.

    Les Bruyères mai-oct.

      ℰ 04 68 83 26 64, Fax 04 68 83 39 67, *www.campingles bruyeres.com*
4 ha (95 empl.) en terrasses, herbeux, pierreux
Tarif : (Prix 2007) 18 € 👤 ⟵ 🅔 💲 (6A) – pers. suppl. 4 €
Location : 7 🛖 (4 à 6 pers.) 280 à 490 €/sem.
🚐, 1 borne
Pour s'y rendre : O : 1,2 km par D 618 rte de Céret
À savoir : agréable cadre boisé de chênes-lièges

> Nature : ⟨ 🏞 ♤♤
> Loisirs : 🏛 🏊 🎢
> Services : 🚻 ⛽ 🅶🅱 🚗 🗄 ⊛ 🚿 ➿
> 🔥
> À prox. : parcours sportif, piste de bi-cross

    Les Pins - Le Congo Permanent

      ℰ 04 68 83 23 21, *lespinslecongo@hotmail.fr*,
Fax 04 68 83 45 64 – **R** conseillée
2,5 ha (70 empl.) plat, herbeux
Tarif : 22 € 👤 ⟵ 🅔 💲 (10A) – pers. suppl. 4,50 €
Location : 7 🛖 (4 à 6 pers.) 420 à 600 €/sem.
🚐 🚌 18 €
Pour s'y rendre : O : 1 km par D 618, rte de Céret, au bord d'un cours d'eau

> Nature : ⟨ Sur les Albères ♤
> Loisirs : snack 🏊 🎢 🎣
> Services : 🚻 ⛽ 🅶🅱 🚗 ⊛ 🚿 🔥

*Kataloge der **MICHELIN**-Veröffentlichungen erhalten Sie beim Buchhändler und direkt von **Michelin** (Karlsruhe).*

MOLITG-LES-BAINS

✉ 66500 – **344** F7 – G. Languedoc Roussillon – 207 h. – alt. 607 – ♨ (début avril-fin nov.)
🛈 *Syndicat d'initiative, route des Bains* ☎ 04 68 05 03 28
Paris 896 – Perpignan 50 – Prades 7 – Quillan 56.

   ⚠ **Municipal Guy Malé** avr.-nov.
     ☎ 04 68 05 02 12, *mairie.molitg.les.bains@wanadoo.fr,*
     Fax 04 68 05 02 40 – alt. 607 – **R** indispensable
     0,3 ha (19 empl.) plat et terrasse, herbeux
     Pour s'y rendre : N : 1,3 km, au SE du village de Molitg

> Nature : 🐟 ← 🏕 ♀
> Services : & ♒ ☺
> À prox. : 🏃 parcours sportif

PALAU-DEL-VIDRE

✉ 66690 – **344** I7 – 2 117 h. – alt. 26
🛈 *Syndicat d'initiative, Mairie* ☎ 04 68 22 46 20, Fax 04 68 22 39 20
Paris 867 – Argelès-sur-Mer 8 – Le Boulou 16 – Collioure 15 – La Jonquera 29 – Perpignan 18.

   ⚠ **Le Haras** 20 mars-20 oct.
     ☎ 04 68 22 14 50, *haras8@wanadoo.fr,* Fax 04 68 37 98 93,
     www.camping-le-haras.com – **R** conseillée
     2,3 ha (75 empl.) plat, herbeux
     Tarif : 28,50 € 👤 ⛺ 🚗 🔌 (6A) – pers. suppl. 5,20 € – frais
     de réservation 20 €
     Location : 16 🛖 (4 à 6 pers.) 245 à 686 €/sem.
     🚐 1 borne artisanale
     Pour s'y rendre : sortie NE par D 11
     À savoir : agréable décoration arbustive et florale

> Nature : 🏕 ♀♀
> Loisirs : 🍹 🍽 🏠 ⛹ 🏊 🐎 ⚽
> Services : & ♒ GB ♒ 🏪 ☺ 🧺 ♻
> 🛒 ☎ 🧊 ♨

Si vous recherchez :

   👫 *Un terrain offrant des équipements et des loisirs adaptés aux enfants*
   🐟 *Un terrain agréable ou très tranquille*
   L - M *Un terrain effectuant la location de caravanes, de mobile homes,*
       de bungalows ou de chalets
   P   *Un terrain ouvert toute l'année*
   🚐 *Un terrain possédant une aire de services pour camping-cars*
   Consultez le tableau des localités

404

PRADES

✉ 66500 – **344** F7 – G. Languedoc Roussillon – 5 800 h. – alt. 360
🛈 *Office de tourisme, 4, rue des Marchands* ☎ 04 68 05 41 02, Fax 04 68 05 21 79
Paris 892 – Font-Romeu-Odeillo-Via 45 – Perpignan 46 – Vernet-les-Bains 11.

   ⚠ **Municipal Plaine St-Martin** Permanent
     ☎ 04 68 96 29 83, *prades.conflent@wanadoo.fr,*
     Fax 04 68 05 38 09, *www.leconflent.net/camping*
     – **R** conseillée
     1,8 ha (60 empl.) plat, herbeux, sablonneux
     Tarif : 12,80 € 👤 ⛺ 🚗 🔌 (16A) – pers. suppl. 2,45 €
     Location : 18 🛖 (4 à 6 pers.) 210 à 370 €/sem.
     Pour s'y rendre : sortie N par D 619, rte de Molitg-les-Bains
     et à dr. avant la déviation

> Nature : 🐟 🏕 ♀♀
> Services : & ♒ ℗ (locations) GB
> ♒ 🏪 ☺ 🧺 ♻
> À prox. : ⚽ 🏊

RIVESALTES

✉ 66600 – **344** I6 – G. Languedoc Roussillon – 7 940 h. – alt. 13
🛈 *Office de tourisme, avenue Ledru-Rollin* ☎ 04 68 64 04 04
Paris 841 – Narbonne 58 – Perpignan 10 – Prades 54.

   ⚠ **Soleil 2000**
     ☎ 04 68 38 53 54, *rivesaltes@anas.asso.fr,*
     Fax 04 68 38 54 64, *www.anas.asso.fr* – **R** conseillée
     1 ha (60 empl.) plat, herbeux
     Pour s'y rendre : à l'E de la ville, près du stade

> Nature : 🏕 ♀
> Loisirs : ⛹
> Services : & ♒ 🏪 ☺ 🧺
> À prox. : ⚽

ST-CYPRIEN

✉ 66750 – **344** J7 – G. Languedoc Roussillon – 8 573 h. – alt. 5

🛈 *Office de tourisme, quai A. Rimbaud* ℘ *04 68 21 01 33, Fax 04 68 21 98 33*
Paris 859 – Céret 31 – Perpignan 17 – Port-Vendres 20.

à St-Cyprien-Plage NE : 3 km – ✉ 66750

⚠ **Cala Gogo** 10 mai-20 sept.
℘ 04 68 21 07 12, *camping.calagogo@wanadoo.fr*,
Fax 04 68 21 02 19, *www.campmed.com* – **R** conseillée
11 ha (659 empl.) plat, sablonneux, herbeux, pierreux
Tarif : 33,20 € ✱ ⇌ 🔲 (6A) – pers. suppl. 8,60 € – frais
de réservation 18,30 €
Location : 57 🛏 (4 à 6 pers.) 252 à 644 €/sem.
🛏 1 borne artisanale – 150 🔲 33,20 €
Pour s'y rendre : S : 4 km, aux Capellans, bord de plage
À savoir : bel espace aquatique paysager

> Nature : 🏕 ⚲ ▲
> Loisirs : 🍴 ✗ snack 🛋 🌙 nocturne
> discothèque 🏊 ✗ 🛝
> Services : 🚿 ⊶ GB 🅰 ∀ 🔲 🖨 ⊛ ☕
> ☎ 🔲 🛒 🛠
> À prox. : 🎣 🐎 poneys (centre
> équestre) golf, parc d'attractions
> aquatiques

ST-GENIS-DES-FONTAINES

✉ 66740 – **344** I7 – G. Languedoc Roussillon – 2 419 h. – alt. 63

🛈 *Office de tourisme, rue Georges Clemenceau* ℘ *04 68 89 84 33, Fax 04 68 89 66 22*
Paris 878 – Argelès-sur-Mer 10 – Le Boulou 10 – Collioure 17 – La Jonquera 23 – Perpignan 23.

⚠ **La Pinède** juin-août
℘ 04 68 89 75 29 – **R** conseillée
1 ha (71 empl.) plat, herbeux
Tarif : 20 € ✱ ⇌ 🔲 (6A) – pers. suppl. 5 € – frais de
réservation 19 €
Location 🚫 : 10 🛏 (4 à 6 pers.) 350 à 470 €/sem.
Pour s'y rendre : Au S du bourg par D 2, rte de Laroque-
des-Albères

> Nature : ⚲⚲
> Loisirs : 🛝
> Services : 🚿 ⊶ ∀ 🔲 🖨 ⊛ 🔲
> À prox. : ✗ 🐎

405

ST-JEAN-PLA-DE-CORTS

✉ 66490 – **344** H7 – 1 775 h. – alt. 116
Paris 871 – Amélie-les-Bains-Palalda 14 – Argelès-sur-Mer 23 – Le Boulou 6 – La Jonquera 21 – Perpignan 30.

⚠ **Les Casteillets** fév.-nov.
℘ 04 68 83 26 83, *jc@campinglescasteillets.com*,
Fax 04 68 83 39 67, *www.campinglescasteillets.com* – **R** indispensable
9 ha/4 campables (132 empl.) plat, pierreux, herbeux
Tarif : 19,50 € ✱ ⇌ 🔲 (6A) – pers. suppl. 4,40 € – frais
de réservation 10 €
Location : 25 🛏 (4 à 6 pers.) 220 à 535 €/sem. –
bungalows toilés
Pour s'y rendre : sortie vers Amélie-les-Bains par D 115 et
chemin à gauche, près du Tech

> Nature : 🏞 ≤ Chaîne des Albères
> ⚲⚲
> Loisirs : 🍴 ✗ 🌙 nocturne 🏊 ✗
> 🛝
> Services : 🚿 ⊶ GB ∀ 🔲 ⊛ ☕ ☎
> 🔲 🛠

ST-LAURENT-DE-CERDANS

✉ 66260 – **344** G8 – G. Languedoc Roussillon – 1 218 h. – alt. 675

🛈 *Syndicat d'initiative, 7, rue Joseph Nivet* ℘ *04 68 39 55 75, Fax 04 68 39 59 59*
Paris 901 – Amélie-les-Bains-Palalda 19 – Perpignan 60 – Prats-de-Mollo-la-Preste 23.

⚠ **Municipal la Verte Rive** mai-oct.
℘ 04 68 39 54 64, *contact@ville-saint-laurent-de-cer
dans.fr*, Fax 04 68 39 59 59 – **R** conseillée
2,5 ha (74 empl.) peu incliné, herbeux
Tarif : 10,55 € ✱ ⇌ 🔲 (5A) – pers. suppl. 2,29 €
Location (permanent) : 8 🏠 (4 à 6 pers.) 200 à
405 €/sem.
Pour s'y rendre : sortie NO par D 3 rte d'Arles-sur-Tech,
bord de la Quéra

> Nature : 🏞 ≤ ⚲
> Loisirs : 🏊 🎣
> Services : 🚿 ⊶ (juil.-août) ∀ ⊛ 🔲
> À prox. : 🎣 ✗ 🛝 🐎

ST-PAUL-DE-FENOUILLET

✉ 66220 – **344** G6 – G. Languedoc Roussillon – 1 858 h. – alt. 260
🛈 *Syndicat d'initiative, 26, boulevard de l'Agly* ✆ *04 68 59 07 57*
Paris 831 – Carcassonne 86 – Millas 32 – Mouthoumet 34 – Narbonne 95 – Perpignan 42.

⚠ **L'Agly** Permanent
✆ 04 68 59 09 09, *contact@camping-agly.com*,
Fax 04 68 51 00 28, *www.camping-agly.com* – **R** conseillée
1 ha (42 empl.) plat, herbeux
Tarif : ✤ 4,40 € ⬅ 🅿 5,50 € – ⓰ (16A) 3,90 €
Location : 2 ▦ (4 à 6 pers.) 285 à 390 €/sem. – 2 🏠 (4
à 6 pers.) 315 à 475 €/sem.
Pour s'y rendre : au S du bourg, par D 619
À savoir : Décoration arbustive

Nature : ⪕ 🖾
Services : ⬧ ⚷ ⚒ 🖪 ⚆ ☏ ⚲
À prox. : 🚲 ✗ 🛇

STE-MARIE

✉ 66470 – **344** J6 – 3 452 h. – alt. 4
🛈 *Office de tourisme,* ✆ *04 68 80 14 00, Fax 04 68 80 25 65*
Paris 845 – Argelès-sur-Mer 24 – Le Boulou 37 – Perpignan 14 – Rivesaltes 18 – St-Laurent-de-la-Salanque 7.

à la Plage E : 2 km

⚠ **Le Palais de la Mer** 👥 – 10 mai-23 sept.
✆ 04 68 73 07 94, *contact@palaisdelamer.com*,
Fax 04 68 73 57 83, *www.palaisdelamer.com* – **R** conseillée
2,6 ha (181 empl.) plat, sablonneux, herbeux
Tarif : 35,50 € ✤ ⬅ 🅿 ⓰ (10A) – pers. suppl. 7 € – frais
de réservation 25 €
Location : 10 ▦ (4 à 6 pers.) 210 à 590 €/sem. – 60 🏠
(4 à 6 pers.) 245 à 900 €/sem.
Pour s'y rendre : N : à 600 m de la station, à 150 m de la
plage (accès direct)
À savoir : agréable cadre arbustif et floral

Nature : 🖾 ♤♤
Loisirs : 🍷 snack, pizzeria 🎆 noc-
turne 🛝 🎠 🏋 🛝
Services : ⬧ ⚷ GB ⚒ 🖪 🛁 ⚆ 🍳
🗑 🖫 ⚽ 🛁
À prox. : ✗

⚠ **Municipal de la Plage** mars-oct.
✆ 04 68 80 68 59, *contact@camping-municipal-de-la-
plage.com*, Fax 04 68 73 14 70, *www.sainte-marie-la-
mer.com* – **R** indispensable
7 ha (378 empl.) plat, sablonneux
Tarif : 28,18 € ✤ ⬅ 🅿 ⓰ (6A) – pers. suppl. 7,44 €
Location : 13 ▦ (4 à 6 pers.) 190 à 590 €/sem. – 10 🏠
(4 à 6 pers.) 190 à 590 €/sem.
Pour s'y rendre : N : à 600 m de la station, à 150 m de la
plage, (accès direct)

Nature : 🖾 ♤
Loisirs : 🍷 snack, pizzeria 🎆 🎭
nocturne 🛝 🎠 🏋 ·⚽ 🛝 ter-
rain omnisports
Services : ⬧ ⚷ GB ⚒ 🖪 ⚆ 🛁 🗑
🍳 🖫 ⚽ 🛁

⚠ **La Pergola** juin-15 sept.
✆ 04 68 73 03 07, *camping-la-pergola@wanadoo.fr*,
Fax 04 68 73 02 40, *www.camping-la-pergola.com*
– **R** conseillée
3,5 ha (181 empl.) plat, herbeux
Tarif : 28,10 € ✤ ⬅ 🅿 ⓰ (10A) – pers. suppl. 6,70 € –
frais de réservation 16 €
Location ✗ : 22 ▦ (4 à 6 pers.) 330 à 660 €/sem.
🚐 1 borne artisanale 4 €
Pour s'y rendre : av. Frédéric-Mistral, à 500 m de la plage

Nature : ♤♤
Loisirs : snack, pizzeria 🎆 🏋 🛝
Services : ⬧ ⚷ GB ⚒ 🖪 🛁 ⚆ 🛁
🗑 ⚲ 🖫 🛁
À prox. : 🚲 ✗ 🏋 🐎

LES GUIDES VERTS **MICHELIN**
Paysages, monuments
Routes touristiques
Géographie
Histoire, Art
Itinéraire de visite
Plans de villes et de monuments

TORREILLES

✉ 66440 – **344** I6 – 2 072 h. – alt. 4

🛈 *Office de tourisme, 1, avenue la Méditerranée* ✆ 04 68 28 41 10, Fax 04 68 28 41 10
Paris 847 – Argelès-sur-Mer 31 – Le Boulou 35 – Perpignan 12 – Port-Barcarès 11 – Rivesaltes 14.

à la Plage NE : 3 km par D 11^E

⚠ Mar I Sol 26 avr.-27 sept.
✆ 04 68 28 04 07, *marisol@camping-marisol.com*,
Fax 04 68 28 18 23, *www.camping-marisol.com* – **R** conseil-lée
7 ha (377 empl.) plat, herbeux, sablonneux
Tarif : 44,50 € 🏕 ⛺ 🚐 🔲 🔌 (10A) – pers. suppl. 8,40 € – frais de réservation 35,50 €
Location (5 avr.-27 sept.) : 140 🛖 (4 à 6 pers.) 234 à 977 €/sem.
Pour s'y rendre : à 150 m de la plage (accès direct)

Nature : 🏞
Loisirs : 🍽 brasserie, pizzeria, crêpe-rie 🌙 nocturne 🎯 🎬 discothèque 🎱 🚴 🐎 ⛱ 🏊 🅿
Services : 🛁 🚿 GB 🔧 🏧 ⊕ 🛒 🔥 📶 🛗
À prox. : 🏃 🐎

⚠ Les Tropiques 5 avr.-4 oct.
✆ 04 68 28 05 09, *contact@camping-les-tropiques.com*,
Fax 04 68 28 48 90, *www.camping-les-tropiques.com* – **R** conseillée
7 ha (450 empl.) plat, sablonneux, herbeux
Tarif : 37 € 🏕 🚐 🔲 🔌 (6A) – pers. suppl. 8,90 € – frais de réservation 30 €
Location : 250 🛖 (4 à 6 pers.) 258 à 1 183 €/sem.
🚐 🚙 14 €

Nature : 🏞 🌳🌳
Loisirs : 🍽 🍴 🌙 nocturne 🎯 disco-thèque 🎱 🐎 🏓 ⛱ 🏊
Services : 🛁 🚿 GB 🔧 🏧 ⊕ 🛒 🔥 🛗 🅿 🛗
À prox. : 🏃 🏃 🐎

⚠ Le Calypso ♿ – avr.-sept.
✆ 04 68 28 09 47, *camping.calypso@wanadoo.fr*,
Fax 04 68 28 24 76, *www.camping-calypso.com* – **R** conseil-lée
6 ha (326 empl.) plat, sablonneux, herbeux
Tarif : (Prix 2007) 35 € 🏕 🚐 🔲 🔌 (10A) – pers. suppl. 8 € – frais de réservation 20 €
Location 🚫 : 70 🛖 (4 à 6 pers.) 300 à 870 €/sem. – 33 🏕 (4 à 6 pers.) 360 à 780 €/sem.

Nature : 🏞 🌳🌳
Loisirs : 🍽 snack, pizzeria, crêperie 🍴 🌙 nocturne 🎯 🎬 🎱 🏓 terrain omnisports
Services : 🛁 🚿 GB 🔧 🏧 🚿 ⚡ ⊕ 🛒 🔥 🛗 🛗 cases réfrigérées
À prox. : 🏃

⚠ La Palmeraie 26 avr.-21 sept.
✆ 04 68 28 20 64, *info@camping-la-palmeraie.com*,
Fax 04 68 59 67 41, *www.camping-la-palmeraie.com* – **R** conseillée
4,5 ha (242 empl.) plat, sablonneux, herbeux
Tarif : 🏕 4 € 🚐 3 € 🔲 4,50 € – 🔌 (10A) 7 € – frais de réservation 25 €
Location : 🛖 – 🏕
À savoir : décoration arbustive et florale

Nature : 🏞 🌳🌳
Loisirs : 🍽 snack 🍴 🌙 nocturne 🎱 🏊 terrain omnisports
Services : 🛁 🚿 GB 🔧 🏧 ⊕ 🛒 🔥 🛗 cases réfrigérées
À prox. : 🏃 🍴 🏃 🐎

⚠ Le Trivoly 5 avr.-27 sept.
✆ 04 68 28 20 28, *chadotel@wanadoo.fr*,
Fax 04 68 28 16 48, *www.chadotel.com* – **R** conseillée
8 ha (270 empl.) plat, sablonneux, herbeux, gravillons
Tarif : 29,90 € 🏕 🚐 🔲 🔌 (6A) – pers. suppl. 5,80 € – frais de réservation 25 €
Location : 60 🛖 (4 à 6 pers.) 210 à 750 €/sem.

Nature : 🏞 🌳
Loisirs : 🍽 snack 🍴 🏓 🏸 🏊 ⛷ terrain omnisports
Services : 🛁 🚿 GB 🔧 🏧 🍴 ⊕ 🛗 🛗

⚠ Le Relais de Torreilles-Plage 15 mars-15 oct.
✆ 04 68 28 38 29, *lesdunes@lesdunes.net*,
Fax 04 68 28 32 57, *www.lesdunes.net* – **R** conseillée
16 ha (615 empl.) plat, sablonneux, pierreux
Tarif : 32,50 € 🏕 🚐 🔲 🔌 (16A)
Location (permanent) : 66 🛖 (4 à 6 pers.) 162 à 780 €/sem.
Pour s'y rendre : à 150 m de la plage

Nature : 🏞
Loisirs : 🍽 brasserie, pizzeria 🍴 🎯 🏃 🏃 🏊
Services : 🚿 GB 🔧 ⊕ 🍴 🚿 📶 🛗 🔥 🛗
À prox. : 🐎

407

VERNET-LES-BAINS

✉ 66820 – **344** F7 – G. Languedoc Roussillon – 1 440 h. – alt. 650 – ♨ (mi-mars-fin nov.)
🛈 *Office de tourisme, 2, rue de la chapelle* ℰ *04 68 05 55 35, Fax 04 68 05 60 33*
Paris 904 – Mont-Louis 36 – Perpignan 57 – Prades 11.

⚹ **L'Eau Vive** Pâques-oct.
ℰ 04 68 05 54 14, *campingleauvive@orange.fr*,
Fax 04 68 05 78 14, *www.leau-vive.com* – **R** conseillée
1,7 ha (77 empl.) plat et peu incliné, herbeux
Tarif : 25 € ⚹ ⇔ 🅴 🄷 (6A) – pers. suppl. 2,50 € – frais de
réservation 15 €
Location (15 déc.-oct.) : 8 🏠 (4 à 6 pers.) 550 €/sem.
Pour s'y rendre : sortie vers Sahorre puis, après le pont,
1,3 km par av. St-Saturnin à dr., près du Cady
À savoir : dans un site agréable

> Nature : 🐾 <
> Loisirs : 🍴 snack ⚓ (petit plan
> d'eau)
> Services : ♿ ⚏ ⚐ 🖃 🛁 ☺ 🛒 🚰 🔋

VILLENEUVE-DE-LA-RAHO

✉ 66180 – **344** I7 – 3 625 h. – alt. 60
🛈 *Office de tourisme, plage touristique* ℰ *04 68 55 91 05, Fax 04 68 55 80 98*
Paris 859 – Argelès-sur-Mer 16 – Céret 28 – Perpignan 10 – Port-Vendres 25 – Prades 52.

⚹ **Municipal les Rives du Lac** 15 mars-15 nov.
ℰ 04 68 55 83 51, *campingvilleneuveraho@wanadoo.fr*,
Fax 04 68 55 86 37 – **R** conseillée
3 ha (158 empl.) plat, herbeux
Location 🏠 : 8 🛖
🚐 1 borne
Pour s'y rendre : O : 2,5 km par D 39, rte de Pallestres et
chemin à gauche
À savoir : au bord du lac

> Nature : 🐾 < 🖃 🏔
> Loisirs : 🍴 snack 🏖 🎣
> Services : ♿ ⚏ 🆖 ⚐ 🖃 ☺ 🛒 🚰
> 🔋 🍴
> A prox. : 🏊 🚣

LIMOUSIN

Les citadins en mal de verdure viennent goûter en Limousin la simplicité de joies bucoliques : humer l'air vivifiant du plateau de Millevaches, flâner le long de rivières poissonneuses, se perdre dans les bois à la recherche de champignons... Et s'extasier devant les placides bœufs à la robe « froment vif » ou le spectacle attendrissant des agneaux tétant leur mère. En automne la forêt se pare d'une éblouissante palette d'ocres, de rouges et de bruns profonds sous-tendue de reflets mordorés, qui a inspiré bien des peintres. Détentrices de savoir-faire ancestraux — émaux, porcelaines, tapisseries — bourgs et cités paisibles ne s'en ouvrent pas moins à l'art contemporain. Les plaisirs de la table ? Authentiques, comme la région : soupe au lard, pâté de pommes de terre, potée et... viandes exquises !

Life in Limousin is lived as it should be: tired Parisians in need of greenery come to rediscover the simple joys of country life, breathe the bracing air of its high plateaux and wander through its woodlands in search of mushrooms and chestnuts. The sight of peacefully grazing cattle or lambs frolicking in a spring meadow will rejuvenate the most jaded city-dweller. Come autumn, the forests are swathed in colour: a perfect backdrop to the granite and sandstone of the peaceful towns and villages, where ancestral crafts, like Limoges porcelain and Aubusson tapestries, blend a love of tradition with an enthusiasm for the best of the new. The food is as wholesome as the region: savoury bacon soup, Limousin stew and, as any proud local will tell you, the most tender, succulent beef in the world.

Légende

- Localité citée avec camping
- Localité citée avec camping et locatif
- _Lourdes_ Localité disposant d'un camping avec aire de services camping-car
- Moyaux Localité disposant d'au moins un terrain agréable
- Aire de service pour camping-car sur autoroute

St-Pierre-de-Maillé
le Blanc
Neuvy-St-Sépulchre
la Châtre
Châteaumeillant
Val
St-Pierre-de-Maillé
Gargilesse-Dampierre
Baraize
Éguzon
Fougères
Boussac-Bourg
Treignat
N 1
Cromac
la Celle-Dunoise
le Bourg-d'Hem
Châtelus-Malvaleix
MO
BOIS MANDÉ
BOIS MANDÉ
Magnac-Laval
Évaux-les-Bains
N 147
N 145
N 145
St-Éloy-
Châteauponsac
Guéret
C R E U S E
Bellac
St-Pardoux
Bessines-s-Gartempe
Confolens
Razès
St-Ger
St-Laurent-les-Églises
N 141
Aubusson
LIMOGES
St-Martin-Terressus
D 941
Pressignac
Rochechouart
St-Léonard-de-Noblat
Royère-de-Vassivière
Le Lindois
Videix
Aixe-s-Vienne
Bujaleuf
Pierre-Buffière
Eymoutiers
H A U T E - V I E N N E
St-Hilaire-les-Places
Nexon
Châteauneuf-la-Fôret
A 89
Bussière-Galant
Ladignac-le-Long
St-Germain-les-Belles
Murat-le-Quai
Tauves
St-Saud-Lacoussière
Mialet
Chamberet
Ussel
Singles
Nontron
St-Yrieix-la-Perche
Masseret
Treignac
Bagnols
St-Jory-de-Chalais
PORTE DE CORRÈZE
Lanobre
Angoisse
Uzerche
C O R R È Z E
Liginiac
Champ
Thiviers
St-Pardoux-Corbier
Palisse
Saignes
Lanouaille
Vigeois
N 120
Neuvic
Trizac
Brantôme
Tourtoirac
Hautefort
Objat
Seilhac
Corrèze
Soursac
Jaleyrac
St-Apre
Antonne-et-Trignant
A 89
Mauriac
St-Martin-Valmeroux
Cornille
St-Antoine-d'Auberoche
PAYS DE BRIVE
Terrasson-la-Villedieu
Tulle
Auriac
Pleaux
Périgueux
Peyrignac
Thenon
Montignac
Coly
Brive-la-Gaillarde
Lissac-s-Couze
Arnac
C A N T A L
Atur
A 89
Fossemagne
Aubazines
Beynat
Argentat
Jussac
Thiézac
D O R D O G N E
B
Reygades
Camps
St-Gérons
Aurillac
Vic-
Sarlat-la-Canéda
Beaulieu-s-D.
Puybrun
Bretenoux
Lacapelle-Viescamp
Arpajon-s-Cère
Couze-et-St-Front
Tauriac
Girac
St-Céré
Pers
St-Mamet-la-Salvetat
Lacam-d'Ourcet
le Rouget
Lacapelle-del-Fraisse
Gourdon
Leyme
Senaillac-Latronquière
Maurs
Pons
Villeréal
L O T
N 140
Lacapelle-Marival
Cassaniouze
Biron
Bagnac-s-Célé
Grand-Vabre
St-
Villefranche-
Sauveterre-la-Lémance
Cassagnes
St-Germain-du-Bel-Air
D 802
Figeac
D 122
Entraygues-s-T.
Cuzorn
Salles
JARDIN DES CAUSSES DU LOT
Brengues
Béduer
Capdenac-Gare
Flagnac
Conques
Fumel
Montcabrier
Puy-l'Évêque
St-Pierre-Lafeuille
Larnagol
Cajarc
Boisse-Penchot
A V E Y R
Trentels
Touzac
Vers
D 922
Courbiac
Belaye
Cahors
St-Cirq-Lapopie
Martiel
Rignac
Rodez
Villeneuve-s-Lot
Mauroux
St-Pantaléon
D 911
Aveyron
D 140
GARONNE
Beauville
Montaigu-de-Quercy
Castelnau-Montratier
LE BOIS DE DOURRE
Villefranche-de-Rouergue
D 911
Pont-de-Salars
Pont-du-Casse
Montpezat-de-Quercy
Cayriech
Parisot
Najac
Naucelle
Arvieu
Agen
LE BOIS DE DOURRE
D 926
Caylus
St-Antonin-Noble-Val
Alrance
T A R N - E T - G A R O N N E
Caussade
Laguépie
Viaur
Moissac
Lafrançaise

ARGENTAT

✉ 19400 – **329** M5 – G. Limousin Berry – 3 125 h. – alt. 183
🛈 *Office de tourisme, place da Maïa* 𝄞 *05 55 28 16 05, Fax 05 55 28 45 16*
Paris 503 – Aurillac 54 – Brive-la-Gaillarde 45 – Mauriac 49 – St-Céré 40 – Tulle 29.

⛰ **Le Gibanel** juin-6 sept.
𝄞 05 55 28 10 11, *contact@camping-gibanel.com,*
Fax 05 55 28 81 62, *www.camping-gibanel.com* – **R** conseillée
60 ha/8,5 campables (250 empl.) plat, terrasses, herbeux
Tarif : (Prix 2007) 20,40 € 🛉 ⛺ 🚗 🔲 💧 (6A) – pers.
suppl. 5,35 € – frais de réservation 13 €
Pour s'y rendre : NE : 4,5 km par D 18 rte d'Égletons puis
chemin à droite
À savoir : sur les terres d'un château du XVIe s et au bord
d'un lac

> Nature : 🏞 ⬍ 🌳 ⛰
> Loisirs : 🍷 pizzéria le soir 🏠 🎦
> 🏋 🏊 🛶 terrain omnisports, canoë
> Services : 🚿 🖤 🅶🅱 🏪 📷 🔥 ♨ 🎣
> 🏧 🖐 🔲 sèche-linge ♨ 🚿

⛰ **Au Soleil d'Oc** 👥 – 20 mars-16 nov.
𝄞 05 55 28 84 84, *info@dordogne-soleil.com,*
Fax 05 55 28 12 12, *www.dordogne-soleil.com* – **R** conseillée
4 ha (120 empl.) plat, terrasse, herbeux
Tarif : 24,80 € 🛉 ⛺ 🚗 🔲 💧 (6A) – pers. suppl. 5,80 €
Location 🏕 : 30 🛖 (4 à 6 pers.) 195 à 735 €/sem. – 12
🏠 (4 à 6 pers.) 385 à 826 €/sem. – 3 bungalows toilés
🛖 🚐 10 €
Pour s'y rendre : SO : 4,5 km par D 12, rte de Beaulieu puis
D 12E, rte de Vergnolles et chemin à gauche après le pont,
bord de la Dordogne

> Nature : 🏞 🏕 🌳 ⛰
> Loisirs : 🍷 snack 🏠 🎦 🏋 🛝 🚴
> ⛳ 🏊 🛶 canoë
> Services : 🖤 🅶🅱 🏪 📷 🔥 ♨ ⊙ 🖐
> 🏧 🔲 sèche-linge 🚿

⛰ **Le Vaurette** 👥 – mai-21 sept.
𝄞 05 55 28 09 67, *info@vaurette.com,* Fax 05 55 28 81 14,
www.vaurette.com – **R** conseillée
4 ha (120 empl.) terrasse, plat, et peu incliné, herbeux
Tarif : 26,80 € 🛉 ⛺ 🚗 🔲 💧 (6A) – pers. suppl. 5 € – frais de
réservation 10 €
🛖 1 borne
Pour s'y rendre : SO : 9 km par D 12 rte de Beaulieu, bord
de la Dordogne

> Nature : 🏞 🌳 ⛰
> Loisirs : 🍷 snack 🏠 🎦 diurne 🏋
> salle d'animation ⛳ ✂ 🏊 🚴
> Services : 🚿 🖤 🅶🅱 🏪 📷 ⊙ 🖐
> 🔲 sèche-linge ♨
> À prox. : canoë

411

AUBAZINES

✉ 19190 – **329** L4 – G. Périgord – 732 h. – alt. 345 – Base de loisirs
🛈 *Office de tourisme, le bourg* 𝄞 *05 55 25 79 93, Fax 05 55 25 79 93*
Paris 480 – Aurillac 86 – Brive-la-Gaillarde 14 – St-Céré 50 – Tulle 17.

⛰ **Campéole Le Coiroux** 👥 – 29 mars-28 sept.
𝄞 05 55 27 21 96, *cplcoiroux@atciat.com,*
Fax 05 55 27 19 16, *www.camping-coiroux.com* – **R** conseillée
165 ha/6 campables (166 empl.) peu incliné, herbeux, bois
attenants
Tarif : 24,30 € 🛉 ⛺ 🚗 🔲 💧 (10A) – pers. suppl. 6,50 € –
frais de réservation 25 €
Location : 33 🛖 (4 à 6 pers.) 245 à 686 €/sem. – 15
bungalows toilés – tentes avec sanitaires
🛖 1 borne artisanale
Pour s'y rendre : E : 5 km par D 48, rte du Chastang, à
proximité d'un plan d'eau et d'un parc de loisirs

> Nature : 🏞 🏕 🌳
> Loisirs : pizzeria 🏠 🎦 🏋 🚴 🛝
> 🏊
> Services : 🚿 🖤 🅶🅱 🏪 Ⓜ 📷 ♨ ⊙
> 🔲 sèche-linge ♨ 🚿
> À prox. : 🍷 ✕ ✂ 🏊 (plage) 🎣
> practice, golf (9 et 18 trous), accro-
> branches, paintball

Pour choisir et suivre un itinéraire
Pour calculer un kilométrage
Pour situer exactement un terrain (en fonction des
indications fournies dans le texte) :
Utilisez les **cartes MICHELIN**,
compléments indispensables de cet ouvrage.

AURIAC

✉ 19220 – **329** N4 – 215 h. – alt. 608
Paris 517 – Argentat 27 – Égletons 33 – Mauriac 23 – Tulle 45.

△ **Municipal** 15 juin-15 sept.
    𝒫 05 55 28 25 97, *commune.auriac@wanadoo.fr*,
    Fax 05 55 28 29 82 – **R** conseillée
    1,7 ha (70 empl.) peu incliné, plat, herbeux
    Tarif : ♦ 3,15 € ⇐ 1,57 € 🄴 1,57 € – 🗲 (6A) 3,15 €
    Location (avr.-15 nov.) : 8 🛖 (4 à 6 pers.) 200 à
    360 €/sem.
    Pour s'y rendre : sortie SE par D 65 rte de St-Privat, près
    d'un étang et d'un parc boisé
    À savoir : certains emplacements dominent le plan d'eau

Nature : ⌕ ⩻ ⛺ ♨♨ ⚠
Loisirs : 🏠 ⛵
Services : ⚬⌐ (15 juil.-20 août) ⚲ ⚲ 🖭
À prox. : ⚡ ⚓ ⩱ (plage) ⤴ canoë, pédalos

BEAULIEU-SUR-DORDOGNE

✉ 19120 – **329** M6 – G. Limousin Berry – 1 286 h. – alt. 142
🄳 *Office de tourisme, place Marbot* 𝒫 05 55 91 09 94, Fax 05 55 91 10 97
Paris 513 – Aurillac 65 – Brive-la-Gaillarde 44 – Figeac 56 – Sarlat-la-Canéda 69 – Tulle 38.

⚠ **Les Îles** 5 avr.-15 oct.
    𝒫 05 55 91 02 65, *info@campingdesiles.fr*,
    Fax 05 55 91 05 19, *www.camping-des-iles.net* – **R** conseil-
    lée
    4 ha (120 empl.) plat, herbeux
    Tarif : 23,90 € ♦ ⇐ 🄴 🗲 (10A) – pers. suppl. 6,50 € –
    frais de réservation 17 €
    Location : 18 🛖 (4 à 6 pers.) 189 à 699 €/sem. – 12
    bungalows toilés
    🛖 1 borne artisanale 4 € – 5 🄴 – ⛺ 10 €
    Pour s'y rendre : à l'E du centre bourg, par bd St-Rodol-
    phe-de-Turenne
    À savoir : cadre et situation pittoresques sur une île de la
    Dordogne

Nature : ⌕ ♨♨ ⚠
Loisirs : ♟ 🏠 ⛵ ⅃ ⤴ canoë
Services : ⚲ ⚬⌐ GB ⚲ Ⓜ 🎰 🖭 ⚂
⚴ ⚗ ⚱ 🖭 sèche-linge ⚗
À prox. : ⚡ ⚓

412

BEYNAT

✉ 19190 – **329** L5 – 1 149 h. – alt. 420
🄳 *Office de tourisme, le bourg* 𝒫 05 55 85 59 07
Paris 496 – Argentat 47 – Beaulieu-sur-Dordogne 23 – Brive-la-Gaillarde 21 – Tulle 21.

⚠ **Les Hameaux de Miel** (location exclusive de chalets)
    Permanent
    𝒫 05 55 84 34 48, *infos@chalets-en-france.com*,
    Fax 05 55 22 88 29, *www.chalets-en-france.com*
    – **R** conseillée
    12 ha en terrasses
    Location : 98 🛖 (4 à 6 pers.) 290 à 690 €/sem.
    Pour s'y rendre : 4 km à l'E par D 921, rte d'Argentat, bord
    d'un plan d'eau

Nature : ⌕ ⩻
Loisirs : ♟ 🏠 🎞 diurne ⚡ ⛵
⚙ 🖭 ⅃
Services : ⚲ ⚬⌐ GB ⚲ 🎰 ⚱ 🖭
sèche-linge
À prox. : ⚡ ⚓ ⩱ ⤴ pédalos

⚠ **Centre Touristique de Miel** mai-27 sept.
    𝒫 05 55 85 50 66, *info@camping-miel.com*,
    Fax 05 55 85 57 96, *www.camping-miel.com* – **R** conseillée
    50 ha/9 campables (140 empl.) vallonné, peu incliné,
    herbeux
    Tarif : 18,20 € ♦ ⇐ 🄴 🗲 (6A) – pers. suppl. 5,40 € – frais
    de réservation 17 €
    Location : 15 🛖 (4 à 6 pers.) 190 à 735 €/sem. – 11 🛖
    (4 à 6 pers.) 220 à 640 €/sem. – 3 bungalows toilés
    Pour s'y rendre : 4 km à l'E par D 921 rte d'Argentat, bord
    d'un plan d'eau

Nature : ⌕ ⩻ ♀ ⚠
Loisirs : ♟ snack 🏠 ⛵ ⚡ ⚓ ⅃
(couverte hors saison) ⤴
Services : ⚲ ⚬⌐ GB ⚲ ⚗ ⚗ ⚱ 🖭
À prox. : ⩱ (plage) pédalos

CAMPS

✉ 19430 – **329** M6 – 243 h. – alt. 520
Paris 520 – Argentat 17 – Aurillac 45 – Bretenoux 18 – Sousceyrac 27.

▲ **Municipal la Châtaigneraie** mai-sept.
  𝒫 05 55 28 53 15, *mairie.camps@wanadoo.fr*,
  Fax 05 55 28 08 59, *www.camps.correze.net* – **R** conseillée
  1 ha (23 empl.) peu incliné à incliné, herbeux
  Tarif : 10 € 👤 🚐 🔲 🔌 (16A) – pers. suppl. 2,50 €
  Location (5 avr.-1ᵉʳ nov.) : 5 🏠 (4 à 6 pers.) 169 à
  478 €/sem. – huttes
  Pour s'y rendre : à l'O du bourg, par D 13 et chemin à
  droite

> Nature : 🏞 ≤ 🌳
> Loisirs : 🏊
> Services : 🚻 ⚡ (juil.-août) 🐕 📻 ⊙ 🔳
> À prox. : 🚲 🍴 🚣 (plage) 🎣

CHAMBERET

✉ 19370 – **329** L2 – 1 304 h. – alt. 450
🅱 *Syndicat d'initiative, 5, place du Marché* 𝒫 05 55 98 30 14, Fax 05 55 98 79 34
Paris 453 – Guéret 84 – Limoges 66 – Tulle 45 – Ussel 64.

⛰ **Les Roulottes des Monédières** (location exclusive
  de roulottes)
  𝒫 05 55 98 03 03, *info@roulottes-monedieres.com*,
  Fax 05 55 98 49 48, *www.roulottes-monedieres.com* – **R**
  🏊
  3 ha incliné, herbeux
  Location 🚻 🅿 : 45 🔲 (4 à 6 pers.) 474 à 750 €/sem.
  Pour s'y rendre : La Maison de l'Arbre, l'Arboretum
  À savoir : En séjour et formule hôtelière

> Nature : 🏞 ≤ 🌳
> Loisirs : snack 🍴 🚴 🎣 billard
> 🏊 🚲 🔳 poneys
> Services : ⚡ GB 🐕 🗄 📻 🔳 sè-
> che-linge 🧺

⛰ **Les Chalets du Bois Combet** (location exclusive de
  chalets)
  𝒫 05 55 98 30 12, *mairie.chamberet@wanadoo.fr*,
  Fax 05 55 98 79 34, *www.chamberet-correze.net* – empl.
  traditionnels également disponibles – **R**
  1 ha plat, herbeux
  Location 🚻 🅿 : 10 🏠
  Pour s'y rendre : SO : 1,3 km par D 132, rte de Meilhards et
  chemin à droite, à 100 m d'un petit plan d'eau et d'un
  étang

> Nature : 🏞
> Loisirs : 🏊
> Services : ⚡ 🔳 sèche-linge
> À prox. : 🔲 🚣 🏊

413

CORRÈZE

✉ 19800 – **329** M3 – G. Limousin Berry – 1 152 h. – alt. 455
🅱 *Office de tourisme, place de la Mairie* 𝒫 05 55 21 32 82, Fax 05 55 21 63 56
Paris 480 – Argentat 47 – Brive-la-Gaillarde 45 – Égletons 22 – Tulle 19 – Uzerche 35.

▲ **Municipal la Chapelle** 15 juin-15 sept.
  𝒫 05 55 21 29 30, *mairie.correze@wanadoo.fr*,
  Fax 05 55 21 68 82 – **R** conseillée
  3 ha (54 empl.) non clos, plat, terrasse, peu incliné, herbeux,
  forêt attenante
  Tarif : (Prix 2007) 👤 2,50 € 🚐 1,30 € 🔲 2,35 € –
  🔌 (5A) 2,08 €
  Pour s'y rendre : sortie E par D 143, rte d'Egletons et à
  droite, rte de Bouysse
  À savoir : partie campable traversée par une petite route,
  au bord de la Corrèze et près d'une petite chapelle

> Nature : 🏞 🌳
> Loisirs : 🍴 🏊 🎣
> Services : 🚻 ⚡ 🐕 📻 ⊙ 🔳
> À prox. : 🚣

LIGINIAC

✉ 19160 – **329** P3 – 630 h. – alt. 665
Paris 464 – Aurillac 83 – Bort-les-Orgues 24 – Clermont-Ferrand 107 – Mauriac 30 – Ussel 21.

▲ **Municipal le Maury** juil.-août
  𝒫 05 55 95 92 28, Fax 05 55 95 91 28 – **R** conseillée
  2 ha (50 empl.) plat et peu incliné, terrasses, herbeux
  Tarif : 👤 2 € 🚐 🔲 3 € – 🔌 (16A) 3 €
  Location (15 mars-15 nov.) : 12 gîtes, 15 huttes
  Pour s'y rendre : SO : 4,6 km par rte de la plage, bord du
  lac de Triouzoune, Accès conseillé par D 20, rte de Neuvic

> Nature : 🏞 🏕 🌳
> Loisirs : 🍴 🏊 🍴
> Services : 🔲 🐕 📻 ⊙ 🔳 sèche-
> linge
> À prox. : 🍴 snack 🧺 🚣 (plage) 🎣

LISSAC-SUR-COUZE

✉ 19600 – **329** J5 – G. Périgord – 527 h. – alt. 170 – Base de loisirs
Paris 486 – Brive-la-Gaillarde 11 – Périgueux 68 – Sarlat-la-Canéda 42 – Souillac 29.

▲ **Les Hameaux du Perrier** (location exclusive de chalets) Permanent
    ☎ 05 55 84 34 48, *infos@chalets-en-france.com*,
    Fax 05 55 22 88 29, *www.chalets-en-france.com*
    17 ha/10 campables en terrasses
    Location : 94 ⌂ (4 à 6 pers.) 270 à 690 €/sem.
    Pour s'y rendre : 3 km à l'O par D 59, rte de St-Cernin-de-Larche

> Nature : ⚶ ≤ ♀
> Loisirs : 🍴 pizzeria 🏕 🚲 ♨ ⛹
> Services : ⚕ ⚊ ⊞ 🚰 ▦ 🚻 ▦ 🛒
> À prox. : ✂

▲ **La Prairie** (location exclusive de chalets)
    ☎ 05 55 85 37 97, Fax 05 55 85 37 11 – empl. traditionnels également disponibles – **R** conseillée
    5 ha en terrasses, herbeux, gravier, sablonneux
    Location : 20 ⌂
    Pour s'y rendre : 1,4 km au SO par D 59 et chemin à gauche, près du lac du Causse

> Nature : ⚶ ≤ ♀
> Loisirs : 🍴 snack 🏕
> Services : ⚕ ⚊ ⊞ 🚰 ▦ ▦ ⊙ 🛒
> ▦ sèche-linge
> à la base de loisirs : 🚲 ⚓ (plage)
> 🎣 ♦ 🐎 canoë, pédalos

Si vous recherchez :
    👥 *Un terrain offrant des équipements et des loisirs adaptés aux enfants*
    ⚶ *Un terrain agréable ou très tranquille*
    L - M *Un terrain effectuant la location de caravanes, de mobile homes, de bungalows ou de chalets*
    P   *Un terrain ouvert toute l'année*
    🚐 *Un terrain possédant une aire de services pour camping-cars*
Consultez le tableau des localités

414

MASSERET

✉ 19510 – **329** K2 – G. Limousin Berry – 608 h. – alt. 380
🛈 *Syndicat d'initiative, le Bourg* ☎ *05 55 98 24 79, Fax 05 55 73 49 69*
Paris 432 – Guéret 132 – Limoges 45 – Tulle 48 – Ussel 101.

▲ **Intercommunal Masseret-Lamongerie** avr.-sept.
    ☎ 05 55 73 44 57, Fax 05 55 73 49 69 – **R** conseillée
    100 ha/2 campables (80 empl.) plat et incliné, herbeux, gravillons
    Tarif : (Prix 2007) 10,50 € ✶ 🚗 ▣ – pers. suppl. 2,30 €
    Location : 4 ⌂ (4 à 6 pers.) 210 à 315 €/sem.
    Pour s'y rendre : 3 km à l'E par D 20 rte des Meilhards, à la sortie de Masseret-Gare
    À savoir : agréable cadre boisé près d'un plan d'eau

> Nature : ⚶ ≤ ♀♀
> Loisirs : 🍴
> Services : ⚕ ⚊ 🚰 ⊙ ▦
> À prox. : 🍴 snack 🛒 🏕 ✂ ♨ ⚓
> (plage) 🎣 parcours sportif, pédalos

MEYSSAC

✉ 19500 – **329** L5 – G. Périgord – 1 100 h. – alt. 220
🛈 *Office de tourisme, avenue de l'Auvitrie* ☎ *05 55 25 32 25, Fax 05 55 25 49 16*
Paris 507 – Argentat 62 – Beaulieu-sur-Dordogne 21 – Brive-la-Gaillarde 23 – Tulle 37.

▲ **Intercommunal Moulin de Valane** 2 mai-sept.
    ☎ 05 55 25 41 59, *mairie@meyssac.fr*, Fax 05 55 25 38 88 – **R** conseillée
    4 ha (115 empl.) plat et peu incliné, terrasses, herbeux
    Tarif : 15,80 € ✶ 🚗 ▣ 🅟 (10A) – pers. suppl. 4 €
    Location : 11 ⌂ (4 à 6 pers.) 180 à 430 €/sem.
    Pour s'y rendre : NO : 1 km rte de Collonges-la-Rouge, bord d'un ruisseau

> Nature : � ♀♀
> Loisirs : snack 🛖 🏕 🚲 ✂ ♨ ⚓
> Services : ⚕ ⚊ (juil.-août) ⊞ 🚰
> ▦ ⊙ ▦ sèche-linge 🛒

NEUVIC

✉ 19160 – **329** O3 – G. Limousin Berry – 1 850 h. – alt. 620 – Base de loisirs
🛈 *Office de tourisme, rue de la Tour des 5 pierres* 📞 *05 55 95 88 78, Fax 05 55 95 94 84*
Paris 465 – Aurillac 78 – Mauriac 25 – Tulle 56 – Ussel 21.

⛰ **Municipal du Lac** mars-nov.
📞 05 55 95 85 48, *camping.municipal523@orange.fr*,
Fax 05 55 95 05 30 – **R** conseillée
5 ha (100 empl.) en terrasses, herbeux, gravillons
Tarif : (Prix 2007) ★ 2,20 € – 🚗 1,10 € – 🅿 2,50 € –
[t] (10A) 1,40 € – frais de réservation 8 €
Location (permanent) : 5 🏚 – 28 🏚 – gîtes
🚐 1 borne artisanale 2,50 € – 20 🅿 7,85 € – 🔌 9.25 €
Pour s'y rendre : 2 km au NO par D20 rte de Liginiac, à la
base nautique.
À savoir : site agréable

> Nature : 🌳 ⛺ 🌊
> Loisirs : 🎣 ⛹ 🏊
> Services : 🔌 ⏻ 🗜 M 🛉 ☺ 🐾 🧺
> À prox. : 🍴 🗙 ❌ 🍽 ⚓ (plage) ♦
> canoë, pédalos, ponton d'amarage,
> golf

OBJAT

✉ 19130 – **329** J4 – G. Limousin Berry – 3 372 h. – alt. 131
🛈 *Office de tourisme, place Charles de Gaulle* 📞 *05 55 25 96 73, Fax 05 55 25 97 45*
Paris 495 – Limoges 106 – Tulle 46 – Brive-la-Gaillarde 20 – Sarlat-la-Canéda 74.

⛰ **Village de Chalets** (location exclusive de chalets)
Permanent
📞 05 55 25 96 73, *tourisme@objat.fr*, Fax 05 55 25 97 45,
www.cc-bassinobjat.com – **R** conseillée ✂
18 ha/4 campables plat, herbeux
Location : 20 🏚 (4 à 6 pers.) 245 à 480 €/sem.
Pour s'y rendre : 1 km au N, au bord du plan d'eau
À savoir : location le w.-end sf juil.-août

> Nature : 🌳 ≼
> Loisirs : 🎪
> Services : 🔌 🗜 🎚 🧺 sèche-linge
> À prox. : ⛹ 🚲 🛶 🏊 🎣 terrain
> omnisports

415

PALISSE

✉ 19160 – **329** O3 – 226 h. – alt. 650
Paris 460 – Aurillac 87 – Clermont-Ferrand 102 – Mauriac 33 – Le Mont-Dore 75 – St-Flour 120 – Tulle 50 –
Ussel 21.

⛰ **Le Vianon** 👥 – Permanent
📞 05 55 95 87 22, *camping.vianon@wanadoo.fr*,
Fax 05 55 95 98 45, *www.levianon.com* – **R** conseillée
4 ha (59 empl.) plat et peu incliné, terrasses, herbeux,
gravillons, étang, forêt
Tarif : ★ 6,10 € – 🚗 🅿 7,50 € – [t] (16A) 3,50 € – frais de
réservation 15 €
Location : 16 🏚 (4 à 6 pers.) 250 à 680 €/sem.
Pour s'y rendre : N : 1,1 km par D 47, rte de Combressol et
rte à droite, bord d'un étang

> Nature : 🌳 🌲
> Loisirs : 🍴 snack 🎣 🎪 ⛹ 🚲
> 🗙 🏊 🎣
> Services : 🔌 ⏻ 🗜 🎚 🧺 ☺ 🧺
> sèche-linge 🚰

REYGADES

✉ 19430 – **329** M5 – G. Limousin Berry – 161 h. – alt. 460
Paris 516 – Aurillac 56 – Brive-la-Gaillarde 55 – St-Céré 26 – Tulle 41.

⛰ **La Belle Etoile** juin-sept.
📞 05 55 28 50 08, Fax 05 55 28 36 40 – **R** indispensable
5 ha/3 campables (25 empl.) terrasses, herbeux
Tarif : 15,40 € – 🚗 🅿 (6A) – pers. suppl. 3,80 €
Location (permanent) : 6 🏚 (4 à 6 pers.) 230 à
435 €/sem. – 3 🏚 (4 à 6 pers.) 320 à 590 €/sem. – 3
bungalows toilés
🚐 1 borne artisanale
Pour s'y rendre : N : 1 km par D 41, rte de Beaulieu-sur-
Dordogne, à Lestrade

> Nature : 🌳 ≼ ⛺ 🌊
> Loisirs : ⛹ 🏊 (petite piscine)
> quad
> Services : 🔌 ⏻ 🗜 🎚 ☺ 🧺 sè-
> che-linge 🚰

ST-PARDOUX-CORBIER

✉ 19210 – **329** J3 – 323 h. – alt. 404
Paris 448 – Arnac-Pompadour 8 – Brive-la-Gaillarde 44 – St-Yrieix-la-Perche 27 – Tulle 43 – Uzerche 17.

Le Domaine Bleu 15 juin-août
℘ 05 55 73 59 89, Fax 05 55 73 59 89, *www.ledomaine bleu.eu* – **R** conseillée
1 ha (40 empl.) en terrasses, pierreux, gravillons, herbeux
Tarif : 14 € ✱ ➡ 🅿 (20A) – pers. suppl. 3,50 €
Pour s'y rendre : sortie E par D 50, rte de Vigeois et chemin à droite, près d'un étang

Nature : 🏞 🌳
Loisirs : 🎣
Services : 🚻 ⛽ 🏪 🛒 🚿 🚮 ♿
À prox. : 🍴

SEILHAC

✉ 19700 – **329** L3 – 1 635 h. – alt. 500
🛈 Office de tourisme, place de l'Horloge ℘ 05 55 27 97 62
Paris 461 – Aubusson 97 – Brive-la-Gaillarde 33 – Limoges 73 – Tulle 15 – Uzerche 16.

Le lac de Bournazel avr.-sept.
℘ 05 55 27 05 65 – **R** conseillée
6,5 ha (155 empl.) en terrasses, pierreux, herbeux
Tarif : 16,40 € ✱ ➡ 🅿 (10A) – pers. suppl. 4 €
Location (permanent) : 10 🛖 (4 à 6 pers.) 240 à 480 €/sem. – 10 🏠 (4 à 6 pers.) 160 à 500 €/sem.
🚰 1 borne artisanale 5 €
Pour s'y rendre : NO : 1,5 km par D 1120, rte d'Uzerche puis 1 km à dr., à 100 m du lac

Nature : 🏞 🌳
Loisirs : 🍹, snack 🎣 🏊
Services : 🚻 ⛽ 🔌 🏪 🛒 🚮 ♿ 🚿
À prox. : discothèque 🍴 🚣 🎣 🐎 parcours sportif, pédalos

SOURSAC

✉ 19550 – **329** O4 – 505 h. – alt. 532
🛈 Syndicat d'initiative, pointe du Bourg ℘ 05 55 27 52 61, Fax 05 55 27 67 31
Paris 525 – Égletons 27 – Mauriac 19 – Neuvic 15 – Tulle 55 – Ussel 36.

Municipal de la Plage juin-15 sept.
℘ 05 55 27 55 43, *centrepontaubert@wanadoo.fr*, Fax 05 55 27 52 61, *www.vvpontaubert.correze.net* – **R** conseillée
10 ha/2,5 campables (90 empl.) peu incliné, en terrasses, herbeux, bois attenant
Tarif : ✱ 3,20 € ➡ 2,80 € 🅿 2,80 € – 🔌 2,50 €
Location (permanent) : 30 gîtes – 4 huttes
Pour s'y rendre : NE : 1 km par D 16, rte de Mauriac et à gauche, bord d'un plan d'eau

Nature : 🏞 🌳
Loisirs : snack 🎣 🎮 diurne 🎯 🏊 🛶 🚿
Services : 🚻 ⛽ (juil.-août) 🔌 🏪 ♿ 🚮 sèche-linge 🚿
À prox. : 🚲 🚣 (plage) ⛷

TREIGNAC

✉ 19260 – **329** L2 – G. Limousin Berry – 1 415 h. – alt. 500 – Base de loisirs
🛈 Office de tourisme, 1, place de la République ℘ 05 55 98 15 04, Fax 05 55 98 17 02
Paris 463 – Égletons 32 – Eymoutiers 33 – Limoges 75 – Tulle 39 – Uzerche 30.

La Plage mai-15 sept.
℘ 05 55 98 08 54, *camping.la.plage@wanadoo.fr*, Fax 05 55 98 16 47, *www.laplagecamping.com* – **R** conseillée
3,5 ha (130 empl.) en terrasses et peu incliné, pierreux, herbeux, bois attenant
Tarif : 15,50 € ✱ ➡ 🅿 (6A) – pers. suppl. 4,10 € – frais de réservation 5,50 €
Location : 7 🛖 (4 à 6 pers.) 220 à 480 €/sem. – 2 bungalows toilés
🚰 1 borne artisanale
Pour s'y rendre : N : 4,5 km par rte d'Eymoutiers, à 50 m du lac des Barriousses

Nature : 🏞 🌳
Loisirs : 🎣
Services : 🚻 ⛽ 🔌 🏪 🛒 🚮 ♿ 📞 sèche-linge
À prox. : snack 🚣 🚲 🏊 (plage) 🛶 canoë, pédalos

USSEL

✉ 19200 – **329** O2 – G. Limousin Berry – 10 753 h. – alt. 631

🛈 *Office de tourisme, place Voltaire* ☎ *05 55 72 11 50, Fax 05 55 72 54 44*

Paris 448 – Limoges 142 – Clermont-Ferrand 82 – Brive-la-Gaillarde 89 – Montluçon 119.

⚠ Municipal de Ponty
☎ 05 55 72 30 05, *sports.dir.@ussel19.fr*, Fax 05 55 72 95 19
– **R** conseillée
2 ha (50 empl.) plat, peu incliné, gravillons, herbeux
Location : 18 🏠
🚐 1 borne Raclet
Pour s'y rendre : 3 km à l'O par D 1089 et D 157, rte de
Meymac, près du lac (accès direct) et de la base de loisirs

| Nature : 🏞 ≤ sur le lac 🌳 🌿 |
| Loisirs : 🏛 🏊 |
| Services : 🔥 ⚡ Ⓜ 🏪 ⊕ 🏢 |
| À prox. : 🍽 🗙 snack 🚲 ⛵ 🗙 📷 🏊 |
| (plage) 🐎 🐕 (centre équestre) ca- |
| noë, pédalos, piste de bi-cross |

UZERCHE

✉ 19140 – **329** K3 – G. Limousin Berry – 3 062 h. – alt. 380

🛈 *Office de tourisme, place de la Libération* ☎ *05 55 73 15 71, Fax 05 55 73 88 36*

Paris 444 – Aubusson 95 – Bourganeuf 76 – Brive-la-Gaillarde 38 – Limoges 57 – Périgueux 106 – Tulle 30.

⚠ **Municipal la Minoterie** mai-sept.
☎ 05 55 73 12 75, *uzerche@uzerche.fr*, Fax 05 55 73 12 75 –
R
1,5 ha (65 empl.) plat, terrasse, herbeux, pierreux
Tarif : (Prix 2007) 13,40 € 🔆 ⚗ 🅔 🔌 (10A) – pers.
suppl. 3 €
Location : huttes, gîtes d'étape
Pour s'y rendre : 2 km au SE du bourg par D920 rte
de Tulle puis D142 rte d'Espartignac, au bord de la Vézère
À savoir : dans un site pittoresque

| Nature : 🏞 ≤ 🌿🌿 |
| Loisirs : 🏛 🏊 🚲 🏊 🐎 base |
| de canoë-kayak |
| Services : 🔥 ⚡ 🌿 🏨 🏪 ⊕ 🅿 🏢 |
| sèche-linge |
| À prox. : mur d'escalade |

VIGEOIS

✉ 19410 – **329** K3 – G. Limousin Berry – 1 191 h. – alt. 390

🛈 *Office de tourisme, place de l'Eglise* ☎ *05 55 98 96 44*

Paris 457 – Limoges 68 – Tulle 32 – Brive-la-Gaillarde 41 – Saint-Yrieix-la-Perche 42.

⚠ **Municipal du Lac de Pontcharal** juin-15 sept.
☎ 05 55 98 90 86, *mairievigeois@wanadoo.fr*,
Fax 05 55 98 99 79, *www.vigeois.com* – **R** conseillée
32 ha/1,7 campable (85 empl.) peu incliné, plat, terrasse,
herbeux
Tarif : 🔆 2,80 € ⚗ 🅔 3,10 € – 🔌 (15A) 3 €
Pour s'y rendre : 2 km au SE par D 7, rte de Brive, près du
lac de Pontcharal

| Nature : 🏞 🌿🌿 🏖 |
| Loisirs : 🍽 snack 🏊 (plage) 🐎 |
| Services : 🔥 ⚡ (juil.-août) 🌿 🅿 ⊕ |
| 🏢 🚿 |
| À prox. : pédalos |

417

Creuse (23)

Le BOURG-D'HEM

✉ 23220 – **325** H3 – G. Limousin Berry – 235 h. – alt. 320

Paris 333 – Aigurande 20 – Le Grand-Bourg 28 – Guéret 21 – La Souterraine 37.

⚠ **Municipal** mai-sept.
☎ 05 55 62 84 36, *mairie.le-bourg-dhem@wanadoo.fr*,
Fax 05 55 62 11 22, *www.les3lacs-creuse.com* – **R** conseillée
0,33 ha (36 empl.) en terrasses, herbeux
Tarif : 11 € 🔆 ⚗ 🅔 🔌 (8A) – pers. suppl. 2,60 €
Pour s'y rendre : O : par D 48 rte de Bussière-Dunoise et
chemin à droite
À savoir : site et situation agréables au bord de la Creuse
(plan d'eau)

| Nature : 🏞 🌳 🌿🌿 🏖 |
| Loisirs : 🐎 |
| Services : 🔥 ⚡ (juil.-août) 🌿 🅿 ⊕ |
| 🚿 |
| À prox. : 🍽 🏊 barques |

BOUSSAC-BOURG

✉ 23600 – **325** K2 – G. Limousin Berry – 788 h. – alt. 423
Paris 334 – Aubusson 52 – La Châtre 37 – Guéret 43 – Montluçon 33 – St-Amand-Montrond 54.

▲▲▲ **Le Château de Poinsouze** 10 mai-14 sept.
℘ 05 55 65 02 21, *info.camping-de.poinsouze@wana
doo.fr*, Fax 05 55 85 86 49, *www.camping-de-poin
souze.com* – **R** conseillée ✖ (6 juil.-17 août)
150 ha/22 campables (134 empl.) peu incliné, herbeux
Tarif : 29 € ✶ ⇌ 🖃 🔌 (6A) – pers. suppl. 6 € – frais de
réservation 15 €
Location ✖ : 24 🛏 (4 à 6 pers.) 230 à 780 €/sem. – 2
🏠 (4 à 6 pers.) 310 à 695 €/sem. – 2 gîtes
🚐 1 borne artisanale – 10 🖃 12 €
Pour s'y rendre : N : 2,8 km par D 917, rte de la Châtre
À savoir : vaste domaine autour d'un château du 16e s. et
d'un étang

Nature : ⌇ ⇐ 🖘 ♀
Loisirs : ⛄ ✗ (4 soirs par semaine)
🖵 ⚆ nocturne ⛹ 🚴 ⛴ ⚒ ⚓
Services : 🚿 o━ GB ✂ 🅼 🗄 ♨ @
⚡ ⚐ ⚘ 🔲 sèche-linge ⚑ ⚓
À prox. : canoë, pédalos, planches à
voile

*Om een reisroute uit te stippelen en te volgen,
om het aantal kilometers te berekenen,
om precies de ligging van een terrein te bepalen
(aan de hand van de inlichtingen in de tekst),
gebruikt u de **Michelinkaarten**,
een onmisbare aanvulling op deze gids.*

La CELLE-DUNOISE

✉ 23800 – **325** H3 – 598 h. – alt. 230
Paris 329 – Aigurande 16 – Aubusson 63 – Dun-le-Palestel 11 – Guéret 22.

△ **Municipal de la Baignade** avr.-oct.
℘ 05 55 51 21 18, *mairie@lacelledunoise.fr, www.lacelledu
noise.fr* – **R** conseillée
1,4 ha (30 empl.) plat, terrasse, herbeux
Tarif : (Prix 2007) ✶ 2,60 € ⇌ 1,60 € 🖃 1,60 € –
🔌 (10A) 2,60 €
Location (permanent) : 3 🏠 (4 à 6 pers.) 141 à
290 €/sem.
🚐 1 borne eurorelais 3,15 €
Pour s'y rendre : à l'E du bourg, par D 48ᴬ rte du Bourg
d'Hem, près de la Creuse (accès direct)

Nature : ♀♀
Loisirs : 🖵 ✖
Services : 🚿 ✂ @ ⚡ 🔲 sèche-linge
À prox. : ⚓ (plage) ⚓ ⚒ poneys
canoë

CHÂTELUS-MALVALEIX

✉ 23270 – **325** J3 – 569 h. – alt. 410
Paris 333 – Aigurande 25 – Aubusson 46 – Boussac 19 – Guéret 25.

△ **Municipal la Roussille** mai-sept.
℘ 05 55 80 52 71, *mairie-chatelusmalvaleix@wanadoo.fr*,
Fax 05 55 80 86 32 – **R** conseillée
0,5 ha (33 empl.) peu incliné, plat, herbeux
Tarif : ✶ 2 € ⇌ 1 € 🖃 1,50 € – 🔌 (10A) 2,50 €
Pour s'y rendre : à l'O du bourg

Nature : ⌇ ♀♀ ⚘
Loisirs : 🖵 🚴 ⚓ circuit VTT
Services : ♨ @
À prox. : ⛄ ⛹ ✖

ÉVAUX-LES-BAINS

✉ 23110 – **325** L3 – G. Limousin Berry – 1 545 h. – alt. 469 – ♨ (9 avril-27 oct.)
🛈 *Office de tourisme, place Serge Cléret* ℘ 05 55 65 50 90, Fax 05 55 65 50 44
Paris 353 – Aubusson 44 – Guéret 52 – Marcillat-en-Combraille 16 – Montluçon 27.

△ **Municipal** mars-oct.
℘ 05 55 65 55 82, Fax 05 55 65 59 24 – **R**
1 ha (49 empl.) plat et peu incliné, herbeux
Tarif : 9,60 € ✶ ⇌ 🖃 🔌 (10A) – pers. suppl. 1,70 €
Location : huttes
Pour s'y rendre : au N du bourg, derrière le château

Nature : ⌇ 🖘 ♀♀
Loisirs : 🖵 ⛹
Services : 🚿 ✂ 🗄 @
À prox. : ✖ ⚓ 🔲

GUÉRET

✉ 23000 – **325** I3 – G. Limousin Berry – 14 123 h. – alt. 457 – Base de loisirs
🖼 *Office de tourisme, 1, rue Eugène France ✆ 05 55 52 14 29, Fax 05 55 41 19 38*
Paris 351 – Bourges 122 – Châteauroux 90 – Clermont-Ferrand 132 – Limoges 93 – Montluçon 66 – Tulle 133.

⚠ **Municipal du Plan d'Eau de Courtille** vac. de
printemps-Toussaint
✆ 05 55 81 92 24, *nathalie.robin@ville-gueret.fr*,
Fax 05 55 51 05 37, *www.ville-gueret.fr* – **R** conseillée
2,4 ha (70 empl.) incliné, peu incliné, plat, herbeux
Tarif : 11,45 € 🚶 ⬅ 🔲 (2) (10A) – pers. suppl. 2,10 €
🚐 1 borne artisanale
Pour s'y rendre : SO : 2,5 km par D 914, rte de Benevent et
chemin à gauche
À savoir : situation agréable près d'un plan d'eau (accès
direct)

Nature : 🌊 � ♀♀
Loisirs : 🏖
Services : 🚿 ⚡ ⚙ 🗑 ☺ 🖼
À prox. : 🏊 (plage) 🎣 🛶 canoë, piste de skate

ROYÈRE-DE-VASSIVIÈRE

✉ 23460 – **325** I5 – 636 h. – alt. 735
🖼 *Office de tourisme, rue Alfred Auphelle ✆ 05 55 64 75 11, Fax 05 55 64 75 40*
Paris 412 – Bourganeuf 22 – Eymoutiers 25 – Felletin 29 – Gentioux 12 – Limoges 68.

⚠ **Les Terrasses du Lac** 22 mars-11 oct.
✆ 05 55 64 76 77, *lesterrasses.camping@free.fr*,
Fax 05 55 64 76 78, *www.lesterrasses.camping.free.fr*
– **R** conseillée
4 ha (142 empl.) en terrasses, plat et peu incliné, herbeux,
gravier, pierreux
Tarif : 17,60 € 🚶 ⬅ 🔲 (2) (10A) – pers. suppl. 4,20 €
Pour s'y rendre : À Vauveix, au SO 10 km par D 3 et D 35,
rte d'Eymoutiers, au port (accès direct)

Nature : < le lac 🚉 ♀♀
Loisirs : 🏠 🏊 (plage) 🎣
Services : ⚡ (juil.-août) ⊞ ✂ 🍽 🗑 ☺ 🖼 sèche-linge
À prox. : 🏛 🍹 ✗ 🏖 🛶 ski nautique, canoë, pédalos, ponton d'amarrage

⚠ **La Presqu'Île** 7 juin-6 sept.
✆ 05 55 64 78 98, *presquile.camping@free.fr*,
Fax 05 55 64 76 78, *www.presquile.camping.free.fr*
– **R** conseillée
7 ha (150 empl.) vallonné, plat, peu incliné, herbeux
Tarif : 15,50 € 🚶 ⬅ 🔲 (2) (10A) – pers. suppl. 3,10 €
Location (22 mars-11 oct.) : 20 🏠 (4 à 6 pers.) 235 à
520 €/sem. – huttes
Pour s'y rendre : 9 km au SO par D 3 et D 35, à Broussas
À savoir : Cadre naturel au bord du lac

Nature : 🌊 🚉 ♀♀
Loisirs : 🏠 🏖 🏊
Services : ⚡ (juil.-août) ⊞ ✂ 🗑 ☺ 🖼
À prox. : terrain omnisports, canoë, bateaux électriques

419

Haute-Vienne (87)

AIXE-SUR-VIENNE

✉ 87700 – **325** D6 – G. Limousin Berry – 5 466 h. – alt. 204
🖼 *Syndicat d'initiative, avenue du Président Wilson ✆ 05 55 70 19 71, Fax 05 55 70 48 30*
Paris 400 – Châlus 21 – Confolens 60 – Limoges 14 – Nontron 55 – Rochechouart 30 – St-Yrieix-la-Perche 39.

⚠ **Municipal les Grèves** juin-sept.
✆ 05 55 70 12 98, *camping@mairie-aixesurvienne.fr*,
Fax 05 55 70 43 00 – **R** conseillée
3 ha (80 empl.) plat, herbeux
Tarif : 13,60 € 🚶 ⬅ 🔲 (2) (10A) – pers. suppl. 4 €
Location (permanent) : 2 🏠 (4 à 6 pers.) 200 à
380 €/sem.
🚐 1 borne artisanale
Pour s'y rendre : Av. des Grèves, bord de la Vienne
À savoir : Agréable terrain avec des emplacements au bord
de la Vienne

Nature : ♀♀
Loisirs : 🍹 🏠 🏖 🛶
Services : 🚿 ⚡ ⊞ ✂ 🗑 ☺ 🖼
À prox. : 🎿

BESSINES-SUR-GARTEMPE

✉ 87250 – **325** F4 – 2 743 h. – alt. 335

🛈 *Office de tourisme, 6, avenue du 11 novembre* 𝄐 *05 55 76 09 28, Fax 05 55 76 68 45*
Paris 355 – Argenton-sur-Creuse 58 – Bellac 29 – Guéret 55 – Limoges 38 – La Souterraine 21.

⚠ **Le Sagnat** juin-15 oct.
  𝄐 05 55 76 17 69, *ot.bessines@wanadoo.fr,*
  Fax 05 55 76 60 16 – **R** conseillée
  0,8 ha (50 empl.) en terrasses, plat, peu incliné, sablonneux, herbeux
  Tarif : 14 € ⚹ ⇌ 🅴 – pers. suppl. 3,70 €
  🔁 📷 14 €
  Pour s'y rendre : SO : 1,5 km par D 220, rte de Limoges, D 27, rte de St-Pardoux à droite et rue à gauche, bord de l'étang

Nature : ⋖ ⌑ ♤♤
Loisirs : snack 🔲 ≊ (plage) ⤳
Services : ♿ ⊶ ⌹ 🗄 ⚘ ☺ 🔳
À prox. : 🍴

BUJALEUF

✉ 87460 – **325** G6 – G. Limousin Berry – 927 h. – alt. 380
🛈 *Office de tourisme, pace de la Mairie* 𝄐 *05 55 69 54 54*
Paris 423 – Bourganeuf 28 – Eymoutiers 14 – Limoges 35 – St-Léonard-de-Noblat 16.

⚠ **Municipal du Lac** 15 mai-sept.
  𝄐 05 55 69 54 54, *tourisme@bujaleuf.fr,*
  Fax 05 55 69 56 06, *www.bujaleuf.fr* – **R** conseillée
  2 ha (110 empl.) en terrasses, herbeux, fort dénivelé
  Tarif : 10 € ⚹ ⇌ 🅴 🔌 (5A) – pers. suppl. 2 €
  Location (permanent) : 10 🏠 (4 à 6 pers.) 170 à 350 €/sem.
  Pour s'y rendre : N : 1 km par D 16 et rte à gauche, près du lac

Nature : 📷 ♤♤
Loisirs : 🚴
Services : ♿ ⊶ (juil.-août) ⚟ 🗄 ⚘
↩ ℘ 🔳 sèche-linge
À prox. : 🍴 snack ≊ (plage) ⤳ canoë

BUSSIÈRE-GALANT

✉ 87230 – **325** D7 – 1 386 h. – alt. 410
Paris 422 – Aixe-sur-Vienne 23 – Châlus 6 – Limoges 36 – Nontron 40 – St-Yrieix-la-Perche 21.

⚠ **Municipal les Ribières** 15 juin-15 sept.
  𝄐 05 55 78 86 12, *mairie.bussiere.galant@wanadoo.fr,*
  Fax 05 55 78 16 75 – **R** conseillée
  1 ha (25 empl.) en terrasses, peu incliné, herbeux
  Tarif : 13 € ⚹ ⇌ 🅴 🔌 (5A) – pers. suppl. 3 €
  Pour s'y rendre : SO : 1,7 km par D 20, rte de la Coquille et chemin à droite, près du stade et à 100 m d'un plan d'eau

Nature : ⋖ ⌑ ♤♤
Services : ♿ ⊶ (juil.-août) ⚟ 🎱 ⚘ ⚖
À prox. : ✗ 🏸 ≊ (plage) ⤳ parcours sportif, draisines(voiturettes-vélo sur rail), accrobranches

CHÂTEAUNEUF-LA-FORÊT

✉ 87130 – **325** G6 – 1 613 h. – alt. 376
🛈 *Office de tourisme, avenue Amédée Tarrade* 𝄐 *05 55 69 63 69, Fax 05-55-69-63-69*
Paris 424 – Eymoutiers 14 – Limoges 36 – St-Léonard-de-Noblat 19 – Treignac 34.

⚠ **Le Cheyenne** fermé fév.
  𝄐 05 55 69 39 29, *campinglecheyenne@neuf.fr,*
  Fax 05 55 69 78 83 – **R** conseillée
  1 ha (50 empl.) plat, herbeux
  Tarif : 15 € ⚹ ⇌ 🅴 🔌 (6A) – pers. suppl. 3,50 €
  Location : 5 🛏 (4 à 6 pers.) 310 à 410 €/sem.
  🔁 1 borne artisanale 3 € – 📷 8 €
  Pour s'y rendre : à 0,8 km à l'O du bourg, rte du stade, à 100 m d'un plan d'eau

Nature : ⌑ ♤♤
Loisirs : 🍴 snack
Services : ♿ ⊶ ⌹ ⚟ 🗄 ⚘ ☺ ↩
🔳 sèche-linge
À prox. : 🏊 ✗ ≊ (plage) ⤳

CHÂTEAUPONSAC

✉ 87290 – **325** E4 – G. Limousin Berry – 2 252 h. – alt. 290
🛈 *Office de tourisme, place Mazurier* ℰ *05 55 76 57 57, Fax 05 55 76 59 57*
Paris 361 – Bélâbre 55 – Limoges 48 – Bellac 21 – St-Junien 45.

Centre Touristique - La Gartempe Permanent
ℰ 05 55 76 55 33, *chateauponsac.tourisme@wanadoo.fr,*
Fax 05 55 76 98 05, *www.holidayschateauponsac.com*
– **R** conseillée
1,5 ha (43 empl.) plat, peu incliné et terrasses, herbeux
Tarif : 15 € 👤 ⇌ 🔲 👤 (6A) – pers. suppl. 3,50 € – frais de
réservation 15 €
Location : 2 ⬛ (4 à 6 pers.) 315 à 495 €/sem. – 14 🏠
(4 à 6 pers.) 315 à 495 €/sem.
Pour s'y rendre : sortie SO par D 711 rte de Nantiat, à
200 m de la rivière

Nature : 🟢🟢
Loisirs : 🍴 snack 🏠 🎣 🛶
Services : ♿ ⚓ (juil.-août) 🇬🇧 ♻
🔲 ⊕ 🏢 sèche-linge
À prox. : 🎣 🏊 🛶 canoë

Raadpleeg, voordat U zich op een kampeerterrein installeert,
de tarieven die de de beheerder verplicht
is bij de ingang van het terrein aan te geven.
Informeer ook naar de speciale verblijfsvoorwaarden.
De in deze gids vermelde gegevens kunnen
sinds het verschijnen van deze hereditie gewijzigd zijn.

CROMAC

✉ 87160 – **325** E2 – 302 h. – alt. 224
Paris 339 – Argenton-sur-Creuse 41 – Limoges 68 – Magnac-Laval 22 – Montmorillon 39.

Lac de Mondon 26 avr.-5 oct.
ℰ 05 55 76 93 34, *camping-bramebenaize@wanadoo.fr,*
Fax 05 55 76 96 17, *www.87nord.org* – **R** conseillée
2,8 ha (100 empl.) plat, et peu incliné, herbeux
Tarif : 15 € 👤 ⇌ 🔲 👤 (10A) – pers. suppl. 4 €
Pour s'y rendre : S : 2 km par D 105, rte de St-Sulpice-les-
Feuilles et D 60, accès conseillé par D 912

Nature : 🌊 ⊏⊐ 🟢🟢
Loisirs : 🍴 snack 🏠 🎣 🚲 ⛳ 🏊
🏄 🛶 pédalos
Services : ♿ ⚓ (saison) ♻ 🔲 ⊕ 🏢
⛽
À prox. : ✖ 🎣

EYMOUTIERS

✉ 87120 – **325** H6 – G. Limousin Berry – 2 115 h. – alt. 417
🛈 *Office de tourisme, 5-7 avenue de la Paix* ℰ *05 55 69 27 81*
Paris 432 – Aubusson 55 – Guéret 62 – Limoges 44 – Tulle 71 – Ussel 69.

Municipal
ℰ 05 55 69 10 21, *mairieeymoutiers@wanadoo.fr,*
Fax 05 55 69 27 19
1 ha (33 empl.) plat, incliné à peu incliné, terrasses, herbeux
Pour s'y rendre : SE : 2 km par D 940, rte de Tulle et
chemin à gauche, à St-Pierre

Nature : 🌊 ⊏⊐ 🟢🟢
Services : ♿ 🔲 🌊 ⊕

LADIGNAC-LE-LONG

✉ 87500 – **325** D7 – 1 089 h. – alt. 334
Paris 426 – Brive-la-Gaillarde 74 – Limoges 35 – Nontron 44 – Périgueux 64 – St-Yrieix-la-Perche 12.

Municipal le Bel Air mai-oct.
ℰ 05 55 09 39 82, *camping-ladignac@wanadoo.fr,*
Fax 05 55 09 39 80, *www.ladignac.com* – **R** conseillée
2,5 ha (100 empl.) en terrasses, herbeux
Tarif : (Prix 2007) 12,65 € 👤 ⇌ 🔲 👤 (10A) – pers.
suppl. 2,65 €
Location : 5 ⬛ (4 à 6 pers.) 345 à 378 €/sem.
Pour s'y rendre : N : 1,5 km par D 11, rte de Nexon et
chemin à gauche
À savoir : Cadre arboré et situation agréable en bordure
d'un plan d'eau

Nature : 🌊 ⊏⊐ 🟢🟢
Loisirs : 🏠
Services : ♿ ⚓ (juil.-août) 🇬🇧 ♻
🔲 ⊕ 🏢 sèche-linge
À prox. : 🏖 (plage) 🛶 pédalos

MAGNAC-LAVAL

⊠ 87190 – **325** D3 – G. Limousin Berry – 2 010 h. – alt. 231
🛈 *Syndicat d'initiative, 7, avenue Jules Courivaud* 🏶 *05 55 68 59 15*
Paris 366 – Limoges 64 – Poitiers 86 – Guéret 62 – Châteauroux 96.

   ▲▲▲   **Le Hameau de Gîtes des Pouyades** (location
exclusive de gîtes) Permanent
🏶 05 55 60 73 45, *pouyades-bramebenaize@wanadoo.fr,*
www.lelimousinsejoursvacances.com
1,5 ha plat, herbeux
Location 🏠 : 12 🏚 (4 à 6 pers.) 260 à 900 €/sem.
Pour s'y rendre : Les Pouyades

> Nature : 🏞 ≤ Sur le lac ♀
> Loisirs : 🔲 🎯 🎣
> Services : 🚿 ⚲ GB ♿ 🎽 🚰 🗑
> sèche-linge

NEXON

⊠ 87800 – **325** E6 – G. Limousin Berry – 2 325 h. – alt. 359
🛈 *Office de tourisme, Conciergerie du Château* 🏶 *05 55 58 28 44*
Paris 412 – Châlus 20 – Limoges 22 – Nontron 53 – Rochechouart 37 – St-Yrieix-la-Perche 23.

   ▲   **Municipal de l'Étang de la Lande** juin-sept.
🏶 05 55 58 35 44, *mairie.nexon@wanadoo.fr,*
Fax 05 55 58 33 50, *www.nexon.fr*
2 ha (53 empl.) peu incliné, terrasse, herbeux
Tarif : 9,60 € 🚶 ⛺ 🔲 🔌 (10A) – pers. suppl. 3,20 € – frais
de réservation 30 €
Location (5 avr.-oct.) : 6 🏚 (4 à 6 pers.) 212 à
478 €/sem. – huttes
Pour s'y rendre : S : 1 km par rte de St-Hilaire, accès près
de la pl. de l'Hôtel-de-Ville
À savoir : Près d'un plan d'eau

> Nature : 🏞 ♀♀
> Loisirs : 🔲 🚲
> Services : 🚿 ⚲ ♿ 🗄 ⊕ 🛁 🗑
> À prox. : 🏖 (plage) pédalos

PIERRE-BUFFIÈRE

422

⊠ 87260 – **325** F6 – 1 106 h. – alt. 330
🛈 *Office de tourisme, place du 8 Mai 1945* 🏶 *05 55 00 94 33, Fax 05 55 00 94 33*
Paris 408 – Limoges 20 – Saint-Yrieix-la-Perche 29 – Uzerche 38.

   ▲▲   **Intercommunal de Chabanas** 15 mai-sept.
🏶 05 55 00 96 43, Fax 05 55 00 96 43 – **R** conseillée
1,5 ha (60 empl.) peu incliné, plat, herbeux, bois attenant
Tarif : (Prix 2007) 12,70 € 🚶 ⛺ 🔲 – pers. suppl. 2,85 € –
frais de réservation 7,93 €
🚐 1 borne raclet 3,18 € – 4 🔲
Pour s'y rendre : S : 1,8 km par D 420, rte de Château-
Chervix, direction A 20 et chemin à gauche, près du stade -
Par A 20 : sortie 40
À savoir : Décoration arbustive et florale

> Nature : ≤ ♀
> Loisirs : 🔲 🎯
> Services : 🚿 ⚲ ♿ M 🗄 ⊕ 🛁 🗑
> À prox. : ✕

RAZÈS

⊠ 87640 – **325** F4 – 997 h. – alt. 440
🛈 *Syndicat d'initiative, route du Lac* 🏶 *05 55 71 00 24*
Paris 366 – Argenton-sur-Creuse 68 – Bellac 32 – Guéret 65 – Limoges 28.

   ▲▲   **Santrop** ♣♣ – mai-28 sept.
🏶 05 55 71 08 08, *lacsaintpardoux@wanadoo.fr,*
Fax 05 55 71 23 93, *www.lac-saint-pardoux.com*
– **R** conseillée
5,5 ha (152 empl.) peu incliné à incliné, herbeux, gravier
Tarif : 20,10 € 🚶 ⛺ 🔲 🔌 (16A) – pers. suppl. 3,70 € –
frais de réservation 16 €
Location : 4 🚐 (4 à 6 pers.) 230 à 495 €/sem. – 6 🏚 (4
à 6 pers.) 270 à 570 €/sem. – huttes
Pour s'y rendre : O : 4 km par D 44, bord du Lac de
St-Pardoux
À savoir : Situation agréable

> Nature : 🏞 ≤ 〰〰
> Loisirs : 🍴 snack 🔲 🏋 🎯
> Services : 🚿 ⚲ (juil.-août) GB ♿
> 🗄 🛁 ⊕ 🗑 🛒
> À prox. : 🎿 🏖 (plage) 🚤 ski nauti-
> que

ST-GERMAIN-LES-BELLES

✉ 87380 – **325** F7 – G. Limousin Berry – 1 112 h. – alt. 432
🏢 *Office de tourisme, avenue du Remblai* 𝒫 05 55 71 88 65
Paris 422 – Eymoutiers 33 – Limoges 34 – St-Léonard-de-Noblat 31 – Treignac 34.

▲ **Le Montréal**
𝒫 05 55 71 86 20, Fax 05 55 71 82 85
1 ha (60 empl.) plat et terrasse, peu incliné à incliné,
herbeux, gravier
🚐 1 borne artisanale – 2 🖽
Pour s'y rendre : Sortie SE, rte de la Porcherie, bord d'un
plan d'eau

> Nature : 🏞 ⇐ ⌑ ♀
> Services : ⚭ ▥ 🔡 ☺ 🖽 sèche-linge
> À prox. : snack 🚣 ⚒ 🏖 (plage)
> ⤢

ST-HILAIRE-LES-PLACES

✉ 87800 – **325** D7 – 780 h. – alt. 426
Paris 417 – Châlus 18 – Limoges 27 – Nontron 52 – Rochechouart 39 – St-Yrieix-la-Perche 19.

▲ **Municipal du Lac** Permanent
𝒫 05 55 58 12 08, *mairie-saint.hilaire@wanadoo.fr*,
Fax 05 55 58 35 98, *www.sthilaire-lesplaces.com*
– **R** conseillée
2,5 ha (92 empl.) en terrasses, herbeux
Tarif : 10 € 👤 🚗 🖽 [₺] (6A) – pers. suppl. 3,80 € – frais de
réservation 15 €
Location : 8 🛖 (4 à 6 pers.) 194 à 375 €/sem. – 15 gîtes
🚐 1 borne eurorelais
Pour s'y rendre : S : à 1,2 km du bourg par D 15A et
chemin à gauche, à 100 m du lac Plaisance

> Nature : ⌑ ♀♀
> Loisirs : 🏛 🏓 🚣
> Services : ⚭ ☍ (juil.-août) ⒼⒷ ⚡
> 🔡 ☺ 🖽
> À prox. : ⚒ 👣 🏖 (plage) 🏊 🚣
> (centre équestre) pédalos

Si vous désirez réserver un emplacement pour vos vacances,
faites-vous préciser au préalable les conditions particulières de séjour,
les modalités de réservation, les tarifs en vigueur et les conditions de paiement.

423

ST-LAURENT-LES-ÉGLISES

✉ 87240 – **325** F5 – 683 h. – alt. 388
Paris 385 – Bellac 55 – Bourganeuf 31 – Guéret 50 – Limoges 29 – La Souterraine 51.

▲▲ **Municipal Pont du Dognon** 15 mars-8 nov.
𝒫 05 55 56 57 25, *mairie-st-laurent-les-eglises@wana*
doo.fr, Fax 05 55 56 55 17 – **R** conseillée
3 ha (90 empl.) en terrasses, herbeux, pierreux
Tarif : 13,51 € 👤 🚗 🖽 – pers. suppl. 3,82 € – frais de
réservation 15,71 €
Location : 3 🛖 (4 à 6 pers.) 168 à 427 €/sem. – huttes
Pour s'y rendre : SE : 1,8 km par D 5 rte de St-Léonard-de-
Noblat, bord du Taurion (plan d'eau)

> Nature : 🏞 ⇐ ⌑ ♀
> Loisirs : 🏛 🏓 🚣 ⚒ 🏊 🚣
> parcours de santé
> Services : ⚭ ☍ ⚡ 🔡 ☺ 🖽 sèche-
> linge
> À prox. : ✗ 👣 canoë, pédalos, pon-
> ton d'amarrage

ST-LÉONARD-DE-NOBLAT

✉ 87400 – **325** F5 – G. Limousin Berry – 4 764 h. – alt. 347
🏢 *Office de tourisme, place du Champ de Mars* 𝒫 05 55 56 25 06, Fax 05 55 56 36 97
Paris 407 – Aubusson 68 – Brive-la-Gaillarde 99 – Guéret 62 – Limoges 21.

▲▲ **Municipal de Beaufort** Pâques-sept.
𝒫 05 55 56 02 79, *info@campingdebeaufort.com*,
www.campingdebeaufort.com – **R**
2 ha (98 empl.) plat et peu incliné, herbeux
Tarif : 16 € 👤 🚗 🖽 [₺] (15A) – pers. suppl. 3 € – frais de
réservation 7 €
Location (mars-nov.) : 10 🛖 (4 à 6 pers.) 130 à
510 €/sem.
Pour s'y rendre : du bourg : 1,7 km par D 941, rte de
Limoges puis 1,5 km à gauche par rte de Masleon, bord de
la Vienne

> Nature : ⌑ ♀♀
> Loisirs : ♟ 🏛 🚣 ◗
> Services : ⚭ ☍ ⒼⒷ ⚡ 🔡 ☺ 🏖 🖽
> sèche-linge

ST-MARTIN-TERRESSUS

✉ 87400 – **325** F5 – G. Limousin Berry – 475 h. – alt. 280
Paris 383 – Ambazac 7 – Bourganeuf 31 – Limoges 20 – St-Léonard-de-Noblat 12 – La Souterraine 49.

⚠ **Municipal Soleil Levant** 15 juin-15 sept.
      ℘ 05 55 39 83 78, *mairie-st-martin-terressus@wanadoo.fr*,
      Fax 05 55 39 64 30, *http://www.st-martin-terressus.fr*
      – **R** conseillée
      0,5 ha (36 empl.) plat et terrasse, peu incliné, herbeux
      Tarif : 🛉 2,70 € ⟵ 1 € 🅴 2 € – 🔌 (10A) 2 €
      Pour s'y rendre : à l'O du bourg par D 29 et chemin à
      droite, bord d'un plan d'eau

> Nature : 🐾 ≤ 🏞 ⚲ ⚠
> Loisirs : 🍴 🏕
> Services : 🚿 🔲 ⊕

ST-PARDOUX

✉ 87250 – **325** E4 – 466 h. – alt. 370 – Base de loisirs
🛈 *Office de tourisme, le Bourg* ℘ 05 55 76 56 80
Paris 366 – Bellac 25 – Limoges 33 – St-Junien 39 – La Souterraine 32.

⚠ **Le Freaudour** 30 mai-14 sept.
      ℘ 05 55 76 57 22, *lacsaintpardoux@wanadoo.fr*,
      Fax 05 55 71 23 93, *www.lac-saint-pardoux.com*
      – **R** conseillée
      4,5 ha (200 empl.) peu incliné, herbeux
      Tarif : 21,70 € 🛉 ⟵ 🅴 – pers. suppl. 4,60 € – frais de
      réservation 16 €
      Location : 16 🛖 (4 à 6 pers.) 235 à 570 €/sem. – 10 🛖
      (4 à 6 pers.) 190 à 570 €/sem.
      Pour s'y rendre : S : 1,2 km bord du lac de St-Pardoux, à la
      base de loisirs
      À savoir : situation agréable

> Nature : 🐾 ≤ 🏞 ⚲
> Loisirs : 🍴 🏕 🎣 ✕ 🏊
> Services : 🚿 ⚲ (juil.-août) GB 🐕
> 🔲 🏧 ⚲ ⊕ 🌡 ♨ 🔲
> À prox. : 🛶 🏖 (plage)

ST-YRIEIX-LA-PERCHE

✉ 87500 – **325** E7 – G. Limousin Berry – 7 251 h. – alt. 360
🛈 *Office de tourisme, 58, boulevard de l'Hôtel de Ville* ℘ 05 55 08 20 72, Fax 05 55 08 10 05
Paris 430 – Brive-la-Gaillarde 63 – Limoges 40 – Périgueux 63 – Rochechouart 52 – Tulle 76.

⚠ **Municipal d'Arfeuille**
      ℘ 05 55 75 08 75, *camping@saint-yrieix.fr*,
      Fax 05 55 75 26 08
      2 ha (100 empl.) en terrasses, herbeux, pierreux
      🚰 1 borne artisanale
      Pour s'y rendre : N : 2,5 km par rte de Limoges et chemin
      à gauche, bord d'un étang

> Nature : 🐾 ≤ 🏞 ⚲⚲
> Loisirs : 🚣 🚲 🏖 (plage) pé-
> dalos, canoë
> Services : 🔲 ⊕ 🔲
> À prox. : 🍴 ✕ 🛶 🎣

VIDEIX

✉ 87600 – **325** B6 – 243 h. – alt. 260
Paris 443 – Angoulême 53 – Limoges 53 – Nontron 36 – Rochechouart 11.

⚠ **Hameau de gîtes** (location exclusive de chalets)
      ℘ 05 55 48 83 39, *ot-rochechouart-pays-de-la-meteo*
      rite@wanadoo.fr, Fax 05 55 48 83 39, *www.ville-roche*
      chouart.fr – **R** indispensable
      3 ha plat, herbeux
      Location 🅿 : 16 🛖 (4 à 6 pers.) 240 à 475 €/sem.
      Pour s'y rendre : N : 1,7 km par D 87, route de Pressignac,
      lieu-dit La Chassagne
      À savoir : Location à la nuitée, week-end et semaine

> Nature : 🐾 ≤ Le Lac ⚠
> Loisirs : 🏕 🏊
> Services : 🚿 ⚲ 🐕 🔲 🔲 sèche-
> linge
> À prox. : 🍴 snack 🚣 🛶 ⚓ pédalos

LORRAINE

R. Mattes/Michelin

Le pèlerinage sur les hauts lieux du souvenir militaire peut constituer la première étape de votre périple lorrain qui s'annonce riche en coups de cœur : splendide héritage architectural de Nancy magnifié par Stanislas et de Metz la « ville lumière », pétillant chapelet de stations thermales dispensatrices d'amincissants bienfaits, petites ruches créatives à l'origine du cristal de Baccarat, des émaux de Longwy et des faïences de Lunéville, silence des hauts fourneaux endormis, visions inspirées de l'histoire à Domrémy et Colombey... Sans oublier les vergers de mirabelles et les épaisses forêts vosgiennes. Accordez-vous en route une halte gourmande dans une marcairie : le géromé y clôture des repas généreux consacrés par l'indispensable quiche, à moins qu'il ne soit le prélude à un dessert arrosé de kirsch.

If you want to do justice to the wealth of wonderful sights in Lorraine, bring your walking boots. But before you head for the hills, make time to discover Nancy's splendid artistic heritage and admire the lights of Metz. Then tour a string of tiny spa resorts and the famous centres of craftsmanship which produce the legendary Baccarat crystal, Longwy enamels and Lunéville porcelain, before reaching the poignant silence of the dormant mines and quarries at Domrémy and Colombey. The lakes, forests and wildlife of the Vosges national park will keep you entranced as you make your way down hillsides dotted with plum orchards. Stop for a little »light« refreshment in a "marcairerie", a traditional farm-inn, and try the famous quiches and tarts, a slab of Munster cheese or a kirsch-flavoured dessert.

JAULNY

✉ 54470 – **307** G5 – G. Alsace Lorraine – 220 h. – alt. 230
Paris 310 – Commercy 41 – Metz 33 – Nancy 51 – Toul 41.

     La Pelouse avr.-sept.
       ℘ 03 83 81 91 67, *campingdelapelouse@orange.fr*,
       Fax 03 83 81 91 67, *www.campingdelapelouse.com* – places
       limitées pour le passage – **R** conseillée
       2,9 ha (100 empl.) plat et incliné, herbeux
       Tarif : 10,90 € ✴ ⟺ 🗉 ⓖ (6A) – pers. suppl. 2,50 €
       Location (permanent) : 5 ⌂ (4 à 6 pers.) 260 à
       350 €/sem.
       Pour s'y rendre : 0,5 km au S du bourg, accès situé près
       du pont
       À savoir : Sur une petite colline boisée dominant la rivière

> Nature : 🌲 🎠
> Loisirs : snack 🍴
> Services : ⚊ 🇬🇧 ⚙ 🗒 🕆 ☺ 🗑
> À prox. : 🏊 🎣 🛶

LUNÉVILLE

✉ 54300 – **307** J7 – G. Alsace Lorraine – 20 200 h. – alt. 224
🏢 *Office de tourisme, aile sud du Château* ℘ 03 83 74 06 55, Fax 03 83 73 57 95
Paris 347 – Épinal 69 – Metz 95 – Nancy 36 – St-Dié 56 – Toul 56.

     Les Bosquets avr.-oct.
       ℘ 03 83 73 37 58, *camping@cc-lunevillois.fr*,
       Fax 03 83 75 89 21, *www.cc-lunevillois.fr* – **R** conseillée
       1 ha (36 empl.) plat et terrasse, herbeux
       Tarif : 11,90 € ✴ ⟺ 🗉 ⓖ (10A) – pers. suppl. 2,50 €
       🚐 1 borne artisanale 2 €
       Pour s'y rendre : au N de la ville en dir. de Château-Salins
       et à dr., après le pont sur la Vézouze, chemin de la Ména-
       gerie
       À savoir : près du parc du château et des jardins

> Nature : ♀
> Loisirs : 🍴
> Services : ♿ ⚊ ⚙ ☺ 🕆 ⚐ 👋 🗑
> sèche-linge
> À prox. : 🏊 🍴 🖾 🏊

Pour choisir et suivre un itinéraire
Pour calculer un kilométrage
Pour situer exactement un terrain (en fonction des
indications fournies dans le texte) :
Utilisez les **cartes MICHELIN**,
compléments indispensables de cet ouvrage.

427

MAGNIÈRES

✉ 54129 – **307** K8 – 313 h. – alt. 250
Paris 365 – Baccarat 16 – Épinal 40 – Lunéville 22 – Nancy 55.

     Le Pré Fleury avr.-15 oct.
       ℘ 03 83 73 82 21, *kern.christian@wanadoo.fr*,
       Fax 03 83 72 32 77, *www.campingduprefleury.com*
       – **R** conseillée
       1 ha (34 empl.) plat et peu incliné, gravillons, herbeux,
       pierreux
       Tarif : 13,50 € ✴ ⟺ 🗉 ⓖ (10A) – pers. suppl. 2,80 €
       Location : chalets (sans sanitaires)
       Pour s'y rendre : 0,5 km à l'O par D 22, rte de Bayon, à
       200 m de la Mortagne
       À savoir : à l'ancienne gare et au bord d'un étang

> Nature : 🌲 🖾
> Loisirs : 🍴 🏊 🚲 🚗 voiturettes
> à vélos sur rail (draisines)
> Services : ♿ ⚊ 🇬🇧 ⚙ 🗒 ☺ ⚐ 🗑
> À prox. : ✗

MANDRES-AUX-QUATRE-TOURS

✉ 54470 – **307** F5 – 170 h. – alt. 248
Paris 321 – Metz 55 – Nancy 41 – Pont-à-Mousson 24 – Toul 22.

     Municipal l'Orée de la Forêt de la Reine avr.-oct.
       ℘ 03 83 23 17 31, *mandres.54470@wanadoo.fr*,
       Fax 03 83 23 13 85 – **R**
       1 ha (33 empl.) plat, herbeux, pierreux
       Tarif : (Prix 2007) ✴ 1,55 € ⟺ 🗉 1,70 € – ⓖ 1,45 €
       Pour s'y rendre : 1,7 km au S, rte de la forêt et du Parc
       Régional
       À savoir : à l'orée de la Forêt de la Reine

> Nature : 🌲 🌳
> Services : ☺
> À prox. : 🛶

VILLEY-LE-SEC

✉ 54840 – **307** G7 – G. Alsace Lorraine – 340 h. – alt. 324
Paris 302 – Lunéville 49 – Nancy 20 – Pont-à-Mousson 51 – Toul 8.

⚠ **Camping de Villey-le-Sec**
    ℘ 03 83 63 64 28, *info@campingvilleylesec.com*,
    Fax 03 83 63 64 28, *www.campingvilleylesec.com*
    – **R** conseillée
    2,5 ha (100 empl.) plat, herbeux
    Location ⚡ : 4 ⌂
    Pour s'y rendre : 2 km au S par D 909 rte de Maron et r. de
    la gare, à dr.
    À savoir : Cadre agréable au bord de la Moselle

Nature : ⑤
Loisirs : ♟ snack 🔥 🎣
Services : & 🔄 ⊞ 🛒 🚿 🧺 ⊙ 🛢
sèche-linge 🔳 🚿

Meuse (55)

REVIGNY-SUR-ORNAIN

✉ 55800 – **307** A6 – 3 660 h. – alt. 144
🅱 *Syndicat d'initiative, rue du Stade* ℘ 03 29 78 73 34
Paris 239 – Bar-le-Duc 18 – St-Dizier 30 – Vitry-le-François 36.

⚠ **Municipal du Moulin des Gravières** mai-sept.
    ℘ 03 29 78 73 34, *contact@ot-revigny-ornain.fr*,
    Fax 03 29 78 73 34, *www.ot-revigny-ornain.fr* – **R** conseillée
    1 ha (27 empl.) plat, herbeux
    Tarif : (Prix 2007) 12 € ⚬ 🚐 🅴 🔌 (6A) – pers.
    suppl. 2,35 €
    Location : 2 🛖 (2 à 4 pers.) 81 à 101 €/sem. – 1 ⌂ (4
    à 6 pers.) 214 à 293 €/sem.
    🛢 1 borne 3 € – 2 🅴
    Pour s'y rendre : Au bourg vers sortie S, rte de Vitry-le-
    François et r. du stade, à dr., à 100 m de l'Ornain
    À savoir : Cadre agréable au bord d'un ruisseau

Nature : 🏞 ♀
Loisirs : 🎱
Services : & 🔄 🗳 🛒 ⊙ 🛢
À prox. : 🍴 🎣 🎿

428

VERDUN

✉ 55100 – **307** D4 – G. Alsace Lorraine – 19 624 h. – alt. 198
🅱 *Office de tourisme, place de la Nation* ℘ 03 29 86 14 18, Fax 03 29 84 22 42
Paris 263 – Bar-le-Duc 56 – Châlons-en-Champagne 89 – Metz 78 – Nancy 95.

⚠⚠ **Les Breuils** avr.-sept.
    ℘ 03 29 86 15 31, *contact@camping-lesbreuils.com*,
    Fax 03 29 86 75 76, *www.camping-lesbreuils.com*
    – **R** conseillée
    5,5 ha (162 empl.) plat, peu incliné et en terrasses, herbeux,
    gravier, sapinière
    Tarif : (Prix 2007) 18,50 € ⚬ 🚐 🅴 🔌 (6A) – pers.
    suppl. 5,50 € – frais de réservation 10 €
    Location ⚡ : 7 ⌂ (4 à 6 pers.) 350 à 600 €/sem.
    🛢 1 borne flot bleu 15,50 €
    Pour s'y rendre : Sortie SO par rocade D S1 vers rte de
    Paris et chemin à gauche
    À savoir : Cadre champêtre au bord d'un étang

Nature : 🏞 ♀
Loisirs : ♟ snack 🔥 🚴 🎿 🏊 🎣
terrain omnisports
Services : & 🔄 🇬🇧 ⊞ 🛒 🚿 ⊙ 🔧
🔄 🛢 sèche-linge 🔳

Donnez-nous votre avis
sur les terrains que nous recommandons.
Faites-nous connaître vos observations et vos découvertes.
par mail à l'adresse : leguidecampingfrance@fr.michelin.com.

DABO

✉ 57850 – **307** O7 – G. Alsace Lorraine – 2 780 h. – alt. 500
🅱 *Office de tourisme, 10, place de l'Église* ℘ *03 87 07 47 51, Fax 03 87 07 47 73*
Paris 453 – Baccarat 63 – Metz 127 – Phalsbourg 18 – Sarrebourg 21.

⚠ **Le Rocher** 16 mars-oct.
℘ 03 87 07 47 51, *info@ot-dabo.fr*, Fax 03 87 07 47 73,
www.ot-dabo.fr
0,5 ha (42 empl.) plat et peu incliné, herbeux
Tarif : 🛉 2,90 € – 🚗 1,30 € 🔳 – 🔌 (10A) 3,60 €
Location : gîte d'étape
Pour s'y rendre : SE : 1,5 km par D 45, au carrefour de la
route du Rocher
À savoir : Dans une agréable forêt de sapins

Nature : ♀
Loisirs : 🏊
Services : 🛁 🔟 🔓 ⊕

METZ

✉ 57000 – **307** I4 – G. Alsace Lorraine – 123 776 h. – alt. 173
🅱 *Office de tourisme, place d'Armes* ℘ *03 87 55 53 76, Fax 03 87 36 59 43*
Paris 330 – Longuyon 80 – Pont-à-Mousson 31 – St-Avold 44 – Thionville 30 – Verdun 78.

⚠ **Municipal Metz-Plage**
℘ 03 87 68 26 48, *campingmetz@mairie-metz.fr*,
Fax 03 87 38 03 89, *www.tourisme@mairie-metz.fr*
– **R** conseillée
2,5 ha (150 empl.) plat, herbeux, pierreux
🚐 8 🔳
Pour s'y rendre : Au N du centre-ville, entre le pont des
Morts et le pont de Thionville, bord de la Moselle - par A 31 :
sortie Metz-Nord Pontiffroy

Nature : ♀♀
Loisirs : snack 🎱 🏓
Services : 🛁 🖙 🔟 🔓 ⊕ 🚿 🚾 🔳
sèche-linge
À prox. : 🏖 🚐

MORHANGE

429

✉ 57340 – **307** K5 – 4 050 h. – alt. 255
Paris 381 – Lunéville 52 – Metz 49 – St-Avold 29 – Sarreguemines 41.

⚠ **Centre de Loisirs de la Mutche** avr.-oct.
℘ 03 87 86 21 58, *mutche@wanadoo.fr*, Fax 03 87 86 24 88,
www.morhange.fr
5,5 ha (110 empl.) plat et peu incliné, gravillons, herbeux,
sapinière
Tarif : 14,30 € 🛉 🚗 🔳 🔌 (12A) – pers. suppl. 3 €
Location : 20 🏠 (4 à 6 pers.) 260 à 470 €/sem. – huttes
Pour s'y rendre : 6,5 km au N par rte de Sarreguemines,
D 78 rte d'Arprich à gauche et chemin du site touristique
À savoir : Au bord d'un plan d'eau, sur un vaste domaine
de loisirs

Nature : 🏞 🗐 ♀
Loisirs : 🎱 🏓 terrain omnisports
Services : 🛁 ⊖🚗 🛁 🔟 🚿 ⊕ 🔳
sèche-linge
À prox. : 🏊 🛶 ⛵

ST-AVOLD

✉ 57500 – **307** L4 – G. Alsace Lorraine – 16 922 h. – alt. 260
🅱 *Office de tourisme, 28, rue des Américains* ℘ *03 87 91 30 19, Fax 03 87 92 98 02*
Paris 372 – Haguenau 117 – Lunéville 77 – Metz 46 – Nancy 103 – Saarbrücken 33 – Sarreguemines 29.

⚠ **Le Felsberg** Permanent
℘ 03 87 92 75 05, *cis.stavold@wanadoo.fr*,
Fax 03 87 92 20 69, *www.camping-moselle.com*
– **R** conseillée
1,2 ha (33 empl.) plat et peu incliné, terrasses, herbeux,
pierreux
Tarif : 🛉 4 € 🚗 🔳 6 € – 🔌 (10A) 5 €
Location : 3 🏠 (4 à 6 pers.) 280 à 420 €/sem. – 7 🛏
Pour s'y rendre : Au N du centre-ville, près D 603, accès
par r. en Verrerie, face à la station service Record - par A 4 :
sortie St-Avold Carling
À savoir : Sur les hauteurs agréablement boisées de la ville

Nature : 🏞 🗐 ♀♀
Loisirs : 🍽 snack, (dîner seulement)
🎱
Services : 🛁 🖙 ⊖🚗 🛁 🔟 🔓 🚿 ⊕
🚿 🚾

ANOULD

✉ 88650 – **314** J3 – 2 992 h. – alt. 457
Paris 430 – Colmar 43 – Épinal 45 – Gérardmer 15 – St-Dié 12.

▲▲ **Les Acacias** fermé 6 oct.-4 déc.
        ℘ 03 29 57 11 06, *contact@acaciascamp.com*,
        Fax 03 29 57 11 06, *www.acaciascamp.com* – **R**
        2,5 ha (84 empl.) plat, terrasses, herbeux
        Tarif : 12,40 € – ✱ ⟺ 🅴 (3A) – pers. suppl. 3,60 €
        Location (fermé oct.-14 déc.) : 11 🛏 (4 à 6 pers.) 180 à
        525 €/sem.
        🚐, 1 borne artisanale 10 € – 5 🅴 10 € – 🚐 12.60 €
        Pour s'y rendre : Sortie O par D 415, rte de Colmar et
        chemin à dr.

> Nature : 🏕 ♀
> Loisirs : ♟ snack 🎣 ⫴ (petite piscine)
> Services : ♿ ⊶ (juin-sept.) ⚡ ▥ 🗄
> 🖴 ⚞ ☺ 🖳 sèche-linge

La BRESSE

✉ 88250 – **314** J4 – G. Alsace Lorraine – 4 928 h. – alt. 636 – Sports d'hiver : 650/1 350 m ✆31 ⚡
🛈 *Office de tourisme, 2a, rue des Proyes* ℘ 03 29 25 41 29, Fax 03 29 25 64 61
Paris 437 – Colmar 52 – Épinal 52 – Gérardmer 13 – Remiremont 26 – Thann 39 – Le Thillot 20.

▲▲▲ **Municipal le Haut des Bluches** 18 déc.-20 oct.
        ℘ 03 29 25 64 80, *hautdesbluches@labresse.fr*,
        Fax 03 29 25 78 03, *www.labresse.net* – alt. 708 – **R** conseil-
        lée
        4 ha (150 empl.) en terrasses, plat, peu incliné, herbeux,
        pierreux, rochers
        Tarif : 17,20 € – ✱ ⟺ 🅴 🄶 (13A) – pers. suppl. 2,60 €
        Location (fermé 21 oct.-18 déc.) : 14 🛏
        🚐, 1 borne artisanale 3,70 € – 17 🅴 3,70 €
        Pour s'y rendre : 3,2 km à l'E par D 34, rte du Col de la
        Schlucht et à dr. chemin des Planches, bord de la Moselotte
        À savoir : Cadre pittoresque traversé par un ruisseau

> Nature : ❄ ≤
> Loisirs : ♟ ✕ snack 🎣 ⛷ 🪁
> Services : ♿ ⊶ 🆖 ⚡ ▥ 🗄 ☺ 🖴
> ⚞ ⚞ ✆ 🖳 sèche-linge ⚞
> À prox. : parcours sportif

430

▲▲ **Belle Hutte** Permanent
        ℘ 03 29 25 49 75, *camping-belle-hutte@wanadoo.fr*,
        www.camping-belle-hutte.com – alt. 900
        3,5 ha (125 empl.) en terrasses, herbeux, pierreux
        Tarif : 23,60 € – ✱ ⟺ 🅴 🄶 (10A) – pers. suppl. 5,50 €
        Location : 11 🛏 (4 à 6 pers.) 250 à 700 €/sem. – 2
        appartements
        🚐, 1 borne artisanale 3 €
        Pour s'y rendre : 9 km au NE par D 34, rte du col de la
        Schlucht, bord de la Moselotte
        À savoir : Dans un agréable site boisé

> Nature : ❄ ≤ 🏕
> Loisirs : 🎣 ⛷ ⫴ (petite piscine)
> Services : ♿ ⊶ 🆖 ⚡ ▥ 🗄 ☺ 🖴
> ✆ 🖳 sèche-linge
> À prox. : ✕

BULGNÉVILLE

✉ 88140 – **314** D3 – G. Alsace Lorraine – 1 286 h. – alt. 350
🛈 *Syndicat d'initiative, 105, rue de l'Hôtel de Ville* ℘ 03 29 09 14 67, Fax 03 29 09 14 67
Paris 331 – Contrexéville 6 – Épinal 53 – Neufchâteau 22 – Vittel 86.

▲ **Porte des Vosges** 18 avr.-20 sept.
        ℘ 03 29 09 12 00, *camping-portedesvosges@wanadoo.fr*,
        Fax 03 29 09 15 71, *www.Camping-Portedesvosges.com* –
        R
        2,5 ha (100 empl.) peu incliné, plat, herbeux, gravier et
        gravillons
        Tarif : 17 € – ✱ ⟺ 🅴 🄶 (6A) – pers. suppl. 3,50 €
        Pour s'y rendre : 1,3 km au SE par D 164, rte de Contrexé-
        ville et D 14, rte de Suriauville à dr.
        À savoir : Cadre champêtre

> Nature : ♀
> Loisirs : snack
> Services : ♿ ⊶ 🆖 🗄 ☺ ⚞ 📶

Si vous désirez réserver un emplacement pour vos vacances,
faites-vous préciser au préalable les conditions particulières de séjour,
les modalités de réservation, les tarifs en vigueur et les conditions de paiement.

BUSSANG

✉ 88540 – **314** J5 – G. Alsace Lorraine – 1 777 h. – alt. 605
🛈 *Office de tourisme, 8, rue d'Alsace 🕾 03 29 61 50 37, Fax 03 29 61 58 20*
Paris 444 – Belfort 44 – Épinal 59 – Gérardmer 38 – Mulhouse 47 – Thann 27.

⚠ **Domaine de Champé** Permanent
    🕾 03 29 61 61 51, *info@domaine-de-champe.com*,
    Fax 03 29 61 56 90, *www.domaine-de-champe.com* – **R** in-
    dispensable
    3,5 ha (100 empl.) plat, herbeux
    Tarif : 25 € 🛉 ⟵ 📧 🗓 (6A) – pers. suppl. 6,10 € – frais de
    réservation 10 €
    Location : 6 🛖 (4 à 6 pers.) 320 à 700 €/sem. – 8 🏚 (4
    à 6 pers.) 450 à 800 €/sem.
    🏕 1 borne 6 €
    Pour s'y rendre : Au NE de la localité, accès par rte à
    gauche de l'église, bord de la Moselle et d'un ruisseau

> Nature : ⪡
> Loisirs : 🍽 snack 🎦 🗓 diurne
> (juil.-août) ≋ hammam spa ✗ ⚲
> ⚹
> Services : 🕭 � 🌐 🚿 ▦ 🗄 ☺ ⚲
> ⚲ 🗄

CELLES-SUR-PLAINE

✉ 88110 – **314** J2 – 840 h. – alt. 318 – Base de loisirs
Paris 391 – Baccarat 23 – Blâmont 23 – Lunéville 49 – Raon-l'Étape 11.

⚠ **Les Lacs** avr.-sept.
    🕾 03 29 41 28 00, *camping@paysdeslacs.com*,
    Fax 03 29 41 18 69, *www.paysdeslacs.com* – **R** conseillée
    15 ha/4 campables (135 empl.) plat, herbeux, gravillons,
    pierreux
    Tarif : 19 € 🛉 ⟵ 📧 🗓 (10A) – pers. suppl. 5 € – frais de
    réservation 10 €
    Location : 6 🏚 (4 à 6 pers.) 240 à 290 €/sem. – (sans
    sanitaires)
    Pour s'y rendre : Au SO du bourg
    À savoir : En bordure de rivière et à proximité d'un lac

> Nature : ⪡ 🖵
> Loisirs : 🍽 snack 🎦 🗓 nocturne
> (juil.-août) ⚿ ⚿ 🚴 ✗ ⚲ ⚄ 🏊
> Services : 🕭 🚿 🌐 🚿 ▦ 🗄 🔥 ☺
> ⚄ ⚿ 🗄 sèche-linge 🧺
> au lac : 🏖 ⚓

La CHAPELLE-DEVANT-BRUYÈRES

✉ 88600 – **314** I3 – 611 h. – alt. 457
Paris 416 – Épinal 31 – Gérardmer 22 – Rambervillers 26 – Remiremont 37 – St-Dié 26.

⚠ **Les Pinasses** mai-10 sept.
    🕾 03 29 58 51 10, *pinasses@dial.oleane.com*,
    Fax 03 29 58 54 21, *www.camping-les-pinasses.com*
    – **R** conseillée
    3 ha (139 empl.) plat, herbeux, pierreux, petit étang
    Tarif : 21,80 € 🛉 ⟵ 📧 🗓 (4A) – pers. suppl. 5 €
    Location (avr.-oct.) : 8 🏚 (4 à 6 pers.) 270 à 545 €/sem.
    Pour s'y rendre : 1,2 km au NO sur D 60, rte de Bruyères

> Nature : 🖵 🌳🌳
> Loisirs : 🎦 ⚿ ✗ ⚲
> Services : 🕭 🌐 🚿 🗄 🔥 ☺ ⚄ ⚿
> ⚿ 🗄 sèche-linge

CHARMES

✉ 88130 – **314** F2 – G. Alsace Lorraine – 4 665 h. – alt. 282
🛈 *Office de tourisme, 2, place Henri Breton 🕾 03 29 38 17 09, Fax 03 29 38 17 09*
Paris 381 – Mirecourt 17 – Nancy 43 – Neufchâteau 58 – St-Dié-des-Vosges 59.

⚠ **Les Îles** avr.-sept.
    🕾 03 29 38 87 71, *andre.michel@tiscali.fr*,
    Fax 03 29 38 87 71, *http://camping-les-iles.chez.tiscali.fr*
    – **R** conseillée
    3,5 ha (67 empl.) plat, herbeux
    Tarif : (Prix 2007) 12,25 € 🛉 ⟵ 📧 🗓 (10A) – pers.
    suppl. 2,85 €
    🏕 1 borne artisanale
    Pour s'y rendre : 1 km au SO par D 157 et chemin à dr.,
    près du stade
    À savoir : cadre agréable entre le canal de l'Est et la Moselle

> Loisirs : 🚴 ⚓
> Services : 🕭 🚿 🚿 🗄 🗄
> À prox. : ✗ ⚿

CONTREXÉVILLE

✉ 88140 – **314** D3 – G. Alsace Lorraine – 3 708 h. – alt. 342 – ♨ (fin mars-mi oct.)
🛈 *Office de tourisme, 116, rue du Shah de Perse ☎ 03 29 08 08 68, Fax 03 29 08 25 40*
Paris 337 – Épinal 47 – Langres 75 – Luxeuil 73 – Nancy 83 – Neufchâteau 28.

△ **Municipal Tir aux Pigeons** avr.-oct.
☎ 03 29 08 15 06, *secretariat@ville-contrexeville.fr,*
www.ville-contrexeville.fr – **R** conseillée
1,8 ha (80 empl.) plat, herbeux, gravillons
Tarif : ✝ 2 € ⬅ 🅴 2,50 € – ⚡ (5A) 2,50 €
Pour s'y rendre : 1 km au SO par D 13 rte de Suriauville
À savoir : À l'orée d'un bois

Nature : 🏞 ♀♀
Loisirs : 🏠
Services : & ⊶ (juil.-août) 🔲 ♨ ⊕ 🛒 ▽ 🔲

CORCIEUX

✉ 88430 – **314** J3 – 1 598 h. – alt. 534
🛈 *Office de tourisme, 9, rue Henry ☎ 03 29 50 73 29*
Paris 424 – Épinal 39 – Gérardmer 15 – Remiremont 43 – St-Dié 18.

⋀⋀ **Domaine des Bans** Permanent
☎ 03 29 51 64 67, *les-bans@domaine-des-bans.com,*
Fax 03 29 51 64 69, *www.domaine-des-bans.com* – **R** indispensable
15,7 ha (634 empl.) plat, herbeux, pierreux
Tarif : 39 € ✝ ⬅ 🅴 ⚡ (12A) – pers. suppl. 7 € – frais de réservation 30 €
Location : 310 🛖 (4 à 6 pers.) 238 à 889 €/sem. – 43 🏠 (4 à 6 pers.) 280 à 665 €/sem. – 20 ⊨ – gîtes
Pour s'y rendre : Pl. Notre-Dame
À savoir : Cadre agréable, au bord d'un plan d'eau

Nature : ⋖ 🏠 ♀
Loisirs : 🍴 🍽 snack 🏠 🎣 discothèque 🎮 🚲 🎿 🔲 🏊 🐎
Services : & ⊶ ⒼⒷ 🅰 🔲 🔲 ⊕ 🔲 ▽ 🔲 sèche-linge ⚖ ♨

△ **Le Clos de la Chaume** 21 avr.-15 sept.
☎ 06 85 19 62 55, *info@camping-closdelachaume.com,*
Fax 03 29 50 76 76, *www.camping-closdelachaume.com*
– **R** conseillée
3,5 ha (90 empl.) plat, herbeux
Tarif : 17,50 € ✝ ⬅ 🅴 ⚡ (6A) – pers. suppl. 4,30 €
Location ✂ : 15 🛖 (4 à 6 pers.) 296 à 520 €/sem. – 5 🏠 (4 à 6 pers.) 322 à 620 €/sem.
🛖 1 borne artisanale 5 € – 5 🅴 13 € – 🌙 10 €
Pour s'y rendre : 21, r. d'Alsace

Nature : ♀
Loisirs : 🏠 🎮 🐎
Services : & ⊶ ⒼⒷ 🅰 🔲 ⊕ 🔲 sèche-linge

FRESSE-SUR-MOSELLE

✉ 88160 – **314** I5 – 2 176 h. – alt. 515
Paris 447 – Metz 178 – Épinal 54 – Mulhouse 56 – Colmar 78.

△ **Municipal Bon Accueil** avr.-11 nov.
☎ 03 29 25 08 98, Fax 03 29 25 31 79 – **R** conseillée
0,6 ha (50 empl.) plat, herbeux
Tarif : ✝ 2,30 € ⬅ 🅴 1,30 € – ⚡ (16A) 2,40 €
Pour s'y rendre : Sortie NO par N 66, rte du Thillot, à 80 m de la Moselle

Nature : ⋖
Services : 🅰 ⚫ ⊕
À prox. : 🍴

GEMAINGOUTTE

✉ 88520 – **314** K3 – 122 h. – alt. 446
Paris 411 – Colmar 59 – Ribeauvillé 31 – St-Dié 14 – Ste-Marie-aux-Mines 12 – Sélestat 39.

△ **Municipal le Violu** mai-sept.
☎ 03 29 57 70 70, *mairie.gemaingoutte@wanadoo.fr,*
Fax 03 29 51 72 60 – **R** conseillée
1 ha (48 empl.) plat, herbeux
Tarif : 10,50 € ✝ ⬅ 🅴 ⚡ (15A) – pers. suppl. 2,50 €
🛖 1 borne artisanale 2 €
Pour s'y rendre : Sortie O par D 459 rte de St-Dié, bord d'un ruisseau

Services : & 🅰 ⚫ ⊕ 🔲

432

GÉRARDMER

✉ 88400 – **314** J4 – G. Alsace Lorraine – 8 845 h. – alt. 669 – Sports d'hiver : 660/1 350 m ⚡31 ⛷
🛈 *Office de tourisme, 4, place des Déportés* ℰ *03 29 27 27 27, Fax 03 29 27 23 25*
Paris 425 – Belfort 78 – Colmar 52 – Épinal 40 – St-Dié 27 – Thann 50.

⛰ **Les Granges-Bas** Permanent
ℰ 03 29 63 12 03, *camping.lesgrangesbas@wanadoo.fr,*
Fax 03 29 63 12 03, *www.lesgrangesbas.fr* – **R** conseillée
2 ha (100 empl.) peu incliné, plat, herbeux
Tarif : 15,60 € 🛉 🚗 🔲 🔌 (5A) – pers. suppl. 3,70 €
Location : 6 🛖 (4 à 6 pers.) 315 à 425 €/sem.
Pour s'y rendre : 4 km à l'O par D 417 puis, à Costet-Beillard, 1 km par chemin à gauche

Nature : 🌳 ≤ 🏞	
Loisirs : 🍴 snack 🏠 🎱 nocturne salle d'animation 🎿 🎾	
Services : 🔌 GB 🚿 🗑 🅿 🧺 sèche-linge	

⛰ **Les Sapins** avr.-10 oct.
ℰ 03 29 63 15 01, *les.sapins@camping-gerardmer.com,*
Fax 03 29 63 15 01, *www.camping-gerardmer.com*
– **R** conseillée
1,3 ha (70 empl.) plat, herbeux, gravier
Tarif : 19,90 € 🛉 🚗 🔲 🔌 (10A) – pers. suppl. 4,20 € – frais de réservation 10 €
Location (permanent) : 3 🛖 (4 à 6 pers.) 290 à 480 €/sem.
🚐 1 borne artisanale 2 € – 🚐 12 €
Pour s'y rendre : 1,5 km au SO, à 200 m du lac

Nature : 🏞 ⚘	
Loisirs : 🍴	
Services : 🔌 🚿 🗑 🅿 🕭	
À prox. : 🏇	

GRANGES-SUR-VOLOGNE

✉ 88640 – **314** I4 – G. Alsace Lorraine – 2 449 h. – alt. 502
🛈 *Syndicat d'initiative, 2, place Combattants d'Indochine* ℰ *03 29 51 48 01, Fax 03 29 51 48 01*
Paris 419 – Bruyères 10 – Épinal 34 – Gérardmer 14 – Remiremont 30 – St-Dié 28.

⛰ **Les Peupliers** 15 mai-15 sept.
ℰ 03 29 57 51 04 – **R**
2 ha (40 empl.) plat, herbeux
Tarif : 11 € 🛉 🚗 🔲 🔌 (6A) – pers. suppl. 2,50 €
Pour s'y rendre : Par centre bourg vers Gérardmer et chemin à dr. après le pont
À savoir : Cadre verdoyant au bord de la Vologne et d'un ruisseau

Nature : 🌳 ≤ ⚘	
Loisirs : 🎣	
Services : ♿ 🔌 🚿 🅿 📷	
À prox. : 🎾 🏇	

433

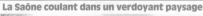

La Saône coulant dans un verdoyant paysage

HERPELMONT

✉ 88600 – **314** I3 – 218 h. – alt. 480
Paris 413 – Épinal 28 – Gérardmer 20 – Remiremont 33 – St-Dié 30.

Domaine des Messires 26 avr.-14 sept.
  ✆ 03 29 58 56 29, mail@domainedesmessires.com,
Fax 03 29 51 62 86, www.domainedesmessires.com
– **R** conseillée
11 ha/2 campables (100 empl.) plat, herbeux, pierreux
Tarif : 24,50 € 👤 ⬅ 🚐 🔲 ⚡ (6A) – pers. suppl. 6 € – frais de
réservation 12 €
Location 🏠 : 14 🛖 (4 à 6 pers.) 224 à 623 €/sem.
Pour s'y rendre : 1,5 km au N du bourg
À savoir : Situation et cadre agréables au bord d'un lac

> Nature : 🏞 🌲 💮 ⛰
> Loisirs : 🍴 ✕ snack 🎱 🚴 🎣
> Services : 🚿 ⊶ 🆖 🗑 ⊕ 🚿 🚽 🔲
> 🛁 🚲

NEUFCHÂTEAU

✉ 88300 – **314** C2 – G. Alsace Lorraine – 7 533 h. – alt. 300
🏢 Office de tourisme, 3, Parking des Grandes Ecuries ✆ 03 29 94 10 95, Fax 03 29 94 10 89
Paris 321 – Chaumont 57 – Contrexéville 28 – Épinal 75 – Langres 78 – Toul 43.

Intercommunal 15 avr.-sept.
  ✆ 03 29 94 19 03, n.merlin@paysdeneufchateau.com,
Fax 03 29 06 19 59
0,8 ha (50 empl.) plat, herbeux
Tarif : 13 € 👤 ⬅ 🚐 🔲 ⚡ (16A) – pers. suppl. 2,50 €
Pour s'y rendre : Sortie O, rte de Chaumont et à dr., r.
G.-Joecker, près du complexe sportif

> Nature : 🌳🌳
> Services : 🚿 ⊶ 🆖 🗑 ⊕ 🚿 🚽
> À prox. : ✕ 🏓 🔲 piste de skate-
> board

434

*LES GUIDES VERTS **MICHELIN***
Paysages, monuments
Routes touristiques
Géographie
Histoire, Art
Itinéraire de visite
Plans de villes et de monuments

PLOMBIÈRES-LES-BAINS

✉ 88370 – **314** G5 – G. Alsace Lorraine – 1 906 h. – alt. 429 – ♨ (début avril-fin déc.)
🏢 Office de tourisme, 1, place Maurice Janot ✆ 03 29 66 01 30, Fax 03 29 66 01 94
Paris 378 – Belfort 79 – Épinal 38 – Gérardmer 43 – Vesoul 54 – Vittel 61.

L'Hermitage avr.-15 oct.
  ✆ 03 29 30 01 87, l.amodru-favin@wanadoo.fr, www.her
mitage-camping.com – **R** conseillée
1,4 ha (60 empl.) en terrasses, plat et peu incliné, herbeux,
gravier
Tarif : 19,20 € 👤 ⬅ 🚐 🔲 ⚡ (10A) – pers. suppl. 4,50 € –
frais de réservation 10 €
Location : 3 🛖 (4 à 6 pers.) 305 à 490 €/sem.
🚐 1 borne artisanale 4 €
Pour s'y rendre : 1,5 km au NO par D 63 rte de Xertigny
puis D 20, rte de Ruaux

> Nature : 🗺 🌳
> Loisirs : snack 🎱 🚴 🏊
> Services : 🚿 ⊶ 🆖 🐕 🗑 ⊕ 📱

Le Fraiteux avr.-oct.
  ✆ 03 29 66 00 71, campingdufraiteux@tiscali.fr,
Fax 03 29 30 06 64, http://campingdufraiteux.chez.tiscali.fr
– **R** conseillée
0,8 ha (45 empl.) peu incliné, plat, herbeux, gravillons
Tarif : 14,60 € 👤 ⬅ 🚐 🔲 ⚡ (10A) – pers. suppl. 3,30 €
Location (permanent) : 3 🏠 (4 à 6 pers.) 320 à
420 €/sem.
🚐 1 borne 2 € – 6 🔲 10,60 € – 🚐 8 €
Pour s'y rendre : À Ruaux, O : 4 km par D 20 et D20ᴱ

> Nature : 🏞 🗺
> Loisirs : 🚴
> Services : ⊶ 🐕 🏧 🗑 ⊕ 📱 sèche-
> linge

ST-DIÉ-DES-VOSGES

✉ 88100 – **314** J3 – G. Alsace Lorraine – 22 569 h. – alt. 350
🚩 *Office de tourisme, 8, quai du Mal de L. de Tassigny* ✆ *03 29 42 22 22, Fax 03 29 42 22 23*
Paris 397 – Belfort 123 – Colmar 53 – Épinal 53 – Mulhouse 108 – Strasbourg 97.

⛰ **Vanne de Pierre** Permanent
✆ 03 29 56 23 56, *vannedepierre@wanadoo.fr*,
Fax 03 29 64 28 03, *www.vannedepierre.com* – **R** conseillée
3,5 ha (118 empl.) plat, herbeux
Tarif : 28 € ✶ ⛺ 🚗 🔲 🔌 (10A) – pers. suppl. 7 € – frais de
réservation 25 €
Location : 6 🏚 (4 à 6 pers.) 350 à 770 €/sem. – 7 🏠 (4
à 6 pers.) 400 à 840 €/sem.
Pour s'y rendre : À l'E de la ville par le quai du Stade, près
de la Meurthe

> Nature : 🌾 ♀
> Loisirs : 🍽 🛝 🖥 diurne 🛶 🚲 🏊
> Services : 🔥 🛒 🆖 🚿 🔲 🍴 🛁 🅰
> 🧺 💧 🐾 🖥 sèche-linge
> À prox. : ✂ 🛶

ST-MAURICE-SUR-MOSELLE

✉ 88560 – **314** I5 – G. Alsace Lorraine – 1 449 h. – alt. 560 – Sports d'hiver : 550/1 250 m ✦8 ✦
🚩 *Office de tourisme, 28 bis, rue de Lorraine* ✆ *03 29 25 12 34*
Paris 441 – Belfort 41 – Bussang 4 – Épinal 56 – Mulhouse 51 – Thann 31 – Le Thillot 7.

⛰ **Les Deux Ballons** 15 avr.-sept.
✆ 03 29 25 17 14, *stan@camping-deux-ballons.fr*,
www.camping-deux-ballons.fr – **R** conseillée
4 ha (180 empl.) plat et en terrasses, herbeux
Tarif : 28,85 € ✶ ⛺ 🔲 – pers. suppl. 5 € – frais de
réservation 20 €
Location : 5 🏠 (4 à 6 pers.) 407 à 635 €/sem.
🚐 1 borne artisanale
Pour s'y rendre : Sortie SO par N 66 rte du Thillot, bord
d'un ruisseau

> Nature : ≤ ♀♀
> Loisirs : 🍽 snack 🛝 🛶 ✂ 🏊 🎣
> Services : 🔥 🛒 🆖 🔲 🍴 🛁 🅰 🐾
> 💧 🖥 sèche-linge
> À prox. : 🎿

SANCHEY

✉ 88390 – **314** G3 – 692 h. – alt. 368
Paris 390 – Metz 129 – Épinal 8 – Nancy 69 – Colmar 100.

⛰ **Club Lac de Bouzey** Permanent
✆ 03 29 82 49 41, *lacdebouzey@orange.fr*,
Fax 03 29 64 28 03, *www.lacdebouzey.com* – **R** conseillée
3 ha (160 empl.) plat et peu incliné, en terrasses, herbeux
Tarif : 32 € ✶ ⛺ 🔲 🔌 (10A) – pers. suppl. 9 € – frais de
réservation 25 €
Location : 33 🏚 (4 à 6 pers.) 250 à 630 €/sem.
🚐 1 borne flot bleu – 🛟
Pour s'y rendre : S : par D 41
À savoir : Face au lac, agréables installations d'accueil et de
loisirs

> Nature : 🐟 🌾 ♀♀
> Loisirs : 🍽 🍴 🖥 nocturne 🕺 salle
> de spectacle, discothèque 🚲 🎿 🏊
> canoë
> Services : 🔥 🛒 🆖 🚿 🔲 🍴 🛁 🅰
> 🧺 💧 🐾 🖥 sèche-linge 🎣 🛒

SAULXURES-SUR-MOSELOTTE

✉ 88290 – **314** I5 – 3 070 h. – alt. 464 – Base de loisirs
🚩 *Office de tourisme, 11, rue Pasteur* ✆ *03 29 24 52 13, Fax 03 29 24 56 66*
Paris 431 – Épinal 46 – Gérardmer 24 – Luxeuil-les-Bains 53 – Remiremont 20 – Vesoul 86.

⛰ **Lac de la Moselotte** Permanent
✆ 03 29 24 56 56, *lac-moselotte@ville-saulxures-mtte.fr*,
Fax 03 29 24 58 31, *www.ville-saulxures-mtte.fr* – **R** conseil-
lée
23 ha/3 campables (75 empl.) plat, herbeux, pierreux
Tarif : ✶ 5 € ⛺ 🔲 5 € – 🔌 (10A) 5 €
Location : 20 🏠 (4 à 6 pers.) 289 à 629 €/sem. – huttes
Pour s'y rendre : 1,5 km à l'O sur ancienne D 43
À savoir : Dans un site boisé au bord d'un lac et près d'une
base de loisirs

> Nature : ≤ 🌾 △
> Loisirs : 🍽 🛝 🕺 salle d'animation
> 🛶
> Services : 🔥 🛒 🆖 🚿 🔲 🍴 🅰 🧺
> 💧 🐾 🖥
> à la base de loisirs : 🏄 🏊 🎣 mur
> d'escalade

Le THOLY

✉ 88530 – **314** I4 – G. Alsace-Lorraine – 1 556 h. – alt. 628

🚉 *Syndicat d'initiative, 3, rue Charles-de-Gaulle* ☏ *03 29 61 81 82, Fax 03 29 61 18 83*

Paris 414 – Bruyères 21 – Épinal 30 – Gérardmer 11 – Remiremont 19 – St-Amé 12 – St-Dié 38.

⚠ **Noirrupt** mi-avr.-mi-oct.

☏ 03 29 61 81 27, *info@jpvacances.com*,

Fax 03 29 61 83 05, *www.jpvacances.com* – **R** conseillée

2,9 ha (70 empl.) en terrasses, plat, herbeux, pierreux

Tarif : 24,90 € 🕴 🚗 🔋 🔌 (6A) – pers. suppl. 5,50 € – frais de réservation 9 €

Location (permanent) 🏖 (déb.juil.-fin août) : 12 🏠 (4 à 6 pers.) 235 à 580 €/sem.

Pour s'y rendre : 1,3 km au NO par D 11, rte d'Épinal et chemin à gauche

À savoir : Cadre agréable

> Nature : ≤ ♀
> Loisirs : 🍴 snack 🛏 🎱 🏊 🎿 🍴
> Services : 🕐 🛒 🐾 🗑 🛁 ⊕ 🧺 🧹 🐕
> 📷

VAL-D'AJOL

✉ 88340 – **314** G5 – G. Alsace Lorraine – 4 452 h. – alt. 380

🚉 *Office de tourisme, 17, rue de Plombières* ☏ *03 29 30 61 55, Fax 03 29 30 56 78*

Paris 382 – Épinal 41 – Luxeuil-les-Bains 18 – Plombières-les-Bains 10 – St-Dié 71 – Vittel 70.

⚠ **Municipal** 15 avr.-sept.

☏ 03 29 66 55 17 – **R** conseillée

1 ha (50 empl.) plat, herbeux

Tarif : 🕴 2,50 € 🚗 🔋 3,50 € – 🔌 (6A) 2,30 €

Pour s'y rendre : Sortie NO par D 20, rte de Plombières-les-Bains et r. des Oeuvres à gauche

> Nature : ≤ 🗐
> Loisirs : 🛏
> Services : 🕐 🛒 🐾 🗑 🧺 ⊕ 🧹 🧹
> À prox. : 🍴 🎿 🖫 🏊

VITTEL

✉ 88800 – **314** D3 – G. Alsace Lorraine – 6 117 h. – alt. 347

🚉 *Office de tourisme, place de la Marne* ☏ *03 29 08 08 88, Fax 03 29 08 37 99*

Paris 342 – Belfort 129 – Épinal 43 – Chaumont 84 – Langres 80 – Nancy 85.

⚠ **Aquadis Loisirs** avr.-oct.

☏ 03 29 08 02 71, *aquadis1@wanadoo.fr*,

Fax 03 86 37 95 83, *www.aquadis-loisirs.com* – **R** conseillée

3,5 ha (120 empl.) plat, herbeux, gravillons

Tarif : 18 € 🕴 🚗 🔋 🔌 (6A) – pers. suppl. 4,40 € – frais de réservation 10 €

Location : 6 🏠 (4 à 6 pers.) 280 à 460 €/sem.

🚐 1 borne artisanale – 10 🔲

Pour s'y rendre : sortie NE par D 68, rte de They-sous-Montfort

> Nature : 🗐 ♀
> Loisirs : 🛏 🏊
> Services : 🕐 🛒 🅖🅱 🐾 🗑 ⊕ 📷
> sèche-linge

XONRUPT-LONGEMER

✉ 88400 – **314** J4 – G. Alsace Lorraine – 1 489 h. – alt. 714 – Sports d'hiver : 750/1 300 m 🎿 3 🎿

Paris 429 – Épinal 44 – Gérardmer 4 – Remiremont 32 – St-Dié 25.

⚠ **Les Jonquilles** 15 avr.-10 oct.

☏ 03 29 63 34 01, Fax 03 29 60 09 28 – **R** conseillée

4 ha (247 empl.) peu incliné, herbeux

Tarif : 15 € 🕴 🚗 🔋 🔌 (6A) – pers. suppl. 3 €

🚐 1 borne artisanale – 5 🔲 12 €

Pour s'y rendre : SE : 2,5 km par D 67 ᴀ

À savoir : Situation agréable au bord du lac

> Nature : ≤ lac et montagnes boisées ≜
> Loisirs : 🍴 crêperie 🛏 🏊 🎣
> Services : 🕐 🛒 🅖🅱 🐾 🗑 🛁 ⊕ 🐕
> 📷 🧺 🐾

⚠ **La Vologne** mai-fin sept.

☏ 03 29 60 87 23, *camping@lavologne.com*,

Fax 03 29 60 87 23, *www.lavologne.com* – **R** conseillée

2,5 ha (100 empl.) plat, herbeux

Tarif : 14,20 € 🕴 🚗 🔋 🔌 (6A) – pers. suppl. 3,20 €

Location (avr.-3 nov.) : 3 🏠 (4 à 6 pers.) 270 à 540 €/sem.

Pour s'y rendre : SE : 4,5 km par D 67 ᴀ

À savoir : Dans un site boisé, au bord de la rivière

> Nature : ≤
> Loisirs : 🛏 🏊
> Services : 🕐 🛒 🅖🅱 🐾 🗑 🛁 🏖 ⊕

MIDI-PYRÉNÉES

S. Sauvignier/Michelin

Lourdes n'a pas l'apanage des miracles : le Midi-Pyrénées tout entier « donne aux saints la nostalgie de la terre ». Voici d'abord la barrière pyrénéenne, sa coiffe immaculée, ses gaves tumultueux et ses épaisses forêts où se cachent quelques ours. Puis les cités médiévales et forteresses, qui se colorent au soleil couchant d'une palette féerique : Albi gouachée de rouge, Toulouse la rose, bastides aux reflets corail... Dans l'obscurité des grottes, c'est l'art fécond des premiers hommes qui prend un tour surnaturel. La liste des prodiges serait incomplète si l'on n'évoquait la fertilité des pays de Garonne producteurs de fruits, de légumes, de vins et de céréales, et la générosité de la table où garbure, cassoulet, confits et foies gras assouvissent l'appétit légendaire des héritiers des Mousquetaires.

Lourdes may be famous for its miracles, but some would say that the whole of the Midi-Pyrénées has been uniquely blessed: it continues to offer sanctuary to a host of exceptional fauna and flora, like the wild bears which still roam the high peaks of the Pyrenees. At sunset, the towers of its medieval cities and fortresses glow in the evening light, its forbidding Cathar castles are stained a bloody red, Albi paints a crimson watercolour and Toulouse is veiled in pink. Yet this list of marvels would not be complete without a mention of the Garonne's thriving, fertile »garden of France« , famous for its vegetables, fruit and wine. This land of milk and honey is as rich as ever in culinary tradition, and it would be a crime to leave without sampling some foie gras or a confit de canard.

AIGUES VIVES

✉ 09600 – **343** J7 – 485 h. – alt. 425
Paris 776 – Carcassonne 63 – Castelnaudary 46 – Foix 36 – Lavelanet 8 – Pamiers 34 – Quillan 40.

⚠ **La Serre** 15 mars-oct.
    𝒫 05 61 03 06 16, *contact@camping-la-serre.com*,
    www.camping-la-serre.com – **R** conseillée
    6,5 ha (40 empl.) en terrasses, plat, vallonné, gravillons
    Tarif : 23 € ✱ ⇐ 🔲 ⓖ (5A) – pers. suppl. 7 €
    Location : 6 🚐 (4 à 6 pers.) 420 à 590 €/sem. – 8 🏡 (4
    à 6 pers.) 420 à 630 €/sem.
    🚐, 1 borne artisanale 4 € – 8 🔲 19 € – 🚌 12 €
    Pour s'y rendre : À l'O du bourg
    À savoir : Vastes emplacements arborés, face aux Pyré-
    nées

Nature : 🌳 🗓 ♡♡
Loisirs : 🍴 ⛵ 🏊 parcours VTT
Services : 🚿 ⚍ ♻ ⊙ 🔳

ALBIÈS

✉ 09310 – **343** I8 – 156 h. – alt. 560
Paris 790 – Andorra-la-Vella 74 – Ax-les-Thermes 15 – Foix 30 – Lavelanet 43.

⚠ **Municipal la Coume** Permanent
    𝒫 05 61 64 98 99, *camping.albies@wanadoo.fr*,
    Fax 05 61 64 98 99 – places limitées pour le passage
    – **R** conseillée
    1 ha (60 empl.) pierreux, peu incliné, en terrasses, herbeux
    Tarif : ✱ 2,50 € ⇐ 🔲 2,65 € – ⓖ (5A) 1,70 €
    Pour s'y rendre : Au bourg, à 100 m de l'Ariège

Nature : ≤ 🗓 ♡♡
Loisirs : 🍴
Services : 🚿 ⚍ ♻ ▥ 🗄 ⊙ 🔳
À prox. : 🎣

Si vous recherchez :

👫 *Un terrain offrant des équipements et des loisirs adaptés aux enfants*
🐸 *Un terrain agréable ou très tranquille*
L - M *Un terrain effectuant la location de caravanes, de mobile homes,*
    de bungalows ou de chalets
P *Un terrain ouvert toute l'année*
🚐 *Un terrain possédant une aire de services pour camping-cars*
Consultez le tableau des localités

ASTON

✉ 09310 – **343** I8 – 241 h. – alt. 563
Paris 788 – Andorra-la-Vella 78 – Ax-les-Thermes 20 – Foix 59 – Lavelanet 42 – St-Girons 73.

⚠ **Le Pas de l'Ours** juin-15 sept.
    𝒫 05 61 64 90 33, *contact@lepasdelours.fr*,
    Fax 05 61 64 90 32, *www.lepasdelours.fr* – **R** conseillée
    3,5 ha (50 empl.) plat et peu incliné, herbeux, rochers
    Tarif : 19 € ✱ ⇐ 🔲 ⓖ (6A) – pers. suppl. 4 €
    Location (permanent) : 27 🏡 (4 à 6 pers.) 180 à
    560 €/sem. – 16 gîtes
    Pour s'y rendre : Au S du bourg, près du torrent

Nature : 🐸 ≤ 🗓 ♡♡
Loisirs : 🍴 👫 salle d'animation
🚴 🎿 🎣
Services : 🚿 ⚍ (juil.-août) ⑱ ♻
🗄 ⊙ 🔳 sèche-linge 🧺
À prox. : 🏊 🚣 ⛷

AUGIREIN

✉ 09800 – **343** D7 – 73 h. – alt. 629
Paris 788 – Aspet 22 – Castillon-en-Couserans 12 – St-Béat 30 – St-Gaudens 38 – St-Girons 23.

⚠ **La Vie en Vert** juin-7 sept.
    𝒫 05 61 96 82 66, *daffis@lavieenvert.com*,
    Fax 05 61 96 82 66, *www.lavieenvert.com* – **R** conseillée
    0,3 ha (15 empl.) plat, herbeux
    Location : 2 🛏
    Pour s'y rendre : À l'E du bourg, bord de la Bouigane
    À savoir : Autour d'une ferme ancienne soigneusement
    restaurée

Nature : 🐸 🗓 ♡♡
Loisirs : 🍴 🎣
Services : 🚿 ⚍ ♻ ⊙ 🔳
À prox. : 🍴 snack

AULUS-LES-BAINS

✉ 09140 – **343** G8 – G. Midi Pyrénées – 189 h. – alt. 750

🏠 *Office de tourisme, résidence Ars* ☎ 05 61 96 00 01

Paris 807 – Foix 76 – Oust 17 – St-Girons 34.

⛺ **Le Coulédous** Permanent
☎ 05 61 96 02 26, *camping.couledous@orange.fr*,
Fax 05 61 96 06 74, *www.couledous.com* – **R** conseillée
1,6 ha (70 empl.) plat, herbeux, pierreux, gravillons
Tarif : 18 € ⊀ ⇔ 🔲 🔌 (6A) – pers. suppl. 4,50 €
Location : 12 🏠 (4 à 6 pers.) 210 à 489 €/sem.
Pour s'y rendre : sortie NO par D 32 rte de St-Girons, près
du Garbet
À savoir : au milieu d'un parc aux essences variées et
parfois centenaires

> Nature : ⚘ ⬩ ♤♤
> Loisirs : snack 🖵 🏊
> Services : ⚒ ⚬⛽ GB ⚙ 🕮 🔳 🚿 ⚗
> 🔳 sèche-linge 🚰
> À prox. : ⚒ 🐟 ⚓

AX-LES-THERMES

✉ 09110 – **343** J8 – G. Midi Pyrénées – 1 441 h. – alt. 720

🏠 *Office de tourisme, 6, avenue Théophile Delcassé* ☎ 05 61 64 60 60, Fax 05 61 64 68 18

Paris 805 – Toulouse 129 – Foix 43 – Pamiers 62 – Lavelanet 58.

🏘 **Résidences et Chalets Isatis** (location exclusive de
chalets et d'appartements) janv.-15 avr. et 31 mai-27 sept.
☎ 05 34 09 20 05, *resa@grandbleu.fr, www.grandbleu.fr* –
alt. 1 000 – **R** conseillée
2 ha en terrasses
Location 🅿 : 22 🏠 (4 à 6 pers.) 280 à 742 €/sem. – 27
appartements
Pour s'y rendre : 5 km au NE par D 613, rte de Quillan et à
gauche à Ignaux

> Nature : ⛰ ⬩ la Dent d'Orlu
> Loisirs : 🏊
> Services : ⚒ ⚬⛽ GB ⚙ 🕮 🔳 sè-
> che-linge

🏘 **Le Malazeou** fermé nov.
☎ 05 61 64 69 14, *camping.malazeou@wanadoo.fr*,
Fax 05 61 64 05 60, *www.campingmalazeou.com*
– **R** conseillée
6,5 ha (329 empl.) plat, herbeux, en terrasses, pierreux
Tarif : 25,50 € ⊀ ⇔ 🔲 🔌 (10A) – pers. suppl. 5,30 € –
frais de réservation 30 €
Location : 28 🚐 (4 à 6 pers.) 292 à 623 €/sem. – 21 🏠
(4 à 6 pers.) 352 à 749 €/sem.
🚐 1 borne artisanale 13 €
Pour s'y rendre : 1,5 km au NO par N 20, dir. Foix

> Nature : ♤♤
> Loisirs : 🏊 ⚓
> Services : ⚒ ⚬⛽ GB ⚙ 🕮 🔳 🚿 ⚗
> 🚰

441

La BASTIDE DE SÉROU

✉ 09240 – **343** G6 – G. Midi Pyrénées – 907 h. – alt. 410

🏠 *Office de tourisme, 117, route de Saint-Girons* ☎ 05 61 64 53 53, Fax 05 61 64 50 48

Paris 779 – Foix 18 – Le Mas-d'Azil 17 – Pamiers 38 – St-Girons 27.

⛰ **L'Arize** 7 mars-12 nov.
☎ 05 61 65 81 51, *camparize@aol.com*, Fax 05 61 65 83 34,
www.camping-arize.com – **R** conseillée
7,5 ha/1,5 campable (70 empl.) plat, herbeux
Tarif : 23,70 € ⊀ ⇔ 🔲 🔌 (6A) – pers. suppl. 5,40 € – frais
de réservation 19 €
Location : 12 🚐 (4 à 6 pers.) 343 à 639 €/sem. – 4 🏠
(4 à 6 pers.) 459 à 744 €/sem. – bungalows toilés
🚐 1 borne artisanale – 9 🔲 16 € – 🚐 13 €
Pour s'y rendre : Sortie E par D 117, rte de Foix puis 1,5 km
par D 15, rte de Nescus à dr., bord de la rivière

> Nature : ⛰ ⬩ ♤♤
> Loisirs : 🖵 🏊 ⚓
> Services : ⚒ ⚬⛽ GB ⚙ 🔳 ⚗ ⚗ 🔳
> sèche-linge
> À prox. : ✗ 🐟

⛺ **Village Vacances les Lambrilles** (location exclusive
de chalets) Permanent
☎ 05 61 64 53 53, *tourisme.seronais@wanadoo.fr*,
Fax 05 61 64 50 48, *www.seronais.com* – **R** conseillée
1 ha, plat, herbeux
Location : 24 🏠 (4 à 6 pers.) 260 à 520 €/sem.
Pour s'y rendre : au bourg, bord de l'Arize

> Nature : ⛰
> Loisirs : 🖵 🏊 🏊 ⚓
> Services : ⚬⛽ (juil.-août) GB ⚙ 🕮
> 🔳
> À prox. : ⚒ 🐟

COS

⌧ 09000 – **343** H7 – 258 h. – alt. 486

Paris 766 – La Bastide-de-Sérou 14 – Foix 5 – Pamiers 25 – St-Girons 41 – Tarascon-sur-Ariège 23.

▲ **Municipal** Permanent
℘ 05 61 02 62 35, *mairiedecos@neuf.fr*, Fax 05 61 65 39 79
– **R** conseillée
0,7 ha (32 empl.) non clos, plat, peu incliné, herbeux
Tarif : 10 € **†** ⇔ 回 – pers. suppl. 1,50 €
Pour s'y rendre : 0,7 km au SO sur D 61, bord d'un ruisseau

Nature : ⊗ ♀♀
Loisirs : 🏠 ※
Services : & ♂ ▥ 🖪 ⊕ ⊘ 🛒 ▥
À prox. : ⇵ 🟣

L'HERM

⌧ 09000 – **343** I7 – 177 h. – alt. 502

Paris 770 – Toulouse 93 – Carcassonne 81 – Castres 109 – Colomiers 105.

▲ **La Clairière** juil.-4 sept.
℘ 05 61 01 65 12, *camping.laclairiere@aliceadsl.fr*,
Fax 05 61 02 73 95, *www.camping-laclairiere.com*
– **R** conseillée
1 ha (15 empl.) plat, herbeux, bois attenant
Tarif : 10,10 € **†** ⇔ 回 – pers. suppl. 3,80 €
Pour s'y rendre : 2 km au NO, rte de Foix, au col de Py

Nature : ⊗ ♀♀
Services : ⊶ ♂ 🖪 ⊕

L'HOSPITALET-PRÈS-L'ANDORRE

⌧ 09390 – **343** I9 – 166 h. – alt. 1 446

Tunnel de Puymorens : péage en 2007, aller simple : autos 5,60, autos et caravanes 11,30, P. L. 16,90 à 27,90, deux-roues 3,40. Tarifs spéciaux A.R. : renseignements ℘ 04 68 04 97 20

Paris 822 – Andorra-la-Vella 40 – Ax-les-Thermes 19 – Bourg-Madame 26 – Foix 62 – Font-Romeu-Odeillo-Via 37.

▲ **Municipal** juin-oct.
℘ 05 61 05 21 10, *mairie.lhospitalet-pres-landorre@wanadoo.fr*, Fax 05 61 05 23 08 – alt. 1 500 – **R** conseillée
1,5 ha (62 empl.) plat, herbeux, terrasse, gravillons
Tarif : **†** 3,10 € ⇔ 回 3,60 € – 🔌 (5A) 2,30 €
Pour s'y rendre : 0,6 km au N par N 20, rte d'Ax-les-Thermes et rte à dr.

Nature : ⩼ ♀
Loisirs : ※
Services : & ⊶ (juil.-août) ♂ ▥ ⊕ ⊘ 🛒 🖪 ⊘
À prox. : 🟣

442

LUZENAC

⌧ 09250 – **343** I8 – G. Midi-Pyrénées – 632 h. – alt. 608

Paris 795 – Andorra-la-Vella 68 – Foix 35 – Quillan 64.

▲▲ **Municipal le Castella** Permanent
℘ 05 61 64 47 53, *camping.lecastella@wanadoo.fr*,
Fax 05 61 64 40 59, *www.camping.lecastella.com* – places limitées pour le passage – **R** conseillée
3 ha (150 empl.) en terrasses, plat, peu incliné, herbeux, rochers
Tarif : (Prix 2007) 11,20 € **†** ⇔ 回 🔌 (4A) – pers. suppl. 3,10 €
Location : 9 🏠 (4 à 6 pers.) 189 à 398 €/sem.
Pour s'y rendre : par N 20 dir. Ax-les-Thermes, au bourg, chemin à dr.

Nature : ♀♀
Loisirs : 🏠 ⇵ 🟣 🟣
Services : & ⊶ GB ♂ ▥ ⊕ ⊘ 🛒
🖪 sèche-linge
À prox. : parcours de santé

MERCUS-GARRABET

⌧ 09400 – **343** H7 – 1 005 h. – alt. 480

Paris 772 – Ax-les-Thermes 32 – Foix 12 – Lavelanet 25 – St-Girons 56.

▲▲ **Le Lac** 12 avr.-20 sept.
℘ 05 61 05 90 61, *info@campinglac.com*,
Fax 05 61 05 90 61, *www.campinglac.com* – **R** conseillée
1,2 ha (58 empl.) en terrasses, plat, herbeux
Tarif : 27,50 € **†** ⇔ 回 🔌 (10A) – pers. suppl. 6,50 € – frais de réservation 15 €
Location (22 mars-27 sept.) : 2 🛖 (4 à 6 pers.) 280 à 585 €/sem. – 16 🏠 (4 à 6 pers.) 290 à 610 €/sem.
🚐 1 borne artisanale – 1 回 26 €
Pour s'y rendre : 0,8 km au Spar D 618, rte de Tarascon et à dr. au passage à niveau, au bord de l'Ariège

Nature : ♀♀ ▲
Loisirs : 🏠 🟣 (petite piscine) 🟣
Services : & ⊶ ♂ Ⓜ 🖪 🛎 ⊕ ▥
À prox. : ✕ ※ canoë

MÉRENS-LES-VALS

✉ 09110 – **343** J9 – G. Midi Pyrénées – 180 h. – alt. 1 055
Paris 812 – Ax-les-Thermes 10 – Axat 61 – Belcaire 36 – Foix 53 – Font-Romeu-Odeillo-Via 47.

Municipal de Ville de Bau Permanent
 ℘ 05 61 02 85 40, camping.merens@wanadoo.fr,
 Fax 05 61 64 03 83 – alt. 1 100 – **R** conseillée
 2 ha (70 empl.) plat, herbeux, pierreux
 Tarif : 15 € ⚹ ⇌ 🅴 🄶 (10A) – pers. suppl. 3 €
 Pour s'y rendre : 1,5 km au SO par N 20, rte d'Andorre et
 chemin à dr., bord de l'Ariège

| Nature : ≤ 🏞 ♡♡ |
| Loisirs : 🏠 🎣 |
| Services : 🕭 ⚡ GB 🚿 🏧 🔋 🅰 🚾 🚽 🕯 📼 sèche-linge 🧺 |

OUST

✉ 09140 – **343** F7 – 515 h. – alt. 500
Paris 792 – Aulus-les-Bains 17 – Castillon-en-Couserans 31 – Foix 61 – St-Girons 18 – Tarascon-sur-Ariège 50.

Les Quatre Saisons 10 mars-15 déc.
 ℘ 05 61 96 55 55, camping.ariege@gmail.com, www.cam
 ping4saisons.com – **R** conseillée
 3 ha (108 empl.) plat, herbeux
 Tarif : 22,60 € ⚹ ⇌ 🅴 🄶 (10A) – pers. suppl. 5,20 € –
 frais de réservation 8,50 €
 Location (permanent) : 13 🛖 (4 à 6 pers.) 238 à
 548 €/sem. – 6 🛏 – 6 appartements
 Pour s'y rendre : Sortie SE par D 32, rte d'Aulus-les-Bains,
 près du Garbet

| Nature : ≤ 🏞 ♡♡ |
| Loisirs : 🍴 🏠 ⛹ ⛳ 🛶 |
| Services : 🕭 ⚡ GB 🚿 🏧 🔋 🅰 🚾 🕯 📼 sèche-linge |
| À prox. : 🍴 🐎 (centre équestre) |

LES GUIDES VERTS **MICHELIN**
Paysages, monuments
Routes touristiques
Géographie
Histoire, Art
Itinéraire de visite
Plans de villes et de monuments

443

PAMIERS

✉ 09100 – **343** H6 – G. Midi Pyrénées – 13 417 h. – alt. 280
🛈 *Office de tourisme, boulevard Delcassé* ℘ 05 61 67 52 52, Fax 05 34 01 00 39
Paris 746 – Toulouse 70 – Carcassonne 77 – Castres 105 – Colomiers 81.

L' Apamée Pâques-oct.
 ℘ 05 61 60 06 89, campingapamee@orange.fr, www.lapa
 mee.com – **R** conseillée
 2 ha (80 empl.) plat, herbeux
 Tarif : 22 € ⚹ ⇌ 🅴 🄶 (6A) – pers. suppl. 7 € – frais de
 réservation 23 €
 Location : 10 bungalows toilés
 🛖 1 borne artisanale 3 €
 Pour s'y rendre : 1 km au N par D 624, rte de St-Girons,
 près de l'Ariège

| Nature : ♡♡ |
| Loisirs : 🛶 🎣 |
| Services : 🕭 ⚡ GB 🚿 🔋 🅰 📼 sèche-linge |

Le PLA

✉ 09460 – **343** K8 – 79 h. – alt. 1 070
🛈 *Office de tourisme, Mairie* ℘ 04 68 20 41 37, Fax 04 68 20 46 25
Paris 833 – Ax-les-Thermes 31 – Foix 75 – Font-Romeu-Odeillo-Via 41 – Prades 68.

Municipal la Pradaille Permanent
 ℘ 04 68 20 49 14, mairie.le-pla@wanadoo.fr,
 Fax 04 68 20 40 40 – alt. 1 169 – **R** conseillée
 3,2 ha (60 empl.) plat, peu incliné et incliné, en terrasses,
 herbeux, gravier, pierreux
 Tarif : ⚹ 3,20 € ⇌ 🅴 6,10 € – 🄶 (16A) 3,20 €
 Pour s'y rendre : S : 1,7 km par D 16, rte de Querigut, D 25,
 rte d'Ax-les-Thermes et rte de Soulades à gauche

| Nature : 🏔 ≤ 🏞 ♀ |
| Services : 🕭 ⚡ 🚿 🏧 🔋 🅰 🚾 🚽 📼 |
| À prox. : 🍴 snack 🍴 🎿 🐎 |

RIEUX-DE-PELLEPORT

✉ 09120 – **343** H6 – 848 h. – alt. 333
Paris 752 – Foix 13 – Pamiers 8 – St-Girons 47 – Toulouse 77.

Les Mijeannes Permanent
📞 05 61 60 82 23, *lesmijeannes@wanadoo.fr,*
Fax 05 61 67 74 80, *www.campinglesmijeannes.com*
– **R** conseillée
10 ha/5 campables (88 empl.) plat, herbeux, pierreux
Tarif : 21,30 € ✶ ⇔ 回 [½] (10A) – pers. suppl. 4,40 €
Location : 7 ⟨□⟩ (4 à 6 pers.) 256 à 565 €/sem. – 2 ⟨⟩ (4
à 6 pers.) 286 à 585 €/sem.
⟨□⟩ 1 borne artisanale 4 €
Pour s'y rendre : 1,4 km au NE, accès sur D 311, rte de
Ferries, bord d'un canal et près de l'Ariège

Nature : ⤴ ≤ ⟨⟩ ♧♧
Loisirs : ▾ ⟨⟩ ♦ ⟨⟩ ⟨⟩
Services : ⟨⟩ ⟨⟩ ⟨⟩ ⟨⟩ ⟨⟩ ⟨⟩ ⟨⟩ ⟨⟩ ⟨⟩
sèche-linge

RIMONT

✉ 09420 – **343** F7 – 501 h. – alt. 525
Paris 768 – Toulouse 92 – Carcassonne 114 – Colomiers 98 – Tournefeuille 89.

Les Chalets de Rimont (location exclusive de chalets)
Permanent
📞 05 61 64 53 53, *tourisme.seronais@wanadoo.fr,*
Fax 05 61 64 50 48, *www.seronais.com* – **R**
0,3 ha plat
Location : 5 ⟨⟩ (4 à 6 pers.) 260 à 520 €/sem.
Pour s'y rendre : 1 km au S par D 518, rte l'Abbaye de
Combelongue

Nature : ⤴ ≤
Services : ⟨⟩ ⟨⟩ ⟨⟩ ⟨⟩ ⟨⟩

444

ST-GIRONS

✉ 09200 – **343** E7 – 6 254 h. – alt. 398
🛈 *Office de tourisme, place Alphonse Sentein* 📞 *05 61 96 26 69*
Paris 774 – Auch 123 – Foix 45 – St-Gaudens 43 – Toulouse 101.

Audinac ♣♣ – mars-nov.
📞 05 61 66 44 50, *accueil@audinac.com,*
Fax 05 61 66 44 50, *www.audinac.com* – **R** conseillée
15 ha/6 campables (100 empl.) peu incliné et plat, en
terrasses, herbeux, petit étang
Tarif : 19,50 € ✶ ⇔ 回 [½] (10A) – pers. suppl. 6 €
Location : 19 ⟨⟩ (4 à 6 pers.) 240 à 580 €/sem. – 10
bungalows toilés
⟨□⟩ 1 borne 4 €
Pour s'y rendre : À Audinac-les-Bains, 4,5 km au NE par
D 117, rte de Foix et D 627, rte de Ste-Croix-Volvestre
À savoir : Piscine devant un ancien bâtiment des thermes
du 19e s.

Nature : ⤴ ≤ ♧♧
Loisirs : ▾ snack, pizzeria ⟨⟩ ⟨⟩
⟨⟩ ⟨⟩ ⟨⟩ ⟨⟩ terrain omnisports
Services : ⟨⟩ ⟨⟩ ⟨⟩ ⟨⟩ ⟨⟩ ⟨⟩ ⟨⟩ ⟨⟩
⟨⟩ ⟨⟩ sèche-linge ⟨⟩ réfrigérateurs

SEIX

✉ 09140 – **343** F7 – G. Midi Pyrénées – 697 h. – alt. 523
🛈 *Office de tourisme, place de l'Allée* 📞 *05 61 96 00 01*
Paris 793 – Ax-les-Thermes 77 – Foix 62 – St-Girons 19.

Le Haut Salat fermé 21 déc.-6 janv.
📞 05 61 66 81 78, *www.camping-haut-salat.com*
– **R** conseillée
2,5 ha (135 empl.) plat, herbeux
Location : 6 ⟨⟩ (2 à 4 pers.) 200 à 360 €/sem.
Pour s'y rendre : 0,8 km au NE par D 3, rte de St-Girons,
bord du Salat

Nature : ❀ ⤴ ≤ ♧♧
Loisirs : ▾ ⟨⟩ ⟨⟩ (petite piscine)
⟨⟩
Services : ⟨⟩ ⟨⟩ ⟨⟩ ⟨⟩ ⟨⟩ ⟨⟩
sèche-linge

SORGEAT

✉ 09110 – **343** J8 – 96 h. – alt. 1 050
Paris 808 – Ax-les-Thermes 6 – Axat 50 – Belcaire 23 – Foix 49 – Font-Romeu-Odeillo-Via 61.

⚠ **Municipal La Prade** Permanent
🕿 05 61 64 36 34, *mairie.sorgeat@wanadoo.fr*,
Fax 05 61 64 63 38, *www.sorgeat.com* – alt. 1 000 – places li-
mitées pour le passage – **R** conseillée
2 ha (40 empl.) non clos, en terrasses, plat, herbeux
Tarif : ⛺ 3 € ⬅ 1,70 € 🗐 1,70 € – 🔌 (10A) 5,40 €
Location 🚫 : 2 🏚 (4 à 6 pers.) 210 à 320 €/sem. –
appartements
Pour s'y rendre : 0,8 km au N
À savoir : Situation agréable surplombant la vallée d'Ax-les-
Thermes

> Nature : 🏔 ⟨ montagnes 🌲 ⟨⟨
> Loisirs : 🎮
> Services : 🚿 ⊶ (juil.-août) 🇬🇧 🐾
> 🗄 🔋 ☺ ⚌ ♨ 🔥

Pour choisir et suivre un itinéraire
Pour calculer un kilométrage
Pour situer exactement un terrain (en fonction des
indications fournies dans le texte) :
*Utilisez les **cartes MICHELIN** ,*
compléments indispensables de cet ouvrage.

TARASCON-SUR-ARIÈGE

✉ 09400 – **343** H7 – G. Midi Pyrénées – 3 446 h. – alt. 474
🛈 *Office de tourisme, avenue Paul Joucla* 🕿 *05 61 05 94 94, Fax 05 61 05 57 79*
Paris 777 – Ax-les-Thermes 27 – Foix 18 – Lavelanet 30.

⛰ **Le Pré Lombard** 👥 – 21 mars-11 Nov.
🕿 05 61 05 61 94, *leprelombard@wanadoo.fr*,
Fax 05 61 05 78 93, *www.flowercampingsariege.com*
– **R** conseillée
4 ha (180 empl.) plat, herbeux
Tarif : 29,50 € ⛺ ⬅ 🗐 🔌 (10A) – pers. suppl. 8,50 € –
frais de réservation 23 €
Location : 40 🏚 (4 à 6 pers.) 200 à 798 €/sem. – 21 🏚
(4 à 6 pers.) 240 à 777 €/sem. – 6 bungalows toilés
🏚 1 borne artisanale 3 € – 🚐
Pour s'y rendre : 1,5 km au SE par D 23, rte d'Ussat, bord
de l'Ariège

> Nature : ⟨⟨⟨
> Loisirs : 🍴 snack, pizzeria 🎮 ⟨ 🏃
> point d'informations touristiques
> 🚗 🚲 ⛵ 🎣 terrain omnisports
> Services : 🚿 ⊶ 🇬🇧 🐾 🗄 🔋 ☺ ☺
> 🐾 🔥 sèche-linge ⚌
> À prox. : 🍴

⚠ **Le Sédour** Permanent
🕿 05 61 05 87 28, *info@campinglesedour.com, www.cam
pinglesedour.com* – places limitées pour le passage
– **R** conseillée
1,5 ha (100 empl.) peu incliné, plat, herbeux, pierreux
Tarif : 19 € ⛺ ⬅ 🗐 🔌 (10A) – pers. suppl. 6 € – frais de
réservation 10 €
Location : 3 🏚 (4 à 6 pers.) 220 à 390 €/sem.
Pour s'y rendre : 1,8 km au NO par D 618 dir. Foix puis rte
de Massat, chemin à dr.

> Nature : 🏔 ⟨⟨⟨
> Loisirs : 🎮 🏊
> Services : 🚿 ⊶ 🇬🇧 🐾 🗄 🔋 ☺ 🔥
> sèche-linge
> À prox. : 🎣

Le TREIN D'USTOU

✉ 09140 – **334** F8 – 351 h. – alt. 739
Paris 804 – Aulus-les-Bains 13 – Foix 73 – St-Girons 31 – Tarascon-sur-Ariège 63.

⚠ **Le Montagnou**
🕿 05 61 66 94 97, *campinglemontagnou@wanadoo.fr*,
Fax 05 61 66 91 20, *www.lemontagnou.com*
1,2 ha (57 empl.) plat, herbeux
Location : 🏚
Pour s'y rendre : Sortie NO par D 8, rte de Seix, près de
l'Alet

> Nature : ⟨ ⟨
> Loisirs : 🎮 🎣
> Services : 🚿 🗄 🔋 ☺ ⚌ ♨ 🔥 sè-
> che-linge ⚌
> À prox. : 🍴

445

ALRANCE

✉ 12430 – **338** I6 – 417 h. – alt. 750
Paris 664 – Albi 63 – Millau 52 – Rodez 37 – St-Affrique 39.

Les Cantarelles mai-sept.
℘ 05 65 46 40 35, *cantarelles@wanadoo.fr*,
Fax 05 65 46 40 35, *www.lescantarelles.com* – **R** conseillée
3,5 ha (165 empl.) plat, peu incliné, herbeux
Tarif : 19,90 € ✳ ⇔ 🅴 🄷 (6A) – pers. suppl. 4,40 €
Location 🏠 : 4 🚐 (2 à 4 pers.) 199 à 439 €/sem. – 4
🚐 (4 à 6 pers.) 299 à 579 €/sem.
🚐 1 borne artisanale 4 € – 🚐 15 €
Pour s'y rendre : S : 3 km sur D 25, bord du lac de
Villefranche-de-Panat
À savoir : Situation agréable en bordure du lac

Nature : ⩽ ♀ ⚘
Loisirs : 🍸 🏛 🏊
Services : 🚿 ⛽ 🅰 🖼 ⊕ 🚿 🖼
À prox. : ✗ 🏊 🛶 🏄

Benutzen Sie
– zur Wahl der Fahrtroute
– zur Berechnung der Entfernungen
– zur exakten Lokalisierung eines Campingplatzes (mit Hilfe der Angaben im Ortstext)
die für diesen Führer unentbehrlichen **MICHELIN-Karten**.

ARVIEU

✉ 12120 – **338** H5 – 880 h. – alt. 730
🛈 *Syndicat d'initiative, Le Bourg* ℘ *05 65 46 71 06, Fax 05 65 63 19 16*
Paris 663 – Albi 66 – Millau 59 – Rodez 31.

Le Doumergal avr.-sept.
℘ 05 65 74 24 92, Fax 05 65 74 24 92 – **R** conseillée
1,5 ha (27 empl.) plat, peu incliné, herbeux
Tarif : 13 € ✳ ⇔ 🅴 🄷 (6A) – pers. suppl. 3 €
Pour s'y rendre : à l'O du bourg, au bord d'un ruisseau

Nature : 🌳 🞠
Loisirs : 🏊
Services : 🚿 ⛽ 🅰 ⊕ 🚿 🛒
À prox. : ✗

446

BOISSE-PENCHOT

✉ 12300 – **338** F3 – 509 h. – alt. 169
Paris 594 – Toulouse 193 – Rodez 46 – Aurillac 65 – Villefranche-de-Rouergue 46.

Le Roquelongue Permanent
℘ 05 65 63 39 67, *info@camping-roquelongue.com*,
Fax 05 65 63 39 67, *www.camping-roquelongue.com*
– **R** conseillée
3,5 ha (66 empl.) plat, pierreux, herbeux
Tarif : 18,80 € ✳ ⇔ 🅴 🄷 (6A) – pers. suppl. 3,90 €
Location : 2 🚐 (4 à 6 pers.) 340 à 485 €/sem. – 7 🏠 (4
à 6 pers.) 340 à 580 €/sem.
Pour s'y rendre : 4,5 km au NO par D 963, D 21 et D 42, rte
de Boisse-Penchot, près du Lot (accès direct)

Nature : ⩽ 🞠 ♀♀
Loisirs : 🍸 snack 🏊 ✗ 🛶 🏄
canoë-kayak, pédalos
Services : 🚿 ⛽ 🅰 🖼 🞠 ⊕ 🚿 🛒
🖼

BRUSQUE

✉ 12360 – **338** J8 – 366 h. – alt. 465
Paris 698 – Albi 91 – Béziers 75 – Lacaune 30 – Lodève 52 – Rodez 108 – St-Affrique 35.

Village Vacances Le Domaine de Céras (location
exclusive de chalets et studios)
℘ 05 65 49 50 66, *brusque@valvvf.fr*, Fax 05 65 49 57 17,
http://www.valvvf.fr – **R** conseillée
14 ha
Location : 12 🏠 (4 à 6 pers.) 245 à 874 €/sem. – studios
Pour s'y rendre : S : 1,6 km par D 92, rte d'Arnac, bord du
Dourdou et d'un petit plan d'eau
À savoir : Dans une petite vallée verdoyante et paisible

Nature : 🌳 ⩽
Loisirs : 🍸 ✗ 🏛 🏃 🏊 ✗ 🛶
🏃 parcours sportif
Services : ⛽ (juil.-août) 🆎 🅰 🖼
🞠
À prox. : 🏄

CANET-DE-SALARS

✉ 12290 – **338** I5 – 379 h. – alt. 850
Paris 654 – Pont-de-Salars 9 – Rodez 33 – St-Beauzély 28 – Salles-Curan 8.

⛰ **Le Caussanel** ≗ – 26 avr.-13 sept.
  ✆ 05 65 46 85 19, *info@lecaussanel.com*,
  Fax 05 65 46 89 85, *www.le caussanel.com* – **R** conseillée
  10 ha (235 empl.) plat, peu incliné, terrasses, herbeux
  Tarif : 31,10 € ⛺ ⛟ 🅴 (6A) – pers. suppl. 6,90 € – frais
  de réservation 30 €
  Location : 30 ⛺ (4 à 6 pers.) 292 à 728 €/sem. – 46 ⛺
  (4 à 6 pers.) à 763 €/sem.
  ⛽ 5 🅴 13,20 € – 🚐 11 €
  Pour s'y rendre : SE : 2,7 km par D 538 et à droite
  À savoir : Situation agréable au bord du lac de Pareloup

> Nature : 🏞 ≼ ♀ ⛰
> Loisirs : 🍽 pizzeria, grill 🎬 ▣ noc-
> turne 🏸 salle d'animation 🚗 🚲
> 🎣 ⛲ ⛱
> Services : 🚿 ⛤ GB ⚡ 🧺 🚮 ♨ ⌂
> 🐾 🛒 🍴 🛁 🚗 ⛴
> À prox. : discothèque 🅿 🐎 🚐

⛰ **Soleil Levant** avr.-sept.
  ✆ 05 65 46 03 65, *contact@camping-soleil-levant.com*,
  Fax 05 65 46 03 62, *www.camping-soleil-levant.com*
  – **R** conseillée
  11 ha (206 empl.) en terrasses, peu incliné, herbeux
  Tarif : 20,50 € ⛺ ⛟ 🅴 (5A) – pers. suppl. 6 € – frais de
  réservation 10 €
  Location 🚫 : 11 ⛺ (4 à 6 pers.) 180 à 615 €/sem.
  Pour s'y rendre : SE : 3,7 km par D 538 et D 993, rte de
  Salles-Curan, à gauche, avant le pont
  À savoir : Situation agréable au bord du lac de Pareloup

> Nature : 🏞 ≼ ♀♀ ⛰
> Loisirs : 🍽 🎬 🚗 🚲
> Services : 🚿 ⛤ GB ⚡ 🧺 ♨ ⌂
> 🐾 🛒 🛁
> À prox. : 🚲 ⛲ 🅿 🐎

⛰ **La Retenue de Pareloup** 15 juin-15 sept.
  ✆ 05 65 46 33 26, *campingdelaretenue@fr.st*,
  Fax 05 65 46 03 93, *www.campingdelaretenue.fr.st*
  – **R** conseillée
  2 ha (80 empl.) non clos, en terrasses, pierreux, herbeux
  Tarif : 20 € ⛺ ⛟ 🅴 – pers. suppl. 4 € – frais de réser-
  vation 8 €
  Location (mai-15 oct.) : 6 ⛺ (4 à 6 pers.) 180 à
  600 €/sem. – 🛏
  Pour s'y rendre : SO : 5 km par D 538 et D 176, à droite
  avant le barrage
  À savoir : Près du lac

> Nature : ▭ ♀♀
> Loisirs : 🍽 snack 🎬 🚗 🚲
> Services : 🚿 ⛤ (juil.-août) GB ⚡
> 🧺 ♨ 🛁 🛒
> À prox. : 🏊 (plage)

CAPDENAC-GARE

✉ 12700 – **338** E3 – 4 587 h. – alt. 175
🛈 *Office de tourisme, place du 14 juillet* ✆ *05 65 64 74 87, Fax 05 65 80 88 15*
Paris 587 – Decazeville 20 – Figeac 9 – Maurs 24 – Rodez 59.

⛰ **Municipal les Rives d'Olt** 5 avr.-sept.
  ✆ 05 65 80 88 87, *camping.capdenac@wanadoo.fr*
  – **R** conseillée
  1,3 ha (60 empl.) plat, herbeux
  Tarif : (Prix 2007) ⛺ 2,80 € ⛟ 1,80 € 🅴 3 € –
  🅖 (10A) 2,70 €
  Location : huttes
  Pour s'y rendre : sortie O par D 994 rte de Figeac et bd
  P.-Ramadier à gauche avant le pont, près du Lot, jardin
  public attenant
  À savoir : cadre agréable verdoyant et ombragé

> Nature : ▭ ♀♀
> Loisirs : ⛱
> Services : 🚿 ⛤ GB ⚡ 🧺 ♨ 🛁 🛒
> À prox. : 🍴 🍽 snack ⛲ 🏸 🅇 par-
> cours sportif

Om een reisroute uit te stippelen en te volgen,
om het aantal kilometers te berekenen,
om precies de ligging van een terrein te bepalen
(aan de hand van de inlichtingen in de tekst),
*gebruikt u de **Michelinkaarten** ,*
een onmisbare aanvulling op deze gids.

CONQUES

✉ 12320 – **338** G3 – G. Midi Pyrénées – 302 h. – alt. 350

🛈 *Office de tourisme, Le Bourg* ℘ *08 20 82 08 03, Fax 05 65 72 87 03*

Paris 601 – Aurillac 53 – Decazeville 26 – Espalion 42 – Figeac 43 – Rodez 37.

⚠ **Beau Rivage** avr.-sept.
℘ 05 65 69 82 23, *camping.conques@wanadoo.fr,*
Fax 05 65 72 89 29, *www.campingconques.com*
– **R** conseillée
1 ha (60 empl.) plat, herbeux
Tarif : 20 € 🚶 ⇔ 🗉 🗓 (10A) – pers. suppl. 4 €
Location : 12 🚐 (4 à 6 pers.) 360 à 560 €/sem.
🚐 1 borne artisanale 5 €
Pour s'y rendre : À l'Ouest du bourg, par D 901, bord du Dourdou

> Nature : 🗔 ০০
> Loisirs : ✗ snack 🏊 🛶 🎣
> Services : ﭏ ⚬ᴎ (juin-août) ☷ 🕸
> 🗓 ⊕ 🕳 🖼 🗜

ENTRAYGUES-SUR-TRUYÈRE

✉ 12140 – **338** H3 – G. Midi Pyrénées – 1 267 h. – alt. 236

🛈 *Syndicat d'initiative, place de la République* ℘ *05 65 44 56 10, Fax 05 65 44 50 85*

Paris 600 – Aurillac 45 – Figeac 58 – Mende 128 – Rodez 43 – St-Flour 83.

⚠ **Le Val de Saures** mai-28 sept.
℘ 05 65 44 56 92, *info@camping-valdesaures.com,*
Fax 05 65 44 27 21, *www.camping-valdesaures.com*
– **R** conseillée
4 ha (141 empl.) plat, peu incliné, pierreux, herbeux
Tarif : 19 € 🚶 ⇔ 🗉 🗓 (10A) – pers. suppl. 4 € – frais de réservation 15 €
Location (5 avr.-28 sept.) : 11 🛖 (4 à 6 pers.) 219 à 569 €/sem.
🚐 1 borne 2 €
Pour s'y rendre : S : 1,6 km par D 904, rte d'Espeyrac, en bordure du Lot (accès direct)

> Nature : 🏞 ← 🗔 ♀
> Loisirs : 🏡 🏊 🎣
> Services : ﭏ ⚬ᴎ ☷ 🕸 🗓 🔆 ⊕ 🕳
> 🖼
> À prox. : ✗ 🛶 canoë

⚠ **Le Lauradiol** 28 juin-août
℘ 05 65 44 53 95, *info@camping-lelauradiol.com,*
Fax 05 65 44 81 37, *www.camping-lelauradiol.com*
– **R** conseillée
1 ha (34 empl.) plat, herbeux
Tarif : 16 € 🚶 ⇔ 🗉 🗓 (6A) – pers. suppl. 4 € – frais de réservation 11 €
Pour s'y rendre : NE : 5 km par D 34, rte de St-Amans-des-Cots, bord de la Selves
À savoir : Situation agréable sur deux rives, dans une petite vallée escarpée

> Nature : 🏞 ← 🗔 ০০
> Loisirs : 🏡 ✗ 🛶
> Services : ﭏ ⚬ᴎ (juil.-août) ☷ 🕸
> 🗓 ⊕ 🔆 ᵥ 🖼

FLAGNAC

✉ 12300 – **338** F3 – 888 h. – alt. 220

Paris 603 – Conques 19 – Decazeville 5 – Figeac 25 – Maurs 17.

⚠ **Le Port de Lacombe** avr.-sept.
℘ 05 65 64 10 08, *accueil@campingleportdelacombe.com,*
Fax 05 65 64 11 47, *www.campingleportdelacombe.com*
– **R** conseillée
4 ha (97 empl.) plat, herbeux
Tarif : 22,90 € 🚶 ⇔ 🗉 🗓 (6A) – pers. suppl. 4 € – frais de réservation 20 €
Location : bungalows toilés
Pour s'y rendre : N : 1 km par D 963 et chemin à gauche, près d'un plan d'eau et du Lot (accès direct)

> Nature : 🏞 🗔 ♀
> Loisirs : 🍺 brasserie 🏡 🏊 🛶 ⛷
> 🎣
> Services : ﭏ ⚬ᴎ ☷ 🕸 🗓 ⊕ 🕳 🖼
> À prox. : canoë

GRAND-VABRE

✉ 12320 – **338** G3 – 424 h. – alt. 213

Paris 615 – Aurillac 47 – Decazeville 18 – Espalion 50 – Figeac 37 – Rodez 41.

Village Vacances Grand-Vabre Aventures et Nature (location exclusive de chalets)
𝄐 05 65 72 85 67, *contact@grand-vabre.com*,
Fax 05 65 72 85 53, *www.grand-vabre.com* – **R** conseillée
1,5 ha plat, herbeux
Location : 20 🏠
Pour s'y rendre : SE : 1 km par D 901, rte de Conques, bord de Dourdou

> Loisirs : 🏊 ⚒ 🎯 🚲 ⛵
> Services : 🛁 🚿 🛒 ♨
> À prox. : 🍽 🎣 🐎

LAGUIOLE

✉ 12210 – **338** J2 – G. Midi Pyrénées – 1 248 h. – alt. 1 004 – Sports d'hiver : 1 100/1 400 m ⛷12 ⛄
🛈 *Office de tourisme, place de la Mairie* 𝄐 05 65 44 35 94, Fax 05 65 44 35 76
Paris 571 – Aurillac 79 – Espalion 22 – Mende 83 – Rodez 52 – St-Flour 59.

Municipal les Monts d'Aubrac 15 mai-15 sept.
𝄐 05 65 44 39 72, *mairie-laguiole@wanadoo.fr*,
Fax 05 65 51 26 31 – alt. 1 050 – **R** conseillée
1,2 ha (57 empl.) plat et peu incliné, herbeux
Tarif : 9,30 € ⛺ �car 🚐 (10A) – pers. suppl. 2,25 €
🚐 1 borne artisanale
Pour s'y rendre : sortie S par D 921, rte de Rodez puis 0,6 km par rte à gauche, au stade

> Nature : 🌳 ≤ 🏞
> Services : 🛁 🚿 GB ♨ 🛒 ⊕ ♨
> À prox. : 🍽 🏊 terrain omnisports

*Si vous désirez réserver un emplacement pour vos vacances,
faites-vous préciser au préalable les conditions particulières de séjour,
les modalités de réservation, les tarifs en vigueur et les conditions de paiement.*

449

MARTIEL

✉ 12200 – **338** D4 – 823 h. – alt. 400

Paris 620 – Albi 76 – Cahors 51 – Montauban 74 – Villefranche-de-Rouergue 11.

Lac du Moulin de Bannac Permanent
𝄐 05 65 29 44 52, *anne.rotil@free.fr*, Fax 05 65 29 59 41
– **R** conseillée
32 ha/2 campables (47 empl.) plat et peu incliné, herbeux, gravier
Tarif : 16 € ⛺ 🚐 🚐 (16A) – pers. suppl. 3 €
Pour s'y rendre : NO : 3,5 km par D 911, rte de Limogne-en-Quercy et rte à gauche
À savoir : Près d'un lac bordé d'un sentier botanique

> Nature : 🌳 ≤ 🏞
> Loisirs : 🍹 brasserie 🏊 🌊 🎣
> Services : 🛁 🚿 GB ♨ 🍴 ⊕ ♨ 🛎 ⚕
> 🐾 📷
> À prox. : 🎯

MILLAU

✉ 12100 – **338** K6 – G. Languedoc Roussillon – 21 339 h. – alt. 372
A 75- Viaduc de Millau - Péage en 2007 : autos 5,40/7,00, caravanes 8,10/10,60, camions 19,40/26,40, motos 3,50
🛈 *Office de tourisme, 1, place du Beffroi* 𝄐 05 65 60 02 42, Fax 05 65 60 95 08
Paris 636 – Albi 106 – Alès 138 – Béziers 122 – Mende 95 – Montpellier 114 – Rodez 67.

Les Rivages 🏕 – avr.-15 oct.
𝄐 05 65 61 01 07, *campinglesrivages@wanadoo.fr*,
Fax 05 65 59 03 56, *www.campinglesrivages.com*
– **R** conseillée
7 ha (314 empl.) plat, herbeux, pierreux
Tarif : 26,60 € ⛺ 🚐 🚐 (6A) – pers. suppl. 4,80 € – frais de réservation 16 €
Location : 22 🏠 (4 à 6 pers.) 315 à 610 €/sem. – 6 bungalows toilés
Pour s'y rendre : 1,7 km à l'E par D 991 rte de Nant, bord de la Dourbie

> Nature : ≤ 🌿🌿 ⚐
> Loisirs : 🍹 🍽 🏊 🚩 ⚒ squash
> 🏊 🌊 🎣
> Services : 🛁 🚿 GB ♨ 🍴 ⊕ ♨
> ⚕ 🐾 🛎 sèche-linge 🧺 🛒 bureau documentation touristique
> À prox. : 🍴

MILLAU

△△△ **Viaduc** ♣♣ – 25 avr.-29 sept.
℘ 05 65 60 15 75, *info@camping-du-viaduc.com*,
Fax 05 65 61 36 51, *www.camping-du-viaduc.com*
– **R** conseillée
5 ha (237 empl.) plat, herbeux
Tarif : 26 € ♣ ⇦ 🅴 (6A) – pers. suppl. 5,50 € – frais de
réservation 17 €
Location : 12 🛏 (2 à 4 pers.) 170 à 435 €/sem. – 29 🛏
(4 à 6 pers.) 270 à 625 €/sem. – 6 bungalows toilés
Pour s'y rendre : 0,8 km au NE par D 991 rte de Nant et
D 187 à gauche rte de Paulhe, bord du Tarn

> Nature : 🖵 ᠙᠙ ⚨
> Loisirs : 🍴 snack 🎣 🕂 🛶 🛝
> 🐎
> Services : 🕹 ⊶ GB ⟋ 🗤 🕭 👗 ☺
> 🛒 🤍 🕯 🖥 sèche-linge 🧺 🚿
> À prox. : 🏪 🚲 🎿 🐴 canoë-kayak,
> parapente

△ **Les Érables** avr.-sept.
℘ 05 65 59 15 13, *camping-les-erables@wanadoo.fr*,
Fax 05 65 59 06 59, *www.campingleserables.fr* – **R** conseil-
lée
1,4 ha (78 empl.) plat, herbeux
Tarif : 18,10 € ♣ ⇦ 🅴 (6A) – pers. suppl. 4,10 € – frais
de réservation 16 €
Location : 6 🛏 (4 à 6 pers.) 258 à 532 €/sem.
Pour s'y rendre : 0,9 km au NE par D 991, rte de Nant et
D 187 à gauche, rte de Paulhe, bord du Tarn

> Nature : ← 🖵 ᠙᠙
> Loisirs : 🎣
> Services : 🕹 ⊶ GB ⟋ 🕭 🖥 🤍 🖥
> sèche-linge
> À prox. : 🏪 🎿 🛝 🛶 canoë-kayak

NAJAC

✉ 12270 – **338** D5 – G. Midi Pyrénées – 744 h. – alt. 315
🛈 *Office de tourisme, place du Faubourg* ℘ 05 65 29 72 05, Fax 05 65 29 72 29
Paris 629 – Albi 51 – Cahors 85 – Gaillac 51 – Montauban 76 – Rodez 71 – Villefranche-de-Rouergue 20.

△△△ **Municipal le Païsserou**
℘ 05 65 29 73 96, *sogeval@wanadoo.fr*, Fax 05 65 29 37 10
4 ha (100 empl.) plat, herbeux
Location : 🏠
Pour s'y rendre : NO : 1,5 km par D 39, rte de Parisot
À savoir : Site et cadre agréables au bord de l'Aveyron

> Nature : 🐾 🖵 ᠙᠙
> Loisirs : snack 🎣 🕂 🛶 🐎 ca-
> noë
> Services : 🕹 ⊶ 🕭 ☺ 🖥 🚿
> À prox. 🎿 🛝 🐴

NANT

✉ 12230 – **338** L6 – G. Languedoc Roussillon – 846 h. – alt. 490
🛈 *Office de tourisme, place du Claux* ℘ 05 65 60 72 75
Paris 669 – Le Caylar 21 – Millau 33 – Montpellier 92 – St-Affrique 41 – Le Vigan 42.

△△△ **Val de Cantobre** ♣♣ – 12 avr.-11 oct.
℘ 05 65 58 43 00, *info@valdecantobre.com*,
Fax 05 65 62 10 36, *www.valdecantobre.com* – **R** conseillée
6 ha (200 empl.) en terrasses, rocailleux, herbeux
Tarif : 45,50 € ♣ ⇦ 🅴 (6A) – pers. suppl. 7,50 € – frais
de réservation 14 €
Location : 20 🛏 (4 à 6 pers.) 184 à 685 €/sem. – 4 🏠
(4 à 6 pers.) 240 à 859 €/sem.
🛏 1 borne
Pour s'y rendre : Domaine de Vellas, N : 4,5 km par D 991,
rte de Millau et chemin à droite, bord de la Dourbie
À savoir : Autour d'une vieille ferme caussenarde du XVe s.

> Nature : 🐾 ← 🖵 ᠙
> Loisirs : 🍴 🍕 pizzeria 🎣 🎦 noc-
> turne 🕂 🛶 🛝 🛝 terrain omnis-
> ports
> Services : 🕹 ⊶ GB ⟋ 🕭 👗 ☺ 🛒
> 🤍 🕯 🖥 🧺 🚿 cases réfrigé-
> rées

△ **Le Roc qui parle** avr.-sept.
℘ 05 65 62 22 05, *contact@camping-roc-qui-parle-avey*
ron.com, Fax 05 65 62 22 05, *www.camping-roc-qui-parle-*
aveyron.com – **R** conseillée
4,5 ha (88 empl.) plat, en terrasses et incliné, herbeux,
pierreux
Tarif : 16,60 € ♣ ⇦ 🅴 (6A) – pers. suppl. 4,20 €
Location : 8 🛏 (4 à 6 pers.) 287 à 415 €/sem.
🛏 1 borne artisanale 5 €
Pour s'y rendre : NO : 2,4 km par D 991, rte de Millau, au
lieu-dit les Cuns
À savoir : Dans la vallée de la Dourbie

> Nature : 🐾 ← 🖵 ᠙
> Loisirs : 🎣 🛶 🏊 🐎 parcours
> de santé
> Services : 🕹 ⊶ GB ⟋ 🕭 ☺ 👗 🤍
> 🖥
> À prox. : 🎿 🛝

NAUCELLE

✉ 12800 – **338** G5 – 1 796 h. – alt. 490

🛈 *Office de tourisme, place Saint-Martin* ☎ *05 65 67 82 96, Fax 05 65 67 82 91*

Paris 652 – Albi 46 – Millau 90 – Rodez 32 – St-Affrique 72 – Villefranche-de-Rouergue 43.

Lac de Bonnefon avr.-26 oct.
☎ 05 65 69 33 20, *camping-du-lac-de-bonnefon@wana
doo.fr*, Fax 05 65 69 33 20, *www.camping-du-lac-de-bon
nefon.com* – **R** conseillée
3 ha (90 empl.) peu incliné, en terrasses, herbeux
Tarif : 22,90 € 👤 🚗 🅴 🔌 (10A) – pers. suppl. 5 € – frais
de réservation 10 €
Location (permanent) : 5 🚐 (4 à 6 pers.) 219 à
599 €/sem. – 18 🏠 (4 à 6 pers.) 259 à 699 €/sem.
🚐 2 bornes – 4 🅴
Pour s'y rendre : sortie SE par D 997, rte de Naucelle-Gare
puis 1,5 km par rte de Crespin et rte de St-Just à gauche, à
100 m de l'étang (accès direct)

Nature : 🏞 🏕 🎣
Loisirs : 🍹 snack 🏖 🦽 🏊 (petite
piscine)
Services : 🚿 🕊 GB ✍ 🍳 🛒 🔵 🛎
🖼
À prox. : ✖ 🌊 🐎

Le NAYRAC

✉ 12190 – **338** H3 – 570 h. – alt. 707

Paris 591 – Aurillac 61 – Entraygues-sur-Truyère 18 – Espalion 19 – Rodez 44.

La Planque juil.-août
☎ 05 65 44 44 50, *vert-tea-jeu@wanadoo.fr*,
Fax 05 65 44 44 50 – **R** conseillée
3 ha (45 empl.) en terrasses, plat, herbeux
Tarif : 👤 3 € 🚗 🅴 3 € – 🔌 (3A) 2,50 €
Pour s'y rendre : S : 1,4 km par D 97, rte d'Estaing puis
chemin à gauche, bord d'un étang

Nature : 🏞 ⬅ 🏕 🎣
Loisirs : 🚲
Services : 🕊 ✍ 🔵 🖼
À prox. : 🍴 🏖 ✖ 🚣 parcours
aventure

PONS

✉ 12140 – **338** H2

Paris 588 – Aurillac 34 – Entraygues-sur-Truyère 11 – Montsalvy 12 – Mur-de-Barrez 24 – Rodez 53.

Municipal de la Rivière 15 juin-15 sept.
☎ 05 65 66 18 16, *mairiesainthippolyte@wanadoo.fr*,
Fax 05 65 66 18 16, *www.sainthippolyte.fr* – **R** conseillée
0,9 ha (36 empl.) plat, herbeux
Tarif : 16 € 👤 🚗 🅴 🔌 (10A) – pers. suppl. 4 €
Location (permanent) : 11 🏠 (4 à 6 pers.) 200 à
380 €/sem.
Pour s'y rendre : SE : à 1 km du bourg, sur D 526 rte
d'Entraygues-sur-Truyère, bord du Goul
À savoir : Agréable cadre verdoyant dans une petite vallée,
en bordure de rivière

Nature : 🏞 ⬅ 🏕 🎣
Loisirs : 🍴 🏖 ✖ 🎣
Services : 🚿 🕊 ✍ 🍳 🔵 🛒 🖼

451

PONT-DE-SALARS

✉ 12290 – **338** I5 – 1 414 h. – alt. 700

🛈 *Office de tourisme, place de la Mairie* ☎ *05 65 46 89 90, Fax 05 65 46 81 16*

Paris 651 – Albi 86 – Millau 47 – Rodez 25 – St-Affrique 56 – Villefranche-de-Rouergue 71.

Les Terrasses du Lac 👥 – avr.-sept.
☎ 05 65 46 88 18, *campinglesterrasses@wanadoo.fr*,
Fax 05 65 46 85 38, *www.campinglesterrasses.com*
– **R** conseillée
6 ha (180 empl.) en terrasses, herbeux
Tarif : 25,50 € 👤 🚗 🅴 🔌 (6A) – pers. suppl. 4,95 € – frais
de réservation 16 €
Location : 36 🚐 (4 à 6 pers.) 199 à 739 €/sem. –
bungalows toilés
🚐 1 borne artisanale – 4 🅴 13 € – 🚐 13 €
Pour s'y rendre : N : 4 km par D 523 rte du Vibal
À savoir : Agréable situation dominant le lac

Nature : 🏞 ⬅ 🏕 🎣
Loisirs : 🍹 snack 🍴 🍺 nocturne
🏊 🏖 🏊 🏊
Services : 🚿 🕊 (juil.-août) GB ✍
🍳 🔵 🛒 🚰 🛎 🖼 🔵
À prox. : ✖ 🚣 🐟 🐎

PONT-DE-SALARS

⚠️ **Le Lac** juin-15 sept.

    ℘ 05 65 46 84 86, *camping.du.lac@wanadoo.fr*,
Fax 05 65 46 60 39, *www.parc-du-lac.com* – **R** conseillée ❀
4,8 ha (200 empl.) plat, peu incliné, en terrasses, herbeux,
pierreux
Tarif : 18 € 🛉 ⇔ 🅴 🅷 (6A) – pers. suppl. 4,50 €
Location : 10 🏠 235 à 595 €/sem. – bungalows toilés
Pour s'y rendre : N : 1,5 km par D 523 rte du Vibal
À savoir : Au bord du lac

| Nature : 🌳 ⛰️ |
| Loisirs : 🍴 snack 🛏️ 🎆 nocturne 🏇 🚴 🛶 🎣 |
| Services : 🚻 ⚡ 🅶 🔒 🚮 ⊕ 🚿 🚐 🖫 |
| À prox. : 🎿 🏖️ (plage) 🚣 |

✉️ 12390 – **338** F4 – 1 658 h. – alt. 500
🅸 *Office de tourisme, place du Portail-Haut* ℘ 05 65 80 26 04
Paris 618 – Aurillac 86 – Figeac 40 – Rodez 27 – Villefranche-de-Rouergue 30.

⚠️ **La Peyrade** mars-oct.

    ℘ 05 65 64 44 64, Fax 05 65 64 46 33 – **R** conseillée
0,7 ha (36 empl.) en terrasses, peu incliné, herbeux
Tarif : 21 € 🛉 ⇔ 🅴 🅷 (16A) – pers. suppl. 4,50 €
Pour s'y rendre : au S du bourg, pl. du Foirail, près d'un
petit étang

| Nature : 🌿 🛏️ 🌳 |
| Services : 🚻 ⚡ 🆖 🐾 🅶 ⊕ 🚿 🖫 |
| À prox. : 🛒 🛏️ 🏇 🚣 🎿 🛶 |

✉️ 12640 – **338** K5 – 961 h. – alt. 380
🅸 *Syndicat d'initiative, route des Gorges du Tarn* ℘ 05 65 59 74 28
Paris 627 – Mende 70 – Millau 14 – Rodez 65 – Sévérac-le-Château 24.

⚠️ **Peyrelade** 🛉🛉 – 15 mai-6 sept.

    ℘ 05 65 62 62 54, *campingpeyrelade@wanadoo.fr*,
Fax 05 65 62 65 61, *www.campingpeyrelade.com*
– **R** conseillée
4 ha (190 empl.) plat et en terrasses, herbeux, pierreux
Tarif : 29 € 🛉 ⇔ 🅴 🅷 (6A) – pers. suppl. 6 € – frais de
réservation 16 €
Location (26 avr.-6 sept.) ❀ : 37 🚐 (4 à 6 pers.) 231 à
812 €/sem. – bungalows toilés
Pour s'y rendre : E : 2 km par D 907 rte de Florac, bord du
Tarn
À savoir : Cadre et situation agréables à l'entrée des
Gorges du Tarn

| Nature : ⬕ 🌳 ⛰️ |
| Loisirs : 🍴 snack 🛏️ 🎯 🏇 🛶 canoë |
| Services : 🚻 ⚡ 🆖 🐾 🅶 🛁 ⊕ 🚿 🖫 🛎️ 🔌 🚐 🖫 |
| À prox. : 🚴 🎿 |

⚠️ **Les Peupliers** avr.-sept.

    ℘ 05 65 59 85 17, *lespeupliers12640@wanadoo.fr*,
Fax 05 65 61 09 03, *www.campinglespeupliers.fr*
– **R** conseillée
1,5 ha (112 empl.) plat, herbeux
Tarif : 28 € 🛉 ⇔ 🅴 🅷 (6A) – pers. suppl. 7 € – frais de
réservation 25 €
Location : 12 🚐 (4 à 6 pers.) 350 à 650 €/sem.
🖫 🚐 15 €
Pour s'y rendre : sortie SO rte de Millau et chemin à
gauche, bord du Tarn

| Nature : ⬕ 🛏️ 🌳 |
| Loisirs : 🍴 snack 🏇 🛶 🏊 canoë |
| Services : 🚻 ⚡ 🆖 🐾 🅶 🛁 ⊕ 🚿 🖫 🛎️ 🔌 🖫 |
| À prox. : 🐎 |

Si vous recherchez :

⛰️   *Un terrain au bord de l'eau avec possibilité de baignade*
🌿   *Un terrain agréable ou très tranquille*
L   *Un terrain effectuant la location de caravanes, de mobile homes,*
     de bungalows ou de chalets
P   *Un terrain ouvert toute l'année*
🖫   *Un terrain possédant une aire de services pour camping-cars*
Consultez le tableau des localités

RODEZ

✉ 12000 – **338** H4 – G. Midi Pyrénées – 23 707 h. – alt. 635

🛈 *Office de tourisme, place Foch* ✆ 05 65 75 76 77, Fax 05 65 68 78 15

Paris 623 – Albi 76 – Alès 187 – Aurillac 87 – Brive-la-Gaillarde 167 – Clermont-Ferrand 213 – Montauban 131 – Périgueux 219 – Toulouse 155.

Village Vacances Campéole le Domaine de Combelles (location exclusive de bungalows toilés et de chalets) mai-oct.
✆ 05 65 77 30 04, *cplcombelles@atciat.com*,
Fax 05 65 77 30 06, *www.camping-rodez.info* – **R** indispensable
120 ha plat, vallonné, herbeux
Location : 35 🏠 (4 à 6 pers.) 291 à 756 €/sem. – 124 bungalows toilés – (avec sanitaires)
Pour s'y rendre : SE : 2 km par D 12, rte de Ste-Radegonde, D 62, rte de Flavin à droite et chemin à gauche
À savoir : au cœur d'un centre équestre, nombreuses activités

Nature : 🌳 ⟨ 🏞
Loisirs : 🍽 ✗ 🚗 🎮 nocturne, salle de danse 🏓 🚲 🎯 🎾 🏊 🐴 théâtre de verdure
Services : ⚬━ (juil.-août) 🅿 GB 🐕 🌊 🖥 🍴
À prox. : 🏹 🏓 golf (18 trous), escalade

Municipal de Layoule juin-sept.
✆ 05 65 67 09 52, *contact@mairie-rodez.fr*,
Fax 05 65 67 11 43, *www.mairie-rodez.fr* – **R** conseillée ⌥
3 ha (79 empl.) plat et en terrasses, herbeux, gravier
Tarif : 16 € 🛉 🚗 🖥 🔌 (6A) – pers. suppl. 3 €
Pour s'y rendre : au NE de la ville
À savoir : agréable cadre verdoyant et ombragé près de l'Aveyron

Nature : 🏞 🌿
Loisirs : 🚗 🏓
Services : ♿ ⚬━ 🐕 🖥 🚮 🛒 🍴 🖥
À prox. : 🏇 ✗ 🏓 🏓 🏊 🐴 🐾 golf (18 trous) 🚲

---

*LES GUIDES VERTS **MICHELIN***
Paysages, monuments
Routes touristiques
Géographie
Histoire, Art
Itinéraire de visite
Plans de villes et de monuments

ST-AMANS-DES-COTS

✉ 12460 – **338** H2 – 771 h. – alt. 735

🛈 *Office de tourisme, rue Principale* ✆ 05 65 44 81 61

Paris 585 – Aurillac 54 – Entraygues-sur-Truyère 16 – Espalion 31 – Chaudes-Aigues 47.

Les Tours 👥 – 17 mai-13 sept.
✆ 05 65 44 88 10, *dirtours@village-center.com*,
Fax 05 65 44 83 07, *www.les-tours.com* – alt. 600
– **R** conseillée
30 ha/10 campables (250 empl.) en terrasses, peu incliné, herbeux, pierreux
Tarif : 38 € 🛉 🚗 🖥 🔌 (10A) – pers. suppl. 6 € – frais de réservation 30 €
Location : 78 🏠 (4 à 6 pers.) 210 à 854 €/sem.
Pour s'y rendre : SE : 6 km par D 97 et D 599 à gauche, bord du lac de la Selves

Nature : 🌳 ⟨ 🏞 🌿 🏔
Loisirs : 🍽 ✗ 🚗 🎮 nocturne 🎿 🏓 🚲 🎾 🏊 ⛵ practice de golf
Services : ♿ ⚬━ GB 🐕 🖥 🛁 🚮 🛒 🍴 🌊 🖥 🚿 🍴

La Romiguière 5 avr.-4 oct.
✆ 05 65 44 44 64, *campinglaromiguiere@wanadoo.fr*,
Fax 05 65 44 86 37, *www.laromiguiere.com* – alt. 600
– **R** conseillée
2 ha (62 empl.) en terrasses, pierreux, herbeux
Tarif : 22,10 € 🛉 🚗 🖥 🔌 (10A) – pers. suppl. 5,25 € – frais de réservation 15,75 €
Location : 13 🏠 (4 à 6 pers.) 235 à 560 €/sem.
Pour s'y rendre : SE : 8,5 km par D 97 et D 599 à gauche, bord du lac de la Selves

Nature : 🌳 ⟨ 🏞 🌿 🏔
Loisirs : 🍽 brasserie, pizzeria 🏊 ⛵ ponton d'amarrage, canoë, pédalos
Services : ♿ ⚬━ GB 🐕 🖥 🛁 🚮 🛒 🍴 🌊 🖥 🍴
À prox. : ski nautique, golf (18 trous) 🚲

ST-GENIEZ-D'OLT

✉ 12130 – **338** J4 – G. Midi Pyrénées – 1 841 h. – alt. 410

🛈 *Office de tourisme, Le Cloître ℓ 05 65 70 43 42, Fax 05 65 70 47 05*

Paris 612 – Espalion 28 – Florac 80 – Mende 68 – Rodez 46 – Sévérac-le-Château 25.

Marmotel ♣♣ – 10 mai-14 sept.
ℓ 05 65 70 46 51, *info@marmotel.com*, Fax 05 65 47 41 38,
www.marmotel.com – **R** conseillée
4 ha (173 empl.) plat, herbeux
Tarif : 25,50 € ✳ 🚗 🔲 🔌 (10A) – pers. suppl. 5 €
Location 🏖 (juil.-août) : 22 🏚 (4 à 6 pers.) 280 à
735 €/sem. – 30 🏠 (4 à 6 pers.) 220 à 670 €/sem.
🏚 1 borne artisanale – 5 🔲 – 🚌 15 €
Pour s'y rendre : O : 1,8 km par D 19 rte de Prades-
d'Aubrac et chemin à gauche, à l'extrémité du village artisanal, bord du Lot
À savoir : cadre verdoyant et très ombragé

> **Nature** : 🏞 ⬅ 🏕 ♠♠
> **Loisirs** : 🍷 grill (dîner seulement) 🌙
> nocturne 🕺 discothèque 🏃 💪
> ✂ 🏊 ≃ 🏂 🏐 terrain omnisports
> **Services** : 🚿 🚰 GB 🐕 🔲 🍳 – 42
> sanitaires individuels (🚰 🚽 🚿 wc)
> 🛒 🧺 ✏
> **À prox.** : 🛒 🐎

Campéole la Boissière ♣♣ – 20 avr.-21 sept.
ℓ 05 65 70 40 43, *cplboissiere@atciat.com*,
Fax 05 65 47 56 39, *www.campeole.com* – **R** indispensable
5 ha (220 empl.) en terrasses et plat, peu incliné, herbeux
Tarif : 24,30 € ✳ 🚗 🔲 🔌 (6A) – pers. suppl. 6,50 € – frais
de réservation 25 €
Location : 30 🏚 (4 à 6 pers.) 224 à 700 €/sem. –
bungalows toilés
Pour s'y rendre : NE : 1,2 km par D 988, rte de St-Laurent-
d'Olt et rte de Pomayrols à gauche, bord du Lot
À savoir : Agréable cadre boisé

> **Nature** : 🏞 🏕 ♠♠
> **Loisirs** : 🍷 🎤 🕺 🏃 ✂ 🏊 ≃
> 🐎
> **Services** : 🚿 🚰 GB 🐕 🔲 🍳 🛒 📶
> **À prox.** : 🛒 🚲 🐎

Les Clédelles du Colombier (location exclusive de
villas) Permanent
ℓ 05 65 47 45 72, *lescledelles.aveyron@wanadoo.fr*,
Fax 05 65 47 45 48, *www.lescledelles.com* – **R** indispensable
3 ha plat, herbeux
Location : 32 🏠 (4 à 6 pers.) 300 à 760 €/sem.
Pour s'y rendre : 1 km au NE par D 988, rte de St-Laurent-
d'Olt et rte de Pomayrols à gauche, près du Lot

> **Nature** : 🏞
> **Loisirs** : 🕺 🏊
> **Services** : 🚰 GB 🐕 🔲 📶
> **À prox.** : 🐎

Presqu'île de Laussac

A. Thuillier/Michelin

ST-ROME-DE-TARN

✉ 12490 – **338** J6 – 715 h. – alt. 360

🛈 Syndicat d'initiative, place du Terral ℰ 05 65 62 50 89, Fax 05 65 58 44 00

Paris 655 – Millau 18 – Pont-de-Salars 42 – Rodez 66 – St-Affrique 15 – St-Beauzély 20.

🏕 **La Cascade** Permanent

℘ 05 65 62 56 59, *campingdelacascade@wanadoo.fr*,
Fax 05 65 62 58 62, *www.campingdelacascade.com* – accès
aux emplacements par forte pente, mise en place et sortie
des caravanes à la demande – **R** conseillée

4 ha (99 empl.) en terrasses, peu incliné, herbeux

Location : 10 🏠 – 19 🏠 – 14 🏠 – 10 bungalows
toilés

🚐 1 borne flot bleu 6 €

Pour s'y rendre : 0,3 km au N par D 993, rte de Rodez,
bord du Tarn

À savoir : Terrasses à flanc de colline dominant le Tarn

> Nature : 🌳 ⇐ 🏕 ♨♨ ⚠
> Loisirs : snack 🏠 🍴 🛝 🚴 🎾 ⛴
> Services : ♿ ⛷ 🇬🇧 📶 🏠 🛒 ♨ ⚐
> 🧺 🛁 🧺 sèche-linge 🏧 🌿
> À prox. : canoë, pédalos

*The classification (1 to 5 tents, **black** or red) that we award to
selected sites in this Guide is a system that is our own.
It should not be confused with the classification (1 to 4 stars) of official organisations.*

SALLES-CURAN

✉ 12410 – **338** I5 – 1 088 h. – alt. 887

🛈 Syndicat d'initiative, place de la Vierge ℰ 05 65 46 31 73

Paris 650 – Albi 77 – Millau 39 – Rodez 40 – St-Affrique 41.

🏕 **Les Genêts** 👥 – juin-6 sept.

℘ 05 65 46 35 34, *contact@camping-les-genets.fr*,
Fax 05 65 46 00 72, *www.camping-les-genets.fr* – alt. 1 000
– **R** conseillée

3 ha (163 empl.) peu incliné, en terrasses, herbeux

Tarif : 33 € 🛖 🚗 📧 🔌 (6A) – pers. suppl. 6,50 € – frais de
réservation 30 €

Location (8 mai-13 sept.) : 36 🏠 (4 à 6 pers.) 180 à
716 €/sem. – 17 🏠 (4 à 6 pers.) 240 à 696 €/sem. –
bungalows toilés

Pour s'y rendre : NO : 5 km par D 993 puis à gauche par
D 577, rte d'Arvieu et 2 km par chemin à droite

À savoir : Au bord du lac de Pareloup

> Nature : 🌳 ⇐ 🏕 ♨ ⚠
> Loisirs : 🍴 snack, pizzeria 🎯 disco-
> thèque 🛝 🚴 ♨ 🎣 ⛴
> Services : ♿ ⛷ (15 juin-6 sept.) 🇬🇧
> 📶 🏠 🛒 ♨ ⚐ 🧺 🛁 🏧 🌿
> À prox. : 🚤 🏊 ski nautique, jet-ski

🏕 **Parc du Charrouzech** 20 juin-9 sept.

℘ 05 65 46 01 11, *parcducharrouzech@orange.fr*,
Fax 05 65 46 02 80, *www.parcducharrouzech.fr* – **R** conseillée

3 ha (104 empl.) en terrasses, peu incliné, herbeux

Tarif : 25 € 🛖 🚗 📧 – pers. suppl. 3 €

Location : bungalows toilés

Pour s'y rendre : NO : 5 km par D 993 puis à gauche par
D 577, rte d'Arvieu et 3,4 km par chemin à droite, près du
lac de Pareloup (accès direct)

À savoir : Situation dominante sur le lac

> Nature : 🌳 ⇐ 🏕 ⚠
> Loisirs : 🏠 🎯 🛝 ⛴ canoë
> Services : ♿ ⛷ 🇬🇧 📶 🏠 ♨ ⚐ 🌿
> 🏧 🌿
> À prox. : 🚴 🚤 🏊 ski nautique, jet-
> ski

🏕 **Beau Rivage du Lac de Pareloup** mai-sept.

℘ 05 65 46 33 32, *camping-beau-rivage@wanadoo.fr*,
www.beau-rivage.fr – **R** conseillée

2 ha (80 empl.) en terrasses, herbeux

Tarif : 29 € 🛖 🚗 📧 🔌 (10A) – pers. suppl. 6 € – frais de
réservation 20 €

Location (avr.-oct.) : 16 🏠 (4 à 6 pers.) 168 à
640 €/sem. – 6 🏠 (4 à 6 pers.) 199 à 777 €/sem.

Pour s'y rendre : N : 3,5 km par D 993, rte de Pont-de-
Salars et D 243 à gauche, rte des Vernhes

À savoir : situation agréable au bord du lac de Pareloup

> Nature : ⇐ 🏕 ♨ ⚠
> Loisirs : 🍴 snack 🏠 🛝 ⛴ 🎣
> Services : ♿ ⛷ 🇬🇧 📶 Ⓜ 🏠 🛒 ♨
> 💧 🏧 🌿
> À prox. : 🍴 🚴 🎾 🚤 🏊 ski nauti-
> que, jet-ski

SÉVÉRAC-L'ÉGLISE

✉ 12310 – **338** J4 – G. Midi Pyrénées – 418 h. – alt. 630
Paris 625 – Espalion 26 – Mende 84 – Millau 58 – Rodez 31 – Sévérac-le-Château 24.

La Grange de Monteillac ▲▲ – mai-15 sept.
℘ 05 65 70 21 00, info@la-grange-de-monteillac.com,
Fax 05 65 70 21 01, *www.la-grange-de-monteillac.com*
– **R** conseillée
4,5 ha (65 empl.) plat, en terrasses, peu incliné, herbeux
Tarif : 25,50 € ✶ ⟳ 🅴 ⚡ (6A) – pers. suppl. 4,90 € – frais
de réservation 18 €
Location (avr.-15 oct.) : 4 🚐 (4 à 6 pers.) 299 à
679 €/sem. – 22 ⌂ (4 à 6 pers.) 279 à 839 €/sem.
Pour s'y rendre : sortie NE par D 28, rte de Laissac, face au
cimetière

Nature : ⬉ 🖼
Loisirs : 🍴 snack, pizzeria 🎡 🏇
🏊 🚲 ⚓ 🏊 poneys
Services : ♿ ⟳ (juil.-août) 🆖 ⚐
🖼 🛁 ⊕ ⚖ ⚘ 🕯 🖼
À prox. : 🍴

Le TRUEL

✉ 12430 – **338** I6 – 369 h. – alt. 290
Paris 677 – Millau 40 – Pont-de-Salars 37 – Rodez 52 – St-Affrique 23 – Salles-Curan 22.

Municipal la Prade
℘ 05 65 46 41 46 – **R**
0,6 ha (28 empl.) plat, pierreux, herbeux
Location ⚡ : gîte d'étape
Pour s'y rendre : À l'Est du bourg par D 31, à gauche après
le pont, bord du Tarn (plan d'eau)

Nature : ⬉ 🖼 ⚲
Loisirs : 🎡
Services : ⟳ 🖼 ⊕ 🖼
À prox. : 🍴 🛶 ≌ ⚓

VILLEFRANCHE-DE-ROUERGUE

✉ 12200 – **338** E4 – G. Midi Pyrénées – 11 919 h. – alt. 230
🛈 *Office de tourisme, promenade du Guiraudet ℘ 05 65 45 13 18, Fax 05 65 45 55 58*
Paris 614 – Albi 68 – Cahors 61 – Montauban 80 – Rodez 60.

Le Rouergue 15 avr.-sept.
℘ 05 65 45 16 24, campingrouergue@wanadoo.fr,
Fax 05 65 45 16 24, *www.villefranche.com/camping*
– **R** conseillée
1,8 ha (98 empl.) plat, herbeux
Tarif : 17 € ✶ ⟳ 🅴 ⚡ (16A) – pers. suppl. 2,50 €
Location (avr.-15 oct.) : bungalows toilés
🚐 1 borne artisanale 3 €
Pour s'y rendre : SO : 1,5 km par D 47, rte de Monteils

Nature : 🖼 ⚲
Loisirs : 🎡 🏊
Services : ♿ ⟳ 🆖 ⚐ 🖼 🛁 ⊕ ⚖
⚘
À prox. : 🚲 🏊 🍴 🖼 🏊 🏇

Haute-Garonne (31)

AURIGNAC

✉ 31420 – **343** D5 – G. Midi Pyrénées – 980 h. – alt. 430
🛈 *Syndicat d'initiative, rue des Nobles ℘ 05 61 98 70 06, Fax 05 61 98 71 33*
Paris 750 – Auch 71 – Bagnères-de-Luchon 69 – Pamiers 92 – St-Gaudens 23 – St-Girons 41 – Toulouse 77.

Les Petites Pyrénées juin-sept.
℘ 05 61 98 70 08, mairie@aurignac.fr, Fax 05 61 98 70 08,
www.tempslibre-vacances.com – **R** conseillée
0,9 ha (40 empl.), peu incliné et plat, herbeux
Tarif : ✶ 4,50 € 🅴 2,60 € – ⚡ (16A) 1,50 €
Location (permanent) ⚡ : 2 🚐 (4 à 6 pers.) 190 à
340 €/sem.
Pour s'y rendre : sortie SE par D 635 rte de Boussens et à
dr., près du stade

Nature : 🖼 ⚲⚲
Loisirs : 🎡
Services : ⟳ ⚘ ⊕
À prox. : 🍴 🏊 🏇

BAGNÈRES-DE-LUCHON

✉ 31110 – **343** B8 – G. Midi Pyrénées – 2 900 h. – alt. 630 – Sports d'hiver : à Superbagnères : 1 440/2 260 m
✔1 ✔14 ✔
🛈 *Office de tourisme, 18, allée d'Étigny* ✆ 05 61 79 21 21, Fax 05 61 79 11 23
Paris 814 – Bagnères-de-Bigorre 96 – St-Gaudens 48 – Tarbes 98 – Toulouse 141.

   ⚊ **Pradelongue** avr.-sept.
     ✆ 05 61 79 86 44, *camping.pradelongue@wanadoo.fr*,
     Fax 05 61 79 18 64, *www.camping-pradelongue.com*
     – **R** conseillée
     4 ha (135 empl.) plat, herbeux, pierreux
     Tarif : 🛉 5,50 € 🚗 🅴 5,90 € – 🔌 (10A) 4 € – frais de réser-
     vation 13 €
     Location 🏠 : 12 🚐 (4 à 6 pers.) 250 à 570 €/sem.
     🚐 1 borne artisanale 10 € – 13 🅴 13,50 € – 🚐 13.50 €
     Pour s'y rendre : 2 km au N par D 125, rte de Moustajon,
     près du magasin Intermarché

> Nature : ≤ 🏕 ♀♀
> Loisirs : 🏠 🏓 🏊
> Services : 👤 ⚱ GB 🐕 🗑 🍴 ♨ ☺
> 🚿 🗑 📞 🔟 sèche-linge
> À prox. : 🐎 🏇 canoë-kayak

   ⚊ **Les Myrtilles** ♣♟ – Permanent
     ✆ 05 61 79 89 89, *myrtilles.aubruchet@wanadoo.fr*,
     Fax 05 61 79 09 41, *www.camping-myrtilles.com*
     – **R** conseillée
     2 ha (100 empl.) plat, herbeux
     Tarif : 19,80 € 🛉 🚗 🅴 🔌 (10A) – pers. suppl. 4,90 € –
     frais de réservation 14 €
     Location : 2 🚐 (2 à 4 pers.) 210 à 390 €/sem. – 18 🚐
     (4 à 6 pers.) 325 à 560 €/sem. – 5 studios – gîte d'étape
     🚐 1 borne artisanale 5 €
     Pour s'y rendre : 2,5 km au N par D 125, à Moustajon, bord
     d'un ruisseau

> Nature : ≤ 🏕 ♀
> Loisirs : 🍴 snack 🏠 🏓 🏊 🚲 🎡
> Services : 👤 ⚱ GB 🐕 🗑 🍴 ♨ 🏔
> ☺ 🚿 🗑 sèche-linge 🛁
> À prox. : 🏇 (centre équestre) ca-
> noë-kayak

   ⚊ **La Lanette** ♣♟ – avr.-oct.
     ✆ 05 61 79 00 38, *camping-la-lanette@wanadoo.fr*,
     Fax 05 61 79 06 16, *www.camping-la-lanette.com*
     – **R** conseillée
     5 ha (250 empl.) peu incliné, plat, herbeux
     Tarif : 16,50 € 🛉 🚗 🅴 🔌 (6A) – pers. suppl. 4 € – frais de
     réservation 8 €
     Location (permanent) : 22 🏠 (4 à 6 pers.) 289 à
     496 €/sem.
     Pour s'y rendre : 0,5 km au N par D 27, rte de Juzet-de-
     Luchon

> Nature : 🌳 🏕 ♀
> Loisirs : 🍴 snack 🏓 🏊
> Services : 👤 ⚱ GB 🐕 🗑 ♨ ☺ 🔟
> 🛁

457

BOULOGNE-SUR-GESSE

✉ 31350 – **343** B5 – 1 433 h. – alt. 320
🛈 *Office de tourisme, place de l'Hôtel de Ville* ✆ 05 61 88 13 19
Paris 735 – Auch 47 – Aurignac 24 – Castelnau-Magnoac 13 – Lannemezan 34 – L'Isle-en-Dodon 21.

   ⚊ **Le Lac** (location exclusive de chalets) Permanent
     ✆ 05 61 88 20 54, *villagevacancesboulogne@wanadoo.fr*,
     Fax 05 61 88 62 16, *www.ville-boulogne-sur-gesse.fr* –
     empl. traditionnels également disponibles – **R** conseillée
     2 ha en terrasses, herbeux
     Location 🅿 : 24 🏠 (4 à 6 pers.) 260 à 560 €/sem.
     Pour s'y rendre : 1,3 km au SE par D 633 rte de Montréjeau
     et rte à gauche, à 300 m du lac
     À savoir : Location à la nuitée hors sais.

> Nature : 🌳 ≤ Sur le lac ♀♀
> Loisirs : 🏠 🎣
> Services : 👤 ⚱ 🐕 📞 🔟
> À prox. : 🚐 🍴 🍽 🏓 🏊 ✂ 🎿 🎣 🛶
> 🚣 pédalos

CARAMAN

⊠ 31460 – **343** I3 – 1 944 h. – alt. 285
Paris 702 – Lavaur 25 – Puylaurens 28 – Revel 23 – Toulouse 29 – Villefranche-de-Lauragais 18.

⚠ **Municipal de l'Orme Blanc** 20 juin-15 sept.
    𝒫 05 62 18 81 60, *mairie.caraman@wanadoo.fr*,
    Fax 05 61 83 98 83
    0,6 ha (30 empl.) plat, peu incliné, herbeux
    Tarif : (Prix 2007) ⅈ 2,50 € ⇔ 🄴 4 € – 🔌 2,50 €
    Pour s'y rendre : SO : 1,5 km par D 11, rte de Villefranche-de-Lauragais et rte de Labastide-Beauvoir, près d'un étang

> Nature : 🏞 🗺 ♨
> Services : ⅙ ⚏ 🔲 ⊕ ⚄ ⊽
> À prox. : ✂ % parcours sportif

CASSAGNABÈRE-TOURNAS

⊠ 31420 – **343** C5 – 389 h. – alt. 380
Paris 758 – Auch 78 – Bagnères-de-Luchon 65 – Pamiers 101 – St-Gaudens 19 – St-Girons 47 – Toulouse 86.

⚠ **Pré Fixe** 15 avr.-15 sept.
    𝒫 05 61 98 71 00, *camping@instudio4.com*, *www.instudio4.com/pre-fixe* – **R** conseillée �᷇
    1,2 ha (40 empl.) en terrasses, plat, herbeux
    Tarif : 16 € ⅈ ⇔ 🄴 🔌 (6A) – pers. suppl. 6 €
    Pour s'y rendre : au SO du bourg
    À savoir : jolie décoration florale et arbustive

> Nature : 🏞 ⩤ 🗺 ♀
> Loisirs : 🔲 ⤬
> Services : ⅙ ⚏ ⚒ 🔲 ⊕ 🔲 ⚄
> À prox. : %

GARIN

⊠ 31110 – **343** B8 – 102 h. – alt. 1 100
Paris 827 – Toulouse 153 – Tarbes 85 – Lourdes 84 – St-Gaudens 53.

⚠ **Les Frênes** (location exclusive de chalets) Permanent
    𝒫 05 61 79 88 44, *vero.comet@wanadoo.fr*,
    Fax 05 61 79 88 44, *www.chalets-luchon-peyragudes.com* –
    empl. traditionnels également disponibles – **R** conseillée
    0,8 ha en terrasses, peu incliné, herbeux, pierreux
    Location 🅿 : 9 🏠 (4 à 6 pers.) 183 à 630 €/sem.
    Pour s'y rendre : À l'E du bourg par D 618, rte de Bagnères-de-Luchon et à gauche, D 76ᴱ vers rte de Billière
    À savoir : Location à la nuitée hors vacances scolaires

> Nature : 🏞 ⩤ ♀
> Loisirs : 🔲
> Services : ⚏ ⚒ 🔲 🔲 sèche-linge
> À prox. : 🛥 ✗

458

Site de Campan

MANE

✉ 31260 – **343** D6 – 1 026 h. – alt. 297
Paris 753 – Aspet 19 – St-Gaudens 22 – St-Girons 22 – Ste-Croix-Volvestre 25 – Toulouse 80.

▲ **Municipal de la Justale** mai-oct.
    ℱ 05 61 90 68 18, *la.justale.villagevacances-mane@wana
doo.fr*, Fax 05 61 90 68 18, *www.village-vacances-
mane.com* – **R** conseillée
3 ha (23 empl.) plat, herbeux
Tarif : 10,60 € ✶ ⇌ 🅴 (6A) – pers. suppl. 2,60 €
Location (permanent) : gîtes
🚐 1 borne artisanale – 🚽 13.80 €
Pour s'y rendre : SO : à 0,5 km du bourg par rue près de la
mairie, bord de l'Arbas et d'un ruisseau
À savoir : Agréable cadre verdoyant

> Nature : 🌳 ⟷ 🌿🌿
> Loisirs : 🏠 🏖 ♠ 🏊
> Services : ⚕ ⊶ 🖥 ⊕ 🛒 🔧
> À prox. : 🎾 🏇

MARTRES-TOLOSANE

✉ 31220 – **343** E5 – G. Midi Pyrénées – 1 687 h. – alt. 268
🛈 *Office de tourisme, place Henri Dulion* ℱ 05 61 98 66 41, Fax 05 61 98 59 29
Paris 735 – Auch 80 – Auterive 48 – Bagnères-de-Luchon 81 – Pamiers 78 – St-Gaudens 33 – St-Girons 40.

⩕ **Le Moulin** 23 mars-sept.
    ℱ 05 61 98 86 40, *info@CampingLeMoulin.com*,
Fax 05 61 98 66 90, *www.CampingLeMoulin.com*
– **R** conseillée
6 ha/3 campables (57 empl.) plat, herbeux
Tarif : 25,50 € ✶ ⇌ 🅴 (6A) – pers. suppl. 5,50 € – frais
de réservation 17 €
Location (fermé 16 déc.-6 janv.) : 5 🛖 (4 à 6 pers.) 225
à 650 €/sem. – 17 🏡 (4 à 6 pers.) 260 à 760 €/sem.
🚐 1 borne artisanale
Pour s'y rendre : SE : 1,5 km par rte du Stade, av. de
St-Vidian et chemin à gauche après le pont, bord d'un
ruisseau et d'un canal, près de la Garonne (accès direct)
À savoir : agréable domaine rural, ancien moulin

> Nature : 🌳 ⟷ 🌿🌿
> Loisirs : 🏠 🏖 🎾 🏊 🎣
> Services : ⚕ ⊶ ⊝🅱 🖥 🛁 🔥 ⊕
> 🧺 🛒 🛎 🔧 🗜

459

NAILLOUX

✉ 31560 – **343** H4 – 1 237 h. – alt. 285 – Base de loisirs
Paris 711 – Auterive 15 – Castelnaudary 42 – Foix 50 – Pamiers 32 – Toulouse 36.

⩕ **Le Lac de la Thésauque** Permanent
    ℱ 05 61 81 34 67, *camping-thesauque@caramail.com*,
Fax 05 61 81 00 12, *www.camping-thesauque.com*
– **R** conseillée
2 ha (60 empl.) en terrasses, herbeux
Tarif : (Prix 2007) 17,80 € ✶ ⇌ 🅴 (6A) – pers.
suppl. 4,10 € – frais de réservation 12 €
Location 🏖 : 2 🛖 (2 à 4 pers.) 200 à 290 €/sem. – 4
🛖 (4 à 6 pers.) 260 à 490 €/sem. – 4 🏡 (4 à 6 pers.)
230 à 360 €/sem.
Pour s'y rendre : 3,4 km à l'E par D 622, rte de Villefranche-
de-Lauragais, D 25 à gauche et chemin, à 100 m du lac

> Nature : 🌿 🌿🌿
> Loisirs : 🍴 🍽 pizzeria 🏠 🏖 🎾
> ♠ 🏊 canoë, pédalos
> Services : ⚕ ⊶ ⊝🅱 🖥 🔥 ⊕ 🔧
> 🚿

Si vous recherchez :

👥   *Un terrain offrant des équipements et des loisirs adaptés aux enfants*
🌿   *Un terrain agréable ou très tranquille*
L - M *Un terrain effectuant la location de caravanes, de mobile homes,*
     de bungalows ou de chalets
P   *Un terrain ouvert toute l'année*
🚐   *Un terrain possédant une aire de services pour camping-cars*
Consultez le tableau des localités

PUYSSÉGUR

✉ 31480 – **343** E2 – 70 h. – alt. 265
Paris 669 – Agen 83 – Auch 51 – Castelsarrasin 48 – Condom 73 – Montauban 45 – Toulouse 42.

Namasté mai.-15 oct.
𝄞 05 61 85 77 84, *camping.namaste@free.fr*,
Fax 05 61 85 77 84, *http://camping.namaste.free.fr* – accès
aux emplacements par forte pente, mise en place et sortie
des caravanes à la demande – **R** conseillée
10 ha/2 campables (50 empl.) en terrasses, herbeux,
gravillons, étang, bois attenant
Tarif : 21 € 🚶 🚐 🔲 🚰 (10A) – pers. suppl. 6 € – frais de
réservation 15 €
Location (avr.-oct.) : 6 🛖 (4 à 6 pers.) 250 à 480 €/sem.
– 10 🛖 (4 à 6 pers.) 300 à 640 €/sem.
Pour s'y rendre : sortie N par D 1, rte de Cox et chemin à
droite

Nature : 🌳 🏕 ⛰
Loisirs : 🎣 🍴 🏊 🎣
Services : 🔵 🚿 🛁 🍴 🏪 🛒 🚻 📞 🔧 🅿

REVEL

✉ 31250 – **343** K4 – G. Midi Pyrénées – 7 985 h. – alt. 210
🛈 Office de tourisme, place Philippe VI de Valois 𝄞 05 34 66 67 68, Fax 05 34 66 67 67
Paris 727 – Carcassonne 46 – Castelnaudary 21 – Castres 28 – Gaillac 62 – Toulouse 54.

Municipal du Moulin du Roy 16 juin-6 sept.
𝄞 05 61 83 32 47, *mairie@mairie-revel.fr*,
Fax 05 62 18 71 41, *www.revel-lauragais.com* – **R** conseillée
1,2 ha (50 empl.) plat, herbeux
Tarif : 🚶 2,50 € 🚐 1,60 € 🔲 2 € – 🚰 2,80 €
🛒 1 borne raclet 1,50 €
Pour s'y rendre : Sortie Sud-Est par D 1, rte de Dourgne et
à droite
À savoir : décoration arbustive et florale des emplacements

Nature : 🏕 ⛰
Loisirs : 🏊
Services : 🔵 🚿 🛁 🍴 🛒 🚻
À prox. : 🍴 🎣 🏊

460

RIEUX

✉ 31310 – **343** F5 – G. Midi Pyrénées – 1 899 h. – alt. 210 – Base de loisirs
🛈 Office de tourisme, 9, rue de l'Evêché 𝄞 05 61 87 63 33
Paris 723 – Auterive 35 – Foix 53 – St-Gaudens 54 – Toulouse 50.

Municipal du Plan d'Eau avr.-oct.
𝄞 05 61 87 49 64, *otrieuxvolvestre@wanadoo.fr*,
Fax 05 61 87 63 33, *www.tourisme-volvestre.com* – places
limitées pour le passage – **R** conseillée
3 ha (68 empl.) en terrasses, herbeux, gravillons
Tarif : 13,20 € 🚶 🚐 🔲 🚰 (10A) – pers. suppl. 3,70 € –
frais de réservation 9 €
Location (permanent) : 8 🛖 (4 à 6 pers.) 210 à
300 €/sem. – 10 🛖 (4 à 6 pers.) 260 à 590 €/sem.
🛒 2 bornes 3 € – 7 🔲 3 €
Pour s'y rendre : 3 km au NO par D 627, rte de Toulouse et
rte à gauche, bord de la Garonne
À savoir : Location à la nuitée hors sais.

Nature : 🌳 🏕 〰
Loisirs : 🏊 🍴 🎣
Services : 🔵 🏧 🚿 🛁 🍴 🏪
À prox. : 🍴 snack 🍴 🔲 🏊 🚤

ST-BERTRAND-DE-COMMINGES

✉ 31510 – **343** B6 – G. Midi Pyrénées – 237 h. – alt. 581
Paris 783 – Bagnères-de-Luchon 33 – Lannemezan 23 – St-Gaudens 17 – Tarbes 68 – Toulouse 110.

Es Pibous Permanent
𝄞 05 61 94 98 20, *contac@es-pibous.wanadoo.fr*,
Fax 05 61 95 63 83, *www.es-pibous.fr* – **R** conseillée
2 ha (80 empl.) plat, herbeux
Tarif : 🚶 3,70 € 🚐 🔲 4 € – 🚰 (16A) 3,50 €
🛒 1 borne artisanale 4 €
Pour s'y rendre : 0,8 km au SE par D 26 A, rte de St-Béat et
chemin à gauche

Nature : 🌳 ⬅ la cathédrale 🏕 ⛰
Loisirs : 🎣 🏊
Services : 🔵 🚿 🏧 🚿 🍴 🛒 🛁 🍴
À prox. : 〰 canoë-kayak

ST-FERRÉOL

✉ 31250 – **343** K4 – G. Midi Pyrénées – Base de loisirs
Paris 729 – Carcassonne 43 – Castelnaudary 19 – Castres 31 – Gaillac 65 – Toulouse 56.

⚠ **En Salvan** 5 avr.-oct.
℘ 05 61 83 55 95, *lvt-en-salvan@wanadoo.fr*,
Fax 05 62 71 23 46, *www.camping-ensalvan.com*
– **R** conseillée
2 ha (150 empl.) plat et peu incliné, herbeux
Tarif : 16,70 € 🏕 ⛺ 🚐 (10A) – pers. suppl. 3,50 €
Location 🏕 : 25 🚐 (4 à 6 pers.) 250 à 495 €/sem. – 5
🏠 (4 à 6 pers.) 250 à 495 €/sem.
Pour s'y rendre : 1 km au SO sur D 79D rte de Vaudreuille,
près d'une cascade et à 500 m du lac (haut de la digue)

> Nature : 🦅 🏕 ♀
> Loisirs : 🍴 🏓 💪 ⛵
> Services : 🚿 ⚡ GB ✂ 📷 🌊 ☺ 📞
> 🖥
> À prox. : 🍽 🎣 ⛵ 🚣 🐴 poneys

ST-GAUDENS

✉ 31800 – **343** C6 – G. Midi-Pyrénées – 10 845 h. – alt. 405
🏢 Office de tourisme, 2, rue Thiers ℘ 05 61 94 77 61, Fax 05 61 94 77 50
Paris 766 – Bagnères-de-Luchon 48 – Tarbes 68 – Toulouse 94.

⚠ **Municipal Belvédère des Pyrénées** juin-sept.
℘ 05 62 00 16 03, *web.master@mairie.st-gaudens.fr*,
Fax 05 61 94 78 78, *www.st-gaudens.com* – **R**
1 ha (83 empl.) plat, herbeux, gravillons
Tarif : 16,10 € 🏕 ⛺ 🚐 (13A) – pers. suppl. 3,10 €
🚐 1 borne artisanale 3 €
Pour s'y rendre : O : 1 km par N 117, direction Tarbes

> Nature : ⬅ Pyrénées 🏕 ♀♀
> Loisirs : 🍴 pizzeria
> Services : 🚿 ⚡ 🏪 📷 ☺
> À prox. : 🛒

SALLES-ET-PRATVIEL

✉ 31110 – **343** B8 – 119 h. – alt. 625
Paris 814 – Toulouse 141 – Tarbes 86 – Lourdes 105 – St-Gaudens 41.

⚠ **Le Pyrénéen** déc.-3 nov.
℘ 05 61 79 59 19, *campinglepyreneen@wanadoo.fr*,
Fax 05 61 79 75 75, *www.campingdepyreneen-luchon.com*
– **R** conseillée 🏕
1,1 ha (75 empl.) plat, pierreux, herbeux
Tarif : 16,30 € 🏕 ⛺ 🚐 (10A) – pers. suppl. 4,10 € –
frais de réservation 13 €
Location (mars-oct.) : 21 🚐 (4 à 6 pers.) 270 à
490 €/sem.
Pour s'y rendre : 0,6 km au S par D 27 et chemin, bord de
la Pique

> Nature : ❄ 🦅 ⬅ 🏕 ♀♀
> Loisirs : 🍴 🏓 💪 ⛵
> Services : 🚿 ⚡ GB ✂ 🏪 📷 🔥 🌊
> ☺ ⛲ 🚾 🖥 sèche-linge
> À prox. : 🐴

461

Gers (32)

AUCH

✉ 32000 – **336** F8 – G. Midi Pyrénées – 21 838 h. – alt. 169
🏢 Office de tourisme, 1, rue Dessoles ℘ 05 62 05 22 89, Fax 05 62 05 92 04
Paris 713 – Agen 74 – Bordeaux 205 – Tarbes 74 – Toulouse 79.

⚠ **Le Castagné** 15 mai-15 oct.
℘ 06 07 97 40 37, *lecastagne@wanadoo.fr*,
Fax 05 62 63 32 56, *www.domainelecastagne.com*
– **R** conseillée
70 ha/2 campables (24 empl.) incliné et peu incliné, herbeux
Tarif : 14 € 🏕 ⛺ 🚐 – pers. suppl. 4 €
Location (permanent) : 3 🚐 (4 à 6 pers.) 274 à
430 €/sem. – 9 🏠 (4 à 6 pers.) 305 à 560 €/sem. – 🛏 –
gîtes
🚐 🚐 14 €
Pour s'y rendre : E : 4 km par rte de Toulouse et à droite
chemin de Montegut

> Nature : 🦅 ⬅ ♀♀♀
> Loisirs : 🏓 🏓 💪 🚴 🎣 ⛵ 🚣
> Services : 🚿 ⚡ ✂ ☺ 🖥
> À prox. : pédalos

BARBOTAN-LES-THERMES

✉ 32150 – **336** B6 – G. Midi-Pyrénées
🛈 *Office de tourisme, place Armagnac* ✆ *05 62 69 52 13, Fax 05 62 69 57 71*
Paris 703 – Aire-sur-l'Adour 37 – Auch 75 – Condom 37 – Mont-de-Marsan 43.

    ▲▲ **Le Lac de l'Uby** 15 mars-nov.
        ✆ 05 62 09 53 91, *balia-vacances@wanadoo.fr*,
        Fax 05 62 09 56 97, *www.camping-uby.com* – **R** conseillée
        6 ha (274 empl.) plat, gravier, herbeux
        Tarif : 18 € ⚹ ⇔ 🅴 (🄰) (10A) – pers. suppl. 5,50 € – frais
        de réservation 8 €
        Location (mars-nov.) : 30 🏕 (4 à 6 pers.) 190 à
        500 €/sem. – 7 🏠 (4 à 6 pers.) 210 à 530 €/sem.
        🛗 1 borne artisanale
        Pour s'y rendre : 1,5 km au SO, rte de Cazaubon et à
        gauche, à la base de loisirs (bord du lac)

> Nature : 🌳🌳 ⛰
> Loisirs : snack, pizzeria 🎮 ⛵ 🏖
> 🎣 terrain omnisports
> Services : 🅰 ⚡ GB 🅅 📶 🍴 🛁 ⊕
> 🛒 ☎ 📱 🔥 ☕
> À prox. : 🎯 🏊 🚤 canoë, pédalos

BASSOUES

✉ 32320 – **336** D8 – 376 h. – alt. 225
🛈 *Syndicat d'initiative, Au Donjon* ✆ *05 62 70 97 34, Fax 05/62/70 90 47*
Paris 749 – Aire-sur-l'Adour 48 – Auch 39 – Condom 55 – Mont-de-Marsan 79 – Tarbes 56.

    ▲ **Saint Fris** juil.-août
        ✆ 05 62 66 67 76, *coeur-dastarac@wanadoo.fr*,
        Fax 05 62 66 51 83, *coeur-dastarac.fr* – **R** conseillée
        1 ha (50 empl.) non clos, plat, peu incliné, herbeux
        Pour s'y rendre : E : 0,8 km par D 943, rte de Montesquiou,
        près du stade et au bord de l'étang

> Nature : 🌿 ♀
> Loisirs : ✂
> Services : ⊕

CASTÉRA-VERDUZAN

✉ 32410 – **336** E7 – 830 h. – alt. 114 – Base de loisirs
🛈 *Syndicat d'initiative, avenue des Thermes* ✆ *05 62 68 10 66, Fax 05 62 68 14 58*
Paris 720 – Agen 61 – Auch 40 – Condom 20.

    ▲▲ **La Plage de Verduzan** 30 mars-oct.
        ✆ 05 62 68 12 23, *contact@camping-verduzan.com*,
        Fax 05 62 68 18 95, *www.camping-verduzan.com*
        – **R** conseillée
        2 ha (100 empl.) plat, herbeux
        Tarif : 20,50 € ⚹ ⇔ 🅴 (🄰) (6A) – pers. suppl. 5 € – frais de
        réservation 10 €
        Location 🏕 : 8 🏠 (2 à 4 pers.) 160 à 375 €/sem. – 13
        🏕 (4 à 6 pers.) 275 à 540 €/sem. – 8 🏠 (4 à 6 pers.)
        335 à 595 €/sem. – bungalows toilés
        Pour s'y rendre : au N du bourg, bord de l'Aulone
        À savoir : au bord d'un plan d'eau, emplacements soignés

> Nature : 🏞 ♀
> Loisirs : 🎮 🏓 🎱
> Services : 🅰 ⚡ GB 🅅 🍴 🏊 ⊕ 🛒
> 🛒 📱 🔥
> À prox. : 🎯 🏖 (plage) 🚣 pédalos

CÉZAN

✉ 32410 – **336** E7 – 150 h. – alt. 207
Paris 712 – Auch 27 – Fleurance 18 – Lectoure 22 – Valence-sur-Baïse 14 – Vic-Fézensac 21.

    ▲ **Les Angeles** avr.-1er sept.
        ✆ 05 62 65 29 80, *camping.angeles@free.fr*,
        Fax 05 62 65 29 80, *www.camping-les-angeles.com*
        – **R** conseillée
        3 ha (62 empl.) non clos, incliné à peu incliné, terrasses,
        herbeux
        Tarif : 17,95 € ⚹ ⇔ 🅴 (🄰) (6A) – pers. suppl. 5,15 € – frais
        de réservation 12 €
        Location (avr.-sept.) : 6 🏕 (4 à 6 pers.) 149 à
        495 €/sem.
        Pour s'y rendre : SE : 2,5 km par D 303, rte de Réjaumont,
        à droite rte de Préhac puis 0,9 km par chemin

> Nature : 🌿 🏞 ♀
> Loisirs : 🎮 ⛵ 🚲 🎱
> Services : ⚡ GB 🅅 🍴 ⊕ 📱 🚿

CONDOM

✉ 32100 – **336** E6 – G. Midi Pyrénées – 7 251 h. – alt. 81

🛈 *Office de tourisme, place Bossuet* ℰ *05 62 28 00 80, Fax 05 62 28 45 46*

Paris 729 – Agen 41 – Auch 46 – Mont-de-Marsan 80 – Toulouse 121.

△ **Municipal** avr.-sept.
ℰ 05 62 28 17 32, *mairiedecondom@condom.org,*
Fax 05 62 28 17 32 – **R**
2 ha (75 empl.) plat, herbeux
Tarif : 14,78 € ⚹ ⇐ 🅿 (8A) – pers. suppl. 3,15 €
Location 🚳 : 31 🏠 (4 à 6 pers.) 292 à 570 €/sem.
Pour s'y rendre : Sortie Sud par D 931 rte d'Eauze, près de la Baïse

> Nature : ⌂ 🎋🎋
> Loisirs : 🏕 🎣
> Services : 🕭 ⚡ ⚙ Ⓜ 🛱 ♨ ⊙ 🛒 🌀 🔖
> À prox. : 🍴 ✕ 🍖 🏊

ESTANG

✉ 32240 – **336** B6 – 643 h. – alt. 120

Paris 712 – Aire-sur-l'Adour 25 – Eauze 17 – Mont-de-Marsan 35 – Nérac 56 – Nogaro 18.

⋀⋀ **Les Lacs de Courtès** 🅰📶 – Pâques- fin sept.
ℰ 05 62 09 61 98, *contact@lacs-de-courtes.com,*
Fax 05 62 09 63 13, *www.lacs-de-courtes.com* – **R** conseillée
7 ha (136 empl.) en terrasses, peu incliné, plat, herbeux
Tarif : 26 € ⚹ ⇐ 🅿 (6A) – pers. suppl. 5 € – frais de réservation 15 €
Location (permanent) : 43 🏠 (4 à 6 pers.) 220 à 700 €/sem. – 22 maisonnettes
🚐 1 borne artisanale 5 € – 8 🅿 12 € – 🚽
Pour s'y rendre : Au S du bourg par D 152, près de l'église et au bord d'un lac

> Nature : 🌿 🎋🎋
> Loisirs : 🍴 snack 🏕 🍸 🛝 jacuzzi 🚣 🎣 🏊 🏊 🌀 canoë
> Services : 🕭 ⚡ 🏧 ⚙ ♨ 🛒 ⊙ 🚰 🔖 sèche-linge ⚒

GONDRIN

✉ 32330 – **336** D6 – 999 h. – alt. 174

🛈 *Office de tourisme, avenue Jean Moulin* ℰ *05 62 29 15 89*

Paris 745 – Agen 58 – Auch 42 – Condom 17 – Mont-de-Marsan 64 – Nérac 38.

⋀ **Le Pardaillan** 🅰📶 – 22 mars-11 oct.
ℰ 05 62 29 16 69, *Camplepardaillan@wanadoo.fr,*
Fax 05 62 29 11 82, *www.camping-le-pardaillan.com* – **R** conseillée
2,5 ha (100 empl.) plat, terrasses, herbeux, gravillons
Tarif : 22 € ⚹ ⇐ 🅿 (6A) – pers. suppl. 5,40 € – frais de réservation 15 €
Location (permanent) : 29 🚐 (4 à 6 pers.) 245 à 640 €/sem. – 14 🏠 (4 à 6 pers.) 249 à 750 €/sem. – bungalows toilés
🚐 1 borne 3 € – 3 🅿 15 € – 🚽 10 €
Pour s'y rendre : à l'E du bourg

> Nature : 🌿 ⌂ 🎋🎋
> Loisirs : 🍴 pizzeria 🏕 🛝 jacuzzi 🚣 🎣 (petite piscine) 🏊 (plan d'eau)
> Services : 🕭 ⚡ 🏧 ⚙ 🎿 🛱 ♨ ⊙ 🌀 🛒 🔖 ⚒
> À prox. : 🍖 🏊

LECTOURE

✉ 32700 – **336** F6 – G. Midi Pyrénées – 3 933 h. – alt. 155 – Base de loisirs

🛈 *Syndicat d'initiative, place du Général-de-Gaulle* ℰ *05 62 68 76 98, Fax 05 62 68 79 30*

Paris 708 – Agen 39 – Auch 35 – Condom 26 – Montauban 84 – Toulouse 114.

⋀⋀⋀ **Yelloh! Village Le Lac des 3 Vallées** 🅰📶 – 24 mai-7 sept.
ℰ 05 62 68 82 33, *contact@lacdes3vallees.fr,*
Fax 05 62 68 88 82, *www.lacdes3vallees.fr* – **R** conseillée
40 ha (500 empl.) plat et peu incliné, en terrasses, herbeux, étangs, bois attenant
Tarif : 42 € ⚹ ⇐ 🅿 (10A) – pers. suppl. 8 € – frais de réservation 30 €
Location : 200 🚐 (4 à 6 pers.) 259 à 973 €/sem. – studios - bungalows toilés
🚐 1 borne flot bleu 5 €
Pour s'y rendre : SE : 2,4 km par N 21, rte d'Auch, puis 2,3 km par rte à gauche, au parc de loisirs, bord du lac

> Nature : 🌿 < ⌂ 🎋🎋
> Loisirs : 🍴 ✕ snack 🏕 🍸 nocturne 🛝 🎠 🛶 jacuzzi 🚣 🎣 ✕ 🎿 🏊 🌀 cinéma de plein air
> Services : 🕭 ⚡ 🏧 ⚙ 🛱 ♨ 🌀 ⊙ 🌀 🔖 🚰 ⚒

LELIN-LAPUJOLLE

✉ 32400 – **336** B7 – 207 h. – alt. 107
Paris 731 – Agen 101 – Auch 42 – Mont-de-Marsan 41 – Pau 60 – Tarbes 67.

Lahount Permanent
☏ 05 62 69 64 09, camping.de.lahount@wanadoo.fr,
Fax 05 62 69 68 73, http://perso.orange.fr/camping.de.la
hount/ – **R** conseillée
10 ha/3 campables (86 empl.) en terrasses, herbeux, étang,
bois attenant
Tarif : 15,50 € ﹡ ⇔ ▣ ᶁ (10A) – pers. suppl. 3,75 € –
frais de réservation 10 €
Location : 7 ⌂ (2 à 4 pers.) 204 à 246 €/sem. – 14 ⌂
(4 à 6 pers.) 210 à 420 €/sem. – 4 ⌂ (4 à 6 pers.) 269 à
599 €/sem.
⌂ 1 borne artisanale 4,50 € – ⌂ 11 €
Pour s'y rendre : 2,2 km au S par D 169, rte de St-Germé et
rte à gauche

Nature : ⌖ ≤ ⌂
Loisirs : snack ⌂ ⌂ poneys
Services : ⅋ ⌂ ⊖B ⌂ ▣ ⌂ ⌂ ⌂
⌂ ▣ ⌂

MASSEUBE

✉ 32140 – **336** F9 – 1 391 h. – alt. 220
🏠 Syndicat d'initiative, 14, avenue Elysée Duffréchou ☏ 05 62 66 12 22, Fax 05 62 66 96 20
Paris 732 – Auch 26 – Mirande 21 – Rieux 69 – Toulouse 91.

Les Cledelles (location exclusive de chalets) Permanent
☏ 05 62 66 01 75, cledelles.gers@wanadoo.fr,
Fax 05 62 66 01 75, www.lescledelles.com – empl. traditionnels également disponibles – **R** conseillée
1 ha plat, herbeux
Location : 20 ⌂ (4 à 6 pers.) 250 à 620 €/sem.
Pour s'y rendre : Au bourg, près du stade et de la piscine

Nature : ⌂
Loisirs : ⌂ ⌂ ⌂ ⌂ ⌂
Services : ⅋ ⌂ ⓟ ⌂ ▣
À prox. : golf

464

MIRANDE

✉ 32300 – **336** E8 – G. Midi Pyrénées – 3 568 h. – alt. 173
🏠 Office de tourisme, 13, rue de l'Evêché ☏ 05 62 66 68 10
Paris 737 – Auch 25 – Mont-de-Marsan 98 – Tarbes 49 – Toulouse 103.

L'Île du Pont 15 mai-15 sept.
☏ 05 62 66 64 11, info@camping-gers.com,
Fax 05 62 66 69 86, www.camping-gers.com – **R** conseillée
10 ha/5 campables (140 empl.) non clos, plat, herbeux
Tarif : 16,30 € ﹡ ⇔ ▣ ᶁ (8A) – pers. suppl. 5,10 €
Location (permanent) : 9 ⌂ (4 à 6 pers.) 220 à
535 €/sem. – 12 ⌂ (4 à 6 pers.) 260 à 580 €/sem. –
bungalows toilés
Pour s'y rendre : à l'E de la ville, dans une île de la Grande
Baïse
À savoir : sur une île, site agréable entre lac et rivière

Nature : ⌖ ⌂
Loisirs : ⌂ snack ⌂ ⌂ salle d'ani-
mation ⌂ ⌂
Services : ⅋ ⌂ ⌂ ▣ ▣ ⌂ ⌂ ⌂
▣ ⌂
À prox. : ⌂ parcours de santé, ca-
noë, pédalos ⌂

MIREPOIX

✉ 32390 – **336** G7 – G. Midi Pyrénées – 171 h. – alt. 150
Paris 696 – Auch 17 – Fleurance 13 – Gimont 25 – Mauvezin 21 – Vic-Fézensac 32.

Les Chalets des Mousquetaires (location exclusive
de chalets) Permanent
☏ 05 62 64 33 66, info@chalets-mousquetaires.com,
www.chalets-mousquetaires.com – **R** indispensable
1 ha non clos, plat et peu incliné, herbeux, étang
Location : 11 ⌂ (4 à 6 pers.) 279 à 598 €/sem.
Pour s'y rendre : 2 km au SE du bourg
À savoir : Près d'une ferme, situation dominante sur la
campagne vallonnée du Gers

Nature : ⌖ ≤ ⌂
Loisirs : ⌂ ⌂ ⌂
Services : ⅋ ⌂ ⌂ ⌂ ▣
À prox. : ⌂

MONTESQUIOU

✉ 32320 – **336** D8 – 570 h. – alt. 214

🅑 *Office de tourisme, Mairie* ℘ 05 62 70 91 18

Paris 741 – Auch 32 – Mirande 12 – Mont-de-Marsan 87 – Pau 85.

⚠ **Le Haget** 15 avr.-15 oct.
℘ 05 62 70 95 80, *info@lehaget.com*, Fax 05 62 70 94 83,
www.lehaget.com – **R** indispensable
10 ha (70 empl.) plat et peu incliné, herbeux
Tarif : 22 € ✱ ⇔ 🅴 🗲 (10A) – pers. suppl. 5 € – frais de
réservation 12,50 €
Location : 19 🏠 (4 à 6 pers.) 225 à 695 €/sem. – 10 🛏 –
huttes
Pour s'y rendre : 0,6 km à l'O par D 943 rte de Marciac puis
à gauche, 1,5 km par D 34 rte de Miélan
À savoir : Dans le parc du château

Nature : 🍃 ♀♀
Loisirs : ✗ ✗ 🛋 🏊
Services : ᗢ ⌒ ⒼⒷ ♂√ 🖥 😊 ♨ 🗄
À prox. : ✂

RISCLE

✉ 32400 – **336** B8 – 1 675 h. – alt. 105

🅑 *Syndicat d'initiative, 6, place du foirail* ℘ 05 62 69 74 01, Fax 05 62 69 86 07

Paris 739 – Aire-sur-l'Adour 17 – Maubourguet 27 – Nogaro 14 – Plaisance 17.

⚠ **Le Pont de l'Adour** avr.-15 oct.
℘ 05 67 36 00 08, *camping.dupontdeladour@tiscali.fr*,
Fax 05 62 69 72 45, *www.camping-adour.new.fr* – **R** conseillée
2,5 ha (60 empl.) plat, herbeux
Tarif : 15,50 € ✱ ⇔ 🅴 🗲 (6A) – pers. suppl. 4 € – frais de
réservation 20 €
Location (permanent) : 🛖 – 6 🛖 (4 à 6 pers.) 190 à
460 €/sem. – pavillons
Pour s'y rendre : sortie NE par D 935, rte de Nogaro et à
droite avant le pont, bord de l'Adour

Nature : 🍃 ☲ ♀♀
Loisirs : ✗ snack 🛋 🚲
Services : ᗢ ⌒ ⒼⒷ ♂√ 🖥 🏊 😊 🗄
🍴
À prox. : 🏊 ✗ 🏊 parcours de
santé

La ROMIEU

✉ 32480 – **336** E6 – 532 h. – alt. 188

🅑 *Syndicat d'initiative, rue du Docteur Lucante* ℘ 05 62 28 86 33

Paris 694 – Agen 32 – Auch 48 – Condom 12 – Moissac 69 – Montauban 97.

⛰ **Le Camp de Florence** ♣♣ – avr.-11 oct.
℘ 05 62 28 15 58, *info@lecampdeflorence.com*,
Fax 05 62 28 20 04, *www.lecampdeflorence.com*
– **R** conseillée
10 ha/4 campables (183 empl.) non clos, plat, terrasses,
herbeux
Tarif : 30,90 € ✱ ⇔ 🅴 🗲 (6A) – pers. suppl. 6,90 € – frais
de réservation 23 €
Location : 30 🛖 (4 à 6 pers.) 266 à 690 €/sem. – 2 🏠
(4 à 6 pers.) 294 à 785 €/sem. – 7 bungalows toilés
🛖 1 borne artisanale 4 € – 7 🅴 18,90 €
Pour s'y rendre : Sortie E du bourg par D 41

Nature : 🍃 ☲ ♀
Loisirs : ✗ ✗ 🛋 ☉ diurne noc-
turne (juil.-août) 🏹 🏊 🚲 ✗ 🏊
Services : ᗢ ⌒ ⒼⒷ ♂√ 🖥 🏊 😊 🍴
♨ 🗄 🍴

ROQUELAURE

✉ 32810 – **336** F7 – 454 h. – alt. 206

Paris 711 – Agen 67 – Auch 10 – Condom 39.

⛰ **Le Talouch** ♣♣ – avr.-sept.
℘ 05 62 65 52 43, *info@camping-talouch.com*,
Fax 05 62 65 53 68, *www.camping-talouch.com* – **R** conseillée ✄
9 ha/5 campables (147 empl.) plat, herbeux, terrasse
Tarif : 31,50 € ✱ ⇔ 🅴 🗲 (6A) – pers. suppl. 7,20 € – frais
de réservation 29 €
Location (permanent) : 40 🏠 (4 à 6 pers.) 322 à
868 €/sem. – bungalows toilés
🛖 1 borne artisanale 8,75 € – 8 🅴 23,60 € – 🍴
10,50 €
Pour s'y rendre : N : 3,5 km par D 272, rte de Mérens puis
à gauche D 148, rte d'Auch

Nature : 🍃 ☲ ♀
Loisirs : ✗ 🏹 ⟲ hammam jacuzzi
🏊 🚲 ✗ 🏊 🏊 swin golf (9
trous)
Services : ᗢ ⌒ ⒼⒷ ♂√ 🖥 🏊 😊 🍴
🍴 ♨ 🗄 🍴

ST-BLANCARD

✉ 32140 – **336** F9 – 257 h. – alt. 332 – Base de loisirs
Paris 735 – Toulouse 84 – Pau 116 – Montauban 112 – Tarbes 76.

⚠ **Les Clédelles du lac de la Gimone** (location exclusive de chalets)
℘ 05 62 66 01 18, *cledelles.gers@wanadoo.fr*,
Fax 05 62 66 01 75, *www.lescledelles.com*
20 ha/1 campable non clos, plat, herbeux
Location ℗ : 9 🏠
Pour s'y rendre : 3 km au S, rte de Lalanne-Arque et chemin à gauche, au bord du lac

Nature : ♨ ≤ sur le lac ⛰
Loisirs : 🛝 🏊 🎣 🚣
Services : ⚕ ⚒ 🍴
À prox. : canoë, pédalos, bâteau promenade

THOUX

✉ 32430 – **336** H7 – 163 h. – alt. 145 – Base de loisirs
Paris 681 – Auch 40 – Cadours 13 – Gimont 14 – L'Isle-Jourdain 13 – Mauvezin 16.

⚠ **Lac de Thoux - Saint Cricq** avr.-oct.
℘ 05 62 65 71 29, *lacdethoux@cacg.fr*, Fax 05 62 65 74 81,
www.lacdethoux.com – **R** conseillée
3,5 ha (130 empl.) plat, peu incliné, herbeux
Tarif : 20 € 👤 🚗 🔲 🔌 (10A) – pers. suppl. 6 € – frais de réservation 13 €
Location (permanent) : 13 🚃 (4 à 6 pers.) 280 à 620 €/sem. – bungalows toilés
🚐 1 borne artisanale – 10 🔲 8 € – 🚙 16 €
Pour s'y rendre : NE : sur D 654, bord du lac

Nature : ♀ ⛰
Loisirs : 🏓 🚲 🏊
Services : ⚕ ⚒ 🅶🅱 ⚒ 📷 🛁 ☺ 🚮 🚻 📷
À prox. : 🍽 🍹 snack 🛝 🎿 🐎 🚣 🚤

Lot (46)

BAGNAC-SUR-CÉLÉ

✉ 46270 – **337** I3 – 1 519 h. – alt. 234
🛈 *Syndicat d'initiative, 18, avenue du Quercy* ℘ 05 65 14 02 03
Paris 593 – Cahors 83 – Decazeville 16 – Figeac 15 – Maurs 8.

⚠ **Les Berges du Célé** juin-sept.
℘ 05 65 34 94 31, *lesbergesducele@aol.com*,
Fax 03 23 53 25 98, *www.lesbergesducele.com* – **R** conseillée
1 ha (44 empl.) plat, herbeux
Tarif : 13,70 € 👤 🚗 🔲 🔌 (5A) – pers. suppl. 3,90 €
Location : 2 🚃 (4 à 6 pers.) 290 à 450 €/sem. – bungalows toilés
🚐 1 borne artisanale
Pour s'y rendre : au SE du bourg, derrière la gare, au bord du Célé

Nature : ♀ ⛰
Loisirs : 🏊
Services : ⚒ ⚒ ☺ 📷
À prox. : 🍽

BÉDUER

✉ 46100 – **337** H4 – 623 h. – alt. 260
Paris 572 – Cahors 63 – Figeac 9 – Villefranche-de-Rouergue 36.

⚠ **Pech Ibert** 15 mars-15 déc.
℘ 05 65 40 05 85, *camping.pech.ibert@wanadoo.fr*,
Fax 05 65 40 08 33, *www.camping-pech-ibert.com*
– **R** conseillée
1 ha (18 empl.) plat, herbeux, gravillons, pierreux
Tarif : 👤 3 € 🚗 1,20 € 🔲 3 € – 🔌 (6A) 3 € – frais de réservation 10 €
Location : 3 🏠 (4 à 6 pers.) 310 à 450 €/sem.
🚐 1 borne 4,50 € – 2 🔲 8 € – 🚙
Pour s'y rendre : NO : 1 km par D 19, rte de Cajarc et rte à droite

Nature : ♨ ≤ 🏠 ♀
Loisirs : 🍹 🏠 🏊
Services : ⚕ ⚒ 🅲🅵 📷 🛁 ☺ 🧺 📷 réfrigérateurs
À prox. : 🍽

BELAYE

✉ 46140 – **337** D5 – G. Périgord – 223 h. – alt. 209
Paris 594 – Cahors 30 – Fumel 21 – Gourdon 46 – Montauban 67.

La Tuque 26 avr.-15 sept.
    ℘ 05 65 21 34 34, *camping@la-tuque.info*,
Fax 05 65 21 39 89, *www.la-tuque.info* – croisement difficile
sur 6 km – **R** conseillée
9 ha/4 campables (90 empl.) en terrasses, accidenté, peu
incliné, herbeux, pierreux
Tarif : 22,25 € ✶ ⟵ 🚗 🄴 (6A) – pers. suppl. 5,50 € – frais
de réservation 10 €
Location 🏠 : 4 🚐 (4 à 6 pers.) 150 à 550 €/sem. –
gîtes, huttes
Pour s'y rendre : sortie S, 3,5 km par D 50, rte de la
Boulvée et chemin à droite au lieu-dit La Tuque
À savoir : Cadre agréable dans un joli site boisé

> Nature : ♨
> Loisirs : 🍽 snack 🏠 🌙 nocturne
> 🏃 🚴 ✕ 🎣 🏊 ⛵
> Services : 🚿 ⚬ᵈ GB ⚴ 🏠 ⊕ 🗄

BRENGUES

✉ 46320 – **337** G4 – G. Périgord – 175 h. – alt. 135
Paris 565 – Cajarc 16 – Cahors 54 – Figeac 21 – Livernon 11.

Le Moulin Vieux avr.-sept.
    ℘ 05 65 40 00 41, *blasquez.a@wanadoo.fr*,
Fax 05 65 40 05 65 – **R** conseillée
3 ha (91 empl.) plat, herbeux, pierreux
Tarif : 15,90 € ✶ ⟵ 🄴 (10A) – pers. suppl. 4,30 €
Location : 6 🚐 (4 à 6 pers.) 170 à 430 €/sem. – 🏠
🚐 🚐 10 €
Pour s'y rendre : N : 1,5 km par D 41, rte de Figeac, au
bord du Célé

> Nature : ♨ ⟨ ♨♨ ⚶
> Loisirs : 🍽 🌙 nocturne 🚴 ⚡ 🎣 🏊
> Services : 🚿 ⚬ᵈ GB ⚴ 🗄 ⊕ 🏠 ♒
> À prox. : ✕ 🚣 🏠

467

BRETENOUX

✉ 46130 – **337** H2 – G. Périgord – 1 231 h. – alt. 136
🄳 *Office de tourisme, avenue de la Libération* ℘ 05 65 38 59 53, *Fax 05 65 39 72 14*
Paris 521 – Brive-la-Gaillarde 44 – Cahors 83 – Figeac 48 – Sarlat-la-Canéda 65 – Tulle 47.

La Bourgnatelle mai-sept.
    ℘ 05 65 10 89 04, *contact@dordogne-vacances.fr*,
Fax 05 65 10 89 18, *www.dordogne-vacances.fr* – **R** conseillée
2,3 ha (135 empl.) plat, herbeux
Tarif : 19 € ✶ ⟵ 🄴 (5A) – pers. suppl. 4 € – frais de
réservation 20 €
Location : 50 🚐 (4 à 6 pers.) 150 à 650 €/sem.
🚐 1 borne artisanale 2,50 € – 3 🄴 16 € – 🚐 16 €
Pour s'y rendre : sortie NO, à gauche après le pont

> Nature : ♨ ♨♨ ⚶
> Loisirs : 🏠 🚴 🏊
> Services : 🚿 ⚬ᵈ (juil.-août) ⚴ 🗄 ⊕
> 🏠
> À prox. : ✕

CAHORS

✉ 46000 – **337** E5 – G. Périgord – 20 003 h. – alt. 135
🄳 *Office de tourisme, place François Mitterrand* ℘ 05 65 53 20 65, *Fax 05 65 53 20 74*
Paris 575 – Agen 85 – Albi 110 – Bergerac 108 – Brive-la-Gaillarde 98 – Montauban 64 – Périgueux 126.

Rivière de Cabessut avr.-sept.
    ℘ 05 65 30 06 30, *contact@cabessut.com*,
Fax 05 65 23 99 46, *www.cabessut.com* – **R** conseillée
2 ha (102 empl.) plat, herbeux
Tarif : 18 € ✶ ⟵ 🄴 (10A) – pers. suppl. 4 €
Location 🏠 : 8 🚐 (4 à 6 pers.) 320 à 480 €/sem.
🚐 1 borne artisanale 4 € – 🚐 10 €
Pour s'y rendre : S : 3 km sur D 911 direction Rodez puis
chemin à gauche, quai Ludo-Rolles, bord du Lot

> Nature : ⟨ 🏠 ♀
> Loisirs : 🏠 🚴 🎣 🏊
> Services : 🚿 ⚬ᵈ ⚴ 🗄 ⊕ 🏠
> À prox. : 🏊

CAJARC

✉ 46160 – **337** H5 – G. Périgord – 1 114 h. – alt. 160
🛈 *Office de tourisme, La Chapelle ℰ 05 65 40 72 89, Fax 05 65 40 39 05*
Paris 586 – Cahors 52 – Figeac 25 – Villefranche-de-Rouergue 27.

⚠ **Municipal le Terriol** mai-sept.
ℰ 05 65 40 72 74, *mairie.cajarc@wanadoo.fr*,
Fax 05 65 40 39 05 – **R** conseillée
0,8 ha (45 empl.) plat, herbeux
Tarif : 👤 2,50 € ⟵ 🚗 4 € – 🔌 (6A) 2,50 €
Pour s'y rendre : sortie SO par D 662, rte de Cahors et à gauche

Nature : 🏕 ♀
Services : ⚊ (juil.-août) GB 🛒 ⚲
🏠
À prox. : 🚴 ✗ 🏊

CARLUCET

✉ 46500 – **337** F3 – G. Périgord – 171 h. – alt. 322
Paris 542 – Cahors 47 – Gourdon 26 – Labastide-Murat 11 – Rocamadour 14.

⚠ **Château de Lacomté** 15 mai-15 sept.
ℰ 05 65 38 75 46, *lacomte2@wanadoo.fr*,
Fax 05 65 33 17 68, *www.campingchateaulacomte.com*
– **R** conseillée
12 ha/4 campables (100 empl.) plat et terrasse, peu incliné, pierreux, herbeux, bois
Tarif : 39 € 👤 ⟵ 🚗 🔌 (10A) – pers. suppl. 12 € – frais de réservation 10 €
Location 🏕 : 4 🚐 (4 à 6 pers.) 195 à 495 €/sem. – 6 🏠 (4 à 6 pers.) 255 à 595 €/sem.
Pour s'y rendre : NO : 1,8 km du bourg, au château

Nature : 🏞 🏕
Loisirs : 🍽 ✗ 🎯 🏇 🚴 🚲 ✗ 🏊
Services : ♿ ⚊ GB 🏧 ⚲ 🧺 🚽 🔧 🕯 🏠 🚿

CASSAGNES

✉ 46700 – **337** C4 – 192 h. – alt. 185
Paris 577 – Cahors 34 – Cazals 15 – Fumel 19 – Puy-l'Évêque 8 – Villefranche-du-Périgord 15.

⚠ **Le Carbet** avr.-oct.
ℰ 05 65 36 61 79, *campingcarbet@wanadoo.fr*, *www.lecarbet.fr* – **R** conseillée
3 ha (25 empl.) non clos, en terrasses, pierreux, herbeux
Tarif : 20 € 👤 ⟵ 🚗 🔌 (6A) – pers. suppl. 5 € – frais de réservation 10 €
Location : 10 🚐 (4 à 6 pers.) 235 à 470 €/sem.
Pour s'y rendre : NO : 1,5 km par D 673, rte de Fumel, près d'un lac

Nature : 🏕 ♀♀
Loisirs : 🍽 snack 🏊
Services : ⚊ GB 🛒 🧺 ⚲ 🕯 🔧

CASTELNAU-MONTRATIER

✉ 46170 – **337** E6 – G. Périgord – 1 844 h. – alt. 240
🛈 *Office de tourisme, 27, rue Clemenceau ℰ 05 65 21 84 39, Fax 05 65 21 84 72*
Paris 600 – Cahors 30 – Caussade 24 – Lauzerte 23 – Montauban 34.

⚠ **Municipal des 3 Moulins**
ℰ 05 65 21 86 54, *mairiecastelnau@wanadoo.fr*,
Fax 05 65 21 91 52 – **R**
1 ha (50 empl.) en terrasses, herbeux, pierreux
Pour s'y rendre : sortie NO par D 19, rte de Lauzette

Nature : ♀♀
Services : ⚲
À prox. : ✗ 🏊

CREYSSE

✉ 46600 – **337** F2 – G. Périgord – 257 h. – alt. 110
Paris 517 – Brive-la-Gaillarde 40 – Cahors 79 – Gourdon 40 – Rocamadour 17 – Souillac 13.

⚠ **Le Port** mai-22 sept.
ℰ 05 65 32 20 82, *contact@campingduport.com*,
Fax 05 65 41 05 32, *www.campingduport.com* – **R** conseillée
3,5 ha (100 empl.), peu incliné, plat, herbeux, non clos
Tarif : 15,90 € 👤 ⟵ 🚗 🔌 (6A) – pers. suppl. 4,30 € – frais de réservation 10 €
Pour s'y rendre : au S du bourg, près du château, bord de la Dordogne

Nature : 🏞 ♀♀ 🏖
Loisirs : 🍽 🏠 🚲 🏊
Services : ⚊ GB 🛒 🏧 🧺 ⚲ 🏠

FIGEAC

✉ 46100 – **337** I4 – G. Périgord – 9 606 h. – alt. 214

🛈 *Office de tourisme, place Vival* ☎ 05 65 34 06 25, Fax 05 65 50 04 58

Paris 578 – Aurillac 64 – Rodez 66 – Villefranche-de-Rouergue 36.

⚴ **Les Rives du Célé** avr.-28 sept.
☎ 05 65 34 59 00, *contact@marc-montmija.com*,
Fax 05 61 64 89 17, *www.domainedesurgie.com*
– **R** conseillée
2 ha (150 empl.) plat, herbeux, terrasses
Tarif : 18,50 € ✶ ⛺ 🅔 ⚡ (10A) – pers. suppl. 5,50 €
Location (mars-nov.) : 20 🚐 (4 à 6 pers.) 250 à
600 €/sem. – maisons
Pour s'y rendre : À la base de loisirs, E : 1,2 km par D 840,
rte de Rodez et chemin du Domaine de Surgié, bord de la
rivière et d'un plan d'eau

> Nature : 🌳 ⚠
> Loisirs : 🎯 🏓 ⛵
> Services : 🚿 ⚡ (juil.-août) ⒼⒷ ⚓
> 🍴 ⊕ 🛒 🔧 réfrigérateurs
> À prox. : 🍽 snack 🚗 🚲 🛶 🏄

GIRAC

✉ 46130 – **337** G2 – 341 h. – alt. 123

Paris 522 – Beaulieu-sur-Dordogne 11 – Brive-la-Gaillarde 42 – Gramat 27 – St-Céré 10 – Souillac 36.

⚴ **Les Chalets sur la Dordogne** mai-sept.
☎ 05 65 10 93 33, *contact@camping-leschalets.com*,
Fax 05 65 10 93 34, *www.camping-leschalets.com*
– **R** conseillée
2 ha (39 empl.) non clos, plat, herbeux, sablonneux
Tarif : 17,80 € ✶ ⛺ 🅔 ⚡ (10A) – pers. suppl. 4,50 € –
frais de réservation 8 €
Location (permanent) : 4 🚐 (4 à 6 pers.) 160 à
530 €/sem. – 3 🏠 (4 à 6 pers.) 160 à 550 €/sem.
Pour s'y rendre : NO : 1 km par D 703, rte de Vayrac et
chemin à gauche, bord de la Dordogne

> Nature : 🌳 ⚠
> Loisirs : 🍽 grill 🚗 🛶
> Services : 🚿 ⚡ (juin-août) ⒼⒷ ⚓
> Ⓜ 🍴 ⊕ 🛒 🔧
> À prox. : 🍖

469

GOURDON

✉ 46300 – **337** E3 – G. Périgord – 4 882 h. – alt. 250

🛈 *Office de tourisme, 24, rue du Majou* ☎ 05 65 27 52 50, Fax 05 65 27 52 52

Paris 543 – Bergerac 91 – Brive-la-Gaillarde 66 – Cahors 44 – Figeac 63 – Périgueux 94 – Sarlat-la-Canéda 26.

⚴ **Aire Naturelle le Paradis** mai-15 sept.
☎ 05 65 41 65 01, *contact@campingleparadis.com*,
Fax 05 65 41 65 01, *www.campingleparadis.com*
– **R** conseillée
1 ha (25 empl.) non clos, plat et en terrasses, herbeux
Tarif : 14,60 € ✶ ⛺ 🅔 ⚡ (6A) – pers. suppl. 4,75 €
Location (avr.-30 nov.) : 2 🚐 (2 à 4 pers.) à 250 €/sem.
– 5 🚐 (4 à 6 pers.) 220 à 380 €/sem. – 🛏
🚐 🚐 14.60 €
Pour s'y rendre : SO : 2 km par D 673, rte de Fumel et
chemin à gauche, près du parking Intermarché

> Nature : 🌿 ⚠
> Loisirs : 🛶
> Services : 🚿 ⚡ ⚓ ⊕ 🛒 🛒
> À prox. : 🛒

L'HOSPITALET

✉ 46500 – **337** F3 – G. Périgord

Paris 533 – Toulouse 165 – Cahors 63 – Brive 54 – Aurillac 91.

⚴ **Les Cigales** Pâques-sept.
☎ 05 65 33 64 44, *camping.cigales@wanadoo.fr*,
Fax 05 65 33 69 60, *www.camping-cigales.com* – **R** conseillée
3 ha (100 empl.) plat et peu incliné, pierreux, herbeux
Tarif : 18,50 € ✶ ⛺ 🅔 ⚡ (10A) – pers. suppl. 5,50 €
Location (Pâques-oct.) : 18 🚐 (4 à 6 pers.) 250 à
495 €/sem. – 8 🏠 (4 à 6 pers.) 300 à 625 €/sem.
🚐 1 borne artisanale 5 €
Pour s'y rendre : Sortie E par D 36 rte de Gramat

> Nature : 🌿 ⚠
> Loisirs : 🍽 snack 🎯 🚗 ⛶ 🛶
> Services : 🚿 ⚡ ⒼⒷ ⚓ 🍴 ⊕ ⊕ 🔧
> 🛒 🛒 réfrigérateurs

L'HOSPITALET

⌂ **Le Roc** Pâques-1er nov.
    ☎ 05 65 33 68 50, *campingleroc@wanadoo.fr*,
Fax 05 65 33 75 64, *www.camping-leroc.com* – **R** conseillée
2 ha/0,5 campable (36 empl.) peu incliné, herbeux, pierreux
Tarif : 17,50 € ★ ⇔ 🅴 🚻 (5A) – pers. suppl. 4,70 € – frais
de réservation 11 €
Location : 4 🚐 (4 à 6 pers.) 200 à 550 €/sem. – 4 🏠 (4
à 6 pers.) 200 à 550 €/sem.
🚐, 1 borne artisanale 9 € – 🚐 9 €
Pour s'y rendre : NE : 3 km par D 673, rte d'Alvignac, à
200 m de la gare

Nature : ⌑ ♧♧
Loisirs : snack 🏊
Services : ♿ ⚡ GB ⚐ 🗄 ⊕ ≈ ㅠ
🖾 ᵬ

⌂ **Le Relais du Campeur** Pâques-1er nov.
    ☎ 05 65 33 63 28, *lerelaisducampeur@orange.fr*,
Fax 05 65 10 68 21, *www.lerelaisducampeur.com*
– **R** conseillée
1,7 ha (100 empl.) plat, herbeux, pierreux
Tarif : 14,60 € ★ ⇔ 🅴 🚻 (6A) – pers. suppl. 3,20 € – frais
de réservation 10 €
Location : 🛏 – (hôtel)
🚐, 1 borne artisanale 5 € – 🚐 8 €
Pour s'y rendre : Au bourg

Loisirs : 🏊
Services : ⚡ GB ⚐ 🗄 ⊕ 🕻
À prox. : 🚲, ♟ snack

LACAM-D'OURCET

✉ 46190 – **337** I2 – 116 h. – alt. 520
Paris 544 – Aurillac 51 – Cahors 92 – Figeac 38 – Lacapelle-Marival 27 – St-Céré 13 – Sousceyrac 6.

⌂ **Les Teuillères** avr.-sept.
    ☎ 05 65 11 90 55, *info@lesteuillères.com, www.lesteuille
res.com* – **R** conseillée
3 ha (30 empl.) plat et peu incliné, herbeux
Tarif : 16 € ★ ⇔ 🅴 🚻 (6A) – pers. suppl. 4,35 €
Location 🚫 : 🛏
Pour s'y rendre : SE : 4,8 km par D 25, rte de Sousceyrac et
rte de Sénaillac-Latronquière, vers le lac de Tolerme

Nature : 🐎 ⇐ ⌑ ♧
Loisirs : 🚣
Services : ♿ ⚡ ⊕ 🖾

470

LACAPELLE-MARIVAL

✉ 46120 – **337** H3 – G. Périgord – 1 247 h. – alt. 375
🚩 *Office de tourisme, place de la Halle* ☎ 05 65 40 81 11, Fax 05 65 40 81 11
Paris 555 – Aurillac 66 – Cahors 64 – Figeac 21 – Gramat 22 – Rocamadour 32 – Tulle 75.

⌂ **Municipal Bois de Sophie** 15 mai-sept.
    ☎ 05 65 40 82 59, *lacapelle.mairie@wanadoo.fr*,
Fax 05 65 40 82 59, *http://lacapelle-marival.site.voila.fr*
– **R** conseillée
1 ha (66 empl.) peu incliné, plat, herbeux
Tarif : 11,70 € ★ ⇔ 🅴 🚻 (10A) – pers. suppl. 2,35 € –
frais de réservation 35 €
Location : bungalows toilés
Pour s'y rendre : NO : 1 km par D 940, rte de St-Céré

Nature : ♧♧
Loisirs : 🏓 🚣 ✂
Services : ♿ ⚡ ⚐ 🗄 ᵬ ⊕
À prox. : 🏊

LACAVE

✉ 46200 – **337** F2 – G. Périgord – 293 h. – alt. 130
Paris 528 – Brive-la-Gaillarde 51 – Cahors 58 – Gourdon 26 – Rocamadour 11 – Sarlat-la-Canéda 41.

⌂⌂ **La Rivière** mai-sept.
    ☎ 05 65 37 02 04, *camping.la.riviere@wanadoo.fr*,
Fax 05 65 37 02 04, *www.campinglariviere.com* – **R** conseillée
2,5 ha (110 empl.) plat, peu incliné, herbeux
Tarif : 19,70 € ★ ⇔ 🅴 🚻 (10A) – pers. suppl. 5,20 € –
frais de réservation 9,10 €
Location : 2 🚐 (2 à 4 pers.) 300 à 398 €/sem. – 11 🚐
(4 à 6 pers.) 365 à 560 €/sem.
Pour s'y rendre : NE : 2,5 km par D 23, rte de Martel et
chemin à gauche, bord de la Dordogne

Nature : 🐎 ♧♧ ⛰
Loisirs : ♟ snack 🚣 ⛵ 🏊
Services : ♿ ⚡ ⚐ 🗄 ᵬ ⊕ 🖾 🚲

LARNAGOL

✉ 46160 – **337** G5 – 157 h. – alt. 146
Paris 580 – Cahors 42 – Cajarc 9 – Figeac 33 – Livernon 27 – Villefranche-de-Rouergue 30.

⚠ **Le Ruisseau de Treil** 12 mai-13 sept.
    📞 05 65 31 23 39, *lotcamping@wanadoo.fr*,
Fax 05 65 21 23 21, *www.lotcamping.com* – **R** conseillée
4 ha (49 empl.) plat, herbeux
Tarif : 23,60 € 🏕 ⇔ 🅴 🅷 (5A) – pers. suppl. 6,10 €
🚐 1 borne 8 € – 🚐 20 €
Pour s'y rendre : E : 0,6 km par D 662, rte de Cajarc et à gauche, au bord du ruisseau de Treil

> Nature : 🏞 ♀
> Loisirs : 🍽 🏠 🎣 🏊
> Services : 🚿 ⚡ 🖥 🛒 🅰 ⊕ 📞 🔧

LEYME

✉ 46120 – **337** H3 – 943 h. – alt. 450
Paris 540 – Cahors 72 – Figeac 29 – Gramat 17 – St-Céré 13 – Sousceyrac 27.

⚠ **Municipal** 15 juin-15 sept.
    📞 05 65 38 98 73, *village.vacances.leyme@wanadoo.fr*,
Fax 05 65 11 20 62, *http://www.villagevacancesleyme-lot.fr*
– **R** conseillée
2 ha (29 empl.) plat, gravillons, herbeux
Tarif : 13,36 € 🏕 ⇔ 🅴 – pers. suppl. 3,78 €
Location (permanent) : gîtes
🚐 🚐 13.36 €
Pour s'y rendre : à l'O du bourg, accès par rte à dr.de l'église, au village de vacances

> Nature : ♀
> Loisirs : 🍽 salle d'animation 🎠 🚲
> 🏊
> Services : 🚿 ⚡ 🖥 🛒 🅰 🚿 🔧
> À prox. : 🍴

Raadpleeg, voordat U zich op een kampeerterrein installeert,
de tarieven die de beheerder verplicht
is bij de ingang van het terrein aan te geven.
Informeer ook naar de speciale verblijfsvoorwaarden.
De in deze gids vermelde gegevens kunnen
sinds het verschijnen van deze hebitie gewijzigd zijn.

471

LOUPIAC

✉ 46350 – **337** E3 – 267 h. – alt. 230
Paris 527 – Brive-la-Gaillarde 51 – Cahors 51 – Gourdon 16 – Rocamadour 26 – Sarlat-la-Canéda 30.

⚠ **Les Hirondelles** 👥 – 22 mars-13 sept.
    📞 05 65 37 66 25, *camp.les-hirondelles@wanadoo.fr*,
Fax 05 65 37 66 65, *www.les-hirondelles.com* – **R** conseillée
2,5 ha (70 empl.) peu incliné, plat, herbeux, pierreux
Tarif : 17,50 € 🏕 ⇔ 🅴 🅷 (6A) – pers. suppl. 4,80 € – frais de réservation 15 €
Location 🏷 : 6 🚐 (2 à 4 pers.) 214 à 413 €/sem. – 22 🏠 (4 à 6 pers.) 225 à 600 €/sem. – 4 🏠 (4 à 6 pers.) 230 à 485 €/sem.
🚐 🚐 17.50 €
Pour s'y rendre : N : 3 km par rte de Souillac et chemin à gauche, à 200 m de la D 820

> Nature : 🏕 ♀♀
> Loisirs : 🍽 ✕ snack 🏠 🏊 🎣 🏊
> Services : 🚿 ⚡ 🖥 🛒 🅰 ⊕ 📞 🔧
> 🏊 🚿
> À prox. : 🐎

MAUROUX

✉ 46700 – **337** C5 – 417 h. – alt. 213
🏠 *Syndicat d'initiative, le Bourg* 📞 *05 65 30 66 70, Fax 05 65 36 49 64*
Paris 622 – Toulouse 152 – Cahors 49 – Agen 50 – Villeneuve-sur-Lot 35.

⚠ **Village du Soleil** (location exclusive de chalets) mars-1er nov.
    📞 05 65 30 82 59, *info@villagedusoleil.fr*,
Fax 05 65 30 82 67, *www.villagedusoleil.fr*
7,5 ha vallonné, boisé
Location 👤 : 58 🏠 (4 à 6 pers.) 327 à 1 050 €/sem.
Pour s'y rendre : 1 km au SE par D 4

> Nature : 🏞 ♀
> Loisirs : 🍽 snack 🏠 🏊 🎣 🍴 🏖
> 🏊
> Services : 🚿 ⚡ 🖥 🔧 📞 🔧 sèche-linge 🚿

MIERS

✉ 46500 – **337** G2 – 398 h. – alt. 302
Paris 526 – Brive-la-Gaillarde 49 – Cahors 69 – Rocamadour 12 – St-Céré 22 – Souillac 22.

🔺 **Le Pigeonnier** 22 mars-sept.
  📞 05 65 33 71 95, *veronique.bouny@wanadoo.fr*,
  Fax 05 65 33 71 95, *www.campinglepigeonnier.com*
  – **R** conseillée
  1 ha (45 empl.) peu incliné, en terrasses, plat, herbeux
  Tarif : 16,50 € ⚹ ⇌ 🔲 ⚡ (16A) – pers. suppl. 4,50 € –
  frais de réservation 12 €
  Location : 7 🚐 (2 à 4 pers.) 190 à 390 €/sem. – 9 🏕 (4
  à 6 pers.) 210 à 530 €/sem.
  🚐 1 borne artisanale 5 € – 5 🔲 – 🚐 10 €
  Pour s'y rendre : E : 0,7 km par D 91, rte de Padirac et
  chemin à droite

Nature : 🌳 ⇜ 🏡 ♨
Loisirs : 🏊 ⚽ 🎱
Services : 🔥 ⚡ 🚿 Ⓜ 🍴 🚱 🗑 ♨
🏪

MONTCABRIER

✉ 46700 – **337** C4 – G. Périgord – 385 h. – alt. 191
Paris 584 – Cahors 39 – Fumel 12 – Tournon-d'Agenais 24.

🔺 **Moulin de Laborde** 25 avr.-8 sept.
  📞 05 65 24 62 06, *moulindelaborde@wanadoo.fr*,
  Fax 05 65 36 51 33, *www.moulindelaborde.com* – **R** conseillée 🐕
  4 ha (90 empl.) plat, herbeux, petit étang
  Tarif : ⚹ 6,20 € ⇌ 🔲 8,40 € – ⚡ (6A) 2,60 €
  Pour s'y rendre : NE : 2 km sur D 673, rte de Gourdon,
  bord de la Thèze
  À savoir : autour des bâtiments d'un vieux moulin, beaux
  emplacements ombragés

Nature : ♨♨
Loisirs : ♟ ✕ 🏡 ⚽ 🚴 🎱
Services : 🔥 ⚡ 🍴 ♨ 🗑 🚿

PADIRAC

✉ 46500 – **337** G2 – 168 h. – alt. 360
🅘 *Syndicat d'initiative, village* 📞 05 65 33 47 17, Fax 05 65 33 47 17
Paris 531 – Brive-la-Gaillarde 50 – Cahors 68 – Figeac 41 – Gourdon 47 – Gramat 10 – St-Céré 17.

🔺 **Les Chênes** 🏕 – avr.-sept.
  📞 05 65 33 65 54, *les_chenes@hotmail.com*,
  Fax 05 65 33 71 55, *www.campingleschenes.com* – **R** indispensable
  5 ha (120 empl.) peu incliné et incliné, en terrasses,
  pierreux, herbeux
  Tarif : 25 € ⚹ ⇌ 🔲 ⚡ (10A) – pers. suppl. 6,50 € – frais
  de réservation 16 €
  Location 🐕 : 10 🏕 (4 à 6 pers.) 250 à 650 €/sem. – 15
  🏠 (4 à 6 pers.) 215 à 650 €/sem. – bungalows toilés
  🚐 1 borne artisanale – 🚐 18.50 €
  Pour s'y rendre : NE : 1,5 km par D 90, rte du Gouffre

Nature : 🌳 ♨♨
Loisirs : ♟ snack, pizzeria 🏡 🏇
salle d'animation ⚽ 🚴 🏓
Services : 🔥 ⚡ 🏧 🚿 🍴 🗑 🚱 ♨
🏪 🗑 🚿
Au parc de loisirs : 🎱(1000m²) 🏄

PAYRAC

✉ 46350 – **337** E3 – 564 h. – alt. 320
🅘 *Syndicat d'initiative, avenue de Toulouse* 📞 05 65 37 94 27, Fax 05 65 37 94 27
Paris 530 – Bergerac 103 – Brive-la-Gaillarde 53 – Cahors 48 – Figeac 60 – Périgueux 98 – Sarlat-la-Canéda 32.

🔺 **Les Pins** 5 avr.-14 sept.
  📞 05 65 37 96 32, *info@les-pins-camping.com*,
  Fax 05 65 37 91 08, *www.les-pins-camping.com* – **R** conseillée
  4 ha (125 empl.) plat, peu incliné, en terrasses, herbeux
  Tarif : 26,90 € ⚹ ⇌ 🔲 ⚡ (10A) – pers. suppl. 6,50 € –
  frais de réservation 18 €
  Location : 4 🚐 (2 à 4 pers.) 196 à 441 €/sem. – 40 🏕
  (4 à 6 pers.) 235 à 707 €/sem. – 3 🏠 (4 à 6 pers.) 259 à
  707 €/sem.
  🚐 1 borne artisanale 6 € – 🚐 13 €
  Pour s'y rendre : sortie S par D 820 rte de Cahors

Nature : ♨♨♨
Loisirs : ♟ snack 🏡 ⚽ 🏓 🎱 🏄
Services : 🔥 ⚡ 🏧 🚿 🍴 🗑 🚱 ♨
🚿 🗑 ⚡ 🧺 ♨ 🗑 🚿
À prox. : 🏇 parc de loisirs

PUYBRUN

✉ 46130 – **337** G2 – 733 h. – alt. 146
Paris 520 – Beaulieu-sur-Dordogne 12 – Brive-la-Gaillarde 39 – Cahors 86 – St-Céré 12 – Souillac 33.

⚠ **La Sole** avr.-sept.
    ℘ 05 65 38 52 37, *camping.la.sole@wanadoo.fr*,
    Fax 05 65 10 91 09, *www.la-sole.com* – **R** conseillée
    2,3 ha (72 empl.) plat, herbeux
    Tarif : 17,50 € ⚹ ⇔ 🔲 🔌 (6A) – pers. suppl. 4,70 € – frais
    de réservation 15 €
    Location (permanent) 🚫 : 5 🛖 (4 à 6 pers.) 200 à
    480 €/sem. – bungalows toilés
    Pour s'y rendre : sortie E, rte de Bretenoux et chemin à
    dr. après la station-service

> Nature : 🐾 ☐ ♀
> Loisirs : 🎱 🏊 🛝
> Services : 👤 🔌 ⊖⊟ 🐕 🗑 ☺ 🛁 🚰
> 📞 🖥

PUY-L'ÉVÊQUE

✉ 46700 – **337** C4 – G. Périgord – 2 159 h. – alt. 130
🛈 *Syndicat d'initiative, place de la Truffière* ℘ *05 65 21 37 63, Fax 05 65 21 37 63*
Paris 601 – Cahors 31 – Gourdon 41 – Sarlat-la-Canéda 52 – Villeneuve-sur-Lot 43.

⚠ **L'Évasion** avr.-27 sept.
    ℘ 05 65 30 80 09, *evasion@wanadoo.fr*, Fax 05 65 30 81 12,
    www.lotevasion.com – **R** conseillée
    4 ha/1 campable (50 empl.) en terrasses, pierreux, herbeux
    Tarif : 23,20 € ⚹ ⇔ 🔲 🔌 (5A) – pers. suppl. 10 € – frais
    de réservation 10,90 €
    Location (permanent) : 8 🛖 (4 à 6 pers.) 285 à
    615 €/sem. – 12 🏠 (4 à 6 pers.) 305 à 665 €/sem.
    Pour s'y rendre : NO : 3 km par D 28 rte de Villefranche-
    du-Périgord et chemin à droite
    À savoir : Chalets agréablement disposés dans une chênaie

> Nature : 🐾 ♨♨♨
> Loisirs : 🍴 ✕ 🎱 🏕 🛝 🚣 🏊
> 🚴 ♒
> Services : 👤 🔌 ⊖⊟ 🐕 ☺ 🐾 📞 🖥
> 🛁

473

ST-CÉRÉ

✉ 46400 – **337** H2 – G. Périgord – 3 515 h. – alt. 152
🛈 *Office de tourisme, 13, avenue Francois de Maynard* ℘ *05 65 38 11 85, Fax 05 65 38 38 71*
Paris 531 – Aurillac 62 – Brive-la-Gaillarde 51 – Cahors 80 – Figeac 44 – Tulle 54.

⚠ **Le Soulhol** mai-26 sept.
    ℘ 05 65 38 12 37, *info@campinglesoulhol.com*,
    Fax 05 65 38 12 37, *www.campinglesoulhol.com*
    – **R** conseillée
    3,5 ha (180 empl.) plat, herbeux
    Tarif : 16,90 € ⚹ ⇔ 🔲 🔌 (10A) – pers. suppl. 5,20 €
    Location : 11 🛖 (4 à 6 pers.) 450 à 530 €/sem. – gîtes
    Pour s'y rendre : sortie SE par D 48, quai Auguste-Salesses,
    bord de la Bave

> Nature : 🐾 ♨♨
> Loisirs : 🎱 🏕
> Services : 👤 🔌 🐕 🗑 🛁 🐾 ☺ 🖥
> 🛁
> À prox. : ✂ 🛝 poneys

ST-CIRQ-LAPOPIE

✉ 46330 – **337** G5 – G. Périgord – 207 h. – alt. 320
🛈 *Office de tourisme, place du Sombral* ℘ *05 65 31 29 06, Fax 05 65 31 29 06*
Paris 574 – Cahors 26 – Figeac 44 – Villefranche-de-Rouergue 37.

⚠ **La Truffière** 🏖 – avr.-sept.
    ℘ 05 65 30 20 22, *contact@camping-truffiere.com*,
    Fax 05 65 30 20 27, *www.camping-truffiere.com*
    – **R** conseillée
    4 ha (96 empl.) en terrasses, herbeux, pierreux
    Tarif : 19,20 € ⚹ ⇔ 🔲 🔌 (6A) – pers. suppl. 3 € – frais de
    réservation 11,50 €
    Location : 10 🏠 (4 à 6 pers.) 230 à 620 €/sem.
    🚐 1 borne artisanale – 5 🔲 – 🚐 10 €
    Pour s'y rendre : S : 3 km par D 42, rte de Concots

> Nature : 🐾 ≤ ♨♨
> Loisirs : snack 🎱 🏕 🛝 🚣
> Services : 👤 🔌 ⊖⊟ 🐕 🏧 🗑 ☺ ☺
> 🖥 🛁

ST-CIRQ-LAPOPIE

  ▲▲ **La Plage** Permanent

     🖉 05 65 30 29 51, *camping-laplage@wanadoo.fr*,
     Fax 05 65 30 23 33, *www.campingplage.com* – **R** conseillée
     3 ha (120 empl.) plat, herbeux, pierreux
     Tarif : 21 € 🏕 🚗 🗉 🗓 (6A) – pers. suppl. 5 € – frais de
     réservation 10 €
     Location : 9 🛖 (4 à 6 pers.) 250 à 620 €/sem. – 12 🏠
     (4 à 6 pers.) 250 à 640 €/sem.
     🚐 2 bornes eurorelais 2 € – 30 🗉 7 € – 🛒 13 €
     Pour s'y rendre : NE : 1,4 km par D 8, rte de Tour-de-
     Faure, à gauche avant le pont
     À savoir : Bordé par le Lot, face à l'un des plus beaux
     villages de France

Nature : 🏞 ᵒᵒ
Loisirs : 🍴 snack, pizzeria 🎯 🏊
🚲 🏖 (plage) 🛶 canoë
Services : 🔥 🖙 GB 🖘 🖥 ⊕ 🚿 🚰
🛎 ℂ 📷 🚗

ST-GERMAIN-DU-BEL-AIR

✉ 46310 – **337** E4 – 495 h. – alt. 215
🏢 *Office de tourisme, place de la Mairie* 🖉 05 65 31 09 10
Paris 551 – Cahors 28 – Cazals 20 – Fumel 52 – Labastide-Murat 15 – Puy-l'Évêque 37.

  ▲ **Municipal le Moulin Vieux** avr.-sept.

     🖉 05 65 31 00 71, *makatcha@aol.com*, Fax 05 65 31 00 71,
     www-camping-moulin-vieux-lot.com – **R** conseillée
     2 ha (90 empl.) plat, herbeux
     Location (fermé juil.-août) : 15 🏠 (4 à 6 pers.) à
     300 €/sem.
     Pour s'y rendre : au NO du bourg, bord du Céou

Nature : 🌳 ♀
Loisirs : 🏛 🏊 ✂
Services : 🖙 🖘 🖥 ⊕ 📷
À prox. : 🎯 🏊 🏖

ST-PANTALÉON

✉ 46800 – **337** D5 – 223 h. – alt. 269
Paris 597 – Cahors 22 – Castelnau-Montratier 18 – Montaigu-de-Quercy 28 – Montcuq 7 –
Tournon-d'Agenais 27.

  ▲▲ **Les Arcades**

     🖉 05 65 22 92 27, *des-arcades@wanadoo.fr*,
     Fax 05 65 31 98 89, *www.des-arcades.com* – **R** conseillée
     12 ha/2,6 campables (80 empl.) plat, herbeux, pierreux,
     petit étang
     Location 🏖 : 5 🛖 – bungalows toilés
     Pour s'y rendre : E : 4,5 km sur D 653 rte de Cahors, au
     lieu-dit St-Martial, au bord de la Barguelonnette
     À savoir : Salle de réunion et petit pub dans un moulin
     restauré

Nature : 🏞 ᵒᵒ
Loisirs : 🍴 🍽 🏛 🎯 🛶 🏊
Services : 🔥 🖙 🖥 🖘 ⊕ 🚿 📷 🚗

ST-PIERRE-LAFEUILLE

✉ 46090 – **337** E4 – 292 h. – alt. 350
Paris 566 – Cahors 10 – Catus 14 – Labastide-Murat 23 – St-Cirq-Lapopie 35.

  ▲▲ **Quercy-Vacances** avr.-oct.

     🖉 05 65 36 87 15, *quercyvacances@wanadoo.fr*,
     Fax 05 65 36 02 39, *www.quercy-vacances.com* – **R** conseil-
     lée
     3 ha (80 empl.) peu incliné, plat, herbeux
     Tarif : 22,40 € 🏕 🚗 🗉 🗓 (6A) – pers. suppl. 5 €
     Pour s'y rendre : NE : 1,5 km par D 820, rte de Brive et
     chemin à gauche

Nature : 🌳 ♀
Loisirs : 🍴 🍽 🏛 🏊
Services : 🔥 🖙 GB 🖘 🖥 ⊕ 📷 🚗

✉ 46210 – **337** I3 – 145 h. – alt. 557 – Base de loisirs
Paris 550 – Aurillac 44 – Cahors 87 – Figeac 32 – Lacapelle-Marival 24 – St-Céré 20 – Sousceyrac 9.

⚐ **Tolerme**
📞 05 65 40 21 23, *jbeale@club-internet.fr*,
Fax 05 65 11 65 06, *www.camping-tolerme.com*
– **R** conseillée
0,8 ha (37 empl.) peu incliné, plat, herbeux
Location : 4 🚐
Pour s'y rendre : à 1 km à l'O du bourg par chemin, à 100 m du lac de Tolerme

Nature : 🏕 ▭ ♀
Loisirs : 🛶
Services : ⚕ ☎ 🖥 ⊕ 🚿 🅰 🖭
À prox. : 🍴 ✕ 🏊 🚾 (plage)

✉ 46240 – **337** F3 – 113 h. – alt. 390
Paris 540 – Cahors 45 – Figeac 46 – Fumel 69 – Rocamadour 23 – Souillac 33.

⚐⚐ **Domaine de la Faurie** 5 avr.-28 sept.
📞 05 65 21 14 36, *contact@camping-lafaurie.com*,
Fax 05 65 31 11 17, *www.camping-lafaurie.com* – **R** conseillée
27 ha/5 campables (63 empl.) peu incliné, plat, herbeux, pierreux
Tarif : 23,50 € 🏕 ⛺ 🖲 (6A) – pers. suppl. 6 €
Location : 8 🚐 (4 à 6 pers.) 250 à 630 €/sem. – 13 🏠 (4 à 6 pers.) 290 à 650 €/sem.
🚐 1 borne artisanale – 10 🖲 – 🚙 10 €
Pour s'y rendre : S : 6 km par D 10, rte de Montfaucon puis D 2, rte de St-Germain-du-Bel-Air et chemin à droite, A 20 sortie 56

Nature : 🏕 ≤ ♀♀
Loisirs : snack 🛋 🚲 🏊
Services : ⚕ ☎ GB ⚕ 🖥 ⊕ ℂ 🖭 🚿

Utilisez les cartes MICHELIN,
complément indispensable de ce guide.

475

✉ 46200 – **337** E2 – G. Périgord – 3 671 h. – alt. 104
🄱 *Office de tourisme, boulevard Louis-Jean Malvy* 📞 *05 65 37 81 56, Fax 05 65 27 11 45*
Paris 516 – Brive-la-Gaillarde 39 – Cahors 68 – Figeac 74 – Gourdon 27 – Sarlat-la-Canéda 29.

⚐⚐⚐ **Domaine de la Paille Basse** 10 mai-15 sept.
📞 05 65 37 85 48, *info@lapaillebasse.com*,
Fax 05 65 37 09 58, *www.lapaillebasse.com* – **R** conseillée
80 ha/12 campables (254 empl.) plat, accidenté et en terrasses, pierreux, herbeux
Tarif : 33 € 🏕 ⛺ 🖲 (10A) – pers. suppl. 7 €
Location (vac. de printemps-15 sept.) 🏷 : 59 🚐 (4 à 6 pers.) 180 à 815 €/sem.
Pour s'y rendre : NO : 6,5 km par D 15, rte de Salignac-Eyvignes puis 2 km par chemin à droite
À savoir : Vaste domaine accidenté autour d'un vieux hameau restauré

Nature : 🏕 ▭ ♀♀
Loisirs : 🍴 ✕ snack 🛋 🍿 nocturne 🕺 discothèque, salle de cinéma, salle d'animation 🎯 🎾 🏊 🌊 tir à la carabine
Services : ⚕ ☎ GB ⚕ 🖥 🚿 ⊕ 🅰 🚐 ℂ ℂ 🖭 🚿 🚿
À prox. : 🚲 🏇

⚐⚐ **Le Pic** avr.-1er nov.
📞 05 65 32 25 04, *info@camping-lepit.com, www.campin-lepic.com* – **R** conseillée
3 ha (50 empl.) en terrasses, herbeux, bois attenant
Tarif : 18,20 € 🏕 ⛺ 🖲 (10A) – pers. suppl. 4,60 € – frais de réservation 5 €
Location : 8 🚐 (4 à 6 pers.) 250 à 575 €/sem. – gîtes
Pour s'y rendre : E : 9 km par D 703, rte de Martel puis 3 km par D 33, rte de St-Sozy
À savoir : Agréable situation autour d'anciens bâtiments quercinois restaurés

Nature : 🏕 ≤ ♀
Loisirs : snack 🛋 🏊
Services : ☎ GB ⚕ 🖥 🌊 ⊕ ℂ 🖭

SOUILLAC

⚠ Municipal les Ondines mai-sept.
☎ 05 65 37 86 44, Fax 05 65 32 05 04 – **R** conseillée
4 ha (242 empl.) plat, herbeux
Tarif : ⚹ 3,50 € [E] 2,50 € – [¤] (5A) 2 € – frais de réservation 8 €
[⟲] 1 borne flot bleu 3 €
Pour s'y rendre : SO : 1 km par rte de Sarlat et chemin à gauche, près de la Dordogne

> Nature : 💧💧
> Loisirs : 🎣⛵
> Services : ♿ ⚡ GB 🐕 🛒 📧
> À prox. : 🚴 🍽 🎣 🏊 🛶 ⛵ 🐎
> terrain omnisports, canoë

TAURIAC
✉ 46130 – **337** G2 – 329 h. – alt. 128 – Base de loisirs
Paris 521 – Brive-la-Gaillarde 40 – Cahors 83 – Rocamadour 26 – St-Céré 13 – Souillac 34.

⚠ Le Mas de la Croux juil.-août
☎ 05 65 10 89 04, *contact@dordogne-vacances.fr*,
Fax 05 65 10 89 18, *www.dordogne-vacances.fr* – **R** conseillée
1,5 ha (89 empl.) plat, herbeux
Tarif : 19 € ⚹ ⛺ [E] [¤] (5A) – pers. suppl. 4 € – frais de réservation 20 €
Location : 42 🏠 (4 à 6 pers.) 150 à 580 €/sem.
[⟲] 1 borne 2,50 € – 2 [E] – 🚐 16 €
Pour s'y rendre : au S du bourg, au bord d'un bras de la Dordogne et près d'un plan d'eau

> Nature : 💧
> Loisirs : 🎣⛵
> Services : ♿ ⚡ 🐕 🛒 🏊 📧
> À prox. : 🍽 snack 🎣⛵ 🏊 ⛵

THÉGRA
✉ 46500 – **337** G3 – 416 h. – alt. 330
Paris 535 – Brive-la-Gaillarde 58 – Cahors 64 – Rocamadour 15 – St-Céré 17 – Souillac 30.

⚠⚠ Dordogne Vacances (location exclusive de chalets)
Permanent
☎ 05 65 10 89 04, *contact@dordogne-vacances.fr*,
Fax 05 65 10 89 18, *www.dordogne-vacances.fr* – **R** indispensable
2,5 ha incliné, herbeux
Location : 14 🏠 (4 à 6 pers.) 250 à 850 €/sem.
Pour s'y rendre : N : 0,5 km derrière la nouvelle école

> Nature : 🌳
> Loisirs : 🏠🎣⛵
> Services : ♿ ⚡ 🅿 🐕 🛒 📧

⚠⚠ Le Ventoulou 4 avr.-28 sept.
☎ 05 65 33 67 01, *contact@leventoulou.com*,
Fax 05 65 33 73 20, *www.camping-leventoulou.com*
– **R** conseillée
2 ha (66 empl.) incliné à peu incliné, herbeux
Tarif : 23,70 € ⚹ ⛺ [E] [¤] (10A) – pers. suppl. 6 € – frais de réservation 18 €
Location : 8 🏕 (2 à 4 pers.) 150 à 440 €/sem. – 17 🏠 (4 à 6 pers.) 210 à 615 €/sem.
[⟲] 🚐 11.50 €
Pour s'y rendre : NE : 2,8 km par D 14, rte de Loubressac et D 60, rte de Mayrinhac-Lentour à droite, au lieu-dit le Ventoulou

> Nature : 🌳 💧
> Loisirs : 🍽 🏠🎣⛵
> Services : ♿ ⚡ GB 🐕 🛒 🏊 📧 ⛲
> 🚻 📧 ⛲

TOUZAC
✉ 46700 – **337** C5 – 341 h. – alt. 75
Paris 603 – Cahors 39 – Gourdon 51 – Sarlat-la-Canéda 63 – Villeneuve-sur-Lot 34.

⚠⚠ Le Ch'Timi avr.-sept.
☎ 05 65 36 52 36, *info.lechtimi@wanadoo.fr*,
Fax 05 65 36 53 23, *www.campinglechtimi.com* – **R** conseillée
3,5 ha (70 empl.) peu incliné, plat, herbeux
Tarif : 19,90 € ⚹ ⛺ [E] [¤] (6A) – pers. suppl. 4,95 € – frais de réservation 10 €
Location (permanent) : 5 🏠 (4 à 6 pers.) 150 à 525 €/sem. – 5 🏠 (4 à 6 pers.) 150 à 700 €/sem.
Pour s'y rendre : accès direct au Lot (par escalier abrupt)

> Nature : 💧
> Loisirs : snack discothèque 🎣⛵ 🚴 🍽 🏊 ⛵
> Services : ⚡ GB 🐕 🛒 📧 ☎ 📧 ⛲
> ⛲

476

VAYRAC

✉ 46110 – **337** G2 – 1 185 h. – alt. 139 – Base de loisirs
🛈 *Office de tourisme, place de la mairie* ℰ 05 65 10 97 01
Paris 512 – Beaulieu-sur-Dordogne 17 – Brive-la-Gaillarde 32 – Cahors 89 – St-Céré 20 – Souillac 26.

▲ **Municipal la Palanquière** 5 avr.-28 sept.
   ℰ 05 65 32 43 67, *mairie-vayrac@wanadoo.fr*,
   Fax 05 65 32 41 30 – **R** conseillée
   1 ha (33 empl.) plat, herbeux
   Tarif : (Prix 2007) 🛉 3,15 € 🚗 📵 2,80 € – 🔌 3,15 €
   Location : huttes
   Pour s'y rendre : S : 1 km par D 116, en direction de la base
   de loisirs

| Nature : 🌳🌳 |
| Loisirs : 🏕 |
| Services : ♿ ⚡ 🚐 🔟 ⊕ 🚿 🗑 |

▲ **Chalets Mirandol Dordogne** (location exclusive de
   chalets) avr.-oct.
   ℰ 05 65 32 57 12, *bungalows-mirandol@wanadoo.fr*,
   Fax 05 65 32 57 96, *www.bungalows-mirandol.com*
   – **R** conseillée
   2,6 ha non clos, plat, herbeux
   Location : 22 🏚 (4 à 6 pers.) 180 à 640 €/sem.
   Pour s'y rendre : S : 2,3 km par D 116, en direction de la
   base de loisirs

| Loisirs : 🚲 🏊 |
| Services : ⚡ 🔟 |
| À prox. : 🍴 ✗ 🚿 🛶 canoë |

VERS

✉ 46090 – **337** F5 – 398 h. – alt. 132
🛈 *Office de tourisme, rue Montois* ℰ 05 65 31 42 59
Paris 565 – Cahors 15 – Villefranche-de-Rouergue 55.

▲ **La Chêneraie** avr.-oct.
   ℰ 05 65 31 40 29, *lacheneraie@free.fr*, Fax 05 65 31 41 70,
   www.cheneraie.com – **R** conseillée
   2,6 ha/0,4 campable (25 empl.) plat, herbeux
   Tarif : (Prix 2007) 21 € 🛉 🚗 📵 – pers. suppl. 4 € – frais
   de réservation 9 €
   Location : 6 🛖 (4 à 6 pers.) 250 à 620 €/sem. – 19 🏚
   (4 à 6 pers.) 250 à 620 €/sem.
   Pour s'y rendre : SO : 2,5 km par D 653, rte de Cahors et
   chemin à droite après le passage à niveau

| Nature : 🌿 🌳🌳(chênaie) |
| Loisirs : 🍴 grill 🍽 ✗ 🏊 |
| Services : ⚡ 🅖🅑 🔟 🗑 ⊕ 📞 🗑 🚿 |

477

Le VIGAN

✉ 46300 – **337** E3 – G. Périgord – 1 189 h. – alt. 224
Paris 537 – Cahors 43 – Gourdon 6 – Labastide-Murat 20 – Payrac 8 – Rocamadour 27.

▲ **Le Rêve** 25 avr.-21 sept.
   ℰ 05 65 41 25 20, *info@campinglereve.com*,
   Fax 05 65 41 68 52, *www.campinglereve.com* – **R** conseillée
   8 ha/2,5 campables (60 empl.) en terrasses, peu incliné et
   plat, bois attenant
   Tarif : 18,35 € 🛉 🚗 📵 🔌 (5A) – pers. suppl. 4,75 €
   Location : 4 🏚 (4 à 6 pers.) 262 à 473 €/sem.
   Pour s'y rendre : N : 3,2 km par D 673, rte de Souillac puis
   2,8 km par chemin à gauche
   À savoir : Décoration florale et arbustive, quelques empla-
   cements en sous-bois

| Nature : 🌿 🗺 🌳🌳 |
| Loisirs : 🍴 🏕 🚲 🏊 |
| Services : ♿ ⚡ 🔟 🗑 🚿 ⊕ 📞 🗑 |

AGOS-VIDALOS

⊠ 65400 – **342** L4 – 290 h. – alt. 450

🖪 *Syndicat d'initiative, 2 bis, avenue du Lavedan ℰ 05 62 97 08 06*

Paris 859 – Toulouse 185 – Tarbes 32 – Pau 51 – Lourdes 9.

Schéma à Argelès-Gazost

⚠ **Le Soleil du Pibeste** fermé nov.

ℰ 05 62 97 53 23, *info@campingpibeste.com*,
Fax 05 62 97 53 23, *www.campingpibeste.com* – **R** conseillée
1,5 ha (90 empl.) plat et peu incliné, terrasses, herbeux
Tarif : 28 € ✶ ⇔ 🖽 🕸 (10A) – pers. suppl. 5 €
Location 🏄 : 10 🏕 (4 à 6 pers.) 200 à 500 €/sem. – 10
🏠 (4 à 6 pers.) 255 à 600 €/sem.
🚐 1 borne 4 € – 🚐 15 €
Pour s'y rendre : Sortie S, par la D 821

Nature : ≤ ♀
Loisirs : 🍴 ✗ 🎱 🕸 diurne ♨ 🏊
Services : ⴲ ⚬ GB ♈ 🏧 🔲 ⊕ ⚄
🚰 ⚲ 🕸 🔲 sèche-linge 🔥

⚠ **La Châtaigneraie** fermé oct.-nov.

ℰ 05 62 97 07 40, *camping.chataigneraie@wanadoo.fr*,
Fax 05 62 97 06 64, *www.camping-chataigneraie.com*
– **R** conseillée
1,5 ha (100 empl.) plat, peu incliné, terrasses, herbeux
Tarif : 19 € ✶ ⇔ 🖽 🕸 (6A) – pers. suppl. 4 € – frais de
réservation 12 €
Location : 12 🏕 (4 à 6 pers.) 210 à 450 €/sem. – 4
studios
Pour s'y rendre : Par D 821, à Vidalos

Nature : ≤ ♀♀
Loisirs : 🎱 ♨ 🏊 ⛰
Services : ⴲ ⚬ GB ♈ 🏧 🔲 ⚄ ⊕
⚲ 🔲 sèche-linge

ARAGNOUET

⊠ 65170 – **342** N8 – G. Midi Pyrénées – 260 h. – alt. 1 100

🖪 *Office de tourisme, PIAU ℰ 05 62 39 61 69, Fax 05 62 39 61 19*

Paris 842 – Arreau 24 – Bagnères-de-Luchon 56 – Lannemezan 51 – La Mongie 63.

⚠ **Fouga Pic de Bern** 15 juin-15 sept.

ℰ 05 62 39 63 37, Fax 05 62 39 62 39 – **R** conseillée
3 ha (80 empl.) non clos, plat et peu incliné, terrasses,
herbeux
Tarif : 11,90 € ✶ ⇔ 🖽 🕸 (8A) – pers. suppl. 3 €
Location : 🛏
Pour s'y rendre : À Fabian, NE : 2,8 km par D 118, rte de
St-Lary-Soulan, près de la Neste-d'Avre

Nature : 🏔 ≤ ♀
Loisirs : 🍴 snack 🎱
Services : ⴲ ⚬ (15 juin-sept.) GB
♈ 🏔 ⊕ 🔥

Vallée du Lys

L. Cazenave/Michelin

ARCIZANS-AVANT

⊠ 65400 – **342** L5 – 298 h. – alt. 640
Paris 868 – Toulouse 194 – Tarbes 41 – Pau 61 – Lourdes 19.

Schéma à Argelès-Gazost

⚠ **Le Lac** 15 mai-sept.
  ℰ 05 62 97 01 88, *campinglac@campinglac65.fr,*
  Fax 05 62 97 01 88, *www.campinglac65.fr*
  – **R** conseillée
  2 ha (90 empl.) peu incliné, herbeux
  Tarif : 26,10 € ⚹ ⚹ ⇦ 🅴 🄗 (5A) – pers. suppl. 6,20 € – frais
  de réservation 17 €
  Location (permanent) : 5 🏠 (4 à 6 pers.) 305 à
  660 €/sem.
  Pour s'y rendre : sortie O, à proximité du lac

Nature : 🐾 💯
Loisirs : 🏓 🚗 🚲 ⚘
Services : & ⚡ 🅶🅱 ⚐ 🗑 🛁 ☺ 🔥 🛒 🛗
À prox. : 🎣

ARGELÈS-GAZOST

⊠ 65400 – **342** L6 – G. Midi Pyrénées – 3 241 h. – alt. 462 – ⚕
🖪 *Office de tourisme, 15, place République* *ℰ* 05 62 97 00 25, Fax 05 62 97 50 60
Paris 863 – Lourdes 13 – Pau 58 – Tarbes 32.

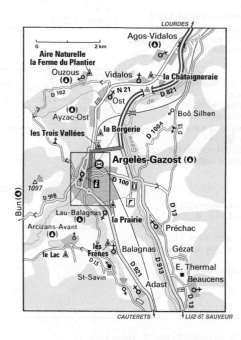

⚠⚠ **Les Trois Vallées** 🚹🚺 – 7 mars-12 nov.
  ℰ 05 62 90 35 47, *3-vallees@wanadoo.fr,*
  Fax 05 62 90 35 48, *www.camping-les-3-vallees.fr*
  – **R** conseillée
  11 ha (438 empl.) plat, herbeux
  Tarif : 32 € ⚹ ⚹ ⇦ 🅴 – pers. suppl. 9 € – frais de réser-
  vation 30 €
  Location 🏡 : 100 🛏 (4 à 6 pers.) 280 à 875 €/sem.
  Pour s'y rendre : Sortie N
  À savoir : Aménagement floral de l'espace aquatique, ludi-
  que et commercial

Nature : ⛰ 💯
Loisirs : 🍴 cafétéria 🏓 ⚘ 🎣
jacuzzi salle d'animation, discothè-
que 🚗 ⛏ 🌊 ⛷
Services : & ⚡ 🅶🅱 ⚐ 🚿 🗑 🛁 ☺
⚘ 🛗 sèche-linge ⚘
À prox. : 🍴 🎯 🛶

ARRAS-EN-LAVEDAN

⊠ 65400 – **342** L5 – 456 h. – alt. 700

🛈 *Syndicat d'initiative, impasse Bériadet* ℘ *05 62 97 59 48*

Paris 868 – Toulouse 193 – Tarbes 40 – Pau 60 – Lourdes 19.

⚑ **L'Idéal** juin-15 sept.
℘ *05 62 97 03 13, henri.miro@orange.fr* – alt. 600
– **R** conseillée
2 ha (60 empl.) en terrasses, plat et peu incliné, herbeux
Tarif : 🛉 4 € ⬌ 🅴 4 € – 🔌 (3A) 2,85 €
Pour s'y rendre : NO : 0,3 km par D 918, rte d'Argelès-Gazost

> Nature : ≤ ♀
> Loisirs : 🏠 ⚐ 🏊
> Services : 🔥 ⛟ 🆗 🗑 🔋 ⊛

ARRENS-MARSOUS

⊠ 65400 – **342** K7 – G. Midi Pyrénées – 697 h. – alt. 885

Paris 875 – Argelès-Gazost 13 – Cauterets 29 – Laruns 37 – Lourdes 25 – Taches 44.

⚑ **La Hèche** Permanent
℘ *05 62 97 02 64, laheche@free.fr, www.campinglahe che.com*
5 ha (166 empl.) plat, herbeux
Tarif : 12,10 € 🛉 ⬌ 🅴 (4A) – pers. suppl. 3,50 €
Location 🏚 : 2 🚐 (4 à 6 pers.) 220 à 440 €/sem.
Pour s'y rendre : 0,8 km à l'E par D 918 rte d'Argelès-Gazost et chemin à dr., bord du Gave d'Arrens

> Nature : 🌳 ≤ ♀♀
> Loisirs : 🏠 ⚐
> Services : 🔥 ⛟ 🆒 🆗 🗑 🔋 ⊛ 🛒 🔥 🅰
> ⊛ 🔋 🚰
> À prox. : 🏕 🏊 🛶

⚑ **Le Moulian** Permanent
℘ *05 62 97 41 18, jean-guy.domec@wanadoo.fr,*
Fax 05 62 97 41 18 – **R** conseillée
12 ha/4 campables (100 empl.) plat, herbeux
Tarif : 17,30 € 🛉 ⬌ 🅴 (6A) – pers. suppl. 4 €
Location : 10 🚐 (4 à 6 pers.) 390 à 490 €/sem.
🚐 1 borne artisanale 4 € – 🚐 14 €
Pour s'y rendre : 0,5 km au SE du bourg de Marsous
À savoir : Cadre agréable dans la vallée, le long du Gave d'Azun

> Nature : 🌳 ≤ ♀♀
> Loisirs : 🍷 ✗ snack 🏠 ⚐ 🐎
> Services : 🔥 ⛟ 🆒 🆗 🗑 🅰 ⊛ 📞
> 👋 🔋 sèche-linge ⚐
> À prox. : ✗ 🏕 🏊

⚑ **Le Gerrit** 15 juin-20 sept.
℘ *05 62 97 25 85, francois.bordes@wanadoo.fr,*
Fax 05 62 97 25 85, *www.legerrit.com* – **R**
1 ha (30 empl.) plat, herbeux
Tarif : 14 € 🛉 ⬌ 🅴 🔌 (6A) – pers. suppl. 3 €
Location (permanent) 🏚 : 4 🚐 (4 à 6 pers.) 295 à 465 €/sem.
Pour s'y rendre : À l'E du bourg de Marsous

> Nature : 🌳 ≤ ♀♀
> Loisirs : ⚐
> Services : 🔥 ⛟ 🆗 🗑 🅰 ⊛ 🔋

AUCUN

⊠ 65400 – **342** K7 – 205 h. – alt. 853

Paris 872 – Argelès-Gazost 10 – Cauterets 26 – Lourdes 22 – Pau 73 – Tarbes 41.

⚑ **Lascrouts** fermé 16 nov.-15 déc.
℘ *05 62 97 42 62, info@camping-lascrouts.com,*
Fax 05 62 97 42 62, *www.camplascrouts.com* – places limi-tées pour le passage – **R** conseillée
4 ha (72 empl.) plat, peu incliné, terrasse, herbeux
Tarif : 13,30 € 🛉 ⬌ 🅴 🔌 (6A) – pers. suppl. 3,40 €
Location (juil.-août) 🏚 : 3 🚐 (4 à 6 pers.) 382 à 425 €/sem. – 1 gîte
Pour s'y rendre : 0,7 km à l'E par D 918, rte d'Argelès-Gazost et rte à dr., à 300 m du Gave d'Azun

> Nature : 🌳 ≤
> Loisirs : 🏠 ⚐
> Services : 🔥 ⛟ 🆗 Ⓜ 🗑 🅰 ⊛
> 👋 🔋
> À prox. : école de parapente

480

AUCUN

▲▲ **Azun Nature** 15 mai-15 sept.
    ℘ 05 62 97 45 05, *azun.nature@wanadoo.fr*,
    Fax 05 62 97 45 05, *www.camping-azun-nature.com*
    – **R** conseillée
    1 ha (40 empl.) plat, herbeux
    Tarif : 14 € 🛉 🚗 🔲 🙋 (6A) – pers. suppl. 3,70 €
    Location (permanent) 🏚 : 12 🏠 (4 à 6 pers.) 190 à
    480 €/sem.
    Pour s'y rendre : 0,7 km à l'E par D 918, rte d'Argeles-
    Gazost et rte à dr., à 300 m du Gave d'Azun

> Nature : 🦌
> Loisirs : 🏠 🎯
> Services : 🚿 ⚡ 📺 Ⓜ 🗑 ♨ ⊕ 🛎 📞
> 🧺
> À prox. : 🪁 école de parapente,
> sentiers de randonnées, VTT

AYZAC-OST

✉ 65400 – **342** L4 – 388 h. – alt. 430
Paris 862 – Toulouse 188 – Tarbes 35 – Pau 54 – Lourdes 12.
                         Schéma à Argelès-Gazost

▲ **La Bergerie** mai-sept.
    ℘ 05 62 97 59 99, *sarl.campinglabergerie@tiscali.fr*,
    Fax 05 62 97 51 89, *www.camping-labergerie.com*
    – **R** conseillée
    2 ha (105 empl.) plat, herbeux
    Tarif : 21,90 € 🛉 🚗 🔲 🙋 (6A) – pers. suppl. 5 € – frais de
    réservation 15 €
    Location 🏚 : 8 🏡 (4 à 6 pers.) 270 à 510 €/sem. –
    appartements
    Pour s'y rendre : sortie S par D 821 et chemin à gauche

> Nature : ≤ 🌳🌳
> Loisirs : 🏠 🎯 🛝
> Services : 🚿 ⚡ GB 📺 🗑 ⊕ 🧺

BAGNÈRES-DE-BIGORRE

✉ 65200 – **342** M6 – G. Midi Pyrénées – 8 048 h. – alt. 551 – ♨ (début mars-fin nov.)
🅱 *Office de tourisme, 3, allées Tournefort* ℘ 05 62 95 50 71, *Fax 05 62 95 33 13*
Paris 829 – Lourdes 24 – Pau 66 – St-Gaudens 65 – Tarbes 23.

481

▲▲▲ **Le Monlôo** Permanent
    ℘ 05 62 95 19 65, *campingmonloo@yahoo.com*,
    Fax 05 62 95 19 65, *www.lemonloo.com* – **R** conseillée
    3 ha (180 empl.) peu incliné, plat, herbeux
    Tarif : 24,50 € 🛉 🚗 🔲 🙋 (10A) – pers. suppl. 4 €
    Location : 8 🏡 (4 à 6 pers.) 230 à 500 €/sem. – 5 🏠 (4
    à 6 pers.) 300 à 610 €/sem.
    🚐 1 borne artisanale 5 € – 2 🔲 12 € – 🚐 10 €
    Pour s'y rendre : Sortie NE, par D 938, rte de Toulouse puis
    à gauche 1,4 km par D 8, rte de Tarbes et chemin à dr.

> Nature : 🦌 ≤ 🌳🌳
> Loisirs : 🏠 🎯 🍴 🛝 ⛷
> Services : 🚿 ⚡ GB 📺 🏪 🗑 ♨ 🎣
> ⊕ 🧺 sèche-linge

▲ **Les Fruitiers** mai-oct.
    ℘ 05 62 95 25 97, *danielle.villemur@wanadoo.fr*,
    Fax 05 62 95 25 97, *www.camping-les-fruitiers.com*
    – **R** conseillée
    1,5 ha (112 empl.) plat, herbeux
    Tarif : 🛉 3,90 € 🚗 🔲 3,80 € – 🙋 (6A) 5 €
    Pour s'y rendre : 9, rte de Toulouse

> Nature : ≤ Pic du Midi 🌳🌳
> Loisirs : 🏠 🎯
> Services : ⚡ GB 📺 🗑 ⊕ 🧺
> À prox. : 🎾

BOURISP

✉ 65170 – **342** O6 – 110 h. – alt. 790
Paris 828 – Toulouse 155 – Tarbes 70 – Lourdes 66 – St-Gaudens 64.

▲▲ **Le Rioumajou** Permanent
    ℘ 05 62 39 48 32, *lerioumajou@wanadoo.fr*,
    Fax 05 62 39 58 27, *www.camping-le-rioumajou.com*
    – **R** conseillée
    5 ha (240 empl.) plat, gravillons, pierreux, herbeux
    Tarif : 🛉 6,15 € 🚗 🔲 5 € – 🙋 (10A) 5 € – frais de réser-
    vation 14 €
    Pour s'y rendre : 1,3 km au NO par D 929 rte d'Arreau et
    chemin à gauche, bord de la Neste d'Aure

> Nature : ❄ 🦌 🚂 ♀
> Loisirs : 🍴 snack 🎱 🌙 diurne 🎯
> ⛷ 🎣
> Services : 🚿 ⚡ GB 📺 🏪 ♨ ⊕
> 🎣 🛎 🧺 sèche-linge 🚐 🚿

BUN

✉ 65400 – **342** L5 – 108 h. – alt. 800
Paris 874 – Toulouse 198 – Tarbes 44 – Pau 64 – Lourdes 24.

  ▲ **Le Bosquet** Permanent
       𝄞 05 62 97 07 81 – places limitées pour le passage
       1,5 ha (35 empl.) plat, herbeux
       Tarif : ♠ 3,20 € ⇐ 🖃 3,20 € – (½) (2A) 2,80 €
       Location : gîtes
       Pour s'y rendre : Sortie O du bourg, pour les caravanes : accès conseillé par D 918, rte d'Aucun et D 13

> Nature : 🌿 ‹ 🌳
> Loisirs : 🛋
> Services : 🦽 ⚡ 🚿 M 🗄 🏪 ⛲ 📶 sèche-linge

CAPVERN-LES-BAINS

✉ 65130 – **342** N6 – alt. 450 – ♨ (fin avril-fin oct.)
🅱 *Office de tourisme, 300, place des Thermes 𝄞 05 62 39 00 46, Fax 05 62 39 08 14*
Paris 804 – Arreau 31 – Bagnères-de-Bigorre 19 – Bagnères-de-Luchon 71 – Lannemezan 9 – Tarbes 31.

  ▲ **Les Craoues** 15 avr.-oct.
       𝄞 05 62 39 02 54, Fax 05 62 39 02 54, *www.camping-les-craoues.net* – alt. 606 – **R** conseillée
       1,5 ha (78 empl.) non clos, peu incliné, herbeux
       Tarif : ♠ 4,03 € 🖃 4,50 € – (½) (6A) 4 €
       Location (permanent) : 8 🏚 (4 à 6 pers.) 235 à 605 €/sem.
       🚐 🛥 10 €
       Pour s'y rendre : SE : 2,5 km, au carrefour des D 817 et D 938

> Nature : 🌳🌳
> Loisirs : 🛋 ⛵
> Services : 🦽 ⚡ GB 🚿 🗄 🏖 📶 ⛲ 🏪
> À prox. : 🚲

CAUTERETS

482

✉ 65110 – **342** L7 – G. Midi Pyrénées – 1 305 h. – alt. 932 – ♨ – Sports d'hiver :
🅱 *Office de tourisme, place Foch 𝄞 05 62 92 50 50, Fax 05 62 92 11 70*
Paris 880 – Argelès-Gazost 17 – Lourdes 30 – Pau 75 – Tarbes 49.

  ▲ **Les Glères** déc.-20 oct.
       𝄞 05 62 92 55 34, *camping-les-gleres@wanadoo.fr,* Fax 05 62 92 03 53, *www.gleres.com* – **R** indispensable
       1,2 ha (80 empl.) plat, herbeux, gravillons
       Tarif : 18,20 € ♠ ⇐ 🖃 (½) (6A) – pers. suppl. 4,20 € – frais de réservation 10 €
       Location ⚡ : 5 🚐 (2 à 4 pers.) 215 à 315 €/sem. – 9 🚐 (4 à 6 pers.) 330 à 490 €/sem. – 2 🏚 (4 à 6 pers.) 410 à 610 €/sem.
       Pour s'y rendre : Sortie N par D 920, bord du Gave

> Nature : ❄ ‹ 🚐 🌳🌳
> Loisirs : 🛋 🏖 ⛵
> Services : 🦽 ⚡ GB 🚿 M 🏛 🗄 🏖 📶 ⛲ 🚗 🚽 🛁 sèche-linge
> À prox. : patinoire ⛷

  ▲ **GR 10** juil.-1er sept.
       𝄞 06 20 30 25 85, *contact@gr10camping.com,* Fax 05 62 92 54 02, *www.gr10camping.com* – **R** conseillée
       1,5 ha (70 empl.) plat et peu incliné, terrasses, herbeux
       Tarif : 17 € ♠ ⇐ 🖃 (½) (6A) – pers. suppl. 4,50 €
       Pour s'y rendre : N : 2,8 km par D 920, rte de Lourdes, à Concé, près du Gave de Pau

> Nature : 🌿 ‹
> Loisirs : 🛋 🏖 ⛷ ⛵
> Services : 🦽 ⚡ 🚿 M 🏛 ⛲ 🏪

  ▲ **Le Cabaliros** juin-sept.
       𝄞 05 62 92 55 36, *info@camping-cabaliros.com,* Fax 05 62 92 55 36, *www.camping-cabaliros.com* – **R** conseillée
       2 ha (100 empl.) incliné à peu incliné, herbeux
       Tarif : 16,50 € ♠ ⇐ 🖃 (½) (6A) – pers. suppl. 4,60 €
       Location (mai-15 oct.) : 4 🚐 (4 à 6 pers.) 250 à 500 €/sem.
       🚐 1 borne artisanale 3 €
       Pour s'y rendre : 1,6 km au N par rte de Lourdes et au pont à gauche, bord du Gave de Pau

> Nature : ‹ 🌳🌳
> Loisirs : 🛋
> Services : 🦽 ⚡ GB 🚿 🗄 📶 ⛲ 🚗 🚽 🏪

⚠ **Le Péguère** avr.-sept.
📞 05 62 92 52 91, *campingpeguere@wanadoo.fr*,
Fax 05 62 92 52 91, *www.campingpeguere.com* – **R** conseillée
3,5 ha (160 empl.) peu incliné, herbeux
Tarif : 13 € ⚹ 🚗 🔲 ⚡ (6A) – pers. suppl. 3,70 €
Location (mars-oct.) 🚫 : 4 🚐 (4 à 6 pers.) 180 à 420 €/sem. – 2 🏠 (4 à 6 pers.) 160 à 400 €/sem.
🚐 1 borne artisanale 2 €
Pour s'y rendre : 1,5 km au N par rte de Lourdes, bord du Gave de Pau

| Nature : ≤ ♀ |
| Loisirs : 🛏 🎣 |
| Services : 🕭 ⚡ 🆖 🗑 🛒 🚿 😊 🧺 |
| 🚽 🖼 |

ESTAING

✉ 65400 – **342** K7 – G. Midi Pyrénées – 67 h. – alt. 970
Paris 874 – Argelès-Gazost 12 – Arrens 7 – Laruns 43 – Lourdes 24 – Pau 69 – Tarbes 43.

⚠ **Pyrénées Natura** mai-20 sept.
📞 05 62 97 45 44, *info@camping-pyrenees-natura.com*,
Fax 05 62 97 45 81, *www.camping-pyrenees-natura.com* – alt. 1 000 – **R** conseillée
3 ha (60 empl.) plat et peu incliné, terrasses, herbeux, gravier
Tarif : 27,50 € ⚹ 🚗 🔲 ⚡ (10A) – pers. suppl. 5,25 €
🚐 1 borne artisanale – 5 🔲 24,50 €
Pour s'y rendre : Au Nord du bourg
À savoir : Belle grange du 19e s. aménagée en espace loisirs et détente

| Nature : 🐾 ≤ 🗔 |
| Loisirs : 🍴 🛏 |
| Services : 🕭 ⚡ 🆖 🗑 Ⓜ 🛒 🚿 😊 |
| 🧺 🚽 📞 🖼 🏋 |

GAVARNIE

✉ 65120 – **342** L8 – G. Midi Pyrénées – 164 h. – alt. 1 350 – Sports d'hiver : 1 350/2 400 m 🎿11 🏂
🅱 *Office de tourisme, le village* 📞 05 62 92 48 05, Fax 05 62 92 42 47
Paris 901 – Lourdes 52 – Luz-St-Sauveur 20 – Pau 96 – Tarbes 71.

483

⚠ **Le Pain de Sucre** juin-sept., 15 déc.-15 avr.
📞 05 62 92 47 55, *camping-gavarnie@wanadoo.fr*,
Fax 05 62 92 47 55, *www.camping-gavarnie.com* – alt. 1 273 – **R** conseillée
1,5 ha (50 empl.) non clos, plat, herbeux
Tarif : 17,55 € ⚹ 🚗 🔲 ⚡ (10A) – pers. suppl. 3,80 € – frais de réservation 15 €
Location 🚫 : 4 🚐 (4 à 6 pers.) 200 à 350 €/sem. – 2 🏠 (4 à 6 pers.) 250 à 450 €/sem.
Pour s'y rendre : 3 km au N par D 921 rte de Luz-St-Sauveur, bord du Gave de Gavarnie

| Nature : ❄ ≤ |
| Loisirs : 🎣 |
| Services : ⚡ 🆖 🗑 🎽 🛒 🏋 😊 📞 |
| 🖼 sèche-linge |

GÈDRE

✉ 65120 – **342** M8 – G. Midi Pyrénées – 291 h. – alt. 1 000
🅱 *Office de tourisme, Immeuble communal* 📞 05 62 92 47 37
Paris 892 – Lourdes 43 – Luz-St-Sauveur 12 – Pau 87 – Tarbes 62.

⚠ **Le Mousca** juil.-août
📞 05 62 92 47 53, Fax 05 62 92 47 53 – **R** conseillée
1 ha (50 empl.) plat, herbeux
Tarif : ⚹ 3,40 € 🚗 🔲 3,50 € – ⚡ (2A) 1,85 €
Pour s'y rendre : N : 0,7 km par D 921 rte de Luz-St-Sauveur et chemin à gauche, bord du Gave de Gavarnie

| Nature : 🐾 ≤ |
| Services : 🕭 ⚡ 🎽 🗑 🏋 😊 🖼 |
| À prox. : 🍴 🏋 ⛷ |

Benutzen Sie
– zur Wahl der Fahrtroute
– zur Berechnung der Entfernungen
– zur exakten Lokalisierung eines Campingplatzes (mit Hilfe der Angaben im Ortstext)
die für diesen Führer unentbehrlichen **MICHELIN-Karten** .

HÈCHES

✉ 65250 – **342** 06 – 580 h. – alt. 690
Paris 805 – Arreau 14 – Bagnères-de-Bigorre 35 – Bagnères-de-Luchon 47 – Lannemezan 14 – Tarbes 49.

La Bourie Permanent
    ✆ 05 62 98 73 19, labourie65@aol.com, Fax 05 62 98 73 44,
www.camping-labourie.com – **R** conseillée
2 ha (120 empl.) plat, peu incliné, terrasse, herbeux
Tarif : 15,50 € – ✶ ⇐ ☲ ⑭ (6A) – pers. suppl. 3,40 € – frais
de réservation 15 €
Location : 15 ⏚ (4 à 6 pers.) 300 à 450 €/sem. – 15 🏠
(4 à 6 pers.) 350 à 500 €/sem.
⏚ 1 borne artisanale
Pour s'y rendre : 2 km au S par D 929, rte d'Arreau et à
Rebouc D 26 à gauche, bord de la Neste d'Aure

| Nature : ⩽ ♀ |
| Loisirs : snack ☲ ☰ ☲ |
| Services : ⅄ ☛ ⅏ ▥ 🗓 ☺ 🅱 |

LAU-BALAGNAS

✉ 65400 – **342** L5 – 483 h. – alt. 430
Paris 864 – Toulouse 188 – Tarbes 36 – Pau 70 – Lourdes 15.
                          Schéma à Argelès-Gazost

Les Frênes fermé 16 oct.-14 déc.
    ✆ 05 62 97 25 12, Fax 05 62 97 01 41 – **R** conseillée
3 ha (165 empl.) plat et terrasses, herbeux
Tarif : ✶ 4,50 € ⇐ ☲ 4,80 € – ⑭ (10A) 10 €
Location : 12 ⏚ (4 à 6 pers.) 320 à 460 €/sem.
Pour s'y rendre : SE : 1,2 km

| Nature : ⩽ ♀♀ |
| Loisirs : ☲ ☰ |
| Services : ⅄ ☛ ⅏ ▥ 🗓 ☺ ☲ ☴ |
| 🅱 |

La Prairie 15 juin-10 sept.
    ✆ 05 62 97 11 87, Fax 05 62 97 11 87 – **R**
1 ha (60 empl.) plat, herbeux
Tarif : ✶ 3,40 € ⇐ ☲ 3,40 € – ⑭ (2A) 2 €
Pour s'y rendre : Au bourg

| Nature : ⩽ montagnes ♀ |
| Services : ⅄ ☛ ⅏ ☺ 🅱 |

LOUDENVIELLE

✉ 65510 – **342** 08 – 261 h. – alt. 987 – Base de loisirs
🛈 Office de tourisme, 13, place des Badalans ✆ 05 62 99 95 35
Paris 833 – Arreau 26 – Bagnères-de-Luchon 27 – La Mongie 54 – Taches 77.

Pène Blanche fermé nov.
    ✆ 05 62 99 68 85, info@peneblanche.com,
Fax 05 62 99 98 20, www.peneblanche.com – **R** indispen-
sable
4 ha (120 empl.) en terrasses, peu incliné, herbeux
Tarif : 22,70 € – ✶ ⇐ ☲ ⑭ (10A) – pers. suppl. 5,50 €
Location : 18 ⏚ (4 à 6 pers.) 259 à 579 €/sem.
Pour s'y rendre : Sortie NO par D 25, rte de Génos, près de
la Neste de Louron et à proximité d'un plan d'eau

| Nature : ⅍ ⩽ ♀ |
| Loisirs : |
| Services : ☛ (juil.-août) ⊞ ⅏ ▥ |
| 🗓 ☺ 🅱 sèche-linge |
| **À prox. :** ⏷ cafétéria hammam ja-cuzzi ⚽ ⚹ ⚹ ☰ ⚺ ☰ ☴ po-neys centre de remise en forme, balnéo, parapente, planche à voile, canoë et pédalos |

LOURDES

✉ 65100 – **342** L6 – G. Midi Pyrénées – 15 203 h. – alt. 420
🛈 Office de tourisme, place Peyramale ✆ 05 62 42 77 40, Fax 05 62 94 60 95
Paris 850 – Bayonne 147 – Pau 45 – St-Gaudens 86 – Tarbes 19.

Le Moulin du Monge avr.-10 oct.
    ✆ 05 62 94 28 15, camping.moulin.monge@wanadoo.fr,
Fax 05 62 42 20 54, www.camping-lourdes.com
1 ha (67 empl.) plat et peu incliné, en terrasses, herbeux
Tarif : (Prix 2007) 17,30 € ✶ ⇐ ☲ ⑭ (6A) – pers.
suppl. 4,40 €
Location : 10 ⏚ (4 à 6 pers.) 329 à 553 €/sem. –
appartements
⏚ 1 borne artisanale 4 € – 10 ☲ 14,40 € – 🌙 8 €
Pour s'y rendre : N : 1,3 km

| Nature : ♀♀ |
| Loisirs : ☲ ☲ ⚹ ☰ |
| Services : ⅄ ☛ ⊞ ⅏ ▥ 🗓 ☺ 🅱 |
| sèche-linge ☲ |

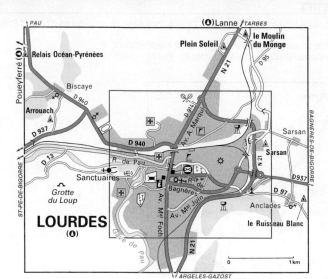

Plein Soleil Pâques-10 oct.
  ℘ 05 62 94 40 93, *camping.plein.soleil@wanadoo.fr*,
Fax 05 62 94 51 20, *www.camping-pleinsoleil.com*
– **R** conseillée
0,5 ha (35 empl.) en terrasses, pierreux, gravillons
Tarif : 18,50 € ✹ ⇔ 🅴 ⒝ (4A) – pers. suppl. 5 €
Location : 7 ⌂ (4 à 6 pers.) 270 à 530 €/sem.
⊡ 1 borne artisanale
Pour s'y rendre : N : 1 km

> Nature : ≤ ♀
> Loisirs : 🔛 ♨
> Services : ⚬━ ⚄ ▥ 🗑 ⊛ ⚬ ☇ (ˁ
> 🖳 sèche-linge
> À prox. : 🛒

Sarsan 21 juin-sept.
  ℘ 05 62 94 43 09, *camping.sarsan@wanadoo.fr*,
Fax 05 62 94 43 09, *www.lourdes-camping.com* – **R** conseillée
1,8 ha (66 empl.) plat et peu incliné, herbeux
Tarif : 16 € ✹ ⇔ 🅴 ⒝ (10A) – pers. suppl. 3,70 €
Location (5 avr.-oct.) : 6 ⌂ (4 à 6 pers.) 250 à
490 €/sem.
Pour s'y rendre : 1,5 km à l'E, av. Jean-Moulin

> Nature : ≤ ♀
> Loisirs : 🔛 ♨
> Services : 🚿 ⚬━ ⚄ 🗑 ⚏ ⊛ (ˁ 🖳

Arrouach 15 mars-déc.
  ℘ 05 62 42 11 43, *camping.arrouach@wanadoo.fr*,
Fax 05 62 42 05 27, *www.camping-arrouach.com*
– **R** conseillée
13 ha/3 campables (67 empl.) plat, peu incliné et en
terrasses, herbeux
Tarif : ✹ 3,80 € ⇔ 2,25 € 🅴 4,50 € – ⒝ (3A) 2,50 €
Location : ⇔ – appartements
⊡ 1 borne artisanale
Pour s'y rendre : NO : quartier de Biscaye

> Nature : ≤ ♀
> Loisirs : 🔛
> Services : ⚬━ ⚄ ⊛ 🖳
> À prox. : golf

Le Ruisseau Blanc 20 mars-10 oct.
  ℘ 05 62 42 94 83 – **R** conseillée
1,8 ha (110 empl.) plat, herbeux
Tarif : 11,40 € ✹ ⇔ 🅴 ⒝ (6A) – pers. suppl. 2,50 €
Location : 3 ⌂ (4 à 6 pers.) 315 à 385 €/sem.
⊡ 1 borne 3 € – 8 🅴
Pour s'y rendre : E : 1,5 km, à Anclades par D 97, rte de
Jarret, pour caravanes, accès conseillé par la D 937 en direction de Bagnères-de-Bigorre

> Nature : ⟩ ≤ ♀♀
> Loisirs : 🔛 ⚿
> Services : ⚬━ ⚄ 🗑 ⚏ ⊛ 🖳

LUZ-ST-SAUVEUR

✉ 65120 – **342** L7 – G. Midi Pyrénées – 1 098 h. – alt. 710 – 🛁 (début mai-fin oct.) – Sports d'hiver : 1 800/2 450 m ✮14 🎿

🛈 *Office de tourisme, 20, place du 8 mai ℰ 05 62 92 30 30, Fax 05 62 92 87 19*
Paris 882 – Argelès-Gazost 19 – Cauterets 24 – Lourdes 32 – Pau 77 – Tarbes 51.

ᴍᴍ **Airotel Pyrénées** fermé oct.-nov.
℘ 05 62 92 89 18, *airotel.pyrenees@wanadoo.fr*,
Fax 05 62 92 96 50, *www.airotel-pyrenees.com* – **R** conseillée
2,5 ha (165 empl.) peu incliné et incliné, plat et en terrasses, herbeux
Tarif : 32,50 € 🚶 ⇜ 🅴 🔌 (10A) – pers. suppl. 5 € – frais de réservation 25 €
Location ⬙ : 50 🚐 (4 à 6 pers.) 190 à 710 €/sem.
🚐 1 borne artisanale 8 €
Pour s'y rendre : 1 km au NO par D 921, rte de Lourdes

> Nature : ☼ ≼ ⊡ ♀
> Loisirs : 🎱 ⚽ 🏊 hammam jacuzzi espace balnéo ⚄ 🏓 ➰ mur d'escalade
> Services : ᕕ ⚷ GB ⚒ 🏧 🚿 ☇ ⊛ 🕯 🔲 sèche-linge ♨ 🌂

ᴍᴍ **International** 20 déc.-20 avr. et 20 mai-sept.
℘ 05 62 92 82 02, *camping.international.luz@wanadoo.fr*,
Fax 05 62 92 96 87, *www.international-camping.fr*
– **R** conseillée
4 ha (133 empl.) plat, peu incliné, en terrasses, herbeux
Tarif : (Prix 2007) 24,50 € 🚶 ⇜ 🅴 🔌 (6A) – pers. suppl. 4,10 € – frais de réservation 16 €
Location ⬙ : 5 🚐 (4 à 6 pers.) 250 à 570 €/sem.
Pour s'y rendre : 1,3 km au NO par D 921, rte de Lourdes

> Nature : ☼ ≼ ♀♀
> Loisirs : 🍴 snack 🎱 jacuzzi ⚄ 🏊
> Services : ᕕ ⚷ GB ⚒ 🏧 🚿 ⊛ ☇ 🛒 🕯 🔲 sèche-linge ♨ 🌂

ᴍ **Pyrénévasion** Permanent
℘ 05 62 92 91 54, *camping-pyrenevasion@wanadoo.fr*,
Fax 05 62 92 98 34, *www.campingpyrenevasion.com* –
alt. 834 – **R** conseillée
3,5 ha (75 empl.) en terrasses, peu incliné, herbeux, gravier
Tarif : 20,50 € 🚶 ⇜ 🅴 🔌 (10A) – pers. suppl. 5 €
Location : 14 🚐 (4 à 6 pers.) 250 à 570 €/sem. – 4 🏠 (4 à 6 pers.) 250 à 600 €/sem.
🚐 1 borne artisanale 6 €

> Nature : ≼
> Loisirs : 🍴 snack jacuzzi ⚄ 🏊 terrain omnisports
> Services : ᕕ ⚷ GB ⚒ 🏧 🕯 ⊛ ☇ 🛒 🕯 🔲 sèche-linge

ᴍ **Les Cascades** fermé oct.-nov.
℘ 05 62 92 85 85, *cathy.sesque@wanadoo.fr*,
Fax 05 62 92 96 95, *www.camping-luz.com* – **R** conseillée
1,5 ha (77 empl.) peu incliné et en terrasses, herbeux, pierreux
Tarif : 24,40 € 🚶 ⇜ 🅴 🔌 (6A) – pers. suppl. 6,50 €
Location : 20 🚐 (4 à 6 pers.) 320 à 580 €/sem.
Pour s'y rendre : Au S de la localité, r. Ste-Barbe, bord de torrents, accès conseillé par rte de Gavarnie

> Nature : 🌲 ≼ ♀
> Loisirs : 🍴 ✕ 🎱 ⚄ 🏊
> Services : ᕕ ⚷ GB ⚒ 🏧 🕯 ⊛ 🔲 sèche-linge 🌂
> À prox. : canoë

⚠ **So de Prous** fermé 13 nov.-19 déc.
🕿 05 62 92 82 41, *jj.poulou@wanadoo.fr*,
Fax 05 62 92 34 10, *www.sodeprous.com* – **R** conseillée
2 ha (80 empl.) plat, peu incliné, en terrasses, herbeux
Tarif : 18,30 € ⚹ ⇔ 🅔 ⒢ (6A) – pers. suppl. 4,10 € – frais
de réservation 8 €
Location : 10 ⌂ (4 à 6 pers.) 300 à 450 €/sem. – ⊨
Pour s'y rendre : 3 km au NO par D 921, rte de Lourdes, à
80 m du Gave de Gavarnie

> Nature : ≤ ♀
> Loisirs : ♟ 🏠 ⛵ ⅉ (petite pis-
> cine)
> Services : ⅙ �o┯ GB ⅍ ⊪ 🗄 ⌁ ⊛
> 🅐 ⚱

⚠ **Le Bergons** fermé 21 oct.-nov.
🕿 05 62 92 90 77, *abordenave@club-internet.fr*, *www.cam
ping-bergons.com* – **R** conseillée
1 ha (78 empl.) plat, peu incliné et terrasses, herbeux
Tarif : 14,29 € ⚹ ⇔ 🅔 ⒢ (6A) – pers. suppl. 3,20 € – frais
de réservation 10 €
Location : 4 ⌂ (4 à 6 pers.) 250 à 460 €/sem.
Pour s'y rendre : 0,5 km à l'E d'Esterre par D 918, rte de
Barèges

> Nature : ❅ ≤ ♀
> Loisirs : 🏠 ⛵
> Services : ⅙ o┯ (juil.-août) GB ⅍
> ⊪ ⌁ ⊛ 🅐 sèche-linge

⚠ **Le Bastan** fermé 21 oct.-19 nov.
🕿 05 62 92 94 27, *camping.bastan@wanadoo.fr*,
Fax 05 62 92 84 00, *www.luz-camping.com* – **R̄**
1 ha (70 empl.) peu incliné, plat, herbeux, pierreux
Tarif : 11,90 € ⚹ ⇔ 🅔 ⒢ (3A) – pers. suppl. 3,20 €
Location 🚳 : 3 ⌂ (4 à 6 pers.) 245 à 400 €/sem.
🚐 1 borne eurorelais 4 € – 🚽 8 €
Pour s'y rendre : 0,8 km à l'E d'Esterre par D 918, rte de
Barèges, bord du Bastan

> Nature : ❅ ≤ ♀♀
> Loisirs : 🏠 ⛵ ⅉ ⚓
> Services : ⅙ o┯ ⅍ ⊪ 🗄 ⚱ ⊛ 🅐
> sèche-linge
> À prox. : pizzeria

⚠ **Toy** fermé 14 avr.-7 mai et 27 sept.-5 déc.
🕿 05 62 92 86 85 – **R** indispensable
1,2 ha (100 empl.) peu incliné et en terrasses, herbeux,
pierreux
Tarif : ⚹ 3,90 € ⇔ 🅔 3,90 € – ⒢ (2A) 2 €
Pour s'y rendre : Centre bourg, pl. du 8-Mai, bord du
Bastan

> Nature : 🌳 ≤ ♀
> Loisirs : ⚓
> Services : o┯ ⊪ ⌁ ⊛
> À prox. : 🐎 🛝 ♟ ✗ ⅉ

487

ORINCLES _____

✉ 65380 – **342** M6 – 261 h. – alt. 360
Paris 845 – Bagnères-de-Bigorre 16 – Lourdes 13 – Pau 52 – Tarbes 14.

⚠ **Aire Naturelle le Cerf Volant** 15 mai-15 oct.
🕿 05 62 42 99 32, *lecerfvolant1@yahoo.fr*,
Fax 05 62 42 99 32 – **R** conseillée
1 ha (23 empl.) non clos, plat et terrasse, herbeux
Tarif : ⚹ 2,40 € ⇔ 1,20 € 🅔 1,70 € – ⒢ (15A) 2,30 €
Pour s'y rendre : S : 2,2 km par D 407 et chemin en face, à
300 m du D 937, bord d'un ruisseau
À savoir : Autour d'une ferme

> Nature : 🌳 ♀
> Loisirs : 🏠 ⛵
> Services : ⅙ o┯ ⅍ ⊛

OUZOUS _____

✉ 65400 – **342** L4 – 187 h. – alt. 550
Paris 862 – Toulouse 188 – Tarbes 35 – Pau 55 – Lourdes 13.
Schéma à Argelès-Gazost

⚠ **Aire Naturelle la Ferme du Plantier** juin-sept.
🕿 05 62 97 58 01, Fax 05 62 97 58 01 – **R** conseillée
0,6 ha (15 empl.) incliné, plat, terrasse, herbeux
Tarif : ⚹ 2,50 € ⇔ 2 € 🅔 3 € – ⒢ (3A) 2,50 €
Pour s'y rendre : Au bourg

> Nature : 🌳 ≤ montagnes
> Loisirs : ⛵
> Services : ⅙ o┯ ⅍ 🗄 ⌁ ⊛ 🅐

PEYROUSE

65270 – **342** L6 – 233 h. – alt. 350
Paris 855 – Laruns 44 – Lourdes 8 – Pau 37.

    Le Prat Dou Rey 8 mars-19 oct.
      05 62 41 81 54, *lepradourey@orange.fr*,
      Fax 05 62 41 89 76, *www.camping-pratdourey.com*
      – **R** conseillée
      4,5 ha (167 empl.) plat, herbeux
      Tarif : 15,60 € ✱ ⇌ 🅴 🄷 (10A) – pers. suppl. 4,15 € –
      frais de réservation 8 €
      Location : 16 🛏 (2 à 4 pers.) 230 à 390 €/sem. –
      appartements
      Pour s'y rendre : O : 5,5 km par D 937, rte de Pau par
      Lestelle-Bétharram

> Nature : 🌿🌿
> Loisirs : 🏠 ✗ 🏊
> Services : 🅶 ⚬━ GB ⚲🗔 🙂 📞 🎛

POUEYFERRÉ

65100 – **342** L4 – 780 h. – alt. 360
Paris 853 – Toulouse 179 – Tarbes 26 – Pau 39 – Lourdes 5.

    Relais Océan-Pyrénées mai-15 sept.
      05 62 94 57 22, Fax 05 62 94 57 22 – **R** conseillée
      1,2 ha (90 empl.) en terrasses, peu incliné, herbeux
      Tarif : 17 € ✱ ⇌ 🅴 🄷 (10A) – pers. suppl. 4 €
      Location : 🛏 (4 à 6 pers.) 290 à 500 €/sem.
      Pour s'y rendre : S : 0,8 km, à l'intersection des D 940 et
      D 174

> Nature : ≤ 🗔 🌿🌿
> Loisirs : 🏠 🚴 🏊 bowling
> Services : 🅶 ⚬━ GB ▥ 🗔 🙂 △ 🎛
> 🎛

POUZAC

65200 – **342** M4 – G. Midi-Pyrénées – 1 064 h. – alt. 505
Paris 823 – Toulouse 149 – Tarbes 19 – Pau 60 – Auch 89.

    Bigourdan 29 mars-18 oct.
      05 62 95 13 57, *www.camping-bigourdan.com*
      – **R** conseillée
      1 ha (48 empl.) plat, herbeux
      Tarif : 16,66 € ✱ ⇌ 🅴 🄷 (6A) – pers. suppl. 3,90 €
      Location ✁ (juil.-août) : 3 🛏 (2 à 4 pers.) 160 à
      290 €/sem. – 6 🛏 (4 à 6 pers.) 225 à 460 €/sem.
      Pour s'y rendre : S : par D 935

> Nature : 🌿🌿
> Loisirs : 🏠 🚴 🏊
> Services : 🅶 ⚬━ ⚲ 🗔 🞰 🙂 🎛
> À prox. : 🍴

488

ST-LARY-SOULAN

65170 – **342** N8 – G. Midi Pyrénées – 1 024 h. – alt. 820 – Sports d'hiver : 1 680/2 450 m ≰2 ≰30 ⫶
🛈 Office de tourisme, 37, rue Vincent Mir 05 62 39 50 81, Fax 05 62 39 50 06
Paris 830 – Arreau 12 – Auch 103 – Bagnères-de-Luchon 44 – St-Gaudens 66 – Tarbes 74.

    Municipal fermé oct.-nov.
      05 62 39 41 58, *camping@saintlary-vacances.com*,
      Fax 05 62 40 01 40, *www.saintlary-vacances.com*
      – **R** conseillée
      1 ha (76 empl.) plat et peu incliné, herbeux, pierreux
      Tarif : ✱ 5 € ⇌ 🅴 5 € – 🄷 (4A) 4 €
      🚐 1 borne raclet
      Pour s'y rendre : Au bourg, à l'E du D 929
      À savoir : Au centre du bourg, agréable îlot de verdure

> Nature : ❄ 🐾 ≤ 🌿🌿
> Loisirs : 🏠 🚴
> Services : 🅶 ⚬━ GB ⚲ ▥ 🗔 🙂 △
> 🎛 🎛
> À prox. : ✗ 🏊

STE-MARIE-DE-CAMPAN

65710 – **342** N7
Paris 841 – Arreau 26 – Bagnères-de-Bigorre 13 – Luz-St-Sauveur 37 – Pau 77 – Tarbes 35.

    L'Orée des Monts Permanent
      05 62 91 83 98, *oree.des.monts@wanadoo.fr*,
      Fax 05 62 91 83 98, *www.camping-oree-des-monts.com* –
      alt. 950 – **R** conseillée
      1,8 ha (101 empl.) plat et peu incliné, herbeux
      🚐 1 borne artisanale 3 € – 🚐 15.90 €
      Pour s'y rendre : 3 km au SE par D 918, rte du col d'Aspin,
      bord de l'Adour de Payolle

> Nature : ≤ 🞰
> Loisirs : 🍴 snack, pizzeria 🏠 🚴
> 🏊 🎣
> Services : ⚬━ GB ⚲ ▥ 🗔 🖐 🙂 △
> 🎛 ⚊

SASSIS

✉ 65120 – **342** L7 – 60 h. – alt. 700
Paris 879 – Toulouse 206 – Tarbes 53 – Pau 72 – Lourdes 30.

Schéma à Luz-St-Sauveur

△ **Le Hounta** 15 déc.-18 oct.
📞 05 62 92 95 90, *le-hounta@wanadoo.fr*,
Fax 05 62 92 92 51, *www.campinglehounta.com*
– **R** conseillée
2 ha (91 empl.) plat et peu incliné, herbeux
Tarif : (Prix 2007) 16,10 € 🏕 🚐 🔲 🔋 (6A) – pers.
suppl. 3,60 € – frais de réservation 7 €
Location 🏠 (juil.-août et hiver) : 10 🛏 (4 à 6 pers.)
250 à 450 €/sem.
Pour s'y rendre : 0,6 km au S par D 12

> Nature : ❄ 🐟 ≤ ⛰
> Loisirs : 🎣
> Services : ᕽ ⚡ ᗷ 🚿 🔲 🔄 🛒 ⊕ 📷
> sèche-linge
> À prox. : 🎣

TRÉBONS

✉ 65200 – **342** M2 – 684 h. – alt. 525
Paris 825 – Toulouse 151 – Tarbes 16 – Pau 58 – Auch 87.

△ **Parc des Oiseaux** mai-sept.
📞 05 62 95 30 26 – **R** conseillée
2,8 ha (66 empl.) plat, peu incliné, herbeux
Tarif : 15 € 🏕 🚐 🔲 🔋 (10A) – pers. suppl. 3 €
Pour s'y rendre : S : 1,5 km par D 87 et D 26, rue de la
Poste
À savoir : Cadre très boisé

> Nature : 🐟 ⛰⛰
> Services : ⚡ ᗷ 🔄 🛒 ⊕ 📷

VIELLE-AURE

✉ 65170 – **342** N6 – 343 h. – alt. 800
🛈 *Office de tourisme, le village* 📞 05 62 39 50 00, *Fax 05 62 40 00 04*
Paris 828 – Toulouse 155 – Tarbes 70 – Lourdes 66 – St-Gaudens 64.

489

△△△ **Le Lustou** Permanent
📞 05 62 39 40 64, *contact@lustou.com*, Fax 05 62 39 40 72,
www.lustou.com – **R** conseillée
2,8 ha (65 empl.) plat, gravier, herbeux
Tarif : 🏕 4,20 € 🚐 🔲 4,40 € – 🔋 (4A) 3,50 €
Location (fermé oct.-nov.) 🏠 : 6 🛏 (4 à 6 pers.) 280
à 420 €/sem. – gîte d'étape
🚐 1 borne artisanale
Pour s'y rendre : 2 km NE sur D 19, à Agos, près de la
Neste-d'Aure et d'un étang
À savoir : Belle entrée ornée de plantes des Pyrénées

> Nature : ❄ ≤ ⛰⛰
> Loisirs : 🍴 🎣 ✗
> Services : ᕽ ⚡ ᗷ Ⓜ 🔲 🔄 🛒 🔄 ⊕
> 🔄 🔲 ᗷ
> À prox. : 🎣 sports en eaux vives,
> canoë, kayak

Tarn (81)

Le BEZ

✉ 81260 – **338** G9 – 716 h. – alt. 644
🛈 *Syndicat d'initiative, Maison du Sidobre - Vialavert* 📞 05 63 74 63 38, *Fax 05 63 73 04 57*
Paris 745 – Albi 63 – Anglès 12 – Brassac 5 – Castres 24 – Mazamet 25.

△ **Le Plô** mi-mai-mi-sept.
📞 05 63 74 00 82, *info@leplo.com*, Fax 05 63 74 00 82,
www.leplo.com – **R** conseillée
2,5 ha (60 empl.) en terrasses, peu accidenté, herbeux, bois
Tarif : 15,30 € 🏕 🚐 🔲 🔋 (6A) – pers. suppl. 2,80 €
Pour s'y rendre : O : 0,9 km par D 30 rte de Castres et
chemin à gauche

> Nature : 🐟 ≤ ⛰
> Loisirs : 🍴 🎣
> Services : ᕽ ⚡ ᗷ ⊕ 📞
> À prox. : ✗ 🏊

BRASSAC

✉ 81260 – **338** G9 – G. Midi Pyrénées – 1 427 h. – alt. 487

🛈 *Syndicat d'initiative, place de l'Hôtel de Ville* 🕿 *05 63 74 56 97, Fax 05 63 74 57 44*

Paris 747 – Albi 65 – Anglès 14 – Castres 26 – Lacaune 22 – Vabre 15.

▲ **Municipal de la Lande** juin-sept.

🕿 05 63 74 00 82, *mairie.brassac.agout@wanadoo.fr*,
Fax 05 63 74 00 82 – **R** conseillée
1 ha (50 empl.) plat, herbeux
Tarif : ✹ 1,80 € – 🚗 1,20 € 🔲 1,60 € – 🔌 (5A) 1,60 €
Pour s'y rendre : sortie SO vers Castres et à dr. après le pont, près de l'Agout et au bord d'un ruisseau, pour caravanes, faire demi-tour au rond-point

> Nature : 🦢 💯
> Loisirs : 🏠
> Services : 🛒 ⊕ 🖥
> À prox. : 🚲 🎾 ⚓ 🎣

Les CABANNES

✉ 81170 – **338** D6 – 320 h. – alt. 200

Paris 653 – Albi 27 – Montauban 57 – Rodez 80 – Toulouse 84.

▲ **Le Garissou** 19 avr.-sept.

🕿 05 63 56 27 14, *legarissou@wanadoo.fr*,
Fax 05 63 56 26 95, *www.cordes-sur-ciel.org* – **R** conseillée
💱
7 ha/4 campables (42 empl.) en terrasses et peu incliné, pierreux, herbeux
Tarif : (Prix 2007) 13 € ✹ 🚗 🔲 🔌 (6A) – pers. suppl. 3 €
Location (permanent) : 30 🏚 (4 à 6 pers.) 230 à 580 €/sem.
Pour s'y rendre : O : 1,6 km par D 600, rte de Vindrac et chemin à gauche
À savoir : Belle situation dominante

> Nature : 🦢 ≤ Cordes-sur-Ciel et Vallée 🏕
> Loisirs : 🏠 🛶 🚲 🎣 ⚓ ⛵ terrain omnisports
> Services : 🛒 ⊶ 🛒 🖥 ⊕ 🚿 🖥
> À prox. : 🎾

Les CAMMAZES

✉ 81540 – **338** E10 – G. Midi Pyrénées – 209 h. – alt. 610

🛈 *Syndicat d'initiative, 25, rue de la Fontaine* 🕿 *05 63 74 17 17*

Paris 736 – Aurillac 241 – Castres 35 – Figeac 183 – St-Céré 241.

▲ **La Rigole** 15 avr.-12 oct.

🕿 05 63 73 28 99, *mary@campingdlr.com*,
Fax 05 63 73 28 99, *www.campingdlr.com* – **R** conseillée
3 ha (58 empl.) plat et peu incliné, terrasses, herbeux
Tarif : 18,50 € ✹ 🚗 🔲 🔌 (4A) – pers. suppl. 4,50 €
Location : 6 🛖 (4 à 6 pers.) 258 à 580 €/sem. – 9 🏚 (4 à 6 pers.) 258 à 580 €/sem.
Pour s'y rendre : sortie S par D 629 et rte du barrage à gauche

> Nature : 🦢 🏕 💯
> Loisirs : 🍴 snack 🛶 🚲 ⚓
> Services : & ⊶ 🆖 🛒 🖥 🚿 🏠 ⊕ 📞 🖥
> À prox. : ⚓ 🎣 🌊

CASTELNAU-DE-MONTMIRAL

✉ 81140 – **338** C7 – 895 h. – alt. 287

🛈 *Office de tourisme, place des Arcades* 🕿 *05 63 33 15 11, Fax 05 63 33 17 60*

Paris 645 – Albi 31 – Bruniquel 22 – Cordes-sur-Ciel 22 – Gaillac 12 – Montauban 49.

▲ **Le Chêne Vert** juin-sept.

🕿 05 63 33 16 10, *campingduchenevert@wanadoo.fr*,
Fax 05 63 33 20 80, *www.camping-du-chene-vert.com* – **R** conseillée
10 ha/2 campables (45 empl.) peu accidenté, plat et peu incliné, en terrasses, herbeux
Tarif : (Prix 2007) ✹ 3,90 € 🚗 🔲 4,80 € – 🔌 (10A) 2,90 € – frais de réservation 8 €
Location (permanent) : 27 🏚 (4 à 6 pers.) 310 à 550 €/sem. – bungalows toilés
Pour s'y rendre : NO : 3,5 km par D 964, rte de Caussade, D 1 et D 87, rte de Penne, à gauche
À savoir : Agréable chênaie

> Nature : 🦢 ≤ 🏕 💯💯
> Loisirs : 🏠 ⚓
> Services : & ⊶ 🆖 🛒 🖥 🏠 ⊕ 🖥
> À la base de loisirs (800m) : 🍴 snack 🛶 🎾 🎣 🌊 (plage) ⛵

CORDES-SUR-CIEL

✉ 81170 – **338** D6 – G. Midi Pyrénées – 996 h. – alt. 279
🛈 *Office de tourisme, place Jeanne Ramel-Cals ℰ 05 63 56 00 52, Fax 05 63 56 19 52*
Paris 655 – Albi 25 – Montauban 59 – Rodez 78 – Toulouse 82 – Villefranche-de-Rouergue 47.

ᛗ **Moulin de Julien** mai-sept.
  ℰ 05 63 56 11 10, *tassellifaurie.eric@neuf.fr, www.cam*
  pingmoulindejulien.com – **R** conseillée
  9 ha (130 empl.) plat, incliné et en terrasses, herbeux, étang
  Tarif : 23 € ✶ ⛺ 🅴 ⚡ (5A) – pers. suppl. 6 € – frais de
  réservation 10 €
  Location : 4 🏠 (4 à 6 pers.) 260 à 500 €/sem.
  Pour s'y rendre : SE : 1,5 km par D 922 rte de Gaillac, bord
  d'un ruisseau

| Nature : ♀ |
| Loisirs : 🍷 🏠 ⚽ 🎿 🛶 |
| Services : & 🚰 🚗 ⊛ 🖥 |
| À prox. : ✗ |

�ᐃ **Camp Redon**
  ℰ 05 63 56 14 64, *info@campredon.com,*
  Fax 05 63 56 14 64, *www.campredon.com* – **R** conseillée
  2 ha (40 empl.) plat, incliné, herbeux
  Pour s'y rendre : SE : 5 km par D 600 rte d'Albi puis 0,8 km
  par D 107, rte de Virac à gauche

| Nature : 🌲 ⛺ ♀ |
| Loisirs : 🏠 ⚽ 🎿 |
| Services : 🚰 ⊛ 🖥 |

LES GUIDES VERTS **MICHELIN**
Paysages, monuments
Routes touristiques
Géographie
Histoire, Art
Itinéraire de visite
Plans de villes et de monuments

DAMIATTE

✉ 81220 – **338** D9 – 767 h. – alt. 148
Paris 698 – Castres 26 – Graulhet 16 – Lautrec 18 – Lavaur 16 – Puylaurens 11.

ᛗ **Le Plan d'Eau St-Charles** 30 mai-14 sept.
  ℰ 05 63 70 66 07, *pierre.wosinski@tiscali.fr,*
  Fax 05 63 70 52 14, *www.campingplandeau.com*
  – **R** conseillée
  7,5 ha/2 campables (82 empl.) plat, pierreux, herbeux
  Tarif : 19,60 € ✶ ⛺ 🅴 ⚡ (5A) – pers. suppl. 4,30 € – frais
  de réservation 17 €
  Location (29 mars-28 sept.) : 18 🏚 (4 à 6 pers.) 225 à
  700 €/sem. – 13 🏠 (4 à 6 pers.) 250 à 670 €/sem. –
  bungalows toilés
  Pour s'y rendre : Sortie rte de Graulhet puis 1,2 km par rte
  à gauche avant le passage à niveau
  À savoir : Agréable situation autour d'un beau plan d'eau

| Nature : 🌲 ≼ ⛺ ♀♀ ▲ |
| Loisirs : snack 🏠 ⚽ 🚲 🛶 🎣 |
| Services : & 🚰 🚗 🛒 🍴 ⊛ ⛽ 🚿 🖥 |
| 🚽 |
| À prox. : 🐎 golf (18 trous) |

MAZAMET

✉ 81200 – **338** G10 – G. Midi Pyrénées – 10 544 h. – alt. 241
🛈 *Office de tourisme, rue des Casernes ℰ 05 63 61 27 07, Fax 05 63 61 31 35*
Paris 739 – Albi 64 – Béziers 90 – Carcassonne 50 – Castres 21 – Toulouse 92.

ᗴ **Municipal la Lauze** juin-sept.
  ℰ 05 63 61 24 69, *camping.mazamet@imsnet.fr,*
  Fax 05 63 61 24 69 – **R** conseillée
  1,7 ha (65 empl.) peu incliné, plat, herbeux
  Tarif : 16,50 € ✶ ⛺ 🅴 ⚡ (10A) – pers. suppl. 3 € – frais
  de réservation 7 €
  Location (permanent) 🏊 : 4 🏚 (4 à 6 pers.) 210 à
  485 €/sem.
  🚐 1 borne artisanale 6 € – 10 🅴
  Pour s'y rendre : sortie E par D 612, rte de Béziers et à dr.

| Nature : ⛺ ♀♀ |
| Loisirs : 🏠 ⚽ 🚲 🐎 |
| Services : & 🚰 ⊖ 🚗 🎣 🍴 🖥 ⛽ 🚿 ⚡ |
| ⊛ 🚿 🖥 |
| À prox. : ✗ 🎿 🏊 🎿 golf (18 |
| trous), parcours sportif |

MIRANDOL-BOURGNOUNAC

⊠ 81190 – **338** E6 – 1 081 h. – alt. 393

🛈 *Office de tourisme, 2, place de la Liberté* ℰ *05 63 76 97 65, Fax 05 63 76 90 11*
Paris 653 – Albi 29 – Rodez 51 – St-Affrique 79 – Villefranche-de-Rouergue 39.

⚠ **Les Clots** mai-sept.
ℰ 05 63 76 92 78, *campclots@wanadoo.fr*,
Fax 05 63 76 92 78, *www.campinglesclots.info* – **R** conseillée
7 ha/4 campables (62 empl.) en terrasses, pierreux, herbeux
Tarif : 18 € ⚹ ⟶ 🔲 (¥) (6A) – pers. suppl. 4,60 € – frais de
réservation 10 €
Pour s'y rendre : N : 5,5 km par D 905 rte de Rieupeyroux
et chemin sur la gauche, à 500 m du Viaur (accès direct)

NAGES

⊠ 81320 – **338** I8 – 330 h. – alt. 800 – Base de loisirs

🛈 *Syndicat d'initiative, ferme de Rieumontagné* ℰ 05 63 37 06 01
Paris 717 – Brassac 36 – Lacaune 14 – Lamalou-les-Bains 45 – Olargues 32 – St-Pons-de-Thomières 35.

⚠⚠ **Indigo Rieu-Montagné** 14 juin-14 sept.
ℰ 05 63 37 24 71, *rieumontagne@camping-indigo.com*,
Fax 05 63 37 15 42, *www.camping-indigo.com* – **R** indis-
pensable
8,5 ha (171 empl.) en terrasses, herbeux, pierreux
Tarif : (Prix 2007) 27,70 € ⚹ ⟶ 🔲 (¥) (10A) – pers.
suppl. 5,50 € – frais de réservation 17 €
Location : 40 🛏 (4 à 6 pers.) 190 à 650 €/sem. – 13 🏠
(4 à 6 pers.) 290 à 790 €/sem.
Pour s'y rendre : S : 4,5 km par D 62 et rte à gauche, à
50 m du lac de Laouzas
À savoir : Belle et agréable situation dominante

492

PAMPELONNE

⊠ 81190 – **338** F6 – 669 h. – alt. 430

🛈 *Syndicat d'initiative, Mairie* ℰ 05 63 76 39 66
Paris 662 – Albi 30 – Baraqueville 34 – Cordes-sur-Ciel 30 – Rieupeyroux 34.

⚠ **de Thuriès** 15 juin-août
ℰ 05 63 76 44 01, *campthuries@wanadoo.fr*,
Fax 05 63 76 92 78, *www.campinglesclots.info* – **R** conseil-
lée
1 ha (35 empl.) plat, herbeux
Tarif : 15,70 € ⚹ ⟶ 🔲 (¥) (6A) – pers. suppl. 4 € – frais de
réservation 10 €
Pour s'y rendre : NE : 2 km par D 78, bord du Viaur
À savoir : Site agréable

ROUQUIÉ

⊠ 81260 – **338** H9
Paris 725 – Anglès 11 – Brassac 17 – Lacaune 19 – St-Pons-de-Thomières 31 – La Salvetat-sur-Agout 9.

⚠⚠ **Rouquié** mai-oct.
ℰ 05 63 70 98 06, *contact@camping.rouquie.fr*,
Fax 05 63 50 49 58, *www.campingrouquie.fr* – **R** indispen-
sable
3 ha (76 empl.) en terrasses, herbeux
Tarif : (Prix 2007) ⚹ 3,90 € ⟶ 3 € 🔲 3,40 € – (¥) (6A) 4 € –
frais de réservation 16 €
Location : 6 🛏 (4 à 6 pers.) 250 à 490 €/sem. – 5 🏠 (4
à 6 pers.) 280 à 570 €/sem.
À savoir : Au bord du lac de la Raviège

SORÈZE

✉ 81540 – **338** E10 – G. Midi Pyrénées – 2 164 h. – alt. 272
🛈 *Office de tourisme, rue Saint-Martin* ℰ *05 63 74 16 28, Fax 05 63 50 86 61*
Paris 732 – Castelnaudary 26 – Castres 27 – Puylaurens 19 – Toulouse 59.

△ **St-Martin** mi-juin-mi-sept.
ℰ 05 63 50 20 19, *mary@campingdlr.com,*
Fax 05 63 50 20 19, *www.campingsaintmartin.com*
– **R** conseillée
1 ha (47 empl.) plat, herbeux
Tarif : 17,10 € ⁂ ⇔ 🅴 ⚡ (10A) – pers. suppl. 4,50 €
Pour s'y rendre : au N du bourg, accès par rue de la Mairie,
au stade

Nature : ⅏ ♀
Loisirs : 🏊 ⚓ ⛴
Services : ⚬╍ ⚙ ④

TEILLET

✉ 81120 – **338** G7 – 442 h. – alt. 475
🛈 *Syndicat d'initiative, Mairie* ℰ *05 63 55 70 08*
Paris 717 – Albi 23 – Castres 43 – Lacaune 49 – St-Affrique 68.

△ **L'Entre Deux Lacs** avr.-oct.
ℰ 05 63 55 74 45, *contact@campingdutarn.com,*
Fax 05 63 55 75 65, *www.campingdutarn.com* – **R** conseillée
4 ha (65 empl.) en terrasses, pierreux, gravillons, herbeux
Tarif : 18 € ⁂ ⇔ 🅴 ⚡ (6A) – pers. suppl. 4,30 € – frais de
réservation 15 €
Location (permanent) : 17 🛖 (4 à 6 pers.) 249 à
589 €/sem.
Pour s'y rendre : Sortie S par D 81, rte de Lacaune
À savoir : Agréable châtaigneraie

Nature : ⅏ ◫ ⴔ♀
Loisirs : 🍷 snack 🏊 ⚓ 🚲 ⛴
Services : ᕇ ⚬╍ ⊞ ⚙ 🗄 ⑃ ④ ℣ 🔌
🐟

Tarn-et-Garonne (82)

493

BEAUMONT-DE-LOMAGNE

✉ 82500 – **337** B8 – G. Midi Pyrénées – 3 690 h. – alt. 400 – Base de loisirs
🛈 *Office de tourisme, 3, rue Pierre Fermat* ℰ *05 63 02 42 32, Fax 05 63 65 61 17*
Paris 662 – Agen 60 – Auch 51 – Castelsarrasin 27 – Condom 64 – Montauban 35 – Toulouse 58.

△ **Le Lomagnol** ⁂ – Pâques-sept.
ℰ 05 63 26 12 00, *villagedeloisirslelomagnol@wanadoo.fr,*
Fax 05 63 65 60 22, *www.villagelelomagnol.fr* – **R** conseillée
6 ha/1,5 campable (100 empl.) plat, herbeux
Tarif : 16 € ⁂ ⇔ 🅴 ⚡ (10A) – pers. suppl. 3,50 € – frais
de réservation 11 €
Location (permanent) 🅿 : 6 🚐 (4 à 6 pers.)
420 €/sem. – 24 🛖 (4 à 6 pers.) 200 à 490 €/sem.
🚐, 1 borne artisanale
Pour s'y rendre : 0,8 km à l'E, accès par la déviation et
chemin, bord d'un plan d'eau
À savoir : Location à la nuitée sauf juil.-août

Nature : ⋞ ◫ ♀
Loisirs : 🏠 🍽 nocturne 🏕 🛶
jacuzzi 🏊 🚲 ⚓ ⛴ 🎿 ⛷ ca-
noë, pédalos
Services : ⚬╍ ⊞ ⚙ 🗄 ⊕ ④ ☇ ⫴
🐟 🐕
À prox. : ⚔ parcours de santé

CAUSSADE

✉ 82300 – **337** F7 – G. Périgord – 5 971 h. – alt. 109
🛈 *Office de tourisme, 11, rue de la République* ℰ *05 63 26 04 04, Fax 05 63 26 04 04*
Paris 606 – Albi 70 – Cahors 38 – Montauban 28 – Villefranche-de-Rouergue 52.

△ **Municipal la Piboulette** mai-sept.
ℰ 05 63 93 09 07, *Secretariat@mairie-caussade.com*
– **R** conseillée
1,5 ha (100 empl.) plat, herbeux
Tarif : (Prix 2007) ⁂ 2,15 € ⇔ 🅴 1,50 € – ⚡ 1,50 €
🚐, 1 borne 3,55 €
Pour s'y rendre : NE : 1 km par D 17, rte de Puylaroque et
à gauche, au stade, à 200 m d'un étang

Nature : ⅏ ♀
Services : ᕇ ⚬╍ ⚙ �🏛 🗄 ☇ ④ 🔌
À prox. : ⚔ 🎣 ⛴

CAYLUS

✉ 82160 – **337** G6 – G. Périgord – 1 324 h. – alt. 228
🛈 *Syndicat d'initiative, rue Droite* ℘ *05 63 67 00 28, Fax 05 63 24 02 91*
Paris 628 – Albi 60 – Cahors 59 – Montauban 50 – Villefranche-de-Rouergue 30.

▲ **La Bonnette** avr.-oct.
℘ 05 63 65 70 20, *info@campingbonnette.com*,
Fax 05 63 65 70 20, *www.campingbonnette.com*
– **R** conseillée
1,5 ha (60 empl.) plat, herbeux
Tarif : 21,50 € ✱ 🚐 🗉 🗐 (10A) – pers. suppl. 5 €
Location : 4 🛖 (4 à 6 pers.) 250 à 500 €/sem.
🚐 1 borne artisanale – 🛒 10 €
Pour s'y rendre : Sortie NE par D 926, rte de Villefranche-de-Rouergue et D 97 à dr., rte de St-Antonin-Noble-Val, bord de la Bonnette et à proximité d'un plan d'eau

Nature : ⌑ ♀
Loisirs : 🏌 🛶
Services : ⅋ ⌾ 占 ☺ 🗑 🏠 sèche-linge
À prox. : 🏊 ⌇

CAYRIECH

✉ 82240 – **337** F6 – 208 h. – alt. 140
Paris 608 – Cahors 39 – Caussade 11 – Caylus 17 – Montauban 40.

▲ **Le Clos de la Lère** Permanent
℘ 05 63 31 20 41, *le-clos-de-la-lere@wanadoo.fr*,
www.camping-leclosdelalere.com – **R** indispensable
1 ha (49 empl.) plat, herbeux
Tarif : 15,70 € ✱ 🚐 🗉 🗐 (10A) – pers. suppl. 3,50 € – frais de réservation 8 €
Location : 4 🛖 (4 à 6 pers.) 225 à 450 €/sem. – 6 🏠 (4 à 6 pers.) 235 à 545 €/sem.
🚐 1 borne eurorelais 3 € – 5 🗉 11 € – 🛒 11 €
Pour s'y rendre : Sortie SE par D 9, rte de Septfonds
À savoir : Belle décoration arbustive et florale. Location à la nuitée hors sais.

Nature : 🌳 ⌑ ♀♀
Loisirs : 🏌 🏊
Services : ⅋ ⌾ ⊖🖪 ⌬ 🎡 🗑 🏠 ☺ ⊛
🕯 🗑 sèche-linge 🛁
À prox. : 🍴 **terrain omnisports**

LAFRANÇAISE

✉ 82130 – **337** D7 – G. Midi Pyrénées – 2 692 h. – alt. 183 – Base de loisirs
🛈 *Syndicat d'initiative, place de la République* ℘ *05 63 65 91 10*
Paris 621 – Castelsarrasin 17 – Caussade 41 – Lauzerte 23 – Montauban 17.

▲ **Le Lac** mi-juin-mi-sept.
℘ 05 63 65 89 69, *otisudquercylafrancaise@wanadoo.fr*,
Fax 05 63 65 94 65 – **R** conseillée
0,9 ha (34 empl.) peu incliné, terrasses, pierreux, herbeux, bois attenant
Tarif : 12,40 € ✱ 🚐 🗉 🗐 (13A) – pers. suppl. 4 €
Location : 4 🛖 (4 à 6 pers.) 370 à 390 €/sem.
🚐 1 borne raclet 5 € – 4 🗉 12,40 €
Pour s'y rendre : sortie SE par D 40, rte de Montastruc et à gauche, à 250 m d'un plan d'eau (accès direct)

Nature : 🌳 ⌑ ♀♀
Services : ⌾ ⌬ ☺ 🗑
À prox. : snack 🏌 🍴 🏊 ⛷ 🐎

LAGUÉPIE

✉ 82250 – **337** H7 – 720 h. – alt. 149
🛈 *Office de tourisme, place de Foirail* ℘ *05 63 30 20 34, Fax 05 63 30 20 34*
Paris 649 – Albi 38 – Carmaux 24 – Cordes-sur-Ciel 14 – St-Antonin-Noble-Val 26.

▲ **Municipal les Tilleuls** mai-oct.
℘ 05 63 30 22 32, *mairie.laguepie@info82.com*,
Fax 05 63 30 20 55, *www.laguepie.fr* – croisement difficile pour caravanes – **R** conseillée
1 ha (54 empl.) plat et terrasses, herbeux, pierreux
Tarif : ✱ 3 € 🚐 🗉 2 € – 🗐 2,50 €
Location : 4 🏠 (4 à 6 pers.) 220 à 350 €/sem.
Pour s'y rendre : E : 1 km par D 922 rte de Villefranche-de-Rouergue et chemin à droite
À savoir : Agréable situation au bord du Viaur

Nature : ♀♀ 🌲
Loisirs : 🔅 🏌 🍴 🏊 🎵
Services : ⅋ ⌾ (juil.-août) ⌬ 🗑 ☺

494

LAVIT-DE-LOMAGNE

✉ 82120 – **337** B8 – 1 570 h. – alt. 217

🛈 *Office de tourisme, 2, boulevard des Amoureux 𝒫 05 63 94 03 43*

Paris 668 – Agen 49 – Beaumont-de-Lomagne 12 – Castelsarrasin 23 – Lectoure 31 – Montauban 41.

△ **Municipal de Bertranon** 15 juin-sept.
  𝒫 05 63 94 05 54, *mairie-lavit.de.lomagne@info82.com*,
  Fax 05 63 94 11 10 – **R** conseillée
  0,5 ha (33 empl.) peu incliné, herbeux
  Tarif : ★ 2,50 € ⬌ 🅿 3 € – 🔌 (6A) 2,30 €
  Location (permanent) : 3 🚐 (4 à 6 pers.) 150 à
  230 €/sem.
  🚐 1 borne artisanale – 🚐 10.30 €
  Pour s'y rendre : au NE du bourg par rte d'Asques, près
  du stade et de deux plans d'eau

> Nature : 🦆 ⌑ ♀
> Loisirs : 🏃 parcours sportif
> Services : 🚿 🍴 @

MOISSAC

✉ 82200 – **337** C7 – G. Midi Pyrénées – 12 321 h. – alt. 76

🛈 *Office de tourisme, 6, place Durand de Bredon 𝒫 05 63 04 01 85, Fax 05 63 04 27 10*

Paris 632 – Agen 57 – Auch 120 – Cahors 63 – Montauban 31 – Toulouse 71.

△△ **L'Île de Bidounet** ⚎ – avr.-sept.
  𝒫 05 63 32 52 52, *info@camping-moissac.com*,
  Fax 05 63 32 52 52, *www.camping-moissac.com*
  – **R** conseillée
  4,5 ha/2,5 campables (100 empl.) plat, herbeux
  Tarif : 18,50 € ★ ⬌ 🅿 🔌 (6A) – pers. suppl. 5 €
  Location (7 juin-27 sept.) : 10 bungalows toilés
  Pour s'y rendre : 1 km au S par D 813, rte de Castelsarrasin
  et D 72 à gauche
  À savoir : Agréable situation sur une île du Tarn

> Nature : 🦆 ⌑ ♀♀
> Loisirs : 🍽 🛖 🏃 🏊 ⚓ (petite
> piscine) 🎣 🚣
> Services : 🚿 🔌 GB 🅰 🍴 🛁 @ 📶
> À prox. : canoë-kayak 🚐

495

MONTAIGU-DE-QUERCY

✉ 82150 – **337** C5 – 1 440 h. – alt. 150

🛈 *Office de tourisme, place du Mercadiel 𝒫 05 63 94 48 50, Fax 05 63 94 35 05*

Paris 623 – Agen 38 – Cahors 47 – Moissac 34.

△△ **Municipal du Plan d'Eau des Chênes** juin-sept.
  𝒫 05 63 94 48 50, *montaigu.de.quercy@wanadoo.fr*,
  Fax 05 63 94 35 05 – **R** conseillée
  2 ha (80 empl.) plat, herbeux, pierreux
  Tarif : ★ 4,20 € ⬌ 🅿 2,50 € – 🔌 (6A) 2,50 €
  Location : 17 🚐 (4 à 6 pers.) 450 à 550 €/sem.
  Pour s'y rendre : SE : 2 km par D 2, rte de Lauzerie et
  chemin à gauche, à la base de loisirs

> Nature : 🦆 ⌑ ♀ ⛰
> Loisirs : 🛶
> Services : 🚿 🔌 (juil.-août) 🅰 🍴 🛁
> @ 🏕 📶
> À prox. : 🎠 🎿 🏓 🏃 ⛷

MONTPEZAT-DE-QUERCY

✉ 82270 – **337** E6 – G. Périgord – 1 378 h. – alt. 275

🛈 *Office de tourisme, boulevard des Fossés 𝒫 05 63 02 05 55, Fax 05 63 02 05 55*

Paris 598 – Cahors 28 – Caussade 12 – Castelnau-Montratier 13 – Caylus 33 – Montauban 40.

△△ **Le Faillal**
  𝒫 05 63 02 07 08, *lefaillal@wanadoo.fr*, Fax 05 63 02 07 08
  – **R** conseillée
  0,9 ha (47 empl.) en terrasses, herbeux, pierreux
  Location : 3 🏠 – 22 gîtes
  Pour s'y rendre : Sortie N par D 20, rte de Cahors et à
  gauche
  À savoir : Location à la nuitée hors sais.

> Nature : 🦆 ⬅ ⌑ ♀♀
> Loisirs : 🏃 salle d'animation 🏃
> 🏓
> Services : 🔌 🛒 🍴 @ 🏕 🚰 📶
> À prox. : 🍴 🚣

NÈGREPELISSE

✉ 82800 – **337** F7 – 3 487 h. – alt. 87
Paris 614 – Bruniquel 13 – Caussade 11 – Gaillac 46 – Montauban 18.

⚠ **Municipal le Colombier** 10 juin-sept.
    ℘ 05 63 64 20 34, mairie-negrepelisse@info82.com,
Fax 05 63 64 26 24 – **R** conseillée
1 ha (53 empl.) plat, en terrasses, herbeux, pierreux
Tarif : 9,20 € ✶ ⇌ 🅴 (4) (10A) – pers. suppl. 1,85 €
🚐 1 borne
Pour s'y rendre : au SO de la ville, près de la D 115

Nature : 💧
Services : ⌾ ⚡ ☺ 🏪
À prox. : 🛒 ⚓ ❌ ⛷ terrain omnisports

PARISOT

✉ 82160 – **337** H6 – G. Périgord – 504 h. – alt. 376
🛈 *Office de tourisme, porte Genebrière ℘ 05 63 65 78 20, Fax 05 63 65 78 20*
Paris 624 – Toulouse 110 – Montauban 59 – Albi 60 – Castres 101.

⛰ Les Chênes (location exclusive de chalets)
    ℘ 05 63 65 71 89, info@les-chenes.com,
Fax 05 63 65 71 98, *www.les-chenes.com*
1 ha plat, peu incliné, herbeux
Location 🅿 : 6 🏠
Pour s'y rendre : 1,5 km à l'O par rte de Caylus et chemin à dr.

Nature : 🏞 💧
Loisirs : 🏛 🛶 ⛷
Services : ▥ 🏪

ST-ANTONIN-NOBLE-VAL

✉ 82140 – **337** G7 – G. Périgord – 1 887 h. – alt. 125
🛈 *Office de tourisme, place de la Mairie ℘ 05 63 30 63 47, Fax 05 63 30 66 33*
Paris 624 – Cahors 55 – Caussade 18 – Caylus 11 – Cordes-sur-Ciel 31 – Montauban 46.

⛰ **Les Trois Cantons** 15 avr.-sept.
    ℘ 05 63 31 98 57, info@3cantons.fr, Fax 05 63 31 25 93,
www.3cantons.fr – **R** conseillée
20 ha/4 campables (99 empl.) plat, peu incliné, pierreux, herbeux
Tarif : 27,80 € ✶ ⇌ 🅴 (4) (10A) – pers. suppl. 6,40 €
Location : 15 🛖 (4 à 6 pers.) 224 à 665 €/sem.
Pour s'y rendre : NO : 7,7 km par D 19, rte de Caylus et chemin à gauche, après le petit pont sur la Bonnette, entre le lieu-dit Tarau et la D 926, entre Septfonds (6 km) et Caylus (9 km)

Nature : 🐾 🏞 💧💧
Loisirs : 🏛 🚲 ❌ 🏊 (découverte en saison)
Services : 🚿 ⛽ ◑ ⚡ 🍴 🚿 ☺ 📞 📱 🏪

ST-NICOLAS-DE-LA-GRAVE

✉ 82210 – **337** C7 – 2 009 h. – alt. 73 – Base de loisirs
🛈 *Office de tourisme, place du Château ℘ 05 63 94 82 81*
Paris 640 – Agen 38 – Castelsarrasin 12 – Lavit-de-Lamagne 17 – Moissac 9 – Montauban 32.

⚠ **Le Plan d'Eau** 15 juin-15 sept.
    ℘ 05 63 95 50 02, basedeloisirs.stnicolas@cg82.fr,
Fax 05 63 95 50 01, *www.cg82.fr* – **R** conseillée
1,6 ha (42 empl.) plat, herbeux
Pour s'y rendre : N : 2,5 km par D 15 rte de Moissac, à 100 m du plan d'eau du Tarn et de la Garonne (base de loisirs)

Nature : 💧💧
Loisirs :
Services : ⌾ ⚡ 🍴 🏊 ☺ 🏪
À prox. : pizzeria 🛶 🚲 ⛷ ⛵ ⬩ 🐎

NORD-PAS-DE-CALAIS

S. Sauvignier/Michelin

Selon un dicton local, « les gens du Nord ont dans le cœur ce qu'ils n'ont pas dehors ». Comprenez que les horizons sans fin du Plat Pays, qui n'ont « que des vagues de dunes pour arrêter les vagues », ne brisent en rien leur infatigable entrain : lors des Rondes de géants, des ducasses ou des kermesses, écoutez-les chanter, les ch'timis… Regardez-les rire à cette débauche de moules-frites qui fait le sel des grandes braderies de Lille, et trinquer autour d'une bière dans l'ambiance bon enfant des estaminets. À table, pas davantage le temps de s'ennuyer : chicons braisés, carbonade, potjevleesch, tarte au maroilles… D'autres agréments ? Le joyeux concert des carillons au sommet des beffrois, la silhouette aérienne des moulins et… la possibilité de franchir le « Pas » pour saluer nos voisins britanniques.

As the local saying goes, »the hearts of the men of the north are warm enough to thaw the chilly climate". Just watch as they throw themselves body and soul into the traditional « Dance of the Giants » at countless fairs, fêtes and carnivals: several tons of chips and mussels — and countless litres of beer! — sustain a million visitors to Lille's huge annual street market. The influence of Flanders can be heard in the names of towns and people, seen in the wealth of Gothic architecture and tasted in filling dishes like beef in amber beer and *potjevleesch* stew. Joyful bells ringing from their slender belfries, neat rows of miners' houses and the distant outline of windmills remind visitors that they are on the border of Belgium, or, as a glance across the Channel will prove, in sight of the cliffs of Dover!

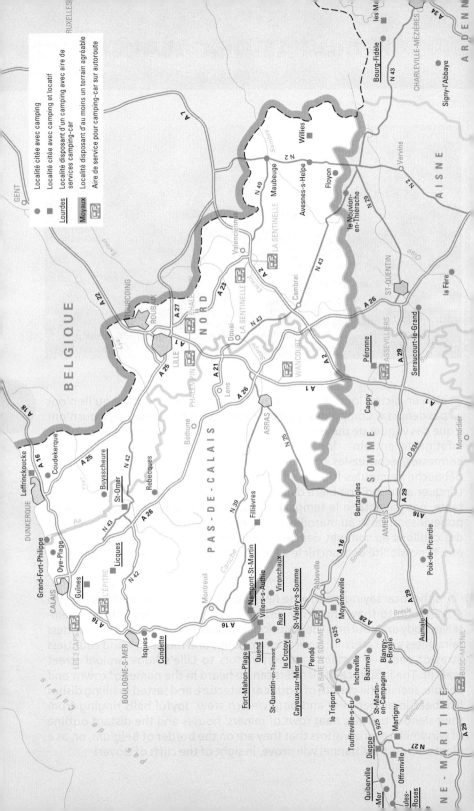

AVESNES-SUR-HELPE

✉ 59440 – **302** L7 – G. Nord Pas-de-Calais Picardie – 5 003 h. – alt. 151
🛈 *Office de tourisme, 41, place du Général Leclerc* ℰ 03 27 56 57 20
Paris 215 – Charleroi 56 – St-Quentin 66 – Valenciennes 44 – Vervins 31.

⚠ **Municipal le Champ de Mars** mi-avr.-sept.
  ℰ 03 27 57 99 04, *info@avesnes-sur-helpe.com*,
  Fax 03 27 56 57 59 – **R** conseillée
  1 ha (44 empl.) peu incliné, herbeux
  Tarif : (Prix 2007) 15 € ⚹ 🚗 ▣ 🔌 (6A) – pers. suppl. 3 €
  Pour s'y rendre : à Avesnelles, rue Léo-Lagrange

Nature : 🌳 ♀
Services : ♿ ⛽ 🗑 🔳 ⊕

BUYSSCHEURE

✉ 59285 – **302** B3 – 453 h. – alt. 25
Paris 269 – Béthune 44 – Calais 47 – Dunkerque 31 – Lille 64 – Saint-Omer 13.

⚠ **La Chaumière** 22 mars-sept.
  ℰ 03 28 43 03 57, *camping.lachaumiere@wanadoo.fr*,
  www.campinglachaumiere.com – **R** conseillée
  1 ha (29 empl.) plat, herbeux, pierreux, petit étang
  Tarif : 18 € ⚹ 🚗 ▣ 🔌 (6A) – pers. suppl. 7 €
  🚐 2 bornes artisanales 18 € – 7 ▣ 18 €
  Pour s'y rendre : au bourg

Nature : 🏞 🌳 ♀
Loisirs : 🍴 snack 🛝 🏊 (petite piscine) 🎣
Services : ♿ ⛽ 🆚 🗑 ♨ ⊕ 🚿 🚾

Si vous désirez réserver un emplacement pour vos vacances,
faites-vous préciser au préalable les conditions particulières de séjour,
les modalités de réservation, les tarifs en vigueur et les conditions de paiement.

COUDEKERQUE

✉ 59380 – **302** C2 – 1 080 h. – alt. 1
Paris 283 – Calais 50 – Dunkerque 7 – Hazebrouck 39 – Lille 69 – St-Omer 36.

499

⚠ **Le Bois des Forts** Permanent
  ℰ 03 28 61 04 41 – places limitées pour le passage
  – **R** conseillée
  3,25 ha (130 empl.) plat, herbeux
  Tarif : ⚹ 1,60 € 🚗 1,90 € ▣ 5 € – 🔌 1,50 €
  Pour s'y rendre : 0,7 km au NO de Coudekerque-Village,
  sur le D 72

Nature : 🌳
Loisirs : 🍴 🛝
Services : ♿ ⛽ 🆚 🗑 ⊕ 🚿 🚾

Pêche à pied à Mers

G. Targat/Michelin

FLOYON

✉ 59219 – **302** L7 – 515 h. – alt. 154
Paris 207 – Cambrai 51 – Hirson 23 – Maubeuge 32 – St-Quentin 57.

▲ **Anielou** 15 mars-15 oct.
    ℘ 03 27 59 14 14, Fax 03 27 59 14 14, *www.camping-anie
lou.com* – **R** indispensable
2,8 ha (73 empl.) plat, peu incliné, herbeux, étang
Tarif : 10 € ⚡ ↔ 🔲 ⚿ (10A) – pers. suppl. 4 €
Pour s'y rendre : NO : 2,3 km par D 116, rte de Beaure-
paire-sur-Sambre et chemin à droite, rte de Chevireuil

Nature : 🌊 ▱
Loisirs : 🍷 ☕
Services : 🚿 🔌 ⚿ 🗊 🏖 ☺

GRAND-FORT-PHILIPPE

✉ 59153 – **302** A2 – 6 078 h. – alt. 5
Paris 289 – Calais 28 – Cassel 40 – Dunkerque 24 – St-Omer 38.

▲ La Plage
    ℘ 03 28 65 31 95, *campingdelaplage@campingvpa.fr*,
Fax 03 28 65 35 99, *www.camping-de-la-plage.info* – **R** indispensable
1,5 ha (84 empl.) plat, herbeux
Pour s'y rendre : au NO de la localité, r. du Maréchal Foch

Loisirs : 🏄
Services : 🚿 ▥ 🗊 🔥 ☺ ⚿ 🔲 sè-
che-linge

LEFFRINCKOUCKE

✉ 59495 – **302** C1 – 4 949 h. – alt. 5
🛈 *Office de tourisme, 726, boulevard Trystam* ℘ 03 28 69 05 06
Paris 292 – Calais 53 – Dunkerque 7 – Hazebrouck 48 – Lille 78 – St-Omer 52 – Veurne 20.

▲▲ **Mer et Vacances** mars-20 déc.
    ℘ 03 28 20 17 32, *mer.etvacances@akeonet.com*,
Fax 03 28 20 17 32 – places limitées pour le passage – **R** in-
dispensable
2 ha (93 empl.) plat, peu incliné, sablonneux, herbeux
Tarif : 20,70 € ⚡ ↔ 🔲 ⚿ (16A) – pers. suppl. 4,80 €
Location : 7 🚐 (4 à 6 pers.) 320 à 500 €/sem.
Pour s'y rendre : au NE de la localité par bd J.B.-Trystram
À savoir : bordé de dunes et proche d'une plage de
sable fin

Nature : 🌊 ▱
Loisirs : ☕ ✂
Services : 🚿 🔌 ⬅ ⚿ ▥ 🗊 ☺ 🚿
⚿ 🔲
À prox. : 🏟 terrain omnisports

Chars à voile sur la plage de Berk-sur-Mer

Mairie de Berck-sur-Mer

500

MAUBEUGE

✉ 59600 – **302** L6 – G. Nord Pas-de-Calais Picardie – 33 546 h. – alt. 134
🚹 *Office de tourisme, place Vauban* ℰ *03 27 62 11 93, Fax 03 27 64 10 23*
Paris 242 – Charleville-Mézières 95 – Mons 21 – St-Quentin 114 – Valenciennes 39.

   ⚠ **Municipal du Clair de Lune** 9 fév.-19 déc.
    ℰ 03 27 62 25 48, *camping@ville-maubeuge.fr*,
    Fax 03 27 62 25 48 – **R** conseillée
    2 ha (92 empl.) plat, herbeux
    Tarif : 15,25 € ✱ ⇔ 🔲 (10A) – pers. suppl. 3,40 €
    Pour s'y rendre : N : 1,5 km par N 2, rte de Bruxelles
    À savoir : décoration florale et arbustive

Nature : 🏞 ♀
Loisirs : 🛝
Services : ⊶ GB ⚡ ☑ ⓐ 🚿 ♨ 🕳 🔥

WILLIES

✉ 59740 – **302** M7 – 139 h. – alt. 167 – Base de loisirs
Paris 225 – Avesnes-sur-Helpe 16 – Cambrai 69 – Charleroi 48 – Charleville-Mézières 81 – Lille 114 – Vervins 44.

   ⚠ **Val Joly** 22 mars-5 oct.
    ℰ 03 27 61 83 76, *valjolyresa@valjoly.com*,
    Fax 03 27 61 83 09, *www.valjoly.com* – **R** conseillée
    4 ha (160 empl.) plat, peu incliné, herbeux
    Tarif : 14,65 € ✱ ⇔ 🔲 – pers. suppl. 4,15 €
    Location (fermé 6 janv.-14 déc.) : 30 🏠 (4 à 6 pers.) 185
    à 460 €/sem.
    Pour s'y rendre : E : 1,5 km par D 133 rte d'Eppe-Sauvage,
    à 300 m du lac
    À savoir : situation dominante sur le lac

Nature : 🌊 ♀
Loisirs : 🏕 ⚒ ⛷
Services : ⊶ GB ⚡ 🗑 ⓐ 🔥 🚽
A prox. : ♦

CONDETTE

✉ 62360 – **301** C4 – 2 675 h. – alt. 35
🚹 *Syndicat d'initiative, Mairie* ℰ *03 21 32 88 88, Fax 03 21 87 26 60*
Paris 254 – Boulogne-sur-Mer 10 – Calais 47 – Desvres 19 – Montreuil 31 – Le Touquet-Paris-Plage 22.

   ⚠ **Caravaning du Château** avr.-oct.
    ℰ 03 21 87 59 59, *campingduchateau@libertysurf.fr*,
    Fax 03 21 87 59 59, *www.camping-caravaning-du-cha*
    teau.com – **R** conseillée
    1,2 ha (70 empl.) plat, herbeux, gravillons
    Tarif : 19,50 € ✱ ⇔ 🔲 (10A) – pers. suppl. 5,80 €
    🚐 **1 borne artisanale 5 €**
    Pour s'y rendre : sortie S, sur D 119

Nature : 🏞
Loisirs : 🎣 🛝
Services : ⅙ ⊶ ⚡ 🗑 🖩 ⅓ ♨ ⓐ 🔥
A prox. : ✂

FILLIÈVRES

✉ 62770 – **301** F6 – 499 h. – alt. 46
Paris 206 – Arras 52 – Béthune 46 – Hesdin 13 – St-Pol-sur-Ternoise 17.

   ⚠ **Les Trois Tilleuls** avr.-sept.
    ℰ 03 21 47 94 15, *campingdes3t@wanadoo.fr*,
    Fax 03 21 04 81 32, *www.camping3tilleuls.com* – places limi-
    tées pour le passage – **R**
    4,5 ha (120 empl.) plat et peu incliné, herbeux
    Tarif : 13,50 € ✱ ⇔ 🔲 (10A) – pers. suppl. 2,50 €
    Location 🎣 : 2 🏚 (4 à 6 pers.) 230 à 400 €/sem.
    Pour s'y rendre : sortie SE, sur D 340, rte de Frévent
    À savoir : au coeur de la vallée de la Canche

Loisirs : 🛝 terrain omnisports
Services : ⅙ ⊶ GB ⚡ 🗑 ♨ ⓐ 🔥 sèche-linge
A prox. : 🎣

GUÎNES

✉ 62340 – **301** E2 – G. Nord Pas-de-Calais Picardie – 5 221 h. – alt. 5
🛈 *Office de tourisme, rue Clemenceau ✆ 03 21 35 73 73, Fax 03 21 85 88 38*
Paris 282 – Arras 102 – Boulogne-sur-Mer 29 – Calais 11 – St-Omer 34.

La Bien-Assise 15 avr.-20 sept.
✆ 03 21 35 20 77, *castels@bien-assise.com*,
Fax 03 21 36 79 20, *www.camping-bien-assise.fr* – **R** indispensable
20 ha/12 campables (198 empl.) plat, peu incliné, herbeux, petit étang
Tarif : 30,30 € ✶ 🚗 🅴 🌙 (6A) – pers. suppl. 5,50 € – frais de réservation 15 €
Location : 10 🛖 (4 à 6 pers.) 300 à 600 €/sem. – 4 🏠 (4 à 6 pers.) 450 à 700 €/sem. – 7 🛏
🚐 1 borne artisanale 3 €
Pour s'y rendre : sortie SO par D 231 rte de Marquise

> Nature : 🌿 🎋
> Loisirs : 🍽 ✗ snack 🎱 🏊 🚲 ✗ 🔭 🗺 (découverte en saison) 🏖
> Services : 🚿 ⚡ GB 🗓 🍴 🛁 ☺ 📞 🕯 🚽 🧺 🔥

ISQUES

✉ 62360 – **301** C3 – 1 102 h. – alt. 15
Paris 247 – Lille 125 – Arras 122 – Calais 44 – Dunkerque 85.

Les Cytises avr.-15 oct.
✆ 03 21 31 11 10, *campcytises@orange.fr*,
Fax 03 21 31 11 10 – **R** conseillée
2,5 ha (100 empl.) plat, terrasse, herbeux
Tarif : 16,20 € ✶ 🚗 🅴 🌙 (6A) – pers. suppl. 3,50 €
Pour s'y rendre : Au bourg, accès par D 901, près du stade. Par A 16 sortie 28

> Nature : 🏞 🌿
> Loisirs : 🎱 🏊
> Services : 🚿 ⚡ 🗓 🍴 ☺ 📞 🔥
> À prox. : ✗ canoë-kayak

LICQUES

✉ 62850 – **301** E3 – G. Nord Pas-de-Calais Picardie – 1 440 h. – alt. 81
Paris 276 – Arras 97 – Boulogne-sur-Mer 31 – Calais 25 – Dunkerque 55 – St-Omer 27.

Pommiers des Trois Pays 25 mars-20 oct.
✆ 03 21 35 02 02, *Denis.lamce@wanadoo.fr*,
Fax 03 21 35 02 02, *www.pommiers-3pays.com* – **R** conseillée
1,3 ha (38 empl.) plat, herbeux
Tarif : 19,40 € ✶ 🚗 🅴 🌙 (16A) – pers. suppl. 4,20 €
Location (fermé 16 déc.-janv.) : 8 🏠 (4 à 6 pers.) 300 à 490 €/sem.
🚐 1 borne artisanale 4 € – 1 🅴 12 € – 🚌 12 €
Pour s'y rendre : 1 km au S par D 191, rte de lumbres

> Nature : 🌿 ⚔ 🏞 🌿
> Loisirs : 🎱 🏊 ⛷ (couverte hors saison)
> Services : 🚿 ⚡ GB 🗓 Ⓜ 🍴 🛁 ☺ 🚽 🚐 📞 🕯 🔥 sèche-linge

P. Gajic/Michelin

OYE-PLAGE

✉ 62215 – **301** F2 – 5 882 h. – alt. 4
Paris 295 – Calais 18 – Cassel 44 – Dunkerque 28 – St-Omer 35.

Les Oyats
📞 03 21 85 15 40, *billiet.nicolas@wanadoo.fr*,
Fax 03 28 60 38 33, *www.les-oyats.com* – places limitées
pour le passage – **R** conseillée
4,5 ha (150 empl.) plat, herbeux, sablonneux
Pour s'y rendre : 4,5 km au NO, 272 Digue Verte, à 100 m
de la plage (accès direct)
À savoir : décoration arbustive

Nature : ⚲ 🏕 ⛰
Loisirs : 🛁 jacuzzi 🏋 🚴 ✂ 🛝
Services : ⚡ 🚽 🔥 ⊙ 🖾

REBECQUES

✉ 62120 – **301** G4 – 398 h. – alt. 33
Paris 242 – Arras 62 – Béthune 35 – Boulogne-sur-Mer 62 – Hesdin 44 – St-Omer 16.

Le Lac avr.-oct.
📞 03 21 39 58 58 – places limitées pour le passage
– **R** conseillée
14 ha/3 campables (95 empl.) plat, herbeux, gravier
Tarif : 🧍 2,50 € 🚗 🖾 8 € – 🔌 (6A) 2 €
Pour s'y rendre : S : 1 km par D 189, rte de Thérouanne et
chemin à gauche
À savoir : Autour d'un petit lac aménagé pour la pêche et
les loisirs

Nature : 🏕
Loisirs : 🍸 🏋 ⟋
Services : 🚿 ⚡ (juil.-août) 🐾 ⊙ ⚲
🚽 🖾

ST-OMER

✉ 62500 – **301** G3 – G. Nord Pas-de-Calais Picardie – 15 747 h. – alt. 23
🚹 *Office de tourisme, 4, rue du Lion d'Or* 📞 *03 21 98 08 51, Fax 03 21 98 08 07*
Paris 257 – Arras 77 – Béthune 50 – Boulogne-sur-Mer 52 – Calais 43 – Dunkerque 45 – Ieper 57 – Lille 65.

503

Château du Ganspette avr.-sept.
📞 03 21 93 43 93, *contact@chateau-gandspette.com*,
Fax 03 21 95 74 98, *www.chateau-gandspette.com*
– **R** conseillée
11 ha/4 campables (150 empl.) peu incliné, herbeux
Tarif : 27 € 🧍 🚗 🖾 🔌 (6A) – pers. suppl. 6 € – frais de
réservation 7 €
Location ✂ : 8 🛖 (4 à 6 pers.) 330 à 585 €/sem.
🚐 1 borne – 6 🖾 27 €
Pour s'y rendre : 11,5 km au NO par D 943 et D 207 r. du
Ganspette, à Eperlecques-Ganspette
À savoir : dans le parc boisé du château

Nature : ⚲ 🌳
Loisirs : 🍸 🍴 🛁 🏋 ✂ 🛝
Services : 🚿 ⚡ 🏧 🐾 🔥 ♨ ⊙ 📞
🐾 🖾 ⛽

NORMANDIE

G. Targat/Michelin

Muse des impressionnistes et des poètes, la Normandie vogue entre luxe, calme et volupté. Côté mer, les prestigieuses stations balnéaires, l'éblouissante baie du Mont-St-Michel, les hautes falaises crayeuses et les plages du Débarquement imposent une contemplation silencieuse. Côté terre le bocage, où paissent chevaux et vaches, et les vergers de pommiers déroulent un tapis verdoyant semé de chaumières à colombages et de fringants manoirs. Éclairée d'une lumière à nulle autre pareille, la Seine méandre paisiblement, jalonnant son cours d'une succession de trésors architecturaux : cités médiévales, châteaux, abbayes... Cette esquisse de la région serait incomplète sans l'évocation des bons produits du terroir : beurre, crème fraîche, camembert, livarot, cidre et calvados méritent à eux seuls votre visite.

Normandy, the inspiration of writers and artists, offers pure rural pleasure. Take a walk along the coast to fill your lungs with sea air and admire the elegant resorts. You will be left breathless when you first catch sight of Mont Saint-Michel rising from the sands or look down over Étretat's white cliffs, and it is impossible not to be moved by the memory of the men who gave their lives on Normandy's beaches in June 1944. Further inland, acres of neat, hedge-lined fields meet the eye. Drink in the sight and scent of apple blossom, admire the pretty, half-timbered cottages and follow the Seine past medieval cities, daunting castles and venerable abbeys. And who could forget Normandy's culinary classics: fresh seafood, creamy Camembert, cider and the famous apple brandy, Calvados.

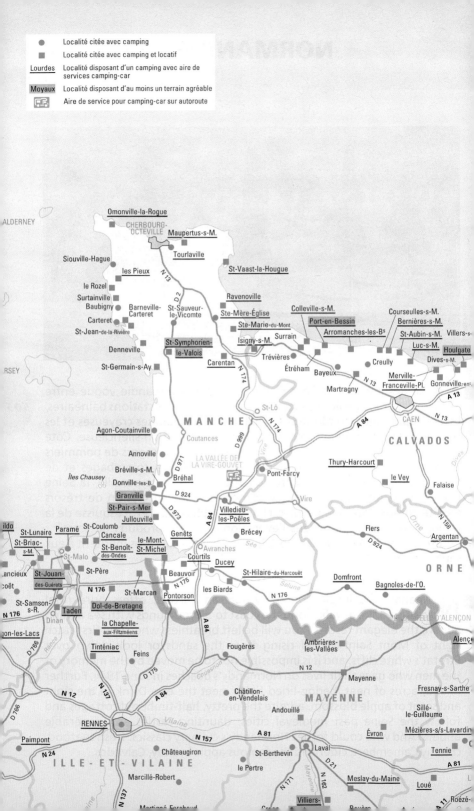

Légende

- ● Localité citée avec camping
- ■ Localité citée avec camping et locatif
- <u>Lourdes</u> Localité disposant d'un camping avec aire de services camping-car
- Moyaux Localité disposant d'au moins un terrain agréable
- 🚐 Aire de service pour camping-car sur autoroute

NORMAN

ALDERNEY

Omonville-la-Rogue

CHERBOURG-OCTEVILLE

Maupertus-s-M.

Tourlaville

Siouville-Hague

les Pieux

St-Vaast-la-Hougue

le Rozel

N 13

Surtainville

Baubigny

Barneville-Carteret

St-Sauveur-le-Vicomte

Ravenoville

Ste-Mère-Église

Colleville-s-M.

Courseulles-s-M.

Carteret

D 2

Surrain

Port-en-Bessin

Arromanches-les-Bs

Bernières-s-M.

St-Jean-de-la-Rivière

Ste-Marie-du-Mont

Isigny-s-M.

St-Aubin-s-M.

Villers-s-

Luc-s-M.

Denneville

St-Symphorien-le-Valois

Trévières

Surrain

Houlgate

St-Germain-s-Ay

Carentan

Étréham

Bayeux

Creully

Dives-s-M.

JERSEY

N 174

Martragny

N 13

Merville-Franceville-Pl.

Gonneville-en-

A 13

Agon-Coutainville

St-Lô

CAEN

N 13

CALVADOS

Coutances

D 999

N 174

Annoville

LA VALLÉE DE LA VIRE-GOUVET

Thury-Harcourt

le Vey

Falaise

Bréville-s-M.

D 971

Pont-Farcy

Vire

Îles Chausey

Donville-les-B.

Bréhal

Granville

D 924

Villedieu-les-Poêles

St-Pair-s-Mer

D 973

Vire

N 158

Jullouville

A 84

Brécey

Flers

Argentan

Genêts

D 924

Orne

St-Lunaire

Paramé

St-Coulomb

le-Mont-St-Michel

Avranches

See

ORNE

St-Briac-s-M.

Cancale

St-Benoît-des-Ondes

Courtils

Ducey

St-Hilaire-du-Harcouët

Domfront

Bagnoles-de-l'O.

St-Malo

St-Père

Beauvoir

St-Jouan-des-Guérets

N 175

les Biards

N 176

Sélune

St-Marcan

Pontorson

Taden

Dinan

Dol-de-Bretagne

A 84

ALENÇON

St-Samson-s-R.

N 176

la Chapelle-aux-Filtzméens

Alenç

Tinténiac

Feins

Fougères

Ambrières-les-Vallées

N 12

Fresnay-s-Sarthe

D 175

Mayenne

Sillé-le-Guillaume

N 12

N 137

A 84

Châtillon-en-Vendelais

MAYENNE

Andouillé

Mézières-s/s-Lavardin

RENNES

Paimpont

N 157

A 81

Évron

Tennie

N 24

Châteaugiron

St-Berthevin

Laval

A 81

ILLE-ET-VILAINE

le Pertre

Loué

Marcillé-Robert

N 171

N 162

Meslay-du-Maine

N 137

Villiers-

ARROMANCHES-LES-BAINS

✉ 14117 – **303** I3 – G. Normandie Cotentin – 552 h.

🏢 *Office de tourisme, 2, rue du Maréchal Joffre* ☎ *02 31 22 36 45, Fax 02 31 22 92 06*

Paris 266 – Bayeux 11 – Caen 34 – St-Lô 46.

⛺ **Municipal** avr.-3 nov.

☎ 02 31 22 36 78, *camping.arromanches@wanadoo.fr*,
Fax 02 31 21 80 22 – **R** conseillée

1,5 ha (105 empl.) plat, peu incliné, terrasses, herbeux

Tarif : 16 € ✶ ⟵⟶ 🅴 🚽 (10A) – pers. suppl. 3,50 €

Location 🏠 : 6 🛏 (4 à 6 pers.) 400 à 450 €/sem.

🚐 1 borne raclet 2 € – 14 🅴

Pour s'y rendre : Au S du bourg

> Nature : ♀
> Loisirs : 🏊‍♂️
> Services : ♿ ⟵ (15 juin-10 sept.)
> 🆖 🚿 🛒 ⊙ 🔲 sèche-linge
> À prox. : ✗ 🎣 🛖 ♨ 🐎 terrain omnisports

BAYEUX

✉ 14400 – **303** H4 – G. Normandie Cotentin – 14 961 h. – alt. 50

🏢 *Office de tourisme, pont Saint-Jean* ☎ *02 31 51 28 28, Fax 02 31 51 28 29*

Paris 265 – Caen 31 – Cherbourg 95 – Flers 69 – St-Lô 36 – Vire 60.

⛺ **Municipal** 28 avr.-sept.

☎ 02 31 92 08 43, *sports@mairie-bayeux.fr*,
Fax 02 31 92 08 43, *www.mairie-bayeux.fr* – **R** conseillée

2,5 ha (140 empl.) plat, herbeux, goudronné

Tarif : (Prix 2007) ✶ 3,17 € ⟵⟶ 🅴 3,90 € – 🚽 (5A) 3,21 €

Pour s'y rendre : N : sur bd périphérique d'Eindhoven

À savoir : Décoration arbustive

> Nature : ♀♀
> Loisirs : 🎦 🏊‍♂️
> Services : ♿ ⟵ 🆖 🚿 🛒 🔲 ⊙ 🔲 sèche-linge
> À prox. : 🏓 ✗ 🏊 (découverte en saison) terrain omnisports

BERNIÈRES-SUR-MER

✉ 14990 – **303** J4 – 1 882 h.

🏢 *Syndicat d'initiative, 159, rue Victor Tesnières* ☎ *02 31 96 44 02, Fax 02 31 96 98 96*

Paris 253 – Caen 20 – Le Havre 114 – Hérouville-Saint-Clair 21 – Bayeux 24.

⛺ **Le Havre de Bernières** avr.-oct.

☎ 02 31 96 67 09, *campingnormandie@aol.com*,
Fax 02 31 97 31 06, *www.camping-normandie.com*
– **R** conseillée

6,5 ha (240 empl.) plat, herbeux

Tarif : 29,10 € ✶ ⟵⟶ 🅴 🚽 (6A) – pers. suppl. 7 € – frais de réservation 23 €

Location : 20 🛏 (4 à 6 pers.) 315 à 685 €/sem.

🚐 1 borne raclet 3,50 € – 4 🅴 10 € – 🚐 13 €

Pour s'y rendre : À l'O de la station par D 154, à 300 m de la plage

> Nature : ♀♀
> Loisirs : 🍴 ✗ snack, pizzeria 🎦 diurne nocturne (juil.-août) 🏊‍♂️ 🏊
> Services : ♿ ⟵ 🚿 🛒 🔲 ⊙ ☎ 🔲 sèche-linge 🚿
> À prox. : 🏓 ✗ 🛖 🚣 (plage) 🐎 bowling

BLANGY-LE-CHÂTEAU

✉ 14130 – **303** N4 – 627 h. – alt. 60

🏢 *Office de tourisme, 159, rue Victor Tesnières* ☎ *02 31 65 48 36*

Paris 197 – Caen 56 – Deauville 22 – Lisieux 16 – Pont-Audemer 26.

⛺ **Le Brévedent** 👥 – 26 mars-28 sept.

☎ 02 31 64 72 88, *contact@campinglebrevedent.com*,
Fax 02 31 64 33 41, *www.campinglebrevedent.com*
– **R** conseillée 🏠

6 ha/3,5 campables (138 empl.) plat, incliné, herbeux, bord d'un étang

Tarif : 25,60 € ✶ ⟵⟶ 🅴 🚽 (10A) – pers. suppl. 6,70 € – frais de réservation 15 €

Location (30 mars-10 nov.) : 8 🛏 (4 à 6 pers.) 225 à 630 €/sem.

🚐 1 borne

Pour s'y rendre : 3 km au SE par D 51, au château, à, Le Brévedent

À savoir : Dans le parc d'un château du 14e s. agrémenté d'un étang

> Nature : 🌳 ≤ ♀♀
> Loisirs : 🍴 snack, pizzeria 🎦 nocturne (soirées à thème) 🏊‍♂️ 🚴 🏊 canoë
> Services : ♿ ⟵ 🆖 🛒 🔲 ⊙ ☎ 🔲 sèche-linge 🚿
> À prox. : ✗ 🐎 golf

COLLEVILLE-SUR-MER

✉ 14710 – **303** G3 – G. Normandie Cotentin – 172 h. – alt. 42
Paris 281 – Bayeux 18 – Caen 48 – Carentan 36 – St-Lô 40.

⚠ **Le Robinson** avr.-sept.
  📞 02 31 22 45 19, *dourthe.le.robinson@wanadoo.fr*,
  Fax 02 31 22 45 19, *www.campinglerobinson.com*
  – **R** conseillée
  1 ha (67 empl.) plat, herbeux
  Tarif : ⋆ 5,60 € ⇌ 2,60 € 回 5,50 € – ⚡ (6A) 4,20 € – frais
  de réservation 15 €
  Location ⚡ : 15 ⌂⌂ (4 à 6 pers.) 330 à 620 €/sem. – 2
  ⌂ (4 à 6 pers.) 430 à 590 €/sem.
  ⛺ 1 borne artisanale
  Pour s'y rendre : 0,8 km au NE par D 514, rte de Port-en-
  Bessin

> Nature : 🏞
> Loisirs : 🍸 🏋 🎣 🏊 ⛴
> Services : 🕭 ⚙ GB 🏧 🗄 🔥 ☺ 🅿
> sèche-linge
> À prox. : 🍴 🎯 golf

COURSEULLES-SUR-MER

✉ 14470 – **303** J4 – G. Normandie Cotentin – 3 886 h.
🛈 *Office de tourisme, 5, rue du 11 novembre* 📞 *02 31 37 46 80, Fax 02 31 37 29 25*
Paris 252 – Arromanches-les-Bains 14 – Bayeux 24 – Cabourg 41 – Caen 20.

⚠⚠ **Municipal le Champ de Course** avr.-sept.
  📞 02 31 37 99 26, *camping.courseulles@wanadoo.fr*,
  Fax 02 31 37 96 37, *www.courseulles-sur-mer.com*
  – **R** conseillée
  7,5 ha (380 empl.) plat, herbeux
  Tarif : (Prix 2007) 17,30 € ⋆ ⇌ 回 ⚡ (9A) – pers.
  suppl. 4 €
  Location : 19 ⌂ (4 à 6 pers.) 244 à 547 €/sem. – chalets
  (sans sanitaires)
  Pour s'y rendre : N : av. de la Libération
  À savoir : Situation près de la plage

> Nature : 🏞
> Loisirs : 🏋 🏋
> Services : 🕭 ⚙ GB 🏧 🗄 🔥 ☺ ⛲
> ⚐ 🅿 sèche-linge
> À prox. : 🍴 🛖 🏊 ⛴ 🎯

509

CREULLY

✉ 14480 – **303** I4 – G. Normandie Cotentin – 1 426 h. – alt. 27
Paris 253 – Bayeux 14 – Caen 20 – Deauville 62.

⚠ **Intercommunal des 3 Rivières** avr.-sept.
  📞 02 31 80 90 17, *mairie@ville-courseulles.fr*,
  Fax 02 31 80 12 00 – **R** indispensable
  2 ha (82 empl.) plat et peu incliné, herbeux
  Tarif : (Prix 2007) 12,95 € ⋆ ⇌ 回 ⚡ (6A) – pers.
  suppl. 3,10 €
  Pour s'y rendre : 0,8 km au NE, rte de Tierceville, bord de
  la Seulles
  À savoir : Plaisant cadre verdoyant

> Nature : 🏊 ⟨ 🏞 ♀
> Loisirs : 🏡 🚲 🍴 🎣
> Services : 🕭 ⚙ GB 🏧 📶 🗄 ☺ 🅿
> À prox. : 🏋 parcours de santé

DIVES-SUR-MER

✉ 14160 – **303** L4 – G. Normandie Vallée de la Seine – 5 812 h. – alt. 3
🛈 *Office de tourisme, rue du Général-de-Gaulle* 📞 *02 31 91 24 66, Fax 02 31 24 42 28*
Paris 219 – Cabourg 2 – Caen 27 – Deauville 22 – Lisieux 34.

⚠ **Le Golf** avr.-sept.
  📞 02 31 24 73 09, *campingdugolf@wanadoo.fr*,
  Fax 02 31 24 73 09, *http://monsite.wanadoo.fr/camping
  dugolf* – places limitées pour le passage – **R** conseillée
  2,8 ha (155 empl.) plat, herbeux
  Tarif : ⋆ 3,90 € ⇌ 3 € 回 3 € – ⚡ (6A) 2,90 €
  Location : 5 ⌂⌂ (4 à 6 pers.) 299 à 499 €/sem.
  Pour s'y rendre : Sortie E, D 45, rte de Lisieux sur 3,5 km

> Nature : 🏞 ♀
> Loisirs : 🍸 🏋 🛖
> Services : 🕭 ⚙ GB 🏧 🗄 ☺ 📞 📱
> 🅿 sèche-linge

ÉTRÉHAM

✉ 14400 – **303** H4 – 233 h. – alt. 30
Paris 276 – Bayeux 11 – Caen 42 – Carentan 40 – St-Lô 38.

⚠ **Reine Mathilde** avr.-sept.
℘ 02 31 21 76 55, *camping.reine-mathilde@wanadoo.fr*,
Fax 02 31 22 18 33, *www.campingreinemathilde.com*
– **R** conseillée
6,5 ha (115 empl.) plat, herbeux
Tarif : ♣ 6,30 € ⟶ 🄴 5,90 € – 🔌 (6A) 4,70 € – frais de
réservation 20 €
Location ⚡ : 6 ⟦🚐⟧ (4 à 6 pers.) 410 à 586 €/sem. – 2
🏠 (4 à 6 pers.) 368 à 515 €/sem. – 6 bungalows toilés
Pour s'y rendre : 1 km à l'O par D 123 et chemin à dr.

| Nature : 🐟 ⊏⊐ ♀♀ |
| Loisirs : 🍴 snack 🎮 ⚽ ⚓ po-neys |
| Services : ♿ ⚡ ⚙ 🗄 ♨ ⊛ 🛰 🔲 |
| ♨ |

FALAISE

✉ 14700 – **303** K6 – G. Normandie Cotentin – 8 434 h. – alt. 132
🛈 *Office de tourisme, boulevard de la Libération* ℘ *02 31 90 17 26, Fax 02 31 90 98 70*
Paris 264 – Argentan 23 – Caen 36 – Flers 37 – Lisieux 45 – St-Lô 107.

⚠ **Municipal du Château** mai-sept.
℘ 02 31 90 16 55, *camping@falaise.fr*, Fax 02 31 90 53 38,
www.otsifalaise.com – **R** conseillée
2 ha (66 empl.) plat et peu incliné, terrasse, herbeux
Tarif : ♣ 3,30 € ⟶ 🄴 4 € – 🔌 (10A) 2,50 €
Pour s'y rendre : À l'O de la ville, au val d'Ante
À savoir : Cadre verdoyant au pied du château

| Nature : ≤ château ♀ |
| Loisirs : 🎮 ⚽ ✂ |
| Services : ♿ ⚡ 🔄 ⚙ 🗄 ⊛ |
| À prox. : ⚓ mur d'escalade |

Utilisez le guide de l'année.

510

GONNEVILLE-EN-AUGE

✉ 14810 – **303** K4 – 351 h. – alt. 16
Paris 223 – Caen 20 – Le Havre 84 – Hérouville-Saint-Clair 16 – Lisieux 52.

⚠ **Le Clos Tranquille** 22 mars-28 sept.
℘ 02 31 24 21 36, *le.clos.tranquille@wanadoo.fr*,
Fax 02 31 24 28 80, *http://www.campingleclostranquille.fr*
– **R** conseillée
1,3 ha (78 empl.) plat, herbeux
Tarif : 20 € ♣ ⟶ 🄴 🔌 (10A) – pers. suppl. 2,20 €
Location (22 mars-déc.) : 4 ⟦🚐⟧ (4 à 6 pers.) 400 à
550 €/sem. – 3 ⊨ – 4 maisonnettes
Pour s'y rendre : 0,8 km au S par D 95A

| Nature : 🐟 ♀ (verger) |
| Loisirs : 🎮 ⚽ |
| Services : ⚡ 🔄 ⚙ 🗄 ♨ ⊛ 🔲 |
| sèche-linge |
| À prox. : ✂ 🐎 golf |

HONFLEUR

✉ 14600 – **303** N3 – G. Normandie Vallée de la Seine – 8 178 h. – alt. 5
Env. Pont de Normandie - Péage en 2007 : 5,00 autos, 5,80 caravanes, autocars 6,30 à 12,50 et gratuit pour
motos
🛈 *Office de tourisme, quai Lepaulmier* ℘ *02 31 89 23 30, Fax 02 31 89 31 82*
Paris 195 – Caen 69 – Le Havre 27 – Lisieux 38 – Rouen 83.

⚠ **La Briquerie** avr.-sept.
℘ 02 31 89 28 32, *info@campinglabriquerie.com*,
Fax 02 31 89 08 52, *www.campinglabriquerie.com* – places
limitées pour le passage – **R** conseillée
11 ha (430 empl.) plat, herbeux
Tarif : 27,80 € ♣ ⟶ 🄴 🔌 (10A) – pers. suppl. 7,40 €
Location (15 mars-5 nov.) ⚡ : 10 🏠 (4 à 6 pers.) 320 à
540 €/sem.
⟦🚐⟧ 1 borne artisanale – 🚐 13 €
Pour s'y rendre : 3,5 km au SO par rte de Pont-l'Évêque et
D 62 à dr., à Equemauville

| Nature : ⊏⊐ ♀ |
| Loisirs : 🍴 ✗ self-service, (juil.-août) 🎮 ⊛ diurne nocturne (soirées à thème) 🎣 ⊜ jacuzzi ⚽ 🔥 ⚓ ⛳ |
| Services : ♿ ⚡ ⚙ 🗄 ♨ ⊛ ⊜ 🛰 |
| ⚓ 🔲 sèche-linge ♨ |
| À prox. : 🐎 ✂ 🎱 🐎 |

HOULGATE

✉ 14510 – **303** L4 – G. Normandie Vallée de la Seine – 1 832 h. – alt. 11
🄸 *Office de tourisme, 10, boulevard des Belges* 𝄞 *02 31 24 34 79, Fax 02 31 24 42 27*
Paris 214 – Caen 29 – Deauville 14 – Lisieux 33 – Pont-l'Évêque 25.

ᴍᴍ **La Vallée** ♣♣ – 29 mars-4 nov.
𝄞 02 31 24 40 69, *campinglavallee@wanadoo.fr*,
Fax 02 31 24 42 42, *www.campinglavallee.com* – **R** conseillée
11 ha (350 empl.) peu incliné et en terrasses, plat, herbeux
Tarif : 30 € ♣ ⇔ 🅴 🄙 (4A) – pers. suppl. 6 € – frais de réservation 16 €
Location ⌖ : 45 ⌷⌷ (4 à 6 pers.) 300 à 690 €/sem.
⌷⌷⌷ 1 borne artisanale 2,50 €
Pour s'y rendre : 1 km au S par D 24ᴬ rte de Lisieux et D 24 à dr., 88 rue de la Vallée
À savoir : Cadre agréable autour d'anciens bâtiments de style normand

> **Nature :** ⪡ ⌂ ⚲
> **Loisirs :** ♟ brasserie 🏠 ☺ diurne nocturne (juil.-août) 🏃 ⛵ 🚲 ✂ ⛵
> **Services :** ♿ ⊶ ☖ ⚒ 🔲 ⊕ ⌂
> ✎ ⚘ 🧺 sèche-linge ⚖ ⌂
> **À prox. :** 🔲 ⚘ poneys, golf

Demandez à votre libraire le catalogue des **publications MICHELIN.**

ISIGNY-SUR-MER

✉ 14230 – **303** F4 – G. Normandie Cotentin – 2 920 h. – alt. 4
🄸 *Office de tourisme, 16, rue Émile Demagny* 𝄞 *02 31 21 46 00, Fax 02 31 22 90 21*
Paris 298 – Bayeux 35 – Caen 64 – Carentan 14 – Cherbourg 63 – St-Lô 29.

ᴍᴍ **Le Fanal** avr.-sept.
𝄞 02 31 21 33 20, *info@camping-lefanal.com*,
Fax 02 31 22 12 00, *www.camping-lefanal.com* – **R** conseillée
11 ha/5,5 campables (164 empl.) plat, herbeux
Tarif : 25 € ♣ ⇔ 🅴 🄙 (16A) – pers. suppl. 5 € – frais de réservation 10 €
Location : 50 ⌷⌷ (4 à 6 pers.) 350 à 735 €/sem. – 10 ⌂ (4 à 6 pers.) 280 à 560 €/sem.
⌷⌷⌷ 1 borne artisanale 5 €
Pour s'y rendre : O : accès par le centre ville, près du terrain de sports
À savoir : Cadre agréable et soigné autour d'un plan d'eau

> **Nature :** ⚲ ⚲
> **Loisirs :** pizzeria, snack 🏠 ⛵ ✂ ⛵
> **Services :** ♿ ⊶ ☖ ⚒ 🔲 ⊕ ⌂
> ✎ 🧺 sèche-linge
> **À prox. :** ⛵ ⚘ pédalos, parcours sportif

Falaises du nez de Jobourg

NORMANDIE Calvados (14)

LISIEUX

14100 – **303** N5 – G. Normandie Vallée de la Seine – 23 166 h. – alt. 51
Office de tourisme, 11, rue d'Alençon ℰ 02 31 48 18 10, Fax 02 31 48 18 11
Paris 169 – Caen 54 – Le Havre 66 – Hérouville-Saint-Clair 53 – Montivilliers 64.

La Vallée Pâques-déb. oct.
ℰ 02 31 62 00 40, *tourisme@cclisieuxpaysdauge.fr*,
Fax 02 31 48 18 11, *www.lisieux-tourisme.com* – ℟
1 ha (100 empl.) plat, herbeux, gravillons
Tarif : (Prix 2007) ⚡ 2,60 € – ⚓ 1,40 € – 🅴 1,95 € –
[✦] (16A) 2 €
Location : 5 ⛺ (4 à 6 pers.) 210 à 340 €/sem.
Pour s'y rendre : Sortie N par D 48, route de Pont-l'Évêque

Nature : ⚘⚘
Services : & ⚷ ⚙ ⓦ
À prox. : ✗ complexe aquatique couvert

LUC-SUR-MER

14530 – **303** J4 – G. Normandie Cotentin – 3 036 h.
Office de tourisme, rue du Docteur Charcot ℰ 02 31 97 33 25, Fax 02 31 96 65 09
Paris 249 – Arromanches-les-Bains 23 – Bayeux 29 – Cabourg 28 – Caen 18.

Municipal la Capricieuse avr.-sept.
ℰ 02 31 97 34 43, *info@campinglacapricieuse.com*,
Fax 02 31 97 43 64, *www.campinglacapricieuse.com*
– ℟ conseillée
4,6 ha (232 empl.) plat, peu incliné, herbeux
Tarif : 20,62 € ⚡ ⚓ 🅴 [✦] (10A) – pers. suppl. 4,76 €
Location (avr.-nov.) ✗ : 18 ⛺ (4 à 6 pers.) 310 à
540 €/sem. – 10 ⛺ (4 à 6 pers.) 290 à 610 €/sem.
⛽ 1 borne artisanale
Pour s'y rendre : À l'O de la localité, allée Brummel, à
200 m de la plage

Nature : ⌐ ⚘
Loisirs : ⚙ ⚓ ✗
Services : & ⚷ GB ⚙ 🛢 🔥 ⊙ ⚘
⚷ 🏠 sèche-linge
À prox. : ♠ 🏊 ⚓

512

MARTRAGNY

14740 – **303** I4 – 325 h. – alt. 70
Paris 257 – Bayeux 11 – Caen 23 – St-Lô 47.

Château de Martragny mai-12 sept.
ℰ 02 31 80 21 40, *chateau.martragny@wanadoo.fr*,
Fax 02 31 08 14 91, *www.chateau-martragny.com*
– ℟ conseillée
13 ha/4 campables (160 empl.) plat, herbeux
Tarif : 27,60 € ⚡ ⚓ 🅴 [✦] (6A) – pers. suppl. 6 € – frais de
réservation 8 €
Location : 4 ⛺
Pour s'y rendre : Sur l'ancienne N 13, par le centre bourg
À savoir : Dans le parc d'une belle demeure du XVIIIe s.

Nature : ⚘⚘
Loisirs : ⚑ brasserie ⚙ ⚓ 🚲
✗ ♠ 🏊 🎣
Services : & ⚷ GB ⚙ 🛢 🔥 ⊙ ⚘
🏠 sèche-linge 🚿 ⚘
À prox. : 🐎

MERVILLE-FRANCEVILLE-PLAGE

14810 – **303** K4 – G. Normandie Vallée de la Seine – 1 521 h. – alt. 2
Office de tourisme, place de la Plage ℰ 02 31 24 23 57, Fax 02 31 24 17 49
Paris 225 – Arromanches-les-Bains 42 – Cabourg 7 – Caen 20.

Municipal le Point du Jour déb. mars-mi-nov.
ℰ 02 31 24 23 34, *camp.lepointdujour@wanadoo.fr*,
Fax 02 31 24 15 54, *www.mairie-mervillefranceville.fr*
– ℟ conseillée
2,7 ha (142 empl.) plat, herbeux, sablonneux
Tarif : (Prix 2007) 22 € ⚡ ⚓ 🅴 [✦] (10A) – pers.
suppl. 5,50 €
Pour s'y rendre : Sortie E par D 514 rte de Cabourg
À savoir : Agréable situation en bordure de plage

Nature : ⌐ ⚘
Loisirs : ⚙ ⚓
Services : & ⚷ GB ⚙ 🛢 🔥 ⊙ ⊙
🏠 sèche-linge
À prox. : ✗ ♠ 🐎 golf

⚐ **Les Peupliers** avr.-oct.
   𝄞 02 31 24 05 07, *asl-mondeville@wanadoo.fr*,
Fax 02 31 24 05 07, *www.aslmondeville.com* – **R** conseillée
2 ha (165 empl.) plat, herbeux
Tarif : ♟ 6,60 € – 🚗 🔲 7,30 € – ⚡ (10A) 5,20 €
Location : 2 🛖 (2 à 4 pers.) 220 à 460 €/sem. – 18 🛖
(4 à 6 pers.) 350 à 660 €/sem. – 10 🏠 (4 à 6 pers.) 360 à
680 €/sem.
🚐 1 borne artisanale – 🛁
Pour s'y rendre : 2,5 km à l'E par rte de Cabourg et à dr., à
l'entrée de le Hôme

Loisirs : snack 🎮 ⚙ diurne nocturne (juil.-août) 🛝 🏊
Services : ♿ ⛽ 🅶🅱 🚿 🏪 🛒 🔌 ♨
🛁 🔲 sèche-linge
À prox. : 🍴 ♞ golf

MOYAUX

✉ 14590 – **303** O4 – 1 235 h. – alt. 160
Paris 173 – Caen 64 – Deauville 31 – Lisieux 13 – Pont-Audemer 24.

⚐ **Le Colombier**
   𝄞 02 31 63 63 08, *mail@camping-lecolombier.com*,
Fax 02 31 63 15 97, *www.camping-lecolombier.com*
– **R** conseillée
15 ha/6 campables (180 empl.) plat, herbeux
🚐 1 borne artisanale
Pour s'y rendre : 3 km au NE par D 143, rte de Lieurey
À savoir : Piscine dans le jardin à la française du château

Nature : 🌳 ⚘(verger)
Loisirs : 🍴 🍴 crêperie 🎮 ⚙ diurne nocturne (à thème, juil.-août) bibliothèque 🛝 🚲 🏹 🏊
Services : ♿ ⛽ 🔲 🔌 ♨ 🛒 🔲 sèche-linge 🚿 🛁

ORBEC

✉ 14290 – **303** O5 – G. Normandie Vallée de la Seine – 2 564 h. – alt. 110
🅸 Office de tourisme, 6, rue Grande 𝄞 02 31 32 56 68, Fax 02 31 32 04 37
Paris 173 – L'Aigle 38 – Alençon 80 – Argentan 53 – Bernay 18 – Caen 85 – Lisieux 21.

⚐ **Les Capucins** 25 mai-9 sept.
   𝄞 02 31 32 76 22, *sivom.14290@wanadoo.fr*,
Fax 02 31 63 16 12
0,9 ha (35 empl.) plat, herbeux
Tarif : 9 € ♟ 🚗 🔲 ⚡ (10A) – pers. suppl. 2,10 €
Pour s'y rendre : 1,5 km au NE par D 4 rte de Bernay et
chemin à gauche, au stade
À savoir : Cadre verdoyant très soigné

Nature : ⚘
Loisirs : 🎮
Services : ⛽ 🚿 🔲 🔌 ♨ 🛒
À prox. : 🍴 🎣 ♞

513

PONT-FARCY

✉ 14380 – **303** F6 – 512 h. – alt. 72
Paris 296 – Caen 63 – St-Lô 30 – Villedieu-les-Poêles 22 – Villers-Bocage 36 – Vire 19.

⚐ **Municipal** avr.-sept.
   𝄞 02 31 68 32 06, *pontfarcy@free.fr*, Fax 02 31 68 32 06
1,5 ha (60 empl.) plat, herbeux
Tarif : ♟ 2,15 € 🚗 🔲 2,50 € – ⚡ 1,85 €
Pour s'y rendre : Sortie N par D 21, rte de Tessy-sur-Vire
À savoir : Au bord de la Vire

Loisirs : 🎮 🛝 🏹 🎣
Services : ♿ ⛽ 🚿 🔲 🔌
À prox. : 🚲 canoë, pédalos

PORT-EN-BESSIN

✉ 14520 – **303** H3 – G. Normandie Cotentin – 2 139 h. – alt. 10
🅸 Office de tourisme, quai Baron Gérard 𝄞 02 31 22 45 80
Paris 277 – Caen 43 – Hérouville-Saint-Clair 45 – Saint-Lô 47 – Bayeux 10.

⚐ **Port'Land** 🏊 – 29 mars-5 nov.
   𝄞 02 31 51 07 06, *campingportland@wanadoo.fr*,
Fax 02 31 51 76 49, *www.camping-portland.com*
– **R** conseillée
8,5 ha (256 empl.) plat, herbeux
Tarif : 37 € ♟ 🚗 🔲 ⚡ (15A) – pers. suppl. 7,30 €
Location : 78 🛖 (4 à 6 pers.) 350 à 980 €/sem.
🚐 1 borne 5 €
Pour s'y rendre : 1,2 km à l'O par D 514, route de Ste-
Honorine et chemin à dr. au phare - à 600 m de la plage
À savoir : Jolie décoration florale et arbustive autour des
différents étangs

Nature : 🌳 🏞
Loisirs : 🍴 🍴 🎮 ⚙ 🎿 🛝 🏊
(découverte en saison) 🎣 terrain omnisports, parcours de santé
Services : ♿ ⛽ 🅶🅱 🚿 Ⓜ 🔌 ♨
🚿 🛒 🛁 🔲 sèche-linge 🚿 🛁
À prox. : 🍴 ⛵ golf

ST-ARNOULT

✉ 14800 – **303** M3 – 903 h. – alt. 4
Paris 198 – Caen 43 – Le Havre 41 – Rouen 90 – Sotteville 87.

△△△ **La Vallée de Deauville** 🏊⚲ – avr.-oct.
    ℘ 02 31 88 58 17, *campinglavalleededeauville@wanadoo.fr*,
Fax 02 31 88 11 57, *www.campingdeauville.com* – places limitées pour le passage – **R** indispensable
10 ha (440 empl.) plat, herbeux, joli plan d'eau
Tarif : 34,40 € ⚹ ⟵ 🚗 ⟶ 🔲 🔌 (10A) – pers. suppl. 9,20 € –
frais de réservation 23 €
Location 🏠 : 50 🚐 (4 à 6 pers.) 325 à 750 €/sem.
🚐, 1 borne 8 €
Pour s'y rendre : 1 km au S par D 27, rte de Varaville et
D 275, rte de Beaumont-en-Auge à gauche, bord d'un ruisseau

Nature : 🏞 ⚲
Loisirs : 🍸 snack 🍴 📺 🏓 🎠 🛝
🏊 🎣 terrain omnisports
Services : 🛁 ⚡ GB 🚿 ▥ 🗑 🛒 🔥
🔳 🚻 🛋 sèche-linge 🧺 🚿
À prox. : 🛒 🍴 🏧 🎣 🔲 🚣 ⛳ golf

ST-AUBIN-SUR-MER

✉ 14750 – **303** J4 – G. Normandie Cotentin – 1 810 h.
🆔 *Office de tourisme, digue Favreau* ℘ 02 31 97 30 41, Fax 02 31 96 18 92
Paris 252 – Arromanches-les-Bains 19 – Bayeux 29 – Cabourg 32 – Caen 20.

△△△ **Yellow! Village La Côte de Nacre** 🏊⚲ – 21 mars-14
sept.
    ℘ 02 31 97 14 45, *camping-cote-de-nacre@wanadoo.fr*,
Fax 02 31 97 22 11, *www.camping-cote-de-nacre.com* –
places limitées pour le passage – **R** indispensable
8 ha (440 empl.) plat, herbeux
Tarif : 42,80 € ⚹ ⟵ 🚗 ⟶ 🔲 🔌 (10A) – pers. suppl. 8,40 €
Location : 150 🚐 (4 à 6 pers.) 210 à 1 225 €/sem.
🚐, 1 borne artisanale
Pour s'y rendre : Au S du bourg par D 7b
À savoir : Parc aquatique en partie couvrable

Loisirs : 🍸 snack 🍴 📺 diurne nocturne (soirées à thèmes) 🏓 🎠
🚴 🔲 🏊 terrain omnisports
Services : 🛁 ⚡ GB 🚿 ▥ 🗑 🛒 🔥
🚻 🔳 🛋 sèche-linge 🧺 🚿
À prox. : 🍴

514

SURRAIN

✉ 14710 – **303** G4 – 139 h. – alt. 40
Paris 278 – Cherbourg 83 – Rennes 187 – Rouen 167.

△△ **La Roseraie** avr.-sept.
    ℘ 02 31 21 17 71, *camping.laroseraie@neuf.fr*,
Fax 02 31 21 17 71, *www.camping-laroseraie.com*
– **R** conseillée
3 ha (66 empl.) plat, peu incliné, incliné, herbeux
Tarif : 21,90 € ⚹ ⟵ 🚗 ⟶ 🔲 🔌 (6A) – pers. suppl. 5,90 € – frais
de réservation 15 €
Location : 2 🚐 (4 à 6 pers.) 370 à 547 €/sem. – 11 🏠
(4 à 6 pers.) 409 à 584 €/sem.
Pour s'y rendre : Sortie S par D 208 rte de Mandeville-en-
Bessin

Nature : 🏞 ⚲
Loisirs : 🍴 🏓 🎾 🎣 🔲 🏊
Services : 🛁 ⚡ GB 🚿 🔳 🛋 🚿
🔳 sèche-linge
À prox. : 🐎 (centre équestre)

THURY-HARCOURT

✉ 14220 – **303** J6 – G. Normandie Cotentin – 1 825 h. – alt. 45 – Base de loisirs
🆔 *Office de tourisme, 2, place Saint-Sauveur* ℘ 02 31 79 70 45, Fax 02 31 79 15 42
Paris 257 – Caen 28 – Condé-sur-Noireau 20 – Falaise 27 – Flers 32 – St-Lô 68 – Vire 41.

△ **Le Traspy** avr.-sept.
    ℘ 02 31 79 61 80, Fax 02 31 79 61 80, *campingtraspy.com*
– **R** conseillée
1,5 ha (92 empl.) plat et terrasse, herbeux
Tarif : (Prix 2007) 17,70 € ⚹ ⟵ 🚗 ⟶ 🔲 🔌 (6A) – pers.
suppl. 4,60 € – frais de réservation 12,20 €
Location (permanent) : 7 🚐 (4 à 6 pers.) 480 à
530 €/sem. – 2 🏠 (4 à 6 pers.) 420 à 480 €/sem.
🚐, 1 borne 2 € – 4 🔲 8 € – 🚐 12 €
Pour s'y rendre : À l'E du bourg par bd du 30-Juin-1944 et
chemin à gauche
À savoir : Au bord du Traspy et près d'un plan d'eau

Nature : 🏞 ⚲
Loisirs : 🍴 🌊 🏓 spa
Services : 🛁 ⚡ 🚿 🔳 🔳 🛋 🚿 🔳
sèche-linge 🚿
À prox. : 🚴 🍴 🔲 🏊 parapente,
canoë

TRÉVIÈRES

✉ 14710 – **303** G4 – 905 h. – alt. 14

🛈 *Office de tourisme, place du Marché* ℘ *02 31 22 04 60*
Paris 283 – Bayeux 19 – Caen 49 – Carentan 31 – St-Lô 32.

⚠ **Municipal Sous les Pommiers** Pâques-sept.
℘ 02 31 92 89 24 – **R** conseillée
1,2 ha (73 empl.) plat, herbeux
Tarif : ★ 3 € ⟵ 1,50 € 🔲 2,50 € – (½) 3 €
Pour s'y rendre : Sortie N par D 30, rte de Formigny, près
d'un ruisseau
À savoir : Emplacements sous les pommiers

> Nature : ⊑ ⚲
> Loisirs : 🛝
> Services : & ⚷ 🗄 ♨ ⊕ 🗑
> À prox. : 🎣 🐴 poneys

Le VEY

✉ 14570 – **303** J6 – 71 h. – alt. 50
Paris 269 – Caen 47 – Hérouville-Saint-Clair 46 – Flers 23 – Argentan 52.

⚠ **Les Rochers des Parcs** avr.-15 oct.
℘ 02 31 69 70 36, *campingclecy@ocampings.com,*
www.ocampings.com/campingclecy – **R** conseillée
1,5 ha (100 empl.) peu incliné, plat, herbeux
Tarif : 14,75 € ★ ⟵ 🔲 (½) (6A) – pers. suppl. 3,30 € – frais
de réservation 5 €
Location (15 mars-1er nov.) : 7 🛖 (4 à 6 pers.) 321 à
485 €/sem. – chalets (sans sanitaires)
🚐 1 borne artisanale 2,50 € – 4 🔲 8 € – 🌙 8 €
Pour s'y rendre : Le bourg

> Nature : ⚲ ⚠
> Loisirs : snack 🍴 🛝 🚲 🎣 ca-
> noë kayak
> Services : & ⚷ GB 🗄 🗄 ⚲ ⊕ 🐾
> 🗑 sèche-linge
> À prox. : ✂ 🐴 parapente, esca-
> lade, golf

VILLERS-SUR-MER

✉ 14640 – **303** L4 – G. Normandie Vallée de la Seine – 2 318 h. – alt. 10
🛈 *Office de tourisme, place Jean Mermoz* ℘ *02 31 87 01 18, Fax 02 31 87 46 20*
Paris 208 – Caen 35 – Deauville 8 – Le Havre 52 – Lisieux 31.

⚠ **Bellevue** avr.-oct.
℘ 02 31 87 05 21, *camping-bellevue@wanadoo.fr,*
Fax 02 31 87 09 67, *www.camping-bellevue.com* – places li-
mitées pour le passage – **R** conseillée
5,5 ha (257 empl.) plat et en terrasses, incliné, herbeux
Tarif : 23,40 € ★ ⟵ 🔲 (½) (6A) – pers. suppl. 6,20 € – frais
de réservation 16 €
Location : 20 🛖 (4 à 6 pers.) 315 à 595 €/sem.
Pour s'y rendre : 2 km au SO par D 513, rte de Cabourg
À savoir : Situation dominante sur la baie de Deauville

> Nature : ⇐ ⊑
> Loisirs : ♟ pizzeria 🍴 ⊙ nocturne
> (juil.-août) 🛝 🏊
> Services : & ⚷ GB 🗄 🗄 ♨ ⊕ 🗑
> 🍴 🐾 🗑 sèche-linge
> À prox. : 🚴 🚲 ✂ 🎯 ⛳ 🐴 golf

515

Eure (27)

Le BEC-HELLOUIN

✉ 27800 – **304** E6 – G. Normandie Vallée de la Seine – 406 h. – alt. 101
Paris 153 – Bernay 22 – Évreux 46 – Lisieux 46 – Pont-Audemer 23 – Rouen 41.

⚠ **Municipal St-Nicolas** avr.-sept.
℘ 02 32 44 83 55, Fax 02 32 44 83 55
3 ha (90 empl.) plat, herbeux
Tarif : 8,45 € ★ ⟵ 🔲 (½) (10A) – pers. suppl. 3,20 €
🚐 1 borne artisanale 2,35 €
Pour s'y rendre : 2 km à l'E par D 39 et D 581, rte de
Malleville-sur-le-Bec et chemin à gauche
À savoir : Cadre fleuri et soigné

> Nature : 🏞 ⚲
> Loisirs : bibliothèque 🛝 ✂
> Services : & ⚷ 🗄 🗄 ⊕ 🗑 sè-
> che-linge
> À prox. : 🐴 (centre équestre)

BERNAY

✉ 27300 – **304** D7 – G. Normandie Vallée de la Seine – 11 024 h. – alt. 105

🛈 *Syndicat d'initiative, 29, rue Thiers* 📞 *02 32 43 32 08, Fax 02 32 45 82 68*

Paris 155 – Argentan 69 – Évreux 49 – Le Havre 72 – Louviers 52 – Rouen 60.

Municipal mai-sept.

📞 02 32 43 30 47, *camping@bernay27.fr*,

Fax 02 32 43 30 47, *www.ville-bernay27.fr* – **R** conseillée

1 ha (50 empl.) plat, herbeux

Tarif : (Prix 2007) 🏕 2,95 € – 🚗 3,05 € – 🔲 4,80 € –

⚡ (10A) 3,40 €

Pour s'y rendre : 2 km au SO par D 438 rte d'Alençon et r.

à gauche, accès conseillé par la déviation et ZI Malouve

À savoir : Partie campable verdoyante et soignée

Nature : 🛏 ♀
Loisirs : 🏕 🛥
Services : ♿ ⛽ ⚡ 🚿 🍴 🛒 🔥 🗑
sèche-linge
À prox. : ✂ 🏊 🚣

BOURG-ACHARD

✉ 27310 – **304** E5 – G. Normandie Vallée de la Seine – 2 517 h. – alt. 124

Paris 141 – Bernay 39 – Évreux 62 – Le Havre 62 – Rouen 30.

Le Clos Normand avr.-sept.

📞 02 32 56 34 84, Fax 02 32 56 34 84 – **R** conseillée

1,4 ha (85 empl.) plat et peu incliné, herbeux, bois attenant

(0,5 ha)

Tarif : 17 € 🏕 🚗 🔲 ⚡ (6A) – pers. suppl. 4,30 €

Pour s'y rendre : Sortie O, rte de Pont-Audemer

À savoir : Cadre verdoyant et fleuri

Nature : 🛏 ♀
Loisirs : 🍴 🚣
Services : ♿ GB ⚡ 🚿 🍴 🔥 🗑
🔥

LES GUIDES VERTS **MICHELIN**
Paysages, monuments
Routes touristiques
Géographie
Histoire, Art
Itinéraire de visite
Plans de villes et de monuments

FIQUEFLEUR-ÉQUAINVILLE

✉ 27210 – **304** B5 – 563 h. – alt. 17

Paris 189 – Deauville 24 – Honfleur 7 – Lisieux 40 – Rouen 78.

Domaine Catinière 5 avr.-22 sept.

📞 02 32 57 63 51, *info@camping-catiniere.com*,

Fax 02 32 42 12 57, *www.camping-catiniere.com* – **R** indis-

pensable

3,8 ha (130 empl.) plat, herbeux

Tarif : 26,50 € 🏕 🚗 🔲 ⚡ (13A) – pers. suppl. 6 €

Location 🏠 : 16 🏚 (4 à 6 pers.) 310 à 680 €/sem.

Pour s'y rendre : 1 km au S de Fiquefleur par D 22, entre

deux ruisseaux

Nature : 🛏 ♀
Loisirs : 🍴 🏠 🛥 🚣
Services : ♿ ⛽ GB ⚡ 🍴 🛒 🔥 🗑
🌊 🔥 sèche-linge

Le GROS-THEIL

✉ 27370 – **304** F6 – 827 h. – alt. 145

Paris 136 – Bernay 30 – Elbeuf 16 – Évreux 34 – Pont-Audemer 31.

Salverte Permanent

📞 02 32 35 51 34, *davidsarah@wanadoo.fr*,

Fax 02 32 35 92 79, *www.camping-salverte.com* – places li-

mitées pour le passage – **R** conseillée

17 ha/10 campables (300 empl.) plat, herbeux

Tarif : 17 € 🏕 🚗 🔲 ⚡ (6A) – pers. suppl. 6 €

Pour s'y rendre : 3 km au SO par D 26, rte de Brionne et

chemin à gauche

À savoir : Agréable cadre boisé

Nature : 🌿 🛏 ♀♀
Loisirs : 🍴 snack 🏠 🎱 🎣 🛶 salle
d'animation, bibliothèque 🛥 🎯
🏹 🎿 🚣
Services : ⛽ GB 🚰 🍴 🔥 🗑 🗑
sèche-linge 🔥

LOUVIERS

✉ 27400 – **304** H6 – G. Normandie Vallée de la Seine – 18 328 h. – alt. 15
🚩 *Syndicat d'initiative, 10, rue du Maréchal Foch* ☎ *02 32 40 04 41, Fax 02 32 61 28 85*
Paris 104 – Les Andelys 22 – Bernay 52 – Lisieux 75 – Mantes 51 – Rouen 33.

⚑ **Le Bel Air** mars-oct.
☎ 02 32 40 10 77, *campinglebelair@aol.com*,
Fax 02 32 40 10 77, *www.camping-lebelair.fr* – places limitées pour le passage – **R** conseillée
2,5 ha (92 empl.) plat, herbeux
Tarif : 🛉 4,60 € – 🚗 ▣ 5,85 € – 🔌 (6A) 4 €
Location 🏠 : 6 🛏 (4 à 6 pers.) 340 à 520 €/sem.
Pour s'y rendre : 3 km à l'O par D 81, rte de la Haye-Malherbe
À savoir : Cadre arbustif et ombragé

Nature : 🌲 🗺
Loisirs : 🛋 ⚽ 🏊
Services : ⚡ 🅶🅱 ♿ 🏧 🔋 ⊛ 🛢
sèche-linge
À prox. : patinoire 🍴 🎣

LYONS-LA-FORÊT

✉ 27480 – **304** I5 – G. Normandie Vallée de la Seine – 795 h. – alt. 88
🚩 *Office de tourisme, 20, rue de l'Hôtel de Ville* ☎ *02 32 49 31 65, Fax 02 32 48 10 60*
Paris 104 – Les Andelys 21 – Forges-les-Eaux 30 – Gisors 30 – Gournay-en-Bray 25 – Rouen 33.

⚑ **Municipal St-Paul** avr.-oct.
☎ 02 32 49 42 02, *camping-saint-paul@wanadoo.fr*,
www.camping-saint-paul.fr – places limitées pour le passage – **R** conseillée
3 ha (100 empl.) plat, herbeux
Tarif : 18 € 🛉 🚗 ▣ 🔌 (6A) – pers. suppl. 5 €
Location : 8 🏠 (4 à 6 pers.) 250 à 400 €/sem.
Pour s'y rendre : Au NE du bourg, par D 321, au stade, bord de la Lieure

Nature : 🌲 🗺
Loisirs : 🛋 ⚽
Services : ♿ ⚡ ♿ 🏧 🔋 ⊛ 🛢 🚰 🔧 🛢
🛢
À prox. : 🍴 🎯 🏊 🐎 (centre équestre)

517

PONT-AUDEMER

✉ 27500 – **304** D5 – G. Normandie vallée de la Seine – 8 981 h. – alt. 15
🚩 *Office de tourisme, place Maubert* ☎ *02 32 41 08 21, Fax 02 32 57 11 12*
Paris 165 – Rouen 58 – Évreux 91 – Le Havre 44 – Sotteville-lès-Rouen 53.

⚑ **Municipal Risle-Seine - Les Étangs** 15 mars-15 nov.
☎ 02 32 42 46 65, *camping@ville-pont-audemer.fr*,
Fax 02 32 42 46 65, *www.ville-pont-audemer.fr* – **R** conseillée
2 ha (61 empl.) plat, herbeux
Location (permanent) : 10 🏠 (4 à 6 pers.) 270 à 500 €/sem.
🚐 1 borne artisanale – 🚐
Pour s'y rendre : 2,6 km au NO, près de la base nautique

Nature : ⬕ 🗺 🌲
Loisirs : 🛋 ⚽ 🚴 🏊 (bassin)
Services : ♿ ⚡ 🅶🅱 ♿ 🔋 ⊛ 🚰 🔧
🚐 🔧 🛢
À prox. : 🎣 ⚓

PONT-AUTHOU

✉ 27290 – **304** E6 – 675 h. – alt. 49
Paris 152 – Bernay 22 – Elbeuf 26 – Évreux 45 – Pont-Audemer 21.

⚑ **Municipal les Marronniers** Permanent
☎ 02 32 42 75 06, *lesmarronniers27@orange.fr*,
Fax 02 32 56 34 51 – places limitées pour le passage – **R** conseillée
2,5 ha (64 empl.) plat, herbeux
Tarif : (Prix 2007) 11,60 € 🛉 🚗 ▣ 🔌 (10A) – pers. suppl. 2,40 €
Pour s'y rendre : Au S du bourg, par D 130 rte de Brionne, bord d'un ruisseau

Loisirs : 🎣
Services : ♿ ⚡ ♿ 🏧 🔋 ⊛

POSES

✉ 27740 – **304** H6 – 1 107 h. – alt. 9 – Base de loisirs
Paris 114 – Les Andelys 26 – Évreux 36 – Louviers 14 – Pont-de-l'Arche 8 – Rouen 26.

⚠ **Les Étangs des 2 Amants** 30 avr.-oct.
    & 02 32 59 11 86, *lery.poses@wanadoo.fr*,
    Fax 02 32 59 11 86 – places limitées pour le passage
    – **R** conseillée
    4 ha (164 empl.) plat, herbeux
    Tarif : 12,70 € ✝ 🚐 🅴 (10A) – pers. suppl. 3,50 €
    Pour s'y rendre : 1,5 km au SE par rte de St-Pierre-du-
    Vauvray, à la base de plein air et de loisirs, à 250 m d'un plan
    d'eau
    À savoir : Au bord de la Seine

Nature : 🌳🌳
Loisirs : 🏬
Services : ⚷ 🅶🅱 ♻ ⊕ 🛁 ☒ 🏪
À prox. : 🍴 ✕ snack ✕ 🔲 🖈 ⛲ canoë, pédalos, golf

ST-GEORGES-DU-VIÈVRE

✉ 27450 – **304** D6 – 640 h. – alt. 138
🅱 *Office de tourisme, place de la Mairie &* 02 32 56 34 29, *Fax* 02 32 57 52 90
Paris 161 – Bernay 21 – Évreux 54 – Lisieux 36 – Pont-Audemer 15 – Rouen 49.

⚠ **Municipal du Vièvre** avr.-sept.
    & 02 32 42 76 79, *info@saintgeorgesduvievre.org*,
    Fax 02 32 42 80 42, *http://www.camping-normand.com*
    – **R** conseillée
    1,1 ha (50 empl.) plat, herbeux
    Tarif : 10,30 € ✝ 🚐 🅴 (5A) – pers. suppl. 2,30 €
    Pour s'y rendre : Sortie SO par D 38, rte de Noards

Nature : 🌿 🏞
Loisirs : 🚲
Services : ♿ ♻ 🖫 ⊕ 🛁 ☒
À prox. : ✕ 🏊

Manche (50)

AGON-COUTAINVILLE

✉ 50230 – **303** C5 – 2 723 h. – alt. 36
🅱 *Office de tourisme, place du 28 Juillet &* 02 33 76 67 30, *Fax* 02 33 76 67 31
Paris 348 – Barneville-Carteret 48 – Carentan 43 – Cherbourg 80 – Coutances 13 – St-Lô 41.

⚠ **Municipal le Marais** juil.-août
    & 02 33 47 05 20, *martinetmarais@wanadoo.fr*,
    Fax 02 33 47 31 95, *http://perso.wanadoo.fr/cam
    pings.martinetmarais* – **R** conseillée
    2 ha (148 empl.) plat, herbeux
    Tarif : 14,70 € ✝ 🚐 🅴 (5A) – pers. suppl. 3,50 €
    🚐 1 borne artisanale 4,50 €
    Pour s'y rendre : Sortie NE, près de l'hippodrome

Loisirs : 🏊
Services : ♿ ⚷ 🅶🅱 ♻ 🖫 ⊕ 📠
À prox. : 🐎 ✕ 🖈 golf, école de voile

⚠ **Municipal le Martinet** avr.-15 oct.
    & 02 33 47 05 20, *martinetmarais@wanadoo.fr*,
    Fax 02 33 47 31 95, *http://perso.wanadoo.fr/cam
    pings.martinetmarais* – **R** conseillée
    1,5 ha (122 empl.) plat, herbeux
    Tarif : 14,10 € ✝ 🚐 🅴 (5A) – pers. suppl. 3,40 €
    🚐 1 borne artisanale 4,50 €
    Pour s'y rendre : Sortie NE, près de l'hippodrome

Nature : 🌾
Loisirs : 🏊
Services : ♿ ⚷ 🅶🅱 ♻ ⊕ 📠 sèche-linge
À prox. : 🐎 ✕ 🖈 🐴 golf, école de voile

ANNOVILLE

✉ 50660 – **303** C6 – 547 h. – alt. 28
Paris 348 – Barneville-Carteret 57 – Carentan 48 – Coutances 14 – Granville 20 – St-Lô 42.

⚠ **Municipal les Peupliers** 15 mai-15 sept.
    & 02 33 47 67 73, *mairie.annoville@wanadoo.fr*,
    Fax 02 33 47 11 77 – 🛉
    2 ha (100 empl.) plat, sablonneux, herbeux
    Tarif : ✝ 2,50 € 🚐 🅴 3 € – (13A) 2,80 €
    Pour s'y rendre : 3 km au SO par D 20 et chemin à dr., à
    500 m de la plage

Nature : 🌿
Loisirs : 🏊 🚲 🖈
Services : ⚷ ♻ 🖫 ⊕ 📠 ♨

✉ 50270 – **303** B3 – G. Normandie Cotentin – 2 429 h. – alt. 47

🅸 *Office de tourisme, 10, rue des Ecoles* 𝄢 *02 33 04 90 58, Fax 02 33 04 93 24*

Paris 356 – Caen 123 – Carentan 43 – Cherbourg 39 – Coutances 47 – St-Lô 62.

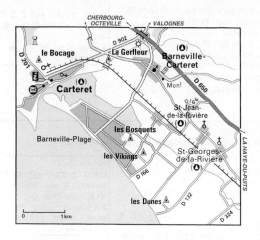

⚠ Les Bosquets avr.-15 sept.

𝄢 02 33 04 73 62, *lesbosquets@orange.fr*,
Fax 02 33 04 35 82, *www.camping-lesbosquets.com*
– **R** conseillée
10 ha/6 campables (331 empl.) plat et accidenté,
sablonneux, herbeux
Tarif : 20,80 € ✴ 🚗 🔲 🔌 (10A) – pers. suppl. 5,70 €
Location : 20 🛏 (4 à 6 pers.) 250 à 500 €/sem.
Pour s'y rendre : 2,5 km au SO par rte de Barneville-Plage
et rue à gauche, à 450 m de la plage
À savoir : Dans les dunes boisées de pins, environnement
sauvage

Nature : 🌿 ⌂ ♀
Loisirs : 🍴 🛋 ♿ diurne nocturne
(juil.-août) ⚽ 🏊
Services : ⚡ GB 🏧 🔋 🅰 🅿 sèche-
linge
À prox. : 🎯 🚣 🐎 golf, char à voile

⚠ La Gerfleur Pâques-oct.

𝄢 02 33 04 38 41, *alabouriau@aol.com*, Fax 02 33 04 38 41,
www.camping-la-gerfleur.com – **R** conseillée
2,3 ha (94 empl.) plat, peu incliné, herbeux
Tarif : (Prix 2007) 21,24 € ✴ 🚗 🔲 🔌 (6A) – pers.
suppl. 5,20 €
Location 🏊 : 8 🛏 (4 à 6 pers.) 290 à 520 €/sem.
Pour s'y rendre : 0,8 km à l'O par D 903E rte de Carteret
À savoir : En bordure d'un petit étang

Nature : ⌂ ♀
Loisirs : 🍴 🛋 ⚽ 🏊 🎣
Services : ♿ ⚡ GB 🏧 🔋 🅰 🅿
À prox. : 🚣 🎯 🎱 🏊 🐎 (centre
équestre) golf

✉ 50270 – **303** B3 – 166 h. – alt. 30

Paris 361 – Barneville-Carteret 9 – Cherbourg 33 – Valognes 28 – Laval 202.

⚠ Bel Sito 15 avr.-15 sept.

𝄢 02 33 04 32 74, *camping@bel-sito.com*,
Fax 02 33 04 32 74, *www.bel-sito.com* – **R**
6 ha/4 campables (85 empl.) incliné à peu incliné, plat,
sablonneux, herbeux, dunes
Tarif : 26,50 € ✴ 🚗 🔲 🔌 (6A) – pers. suppl. 6,50 €
Location (15 avr.-15 oct.) : 8 🛏 (4 à 6 pers.) 330 à
800 €/sem.
Pour s'y rendre : au N du bourg
À savoir : Site sauvage dans les dunes

Nature : 🌿 ≤
Loisirs : 🛋 ⚽
Services : ♿ ⚡ (juil.-août) 🏧 🔋 🏖
🅰 🐚 🅿 sèche-linge

519

BEAUVOIR

✉ 50170 – **303** C8 – G. Normandie Cotentin – 427 h.
Paris 358 – Caen 125 – St-Brieuc 112 – Rennes 63 – St-Malo 56.

Aux Pommiers 20 mars-12 nov.
℘ 02 33 60 11 36, *pommiers@aol.com*, Fax 02 33 60 11 36, *www.camping-auxpommiers.com* – **R** conseillée
1,75 ha (107 empl.) plat, herbeux
Tarif : (Prix 2007) ☆ 4,50 € ⏚ ▣ 5,20 € – 🔌 (6A) 3 €
Location : 6 🛏 (4 à 6 pers.) 225 à 575 €/sem. – 5 🏠 (4 à 6 pers.) 245 à 550 €/sem. – 5 bungalows toilés
Pour s'y rendre : Au bourg, par D 976
À savoir : Location à la nuitée hors sais.

| Nature : 𝒬 |
| Loisirs : 🍸 snack 🏊 🏓 🎣 ♨ |
| Services : ⚡ GB 🐾 🖫 ⊕ 🖲 sèche-linge |
| À prox. : 🚲 🎾 🎣 🐴 (centre équestre) |

BIARDS

✉ 50540 – **303** E8 – alt. 495 – Base de loisirs
Paris 358 – Alençon 108 – Avranches 22 – Caen 126 – Fougères 32 – Laval 74 – St-Lô 79.

La Mazure mai-15 sept.
℘ 02 33 89 19 50, *contact@lamazure.com*,
Fax 02 33 89 19 55, *www.lamazure.com* – **R**
3,5 ha/0,4 campable (28 empl.) plat, terrasse, herbeux
Tarif : ☆ 3,50 € ⏚ ▣ 4,50 € – 🔌 3 €
Location (permanent) : 16 🏠 (4 à 6 pers.) 260 à 460 €/sem. – gîte d'étape, tipis
Pour s'y rendre : 2,3 km au SO par D 85E, à la base de loisirs, en bordure du lac de Vezins

| Nature : 𝒮 ⊏ |
| Loisirs : 🍸 🛖 ⛳ 🏊 🚲 ⛵ 🏓 |
| Services : ♿ ⚡ 🐾 🖫 ⊕ 🖲 ♨ 🚿 📞 ℡ 🖲 sèche-linge 🧺 |
| à la bases de loisirs : 🏹 🐴 canoë kayak, aviron, pédalos, bateaux électriques |

BRÉCEY

✉ 50370 – **303** F7 – 2 113 h. – alt. 75
🚩 *Syndicat d'initiative, place de l'Hôtel de Ville* ℘ 02 33 89 21 13
Paris 328 – Avranches 17 – Granville 42 – St-Hilaire-du-Harcouët 20 – St-Lô 49 – Villedieu-les-Poêles 16 – Vire 29.

520

Municipal le Pont Roulland juin-sept.
℘ 02 33 48 60 60, *mairie@brecey.com*, Fax 02 33 89 21 09, *www.tourisme-brecey.com* – **R**
1 ha (50 empl.) plat et peu incliné, herbeux
Tarif : (Prix 2007) ☆ 2,35 € ▣ 2,20 € – 🔌 2 €
Pour s'y rendre : 1,1 km à l'E par D 911 rte de Cuves
À savoir : Cadre champêtre près d'un plan d'eau

| Nature : 𝒮 𝒬 |
| Loisirs : 🛖 🏊 🎣 🏹 |
| Services : ⚡ 🐾 🖫 ⊕ 🖲 |
| À prox. : 🎾 |

Ile de Jersey - La pointe de Noirmon

D. Mar/Michelin

BRÉHAL

✉ 50290 – **303** C6 – 2 599 h. – alt. 69

🛈 *Office de tourisme, Rue des écoles* ✆ *02 33 90 07 95, Fax 02 33 50 51 98*
Paris 345 – Caen 113 – Saint-Lô 48 – Saint-Malo 101 – Vire 76.

La Vanlée mai-sept.
✆ 02 33 61 63 80, *camping.vanlee@wanadoo.fr*,
Fax 02 33 61 87 18, *www.camping-vanlee.com* – **R** conseillée
11 ha (480 empl.) plat, vallonné, sablonneux, herbeux
Tarif : (Prix 2007) 16,65 € ✶ ⇔ 🅴 🕃 (6A) – pers. suppl. 4,15 €
🚐 1 borne artisanale 5 €
Pour s'y rendre : 5,6 km à l'O par D 592, rte de St-Martin-de-Bréhal, plage des Salines
À savoir : Cadre agréable dans un site sauvage en bordure de mer

Nature : 🏖 ⛰
Loisirs : 🍸 brasserie, pizzeria 🏠 🎣 🏓 terrain omnisports
Services : 🚿 ⚡ 🅶🅱 🚙 🛢 🔥 ⚁ 🗑 sèche-linge 🍴 🚰
À prox. : golf

Les indications d'accès à un terrain sont généralement indiquées, dans notre guide, à partir du centre de la localité.

BRÉVILLE-SUR-MER

✉ 50290 – **303** K4 – 611 h. – alt. 70
Paris 341 – Caen 108 – Fougères 74.

La Route Blanche avr.-oct.
✆ 02 33 50 23 31, *larouteblanche@camping-breville.com*,
Fax 02 33 50 26 47, *www.camping-breville.com* – **R** indispensable
4,5 ha (273 empl.) plat, herbeux, sablonneux
Location 🚫 : 17 🛖 (4 à 6 pers.) 320 à 650 €/sem.
Pour s'y rendre : 1 km au NO par rte de la plage, près du golf

Loisirs : 🎣 ⛵ 🏓 🏊 terrain omnisports
Services : ⚡ 🅶🅱 🚙 🛢 🗑 🍴 📞 🗑 sèche-linge
À prox. : 🎯 🎣 🐎 parcours sportif, golf

521

CARENTAN

✉ 50500 – **303** E4 – G. Normandie Cotentin – 6 340 h. – alt. 18
🛈 *Office de tourisme, boulevard de Verdun* ✆ *02 33 71 23 50, Fax 02 33 42 74 01*
Paris 308 – Avranches 89 – Caen 74 – Cherbourg 52 – Coutances 36 – St-Lô 29.

Le Haut Dick fév.-oct.
✆ 02 33 42 16 89, *lehautdick@aol.com, www.camping-municipal.com* – **R** conseillée
2,5 ha (120 empl.) plat, herbeux, vallonné, sablonneux
Tarif : 13,60 € ✶ ⇔ 🅴 🕃 (6A) – pers. suppl. 2,60 €
Location (mi-avr.-mi-sept.) : 7 🛖 (4 à 6 pers.) 280 à 370 €/sem.
🚐 1 borne artisanale 3 €
Pour s'y rendre : Au bord du canal, près de la piscine
À savoir : Agréable cadre verdoyant

Nature : 🏖 🏕 🌳
Loisirs : 🏓 ⛵ 🏊
Services : 🚿 ⚡ 🚙 🗑 ⚁
À prox. : 🎯 🎿 🏊 🛶 canoë

CARTERET

✉ 50270 – **303** B3 – G. Normandie Cotentin
🛈 *Office de tourisme, place des Flandres-Dunkerque* ✆ *02 33 04 94 54*
Paris 357 – Caen 124 – Cherbourg 38 – Équeurdreville 43.

Schéma à Barneville-Carteret

Le Bocage Pâques-sept.
✆ 02 33 53 86 91, Fax 02 33 04 35 98 – **R** conseillée
4 ha (200 empl.) plat, herbeux
Tarif : ✶ 6 € 🅴 8,80 € – 🕃 (2A) 2,30 €
Pour s'y rendre : Par rue face à la mairie

Nature : 🏕 🌳
Loisirs : 🏓 ⛵
Services : ⚡ (mai-sept.) 🅶🅱 🚙 🗑 ⚁ 🛢 sèche-linge
À prox. : 🎯 🎿 🎣 parapente, char à voile

COURTILS

✉ 50220 – **303** D8 – 257 h. – alt. 35
Paris 349 – Avranches 13 – Fougères 43 – Pontorson 15 – St-Hilaire-du-Harcouët 26 – St-Lô 70.

St-Michel 15 mars-15 oct.
   ℘ 02 33 70 96 90, *infos@campingsaintmichel.com*,
Fax 02 33 70 99 09, *www.campingsaintmichel.com* – **R** indispensable
2,5 ha (100 empl.) plat et peu incliné, herbeux
Tarif : 21 € ⁂ ⟺ ▣ (6A) – pers. suppl. 6 €
Location : 25 ▦ (4 à 6 pers.) 266 à 525 €/sem.
▦ 1 borne artisanale 4,50 €
Pour s'y rendre : Sortie O par D 43, rte du Mont-St-Michel

> Nature : ▭ ♀
> Loisirs : ✗ ▦ ▦ ⚙ ⌁ parc animalier
> Services : ⅙ ⊶ ⌸ ⅗ ▥ ▤ ⌂ ⊛ ⌕ ⌖ sèche-linge ⌫
> À prox. : ✗ ⌖

DENNEVILLE

✉ 50580 – **303** C4 – 478 h. – alt. 5
🛈 *Syndicat d'initiative, 1, rue Jersey* ℘ 02 33 07 58 58
Paris 347 – Barneville-Carteret 12 – Carentan 34 – St-Lô 53.

L'Espérance avr.-sept.
   ℘ 02 33 07 12 71, *camping.esperance@wanadoo.fr*,
Fax 02 33 07 58 32, *www.camping-esperance.fr* – places limitées pour le passage – **R** conseillée
3 ha (134 empl.) plat, herbeux, sablonneux
Tarif : 24,70 € ⁂ ⟺ ▣ (6A) – pers. suppl. 5,40 €
Location : 10 ▦ (4 à 6 pers.) 300 à 620 €/sem.
Pour s'y rendre : 3,5 km à l'O par D 137, à 500 m de la plage
À savoir : Décoration arbustive

> Nature : ⌕ ♀
> Loisirs : ⍭ ▦ ♨ ⌁
> Services : ⊶ ⌸ ⅗ ▥ ⊛ ⌕ ⌖ ▤ sèche-linge
> À prox. : ✗

DONVILLE-LES-BAINS

✉ 50350 – **303** C6 – 3 351 h. – alt. 40
🛈 *Office de tourisme, 95 ter, route de Coutances* ℘ 02 33 50 12 91, Fax 02 33 91 28 55
Paris 341 – Caen 107 – Fougères 72.

L'Ermitage 15 avr.-15 oct.
   ℘ 02 33 50 09 01, *camping-ermitage@wanadoo.fr*,
Fax 02 33 50 88 19, *www.camping-ermitage.com*
– **R** conseillée
5,5 ha (350 empl.) plat et peu incliné, herbeux, sablonneux
Tarif : (Prix 2007) ⁂ 4,10 € ⟺ 1,60 € ▣ 6,60 € (10A)
Pour s'y rendre : 1 km au N par r. du Champ de Courses
À savoir : Près d'une belle plage de sable fin

> Loisirs : ▦ ⊙ diurne ⌁
> Services : ⅙ ⊶ ⌸ ⅗ ▥ ⌂ ⊛ ⌫
> ⥽ ⌕ ⌖ ▤ sèche-linge
> À prox. : ⌱ ⍭ ✗ snack ⌗ ✗ ▦ (découverte en saison) ⌒ ⌖ bowling, golf

DUCEY

✉ 50220 – **303** E8 – G. Normandie Cotentin – 2 174 h. – alt. 15
🛈 *Office de tourisme, 4, rue du Génie* ℘ 02 33 60 21 53, Fax 02 33 60 54 07
Paris 348 – Avranches 11 – Fougères 41 – Rennes 80 – St-Hilaire-du-Harcouët 16 – St-Lô 68.

Municipal la Sélune avr.-sept.
   ℘ 02 33 48 46 49, *ducey.tourisme@wanadoo.fr*,
Fax 02 33 48 87 59 – ⛔
0,42 ha (40 empl.) plat, herbeux
Tarif : ⁂ 2,66 € ⟺ ▣ 2,01 € – (6A) 1,70 €
▦ 1 borne eurorelais 2 € – ⛽ 8 €
Pour s'y rendre : Sortie O par D 976 et D 178, rte de St-Aubin-de-Terregatte à gauche, au stade
À savoir : Emplacements bien délimités par des haies de thuyats

> Nature : ▭
> Services : ⅙ ⅗ ▥ ⊛
> À prox. : ✗ ▦ ⌁

GENÊTS

✉ 50530 – **303** D7 – G. Normandie Cotentin – 439 h. – alt. 2
Paris 345 – Avranches 11 – Granville 24 – Le Mont-St-Michel 33 – St-Lô 66 – Villedieu-les-Poêles 33.

Les Coques d'Or avr.-sept.
📞 02 33 70 82 57, *contact@campinglescoquesdor.com*,
Fax 02 33 70 86 83, *www.campinglescoquesdor.com* – **R** indispensable
4,7 ha (225 empl.) plat, herbeux
Tarif : 19,40 € 🛉 ⟵ 🔲 🔋 (10A) – pers. suppl. 5,60 € – frais de réservation 9,30 €
Location (15 avr.-15 sept.) : 7 🏚 (4 à 6 pers.) 330 à 530 €/sem.
🚐 1 borne artisanale 3 € – 🚐 12 €
Pour s'y rendre : 0,7 km au NO par D 35E1 rte du Bec d'Andaine

Nature : 🐚 ⟋ 🤵
Loisirs : 🍽 ⚄ 🏊
Services : 🚿 🛒 GB 🔧 🔲 ⚙ ⊛ 🗑 sèche-linge
À prox. : 🔥 sentiers pédestre, VTT et équestre

Si vous désirez réserver un emplacement pour vos vacances,
faites-vous préciser au préalable les conditions particulières de séjour,
les modalités de réservation, les tarifs en vigueur et les conditions de paiement.

GRANVILLE

✉ 50400 – **303** C6 – G. Normandie Cotentin – 12 687 h. – alt. 10
🛈 *Office de tourisme, 4, cours Jonville* 📞 *02 33 91 30 03, Fax 02 33 91 30 19*
Paris 342 – Avranches 27 – Caen 109 – Cherbourg 105 – Coutances 29 – St-Lô 57 – St-Malo 93 – Vire 56.

Lez-Eaux 30 mars-sept.
📞 02 33 51 66 09, *bonjour@lez-eaux.com*,
Fax 02 33 51 92 02, *www.lez-eaux.com* – **R** conseillée
12 ha/8 campables (229 empl.) plat et peu incliné, herbeux
Tarif : 43 € 🛉 ⟵ 🔲 🔋 (10A) – pers. suppl. 8 €
Location : 31 🏚 (4 à 6 pers.) 350 à 826 €/sem. – 9 🏡 (4 à 6 pers.) 525 à 1 015 €/sem.
🚐 1 borne artisanale 3 €
Pour s'y rendre : 7 km au SE par D 973, rte d'Avranches
À savoir : Dans le parc du château, bel ensemble aquatique

Nature : 🐚 🤵
Loisirs : 🍽 🎬 ⚅ diurne nocturne (juil.-août) ⚄ 🎣 🏊 🎾 🚲
Services : 🚿 🛒 GB 🔧 🔲 ⚙ ⊛ 🗑 🗜 🍴 🛁 sèche-linge 💈 🌳
À prox. : 🔥 🏊 🚣 🐎

523

La Vague juin-sept.
📞 02 33 50 29 97 – **R** conseillée
2 ha (145 empl.) plat, herbeux, sablonneux
Tarif : (Prix 2007) 🛉 6,90 € ⟵ 🔲 7,50 € – 🔋 (4A) 4,30 €
🚐 1 borne artisanale
Pour s'y rendre : 2,5 km au SE par D 911, rte de St-Pair et D 572 à gauche, plage St-Nicolas
À savoir : Cadre verdoyant, plaisant et soigné

Nature : ⟋ 🤵
Loisirs : 🎬 🔥
Services : 🚿 🛒 🔧 🔲 ⊛ 🗑
À prox. : 🏊 (découverte en saison) 🚣 🐎

JULLOUVILLE

✉ 50610 – **303** C7 – G. Normandie Cotentin – 1 506 h. – alt. 60
🛈 *Office de tourisme, place de la Gare* 📞 *02 33 61 82 48, Fax 02 33 61 52 99*
Paris 346 – Avranches 24 – Granville 9 – St-Lô 63 – St-Malo 90.

La Chaussée 5 avr.-14 sept.
📞 02 33 61 80 18, *jmb@camping-lachaussee.com*,
Fax 02 33 61 45 26, *www.camping-lachaussee.com* – **R** conseillée
6 ha/4,7 campables (265 empl.) plat, peu incliné, sablonneux, herbeux
Tarif : (Prix 2007) 30 € 🛉 ⟵ 🔲 🔋 (16A) – pers. suppl. 5,40 €
Location : 12 🏚 (4 à 6 pers.) 355 à 685 €/sem.
🚐 1 borne artisanale 5 €
Pour s'y rendre : Sortie N, rte de Granville, à 150 m de la plage
À savoir : Cadre plaisant agrémenté d'une petite pinède

Nature : 🤵
Loisirs : 🎬 ⚄ 🛴 🏊
Services : 🛒 GB 🔧 🔲 ⊛ 🗑 🍴
À prox. : ✂ 🔥 🐎

JULLOUVILLE

MAUPERTUS-SUR-MER

✉ 50330 – **303** D2 – 270 h. – alt. 119
Paris 359 – Barfleur 21 – Cherbourg 13 – St-Lô 80 – Valognes 22.

▲▲ **L'Anse du Brick** ▲▲ – avr.-sept.
    ☎ 02 33 54 33 57, *welcome@anse-du-brick.com*,
Fax 02 33 54 49 66, *www.anse-du-brick.com* – **R** conseillée
17 ha/7 campables (180 empl.) accidenté et en terrasses,
pierreux, herbeux, bois attenant
Tarif : 35 € ✹ ⇌ 🔲 ⒤ (10A) – pers. suppl. 7,20 €
Location (permanent) : 35 🚐 (4 à 6 pers.) 336 à
770 €/sem. – 4 🏠 (4 à 6 pers.) 385 à 840 €/sem. – 2
villas
🚐 1 borne artisanale 6,50 € – 🚐 18.50 €
Pour s'y rendre : NO : sur D 116, à 200 m de la plage, accès
direct par passerelle
À savoir : Agréable cadre verdoyant et ombragé dans un
site sauvage

Nature : 🏖 ⇚ ⊏⊐ ୨୨
Loisirs : 🍴 pizzeria 🎱 ⑂ diurne
nocturne (juil.-août) 🏃 🛝 🚴
🏐 🏊 ♨
Services : ♿ ⊶ 🅶🅱 ⚡ 🗄 🛎 🚿 🍴
📶 🖥 sèche-linge 🧺
À prox. : ✕ 🏞 🔲 centre nautique,
kayak de mer

Le MONT-ST-MICHEL

✉ 50170 – **303** C8 – G. Normandie Cotentin - Bretagne – 46 h. – alt. 10
🚹 *Office de tourisme, boulevard de l'Avancée* ☎ 02 33 60 14 30, Fax 02 33 60 06 75
Paris 359 – Alençon 135 – Avranches 23 – Fougères 45 – Rennes 68 – St-Lô 80 – St-Malo 55.

▲▲ **Le Mont-St-Michel** 15 fév.-10 nov.
    ☎ 02 33 60 22 10, *contact@camping-montsaintmi*
chel.com, Fax 02 33 60 20 02, *www.le-mont-saint-mi*
chel.com
4 ha (80 empl.) plat, herbeux
Tarif : 17,20 € ✹ ⇌ 🔲 ⒤ (5A) – pers. suppl. 4,10 €
Location : 🛏 – (hôtel)
🚐 1 borne artisanale 2,70 € – 100 🔲 8 €
Pour s'y rendre : 2,4 km au SE, intersection de la D 976, rte
du Mont-St-Michel et D 275, rte de Ducey
À savoir : Cadre verdoyant et ombragé

Nature : ⊏⊐ ୨୨
Loisirs : 🍴 ✕ snack 🎱 🚴 🎯
Services : ♿ ⊶ 🅶🅱 ⚡ 🗄 🛎 🚿 🍴
🖥 sèche-linge 🧺
À prox. : ✕ 🏞 🐎 (centre éques-
tre)

OMONVILLE-LA-ROGUE

✉ 50440 – **303** A1 – 520 h. – alt. 25
Paris 377 – Caen 144 – Saint-Lô 99 – Cherbourg 24 – Équeurdreville-Hainneville 21.

△ **Municipal du Hable** avr.-sept.
    ℘ 02 33 52 86 15, *campingomonvillelarogue@wanadoo.fr*,
Fax 02 33 52 86 15 – **R** conseillée
1 ha (60 empl.) plat, gravillons, herbeux
Tarif : ⚬ 2,40 € – 🚗 1,75 € – 🔲 1,75 € – 🔌 (10A) 4,70 €
Location : 10 gîtes
🚐 1 borne 3,10 € – 🚐 8 €
Pour s'y rendre : Au bourg, accès au port par chemin
piétonnier

Nature : 🐾
Services : GB 🐕 🛒 ⊕ 🖼 sèche-linge
À prox. : 🛖 ✗ 🚣

Les PIEUX

✉ 50340 – **303** B2 – 3 477 h. – alt. 104
🅱 *Office de tourisme, 6, rue Centrale* ℘ 02 33 52 81 60
Paris 366 – Barneville-Carteret 18 – Cherbourg 22 – St-Lô 48 – Valognes 30.

▲▲ **Le Grand Large** 12 avr.-21 sept.
    ℘ 02 33 52 40 75, *le-grand-large@wanadoo.fr*,
Fax 02 33 52 58 20, *www.legrandlarge.com* – **R** conseillée
3,7 ha (236 empl.) plat et peu incliné, sablonneux, herbeux
Tarif : 34 € ⚬ 🚗 🔲 🔌 (10A) – pers. suppl. 6 €
Location : 40 🛖 (4 à 6 pers.) 300 à 830 €/sem.
🚐 1 borne artisanale 8 €
Pour s'y rendre : 3 km au SO par D 117 et D 517 à dr. puis
1 km par chemin à gauche
À savoir : Agréable situation dans les dunes au bord de la
plage de Sciotot

Nature : 🐾 ← 🏕 ⛰
Loisirs : 🍽 snack 🍴 🇻 diurne (juil.-août) 🎮 ✗ 🚣
Services : 🔥 🔌 GB 🐕 🛒 🖼 sèche-linge

PONTORSON

✉ 50170 – **303** C8 – G. Normandie Cotentin – 4 107 h. – alt. 15
🅱 *Office de tourisme, place de l'Hôtel de Ville* ℘ 02 33 60 20 65, Fax 02 33 60 85 67
Paris 359 – Avranches 23 – Dinan 50 – Fougères 39 – Rennes 59 – St-Malo 47.

▲▲▲ **Haliotis** ♟ – 22 mars-6 nov.
    ℘ 02 33 68 11 59, *info@camping-haliotis-mont-saint-mi
chel.com*, Fax 02 33 58 95 36, *www.camping-haliotis-mont-
saint-michel.com* – **R** conseillée
6 ha/3,5 campables (152 empl.) plat, herbeux
Tarif : 22,40 € ⚬ 🚗 🔲 🔌 (16A) – pers. suppl. 6 €
Location : 29 🛖 (4 à 6 pers.) 280 à 610 €/sem. – 4 🏠
(4 à 6 pers.) 280 à 610 €/sem.
🚐 1 borne artisanale
Pour s'y rendre : NO : par D 19, rte de Dol-de-Bretagne,
près du Couesnon

Nature : ← 🏕
Loisirs : 🍽 🍴 🇻 diurne (juil.-août) 🎯 🛁 jacuzzi 🎮 🚴 🏓 ✗ 🚣 parcours de santé, mini-ferme
Services : 🔥 🔌 GB 🐕 🍳 🛒 🖼 ⊕ 🚿 🖼 sèche-linge
À prox. : 🛖 🖼 🎣 🐎 (centre équestre)

RAVENOVILLE

✉ 50480 – **303** E3 – 252 h. – alt. 6
Paris 328 – Barfleur 27 – Carentan 21 – Cherbourg 40 – St-Lô 49 – Valognes 19.

▲▲▲ **Le Cormoran** ♟ – avr.-28 sept.
    ℘ 02 33 41 33 94, *lecormoran@wanadoo.fr*,
Fax 02 33 95 16 08, *www.lecormoran.com* – places limitées
pour le passage – **R** conseillée
6,5 ha (256 empl.) plat, herbeux, sablonneux
Tarif : 32 € ⚬ 🚗 🔲 🔌 (6A) – pers. suppl. 7,50 € – frais de
réservation 10 €
Location 🐾 🅿 : 34 🛖 (4 à 6 pers.) 300 à 680 €/sem.
– 6 🏠 (4 à 6 pers.) 400 à 830 €/sem.
🚐 2 bornes artisanales 4 € – 10 🔲 15 € – 🚐 15 €
Pour s'y rendre : 3,5 km au NE par D 421, rte d'Utah Beach,
près de la plage
À savoir : Belle décoration florale et arbustive

Nature : 🏕
Loisirs : 🍽 snack, pizzeria 🍴 🇻 diurne nocturne (juil.-août) 🎮 🚴 🏓 ✗ 🚣 terrain omnisports, tir à la carabine
Services : 🔥 🔌 GB 🐕 🛒 🖼 🚿 ⊕ 🚿 🖼 sèche-linge 🛖 🏖
À prox. : 🐎

Le ROZEL

✉ 50340 – **303** B3 – 261 h. – alt. 21
Paris 369 – Caen 135 – Cherbourg 26 – Rennes 197.

 Le Ranch avr.-oct.
    ℘ 02 33 10 07 10, *contact@camping-leranch.com*,
Fax 02 33 10 07 11, *www.camping-leranch.com* – **R** conseil-
lée
4 ha (130 empl.) plat, terrasse, vallonné, sablonneux,
herbeux
Tarif : 30 € ⚑ ⛺ 🔲 🅷 (10A) – pers. suppl. 6,20 €
Location : 13 ⛺ (4 à 6 pers.) 330 à 670 €/sem.
Pour s'y rendre : 2 km au SO par D 117 et D 62 à dr.
À savoir : en bordure de plage

> Nature : 🌳 ≜
> Loisirs : 🍴 snack 🏛 🏊 🛝
> Services : 🚿 ⊶ (juil.-août) 🆒 ⚲
> 🔲 🛁 ⊕ 🧺 🐾 🚰 sèche-linge
> À prox. : ✕ 🛝 🐎, char à voile

ST-GERMAIN-SUR-AY

✉ 50430 – **303** C4 – 797 h. – alt. 5
🛈 Syndicat d'initiative, route de la Mer ℘ 02 33 07 02 75
Paris 345 – Barneville-Carteret 26 – Carentan 35 – Coutances 27 – St-Lô 42.

 Aux Grands Espaces mai-15 sept.
    ℘ 02 33 07 10 14, *auxgrandsespaces@orange.fr*,
Fax 02 33 07 22 59, *www.auxgrandsespaces.com* – places li-
mitées pour le passage – **R** conseillée
13 ha (580 empl.) plat et accidenté, sablonneux, herbeux
Tarif : ⚑ 5,30 € ⛺ 🔲 6,70 € – 🅷 (4A) 4,40 €
Location 🚿 : 20 ⛺ (4 à 6 pers.) 275 à 560 €/sem. – 8
bungalows toilés
Pour s'y rendre : 4 km à l'O par D 306, à St-Germain-Plage

> Nature : 🌳 ⊏ 🌲
> Loisirs : 🍴 snack 🏛 🏊 ✗ 🛝 🛝
> Services : ⊶ (juil.-août) 🆒 ⚲ 🔲
> ⊕ 🧺 sèche-linge 🚰
> À prox. : 🐎 sentier pédestre, char à
> voile

*The classification (1 to 5 tents, **black** or red) that we award to
selected sites in this Guide is a system that is our own.
It should not be confused with the classification (1 to 4 stars) of official organisations.*

526

ST-HILAIRE-DU-HARCOUËT

✉ 50600 – **303** F8 – G. Normandie Cotentin – 4 368 h. – alt. 70
🛈 Office de tourisme, place du Bassin ℘ 02 33 79 38 88, Fax 02 33 79 38 89
Paris 339 – Alençon 100 – Avranches 27 – Caen 102 – Fougères 29 – Laval 66 – St-Lô 69.

 Municipal de la Sélune avr.-15 sept.
    ℘ 02 33 49 43 74, *info@st-hilaire.fr*, Fax 02 33 79 38 71,
www.st-hilaire.fr
1,9 ha (90 empl.) plat, herbeux
Tarif : ⚑ 2,35 € ⛺ 1 € 🔲 1,65 € – 🅷 1,95 €
Pour s'y rendre : 0,7 km au NO par D 976 rte d'Avranches
et à dr., près de la rivière

> Loisirs : 🏛 🏊
> Services : 🚿 ⊶ ⚲ 🔲 🛁 ⊕ 🧺
> À prox. : ✕ ✗ 🗺 🔲 🛝 🚰

ST-JEAN-DE-LA-RIVIÈRE

✉ 50270 – **303** B3 – 279 h. – alt. 20
Paris 351 – Caen 119 – Cherbourg 40 – Équeurdreville 45.
                                 Schéma à Barneville-Carteret

 Les Vikings fin mars-mi-oct.
    ℘ 02 33 53 84 13, *campingviking@aol.com*,
Fax 02 33 53 08 19, *www.camping-lesvikings.com*
– **R** conseillée
6 ha (250 empl.) plat, herbeux, sablonneux
Tarif : ⚑ 6,20 € ⛺ 🔲 7,20 € – 🅷 (4A) 3,65 €
Location (permanent) 🚿 : 29 ⛺ (4 à 6 pers.) 290 à
710 €/sem.
Pour s'y rendre : Par D 166 et chemin à dr.
À savoir : Entrée agrémentée de fleurs et petits palmiers

> Nature : 🌳 ⊏
> Loisirs : 🍴 ✕ 🏛 🎦 salle d'anima-
> tion 🏊 🛝
> Services : ⊶ 🆒 ⚲ 🔲 🛁 ⊕ 🧺 🚰
> 🐾
> À prox. : ✗ 🐾 golf, char à voile

ST-PAIR-SUR-MER

☒ 50380 – **303** C7 – G. Normandie Cotentin – 3 616 h. – alt. 30
🛈 *Office de tourisme, 3, rue Charles Mathurin ℰ 02 33 50 52 77*
Paris 342 – Avranches 24 – Granville 4 – Villedieu-les-Poêles 29.

Schéma à Jullouville

⚠ **Angomesnil** 20 juin-10 sept.
ℰ 02 33 51 64 33 – **R** conseillée ❄
1,2 ha (45 empl.) plat, herbeux
Tarif : 15,55 € ♦ 🚗 🔲 (3A) – pers. suppl. 3,90 € – frais
de réservation 15 €
🚐 1 borne artisanale
Pour s'y rendre : 4,9 km au SE par D 21 rte de St-Michel-
des-Loups et D 154 à gauche, rte de St-Aubin-des-Préaux

Nature : 🌿 ♀
Loisirs : 🛖 🏃
Services : 🚿 ⚡ 🔲 🎣 ② 🚱
À prox. : ❄ 🎿 🔲 (découverte en saison) 🐾 parcours sportif, piste de roller

ST-SAUVEUR-LE-VICOMTE

☒ 50390 – **303** C3 – G. Normandie Cotentin – 2 204 h. – alt. 30
🛈 *Office de tourisme, le Vieux Château ℰ 02 33 21 50 44*
Paris 336 – Barneville-Carteret 20 – Cherbourg 37 – St-Lô 56 – Valognes 16.

⚠ **Municipal du Vieux Château**
ℰ 02 33 41 72 04, *ot.ssv@wanadoo.fr*, Fax 02 33 95 88 85,
www.saintsauveurlevicomte.fr.st – **R** conseillée
1 ha (57 empl.) plat, herbeux
Pour s'y rendre : Au bourg, bord de la Douve
À savoir : Au pied du château médiéval

Loisirs : 🛖
Services : 🚿 ⚡ 🔲 ② 🚱 sèche-linge
À prox. : 🏃 ❄ canoë

ST-SYMPHORIEN-LE-VALOIS

☒ 50250 – **303** C4 – 713 h. – alt. 35
Paris 335 – Barneville-Carteret 19 – Carentan 25 – Cherbourg 47 – Coutances 30 – St-Lô 45.

⛰ **L'Étang des Haizes** avr.-sept.
ℰ 02 33 46 01 16, *info@campingetangdeshaizes.com*,
Fax 02 33 47 23 80, *www.campingetangdeshaizes.com*
– **R** conseillée
3,5 ha (98 empl.) plat, et peu incliné, herbeux
Tarif : 36 € ♦ 🚗 🔲 (10A) – pers. suppl. 6,50 €
Location ❄ : 20 🏠 (4 à 6 pers.) 312 à 799 €/sem.
🚐 1 borne artisanale 8 € – 3 🔲 8 € – 🐾 14 €
Pour s'y rendre : Sortie N par D 900 rte de Valognes et
D 136 à gauche vers le bourg
À savoir : Agréable cadre verdoyant autour d'un bel étang

Nature : 🏞
Loisirs : 🍽 snack 🛖 🏃 🚲 🛶 🏊 🏓
Services : 🚿 ⚡ 🇬🇧 🐾 🔲 ② 🐚 🚱 sèche-linge

ST-VAAST-LA-HOUGUE

☒ 50550 – **303** E2 – G. Normandie Cotentin – 2 097 h. – alt. 4
🛈 *Office de tourisme, 1, place Général de Gaulle ℰ 02 33 23 19 32, Fax 02 33 54 41 37*
Paris 347 – Carentan 41 – Cherbourg 31 – St-Lô 68 – Valognes 19.

⛰ **La Gallouette** avr.-sept.
ℰ 02 33 54 20 57, *contact@camping-lagallouette.fr*,
Fax 02 33 54 16 71, *www.lagallouette.com* – **R** conseillée
2,3 ha (170 empl.) plat, herbeux
Tarif : 26,50 € ♦ 🚗 🔲 (10A) – pers. suppl. 5,80 €
Location : 16 🏠 (4 à 6 pers.) 275 à 720 €/sem. – 5 🏠
(4 à 6 pers.) 325 à 750 €/sem.
🚐 1 borne raclet 2 € – 20 🔲 7 € – 🐾 15 €
Pour s'y rendre : Au S du bourg, à 500 m de la plage

Nature : 🏞
Loisirs : 🍽 🛖 ⑦ 🏃 🔲 terrain omnisports
Services : 🚿 ⚡ 🇬🇧 🐾 🔲 🏊 ② 🐚 🚱 sèche-linge
À prox. : ❄ 🐾 parcours de santé

Benutzen Sie
– zur Wahl der Fahrtroute
– zur Berechnung der Entfernungen
– zur exakten Lokalisierung eines Campingplatzes (mit Hilfe der Angaben im Ortstext)
die für diesen Führer unentbehrlichen MICHELIN-Karten .

STE-MARIE-DU-MONT

⊠ 50480 – **303** E3 – G. Normandie Cotentin – 804 h. – alt. 31
Paris 318 – Barfleur 38 – Carentan 11 – Cherbourg 47 – St-Lô 39 – Valognes 26.

Utah-Beach avr.-sept.
℘ 02 33 71 53 69, *utah.beach@wanadoo.fr*,
Fax 02 33 71 07 11, *www.camping-utahbeach.com* – places
limitées pour le passage – **R** conseillée
4,2 ha (110 empl.) plat et peu incliné, herbeux
Tarif : 24,30 € ⚓ ⚓ 🔲 🔲 (6A) – pers. suppl. 5,20 €
Location : 15 🔲 (4 à 6 pers.) 340 à 780 €/sem.
🔲 1 borne artisanale 6 € – 🔲 14 €
Pour s'y rendre : 6 km au NE par D 913 et D 421, à 150 m
de la plage

Nature : 🔲 🔲
Loisirs : 🔲 snack 🔲 salle d'animation 🔲 🔲 🔲 🔲 🔲 terrain omnisports
Services : 🔲 GB 🔲 🔲 🔲 🔲 🔲 🔲
sèche-linge 🔲 🔲
À prox. : char à voile, VTT

STE-MÈRE-ÉGLISE

⊠ 50480 – **303** E3 – G. Normandie Cotentin – 1 585 h. – alt. 28
🔲 *Office de tourisme, 6, rue Eisenhower* ℘ *02 33 21 00 33, Fax 02 33 21 53 91*
Paris 321 – Bayeux 57 – Cherbourg 39 – St-Lô 42.

Municipal 15 mars-sept.
℘ 02 33 41 35 22, Fax 02 33 41 79 15
1,3 ha (70 empl.) plat, herbeux
Tarif : ⚓ 2,50 € 🔲 4 € – 🔲 3 €
🔲 1 borne artisanale 2 €
Pour s'y rendre : Sortie E par D 17 et à dr., près du terrain
de sports

Nature : 🔲
Loisirs : 🔲 salle omnisports 🔲
🔲 🔲 🔲
Services : 🔲 🔲 🔲 🔲 🔲 sèche-
linge

SIOUVILLE-HAGUE

⊠ 50340 – **303** A2 – 995 h. – alt. 76
Paris 372 – Barneville-Carteret 156 – Cherbourg 21 – Valognes 35.

Municipal Clairefontaine Permanent
℘ 02 33 52 42 73, *mairiesiouvillehague@wanadoo.fr*,
Fax 02 33 87 60 04, *www.ville-siouville-hague.fr* – **R**
3,6 ha (100 empl.) plat, peu incliné, herbeux, sablonneux
Tarif : 10,17 € ⚓ ⚓ 🔲 🔲 (10A) – pers. suppl. 2,18 €
Pour s'y rendre : Sortie NE par D 64[E 3], à proximité de la
mer

Nature : 🔲 🔲
Services : 🔲 🔲 🔲 🔲 🔲 🔲

Saint-Cénéri-le-Gérei

SURTAINVILLE

✉ 50270 – **303** B3 – 1 072 h. – alt. 12
Paris 367 – Barneville-Carteret 12 – Cherbourg 29 – St-Lô 42 – Valognes 31.

⚠ **Municipal les Mielles** Permanent
  ✆ 02 33 04 31 04, *camping.lesmielles@wanadoo.fr*,
  Fax 02 33 04 31 04 – **R** conseillée
  1,6 ha (129 empl.) plat, herbeux, sablonneux, gravillons
  Tarif : ★ 2,80 € ⇌ 🅴 2,80 € – 🔌 (4A) 2,48 €
  Location : 7 gîtes
  Pour s'y rendre : 1,5 km à l'O par D 66 et rte de la mer, à
  80 m de la plage, accès direct

Nature : 🏖
Loisirs : 🍴 🏊
Services : ⚙ ⊶ 🛒 ▥ 🖭 ☺ ♨ ⟟
🖭 sèche-linge
À prox. : ✕ char à voile

TOURLAVILLE

✉ 50110 – **303** C2 – 17 551 h. – alt. 27
Paris 359 – Carentan 52 – Carteret 43 – Cherbourg 5 – Valognes 22.

⚠ **Le Collignon** 30 avr.-5 oct.
  ✆ 02 33 20 16 88, *camping-collignon@wanadoo.fr*,
  Fax 02 33 44 81 71 – **R** conseillée
  10 ha/2 campables (82 empl.) plat, herbeux, sablonneux
  Tarif : 19,05 € ★ 👥 🅴 🔌 (10A) – pers. suppl. 4,50 €
  🛒 1 borne raclet 2 € – 10 🅴
  Pour s'y rendre : 2 km au N par D 116, rte de Bretteville,
  près de la plage

Nature : 🏕
Loisirs : 🍴 🏊
Services : ⚙ ⊶ (juil.-août) GB ↻
▥ 🛎 ☺ ♨ 🖭
À prox. : 🍴 🚲 ✕ 🎣 🏊 centre
nautique, parcours de santé

VILLEDIEU-LES-POÊLES

✉ 50800 – **303** E6 – G. Normandie Cotentin – 4 102 h. – alt. 105
🅱 *Office de tourisme, place des Costils* ✆ 02 33 61 05 69, Fax 02 33 91 71 79
Paris 314 – Alençon 122 – Avranches 26 – Caen 82 – Flers 59 – St-Lô 35.

⚠ **Les Chevaliers** 22 mars-2 nov.
  ✆ 02 33 61 02 44, *contact@camping-deschevaliers.com*,
  Fax 02 33 49 49 93, *www.camping-deschevaliers.com*
  – **R** conseillée
  1,2 ha (100 empl.) plat, herbeux, gravillons
  Tarif : ★ 3,90 € ⇌ 2 € 🅴 9 € – 🔌 (6A) 4 €
  🛒 1 borne eurorelais – 🚐 14 €
  Pour s'y rendre : Accès par centre-ville, r. des Costils à
  gauche de la poste
  À savoir : Cadre agréable et soigné au bord de la Sienne

Nature : 🏖 🏕 ♀
Loisirs : 🍴 🏊 ✕
Services : ⚙ ⊶ GB ↻ ▥ ☺ 📞 🖭
sèche-linge
À prox. : 🎣 🏊

529

Orne (61)

ALENÇON

✉ 61000 – **310** J4 – G. Normandie Cotentin – 28 935 h. – alt. 135
🅱 *Office de tourisme, place de la Magdeleine* ✆ 02 33 80 66 33, Fax 02 33 80 66 32
Paris 190 – Chartres 119 – Évreux 119 – Laval 90 – Le Mans 54 – Rouen 150.

⚠ **Municipal de Guéramé** avr.-sept.
  ✆ 02 33 26 34 95, Fax 02 33 26 34 95 – **R** conseillée
  1,5 ha (84 empl.) plat et en terrasses, herbeux, gravillons
  Tarif : (Prix 2007) ★ 2,35 € ⇌ 🅴 5 € – 🔌 2,95 €
  🛒 1 borne eurorelais
  Pour s'y rendre : Au SO de la ville, par bd périphérique, rte
  de Guéramé
  À savoir : Cadre agréable, au bord de la Sarthe

Nature : ♀
Loisirs : 🍴 🏊 ✕
Services : ⚙ ⊶ GB ▥ ☺ ♨ ⟟
🖭 sèche-linge
À prox. : 🍴 🍴 🎣 🏊 🏊 🚣 🐎
canoë kayak

ARGENTAN

✉ 61200 – **310** I2 – G. Normandie Cotentin – 16 596 h. – alt. 160
🛈 *Office de tourisme, Chapelle Saint-Nicolas ✆ 02 33 67 12 48, Fax 02 33 39 96 61*
Paris 191 – Alençon 46 – Caen 59 – Dreux 115 – Évreux 119 – Flers 42 – Lisieux 58.

Municipal de la Noë avr.-sept.
✆ 02 33 36 05 69, *tourisme@argentan.fr,*
Fax 02 33 39 96 61, *www.argentan.fr* – **R** conseillée
0,3 ha (23 empl.) plat, herbeux
Tarif : 🛉 2,10 € 🚗 1,80 € 🔳 2,30 € – 🔌 2,30 €
🚐 1 borne eurorelais 2,10 € – 4 🔳
Pour s'y rendre : Au S de la ville, r. de la Noë, à proximité de l'Orne, accès par centre-ville
À savoir : Situation agréable près d'un parc et d'un plan d'eau

Nature : 🏞
Loisirs : 🛏
Services : 🚿 ⚡ ⚲ 🔲 ⚐ 🏠 sèche-linge
À prox. : 🍴 🏊 ⛵ 🎣 parcours de santé

BAGNOLES-DE-L'ORNE

✉ 61140 – **310** G3 – G. Normandie Cotentin – 893 h. – alt. 140 – ⚕
🛈 *Office de tourisme, place du Marché ✆ 02 33 37 85 66, Fax 02 33 30 06 75*
Paris 236 – Alençon 48 – Argentan 39 – Falaise 48 – Flers 28.

Municipal la Vée 15 mars-25 oct.
✆ 02 33 37 87 45, *camping-de-la-vee@wanadoo.fr,*
Fax 02 33 30 14 32, *www.bagnolesdelorne.com* – **R**
2,8 ha (250 empl.) plat, peu incliné, herbeux
Tarif : (Prix 2007) 14,50 € 🛉 🚗 🔳 🔌 (10A) – pers. suppl. 3,35 €
🚐 1 borne raclet – 10 🔳 7 €
Pour s'y rendre : 1,3 km au SO, près de Tessé-la-Madeleine, à 30 m de la rivière

Nature : 🌿 🏞
Loisirs : snack 🛏 🎮
Services : 🚿 ⚡ ⚲ 🏪 🔲 ⚐ 🏠 ⚙ 🚰 ☎ ⚙ 🏠 sèche-linge ⚗
À prox. : 🍴 🎣 🏊 ⛵ 🐎 golf, parcours de santé

BELLÊME

✉ 61130 – **310** M4 – G. Normandie Vallée de la Seine – 1 774 h. – alt. 241
🛈 *Office de tourisme, boulevard Bansard des Bois ✆ 02 33 73 09 69, Fax 02 33 83 95 17*
Paris 168 – Alençon 42 – Chartres 76 – La Ferté-Bernard 23 – Mortagne-au-Perche 18.

Municipal 15 avr.-15 oct.
✆ 02 33 85 31 00, *mairie.belleme@wanadoo.fr,*
Fax 02 33 83 58 85
1,5 ha (50 empl.) plat et peu incliné, terrasses, herbeux
Tarif : 7,90 € 🛉 🚗 🔳 – pers. suppl. 1,50 €
Pour s'y rendre : Sortie O par D 955, rte de Mamers et chemin à gauche, près de la piscine

Nature : 🌿 🏞 ♨
Services : 🚿 ⚲ 🔲 ⚐ 🚰
À prox. : 🛒 🍴 🎣 🏊 golf

DOMFRONT

✉ 61700 – **310** F3 – G. Normandie Cotentin – 4 262 h. – alt. 185
🛈 *Office de tourisme, 12, place de la Roirie ✆ 02 33 38 53 97, Fax 02 33 37 40 27*
Paris 250 – Alençon 62 – Argentan 55 – Avranches 65 – Fougères 55 – Mayenne 34 – Vire 41.

Municipal le Champ Passais avr.-sept.
✆ 02 33 37 37 66, *mairie@domfront.com,*
Fax 02 33 30 60 67, *www.domfront.com* – **R** conseillée
1,5 ha (34 empl.) en terrasses, plat, herbeux
Tarif : 9,30 € 🛉 🚗 🔳 🔌 (10A) – pers. suppl. 2 €
🚐 1 borne eurorelais 3 €
Pour s'y rendre : Au S de la ville par r. de la gare et à gauche, r. du Champ-Passais

Nature : 🏞
Loisirs : 🛏 🎮
Services : 🚿 ⚡ GB 🔲 ⚐ 🚰 ⚙ 🏠
À prox. : 🍴 🎣 sentier VTT

FLERS

✉ 61100 – **310** F2 – G. Normandie Cotentin – 16 947 h. – alt. 270
🛈 *Office de tourisme, place du Docteur Vayssières ✆ 02 33 65 06 75, Fax 02 33 65 09 84*
Paris 234 – Alençon 73 – Argentan 42 – Caen 60 – Fougères 77 – Laval 86 – Lisieux 82 – St-Lô 68 – Vire 31.

Le Pays de Flers avr.-15 oct.
✆ 02 33 65 35 00, *camping.paysdeflers@wanadoo.fr,*
www.agglo-paysdeflers.fr – **R** conseillée
1,5 ha (50 empl.) peu incliné, herbeux
Tarif : (Prix 2007) 13,60 € 🛉 🚗 🚲 🔳 🔌 (10A) – pers. suppl. 2,90 €
Pour s'y rendre : 1,7 km à l'E par D 924, rte d'Argentan et chemin à gauche

Nature : 🌿 🏞 ♨
Loisirs : 🛏 🎮 🚲
Services : 🚿 ⚡ ⚲ 🏪 🔲 ⚐ 🚰 ☎ ⚙
🚰 🏠

LONGNY-AU-PERCHE

✉ 61290 – **310** N3 – 1 590 h. – alt. 165

🗓 *Syndicat d'initiative, place de l'Hôtel de Ville* 🕿 *02 33 73 66 23*

Paris 131 – Alençon 63 – Chartres 65 – Dreux 54 – Mortagne-au-Perche 18 – Nogent-le-Rotrou 30.

Monaco Parc Permanent
🕿 02 33 73 59 59, *monaco.parc@wanadoo.fr*,
Fax 02 33 25 77 56, *www.campingmonacoparc.com* –
places limitées pour le passage – **R** conseillée
18 ha/7 campables (124 empl.) plat, en terrasses, herbeux,
étang
Tarif : 19,20 € 🕇 🚗 🔋 (20A) – pers. suppl. 3,90 € –
frais de réservation 10 €
Location (mars-nov.) 🏠 : 9 🚐 (4 à 6 pers.) 290 à
560 €/sem.
🚐 1 borne artisanale 2,50 € – 3 🔋 12,60 €
Pour s'y rendre : 2,4 km au SO par D 111 rte de Monceaux-
au-Perche, près de la Jambée

Nature : 🏕
Loisirs : 🍴 snack, pizzeria 🚗 🎯
diurne 🎣 🏇 🧗 🛝 🎣 randon-
nées quad et VTT
Services : 🔌 🗜 🌊 🔥 🅰 🚿 🏢
sèche-linge ♨
À prox. : 🐎 🎿 🐕 pédalos

MARCHAINVILLE

✉ 61290 – **310** N3 – 233 h. – alt. 235

Paris 124 – L'Aigle 28 – Alençon 65 – Mortagne-au-Perche 28 – Nogent-le-Rotrou 36 – Verneuil-sur-Avre 22.

Municipal les Fossés avr.-oct.
🕿 02 33 73 65 80, *mairiemarchainville@wanadoo.fr*,
Fax 02 33 73 65 80 – **R**
1 ha (17 empl.) plat et peu incliné, herbeux
Tarif : 🕇 1,15 € 🚗 🔋 3 € 🔋 (10A)
Pour s'y rendre : Au N du bourg par D 243

Nature : 🌿 🏕
Loisirs : 🎿
Services : 🚿 🅰 🚿

531

ST-EVROULT-NOTRE-DAME-DU-BOIS

✉ 61550 – **310** L2 – G. Normandie Vallée de la Seine – 430 h. – alt. 355

Paris 153 – L'Aigle 14 – Alençon 56 – Argentan 42 – Bernay 41.

Municipal des Saints-Pères avr.-sept.
🕿 06 32 72 08 55, Fax 02 33 34 93 12 – **R**
0,6 ha (27 empl.) plat et terrasse, herbeux, gravillons, bois
attenant
Tarif : 🕇 2 € 🚗 1 € 🔋 1 € – 🔋 (10A) 2,50 €
Pour s'y rendre : Au SE du bourg
À savoir : Agréable situation, au bord d'un plan d'eau

Nature : 🌿
Loisirs : 🏇 🎿 🧗 🛶 🎣 pédalos
Services : 🚿 🗜 🌊 🅰
À prox. : 🐕

VIMOUTIERS

✉ 61120 – **310** K1 – G. Normandie Vallée de la Seine – 4 418 h. – alt. 95

🗓 *Office de tourisme, 21 place de Mackau* 🕿 *02 33 67 49 42*

Paris 185 – L'Aigle 46 – Alençon 66 – Argentan 31 – Bernay 40 – Caen 60 – Falaise 36 – Lisieux 29.

Municipal la Campière mars-1er nov.
🕿 02 33 39 18 86, *campingmunicipalvimoutiers@wana*
doo.fr, Fax 02 33 39 18 86, *www.mairie-vimoutiers.fr*
– **R** conseillée
1 ha (40 empl.) plat, herbeux
Tarif : (Prix 2007) 🕇 2,90 € 🚗 2,10 € 🔋 2,10 € –
🔋 (6A) 2,10 €
Pour s'y rendre : 0,7 km au N vers rte de Lisieux, au stade,
bord de la Vie
À savoir : Bâtiments de style Normand dans un cadre
verdoyant et fleuri

Nature : 🏕 🌿
Loisirs : 🚗 🏇 🎿
Services : 🚿 🔌 🗜 🏢 🅰
À prox. : 🐎

AUMALE

✉ 76390 – **304** K3 – G. Normandie Vallée de la Seine – 2 577 h. – alt. 130
⚹ *Syndicat d'initiative, rue Centrale ℘ 02 35 93 41 68, Fax 02 35 93 41 68*
Paris 136 – Amiens 48 – Beauvais 49 – Dieppe 69 – Gournay-en-Bray 35 – Rouen 74.

▲ **Municipal le Grand Mail** 22 avr.-sept.
   ℘ 02 35 93 40 50, *communeaumale@wanadoo.fr*,
   Fax 02 35 93 86 79 – **⊪**
   0,6 ha (40 empl.) plat, herbeux
   Tarif : ⚹ 1,75 € ⇔ 2,25 € ▣ 1,75 € – ⌁ (6A) 2,25 €
   ⛽ 1 borne flot bleu 2 €
   Pour s'y rendre : Par centre-ville
   À savoir : À flanc de colline sur les hauteurs de la ville

Nature : ♀
Services : & 🅼 🏾 🖫 ☺

BAZINVAL

✉ 76340 – **304** J2 – 299 h. – alt. 120
Paris 165 – Abbeville 33 – Amiens 62 – Blangy-sur-Bresle 9 – Le Tréport 20.

▲ **Municipal de la Forêt** avr.-oct.
   ℘ 02 32 97 04 01, *bazinval2@wanadoo.fr*,
   Fax 02 32 97 04 01 – **R** conseillée
   0,4 ha (20 empl.) plat, peu incliné, herbeux
   Tarif : (Prix 2007) ⚹ 1,50 € ⇔ 1,50 € ▣ 1,50 € –
   ⌁ (10A) 3,50 €
   Pour s'y rendre : sortie SO par D 115 et rte à gauche, près
   de la mairie
   À savoir : Décoration arbustive des emplacements

Nature : ▭ ♀
Services : 🏾 ☺

LES GUIDES VERTS **MICHELIN**
Paysages, monuments
Routes touristiques
Géographie
Histoire, Art
Itinéraire de visite
Plans de villes et de monuments

BLANGY-SUR-BRESLE

✉ 76340 – **304** J2 – 3 405 h. – alt. 70
⚹ *Syndicat d'initiative, 1, rue Checkroun ℘ 02 35 93 52 48, Fax 02 35 94 06 14*
Paris 156 – Abbeville 29 – Amiens 56 – Dieppe 55 – Neufchâtel-en-Bray 31 – Le Tréport 26.

▲ **Municipal les Étangs** avr.-sept.
   ℘ 02 35 94 55 65, *mairie.blangy@wanadoo.fr*,
   Fax 02 35 94 06 14 – **R** conseillée
   0,8 ha (59 empl.) plat, herbeux
   Tarif : ⚹ 2,60 € ⇔ 1,60 € ▣ 2,10 € – ⌁ (10A) 2,60 €
   Pour s'y rendre : SE : entre deux étangs et à 200 m de la
   Bresle, accès par r. du Maréchal-Leclerc, près de l'église et r.
   des Étangs

Nature : ⩗
Loisirs : 🚲 🔪
Services : & ⊶ 🖫 ☺
À prox. : 🏊 ⚲ ⚓ m

CANY-BARVILLE

✉ 76450 – **304** D3 – G. Normandie Vallée de la Seine – 3 364 h. – alt. 25
⚹ *Office de tourisme, place Robert Gabel ℘ 02 35 57 17 70*
Paris 187 – Bolbec 34 – Dieppe 45 – Fécamp 21 – Rouen 56.

▲▲ **Municipal** avr.-sept.
   ℘ 02 35 97 70 37, *mairie-de-cany-barville@wanadoo.fr*,
   Fax 02 35 97 72 32, *www.cany-barville.fr* – **R** conseillée
   2,9 ha (100 empl.) plat, cimenté, herbeux
   Tarif : ⚹ 3,05 € ⇔ 1,40 € ▣ 3,05 € – ⌁ (10A) 3,05 €
   Pour s'y rendre : Sortie S par D 268, rte d'Yvetot, après le
   stade

Nature : ⩗ ▭
Loisirs : 🛶
Services : & ⊶ GB ⩗ 🏾 🖫 ☺ 🝙
⩗ ⊶ 🗟 sèche-linge
À prox. : 🏓 ⚲ 🔲 ⚓ (plage) 🔪
squash, pédalos, luge, canoë, ski
nautique

DIEPPE

✉ 76200 – **304** G2 – G. Normandie Vallée de la Seine – 34 653 h. – alt. 6
🛈 *Syndicat d'initiative, pont Jehan Ango* ☎ *02 32 14 40 60, Fax 02 32 14 40 61*
Paris 197 – Abbeville 68 – Beauvais 107 – Caen 176 – Le Havre 111 – Rouen 66.

⋀⋀ **Vitamin'** avr.-15 oct.
☎ 02 35 82 11 11, *camping.vitamin@wanadoo.fr*,
Fax 02 35 82 11 11, *www.camping-vitamin.com* – places limitées pour le passage – **R** conseillée
5,3 ha (161 empl.) plat, herbeux
Tarif : 16,50 € 🛉 🚐 🔳 🕕 (10A) – pers. suppl. 4,50 €
Location : 2 🚕 (4 à 6 pers.) 195 à 432 €/sem. – 4 🏠 (4
à 6 pers.) 195 à 432 €/sem.
Pour s'y rendre : 3 km au S par N 27, rte de Rouen et à dr.,
chemin des Vertus

> Nature : 🖼
> Loisirs : 🍽 🏠 🏊 🏊 terrain om-
> nisports
> Services : 🛁 🚿 ⅁🄱 🚗 🛒 🗍 🚪 @
> 🖼 sèche-linge
> À prox. : 🐎 ✕ ✕ ✕ 🔲 squash

⋀⋀ **La Source** 15 mars-15 oct.
☎ 02 35 84 27 04, *info@camping-la-source.fr*,
Fax 02 35 82 25 02, *www.camping-la-source.fr* – places limi-
tées pour le passage – **R** conseillée
2,5 ha (120 empl.) plat, herbeux
Tarif : 🛉 5 € 🚐 1,30 € 🔳 7,20 € – 🕕 (6A) 2,60 €
🚗 1 borne artisanale – 11 🔳
Pour s'y rendre : 3 km au SO par D 925, rte du Havre puis
D 153 à gauche, à Petit-Appeville
À savoir : Cadre pittoresque au bord de la Scie

> Loisirs : 🍽 🏠 🏊 🏊 🐍
> Services : 🛁 🚿 ⅁🄱 🚗 🗍 @ 🖼
> sèche-linge

ÉTRETAT

✉ 76790 – **304** B3 – G. Normandie Vallée de la Seine – 1 615 h. – alt. 8
🛈 *Office de tourisme, place Maurice Guillard* ☎ *02 35 27 05 21, Fax 03 35 28 87 20*
Paris 206 – Bolbec 30 – Fécamp 16 – Le Havre 29 – Rouen 90.

533

⋀ **Municipal** avr.-15 oct.
☎ 02 35 27 07 67 – **R**
1,2 ha (73 empl.) plat, herbeux, gravier
Tarif : (Prix 2007) 🛉 3,10 € 🚐 🔳 3,60 € – 🕕 (6A) 5,40 €
🚗 1 borne Urbaco 5 € – 34 🔳 5 €
Pour s'y rendre : 1 km au SE par D 39, rte de Criquetot-
l'Esneval
À savoir : Entrée fleurie et ensemble très soigné

> Nature : ♀
> Loisirs : 🏠 🏊
> Services : 🚿 ⅁🄱 🚗 🗍 @ 🖼 sèche-
> linge
> À prox. : aquarium ✕ 🔲 ♨

INCHEVILLE

✉ 76117 – **304** I1 – 1 431 h. – alt. 19
Paris 169 – Abbeville 32 – Amiens 65 – Blangy-sur-Bresle 16 – Le Crotoy 36 – Le Tréport 13.

⋀ **Municipal de l'Etang** mars-oct.
☎ 02 35 50 30 17, *campingdeletang@orange.fr*,
Fax 02 35 50 30 17 – places limitées pour le passage
– **R** conseillée
2 ha (190 empl.) plat, herbeux
Tarif : (Prix 2007) 🛉 2,30 € 🔳 3,50 € – 🕕 (10A) 3,30 €
Pour s'y rendre : Sortie NE rte de Beauchamps et rue
Mozart à dr.
À savoir : Près d'un étang de pêche

> Nature : ♀
> Loisirs : 🏠
> Services : 🛁 🚿 🚗 🗍 @ 🛁 🖼
> À prox. : ✕ 🐍 ♨

Si vous recherchez :
🚹🚺 *Un terrain offrant des équipements et des loisirs adaptés aux enfants*
🦢 *Un terrain agréable ou très tranquille*
L - M *Un terrain effectuant la location de caravanes, de mobile homes,
de bungalows ou de chalets*
P *Un terrain ouvert toute l'année*
🚗 *Un terrain possédant une aire de services pour camping-cars*
Consultez le tableau des localités

JUMIEGES

✉ 76480 – **304** E5 – G. Normandie vallée de la Seine – 1 714 h. – alt. 25
🏠 *Office de tourisme, rue Guillaume le Conquérant ☎ 02 35 37 28 97, Fax 02 35 37 07 07*
Paris 161 – Rouen 29 – Le Havre 82 – Caen 132 – Beauvais 110.

⚠ **La Forêt** 5 avr.-25 oct.
☎ 02 35 37 93 43, *info@campinglaforet.com*,
Fax 02 35 37 76 48, *www.campinglaforet.com* – **R** conseillée
2 ha (111 empl.) plat, herbeux
Tarif : 22,50 € ✶ 🚗 🅴 – pers. suppl. 4,50 €
Location : 12 🛏 (4 à 6 pers.) 290 à 590 €/sem. – 5 🏠
(4 à 6 pers.) 290 à 490 €/sem.
🛗 1 borne raclet – 🔋 13 €
Pour s'y rendre : au NE du bourg, près du stade
À savoir : Dans le Parc Régional de Brotonne

Nature : 🌳 🏕 ♀
Loisirs : 🏠 🎣 🏊
Services : 🚿 ⚡ GB ✂ 🗑 🔰 ⚂ ♨ 📶
🔲 sèche-linge
À prox. : 🎿 **parcours sportif**

Les LOGES

✉ 76790 – **304** B3 – 1 114 h. – alt. 92
Paris 205 – Rouen 83 – Le Havre 34 – Fécamp 10 – Montivilliers 31.

⚠ **L'Aiguille Creuse** avr.-sept.
☎ 02 35 29 52 10, *camping@aiguillecreuse.com*, *www.cam
pingaiguillecreuse.com* – **R** conseillée
3 ha (80 empl.) peu incliné, plat, herbeux
Tarif : (Prix 2007) 19,40 € ✶ 🚗 🅴 🔌 (10A) – pers.
suppl. 4,40 €
Location : 6 🛏 (4 à 6 pers.) 280 à 460 €/sem.
🛗 1 borne artisanale – 🔋 15 €
Pour s'y rendre : Sortie O par D940 rte d'Etretat et rue à
gauche

Nature : 🏕
Loisirs : 🍴 🎣 🏊
Services : 🚿 ⚡ GB ✂ 🗑 ⚂ ♨ 🔲
À prox. : 🎿

534

MARTIGNY

✉ 76880 – **304** G2 – 531 h. – alt. 24
Paris 196 – Dieppe 10 – Fontaine-le-Dun 29 – Rouen 64 – St-Valery-en-Caux 37.

⚠ **Les Deux Rivières** 28 mars-12 oct.
☎ 02 35 85 60 82, *martigny.76@wanadoo.fr*,
Fax 02 35 85 95 16, *www.camping-2-rivieres.com* – places li-
mitées pour le passage – **R** conseillée
3 ha (110 empl.) plat, herbeux
Tarif : (Prix 2007) 15,55 € ✶ 🚗 🅴 🔌 (10A)
Location : 6 🛏 (4 à 6 pers.) 247 à 392 €/sem.
Pour s'y rendre : 0,7 km au NO, rte de Dieppe
À savoir : Situation agréable en bordure de rivière et de
plans d'eau

Nature : ≤ ♀
Loisirs : 🏠 🎣 🐟
Services : 🚿 ⚡ GB ✂ 🗑 ⚂ ♨ 📶 🔲
sèche-linge
À prox. : 🔲 🛶 canoë

OFFRANVILLE

✉ 76550 – **304** G2 – G. Normandie Vallée de la Seine – 3 470 h. – alt. 80
Paris 191 – Abbeville 74 – Beauvais 104 – Caen 170 – Le Havre 105 – Rouen 60.

⚠ **Municipal du Colombier** avr.-15 oct.
☎ 02 35 85 21 14, *mairie-offranville@wanadoo.fr*,
Fax 02 35 04 52 67 – places limitées pour le passage
– **R** conseillée
1,2 ha (103 empl.) plat, herbeux
Tarif : 16,30 € ✶ 🚗 🅴 🔌 (10A) – pers. suppl. 3,70 €
Pour s'y rendre : Au bourg, par la rue Loucheur
À savoir : Dans l'enceinte de l'agréable parc de loisirs et
floral

Nature : 🏕 ♀
Services : 🚿 ⚡ ✂ 🗑 ⚂ 🔲 ♿
À prox. : 🍴 🍽 🎣 🎿 🔲 🎠
poneys (centre équestre)

QUIBERVILLE

✉ 76860 – **304** F2 – 467 h. – alt. 50
🛈 *Office de tourisme, 983, rue de l'Église* ℘ *02 35 04 08 32*
Paris 199 – Dieppe 18 – Fécamp 50 – Rouen 67.

   Municipal de la Plage avr.-oct.
     ℘ 02 35 83 01 04, *campingplage3@wanadoo.fr*,
     Fax 02 35 85 10 25, *www.campingplagequiberville.com* –
     places limitées pour le passage – **R** conseillée
     2,5 ha (202 empl.) plat, herbeux
     Tarif : (Prix 2007) 19,25 € 🛠 ⟵ 🔲 (4) (6A) – pers.
     suppl. 4,80 €
     🚐 1 borne artisanale 3,25 €
     Pour s'y rendre : À Quiberville-Plage, accès par D 127, rte
     d'Ouville-la-Rivière
     À savoir : À 100 m de la mer

> Nature : ⩽ 🖙
> Loisirs : 🎏 🏊
> Services : 🕭 ⟷ GB 🖊 🖫 🛁 🛇 ⊘
> 📞 📶 🔟
> À prox. : ✂ 🌢

ST-AUBIN-SUR-MER

✉ 76740 – **304** F2 – G. Normandie Cotentin – 280 h. – alt. 15
Paris 191 – Dieppe 21 – Fécamp 46 – Rouen 59 – Yvetot 36.

   Municipal le Mesnil avr.-oct.
     ℘ 02 35 83 02 83 – **R** conseillée
     2,2 ha (117 empl.) plat et en terrasses, herbeux
     Tarif : (Prix 2007) 🛠 5,62 € ⟵ 2,18 € 🔲 3,11 € –
     (4) (10A) 3,81 €
     🚐 1 borne artisanale 4,30 €
     Pour s'y rendre : 2 km à l'O par D 68 rte de Veules-les-
     Roses
     À savoir : Dans une ancienne ferme normande

> Nature : 🌲 🖙
> Loisirs : 🎏 🏊
> Services : 🕭 ⟷ GB 🖊 🎖 🖫 ⊘ 🔟
> sèche-linge 🚿

ST-MARTIN-EN-CAMPAGNE

✉ 76370 – **304** H2 – 1 000 h. – alt. 118
Paris 209 – Dieppe 13 – Rouen 78 – Le Tréport 18.

   Domaine les Goélands 15 fév.-sept.
     ℘ 02 35 83 82 90, *g4sdomaine@wanadoo.fr*,
     Fax 02 35 83 21 79, *www.lesdomaines.org* – places limitées
     pour le passage – **R** conseillée
     3 ha (154 empl.) en terrasses, peu incliné, herbeux
     Tarif : 19 € 🛠 ⟵ 🔲 (4) (16A) – pers. suppl. 3,20 €
     Location : 10 🛖 (4 à 6 pers.) 406 à 567 €/sem.
     Pour s'y rendre : 2 km au NO, à St-Martin-Plage
     À savoir : belle salle de billard

> Nature : ⩽ 🖙
> Loisirs : 🎏 🎲 🏊 ✂ 🎯 terrain
> omnisports
> Services : 🕭 ⟷ GB 🖊 🎖 🖫 ⊘ 🛁
> 🚿 🚿 🔟

535

ST-VALERY-EN-CAUX

✉ 76460 – **304** E2 – G. Normandie Vallée de la Seine – 4 782 h. – alt. 5
🛈 *Office de tourisme, Maison Henri IV* ℘ *02 35 97 00 63, Fax 02 35 97 32 65*
Paris 190 – Bolbec 46 – Dieppe 35 – Fécamp 33 – Rouen 59 – Yvetot 31.

   Municipal Etennemare Permanent
     ℘ 02 35 97 15 79, *servicetourisme@ville-saint-valery-en-*
     caux.fr, Fax 02 35 97 15 79 – places limitées pour le passage
     – **R** conseillée
     4 ha (116 empl.) plat, peu incliné, herbeux
     Tarif : (Prix 2007) 14,10 € 🛠 🛠 ⟵ 🔲 (4) (6A) – pers.
     suppl. 2,90 €
     Pour s'y rendre : Au SO de la ville, vers le hameau du bois
     d'Entennemare

> Nature : 🌲 🖙
> Loisirs : 🎏
> Services : 🕭 ⟷ GB 🖊 🎖 🖫 🛁 🛇
> 🚿 🚿 🔟
> À prox. : ✂ 🔲 parcours sportif

Donnez-nous votre avis sur les terrains que nous recommandons.
Faites-nous connaître vos observations et vos découvertes
par mail à l'adresse : leguidecampingfrance@fr.michelin.com.

TOUFFREVILLE-SUR-EU

✉ 76910 – **304** H2 – 207 h. – alt. 45

Paris 171 – Abbeville 46 – Amiens 101 – Blangy-sur-Nesle 35 – Le Tréport 10.

▲ **Municipal Les Acacias** Pâques-sept.

🕿 02 35 50 66 33, *mairie.touffrevillesureu@wanadoo.fr*,

Fax 02 35 83 80 42 – **R**

1 ha (50 empl.) plat, herbeux

Tarif : (Prix 2007) ⚹ 2 € ⇌ 1 € 🅴 1,50 € – [½] (5A) 3 €

Pour s'y rendre : 1 km au SE par D 226 et D 454, rte de Guilmecourt

Nature : 🌿 ⊏⊐
Services : ⚒ 📷 🔥 ☺

TOUSSAINT

✉ 76400 – **304** C3 – 679 h. – alt. 105

Paris 196 – Bolbec 24 – Fécamp 5 – Rouen 69 – St-Valery-en-Caux 34 – Yvetot 31.

▲ **Municipal du Canada** 15 mars-12 oct.

🕿 02 35 29 78 34, *mairie.toussaint@wanadoo.fr*,

Fax 02 35 27 48 82, *www.commune-de-toussaint.fr* – places limitées pour le passage – **R** conseillée

2,5 ha (100 empl.) plat et peu incliné, herbeux

Tarif : ⚹ 2,45 € ⇌ 1,15 € 🅴 2,05 € – [½] (4A) 2,45 €

Pour s'y rendre : 0,5 km au NO par D 926, rte de Fécamp et chemin à gauche

Nature : ⊏⊐ ♀
Services : ⚒ ⚏ ⌾⃝ ⚒ 📷 ☺ 🔥 📷
À prox. : 🏇 ✗ ✕ 🏊

Le TRÉPORT

✉ 76470 – **304** I1 – G. Normandie Vallée de la Seine – 5 900 h. – alt. 12

🅸 *Office de tourisme, quai Sadi Carnot* 🕿 02 35 86 05 69, Fax 02 35 86 73 96

Paris 180 – Abbeville 37 – Amiens 92 – Blangy-sur-Bresle 26 – Dieppe 30 – Rouen 95.

▲▲ **Municipal les Boucaniers** avr.-sept.

🕿 02 35 86 35 47, *camping@ville-le-treport.fr*,

Fax 02 35 86 55 82, *www.ville-le-treport.fr* – **R**

5,5 ha (340 empl.) plat, herbeux

Tarif : (Prix 2007) ⚹ 2,95 € ⇌ 2,80 € 🅴 6,95 € [½] (6A)

Location (permanent) : 43 🏠 (4 à 6 pers.) 197 à 244 €/sem.

Pour s'y rendre : Av. des Canadiens, près du stade

Nature : ♀
Loisirs : 🍴 🏇 🏊
Services : ⚒ ⚏ ⌾⃝ ⚒ 🔳 📷 ☺ ☺ 📷
sèche-linge
À prox. : ✕

VEULES-LES-ROSES

✉ 76980 – **304** E2 – G. Normandie Vallée de la Seine – 676 h. – alt. 15

🅸 *Office de tourisme, 27, rue Victor-Hugo* 🕿 02 35 97 63 05, Fax 02 35 57 24 51

Paris 188 – Dieppe 27 – Fontaine-le-Dun 8 – Rouen 57 – St-Valery-en-Caux 8.

▲▲ **Municipal des Mouettes** mars-nov.

🕿 02 35 97 61 98, *camping-mouettes@veules-les-roses.fr*,

Fax 02 35 97 33 44 – **R** conseillée

3,6 ha (150 empl.) plat, herbeux

Tarif : 20,30 € ⚹ ⇌ 🅴 [½] (6A) – pers. suppl. 4,70 €

Pour s'y rendre : Sortie E par D 68, rte de Sotteville-sur-Mer, à 500 m de la plage

À savoir : Cadre arbustif

Nature : 🌿 ⊏⊐ ♀
Loisirs : 🍴 🏇
Services : ⚒ ⚏ ⌾⃝ ⚒ Ⓜ 🔳 📷 🖓
☺ ((•)) 📷
À prox. : 🚲

VITTEFLEUR

✉ 76450 – **304** D3 – 641 h. – alt. 9

Paris 190 – Bolbec 38 – Dieppe 43 – Fécamp 25 – Rouen 59 – Yvetot 27.

▲▲ **Municipal les Grands Prés** avr.-sept.

🕿 02 35 97 53 82, *mairie-de-vittefleur@wanadoo.fr*,

Fax 02 35 97 53 82 – places limitées pour le passage – **R** conseillée

2,6 ha (100 empl.) plat, herbeux

Tarif : (Prix 2007) ⚹ 3,02 € ⇌ 🅴 3,02 € – [½] (16A) 2,68 €

Pour s'y rendre : 0,7 km au N par D 10, rte de Veulettes-sur-Mer

À savoir : Au bord de la Durdent

Loisirs : 🍴 🏇 🚲 🎣
Services : ⚒ ⚏ ⚒ 📷 ☺ 📷
À prox. : 🏹 squash ✕ 🏞 🚣 ⚓
pédalos, luge, ski nautique, canoë

PAYS DE LA LOIRE

D'abord il y a, baigné par la Loire, le « jardin de la France », son atmosphère paisible, ses châteaux somptueux et leurs magnifiques parterres fleuris, ses vergers plantureux et ses vignobles dont le nectar rehausse d'arômes subtils la dégustation de rillettes, d'une matelote d'anguilles ou d'un fromage de chèvre. Ensuite le pays Nantais, encore imprégné des senteurs d'épices du Nouveau Monde, et qui partage aujourd'hui sa fierté entre le muguet et le muscadet. Enfin la Vendée, authentique par son bocage encore marqué par la révolte des chouans, secrète par ses marais gardiens de coutumes ancestrales, décontractée dans ses stations balnéaires, ludique lors des spectacles du Puy-du-Fou... Gourmande aussi, mais dans la simplicité d'un plat de mojettes, d'une chaudrée ou d'une brioche vendéenne.

First there is the « Garden of France », renowned for its peaceful ambience, sumptuous manor houses and castles, magnificent floral gardens and acres of orchards and vineyards. Tuck into a slab of rillettes pâté or a slice of goat's cheese while you savour a glass of light Loire wine. Continue downriver to Nantes, once steeped in the spices brought back from the New World: this is the home of the famous dry Muscadet. Further south, the Vendée still echoes to the cries of the Royalists' tragic last stand. Explore the secrets of its salt marshes, relax in its seaside resorts or head for the spectacular attractions of the Puy du Fou amusement park. Simple, country fare is not lacking, so make sure you taste a piping-hot plate of chaudrée, the local fish stew, or a mouth-watering slice of fresh brioche.

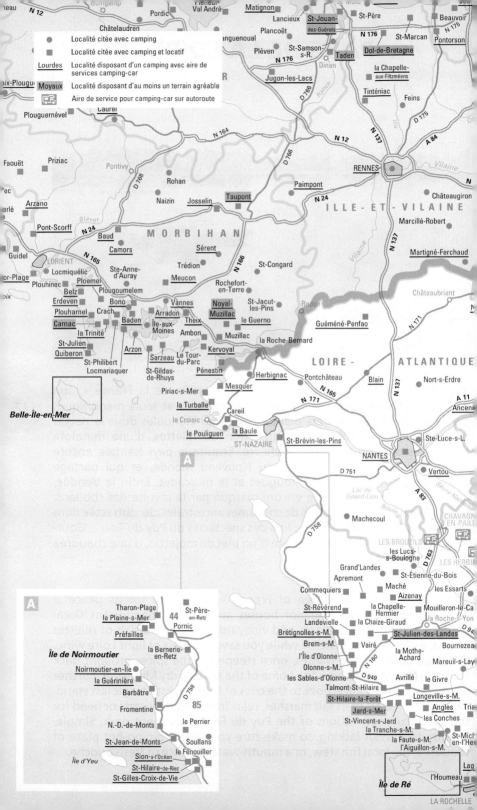

ANCENIS

⊠ 44150 – **316** I3 – G. Châteaux de la Loire – 7 010 h. – alt. 13
🛈 *Office de tourisme, 27, rue du Château* ℘ *02 40 83 07 44*
Paris 347 – Angers 55 – Châteaubriant 48 – Cholet 49 – Laval 100 – Nantes 41 – La Roche-sur-Yon 109.

⚠ **L'Île Mouchet** avr.-4 oct.
℘ 02 40 83 08 43, *camping-ile-mouchet@orange.fr*,
Fax 02 40 83 16 19, *www.camping-estivance.com*
– **R** conseillée
3,5 ha (105 empl.) plat, herbeux
Tarif : 15,60 € 🏕 👤 ⛺ 🚗 📧 (9A) – pers. suppl. 2,80 €
Location : 7 🛖 (4 à 6 pers.) 330 à 480 €/sem. – bungalows toilés
🚐 1 borne 4 €
Pour s'y rendre : sortie O par bd Joubert et à gauche avant
le stade, près de la Loire

> Nature : ♀
> Loisirs : 🏊 🏓 🛶 (petite piscine)
> mur d'escalade
> Services : ♿ 🚿 (juil.-août) GB 🐕
> �️ ☺ 🧺 🛒
> À prox. : ※ 🎣 🖼 🏄 parcours spor-
> tif

Si vous recherchez :

👥   *Un terrain offrant des équipements et des loisirs adaptés aux enfants*
🌿   *Un terrain agréable ou très tranquille*
L - M *Un terrain effectuant la location de caravanes, de mobile homes,*
       de bungalows ou de chalets
P   *Un terrain ouvert toute l'année*
🚐   *Un terrain possédant une aire de services pour camping-cars*
Consultez le tableau des localités

La BAULE

540

⊠ 44500 – **316** B4 – G. Bretagne – 15 831 h. – alt. 31
🛈 *Office de tourisme, 8, place de la Victoire* ℘ *02 40 24 34 44, Fax 02 40 11 08 10*
Paris 450 – Nantes 76 – Rennes 120 – St-Nazaire 19 – Vannes 74.

⚠ **La Roseraie** avr.-sept.
℘ 02 40 60 46 66, *camping@laroseraie.com*,
Fax 02 40 60 11 84, *www.laroseraie.com* – **R** conseillée
5 ha (235 empl.) plat, sablonneux, herbeux
Tarif : 🏕 👤 8 € ⛺ 🚗 📧 15 € – 📧 (6A) 5 € – frais de réservation 30 €
Location 🏠 : 90 🛖 (4 à 6 pers.) 265 à 669 €/sem.
🚐 1 borne artisanale – 2 📧
Pour s'y rendre : sortie NE de la Baule-Escoublac

> Nature : 🗂 ♀
> Loisirs : 🍽 ※ 🏊 🎦 nocturne 🎣
> salle d'animation 🏓 🎯 🖼 (dé-
> couverte en saison) ⛷ terrain om-
> nisports
> Services : ♿ 🚿 GB 🐕 🔋 🧺 ☺ 🛒
> 🧺 📞 🖼 🚿

La BERNERIE-EN-RETZ

⊠ 44760 – **316** D5 – 2 139 h. – alt. 24
🛈 *Office de tourisme, 3, chaussée du Pays de Retz* ℘ *02 40 82 70 99, Fax 02 51 74 61 40*
Paris 426 – Challans 40 – Nantes 46 – St-Nazaire 36.

⚠ **Les Écureuils** 👥 – 12 avr.-17 sept.
℘ 02 40 82 76 95, *camping.les-ecureuils@wanadoo.fr*,
Fax 02 40 64 79 52, *www.camping-les-ecureuils.com* – **R** indispensable
5,3 ha (325 empl.) plat et peu incliné, herbeux
Tarif : 31 € 🏕 👤 ⛺ 🚗 📧 📧 (10A) – pers. suppl. 6,50 € – frais
de réservation 20 €
Location (29 mars-27 sept.) : 56 🛖 (4 à 6 pers.) 280 à
730 €/sem. – 19 🏠 (4 à 6 pers.) 230 à 660 €/sem. – (sans
sanitaires)
Pour s'y rendre : sortie NE, rte de Nantes et à gauche
après le passage à niveau, av. Gilbert-Burlot, à 350 m de la
mer

> Nature : ♀
> Loisirs : 🍽 🎦 nocturne 🎯 🏓 🚲
> ※ ⛷ ⛷
> Services : ♿ 🚿 GB 🐕 🔋 ☺ 🛒
> 🧺 🖼 🚿
> À prox. : 🛒 🦆

BLAIN

✉ 44130 – **316** F3 – G. Bretagne – 7 733 h. – alt. 23
🛈 *Office de tourisme, 2, place Jean Guihard* ℰ 02 40 87 15 11
Paris 411 – Nantes 41 – Nort-sur-Erdre 22 – Nozay 16 – St-Nazaire 44.

▲ **Municipal le Château** mai-1er oct.
ℰ 02 40 79 11 00, *otsi.blain@free.fr*, Fax 02 40 79 83 72,
www.ville-blain.fr – **R** conseillée
1 ha (44 empl.) plat, herbeux
Tarif : 10 € ⁂ ⛺ 🚐 🔟 (10A) – pers. suppl. 1,70 €
🚐 1 borne artisanale – 4 🔟 – 🚐 8 €
Pour s'y rendre : sortie SO par N 171, rte de St-Nazaire et
chemin à gauche, à 250 m du canal de Nantes à Brest (halte
fluviale)
À savoir : cadre verdoyant et soigné, près d'un château du
14e s.

Nature : ⚲
Loisirs : 🏠 🏕
Services : ⛓ ⚡ (juil.-août) 🔧 🔟 🛁 ⊕ 🚿
À prox. : 🚐 🍽 ✕ ✂ 🔟 (décou-
verte l'été) 🐎

CAREIL

✉ 44350 – **316** B4 – G. Bretagne
Paris 455 – Nantes 78 – Vannes 65.

▲▲ Trémondec
ℰ 02 40 60 00 07, *info@camping-tremondec.com*,
Fax 02 40 60 91 10, *www.camping-tremondec.com*
– **R** conseillée
2 ha (100 empl.) peu incliné et en terrasses, herbeux
Location : 21 🏚
Pour s'y rendre : 48 r. du Château

Nature : 🏕 ⚲
Loisirs : 🍽 🏠 🏕 🏊
Services : ⛓ ⚡ 🔟 🛁 🏰 ⊕ 🔟 🚿
À prox. : 🚐

541

GUÉMENÉ-PENFAO

✉ 44290 – **316** F2 – 4 572 h. – alt. 37
🛈 *Office de tourisme, 9 bis, place Simon* ℰ 02 40 79 30 83, Fax 02 40 51 16 13
Paris 408 – Bain-de-Bretagne 35 – Châteaubriant 39 – Nantes 59 – Redon 20 – St-Nazaire 57.

▲▲ **L'Hermitage** avr.-oct.
ℰ 02 40 79 23 48, *contact@campinglhermitage.com*,
Fax 02 40 79 23 48, *www.campinglhermitage.com*
– **R** conseillée
2,5 ha (83 empl.) plat, et peu incliné, herbeux
Tarif : 18,50 € ⁂ ⛺ 🚐 🔟 (10A) – pers. suppl. 5 €
Location 🏕 : 5 🏚 (4 à 6 pers.) 245 à 480 €/sem. –
bungalows toilés – gîte d'étape
🚐 1 borne eurorelais 5 €
Pour s'y rendre : E : 1,2 km par rte de Châteaubriant et
chemin à dr., près de la piscine municipale
À savoir : agréable cadre boisé

Nature : ⚲⚲
Loisirs : 🏠 🏕 🚲 🏊 (petite pis-
cine) ⛷
Services : ⛓ ⚡ 🟦 🔧 🔟 ⊕ 🚿 🔟
À prox. : 🏊 ✕ 🔟 🎣 🐎 terrain
omnisports

HERBIGNAC

✉ 44410 – **316** C3 – 4 353 h. – alt. 18
🛈 *Syndicat d'initiative, 2, rue Pasteur* ℰ 02 40 19 90 01
Paris 446 – La Baule 23 – Nantes 72 – La Roche-Bernard 9 – St-Nazaire 28 – Vannes 49.

▲ **Le Ranrouet** avr.-sept.
ℰ 02 40 88 96 23, *www.herbignac.com* – **R** conseillée
1,5 ha (83 empl.) plat, herbeux
Tarif : 15,60 € ⁂ ⛺ 🚐 🔟 (6A) – pers. suppl. 3,80 €
🚐 1 borne 3,50 €
Pour s'y rendre : sortie E par D 33, rte de Pontchâteau et à
dr., r. René-Guy-Cadou

Nature : ⚲⚲
Loisirs : 🏠 🏕
Services : ⛓ ⚡ (juil.-août) 🔧 🔟 ⊕
🔟
À prox. : 🚐 ✕ 🌊 (plan d'eau avec
plage 7 km)

MACHECOUL

✉ 44270 – **316** F6 – G. Poitou Charentes Vendée – 5 420 h. – alt. 5
🛈 *Office de tourisme, 14, place des Halles* 🖉 *02 40 31 42 87*
Paris 420 – Beauvoir-sur-Mer 23 – Nantes 39 – La Roche-sur-Yon 56 – St-Nazaire 56.

⚠ **La Rabine** 15 avr.-sept.
🖉 02 40 02 30 48, *camprabine@wanadoo.fr,*
Fax 02 40 02 30 48, *www.machecoul.fr* – **R** conseillée
2,8 ha (131 empl.) plat, herbeux
Tarif : 👤 3,40 € ⛺ 1,20 € 🅴 1,60 € – 🔌 (13A) 3,20 €
Pour s'y rendre : sortie S par D 95, rte de Challans, bord du
Falleron

> Nature : 🔲🔲
> Loisirs : salle d'animation 🏊 🎣
> Services : 🔧 🅾 🆖 🅰 🔲 ⊕ 🔲
> À prox. : 🔲 🔲 🔲

MESQUER

✉ 44420 – **316** B3 – 1 467 h. – alt. 6
🛈 *Office de tourisme, place du Marché - Quimiac* 🖉 *02 40 42 64 37, Fax 02 40 42 50 89*
Paris 460 – La Baule 16 – Muzillac 32 – Pontchâteau 35 – St-Nazaire 29.

⚠ **Soir d'Été** 5 mars-sept.
🖉 02 40 42 57 26, *nadine-houssais@wanadoo.fr,*
Fax 02 51 73 97 76, *www.camping-soirdete.com*
– **R** conseillée
1,5 ha (92 empl.) plat et peu incliné, herbeux, sablonneux
Tarif : 24,40 € 👤 ⛺ 🅴 – pers. suppl. 6,50 € – frais de
réservation 15 €
Location : 10 🛖 (4 à 6 pers.) 280 à 650 €/sem. – 16 🏠
(4 à 6 pers.) 290 à 600 €/sem.
Pour s'y rendre : NO : 2 km par D 352 et rte à gauche
À savoir : cadre ombragé

> Nature : 🔲 🔲 🔲
> Loisirs : 🍺 snack 🔲 🏊 🔲
> Services : 🔧 🅾 🆖 🅰 🔲 🔲 ⊕ 🔲
> 🔲
> À prox. : 🚲 🔲 🔲 🔲 🔲

⚠ **Le Praderoi** 14 juin-15 sept.
🖉 02 40 42 66 72, *camping.praderoi@wanadoo.fr,*
Fax 02 40 42 66 72, *http://perso.wanadoo.fr/mtger.de*
bonne – **R**
0,4 ha (30 empl.) plat, sablonneux, herbeux
Tarif : 21,60 € 👤 ⛺ 🅴 🔌 (5A) – pers. suppl. 4 €
Location : 3 🛖 (2 à 4 pers.) 240 à 340 €/sem.
🛻 1 borne artisanale
Pour s'y rendre : NO : 2,5 km, à Quimiac, à 100 m de la
plage

> Nature : 🔲 🔲
> Loisirs : 🏊
> Services : 🔧 🅾 🔲 🔲 ⊕ 🔲
> À prox. : 🔲

Si vous recherchez :
⚠ *Un terrain au bord de l'eau avec possibilité de baignade*
🔲 *Un terrain agréable ou très tranquille*
L *Un terrain effectuant la location de caravanes, de mobile homes,*
   de bungalows ou de chalets
P *Un terrain ouvert toute l'année*
🛻 *Un terrain possédant une aire de services pour camping-cars*
Consultez le tableau des localités

NANTES

✉ 44000 – **316** G4 – G. Bretagne – 270 251 h. – alt. 8
🛈 *7, rue de Valmy* 🖉 *08 92 46 40 44, Fax 02 40 89 11 99*
Paris 381 – Angers 88 – Bordeaux 325 – Lyon 660 – Quimper 233 – Rennes 109.

⚠ **Le Petit Port** Permanent
🖉 02 40 74 47 94, *camping-petit-port@nge-nantes.fr,*
Fax 02 40 74 23 06, *www.nge-nantes.fr* – **R** conseillée
8 ha (200 empl.) plat, peu incliné, herbeux, gravillons
Tarif : 👤 3,50 € ⛺ 🅴 9 € – 🔌 (16A) 3,50 €
Location : 36 🛖 (4 à 6 pers.) 189 à 511 €/sem.
🛻 1 borne raclet 4 € – 🔲 13 €
Pour s'y rendre : bd du Petit-Port, bord du Cens

> Nature : 🔲 🔲
> Loisirs : 🏊 🚲 🔲
> Services : 🔧 🅾 🆖 🅰 🔲 🔲 🔲
> 🔲 🔲 🔲 🔲 sèche-linge
> À prox. : 🍴 crêperie patinoire, bo-
> wling 🔲

542

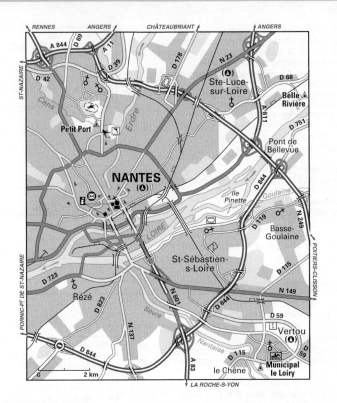

543

NORT-SUR-ERDRE

⊠ 44390 – **316** G3 – 5 885 h. – alt. 13

⋆ Office de tourisme, quai Saint-Georges ✆ 02 51 12 60 74, Fax 02 40 72 17 03
Paris 372 – Ancenis 27 – Châteaubriant 37 – Nantes 32 – Rennes 82 – St-Nazaire 65.

Municipal du Port-Mulon avr.-sept.
✆ 02 40 72 23 57, camping.nort-sur-erdre@orange.fr,
Fax 02 40 72 16 09, www.nort-sur-erdre.fr – **R** conseillée
1,8 ha (70 empl.) plat, herbeux
Pour s'y rendre : S : 1,5 km par rte de l'hippodrome et à gauche
À savoir : dans une agréable chênaie, à 100 m de l'Erdre

Nature : ⌔ ⌒ ⏶
Loisirs : ⏃
Services : ⊶ ⚲ ⟐ ⊛ ⌂ ⟐ ⊡
À prox. : au plan d'eau : ⏃ ⚿ halte fluviale

PIRIAC-SUR-MER

⊠ 44420 – **316** A3 – G. Bretagne – 1 898 h. – alt. 7

⋆ Office de tourisme, 7, rue des Cap-Horniers ✆ 02 40 23 51 42, Fax 02 40 23 51 19
Paris 462 – La Baule 17 – Nantes 88 – La Roche-Bernard 33 – St-Nazaire 31.

Armor Héol ⋆ – 5 avr.-21 sept.
✆ 02 40 23 57 80, armor.heol@wanadoo.fr,
Fax 02 40 23 59 42, www.camping-armor-heol.com – **R** indispensable
4,5 ha (210 empl.) plat, herbeux, petit étang
Tarif : 35,50 € ⋆ ⚲ 🚐 ▣ ⚡ (5A) – pers. suppl. 8 € – frais de réservation 25 €
Location : 62 🚐 (4 à 6 pers.) 306 à 810 €/sem. – 18 ⌂ (4 à 6 pers.) 286 à 810 €/sem.
Pour s'y rendre : SE : 1 km sur D 333, rte de Guérande
À savoir : bel ensemble aquatique, loisirs et commercial

Nature : ⌒ ⏶⏶
Loisirs : ⟐ snack ⌨ ⏃ nocturne ⏃⏃ ⏃ salle d'animation ⏃ ⚿ ▣ ⏃ ⏃ terrain omnisports
Services : ⛝ ⊶ (saison) ⅁⅁ ⚲ ⌂ ⊛ ⊛ ⊡
À prox. : ⏃ ⏃ ⌂ ⏃ ⏃ (centre équestre)

PIRIAC-SUR-MER

Parc du Guibel 22 mars-sept.
    ✆ 02 40 23 52 67, *camping@parcduguibel.com*,
Fax 02 40 15 50 24, *www.parcduguibel.com* – **R** indispensable
14 ha (450 empl.) plat, peu incliné, herbeux
Tarif : 23,55 € ✶ ⬌ 🅔 (10A) – pers. suppl. 5,25 € –
frais de réservation 16 €
Location : 100 ⛺ (4 à 6 pers.) 273 à 749 €/sem. – 34
🏠 (4 à 6 pers.) 385 à 791 €/sem.
⛺ 1 borne – 🚐 17.30 €
Pour s'y rendre : E : 3,5 km par D 52, rte de Mesquer et rte
de Kerdrien à gauche
À savoir : agréable cadre boisé

> Nature : 🌊 ⛫ ♀♀
> Loisirs : ⛾ snack 🏠 🏊 🚲 ⛳
> terrain omnisports
> Services : ⛶ ⛼ ⊝ 🅶🅱 ⚡ 🔧 ⊕ 🧺 ⛽
> ⛴ 🍽 🧊 🛒
> À prox. : 🛒 ✕ 🐕 🐎 (centre éques-
> tre)

Mon Calme mai-fin sept.
    ✆ 02 40 23 60 77, *campingmoncalme@free.fr*,
Fax 02 40 23 62 28, *www.campingmoncalme.com*
– **R** conseillée
1,2 ha (105 empl.) plat, herbeux
Tarif : 25,80 € ✶ ⬌ 🅔 (10A) – pers. suppl. 6,10 € –
frais de réservation 14 €
Location 🛇 : 14 ⛺ (4 à 6 pers.) 265 à 610 €/sem.
Pour s'y rendre : S : 1 km par rte de la Turballe et à gauche,
à 450 m de l'océan

> Nature : ♀♀
> Loisirs : pizzeria 🏊 🛝
> Services : ⛶ ⊝ ⚡ 🧊 🛒 ⊕ 🔧
> À prox. : 🛒 ✕ 🛶 🐎 🐕

La PLAINE-SUR-MER

✉ 44770 – **316** C5 – 2 517 h. – alt. 26
🛈 *Office de tourisme, square du Fort Gentil* ✆ 02 40 21 52 52
Paris 438 – Nantes 58 – Pornic 9 – St-Michel-Chef-Chef 7 – St-Nazaire 28.

La Tabardière 👥 – 5 avr.-sept.
    ✆ 02 40 21 58 83, *info@camping-la-tabardiere.com*,
Fax 02 40 21 02 68, *www.camping-la-tabardiere.com* – **R** indispensable
6 ha (255 empl.) en terrasses, herbeux
Tarif : 30,50 € ✶ ⬌ 🅔 (8A) – pers. suppl. 6,20 €
Location 🛇 : 23 🏠 (4 à 6 pers.) 190 à 700 €/sem.
⛺ 1 borne raclet 13 € – 5 🅔 13 €
Pour s'y rendre : E : 3,5 km par D 13, rte de Pornic et rte à
gauche

> Nature : 🌊 ♀♀
> Loisirs : ⛾ 🏠 🏊 🚴 🏊 🛝 🔲 (dé-
> couverte en saison) 🏊 terrain om-
> nisports
> Services : ⛶ ⊝ 🅶🅱 ⚡ 🧊 🔧 🧺 ⊕
> ⛴ ⛴ 🧊 🛒
> À prox. : 🛒 ✕ 🐎 (centre éques-
> tre)

Le Ranch avr.-sept.
    ✆ 02 40 21 52 62, *info@camping-le-ranch.com*,
Fax 02 51 74 81 31, *www.camping-le-ranch.com* – **R** indis-
pensable
3 ha (180 empl.) plat, herbeux
Tarif : 26,80 € ✶ ⬌ 🅔 (6A) – pers. suppl. 5 € – frais de
réservation 15 €
Location 🛇 : 14 ⛺ (4 à 6 pers.) 245 à 550 €/sem. – 8
🏠 (4 à 6 pers.) 295 à 590 €/sem. – (sans sanitaires)
Pour s'y rendre : NE : 3 km par D 96, rte de St-Michel-Chef-
Chef

> Nature : ♀
> Loisirs : ⛾ 🏠 🏊 🛝 🏊
> Services : ⛶ ⊝ 🅶🅱 ⚡ 🧊 🔧 🧺 ⊕
> 🛒
> À prox. : 🛒 🐎 (centre équestre)

PONTCHÂTEAU

✉ 44160 – **316** D3 – G. Bretagne – 7 773 h. – alt. 7
🛈 *Office de tourisme, 1, place du Marché* ✆ 02 40 88 00 87
Paris 425 – La Baule 40 – Nantes 51 – Redon 28 – La Roche-Bernard 22 – St-Nazaire 25.

Le Bois de Beaumard avr.-1er oct.
    ✆ 02 40 88 03 36, *obocamp@aol.com*, Fax 02 40 88 03 36,
www.campingbeaumard.com – **R** conseillée
1 ha (25 empl.) plat, herbeux, bois attenant
Tarif : 13,50 € ✶ ⬌ 🅔 (10A) – pers. suppl. 3 €
Pour s'y rendre : sortie NO par D 33, rte d'Herbignac puis à
dr., 2 km par D 126 rte de Sévérac et rte de Beaumard à
gauche
À savoir : agréable cadre boisé et fleuri

> Nature : 🌊 ⛫ ♀♀
> Loisirs : 🏠 🏊 🚲
> Services : ⛶ ⊝ ⚡ 🧊 ⊕ 🛒
> À prox. : 🛒 ✕ 🔲 (découverte en
> saison)

PORNIC

✉ 44210 – **316** D5 – G. Poitou Charentes Vendée – 11 903 h. – alt. 20
🛈 *Office de tourisme, place de la Gare* ✆ *02 40 82 04 40, Fax 02 40 82 90 12*
Paris 429 – Nantes 49 – La Roche-sur-Yon 89 – Les Sables-d'Olonne 93 – St-Nazaire 30.

La Boutinardière 5 avr.-4 oct.
✆ 02 40 82 05 68, *info@laboutinardiere.com,*
Fax 02 40 82 49 01, *www.camping-boutinardiere.com*
– **R** conseillée
7,5 ha (400 empl.) peu incliné, herbeux
Tarif : 38,50 € ♦ ⇔ 🅴 ⚡ (10A) – pers. suppl. 7,50 € –
frais de réservation 25 €
Location : 37 🏠 (4 à 6 pers.) 270 à 840 €/sem.
🚐 – 5 🅴 – 🚐 10 €
Pour s'y rendre : SE : 5 km par D 13 et rte à dr., à 200 m de
la plage

> Nature : 🌄 🏕 🌲
> Loisirs : 🍽 🍴 snack 🍸 nocturne
> 🛁 hammam 🚴 🔥 🏊 🏓 🎿
> terrain omnisports
> Services : 🚿 GB ✇ 🍴 🛒 🗑 🚮
> 🚐 🕸 🍴 🔧 🚐
> À prox. : 🏪 🍴 🎯 🏇 (centre
> équestre) golf (18 trous)

La Chênaie 26 avr.-14 sept.
✆ 02 40 82 07 31, *la.chenaie44@wanadoo.fr,*
Fax 02 40 27 95 67, *www.campinglachenaie.com* – **R** indispensable
4,5 ha (134 empl.) peu incliné, terrasses, herbeux
Tarif : 28 € ♦ ⇔ 🅴 ⚡ (10A) – pers. suppl. 6 € – frais de
réservation 15 €
Location 🏠 : 18 🏠 (4 à 6 pers.) 290 à 650 €/sem.
🚐 2 bornes artisanales – 4 🅴 – 🚐 10 €
Pour s'y rendre : E : par D 751, rte de Nantes et rte à gauche

> Nature : 🏕
> Loisirs : 🏊 🚴 🎿
> Services : 🚿 ⚡ (juil.-août) GB ✇
> 🍴 🕸 🗑 🚮
> À prox. : 🏪 🍴 🎯 🏇 (centre
> équestre) golf (18 trous)

Le POULIGUEN

✉ 44510 – **316** B4 – G. Bretagne – 5 266 h. – alt. 4
🛈 *Office de tourisme, Port Sterwitz* ✆ *02 40 42 31 05, Fax 02 40 62 22 27*
Paris 453 – Guérande 8 – La Baule 4 – Nantes 80 – St-Nazaire 23.

Municipal les Mouettes avr.-15 oct.
✆ 02 40 42 43 98, *lesmouettes@mairie-lepouliguen.fr,*
Fax 02 40 42 43 98 – **R**
4,7 ha (220 empl.) plat, sablonneux, herbeux, petit lac
Tarif : 15,40 € ♦ ⇔ 🅴 ⚡ (6A) – pers. suppl. 4,30 €
🚐 1 borne raclet 2 €
Pour s'y rendre : à l'O de la station par D 45, attenant au
stade, 45 bd de l'Atlantique

> Nature : 🏕 🌲
> Loisirs : 🍸 🏊
> Services : 🚿 ⚡ (juil.-août) GB ✇
> 🔧 🚮
> À prox. : 🏪 🛶

545

Municipal le Clein 23 mars-17 sept.
✆ 02 40 42 43 99, *leclein@mairie-le-pouliguen.fr,*
Fax 02 40 42 43 99 – **R**
1,5 ha (128 empl.) plat, sablonneux, herbeux
Tarif : 19,40 € ♦ ⇔ 🅴 ⚡ (10A) – pers. suppl. 4,30 €
Pour s'y rendre : 22 rue de Kerdun, à proximité du centre-
ville et de la plage

> Loisirs : 🏊
> Services : 🚿 GB ✇ 🍴 🔧 🚮
> À prox. : 🏪 🛶

PRÉFAILLES

✉ 44770 – **316** C5 – 1 038 h. – alt. 10
🛈 *Office de tourisme, 17, Grande Rue* ✆ *02 40 21 62 22, Fax 02 40 64 53 45*
Paris 440 – Challans 56 – Machecoul 38 – Nantes 60 – St-Nazaire 30.

Éléovic 5 avr.-28 sept.
✆ 02 40 21 61 60, *info@camping-eleovic.com,*
Fax 02 40 64 51 95, *www.camping-eleovic.com* – **R** conseillée 🚫
3 ha (138 empl.) plat, peu incliné, herbeux
Tarif : 35,80 € ♦ ⇔ 🅴 ⚡ (10A) – pers. suppl. 8,30 € –
frais de réservation 15 €
Location : 40 🏠 (4 à 6 pers.) 280 à 750 €/sem.
🚐 1 borne artisanale
Pour s'y rendre : O : 1 km par D 75, rte de la Pointe St-Gildas
À savoir : situation dominant l'océan et des criques pittoresques

> Nature : 🌄 🏕 🌲
> Loisirs : 🍴 🍸 nocturne 🏃 🎿
> 🏊 🎿
> Services : 🚿 GB ✇ 🍴 🗑 🚮 🍴
> À prox. : parcours sportif

ST-BRÉVIN-LES-PINS

✉ 44250 – **316** C4 – G. Poitou Charentes Vendée – 9 594 h. – alt. 9
Pont de St-Nazaire : 3 km
🏢 *Office de tourisme, 10, rue de l'Église* ✆ 02 40 27 24 32, Fax 02 40 39 10 34
Paris 438 – Challans 62 – Nantes 64 – Noirmoutier-en-l'Île 70 – Pornic 18 – St-Nazaire 14.

Le Fief ♣♦ – 22 mars-5 oct.
✆ 02 40 27 23 86, *camping@lefief.com*, Fax 02 40 64 46 19,
www.lefief.com – **R** indispensable
7 ha (413 empl.) plat, herbeux
Tarif : 43 € ★ 🚗 🔲 🔌 (5A) – pers. suppl. 9 € – frais de
réservation 20 €
Location : 123 🛖 (4 à 6 pers.) 364 à 910 €/sem. – 10
🏠 (4 à 6 pers.) 364 à 861 €/sem. – bungalows toilés
🛖 🚐 13 €
Pour s'y rendre : S : 2,4 km par rte de St-Brévin-l'Océan et
à gauche, chemin du Fief
À savoir : bel espace aquatique

Nature : 🌳 🌲
Loisirs : ▼ snack 🎱 🕯 nocturne
🏃 salle d'animation 🎯🎣 🏹 ⚽ 🏊
🏓 🎿 terrain omnisports
Services : 🛁 ⚡ GB 🔧 📷 🛒 🌊 ♨ 🚿
🧺 💧 📶 📦 🚮 🛗
À prox. : 🛒 🐎 🏇 🐟 (centre équestre)

Les Pierres Couchées ♣♦
✆ 02 40 27 85 64, *contact@pierres-couchees.com*,
Fax 02 40 64 97 03, *www.pierres-couchees.com*
– **R** conseillée
14 ha/9 campables (473 empl.) plat et accidenté,
sablonneux, herbeux
Location : 17 🛖 – 85 🏠
Pour s'y rendre : S : 5 km par D 213, au lieu-dit l'Ermitage
À savoir : agréable cadre boisé à 450 m de la plage

Nature : 🌲🌲
Loisirs : ▼ ✗ 🎱 🕯 nocturne 🏃
🎣 🎯 🚴 ⚽ 🏓 🏊 🎿 terrain
omnisports, théâtre de plein air
Services : 🛁 ⚡ 📷 📶 🌊 ♨ 🛒 📦 🚮
🚿
À prox. : 🏇

Le Mindin Permanent
✆ 02 40 27 46 41, *info@camping-de-mindin.com*,
Fax 02 40 39 20 53, *www.camping-de-mindin.com*
– **R** conseillée
1,7 ha (87 empl.) plat, sablonneux, herbeux
Tarif : 19,80 € ★ 🚗 🔲 🔌 (6A)
Location : 30 🛖 (4 à 6 pers.) 205 à 645 €/sem.
🛖 1 borne artisanale 3 € – 2 🔲 – 🚐 10 €
Pour s'y rendre : N : 2 km, près de l'océan (accès direct)

Nature : 🌲
Loisirs : ▼ snack 🎱
Services : 🛁 ⚡ GB 🔧 📶 🌊 ♨ 🛒
📶 📦
À prox. : ✗

La Courance Permanent
✆ 02 40 27 22 91, *info@campinglacourance.fr*,
Fax 02 40 39 20 53, *www.campinglacourance.fr* – **R** conseillée
2,4 ha (156 empl.) plat, en terrasses, sablonneux
Tarif : 17,50 € ★ 🚗 🔲 🔌 (10A) – pers. suppl. 4,50 € –
frais de réservation 21 €
Location : 16 🛖 (4 à 6 pers.) 255 à 630 €/sem.
🛖 1 borne artisanale 3 € – 🚐 10 €
Pour s'y rendre : Sortie S, 110 av. Maréchal-Foch, bord de
l'océan

Nature : 🌲🌲
Loisirs : 🕯 nocturne 🎣
Services : 🛁 ⚡ GB 🔧 📶 🌊 ♨ 🛒
📶 📦 sèche-linge
À prox. : ⚽ 🔲

ST-PÈRE-EN-RETZ

✉ 44320 – **316** D4 – 3 454 h. – alt. 14
Paris 425 – Challans 54 – Nantes 45 – Pornic 13 – St-Nazaire 25.

Le Grand Fay
✆ 02 40 21 72 89, *legrandfay@aol.com*, Fax 02 40 82 40 27,
www.camping-granfay.com – **R** conseillée
1,2 ha (91 empl.) plat et peu incliné, herbeux
Location : 4 🛖
Pour s'y rendre : sortie E par D 78, rte de Frossay puis
0,5 km par rue à dr; près du parc des sports et d'un lac

Nature : 🌲
Loisirs : 🎣 🎿 (petite piscine)
Services : ⚡ 🌊 ♨ 📦
À prox. : ⚽

*Les indications d'accès à un terrain sont généralement indiquées,
dans notre guide, à partir du centre de la localité.*

STE-LUCE-SUR-LOIRE

✉ 44980 – **316** H4 – 11 261 h. – alt. 9
Paris 378 – Nantes 7 – Angers 82 – Cholet 58.

Schéma à Nantes

⚠ **Belle Rivière** Permanent
  ℘ 02 40 25 85 81, *belleriviere@wanadoo.fr,*
  Fax 02 40 25 85 81, *www.camping-belleriviere.com*
  – **R** conseillée
  3 ha (100 empl.) plat, herbeux
  Tarif : 16,80 € ✶ ⬅ 🅴 🔌 (10A) – pers. suppl. 3,60 € –
  frais de réservation 15 €
  🚐 1 borne artisanale
  Pour s'y rendre : NE : 2 km par D 68, rte de Thouaré
  puis au lieu-dit la Gicquelière, 1 km par rte à dr; accès direct
  à un bras de la Loire
  À savoir : agréable cadre pittoresque

Nature : 🏕 🌳
Loisirs : 🏊🎯
Services : 🔥 🔑 (juin-oct.) 🆖 🐕 🏪 🗑 ⊕ 🎿 🔧
À prox. : 🐎 (centre équestre)

Benutzen Sie
– zur Wahl der Fahrtroute
– zur Berechnung der Entfernungen
– zur exakten Lokalisierung eines Campingplatzes (mit Hilfe der Angaben im Ortstext)
die für diesen Führer unentbehrlichen **MICHELIN-Karten** *.*

THARON-PLAGE

✉ 44730 – **316** C5
Paris 444 – Nantes 59 – Vannes 94.

⚠ **La Riviera** fév.-nov.
  ℘ 02 28 53 54 88, *camping.la.riviera@wanadoo.fr,*
  Fax 02 28 53 54 62, *www.campinglariviera.com* – places limitées pour le passage – **R** conseillée
  6 ha (250 empl.) plat, terrasses, herbeux, pierreux
  Tarif : 22 € ✶ ⬅ 🅴 🔌 (10A) – pers. suppl. 5 € – frais de
  réservation 15 €
  Location (mai-sept.) : 4 🛖 (4 à 6 pers.) 255 à
  510 €/sem.
  Pour s'y rendre : à l'E de la station, par D 96 rte de
  St-Michel-Chef-Chef

Loisirs : 🍷 🏓 🏊
Services : 🔥 🔑 🆖 🐕 🏪 🗑 ⊕ 🎿 🚿 🖥

547

Les bords de Loire à Sully

B. Kaufmann/Michelin

La TURBALLE

✉ 44420 – **316** A3 – G. Bretagne – 4 042 h. – alt. 6
🅱 *Office de tourisme, place du Général-de-Gaulle* ✆ *02 40 23 39 87, Fax 02 40 23 32 01*
Paris 457 – La Baule 13 – Guérande 7 – Nantes 84 – La Roche-Bernard 31 – St-Nazaire 27.

⚞⚞⚞ **Parc Ste-Brigitte** avr.-1ᵉʳ oct.
✆ 02 40 24 88 91, saintebrigitte@wanadoo.fr,
Fax 02 40 15 65 72, www.campingsaintebrigitte.com
– **R** conseillée
10 ha/4 campables (150 empl.) plat, peu incliné, herbeux,
étang
Tarif : 28,80 € 🕴 ⇔ 🅴 (10A) – pers. suppl. 6 € – frais
de réservation 15,25 €
Location : 12 ⬚ (4 à 6 pers.) 375 à 695 €/sem.
⬚ 1 borne artisanale
Pour s'y rendre : SE : 3 km rte de Guérande
À savoir : agréable domaine boisé

| Nature : ♀♀ |
| Loisirs : ✗ ⬚ ⬚ 🚲 ⬚ (décou- |
| verte en saison) ⬚ |
| Services : 🚻 ⛽ 🚐 🍴 ⬚ ⬚ ⬚ ⬚ |
| À prox. : ⬚ ✗ ⬚ ⬚ ⬚ |

⚞⚞⚞ **Municipal les Chardons Bleus** mai-sept.
✆ 02 40 62 80 60, camping.les.chardons.bleus@wana
doo.fr, Fax 02 40 62 85 40 – **R** conseillée
5 ha (300 empl.) plat, sablonneux, herbeux
Tarif : (Prix 2007) 20,25 € 🕴 ⇔ 🅴 (10A) – pers.
suppl. 4,40 € – frais de réservation 10 €
⬚ 28 🅴 16,80 €
Pour s'y rendre : S : 2,5 km, bd de la Grande Falaise
À savoir : près de la plage avec accès direct

| Nature : ⬚ |
| Loisirs : ⬚ brasserie ⬚ ⬚ ⬚ |
| Services : 🚻 ⛽ GB 🍴 ⬚ ⬚ ⬚ ⬚ |
| ⬚ ⬚ |
| À prox. : ⬚ 🚲 ✗ ⬚ ⬚ 🐴 parcours |
| sportif |

VERTOU

✉ 44120 – **316** H4 – 20 268 h. – alt. 32
🅱 *Office de tourisme, place du Beau Verger* ✆ *02 40 34 12 22, Fax 02 40 34 06 86*
Paris 389 – Nantes 10 – Cholet 54 – La Roche-sur-Yon 68.
Schéma à Nantes

⚞ **Municipal le Loiry** avr.-sept.
✆ 02 40 80 07 10, campingloiry@mairie-vertou.fr,
Fax 02 40 80 07 10, www.vertou.fr – **R** conseillée
2 ha (73 empl.) plat, herbeux
Tarif : 12 € 🕴 ⇔ 🅴 (10A) – pers. suppl. 2,45 €
⬚ 1 borne artisanale 3,15 €
Pour s'y rendre : au S du bourg, sur D 115, rte de Rezé
À savoir : dans un cadre verdoyant, près d'un plan d'eau
(parc de loisirs) et de la Sèvre Nantaise

| Nature : ⬚ ♀ |
| Loisirs : ⬚ |
| Services : 🚻 ⛽ GB 🍴 ⬚ ⬚ ⬚ |
| À prox. : ⬚ ⬚ brasserie ⬚ ✗ ⬚ |
| ⬚ ⬚ 🐴 (centre équestre) par- |
| cours sportif,canoë |

Maine-et-Loire (49)

ALLONNES

✉ 49650 – **317** J5 – 2 558 h. – alt. 28
Paris 292 – Angers 64 – Azay-le-Rideau 43 – Chinon 28 – Noyant 29 – Saumur 13.

⚞ **Le Pô Doré** 15 mars-15 nov.
✆ 02 41 38 78 80, camping.du.po.dore@wanadoo.fr,
Fax 02 41 38 78 80, www.camping-lepodore.com
– **R** conseillée
2 ha (90 empl.) plat, herbeux
Tarif : 18,50 € 🕴 ⇔ 🅴 (10A) – pers. suppl. 3,90 €
Location : 24 ⬚ (4 à 6 pers.) 329 à 506 €/sem.
Pour s'y rendre : NO : 3,2 km par D 10, rte de Saumur et
chemin à gauche

| Nature : ⬚ ⬚ |
| Loisirs : ⬚ ✗ ⬚ ⬚ 🚲 ⬚ |
| Services : 🚻 ⛽ GB 🍴 ⬚ ⬚ ⬚ ⬚ |
| ⬚ ⬚ ⬚ |

ANGERS

✉ 49000 – **317** F4 – G. Châteaux de la Loire – 151 279 h. – alt. 41 – Base de loisirs
🛈 *Office de tourisme, 7, place Kennedy* ✆ *02 41 23 50 00, Fax 02 41 23 50 09*
Paris 294 – Caen 249 – Laval 79 – Le Mans 97 – Nantes 88 – Saumur 67 – Tours 108.

Lac de Maine ▲▮ – 21 mars-10 oct.
✆ 02 41 73 05 03, *camping@lacdemaine.fr*,
Fax 02 41 73 02 20, *www.lacdemaine.fr* – **R** conseillée
4 ha (163 empl.) plat, herbeux, gravillons
Tarif : 20,40 € 🏕 🚐 🔲 (10A) – pers. suppl. 3 €
Location : 12 🛖 (4 à 6 pers.) 271 à 492 €/sem. –
bungalows toilés
🚐 1 borne artisanale
Pour s'y rendre : SO : 4 km par D 111, rte de Pruniers, près
du lac (accès direct) et à proximité de la base de loisirs

Nature : 🌳 🟢
Loisirs : snack 🎮 🏸 🚣 🚴 🏊
Services : 🕭 ⚡ 🅶🅱 🚿 🏧 🚽 ♻ ⊛
🧺 🛒 🪣 📶 🧊
À prox. : ✂ 🏊 🛶 🦆 swin golf,
canoë, pédalos

BOUCHEMAINE

✉ 49080 – **317** F4 – 6 153 h. – alt. 25
🛈 *Syndicat d'initiative, Hôtel de Ville* ✆ *02 41 22 20 00, Fax 02 41 22 20 01*
Paris 302 – Angers 10 – Candé 40 – Chenillé 45 – Le Lion-d'Angers 27.

Municipal le Château mai-sept.
✆ 02 41 22 20 00, *adm.generale@ville-bouchemaine.fr*,
Fax 02 41 22 20 01, *www.ville-bouchemaine.fr* – **R**
1 ha (71 empl.) plat, herbeux
Tarif : 8,05 € 🏕 🚐 🔲 – pers. suppl. 2,25 €
🚐 1 borne artisanale – 🚐 7.50 €
Pour s'y rendre : S par D 111, rte de Possonnière, près de
la Maine
À savoir : réservé aux tentes

Nature : 🟢🟢
Loisirs : 🍸
Services : 🚿 ♻ ⊛ 📶
À prox. : ✂ ✂ 🚣

549

BRAIN-SUR-L'AUTHION

✉ 49800 – **317** G4 – 2 803 h. – alt. 22
Paris 291 – Angers 16 – Baugé 28 – Doué-la-Fontaine 38 – Longué 28 – Saumur 39.

Du Port Caroline Permanent
✆ 02 41 80 42 18, *info@campingduportcaroline.fr*,
Fax 02 41 80 42 18, *www.campingduportcaroline.fr* – **R**
3,5 ha (121 empl.) plat, herbeux
Tarif : 13 € 🏕 🚐 🔲 🔌 (10A) – pers. suppl. 3 €
Location : 6 🛖 (4 à 6 pers.) 200 à 480 €/sem.
Pour s'y rendre : sortie S par D 113, rte de la Bohalle, à
100 m de l'Authion

Nature : 🌳 🟢
Loisirs : 🎮 🚣
Services : 🕭 🅶🅱 🚿 🏧 🚽 ♻ ⊛ 📶
À prox. : 🎣 terrain omnisports,
piste de skate-board

BRISSAC-QUINCÉ

✉ 49320 – **317** G4 – 2 296 h. – alt. 65
🛈 *Office de tourisme, 8, place de la République* ✆ *02 41 91 21 50, Fax 02 41 91 28 12*
Paris 307 – Angers 18 – Cholet 62 – Doué-la-Fontaine 23 – Saumur 39.

L'Étang mai-13 sept.
✆ 02 41 91 70 61, *info@campingetang.com*,
Fax 02 41 91 72 65, *www.campingetang.com* – **R** conseillée
3,5 ha (150 empl.) plat, herbeux, petit étang
Tarif : 31 € 🏕 🚐 🔲 🔌 (10A) – pers. suppl. 7 € – frais de
réservation 15 €
Location : 13 🛖 (4 à 6 pers.) 385 à 685 €/sem.
🚐 1 borne artisanale – 🚐 8 €
Pour s'y rendre : NE : 2 km par D 55 rte de St-Mathurin et
chemin à dr., bord de l'Aubance et près d'un étang
À savoir : emplacements spacieux et confortables, sur les
terres d'une ancienne ferme

Nature : 🏞 🌳
Loisirs : 🎮 🚴 🏊 (découverte en
saison)
Services : 🕭 ⚡ 🅶🅱 🚿 🏧 🚽 ♻ ⊛
📶 📶
À prox. : 🏊 petit parc de loisirs

CHALLAIN-LA-POTHERIE

⌧ 49440 – **317** C3 – 774 h. – alt. 58

Paris 340 – Ancenis 36 – Angers 47 – Château-Gontier 42.

Municipal de l'Argos mai-sept.

📞 02 41 94 12 64, *mairie.challain@wanadoo.fr*,
Fax 02 41 94 12 48 – **R** conseillée
0,8 ha (20 empl.) non clos, plat, herbeux
Tarif : (Prix 2007) 7 € ⚹ ⟺ 🅴 – pers. suppl. 2,50 €
Pour s'y rendre : au NE du bourg par D 73, rte de Loiré
À savoir : agréable situation près d'un étang et à proximité
du château

Nature : ⇐ ⌑ ♀
Loisirs : 🎯 ⋽
Services : 🚿 ⊶ (juil.-août) ⤳ ⊕

CHALONNES-SUR-LOIRE

⌧ 49290 – **317** E4 – G. Châteaux de la Loire – 5 594 h. – alt. 25

🚩 *Office de tourisme, place de l'Hôtel de Ville* 📞 02 41 78 26 21, Fax 02 41 74 91 54
Paris 322 – Nantes 82 – Angers 26 – Cholet 40 – Laval 94.

Le Landais saison

📞 02 41 78 02 27, Fax 02 41 78 94 07, *www.chalonnes-sur-
loire.fr* – **R** conseillée
3 ha (210 empl.) plat, herbeux
Tarif : 10 € ⚹ ⟺ 🅴 (5A) – pers. suppl. 2,50 €
Pour s'y rendre : E : 1 km par D 751, rte des Ponts-de-Cé,
bord de la Loire et près d'un plan d'eau

Nature : ♀
Loisirs : 🖼 ⋽
Services : 🚿 ⊶ ⤳ 🗒 🔊 ⊕ 🔳
À prox. : 🛒 🚲 ✕ 🚿 ⊼ canoë

LES GUIDES VERTS **MICHELIN**

Paysages, monuments
Routes touristiques
Géographie
Histoire, Art
Itinéraire de visite
Plans de villes et de monuments

550

CHÂTEAUNEUF-SUR-SARTHE

⌧ 49330 – **317** G2 – 2 409 h. – alt. 20

🚩 *Office de tourisme, Cour du Moulin* 📞 02 41 69 82 89, Fax 02 41 25 00 19
Paris 278 – Angers 31 – Château-Gontier 25 – La Flèche 33.

Municipal du Port mai-sept.

📞 02 41 69 82 02, *mairie.chateauneufsursarthe@wana
doo.fr*, Fax 02 41 96 15 29 – **R** conseillée
1 ha (60 empl.) plat, herbeux
Tarif : (Prix 2007) 9,65 € ⚹ ⟺ 🅴 – pers. suppl. 2,25 €
Pour s'y rendre : sortie SE par D 859, rte de Durtal et 2ème
chemin à dr. après le pont, bord de la Sarthe (halte nautique)

Nature : ⌑ ♀
Services : 🚿 ⊶ 🗒 🔊 ⊕ 🔳

CHEMILLÉ

⌧ 49120 – **317** E5 – 6 169 h. – alt. 84

🚩 *Office de tourisme, parc de l'Hôtel de Ville* 📞 02 41 46 14 64, Fax 02 41 46 03 46
Paris 331 – Angers 43 – Cholet 22 – Saumur 60.

Hôtellerie de Plein Air de Coulvée 25 avr.-15 sept.

📞 02 41 30 39 97, *camping-chemille-49@wanadoo.fr*,
Fax 02 41 30 39 00, *www.camping-coulvee-chemille.com*
– **R** conseillée
2 ha (42 empl.) plat, herbeux
Tarif : 13,50 € ⚹ ⟺ 🅴 (9A) – pers. suppl. 3,50 €
Location (permanent) : 12 🏠 (4 à 6 pers.) 187 à
302 €/sem.
Pour s'y rendre : sortie S par D 160, rte de Cholet et
chemin à dr., près d'un plan d'eau

Nature : ⌑
Services : 🚿 ⊶ 🆖 ⤳ 🗒 ⊕ ⚏ ⊺
⤳ 🔳
À prox. : 🎯 ⚓

CHOLET

☒ 49300 – **317** D6 – G. Châteaux de la Loire – 54 204 h. – alt. 91 – Base de loisirs
🖪 *Office de tourisme, 14, avenue Maudet* 🖉 *02 41 49 80 00, Fax 02 41 49 80 09*
Paris 353 – Ancenis 49 – Angers 64 – Nantes 60 – Niort 131 – La Roche-sur-Yon 70.

⚠ **Centre Touristique Lac de Ribou** ♣♣ – avr.-sept.
🖉 02 41 49 74 30, *info@lacderibou.com*,
Fax 02 41 58 21 22, *www.lacderibou.com* – **R** conseillée
5 ha (162 empl.) plat et peu incliné, herbeux
Tarif : 23,05 € ⚹ 🚗 🔲 ⚡ (10A) – pers. suppl. 4,80 € –
frais de réservation 15,95 €
Location (permanent) 📶 : 14 🛏 (4 à 6 pers.) 306 à
577 €/sem. – 45 🏠 (4 à 6 pers.) 340 à 657 €/sem. – gîtes
🚐 1 borne 5,45 € – 🚌 13.30 €
Pour s'y rendre : SE : 5 km par D 20, rte de Maulevrier et
D 600 à dr.
À savoir : à 100 m du lac (accès direct)

Nature : 🏞 🖙
Loisirs : 🍴 ✗ 🍽 🎮 nocturne 🏃 🏄 ♨ ⛷ 🏊
Services : 🕭 ⚲ 🖵 🗞 🚿 ▥ 🗄 ♨ 🍴 🛒 🗑 sèche-linge 🛒
À prox. : 🎣 🐎 practice de golf

CONCOURSON-SUR-LAYON

☒ 49700 – **317** G5 – 546 h. – alt. 55
Paris 332 – Angers 44 – Cholet 45 – Saumur 25.

⚠ **La Vallée des Vignes** avr.-sept.
🖉 02 41 59 86 35, *campingvdv@wanadoo.fr*,
Fax 02 41 59 09 83, *www.campingvdv.com* – **R** indispensable
3,5 ha (63 empl.) plat, herbeux
Tarif : 26 € ⚹ 🚗 🔲 ⚡ (10A) – pers. suppl. 5 € – frais de
réservation 10 €
Location 📶 : 5 🛏 (4 à 6 pers.) 250 à 590 €/sem.
🚐 🚌 15 €
Pour s'y rendre : O : 0,9 km par D 960, rte de Vihiers et rte
à dr. après le pont, bord du Layon
À savoir : cadre champêtre

Nature : 🖙
Loisirs : 🍴 🎮 nocturne 🏃 🏄 🚲 ♨ 🏊 🚿
Services : 🕭 ⚲ 🖵 🗞 🚿 🗄 ♨ ⊕ 🍴
🕻 🖩 🖵

551

COUTURES

☒ 49320 – **317** G4 – 478 h. – alt. 81
Paris 303 – Angers 25 – Baugé 35 – Doué-la-Fontaine 23 – Longué 22 – Saumur 29.

⚠ **Parc de Montsabert** 12 avr.-14 sept.
🖉 02 41 57 91 63, *camping@parcdemontsabert.com*,
Fax 02 41 57 90 02, *www.parcdemontsabert.com*
– **R** conseillée
5 ha (159 empl.) plat et peu incliné, herbeux, pierreux, sous
bois
Tarif : 28,50 € ⚹ 🚗 🔲 ⚡ (10A) – pers. suppl. 4,75 € –
frais de réservation 12 €
Location : 23 🛏 (4 à 6 pers.) 290 à 740 €/sem.
Pour s'y rendre : NE : 1,5 km, près du château de Montsa-
bert
À savoir : agréable parc boisé

Nature : 🏞 🖙 ♋♋
Loisirs : snack 🍽 🏄 ✗ ♨ 🏊
(découverte en saison) swin golf
Services : 🕭 ⚲ 🖵 🗞 🚿 ▥ 🗄 🔌 ⊕
♨ 🍴 🖩

DURTAL

☒ 49430 – **317** H2 – G. Châteaux de la Loire – 3 224 h. – alt. 39
🖪 *Syndicat d'initiative, 41, rue du Maréchal Leclerc* 🖉 *02 41 76 37 26, Fax 02 41 76 37 26*
Paris 261 – Angers 38 – La Flèche 14 – Laval 66 – Le Mans 63 – Saumur 66.

⚠ **International** 21 mars-28 sept.
🖉 02 41 76 31 80, *contact@camping-durtal.fr*, Fax néant,
www.camping-durtal.fr – **R** conseillée
3,5 ha (127 empl.) plat, herbeux
Tarif : (Prix 2007) 12,70 € ⚹ 🚗 🔲 ⚡ (6A) – pers.
suppl. 3,20 €
Location : 5 bungalows toilés
Pour s'y rendre : sortie NE par rte de la Flèche et rue à dr.
À savoir : situation et cadre agréables en bordure du Loir

Nature : 🏞 🖙 ♀
Loisirs : 🍴 snack 🍽 🏃 🏄 🏊
Services : 🕭 ⚲ 🖵 🗞 🗄 🔌 ⊕ 🍴
À prox. : 🏊

Le LION-D'ANGERS

✉ 49220 – **317** E3 – G. Châteaux de la Loire – 3 347 h. – alt. 45

🆔 *Office de tourisme, square des Villes Jumelées* 📞 *02 41 95 83 19, Fax 02 41 95 17 82*

Paris 295 – Angers 27 – Candé 27 – Château-Gontier 22 – La Flèche 51.

△ **Municipal les Frênes** 31 mai-7 sept.

📞 02 41 95 31 56, *mairie.lelionangers@wanadoo.fr*,

Fax 02 41 95 34 87 – **R** conseillée

2 ha (94 empl.) plat, herbeux

Tarif : (Prix 2007) 🛉 1,83 € 🔳 1,94 € – 🔌 (10A) 2,45 €

Pour s'y rendre : sortie NE par N 162, rte de Château-Gontier

À savoir : au milieu de frênes majestueux, au bord de l'Oudon

> Nature : 🌳
> Loisirs : 🎱 🏊
> Services : 🚿 ⊙ ⟲ ♻
> À prox. : 🐎 hippodrome

MONTREUIL-BELLAY

✉ 49260 – **317** I6 – G. Châteaux de la Loire – 4 112 h. – alt. 50

🆔 *Office de tourisme, place du Concorde* 📞 *02 41 52 32 39, Fax 02 41 52 32 35*

Paris 335 – Angers 54 – Châtellerault 70 – Chinon 39 – Cholet 61 – Poitiers 80 – Saumur 16.

△△△ **Les Nobis** ♣ – avr.-sept.

📞 02 41 52 33 66, *campinglesnobis@wanadoo.fr*,

Fax 02 41 38 72 88, *www.campinglesnobis.com* – **R** conseillée

4 ha (165 empl.) plat, terrasse, herbeux

Tarif : 21,90 € 🛉 🚗 🔳 🔌 (10A) – pers. suppl. 3,50 €

Location : 20 🛖 (4 à 6 pers.) 335 à 526 €/sem.

Pour s'y rendre : sortie NO, rte d'Angers et chemin à gauche avant le pont

À savoir : situation agréable sur les rives du Thouet et au pied des remparts du château

> Nature : 🏞 🌳🌳
> Loisirs : 🍴 ✕ 🎱 🎬 diurne ✵ 🏊
> 🏊 🎣
> Services : 🚿 ⊶ 🅶🅱 ⟲ 🏠 ♻ 🐾 ♨
> ☎ 🗑 🖼 sèche-linge
> À prox. : pédalos, canoë

MONTSOREAU

✉ 49730 – **317** J5 – G. Châteaux de la Loire – 544 h. – alt. 77

🆔 *Office de tourisme, avenue de la Loire* 📞 *02 41 51 70 22*

Paris 292 – Angers 75 – Châtellerault 65 – Chinon 18 – Poitiers 82 – Saumur 11 – Tours 56.

△△ **L'Isle Verte** 22 mars-sept.

📞 02 41 51 76 60, *isleverte@cvtloisirs.fr*, Fax 02 41 51 08 83,

www.campingisleverte.com – **R** conseillée

2,5 ha (105 empl.) plat, herbeux

Tarif : 21 € 🛉 🚗 🔳 🔌 (16A) – pers. suppl. 3,50 € – frais de réservation 12 €

🛖 1 borne artisanale 8 € – 2 🔳

Pour s'y rendre : sortie NO par D 947, rte de Saumur, bord de la Loire

> Nature : 🌳🌳
> Loisirs : 🎱 🏊 ✕ 🎣
> Services : 🚿 ⊶ 🅶🅱 ⟲ 🗑 ♻ ♨ 🖼
> 🐾

NOYANT-LA-GRAVOYÈRE

✉ 49520 – **317** D2 – 1 761 h. – alt. 95

Paris 317 – Ancenis 46 – Angers 49 – Châteaubriant 34 – Laval 57 – Rennes 81 – Vitré 55.

△ **St-Blaise** mai-sept.

📞 02 41 61 93 09, *direction@laminebleue.com*, *www.campingsaintblaise.fr* – **R** conseillée

1,2 ha (50 empl.) en terrasses, herbeux

Tarif : 17 € 🛉 🚗 🔳 🔌 (6A) – pers. suppl. 4 €

Location : 5 🛖 (2 à 4 pers.) 200 à 300 €/sem. – 5 🛖 (4 à 6 pers.) 300 à 500 €/sem.

🛖 1 borne artisanale 4 €

Pour s'y rendre : N : 0,7 km à 200 m d'un étang (accès direct) et à proximité du site de la Mine Bleue

> Nature : 🌿 ≤ 🛋
> Loisirs : 🍴 🏊
> Services : 🚿 ⊶ 🅶🅱 ⟲ 🗑 ♻
> À prox. : ✕ 🐎 🚣 ⛷ 🎣 pédalos, canoë

NYOISEAU

✉ 49500 – **317** D2 – G. Châteaux de la Loire – 1 275 h. – alt. 40
Paris 316 – Ancenis 50 – Angers 47 – Châteaubriant 39 – Laval 47 – Rennes 86 – Vitré 55.

La Rivière juin-sept.
℘ 02 41 92 26 77, Fax 02 41 92 26 65 – **R** conseillée
1 ha (25 empl.) plat, herbeux
Tarif : ✹ 2,50 € ⇔ ▣ 2 € – (½) (16A) 2,50 €
Pour s'y rendre : SE : 1,2 km par D 71, rte de Segré et rte à gauche, bord de l'Oudon

Nature : 🍃 ♨
Loisirs : 🏠 🚣
Services : 🚿 (juil.-15 sept.) ◇ 🔲 ⓐ
À prox. : 🏇 piste de bi-cross

Les PONTS-DE-CÉ

✉ 49130 – **317** F4 – G. Châteaux de la Loire – 11 387 h. – alt. 25
Paris 302 – Nantes 92 – Angers 7 – Cholet 57 – Laval 84.

Île du Château ♣♣ – 7 avr.-28 sept.
℘ 02 41 44 62 05, ile-du-chateau@wanadoo.fr,
Fax 02 41 44 62 05, www.camping-ileduchateau.com
– **R** conseillée
2,3 ha (135 empl.) plat, herbeux, jardin public attenant
Tarif : 16,20 € ✹ ⇔ ▣ (½) (6A) – pers. suppl. 7,50 € – frais de réservation 8 €
Location (mai-28 sept.) 🏠 : bungalows toilés
🚰 1 borne flot bleu
Pour s'y rendre : sur l'île du château
À savoir : cadre arboré, près de la Loire

Nature : 🏕 ♨
Loisirs : snack 🏠 ♣ 🚣 🏇
Services : 🚿 🔌 ⊖ ◇ 🔲 ♨ ⓐ 🏊
🚗 🔲
À prox. : ✖ 🏊 🚤 🏊 canoë

Pour choisir et suivre un itinéraire
Pour calculer un kilométrage
Pour situer exactement un terrain (en fonction des indications fournies dans le texte) :
Utilisez les **cartes MICHELIN** *,*
compléments indispensables de cet ouvrage.

553

PRUILLÉ

✉ 49220 – **317** F3 – 531 h. – alt. 30
Paris 308 – Angers 22 – Candé 34 – Château-Gontier 33 – La Flèche 65.

Municipal Le Port juil.-août
℘ 02 41 32 67 29, mairie.pruille@wanadoo.fr,
Fax 02 41 32 40 28 – **R** conseillée
1,2 ha (41 empl.) plat, herbeux
Tarif : (Prix 2007) 8 € ✹ ⇔ ▣ (½) (6A) – pers. suppl. 1,80 €
Pour s'y rendre : au N du bourg, bord de la Mayenne (halte nautique)

Nature : 🍃 ♀
Loisirs : ✖
Services : 🔲 ♨ ⓐ

Les ROSIERS-SUR-LOIRE

✉ 49350 – **317** H4 – G. Châteaux de la Loire – 2 242 h. – alt. 22
🛈 Syndicat d'initiative, place du Mail ℘ 02 41 51 90 22, Fax 02 41 51 90 22
Paris 304 – Angers 32 – Baugé 27 – Bressuire 66 – Cholet 80 – La Flèche 45 – Saumur 18.

Le Val de Loire avr.-sept.
℘ 02 41 51 94 33, contact@camping-valdeloire.com,
Fax 02 41 51 89 13, www.camping-valdeloire.com
– **R** conseillée
3,5 ha (110 empl.) plat, herbeux
Tarif : 24 € ✹ ⇔ ▣ (½) (10A) – pers. suppl. 5 € – frais de réservation 10 €
Location : 14 🏠 (4 à 6 pers.) 540 €/sem. – 5 🏡 (4 à 6 pers.) 520 €/sem.
Pour s'y rendre : sortie N par D 59, rte de Beaufort-en-Vallée, près du carrefour avec la D 79
À savoir : agréable cadre verdoyant

Nature : 🏕 ♀
Loisirs : 🏠 🚲 🏊
Services : 🚿 🔌 ⊖ ◇ 🔲 ♨ ⓐ 🏊
🚗 🕒 🔲
À prox. : ✖ 🏇 🏊

ST-GEORGES-SUR-LAYON

✉ 49700 – **317** G5 – 591 h. – alt. 65
Paris 328 – Angers 39 – Cholet 45 – Saumur 27 – Thouars 36.

Les Grésillons avr.-sept.
   ✆ 02 41 50 02 32, camping.gresillon@wanadoo.fr,
Fax 02 41 50 03 16 – **R** conseillée
1,5 ha (43 empl.) peu incliné et en terrasses, herbeux
Tarif : 13,20 € ✶ ⇌ 🗉 (10A) – pers. suppl. 3,35 €
Location : huttes
Pour s'y rendre : S : 0,8 km par D 178, rte de Concourson-
sur-Layon et chemin à dr., à proximité de la rivière

Nature : 🐾 ＜
Loisirs : 🚴 🛝 (petite piscine) 🎣
Services : 🚿 ⚡ (juil.-août) ⒼⒷ 🔧
🍽 ☺ ⬚

ST-HILAIRE-ST-FLORENT

✉ 49400 – **317** I5 – G. Châteaux de la Loire
Paris 324 – Nantes 131 – Angers 45 – Tours 72 – Cholet 72.

Chantepie ♨ – mai-15 sept.
   ✆ 02 41 67 95 34, info@campingchantepie.com,
Fax 02 41 67 95 85, www.campingchantepie.com – **R** indispensable
10 ha/5 campables (150 empl.) plat, herbeux
Tarif : 31 € ✶ ⇌ 🗉 (10A) – pers. suppl. 7 € – frais de
réservation 15 €
Location : 15 🛖 (4 à 6 pers.) 455 à 685 €/sem. –
bungalows toilés
🚐 1 borne artisanale 7,50 €
Pour s'y rendre : NO : 5,5 km par D 751, rte de Gennes et
chemin à gauche, à la Mimerolle

Nature : 🐾 ＜ vallée de la Loire 🗔
Loisirs : 🍴 snack 🎱 🏓 🎯 🚴
🛝 🛝 poneys piste de bi-cross
Services : 🚿 ⚡ ⒼⒷ 🔧 🍽 ☺ ☎
🍽 ⛽ 🚿

*Donnez-nous votre avis
sur les terrains que nous recommandons.
Faites-nous connaître vos observations et vos découvertes.
par mail à l'adresse : leguidecampingfrance@fr.michelin.com.*

ST-LAMBERT-DU-LATTAY

✉ 49750 – **317** F5 – G. Châteaux de la Loire – 1 466 h. – alt. 63
🛈 Syndicat d'initiative, étang de la Coudray ✆ 02 41 78 44 26
Paris 315 – Ancenis 54 – Angers 26 – Cholet 39 – Doué-la-Fontaine 33.

S.I. la Coudraye 22 mars-4 nov.
   ✆ 02 41 78 44 26, miche.rip@wanadoo.fr – **R** conseillée
0,5 ha (20 empl.) peu incliné, herbeux
Tarif : ✶ 2,40 € ⇌ 🗉 2,40 € – (10A) 2,50 €
Location : huttes
Pour s'y rendre : au S du bourg, près d'un étang

Nature : 🐾 🗔
Loisirs : 🎯
Services : 🚿 ⚡ (juil.-août) 🔧 🗑 🚿
☺ ⛽ ⚡ 🍽
À prox. : 🎣

SAUMUR

✉ 49400 – **317** I5 – G. Châteaux de la Loire – 29 857 h. – alt. 30
🛈 Office de tourisme, place de la Bilange ✆ 02 41 40 20 60, Fax 02 41 40 20 69
Paris 300 – Angers 67 – Châtellerault 76 – Cholet 70 – Le Mans 124 – Poitiers 97 – Tours 64.

L'Île d'Offard ♨ – mars-15 nov.
   ✆ 02 41 40 30 00, iledoffard@cvtloisirs.fr,
Fax 02 41 67 37 81, www.cvtloisirs.com – **R** conseillée
4,5 ha (258 empl.) plat, herbeux
Tarif : 29 € ✶ ⇌ 🗉 (10A) – pers. suppl. 5 € – frais de
réservation 12 €
Location 🚫 : 🛏
🚐 1 borne artisanale
Pour s'y rendre : accès par centre-ville
À savoir : situation agréable à la pointe de l'île avec vue sur
le château

Nature : ＜ 🗔 ♨
Loisirs : 🍴 brasserie 🎱 🏓 🎯
🚴 🎿 🛝 🛝 (olympique) 🎣
Services : 🚿 ⚡ ⒼⒷ 🔧 🍽 🗑 ☺ ☎
⛽ ⚡ 🍽 🍽 ⛽ 🚿
À prox. : 🛶 canoë

VARENNES-SUR-LOIRE

✉ 49730 – **317** J5 – 1 800 h. – alt. 27
Paris 292 – Bourgueil 15 – Chinon 22 – Loudun 30 – Saumur 11.

L'Étang de la Brèche ♣♣ – 8 mai-15 sept.
℘ 02 41 51 22 92, *mail@etang-breche.com*,
Fax 02 41 51 27 24, *www.etang-breche.com* – **R** conseillée
14 ha/7 campables (201 empl.) plat, herbeux, sablonneux
Tarif : 35,50 € ⚹ ⇌ 🔲 [½] (10A) – pers. suppl. 7,50 € –
frais de réservation 15 €
Pour s'y rendre : O : 6 km par D 85, D 952, rte de Saumur
et chemin à dr.
À savoir : cadre et situation agréables au bord d'un étang

> Nature : 🌿 ⌁ ♀
> Loisirs : 🍴 ✗ 🏚 🔆 nocturne 🏃
> 🚣 🚴 ✂ 🎠 🏊 ⚖ 🏊 swin-golf,
> terrain omnisports
> Services : 🚻 ⚬ⁿ GB 🐕 🖥 🛢 ⊜ 🛒
> 🛒 💧 🚿 🖨 🛢 ⊑ 🖐

VIHIERS

✉ 49310 – **317** F6 – 3 992 h. – alt. 100
Paris 334 – Angers 45 – Cholet 29 – Saumur 40.

Municipal de la Vallée du Lys juin-août
℘ 02 41 75 00 14, *ville.vihiers@wanadoo.fr*,
Fax 02 41 75 58 01
0,3 ha (30 empl.) plat, herbeux
Tarif : ⚹ 2,02 € 🔲 2,52 € – [½] (6A) 1,91 €
Pour s'y rendre : sortie O par D 960, rte de Cholet puis
D 54 à dr. rte de Valanjou, bord du Lys

> Nature : 🌿 ♀
> Loisirs : 🏚 🏃 🎠
> Services : 🚻 🐕 ⊜

Mayenne (53)

AMBRIÈRES-LES-VALLÉES

✉ 53300 – **310** F4 – 2 903 h. – alt. 144
🛈 *Syndicat d'initiative, Base de Vaux* ℘ 02 43 04 90 25, Fax 02 43 08 93 28
Paris 248 – Alençon 60 – Domfront 22 – Fougères 46 – Laval 42 – Mayenne 13 – Mortain 69.

Municipal de Vaux 29 mars-27 sept.
℘ 02 43 04 90 25, *otsiambrieres@wanadoo.fr*,
Fax 02 43 08 93 28, *www.premiumorange.com/parcdesloi
sirsdevaux* – **R** conseillée
1,5 ha (61 empl.) plat et en terrasses, herbeux, gravillons
Tarif : (Prix 2007) 13,80 € ⚹ ⇌ 🔲 [½] (10A) – pers.
suppl. 2,90 €
Location (permanent) : 6 🛖 (4 à 6 pers.) 205 à
290 €/sem. – 20 🏠 (4 à 6 pers.) 240 à 500 €/sem.
Pour s'y rendre : SE : 2 km par D 23, rte de Mayenne et à
gauche, à la piscine
À savoir : agréable parc boisé au bord de la Varenne (plan
d'eau)

> Nature : 🌿 ⌁ ♀♀
> Loisirs : 🏚 🚴
> Services : 🚻 ⚬ⁿ GB 🐕 🖥 ⊜ 🛒 🛒
> 🖨 sèche-linge
> À prox. : 🏃 🕯 ✂ 🎠 🏊 🚣 ⚖ 🛶
> 🛶 canoë

ANDOUILLÉ

✉ 53240 – **310** E5 – 2 042 h. – alt. 103
Paris 282 – Fougères 42 – Laval 15 – Mayenne 23 – Rennes 85 – Vitré 48.

Municipal le Pont 29 mars-oct.
℘ 02 43 01 18 10, *mairie.and53@wanadoo.fr*,
Fax 02 43 68 77 77, *www.ville-andouille.fr* – 🐾
0,8 ha (31 empl.) plat, herbeux
Tarif : (Prix 2007) ⚹ 1,35 € ⇌ 🔲 1,35 € – [½] 1,25 €
Location (permanent) : 4 🏠 (4 à 6 pers.) 166 à
325 €/sem.
Pour s'y rendre : par D 104, rte de St-Germain-le-Fouilloux,
attenant au jardin public, bord de l'Ernée

> Nature : ⌁ ♀
> Services : 🚻 ⚬ⁿ (juil.-août) 🐕 🖥 🛢
> ⊜ 🖨
> À prox. : 🏃 parcours de santé

BOUÈRE

 53290 – **310** G7 – 907 h. – alt. 81
Paris 273 – Nantes 146 – Laval 39 – Angers 70 – La Flèche 40.

Village Vacances Nature et Jardin (location exclusive de chalets)
02 43 06 08 56, vvnj@wanadoo.fr, Fax 02 43 06 24 37, www.paysmeslaygrez.fr – empl. traditionnels également disponibles – **R** conseillée
3 ha plat, peu incliné, herbeux
Location : 11 🏠
Pour s'y rendre : au bourg, sortie S par D 14 rte de St-Denis-d'Anjou, au bord d'un plan d'eau
À savoir : des ateliers Nature et Jardin sont proposés toute l'année

> Nature : 🌊 ☐
> Loisirs : 🏛 🎿 🐎 VTT
> Services : � 📶
> À prox. : 🚣 🎿

CHÂTEAU-GONTIER

🖂 53200 – **310** E8 – G. Châteaux de la Loire – 11 131 h. – alt. 33
🚾 *Office de tourisme, place André Counord* 🕿 *02 43 70 42 74, Fax 02 43 70 95 52*
Paris 288 – Angers 50 – Châteaubriant 56 – Laval 30 – Le Mans 95 – Rennes 107.

Le Parc Permanent
02 43 07 35 60, camping.parc@cc-chateau-gontier.fr, Fax 02 43 70 38 94, www.sud-mayenne.com – **R** conseillée
2 ha (55 empl.) plat et peu incliné, herbeux
Tarif : 12 € 🙎 🚗 🗐 🛒 (3A) – pers. suppl. 4 € – frais de réservation 13 €
Location : 12 🏠 (4 à 6 pers.) 180 à 390 €/sem. – 🛏
Pour s'y rendre : N : 0,8 km par N 162 rte de Laval, près du complexe sportif
À savoir : emplacements bordés d'une grande variété d'arbres et de la Mayenne

> Loisirs : 🏛 🚲 🔦 🐎
> Services : � GB 🐕 ☺
> À prox. : mur d'escalade, canoë

CRAON

🖂 53400 – **310** D7 – 4 659 h. – alt. 75
🚾 *Syndicat d'initiative, 1, rue Alain Gerbault* 🕿 *02 43 06 10 14*
Paris 309 – Fougères 70 – Laval 29 – Mayenne 60 – Rennes 73.

Municipal du Mûrier 2 mai-23 sept.
02 43 06 96 33, contact@ville-craon53.fr, Fax 02 43 06 96 33, www.ville-craon53.fr – **R** conseillée
1 ha (51 empl.) plat, herbeux
Tarif : (Prix 2007) 12,10 € 🙎 🚗 🗐 🛒 (10A) – pers. suppl. 3,05 €
Location (permanent) : 9 🏠 (4 à 6 pers.) 169 à 478 €/sem.
Pour s'y rendre : E : 0,8 km rte de Château-Gontier et chemin à gauche
À savoir : cadre agréable près d'un plan d'eau

> Nature : ☐ 🌳
> Loisirs : 🏛 🚣
> Services : 👤 � 🐕 🖥 ☺ 📶
> À prox. : 🍺 🍴 ✕ 🍽 🎿 🛷 🚣 🐎

DAON

🖂 53200 – **310** F8 – G. Châteaux de la Loire – 440 h. – alt. 42 – Base de loisirs
Paris 292 – Angers 46 – Château-Gontier 11 – Châteauneuf-sur-Sarthe 15 – Segré 23.

Les Rivières mai-sept.
02 43 06 94 78, camping.daon@cc-chateau-gontier.fr, Fax 02 43 70 95 52 – **R** conseillée
1,8 ha (98 empl.) plat, herbeux
Tarif : 10 € 🙎 🚗 🗐 🛒 (16A) – pers. suppl. 3 € – frais de réservation 13 €
Location (permanent) : 10 🏠 (4 à 6 pers.) 160 à 380 €/sem.
Pour s'y rendre : sortie O par D 213 rte de la Ricoullière et à dr. avant le pont, près de la Mayenne et du port de plaisance

> Nature : 🌊 🌳
> Loisirs : 🏛
> Services : 👤 � 🖥 ☺ 📶
> À prox. : 🍴 ✕ 🚣 🎿 🛷 🚤 🐎
> pédalos, halte nautique

ÉVRON

✉ 53600 – **310** G6 – G. Normandie Cotentin – 7 283 h. – alt. 114

🛈 *Office de tourisme, place de la Basilique* 📞 *02 43 01 63 75, Fax 02 43 01 63 75*

Paris 250 – Alençon 58 – La Ferté-Bernard 98 – La Flèche 69 – Laval 32 – Le Mans 55 – Mayenne 25.

⚠ **Municipal de la Zone Verte** Permanent
📞 02 43 01 65 36, *camping@evron.fr*, Fax 02 43 37 46 20,
www.camping-evron.fr – **R** conseillée
3 ha (92 empl.) plat et peu incliné, herbeux, gravillons
Tarif : (Prix 2007) 10,30 € 🔸 🚗 🔲 🔌 (10A) – pers.
suppl. 1,90 €
Location : 11 🏠 (4 à 6 pers.) 150 à 330 €/sem.
Pour s'y rendre : sortie O, bd du Maréchal-Juin

Nature : 🏞 ♀
Loisirs : 🎱 🏊 ⛳ parcours spor-
tif
Services : 🔌 GB 🅰 🏪 🛒 🚰 ⊛ 🛁 🚮
🚿
À prox. : 🍴 ✂ 🎣 🏊 🚣 🚗

LAVAL

✉ 53000 – **310** E6 – G. Normandie Cotentin – 50 947 h. – alt. 65

🛈 *Office de tourisme, 1, allée du Vieux Saint-Louis* 📞 *02 43 49 46 46, Fax 02 43 49 46 21*

Paris 280 – Angers 79 – Caen 148 – Le Mans 86 – Nantes 134 – Rennes 76 – St-Nazaire 153.

⚠ **Municipal le Potier** 24 mai-7 sept.
📞 02 43 53 68 86, *office.tourisme@mairie-laval.fr*,
Fax 02 43 49 46 21, *www.laval-tourisme.com* – **R** conseillée
1 ha (42 empl.) plat et en terrasses, herbeux, verger
attenant
Tarif : 10 € 🔸 🚗 🔲 – pers. suppl. 2,80 €
Pour s'y rendre : S : 4,5 km par rte d'Angers et à dr. après
Thévalles, accès direct à la Mayenne. Par A 81, sortie 3
Laval-Est, puis dir. Angers
À savoir : beaux emplacements, décoration florale et ar-
bustive

Nature : 🏞 ♀
Loisirs : 🎱 🏊
Services : ♿ 🔌 GB 🅰 🚰 ⊛ 🚿
sèche-linge
À prox. : 🍴 🏊 ✂ 🎣 🚣 ⛷ 🚴
golf

Avant de vous installer, consultez les tarifs en cours,
affichés obligatoirement à l'entrée du terrain,
et renseignez-vous sur les conditions particulières de séjour.
Les indications portées dans le guide ont pu être modifiées depuis la mise à jour.

557

MAYENNE

✉ 53100 – **310** F5 – G. Normandie Cotentin – 13 724 h. – alt. 124

🛈 *Office de tourisme, quai de Waiblingen* 📞 *02 43 04 19 37, Fax 02 43 00 01 99*

Paris 283 – Alençon 61 – Flers 56 – Fougères 47 – Laval 30 – Le Mans 89.

⚠ **Du Gué St-Léonard** 15 mars-sept.
📞 02 43 04 57 14, *webmaster@paysdemayenne-tou*
risme.fr, Fax 02 43 30 21 10 – **R** conseillée
1,8 ha (70 empl.) plat, herbeux
Tarif : 8,05 € 🔸 🚗 🔲 🔌 (10A) – pers. suppl. 2,05 €
Location (permanent) : 5 🏚 (4 à 6 pers.) 137 à
345 €/sem.
Pour s'y rendre : au N de la ville, par av. de Loré et r. à dr.
À savoir : situation plaisante au bord de la Mayenne

Nature : ♀♀
Loisirs : snack 🎱 🚣 🚴
Services : ♿ 🔌 GB 🅰 🏪 🚰 ⊛
🚿 sèche-linge
À prox. : 🍴 ✂ canoë

MÉNIL

✉ 53200 – **310** E8 – 785 h. – alt. 32

Paris 297 – Angers 45 – Château-Gontier 7 – Châteauneuf-sur-Sarthe 21 – Laval 37 – Segré 21.

⚠ **Municipal du Bac** 15 avr.-15 sept.
📞 02 43 70 24 54, *menil@cc-chateau-gontier.fr*,
Fax 02 43 70 24 54 – **R** conseillée
0,5 ha (39 empl.) plat, herbeux
Location (permanent) : 5 🏠 (4 à 6 pers.) 157 à
370 €/sem.
Pour s'y rendre : à l'E du bourg
À savoir : cadre et situation agréables, près de la Mayenne

Nature : 🏞 🏞 ♀(verger)
Loisirs : snack 🏊 🚴
Services : ♿ 🔌 🅰 🚰 ⊛
À prox. : pédalos

MESLAY-DU-MAINE

✉ 53170 – **310** F7 – 2 612 h. – alt. 90

🚹 *Syndicat d'initiative, 31, boulevard du Collège* 𝄞 *02 43 64 24 06, Fax 02 43 98 73 06*
Paris 268 – Angers 60 – Château-Gontier 21 – Châteauneuf-sur-Sarthe 34 – Laval 23 – Segré 43.

⚠ **La Chesnaie** avr.-sept.
𝄞 02 43 98 48 08, *camping.lachesnaie@wanadoo.fr,*
Fax 02 43 98 48 08, *www.paysmeslaygrez.fr* – **R** conseillée
7 ha/0,8 campable (60 empl.) plat, herbeux
Location (permanent) : 13 ⌂ (4 à 6 pers.) 155 à
375 €/sem.
🚐 1 borne artisanale
Pour s'y rendre : NE : 2,5 km par D 152, rte de St-Denis-du-
Maine
À savoir : au bord d'un beau plan d'eau

Nature : 🌿 ⩽ 🏞 ⚲
Loisirs : 🚴
Services : 🚿 ⌫ (juil.-août) 🅿 🗑 ⟲ 🚮
à la base de loisirs : 🍴 ✕ 🚤 🏄 🛶 ≊ 🦢 🛥 swin golf, parcours de santé, pédalos

ST-BERTHEVIN

✉ 53940 – **310** E6 – 6 873 h. – alt. 108

🚹 *Syndicat d'initiative, place de l'Europe* 𝄞 *02 43 69 28 27, Fax 02 43 69 20 88*
Paris 289 – Nantes 128 – Laval 10 – Rennes 66 – Angers 83.

⚠ **Municipal de Coupeau** 5 avr.-28 sept.
𝄞 02 43 68 30 70, *office.tourisme@mairie-laval.fr,*
Fax 02 43 69 20 88 – **R** conseillée
0,4 ha (24 empl.) plat et terrasses, herbeux
Tarif : 10 € ✚ 🚘 🅴 – pers. suppl. 2,80 €
Pour s'y rendre : au S du bourg, à 150 m du Vicoin
À savoir : situation dominante sur une vallée verdoyante
et reposante

Nature : 🌿 🏕
Loisirs : 🏕
Services : 🚿 ⌫ (saison) 🅿 ⊙
À prox. : ✕ 🎣 🛶 parcours de santé

La SELLE-CRAONNAISE

✉ 53800 – **310** C7 – 882 h. – alt. 71
Paris 316 – Angers 68 – Châteaubriant 32 – Château-Gontier 29 – Laval 36 – Segré 26.

⚠ **Base de Loisirs de la Rincerie** mars-oct.
𝄞 02 43 06 17 52, *larincerie@wanadoo.fr,*
Fax 02 43 07 50 20, *http://www.la-rincerie.com* – **R**
120 ha/5 campables (50 empl.) plat, peu incliné, herbeux
Tarif : 12,90 € ✚ 🚘 🅴 (6A) – pers. suppl. 2,80 €
Location : 5 bungalows toilés
🚐 1 borne artisanale
Pour s'y rendre : 3,5 km au NO par D 111, D 150, rte de
Ballots et rte à gauche
À savoir : Près d'un plan d'eau, nombreuses activités nau-
tiques

Nature : 🌿 ⩽
Loisirs : 🌙 diurne 🎯
Services : 🚿 ⌫ 🅿 🗑 🗑 ⊙ ⚓ 🚮
à la base de loisirs : 🏄 🦢 🛥 swin golf, circuit pédestre, VTT et éques-tre, canoë-kayak

VILLIERS-CHARLEMAGNE

✉ 53170 – **310** E7 – 859 h. – alt. 105
Paris 277 – Angers 61 – Châteaubriant 61 – Château-Gontier 12 – Laval 20 – Sablé-sur-Sarthe 32.

⚠ **Village Vacances Pêche** mars-nov.
𝄞 02 43 07 71 68, *vvp.villiers.charlemagne@wanadoo.fr,*
Fax 02 43 07 72 77, *www.sud-mayenne.com* – **R** conseillée
9 ha/1 campable (20 empl.) plat, herbeux
Tarif : 14,60 € ✚ 🚘 🅴 (16A) – pers. suppl. 7,30 €
Location (fermé 4 au 25 janv.) : 12 ⌂ (4 à 6 pers.) 165 à
320 €/sem.
🚐 1 borne raclet 2 €
Pour s'y rendre : sortie O par D 4, rte de Cossé-le-Vivien et
chemin à gauche près du stade
À savoir : agréable site pour la pêche

Nature : 🌿 ⩽ 🏞 ⚲
Loisirs : 🏕 🌙 diurne 🏄 🚴 🏓
Services : 🚿 ⌫ 🅿 Ⓜ – 20 sanitaires individuels (🚿 ⊕ 🚽 wc) ⊙ ⚓ 🗑 réfrigérateurs
À prox. : ✕ 🎣

AVOISE

✉ 72430 – **310** H7 – 491 h. – alt. 112
Paris 242 – La Flèche 28 – Le Mans 41 – Sablé-sur-Sarthe 11.

⛺ **Municipal des Deux Rivières** 31 mai-6 sept.
✆ 02 43 92 76 12, *office.tourisme@sablesursarthe.fr*,
Fax 02 43 95 62 48
1,8 ha (50 empl.) plat, herbeux
Tarif : 8,40 € 🚶 🚗 ▣ – pers. suppl. 2,20 €
Pour s'y rendre : au bourg, par D 57
À savoir : au bord de la Sarthe

> Nature : ▭ 🌳🌳
> **Loisirs** : 🏃
> **Services** : ▤ ☺ ⛬ ⛛
> **À prox.** : halte nautique

BEAUMONT-SUR-SARTHE

✉ 72170 – **310** J5 – 1 973 h. – alt. 76
ℹ *Office de tourisme, 14, place de la Libération ✆ 02 43 33 03 03*
Paris 223 – Alençon 24 – La Ferté-Bernard 70 – Le Mans 29 – Mayenne 62.

⛺ **Municipal du Val de Sarthe** mai-sept.
✆ 02 43 97 01 93, *beaumont-sur-sarthe@wanadoo.fr*,
Fax 02 43 97 02 21 – **R** conseillée
1 ha (73 empl.) plat, herbeux
Tarif : 🚶 1,90 € 🚗 1,50 € ▣ 1,30 € – ⚡ (5A) 2,60 €
🚐 1 borne raclet 2,80 € –
Pour s'y rendre : au SE du bourg
À savoir : cadre et situation agréables au bord de la Sarthe

> Nature : 🌙 ▭ 🌳
> **Loisirs** : 🏠 🏃 parcours de santé
> **Services** : ♿ 🔑 GB ✂ Ⓜ ▤ ☺ ⊚
> **À prox.** : 🏠 🏊

BESSÉ-SUR-BRAYE

✉ 72310 – **310** N7 – 2 597 h. – alt. 72
ℹ *Syndicat d'initiative, place Henri IV ✆ 02 43 63 09 77, Fax 02 43 63 09 78*
Paris 198 – La Ferté-Bernard 43 – Le Mans 57 – Tours 56 – Vendôme 31.

⛺ **Municipal du Val de Braye** mi-avr.-sept.
✆ 02 43 35 31 13, *mairie.bessesurbraye@wanadoo.fr*,
Fax 02 43 35 58 86, *www.camping.bessesur braye@orange.fr*
2 ha (120 empl.) plat, herbeux
Tarif : 10 € 🚶 🚗 ▣ ⚡ (13A) – pers. suppl. 2,50 €
Location : 4 🏠 (4 à 6 pers.) 160 à 240 €/sem.
🚐 1 borne 2 €
Pour s'y rendre : SE par D 303, rte de Pont-de-Braye
À savoir : belle décoration arbustive, en bordure de la Braye

> Nature : 🌳
> **Loisirs** : 🏠 🐟
> **Services** : ♿ 🔑 (juil.août) GB ✂ ▤ ☺ ⊚
> **À prox.** : ✕ 🎾 🏊 ⛵

CONLIE

✉ 72240 – **310** I6 – 1 665 h. – alt. 129
Paris 219 – Alençon 54 – Laval 74 – Le Mans 23 – Sablé-sur-Sarthe 45 – Sillé-le-Guillaume 11.

⛺ **Municipal la Gironde**
✆ 02 43 20 81 07, *camping.conlie@wanadoo.fr*,
Fax 02 43 20 99 37 – **R** conseillée
3 ha/0,8 campable (35 empl.) plat, herbeux
Pour s'y rendre : au bourg
À savoir : cadre ombragé et beaux emplacements délimités, près d'un étang

> Nature : 🌙 ▭ 🌳🌳
> **Loisirs** : 🏃
> **Services** : ♿ 🔑 ☺ ⛬ ⛛ ⊚
> **À prox.** : 🚲 🏊 (petite piscine pour enfants) 🐟 piste de bi-cross

La FERTÉ-BERNARD

✉ 72400 – **310** M5 – G. Châteaux de la Loire – 9 239 h. – alt. 90 – Base de loisirs
ℹ *Office de tourisme, 15, place de la Lice ✆ 02 43 71 21 21, Fax 02 43 93 25 85*
Paris 164 – Brou 44 – Châteauroux 65 – Le Mans 54 – Nogent-le-Rotrou 22 – St-Calais 33.

⛺ **Municipal le Valmer** mai-15 sept.
✆ 02 43 71 70 03, *camping@la-ferte-bernard.com*,
Fax 02 43 71 70 03 – Ɍ
3 ha (90 empl.) plat, herbeux
Tarif : (Prix 2007) 13,20 € 🚶 🚗 ▣ ⚡ (12A) – pers. suppl. 2,80 €
Pour s'y rendre : SO : 1,5 km par D 323
À savoir : à la base de loisirs, au bord de l'Huisne

> Nature : 🌙 ▭ 🌳
> **Loisirs** : 🏠 🏃
> **Services** : ♿ 🔑 GB ✂ ▤ ☺ ⛬ ⛛ ⊚
> **À prox.** : 🎯 🎾 🎾 🏊 🏊 ≋ (plage) 🛶 canoë

La FLÈCHE

✉ 72200 – **310** I8 – G. Châteaux de la Loire – 15 241 h. – alt. 33
🛈 *Office de tourisme, boulevard de Montréal* ✆ *02 43 94 02 53, Fax 02 43 94 43 15*
Paris 244 – Angers 52 – Châteaubriant 106 – Laval 70 – Le Mans 44 – Tours 71.

Municipal de la Route d'Or mars-oct.
✆ 02 43 94 55 90, *camping@ville-lafleche.fr*,
Fax 02 43 94 55 90, *www.ville-lafleche.fr* – **R** conseillée
4 ha (250 empl.) plat, herbeux
Tarif : 13,60 € ✱ ⇆ 🔲 ⚡ (10A) – pers. suppl. 2,70 €
Location (mai-oct.) 🚲 : 10 🏠 (4 à 6 pers.) 270 à
450 €/sem.
🚐 1 borne artisanale
Pour s'y rendre : Sortie S vers rte de Saumur et à dr., allée
de la Providence, bord du Loir

> Nature : ⌂ 🌳
> Loisirs : 🎣 🚲 ✗ 🏊
> Services : & ⚡ GB ✗ 🍴 🛒 ⚖ ⊕ 🌐
> À prox. : 🛶 canoë

FRESNAY-SUR-SARTHE

✉ 72130 – **310** J5 – G. Normandie Cotentin – 2 335 h. – alt. 95
🛈 *Office de tourisme, 19, avenue du Dr Riant* ✆ *02 43 33 28 04, Fax 02 43 34 19 62*
Paris 235 – Alençon 22 – Laval 73 – Mamers 30 – Le Mans 41 – Mayenne 54.

Municipal Sans Souci ♣♠ – avr.-sept.
✆ 02 43 97 32 87, *camping-fresnay@wanadoo.fr*,
Fax 02 43 33 75 72 – **R** conseillée
2 ha (90 empl.) plat, en terrasses, herbeux
Tarif : ✱ 2,45 € ⇆ 1,90 € 🔲 4,35 € – ⚡ 2,80 €
Location (permanent) : 5 🏠 (4 à 6 pers.) 162 à
463 €/sem.
🚐 1 borne artisanale 2,80 €
Pour s'y rendre : 1 km à l'O par D 310 rte de Sillé-le-
Guillaume
À savoir : beaux emplacements délimités en bordure de la
Sarthe

> Nature : 🐾 ⌂
> Loisirs : 🎣 ✗ 🚗 ✗
> Services : & ⚡ GB ✗ 🛒 ⚖ ⊕ ⚖
> 🍴 🖥 🌊
> À prox. : 🎯 🏊 🛶 canoë

LAVARÉ

✉ 72390 – **310** M6 – 736 h. – alt. 122
Paris 173 – Bonnétable 26 – Bouloire 14 – La Ferté-Bernard 19 – Le Mans 40.

Le Val de Braye avr.-nov.
✆ 02 43 71 96 44, *basedeloisirs-valdebraye@orange.fr*,
www.basedeloisirsduvaldebraye.fr – **R** conseillée
0,3 ha (20 empl.) plat, herbeux
Tarif : ✱ 1,50 € ⇆ 1 € 🔲 1 € – ⚡ (5A) 2 €
Location (permanent) : 10 🏠 (4 à 6 pers.) 240 à
450 €/sem.
Pour s'y rendre : sortie E par D 302, rte de Vibraye
À savoir : agréable situation près d'un plan d'eau

> Nature : ⌂ 🌳
> Loisirs : 🚗 🛶
> Services : ⚡ ✗ ⊕ ⚖
> À prox. : ✗ 🚣 🎿 piste de bi-cross,
> roller, skate

LOUÉ

✉ 72540 – **310** I7 – G. Châteaux de la Loire – 2 042 h. – alt. 112
Paris 230 – Laval 59 – Le Mans 30.

Village Loisirs 15 fév.-15 nov.
✆ 02 43 88 65 65, *village.dhotes@orange.fr*,
Fax 02 43 88 59 46, *villageloisirs.com* – **R** conseillée
1 ha (16 empl.) plat, herbeux
Tarif : 15 € ✱ ⇆ 🔲 ⚡ (10A) – pers. suppl. 4 €
Location (permanent) : 10 🏠 (4 à 6 pers.) 490 à
560 €/sem.
🚐 1 borne artisanale – 3 🔲 15 €
Pour s'y rendre : sortie NE par D 21, rte du Mans, à la
piscine
À savoir : Situation agréable au bord de la Vègre

> Loisirs : 🍴 snack 🎣 🚗 🏊 🎿
> Services : & ⚡ (juin-sept.) GB ✗
> 🅜 🍴 🛒 ⊕ ⚖ ⚖
> À prox. : sentier pédestre

LUCHÉ-PRINGÉ

✉ 72800 – **310** J8 – G. Châteaux de la Loire – 1 531 h. – alt. 34
🛈 Syndicat d'initiative, 4, rue Paul Doumer ✆ 02 43 45 44 50, Fax 02 43 45 75 71
Paris 242 – Château-du-Loir 31 – Écommoy 24 – La Flèche 14 – Le Lude 10 – Le Mans 39.

Municipal la Chabotière avr.-15 oct.
✆ 02 43 45 10 00, *lachabotiere@ville-luche-pringe.fr*,
Fax 02 43 45 10 00, *www.ville-luche-pringe.fr* – **R** indispensable
3 ha (75 empl.) en terrasses, herbeux
Tarif : 11,65 € ✶ 👤 �car 🔲 (10A) – pers. suppl. 3,10 €
Location (permanent) : 10 🏠 (4 à 6 pers.) 225 à 448 €/sem. – 10 bungalows toilés
🚐 1 borne artisanale – 🚐 11.65 €
Pour s'y rendre : à l'O du bourg
À savoir : à la base de loisirs, au bord du Loir

Nature : 🌳 🔲 ♀
Loisirs : 🏠 🛶 🚲
Services : 🔻 ⚡ (juil.-août) 🅿 GB 🇦🇻 🗑 🛁 @ 🛜 🛜 sèche-linge
À prox. : 🍴 ⛳ 🎱 🏊 🐎 canoë, barques, pédalos

MALICORNE-SUR-SARTHE

✉ 72270 – **310** I8 – G. Châteaux de la Loire – 1 686 h. – alt. 39
🛈 Office de tourisme, 5, place Du Guesclin ✆ 02 43 94 74 45, Fax 02 43 94 59 61
Paris 236 – Château-Gontier 52 – La Flèche 16 – Le Mans 32.

Municipal Port Ste Marie avr.-oct.
✆ 02 43 94 80 14, *camping.malicorne@wanadoo.fr*,
Fax 02 43 94 57 26, *www.ville-malicorne.fr* – **R** conseillée
1 ha (80 empl.) plat, herbeux
Tarif : ✶ 2,70 € 🚗 1,30 € 🔲 2,70 € – 🔋 (12A) 2,60 €
Location : 4 🏠 (4 à 6 pers.) 198 à 357 €/sem. – 7 bungalows toilés
🚐 1 borne raclet 2,50 €
Pour s'y rendre : à l'O du bourg par D 41 rte de Noyen-sur-Sarthe
À savoir : cadre et situation agréables, près de la Sarthe

Nature : ♀
Loisirs : 🏠 🛶
Services : 🔻 ⚡ (juil.-août) GB 🇦🇻 🗑 🛁 @ 🛜 sèche-linge
À prox. : 🚲 🍴 🎱 🏊 🐎 (centre équestre) canoë, pédalos

MAMERS

✉ 72600 – **310** L4 – G. Normandie Vallée de la Seine – 6 084 h. – alt. 128
🛈 Office de tourisme, 29, place Carnot ✆ 02 43 97 60 63, Fax 02 43 97 42 87
Paris 185 – Alençon 25 – Le Mans 51 – Mortagne-au-Perche 25 – Nogent-le-Rotrou 40.

Municipal du Saosnois Permanent
✆ 02 43 97 68 30, *camping.mamers@free.fr*,
Fax 02 43 97 38 65, *www.mairie-mamers.fr* – **R** conseillée
1,5 ha (50 empl.) peu incliné et en terrasses, herbeux
Tarif : 11,50 € ✶ 🚗 🔲 🔋 (10A) – pers. suppl. 2,15 €
Location : 3 🏠 (4 à 6 pers.) 270 à 308 €/sem. – 1 🏠 (4 à 6 pers.) 205 à 336 €/sem.
Pour s'y rendre : 1 km au N par rte de Mortagne-au-Perche et D 113 à gauche rte de Contilly, près de deux plans d'eau

Nature : 🔲 ♀
Loisirs : ♟ ≋ (plage)
Services : ⚡ GB 🇦🇻 🏛 🗑 🛁 @ 🛜 🛜
À prox. : 🛶 🍴 🎱 🏊 🐎 parcours de santé, pédalos

MANSIGNÉ

✉ 72510 – **310** J8 – 1 355 h. – alt. 80 – Base de loisirs
🛈 Syndicat d'initiative, route du Plessis ✆ 02 43 46 14 17, Fax 02 43 46 16 65
Paris 235 – Château-du-Loir 28 – La Flèche 21 – Le Lude 17 – Le Mans 32.

Municipal de la Plage Pâques-15 oct.
✆ 02 43 46 14 17, *camping-mansigne@wanadoo.fr*,
Fax 02 43 46 14 17, *www.ville-mansigne.fr* – **R** conseillée
3 ha (175 empl.) plat, herbeux
Tarif : 13,40 € ✶ 🚗 🔲 🔋 (10A) – pers. suppl. 4 €
Location : 8 🏠 (4 à 6 pers.) 310 à 420 €/sem. – 11 bungalows toilés
Pour s'y rendre : sortie N par D 31 rte de la Suze-sur-Sarthe, à 100 m d'un plan d'eau (plage)

Nature : ♀
Loisirs : ♟ 🏠 🚲 🍴 🎱 🏊
Services : 🔻 ⚡ (14 juil.-16 août) GB 🇦🇻 🗑 @ 🛜 sèche-linge bureau d'informations touristiques
À prox. : 🛶 🎣 ≋ 🐟 🚣 canoë-kayak, pédalos

MARÇON

✉ 72340 – **310** M8 – 984 h. – alt. 59 – Base de loisirs
🛈 *Office de tourisme, 8, place de l'Église ℰ 02 43 79 91 01*
Paris 245 – Château-du-Loir 10 – Le Grand-Lucé 51 – Le Mans 52 – Tours 43.

Lac des Varennes 21 mars-11 nov.
ℰ 02 43 44 13 72, *contact@lac.des.varennes.com*,
Fax 02 43 44 54 31, *www.lac.des.varennes.com* – **R** conseillée
5,5 ha (250 empl.) plat, herbeux
Tarif : 16,50 € ★ 🚗 ▣ 🕃 (6A) – pers. suppl. 4,70 €
🏕 🚐 10 €
Pour s'y rendre : O : 1 km par D 61 rte du Port Gautier, près de l'espace de loisirs
À savoir : situation agréable autour d'un lac aménagé en base de loisirs

> Nature : ♀
> Loisirs : 🏡 ⚓🐎 🚲 ≋ (plage) ⚓
> Services : &. ⚡ 🆖 🧺 📷 🛎 ⚙ ⚲
> ℰ 🍴 🔼 🛒
> À prox. : 🎯 ✗ 🎿 ♦ 🐴 terrain omnisports, canoë, pédalos

MAYET

✉ 72360 – **310** K8 – 2 915 h. – alt. 74
🛈 *Office de tourisme, espace Lichtenau ℰ 02 43 46 33 72*
Paris 226 – Château-la-Vallière 26 – La Flèche 32 – Le Mans 31 – Tours 58 – Vendôme 70.

Municipal du Fort des Salles
ℰ 02 43 46 68 72, *mairie.mayet@wanadoo.fr*,
Fax 02 43 46 07 61 – **R** conseillée
1,5 ha (56 empl.) plat, herbeux
Pour s'y rendre : sortie E par D 13, rte de St-Calais et rue du Petit-Moulin à dr.
À savoir : situation agréable au bord d'un étang

> Nature : ⚘ ⌑
> Loisirs : ⚓🐎 ⚓
> Services : &. ⚡ ☺ 📷 sèche-linge
> À prox. : 🏊

MÉZIÈRES-SOUS-LAVARDIN

✉ 72240 – **310** J6 – 415 h. – alt. 75
Paris 221 – Alençon 38 – La Ferté-Bernard 69 – Le Mans 25 – Sillé-le-Guillaume 16.

Parc des Braudières Permanent
ℰ 02 43 20 81 48, *camping.braudieres@wanadoo.fr*,
Fax 02 43 20 81 48, *www.camping-braudieres.com* – places limitées pour le passage – **R** conseillée
1,7 ha (52 empl.) plat et peu incliné, herbeux
Tarif : 14 € ★ 🚗 ▣ 🕃 (5A) – pers. suppl. 4 €
🏕 🚐 10.50 €
Pour s'y rendre : 4,5 km à l'E par rte secondaire de St-Jean
À savoir : en bordure d'un petit étang de pêche

> Nature : ⚘ ⌑ ♀
> Loisirs : ⚓🐎 🏊 ⚓
> Services : ⚡ 📷 🛎 🔼 ☺

NEUVILLE-SUR-SARTHE

✉ 72190 – **310** K6 – 2 221 h. – alt. 60
Paris 207 – Beaumont-sur-Sarthe 20 – Conlie 18 – Le Mans 9 – Mamers 39.

Le Vieux Moulin juil.-août
ℰ 02 43 25 31 82, *info@lemanscamping.net*,
Fax 02 43 25 38 11, *www.lemanscamping.net* – **R**
4,8 ha (100 empl.) plat, herbeux
Tarif : 16 € ★ 🚗 ▣ 🕃 (10A) – pers. suppl. 4 €
Location : 6 🛖 (2 à 4 pers.) 200 €/sem.
Pour s'y rendre : sortie O par r. du Vieux-Moulin et chemin à gauche avant le pont, près de la Sarthe

> Nature : ⚘ ⌑ ♀
> Loisirs : 🏡 ⚓🐎 ✗ 🏓 🏊
> Services : ⚡ 🆖 📶 🔼 ☺ 📷
> À prox. : 🛒 ✗

PRÉCIGNÉ

✉ 72300 – **310** H8 – 2 645 h. – alt. 36
Paris 256 – Angers 50 – Château-Gontier 32 – La Flèche 22 – Sablé-sur-Sarthe 10.

Municipal des Lices juin-15 sept.
ℰ 02 43 95 46 13, *mairie.precigne@wanadoo.fr*
0,8 ha (50 empl.) plat et peu incliné, herbeux
Tarif : (Prix 2007) ★ 2,45 € 🚗 ▣ 2,55 € – 🕃 2,35 €
Pour s'y rendre : sortie N rte de Sablé-sur-Sarthe et r. de la Piscine à gauche
À savoir : cadre verdoyant et soigné

> Nature : ⌑ ♀
> Services : ⚡ 🧺 🔼 ☺
> À prox. : ✗ 🏊

562

ROÉZÉ-SUR-SARTHE

✉ 72210 – **310** J7 – 2 327 h. – alt. 33
Paris 221 – La Flèche 29 – Le Mans 17 – Sablé-sur-Sarthe 36.

  ▲   **Municipal La Cohue** juin-7 sept.
       ℰ 02 43 77 47 89, *mairie-roeze@wanadoo.fr*,
       Fax 02 43 77 42 51 – **R** conseillée
       0,8 ha (44 empl.) plat, herbeux
       Tarif : (Prix 2007) 6,10 € 🟊 ⟺ 🔲 (꜀) (3A) – pers.
       suppl. 1,70 €
       Pour s'y rendre : sortie S par D 251, rte de Parigné-le-
       Polen, à gauche après le pont
       À savoir : plaisante situation au bord de la Sarthe

Nature : 🌳
Loisirs : 🛝 🛶
Services : 🚿 ⟃ 🚽 🔥 ☺

RUILLÉ-SUR-LOIR

✉ 72340 – **310** M8 – 1 205 h. – alt. 56
Paris 213 – La Chartre-sur-le-Loir 6 – Le Grand-Lucé 63 – Le Mans 50 – Tours 47.

  ▲   **Municipal les Chaintres** mai-28 sept.
       ℰ 02 43 44 44 25, *mairie-ruillesurloir@wanadoo.fr*,
       Fax 02 43 44 29 63 – **R** conseillée
       0,5 ha (30 empl.) plat, herbeux
       Tarif : 🟊 1,75 € 🔲 1,70 € – (꜀) (10A) 1,85 €
       Pour s'y rendre : au S du bourg, rue de l'Industrie
       À savoir : cadre agréable au bord du Loir

Nature : 🌿 ♀
Services : 🚿 🔥 ☺

SABLÉ-SUR-SARTHE

✉ 72300 – **310** G7 – G. Châteaux de la Loire – 12 716 h. – alt. 29
🅑 *Office de tourisme, place Raphaël-Elizé* *ℰ* 02 43 95 00 60, Fax 02 43 92 60 77
Paris 252 – Angers 64 – La Flèche 27 – Laval 44 – Le Mans 61 – Mayenne 60.

  ▲▲   **Municipal de l'Hippodrome** 🏕 – 29 mars-5 oct.
       ℰ 02 43 95 42 61, *camping@sable-sur-sarthe.fr*,
       Fax 02 43 92 74 82, *www.sable-sur-sarthe.com* – **R** conseil-
       lée
       2 ha (84 empl.) plat, herbeux
       Tarif : (Prix 2007) 🟊 2,21 € ⟺ 🔲 4,26 € – (꜀) (16A) 2,20 €
       Location 🏠 : 4 🛏 (4 à 6 pers.) 230 à 350 €/sem.
       Pour s'y rendre : sortie S en dir. d'Angers et à gauche,
       attenant à l'hippodrome
       À savoir : belle décoration arbustive, au bord de la Sarthe

Nature : 🌿 🌳 ♀♀
Loisirs : 🎬 🏓 🛝 🎣 🛶
Services : 🚿 ⟃ ⟊ ⟃ 🔥 ♨ ☺ 🔥
sèche-linge
À prox. : 🍴 🖼 🐎 (centre éques-
tre) canoë, golf 🚲

563

ST-CALAIS

✉ 72120 – **310** N7 – G. Châteaux de la Loire – 3 785 h. – alt. 155
🅑 *Office de tourisme, place de l'Hôtel de ville* *ℰ* 02 43 35 82 95, Fax 02 43 35 15 13
Paris 188 – Blois 65 – Chartres 102 – Châteaudun 58 – Le Mans 47 – Orléans 97.

  ▲▲   **Le Lac** avr.-15 oct.
       ℰ 02 43 35 04 81, *mairie.saintcalais@wanadoo.fr*,
       Fax 02 43 63 15 19 – **R** conseillée
       2 ha (85 empl.) plat, herbeux
       Pour s'y rendre : sortie N par D 249, rte de Montaillé
       À savoir : près d'un plan d'eau

Nature : 🌳
Loisirs : 🎬
Services : 🚿 ⟃ ⟃ 🔥 ☺ 🚰 🔥
À prox. : 🚲 🍴 🛶

SILLÉ-LE-GUILLAUME

✉ 72140 – **310** I5 – G. Normandie Cotentin – 2 585 h. – alt. 161
🅑 *Office de tourisme, place de la Résistance* *ℰ* 02 43 20 10 32, Fax 02 43 20 01 23
Paris 230 – Alençon 39 – Laval 55 – Le Mans 35 – Sablé-sur-Sarthe 42.

  ▲▲   **Les Molières** juin-août
       ℰ 02 43 20 16 12, *campingsilleplage@wanadoo.fr*,
       www.campingsilleplage.com – **R** conseillée
       3,5 ha (133 empl.) plat, herbeux
       Tarif : 9 € 🟊 ⟺ 🔲 (꜀) (13A) – pers. suppl. 3 €
       Pour s'y rendre : N : 2,5 km par D 5, D 105, D 203 et
       chemin à dr.
       À savoir : dans la forêt, près d'un plan d'eau et de deux
       étangs

Nature : 🌿 ♀♀
Loisirs : 🎬
Services : 🚿 ⟃ ⟊ ⟃ 🔥 ☺
À prox. : 🍴 crêperie 🖼 ♫ 🐎 (cen-
tre équestre) pédalos

SILLÉ-LE-PHILIPPE

✉ 72460 – **310** L6 – 867 h. – alt. 35
Paris 195 – Beaumont-sur-Sarthe 25 – Bonnétable 11 – Connerré 15 – Mamers 33 – Le Mans 19.

⚐ **Château de Chanteloup** 31 mai-août
℘ 02 43 27 51 07, *chanteloup.souffront@wanadoo.fr*,
Fax 02 43 89 05 05, *www.chateau-de-chanteloup.com* – **R**
indispensable
20 ha (100 empl.) plat, peu incliné, sablonneux, herbeux,
étang, sous-bois
Tarif : 31,20 € ✲ ⇔ 🔲 🔋 (8A) – pers. suppl. 7,50 €
Location : ⊨
Pour s'y rendre : SO : 2 km par D 301, rte du Mans

> Nature : 🐾 ♨
> Loisirs : ♟ snack 🎱 🎲 🏊 🚴 🎿
> Services : ⊶ 🆖 🔲 🕭 ☺ 💧 💦 🗄
> 🍴

TENNIE

✉ 72240 – **310** I6 – 978 h. – alt. 100
Paris 224 – Alençon 49 – Laval 69 – Le Mans 26 – Sablé-sur-Sarthe 40 – Sillé-le-Guillaume 11.

⚐ **Municipal de la Vègre** avr.-1er oct.
℘ 02 43 20 59 44, *camping.tennie@wanadoo.fr*,
http://perso.wanadoo.fr/campingtennie – places limitées
pour le passage – **R** conseillée
2 ha (83 empl.) plat, herbeux
Tarif : 9,90 € ✲ ⇔ 🔲 🔋 (6A) – pers. suppl. 2 €
Location (permanent) : 5 🏠 (4 à 6 pers.) 155 à
355 €/sem.
🚐 1 borne artisanale 3 €
Pour s'y rendre : sortie O par D 38, rte de Ste-Suzanne
À savoir : cadre agréable au bord d'une rivière et d'un
étang

> Nature : 🐾 🚃 ♨♨
> Loisirs : 🎱 🏊 ✂ m 🎣 🛶
> Services : ♿ ⊶ ♻ 🔲 🕭 🗄 ☺ 🖥
> À prox. : ✗ 🎣

564

Vendée (85)

L'AIGUILLON-SUR-MER

✉ 85460 – **316** I10 – G. Poitou Charentes Vendée – 2 206 h. – alt. 4
🛈 *Office de tourisme, avenue de l'Amiral-Courbet* ℘ 02 51 56 43 87, *Fax 02 51 56 43 91*
Paris 458 – Luçon 20 – Niort 83 – La Rochelle 51 – La Roche-sur-Yon 47 – Les Sables-d'Olonne 53.
Schéma à la Tranche-sur-Mer

⚐ **La Cléroca** juil.-août
℘ 02 51 27 19 92, *camping.lacleroca@wanadoo.fr*,
Fax 02 51 97 09 84, *www.camping-la-cleroca.com*
– **R** conseillée
1,5 ha (60 empl.) plat, herbeux
Tarif : 21,10 € ✲ ⇔ 🔲 🔋 (10A) – pers. suppl. 3,90 €
Pour s'y rendre : NO : 2,2 km par D 44, rte de Grues

> Nature : ♀
> Loisirs : 🎱 🏊
> Services : ♿ ⊶ ♻ 🗄 ☺ 🖥

AIZENAY

✉ 85190 – **316** G7 – 6 095 h. – alt. 62
🛈 *Office de tourisme, rond-point de la Gare* ℘ 02 51 94 62 72, *Fax 02 51 94 62 72*
Paris 435 – Challans 26 – Nantes 60 – La Roche-sur-Yon 18 – Les Sables-d'Olonne 33.

⚐ **La Forêt** 22 mars-1er oct.
℘ 02 51 34 78 12, *rougier.francoise@wanadoo.fr*,
Fax 02 51 34 78 12, *www.camping-laforet.com* – **R** conseillée
2,5 ha (92 empl.) plat, herbeux, bois attenant
Tarif : 18,70 € ✲ ⇔ 🔲 🔋 (6A) – pers. suppl. 3,10 €
Location : 12 🏚 (4 à 6 pers.) 254 à 410 €/sem.
Pour s'y rendre : SE : 1,5 km par D 948, rte de la Roche-
sur-Yon et chemin à gauche

> Nature : ♨♨
> Loisirs : 🏊 🎿
> Services : ♿ ⊶ 🆖 ♻ 🔲 ☺ 🖥
> À prox. : 🎣 🎿 piste de bi-cross,
> parcours de santé

ANGLES

✉ 85750 – **316** H9 – G. Poitou Charentes Vendée – 1 582 h. – alt. 10

🛈 *Office de tourisme, place du Champ de Foire* ✆ *02 51 97 56 39, Fax 02 51 97 56 40*

Paris 450 – Luçon 23 – La Mothe-Achard 38 – Niort 86 – La Rochelle 57 – La Roche-sur-Yon 32 – Les Sables-d'Olonne 35.

⚘⚘ **Moncalm et Atlantique** ♣♣ – 5 avr.-27 sept.

✆ 02 51 97 55 50, *camping-apv@wanadoo.fr*,
Fax 02 51 28 91 09, *www.camping-moncalm.com*
– **R** conseillée
3 ha (200 empl.) plat, herbeux, pierreux
Tarif : (Prix 2007) 28 € ✶ ⇔ 🅴 (10A) – pers.
suppl. 6,50 € – frais de réservation 27 €
Location (permanent) : 🛖 (2 à 4 pers.) 128 à
538 €/sem. – 5 🛖 (4 à 6 pers.) 184 à 815 €/sem. – 19
🏠 (4 à 6 pers.) 246 à 815 €/sem. – bungalows toilés –
tentes
Pour s'y rendre : au bourg, sortie la Tranche-sur-Mer et r.
à gauche

> Nature : 🌳 ⚲
> Loisirs : 🍴 self-service, crêperie 🏠
> 🎪 nocturne 🏃 🎣 🛝 salle d'animation 🚗 🚴 🏓 🎯 🏊 ♨
> Services : 🚿 ⛽ GB 🖇 🍴 🧺 🅿 ♻
> 🚰 🗑 🚽 🚻

⚘⚘ **Atlantique** ♣♣ – 5 avr.-27 sept.

✆ 02 51 27 03 19, *contact@camping-atlantique.com*,
Fax 02 51 27 69 72, *www.camping-atlantique.com* – places
limitées pour le passage – **R** conseillée
6,9 ha (363 empl.) plat, herbeux, pierreux
Tarif : 27 € ✶ ⇔ 🅴 (6A) – pers. suppl. 6,50 € – frais de
réservation 25 €
Location : 🛖 – 96 🛖 (4 à 6 pers.) 200 à 799 €/sem. –
30 🏠 (4 à 6 pers.) 255 à 799 €/sem. – bungalows toilés
– tentes
Pour s'y rendre : au bourg, sortie la Tranche-sur-Mer et r.
à gauche

> Nature : 🌳 ⚲
> Loisirs : 🍴 self-service, crêperie 🏠
> 🎪 nocturne 🏃 🚡 salle d'animation 🚗 🚴 🏓 🎯 🎣 🏊 ♨
> Services : 🚿 ⛽ GB 🖇 🍴 🧺 ♻ 🅿
> ♨ 🚰 🗑 🚽 🚻

⚘⚘ **Le Clos Cottet** ♣♣ – 5 avr.-20 sept.

✆ 02 51 28 90 72, *contact@camping-closcottet.com*,
Fax 02 51 28 90 50, *www.camping-closcottet.com* – **R** indispensable
4,5 ha (196 empl.) plat, herbeux, petit étang
Tarif : 26 € ✶ ⇔ 🅴 (10A) – pers. suppl. 5 € – frais de
réservation 20 €
Location : 91 🛖 (4 à 6 pers.) 237 à 725 €/sem. – 9 🏠
(4 à 6 pers.) 314 à 695 €/sem. – bungalows toilés
🚐 1 borne
Pour s'y rendre : S : 2,2 km par rte de la Tranche-sur-Mer,
près de la D 747
À savoir : Autour d'une ferme soigneusement restaurée

> Nature : 🌳
> Loisirs : 🍴 snack 🏠 🎪 🏃 🎣 🚡
> salle d'animation 🚗 🚴 🎯 🎣 🏓
> 🏊 ♨ 🚣 terrain omnisports, quad
> Services : 🚿 ⛽ GB 🖇 🧺 🅿 ☎
> 🚌 navette gratuite pour les plages

565

APREMONT

✉ 85220 – **316** F7 – G. Poitou Charentes Vendée – 1 119 h. – alt. 19

🛈 *Office de tourisme, place du Château* ✆ *02 51 55 70 54, Fax 02 51 55 42 41*

Paris 448 – Challans 17 – Nantes 64 – La Roche-sur-Yon 30 – Les Sables-d'Olonne 33 – St-Gilles-Croix-de-Vie 21.

⚘ **Les Charmes** avr.-sept.

✆ 02 51 54 48 08, *contact@campinglescharmes.com*,
Fax 02 51 54 48 08, *www.campinglescharmes.com*
– **R** conseillée
1 ha (55 empl.) plat, herbeux
Tarif : 18,40 € ✶ ⇔ 🅴 (10A) – pers. suppl. 4,50 € –
frais de réservation 14 €
Location : 7 🛖 (2 à 4 pers.) 240 à 420 €/sem. – 10 🛖
(4 à 6 pers.) 200 à 535 €/sem. – 5 🏠 (4 à 6 pers.) 210 à
605 €/sem.
Pour s'y rendre : N : 3,6 km par D 21, rte de Challans et rte
à dr., dir. la Roussière

> Nature : 🌿 🌳 ⚲
> Loisirs : 🏠 🚗 🚴 🏊
> Services : 🚿 ⛽ GB 🖇 🅿 ☎ 🧺

AVRILLÉ

✉ 85440 – **316** H9 – G. Poitou Charentes Vendée – 1 008 h. – alt. 45
🖪 *Syndicat d'initiative, 2, place des Halles* 𝓟 *02 51 22 30 70, Fax 02 51 22 30 70*
Paris 445 – Luçon 27 – La Rochelle 70 – La Roche-sur-Yon 27 – Les Sables-d'Olonne 25.

⚑ **Les Mancellières** mai-15 sept.
𝓟 02 51 90 35 97, *camping.mancellieres@wanadoo.fr,*
Fax 02 51 90 39 31, *www.lesmancellieres.com* – **R** conseillée
2,6 ha (130 empl.) plat et peu incliné, herbeux
Tarif : 20,90 € 🏕 ⇔ 🔲 💧 (6A) – pers. suppl. 3,90 € – frais
de réservation 18 €
Location (5 avr.-sept.) : 40 ⟨⟩ (4 à 6 pers.) 172 à
585 €/sem. – bungalows toilés
Pour s'y rendre : S : 1,7 km par D 105 rte de Longeville-sur-
Mer

> Nature : 🌳 ♀♀
> Loisirs : snack 🏊 🎿 ⛵ 🛶
> Services : ♿ ⊶ GB ⚡ 🚿 ♨ ☺ 🔥

⚑ **Le Beauchêne** mai-août
𝓟 02 51 22 30 49, *campinglebeauchene@club-internet.fr,*
Fax 02 51 22 37 60, *www.lebeauchene.com* – **R** conseillée
2,5 ha (160 empl.) plat et peu incliné, herbeux
Tarif : 17,20 € 🏕 ⇔ 🔲 💧 (6A) – pers. suppl. 3,20 € – frais
de réservation 18 €
Location (5 avr.-15 sept.) : 20 ⟨⟩ (4 à 6 pers.)
570 €/sem.
Pour s'y rendre : sortie SE par D 949 rte de Luçon, bord
d'un petit étang

> Nature : ♀
> Loisirs : 🏊 🎿
> Services : ♿ ⊶ GB ⚡ ☺ 🚿 🔥 🔥

La BOISSIÈRE-DE-MONTAIGU

✉ 85600 – **316** I6 – 1 568 h. – alt. 62
Paris 384 – Cholet 139 – Nantes 46 – La Roche-sur-Yon 50.

⚑ **Domaine de l'Eden** Permanent
𝓟 02 51 41 62 32, *contact@domaine-eden.fr,*
Fax 02 51 41 56 07, *www.domaine-eden.fr* – **R** conseillée
15 ha/8 campables (150 empl.) plat, pierreux, herbeux,
prairies, étang et sous-bois
Tarif : 18,50 € 🏕 ⇔ 🔲 💧 (10A) – pers. suppl. 4,20 €
Location : 19 ⟨⟩ (4 à 6 pers.) 210 à 510 €/sem. – 6 🏠
(4 à 6 pers.) 230 à 550 €/sem.
⟨⟩ 1 borne – 4 🔲
Pour s'y rendre : SO : 2,5 km par D 62, rte de Chavagnes-
en-Paillers puis rte à dr.
À savoir : agréable domaine boisé

> Nature : 🏞 🌳 ♀♀
> Loisirs : 🍴 snack 🎱 salle d'anima-
> tion 🎿 🏊 🛶 🐎 poneys piste
> de bi-cross, terrain omnisports,
> parcours de santé
> Services : ♿ ⊶ GB ⚡ 🔥 ☺ 🚿 🔥
> 🔥

BOURNEZEAU

✉ 85480 – **316** I8 – 2 439 h. – alt. 73
🖪 *Syndicat d'initiative, 1, rue du Centre* 𝓟 *02 51 40 02 90, Fax 02 51 40 79 30*
Paris 416 – Cholet 67 – Nantes 78 – Niort 70 – La Rochelle 68 – La Roche-sur-Yon 22.

⚑ **Municipal les Humeaux** juin-15 sept.
𝓟 02 51 40 01 31, *mairie@bournezeau.fr,*
Fax 02 51 40 79 30, *www.bournezeau.fr* – **R** conseillée
0,6 ha (15 empl.) plat, herbeux
Tarif : (Prix 2007) 11,30 € 🏕 ⇔ 🔲 💧 (15A) – pers.
suppl. 2,80 €
Pour s'y rendre : sortie N par D 7, rte de St-Martin-des-
Noyers

> Nature : ♀
> Services : ♿ 🔥 ☺ 🔥
> À prox. : 🏊

Om een reisroute uit te stippelen en te volgen,
om het aantal kilometers te berekenen,
om precies de ligging van een terrein te bepalen
(aan de hand van de inlichtingen in de tekst),
gebruikt u de **Michelinkaarten** ,
een onmisbare aanvulling op deze gids.

BREM-SUR-MER

⊠ 85470 – **316** F8 – 2 054 h. – alt. 13

🛈 *Office de tourisme, 21 ter, rue de l'Océan ☎ 02 51 90 92 33, Fax 02 51 20 14 67*
Paris 454 – Aizenay 26 – Challans 29 – La Roche-sur-Yon 34 – Les Sables-d'Olonne 16.

Le Chaponnet ♣♣ – avr.-sept.
☎ 02 51 90 55 56, *campingchaponnet@wanadoo.fr*,
Fax 02 51 90 91 67, *www.le-chaponnet.com* – **R** indispensable
6 ha (340 empl.) plat, herbeux
Tarif : 35 € ♣ ⟶ 🅴 🗲 (6A) – pers. suppl. 6 € – frais de réservation 17 €
Location : 26 ⟨🛖⟩ (4 à 6 pers.) 205 à 740 €/sem. – 20 🏠 (4 à 6 pers.) 275 à 790 €/sem.
Pour s'y rendre : à l'O du bourg
À savoir : décoration florale et arbustive, bel ensemble aquatique

Nature : 🏞 🗁 👭
Loisirs : ♟ snack, pizzeria 🍺 🎮 nocturne 🎯 🎣 🎱 🛝 🚲 🍴 🏊 ⛳ terrain omnisports
Services : ♿ ⟶ 🆖 🐕 🖲 🖫 ⊛ ⚐ 👷 🗄 ⚓

Le Brandais avr.-sept.
☎ 02 51 90 55 87, *camping.lebrandais@wanadoo.fr*,
Fax 02 51 20 12 74, *www.campinglebrandais.com* – places limitées pour le passage – **R** conseillée
2,3 ha (172 empl.) plat et peu incliné, herbeux
Tarif : 23 € ♣ ⟶ 🅴 🗲 (10A) – pers. suppl. 5 € – frais de réservation 15 €
Pour s'y rendre : sortie NO par D 38 et rte à gauche

Nature : 🏞 🗁 👭
Loisirs : ♟ 🍺 🛝 🏊
Services : ♿ ⟶ 🆖 🐕 🖲 🖫 ⊛ 👷
🗄 ⚓
À prox. : 🍴

L'Océan avr.-15 oct.
☎ 02 51 90 59 16, *contact@campingdelocean.fr*,
Fax 02 51 90 14 21, *www.campingdelocean.fr* – **R** conseillée
4 ha (210 empl.) plat, herbeux, sablonneux
Tarif : 22 € ♣ ⟶ 🅴 🗲 (10A) – pers. suppl. 4,50 € – frais de réservation 15 €
Location : 40 ⟨🛖⟩ (4 à 6 pers.) 240 à 610 €/sem.
Pour s'y rendre : O : 1 km

Nature : 🏞 🗁 ♀
Loisirs : ♟ snack 🍺 🛝 🏊 🛝
Services : ♿ ⟶ 🆖 🐕 🖲 🖫 ⊛ 🏊
👷 🗄 ⚓ ⚓
À prox. : 🍴

567

BRÉTIGNOLLES-SUR-MER

⊠ 85470 – **316** E8 – 2 686 h. – alt. 14

🛈 *Office de tourisme, 1, boulevard du Nord ☎ 02 51 90 12 78, Fax 02 51 22 40 72*
Paris 459 – Challans 30 – La Roche-sur-Yon 36 – Les Sables-d'Olonne 18.

Les Dunes ♣♣ – avr.-11 nov.
☎ 02 51 90 55 32, *infos@campinglesdunes.fr*,
Fax 02 51 90 54 85, *www.campinglesdunes.com* – places limitées pour le passage – **R** indispensable
12 ha (760 empl.) plat, sablonneux
Tarif : 35,50 € ♣ ⟶ 🅴 🗲 (10A) – pers. suppl. 7,50 € – frais de réservation 23 €
Location : 14 ⟨🛖⟩ (2 à 4 pers.) 260 à 757 €/sem. – 46 ⟨🛖⟩ (4 à 6 pers.) 290 à 798 €/sem. – 37 🏠 (4 à 6 pers.) 325 à 860 €/sem.
Pour s'y rendre : S : 2,5 km par D 38 et rte à dr., à 200 m de la plage (accès direct)

Nature : 🗁 👭
Loisirs : ♟ ✗ pizzeria 🍺 🎯 🎣 🛝 -❄ 🍴 🎱 🛝 ⛳ terrain omnisports
Services : ⟶ 🆖 🐕 🖲 🖫 ⊛ ⚓ ⚐
⚓ 👷 🗄 🖫 ⚓
À prox. : 🏇

La Motine avr.-sept.
☎ 02 51 90 04 42, *campinglamotine@wanadoo.fr*,
Fax 02 51 33 80 52, *www.lamotine.com* – **R** conseillée
1,8 ha (103 empl.) peu incliné, herbeux
Tarif : 27 € ♣ ⟶ 🅴 🗲 (6A) – pers. suppl. 5,70 € – frais de réservation 23 €
Location : 15 ⟨🛖⟩ (4 à 6 pers.) 290 à 590 €/sem.
⟨🚐⟩ 1 borne 11 € –
Pour s'y rendre : par av. de la Plage et à dr., r. des Morinières
À savoir : décoration arbustive

Nature : 🗁
Loisirs : ♟ ✗ crêperie 🛝
Services : ♿ ⟶ 🆖 🐕 🖲 🖫 ⊛ ⚓
⚐ 🗄 ⚓
À prox. : 🏇

BRÉTIGNOLLES-SUR-MER

⚲ **La Trevillière** 5 avr.-27 sept.
   ✆ 02 51 90 09 65, *chadotel@wanadoo.fr*,
Fax 02 51 33 94 04, *www.chadotel.com* – **R** conseillée
3 ha (204 empl.) plat, peu incliné, herbeux
Tarif : 28,90 € ✱ ⬛ 🚗 ▣ ⓗ (6A) – pers. suppl. 5,80 € – frais
de réservation 25 €
Location : 30 ⬛ (4 à 6 pers.) 199 à 730 €/sem. – 6 ⬛
(4 à 6 pers.) 270 à 790 €/sem.
Pour s'y rendre : sortie N par la rte du stade et à gauche

Nature : ⬛ ♀
Loisirs : ♈ 🚣 🦀 🏊 ⛵
Services : ♿ ⛽ GB ♨ 🚿 ♻ ⊙ ⚏
⚐ 📷 ⚑

⚲ **Les Vagues** avr.-sept.
   ✆ 02 51 90 19 48, *lesvagues@free.fr*, Fax 02 40 02 49 88,
www.campinglesvagues.fr – places limitées pour le passage
– **R** conseillée
4,5 ha (256 empl.) plat, peu incliné, herbeux
Tarif : 29 € ✱ ⬛ 🚗 ▣ ⓗ (10A) – pers. suppl. 6,50 € – frais
de réservation 20 €
Location (15 avr.-sept.) 🦐 : 30 ⬛ (4 à 6 pers.) 270 à
700 €/sem.
Pour s'y rendre : au N du bourg, par D 38, dir. St-Gilles-
Croix-de-Vie

Nature : ⬛ ♀♀
Loisirs : 🍴 🚣 ✂ 🖼 🏊 ⛵
Services : ♿ ⛽ GB ♨ 🚿 ♻ ⊙ 📷

⚲ **Le Marina** mai-sept.
   ✆ 02 51 33 83 17, Fax 02 51 33 83 17 – **R** conseillée
2,7 ha (131 empl.) plat, herbeux
Tarif : 19 € ✱ ⬛ 🚗 ▣ ⓗ (10A) – pers. suppl. 4,20 € – frais
de réservation 15 €
Location : 4 ⬛ (4 à 6 pers.) 250 à 460 €/sem.
Pour s'y rendre : sortie NO par D 38, rte de St-Gilles-Croix-
de-Vie puis à gauche 1 km par rte des-Fermes-Marines et
chemin à dr.

Nature : ⬛ ♀
Loisirs : 🍴
Services : ♿ ⛽ ♨ 🚿 ♻ ⊙ ⚐ 📷
À prox. : 🏊

568

⚲ **Le Bon Accueil** juin-15 sept.
   ✆ 02 51 90 15 92, Fax 02 51 90 15 92 – **R** conseillée
3 ha (146 empl.) plat, peu incliné, herbeux
Tarif : 19 € ✱ ⬛ 🚗 ▣ ⓗ (6A) – pers. suppl. 4,20 € – frais de
réservation 15 €
Location : 7 ⬛ (4 à 6 pers.) 250 à 460 €/sem.
Pour s'y rendre : NO : 1,2 km par D 38 rte de St-Gilles-
Croix-de-Vie
À savoir : cadre champêtre

Nature : ♀♀
Loisirs : 🏊
Services : ♿ ⛽ ♨ 🚿 🏊 ⊙ 📷

CHAILLÉ-LES-MARAIS

✉ 85450 – **316** J9 – G. Poitou Charentes Vendée – 1 599 h. – alt. 16
🏢 *Office de tourisme, 60 bis, rue de l'an VI, le Nieul* ✆ 02 51 56 71 17
Paris 446 – Fontenay-le-Comte 23 – Niort 57 – La Rochelle 34 – La Roche-sur-Yon 49.

⚲ **L'Île Cariot** 15 juin-8 sept.
   ✆ 02 51 56 75 27, *campingchaille@aol.com*,
Fax 02 51 56 75 27, *www.campingchaille.com* – **R** conseillée
1,2 ha (45 empl.) plat, herbeux
Tarif : ✱ 3,80 € 🚗 1,80 € ▣ 2,20 € – ⓗ (10A) 2,50 €
⬛ 1 borne artisanale 2 €
Pour s'y rendre : au S du bourg, r. du 8-mai-1945, bord de
petits ruisseaux et près du stade

Nature : ⬛ ♀
Loisirs : 🍴 🚣 🚴 🏊
Services : ♿ ⛽ GB ♨ 🚿 ⊙ 📷
À prox. : ✂

LES GUIDES VERTS **MICHELIN**
Paysages, monuments
Routes touristiques
Géographie
Histoire, Art
Itinéraire de visite
Plans de villes et de monuments

CHAMBRETAUD

✉ 85500 – **316** K6 – 1 275 h. – alt. 214
Paris 377 – Nantes 83 – La Roche-sur-Yon 56 – Cholet 21 – Bressuire 50.

Au Bois du Cé fermé fév.
📞 02 51 91 54 32, *contact@camping-auboisduce.com*,
www.camping-auboisduce.com – **R** conseillée
3 ha (100 empl.) plat, terrasse, herbeux
Tarif : 20,45 € ✶ ⇌ 🅔 (16A) – pers. suppl. 4,40 €
Location : 13 🏠 (4 à 6 pers.) 255 à 595 €/sem. – 2
studios
🚐🚐 🛒
Pour s'y rendre : 1,5 km par D 27 rte des Épesses, à côté
de l'ancienne gare

> Nature : ⟨ ⌂
> Loisirs : 🏠 ⤓
> Services : & ⚡ 🆖 ⚙ 🏧 📷 😊 📞
> 🛁

La CHAIZE-GIRAUD

✉ 85220 – **316** F8 – 597 h. – alt. 15
Paris 453 – Challans 24 – La Roche-sur-Yon 32 – Les Sables-d'Olonne 21 – St-Gilles-Croix-de-Vie 13.

Les Alouettes avr.-sept.
📞 02 51 22 96 21, *contact@lesalouettes.com*,
Fax 02 51 33 76 54, *www.lesalouettes.com* – **R** indispensable
3 ha (140 empl.) plat, en terrasses, peu incliné, herbeux,
sablonneux
Tarif : 23 € ✶ ⇌ 🅔 (6A) – pers. suppl. 4,80 € – frais de
réservation 18 €
Location : 15 🚐 (4 à 6 pers.) 230 à 575 €/sem. – 12 🏠
(4 à 6 pers.) 260 à 640 €/sem.
Pour s'y rendre : O : 1 km par D 12, rte de St-Gilles-Croix-
de-Vie

> Nature : ⌂ 🌳
> Loisirs : 🏠 ⤢ ⤓
> Services : & ⚡ 🆖 ⚙ 📷 😊 📷

569

La CHAPELLE-HERMIER

✉ 85220 – **316** F7 – 560 h. – alt. 58
Paris 447 – Aizenay 13 – Challans 25 – La Roche-sur-Yon 29 – Les Sables-d'Olonne 25 – St-Gilles-Croix-de-Vie 20.

Pin Parasol 25 avr.-25 sept.
📞 02 51 34 64 72, *campingpinparasol@free.fr*,
Fax 02 51 34 64 62, *http://campingpinparasol.free.fr*
– **R** conseillée
7,7 ha (211 empl.) plat, peu incliné, terrasses, herbeux
Tarif : 29,50 € ✶ ⇌ 🅔 (10A) – pers. suppl. 6 € – frais
de réservation 15 €
Location ⤢ : 43 🚐 (4 à 6 pers.) 195 à 685 €/sem. – 20
🏠 (4 à 6 pers.) 180 à 695 €/sem.
Pour s'y rendre : SO : 3,3 km par D 42, rte de l'Aiguillon-
sur-Vie puis 1 km par rte à gauche
À savoir : près du lac de Jaunay (accès direct)

> Nature : 🌊 ⟨ ⌂
> Loisirs : 🍽 🏠 🎣 ≋ hammam
> ⤢ 🚲 🎱 ⤓ ⤢
> Services : & ⚡ 🆖 ⚙ 📷 😊 📞
> 📷 🛁 ⚒
> À prox. : 🎣

COMMEQUIERS

✉ 85220 – **316** E7 – G. Poitou Charentes Vendée – 2 297 h. – alt. 19
Paris 441 – Challans 13 – Nantes 63 – La Roche-sur-Yon 38 – Les Sables-d'Olonne 36 – St-Gilles-Croix-de-Vie 12.

La Vie 5 avr.-oct.
📞 02 51 54 90 04, *contact@campinglavie.com*,
Fax 02 51 54 36 63, *www.camping-la-vie.fr.st* – **R** conseillée
3 ha (73 empl.) plat, herbeux, petit étang
Tarif : 21 € ✶ ⇌ 🅔 (6A) – pers. suppl. 5,50 €
Location : 10 🚐 (4 à 6 pers.) 360 à 580 €/sem.
Pour s'y rendre : SE : 1,3 km par D 82 rte de Coëx et
chemin à gauche

> Nature : 🌊 🌳
> Loisirs : 🍽 🏠 ⤓ 🎣
> Services : & ⚡ 🆖 ⚙ 📷 😊 📞
> 📷

COMMEQUIERS

⚠ **Le Trèfle à 4 feuilles**
    📞 02 51 54 87 54, *letrefle@free.fr*, Fax 02 28 10 49 19,
www.trefle-a4feuilles.com – **R** conseillée
1,8 ha (25 empl.) plat, terrasses, herbeux
Pour s'y rendre : SE : 3,3 km par D 82, rte de Coëx et
1,4 km par chemin à gauche, au lieu-dit la Jouère
À savoir : sur les terres d'une exploitation agricole, le
royaume des animaux

Nature : 🐾
Loisirs : 🍸 🏠 🏄
Services : 🔧 🛒 🅿 📷
À prox. : parc animalier

Les CONCHES

✉ 85560 – **316** H9
Paris 465 – Nantes 109 – La Roche-sur-Yon 37 – La Rochelle 63 – Niort 93.
Schéma à Longeville-sur-Mer

⚠⚠ **Le Clos des Pins** 29 mars-sept.
    📞 02 51 90 31 69, *campingleclosdespins@orange.fr*,
Fax 02 51 90 30 68, *www.campingclosdespins.com*
– **R** conseillée
1,6 ha (95 empl.) plat et peu accidenté, sablonneux
Tarif : 27 € 👤 🚗 📧 🔌 (10A) – pers. suppl. 6 €
Location : 35 🛏 (4 à 6 pers.) 219 à 695 €/sem. – 5 🏠
(4 à 6 pers.) 279 à 740 €/sem. – bungalows toilés
Pour s'y rendre : r. du Dr-Joussemet, à 500 m de la plage

Nature : 🏕 ♀♀
Loisirs : 🍸 🏠 🏄 🏊 ⛷
Services : 🔧 🛒 ☕ ☑ 🗄 🅿 💈 ☎
📷
À prox. : 🏇

⚠ **Le Sous-Bois** juin-15 sept.
    📞 02 51 33 36 90, Fax 02 51 33 32 73 – **R** indispensable
1,7 ha (120 empl.) plat, sablonneux
Tarif : 16 € 👤 🚗 📧 🔌 (10A) – pers. suppl. 3,80 €
Location 🚫 : 4 🛏 (4 à 6 pers.) 455 €/sem.
Pour s'y rendre : au lieu-dit la Saligotière

Nature : 🐾 🏕 ♀
Loisirs : 🏠 🏄 ✂ ✁
Services : 🔧 🛒 ☑ 🗄 🅿 🍴 ☎ 📷

⚠ **Les Ramiers** Pâques-sept.
    📞 02 51 33 32 21, *www.campinglesramiers.com*
– **R** conseillée
1,4 ha (80 empl.) plat et peu accidenté, en terrasses,
sablonneux
Tarif : (Prix 2007) 15,50 € 👤 🚗 📧 🔌 (5A) – pers.
suppl. 4,20 €
Location : 6 🛏 (4 à 6 pers.) 150 à 458 €/sem.
Pour s'y rendre : 44 bis, r. des Tulipes
À savoir : pour les tentes, beaux emplacements en ter-
rasses et en sous-bois

Nature : 🏕 ♀♀
Loisirs : 🍸 snack
Services : 🔧 🛒 ☑ 🅿

570

LES EPESSES

✉ 85590 – **316** K6 – G. Poitou Charentes Vendée – 2 110 h. – alt. 214
Paris 375 – Bressuire 38 – Chantonnay 29 – Cholet 24 – Clisson 47 – La Roche-sur-Yon 50.

⚠⚠⚠ **La Bretèche** avr.-sept.
    📞 02 51 57 33 34, *contact@campinglabreteche.com*,
Fax 02 51 57 41 98, *www.campinglabreteche.com*
– **R** conseillée
3 ha (115 empl.) plat, peu incliné, herbeux
Tarif : 19,25 € 👤 🚗 📧 🔌 (10A) – pers. suppl. 3,80 € –
frais de réservation 8 €
Location : 24 🏠 (4 à 6 pers.) 230 à 615 €/sem.
🚐 1 borne eurorelais 4 €
Pour s'y rendre : sortie N par D 752, rte de Cholet et
chemin à dr.
À savoir : belle décoration arbustive, près d'un étang

Nature : 🏕
Loisirs : 🍸 snack 🏠 🏊
Services : 🔧 🛒 ☕ ☑ 🗄 🅿 ☎ 📷
À prox. : 🎢 Puy du Fou (3 km), parc
d'attractions

*The classification (1 to 5 tents, **black** or red) that we award to
selected sites in this Guide is a system that is our own.
It should not be confused with the classification (1 to 4 stars) of official organisations.*

Les ESSARTS

✉ 85140 – **316** I7 – G. Poitou Charentes Vendée – 4 186 h. – alt. 78
🛈 *Office de tourisme, 1, rue Armand de Rougé* 𝒫 *02 51 62 85 96*
Paris 399 – Cholet 49 – Nantes 60 – Niort 92 – La Roche-sur-Yon 20.

⚠ **Municipal le Pâtis** avr.-sept.
𝒫 02 51 62 95 83, *camping-lepatis@wanadoo.fr*,
Fax 02 51 62 95 83, *www.campinglepatis.com* – **R** conseillée
1 ha (50 empl.) plat, herbeux
Tarif : (Prix 2007) 12 € 🏕 ⚡ 🚗 📧 (16A) – pers.
suppl. 2,80 €
Pour s'y rendre : O : 0,8 km par rte de Chauché et à
gauche, près de deux piscines

> Nature : 🌿 ♀♀
> Services : 🛁 ⚡ GB ᴄᴠ 🏍 ☺ ℀
> À prox. : ✗ 🔲 🛝

La FAUTE-SUR-MER

✉ 85460 – **316** I9 – G. Poitou Charentes Vendée – 905 h. – alt. 4
🛈 *Office de tourisme, rond-point Fleuri* 𝒫 *02 51 56 45 19, Fax 02 51 97 18 08*
Paris 465 – Luçon 37 – Niort 106 – La Rochelle 71 – La Roche-sur-Yon 47 – Les Sables-d'Olonne 47.
Schéma à la Tranche-sur-Mer

⚠ **Les Flots Bleus** 22 mars-12 oct.
𝒫 02 51 27 11 11, *info@camping-lesflotsbleus.com*,
Fax 02 51 29 40 76 – **R** conseillée
1,5 ha (124 empl.) plat, sablonneux, herbeux
Tarif : 26,50 € 🏕 ⚡ 🚗 📧 (6A) – pers. suppl. 5 € – frais de
réservation 25 €
Location : 🏚
Pour s'y rendre : SE : 1 km par rte de la pointe d'Arçay, à
200 m de la plage

> Nature : 🏞 ♀
> Loisirs : 🍴 ♨ 🛝
> Services : 🛁 GB ᴄᴠ 🏠 ☺ 🖼

⚠ **Le Pavillon Bleu** 26 avr.-13 sept.
𝒫 02 51 56 08 78, *camping-apv@wanadoo.fr*,
Fax 02 51 56 31 50, *www.camping-apv.com* – **R** conseillée
1,3 ha (85 empl.) plat, sablonneux, herbeux
Tarif : (Prix 2007) 23 € 🏕 ⚡ 🚗 📧 (10A) – pers. suppl. 5 €
– frais de réservation 27 €
Location : 6 🏚 (4 à 6 pers.) 175 à 774 €/sem. – 11 🏠
(4 à 6 pers.) 234 à 774 €/sem.
Pour s'y rendre : NO : 2,4 km par rte de la Tranche-sur-Mer
et chemin à dr.

> Nature : 🏞
> Loisirs : ♨ 🛝 (petite piscine)
> Services : 🛁 ⚡ GB ᴄᴠ 🏠 ☺ 🛝 ✈
> 🖼

571

Château et collégiale St-Liphard en bordure de Loire

S. Sauvignier/Michelin

Le FENOUILLER

⊠ 85800 – **316** E7 – 3 213 h. – alt. 10
Paris 455 – Nantes 70 – La Roche-sur-Yon 49.

▲ **Le Chatelier** avr.-15 oct.
℘ 02 28 10 50 75, Fax 02 28 10 50 75 – **R** conseillée
2,5 ha (80 empl.) plat, herbeux
Tarif : 20 € ⚊ ⚊ 🅴 ⚊ (10A) – pers. suppl. 6 € – frais de
réservation 16 €
Pour s'y rendre : SO : 1,4 km par D 754 et chemin à dr.

Nature : ♀
Loisirs : 🍸 ⚊ ⚊
Services : ⚊ ⚊ ⚊ ⚊ ⚊ ⚊

▲ **Aire Naturelle le Petit Beauregard** avr.-15 oct.
℘ 02 51 55 07 98 – **R** conseillée
2 ha (50 empl.) plat, herbeux
Tarif : 16 € ⚊ ⚊ 🅴 ⚊ (6A) – pers. suppl. 3 €
Pour s'y rendre : sortie SO par D 754, rte de St-Gilles-Croix-
de-Vie et 0,6 km par chemin à gauche
À savoir : cadre champêtre

Nature : ⚊ ♀
Loisirs : ⚊ ⚊
Services : ⚊ ⚊ ⚊ ⚊ ⚊

FROMENTINE

⊠ 85550 – **316** D6 – G. Poitou Charentes Vendée
Paris 455 – Nantes 69 – La Roche-sur-Yon 72.

Schéma à St-Jean-de-Monts

▲▲ **Campéole La Grande Côte** 5 avr.-14 sept.
℘ 02 51 68 51 89, cplgrandecote@atciat.com,
Fax 02 51 49 25 57, www.campeole.com – **R** conseillée
21 ha (810 empl.) plat et accidenté, sablonneux
Tarif : (Prix 2007) 24,30 € ⚊ ⚊ 🅴 ⚊ (10A) – pers.
suppl. 6,40 € – frais de réservation 25 €
Location : 65 ⚊ (4 à 6 pers.) 294 à 763 €/sem.
Pour s'y rendre : à l' O de la station, rte de la Grande Côte
À savoir : au bord de la plage

Nature : ♀♀ (pinède)
Loisirs : 🍸 ⚊ ⚊ nocturne ⚊ ⚊
⚊ ⚊
Services : ⚊ ⚊ ⚊ ⚊ ⚊ ⚊ ⚊ ⚊
⚊ ⚊ ⚊
À prox. : ⚊

572

Le GIVRE

⊠ 85540 – **316** H9 – 273 h. – alt. 20
Paris 446 – Luçon 20 – La Mothe-Achard 33 – Niort 88 – La Rochelle 62 – La Roche-sur-Yon 27 – Les
Sables-d'Olonne 33.

▲ **Aire Naturelle la Grisse** 15 avr.-15 oct.
℘ 02 51 30 83 03, lagrisse@wanadoo.fr, www.campingla
grisse.com – **R** conseillée
1 ha (25 empl.) plat, herbeux
Tarif : ⚊ 6 € ⚊ 🅴 4 € – ⚊ (6A) 3 €
Location : 6 ⚊ (2 à 4 pers.) 230 à 325 €/sem. – 1 ⚊ (4
à 6 pers.) 250 à 500 €/sem.
Pour s'y rendre : S : 2,5 km par rte reliant la D 949 et la
D 747
À savoir : Cadre champêtre

Nature : ⚊ ♀
Loisirs : ⚊ ⚊
Services : ⚊ ⚊ ⚊ ⚊ ⚊ ⚊ ⚊

GRAND'LANDES

⊠ 85670 – **316** G7 – 381 h. – alt. 52
Paris 431 – Aizenay 12 – Challans 21 – Nantes 53 – La Roche-sur-Yon 30 – St-Gilles-Croix-de-Vie 30.

▲ **Municipal les Blés d'Or** Permanent
℘ 02 51 98 51 86, mairiegrandlandes@wanadoo.fr,
Fax 02 51 98 53 24 – **R** conseillée
1 ha (40 empl.) plat, herbeux, peu incliné
Tarif : ⚊ 2,30 € ⚊ 1 € 🅴 2,80 € – ⚊ (6A) 2,30 €
Pour s'y rendre : au bourg, par D 94, rte de St-Etienne-du-
Bois, à 100 m d'un étang
À savoir : emplacements bien délimités par des haies

Nature : ⚊ ♀
Services : ⚊ ⚊ ⚊ ⚊ ⚊ ⚊ ⚊
À prox. : ⚊ ⚊ ⚊

ÎLE DE NOIRMOUTIER

✉ 85 – **316** – G. Poitou Charentes Vendée
par le pont routier de Fromentine : gratuit - par le passage du Gois à basse mer (4,5 km)
🛈 *Office de tourisme, rue du Général Passaga* 📞 *02 51 39 12 42*

Barbâtre   ✉ 85630 – **316** C6 – 1 420 h. – alt. 5
🛈 *Office de tourisme, route du Pont* 📞 *02 51 39 80 71, Fax 02 51 39 53 16*
Paris 453 – Challans 32 – Nantes 70 – Noirmoutier-en-l'Île 11 – St-Nazaire 71.

> ⚠ **Municipal du Midi**
> 📞 02 51 39 63 74, *camping-du-midi@wanadoo.fr*,
> Fax 02 51 39 58 63, *www.camping-du-midi.com*
> 13 ha (630 empl.) accidenté, sablonneux, herbeux
> **Location :** 150 🏠
> **Pour s'y rendre :** NO : 1 km par D 948 et chemin à gauche
> **À savoir :** près de la plage (accès direct)

> Nature : ହ
> Loisirs : 🍴 snack ✂ 🏊
> Services : ⚐ ⚬ 🖥 🛁 � ☺ 🗑
> À prox. : 🏊

La Guérinière   ✉ 85680 – **316** C6 – G. Poitou Charentes Vendée – 1 486 h. – alt. 5
Paris 460 – Challans 39 – Nantes 77 – Noirmoutier-en-l'Île 5 – La Roche-sur-Yon 83 – St-Nazaire 78.

> ⚠ **Le Caravan'Île** mars-15 nov.
> 📞 02 51 39 50 29, *contact@caravanile.com*,
> Fax 02 51 35 86 85, *www.caravanile.com* – **R** conseillée
> 8,5 ha (385 empl.) plat, peu incliné, dunes attenantes,
> sablonneux, herbeux
> **Tarif :** (Prix 2007) 22 € ✶ ♦ 🚗 🔲 🔋 (5A) – pers.
> suppl. 4,60 € – frais de réservation 16 €
> **Location :** 81 🏠 (4 à 6 pers.) 270 à 620 €/sem.
> 🏠, 1 borne artisanale 2 €
> **Pour s'y rendre :** sortie E par D 948 et à droite avant le
> rond-point
> **À savoir :** près de la plage (accès direct par escalier)

> Nature : ⛺
> Loisirs : 🍴 🍽 🎣 🏊 🔲 🏊 🏄
> terrain omnisports
> Services : ⚐ ⚬ 🖥 🚐 ✇ 🗑 ☺ 🏊 🎣
> 🍴 🗑 🏊
> À prox. : ✕ 🚴 🔔

573

> ⚠ **La Sourderie** avr.-oct.
> 📞 02 51 39 51 38, *contact@campingsourderie.com*,
> Fax 02 51 39 57 97, *www.campingsourderie.com*
> – **R** conseillée
> 5,5 ha (306 empl.) peu incliné et plat, sablonneux, herbeux,
> dunes
> **Tarif :** 23 € ✶ 🚗 🔲 🔋 (6A) – pers. suppl. 6 € – frais de
> réservation 15 €
> **Location :** 60 🏠 (4 à 6 pers.) 220 à 760 €/sem.
> 🏠, 1 borne / 5 € – 🚐 10 €
> **Pour s'y rendre :** sortie E par D 948 et à dr. avant le
> rond-point
> **À savoir :** près de la plage (accès direct par escalier)

> Nature : 🏞 ⛺
> Loisirs : 🍽 🎣 🏊 🏄
> Services : ⚐ ⚬ (juil.-août) 🖥 ✇
> 🗑 ☺ 🗑 🎣
> À prox. : 🏊 🍴 ✕ snack 🔔

Noirmoutier-en-l'Île   ✉ 85330 – **316** C5 – G. Poitou Charentes Vendée – 5 001 h. – alt. 8
🛈 *Office de tourisme, rue du Général Passaga* 📞 *02 51 39 12 42*
Paris 468 – Nantes 80 – Saint-Nazaire 82 – Vannes 160 – La Roche-sur-Yon 83.

> ⚠ **Indigo Noirmoutier** 28 mars-28 sept.
> 📞 02 51 39 06 24, *noirmoutier@camping-indigo.com*,
> Fax 02 51 35 97 63, *www.camping-indigo.com* – **R** indis-
> pensable
> 12 ha (530 empl.) plat, sablonneux, herbeux
> **Tarif :** (Prix 2007) 21,80 € ✶ 🚗 🔲 🔋 (10A) – pers.
> suppl. 4,20 € – frais de réservation 17 €
> **Location :** 30 tentes
> **Pour s'y rendre :** 23 Allée des Sableaux, Bois de la Chaize,
> 2,7 km à l'E
> **À savoir :** Agréable situation en bordure de plage des
> Sableaux

> Nature : ◁ ହ(pinède) ⛺
> Loisirs : 🍴 snack 🏠 🎣
> Services : ⚐ ⚬ 🖥 ✇ 🗑 ☺ 🗑
> 🗑 🎣
> À prox. : 🔔

ÎLE DE NOIRMOUTIER

⚠ **Municipal le Clair Matin** avr.-Toussaint
  𝒫 02 51 39 05 56, Fax 02 51 39 74 36 – **R** conseillée
  6,5 ha (276 empl.) plat, herbeux, sablonneux
  Tarif : (Prix 2007) 17,90 € ⚡ ⚘ 🚗 🔲 ⑪ (10A) – pers.
  suppl. 2,70 € – frais de réservation 21,50 €
  🚐 1 borne artisanale
  Pour s'y rendre : 2 km à l'E, à 200 m de la plage des
  Sableaux

> Nature : ♤♤
> Loisirs : 🏃 🚲
> Services : 🚿 ⛽ (juil.-août) 🅶🅱 ✂
> 🔲 🏠 ⊛ 🔲 🔲
> À prox. : 🍷 ⚓

L'ÎLE-D'OLONNE

✉ 85340 – **316** F8 – G. Poitou Charentes Vendée – 2 476 h. – alt. 5

⚠ **Île aux Oiseaux** mai-sept.
  𝒫 02 51 90 89 96, camping-ile-aux-oiseaux@wanadoo.fr,
  Fax 02 51 32 33 07, www.ile-aux-oiseaux.fr – places limitées
  pour le passage – **R** conseillée
  2 ha (113 empl.) plat, herbeux
  Tarif : 22,50 € ⚡ 🚗 🔲 ⑥ (6A) – frais de réservation 14 €
  Location (avr.-oct.) : 40 🚐 (4 à 6 pers.) 160 à
  580 €/sem.
  Pour s'y rendre : NE : 0,8 km par D 87, rte de St-Mathurin
  et r. du Pré-Neuf à gauche

> Nature : 🌿 ▭
> Loisirs : 🍴 🏃 🏊
> Services : 🚿 ⛽ (juil.août) 🅶🅱 ✂ 🔲
> 🔥⊛ 🔲 🔲 🔲

JARD-SUR-MER

✉ 85520 – **316** G9 – 2 235 h. – alt. 14
🅱 Office de tourisme, place de la Liberté 𝒫 02 51 33 40 47, Fax 02 51 33 96 42
Paris 453 – Challans 62 – Luçon 36 – La Roche-sur-Yon 35 – Les Sables-d'Olonne 21.

⚠ **Le Curtys** 🏕 – 5 avr.-20 sept.
  𝒫 02 51 33 06 55, info@palmiers-ocean.fr,
  Fax 02 51 33 92 01, www.palmiers-ocean.fr – places limitées
  pour le passage – **R**
  8 ha (360 empl.) plat, herbeux
  Tarif : 25 € ⚡ 🚗 🔲 ⑥ (6A) – pers. suppl. 5 € – frais de
  réservation 25 €
  Location : 15 🚐 (2 à 4 pers.) 140 à 590 €/sem. – 200
  🚐 (4 à 6 pers.) 230 à 890 €/sem. – 17 🏠 (4 à 6 pers.)
  310 à 810 €/sem. – bungalows toilés
  Pour s'y rendre : au N de la station

> Nature : ▭ ♀
> Loisirs : 🍴 snack 🔲 🌙 nocturne
> 🏃 salle d'animation 🏃 🚲 ✂
> 🔲 🏊 ⛱ terrain omnisports
> Services : 🚿 ⛽ 🅶🅱 ✂ 🔲 🔥 ⊛ 🍴
> 🔲 🔲
> À prox. : 🛒 ⚓

⚠ **Les Écureuils** 🏕 – 5 avr.-27 sept.
  𝒫 02 51 33 42 74, camping-ecureuils@wanadoo.fr,
  Fax 02 51 33 91 14, www.camping-ecureuils.com – **R** indis-
  pensable ✂
  4 ha (261 empl.) plat, sablonneux
  Tarif : 29,80 € ⚡ 🚗 🔲 ⑪ (10A) – pers. suppl. 4,50 € –
  frais de réservation 25 €
  Location : 50 🚐 (4 à 6 pers.) 460 à 730 €/sem.
  Pour s'y rendre : rte des Goffineaux, à 300 m de l'océan

> Nature : 🌿 ♤♤
> Loisirs : 🍴 🔲 🏃 🎠 🏃 🚲 ⚓
> 🔲 🏊
> Services : 🚿 ⛽ 🅶🅱 ✂ 🔲 🔥 ⊛ ⛱
> 🔲 🔲 🔲 🔲 🔲
> À prox. : ✂

▲▲▲ **L'Océano d'Or** 5 avr.-27 sept.
   ℘ 02 51 33 65 08, *chadotel@wanadoo.fr*,
   Fax 02 51 33 94 04, *www.chadotel.com* – **R** conseillée
   8 ha (431 empl.) plat, herbeux
   Tarif : 29,90 € ⚹ ⇌ 🔲 (6A) – pers. suppl. 5,80 € – frais
   de réservation 25 €
   Location : 50 ⬚ (4 à 6 pers.) 210 à 750 €/sem. – 6 🏠
   (4 à 6 pers.) 360 à 815 €/sem.
   Pour s'y rendre : au NE de la station par D 21

> Nature : 🏕 ♀
> Loisirs : 🍹 🏛 🎥 nocturne salle
> d'animation 🏇 🚴 ✂ ⚓ 🏊 🛝
> terrain omnisports
> Services : 🛁 ⚡ 🚿 GB 🅰 🗓 🚽 🅰 🗑
> 🍴 🛢 🗄 🛒

▲▲ **La Pomme de Pin** avr.-27 sept.
   ℘ 02 51 33 43 85, *info@pommedepin.net*,
   Fax 02 51 20 31 69, *www.pommedepin.net* – places limitées
   pour le passage – **R** indispensable
   2 ha (150 empl.) plat, sablonneux
   Tarif : 29,90 € ⚹ ⇌ 🔲 (10A) – pers. suppl. 5,80 €
   Location : 60 ⬚ (4 à 6 pers.) 280 à 750 €/sem. – 8 🏠
   (4 à 6 pers.) 360 à 815 €/sem.
   Pour s'y rendre : SE : r. Vincent-Auriol, à 150 m de la plage
   de Boisvinet

> Nature : 🏕 ♀
> Loisirs : 🍹 pizzeria 🏛 🏇 🚴 🏊
> 🛝
> Services : 🛁 ⚡ GB 🅰 🗓 🚽 🅰 📞
> 🛢 🗄

▲ **La Mouette Cendrée** Pâques-sept.
   ℘ 02 51 33 59 04, *camping.mc@free.fr*, Fax 02 51 20 31 39,
   www.mouettecendree.com – **R** indispensable
   1,2 ha (72 empl.) plat, herbeux
   Tarif : 26 € ⚹ ⇌ 🔲 (10A) – pers. suppl. 4,80 € – frais
   de réservation 16 €
   Location : 20 ⬚ (4 à 6 pers.) 320 à 600 €/sem. –
   bungalows toilés
   Pour s'y rendre : sortie NE par D 19, rte de St-Hilaire-la-
   Forêt

> Nature : 🏕 ♀
> Loisirs : 🏇 🏊 (petite piscine) 🛝
> Services : 🛁 ⚡ GB 🅰 🗓 🅰 🗑

Benutzen Sie
– zur Wahl der Fahrtroute
– zur Berechnung der Entfernungen
– zur exakten Lokalisierung eines Campingplatzes (mit Hilfe der Angaben im Ortstext)
die für diesen Führer unentbehrlichen **MICHELIN-Karten** .

575

LANDEVIEILLE

✉ 85220 – **316** F8 – 791 h. – alt. 37
Paris 452 – Challans 25 – Nantes 83 – La Roche-sur-Yon 32 – Les Sables-d'Olonne 19 – St-Gilles-Croix-de-Vie 14.

▲▲▲ **Pong** ⚹♿ – avr.-15 sept.
   ℘ 02 51 22 92 63, *info@lepong.com*, Fax 02 51 22 99 25,
   www.lepong.com – **R** conseillée
   3 ha (230 empl.) plat et peu incliné, terrasses, herbeux, petit
   étang
   Tarif : 25,70 € ⚹ ⇌ 🔲 (6A) – pers. suppl. 4,90 € – frais
   de réservation 18 €
   Location : 30 ⬚ (4 à 6 pers.) 320 à 560 €/sem.
   Pour s'y rendre : sortie NE, chemin du stade

> Nature : 🏞 🏕 ♀
> Loisirs : snack 🏛 🏸 🎯 🏇 🏊
> 🛝 ✈
> Services : 🛁 ⚡ GB 🅰 🗓 🚽 🅰 🗑 🅰
> 🛒 🍴 🛢 🗄
> À prox. : ✂

▲▲▲ **L'Orée de l'Océan** avr.-oct.
   ℘ 02 51 22 96 36, *info@camping-oreedelocean.com*,
   Fax 02 51 22 96 36, *www.camping-oreedelocean.com*
   – **R** conseillée
   2,8 ha (140 empl.) plat et peu incliné, herbeux
   Tarif : 29 € ⚹ ⇌ 🔲 (5A) – pers. suppl. 5 € – frais de
   réservation 15 €
   Location : 50 ⬚ (4 à 6 pers.) 350 à 721 €/sem. –
   bungalows toilés
   Pour s'y rendre : sortie O, rte de Brétignolles-sur-Mer, à
   proximité d'un étang

> Nature : 🏕 ♀
> Loisirs : 🏛 🏇 🏊 🛝 terrain om-
> nisports
> Services : 🛁 ⚡ GB 🅰 🗓 🚽 🅰 🗑
> À prox. : ✂

LONGEVILLE-SUR-MER

✉ 85560 – **316** H9 – 1 962 h. – alt. 10

🛈 *Office de tourisme, 9, rue Georges Clemenceau* ☎ *02 51 33 34 64*

Paris 448 – Challans 74 – Luçon 29 – La Roche-sur-Yon 31 – Les Sables-d'Olonne 28.

Les Brunelles 🏕🏕 – 5 avr.-27 sept.

☎ 02 51 33 50 75, *camping@les-brunelles.com*, Fax 02 51 33 98 21, *www.camp-atlantique.com* – places limitées pour le passage – **R** indispensable

6 ha (300 empl.) plat, peu incliné, pierreux

Tarif : 28 € 👤 🚗 🅴 – pers. suppl. 7 € – frais de réservation 20 €

Location : 300 🛖 (4 à 6 pers.) 330 à 800 €/sem. 🚐 1 borne raclet 8 €

Pour s'y rendre : SO : 1,5 km par rte de la Tranche-sur-Mer puis 2,2 km par rte à dr.

> Nature : 🌿 🛖 ♀
> Loisirs : 🍽 snack, pizzeria 🎪 🎮 nocturne 🏃 🎣 🧖 hammam jacuzzi 🚴 🎯 ⛳ 🎱 🏊 🛝 terrain omnisports
> Services : 🚿 ⚡ GB 🚙 🛒 🛁 ⊕ ⊕ 🧺 🍴 🕳 sèche-linge 🔌 🚲
> À prox. : ⚘

La Michenotière avr.-12 oct.

☎ 02 51 33 38 85, *contact@camping-la-michenotiere.fr*, Fax 02 51 33 28 09, *www.camping-la-michenotiere.fr* – **R** conseillée

3,5 ha (120 empl.) plat, herbeux

Tarif : (Prix 2007) 26 € 👤 🚗 🅴 🅷 (10A) – pers. suppl. 6 € – frais de réservation 22 €

Location : 🛖 (4 à 6 pers.) 230 à 600 €/sem. – 🏠 (4 à 6 pers.) 260 à 720 €/sem.

Pour s'y rendre : SE : 1,5 km par D 70, rte d'Angles et chemin à dr.

> Nature : 🌿 🛖 ♀
> Loisirs : 🚴 🎯 🏊 🛝
> Services : 🚿 ⚡ GB 🚙 🛒 ⊕ 🕳

Les LUCS-SUR-BOULOGNE

✉ 85170 – **316** H6 – G. Poitou Charentes Vendée – 2 702 h. – alt. 70

🛈 *Office de tourisme, place Sénéchal* ☎ *02 51 46 51 28*

Paris 423 – Aizenay 19 – Les Essarts 24 – Nantes 45 – La Roche-sur-Yon 22.

Municipal Val de Boulogne 14 juin-14 sept.

☎ 02 51 46 59 00, *mairie.leslucssurboulogne@wanadoo.fr*, Fax 02 51 46 51 20, *www.ville-leslucssurboulogne.fr* – **R** conseillée

0,3 ha (19 empl.) plat et peu incliné, herbeux

Tarif : (Prix 2007) 👤 2,35 € 🚗 1,50 € 🅴 1,90 € – 🅷 (10A) 2,45 €

Pour s'y rendre : sortie NE par D 18, rte de St-Sulpice-le-Verdon et chemin à dr.

À savoir : cadre verdoyant et ombragé, près d'un étang

> Nature : 🛖 ♀
> Services : 🚙 ⊕
> À prox. : 🍽 🍴 🛶 canoë

MACHÉ

✉ 85190 – **316** F7 – 1 094 h. – alt. 42

Paris 443 – Challans 22 – Nantes 59 – La Roche-sur-Yon 26 – Les Sables-d'Olonne 35.

▲▲ **La Résidence du Lac** (location exclusive de mobile homes et bungalows) Permanent

      𝄞 02 51 55 20 30, *laresidencedulac@libertysurf.fr*, Fax 02 51 55 20 30, *www.residence-du-lac.com* – empl. traditionnels également disponibles – **R** conseillée

18 ha plat, herbeux

Location : 12 ⛺ (4 à 6 pers.) 250 à 495 €/sem.

Pour s'y rendre : rte d'Apremont et chemin à gauche, accès direct au lac

> Nature : 🌳
> Loisirs : 🍴 🏓 🏊
> Services : ⚡ 🚿 📷
> À prox. : 🎿 🚣 canoë

▲ **Le Val de Vie** mai-sept.

      𝄞 02 51 60 21 02, *campingvaldevie@aol.com*, Fax 02 51 60 21 02 – **R** conseillée

2,5 ha (52 empl.) plat, peu incliné, herbeux

Tarif : 22,50 € ⛺ 🚗 📷 ⚡ (10A) – pers. suppl. 4,50 €

Location (avr.-oct.) 🚫 : 2 ⛺ (4 à 6 pers.) 170 à 550 €/sem.

Pour s'y rendre : rte d'Apremont et chemin à gauche, à 400 m du lac

> Nature : 🌳
> Loisirs : 🏓 🏊
> Services : 🔧 ⚡ 🚾 🚿 📷 ♿ ☺ 📷
> À prox. : 🎿

MAILLEZAIS

✉ 85420 – **316** L9 – G. Poitou Charentes Vendée – 934 h. – alt. 6

🏢 *Office de tourisme, rue du Dr Daroux* 𝄞 *02 51 87 23 01, Fax 02 51 00 72 51*

Paris 436 – Fontenay-le-Comte 15 – Niort 27 – La Rochelle 49 – La Roche-sur-Yon 73.

▲ **Municipal de l'Autize** avr.-sept.

      𝄞 06 31 43 21 33, *mairie-maillezais@wanadoo.fr*, Fax 02 51 87 29 63, *www.maillezais.fr* – **R** conseillée

1 ha (40 empl.) plat, herbeux

Tarif : 9 € ⛺ 🚗 📷 ⚡ (4A) – pers. suppl. 2 € ⛺ 9 📷 6 €

Pour s'y rendre : sortie S, rte de Courçon

> Nature : 🌳
> Loisirs : 🏞
> Services : 🔧 ⚡ (juil.-août) 🚿 📷 ☺
> 🚾 🚮 📷
> À prox. : 🏓 🎿 🚗

577

MAREUIL-SUR-LAY

✉ 85320 – **316** I8 – G. Poitou Charentes Vendée – 2 277 h. – alt. 20

🏢 *Office de tourisme, 36, rue H. de Mareuil* 𝄞 *02 51 97 30 26, Fax 02 51 30 53 32*

Paris 428 – Cholet 78 – Nantes 89 – Niort 70 – La Rochelle 56 – La Roche-sur-Yon 23.

▲ **Municipal la Prée** 15 juin-15 sept.

      𝄞 02 51 97 27 26, *mairiemareuilsurlay@wanadoo.fr*, *www.mareuiltourisme.com* – **R** conseillée

1,5 ha (41 empl.) plat, herbeux

Tarif : 12,30 € ⛺ 🚗 📷 ⚡ (10A) – pers. suppl. 3,40 €

Pour s'y rendre : au S du bourg, attenant au stade et à la piscine

À savoir : situation pittoresque en bordure du Lay

> Nature : 🌳
> Loisirs : 🏓
> Services : 🔧 ⚡ 🚿 📷 ☺ 📷
> À prox. : 🎿 🏛 🏊 🚣

Le MAZEAU

✉ 85420 – **316** L9 – 439 h. – alt. 8

Paris 435 – Fontenay-le-Comte 22 – Niort 21 – La Rochelle 53 – Surgères 42.

▲ **Municipal le Relais du Pêcheur** avr.-15 oct.

      𝄞 02 51 52 93 23, *mairie-le-mazeau@wanadoo.fr*, Fax 02 51 52 97 58 – **R** conseillée

1 ha (54 empl.) plat, herbeux

Tarif : ⛺ 2,50 € 🚗 📷 2,80 € – ⚡ 2 €

Pour s'y rendre : S : à 0,7 km du bourg

À savoir : cadre et situation agréables au coeur de la Venise Verte

> Nature : 🌊 🌳 🌳
> Loisirs : 🏞 🚤
> Services : 🔧 ⚡ (juil.-août) 🚿 📷 ☺
> 📷
> À prox. : 🚣

MERVENT

☒ 85200 – **316** L8 – G. Poitou Charentes Vendée – 1 059 h. – alt. 85

🛈 *Office de tourisme, rue de la Citardière* ✆ *02 51 00 29 57*

Paris 426 – Bressuire 52 – Fontenay-le-Comte 12 – Parthenay 50 – La Roche-sur-Yon 61.

⚏ **La Joletière** Pâques-Toussaint
✆ 02 51 00 26 87, *camping.la.joletiere@wanadoo.fr,*
Fax 02 51 00 27 55, *www.campinglajoletiere.fr.st*
– **R** conseillée
1,3 ha (73 empl.) peu incliné, herbeux
Tarif : (Prix 2007) ⚹ 4,20 € ⟵ 🅴 5 € – ⚡ (5A) 3,60 €
Location (permanent) 🚲 : 7 ⎕⎕⎕ (4 à 6 pers.) 275 à 445 €/sem.
Pour s'y rendre : O : 0,7 km par D 99

| Nature : 🗂 ♀ |
| Loisirs : snack 🍴 🛝 🚲 ⛷ |
| Services : ⚹ ⟲ 🆖 ⚸ 🖂 ⊛ ☒ ⚐ 🗜 ⚑ 🅿 |
| À prox. : ♀ ✕ |

La MOTHE-ACHARD

☒ 85150 – **316** G8 – 2 050 h. – alt. 20

🛈 *Office de tourisme, 56, rue G. Clémenceau* ✆ *02 51 05 90 49*

Paris 439 – Aizenay 15 – Challans 40 – La Roche-sur-Yon 19 – Les Sables-d'Olonne 18 – St-Gilles-Croix-de-Vie 27.

⚏ **Le Pavillon**
✆ 02 51 05 63 46, *campinglepavillon@club-internet.fr,*
Fax 02 51 09 45 58, *www.camping-le-pavillon.com*
– **R** conseillée
3,6 ha (117 empl.) plat, herbeux, étang
Location : 6 🛖 – 30 ⎕⎕⎕ – bungalows toilés
Pour s'y rendre : SO : 1,5 km, rte des Sables-d'Olonne

| Nature : ♀♀ |
| Loisirs : ♀ 🍴 🎦 nocturne 🛝 ⛷ |
| 🏊 🔨 terrain omnisports |
| Services : ⚹ ⟲ ⚸ ⚐ ⊛ 🅿 |

MOUCHAMPS

☒ 85640 – **316** J7 – G. Poitou Charentes Vendée – 2 443 h. – alt. 81

Paris 394 – Cholet 40 – Fontenay-le-Comte 52 – Nantes 68 – La Roche-sur-Yon 35.

⚏ **Le Hameau du Petit Lay** 15 juin-15 sept.
✆ 02 51 66 25 72, *mairie@mouchamps.com,*
Fax 02 51 66 25 72, *www.mouchamps.com* – **R** conseillée
0,4 ha (24 empl.) plat, herbeux
Tarif : 10,50 € ⚹ ⟵ 🅴 ⚡ (10A) – pers. suppl. 3 €
Location (permanent) : 15 🛖 (4 à 6 pers.) 169 à 478 €/sem.
Pour s'y rendre : S : 0,6 km par D 113, rte de St-Prouant, bord d'un ruisseau

| Nature : 🗂 ♀ |
| Loisirs : 🍴 🛝 ⛷ (petite piscine) |
| Services : ⚹ ⟲ 🆖 ⚸ 🖂 ⊛ 🅿 |
| À prox. : 🔨 |

MOUILLERON-LE-CAPTIF

☒ 85000 – **316** h7 – 3 493 h. – alt. 70

Paris 421 – Challans 40 – La Mothe-Achard 22 – Nantes 63 – La Roche-sur-Yon 8.

⚏ **L'Ambois** Permanent
✆ 02 51 37 29 15, *camping-ambois@voila.fr,*
Fax 02 51 37 29 15, *http://camping.ambois.site.voila.fr*
– **R** conseillée 🚲 (saison)
1,75 ha (48 empl.) plat, peu incliné, herbeux
Tarif : ⚹ 3,40 € ⟵ 🅴 2,90 € – ⚡ (8A) 2,90 €
Location 🚲 : 22 ⎕⎕⎕ (4 à 6 pers.) 330 à 400 €/sem. – 4 🛖 (4 à 6 pers.) 370 à 390 €/sem. – chambres d'hôte
Pour s'y rendre : sortie SE par D 2 rte de la Roche-sur-Yon, puis 2,6 km par chemin à dr.
À savoir : cadre champêtre

| Nature : 🌳 🗂 ♀ |
| Loisirs : 🍴 🛝 🚲 ⛷ |
| Services : ⚹ ⟲ 🆖 ⚸ 🍴 ⊛ ☎ 🅿 |

NALLIERS

☒ 85370 – **316** J9 – 1 880 h. – alt. 9

Paris 435 – Fontenay-le-Comte 18 – Luçon 12 – Niort 52 – La Rochelle 42 – La Roche-sur-Yon 44.

⚏ **Municipal le Vieux Chêne** 15 mai-15 sept.
✆ 02 51 30 90 71, *nalliers.mairie@wanadoo.fr,*
Fax 02 51 30 94 06 – **R** conseillée
1 ha (25 empl.) plat, herbeux
Tarif : ⚹ 2,50 € ⟵ 1,50 € 🅴 2,50 € – ⚡ (10A) 3,50 €
Pour s'y rendre : au S du bourg

| Nature : 🗂 ♀ |
| Loisirs : 🛝 |
| Services : ⚹ ⟲ ⚸ ⊛ |
| À prox. : ✂ |

NOTRE-DAME-DE-MONTS

⊠ 85690 – **316** D6 – G. Poitou Charentes Vendée – 1 528 h. – alt. 6

🛈 *Office de tourisme, 6, rue de la Barre* ℘ *02 51 58 84 97, Fax 02 51 58 15 56*

Paris 459 – Nantes 74 – La Roche-sur-Yon 72.

Schéma à St-Jean-de-Monts

▲▲▲ **Les Alizés Montois** 16 fév.-11 nov.

℘ 02 28 11 28 50, *contact@campinglesalizes.com*,
Fax 02 28 11 27 78, *www.campinglesalizes.com* – **R** indispensable

3,6 ha (150 empl.) plat, herbeux, sablonneux

Tarif : 24,90 € ✱ ⇔ 🔳 🔌 (16A) – pers. suppl. 5,20 € – frais de réservation 10 €

Location : 50 🛏 (4 à 6 pers.) 250 à 650 €/sem.

Pour s'y rendre : N : 1,9 km

Nature : 🖾
Loisirs : 🍴 snack 🌙 nocturne 👫 🏇 🚲 🏃 🛴 terrain omnisports
Services : 🗱 ⇌ 🇬🇧 🌂 🔲 ⊕ 🗑 🗄

▲▲ **Le Lagon Bleu** mai-sept.

℘ 02 51 58 85 29, *campinglelagonbleu@wanadoo.fr*,
Fax 02 28 11 22 51 – **R** conseillée

2 ha (150 empl.) plat, herbeux, sablonneux

Tarif : 22 € ✱ ⇔ 🔳 🔌 (6A) – pers. suppl. 5 € – frais de réservation 10 €

Location : 6 🛏 (4 à 6 pers.) 270 à 600 €/sem. – 6 🏠 (4 à 6 pers.) 270 à 600 €/sem.

Pour s'y rendre : N : 2,2 km

À savoir : cadre soigné

Nature : 🖾 ♀
Loisirs : 🍴 snack 🏇 🏃
Services : 🗱 ⇌ 🌂 🔲 🎣 ⊕ 🗄

▲▲ **Le Grand Jardin** avr.-oct.

℘ 02 28 11 21 75, *contact@legrandjardin.net*,
Fax 02 51 59 56 66, *www.legrandjardin.net* – places limitées pour le passage – **R** conseillée

2,5 ha (159 empl.) plat, herbeux, sablonneux

Tarif : 29 € ✱ ⇔ 🔳 🔌 (10A) – pers. suppl. 4,50 € – frais de réservation 19 €

Location (avr.-nov.) : 30 🛏 (4 à 6 pers.) 320 à 640 €/sem.

Pour s'y rendre : N : 0,6 km, au bord d'un étier

Nature : 🖾 ♀
Loisirs : ✗ 🏇 🏃
Services : ⇌ (juil.-août) 🇬🇧 🌂 🔲 ⊕ 🗄 🎣

▲ **Le Pont d'Yeu** avr.-sept.

℘ 02 51 58 83 76, *info@camping-pontdyeu.com*,
Fax 02 28 11 20 19, *www.camping-pontdyeu.com* – **R** conseillée

1,3 ha (96 empl.) plat, sablonneux

Tarif : 16,60 € ✱ ⇔ 🔳 🔌 (6A) – pers. suppl. 4,50 € – frais de réservation 10 €

Location : 21 🛏 (4 à 6 pers.) 190 à 565 €/sem.

Pour s'y rendre : S : 1 km

Nature : 🖾 ♀
Loisirs : 🏇 🏃
Services : 🗱 ⇌ 🌂 🔲 🎣 🔊 ⊕ 🗄

▲ **La Ménardière** mai-sept.

℘ 02 51 58 86 92, *camping.menardiere@wanadoo.fr*,
Fax 02 51 58 86 92 – **R** indispensable

0,8 ha (65 empl.) plat, sablonneux, herbeux

Tarif : 12,80 € ✱ ⇔ 🔳 – pers. suppl. 3,70 €

Pour s'y rendre : S : 1 km

Nature : ♀
Loisirs : 🛋 🏇
Services : 🗱 ⇌ 🌂 🎣 🔊 ⊕ 🗄

Si vous recherchez :

👫 *Un terrain offrant des équipements et des loisirs adaptés aux enfants*
🌿 *Un terrain agréable ou très tranquille*
L - M *Un terrain effectuant la location de caravanes, de mobile homes, de bungalows ou de chalets*
P *Un terrain ouvert toute l'année*
🚐 *Un terrain possédant une aire de services pour camping-cars*
Consultez le tableau des localités

OLONNE-SUR-MER

✉ 85340 – **316** F8 – G. Poitou Charentes Vendée – 10 060 h. – alt. 40
🛈 *Office de tourisme, 10, rue du Maréchal Foch* ℘ *02 51 90 75 45, Fax 02 51 90 77 30*
Paris 458 – Nantes 102 – La Roche-sur-Yon 36 – La Rochelle 96.

Schéma aux Sables-d'Olonne

ᐃᐃᐃ **La Loubine** avr.-sept.
℘ 02 51 33 12 92, *camping.la.loubine@wanadoo.fr,*
Fax 02 51 33 12 71, *www.la-loubine.fr* – **R** indispensable ⚅
(juil.-août)
8 ha (368 empl.) plat, herbeux
Tarif : 30,65 € ✶ ⚅ ⇔ 🅴 🅗 (6A) – pers. suppl. 5 € – frais de
réservation 20 €
Location : 80 🛏 (4 à 6 pers.) 239 à 865 €/sem. – 20 🏠
(4 à 6 pers.) 305 à 796 €/sem.
Pour s'y rendre : O : 3 km
À savoir : autour d'une ferme vendéenne du 16e s. et d'un
beau complexe aquatique paysager et ludique

> Nature : 🏕 ♀
> Loisirs : 🍴 snack, pizzeria 🛋 ⚅
> nocturne 🎯 🏊 🚣 🚲 🎮 🏓 🎳
> 🏊 ⛱ terrain omnisports
> Services : ♿ ⚡ GB 🔧 🍴 🐕 ☺ 🚰
> 📶 🕯 🚿 🧺 🚗
> À prox. : 🐴 poneys

ᐃᐃᐃ **Airotel le Trianon** ♣ – avr.-sept.
℘ 02 51 23 61 61, *campingletrianon@wanadoo.fr,*
Fax 02 51 90 77 70, *www.camping-le-trianon.com*
– **R** conseillée ⚅
12 ha (515 empl.) plat, herbeux, petit étang
Tarif : 39,95 € ✶ ⚅ ⇔ 🅴 🅗 (16A) – pers. suppl. 4,10 € –
frais de réservation 25 €
Location : 110 🛏 (4 à 6 pers.) 252 à 904 €/sem. – 32
🏠 (4 à 6 pers.) 283 à 904 €/sem.
Pour s'y rendre : E : 1 km
À savoir : agréable cadre verdoyant et ombragé

> Nature : 🏕 ♀♀
> Loisirs : 🍴 🍴 🛋 ⚅ 🎯 discothè-
> que 🚣 🎮 🏓 🎳 ⛱
> Services : ♿ ⚡ GB 🔧 🍴 🐕 ☺ 🚰
> 📶 🕯 🚿 🧺 🚗

ᐃᐃᐃ **Le Moulin de la Salle** mai-août
℘ 02 51 95 99 10, *moulindelasalle@wanadoo.fr,*
Fax 02 51 96 96 13, *www.moulindelasalle.com* – **R** conseillée
2,7 ha (178 empl.) plat, herbeux
Tarif : 25 € ✶ ⚅ ⇔ 🅴 🅗 (10A) – pers. suppl. 3,50 € – frais
de réservation 20 €
Location ⚅ : 50 🛏 (4 à 6 pers.) 250 à 600 €/sem. –
🛏 – gîtes
Pour s'y rendre : O : 2,7 km

> Nature : 🏕 ♀
> Loisirs : 🍴 snack 🛋 🚣 🎳 (dé-
> couverte l'été) ⛱
> Services : ♿ ⚡ 🐕 🍴 ☺ 🚰 🚗 📶 🕯
> 🚿

ᐃᐃᐃ **Domaine de l'Orée** ♣ – 29 mars-28 sept.
℘ 02 51 33 10 59, *loree@free.fr,* Fax 02 51 33 15 16, *www.l-*
oree.com – **R** indispensable
6 ha (320 empl.) plat, herbeux
Tarif : 30,60 € ✶ ⚅ ⇔ 🅴 🅗 (10A) – pers. suppl. 5,50 € –
frais de réservation 24 €
Location : 80 🛏 (4 à 6 pers.) 242 à 797 €/sem. – 16 🏠
(4 à 6 pers.) 242 à 854 €/sem. – gîtes
Pour s'y rendre : O : 3 km

> Nature : 🏕 ♀♀
> Loisirs : 🍴 snack 🛋 ⚅ nocturne
> 🎯 🚣 🚲 🎮 🎳 🏊 ⛱
> Services : ♿ ⚡ GB 🔧 🍴 🐕 ☺ 🚰
> 📶 🕯 🚿 🧺 🚗
> À prox. : 🐴 poneys

ᐃᐃ **Nid d'Été** 7 avr.-sept.
℘ 02 51 95 34 38, *info@leniddete.com,* Fax 02 51 95 34 64,
www.leniddete.com – **R** conseillée
2 ha (119 empl.) plat, herbeux
Tarif : (Prix 2007) 24,50 € ✶ ⚅ ⇔ 🅴 🅗 (6A) – pers.
suppl. 4,30 € – frais de réservation 13 €
Location : 15 🛏 (4 à 6 pers.) 230 à 600 €/sem.
Pour s'y rendre : O : 2,5 km

> Nature : 🌳 ♀
> Loisirs : 🛋 🚣 🎳
> Services : ♿ ⚡ GB 🔧 📶 🍴 ☺ ☺
> 📶

⚠ **Bois Soleil** 5 avr.-28 sept.
    ☎ 02 51 33 11 97, *camping.boissoleil@wanadoo. fr*,
    Fax 02 51 33 14 85, *www.campingboissoleil.com* – **R** conseil-
    lée
    3,1 ha (160 empl.) plat et peu incliné, herbeux, pierreux
    Tarif : 20,10 € ⚹ ⇌ 🅴 ⒧ (6A) – pers. suppl. 4,65 € – frais
    de réservation 20 €
    Location : 150 🚐 (4 à 6 pers.) 255 à 660 €/sem. –
    bungalows toilés
    Pour s'y rendre : NO : 4,1 km par D 80, D 87 rte de l'Île
    d'Olonne, près de la réserve ornithologique
    À savoir : au bord des marais salants

> Nature : 🌾 ≤ 🏠 ♀
> Loisirs : 🍹 🎆 nocturne 🚲 🎯 🏊 ⛵
> 🏖
> Services : 🚿 🔌 GB 🚮 🗑 🛁 🚰 ⚗
> ♨ 🚾 🅿 🛒 💧 ♻

⚠ **Sauveterre** avr.-sept.
    ☎ 02 51 33 10 58, *info@campingsauveterre.com*,
    Fax 02 51 21 13 97, *www.campingsauveterre.com*
    – **R** conseillée
    3,2 ha (234 empl.) plat, herbeux
    Tarif : (Prix 2007) 18,80 € ⚹ ⇌ 🅴 ⒧ (6A) – pers.
    suppl. 4,50 € – frais de réservation 10 €
    Location ⚡ : 17 🚐 (4 à 6 pers.) 130 à 590 €/sem.
    Pour s'y rendre : O : 3 km

> Nature : ♀
> Loisirs : snack 🏊 ⛵
> Services : 🚿 🔌 🚮 🗑 ♨ 🅿 🛒 🚰 ⚗
> À prox. : 🐴 poneys

Si vous recherchez :
⚠ *Un terrain au bord de l'eau avec possibilité de baignade*
🌿 *Un terrain agréable ou très tranquille*
L *Un terrain effectuant la location de caravanes, de mobile homes,*
    de bungalows ou de chalets
P *Un terrain ouvert toute l'année*
🚐 *Un terrain possédant une aire de services pour camping-cars*
Consultez le tableau des localités

581

Le PERRIER

✉ 85300 – **316** E7 – 1 506 h. – alt. 4
Paris 449 – Nantes 67 – La Roche-sur-Yon 56.
Schéma à St-Jean-de-Monts

⚠ **La Maison Blanche** 13 juin-14 sept.
    ☎ 02 51 49 39 23, *campingmaisonblanche@yahoo.fr*
    – **R** conseillée
    3,2 ha (200 empl.) plat, herbeux
    Tarif : 14,95 € ⚹ ⇌ 🅴 ⒧ (6A) – pers. suppl. 3,60 € – frais
    de réservation 10 €
    Location (15 avr.-15 oct.) : 8 🚐 (4 à 6 pers.) 230 à
    505 €/sem.
    Pour s'y rendre : près de l'église, bord d'un étier

> Nature : ♀♀
> Loisirs : 🍹 🚗 🚲 🏊
> Services : 🚿 🔌 (saison) GB 🚮 🗑
> ♨ 🅿 🛒
> À prox. : 🍴

POUZAUGES

✉ 85700 – **316** K7 – G. Poitou Charentes Vendée – 5 385 h. – alt. 225
🅸 *Office de tourisme, 28, place de l'Église* ☎ 02 51 91 82 46, *Fax 02 51 57 01 69*
Paris 390 – Bressuire 30 – Chantonnay 22 – Cholet 42 – Nantes 88 – La Roche-sur-Yon 57.

⚠ **Le Lac** Permanent
    ☎ 02 51 91 37 55, *campingpouzauges@tele2.fr*,
    Fax 02 51 57 07 69, *www.campingpouzauges.com*
    – **R** conseillée
    1 ha (50 empl.) plat et terrasse, peu incliné, herbeux
    Tarif : 17,50 € ⚹ ⇌ 🅴 ⒧ (10A) – pers. suppl. 4 € – frais
    de réservation 30 €
    Pour s'y rendre : O : 1,5 km par D 960 bis, rte de Chanton-
    nay et chemin à dr.
    À savoir : à 50 m du lac, accès direct

> Nature : 🌳 ⚠
> Loisirs : 🚗
> Services : 🚿 🔌 🚮 ♨ 🛒 🗑
> À prox. : 🏊 🎣

Les SABLES-D'OLONNE

✉ 85100 – **316** F8 – G. Poitou Charentes Vendée – 15 532 h. – alt. 4
🏢 *Office de tourisme, 1, promenade Joffre* ℘ *02 51 96 85 85, Fax 02 51 96 85 71*
Paris 456 – Cholet 107 – Nantes 102 – Niort 115 – La Rochelle 95 – La Roche-sur-Yon 36.

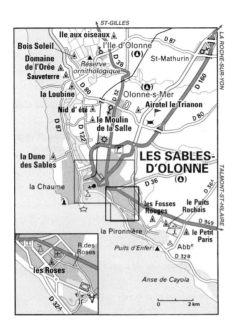

▲▲▲ **La Dune des Sables** 5 avr.-27 sept.
℘ 02 51 32 31 21, *chadotel@wanadoo.fr,*
Fax 02 51 33 94 04, *www.chadotel.com* – **R** conseillée
7,5 ha (290 empl.) plat, en terrasses, sablonneux, herbeux
Tarif : 29,90 € 👤 🚐 📧 💧 (6A) – pers. suppl. 5,80 € – frais
de réservation 25 €
Location : 40 🛖 (4 à 6 pers.) 210 à 785 €/sem.
Pour s'y rendre : NO : 4 km
À savoir : près de la plage

> **Nature** : ≤ 🏞
> **Loisirs** : 🍽 snack 🎰 🎯 🚲 ✂ ♨
> 🏊 ⛵
> **Services** : 🚿 ⛲ GB ⚕ 🗐 🗑 ⊕ 🖳
> 🌡 🐕 ⚖ 🚮 ⛽

▲▲▲ **Le Puits Rochais** 👫 – 29 mars-sept.
℘ 02 51 21 09 69, *info@puitsrochais.com,*
Fax 02 51 23 62 20, *www.puitsrochais.com* – **R** conseillée
3,9 ha (220 empl.) plat, peu incliné, herbeux
Tarif : 31 € 👤 🚐 📧 💧 (10A) – pers. suppl. 6,70 € – frais
de réservation 23 €
Location : 100 🛖 (4 à 6 pers.) 180 à 670 €/sem. – 5 🏠
(4 à 6 pers.) 227 à 710 €/sem.
Pour s'y rendre : SE : 3,5 km

> **Nature** : 🏞
> **Loisirs** : 🍽 🎰 🕐 diurne 🏃 🎯
> 🚲 ✂ ♨ 🏊 ⛵
> **Services** : 🚿 ⛲ GB ⚕ 🗐 🗑 ⊕ 🖳
> 🌡 🐕 ⚖ 🚮 ⛽

▲▲ **Les Roses** 5 avr.-11 nov.
℘ 02 51 95 10 42, *chadotel@wanadoo.fr,*
Fax 02 51 33 94 04, *www.chadotel.com* – **R** indispensable
3,3 ha (200 empl.) plat et peu incliné, en terrasses, herbeux
Tarif : 29,90 € 👤 🚐 📧 💧 (6A) – pers. suppl. 5,80 € – frais
de réservation 25 €
Location : 30 🛖 (4 à 6 pers.) 200 à 785 €/sem. – 20 🏠
(4 à 6 pers.) 200 à 815 €/sem.
Pour s'y rendre : r. des Roses, à 400 m de la plage

> **Nature** : 🏞 🌳🌳
> **Loisirs** : 🎰 🎯 🚲 🏊 ⛵
> **Services** : 🚿 ⛲ GB ⚕ 🗐 🗑 ⊕ 🖳
> **À prox.** : 🍽 ⛽

△△ **Le Petit Paris** Pâques-sept.
ℰ 02 51 22 04 44, *contact@campingpetitparis.com*,
Fax 02 51 33 17 04, *www.campingpetitparis.com*
– **R** conseillée
3 ha (154 empl.) plat, herbeux
Tarif : 24 € ⚹ ⇔ 🖪 (ℓ) (10A) – pers. suppl. 4 € – frais de
réservation 15 €
Location : 10 ⊡ (4 à 6 pers.) 200 à 585 €/sem. – 2 ⌂
(4 à 6 pers.) 210 à 620 €/sem. – bungalows toilés
Pour s'y rendre : SE : 5,5 km

> Nature : ⊏⊐
> Loisirs : 🎱 🏊 🎾 🏓
> Services : ₲ ⟲ GB ℗ 🖥 🛁 @ 🛒
> 🗑 🖫 🗑 🗑
> À prox. : aérodrome

△△ **Les Fosses Rouges** 8 avr.-sept.
ℰ 02 51 95 17 95, *info@camping-lesfossesrouges.com*,
www.camping-lesfossesrouges.com – **R** conseillée
3,5 ha (255 empl.) plat, herbeux
Tarif : 19,40 € ⚹ ⇔ 🖪 (ℓ) (10A) – pers. suppl. 3,50 € –
frais de réservation 10 €
Pour s'y rendre : SE : 3 km, à la Pironnière

> Nature : 🌳 ⊏⊐ 🌳🌳
> Loisirs : 🍷 🏊 🖼 (découverte en
> saison)
> Services : ₲ ⟲ GB ℗ 🖥 🛁 @ 🛒 🗑
> 🖫 🗑

✉ 85670 – **316** G7 – 1 451 h. – alt. 38
Paris 427 – Aizenay 13 – Challans 26 – Nantes 49 – La Roche-sur-Yon 27 – St-Gilles-Croix-de-Vie 39.

△ **Municipal la Petite Boulogne** avr.-sept.
ℰ 02 51 34 54 51, *mairie.stetiennedubois@wanadoo.fr*,
Fax 02 51 34 54 10 – **R** conseillée
1,5 ha (35 empl.) peu incliné et plat, terrasse, herbeux
Tarif : (Prix 2007) 12,50 € ⚹ ⇔ 🖪 (ℓ) (6A) – pers.
suppl. 3,15 €
Location : 3 ⊡ (4 à 6 pers.) 240 à 350 €/sem.
Pour s'y rendre : au S du bourg par D 81, rte de Poiré-sur-
Vie et chemin à dr., près de la rivière et à 250 m d'un étang.
Accès au bourg par chemin piétonnier

> Nature : 🌳 ⊏⊐
> Loisirs : 🚲 🏊 (petite piscine)
> Services : ₲ ⟲ (juil.-août) ℗ 🖥 @
> 🗑 🗑
> À prox. : 🏊 🎿 ✂ 🐎 🏇

583

✉ 85800 – **316** E7 – G. Poitou Charentes Vendée – 6 797 h. – alt. 12
🛈 *Office de tourisme, boulevard de l'Égalité* ℰ 02 51 55 03 66, Fax 02 51 55 69 60
Paris 462 – Challans 21 – Cholet 112 – Nantes 79 – La Roche-sur-Yon 44 – Les Sables-d'Olonne 29.
Schéma à St-Hilaire-de-Riez

△△△ **Domaine de Beaulieu** 5 avr.-27 sept.
ℰ 02 51 55 59 46, *chadotel@wanadoo.fr*,
Fax 02 51 33 94 04, *www.chadotel.com* – places limitées
pour le passage – **R** conseillée
8 ha (310 empl.) plat, herbeux
Tarif : 28,90 € ⚹ ⇔ 🖪 (ℓ) (6A) – pers. suppl. 5,80 € – frais
de réservation 25 €
Location : 50 ⊡ (4 à 6 pers.) 200 à 740 €/sem. – 10 ⌂
(4 à 6 pers.) 285 à 775 €/sem.
Pour s'y rendre : SE : 4 km

> Nature : ⊏⊐ 🌳🌳
> Loisirs : 🍷 snack, pizzeria 🎱 🎮
> nocturne salle d'animation 🏊 🚲
> 🎾 🎿 🏊 terrain omnisports
> Services : ₲ ⟲ GB ℗ 🖥 🛁 @ 🛒
> 🗑 🗑 🖫 🗑 🗑

△△ **Les Cyprès** 5 avr.-13 sept.
ℰ 02 51 55 38 98, *contact@campinglescypres.com*,
Fax 02 51 54 98 94, *www.campinglescypres.com* – **R** indis-
pensable
4,6 ha (280 empl.) plat et peu accidenté, sablonneux
Tarif : (Prix 2007) 24 € ⚹ ⇔ 🖪 (ℓ) (10A) – pers. suppl. 6 €
– frais de réservation 25 €
Location : 49 ⊡ (4 à 6 pers.) 210 à 730 €/sem.
🚐 1 borne artisanale
Pour s'y rendre : SE : 2,4 km par D 38 puis 0,8 km par
chemin à dr., à 60 m de la Jaunay
À savoir : accès direct à la mer par dunes boisées

> Nature : 🌳 ⊏⊐ 🌳🌳
> Loisirs : 🍷 🎱 🏊 🖼 🏊 terrain
> omnisports
> Services : ₲ ⟲ GB ℗ 🖥 🛁 @ 🛒
> 🖫 🗑 🗑

ST-HILAIRE-DE-RIEZ

✉ 85270 – **316** E7 – G. Poitou Charentes Vendée – 8 761 h. – alt. 8
🛈 *Office de tourisme, 21, place Gaston-Pateau* ✆ 02 51 54 31 97
Paris 453 – Challans 18 – Noirmoutier-en-l'Île 48 – La Roche-sur-Yon 48 – Les Sables-d'Olonne 33.

Les Biches 8 mai-13 sept.
✆ 02 51 54 38 82, *campingdesbiches@wanadoo.fr,*
Fax 02 51 54 30 74, *www.campingdesbiches.com* – places li-
mitées pour le passage – **R** conseillée
13 ha/9 campables (434 empl.) plat, herbeux, sablonneux
Tarif : 36 € ✶ ⇔ 🅴 (½) (10A) – pers. suppl. 8 € – frais de
réservation 20 €
Location : 120 🛖 (4 à 6 pers.) 309 à 800 €/sem.
Pour s'y rendre : N : 2 km
À savoir : agréable cadre verdoyant

Nature : 🏞 ☐ 🌳🌳
Loisirs : 🍽 pizzeria, brasserie 🏠 🎪
nocturne 🎵 discothèque 🚗 🚴
🎯 👫 🏊 ⛹ 🏐 terrain omnisports
Services : 🚿 ⚡ GB 🅰 🧺 🛒 ⊕ 🛢
🍴 🅿 🧊 ♨ 🔥

La Puerta del Sol 👥 – avr.-sept.
✆ 02 51 49 10 10, *info@campinglapuertadelsol.com,*
Fax 02 51 49 84 84, *www.campinglapuertadelsol.com* – **R**
indispensable
4 ha (216 empl.) plat, herbeux
Tarif : 29 € ✶ ⇔ 🅴 (½) (10A) – pers. suppl. 6,50 € – frais
de réservation 20 €
Location : 44 🛖 (4 à 6 pers.) 250 à 690 €/sem. – 25 🏠
(4 à 6 pers.) 295 à 780 €/sem.
Pour s'y rendre : N : 4,5 km
À savoir : agréable cadre verdoyant

Nature : ☐ 🌳
Loisirs : 🍽 self-service, pizzeria 🏠
🎵 nocturne 👫 🎵 salle d'animation 🚗 🚴 🎯 🏊 ⛹
Services : 🚿 ⚡ GB 🅰 🧺 🛒 ⊕ 🛢
🍴 🅿 🧊 ♨ 🔥

Les Écureuils 👥 – mai-14 sept.
✆ 02 51 55 68 85, *info@camping-aux-ecureuils.com,*
Fax 02 51 55 69 08, *www.camping-aux-ecureuils.com* –
places limitées pour le passage – **R** conseillée
4 ha (230 empl.) plat, herbeux, sablonneux
Tarif : (Prix 2007) 34,35 € ✶ ⇔ 🅴 (½) (6A) – pers.
suppl. 5,95 € – frais de réservation 20 €
Location 🚫 : 16 🛖 (4 à 6 pers.) 320 à 700 €/sem.
Pour s'y rendre : NO : 5,5 km, à 200 m de la plage

Nature : 🏞 ☐ 🌳🌳
Loisirs : 🍽 snack 🏠 🎵 nocturne
👫 🎯 👫 🏊 ⛹
Services : 🚿 ⚡ GB 🅰 🧺 🛒 ⊕ 🛢
🍴 🅿 🧊 ♨ 🔥
À prox. : 🍴 🚲

La Plage 👥 – 15 avr.-25 sept.
✆ 02 51 54 33 93, *campinglaplage@campingscollinet.com,*
Fax 02 51 55 97 02, *www.campingscollinet.com* – places limitées pour le passage – **R** conseillée
5 ha (347 empl.) plat, herbeux, sablonneux
Tarif : 26 € ✶ ⇔ 🅴 (½) (10A) – pers. suppl. 5,20 € – frais
de réservation 17 €
Location : 40 🛖 (4 à 6 pers.) 260 à 630 €/sem.
Pour s'y rendre : NO : 5,7 km, à 200 m de la plage

Nature : ☐ 🌳
Loisirs : 🍽 snack 🏠 👫 🚗 🏊
⛹ 🏐 terrain omnisports
Services : 🚿 ⚡ (juil.-août) GB 🅰
🧺 ♨ ⊕ 🛢 🍴 🅿 🔥
À prox. : 🍴 🚲

La Ningle 20 mai-10 sept.
✆ 02 51 54 07 11, *campingdelaningle@wanadoo.fr,*
Fax 02 51 54 99 39, *www.campinglaningle.com* – **R** conseillée
3,2 ha (150 empl.) plat, herbeux, petit étang
Tarif : (Prix 2007) 28,50 € ✶ ⇔ 🅴 (½) (10A) – pers.
suppl. 4,50 € – frais de réservation 16 €
Location (5 avr.-20 sept.) 🚫 : 20 🛖 (4 à 6 pers.) 250 à
605 €/sem.
Pour s'y rendre : NO : 5,7 km
À savoir : agréable cadre verdoyant et soigné

Nature : 🏞 🌳
Loisirs : 🍽 🏠 🎵 🚗 🎯 🏊 ⛹ 🎣
Services : 🚿 ⚡ (saison) GB 🅰 🛢
♨ ⊕ ♨ 🍴 🅿 🔥
À prox. : 🍴 🚲 🎣

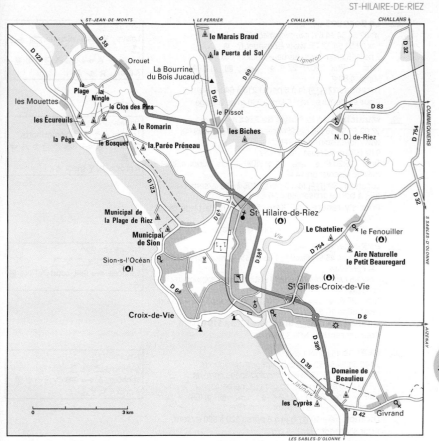

▲▲ **Le Clos des Pins** 15 avr.-15 sept.
℘ 02 51 54 32 62, *campingleclosdespins@campingscolli
net.com*, Fax 02 51 55 97 02, *www.campingscollinet.com* –
places limitées pour le passage – **R** conseillée
4 ha (230 empl.) plat, terrasses, sablonneux, herbeux
Tarif : 30,60 € ⚹ 🚗 🔲 [⚡] (10A) – pers. suppl. 5,20 € –
frais de réservation 17 €
Location : 15 🚐 (4 à 6 pers.) 230 à 630 €/sem.
Pour s'y rendre : NO : 6,2 km

Nature : 🌿 🚉 ♀ (pinède)
Loisirs : 🍴 snack 🎬 ≋ ⛵ 🏊
🏊 🛶 terrain omnisports
Services : 🚿 ⚡ (juil.-août) 🐕 🗑 ♨
♨ 🧺 🚰 🚻 ♨

▲▲ **La Parée Préneau** 5 mai-10 sept.
℘ 02 51 54 33 84, *camplapareepreneau@wanadoo.fr*,
Fax 02 51 55 29 57, *www.campinglapareepreneau.com*
– **R** conseillée
3,6 ha (206 empl.) plat, herbeux, sablonneux
Tarif : (Prix 2007) 21,50 € ⚹ 🚗 🔲 [⚡] (6A) – pers.
suppl. 4,60 € – frais de réservation 15 €
Location 🏄 : 20 🚐 (4 à 6 pers.) 220 à 580 €/sem. – 7
🏡 (4 à 6 pers.) 230 à 600 €/sem.
Pour s'y rendre : NO : 3,5 km
À savoir : cadre verdoyant

Nature : 🚉 ♀
Loisirs : 🍴 🎬 🌙 nocturne ≋ ⛵
🚲 🏊 🛶 terrain omnisports
Services : 🚿 ⚡ (juil.-août) 🅶🅱 🐕
🗑 ♨ ♨ 🧺 🚰 🚻 ♨

ST-HILAIRE-DE-RIEZ

▲▲ **Le Bosquet** avr.-sept.
  𝒫 02 51 54 34 61, *camping@lebosquet.fr*,
  Fax 02 51 54 22 73, *www.lebosquet.fr* – **R**
  2 ha (115 empl.) plat, herbeux, sablonneux
  Tarif : (Prix 2007) 27 € ✶ ⟵ 🚐 🔲 [≴] (10A) – pers.
  suppl. 4,80 €
  Location : 27 ⟦🏠⟧ (4 à 6 pers.) 210 à 640 €/sem.
  Pour s'y rendre : NO : 5 km, à 250 m de la plage

Nature : 🕮🕮
Loisirs : ⛶ snack, pizzeria 🎬 🏊
🏊
Services : 🛁 ⚬━ GB ⚟ 🗓 🛁 ☺ 📷
À prox. : 🎣 🏇 🐴

▲▲ **Municipal de la Plage de Riez** 4 avr.-oct.
  𝒫 02 51 54 36 59, *riez85@free.fr*, Fax 02 51 54 99 00,
  www.souslespins.com – **R** conseillée
  9 ha (560 empl.) plat, sablonneux
  Tarif : 25,20 € ✶ ⟵ 🚐 🔲 [≴] (10A) – pers. suppl. 4,90 € –
  frais de réservation 14 €
  Location : 30 ⟦🏠⟧ (4 à 6 pers.) 196 à 650 €/sem.
  ⟦🚐⟧ 1 borne artisanale 4,50 €
  Pour s'y rendre : O : 3 km, à 200 m de la plage (accès
  direct)
  À savoir : sous une pinède, près de la plage

Nature : ⬜ 🕮🕮(pinède)
Loisirs : 🏃 terrain omnisports
Services : 🛁 ⚬━ GB ⚟ 🗓 ☺ 🛁 ⚐
☙ 📷
À prox. : 🏖, ⛶ snack 🐴

▲▲ **Le Romarin** avr.-sept.
  𝒫 02 51 54 43 82, Fax 02 51 55 84 33, *www.leromarin.fr*
  – **R** conseillée
  4 ha/1,5 campable (97 empl.) plat, vallonné, sablonneux,
  herbeux
  Tarif : 25 € ✶ ⟵ 🚐 🔲 [≴] (10A) – pers. suppl. 4 € – frais de
  réservation 16 €
  Location ⚼ : 6 ⟦🏠⟧ (4 à 6 pers.) 200 à 519 €/sem.
  Pour s'y rendre : NO : 3,8 km

Nature : ⬜ 🕮🕮
Loisirs : 🎬 🏃 ✗ 🏊
Services : ⚬━ (juil.-août) ⚟ 🗓 ☺ 📷
🐴

▲▲ **La Pège** 15 juin-11 sept.
  𝒫 02 51 54 34 52, *campinglapege@wanadoo.fr*,
  Fax 02 51 55 29 57, *www.campinglapege.com* – **R**
  1,8 ha (100 empl.) plat, sablonneux, herbeux
  Tarif : (Prix 2007) 22,50 € ✶ ⟵ 🚐 🔲 [≴] (6A) – pers.
  suppl. 4,50 € – frais de réservation 15 €
  Location ⚼ : 10 ⟦🏠⟧ (4 à 6 pers.) 220 à 590 €/sem.
  Pour s'y rendre : NO : 5 km
  À savoir : à 150 m de la plage (accès direct)

Nature : ⬜ 🕮
Loisirs : 🏃 🚲 🏊
Services : 🛁 ⚬━ GB ⚟ 🗓 🛁 ☺ 📷
À prox. : 🎣 ⛶ 🐴 🏇

▲▲ **Domaine Villa Campista** Permanent
  𝒫 02 51 68 33 71, *serviceclients@villa-campista.com*,
  Fax 02 51 35 25 32, *www.villa-campista.com* – **R** indispen-
  sable
  4 ha (150 empl.) plat, sablonneux, herbeux, étang
  Location : 30 🏠 (4 à 6 pers.) 157 à 610 €/sem.
  Pour s'y rendre : N : 6 km par D 38 et D 59, rte de Perrier

Nature : 🌳 ⬜ 🕮🕮
Loisirs : snack 🎬 🏃 ✗ 🏊 🏄
Services : 🛁 ⚬━ ⚟ 🗓 🛁 ☺ 📷

▲ **Municipal les Demoiselles** saison
  𝒫 02 51 58 10 71, *demoiselles85@free.fr*,
  Fax 02 51 60 07 84, *www.souslespins.com* – **R** conseillée
  13,7 ha (390 empl.) incliné à peu incliné, accidenté, vallonné,
  sablonneux, herbeux
  Tarif : (Prix 2007) 19,40 € ✶ ⟵ 🚐 🔲 [≴] (10A) – pers.
  suppl. 4,20 € – frais de réservation 14 €
  Pour s'y rendre : NO : 9,5 km, à 300 m de la plage (hors
  schéma)

Nature : 🌳 ⬜ 🕮🕮
Loisirs : 🏃
Services : ⚬━ GB ⚟ 🗓 ☺ 🛁 ⚐ 📷
À prox. : snack 🐴

Benutzen Sie
– zur Wahl der Fahrtroute
– zur Berechnung der Entfernungen
– zur exakten Lokalisierung eines Campingplatzes (mit Hilfe der Angaben im Ortstext)
*die für diesen Führer unentbehrlichen **MICHELIN-Karten** .*

ST-HILAIRE-LA-FORÊT

✉ 85440 – **316** G9 – G. Poitou Charentes Vendée – 423 h. – alt. 23
Paris 449 – Challans 66 – Luçon 31 – La Roche-sur-Yon 31 – Les Sables-d'Olonne 24.

    La Grand' Métairie 5 avr.-13 sept.
      ℘ 02 51 33 32 38, info@camping-grandmetairie.com,
      Fax 02 51 33 25 69, www.la-grand-métairie.com – places li-
      mitées pour le passage – **R** conseillée
      3,8 ha (172 empl.) plat, herbeux
      Tarif : 27 € **⋆**   🗐 (6A) – pers. suppl. 8 € – frais de
      réservation 22 €
      Location : 33 (4 à 6 pers.) 196 à 695 €/sem. – 65
      (4 à 6 pers.) 221 à 773 €/sem. – **bungalows toilés**
      Pour s'y rendre : Au N du bourg par D 70

> Nature :
> Loisirs : 🍽 ✗ pizzeria 🏛 noc-
> turne 🎡 ≋ 🛶 🚴 ✗ 🎿 ⛵ 🏊
> Services : ⅙ ⚡ (.) GB ♻ 🗐 🚮 ⚙
> 🚿 ♨ ⚘ 🚰 ♨ 🎍 ⚙

    Les Batardières juil.-1ᵉʳ sept.
      ℘ 02 51 33 33 85 – **R** conseillée
      1,6 ha (75 empl.) plat, herbeux
      Tarif : 23,50 € **⋆**   🗐 (5A) – pers. suppl. 3 €
      Pour s'y rendre : à l'O du bourg par D 70 et à gauche, rte
      du Poteau

> Nature :
> Loisirs : 🏛 🛶 ✗
> Services : ⚡ 🗐 ⚙ ⚘ 🚰 ♨

Donnez-nous votre avis sur les terrains que nous recommandons.
Faites-nous connaître vos observations et vos découvertes
par mail à l'adresse : leguidecampingfrance@fr.michelin.com.

ST-JEAN-DE-MONTS

✉ 85160 – **316** D7 – G. Poitou Charentes Vendée – 6 886 h. – alt. 16
🛈 *Office de tourisme, 67, esplanade de la Mer ℘ 08 26 88 78 87, Fax 02 51 59 87 87*
Paris 451 – Cholet 123 – Nantes 73 – Noirmoutier-en-l'Île 34 – La Roche-sur-Yon 61 – Les Sables-d'Olonne 47.

    Les Amiaux ▲▲ – mai-sept.
      ℘ 02 51 58 22 22, accueil@amiaux.fr, Fax 02 51 58 26 09,
      www.amiaux.fr – **R** conseillée
      12 ha (543 empl.) plat, herbeux, sablonneux
      Tarif : **⋆** 3,80 €   🗐 25 € (10A) – frais de réserva-
      tion 16 €
      Location 🚫 : 16 (4 à 6 pers.) 300 à 710 €/sem.
      Pour s'y rendre : NO : 3,5 km

> Nature :
> Loisirs : 🍽 ✗ 🏛 🛝 🛶 🎣 ✗ 🎿
> ⛵ 🏊 🏓
> Services : ⅙ ⚡ GB ♻ 🗐 ⚙ ⚘ ⚘
> 🚰 ♨ 🚱 🎍

    Le Bois Joly ▲▲ – 5 avr.-28 sept.
      ℘ 02 51 59 11 63, campingboisjoly@wanadoo.fr,
      Fax 02 51 59 11 06, www.camping-lebois-joly.com
      – **R** conseillée
      7,5 ha (356 empl.) plat, herbeux, sablonneux
      Tarif : 29 € **⋆**   🗐 (10A) – pers. suppl. 5 € – frais de
      réservation 20 €
      Location 🚫 : 66 (4 à 6 pers.) 230 à 640 €/sem. – 22
      (4 à 6 pers.) 250 à 670 €/sem.
      🚰 1 borne artisanale
      Pour s'y rendre : NO : 1 km, bord d'un étier
      À savoir : bel espace aquatique

> Nature : ♀(peupleraie)
> Loisirs : 🍽 snack 🏛 nocturne
> 🛝 🎡 ≋ 🛶 ⛵ 🏊 🏓
> Services : ⅙ ⚡ (juil.-août) GB ♻
> 🚮 🗐 ⚙ ⚘ ⚘ 🚰 ♨ 🎍 ⚙
> À prox. : 🎣

    La Yole ▲▲ – 5 avr.-26 sept.
      ℘ 02 51 58 67 17, contact@la-yole.com, Fax 02 51 59 05 35,
      www.la-yole.com – places limitées pour le passage – **R** in-
      dispensable
      5 ha (278 empl.) plat, sablonneux, herbeux, pinède
      attenante (2 ha)
      Tarif : 30 € **⋆**   🗐 (10A) – pers. suppl. 6,50 € – frais
      de réservation 28 €
      Location 🚫 : 54 (4 à 6 pers.) 310 à 810 €/sem.
      Pour s'y rendre : SE : 7 km
      À savoir : joli cadre verdoyant, soigné, fleuri et ombragé

> Nature : ♀♀
> Loisirs : 🍽 ✗ crêperie 🏛 noc-
> turne 🛝 ≋ 🛶 ✗ ⛵ 🏊 🏓
> Services : ⅙ ⚡ GB ♻ 🗐 ⚙ ⚘
> 🚰 ♨ 🚱 🎍

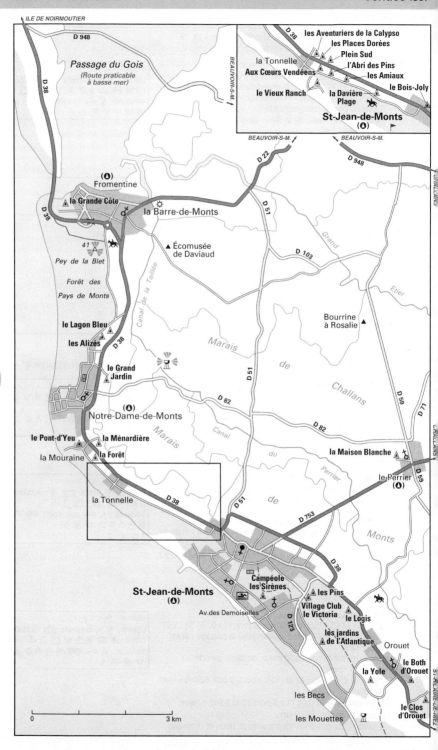

Village Club le Victoria (location exclusive de maisonnettes et studios) 5 avr.-sept.
℮ 02 28 11 66 11, *victoria.le@wanadoo.fr*,
Fax 02 28 11 69 91, *www.le-victoria.fr* – **R** indispensable
3 ha plat, herbeux, sablonneux
Location **(P)** : 45 🏠 (4 à 6 pers.) 259 à 1 197 €/sem. – 9 studios
Pour s'y rendre : SE : 2,5 km
À savoir : décoration arbustive

Nature : ⌗ ♀
Loisirs : 🍷 🛋 ⚐ nocturne ⚡ ☂ ⚅ 🎾 ⤢ terrain omnisports
Services : ⚱ ⊶ GB ⚙ ⊞ 🍴 ⚲ ☎ 📷 sèche-linge

Les Aventuriers de la Calypso ♣ – 5 avr.-27 sept.
℮ 02 51 59 79 66, *camping-apv@wanadoo.fr*,
Fax 02 51 59 79 67, *www.lesaventuriersdelacalypso.com* – places limitées pour le passage – **R** conseillée
4 ha (250 empl.) plat, herbeux, sablonneux
Tarif : (Prix 2007) 30 € ⚡ 🚿 🚲 ⚅ (10A) – pers. suppl. 7,50 € – frais de réservation 27 €
Location : 🛖 (2 à 4 pers.) 134 à 565 €/sem. – 14 🏚 (4 à 6 pers.) 193 à 856 €/sem. – 3 🏠 (4 à 6 pers.) 258 à 856 €/sem.
Pour s'y rendre : NO : 4,6 km

Nature : ⌗
Loisirs : 🍷 snack 🛋 ⚐ nocturne ⚡ 🏊 🎿 🚲 ⚅ 🎾 ⤢ terrain omnisports
Services : ⚱ ⊶ GB ⚙ ⊞ ☺ ☎ ⚲ ⚱ 📷 ☂

L'Abri des Pins ♣ – 14 juin-14 sept.
℮ 02 51 58 83 86, *contact@abridespins.com*,
Fax 02 51 59 30 47, *www.abridespins.com* – places limitées pour le passage – **R** conseillée
3 ha (217 empl.) plat, herbeux, sablonneux
Tarif : 34,40 € ⚡ 🚿 🚲 ⚅ (10A) – pers. suppl. 6,20 €
Location (12 avr.-14 sept.) ⚡ : 37 🏚 (4 à 6 pers.) 305 à 755 €/sem. – 23 🏠
Pour s'y rendre : NO : 4 km
À savoir : agréable cadre fleuri

Nature : ⌗ ♀
Loisirs : 🍷 snack, pizzeria 🛋 ⚐ nocturne ⚡ 🏊 🎿 🎾 🚲 ⤢
Services : ⚱ ⊶ GB ⚙ ⊞ ☺ ☎ ⚲ ⚱ 🍴 📷 ⚲ ☂

Le Vieux Ranch avr.-sept.
℮ 02 51 58 86 58, *levieuxranch@wanadoo.fr*,
Fax 02 51 59 12 20, *www.levieuxranch.com* – **R** indispensable
5 ha (242 empl.) plat, sablonneux, herbeux
Tarif : (Prix 2007) 25 € ⚡ 🚿 🚲 ⚅ (6A) – pers. suppl. 4,95 €
Location ⚡ : 14 🏚 (4 à 6 pers.) 278 à 666 €/sem. – 3 🏠 (4 à 6 pers.) 313 à 702 €/sem.
Pour s'y rendre : NO : 4,3 km
À savoir : agréable situation à 200 m de la plage

Nature : ⚲ ⌗ ♀
Loisirs : 🍷 ✕ 🛋 salle d'animation 🎿 🚲 ⚅
Services : ⚱ ⊶ GB ⚙ ⊞ ☺ ☎ ☂ ⚲ ⚱ 🍴 📷 ⚲ ☂

Aux Coeurs Vendéens mai-20 sept.
℮ 02 51 58 84 91, *info@coeursvendeens.com*,
Fax 02 28 11 20 75, *www.coeursvendeens.com* – **R** conseillée
2 ha (117 empl.) plat, herbeux, sablonneux
Tarif : 29,30 € ⚡ 🚿 🚲 ⚅ (10A) – pers. suppl. 4,90 € – frais de réservation 15 €
Location (5 avr.-20 sept.) ⚡ : 50 🏚 (4 à 6 pers.) 155 à 673 €/sem.
Pour s'y rendre : NO : 4 km

Nature : ⌗ ♀♀
Loisirs : 🍷 crêperie 🛋 ⚡ 🚲 ⚅ ⤢
Services : ⚱ ⊶ GB ⚙ ⊞ ☺ ☎ ⚲ 🍴 📷 ☂
À prox. : ✂

Les Places Dorées 14 juin-août
℮ 02 51 59 02 93, *contact@placesdorees.com*,
Fax 02 51 59 30 47, *www.placesdorees.com* – **R** conseillée
5 ha (243 empl.) plat, sablonneux, herbeux
Tarif : 34,40 € ⚡ 🚿 🚲 ⚅ (10A) – pers. suppl. 6,20 €
Location ⚡ : 52 🏚 (4 à 6 pers.) 305 à 755 €/sem.
Pour s'y rendre : NO : 4 km
À savoir : bel espace aquatique

Nature : ⌗ ♀
Loisirs : 🍷 snack 🎿 ⚅ ⤢
Services : ⚱ ⊶ GB ⚙ ⊞ ☺ ☎ 🍴 📷 ☂
À prox. : ☂ ✂ ⚲

ST-JEAN-DE-MONTS

⚠ **Le Both d'Orouet** mai.-23 oct.
📞 02 51 58 60 37, *leboth.d.orouet@netcourrier.com*,
Fax 02 51 59 37 03, *http://camping.orouet.free.fr*
– **R** conseillée
4,4 ha (206 empl.) plat, herbeux, sablonneux
Tarif : (Prix 2007) 24 € 🏕 ⟺ 🔲 🔌 (6A) – pers.
suppl. 4,30 € – frais de réservation 16 €
Location : ⛺ (4 à 6 pers.) 530 €/sem. – 🏠 (4 à 6 pers.)
630 €/sem.
⛽ 1 borne 3,50 €
Pour s'y rendre : SE : 6,7 km, bord d'un ruisseau
À savoir : agréable cadre de verdure et salle de jeux dans
une ancienne grange de 1875 restaurée

> Nature : 🏞 ♀
> Loisirs : 🏠 🏊 🚴 🎣 🏊
> Services : 🚿 🟠 GB ᐧ 🗄 🛁 ⓐ 🚿
> 🚽 📞 🔳
> À prox. : 🍽 🍴

⚠ **Plein Sud** juin-14 sept.
📞 02 51 59 10 40, *info@campingpleinsud.com*,
Fax 02 51 58 92 29, *www.campingpleinsud.com* – **R** indispensable
2 ha (110 empl.) plat, herbeux, sablonneux
Tarif : 32 € 🏕 ⟺ 🔲 🔌 (6A) – pers. suppl. 5 € – frais de
réservation 23 €
Location (19 avr.-14 sept.) 🚫 : 46 ⛺ (4 à 6 pers.) 220
à 650 €/sem.
Pour s'y rendre : NO : 4 km

> Nature : 🏞 ♀
> Loisirs : 🍽 🏊 🏊 terrain omnis-
> ports
> Services : 🚿 🟠 GB ᐧ 🗄 🛁 ⓐ 🚿
> 🚽 🔳

⚠ **La Forêt** 8 mai-20 sept.
📞 02 51 58 84 63, *camping-la-foret@wanadoo.fr*,
Fax 02 51 58 84 63, *www.hpa-laforet.com* – **R** conseillée
1 ha (61 empl.) plat, herbeux, sablonneux
Tarif : 30,80 € 🏕 ⟺ 🔲 🔌 (6A) – pers. suppl. 5 € – frais de
réservation 20 €
Location (10 avr.-sept.) 🚫 : 11 ⛺ (4 à 6 pers.) 269 à
669 €/sem.
⛽ 1 borne artisanale – 5 🔲 – 🚐 13 €
Pour s'y rendre : NO : 5,5 km
À savoir : belle décoration arbustive

> Nature : 🏞 ♀♀
> Loisirs : 🏠 🏊 🚴 🏊
> Services : 🚿 🟠 GB ᐧ 🗄 🛁 ⓐ 🚿
> 🚽 📞 🔳
> À prox. : canoë de mer

⚠ **La Davière-Plage** mai-sept.
📞 02 51 58 27 99, *daviereplage@wanadoo.fr*,
Fax 02 51 58 27 99, *www.daviereplage.com* – **R** conseillée
3 ha (200 empl.) plat, sablonneux, herbeux
Tarif : 23,10 € 🏕 ⟺ 🔲 🔌 (10A) – pers. suppl. 5,10 € –
frais de réservation 20 €
Location : 15 🚐 (2 à 4 pers.) 195 à 420 €/sem. – 30 ⛺
(4 à 6 pers.) 265 à 600 €/sem. – bungalows toilés
Pour s'y rendre : NO : 3 km

> Nature : ♀
> Loisirs : snack 🏠 🏊 🚴 🎣 🏊
> Services : 🚿 🟠 (juil.-août) GB ᐧ
> 🗄 🛁 ⓐ 🔳 🚿
> À prox. : 🍽 🍴

⚠ **Les Pins** 10 juin-15 sept.
📞 02 51 58 17 42, Fax 02 51 58 17 42 – **R** conseillée
1,2 ha (118 empl.) plat et en terrasses, sablonneux
Tarif : 24,60 € 🏕 ⟺ 🔲 🔌 (10A) – pers. suppl. 5,80 € –
frais de réservation 20 €
Location 🚫 : 17 🏠 (4 à 6 pers.) 240 à 610 €/sem.
Pour s'y rendre : SE : 2,5 km
À savoir : cadre verdoyant

> Nature : 🏞 ♀
> Loisirs : 🍽 🏠 🏊 🚴 🏊
> Services : 🟠 ᐧ 🗄 🛁 ⓐ 🔳
> À prox. : 🔳 🚣

⚠ **Les Jardins de l'Atlantique** avr.-sept.
📞 02 51 58 05 74, *info@campingjardinsatlantique.com*,
Fax 02 51 58 01 67, *www.campingjardinsatlantique.com* –
places limitées pour le passage – **R** conseillée
5 ha (310 empl.) plat et peu incliné, accidenté, sablonneux
Tarif : 21 € 🏕 ⟺ 🔲 🔌 (6A) – pers. suppl. 2 € – frais de
réservation 18 €
Location : 60 ⛺ (4 à 6 pers.) 250 à 570 €/sem.
Pour s'y rendre : SE : 5,5 km

> Nature : 🏞 ♀♀(pinède)
> Loisirs : 🍽 snack 🏠 🎱 nocturne
> 🚡 🚴 🏊 🏊 terrain omnisports
> Services : 🚿 🟠 GB ᐧ 🗄 🛁 ⓐ 📞
> 🔳 🚿

⚠ **Le Logis** 26 avr.-7 sept.
  𝒫 02 51 58 60 67, *camping-le-logis@tiscali.fr*,
  Fax 02 51 58 60 67, *www.camping-lelogis.com* – **R** conseillée
  0,8 ha (40 empl.) plat et en terrasses, sablonneux, herbeux
  Tarif : 20,85 € ⚹ ⟵⟶ 🅴 (10A) – pers. suppl. 4,20 € –
  frais de réservation 14 €
  Location (12 avr.-7 sept.) : 14 ⟐ (4 à 6 pers.) 210 à
  530 €/sem.
  ⟐ 1 borne artisanale
  Pour s'y rendre : SE : 4,3 km

Nature : ⟐
Loisirs : ⟐ ⟐ ⟐ (petite piscine)
Services : ⟐ ⟐ GB ⟐ ⟐ ⟐ ⟐
À prox. : ⟐ ✗ ⟐

⚠ **Campéole les Sirènes** 4 avr.-15 sept.
  𝒫 02 51 58 01 31, *cplsirenes@atciat.com*,
  Fax 02 51 59 03 67, *www.campeole.com* – **R** conseillée
  15 ha/5 campables (500 empl.) plat et accidenté, dunes,
  pinède
  Tarif : 25,30 € ⚹ ⟵⟶ 🅴 ⟐ (10A) – pers. suppl. 6,70 € –
  frais de réservation 25 €
  Location : 50 ⟐ (4 à 6 pers.) 245 à 798 €/sem.
  Pour s'y rendre : SE : av. des Demoiselles, à 500 m de la plage

Nature : ⟐ ⟐
Services : ⟐ ⟐ GB ⟐ ⟐ ⟐ ⟐ ⟐
⟐
À prox. : ⟐ ⟐ ⟐

⚠ **Le Clos d'Orouet** mai-5 sept.
  𝒫 02 51 59 51 01, Fax 02 51 59 51 01 – **R** indispensable
  1,3 ha (75 empl.) plat, sablonneux
  Tarif : 22,40 € ⚹ ⟵⟶ 🅴 ⟐ (6A) – pers. suppl. 4,05 € – frais
  de réservation 16 €
  Location : 12 ⟐ (4 à 6 pers.) 288 à 650 €/sem.
  Pour s'y rendre : SE : 8,7 km

Nature : ⟐ ⟐ ⟐
Loisirs : ⟐
Services : ⟐ ⟐ GB ⟐ ⟐ ⟐ ⟐ ⟐

ST-JULIEN-DES-LANDES

✉ 85150 – **316** F8 – 1 105 h. – alt. 59
Paris 445 – Aizenay 17 – Challans 32 – La Roche-sur-Yon 24 – Les Sables-d'Olonne 19 – St-Gilles-Croix-de-Vie 21.

591

⛰ **La Garangeoire** 🏕 – 26 avril-27 sept.
  𝒫 02 51 46 65 39, *info@garangeoire.com*,
  Fax 02 51 46 69 85, *www.camping-la-garangeoire.com* – **R**
  indispensable
  200 ha/10 campables (340 empl.) plat et vallonné, terrasses,
  herbeux
  Tarif : 35 € ⚹ ⟵⟶ 🅴 ⟐ (8A) – pers. suppl. 7,60 € – frais de
  réservation 25 €
  Location : 23 ⟐ (4 à 6 pers.) 280 à 861 €/sem. – 20 ⟐
  (4 à 6 pers.) 280 à 861 €/sem.
  Pour s'y rendre : N : 2,8 km par D 21
  À savoir : agréable domaine : prairies, étangs et bois

Nature : ⟐ ⟐ ⟐
Loisirs : ⟐ ✗ crêperie, pizzeria ⟐
⟐ nocturne ⟐ ⟐ ⟐ ⟐ ⟐ ⟐
⟐ ⟐
Services : ⟐ ⟐ GB ⟐ ⟐ ⟐ ⟐ ⟐
⟐ ⟐ ⟐ ⟐ ⟐ ⟐ cases réfrigérées

⛰ **La Forêt**
  𝒫 02 51 46 62 11, *camping@free.fr*, Fax 02 51 46 60 87,
  www.domainelaforet.com – **R** conseillée
  50 ha/5 campables (148 empl.) plat, herbeux, étangs et bois
  Location : 40 ⟐
  Pour s'y rendre : sortie NE par D 55, rte de Martinet
  À savoir : dans les dépendances et le parc d'un château

Nature : ⟐ ⟐ ⟐
Loisirs : ⟐ ✗ ⟐ ⟐ discothèque
⟐ ⟐ ⟐ ⟐ ⟐ ⟐
Services : ⟐ ⟐ ⟐ ⟐ ⟐ ⟐ ⟐ ⟐
⟐ ⟐

⛰ **La Guyonnière** 12 avr.-26 sept.
  𝒫 02 51 46 62 59, *info@laguyonniere.com*,
  Fax 02 51 46 62 89, *www.laguyonniere.com* – places limitées pour le passage – **R** conseillée
  30 ha/6,5 campables (167 empl.) plat, peu incliné, herbeux,
  étang
  Tarif : 23,30 € ⚹ ⟵⟶ 🅴 ⟐ (6A) – pers. suppl. 5,50 € – frais
  de réservation 20 €
  Location ⟐ : 60 ⟐ (4 à 6 pers.) 196 à 735 €/sem.
  Pour s'y rendre : NO : 2,4 km par D 12 rte de Landevieille
  puis 1,2 km par chemin à dr., à proximité du lac du Jaunay

Nature : ⟐ ⟐
Loisirs : ⟐ snack ⟐ ⟐ ⟐ ⟐ ⟐
⟐ ⟐ parcours de santé
Services : ⟐ ⟐ GB ⟐ ⟐ ⟐ ⟐ ⟐
⟐ ⟐ ⟐

ST-LAURENT-SUR-SÈVRE

✉ 85290 – **316** K6 – G. Poitou Charentes Vendée – 3 307 h. – alt. 121
Paris 365 – Angers 76 – Bressuire 36 – Cholet 14 – Nantes 69 – La Roche-sur-Yon 63.

Le Rouge Gorge Permanent
℘ 02 51 67 86 39, campinglerougegorge@wanadoo.fr,
Fax 02 51 67 86 39, www.lerougegorge.com – **R** conseillée
2 ha (93 empl.) plat, peu incliné, herbeux
Tarif : ⋆ 3,70 € ⟵ 3,35 € 🅴 5,25 € – 🄳 (4A) 2,20 €
Location ⅋ : 13 🏠 (4 à 6 pers.) 220 à 598 €/sem.
Pour s'y rendre : O : 1 km par D 111, rte de la Verrie

Loisirs : 🏛 🏊
Services : 🔥 ⛲ GB 🚿 🗑 🛒 🅰 🏧
📶 🔧
À prox. : 🎣

ST-MICHEL-EN-L'HERM

✉ 85580 – **316** I9 – G. Poitou Charentes Vendée – 1 931 h. – alt. 9
🅱 Syndicat d'initiative, 5, place de l'Abbaye ℘ 02 51 30 21 89, Fax 02 51 30 21 89
Paris 453 – Luçon 15 – La Rochelle 46 – La Roche-sur-Yon 47 – Les Sables-d'Olonne 54.

Les Mizottes 15 avr.-15 oct.
℘ 02 51 30 23 63, accueil@campinglesmizottes.fr,
Fax 02 51 30 23 62, www.campinglesmizottes.fr
– **R** conseillée
2 ha (112 empl.) plat, herbeux
Tarif : 19 € ⋆ ⟵ 🅴 🄳 (6A) – pers. suppl. 4 €
Location : 35 🛖 (4 à 6 pers.) 200 à 530 €/sem.
Pour s'y rendre : SO : 0,8 km par D 746 rte de l'Aiguillon-sur-Mer

Nature : 🌳 ♀
Loisirs : 🏛 🚲 🏊
Services : 🔥 ⛲ GB 🚿 🗑 🛒 🅰 📞
📶 🔧

592

ST-RÉVÉREND

✉ 85220 – **316** F7 – 910 h. – alt. 19
Paris 453 – Aizenay 20 – Challans 19 – La Roche-sur-Yon 36 – Les Sables-d'Olonne 27 – St-Gilles-Croix-de-Vie 10.

Le Pont Rouge avr.-oct.
℘ 02 51 54 68 50, camping.pontrouge@wanadoo.fr,
Fax 02 51 54 61 67, www.camping-lepontrouge.com
– **R** conseillée
2,2 ha (73 empl.) plat et peu incliné, herbeux
Tarif : 20 € ⋆ ⟵ 🅴 🄳 (6A) – pers. suppl. 4,50 € – frais de réservation 15 €
Location : 18 🛖 (4 à 6 pers.) 205 à 577 €/sem.
🛖 1 borne artisanale – 4 🅴 – 🚐 10 €
Pour s'y rendre : sortie SO par D 94 et chemin à dr., bord d'un ruisseau
À savoir : cadre verdoyant

Nature : 🌿 🌳 ♀
Loisirs : 🎣 🏊
Services : 🔥 ⛲ GB 🚿 🗑 🛒 🅰 🏧
📞 🔧

ST-VINCENT-SUR-JARD

✉ 85520 – **316** G9 – G. Poitou Charentes Vendée – 871 h. – alt. 10
🅱 Syndicat d'initiative, place de l'Église ℘ 02 51 33 62 06, Fax 02 51 33 01 23
Paris 454 – Challans 64 – Luçon 34 – La Rochelle 70 – La Roche-sur-Yon 35 – Les Sables-d'Olonne 23.
Schéma à Jard-sur-Mer

La Bolée d'Air 5 avr.-27 sept.
℘ 02 51 90 36 05, chadotel@wanadoo.fr,
Fax 02 51 33 94 04, www.chadotel.com – **R** conseillée
5,7 ha (280 empl.) plat, herbeux
Tarif : 28,90 € ⋆ ⟵ 🅴 🄳 (6A) – pers. suppl. 5,80 € – frais de réservation 25 €
Location : 45 🛖 (4 à 6 pers.) 220 à 740 €/sem. – 15 🏠 (4 à 6 pers.) 290 à 799 €/sem. – bungalows toilés
Pour s'y rendre : E : 2 km par D 21 et à dr.

Nature : 🌳 ♀
Loisirs : 🍴 🏛 🍸 🎣 🚲 🎯 🎿 🏊 🏊 ⅄ terrain omnisports
Services : 🔥 ⛲ GB 🚿 🗑 🛒 🅰 🏧
📶 📞 🔧 🛁 🚿

SION-SUR-L'OCÉAN

✉ 85270 – **316** E7 – G. Poitou Charentes Vendée
Paris 461 – Nantes 77 – La Roche-sur-Yon 53.

Schéma à St-Hilaire-de-Riez

Municipal de Sion 4 avr.-oct.
℘ 02 51 54 34 23, *sion85@free.fr*, Fax 02 51 60 07 84,
www.souslespins.com – **R** conseillée
3 ha (173 empl.) plat, sablonneux, gravillons
Tarif : (Prix 2007) 26,90 € ⚹ ⇔ 🅴 – pers. suppl. 5,30 € –
frais de réservation 14 €
Location : 20 🛏 (4 à 6 pers.) 238 à 656 €/sem.
🚐 1 borne artisanale 4,50 €
Pour s'y rendre : sortie N
À savoir : à 350 m de la plage (accès direct)

Nature : ⌂ ♀	
Loisirs : 🏠 ⚓	
Services : ⚸ ⚬ GB ⚹ 🗄 ⊙ ⚐ ⚐ ⚽ 🎦	

Ne pas confondre :
⚠ ... à ... ⚠⚠⚠ : *appréciation* **MICHELIN**
et
★ ... à ... ★★★★ : *classement officiel*

SOULLANS

✉ 85300 – **316** E7 – 3 425 h. – alt. 12
🚩 *Office de tourisme, rue de l'Océan* ℘ 02 51 35 28 68, Fax 02 51 35 24 26
Paris 443 – Challans 7 – Noirmoutier-en-l'Île 46 – La Roche-sur-Yon 48 – Les Sables-d'Olonne 39 – St-Gilles-Croix-de-Vie 15.

Municipal le Moulin Neuf 15 juin-15 sept.
℘ 02 51 68 00 24, *camping-soullans@wanadoo.fr*,
Fax 02 51 68 88 66 – **R** conseillée
1,2 ha (80 empl.) plat, herbeux
Tarif : 8,80 € ⚹ ⇔ 🅴 – pers. suppl. 2,30 €
Pour s'y rendre : sortie N par D 69, rte de Challans et rue à dr.

Nature : 🌳 ⌂ ♀	
Services : ⚸ ⚬ GB ⚹ ⊙ 🎦	
À prox. : ✗	

593

TALMONT-ST-HILAIRE

✉ 85440 – **316** G9 – G. Poitou Charentes Vendée – 5 363 h. – alt. 35
🚩 *Office de tourisme, place du Château* ℘ 02 51 90 65 10, Fax 02 51 20 71 80
Paris 448 – Challans 55 – Luçon 38 – La Roche-sur-Yon 30 – Les Sables-d'Olonne 14.

Yellow! Village Le Littoral 5 avr.-28 sept.
℘ 02 51 22 04 64, *info@campinglelittoral.com*,
Fax 02 51 22 05 37, *www.campinglelittoral.com* – places limitées pour le passage – **R** indispensable
9 ha (483 empl.) plat et peu incliné, herbeux, sablonneux
Tarif : 36 € ⚹ ⇔ 🅴 🚿 (10A) – pers. suppl. 6 € – frais de
réservation 25 €
Location : 90 🛏 (4 à 6 pers.) 245 à 742 €/sem.
Pour s'y rendre : SO : 9,5 km par D 949, D 4ᴬ et après
Querry-Pigeon, à dr. par D 129, rte côtière des Sables-
d'Olonne, à 200 m de l'océan

Nature : ⌂ ♀	
Loisirs : ♥ ✗ crêperie, pizzeria 🏠 ⚑ ⚓ 🚲 ✗ ⛳ ⚑ ⚑ terrain om-nisports	
Services : ⚸ ⚬ GB ⚹ 🗄 ⚐ ⊙ ⚐ ⚐ ⚽ 🎦 ⚑ ⚑	
À prox. : golf (18 trous)	

Les Cottages St-Martin (location exclusive de mobile
homes et maisonnettes) fermé janv.-4 fév.
℘ 02 51 21 90 00, *st.martin@odalys-vacances.com*,
Fax 02 51 22 21 24, *www.odalys-vacances.com* – **R** indispensable
3,5 ha plat, herbeux
Location : 44 🛏 (4 à 6 pers.) 240 à 880 €/sem. – 15 🏚
(4 à 6 pers.) 285 à 985 €/sem.
Pour s'y rendre : SO : 9,5 km par D 949, D 4ᴬ et après
Querry-Pigeon, à dr. par D 129, rte Côtière des Sables-
d'Olonne, à 200 m de l'océan

Nature : 🌳 ⌂	
Loisirs : 🏠 ⚑ ⚓ ⚓ ⚑ ✗ ⛳ ⚑	
Services : ⚸ ⚬ GB ⚹ 🎦	
À prox. : ⚑ ♥ ✗ ⚑ 🚲 golf (18 trous)	

TALMONT-ST-HILAIRE

⚠️ **Le Paradis** mai-sept.
    📞 02 51 22 22 36, *info@camping-leparadis85.com,*
    Fax 02 51 22 22 36, *www.camping-leparadis85.com*
    – **R** conseillée
    4,9 ha (148 empl.) plat et peu incliné, en terrasses, herbeux,
    sablonneux
    Tarif : 23 € 🏕 🚗 🔲 (10A) – pers. suppl. 4,50 € – frais
    de réservation 18 €
    Location (5 avr.-sept.) : 15 🛏 (4 à 6 pers.) 230 à
    605 €/sem. – 9 🏠 (4 à 6 pers.) 275 à 759 €/sem. –
    bungalows toilés
    Pour s'y rendre : O : 3,7 km par D 949, rte des Sables-
    d'Olonne, D⁴ᴬ à gauche, rte de Querry-Pigeon et chemin à dr.
    À savoir : accès direct à un étang de pêche

> Nature : 🌿 🏞 🐟
> Loisirs : 🍹 🎱 nocturne ⚓ 🚲 ✂️
> 🔲 (découverte en saison) 🎣 ter-
> rain omnisports
> Services : 🔧 ⚓ (juil.-août) 🟦 🚐
> 🧺 🔥 ⊕ 🛒 🚿

TIFFAUGES

✉️ 85130 – **316** J5 – G. Poitou Charentes Vendée – 1 328 h. – alt. 77
Paris 374 – Angers 85 – Cholet 20 – Clisson 19 – Montaigu 17 – Nantes 53 – La Roche-sur-Yon 56.

⚠️ **Aire Naturelle la Vallée**
    📞 02 51 65 75 65, *camplavallee@wanadoo.fr,*
    Fax 02 51 65 75 65, *http://camplavallee.free.fr* – **R** conseillée
    1 ha (25 empl.) vallonné, herbeux
    Pour s'y rendre : NO : 1,5 km par D 753, rte de Montaigu
    et rte à dr.
    À savoir : prestations dans une ancienne grange restaurée

> Nature : 🌿 ⬍
> Loisirs : 🚐 🚲 🏊 (bassin)
> Services : 🔧 ⚓ ⊕
> À prox. : 🎣

La TRANCHE-SUR-MER

✉️ 85360 – **316** H9 – G. Poitou Charentes Vendée – 2 510 h. – alt. 4
🏛 *Office de tourisme, place de la Liberté* 📞 02 51 30 33 96, Fax 02 51 27 78 71
Paris 459 – Luçon 31 – Niort 100 – La Rochelle 64 – La Roche-sur-Yon 40 – Les Sables-d'Olonne 39.

⚠️ **Le Jard** mai-sept.
    📞 02 51 27 43 79, *info@campingdujard.fr,*
    Fax 02 51 27 42 92, *www.campingdujard.fr* – **R** conseillée ✂️
    6 ha (350 empl.) plat, herbeux
    Tarif : 31 € 🏕 🚗 🔲 (10A) – pers. suppl. 5,50 € – frais
    de réservation 25 €
    Location (mai-15 sept.) : 40 🛏 (4 à 6 pers.) 260 à
    660 €/sem.
    Pour s'y rendre : à la Grière, 3,8 km rte de l'Aiguillon

> Nature : 🌿
> Loisirs : 🍹 🍴 🚐 🎱 nocturne 🎢
> 🛶 ⚓ 🚲 ✂️ 🔲 🏊 ⛱
> Services : 🔧 ⚓ 🟦 🚐 🧺 🔥 ⊕ 🚿
> 🍴 💧 🔥 🛒 🚿
> À prox. : 🛒

Le Sable d'Or ♣♣ – 12 avr.-21 sept.
  ℰ 02 51 27 46 74, Fax 02 51 30 17 14, *www.le-sable-dor.fr*
  – **R** conseillée
  4 ha (233 empl.) plat, sablonneux, herbeux
  Tarif : 29 € ♣ 🚐 📧 (∦) (4A) – pers. suppl. 8 € – frais de
  réservation 18 €
  Location 🏠 : 23 🛏 (4 à 6 pers.) 235 à 695 €/sem. – 15
  🏚 (4 à 6 pers.) 325 à 780 €/sem.
  Pour s'y rendre : NO : 2,5 km par D105, rte des Sables-
  d'Olonne et à dr., près de la D 105 A
  À savoir : belle piscine couverte

Nature : ⌂ ⏆
Loisirs : ⟁ self-service 🎬 ☕ noc-
turne ✦ ✿ salle d'animation ✦
◫ ⤢ ⤢ terrain omnisports
Services : ♿ ⚡ GB ⚐ 🚿 🛎 ⊛ ⚓
🗑 🞇 ⚒

Baie d'Aunis mai-14 sept.
  ℰ 02 51 27 47 36, *info@camping-baiedaunis.com*,
  Fax 02 51 27 44 54, *www.camping-baiedaunis.com*
  – **R** conseillée 🏠 (juil.-août)
  2,5 ha (155 empl.) plat, sablonneux
  Tarif : (Prix 2007) 29,60 € ♣ 🚐 📧 (∦) (10A) – pers.
  suppl. 6,10 € – frais de réservation 30 €
  Location 🏠 : 10 🛏 (4 à 6 pers.) 300 à 660 €/sem. – 9
  🏚 (4 à 6 pers.) 340 à 715 €/sem.
  🛏 1 borne artisanale
  Pour s'y rendre : sortie E rte de l'Aiguillon
  À savoir : à 50 m de la plage

Nature : ⌂ ⏆
Loisirs : ⟁ ✗ 🎬 ✦ ⤢
Services : ♿ ⚡ GB ⚐ 🞇 🛎 ⊛ ⚓
🗑 ⚒
À prox. : ✗ 🖼 ⚐

Les Préveils 22 mars-28 sept.
  ℰ 02 51 30 30 52, *lespreveils@pep79.net*,
  Fax 02 51 27 70 04, *www.lespreveils.pep79.net* – **R** conseil-
  lée
  4 ha (180 empl.) peu vallonné, sablonneux, herbeux
  Tarif : 31 € ♣ 🚐 📧 (∦) (10A) – pers. suppl. 6 € – frais de
  réservation 15 €
  Location : 🛏 – appartements, bungalows toilés
  Pour s'y rendre : à la Grière, 3,5 km rte de l'Aiguillon et à
  dr., à 300 m de la plage (accès direct)

Nature : ⌂ ⏆⏆(pinède)
Loisirs : snack 🎬 ✦ ✗ ⤢
Services : ♿ ⚡ GB ⚐ 🞇 ⊛ ⚓ ⚒
☎ 📞 🗑 ⚒
À prox. : 🛒

Les Blancs Chênes ♣♣ – 5 avr.-13 sept.
  ℰ 02 51 30 41 70, *info@vagues-oceanes.com*,
  Fax 02 51 30 39 76, *www.vagues-oceanes.com* – places limi-
  tées pour le passage – **R** indispensable
  7 ha (375 empl.) plat, herbeux
  Tarif : 33 € ♣ 🚐 📧 (∦) (5A) – pers. suppl. 7,50 € – frais de
  réservation 26 €
  Location : 🛏 (4 à 6 pers.) 250 à 905 €/sem. – 🏚 (4 à 6
  pers.) 260 à 870 €/sem. – bungalows toilés
  Pour s'y rendre : NE : 2,6 km par D 747, rte d'Angles

Nature : ⌂ ⏆
Loisirs : ⟁ snack 🎬 ✦ salle d'ani-
mation ✦ 🚲 ✗ ♫ ◫ ⤢ ⤢
terrain omnisports
Services : ♿ ⚡ (juil.-août) GB ⚐
🞇 🛎 ⊛ 📞 🗑 🞇 ⚒

595

TRIAIZE

✉ 85580 – **316** |9 – 956 h. – alt. 3
Paris 446 – Fontenay-le-Comte 38 – Luçon 9 – Niort 71 – La Rochelle 39 – La Roche-sur-Yon 41.

Municipal juil.-août
  ℰ 02 51 56 12 76, *mairie.triaize@wanadoo.fr*,
  Fax 02 51 56 38 21 – **ℝ**
  2,7 ha (70 empl.) plat, herbeux, pierreux, étang
  Tarif : (Prix 2007) ♣ 2,35 € 🚐 1,55 € 📧 1,90 € – (∦) 2,35 €
  Location (mai-sept.) 🏠 : 6 🛏 (4 à 6 pers.) 185 à
  335 €/sem.
  Pour s'y rendre : au bourg, par r. du stade

Nature : 🞇 ⌂
Loisirs : ✦ 🞇
Services : ⚡ ⚐ ⊛ 🗑
À prox. : ✗

🞇 ✗ *ATTENTION...*
⚒ *ces éléments ne fonctionnent généralement qu'en saison,*
⤢ 🐎 *quelles que soient les dates d'ouverture du terrain.*

VAIRÉ

✉ 85150 – **316** F8 – 1 002 h. – alt. 49
Paris 448 – Challans 31 – La Mothe-Achard 9 – La Roche-sur-Yon 27 – Les Sables-d'Olonne 13.

Le Roc Permanent
  📞 02 51 33 71 89, *contact@campingleroc.com*,
Fax 02 51 33 76 54, *www.campingleroc.com* – **R** conseillée
1,4 ha (100 empl.) peu incliné, herbeux
Tarif : 23 € 🏕 ⛟ 🅴 (6A) – pers. suppl. 4,80 € – frais de
réservation 18 €
Location : 30 🚐 (4 à 6 pers.) 240 à 595 €/sem.
🚐, 1 borne raclet 10 € – 3 🅴 10 € – 🚐 13 €
Pour s'y rendre : NO : 1,5 km par D 32, rte de Landevieille
et rte de Brem-sur-Mer à gauche

Nature : 🏕 ♀
Loisirs : 🎣 ⛵ 🏊 (petite piscine)
🛶
Services : 🚿 ⚡ 🅶🅱 🅰 🚮 🕙 💬 📞
🖥

VIX

✉ 85770 – **316** K9 – G. Poitou Charentes Vendée – 1 572 h. – alt. 6
Paris 448 – Fontenay-le-Comte 15 – Luçon 31 – Niort 44 – Marans 15 – La Rochelle 39.

La Rivière avr.-sept.
  📞 02 51 00 65 96, Fax 02 51 50 42 53 – **R** conseillée
0,5 ha (25 empl.) plat, herbeux
Tarif : 11,50 € 🏕 ⛟ 🅴 (16A) – pers. suppl. 2,60 €
Pour s'y rendre : S : à 4,6 km du bourg, accès par r. de la
Guilletrie
À savoir : situation agréable près de la Sèvre Niortaise

Nature : 🏞 🏕 ♀
Loisirs : 🛶 canoë, pédalos, bateaux
à moteur
Services : 🚿 ⚡ (juil.-août) 🅶🅱 🅰
🖥 🚮 🚿 🖥
À prox. : 🍴

PICARDIE

S. Sauvignier/Michelin

Une escapade en Picardie vous fera parcourir un livre d'histoire grandeur nature, peuplé d'abbayes cisterciennes, de splendides cathédrales, d'hôtels de ville flamboyants, d'imposants châteaux et d'émouvants témoignages des deux guerres mondiales… Vous préférez la campagne ? À vous les hautes futaies des forêts de Compiègne ou de Saint-Gobain qui bruissent encore du tumulte des chasses royales, les fermes cernées de champs de céréales ou de betteraves et la contemplation du ballet des oiseaux au-dessus du Marquenterre. L'aventure n'est pas votre fort ? Adoptez la devise de Lafleur, illustre marionnette amiénoise : « bien boire, bien manger, ne rien faire »… Soupe des hortillonnages, pâté de canard et gâteau battu vous prouveront qu'en Picardie, la gastronomie n'est pas affaire de dilettante.

Ready for an action-packed ride over Picardy's fair and historic lands? The region that gave France her first king, Clovis, is renowned for its wealthy Cistercian abbeys, splendid Gothic cathedrals and flamboyant town halls, as well as its poignant reminders of the two World Wars. If you prefer the countryside, take a boat trip through the floating gardens of Amiens, explore the botanical reserve of Marais de Cessière or go birdwatching on the Somme estuary and at Marquenterre bird sanctuary: acres of unspoilt hills and heath, woods, pastures and vineyards welcome you with open arms. Picardy's rich culinary talents have been refined over centuries, and where better to try the famous pré-salé lamb, fattened on the salt marshes, some smoked eel or duck pâté, or a dessert laced with Chantilly cream.

BERNY-RIVIÈRE

✉ 02290 – **306** A6 – 582 h. – alt. 49
Paris 100 – Compiègne 24 – Laon 55 – Noyon 28 – Soissons 17.

⋀⋀⋀ **La Croix du Vieux Pont** Permanent
   📞 03 23 55 50 02, *info@la-croix-du-vieux-pont.com*,
   Fax 03 23 55 05 13, *www.la-croix-du-vieux-pont.com* –
   places limitées pour le passage – **R** conseillée
   20 ha (520 empl.) plat et peu incliné, herbeux
   Tarif : 24 € 🚶 🚐 📵 ⚡ (6A) – pers. suppl. 6 €
   Location (avr.-oct.) 🏠 : 11 appartements
   Pour s'y rendre : 1,5 km au S sur D 91, à l'entrée de
   Vic-sur-Aisne, bord de l'Aisne
   À savoir : Nombreuses activités nautiques : piscines, rivière
   et étang

> Nature : 🌳 ⌁ ♀
> Loisirs : 🍴 ✗ crêperie 🏛 🎮 🏌
> jacuzzi discothèque 🏃 🚲 ✗ 🖥
> 🛝 ≈ (plage) ⚑ 🏹 🐎 poneys ter-
> rain omnisports
> Services : 🛉 ⊶ 🅖🅑 ▥ 🗄 🛁 ⊛ ♨
> ⛯ ❧ 🐾 🔲 🛁 🛒 institut de
> beauté

CHARLY-SUR-MARNE

✉ 02310 – **306** B9 – 2 727 h. – alt. 63
🛈 Syndicat d'initiative, 20, rue Émile Morlot 📞 03 23 82 07 49, Fax 03 23 82 68 82
Paris 82 – Château-Thierry 14 – Coulommiers 33 – La Ferté-sous-Jouarre 16 – Montmirail 27 – Soissons 56.

⋀ **Municipal des illettes** avr.-sept.
   📞 03 23 82 12 11, *mairie.charly@wanadoo.fr*,
   Fax 03 23 82 13 99, *www.charly-sur-marne.fr* – **R** conseillée
   1,2 ha (43 empl.) plat, herbeux, gravier
   Tarif : (Prix 2007) 🚶 4,50 € 🚐 1,70 € 📵 4,50 € –
   ⚡ (10A) 1,70 €
   Pour s'y rendre : au S du bourg, à 200 m du D 82 (accès
   conseillé)

> Nature : ⌁
> Loisirs : 🏛
> Services : 🛉 ⊶ ▥ 🗄 ⊛ ♨ ⛯ 🔲
> À prox. : 🛒 ✦ ✗ 🖼

La FÈRE

✉ 02800 – **306** C5 – G. Nord Pas-de-Calais Picardie – 2 817 h. – alt. 54
🛈 Syndicat d'initiative, Hôtel de Ville 📞 03 23 56 62 00, Fax 03 23 56 40 04
Paris 137 – Compiègne 59 – Laon 24 – Noyon 31 – St-Quentin 24 – Soissons 43.

⋀ **Municipal du Marais de la Fontaine** avr.-sept.
   📞 03 23 56 82 94, Fax 03 23 56 40 04 – **R** conseillée
   0,7 ha (26 empl.) plat, herbeux
   Tarif : (Prix 2007) 🚶 2 € 🚐 1,50 € 📵 2 € – ⚡ (15A) 3 €
   Pour s'y rendre : par centre ville vers Tergnier et av.
   Auguste Dromas, à droite, au complexe sportif, près d'un
   bras de l'Oise

> Nature : ⌁
> Services : 🛉 ⊶ 🏊 ⊛
> À prox. : ✗

599

GUIGNICOURT

✉ 02190 – **306** F6 – 2 203 h. – alt. 67
🛈 Syndicat d'initiative, Hôtel-de-Ville 📞 03 23 25 36 60
Paris 165 – Laon 40 – Reims 33 – Rethel 39 – Soissons 54.

⋀ Municipal du Bord de l'Aisne
   📞 03 23 79 74 58, *mairie-guignicourt@wanadoo.fr*,
   Fax 03 23 79 74 55, *www.guignicourt.fr* – **R** conseillée
   1,5 ha (100 empl.) plat, herbeux
   Pour s'y rendre : sortie SE par D 925 et rue à droite
   À savoir : au bord de l'Aisne

> Nature : ♀
> Loisirs : ✗
> Services : ⊶ ▥ 🏊 ⊛

LAON

✉ 02000 – **306** D5 – G. Nord Pas-de-Calais Picardie – 26 265 h. – alt. 181
🛈 Office de tourisme, place du Parvis Gautier de Mortagne 📞 03 23 20 28 62, Fax 03 23 20 68 11
Paris 141 – Amiens 122 – Charleville-Mézières 124 – Compiègne 74 – Reims 62 – St-Quentin 48 – Soissons 38.

⋀ Municipal la Chênaie
   📞 03 23 20 25 56, *aaussel@ville-laon.fr*, Fax 03 23 20 25 56,
   www.ville-laon.fr – **R** conseillée
   1 ha (35 empl.) plat, herbeux, chênaie
   🔌 1 borne flot bleu
   Pour s'y rendre : de la gare prendre direction SO : 4 km,
   accès par chemin près de la caserne Foch, à l'entrée du
   faubourg Semilly, à 100 m d'un étang

> Nature : ⌁
> Services : 🛉 ⊶ 🗄 ⊛

Le NOUVION-EN-THIÉRACHE

✉ 02170 – **306** E2 – 2 917 h. – alt. 185

🛈 *Syndicat d'initiative, Hôtel de Ville* 📞 *03 23 97 98 06, Fax 03 23 97 98 04*

Paris 198 – Avesnes-sur-Helpe 20 – Le Cateau-Cambrésis 19 – Guise 21 – Hirson 25 – Laon 63 – Vervins 27.

Municipal du Lac de Condé 15 avr.-15 oct.
📞 03 23 98 98 58, *si.nouvion@wanadoo.fr*,
Fax 03 23 98 94 90, *www.lenouvion.com* – **R** conseillée
1,3 ha (56 empl.) plat et peu incliné, herbeux
Tarif : 11,35 € 🛉 🚗 🔲 ⚡ (4A) – pers. suppl. 3,15 €
🚐 1 borne eurorelais 1 € – 🔋 11.35 €
Pour s'y rendre : S : 2 km par D 26 rte de Guise et chemin à gauche
À savoir : à la lisière de la forêt, près d'un plan d'eau avec parc de loisirs

Nature : 🏞 🗺
Loisirs : 🎡
Services : 🚿 ⚡ GB ❄ 🗃 ⚒ ⊕
À prox. : 🍴 pizzeria bowling 🏃 ⛷
🏊 swin golf, piste de bi-cross

RESSONS-LE-LONG

✉ 02290 – **306** A6 – 740 h. – alt. 72

Paris 97 – Compiègne 26 – Laon 53 – Noyon 31 – Soissons 15.

La Halte de Mainville Permanent
📞 03 23 74 26 69, *lahaltedemainville@wanadoo.fr*,
Fax 03 23 74 03 60, *www.lahaltedemainville.com*
– **R** conseillée
5 ha (153 empl.) plat, herbeux, petit étang
Tarif : 18 € 🛉 🚗 🔲 ⚡ (6A)
Pour s'y rendre : Sortie NE du bourg, rue du Routy

Nature : 🗺
Loisirs : 🎡 🏃 🏊
Services : 🚿 ⚡ ▥ 🗃 ⚒ ⊕ 🧺 🖼

SERAUCOURT-LE-GRAND

✉ 02790 – **306** B4 – 715 h. – alt. 102

Paris 148 – Chauny 26 – Ham 16 – Péronne 28 – St-Quentin 13 – Soissons 56.

Le Vivier aux Carpes mars-oct.
📞 03 23 60 50 10, *camping.du.vivier@wanadoo.fr*,
Fax 03 23 60 51 69, *www.camping-picardie.com*
– **R** conseillée
2 ha (60 empl.) plat, herbeux
Tarif : 18 € 🛉 🚗 🔲 ⚡ (6A) – pers. suppl. 3,50 €
🚐 1 borne artisanale 2 € – 6 🔲 18 €
Pour s'y rendre : Au N du bourg, sur D 321, près de la poste, à 200 m de la Somme
À savoir : Situation agréable en bordure d'étangs

Nature : 🏞 🗺
Loisirs : 🎡 🎣
Services : 🚿 ⚡ ▥ 🗃 ⊕ 📞 🖼
À prox. : 🚴

600

Oise (60)

CARLEPONT

✉ 60170 – **305** J3 – 1 369 h. – alt. 59

Paris 103 – Compiègne 19 – Ham 30 – Pierrefonds 21 – Soissons 35.

Les Araucarias 21 mars-21 déc.
📞 03 44 75 27 39, *camping-les-araucarias@wanadoo.fr*,
Fax 03 44 38 12 51, *www.camping-les-araucarias.com* –
places limitées pour le passage – **R** conseillée
1,2 ha (60 empl.) plat et peu incliné, herbeux
Tarif : 12,50 € 🛉 🚗 🔲 ⚡ (8A) – pers. suppl. 2,60 €
🚐 1 borne artisanale 3 €
Pour s'y rendre : Sortie SO par D 130 rte de Compiègne
À savoir : Une grande diversité de plantations orne la partie campable

Nature : 🏞 🗺 🌳
Loisirs : 🏃
Services : 🚿 ⚡ GB ❄ ▥ ⚒ ⊕ 📞
📞 🖼
À prox. : 🍴 🎣

PIERREFONDS

✉ 60350 – **305** I4 – G. Nord Pas-de-Calais Picardie – 1 945 h. – alt. 81
🛈 *Office de tourisme, place de l'Hôtel de Ville* ℘ *03 44 42 81 44, Fax 03 44 42 86 31*
Paris 82 – Beauvais 78 – Compiègne 15 – Crépy-en-Valois 17 – Soissons 31 – Villers-Cotterêts 18.

⚠ **Municipal de Batigny** avr.-15 oct.
℘ 03 44 42 80 83, *mairiepierrefonds@9busiless.fr* – **R** indispensable
1 ha (60 empl.) plat, terrasse, herbeux
Tarif : ✶ 2,60 € ⇌ 1 € 🅴 1 € – 🔌 (8A) 2,20 €
Pour s'y rendre : Sortie NO par D 973, rte de Compiègne
À savoir : Agréable décoration arbustive

Nature : 🗔 ♀	
Loisirs : 🏊	
Services : 🔌 🏪 🗑 ⊕ ⚹ ☇ 🔥	
À prox. : ✗	

Benutzen Sie
– zur Wahl der Fahrtroute
– zur Berechnung der Entfernungen
– zur exakten Lokalisierung eines Campingplatzes (mit Hilfe der Angaben im Ortstext)
*die für diesen Führer unentbehrlichen **MICHELIN-Karten** .*

ST-LEU-D'ESSERENT

✉ 60340 – **305** F5 – 4 867 h. – alt. 50 – Base de loisirs
🛈 *Office de tourisme, rue de l'Église* ℘ 03 44 56 38 10, Fax 03 44 56 25 23
Paris 57 – Beauvais 38 – Chantilly 7 – Creil 9 – Pontoise 40.

⚠ **Campix** 7 mars-nov.
℘ 03 44 56 08 48, *campixfr@orange.fr*, Fax 03 44 56 28 75,
www.campingcampix.com – **R** conseillée
6 ha (160 empl.) plat, en terrasses, accidenté, herbeux,
pierreux
Tarif : 20 € ✶ ⇌ 🅴 🔌 (6A) – pers. suppl. 5,50 €
Location : 3 🏠 (4 à 6 pers.) 525 à 700 €/sem.
🚐 1 borne eurorelais 6 €
Pour s'y rendre : sortie N par D 12 rte de Cramoisy puis
1,5 km par rue à droite et chemin
À savoir : Dans une ancienne carrière ombragée, dominant
le bourg et l'Oise

Nature : 🐿 ♀	
Loisirs : 🎣 🏊 🚴 ⚒	
Services : 🔥 🔌 ⌸ 🐾 🏪 🛁 ⊕ 🔥	

601

Vue de la Somme depuis Corbie

✉ 80260 – **301** G8 – G. Nord Pas-de-Calais Picardie – 654 h. – alt. 95
Paris 154 – Abbeville 44 – Amiens 11 – Bapaume 49 – Doullens 24.

⚑ **Le Château** 25 avr.-8 sept.
  𝒞 03 60 65 68 36, *camping@chateaubertangles.com*,
  Fax 03 22 93 68 36, *http://www.chateaubertangles.com*
  – **R** conseillée
  0,7 ha (33 empl.) plat, herbeux
  Tarif : 🕴 3,45 € 🚗 2,40 € 🔲 3,50 € – 🔌 (5A) 2,80 €
  Pour s'y rendre : au bourg
  À savoir : Dans un verger, près du château

Nature : 🌳 🗔 ♀
Loisirs : 🚣
Services : 🛁 ⊶ 🖭 ⊛

CAPPY

✉ 80340 – **301** J8 – 485 h. – alt. 43
Paris 139 – Amiens 38 – Bapaume 28 – Péronne 15 – Roye 34.

⚑ **Municipal les Charmilles** avr.-oct.
  𝒞 03 22 76 14 50, *mairiedecappy@wanadoo.fr*,
  Fax 03 22 76 62 74 – places limitées pour le passage
  – **R** conseillée
  2 ha (60 empl.) plat, herbeux
  Tarif : 🕴 3,50 € 🚗 2,50 € 🔲 3 € – 🔌 (4A) 5 €
  Pour s'y rendre : O : 1,3 km par D 1, rte de Bray-sur-
  Somme et chemin à gauche, bord d'un ruisseau

Nature : 🌳 🗔 ♀
Services : 🛁 ⊶ 🎱 🖭 ⊛
À prox. : 🎣

Si vous recherchez :
  🎏 *Un terrain offrant des équipements et des loisirs adaptés aux enfants*
  🌿 *Un terrain agréable ou très tranquille*
  L - M *Un terrain effectuant la location de caravanes, de mobile homes,*
    de bungalows ou de chalets
  P *Un terrain ouvert toute l'année*
  🚐 *Un terrain possédant une aire de services pour camping-cars*
  Consultez le tableau des localités

602

CAYEUX-SUR-MER

✉ 80410 – **301** B6 – G. Nord Pas-de-Calais Picardie – 2 781 h. – alt. 2
🄸 *Office de tourisme, boulevard du Général Sizaire* 𝒞 03 22 26 61 15
Paris 217 – Abbeville 29 – Amiens 82 – Le Crotoy 26 – Dieppe 50.

⚑ **Les Galets de la Mollière** avr.-nov.
  𝒞 03 22 26 61 85, *camping.lesgalets@wanadoo.fr*,
  Fax 03 22 26 65 68, *www.campinglesgaletsdelamol*
  liere.com – **R** conseillée
  6 ha (198 empl.) plat, peu incliné, sablonneux, galets,
  herbeux, pinède
  Tarif : 28,50 € 🕴 🚗 🔲 🔌 (10A) – pers. suppl. 7 € – frais
  de réservation 10 €
  Location : 20 🛖 (4 à 6 pers.) 280 à 645 €/sem.
  🚐 1 borne eurorelais 3 €
  Pour s'y rendre : 3,3 km au NE par D 102, rte littorale, à la
  Mollière-d'Aval

Loisirs : 🍽 snack 🎮 🚣
Services : 🛁 ⊶ ⒼⒷ ⊘ 🖭 ⊗ ⊛ ⚖
🚰 🎱 sèche-linge

⚑ **Brighton les Pins** avr.-1ᵉʳ nov.
  𝒞 03 22 26 71 04, *camping.leboisdepins@orange.fr*,
  Fax 03 22 26 60 81, *www.campingleboisdepins.com* – places
  limitées pour le passage – **R** conseillée
  4 ha (163 empl.) plat, herbeux
  Tarif : 28,50 € 🕴 🚗 🔲 🔌 (10A) – pers. suppl. 7 € – frais
  de réservation 10 €
  🚐 1 borne artisanale
  Pour s'y rendre : 2 km au NE par D 102 rte littorale, à
  Brighton, à 500 m de la mer

Nature : 🗔 ♀
Loisirs : 🍽 🎮 🚣
Services : 🛁 ⊶ ⒼⒷ ⊘ 🎱 🖭 ⊗ ⚖
🚰 📶 🎱

Le CROTOY

✉ 80550 – **301** C6 – G. Nord Pas-de-Calais Picardie – 2 439 h. – alt. 1
🛈 *Office de tourisme, 1, rue Carnot* ✆ *03 22 27 05 25, Fax 03 22 27 90 58*
Paris 210 – Abbeville 22 – Amiens 75 – Berck-sur-Mer 29 – Montreuil 44.

Le Ridin 21 mars-5 nov.
✆ 03 22 27 03 22, *contact@campingleridin.com*,
Fax 03 22 27 70 76, *www.campingleridin.com* – places limi-
tées pour le passage – **R** conseillée
4,5 ha (151 empl.) plat, herbeux
Tarif : 26,50 € ✱ ⛺ 🚗 ▤ 🔌 (10A) – pers. suppl. 5,20 €
Location : 18 🏠 (4 à 6 pers.) 259 à 599 €/sem.
🚐 🛒 14 €
Pour s'y rendre : 3 km au N par rte de St-Quentin-en-
Tourmont et chemin à dr., au lieu-dit Mayocq

Nature : ⌑
Loisirs : 🍴 ✗ 🏠 💆 ⛵ 🏊
Services : 🚿 ⚡ GB ⚗ ▥ 🧺 ♻ ♨
🚰 🚽 🖥 sèche-linge

Les Trois Sablières avr.-8 nov.
✆ 03 22 27 01 33, *contact@camping-les-trois-sablie
res.com*, Fax 03 22 27 10 06, *www.camping-les-trois-sablie
res.com* – places limitées pour le passage – **R** conseillée
1,5 ha (97 empl.) plat, herbeux, sablonneux
Tarif : 27 € ✱ ⛺ 🚗 ▤ 🔌 (6A) – pers. suppl. 5,20 €
Location : 6 🏠 (4 à 6 pers.) 390 à 575 €/sem.
Pour s'y rendre : 4 km au NO par rte de St-Quentin-en-
Tourmont et chemin à gauche, au lieu-dit la Maye, à 400 m
de la plage
À savoir : Cadre verdoyant et fleuri

Nature : ⌗ ⌑ ♀
Loisirs : 🍴 🏠 💆 ⛵
Services : 🚿 ⚡ GB ⚗ ▥ 🧺 ♻ ♨
sèche-linge
À prox. : 🐎 🏇

Les Aubépines 21 mars-9 nov.
✆ 03 22 27 01 34, *contact@camping-lesaubepines.com*,
Fax 03 22 27 13 66, *www.camping-lesaubepines.com* –
places limitées pour le passage – **R** conseillée
2,5 ha (196 empl.) plat, herbeux, sablonneux
Tarif : 29 € ✱ ⛺ 🚗 ▤ 🔌 (10A) – pers. suppl. 5,20 €
Location : 20 🏠 (4 à 6 pers.) 239 à 599 €/sem.
Pour s'y rendre : 4 km au N par rte de St-Quentin-en-
Tourmont et chemin à gauche

Nature : ⌑ ♀
Loisirs : 🏠 ⛵ 🚲 🏊
Services : 🚿 ⚡ GB ⚗ ▥ 🧺
♨ 🚲 🖥 🚽
À prox. : 🐎 🏇

603

FORT-MAHON-PLAGE

✉ 80120 – **301** C5 – G. Nord Pas-de-Calais Picardie – 1 140 h. – alt. 2
🛈 *Office de tourisme, 1000, avenue de la Plage* ✆ *03 22 23 36 00, Fax 03 22 23 93 40*
Paris 225 – Abbeville 41 – Amiens 90 – Berck-sur-Mer 19 – Calais 94 – Étaples 30 – Montreuil 29.

Le Vert Gazon avr.-1er oct.
✆ 03 22 23 37 69, Fax 03 22 23 37 69, *www.camping-le
vertgazon.com* – places limitées pour le passage
– **R** conseillée
2,5 ha (103 empl.) plat, herbeux
Tarif : (Prix 2007) 24 € ✱ ⛺ 🚗 ▤ 🔌 (6A) – pers. suppl. 7 € –
frais de réservation 10 €
Location 🚫 : 13 🏠 (4 à 6 pers.) 285 à 595 €/sem.
🚐 1 borne artisanale 5 € – 2 ▤ 24 €
Pour s'y rendre : 0,4 km au S, rte de Quend

Nature : ⌑
Loisirs : 🍴 🏠 ⛵ 🚲 🏊
Services : 🚿 ⚡ ⚗ 🧺 ♨ 🚽 🖥
sèche-linge

Le Royon 7 mars-1er nov.
✆ 03 22 23 40 30, *info@campingleroyon.com*,
Fax 03 22 23 65 15, *www.campingleroyon.com* – places limitées pour le passage – **R** indispensable
4 ha (272 empl.) plat, herbeux, sablonneux
Tarif : 29 € ✱ ⛺ 🚗 ▤ 🔌 (6A) – pers. suppl. 7 € – frais de
réservation 10 €
Location 🚫 : 68 🏠 (4 à 6 pers.) 280 à 640 €/sem.
🚐 1 borne flot bleu 3 €
Pour s'y rendre : 1 km au S, rte de Quend

Nature : ⌑ ♀
Loisirs : 🍴 ⛵ ⌑ 🏊
Services : 🚿 ⚡ GB ⚗ ▥ 🧺 ♨
♨ 🚲 🚰 🚽 🖥
À prox. : ⛳ golf

PICARDIE

Somme (80)

MOYENNEVILLE

✉ 80870 – **301** D7 – 626 h. – alt. 92
Paris 194 – Abbeville 9 – Amiens 59 – Blangy-sur-Bresle 22 – Dieppe 62 – Le Tréport 33.

Le Val de Trie 21 mars-15 oct.
  ℘ 03 22 31 48 88, *raphael@camping-levaldetrie.fr*,
  Fax 03 22 31 35 33, *www.camping-levaldetrie.fr* – **R** conseillée
  2 ha (100 empl.) plat, herbeux, petit étang
  Tarif : 23,60 € ✱ ⇔ 🅴 (6A) – pers. suppl. 4,90 € – frais
  de réservation 12 €
  Location 🏕 : 11 ⛺ (4 à 6 pers.) 279 à 595 €/sem. – 4
  🏠 (4 à 6 pers.) 312 à 693 €/sem.
  Pour s'y rendre : 3 km au NO, sur D 86, à Bouillancourt-
  sous-Miannay, bord d'un ruisseau
  À savoir : Cadre champêtre

Nature : 🌿 🏞 🌳(peupleraie)
Loisirs : 🍴 snack 🎮 🏊 🚲 🛶
Services : ⊶ 🆖 🚿 🗑 🔒 🛒 ⊛
🖥 sèche-linge 🧺

NAMPONT-ST-MARTIN

✉ 80120 – **301** D5 – G. Nord Pas-de-Calais Picardie – 228 h. – alt. 10
Paris 214 – Abbeville 30 – Amiens 79 – Boulogne-sur-Mer 52 – Hesdin 25 – Le Touquet-Paris-Plage 28.

La Ferme des Aulnes 22 mars-3 nov.
  ℘ 03 22 29 22 69, *contact@fermedesaulnes.com*,
  Fax 03 22 29 39 43, *www.fermedesaulnes.com* – places limi-
  tées pour le passage – **R** indispensable
  4 ha (120 empl.) peu incliné, plat, herbeux
  Tarif : 33 € ✱ ⇔ 🅴 (10A) – pers. suppl. 7 €
  Location : 16 ⛺ (4 à 6 pers.) 370 à 960 €/sem.
  🚐 1 borne – 10 🅴
  Pour s'y rendre : 3 km au SO par D 85ᴱ, rte de Villier-sur-
  Authie, à Fresne
  À savoir : Dans les dépendances d'une agréable ferme picarde

Nature : 🌿 🏞
Loisirs : 🍴 🍽 🎮 ⚲ 🎵 piano bar
🏊 🛶 📺 (découverte en saison)
Services : 🔥 ⊶ 🆖 🚿 🗑 ⊛ 🛒 🚮
🖥 sèche-linge 🧺

PENDÉ

604

✉ 80230 – **301** C7 – 980 h. – alt. 5
Paris 211 – Abbeville 23 – Amiens 76 – Blangy-sur-Bresle 34 – Le Tréport 20.

La Baie avr.-15 oct.
  ℘ 03 22 60 72 72 – places limitées pour le passage
  – **R** conseillée
  (107 empl.) plat, herbeux, sablonneux
  Tarif : 15,50 € ✱ ⇔ 🅴 (6A) – pers. suppl. 3,30 €
  Pour s'y rendre : 2 km au N, à Routhiauville, r. de la Baie

Nature : 🌿 🏞 ⚲
Loisirs : 🏊 ⛷
Services : 🔥 ⊶ 🚿 🗑 🔒 🌊 ⊛ 🖥

Pâturage dans l'Avesnois

S. Sauvignier/Michelin

PÉRONNE

✉ 80200 – **301** K8 – G. Nord Pas-de-Calais Picardie – 8 380 h. – alt. 52
🛈 *Office de tourisme, 1, rue Louis XI ☎ 03 22 84 42 38, Fax 03 22 85 51 25*
Paris 141 – Amiens 58 – Arras 48 – Doullens 54 – St-Quentin 30.

   ⋀⋀ **Port de Plaisance** mars-oct.
      ☎ 03 22 84 19 31, *contact@camping-plaisance.com*,
      Fax 03 22 73 36 37, *www.camping-plaisance.com*
      – **R** conseillée
      2 ha (90 empl.) plat, herbeux
      Tarif : 24,80 € ✦ ⇌ 🅔 🗐 (6A) – pers. suppl. 3,50 €
      Location ⚡ : 4 🏠 (4 à 6 pers.) 270 à 480 €/sem.
      🚐 1 borne artisanale
      Pour s'y rendre : Sortie S, rte de Paris, près du canal du
      Nord, entre le port de plaisance et le port de commerce

> Nature : 🌳🌳
> Loisirs : 🍴 🏠 ⛺ ⛵
> Services : 🚿 ⛽ 🟩🅱 🚗 🏪 🗐 ☺ 🍷
> 🔌 🖥

POIX-DE-PICARDIE

✉ 80290 – **301** E9 – G. Flandre Artois Picardie – 2 285 h. – alt. 106
🛈 *Office de tourisme, route de Forges les Eaux ☎ 03 22 90 12 23*
Paris 133 – Abbeville 45 – Amiens 31 – Beauvais 46 – Dieppe 87 – Forges-les-Eaux 43.

   ⋀ **Municipal le Bois des Pêcheurs** avr.-sept.
      ☎ 03 22 90 11 71, *camping@ville-poix-de-picardie.fr*,
      Fax 03 22 90 32 91, *www.ville-poix-de-picardie.fr*
      – **R** conseillée
      2 ha (135 empl.) plat, herbeux
      Tarif : 12 € ✦ ⇌ 🅔 🗐 (6A) – pers. suppl. 2 €
      Pour s'y rendre : Sortie O par D 919, rte de Formerie, bord
      d'un ruisseau
      À savoir : Cadre arbustif

> Nature : 🏞 🌳
> Loisirs : 🏠 ⛺
> Services : 🚿 ⛽ 🚗 🗐 ☺ 🖥 sèche-
> linge
> À prox. : 🍴 ✂ 🎣

QUEND

✉ 80120 – **301** C6 – 1 205 h. – alt. 5
🛈 *Office de tourisme, 8, avenue Vasseur ☎ 03 22 23 32 04, Fax 03 22 23 62 65*
Paris 218 – Abbeville 34 – Amiens 83 – Berck-sur-Mer 15 – Hesdin 34 – Montreuil 25.

   ⋀⋀ **Les Deux Plages** avr.-oct.
      ☎ 03 22 23 48 96, *lionel.pommery@wanadoo.fr*,
      Fax 03 22 23 48 69, *www.camping2plages.com* – places limi-
      tées pour le passage – **R** conseillée
      1,8 ha (100 empl.) plat, herbeux
      Tarif : 24,30 € ✦ ⇌ 🅔 🗐 (4A) – pers. suppl. 6 €
      Location : 7 🛖 (4 à 6 pers.) 310 à 540 €/sem. – 3 🏠 (4
      à 6 pers.) 350 à 580 €/sem.
      🚐 1 borne artisanale 2,50 €
      Pour s'y rendre : 1,3 km au NO par rte de Quend-Plage-les-
      Pins et rte à dr.

> Nature : 🏖 🏞 🌳
> Loisirs : 🏠 ⛺
> Services : ⛽ 🚗 🗐 ☺ 🖥 sèche-
> linge

RUE

✉ 80120 – **301** D6 – G. Nord Pas-de-Calais Picardie – 3 075 h. – alt. 9
🛈 *Office de tourisme, 10, place Anatole Gosselin ☎ 03 22 25 69 94, Fax 03 22 25 76 26*
Paris 212 – Abbeville 28 – Amiens 77 – Berck-Plage 22 – Le Crotoy 8.

   ⋀ **Les Oiseaux** avr.-sept.
      ☎ 03 22 25 71 82, *contact@campingdesoiseaux.com*,
      www.campingdesoiseaux.com – places limitées pour le pas-
      sage – **R** conseillée
      1,2 ha (71 empl.) plat, herbeux
      Tarif : 15,30 € ✦ ⇌ 🅔 🗐 (6A) – pers. suppl. 3,70 €
      🚐 1 borne artisanale 3,50 € – 6 🅔 12,30 € – 🐾
      15.30 €
      Pour s'y rendre : 3,2 km au S par D 940, rte du Crotoy et
      chemin de Favières à gauche, près d'un ruisseau

> Loisirs : 🏠
> Services : 🚿 ⛽ 🚗 🏪 🗐 ☺ 🖥

ST-QUENTIN-EN-TOURMONT

✉ 80120 – **301** C6 – 334 h.
Paris 218 – Abbeville 29 – Amiens 83 – Berck-sur-Mer 24 – Le Crotoy 9 – Hesdin 38.

⚠ **Les Crocs** avr.-oct.
    ✆ 03 22 25 73 33, *camping.mouillard@orange.fr*,
    Fax 03 22 25 75 17, *campinglescrocs.com* – places limitées
    pour le passage – **R** conseillée
    1,4 ha (100 empl.) plat, herbeux
    Tarif : 17 € ⚹ 🚗 🅿 ⚡ (6A) – pers. suppl. 3,90 €
    Pour s'y rendre : 1 km au S par D 204, rte de Rue et à dr.
    À savoir : À proximité d'un parc ornithologique

> Loisirs : 🏠 🏹
> Services : 🚿 ⚡ (juil.-août) 🐾 🛒 ♿
> 🏊 ⚙ 📞 🔌 sèche-linge
> À prox. : 🐎 (centre équestre)

ST-VALERY-SUR-SOMME

✉ 80230 – **301** C6 – G. Nord Pas-de-Calais Picardie – 2 686 h. – alt. 27
🛈 *Office de tourisme, 2, place Guillaume-Le-Conquérant* ✆ *03 22 60 93 50, Fax 03 22 60 80 34*
Paris 206 – Abbeville 18 – Amiens 71 – Blangy-sur-Bresle 45 – Le Tréport 25.

🔺 **Le Walric** avr.-1er nov.
    ✆ 03 22 26 81 97, *info@campinglewalric.com*,
    Fax 03 22 60 77 26, *www.campinglewalric.com* – places limi-
    tées pour le passage – **R** conseillée
    5,8 ha (263 empl.) plat, herbeux
    Tarif : 27 € ⚹ 🚗 🅿 ⚡ (6A) – pers. suppl. 7 € – frais de
    réservation 10 €
    Location : 37 🚐 (4 à 6 pers.) 270 à 635 €/sem.
    🚐 1 borne eurorelais
    Pour s'y rendre : Sortie O par D 3, rte d'Eu

> Nature : 🏞 🌳
> Loisirs : 🍴 snack 🏠 🎣 🏹 🎯 🎱
> 🏓 🏊
> Services : 🚿 ⚡ 🔙 🐾 🛒 ♿ ⚙ 📞
> 💧 🔌 sèche-linge

🔺 **Domaine de Drancourt** avr.-2 nov.
    ✆ 03 22 26 93 45, *chateau.drancourt@wanadoo.fr*,
    Fax 03 22 26 85 87, *www.chateau-drancourt.com* – places li-
    mitées pour le passage – **R** indispensable
    5 ha (326 empl.) plat et peu incliné, herbeux
    Tarif : 34 € ⚹ 🚗 🅿 ⚡ (6A) – pers. suppl. 7 € – frais de
    réservation 20 €
    Location 🏡 : 16 🚐 (4 à 6 pers.) 441 à 995 €/sem.
    🚐 1 borne
    Pour s'y rendre : 3,5 km au S par D 48 et rte à gauche
    après avoir traversé le CD 940
    À savoir : Dans l'agréable parc du château

> Nature : 🏖 🏞 🌳
> Loisirs : 🍴 🍽 🏠 🏹 🚲 🎱 🎣 🎯
> 🏊 poneys practice de golf
> Services : 🚿 ⚡ 🔙 🍽 🔌 ⚙ 📞 💧
> 🔌 sèche-linge lave-vaisselle ♨

Base Nautique du Val Joly

S. Sauvignier/Michelin

VILLERS-SUR-AUTHIE

 80120 – **301** D6 – 362 h. – alt. 5
Paris 215 – Abbeville 31 – Amiens 80 – Berck-sur-Mer 16 – Le Crotoy 14 – Hesdin 29.

▲▲▲ **Le Val d'Authie** avr.-12 oct.
      𝄞 03 22 29 92 47, *camping@valdauthie.fr*,
      Fax 03 22 29 93 30, *www.valdauthie.fr* – places limitées pour
      le passage – **R** conseillée
      7 ha (170 empl.) plat et peu incliné, herbeux
      Tarif : 29 € ⚹ 🚗 🔳 (6A) – pers. suppl. 6 €
      Location : 24 🛖 (4 à 6 pers.) 406 à 707 €/sem.
      Pour s'y rendre : Sortie S, rte de Vercourt
      À savoir : Agréables plantations arbustives

> Nature : 🐿 🗔 ♀
> Loisirs : 🍴 snack 🍱 🕤 nocturne
> 🛁 🛶 hammam salle d'animation
> 🏇 🎾 🔳 terrain omnisports,
> parcours de santé, piste de bi-cross
> Services : 🔧 🕶 GB 🛒 🚿 🔥 🔺 🦟
> 🕓 🔥 🚰 🐾 🐾 🔳 sèche-linge

VIRONCHAUX

 80150 – **301** D6 – 383 h. – alt. 45
Paris 214 – Abbeville 30 – Amiens 79 – Berck-sur-Mer 25 – Hesdin 23 – Montreuil 26.

▲ **Les Peupliers** avr.-oct.
      𝄞 03 22 23 54 27, *les-peupliers3@orange.fr*,
      Fax 03 22 29 05 19, *www.camping-les-peupliers2.com*
      – **R** conseillée
      1,2 ha (49 empl.) plat, herbeux
      Tarif : 18,50 € ⚹ 🚗 🔳 🅙 (6A) – pers. suppl. 3,70 €
      🛖 1 borne artisanale 18,50 € – 4 🔳 18,50 €
      Pour s'y rendre : Au bourg, 221 rue du Cornet
      À savoir : Décoration arbustive et florale

> Nature : 🐿 🗔
> Loisirs : 🍴 🍱 🛶 🛝
> Services : 🔧 🕶 GB 🛒 🔥 🕓 🐾 🔳

607

POITOU-CHARENTES

S. Sauvignier/Michelin

Avec l'eau pour compagnon de voyage, les délices de la région Poitou-Charentes se consomment sans modération. Commencez par paresser sur une des plages de sable fin bordant la Côte de Beauté : vous y ferez provision d'air pur mêlé d'iode et d'essences de pins. Puis offrez-vous une cure de remise en forme dans la station balnéaire de votre choix, suivie d'une cure d'huîtres de Marennes-Oléron accompagnées de tartines au beurre de Surgères. Requinqué ? Alors, parcourez à vélo les îles, havres de paix aux maisons fleuries de glycines et de roses trémières, et explorez à bord d'une barque manœuvrée à la « pigouille » les mille et une conches de la « Venise verte ». Puis, après une mini-dégustation de cognac, cette eau… de-vie aux reflets ambrés, cap sur le Futuroscope et ses images à couper le souffle !

Names such as Cognac, Angoulême or La Rochelle all echo through France's history, but there's just as much to appreciate in the here and now. Visit a thalassotherapy resort to revive your spirits, or just laze on the sandy beaches, where the scent of pine trees mingles with the fresh sea air. A bicycle is the best way to discover the region's coastal islands, their country lanes lined with tiny blue and white cottages and multicoloured hollyhocks. Back on the mainland, explore the canals of the marshy, and mercifully mosquito-free, « Green Venice ». You will have earned yourself a drop of Cognac or a glass of the local apéritif, the fruity, ice-cold Pineau. If this seems just too restful, head for Futuroscope, a theme park of the moving image, and enjoy an action-packed day of life in the future.

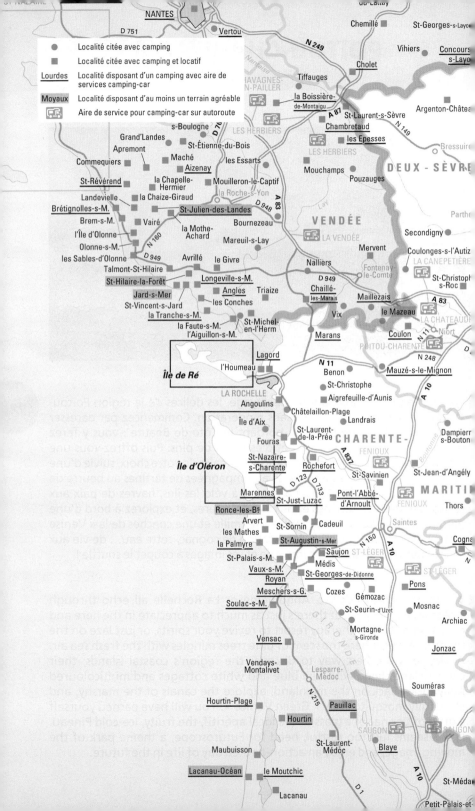

AUNAC

✉ 16460 – **324** L4 – 297 h. – alt. 70
Paris 418 – Angoulême 37 – Confolens 43 – Ruffec 15 – St-Jean-d'Angély 69.

⚠ **Municipal de Magnerit** 15 juin-15 sept.
     𝒫 05 45 22 24 38, *mairie.aunac@wanadoo.fr*,
     Fax 05 45 22 23 17 – **R**
     1,2 ha (25 empl.) plat, herbeux
     Tarif : 👤 1,80 € – 🚗 1,50 € 🔲 2,20 € – 🔌 (8A) 2 €
     Pour s'y rendre : SE : 1 km du bourg
     À savoir : Situation agréable au bord de la Charente

> Nature : 🌿 ⛰
> Loisirs : 🏊 🎣
> Services : 🚐 ⊕ ♨

COGNAC

✉ 16100 – **324** I5 – G. Poitou Charentes Vendée – 19 534 h. – alt. 25
🛈 *Office de tourisme, 16, rue du 14 juillet* 𝒫 05 45 82 10 71, Fax 05 45 82 34 47
Paris 478 – Angoulême 45 – Bordeaux 120 – Libourne 116 – Niort 83 – La Roche-sur-Yon 172 – Saintes 27.

⚠ **Municipal** mai-15 oct.
     𝒫 05 45 32 13 32, *info@campingdecognac.com*,
     Fax 05 45 32 15 82, *www.campingdecognac.com*
     – **R** conseillée
     2 ha (160 empl.) plat, herbeux
     Tarif : (Prix 2007) 17 € 👤 🚗 🔲 🔌 (6A)
     Location : 7 🛖 (4 à 6 pers.) 250 à 460 €/sem.
     🚐 1 borne eurorelais – 8 🔲 18,50 €
     Pour s'y rendre : N : 2,3 km par D 24 rte de Boutiers, entre
     la Charente et le Solençon

> Nature : 🏞 ⛰
> Loisirs : 🏊 🎿 🎣
> Services : ♿ ☎ (juil.-août) 🅶🅱 🚐
> 🍴 🔥 ⊕ 🏪
> À prox. : 🍷 ✕

Le LINDOIS

✉ 16310 – **324** N5 – 330 h. – alt. 270
Paris 453 – Angoulême 41 – Confolens 34 – Montbron 12 – Rochechouart 25.

⚠ **L'Étang** avr.-1er nov.
     𝒫 05 45 65 02 67, Fax 05 45 65 08 96, *www.campingdele*
     tang.com – **R** conseillée
     10 ha/1,5 campable (25 empl.) plat et peu incliné, herbeux
     Tarif : 20 € 👤 🚗 🔲 🔌 (16A) – pers. suppl. 4,50 €
     Location : 4 🛖 – (sans sanitaires)
     Pour s'y rendre : SO : 0,5 km par D 112, rte de Rouzède
     À savoir : Agréable sous-bois en bordure d'un étang

> Nature : 🌿 🏞 ⛰
> Loisirs : 🍷 ✕ ≈ (plage) 🎣
> Services : ♿ ☎ 🅶🅱 🍴 🔥 ⊕ 🏪

612

Le Marais poitevin

S. Sauvignier/Michelin

MANSLE

✉ 16230 – **324** L4 – G. Poitou Charentes Vendée – 1 597 h. – alt. 65
🖪 *Office de tourisme, place du Gardoire* ✆ *05 45 20 39 91, Fax 05 45 20 39 91*
Paris 421 – Angoulême 26 – Cognac 53 – Limoges 93 – Poitiers 88 – St-Jean-d'Angély 62.

    ⚠ **Municipal Le Champion** 15 mai-15 sept.
       ✆ 05 45 20 31 41, *mairie.mansle@wanadoo.fr,*
       Fax 05 45 22 86 30
       2 ha (120 empl.) plat, herbeux
       Tarif : (Prix 2007) 🛉 2,20 € ⛟ 1,80 € 🔳 2,80 € – 🔌 2,80 €
       Pour s'y rendre : sortie NE par D 18, rte de Ruffec et à
       droite, près de l'hippodrome, bord de la Charente

> Nature : 🔲 ⚇⚇
> Loisirs : 🏓 ⛺ 🏊 ⌇
> Services : 🚿 🛒 🗑 ⊕ ⚐ 🗄
> À prox. : ✗ snack ⚓ canoë

MONTBRON

✉ 16220 – **324** N5 – G. Poitou Charentes Vendée – 2 241 h. – alt. 141
🖪 *Office de tourisme, place de l'Hôtel de Ville* ✆ *05 45 23 60 09*
Paris 460 – Angoulême 29 – Nontron 25 – Rochechouart 38 – La Rochefoucauld 14.

    ⚞⚞⚞ **Les Gorges du Chambon** 👥 – 19 avr.-20 sept.
       ✆ 05 45 70 71 70, *gorges.chambon@wanadoo.fr,*
       Fax 05 45 70 80 02, *www.gorgesduchambon.fr* – **R** conseil-
       lée ✿
       28 ha/7 campables (120 empl.) plat, peu incliné, incliné,
       herbeux
       Tarif : 27,20 € 🛉 ⛟ 🔳 🔌 (6A) – pers. suppl. 7,10 € – frais
       de réservation 10 €
       Location (avr.-oct.) : 11 🛖 (4 à 6 pers.) 196 à
       553 €/sem. – 8 🛖 (4 à 6 pers.) 210 à 637 €/sem. –
       bungalows toilés
       Pour s'y rendre : E : 4,4 km par D 6, rte de Piégut-Pluviers,
       puis à gauche 3,2 km par D 163, rte d'Ecuras et chemin à
       droite, à 80 m de la Tardoir (accès direct)
       À savoir : Joli cadre verdoyant et boisé autour d'une an-
       cienne ferme restaurée et paysagée

> Nature : 🌲 ⚞ ⚇⚇
> Loisirs : 🍴 ✗ 🎦 🖥 🎣 🏊 🚲 ⛳
> 🏓 🏊 🏖 ⛵ ⌇
> Services : 🚿 🛒 ⊖B 🐾 🛒 🗑 ⚐
> 🚗 🗄 sèche-linge 🏪 ⚓
> À prox. : 🐎 canoë

613

MONTIGNAC-CHARENTE

✉ 16330 – **324** K5 – G. Poitou Charentes Vendée – 701 h. – alt. 50
🖪 *Office de tourisme, 10, place du Docteur Feuillet* ✆ *05 45 22 71 97*
Paris 432 – Angoulême 17 – Cognac 42 – Rochechouart 66 – Ruffec 29.

    ⚠ **Municipal les Platanes** juin-août
       ✆ 05 45 39 89 16, *mdmc@cegetel.net,* Fax 05 45 22 26 71
       – **R** conseillée
       1,5 ha (100 empl.) plat, herbeux
       Tarif : (Prix 2007) 12,05 € 🛉 ⛟ 🔳 🔌 (12A) – pers.
       suppl. 3,80 €
       Pour s'y rendre : NO : 0,2 km par D 115, rte d'Aigré

> Nature : ⚇⚇
> Loisirs : 🎦
> Services : 🚿 🐾 🗑 🏪 ⊕
> À prox. : ⌇

PRESSIGNAC

✉ 16150 – **324** O5 – 449 h. – alt. 259
Paris 437 – Angoulême 56 – Nontron 40 – Rochechouart 10 – La Rochefoucauld 34.

    ⚞⚞⚞ **Des Lacs** 28 juin-août
       ✆ 05 45 31 17 80, *aquitaine@relaisoleil.com, www.relaiso*
       leil.com/pressignac – **R** conseillée
       15 ha/6 campables (160 empl.) plat, herbeux
       Tarif : 🛉 5,25 € ⛟ 2,80 € 🔳 6,80 € – 🔌 (16A) 3,80 €
       Location ✿ : 12 🛖 (4 à 6 pers.) 355 à 620 €/sem.
       🛖, 1 borne eurorelais 5 € – 🚐 13 €
       Pour s'y rendre : SO : 4,2 km par D 160, rte de Verneuil,
       près du lac de Guerlie (accès direct)

> Nature : ⚞ Sur le lac 🔲 ⛰
> Loisirs : 🍴 snack 🎦 🖥 diurne 🎣
> 🏊 🏖 🏊
> Services : 🚿 🛒 ⊖B 🐾 Ⓜ 🗑 ⊕ ⚐
> 🚗 🗄 sèche-linge
> A prox. : ✗ 🏓 ⌇ 🛶 🐎 pédalos,
> canoë

SIREUIL

✉ 16440 – **324** K6 – 1 127 h. – alt. 26
Paris 460 – Angoulême 16 – Barbezieux 24 – Cognac 35 – Jarnac 22 – Rouillac 23.

⚠ **Nizour** mai-sept.
🕿 05 45 90 56 27, *campingdunizour@aol.com*,
Fax 05 45 90 92 67, *www.campingdunizour.com*
– **R** conseillée
1,6 ha (40 empl.) plat, herbeux
Tarif : 18,55 € 🏕 🚗 🔲 🔌 (3A) – pers. suppl. 4,10 € – frais
de réservation 8,50 €
Location 🚫 : 5 🛖 (4 à 6 pers.) 364 à 530 €/sem.
Pour s'y rendre : SE : 1,5 km par D 7, rte de Blanzac, à
gauche avant le pont, à 120 m de la Charente (accès direct)

Nature : 🏞 ♀
Loisirs : 🏠 🏖 🎣 🛶
Services : � 🛗 ⊶ 🅿 🖥 ⊕ 🚾 🏧
À prox. : 🎣

Charente-Maritime (17)

AIGREFEUILLE-D'AUNIS

✉ 17290 – **324** E3 – 3 151 h. – alt. 20
🛈 *Office de tourisme, 4, place de la Renaissance* 🕿 *05 46 27 53 87, Fax 05 46 35 54 92*
Paris 457 – Niort 50 – Rochefort 22 – La Rochelle 25 – Surgères 16.

⚠ **La Taillée** 15 juin-15 sept.
🕿 05 46 35 50 88, *lataillee@hotmail.fr*, Fax 05 46 35 50 88,
www.lataillee.com – **R** conseillée
2 ha (80 empl.) plat, herbeux
Tarif : 16,60 € 🏕 🚗 🔲 🔌 (6A) – pers. suppl. 3,85 € – frais
de réservation 10 €
Location (avr.-sept.) 🅿 : 30 🛖 (4 à 6 pers.) 235 à
540 €/sem. – 30 gîtes
Pour s'y rendre : à 0,7 km à l'E du centre-ville, près de la
piscine
À savoir : Agréable cadre boisé de platanes et frênes centenaires

Nature : 🏞 ♀♀
Loisirs : 🏠 🏖 🛖
Services : � 🛗 ⊶ 🅿 🖥 🏧 🚾 ⊕ 🖥
À prox. : 🛶

ANGOULINS

✉ 17690 – **324** D3 – 3 501 h. – alt. 15
🛈 *Syndicat d'initiative, 3, rue de Verdun* 🕿 *05 46 56 92 09*
Paris 481 – Poitiers 148 – La Rochelle 12 – Niort 73 – La Roche-sur-Yon 91.

⚠ **Les Chirats - La Platère** Pâques-sept.
🕿 05 46 56 94 16, *contact@campingleschirat.fr*,
Fax 05 46 56 65 95, *www.campingleschirats.fr* – **R** conseillée
4 ha (224 empl.) plat et peu incliné, herbeux, pierreux
Tarif : 24,20 € 🏕 🚗 🔲 🔌 (10A) – pers. suppl. 4,45 € –
frais de réservation 16 €
Location (permanent) : 35 🛖 (4 à 6 pers.) 469 à
510 €/sem.
Pour s'y rendre : O : 1,7 km par rue des Salines et rte de la
douane, à 100 m de la plage

Nature : 🏞 ♀
Loisirs : 🍷 snack 🏠 🎮 🎣 🏊 🏖
🛖 🔲 (petite piscine) 🛶 🏊
Services : � ⊶ (juil.-août) 🄶🄱 ⅌
🖥 🏧 ⊕ 🚾 ⅌ 🖥 🏧
À prox. : 🎣

ARCHIAC

✉ 17520 – **324** I6 – 864 h. – alt. 111
🛈 *Office de tourisme, 1, place de l'Abbé Goiland* 🕿 *05 46 49 57 11, Fax 05 46 49 14 16*
Paris 514 – Angoulême 49 – Barbezieux 15 – Cognac 22 – Jonzac 15 – Pons 22.

⚠ **Municipal** 16 juin-15 sept.
🕿 05 46 49 10 46, *archiacmairie@free.fr*, Fax 05 46 49 84 09
– **R** conseillée
1 ha (44 empl.) plat, en terrasses, herbeux, pierreux
Tarif : 🏕 1,85 € 🚗 1,25 € 🔲 1,25 € – 🔌 (10A) 2,45 €
Pour s'y rendre : Près de la piscine

Nature : 🏞 ♀♀
Loisirs : 🏠
Services : ⅌ 🖥 🏧 ⊕ 🖥
À prox. : 🎣 🛶 🏊

ARVERT

✉ 17530 – **324** D5 – 2 887 h. – alt. 20

🛈 *Syndicat d'initiative, 22, rue des Tilleuls* ℰ *05 46 36 89 28, Fax 05 46 36 89 28*
Paris 513 – Marennes 16 – Rochefort 37 – La Rochelle 74 – Royan 19 – Saintes 46.

Schéma aux Mathes

⚠ **Le Presqu'Île** avr.-sept.
ℰ 05 46 36 81 76, *christophe.cantet@free.fr,*
Fax 05 46 36 81 76 – **R** conseillée
0,8 ha (66 empl.) plat, herbeux, sablonneux
Tarif : 14,80 € ⚹ ⛺ 🚗 🅿 🔌 (6A) – pers. suppl. 2,50 €
Pour s'y rendre : Au N du bourg, à 150 m de la D 14

> Nature : 🎔🎔
> Loisirs : ⛵🏄
> Services : 🚻 🔌 GB 🐕 🏕 ⊕ 🔋
> À prox. : ✕

⚠ **Le Petit Pont** Pâques-15 sept.
ℰ 05 46 36 07 20, *contact@camping-dupetitpont.com,*
Fax 05 46 36 07 20, *www.camping-dupetit.com* – **R** conseil-
lée
0,6 ha (33 empl.) plat, herbeux
Tarif : 19,10 € ⚹ 🚗 🅿 🔌 (10A) – pers. suppl. 4,40 € –
frais de réservation 9 €
Location : 25 🏠 (4 à 6 pers.) 170 à 650 €/sem.
Pour s'y rendre : NO : 2,5 km sur D 14

> Nature : 🎔🎔
> Loisirs : 🏠 ⛵🏄 🏊
> Services : 🔌 🐕 🚿 ⊕ 🔋

Demandez à votre libraire le catalogue des **publications MICHELIN.**

BENON

✉ 17170 – **324** F2 – 514 h. – alt. 21
Paris 445 – Fontenay-le-Comte 36 – Niort 38 – La Rochelle 33 – Surgères 17.

⚠ **Municipal du Château**
ℰ 05 46 01 61 48, *benon@mairie17.com,*
Fax 05 46 01 01 19, *http://www.smic17.fr/mairie.benon*
– **R** conseillée
1 ha (70 empl.) plat, peu incliné, herbeux
Pour s'y rendre : Au bourg
À savoir : Dans un parc

> Nature : 🎔
> Loisirs : ✕
> Services : 👤 🐕 🏕 ⊕ 🔋

615

CADEUIL

✉ 17250 – **324** E5 – G. Poitou Charentes Vendée
Paris 492 – Marennes 15 – Rochefort 23 – La Rochelle 59 – Royan 18 – Saintes 26.

⚠ **Lac le Grand Bleu** (location exclusive de chalets et de
mobile homes)
ℰ 05 46 22 90 99, *campinglegrandbleu@hotmail.com,*
Fax 05 46 22 14 95 – empl. traditionnels également dispo-
nibles – **R** conseillée
14 ha/2 campables plat, herbeux
Location : 60 🏠 – 30 🏠
Pour s'y rendre : Au NE du hameau, par D 733, rte de
Rochefort

> Nature : 🏞 🎔🎔 ⛰
> Loisirs : 🍽 snack 🏊 🎣 🐎
> Services : 🏕 ⊕ 🔋
> À prox. : pédalos, canoë

CHÂTELAILLON-PLAGE

✉ 17340 – **324** D3 – G. Poitou Charentes Vendée – 5 625 h. – alt. 3
🛈 *Office de tourisme, 5, avenue de Strasbourg* ℰ *05 46 56 26 97, Fax 05 46 56 58 50*
Paris 482 – Niort 74 – Rochefort 22 – La Rochelle 19 – Surgères 29.

⚠ **L'Océan** 9 juin-20 sept.
ℰ 05 46 56 87 97 – **R** conseillée
1,8 ha (94 empl.) plat, herbeux
Tarif : 22,80 € ⚹ 🚗 🅿 🔌 (10A) – pers. suppl. 4,10 € –
frais de réservation 9 €
Pour s'y rendre : N : 1,3 km par D 202, rte de la Rochelle et
à droite

> Nature : 🎔
> Loisirs : 🏠 ⛵🏄
> Services : 👤 🔌 GB 🐕 🏕 ⊕ 🔋
> sèche-linge

COZES

✉ 17120 – **324** E6 – 1 830 h. – alt. 43
🛈 *Office de tourisme, place de l'Hôtel de Ville* 𝒫 *05 46 90 80 82, Fax 05 46 91 40 39*
Paris 494 – Marennes 41 – Mirambeau 35 – Pons 26 – Royan 19 – Saintes 27.

Municipal le Sorlut 16 avr.-15 oct.
𝒫 05 46 90 75 99, *mairie@cozes.com, Fax 05 46 90 75 12*
– **R** conseillée
1,4 ha (120 empl.) plat, herbeux
Tarif : (Prix 2007) ⭑ 2,29 € 🔲 2,45 € – ᶲ (5A) 2,46 €
Pour s'y rendre : Au N de la ville, près de l'ancienne gare,
derrière le supermarché Champion

Nature : 🏞 ♧♧
Loisirs : 🚴
Services : ⊶ (juil.-août) 🐎 🔲 🔊 🛇
🔳
À prox. : 🛒 🏠 ✂ 🎿 ⚲ ⛷

DAMPIERRE-SUR-BOUTONNE

✉ 17470 – **324** H3 – G. Poitou Charentes Vendée – 297 h. – alt. 60
Paris 423 – Beauvoir-sur-Niort 18 – Niort 34 – La Rochelle 72 – Ruffec 56 – St-Jean-d'Angély 19.

Municipal mai-sept.
𝒫 05 46 24 02 36, *dampierre-sur-boutonne@mairie-
17.com, Fax 05 46 33 85 49* – **R** conseillée
0,6 ha (16 empl.) plat, herbeux
Tarif : 12,70 € ⭑ 🚗 🔲 – pers. suppl. 2,20 €
Pour s'y rendre : Au bourg, derrière la salle municipale,
bord de la Boutonne

Nature : 🏞 🌿 ♧♧
Loisirs : 🎣
Services : ♿ 🆑 🔲 🅰 🔊 ⛲

Si vous désirez réserver un emplacement pour vos vacances,
faites-vous préciser au préalable les conditions particulières de séjour,
les modalités de réservation, les tarifs en vigueur et les conditions de paiement.

616

FOURAS

✉ 17450 – **324** D4 – G. Poitou Charentes Vendée – 3 835 h. – alt. 5
🛈 *Office de tourisme, avenue du Bois Vert* 𝒫 *05 46 84 60 69, Fax 05 46 84 28 04*
Paris 485 – Châtelaillon-Plage 18 – Rochefort 15 – La Rochelle 34.

Municipal le Cadoret Permanent
𝒫 05 46 82 19 19, *campinglecadoret@mairie17.com,*
Fax 05 46 84 51 59, *www.campings-fouras.com* – **R** indis-
pensable
7,5 ha (519 empl.) plat, sablonneux, herbeux
Tarif : 24,30 € ⭑ 🚗 🔲 ᶲ (10A) – pers. suppl. 4,90 € –
frais de réservation 20 €
Location : 10 🚐 (4 à 6 pers.) 235 à 540 €/sem.
Pour s'y rendre : Côte Nord, bord de l'Anse de Fouras et à
100 m de la plage
À savoir : Ensemble verdoyant et soigné

Nature : 🌿 ♧♧
Loisirs : 🍽 snack 🌙 nocturne 🚴
🎣 🎿 ⚲ ⛷
Services : ♿ ⊶ 🆑 🐎 🔲 🔊 🅰 ⚲
⛲ 🔳 sèche-linge
À prox. : ✂ 🔳

Municipal la Fumée mars-oct.
𝒫 05 46 84 26 77, *campinglecadoret@mairie17.com,*
Fax 05 46 84 51 59, *www.campings-fouras.com* – **R**
1 ha (81 empl.) plat, herbeux
Tarif : 11,55 € ⭑ 🚗 🔲 ᶲ (6A) – pers. suppl. 2,70 €
Pour s'y rendre : À la pointe de la Fumée, près de l'embar-
cadère Île d'Aix et Fort Boyard

Nature : ♧
Loisirs : 🚴
Services : ♿ ⊶ (15 avr.sept.) 🆑
🐎 🔲 🔊 🅰 🔳

GÉMOZAC

✉ 17260 – **324** F6 – 2 352 h. – alt. 39
Paris 495 – Cognac 35 – Jonzac 30 – Royan 31 – Saintes 22.

Municipal
𝒫 05 46 94 50 16, Fax 05 46 94 16 25 – **R** conseillée
1 ha (40 empl.) plat, herbeux
Location : 10 🏠
Pour s'y rendre : Sortie O, rte de Royan, près de la piscine

Nature : ♧♧
Services : ⊶ 🐎 🅰 🔳
À prox. : 🍽 ✕ ✂ 🔳 ⚲

L'HOUMEAU

✉ 17137 – **324** C2 – 2 279 h. – alt. 19
Paris 478 – Poitiers 145 – La Rochelle 6 – Niort 83 – La Roche-sur-Yon 76.

Au Petit Port de l'Houmeau avr.-sept.
℘ 05 46 50 90 82, info@aupetitport.com,
Fax 05 46 50 01 33, www.aupetitport.com – **R** conseillée
2 ha (132 empl.) peu incliné, plat, herbeux
Tarif : 20,20 € ✱ ⇌ ▣ ⵚ (10A) – pers. suppl. 4,50 € –
frais de réservation 16 €
Location : 7 ⏢ (2 à 4 pers.) 240 à 380 €/sem. – 2 ⏢ (4
à 6 pers.) 300 à 540 €/sem. – 15 ⏠ (4 à 6 pers.) 340 à
660 €/sem.
Pour s'y rendre : sortie NE par D 106, rte de Nieul-sur-Mer,
par le périphérique, direction Île de Ré et sortie Lagord-
l'Houmeau

Nature : ⌂ 🌿
Loisirs : 🍴 snack 🎬 ⛵ 🚲
Services : ⚡ ⛽ GB ⵚ 🚿 🧺 ⊕ 🚰 🛒
À prox. : ✗ 🎣

ÎLE-D'AIX

✉ 17123 – **324** C3 – G. Poitou Charentes Vendée – 186 h. – alt. 10
Paris 486 – Poitiers 152 – La Rochelle 31 – Niort 78 – La Roche-sur-Yon 111.

Le Fort de la Rade
℘ 05 46 84 28 28, iaf@maeva.com, Fax 05 46 84 00 44, fort
delarade@ifrance.com – **R** conseillée
3 ha (70 empl.) plat, en terrasses, herbeux
Pour s'y rendre : à la Pointe Ste-Catherine, à 300 m de la
plage de l'Anse de la Croix
À savoir : Dans le parc du Fort de la Rade entouré d'une
enceinte fortifiée – réservé aux tentes

Nature : 🌊
Loisirs : ✗ 🎬 🏊 🛶
Services : 🚿 ⛽ 🧺 🚰
À prox. : 🚤 🍴 🚲

ÎLE DE RÉ

✉ 17 – **324** – G. Poitou Charentes Vendée
Pont de l'Île de Ré : péage en 2007 : autos (AR) 16,50 (saison) 9,00 (hors saison), autos et caravanes (AR) 27,00
(saison) 15,00 (hors saison), camions 18,00 ou 45,00, motos 2,00, gratuit pour vélos et piétons - Renseignements par Régie d'Exploitation des Ponts ℘ 05 46 00 51 10

617

Ars-en-Ré ✉ 17590 – **324** A2 – G. Poitou Charentes Vendée – 1 294 h. – alt. 4
🛈 Office de tourisme, 26, place Carnot ℘ 05 46 29 46 09, Fax 05 46 29 68 30
Paris 506 – Fontenay-le-Comte 85 – Luçon 75 – La Rochelle 34.

Airotel le Cormoran ♣♣ – 5 avr.-27 sept.
℘ 05 46 29 46 04, info@cormoran.com, Fax 05 46 29 29 36,
www.cormoran.com – **R** conseillée
3 ha (138 empl.) plat, herbeux, sablonneux
Tarif : 46 € ✱ ⇌ ▣ ⵚ (10A) – pers. suppl. 12 € – frais de
réservation 35 €
Location (22 mars-27 sept.) : 90 ⏢ (4 à 6 pers.) 330 à
1 013 €/sem.
⏢ 1 borne artisanale 4 €
Pour s'y rendre : O : 1 km
À savoir : Cadre verdoyant, fleuri et soigné

Nature : 🌊 ⌂ 🌿
Loisirs : 🍴 pizzeria, snack 🎬 🚣 🏓
🎣 🏊 ⛵ 🚲 ✗ 🏊 terrain om-
nisports
Services : 🚿 ⚡ GB ⵚ 🧺 🛁 ⊕ 🚮
🚰 🛒 sèche-linge 🧺

Le Bois-Plage-en-Ré ✉ 17580 – **324** B2 – 2 235 h. – alt. 5
🛈 Office de tourisme, 87, rue des Barjottes ℘ 05 46 09 23 26, Fax 05 46 09 13 15
Paris 494 – Fontenay-le-Comte 74 – Luçon 64 – La Rochelle 23.

Sunêlia Interlude ♣♣ – 5 avr.-28 sept.
℘ 05 46 09 18 22, infos@interlude.fr, Fax 05 46 09 23 38,
www.interlude.fr – **R** indispensable
6,5 ha (381 empl.) peu accidenté et plat, sablonneux,
herbeux
Tarif : 42 € ✱ ⇌ ▣ ⵚ (6A) – pers. suppl. 10 € – frais de
réservation 30 €
Location : 57 ⏢ (4 à 6 pers.) 483 à 1 064 €/sem.
⏢ 1 borne artisanale – 6 ▣ 11 € – 🚐 11 €
Pour s'y rendre : SE : 2,3 km
À savoir : À 150 m de la plage

Nature : 🌊 ⌂ 🌿
Loisirs : 🍴 ✗ 🎬 🚣 🏓 🎣 🏊 discothèque ⛵ 🚲 🏊 (petite piscine) 🏊 terrain omnisports
Services : 🚿 ⚡ GB ⵚ 🧺 🛁 ⊕ 🚮
🚰 🛒 ⓕ sèche-linge 🚮 🧺
À prox. : ✗ 🌿

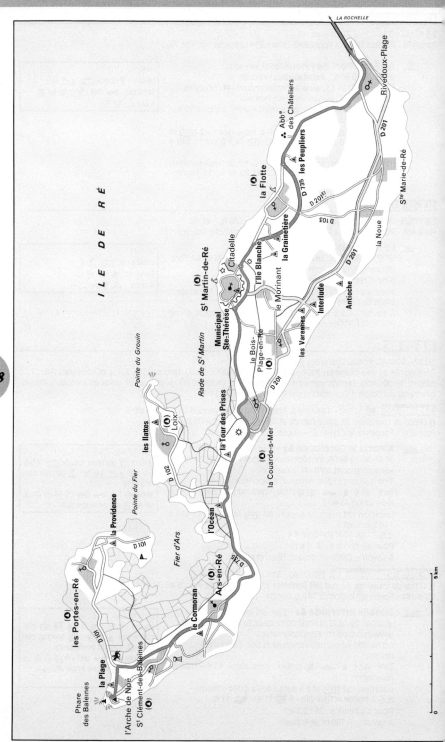

LA ROCHELLE

ILE DE RÉ

Rivedoux-Plage

D 201

Abbé
des Châteliers

Ste Marie-de-Ré

les Peupliers

D 201E³

la Flotte

D 735

la Graineterie

l'Île Blanche

D 103

la Noue

Citadelle

le Morinant

D 201

Antioche

Interlude

St Martin-de-Ré

les Varennes

Municipal
Ste-Thérèse

le Bois-
Plage-en-Ré

Rade de St Martin

D 201

Pointe du Grouin

la Couarde-s-Mer

Loix

les Ilattes

la Tour des Prises

D 102

Pointe du Fier

l'Océan

la Providence

D 101

Fier d'Ars

Ars-en-Ré

les Portes-en-Ré

D 101

le Cormoran

D 735

Phare
des Baleines

la Plage

l'Arche de Noé

St Clément-des-Baleines

5 km

0

▲▲ **Les Varennes** avr.-sept.
    𝒫 05 46 09 15 43, *les-varennes@wanadoo.fr*,
Fax 05 46 09 47 27, *www.les-varennes.com* – **R** indispensable
2 ha (145 empl.) plat, sablonneux, herbeux
Tarif : 37 € ♣ ⚊ 🚗 🔲 🔌 (10A) – pers. suppl. 10 € – frais de réservation 20 €
Location : 85 [📷] (4 à 6 pers.) 390 à 912 €/sem.
[📷] 1 borne artisanale 6,50 €
Pour s'y rendre : SE : 1,7 km

Nature : 🌳 🌿🌿
Loisirs : 🍴 🏠 ⚓ 🚲 🏊 (couverte hors saison)
Services : 🚿 ⚊ 🅶🅱 ⚒ 🗑 🛁 😊 🛎️ 📶 🧺 sèche-linge
À prox. : 🍴

▲▲ **Antioche**
    𝒫 05 46 09 23 86, *camping.antioche@wanadoo.fr*,
Fax 05 46 09 43 34, *www.antioche.com* – **R** conseillée
3 ha (135 empl.) plat et peu incliné, terrasses, herbeux, sablonneux
Location : 4 [📷]
Pour s'y rendre : SE : 3 km
À savoir : À 300 m de la plage (accès direct)

Nature : 🌳 🌿
Loisirs : 🍴 🏠 ⚓ 🚲
Services : 🚿 ⚊ 🗑 🛁 😊 🛎️ 📶

Benutzen Sie
– zur Wahl der Fahrtroute
– zur Berechnung der Entfernungen
– zur exakten Lokalisierung eines Campingplatzes (mit Hilfe der Angaben im Ortstext)
*die für diesen Führer unentbehrlichen **MICHELIN-Karten**.*

La Couarde-sur-Mer ✉ 17670 – **324** B2 – 1 179 h. – alt. 1
🛈 *Syndicat d'initiative, rue Pasteur* 𝒫 05 46 29 82 93, Fax 05 46 29 63 02
Paris 497 – Fontenay-le-Comte 76 – Luçon 66 – La Rochelle 26.

619

▲▲▲ **L'Océan** ♣– 5 avr.-28 sept.
    𝒫 05 46 29 87 70, *campingdelocean@wanadoo.fr*,
Fax 05 46 29 92 13, *www.campingocean.com* – **R** conseillée
9 ha (338 empl.) plat, sablonneux, herbeux
Tarif : 44,10 € ♣ ⚊ 🚗 🔲 🔌 (10A) – pers. suppl. 9,84 € – frais de réservation 32 €
Location : 160 [📷] (4 à 6 pers.) 284 à 786 €/sem.
[📷] 1 borne raclet 8 €
Pour s'y rendre : 3,5 km au NO, bord d'un plan d'eau salée et à 200 m de la plage

Nature : 🌿 🌿
Loisirs : 🍴 🍴 🏠 😊 📡 salle d'animation ⚓ 🚲 🍴 🎣 🏊 🌊 terrain omnisports
Services : 🚿 ⚊ 🅶🅱 ⚒ 🗑 🛁 😊 📡 📞 🛎️ 📶 sèche-linge 🚿 🛁
À prox. : baptèmes d'hélicoptère en juil.-août

▲▲ **La Tour des Prises** avr.-sept.
    𝒫 05 46 29 84 82, *camping@lesprises.com*,
Fax 05 46 29 88 99, *www.lesprises.com* – **R** conseillée
2,2 ha (150 empl.) plat, herbeux
Tarif : 34 € ♣ ⚊ 🚗 🔲 🔌 (16A) – pers. suppl. 8,20 € – frais de réservation 8 €
Location : 50 [📷] (4 à 6 pers.) 270 à 570 €/sem.
Pour s'y rendre : NO : 1,8 km par D 735, rte d'Ars-en-Ré et chemin à droite
À savoir : Sur le site d'une ancienne vigne

Nature : 🌳 🌿🌿
Loisirs : 🏠 ⚓ 🌊 (découverte en saison)
Services : 🚿 ⚊ 🅶🅱 ⚒ 🗑 🛁 😊 🛎️ 📞 📶 sèche-linge 🚿

La Flotte ✉ 17630 – **324** C2 – 2 737 h. – alt. 4
🛈 *Office de tourisme, quai de Sénac* 𝒫 05 46 09 60 38, Fax 05 46 09 64 88
Paris 489 – Fontenay-le-Comte 68 – Luçon 58 – La Rochelle 17.

▲▲ **L'Île Blanche** (location exclusive de mobile homes)
avr.-sept.
    𝒫 05 46 09 52 43, *ileblanche@wanadoo.fr*, *www.ileblanche.com* – **R** indispensable
4 ha plat, sablonneux, pierreux
Location : 50 [📷] (4 à 6 pers.) 300 à 760 €/sem.
Pour s'y rendre : O : 2,5 km, accès conseillé par la déviation

Nature : 🌳 🌿
Loisirs : 🍴 🏠 ⚓ 🚲 🍴 🌊
Services : ⚊ (juil.-août) 🅶🅱 ⚒ 📞 📶 sèche-linge 🚿

ÎLE DE RÉ

⚠ **Les Peupliers** ♣♣ – 5 avr.-27 sept.

    𝒫 05 46 09 62 35, *camping@les-peupliers.com*,
Fax 05 46 09 59 76, *www.camp-atlantique.com* – places limitées pour le passage – **R** indispensable
4,5 ha (239 empl.) plat, herbeux, sablonneux
Tarif : 33 € ✱ 🚗 🔲 (𝟤) (10A) – pers. suppl. 8 € – frais de réservation 20 €
Location : 100 ⛺ **(4 à 6 pers.)** 350 à 790 €/sem.
🚐 6 bornes 8 €
Pour s'y rendre : SE : 1,3 km

> Nature : ⬚ 🌳🌳
> Loisirs : 🍸 snack 🏠 🦌 🏃 🏄 🚲 ⛷
> Services : 🚻 ⚡ GB 🚐 🍴 🚿 🔥 @ 🚰 ☎ 🔒 sèche-linge 🧺

⚠ **La Grainetière** avr.-août

    𝒫 05 46 09 68 86, *lagrainetiere@free.fr*, Fax 05 46 09 53 13, *www.la-grainetiere.com* – **R** conseillée
2,3 ha (150 empl.) plat, sablonneux, herbeux
Tarif : 30 € ✱ 🚗 🔲 (𝟤) (10A) – pers. suppl. 7 € – frais de réservation 15 €
Location : ⛺ **(4 à 6 pers.)** 265 à 790 €/sem.
🚐 1 borne artisanale
Pour s'y rendre : À l'O du bourg, près de la déviation, accès conseillé par la déviation

> Nature : 🌳🌳
> Loisirs : 🏠 🦌 🚲 ⛷
> Services : 🚻 ⚡ GB 🚐 🍴 🔥 @ ☎ 🔒 sèche-linge

Loix ✉ 17111 – **324** B2 – 619 h. – alt. 4

🛈 *Office de tourisme, 10, place de la Mairie 𝒫 05 46 29 07 91, Fax 05 46 29 28 40*
Paris 505 – Fontenay-le-Comte 84 – Luçon 74 – La Rochelle 33.

⚠ **Les Ilates** ♣♣ – 21 mars-4 oct.

    𝒫 05 46 29 05 43, *ilates@wanadoo.fr*, Fax 05 46 29 06 79, *www.camping-loix.com* – **R** indispensable
4,5 ha (241 empl.) plat, herbeux
Tarif : 34 € ✱ 🚗 🔲 (𝟤) (10A) – pers. suppl. 8,50 €
Location : 47 ⛺ **(4 à 6 pers.)** 240 à 715 €/sem. – 34 🏠 **(4 à 6 pers.)** 265 à 660 €/sem.
Pour s'y rendre : sortie E, rte de la pointe du Grouin, à 500 m de l'océan

> Nature : 🌿 ⬚
> Loisirs : 🍸 snack 🏠 🏃 jacuzzi 🦌 🚲 🍴 ⛷
> Services : 🚻 ⚡ GB 🚐 🍴 🔥 @ 🚰 ⚗ 🔒 sèche-linge 🧺

620

Les Portes-en-Ré ✉ 17880 – **324** B2 – G. Poitou Charentes Vendée – 661 h. – alt. 4

🛈 *Office de tourisme, 52, rue de Trousse-Chemise 𝒫 05 46 29 52 71, Fax 05 46 29 52 81*
Paris 514 – Fontenay-le-Comte 93 – Luçon 74 – La Rochelle 43.

⚠ **La Providence** ♣♣ – avr.-15 sept.

    𝒫 05 46 29 56 82, *campingprovidence@wanadoo.fr*, Fax 05 46 29 61 80, *www.campingprovidence.com* – **R** conseillée
6 ha (300 empl.) plat, herbeux, sablonneux
Tarif : 27 € ✱ 🚗 🔲 (𝟤) (10A) – pers. suppl. 7,50 € – frais de réservation 20 €
Location : 45 ⛺ **(4 à 6 pers.)** 330 à 670 €/sem.
🚐 1 borne artisanale 4 € – 🚐 12 €
Pour s'y rendre : E : par D 101, rte de Trousse-Chemise, à 50 m de la plage

> Nature : 🌿
> Loisirs : snack 🏠 🦌 🏃 salle d'animation 🦌 🚲 🍴
> Services : 🚻 ⚡ 🚐 🍴 🔥 @ ☎ 🔒 sèche-linge
> À prox. : 🍴

St-Clément-des-Baleines ✉ 17590 – **324** A2 – G. Poitou Charentes Vendée – 728 h. – alt. 2

🛈 *Office de tourisme, 200, rue du Centre 𝒫 05 46 29 24 19, Fax 05 46 29 08 14*
Paris 509 – Fontenay-le-Comte 89 – Luçon 79 – La Rochelle 38.

⚠ **Airotel la Plage** ♣♣ – 5 avr.-27 sept.

    𝒫 05 46 29 42 62, *info@la-plage.com*, Fax 05 46 29 03 39, *www.la-plage.com* – **R** conseillée
2,5 ha (76 empl.) plat, sablonneux, herbeux
Tarif : 47 € ✱ 🚗 🔲 🔲 (𝟤) (10A) – pers. suppl. 12 € – frais de réservation 25 €
Location (22 mars-27 sept.) 🅿 : 82 ⛺ **(4 à 6 pers.)** 300 à 1 000 €/sem.
🚐 1 borne eurorelais 4 €
Pour s'y rendre : NO : 2 km par D 735 et chemin à droite
À savoir : À 100 m de la plage

> Nature : ⬚
> Loisirs : 🍸 🍴 🏠 🏃 🎣 🍸 🦌
> ⛷ terrain omnisports
> Services : 🚻 ⚡ GB 🚐 🍴 🔥 @ ☎
> 🔒 sèche-linge 🧺 À prox. : 🍴 🏃 🦆 parc d'attractions, parc zoologique et floral

St-Martin-de-Ré ⊠ 17410 – **324** B2 – G. Poitou Charentes Vendée – 2 637 h. – alt. 14

🛈 *Syndicat d'initiative, 2, quai Nicolas Baudin* ✆ *05 46 09 20 06, Fax 05 46 09 06 18*
Paris 493 – Fontenay-le-Comte 72 – Luçon 62 – La Rochelle 22.

⚠ **Municipal** 7 fév.-15 nov.
✆ 05 46 09 21 96, *camping.stmartindere@wanadoo.fr,*
Fax 05 46 09 94 18 – **R** indispensable
3 ha (200 empl.) plat et terrasse, peu incliné, herbeux
Tarif : (Prix 2007) 19,90 € 🚶 ⟵ 🔲 🔌 (10A) – pers.
suppl. 4,10 € – frais de réservation 13,30 €
🚐 1 borne raclet 4,20 €
Pour s'y rendre : au village
À savoir : sur les remparts

Nature : 🌳
Loisirs : 🏠 ♨
Services : 👤 🔌 GB ✂ 🔲 🗑 ♨ 🧺

ÎLE D'OLÉRON

⊠ 17 – **324** – G. Poitou Charentes Vendée
par le pont viaduc : passage gratuit

La Brée-les-Bains ⊠ 17840 – **324** B3 – 760 h. – alt. 5

🛈 *Office de tourisme, 20, rue des Ardillières* ✆ *05 46 47 96 73, Fax 05 46 75 96 73*
Paris 531 – Marennes 32 – Rochefort 53 – La Rochelle 90 – Saintes 73.

⛰ **Pertuis d'Antioche** avr.-oct.
✆ 05 46 47 92 00, *cc.cordonnier@hotmail.fr,*
Fax 05 46 47 82 22, *www.camping-antiochedoleron.com*
– **R** conseillée
2 ha (128 empl.) plat, herbeux
Tarif : (Prix 2007) 25,40 € 🚶 ⟵ 🔲 🔌 (10A) – pers.
suppl. 5 €
Location (mai-sept.) 🏕 : 10 🚐 (4 à 6 pers.) 280 à
600 €/sem.
🚐 1 borne artisanale
Pour s'y rendre : NO : 1 km par D 273 et à droite, chemin
des Proirres, à 150 m de la plage

Nature : 🏖 🌳
Loisirs : 🏠 ♨
Services : 👤 🔌 GB ✂ 🗑 ♨ 🧺 🚿
🚰 📞 📖 🧺
À prox. : 🍽

Le Château-d'Oléron ⊠ 17480 – **324** C4 – G. Poitou Charentes Vendée – 3 552 h. – alt. 9

🛈 *Office de tourisme, place de la République* ✆ *05 46 47 60 51, Fax 05 46 47 73 65*
Paris 507 – Marennes 12 – Rochefort 33 – La Rochelle 70 – Royan 43 – Saintes 53.

⛰ **La Brande** 👥 – 15 mars-15 nov.
✆ 05 46 47 62 37, *info@camping-labrande.com,*
Fax 05 46 47 71 70, *www.camping-labrande.com*
– **R** conseillée
4 ha (199 empl.) plat, herbeux, sablonneux
Tarif : 34 € 🚶 ⟵ 🔲 🔌 (10A) – pers. suppl. 8 € – frais de
réservation 16 €
Location 🏕 : 40 🚐 (4 à 6 pers.) 340 à 690 €/sem. – 40
🏠 (4 à 6 pers.) 360 à 990 €/sem.
🚐 1 borne artisanale 7,50 € – 10 🔲 16 €
Pour s'y rendre : NO : 2,5 km, à 250 m de la mer

Nature : 🌳
Loisirs : 🍸 🍽 🏠 🎱 🏹 🚣 hammam jacuzzi ♨ 🚲 🎯 🔲 ♨ terrain omnisports
Services : 👤 🔌 GB ✂ 🗑 ♨ 🧺 🚰 🚿 sèche-linge 🧺 🚲
À prox. : 🍽

⛰ **Airotel Oléron** avr.-1er oct.
✆ 05 46 47 61 82, *info@camping-airotel-oleron.com,*
Fax 05 46 47 79 67, *www.brochure-airotel-oleron.com*
– **R** conseillée
15 ha/4 campables (133 empl.) plat, accidenté, sablonneux,
herbeux
Tarif : 26,40 € 🚶 ⟵ 🔲 🔌 (8A) – pers. suppl. 6,50 € – frais
de réservation 16 €
Location (mars-1er nov.) : 30 🚐 (4 à 6 pers.) 290 à
650 €/sem. – 8 🏠 (4 à 6 pers.) 270 à 620 €/sem.
🚐 1 borne raclet
Pour s'y rendre : SO : 1,8 km par rte de St-Trojan et rue de
la Libération à gauche
À savoir : autour d'une ferme équestre, beau plan d'eau
de mer

Nature : 🌊 🌳
Loisirs : 🍸 🍽 🏠 🎱 nocturne 🎵 ♨ 🚲 🏓 🏹 🎯 🔲 🎣 poneys terrain omnisports
Services : 👤 🔌 GB ✂ 🗑 ♨ 🧺 📞 📖 sèche-linge 🚲

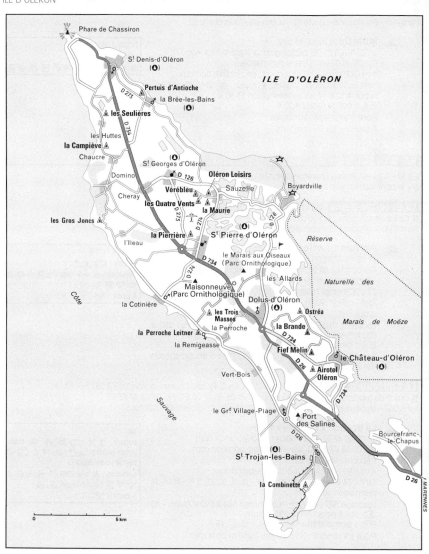

Fief-Melin mai-sept.
 05 46 47 60 85, *lefiefmelin@wanadoo.fr*,
Fax 05 46 47 60 85, *www.camping.fiefmelin.com*
– **R** conseillée
2,2 ha (110 empl.) plat, herbeux
Tarif : 25,20 € ⚹ ⊞ 🏠 (10A) – pers. suppl. 4,50 € –
frais de réservation 15 €

Location (avr.-nov.) : 20 🚐 (4 à 6 pers.) 225 à
600 €/sem.

Pour s'y rendre : O : 1,7 km par rte de St-Pierre-d'Oléron
puis 0,6 km par rue des Alizés à droite

Nature : 🦅 ⛱ 🌳
Loisirs : 🍴 👶 🏊 🎿
Services : ⚡ ᴳᴮ ✂ 🗄 ♿ 🚿

Dolus-d'Oléron ⊠ 17550 – **324** C4 – 2 723 h. – alt. 7

🛈 *Office de tourisme, Parvis Saint-André* ☎ *05 46 75 32 84, Fax 05 46 75 63 60*
Paris 511 – Marennes 17 – Rochefort 39 – La Rochelle 75 – Saintes 58.

▲▲ Ostréa 15 mars-sept.
☎ 05 46 47 62 36, *camping.ostrea@wanadoo.fr,*
Fax 05 46 75 20 01, *www.camping-ostrea.com* – **R** conseillée
2 ha (112 empl.) plat, peu incliné, sablonneux, herbeux
Tarif : 26,15 € ✴ 🚗 🅴 🅗 (6A) – pers. suppl. 5,75 € – frais
de réservation 17 €
Location 🅂🅆 (juil.-août) : 15 🛏 (4 à 6 pers.) 280 à
610 €/sem.
🛒 1 borne flot bleu 5 €
Pour s'y rendre : E : 3,5 km, près de la mer

Nature : 🌳 ♀
Loisirs : 🏠 🚴 🔲 (découverte
en saison)
Services : ♿ ⛽ ♻ Ⓜ 🛒 🅧 ☺ 📞 🖲
sèche-linge 🔌 🚿

▲ La Perroche Leitner avr.-15 sept.
☎ 05 46 75 37 33, *camping-la-perroche-leitner@wana
doo.fr,* Fax 05 46 75 37 33 – **R** conseillée
1,5 ha (100 empl.) plat, sablonneux
Tarif : 28,10 € ✴ 🚗 🅴 🅗 (10A) – pers. suppl. 7,20 € –
frais de réservation 19 €
🛒 1 borne raclet 5 € – 20 🅴
Pour s'y rendre : SO : 4 km à la Perroche
À savoir : Agréable situation proche de la mer avec accès
direct par les dunes

Nature : 🌳 ♀ ⛰
Loisirs : 🚴
Services : ♿ ⛽ 🅖🅑 ♻ 🛒 ☺ 🖲
À prox. : 🍷 snack

LES GUIDES VERTS **MICHELIN**
Paysages, monuments
Routes touristiques
Géographie
Histoire, Art
Itinéraire de visite
Plans de villes et de monuments

623

St-Denis-d'Oléron ⊠ 17650 – **324** B3 – 1 221 h. – alt. 9

🛈 *Syndicat d'initiative, boulevard d'Antioche* ☎ *05 46 47 95 53*
Paris 527 – Marennes 33 – Rochefort 55 – La Rochelle 92 – Saintes 74.

▲ Les Seulières avr.-oct.
☎ 05 46 47 90 51, *campinglesseulieres@wanadoo.fr,*
Fax 05 46 36 02 60, *www.campinglesseulieres.com* – **R** indispensable
1,6 ha (100 empl.) plat, herbeux, sablonneux
Tarif : 18 € ✴ 🚗 🅴 🅗 (10A) – pers. suppl. 4 € – frais de
réservation 15 €
Location : 4 🛏 (2 à 4 pers.) 230 à 400 €/sem. – 8 🏠 (4
à 6 pers.) 350 à 550 €/sem.
Pour s'y rendre : SO : 3,5 km, rte de Chaucre, à 400 m de la
plage

Nature : 🌳
Loisirs : 🏠
Services : ♿ ⛽ ♻ ☺ 📞 🖲
À prox. : 🍴

St-Georges-d'Oléron ⊠ 17190 – **324** C4 – G. Poitou Charentes Vendée – 3 287 h. – alt. 10

🛈 *Office de tourisme, 28, rue des Dames* ☎ *05 46 76 63 75, Fax 05 46 76 86 49*
Paris 527 – Marennes 27 – Rochefort 49 – La Rochelle 85 – Saintes 68.

▲▲▲ Oléron Loisirs 🏊 – 5 avr.-27 sept.
☎ 05 46 76 50 20, Fax 05 46 76 80 71 – places limitées pour
le passage – **R** conseillée
7 ha (330 empl.) plat, herbeux
Tarif : 25 € ✴ 🚗 🅴 🅗 (6A) – pers. suppl. 5 € – frais de
réservation 25 €
Location : 181 🛏 (4 à 6 pers.) 150 à 890 €/sem. – 16
🏠 (4 à 6 pers.) 310 à 810 €/sem.
Pour s'y rendre : SE : 1,9 km par D 273 et rte de Sauzelle à
gauche

Nature : 🌳 ⬚ ♀
Loisirs : 🍷 snack 🏠 🎯 🏓 salle
d'animation 🚴 🚲 🍴 🔲 🏊 ⛰
terrain omnisports
Services : ♿ ⛽ 🅖🅑 ♻ 🛒 ☺ ☺ 🖲
sèche-linge 🔌 🚿

ÎLE D'OLÉRON

 Club Verébleu ♣♣ – 31 mai-14 sept.
   ✆ 05 46 76 57 70, Fax 05 46 76 70 56, *www.verebleu.tm.fr* –
   R indispensable ✄
   7,5 ha (360 empl.) plat, herbeux, sablonneux
   Tarif : 41 € ✶ ⬅ 🔲 (≴) (8A) – pers. suppl. 8,50 € – frais de
   réservation 23 €
   Location : 87 ⸬ (4 à 6 pers.) 310 à 1 230 €/sem. – 70
   🏠 (4 à 6 pers.) 270 à 790 €/sem.
   ⸬ 1 borne artisanale
   Pour s'y rendre : SE : 1,7 km par D 273 et rte de Sauzelle à
   gauche
   À savoir : Espace aquatique ludique reprenant le thème de
   Fort Boyard

| Nature : 🐚 ⸬ ♤♤ |
| Loisirs : snack ⊟ 🏃 🚴 🛴 ● 🎯 |
| ⊿ 🏊 terrain omnisports |
| Services : & �o-╕ GB 🐾 🎁 🛆 ⊚ 🚿 |
| 🐾 🕻 ▣ 🛁 🚿 |

 La Campière ♣♣ – 29 mars-15 nov.
   ✆ 05 46 76 72 25, *lacampiere@orange.fr*,
   Fax 05 46 76 54 18, *www.la-campiere.com* – **R** conseillée
   1,7 ha (63 empl.) plat, herbeux, sablonneux
   Tarif : 29 € ✶ ✶ ⬅ 🔲 (≴) (10A) – pers. suppl. 7 €
   Location : 12 🏠 (4 à 6 pers.) 310 à 680 €/sem.
   ⸬ 1 borne artisanale
   Pour s'y rendre : SO : 5,4 km par rte de Chaucre et chemin
   à gauche
   À savoir : Agréable cadre verdoyant et soigné

| Nature : 🐚 ♤ |
| Loisirs : ⸬ 🏃 🚴 🚴 ⊿ (petite |
| piscine) |
| Services : & o-╕ GB 🐾 Ⓜ 🎁 🛆 ⊚ |
| 🚿 🐾 🕻 🕻 ▣ sèche-linge |

 Domaine des 4 Vents avr.-oct.
   ✆ 05 46 76 65 47, *camping4vents.oleron@wanadoo.fr*,
   Fax 05 46 36 15 66, *www.camping-4vents-oleron.com* –
   places limitées pour le passage – **R** conseillée
   7 ha (210 empl.) plat, herbeux
   Tarif : 25 € ✶ ⬅ 🔲 (≴) (10A) – pers. suppl. 3,50 €
   Location : 90 ⸬ (4 à 6 pers.) 350 à 700 €/sem.
   Pour s'y rendre : SE : 2 km par D 273 et rte de Sauzelle à
   gauche

| Nature : 🐚 ⸬ ♤♤ |
| Loisirs : 🚴 ⊿ 🏊 terrain omnis- |
| ports |
| Services : & o-╕ GB 🐾 🎁 ⊚ 🚿 🐾 |
| ▣ |

 La Maurie 15 juin-15 sept.
   ✆ 05 46 76 61 69, *camping.lamaurie@wanadoo.fr*,
   Fax 05 46 76 61 69, *www.lamaurie.com* – **R** conseillée
   1,5 ha (70 empl.) plat, herbeux
   Tarif : 23,80 € ✶ ⬅ 🔲 (≴) (10A) – pers. suppl. 5,50 € –
   frais de réservation 15 €
   Location : 20 ⸬ (4 à 6 pers.) 130 à 590 €/sem.
   Pour s'y rendre : SE : 2,3 km par D 273 et rte de Sauzelle à
   gauche

| Nature : 🐚 ♤ |
| Loisirs : 🚴 ⊿ |
| Services : & o-╕ 🐾 🎁 🛆 🐾 ⊚ ▣ |

Côte Ouest

 Les Gros Joncs 15 mars-15 nov.
   ✆ 05 46 76 52 29, *camping.gros.joncs@wanadoo.fr*,
   Fax 05 46 76 67 74, *http://www.camping-les-gros-*
   joncs.com – places limitées pour le passage – **R** conseillée
   3 ha (253 empl.) plat, accidenté et en terrasses, sablonneux
   Tarif : 44,30 € ✶ ⬅ 🔲 – pers. suppl. 11,50 €
   Location (permanent) : ⸬ (4 à 6 pers.) 318 à
   1 096 €/sem. – 🏠 (4 à 6 pers.) 422 à 1 269 €/sem.
   Pour s'y rendre : SO : 5 km, à 300 m de la mer
   À savoir : Centre de balnéothérapie et bel espace aquati-
   que en partie couvert

| Nature : 🐚 ⸬ ♤ |
| Loisirs : 🍴 ✗ ⸬ 🎁 🏃 ↝ ⇆ |
| hammam jacuzzi salle d'animation |
| 🚴 🚴 ▣ ⊿ 🏊 |
| Services : & o-╕ GB 🐾 🎁 ⊚ 🚿 🐾 |
| 🕻 ▣ 🛁 🐾 boulangerie |

Pour choisir et suivre un itinéraire
Pour calculer un kilométrage
Pour situer exactement un terrain (en fonction des
indications fournies dans le texte) :
*Utilisez les **cartes MICHELIN** ,*
compléments indispensables de cet ouvrage.

St-Pierre-d'Oléron ✉ 17310 – **324** C4 – G. Poitou Charentes Vendée – 5 944 h. – alt. 8

🛈 *Office de tourisme, place Gambetta* 🕿 *05 46 47 11 39, Fax 05 46 47 10 41*
Paris 522 – Marennes 22 – Rochefort 44 – La Rochelle 80 – Royan 54 – Saintes 63.

⚠ La Pierrière

🕿 05 46 47 08 29, *camping-la-pierriere@wanadoo.fr*,
Fax 05 46 75 12 82, *www.camping-la-pierriere.fr*
– **R** conseillée
2,5 ha (140 empl.) plat, herbeux
Location ⌖ : 38 🛏
Pour s'y rendre : Sortie NO par rte de St-Georges-d'Oléron
À savoir : Belle décoration arbustive et florale autour d'un
étang d'agrément

> Nature : ☙ ♀
> Loisirs : snack 🗓 ⚓ 🚲 🏊 terrain
> omnisports
> Services : 🕭 ⚡ 🗓 🕸 ☺ 🖻 🛒
> À prox. : 🛒 🍴 🛶

⚠ **Aqua 3 Masses** avr.-11 Nov.

🕿 05 46 47 23 96, *accueil@campingaqua3masses.com*,
Fax 05 46 75 15 54, *www.campingles3masses.com*
– **R** conseillée
3 ha (130 empl.) plat, herbeux, sablonneux
Tarif : (Prix 2007) 28,30 € 🚶 ⬅ 🔲 🔌 (6A) – pers.
suppl. 5,50 € – frais de réservation 20 €
Location (26 avr.-sept.) : 🛏 (4 à 6 pers.) 260 à
635 €/sem. – 🏠 (4 à 6 pers.) 260 à 635 €/sem.
Pour s'y rendre : SE : 4,3 km, au lieu-dit le Marais-Doux

> Nature : ☙ ♀
> Loisirs : snack 🍴 ⚓ 🚲 🏊 🛝
> Services : 🕭 ⚡ GB 🗓 🕸 ☺ 🖻
> 🛒

Si vous recherchez :

👥 *Un terrain offrant des équipements et des loisirs adaptés aux enfants*
☙ *Un terrain agréable ou très tranquille*
L - M *Un terrain effectuant la location de caravanes, de mobile homes,*
      de bungalows ou de chalets
P *Un terrain ouvert toute l'année*
🚐 *Un terrain possédant une aire de services pour camping-cars*
Consultez le tableau des localités

625

St-Trojan-les-Bains ✉ 17370 – **324** C4 – G. Poitou Charentes Vendée – 1 624 h. – alt. 5

🛈 *Office de tourisme, carrefour du Port* 🕿 *05 46 76 00 86, Fax 05 46 76 17 64*
Paris 509 – Marennes 16 – Rochefort 38 – La Rochelle 74 – Royan 47 – Saintes 57.

⚠ **La Combinette** avr.-oct.

🕿 05 46 76 00 47, *la-combinette@wanadoo.fr*,
Fax 05 46 76 16 96, *www.combinette-oleron.com*
– **R** conseillée
4 ha (225 empl.) plat et peu accidenté, sablonneux, herbeux
Tarif : (Prix 2007) 19,80 € 🚶 ⬅ 🔲 🔌 (10A) – pers.
suppl. 5,30 €
Location : 19 🏠 (4 à 6 pers.) 245 à 670 €/sem. – studios
Pour s'y rendre : SO : 1,5 km

> Nature : ☙ ♀
> Loisirs : 🍴 snack 🍴 ⚓ 🚲 🛶
> terrain omnisports
> Services : 🕭 ⚡ 🗓 🕸 ☺ 🚿 🚐 🛒
> 🖻 🛁 🛒
> À prox. : 🍴

JONZAC

✉ 17500 – **324** H7 – G. Poitou Charentes Vendée – 3 817 h. – alt. 40 – ♨ (mi fév.-début déc.)
🛈 *Office de tourisme, 25, place du Château* 🕿 *05 46 48 49 29, Fax 05 46 48 51 07*
Paris 512 – Angoulême 59 – Bordeaux 84 – Cognac 36 – Libourne 81 – Royan 60 – Saintes 44.

⚠ **Les Castors** 15 mars-oct.

🕿 05 46 48 25 65, *camping-les-castors@wanadoo.fr*,
Fax 05 46 04 56 76, *www.campingcastors.com* – **R** conseillée
3 ha (73 empl.) peu incliné, plat, herbeux, gravier
Tarif : 18,10 € 🚶 ⬅ 🔲 🔌 (10A) – pers. suppl. 4,20 €
Location : 25 🛏 (4 à 6 pers.) 310 à 566 €/sem. – 6 🏠
(4 à 6 pers.) 330 à 566 €/sem.
🚐 1 borne raclet 3,20 € – 8 🔲 18,20 € – 🚐 16.30 €
Pour s'y rendre : SO : 1,5 km par D 19, rte de Montendre
et chemin à droite

> Nature : ☙ ♀
> Loisirs : 🍴 🍴 ⚓ 🚲 🏊 (petite
> piscine)
> Services : 🕭 ⚡ GB 🗓 🕸 🖻 ☺ 🛒
> 🖻 sèche-linge 🛒

LAGORD

✉ 17140 – **324** D2 – 6 456 h. – alt. 23

Paris 475 – Poitiers 142 – La Rochelle 6 – Niort 75 – La Roche-sur-Yon 72.

⚠ **Municipal le Parc** juin-sept.

   ℘ 05 46 67 61 54, *personnel@mairie-lagord.fr*,

Fax 05 46 00 62 01, *www.mairie-lagord.fr* – **R** conseillée

2 ha (120 empl.) plat, herbeux

Tarif : 13,20 € 👤 🚐 🅴 💷 (10A) – pers. suppl. 3,55 €

Location (permanent) : 6 🏠 (4 à 6 pers.) 158 à 405 €/sem.

🚐 1 borne

Pour s'y rendre : sortie O, rue du Parc, par le périphérique, direction Île de Ré et sortie Lagord

Nature : 🏞 🗇 🎔🎔
Loisirs : 🎪 ⚡ 🏠 🏊
Services : 🚿 🔌 📷 🗄 🛁 ⚙ 🔲 sèche-linge
À prox. : 🍴 🔲

LANDRAIS

✉ 17290 – **324** E3 – 526 h. – alt. 12

Paris 455 – Niort 48 – Rochefort 23 – La Rochelle 32 – Surgères 13.

⚠ **Le Pré Maréchal** juin-sept.

   ℘ 05 46 27 73 69, *mairie-landrais@smic17.fr*,

Fax 05 46 27 79 46, *www.cc-plaine-aunis.fr* – **R** conseillée

0,6 ha (25 empl.) plat, herbeux, pierreux

Tarif : (Prix 2007) 11,50 € 👤 🚐 🅴 – pers. suppl. 2,50 €

Pour s'y rendre : Sortie NO par D 112, rte d'Aigrefeuille-d'Aunis et chemin à gauche, à 120 m d'un étang

Nature : 🏞 🗇
Loisirs : ⚡
Services : 🚿 📷 ⚙
À prox. : 🎣

---

*The classification (1 to 5 tents, **black** or **red**) that we award to selected sites in this Guide is a system that is our own. It should not be confused with the classification (1 to 4 stars) of official organisations.*

626

MARANS

✉ 17230 – **324** E2 – G. Poitou Charentes Vendée – 4 375 h. – alt. 1

🚹 *Office de tourisme, 62, rue d'Aligre* ℘ 05 46 01 12 87, Fax 05 46 35 97 36

Paris 461 – Fontenay-le-Comte 28 – Niort 56 – La Rochelle 24 – La Roche-sur-Yon 60.

⚠ **Municipal du Bois Dinot** avr.-sept.

   ℘ 05 46 01 10 51, *campingboisdinot.marans@wanadoo.fr*,

Fax 05 46 66 02 65, *www.ville-marans.fr* – **R** conseillée

7 ha/3 campables (170 empl.) plat, herbeux

Tarif : (Prix 2007) 14,30 € 👤 🚐 🅴 💷 (10A) – pers. suppl. 3,25 €

🚐 1 borne artisanale 4 € – 9 🅴 10 €

Pour s'y rendre : N : 0,5 km par D 137, rte de Nantes, à 80 m du canal de Marans à la Rochelle

À savoir : Au coeur d'un parc boisé

Nature : 🗇 🎔
Loisirs : ⚡ 🏊 vélodrome
Services : 🚿 🔌 🅶🅱 📷 ⚙ 🛒 🔲
À prox. : 🎣 pédalos, canoë

MARENNES

✉ 17320 – **324** D5 – G. Poitou Charentes Vendée – 4 685 h. – alt. 10

🚹 *Office de tourisme, place Chasseloup-Laubat* ℘ 05 46 85 04 36, Fax 05 46 85 14 20

Paris 494 – Pons 61 – Rochefort 22 – Royan 31 – Saintes 41.

⚠ **Au Bon Air** avr.-sept.

   ℘ 05 46 85 02 40, *contact@aubonair.com*,

Fax 05 46 36 22 54, *www.aubonair.com* – **R** indispensable

2,4 ha (140 empl.) plat, sablonneux, herbeux

Tarif : 18,30 € 👤 🚐 🅴 💷 (6A) – pers. suppl. 5,20 € – frais de réservation 17 €

Location : 37 🏕 (4 à 6 pers.) 231 à 784 €/sem. – 9 🏠 (4 à 6 pers.) 252 à 665 €/sem.

🚐 1 borne artisanale 3 € – 🚐 8.10 €

Pour s'y rendre : O : 2,5 km à Marennes-Plage

À savoir : Cadre verdoyant

Nature : 🗇 🎔🎔
Loisirs : 🍴 🏠 ⚡ 🏊 🎣
Services : 🚿 🔌 🅶🅱 📷 🗄 🛁 ⚙ 🚮
🛒 🔲 sèche-linge

Les MATHES

✉ 17570 – **324** D5 – 1 452 h. – alt. 10
🛈 *Office de tourisme, 2, av. de Royan* 📞 *05 46 22 41 07, Fax 05 46 22 52 69*
Paris 514 – Marennes 18 – Rochefort 40 – La Rochelle 76 – Royan 16 – Saintes 48.

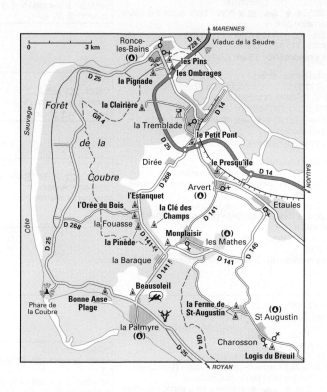

▲▲▲ **La Pinède** avr.-15 sept.
📞 05 46 22 45 13, *contact@campinglapinede.com*,
Fax 05 46 22 50 21, *http://www.campinglapinede.com* –
places limitées pour le passage – **R** indispensable
8 ha (372 empl.) plat, sablonneux
Tarif : 43,60 € 🛉 🚗 🗐 ⚡ (5A) – pers. suppl. 9,95 € – frais
de réservation 27 €
Location : 15 🚐 (4 à 6 pers.) 392 à 836 €/sem. – 9 🏠
(4 à 6 pers.) 392 à 836 €/sem.
Pour s'y rendre : NO : 3 km, à la Fouasse
À savoir : grand espace aquatique en partie couvert

Nature : 🏞 ☐ 🗘🗘
Loisirs : 🍸 ✗ 🎬 ⚑ nocturne 🎣
🎱 🏌 🚲 🎠 🛶 🛝 💆 🏊 ↗ ♞
poneys terrain omnisports, parc
animalier
Services : 🛉 🚿 ⊖ 🔧 🗑 👜 ☺ 🍴
🛒 🧺 sèche-linge 🍽 💈
À prox. : parc d'attractions, quad

▲▲▲ **L'Orée du Bois** 26 avr.-13 sept.
📞 05 46 22 42 43, *info@camping-oree-du-bois.fr*,
Fax 05 46 22 54 76, *www.camping-oree-du-bois.fr* – places
limitées pour le passage – **R** indispensable
6 ha (388 empl.) plat, sablonneux
Tarif : 37 € 🛉 🚗 🗐 ⚡ (6A) – pers. suppl. 7,50 € – frais de
réservation 24 €
Location : 60 🚐 (4 à 6 pers.) 300 à 690 €/sem. – 9 🏠
(4 à 6 pers.) 420 à 840 €/sem.
Pour s'y rendre : NO : 3,5 km, à la Fouasse

Nature : ☐ 🗘🗘
Loisirs : 🍸 snack 🎬 ⚑ ⚽ ⚑ 🚲
✗ 🏊 ⚑ terrain omnisports
Services : 🛉 🚿 ⊖ 🔧 🗑 – 40 sanitaires individuels (🗑 🚿 ⊖ wc) ☺
🍴 🚿 🧺 sèche-linge 🍽 💈

Les MATHES

▲▲▲ **L'Estanquet** ♣♣ – avr.-sept.
℘ 05 46 22 47 32, *contact@campinglestanquet.com*,
Fax 05 46 22 51 46, *www.campinglestanquet.com*
– **R** conseillée ⚡
5 ha (500 empl.) plat, sablonneux
Tarif : 30,50 € ✷ ⇦ 🔲 📱 (10A) – pers. suppl. 5 € – frais
de réservation 20 €
Location : 100 🚐 (4 à 6 pers.) 195 à 676 €/sem. – 9 🏠
(4 à 6 pers.) 215 à 821 €/sem.
Pour s'y rendre : NO 3,5 km, à la Fouasse

Nature : ⬜ 🌳🌳
Loisirs : 🍴 snack 🎆 nocturne 🎯
🏊 🚲 ✂ 🏄 ⛱ terrain omnisports
Services : 🚿 ⚡ GB 🧺 🍴 🔥 🛒 ⚙
🚗 🛒 🕯 🔥 🧺 🚿

▲▲ **Monplaisir** avr.-1ᵉʳ oct.
℘ 05 46 22 50 31, *campmonplaisir@aol.com*,
Fax 05 46 22 50 31 – **R** conseillée
2 ha (114 empl.) plat, herbeux, sablonneux
Tarif : (Prix 2007) 20 € ✷ ⇦ 🔲 📱 (6A) – pers. suppl. 5 €
Location : studios
Pour s'y rendre : Sortie SO

Nature : 🌳🌳
Loisirs : 🎬 🏊 m 🏄
Services : 🚿 ⚡ GB 🧺 🔥 🛒 ⚙ 🔥
À prox. : 🛒 🍴 ✖ quad

▲ **La Clé des Champs** avr.-sept.
℘ 05 46 22 40 53, *contact@la-cledeschamps.com*,
Fax 05 46 22 56 96, *www.la-cledeschamps.com* – **R** conseillée
4 ha (300 empl.) plat, sablonneux, herbeux
Tarif : 24 € ✷ ⇦ 🔲 📱 (10A) – pers. suppl. 4,50 € – frais
de réservation 19 €
Location (avr.-oct.) : 33 🚐 (4 à 6 pers.) 280 à
670 €/sem.
Pour s'y rendre : NO : 2,5 km rte de la Fouasse

Nature : 🌳🌳
Loisirs : 🏊 🚲 ✂ 🔲 (découverte
en saison) 🐴 poneys
Services : 🚿 ⚡ GB 🧺 🔥 🧺 ⚙ 🔥
🔥 🚿
À prox. : ↗

MÉDIS

✉ 17600 – **324** E6 – 2 158 h. – alt. 29
Paris 498 – Marennes 28 – Mirambeau 48 – Pons 39 – Royan 7 – Saintes 31.
Schéma à Royan

▲▲ **Le Clos Fleuri** juin-15 sept.
℘ 05 46 05 62 17, *clos-fleuri@wanadoo.fr*,
Fax 05 46 06 75 61, *www.le-clos-fleuri.com* – **R** conseillée
3 ha (140 empl.) plat et peu incliné, herbeux
Tarif : 32,30 € ✷ ⇦ 🔲 📱 (10A) – pers. suppl. 8 € – frais
de réservation 20 €
Location (31 mai-13 sept.) ⚡ : 4 🚐 (4 à 6 pers.) 270 à
660 €/sem. – 10 🏠 (4 à 6 pers.) 290 à 690 €/sem.
Pour s'y rendre : SE : 2 km sur D 117ᴱ ³
À savoir : Agréable cadre champêtre autour d'une ancienne ferme charentaise

Nature : 🌊 ⬜ 🌳🌳
Loisirs : 🍴 snack 🎬 🍴s 🏊 🌡 m
Services : 🚿 ⚡ GB 🧺 🔥 🛒 ⚙ 🔥
sèche-linge 🔥 🚿

MESCHERS-SUR-GIRONDE

✉ 17132 – **324** E6 – G. Poitou Charentes Vendée – 2 234 h. – alt. 5
🛈 *Office de tourisme, 3, place de Verdun* ℘ 05 46 02 70 39, Fax 05 46 02 51 65
Paris 511 – Blaye 78 – Jonzac 49 – Pons 37 – La Rochelle 87 – Royan 12 – Saintes 45.

▲ **Le Soleil Levant** 15 mars-oct.
℘ 05 46 02 76 62, *soleil.levant.ribes@wanadoo.fr*,
Fax 05 46 02 50 56, *www.les-campings.com/camping-soleillevant* – **R** conseillée
2 ha (238 empl.) plat, herbeux
Tarif : 21,80 € ✷ ⇦ 🔲 📱 (10A) – pers. suppl. 4,90 €
Location (avr.-sept.) ⚡ : 22 🚐 (4 à 6 pers.) 230 à
690 €/sem.
🚐 1 borne eurorelais 6 € – 🚼 12 €
Pour s'y rendre : E : 0,5 km par rue Basse et allée de la Longée

Nature : 🌳
Loisirs : 🍴 🏊 🏄
Services : ⚡ GB 🧺 🔥 🛒 ⚙ 🔥 🚿

MORTAGNE-SUR-GIRONDE

✉ 17120 – **324** F7 – G. Poitou Charentes Vendée – 967 h. – alt. 51
🛈 *Syndicat d'initiative, 1, place des Halles* 🗺 *05 46 90 52 90, Fax 05 46 90 52 90*
Paris 509 – Blaye 59 – Jonzac 30 – Pons 26 – La Rochelle 115 – Royan 34 – Saintes 36.

🔺 **Municipal Bel Air** juin-sept.
🗺 05 46 91 48 84, *mairie-mortagne@smic17.fr*,
Fax 05 46 90 61 25 – ⅌
1 ha (20 empl.) en terrasses, plat et peu incliné, herbeux
Tarif : 11,60 € 🏕 🚗 ▣ – pers. suppl. 2,66 €
Pour s'y rendre : Rue Bel Air, direction le Port
À savoir : Estuaire et le petit port

> Nature : 🏞 ♀
> Loisirs : 🛝
> Services : ♿ ⚡ 🧺 🗄 🔥 ⚠ 🚿 ♨ 🚽

MOSNAC

✉ 17240 – **324** G6 – 448 h. – alt. 23
Paris 501 – Cognac 34 – Gémozac 20 – Jonzac 11 – Saintes 33.

🔺 **Municipal les Bords de la Seugne** 15 avr.-15 oct.
🗺 05 46 70 48 45, *mosnac@mairie17.com*,
Fax 05 46 70 49 13 – ℝ conseillée
0,9 ha (33 empl.) plat, herbeux
Tarif : 🏕 2,50 € 🚗 2,50 € ▣ 2,50 € – ⚡ 2,50 €
Pour s'y rendre : Au bourg, bord de la rivière

> Nature : 🏞 ♀
> Loisirs : 🎣
> Services : 🧺 🔥 ♨

La PALMYRE

✉ 17570 – **324** C5 – G. Poitou Charentes Vendée
🛈 *Office de tourisme, 2, avenue de Royan* 🗺 *05 46 22 41 07, Fax 05 46 22 52 69*
Paris 524 – Poitiers 191 – La Rochelle 77 – Rochefort 46 – Saintes 53.
Schéma aux Mathes

🔺 **Bonne Anse Plage** 🏕 – 24 mai-3 sept.
🗺 05 46 22 40 90, *bonne.anse@wanadoo.fr*,
Fax 05 46 22 42 30, *http://www.campingbonneanse*
plage.com – ⅌ 🐾
17 ha (850 empl.) plat, terrasses, sablonneux, herbeux
Tarif : 44,80 € 🏕 🚗 ▣ ⚡ (6A) – pers. suppl. 9,20 €
Location : 100 🛖
🛒 1 borne raclet
Pour s'y rendre : O : 2 km, à 400 m de la plage
À savoir : Cadre et situation agréables

> Nature : 🏞 ♀♀
> Loisirs : 🍴 🍽 🎮 🛝 🚤 🚲 ♨ 🏓
> ♨ terrain omnisports, mur d'esca-
> lade
> Services : ♿ ⚡ 🅖🅑 🗄 ♨ ♨ 🧺 🖥
> sèche-linge 🔥 ♨

🔺 **Beausoleil** 14 avr.-14 sept.
🗺 05 46 22 30 03, *camping.beausoleil@wanadoo.fr*,
www.campingbeausoleil.com – ℝ conseillée
4 ha (244 empl.) plat, vallonné, sablonneux, herbeux
Tarif : 30,90 € 🏕 🚗 ▣ ⚡ (10A) – pers. suppl. 4,60 € –
frais de réservation 15 €
Location : 20 🛖 (4 à 6 pers.) 293 à 599 €/sem.
Pour s'y rendre : Sortie NO, à 500 m de la plage

> Nature : ♀♀
> Loisirs : 🎮 🛝 🚤 (petite piscine)
> Services : ♿ ⚡ 🅖🅑 🧺 🗄 ♨ 🖥

PONS

✉ 17800 – **324** G6 – G. Poitou Charentes Vendée – 4 427 h. – alt. 39
🛈 *Syndicat d'initiative, place de la République* 🗺 *05 46 96 13 31, Fax 05 46 96 34 52*
Paris 493 – Blaye 64 – Bordeaux 97 – Cognac 24 – La Rochelle 99 – Royan 43 – Saintes 22.

🔺 **Municipal le Paradis** avr.-sept.
🗺 05 46 91 36 72, *ville.pons@smic17.fr*, Fax 05 46 96 14 15
– ℝ conseillée
1 ha (60 empl.) plat, herbeux
Tarif : 🏕 3 € ▣ 6 € – ⚡ (10A) 1 €
🛒 1 borne eurorelais 4 €
Pour s'y rendre : À l'O de la ville

> Nature : 🏞 ♀♀
> Loisirs : 🎮
> Services : ♿ ⚡ 🅖🅑 🗄 ♨ 🚿 🚽
> À prox. : 🚤 🏊

629

PONS

⚠ **Les Moulins de la Vergne**
 𝄐 05 46 94 11 49, *moulinsdelavergne@wanadoo.fr,*
 www.moulinsdelavergne.nl
 3 ha/1 campable (51 empl.) plat, herbeux, petit bois
 Location : appartements
 Pour s'y rendre : N : 2 km par D 234, direction Colombiers

Nature : ⌂ ♀
Loisirs : ♀ ✗ ⌂ ♒ ⚓
Services : ⊶ 🔃 ⊕ 🖳 🛁

PONT-L'ABBÉ-D'ARNOULT

✉ 17250 – **324** E5 – G. Poitou Charentes Vendée – 1 743 h. – alt. 20
🛈 *Syndicat d'initiative, 26, place Général-de-Gaulle* 𝄐 05 46 97 00 19, Fax 05 46 97 12 31
Paris 474 – Marennes 23 – Rochefort 19 – La Rochelle 59 – Royan 29 – Saintes 23.

⚠ **Parc de la Garenne** 15 mars-oct.
 𝄐 05 46 97 01 46, *info@lagarenne.net, www.lagarenne.net*
 – **R** conseillée
 2,7 ha (111 empl.) plat, herbeux
 Tarif : 19,50 € 🚶 🚐 🔲 🔌 (6A) – pers. suppl. 4,20 € – frais
 de réservation 14 €
 Location : 30 🚐 (4 à 6 pers.) 160 à 599 €/sem.
 🚐 🛒 13 €
 Pour s'y rendre : sortie SE par D 125, rte de Soulignonne

Nature : ⌂ 🏕 ♀
Loisirs : ⌂ 🏊 🚲 ✂
Services : ♿ ⊶ GB 🔃 🛁 ⊕ ♨ 🚿
🚽 🖳 sèche-linge 🛁
À prox. : ♒

Benutzen Sie
– zur Wahl der Fahrtroute
– zur Berechnung der Entfernungen
– zur exakten Lokalisierung eines Campingplatzes (mit Hilfe der Angaben im Ortstext)
die für diesen Führer unentbehrlichen **MICHELIN-Karten** .

630 **ROCHEFORT**

✉ 17300 – **324** E4 – G. Poitou Charentes Vendée – 25 797 h. – alt. 12 – ⚓ (début fév.-mi déc.)
Pont de Martrou : gratuit
🛈 *Office de tourisme, avenue Sadi-Carnot* 𝄐 05 46 99 08 60, Fax 05 46 99 52 64
Paris 475 – Limoges 221 – Niort 62 – La Rochelle 38 – Royan 40 – Saintes 44.

⚠ **Le Bateau** fév.-oct.
 𝄐 05 46 99 41 00, *lebateau@wanadoo.fr, www.campingle*
 bateau.com – **R** indispensable
 5 ha/1,5 campable (86 empl.) plat, pierreux, herbeux
 Tarif : 18 € 🚶 🚐 🔲 🔌 (10A) – pers. suppl. 4,30 €
 Location (29 mars-oct.) : 40 🚐 (4 à 6 pers.) 350 à
 494 €/sem.
 🚐 1 borne artisanale – 15 🔲 14 € – 🛒 12 €
 Pour s'y rendre : Près de la Charente, par rocade Ouest
 (bd Bignon) et rte du Port Neuf, bord d'un plan d'eau
 et près du centre nautique
 À savoir : Sanitaires dans les cales d'un chalutier reproduit
 grandeur nature

Nature : ⌂ 🏕 ♀
Loisirs : ♀ snack ⌂ 🏊 ♒ 🏹
Services : ♿ ⊶ GB 🚿 🛗 🔃 🛁 ⊕ ♨
🚽 🖳
À prox. : ⚓

RONCE-LES-BAINS

✉ 17390 – **324** D5 – G. Poitou Charentes Vendée
🛈 *Office de tourisme, place Brochard* 𝄐 05 46 36 06 02, Fax 05 46 36 38 17
Paris 505 – Marennes 9 – Rochefort 31 – La Rochelle 68 – Royan 27.
                    Schéma aux Mathes

⚠ **La Pignade** (location exclusive de mobile homes) 5
 avr.-27 sept.
 𝄐 05 46 36 15 35, *lapignade@siblu.fr*, Fax 05 46 85 52 92,
 www.camping-lapignade.com – **R** ✗
 15 ha plat, sablonneux
 Location : 60 🚐 (4 à 6 pers.) 175 à 1 449 €/sem.
 Pour s'y rendre : S : 1,5 km par av. du Monard

Nature : 🏕 ♀
Loisirs : ♀ ✗ fast-food 🎮 👫 salle
d'animation 🎯 🔲 (découverte en
saison) 🏊 terrain omnisports
Services : ♿ ⊶ GB 🚿 🔃 🛁 ⊕ ♨
🚽 🚽 🖳 sèche-linge 🖳 🛁
À prox. : 🚲 ✗ ⛳ quad

▲▲▲　**La Clairière** mai-14 sept.
　　　🌀 05 46 36 36 63, *info@camping-la-clairiere.com*,
　　　Fax 05 46 36 06 74, *www.camping-la-clairiere.com* – places
　　　limitées pour le passage – **R** conseillée ✗✗
　　　12 ha/4 campables (165 empl.) plat, herbeux, sablonneux
　　　Tarif : 32,90 € 🚶 🚗 📵 🚰 (10A) – pers. suppl. 8 € – frais
　　　de réservation 19 €
　　　Location : 30 🚐 (4 à 6 pers.) 245 à 728 €/sem. – 🛏 –
　　　(hôtel)
　　　Pour s'y rendre : S : 3,6 km par D 25, rte d'Arvert et rte à
　　　droite
　　　À savoir : Décoration florale et arbustive

Nature : 🏞 ♀♀
Loisirs : 🍴 brasserie, pizzeria 🎴 nocturne 🎰 🏹 ✗ m 🎿 ⛷
Services : ⚐ ⛽ GB 🅰 🖥 🛁 ④ 🚻 🔲 ⚒ ♨
À prox. : 🐎

▲▲　**Les Pins** 🏕 – avr.-sept.
　　　🌀 05 46 36 07 75, *contact@lespins.com*,
　　　Fax 05 46 36 50 77, *www.lespins.com* – places limitées pour
　　　le passage – **R** conseillée
　　　1,5 ha (90 empl.) plat, sablonneux
　　　Tarif : 32,10 € 🚶 🚗 📵 🚰 (16A) – pers. suppl. 5,90 € –
　　　frais de réservation 18 €
　　　Location : 25 🚐 (2 à 4 pers.) 221 à 486 €/sem. – 31 🚐
　　　(4 à 6 pers.) 251 à 652 €/sem. – 23 🏠 (4 à 6 pers.) 298 à
　　　769 €/sem.
　　　Pour s'y rendre : S : 1 km

Nature : ♀
Loisirs : 🎴 🏃 🏹 🚲 🎣 🔲 (découverte en saison)
Services : ⚐ ⛽ GB 🅰 🖥 🛁 ♨ ④
🚻 🔲 sèche-linge ♨
À prox. : ✗

▲▲　**Les Ombrages** 15 juin-15 sept.
　　　🌀 05 46 36 08 41, Fax 05 46 36 08 41 – places limitées pour
　　　le passage – **R** conseillée
　　　4 ha (200 empl.) plat et sablonneux, herbeux
　　　Tarif : 22,50 € 🚶 🚗 📵 🚰 (6A) – pers. suppl. 5 €
　　　Pour s'y rendre : S : 1,2 km

Loisirs : 🍴 snack 🏹 🎿
Services : ⚐ ⛽ 🅰 🖥 ♨ ④ 🔲 ⚒ ♨
À prox. : ✗

Om een reisroute uit te stippelen en te volgen,
om het aantal kilometers te berekenen,
om precies de ligging van een terrein te bepalen
(aan de hand van de inlichtingen in de tekst),
*gebruikt u de **Michelinkaarten** ,*
een onmisbare aanvulling op deze gids.

631

ROYAN

✉ 17200 – **324** D6 – G. Poitou Charentes Vendée – 17 102 h. – alt. 20
🅱 Office de tourisme, rond-point de la Poste 🌀 05 46 05 04 71, Fax 05 46 06 67 76
Paris 504 – Bordeaux 121 – Périgueux 183 – Rochefort 40 – Saintes 38.

▲▲▲　**Le Royan** avr.-10 oct.
　　　🌀 05 46 39 09 06, *camping.le.royan@wanadoo.fr*,
　　　Fax 05 46 38 12 05, *www.le-royan.com* – **R** conseillée
　　　3,5 ha (180 empl.) peu incliné, herbeux
　　　Tarif : (Prix 2007) 33 € 🚶 🚗 📵 🚰 (10A) – pers.
　　　suppl. 7,50 € – frais de réservation 19 €
　　　Location : 32 🚐 (4 à 6 pers.) 205 à 675 €/sem. – 14 🏠
　　　(4 à 6 pers.) 285 à 700 €/sem.
　　　Pour s'y rendre : NO : 2,5 km
　　　À savoir : Cadre verdoyant et soigné

Nature : ♀♀
Loisirs : 🍴 snack 🎴 🏹 🎿 ⛷
Services : ⚐ ⛽ GB 🅰 🖥 🛁 ♨
🚰 🔲 sèche-linge ⚒ ♨

▲▲　**Clairefontaine** 15 mai-sept.
　　　🌀 05 46 39 08 11, *info@camping-clairefontaine.com*,
　　　Fax 05 46 38 13 79, *www.camping-clairefontaine.com*
　　　– **R** conseillée
　　　5 ha (290 empl.) plat, herbeux
　　　Tarif : 35 € 🚶 🚗 📵 🚰 (10A) – pers. suppl. 9,50 €
　　　🚐 1 borne artisanale 8 € – 10 📵 35 € – 🚐 30 €
　　　Pour s'y rendre : À Pontaillac, allée des Peupliers à 400 m
　　　de la plage

Nature : ♀♀
Loisirs : 🍴 snack 🎴 🏹 ✗ 🎿
Services : ⚐ ⛽ GB 🅰 🖥 🛁 ④ 🚻
🔲 sèche-linge ⚒

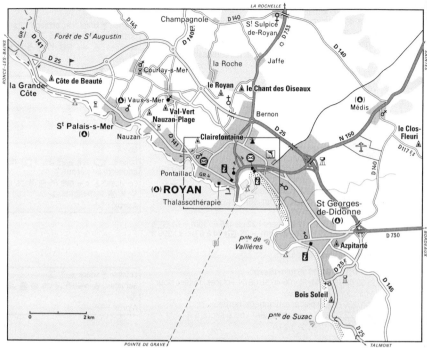

ⅿ **Le Chant des Oiseaux** 15 juin-15 sept.
℘ 05 46 39 47 47, *info@campingchantdesoiseaux.com*,
www.campingchantdesoiseaux.com – **R** conseillée
2,5 ha (150 empl.) plat, herbeux, petit sous-bois
Tarif : 24,70 € ⚹ 🚗 🅴 ⓖ (10A) – pers. suppl. 6,50 € –
frais de réservation 8 €
Pour s'y rendre : NO : 2,3 km

> Nature : 🐟 ♀
> Loisirs : 🏖 🚣 🛝
> Services : ♿ ⚡ 🛒 🖧 🍽 🛁 ☺ 🔄 🗑 🧺

Utilisez les **cartes MICHELIN,**
complément indispensable de ce guide.

ST-AUGUSTIN-SUR-MER

✉ 17570 – **324** D5 – 851 h. – alt. 10
🛈 *Office de tourisme, 1, rue de la Cure* ℘ 05 46 05 53 56, *Fax 05 46 02 27 40*
Paris 512 – Marennes 23 – Rochefort 44 – La Rochelle 81 – Royan 11 – Saintes 45.
Schéma aux Mathes

ⅿ **Le Logis du Breuil** 15 mai-sept.
℘ 05 46 23 23 45, *camping.logis-du-breuil@wanadoo.fr*,
Fax 05 46 23 43 33, *www.logis-du-breuil.com* – **R** conseillée
30 ha/8,5 campables (373 empl.) plat, terrasses, herbeux,
sablonneux
Tarif : 24,30 € ⚹ 🚗 🅴 ⓖ (6A) – pers. suppl. 6,30 € – frais
de réservation 8 €
Location (26 avr.-27 sept.) : gîtes
🚐 1 borne eurorelais
Pour s'y rendre : SE : par D 145 rte de Royan
À savoir : À l'orée de la forêt de St-Augustin, agréable
sous-bois

> Nature : 🐟 ♀♀
> Loisirs : 🍴 🍽 🏖 🚣 🚲 ⛳ ⚹ 🎯 🛝
> terrain omnisports
> Services : ♿ ⚡ 🅶🅱 🖧 🍽 🛁 🔄 ☺
> 🛒 📞 🗑 sèche-linge 🗑 🧺
> À prox. : 🐎

▲▲ **La Ferme de St-Augustin** 15 mai-5 sept.
   ℰ 05 46 39 14 46, *contact@fermestaugustin.com*,
Fax 05 46 23 43 59, *www.campinglaferme.fr* – **R** conseillée
5,3 ha (340 empl.) plat et peu incliné, herbeux, sablonneux
Tarif : (Prix 2007) 20 € ✸ ⇌ ▣ ⓗ (10A) – pers.
suppl. 5,90 € – frais de réservation 10 €
Location (avr.-10 sept.) ✸ : 40 ⊞ (4 à 6 pers.) 180 à
540 €/sem. – 40 ⊡ (4 à 6 pers.) 210 à 600 €/sem.
Pour s'y rendre : Au bourg

> Nature : ♀
> Loisirs : 🚗 🚲 ✗ ♫ ⚓ ⤢ terrain
> omnisports
> Services : ⚐ ⚡ GB ♒ ▤ ♨ ☺ ⤢
> ♈ ☡ ▣ ⚑ ☂

ST-CHRISTOPHE

✉ 17220 – **324** E3 – 916 h. – alt. 26
Paris 455 – Niort 48 – Rochefort 25 – La Rochelle 20 – Surgères 19.

▲ **Municipal la Garenne** mai-15 sept.
   ℰ 05 46 35 16 15, *saintchristophe@mairie17.com*,
Fax 05 46 35 64 29 – **R** conseillée
0,4 ha (30 empl.) plat, herbeux
Tarif : 2,75 € ✸ ⇌ ▣ ⓗ (4A) – pers. suppl. 1,20 €
Pour s'y rendre : sortie NE par D 264, rte de la Martinière
À savoir : cadre champêtre, près d'un étang

> Nature : ⤢ ⊡
> Loisirs : 🚗 ♒
> Services : ⚐ ♒ ⊛
> À prox. : ✗

ST-GEORGES-DE-DIDONNE

✉ 17110 – **324** D6 – G. Poitou Charentes Vendée – 5 034 h. – alt. 7
🅱 *Office de tourisme, 7, boulevard Michelet* ℰ 05 46 05 09 73, Fax 05 46 06 36 99
Paris 505 – Blaye 84 – Bordeaux 117 – Jonzac 56 – La Rochelle 80 – Royan 4.
                Schéma à Royan

▲▲▲ **Bois-Soleil** 4 avr.-2 nov.
   ℰ 05 46 05 05 94, *camping.bois.soleil@wanadoo.fr*,
Fax 05 46 06 27 43, *http://www.bois-soleil.com* – **R** indispensable ✾
8 ha (462 empl.) plat, vallonné et en terrasses, sablonneux
Tarif : 37 € ✸ ⇌ ▣ ⓗ (6A) – pers. suppl. 7,50 € – frais de
réservation 30 €
Location : 66 ⊞ (4 à 6 pers.) 180 à 980 €/sem. –
studios
🚐 1 borne eurorelais 5 €
Pour s'y rendre : S par D 25, rte de Meschers-sur-Gironde

> Nature : ⊡ ♀♀ △
> Loisirs : ♀ ✗ snack, pizzeria 🍴 ♬
> ♫ hammam 🚗 🚲 ✗ ⤢ terrain
> omnisports
> Services : ⚐ ♒ GB ♒ ▥ ▤ ♨ ☺
> ⤢ ♈ ☡ ▣ sèche-linge ⚑ ☂
> À prox. : 🐎 poneys

▲ **Azpitarté** Permanent
   ℰ 05 46 05 26 24, *linette.besson@camping-azpitarte.com*,
Fax 05 46 05 26 24, *www.camping-azpitarte.com*
– **R** conseillée
1 ha (60 empl.) plat et peu incliné, herbeux, pierreux
Tarif : 24 € ✸ ⇌ ▣ ⓗ (10A) – pers. suppl. 5,32 € – frais
de réservation 23 €
Location : 5 ⊞ (4 à 6 pers.) 285 à 460 €/sem. – studios
Pour s'y rendre : En ville, 35 rue Jean-Moulin

> Nature : ♀♀
> Services : ⚐ ♒ ♒ ☺ ☺ ♈ ▣

ST-JEAN-D'ANGÉLY

✉ 17400 – **324** G4 – G. Poitou Charentes Vendée – 7 681 h. – alt. 25
🅱 *Office de tourisme, 8, rue Grosse Horloge* ℰ 05 46 32 04 72, Fax 05 46 32 20 80
Paris 444 – Angoulême 70 – Cognac 35 – Niort 48 – La Rochelle 72 – Royan 69 – Saintes 36.

▲ **Val de Boutonne** avr.-sept.
   ℰ 05 46 32 26 16, *info@valba.net*, *www.valba.net*
– **R** conseillée
1,8 ha (99 empl.) plat, herbeux
Tarif : 16,90 € ✸ ⇌ ▣ ⓗ (6A) – pers. suppl. 3,20 € – frais
de réservation 12 €
Location (permanent) ✾ : 6 ⊞ (4 à 6 pers.) 179 à
579 €/sem.
Pour s'y rendre : Sortie NO rte de la Rochelle, puis à
gauche av. du Port (D 18) et à droite avant le pont, quai de
Bernouet, près de la Boutonne (plan d'eau)

> Nature : ⤢ ♀♀
> Loisirs : 🍴 🚗
> Services : ⚐ ♒ GB ♒ ▤ ☺ ⤢ ♈
> ▣
> À prox. : ♀ ✗ ♫ ⚓ ♒ canoë, pé-
> dalos, centre nautique couvert

633

ST-JUST-LUZAC

✉ 17320 – **324** D5 – G. Poitou Charentes Vendée – 1 535 h. – alt. 5
Paris 502 – Rochefort 23 – La Rochelle 59 – Royan 26 – Saintes 35.

🔺 **Séquoia Parc** 👥 – 8 Mai-14 sept.
  📞 05 46 85 55 55, *info@sequoiaparc.com*,
  Fax 05 46 85 55 56, *www.sequoiaparc.com* – **R** indispensable
  49 ha/28 campables (426 empl.) plat, herbeux, pierreux, sablonneux, bois
  Tarif : 43 € ★ 🚙 🔌 (6A) – pers. suppl. 9 € – frais de réservation 30 €
  Location 🏄 : 28 🛖 (4 à 6 pers.) 245 à 987 €/sem. – 44 🏠 (4 à 6 pers.) 294 à 1 057 €/sem.
  🚐 1 borne DM – 20 🔌 48 €
  Pour s'y rendre : NO : 2,7 km par D 728, rte de Marennes et chemin à droite
  À savoir : bel espace aquatique autour des dépendances d'un château et de nombreuses variétés arbustives et florales

| Nature : 🏞 🌳 🌿 |
| Loisirs : 🍷 🍴 pizzeria 🎪 🎆 nocturne 🎯 🏃 🚲 🏓 🏊 ⛷ 🐎 terrain omnisports |
| Services : 👥 ⛽ (1er juin-31 août) GB 🍴 Ⓜ 🧺 🔥 ⊕ 🧹 🚿 💧 🐕 🔌 sèche-linge 🏤 🚿 |

Les indications d'accès à un terrain sont généralement indiquées, dans notre guide, à partir du centre de la localité.

ST-LAURENT-DE-LA-PRÉE

✉ 17450 – **324** D4 – 1 347 h. – alt. 7
Paris 483 – Rochefort 10 – La Rochelle 31.

🔺 **Domaine des Charmilles** 👥 – 5 avr.-27 sept.
  📞 05 46 84 00 05, *charmilles17@wanadoo.fr*,
  Fax 05 46 84 02 84, *www.domainedescharmilles.com* – **R** conseillée
  5 ha (270 empl.) plat, herbeux
  Tarif : 34 € ★ 🚙 🔌 (6A) – pers. suppl. 6 € – frais de réservation 25 €
  Location 🏄 (juil.-août) : 28 🛖 (4 à 6 pers.) 220 à 990 €/sem. – 44 🏠 (4 à 6 pers.) 250 à 850 €/sem.
  Pour s'y rendre : NO : 2,2 km par D 214E 1, rte de Fouras et D 937 à droite, rte de la Rochelle

| Nature : 🏞 🌳🌳 |
| Loisirs : 🍷 🎪 🎆 nocturne 🎯 🏃 🚲 🏊 ⛷ terrain omnisports |
| Services : 👥 ⛽ GB 🍴 🧺 🔥 ⊕ 🧹 💧 🐕 🔌 sèche-linge |

🔺 **Le Pré Vert** avr.-sept.
  📞 05 46 84 89 40, *camping.pre-vert@wanadoo.fr*,
  Fax 05 46 84 88 32, *www.atout-fouras.com* – **R** conseillée
  2 ha (67 empl.) plat, peu incliné, terrasse, herbeux
  Tarif : 15,50 € ★ 🚙 🔌 (10A) – frais de réservation 8 €
  Location : 25 🛖 (4 à 6 pers.) 215 à 425 €/sem. – 12 🏠 (4 à 6 pers.) 230 à 455 €/sem.
  Pour s'y rendre : NE : 2,3 km par D 214, rte de la Rochelle, au lieu-dit St-Pierre - par voie rapide : sortie Fouras

| Nature : 🏞 🌿 |
| Loisirs : 🏃 🏊 (bassin) |
| Services : 👥 ⛽ (juil.-août) 🍴 🧺 🔥 🔥 ⊕ 🧹 💧 🔌 |

ST-NAZAIRE-SUR-CHARENTE

✉ 17780 – **324** D4 – 850 h. – alt. 14
Paris 491 – Fouras 27 – Rochefort 13 – La Rochelle 49 – Saintes 42.

🔺 **L'Abri-Cotier** avr.-sept.
  📞 05 46 84 81 65, *abri-cotier@wanadoo.fr*,
  Fax 05 46 84 81 65, *www.labricotier.com* – **R** conseillée
  1,8 ha (90 empl.) plat, peu incliné, herbeux
  Tarif : 20,30 € ★ 🚙 🔌 (6A) – pers. suppl. 4,30 € – frais de réservation 20 €
  Location : 17 🛖 (4 à 6 pers.) 235 à 530 €/sem. – 5 🏠 (4 à 6 pers.) 295 à 615 €/sem.
  🚐 1 borne artisanale 3 €
  Pour s'y rendre : SO : 1 km par D 125E1

| Nature : 🌊 🏞 🌿 |
| Loisirs : snack 🎪 🏃 🏊 |
| Services : 👥 ⛽ GB 🍴 🧺 🔥 🔥 ⊕ 💧 🐕 🔌 sèche-linge |

634

ST-PALAIS-SUR-MER

⊠ 17420 – **324** D6 – G. Poitou Charentes Vendée – 3 343 h. – alt. 5
🛈 *Office de tourisme, 1, avenue de la République 𝒫 05 46 23 22 58, Fax 05 46 23 36 73*
Paris 512 – La Rochelle 82 – Royan 6.

Schéma à Royan

🛆 **Côte de Beauté** 28 avr.-sept.
𝒫 05 46 23 20 59, *campingcotedebeaute@wanadoo.fr*,
Fax 05 46 23 37 32, *www.camping-cote-de-beaute.com*
– **R** conseillée
1,7 ha (115 empl.) plat, herbeux
Tarif : (Prix 2007) 25,50 € 👤 ⇔ 🖪 ⚡ (6A) – pers.
suppl. 3,50 € – frais de réservation 23 €
Location : 6 🛖 (4 à 6 pers.) 260 à 605 €/sem.
Pour s'y rendre : NO : 2,5 km, à 50 m de la mer
À savoir : Cadre agréable face à l'océan

Nature : ⌁ ♀
Loisirs : 🎦 🏕
Services : 🛒 ⚷ 🖪 ⚠ ☺ 🚾 🗑
À prox. : 🏖 ♈ ✗ 🎣

ST-SAVINIEN

⊠ 17350 – **324** F4 – 2 359 h. – alt. 18
🛈 *Office de tourisme, rue Bel Air 𝒫 05 46 90 21 07, Fax 05 46 90 19 45*
Paris 457 – Rochefort 28 – La Rochelle 62 – St-Jean-d'Angély 15 – Saintes 16 – Surgères 30.

🛆 **L'Île aux Loisirs** avr.-sept.
𝒫 05 46 90 35 11, *ileauxloisirs@wanadoo.fr*,
Fax 05 46 91 65 06, *www.ilesauxloirs.com* – **R** conseillée
1,8 ha (82 empl.) plat, herbeux
Tarif : 20 € 👤 ⇔ 🖪 ⚡ (10A) – pers. suppl. 5 € – frais de
réservation 16 €
Location : 5 🛖 (4 à 6 pers.) 320 à 500 €/sem. – 12 🛖
(4 à 6 pers.) 390 à 560 €/sem.
Pour s'y rendre : 0,5 km à l'O par D 18 rte de Pont-l'Abbé-
d'Arnoult, entre la Charente et le canal, à 200 m d'un plan
d'eau

Nature : ⌁ ♀
Loisirs : ♈ snack 🏕
Services : 🛒 ⚷ GB ⚷ 🖪 ☺ 🗑 sèche-linge 🎣
À prox. : ✗ 🎣 ⚓ 🛶 parcours sportif

*Raadpleeg, voordat U zich op een kampeerterrein installeert,
de tarieven die de beheerder verplicht
is bij de ingang van het terrein aan te geven.
Informeer ook naar de speciale verblijfsvoorwaarden.
De in deze gids vermelde gegevens kunnen
sinds het verschijnen van deze hereditie gewijzigd zijn.*

Le Marais breton-vendéen

S. Sauvignier/Michelin

ST-SEURIN D'UZET

✉ 17120 – **324** F6
Paris 512 – Blaye 65 – La Rochelle 99 – Royan 25 – Saintes 38.

⚠ **Municipal le Port** mai-sept.
  ✆ 05 46 90 44 03, *chenac.saint.seurin.duzet@mai
rie17.com*, Fax 05 46 90 40 02 – **R** conseillée
1 ha (55 empl.) non clos, plat, herbeux
Tarif : (Prix 2007) 6,90 € ✱ ⇔ 🅴 🅗 (6A) – pers.
suppl. 2,45 €
Pour s'y rendre : Au bourg, près de l'église, bord d'un
chenal

Nature : 🌄 ☞ 🌳
Loisirs : 🏕
Services : 🕭 ⚬ ☇ 🗑 ⊛ 🖼

ST-SORNIN

✉ 17600 – **324** E5 – G. Poitou Charentes Vendée – 328 h. – alt. 16
Paris 495 – Marennes 13 – Rochefort 24 – La Rochelle 60 – Royan 21 – Saintes 29.

⚠ **Le Valerick** avr.-sept.
  ✆ 05 46 85 15 95, *camplevalerick@aol.com*,
Fax 05 46 85 15 95 – **R** conseillée
1,5 ha (50 empl.) plat, incliné, herbeux, petit bois
Tarif : 16 € ✱ ⇔ 🅴 🅗 (6A) – pers. suppl. 3 € – frais de
réservation 30 €
Pour s'y rendre : NE : 1,3 km par D 118, rte de Pont-l'Abbé

Nature : 🌄 🌳
Loisirs : snack 🏕
Services : 🕭 ⚬ ☇ ⊛ 🖼

SAUJON

✉ 17600 – **324** E5 – G. Poitou Charentes Vendée – 5 392 h. – alt. 7
🅱 *Syndicat d'initiative, 22, place du Général-de-Gaulle* ✆ 05 46 02 83 77
Paris 499 – Poitiers 165 – La Rochelle 71 – Saintes 28 – Rochefort 34.

⚠⚠ **Lac de Saujon** avril- 15 nov.
  ✆ 05 46 06 82 99, *info@campingdulac.net*,
Fax 05 46 06 83 66, *www.campingdulac.net* – **R** conseillée
3,7 ha (150 empl.) plat, herbeux
Tarif : 24,10 € ✱ ⇔ 🅴 🅗 (10A) – pers. suppl. 4,10 € –
frais de réservation 18,50 €
Location (permanent) 🏠 : 36 ⛺ (4 à 6 pers.) 290 à
540 €/sem. – 4 bungalows toilés
⛺ 1 borne artisanale 5 €
Pour s'y rendre : 1,5 km par D 1 rte de le Gua et rte
secondaire, à 150 m du lac de la Lande à gauche (accès
direct)

Loisirs : 🍹 snack 🎠 🎣 🏕 🚴
Services : 🕭 ⚬ 🅶🅱 ☇ 🗑 ⊛ 🚗 ✂
🐾 🖼 sèche-linge 🔖 🐕
À prox. : 🎿 🏊 🛶 🎣 🐎 (centre
équestre) parcours de santé, ca-
noé-kayak

SOUMERAS

✉ 17130 – **324** H8 – 279 h. – alt. 55
Paris 529 – Barbezieux 45 – Blaye 33 – Bordeaux 69 – Pons 40 – Ribérac 72.

⚠ **Twin Lakes**
  ✆ 05 46 49 77 12, *info@twinlakesfrance.com*,
Fax 05 46 49 77 12, *www.twinlakesfrance.com* – **R** conseillée
6 ha/1 campable (25 empl.) plat, herbeux, étangs
Location : 8 ⛺
Pour s'y rendre : O : 1 km sur D 730 direction Mirambeau

Nature : 🌄 ☞ 🌳
Loisirs : 🎠 🏊 🎣
Services : 🕭 ⚬ 🗑 ⊛

THORS

✉ 17160 – **324** I5 – 411 h. – alt. 23
Paris 466 – Angoulême 53 – Cognac 84 – Limoges 143 – Poitiers 111 – St-Jean-d'Angély 23.

⚠ **Le Relais de l'Étang** 15 mai-sept.
  ✆ 05 46 58 26 81, *paysdematha@wanadoo.fr*,
Fax 05 46 58 26 81, *www.paysdematha.com* – **R** conseillée
0,8 ha (25 empl.) plat, herbeux, gravillons
Tarif : (Prix 2007) ✱ 2 € ⇔ 1,50 € 🅴 1,50 € –
🅗 (10A) 2,50 €
Pour s'y rendre : Sortie N par D 121, rte de Matha, près de
l'étang

Nature : ☞ 🌳
Loisirs : 🏕
Services : 🕭 ☇ 🗑 ⊛ 🚗
À prox. : 🍹 snack 🏖 🛶 (plage) pé-
dalos

636

VAUX-SUR-MER

✉ 17640 – **324** D6 – G. Poitou Charentes Vendée – 3 448 h. – alt. 12
🛈 *Syndicat d'initiative, 53, rue de Verdun* ☎ *05 46 38 79 05, Fax 05 46 38 11 46*
Paris 514 – Poitiers 181 – La Rochelle 75 – Rochefort 44 – Saintes 43.
Schéma à Royan

🔺🔺 **Le Nauzan-Plage** avr.-sept.
☎ 05 46 38 29 13, *camping.le.nauzan@wanadoo.fr*,
Fax 05 46 38 18 43, *www.campinglenauzanplage.com*
– **R** conseillée
3,9 ha (239 empl.) plat, herbeux
Tarif : 32,50 € 🏕 🚗 🔲 🔌 (10A) – pers. suppl. 7 € – frais
de réservation 15 €
Location 🛏 : 🚐 **(4 à 6 pers.)** 320 à 700 €/sem.
Pour s'y rendre : Av. de Nauzan, à 500 m de la plage
À savoir : En bordure d'un parc

> Nature : 🏕 ♀
> Loisirs : 🍴 snack 🍴 🖥 diurne 🏃
> 🏊
> Services : 🖤 ⚡ GB ⚙ 🚿 🛁 🐾
> 🖥 sèche-linge 🧺 🚰
> À prox. : 🍴 🎣 🏖

🔺🔺 **Le Val-Vert** 5 avr.-28 sept.
☎ 05 46 38 25 51, *camping-val-vert@wanadoo.fr*,
Fax 05 46 38 06 15, *www.camping-val-vert.com* – **R** indispensable
3 ha (157 empl.) plat et terrasse, herbeux, pierreux
Tarif : 31,80 € 🏕 🚗 🔲 🔌 (10A) – pers. suppl. 5,80 € –
frais de réservation 14 €
Location : 31 🚐 (4 à 6 pers.) 205 à 640 €/sem. – 35 🏠
(4 à 6 pers.) 255 à 670 €/sem.
🚐 1 borne artisanale
Pour s'y rendre : Au SO du bourg, 106 av. F.-Garnier, bord
d'un ruisseau
À savoir : En bordure d'un parc

> Nature : 🏕 ♀♀
> Loisirs : 🍴 🏃 🛴
> Services : 🖤 ⚡ GB ⚙ 🚿 🛁 🐾
> 🖥 🚰
> À prox. : 🍴 🎣

Deux-Sèvres (79)

637

ARGENTON-CHÂTEAU

✉ 79150 – **322** D3 – G. Poitou Charentes Vendée – 1 038 h. – alt. 123
🛈 *Office de tourisme, 13, rue de la Porte Virèche* ☎ *05 49 65 96 56*
Paris 355 – Bressuire 19 – Doué-la-Fontaine 30 – Mauléon 26 – Niort 82 – Thouars 20.

🔺 **Municipal du lac d'Hautibus** avr.-sept.
☎ 05 49 65 95 08, *mairie-argenton-chateau@cegetel.net*,
Fax 05 49 65 70 84, *www.campingargentonvallees.perso.st*
– **R** conseillée
1,5 ha (70 empl.) peu incliné et en terrasses, incliné,
herbeux
Tarif : (Prix 2007) 9,55 € 🏕 🚗 🔲 🔌 (6A) – pers.
suppl. 1,95 €
Location (permanent) : 6 🏠 (4 à 6 pers.) 200 à
325 €/sem.
Pour s'y rendre : à l'O du bourg, rue de la Sablière (accès
près du rond-point de la D 748 et D 759)
À savoir : À 150 m du lac avec accès direct (site pittoresque)

> Nature : ⬚ 🏕 ♀
> Loisirs : 🍴
> Services : ⚡ ⚙ 🚿 🛁 🖥
> À prox. : 🍴 🏊 🎣 pédalos

Si vous recherchez :
🔺 *Un terrain au bord de l'eau avec possibilité de baignade*
🏖 *Un terrain agréable ou très tranquille*
L *Un terrain effectuant la location de caravanes, de mobile homes,*
  de bungalows ou de chalets
P *Un terrain ouvert toute l'année*
🚐 *Un terrain possédant une aire de services pour camping-cars*
Consultez le tableau des localités

COULON

79510 – **322** C7 – G. Poitou Charentes Vendée – 2 074 h. – alt. 6
Office de tourisme, 31, rue Gabriel Auchier ℘ 05 49 35 99 29, Fax 05 49 35 84 31
Paris 418 – Fontenay-le-Comte 25 – Niort 11 – La Rochelle 63 – St-Jean-d'Angély 58.

La Venise Verte avr.-oct.
℘ 05 49 35 90 36, *accueil@camping-laveniseverte.com*,
Fax 05 49 35 84 69, *www.camping-laveniseverte.com*
– **R** conseillée
2,2 ha (140 empl.) plat, herbeux
Tarif : 27 € ✱ 🚗 ▣ (10A) – pers. suppl. 6 € – frais de
réservation 10 €
Location : 15 (4 à 6 pers.) 310 à 545 €/sem. – 15 (4 à 6 pers.) 365 à 610 €/sem. – bungalows toilés
1 borne artisanale 5 € – 10 €
Pour s'y rendre : SO : 2,2 km par D 123, rte de Vanneau,
bord d'un canal et près de la Sèvre Niortaise

Nature : ♀
Loisirs : 🍴 snack 🏠 🏓 🎣 🚲 🛶 canoë
Services : ᴦ 🔒 GB 🐕 🗑 ⊕ 🚿 ✎
À prox. : 🎣

*Ce guide n'est pas un répertoire de tous les terrains de camping
mais une sélection des meilleurs campings dans chaque catégorie.*

COULONGES-SUR-L'AUTIZE

79160 – **322** C6 – 2 146 h. – alt. 80
Syndicat d'initiative, 4, place du château ℘ 05 49 06 10 72, Fax 05 49 06 13 26
Paris 425 – Bressuire 48 – Fontenay-le-Comte 17 – Niort 21 – Parthenay 37 – La Rochelle 70.

Municipal le Parc mai-oct.
℘ 05 49 06 27 56, *mairie-coulonges-sur-lautize@wana
doo.fr*, Fax 05 49 06 13 26, *www.ville-coulonges-sur-lau
tize.fr*
0,5 ha (30 empl.) plat, herbeux
Tarif : ✱ 1,80 € 🚗 1,25 € ▣ 1,80 € – ▣ 1,80 €
Pour s'y rendre : S : 0,5 km par D 1, rte de St-Pompain et
rue à gauche, près de la piscine et à 100 m d'un jardin public
À savoir : Belle délimitation des emplacements sous sapins

Nature : 🗐 ♀♀
Services : ᴦ 🔒 (juil.-août) 🐕 ⊕ 🗑
À prox. : ✎ 🛶

MAUZÉ-SUR-LE-MIGNON

79210 – **322** B7 – 2 385 h. – alt. 30
Office de tourisme, place de la Mairie ℘ 05 49 26 78 33, Fax 05 49 26 71 13
Paris 430 – Niort 23 – Rochefort 40 – La Rochelle 43.

Municipal le Gué de la Rivière déb. juin-déb. sept.
℘ 05 49 26 30 35, *mairie@ville-mauze-mignon.fr*,
Fax 05 49 26 71 13, *www.ville-mauze-mignon.fr*
– **R** conseillée
1,5 ha (75 empl.) plat, herbeux
Tarif : (Prix 2007) ✱ 2,20 € 🚗 ▣ 1,55 € – ▣ (10A) 3,20 €
1 borne flot bleu 2 €
Pour s'y rendre : NO : 1 km par D 101 rte de St-Hilaire-la-
Palud et à gauche, entre le Mignon et le canal

Nature : ♀
Loisirs : 🏠
Services : ᴦ 🐕 ⊕

PRAILLES

79370 – **322** E7 – 620 h. – alt. 150 – Base de loisirs
Paris 394 – Melle 15 – Niort 23 – St-Maixent-l'École 13.

Le Lambon
℘ 05 49 32 85 11, *lambon.vacances@wanadoo.fr*,
Fax 05 49 32 94 92, *www.lelambon.com*
1 ha (50 empl.) en terrasses, herbeux
Location : 7 – pavillons
1 borne
Pour s'y rendre : SE : 2,8 km
À savoir : À 200 m d'un plan d'eau

Nature : 🗏 ♀
Services : ᴦ 🔒 ⊕ 🗑
À prox. : 🍴 ✗ 🏠 🏓 🎣 🏸 ⚓ (plage) 🎣 ⛵ parcours sportif, ca-
noë, pédalos

ST-CHRISTOPHE-SUR-ROC

✉ 79220 – **322** D6 – 453 h. – alt. 125
Paris 397 – Fontenay-le-Comte 47 – Niort 21 – Parthenay 26 – St-Maixent-l'École 14.

⚠ **Intercommunal du Plan d'Eau** 15 avr.-15 oct.
  ✆ 05 49 05 21 38, *plandeau.cherveux@orange.fr*,
  Fax 05 49 75 86 60 – **R** conseillée
  1,5 ha (66 empl.) peu incliné, herbeux
  Tarif : 12,50 € ✶ 🚗 回 🔌 (10A) – pers. suppl. 3 €
  Location : 4 🏠
  Pour s'y rendre : SO : 1,5 km par D 122, rte de Cherveux
  À savoir : À 100 m d'un plan d'eau

Nature : 🐟
Services : 🚿 ⊶ (juil.-août) GB ⚡
🔲 ⊕ 🔃
À prox. : 🍴 ✗ 🏖 🚤 🛴 ⛵ (plage)
🛶 🎣

SECONDIGNY

✉ 79130 – **322** D5 – 1 774 h. – alt. 177
Paris 391 – Bressuire 27 – Champdeniers 15 – Coulonges-sur-l'Autize 22 – Niort 37 – Parthenay 15.

⚠ **Municipal du Moulin des Effres** 15 avr.-15 sept.
  ✆ 05 49 95 61 97, *contact@campinglemoulindeseffres.fr*,
  Fax 05 49 63 55 48, *http://www.campinglemoulindesef
  fres.fr* – **R** conseillée
  2 ha (90 empl.) peu incliné, plat, herbeux
  Tarif : ✶ 2,80 € 🚗 2 € 回 2,20 € – 🔌 (10A) 3,20 €
  Pour s'y rendre : Sortie S par D 748, rte de Niort et chemin
  à gauche, près d'un plan d'eau

Nature : 🏞 🌳
Loisirs : 🏠
Services : 🚿 ⊶ (juin-août) GB ⚡
🔲 🏊 ⊕ 🛁 🔃
À prox. : 🍴 ✗ 🚤 🎾 🛴 🏊

Vienne (86)

639

AVAILLES-LIMOUZINE

✉ 86460 – **322** J8 – 1 309 h. – alt. 142
🛈 *Office de tourisme, 6, rue Principale* ✆ 05 49 48 63 05, Fax 05 49 48 63 05
Paris 410 – Confolens 14 – L'Isle-Jourdain 15 – Niort 100 – Poitiers 67.

⚠ **Municipal le Parc** mai-sept.
  ✆ 05 49 48 51 22, *camping.leparc@wanadoo.fr*,
  Fax 05 49 48 66 76, *http://monsite.wanadoo.frcampingle
  parc/* – **R** conseillée
  2,7 ha (120 empl.) plat, herbeux
  Tarif : 10,90 € ✶ 🚗 回 🔌 (10A) – pers. suppl. 2,70 €
  Location : 2 🏠 – 1 yourte
  🚐 1 borne Sani-Station 2,60 € – 🚐 3.20 €
  Pour s'y rendre : sortie E par D 34, à gauche après le pont,
  bord de la Vienne

Nature : 🐟 🌳🌳
Loisirs : 🏠 🚤 🛴 🏊 🎣
Services : 🚿 ⊶ ⚡ 🎦 🔲 🏊 ⊕ 🛁
📞 🔃
À prox. : 🎾

AVANTON

✉ 86170 – **322** H5 – 1 414 h. – alt. 110
Paris 337 – Poitiers 12 – Niort 84 – Châtellerault 37 – Saumur 80.
Schéma à St-Georges-lès-Baillargeaux

⚠ **Le Futur** avr.-sept.
  ✆ 05 49 54 09 67, *contact@camping-du-futur.com*,
  Fax 05 49 54 09 59, *www.camping-du-futur.com*
  – **R** conseillée
  4 ha/1,5 campable (68 empl.) plat, herbeux
  Tarif : ✶ 4 € 🚗 2 € 回 12 € – 🔌 (10A) 3,50 €
  Location 🏖 : 14 �caravan (4 à 6 pers.) 250 à 450 €/sem. –
  hôtel
  Pour s'y rendre : SO : 1,3 km par D 757, rte de Poitiers et
  rte à droite après le passage à niveau

Nature : 🏞
Loisirs : 🍴 snack 🚤 🛴 🏊
Services : 🚿 ⊶ GB ⚡ 🔲 🛁 ⊕ 📞
🔃 🛒

BONNES

⊠ 86300 – **322** J5 – 1 475 h. – alt. 70

Paris 331 – Châtellerault 25 – Chauvigny 7 – Poitiers 25 – La Roche-Posay 34 – St-Savin 25.

Municipal 15 mai-15 sept.

  📞 05 49 56 44 34, *camping_bonnes@hotmail.com*,
Fax 05 49 56 48 51, *www.camping.bonnes86.free.fr*

  – **R** conseillée

  1,2 ha (65 empl.) plat, herbeux

  Tarif : 11,55 € ⁂ ⚷ 🔲 ⚡ (10A) – pers. suppl. 2,85 €

  Location (permanent) : gîtes

  Pour s'y rendre : Au S du bourg, bord de la Vienne

Loisirs : 🏊 🚲 🎯 🍴 🏓 ⛵
Services : 🚿 ⚡ GB 🐕 🔲 🛒 ⊘ 🚐
📷

CHÂTELLERAULT

⊠ 86100 – **322** J4 – G. Poitou Charentes Vendée – 34 126 h. – alt. 52

⌂ *Office de tourisme, 2, avenue Treuille 📞 05 49 21 05 47, Fax 05 49 02 03 26*

Paris 304 – Châteauroux 98 – Cholet 134 – Poitiers 36 – Tours 71.

Le Relais du Miel 15 mai-1er sept.

  📞 05 49 02 06 27, *camping@lerelaisdumiel.com*, *www.lere
laisdumiel.com* – **R** conseillée

  7 ha/4 campables (80 empl.) plat, terrasses, peu incliné,
herbeux, pierreux

  Tarif : 22 € ⁂ ⚷ 🔲 ⚡ (10A) – pers. suppl. 4 €

  Location ⚷ : appartements

  Pour s'y rendre : sortie N, D 910 rte de Paris, puis rocade à
gauche en dir. du péage de l'A 10 et à dr. par D 1 rte
d'Antran, près de la Vienne (accès direct), Par A 10, sortie N°
26 Châtellerault-Nord et D 1 à gauche, rte d'Antran

  À savoir : dans les dépendances d'une demeure du 18e s.

Nature : 🌳
Loisirs : 🍴 snack 🏠 🏊 🏓 ⛵
Services : 🚿 ⚡ GB 🐕 🔲 ⊘ 🚐 🚰
🐾 💧 📷

640

CHAUVIGNY

⊠ 86300 – **322** J5 – G. Poitou Charentes Vendée – 7 025 h. – alt. 65

⌂ *Office de tourisme, Mairie 📞 05 49 45 99 10, Fax 05 49 45 99 10*

Paris 333 – Bellac 64 – Le Blanc 36 – Châtellerault 30 – Montmorillon 27 – Ruffec 91.

Municipal de la Fontaine 5 avr.-5 oct.

  📞 05 49 46 31 94, *chauvigny@cg86.fr*, *www.chauvigny.fr*

  – **R** conseillée

  2,8 ha (102 empl.) plat, herbeux, gravillons

  Tarif : (Prix 2007) ⁂ 2,10 € ⚷ 1,50 € 🔲 1,50 € – ⚡ 2,40 €

  Location : 6 studios

  🚐 1 borne artisanale

  Pour s'y rendre : Sortie N par D 2, rte de la Puye et à
droite, rue de la Fontaine, bord d'un ruisseau

  À savoir : Jardin public attenant, pièces d'eau

Nature : ⬱ Ville haute et château ⚲
Loisirs : 🏠 🏊
Services : 🚿 ⚡ 🐕 🍴 🔲 🛁 ⊘ 🚐 🚰
📷 sèche-linge

COUHÉ

⊠ 86700 – **322** H7 – G. Poitou Charentes Vendée – 1 783 h. – alt. 140

⌂ *Office de tourisme, 51, Grand'Rue 📞 05 49 59 26 71, Fax 05 49 59 26 80*

Paris 370 – Confolens 58 – Montmorillon 61 – Niort 65 – Poitiers 36 – Ruffec 34.

Les Peupliers ⚑⚐ – 2 mai-sept.

  📞 05 49 59 21 16, *info@lespeupliers.fr*, Fax 05 49 37 92 09,
www.lespeupliers.fr – **R** conseillée

  16 ha/6 campables (160 empl.) plat, herbeux, étang

  Tarif : 27,50 € ⁂ ⚷ 🔲 ⚡ (10A) – pers. suppl. 7 €

  Location (permanent) : 4 🛖 (2 à 4 pers.) 175 à
515 €/sem. – 14 🏚 (4 à 6 pers.) 235 à 720 €/sem. – 18
🏠 (4 à 6 pers.) 195 à 760 €/sem.

  Pour s'y rendre : N : 1 km rte de Poitiers, à Valence

  À savoir : Cadre boisé traversé par une rivière pittoresque

Nature : ⬱ 🌳 ⚲
Loisirs : 🍴 brasserie 🏠 🌙 nocturne
🎯 🏊 🏓 ⛵ 🎣
Services : 🚿 ⚡ GB 🐕 🔲 🛁 ⊘ 🚐
🚰 🐾 📷 sèche-linge 🏊 🚿

INGRANDES

✉ 86220 – **322** J3 – 1 723 h. – alt. 50
Paris 305 – Châtellerault 7 – Descartes 18 – Poitiers 41 – Richelieu 31 – La Roche-Posay 29.

⚠ **Le Petit Trianon** 20 mai-20 sept.
℘ 05 49 02 61 47, *chateau@petit-trianon.fr*,
Fax 05 49 02 68 81, *www.petit-trianon.fr* – **R** conseillée
4 ha (95 empl.) peu incliné et plat, herbeux
Tarif : ✹ 7 € ⇔ 4 € ▣ 4,20 € – ⚡ (10A) 4,60 €
⛽ 1 borne artisanale
Pour s'y rendre : À St-Ustre, NE : 3 km
À savoir : Cadre agréable autour d'un petit château

Nature : 🦆 ≤ ♀
Loisirs : 🎮 🏊 🎣 🏊
Services : 🚿 ⛟ GB 🚗 🛒 🚽 @ 🛟
🖥 🧺

JAUNAY-CLAN

✉ 86130 – **322** I4 – alt. 80
🛈 *Office de tourisme, place de la Fontaine* ℘ 05 49 62 85 16
Paris 330 – Poitiers 13 – Châtellerault 30 – Parthenay 57 – Buxerolles 11.
Schéma à St-Georges-lès-Baillargeaux

⚠ **La Croix du Sud** 23 mars-sept.
℘ 05 49 62 58 14, *camping@la-croix-du-sud.fr*,
Fax 05 49 62 57 20, *http://la-croix-du-sud.fr/* – **R** conseillée
4 ha (184 empl.) plat, peu incliné, herbeux, pierreux
Tarif : ✹ 3,70 € ⇔ 1,50 € ▣ 6,30 € – ⚡ 3 €
Location 23 mars-15 nov. : 8 🛏 – 8 🏠
⛽ 1 borne artisanale
Pour s'y rendre : O : 1 km par D 62, rte de Neuville et rte
d'Avanton à gauche, après le pont de l'A 10

Nature : 🏞
Loisirs : ♟ snack 🏊
Services : 🚿 ⛟ 🚽 @ 🏊 🛒 🖥 🧺

LOUDUN

✉ 86200 – **322** G2 – G. Poitou Charentes Vendée – 7 704 h. – alt. 120
🛈 *Syndicat d'initiative, 2, rue des Marchands* ℘ 05 49 98 15 96, Fax 05 49 98 69 49
Paris 311 – Angers 79 – Châtellerault 47 – Poitiers 55 – Tours 72.

⚠ **Municipal de Beausoleil** 15 mai-août
℘ 05 49 98 15 38, *mairie@ville-loudun.fr*,
Fax 05 49 98 12 88 – **R** conseillée
0,6 ha (33 empl.) plat, terrasse, herbeux
Tarif : ✹ 3,15 € ▣ 3,85 € – ⚡ 2,90 €
Pour s'y rendre : Sortie N par D 347 dir. Angers et chemin
à gauche, au bord d'un ruisseau et près d'un étang

Nature : 🏞 ♀
Loisirs : 🏊
Services : 🚿 ⛟ (juil.-août) 🚗 🚽 @
🏊

641

MONTMORILLON

✉ 86500 – **322** L6 – G. Poitou Charentes Vendée – 6 898 h. – alt. 100
🛈 *Office de tourisme, 2, place du Maréchal Leclerc* ℘ 05 49 91 11 96, Fax 05 49 91 11 96
Paris 354 – Bellac 43 – Le Blanc 32 – Chauvigny 27 – Poitiers 51 – La Trimouille 15.

⚠ **Municipal de l'Allochon** mars-oct.
℘ 05 49 91 02 33, *montmorillon@cg86.fr*,
Fax 05 49 91 58 26, *www.ville-montmorillon.fr* – **R** conseillée
2 ha (80 empl.) plat, en terrasses, herbeux
Tarif : (Prix 2007) ✹ 1,25 € ⇔ ▣ 1,46 € – ⚡ (10A) 2,80 €
Pour s'y rendre : sortie SE par D 54, rte du Dorat, à 50 m
de la Gartempe et bord d'un ruisseau

Nature : ♀
Loisirs : 🎮 🏊
Services : ⛟ 🚗 🛒 🚽 @ 🖥
À prox. : 🎾 🏊 🎣

Si vous recherchez :
🚸 *Un terrain offrant des équipements et des loisirs adaptés aux enfants*
🦆 *Un terrain agréable ou très tranquille*
L - M *Un terrain effectuant la location de caravanes, de mobile homes,*
de bungalows ou de chalets
P *Un terrain ouvert toute l'année*
⛽ *Un terrain possédant une aire de services pour camping-cars*
Consultez le tableau des localités

La ROCHE-POSAY

✉ 86270 – **322** K4 – G. Poitou Charentes Vendée – 1 445 h. – alt. 112 – ⚓ 0
🅱 *Office de tourisme, 14, boulevard Victor Hugo* ✆ 05 49 19 13 00, Fax 05 49 86 27 94
Paris 325 – Le Blanc 29 – Châteauroux 76 – Châtellerault 23 – Loches 49 – Poitiers 61 – Tours 92.

Le Riveau 30 mars-19 oct.
✆ 05 49 86 21 23, *info@camping-le-riveau.com*,
Fax 05 49 86 21 23, *www.camping-le-riveau.com*
– **R** conseillée
5,5 ha (200 empl.) plat et peu incliné, herbeux
Tarif : 18,40 € ✳ ⚡ ⬛ 🗒 (16A) – pers. suppl. 4,70 € –
frais de réservation 9 €
🚐 1 borne artisanale 6 € – 🚐 10 €
Pour s'y rendre : N : 1,5 km par D 5, rte de Lésigny, près
de l'hippodrome, bord de la Creuse
À savoir : Belle délimitation des emplacements

Nature : 🐿 ⌗ ♀
Loisirs : 🛖 ⚷ 🏹
Services : 🚿 ⛗ ⏧ 🅾 🚾 ⊞ 🛢 ⚙
📞 🕯 🔳
À prox. : 🐎 poneys

Si vous recherchez :
  ⚠ *Un terrain au bord de l'eau avec possibilité de baignade*
  🐿 *Un terrain agréable ou très tranquille*
  L *Un terrain effectuant la location de caravanes, de mobile homes,*
     de bungalows ou de chalets
  P *Un terrain ouvert toute l'année*
  🚐 *Un terrain possédant une aire de services pour camping-cars*
Consultez le tableau des localités

642

ST-CYR

✉ 86130 – **322** I4 – G. Poitou Charentes Vendée – 787 h. – alt. 62
Paris 321 – Poitiers 18 – Tours 85 – Joué 82 – Châtellerault 16.
Schéma à St-Georges-lès-Baillargeaux

Lac de St-Cyr
✆ 05 49 62 57 22, *contact@lacdesaintcyr.com*,
Fax 05 49 52 28 58, *www.lacdesaintcyr.com* – **R** conseillée
5,4 ha (198 empl.) plat, herbeux
Location : 13 🏠
Pour s'y rendre : NE : 1,5 km par D 4, D 82 rte de Bonneuil-
Matours et chemin à gauche, près d'un plan d'eau - par D
910, accès depuis la Tricherie

Nature : 🏞 ⌗ ♀ ⚠
Loisirs : snack 🛖 🍴 nocturne 🏓
🎣 ⚷ 🚲 🎾
Services : 🚿 ⛗ ⊞ 🅾 🚾 ☕ 🔰 🚾
🛢
À prox. : 🍴 🏊 🏹 🛶 pédalos, canoë,
golf (9 et 18 trous)

ST-GEORGES-LÈS-BAILLARGEAUX

✉ 86130 – **322** I4 – 3 176 h. – alt. 100
Paris 329 – Poitiers 12 – Joué 89 – Châtellerault 23 – Saumur 88.

Le Futuriste Permanent
✆ 05 49 52 47 52, *camping-le-futuriste@wanadoo.fr*,
Fax 05 49 37 23 33, *www.camping-le-futuriste.fr*
– **R** conseillée
2 ha (112 empl.) plat, peu incliné, herbeux, pierreux, étang
Tarif : 24,30 € ✳ ⚡ ⬛ 🗒 (6A) – frais de réservation 15 €
Location 🏊 : 12 🏠 (4 à 6 pers.) 400 à 670 €/sem. – 6
🏠 (4 à 6 pers.) 345 à 630 €/sem.
🚐 1 borne artisanale 6 €
Pour s'y rendre : Au S du bourg, accès par D 20
À savoir : Aux portes du Futuroscope avec vue sur le
parc

Nature : 🏞 ⌗ ♀
Loisirs : 🍴 🍴 🛖 🍴 diurne ⚷ 🏊
🏊 🏹 terrain omnisports
Services : 🚿 ⛗ ⏧ 🅾 🔰 🅾 🚾
🚾 🔳 sèche-linge 🛢

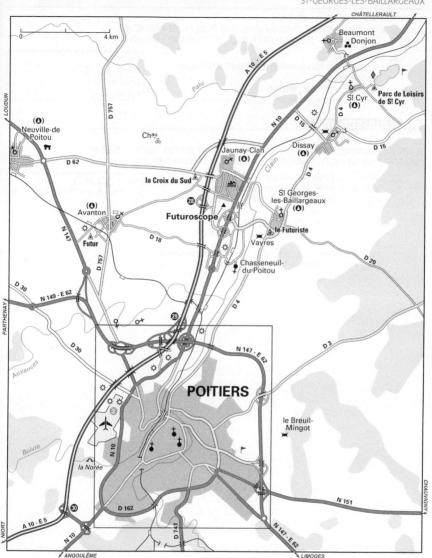

ST-PIERRE-DE-MAILLÉ

✉ 86260 – **322** L4 – 915 h. – alt. 79
Paris 333 – Le Blanc 22 – Châtellerault 32 – Chauvigny 21 – Poitiers 47 – St-Savin 17.

▲ **Municipal** 15 avr.-15 sept.
    𝒫 05 49 48 64 11, *saint-pierre-de-maille@cg86.fr*,
    Fax 05 49 48 43 85 – ℟
    3 ha (93 empl.) plat et peu incliné, herbeux
    Tarif : (Prix 2007) ✷ 2,25 € ⇦ 🅴 3 € – 🗲 2,05 €
    Pour s'y rendre : Sortie NO par D 11 rte de Vicq, bord de la
    Gartempe

Nature : 🗆🗆
Loisirs : 🎣
Services : ⚙🚐 🗙♈ ⊕ 🚿

643

VOUILLÉ

⊠ 86190 – **322** G5 – 2 774 h. – alt. 118

🅱 *Office de tourisme, 10, place de l'Eglise ✆ 05 49 51 06 69, Fax 05 49 50 87 48*

Paris 345 – Châtellerault 46 – Parthenay 34 – Poitiers 18 – Saumur 89 – Thouars 55.

⚠ Municipal
  ✆ 05 49 54 20 30, *vouille@cg86.fr*, Fax 05 49 51 14 47
  – **R** conseillée
  0,5 ha (48 empl.) plat, herbeux
  Pour s'y rendre : Au bourg, bord de l'Auxance

Nature : ♀
Loisirs : 🏊 🛶
Services : ⚃ 🗄 ☺
À prox. : ✗

VOUNEUIL-SUR-VIENNE

⊠ 86210 – **322** J4 – 1 835 h. – alt. 58

🅱 *Office de tourisme, 34 bis, place de la Libération ✆ 05 49 85 11 99, Fax 05 49 85 06 44*

Paris 316 – Châtellerault 12 – Chauvigny 20 – Poitiers 27 – La Roche-Posay 26.

⚠ **Les Chalets de Moulière** 15 juin-15 sept.
  ✆ 05 49 85 84 40, *villagevacance@fol86.org*,
  Fax 05 49 85 84 69 – **R** indispensable
  1,5 ha (30 empl.) plat, herbeux
  Tarif : 13 € ✶ ⇔ 🄴 – pers. suppl. 2,50 €
  Location (mars-15 nov.) : 24 🏠 (4 à 6 pers.) 280 à
  553 €/sem.
  Pour s'y rendre : Sortie E par D 15, rte de Monthoiron et
  rue à gauche, à 60 m de la Vienne (accès direct)

Loisirs : 🏠 🚲 🛶
Services : ⚃ ⟿ 🗄 🛁 ☺ ⟲ 🗄
🍳
À prox. : ⚓ ✗

PROVENCE-ALPES-CÔTE D'AZUR

S. Sauvignier/Michelin

Le jour se lève en Provence. Sur les marchés colorés les « partisanes » vantent avec une faconde proverbiale la fraîcheur de leur étal. Tsitt... tsitt, face à la « grande bleue », les cigales entament leur chant obsédant, et les sonnailles des moutons transhumants tintent du côté de l'Ubaye. Le soleil darde ses rayons sur les villages perchés, exalte la senteur des lavandes et confine à l'ombre des platanes les gourmands qui dégustent un aïoli ou une bouillabaisse... Puis vient l'heure de la sieste, pratiquée dans les bastides de l'arrière-pays comme dans les cabanons nichés au creux des calanques. À la fraîche entrent en scène les joueurs de pétanque : après force querelles, ils rivaliseront jusqu'à la nuit de galéjades devant une tournée de pastis, « avec l'accent qui se promène et qui n'en finit pas ».

As the fishmongers joke, chat, and cry their wares under clear blue skies, you cannot help but fall in love with the happy-go-lucky spirit of Marseilles. Elsewhere, the sun is climbing higher above the ochre walls of a hilltop village and its fields of lavender below; the steady chirring of the cicadas is interrupted only by the sheep-bells ringing in the hills. Slow down to the gentle pace of the villagers and join them as they gather by the refreshingly cool walls of the café. However, come 2pm, you may begin to wonder where everyone is. On hot afternoons, everyone exercises their God-given right to a nap, from the fashionable Saint Tropez beaches to the seaside cabins of the Camargue, but soon it's time to wake up and get ready for a hotly-disputed game of pétanque and a cool glass of pastis!

la Toussuire
Valloire
A 32

Rochetaillée
le Freney-
d'Oisans
la Grave
N 91
d'Oisans
le Bourg-d'Arud
Névache
N 91
N 94
Laurent-
Beaumont
St-Christophe-
en-Oisans
Briançon
Villar-Loubière
l'Argentière-la-Bessée
St-Firmin
HAUTES-   ALPES
ITALIA
A 6
la Roche-de-Rame
Pont-du-Fossé
Orcières
Ceillac
Guillestre
Ancelle
Réallon
St-Clément-s-Durance
N 85
la Roche-
es-Arnaud
N 94
St-Apollinaire
Embrun
eynes
Gap
Chorges
Baratier
Espinasses
Prunières
Larche
Ubaye
le Sauzé-du-Lac
St-Pons
A 51
Curbans
Col St-Jean
Méolans-
Revel
Barcelonnette
Durance
Seyne
ALPES - DE - HAUTE-
Clamensane
le Vernet
St-Étienne-de-Tinée
Sisteron
Colmars
PROVENCE
5
St-Martin-d'Entraunes
Volonne
Villars-Colmars
St-Sauveur-
s-Tinée
St-Martin-Vésubie
N 85
Digne-les-Bains
Var
N 204
eyruis
Château-Arnoux-
St-Aûban
A 51
les Mées
St-André-les-Alpes
ALPES - MARITIMES
Mézel
N 202
Niozelles
Puimichel
Sospel
Volx
Valensole
Moustiers-Ste-Marie
Castellane
N 202
A 10
Riez
la Colle-s-Loup
A 8
Ste-Croix-de-Verdon
Verdon
Vence
Menton
St-Martin-de-Brômes
Tourrettes-s-Loup
NICE
Eze
Monaco
réoux-
es-Bains
les Salles
s-Verdon
N 85
le Bar-s-Loup
Loup
Cagnes-s-Mer
Esparron-
de-Verdon
Montpezat
Grasse
Cros-de-Cagnes
Villeneuve-Loubet
Montmeyan
Auribeau-s-S.
Siagne
Antibes
Aups
Callas
Villecroze
St-Paul-
en-Forêt
CANNES
Salernes
Draguignan
les Adrets-
de-l'Esterel
la Bocca
Argens
le Muy
A 8
N 7
Mandelieu-la-Napoule
A 8
CAMBARETTE
Agay
ans-
s-Pins
Brignoles
Roquebrune-s-Argens
St-Raphaël
CAMBARETTE
Puget-s-A.
Fréjus
VAR
St-Aygulf
Grimaud
N 98
A 57
Ramatuelle
la Cadière-
d'Azur
Bormes-
les-Mimosas
la Croix-Valmer
le Lavandou
A 570
St-Clair
Cavalaire-s-Mer
A 50
TOULON
Hyères
Plage de la Favière
St-Mandrier-
s-Mer
Giens
Îles d'Hyères

Localité citée avec camping
Localité citée avec camping et locatif
Lourdes   Localité disposant d'un camping avec aire de
           services camping-car
Moyaux   Localité disposant d'au moins un terrain agréable
          Aire de service pour camping-car sur autoroute

BARCELONNETTE

✉ 04400 – **334** H6 – G. Alpes du Sud – 2 819 h. – alt. 1 135 – Sports d'hiver : Le Sauze/Super Sauze 1 400/2 000 m ⚡23 🎿 et Pra-Loup 1 500/2 600 m ⚡3 ⚡29 🎿

🛈 *Office de tourisme, place Frédéric Mistral* ☎ *04 92 81 04 71, Fax 04 92 81 22 67*
Paris 733 – Briançon 86 – Cannes 161 – Cuneo 98 – Digne-les-Bains 88 – Gap 68 – Nice 145.

à l'Ouest sur D 900 rte du Lauzet-Ubaye :

🏕 **Le Rioclar** 👥 – 15 mai-15 sept.
  ☎ 04 92 81 10 32, *rioclar@wanadoo.fr*, Fax 04 92 81 10 32,
  www.rioclar.com – alt. 1 073 – **R** conseillée
  8 ha (200 empl.) en terrasses, pierreux, herbeux
  Tarif : 23,50 € 🚻 🚐 🔌 (10A) – pers. suppl. 5,30 € – frais
  de réservation 18 €
  Location 🛖 : 24 🚐 (4 à 6 pers.) 380 à 620 €/sem. – 3
  🏠 (4 à 6 pers.) 380 à 620 €/sem.
  À savoir : site et cadre agréables

> Nature : 🌳 ⤴ ⊏
> Loisirs : ✕ 🏪 🏸 🚴 ⛷ m 🔭
> terrain multisports, sports en eaux
> vives, canoë
> Services : 🚿 🔌 GB 🚙 🛢 🛁 @ 🛒 ⚓
> 🔲 🛒 🧺
> À prox. : 🚤

🏕 **Le Fontarache** 31 mai-7 sept.
  ☎ 04 92 81 90 42, *reception@camping-fontarache.fr*,
  Fax 04 92 81 90 42, *www.camping-fontarache.com* – alt.
  1 108 – places limitées pour le passage – **R** conseillée
  6 ha (150 empl.) plat, pierreux, gravier
  Tarif : 19 € 🚻 🚐 🔌 (6A) – pers. suppl. 4,80 € – frais de
  réservation 8 €
  Location 🛖 : 11 🚐 (4 à 6 pers.) 260 à 540 €/sem.
  🔲 1 borne artisanale 4 € – 🚐 10 €
  Pour s'y rendre : à 7 km de Barcelonnette, près de l'Ubaye

> Nature : ⤴ ⊏
> Loisirs : 🍴 🏸 ⛷ 🔭 🚤
> Services : 🚿 🔌 🚙 🛢 🔥 @ 🛒
> À prox. : 🛢 ✕ sports en eaux vives,
> canoë

CASTELLANE

✉ 04120 – **334** H9 – G. Alpes du Sud – 1 508 h. – alt. 730

🛈 *Office de tourisme, rue Nationale* ☎ *04 92 83 61 14, Fax 04 92 83 76 89*
Paris 797 – Digne-les-Bains 54 – Draguignan 59 – Grasse 64 – Manosque 92.

▲▲▲ **Les Collines de Castellane** 26 avr.-27 sept.
    ℘ 04 92 83 68 96, *info@rcn-lescollinesdecastellane.fr*,
    Fax 04 92 83 75 40, *www.rcn-campings.fr* – accès aux empla-
    cements par forte pente, mise en place et sortie des cara-
    vanes à la demande – alt. 1 000 – **R** indispensable
    7 ha (200 empl.) en terrasses, peu incliné, pierreux, herbeux,
    bois attenant
    Tarif : 42 € ☀ 🚙 🅿 (6A) – frais de réservation 14 €
    Location : 29 🚐 (4 à 6 pers.) 273 à 745 €/sem. – 8 🏠 (4
    à 6 pers.) 225 à 745 €/sem.
    Pour s'y rendre : à La Garde, SE : 7 km par D 4085, rte de
    Grasse

> Nature : 🌳 < ⌂ ♀♀ (pinède)
> Loisirs : 🍴 snack, pizzeria 🏛 🎯
> 🏊 ✂ 🛶 ⛸
> Services : & ⚡ GB ⚙ 🗄 ⊕ 🗑
> 🔧 👜 📶 🚿

▲▲ **International Camping** 31 mars-1ᵉʳ oct.
    ℘ 04 92 83 66 67, *info@camping-international.fr*,
    Fax 04 92 83 77 67, *www.camping-international.fr*
    – **R** conseillée
    6 ha (274 empl.) plat, peu incliné, herbeux, pierreux
    Tarif : 23,50 € ☀ 🚙 🅿 (10A) – pers. suppl. 4,50 € – frais
    de réservation 10 €
    Location : 30 🚐 (4 à 6 pers.) 190 à 600 €/sem. – 12 🏠 (4
    à 6 pers.) 190 à 650 €/sem.
    🚐 1 borne flot bleu – 🚐 19 €
    Pour s'y rendre : NO : 2 km par D 4085 et D 602, rte de la
    Palud

> Nature : ⌂ ♀
> Loisirs : ✗ pizzeria 🏛 🎯 🛶 ⛸
> Services : & ⚡ GB ⚙ 📶 🛁 ⊕ 🗑
> 🔧 👜 📶 🛁 🐟 cases réfrigérées
> À prox. : 🐎

▲ **La Colle** avr.-oct.
    ℘ 04 92 83 61 57, *campinglacolle@tiscali.fr*,
    Fax 04 92 83 61 57, *www.campinglacolle.com* – **R** indispen-
    sable
    3,5 ha/1 campable (41 empl.) non clos, plat, peu incliné et en
    terrasses, pierreux, herbeux
    Tarif : 18,90 € ☀ 🚙 🅿 (6A) – pers. suppl. 4,10 €
    Location : 10 🚐 (4 à 6 pers.) 385 à 516 €/sem.
    🚐 1 borne artisanale – 3 🅿 13,20 €
    Pour s'y rendre : SO : 2,5 km par D 952, rte de Moustiers-Ste-
    Marie et GR4 à droite
    À savoir : Cadre sauvage, au bord d'un ruisseau

> Nature : 🌳 < ⌂ ♀♀
> Loisirs : 🏛 🚲
> Services : & ⚡ GB ⚙ 🛁 ⊕ 🗑
> 📶
> À prox. : canoë-kayak, rafting, parc-
> aventure

649

▲ **Notre-Dame** avr.-14 oct.
    ℘ 04 92 83 63 02, *camping-notredame@wanadoo.fr*,
    Fax 04 92 83 63 02, *www.camping-notredame.com*
    – **R** conseillée
    0,6 ha (44 empl.) plat, herbeux
    Tarif : (Prix 2007) 18,50 € ☀ 🚙 🅿 (6A) – pers.
    suppl. 3,50 € – frais de réservation 10 €
    Location 🚫 : 9 🚐 (4 à 6 pers.) 239 à 490 €/sem.
    🚐 1 borne artisanale 3,50 € – 🚐
    Pour s'y rendre : SO : 0,5 km par D 952, rte de Moustiers-Ste-
    Marie, bord d'un ruisseau

> Nature : <
> Loisirs : 🏛
> Services : & ⚡ ⚙ 🗄 🛁 ⊕
> À prox. : canoë-kayak, rafting, aven-
> ture-parc

Si vous recherchez :
  👫 *Un terrain offrant des équipements et des loisirs adaptés aux enfants*
  🌳 *Un terrain agréable ou très tranquille*
L - M *Un terrain effectuant la location de caravanes, de mobile homes,*
      de bungalows ou de chalets
P   *Un terrain ouvert toute l'année*
 🚐 *Un terrain possédant une aire de services pour camping-cars*
Consultez le tableau des localités

CHÂTEAU-ARNOUX-SAINT-AUBAN

✉ 04160 – **334** E8 – G. Alpes du Sud – 4 970 h. – alt. 440

🔢 *Office de tourisme, ferme de Font-Robert* 📞 *04 92 64 02 64, Fax 04 92 64 54 55*

Paris 724 – Marseille 122 – Digne-les-Bains 26 – Manosque 43 – Sisteron 14.

  ▲▲ **Les Salettes** juin-sept.
     📞 04 92 64 02 40, *info@lessalettes.com*, Fax 04 92 64 25 06,
     www.lessalettes.com – **R** conseillée
     4 ha (300 empl.) plat, herbeux
     Tarif : (Prix 2007) 26 € 🌣 ⇔ 🔲 [⚡] (10A) – pers. suppl. 5 € –
     frais de réservation 30 €
     Location (juin-déc.) : 10 🚐 (4 à 6 pers.) 340 à 616 €/sem.
     – 12 🏠 (4 à 6 pers.) 370 à 679 €/sem.
     🚐 1 borne artisanale 4 € – 10 🔲 13 €
     Pour s'y rendre : au bord de 2 étangs

> Nature : 🖵 🔾🔾
> Loisirs : 🏛 ♒ 🏊 ➴
> Services : 🚿 ⌾ GB ⋌ 🖥 🚿 ⊕ 🔲

CLAMENSANE

✉ 04250 – **334** E7 – G. Alpes du Sud – 131 h. – alt. 694

Paris 720 – Avignon 180 – Grenoble 158 – Marseille 152 – Nice 203.

  ▲▲ **Le Clot du Jay** avr.-oct.
     📞 04 92 68 35 32, *camping@clotdujay.com, www.clotdu*
     jay.com – **R** conseillée
     6 ha/3 campables (50 empl.) plat, terrasses, herbeux,
     pierreux, fort dénivelé, étang, au bord d'une forêt
     Tarif : 19 € 🌣 ⇔ 🔲 [⚡] (10A) – pers. suppl. 4,50 €
     Location 🏚 : 11 🏠 (4 à 6 pers.) 250 à 530 €/sem. – 7
     bungalows toilés
     Pour s'y rendre : E : 1 km par D 1 rte de Bayons, près du
     Sasse

> Nature : 🌲 🖵 🔾🔾
> Loisirs : 🕊 🏊
> Services : 🚿 ⌾ GB ⋌ 🖥 🚿 ⊕ 🔲
> 🍴
> À prox. : ➴

COLMARS

✉ 04370 – **334** H7 – G. Alpes du Sud – 378 h. – alt. 1 235

🔢 *Office de tourisme, le village* 📞 *04 92 83 41 92, Fax 04 92 83 52 31*

Paris 816 – Marseille 206 – Digne-les-Bains 71 – Embrun 94 – Barcelonnette 43.

  ▲ **Aire Naturelle les Pommiers** 15 avr.-sept.
     📞 04 92 83 41 56, *contact@camping-pommier.com,*
     Fax 04 92 83 40 86, *www.camping-pommier.com* – alt. 1 250
     – **R** conseillée 🏚
     1 ha (25 empl.) plat, peu incliné, en terrasses, herbeux
     Tarif : 🌣 4,50 € ⇔ 🔲 3 € – [⚡] (10A) 2 €
     🚐 1 borne artisanale – 🚐 12 €
     Pour s'y rendre : S : 0,6 km par chemin après le pont, devant
     la caserne des pompiers

> Nature : 🌲 ♀
> Services : 🚿 ⌾ ⋌ 🔲

COL ST-JEAN

✉ 04140 – **334** G6 – G. Alpes du Sud – alt. 1 333 – Sports d'hiver : 1 300/2 500 m ⛷ 15 ⛷

Paris 709 – Barcelonnette 34 – Savines-le-Lac 31 – Seyne 10.

  ▲▲▲ **L'Étoile des Neiges** ♣ – fermé 26 mars-avr. et 16
     sept.-21 déc.
     📞 04 92 35 01 29, *contact@etoile-des-neiges.com,*
     Fax 04 92 35 12 55, *www.etoile-des-neiges.com* – alt. 1 300
     – **R** conseillée
     3 ha (130 empl.) en terrasses, plat, herbeux, pierreux
     Tarif : 31 € 🌣 ⇔ 🔲 [⚡] (6A) – pers. suppl. 5 €
     Location 🏚 (12 juil.-22 août) : 42 🚐 (4 à 6 pers.) 245 à
     658 €/sem. – 28 🏠 (4 à 6 pers.) 371 à 980 €/sem.
     🚐 1 borne artisanale 8 € – 4 🔲 13 € – 🚐 13 €
     Pour s'y rendre : S : 0,8 km par D 207 et chemin à droite à la
     station

> Nature : 🌲 ⬅ 🖵
> Loisirs : 🍴 snack 🏛 ☺ 🏓 ⇶ ham-
> mam jacuzzi ♒ 🏓 🏊 terrain om-
> nisports
> Services : 🚿 ⌾ GB ⋌ 🅼 ▥ 🖥 ⊕ ⊕
> ⊕ ⌕ ♨ 🍴
> À prox. : 🏊 ✕ 🚲 🐎 parc-aventure,
> parapente

CURBANS

☒ 05110 – **334** E6 – 292 h. – alt. 650
Paris 717 – Marseille 171 – Digne-les-Bains 78 – Gap 20 – Sisteron 40.

Le Lac avr.-oct.
    ℰ 04 92 54 23 10, *info@au-camping-du-lac.com*,
Fax 04 92 54 23 11, *www.au-camping-du-lac.com*
– **R** conseillée
3,8 ha (90 empl.) plat, peu incliné, herbeux
Tarif : 22 € ⚤ ⛺ 🚗 🔲 (10A) – pers. suppl. 3,90 € – frais de
réservation 11 €
Location (permanent) : 20 🚐 (4 à 6 pers.) 222 à
635 €/sem.
Pour s'y rendre : S : 1 km par D 4, rte du barrage de la Saulce,
au bord du lac
À savoir : code postal dans les Hautes-Alpes (05) mais terrain
situé dans les Alpes-de-Haute-Provences (04)

> Nature : 🌳 ⚶ 🏞
> Loisirs : 🍴 🎱 🎣
> Services : ⊶ 🏧 ⚕ ⚡ 🐕 📶

DIGNE-LES-BAINS

☒ 04000 – **334** F8 – G. Alpes du Sud – 16 064 h. – alt. 608 – ♨ (mi fév.-début déc.)
🛈 *Office de tourisme, place du Tampinet* ℰ *04 92 36 62 62, Fax 04 92 32 27 24*
Paris 744 – Aix-en-Provence 109 – Antibes 140 – Avignon 167 – Cannes 135 – Gap 89 – Nice 152.

Les Eaux Chaudes avr.-oct.
    ℰ 04 92 32 31 04, *info@campingleseauxchaudes.com*,
Fax 04 92 34 58 80, *www.campingleseauxchaudes.com*
– **R** conseillée
3,7 ha (140 empl.) plat et peu incliné, herbeux
Tarif : 20,50 € ⚤ ⛺ 🚗 🔲 (10A) – pers. suppl. 6 € – frais de
réservation 15 €
Location : 39 🚐 (4 à 6 pers.) 336 à 455 €/sem. – 4 🏠 (4
à 6 pers.) 525 à 651 €/sem.
🚐 1 borne eurorelais 4 €
Pour s'y rendre : SE : 1,5 km par D 20, rte des thermes, bord
d'un ruisseau

> Nature : ⚶
> Loisirs : 🏠 🏄
> Services : ⚕ ⊶ 🏧 ⚕ 🎿 🔲 😊 ♨
> 🚽 🐕 ⚡
> À prox. : ✂

651

ESPARRON-DE-VERDON

☒ 04800 – **334** D10 – G. Alpes du Sud – 312 h. – alt. 397
🛈 *Office de tourisme, Hameau du Port* ℰ *04 92 77 15 97, Fax 04 92 77 16 49*
Paris 795 – Barjols 31 – Digne-les-Bains 58 – Gréoux-les-Bains 13 – Moustiers-Ste-Marie 32 – Riez 17.

Le Soleil Pâques-sept.
    ℰ 04 92 77 13 78, *campinglesoleil@wanadoo.fr*,
Fax 04 92 75 27 15, *www.campinglesoleil.net* – **R** conseillée
🏊
2 ha (100 empl.) en terrasses, pierreux, gravillons, fort
dénivelé
Tarif : 22 € ⚤ ⛺ 🚗 🔲 (6A) – pers. suppl. 5,50 € – frais de
réservation 20 €
Location : 8 🚐 (4 à 6 pers.) 170 à 600 €/sem.
🚐 1 borne artisanale
Pour s'y rendre : sortie S par D 82, rte de Quinson, puis 1 km
par rte à droite
À savoir : cadre agréable au bord d'un lac

> Nature : 🌳 ⊏ 🏞 ⚠
> Loisirs : 🍴 snack, pizzeria 🏠 🏄
> canoë
> Services : ⚕ ⊶ 🅿 (tentes) 🏧 ⚕
> 🔲 😊 📷 🏖 ♨
> À prox. : 🚣 pédalos

La Grangeonne mai-sept.
    ℰ 04 92 77 16 87, *lagrangeonne@camping-esparron.com*,
Fax 04 92 77 16 87, *www.camping-esparron.com*
– **R** conseillée
1 ha (57 empl.) plat, peu incliné et en terrasses, pierreux,
herbeux
Tarif : 17,50 € ⚤ ⛺ 🚗 🔲 (3A) – pers. suppl. 4,50 €
Location 🏊 : 4 🚐 (4 à 6 pers.) 160 à 540 €/sem.
Pour s'y rendre : SE : 1 km par D 82, rte de Quinson et rte à
droite

> Nature : 🌳 🏞
> Loisirs : crêperie, pizzeria
> Services : ⚕ ⊶ ⚕ 🎿 😊 📷 🏖

FORCALQUIER

✉ 04300 – **334** C9 – G. Alpes du Sud – 4 302 h. – alt. 550
🛈 *Office de tourisme, 13, place du Bourguet* ✆ *04 92 75 10 02, Fax 04 92 75 26 76*
Paris 747 – Aix-en-Provence 80 – Apt 42 – Digne-les-Bains 50 – Manosque 23 – Sisteron 43.

Indigo Forcalquier 28 mars-19 oct.
✆ 04 92 75 27 94, *forcalquier@camping-indigo.com*,
Fax 04 92 75 18 10, *www.camping-indigo.com* – **R** indispensable
2,9 ha (115 empl.) plat, peu incliné, terrasses, pierreux, herbeux
Tarif : (Prix 2007) 25,70 € 👤 🚗 🔲 🔌 (10A) – pers. suppl. 5,50 € – frais de réservation 17 €
Location 🅿 : 33 (4 à 6 pers.) 260 à 680 €/sem. – 4 (4 à 6 pers.) 290 à 680 €/sem.
1 borne artisanale
Pour s'y rendre : sortie E sur D 16, rte de Sigonce

Nature : 🌳
Loisirs : pizzeria 🎱 🚴
Services : 🚿 ⚡ 🅶🅱 🏧 ⚙
À prox. : ✗

GRÉOUX-LES-BAINS

✉ 04800 – **334** D10 – G. Alpes du Sud – 1 921 h. – alt. 386 – ♨ (début mars-fin déc.)
🛈 *Office de tourisme, 5, avenue des Marronniers* ✆ *04 92 78 01 08, Fax 04 92 78 13 00*
Paris 783 – Aix-en-Provence 55 – Brignoles 52 – Digne-les-Bains 69 – Manosque 14 – Salernes 50.

La Pinède 7 mars-nov.
✆ 04 92 78 05 47, *lapinede@wanadoo.fr*,
Fax 04 92 77 69 05, *www.camping-lapinede.com* – **R** indispensable
3 ha (160 empl.) plat, peu incliné et en terrasses, pierreux, gravillons
Tarif : 18,50 € 👤 🚗 🔲 🔌 (6A) – pers. suppl. 4,70 €
Location : 44 (4 à 6 pers.) 280 à 511 €/sem.
1 borne artisanale 4 €
Pour s'y rendre : S : 1,5 km par D 8, rte de St-Pierre, à 200 m du Verdon

Nature : 🌊
Loisirs : 🍴 🎱 🏊
Services : 🚿 ⚡ 🅶🅱 🏧
À prox. : 🎣

Verseau avr.-oct.
✆ 04 92 77 67 10, Fax 04 92 77 67 10, *camping-le-verseau.com* – **R** conseillée
2,5 ha (120 empl.) plat, incliné, pierreux, herbeux
Location : 35 (4 à 6 pers.) 235 à 600 €/sem. – 13 (4 à 6 pers.) 235 à 600 €/sem.
Pour s'y rendre : S : 1,2 km par D 8, rte de St-Pierre et chemin à droite, près du Verdon

Nature : 🌊
Loisirs : 🎱 salle d'animation 🏊
Services : 🚿 ⚡ 🅶🅱 🏧

Yelloh! Village Verdon Parc 🏕 – 21 mars-29 oct.
✆ 04 92 78 08 08, *info@yellohvillage-verdon-parc.com*,
Fax 04 92 78 00 17, *www.yellohvillage-verdon-parc.com* – **R** conseillée 🏊 (5 juil.-23 août)
8 ha (280 empl.) plat, gravier, pierreux, terrasses, herbeux
Tarif : 32 € 🚗 🔲 🔌 (10A) – pers. suppl. 5 €
Location 🏊 : 118 (4 à 6 pers.) 280 à 875 €/sem. – 7 bungalows toilés
1 borne artisanale – 80 🔲 32 €
Pour s'y rendre : S : 0,6 km par D 8, rte de St-Pierre et à gauche après le pont, au bord du Verdon

Nature : 🌳
Loisirs : 🍴 snack 🎱 diurne 🏊 ✗ terrains omnisports, practice de golf
Services : 🚿 ⚡ 🅶🅱 🏧 réfrigérateurs

Regain avr.-20 oct.
✆ 04 92 78 09 23, *camping.regain@club-internet.fr*,
Fax 04.92.78.09.23, *www.camping-regain.com* – **R** conseillée
3 ha (83 empl.) plat et terrasse, pierreux, herbeux
Tarif : 18 € 👤 🚗 🔲 🔌 (10A) – pers. suppl. 4,50 €
Pour s'y rendre : S : 2 km par D 8, rte de St-Pierre
À savoir : au bord du Verdon

Nature : 🌳
Loisirs : 🎣
Services : 🚿 ⚡ 🏧

LARCHE

✉ 04530 – **334** J6 – G. Alpes du Sud – 83 h. – alt. 1 691
🛈 *Syndicat d'initiative, le village* ☎ *04 92 84 33 58*
Paris 760 – Barcelonnette 28 – Briançon 81 – Cuneo 70.

⚠ **Domaine des Marmottes** juin-15 sept.
☎ 04 92 84 33 64, *georges.durand25@wanadoo.fr*,
Fax 04 92 84 33 64 – **R** conseillée
2 ha (50 empl.) non clos, plat, herbeux, pierreux
Tarif : 16,50 € ⚥ 🚗 🔲 🔌 (10A) – pers. suppl. 6,50 €
🚐 1 borne artisanale 4 €
Pour s'y rendre : SE : 0,8 km par rte à droite GR 5-56
À savoir : cadre sauvage au bord de l'Ubayette

Nature : 🌳 ≤ 🏕 ⚲ (pinède)
Services : ⚐ ☛ ⚙ 🍽 ♨ ⊕ 🗑 ♿

Les MÉES

✉ 04190 – **334** D8 – G. Alpes du Sud – 2 925 h. – alt. 410
🛈 *Syndicat d'initiative, 21, boulevard de la République* ☎ *04 92 34 36 38, Fax 04 92 34 31 44*
Paris 726 – Digne-les-Bains 25 – Forcalquier 25 – Gréaux-les-Bains 44 – Mézel 27 – Sisteron 22.

⚠ **Aire Naturelle l'Olivette** 15 juin-août
☎ 04 92 34 18 97, *campingolivette@club-internet.fr*,
Fax 04 92 34 18 97, *http://campingolivette.free.fr* – **R** indispensable
1 ha (25 empl.) non clos, en terrasses, incliné à peu incliné
Tarif : 18,50 € ⚥ 🚗 🔲 🔌 (6A) – pers. suppl. 4 €
Pour s'y rendre : A 51 sortie 19, direction les Mées par Oraison sur D 4

Nature : 🌳 🏕 ⚲
Loisirs : ⛵
Services : ⚐ ☛ ⚙ ⊕

Pour choisir et suivre un itinéraire
Pour calculer un kilométrage
Pour situer exactement un terrain (en fonction des indications fournies dans le texte) :
Utilisez les **cartes MICHELIN**,
compléments indispensables de cet ouvrage.

653

MÉOLANS-REVEL

✉ 04340 – **334** H6 – 284 h. – alt. 1 080
Paris 787 – Marseille 216 – Digne-les-Bains 74 – Gap 64 – Embrun 44.

⚠ **Domaine Loisirs de l'Ubaye** 5 fév.-10 nov.
☎ 04 92 81 01 96, *info@loisirsubaye.com*,
Fax 04 92 81 92 53, *www.loisirsubaye.com* – alt. 1 073
– **R** conseillée
9,5 ha (267 empl.) plat, herbeux, pierreux, en terrasses
Tarif : 23,50 € ⚥ 🚗 🔲 🔌 (6A) – pers. suppl. 5 € – frais de réservation 15 €
Location : 🏠 (4 à 6 pers.) 370 à 540 €/sem. – 🏡 (4 à 6 pers.) 290 à 695 €/sem.
🚐 1 borne artisanale
Pour s'y rendre : Sur D 900, rte de Barcelonnette

Nature : 🏕 ⚲ (pinède)
Loisirs : snack 🍴 🕐 diurne 🚲 ✂
🏊
Services : ⚐ ☛ 🅿 ⚙ 🚿 🗑 ♨ ⊕ ♿
🚾 ⚑ 🧺 ⚱ ♿
À prox. : sports en eaux vives

MÉZEL

✉ 04270 – **334** F8 – 536 h. – alt. 585
Paris 745 – Barrême 22 – Castellane 47 – Digne-les-Bains 15 – Forcalquier 51 – Sisteron 41.

⚠ **La Célestine** mai-sept.
☎ 04 92 35 52 54, *lacelestin@wanadoo.fr, www.camping-la celestine.com* – **R** conseillée
2,4 ha (100 empl.) plat, herbeux
Tarif : 16 € ⚥ 🚗 🔲 🔌 (4A) – pers. suppl. 4,50 €
Location : 8 🏠 (4 à 6 pers.) 450 €/sem.
Pour s'y rendre : S : 3 km par D 907, rte de Manosque, bord de l'Asse

Nature : ⚲
Loisirs : 🍷 🍴 ⛵ 🚲 🏊 quad
Services : ⚐ ☛ 🅿 ⚙ 🗑 ⊕ ♿

MONTPEZAT

☒ 04500 – **334** E10
Paris 806 – Digne-les-Bains 54 – Gréoux-les-Bains 23 – Manosque 37 – Montmeyan 21 – Moustiers-Ste-Marie 22.

Village Center Coteau de la Marine (location exclusive de mobile homes) 26 avr.-13 sept.
℘ 04 92 77 53 33, *accueil@camping-coteau-de-la-marine.com*, Fax 04 92 77 59 34 – empl. traditionnels également disponibles – **R** conseillée
10 ha en terrasses, pierreux, gravier
Location : 🛏 (4 à 6 pers.) 266 à 889 €/sem.
Pour s'y rendre : SE : 2 km par rte de Baudinard

Nature : 🌳 ⬅ 🏞 ♨
Loisirs : 🍴 snack 🎯 ※ 🏊 canoë, pédalos, kayak, bateaux électriques
Services : 🚿 GB 🅰 🛗 🐕 � 🏪 🖥 🧺 🚮

MOUSTIERS-STE-MARIE

☒ 04360 – **334** F9 – G. Alpes du Sud – 625 h. – alt. 631
🅱 *Office de tourisme, place de l'Église* ℘ 04 92 74 67 84, Fax 04 92 74 60 65
Paris 783 – Aix-en-Provence 90 – Castellane 45 – Digne-les-Bains 47 – Draguignan 61 – Manosque 50.

Le Vieux Colombier avr.-sept.
℘ 04 92 74 61 89, *contact@lvcm.fr*, Fax 04 92 74 61 89, *www.lvcm.fr* – **R** conseillée
2,7 ha (70 empl.) en terrasses, peu incliné, incliné, pierreux, herbeux
Tarif : 16,70 € 🚶 🚗 🔲 (6A) – pers. suppl. 4,40 € – frais de réservation 9 €
Location : 12 🛏 (4 à 6 pers.) 275 à 525 €/sem.
🚐 1 borne artisanale 5 €
Pour s'y rendre : S : 0,8 km

Nature : ⬅ 🏞 ♨
Loisirs : 🎱
Services : 🛗 🚿 GB 🅰 🖥 🌊 🅰 🧺
🔹 🖥 🚮
À prox. : ※

St-Jean avr.-25 oct.
℘ 04 92 74 66 85, *camping-saint-jean@wanadoo.fr*, Fax 04 92 74 66 85, *http://perso.wanadoo.fr/camping-saint-jean/* – **R** conseillée
1,6 ha (125 empl.) plat, peu incliné, herbeux
Tarif : 18,40 € 🚶 🚗 🔲 (10A) – pers. suppl. 4,50 € – frais de réservation 9 €
Location 🏷 : 13 🛏 (4 à 6 pers.) 525 €/sem.
🚐 1 borne artisanale 4 € – 🚰 10 €
Pour s'y rendre : SO : 1 km par D 952, rte de Riez, bord de la Maïre

Nature : 🌳 ⬅ ♨♨
Loisirs : 🎯 🧗
Services : 🛗 🚿 GB 🅰 🖥 🌊 🅰 🧺 🖲 🔹 🖥

Manaysse avr.-2 nov.
℘ 04 92 74 66 71, *camping.manaysse@free.fr*, Fax 04 92 74 62 28, *www.camping-manaysse.com* – **R** conseillée
1,6 ha (97 empl.) plat, incliné, terrasses, herbeux, gravier
Tarif : 13,80 € 🚶 🚗 🔲 (10A) – pers. suppl. 3,50 €
🚐 1 borne artisanale
Pour s'y rendre : SO : 0,9 km par D 952, rte de Riez

Nature : ♨♨
Loisirs : 🎱
Services : 🛗 🚿 🅰 🖥 🧺 🌊 🅰 🖥

NIOZELLES

☒ 04300 – **334** D9 – 199 h. – alt. 450
Paris 745 – Digne-les-Bains 49 – Forcalquier 7 – Gréoux-les-Bains 33 – Manosque 21 – Les Mées 24.

Moulin de Ventre 🏕 – 5 avr.-sept.
℘ 04 92 78 63 31, *moulindeventre@aol.com*, Fax 04 92 79 86 92, *www.moulin-de-ventre.com* – **R** conseillée
28 ha/3 campables (124 empl.) plat, en terrasses, peu incliné, herbeux, pierreux
Tarif : 26,70 € 🚶 🚗 🔲 (10A) – pers. suppl. 5,50 €
Location : 14 🛏 (4 à 6 pers.) 259 à 700 €/sem. – 5 🛖 (4 à 6 pers.) 238 à 630 €/sem. – 3 appartements
Pour s'y rendre : E : 2,5 km par D 4100, rte de la Brillanne - par A 51 sortie 19
À savoir : au bord du Lauzon et d'un petit lac

Nature : 🌳 ▱ ♨♨
Loisirs : snack 🎱 ✦ 🎯 🏊
Services : 🛗 🚿 GB 🅰 🖥 🖥 🅰 ℓ
🔹 🖥 🚮

654

PEYRUIS

✉ 04310 – **334** D8 – G. Alpes du Sud – 2 217 h. – alt. 402
Paris 727 – Digne-les-Bains 30 – Forcalquier 20 – Manosque 29 – Sisteron 23.

△ **Les Cigales** juin-sept.
 ℘ 04 92 68 16 04, *info@lescigaleshauteprovence.com*,
 Fax 04 92 68 16 04, *http://www.lescigaleshautepro
vence.com*
 1 ha (33 empl.) peu incliné à incliné, herbeux, pierreux
 Tarif : (Prix 2007) 19 € ⚹ 🚗 🅴 🛱 (10A) – pers. suppl. 4 € –
frais de réservation 15 €
 Location (juin-déc.) : 10 🛏 (4 à 6 pers.) 287 à 525 €/sem.
 Pour s'y rendre : au S du bourg, près du stade et d'un ruisseau

Nature : ⇐ 🛏 🌳	
Loisirs : 🏊🎣	
Services : 🛁 🔑 GB 🔌 🏧 🛒 🛋 🅰	
🚿 ♻ 📷	
À prox. : 🍴 🏊 parcours sportif	

PUIMICHEL

✉ 04700 – **334** E9 – 237 h. – alt. 723
Paris 737 – Avignon 140 – Grenoble 175 – Marseille 112 – Nice 175.

△ **Les Matherons** 20 avr.-sept.
 ℘ 04 92 79 60 10, *lesmatherons@wanadoo.fr*,
 Fax 04 92 79 60 10, *www.campinglesmatherons.com*
 – **R** conseillée
 70 ha/4 campables (25 empl.) plat à incliné, herbeux, pierreux
 Tarif : ⚹ 4 € 🚗 🅴 7,50 € – 🛱 (3A) 2,50 €
 Pour s'y rendre : SO : 3 km par D 12 rte d'Oraison et chemin empierré à droite
 À savoir : cadre sauvage et naturel au milieu des bois

Nature : 🌿 🌳🌳	
Loisirs : 🏊🎣	
Services : 🔑 🅿 🛒 🅰 📷	

RIEZ

✉ 04500 – **334** E10 – 1 667 h. – alt. 520
🛈 *Office de tourisme, 4, allée Louis Gardiol ℘ 04 92 77 99 09, Fax 04 92 77 99 07*
Paris 792 – Marseille 105 – Digne-les-Bains 41 – Draguignan 64 – Manosque 34.

△ **Rose de Provence** 5 avr.-29 sept.
 ℘ 04 92 77 75 45, *info@rose-de-provence.com*,
 Fax 04 92 77 75 45, *www.rose-de-provence.com*
 – **R** conseillée
 1 ha (91 empl.) plat, terrasse, herbeux, gravier
 Tarif : 13,90 € ⚹ 🚗 🅴 🛱 (6A) – pers. suppl. 3,65 € – frais de réservation 10 €
 Location : 3 🛏 (4 à 6 pers.) 260 à 499 €/sem.
 Pour s'y rendre : SE : 1 km par D 11, rte de Ste-Croix-du-Verdon

Nature : 🛏 🌳🌳	
Loisirs : 🏊🎣	
Services : 🛁 🔑 GB 🔌 🌳 🅰 📞 📷	
cases réfrigérées	
À prox. : 🛒 🍴	

ST-ANDRÉ-LES-ALPES

✉ 04170 – **334** H9 – G. Alpes du Sud – 818 h. – alt. 914
🛈 *Office de tourisme, place Marcel Pastorelli ℘ 04 92 89 02 39, Fax 04 92 89 19 23*
Paris 786 – Castellane 20 – Colmars 28 – Digne-les-Bains 43 – Manosque 86 – Puget-Théniers 45.

△ **Municipal les Iscles** mai-sept.
 ℘ 04 92 89 02 29, *mairie.st-andre.les.alpes@wanadoo.fr*,
 Fax 04 92 89 02 56 – alt. 894 – **R**
 2,5 ha (200 empl.) plat, pierreux, herbeux
 Tarif : ⚹ 3,80 € 🚗 🅴 3,30 € – 🛱 (10A) 2 €
 🚐 1 borne flot bleu 3 € – 1 🅴
 Pour s'y rendre : S : 1 km par N 202 rte d'Annot et à gauche, à 300 m du Verdon

Nature : 🌳🌳	
Loisirs : 🛏 🏊🎣	
Services : 🛁 🔑 GB 🔌 🛒 🌳 🛋 🅰	
📞 📷	
À prox. : 🛒 🍴 🎿 parcours sportif, parapente	

*Les indications d'accès à un terrain sont généralement indiquées,
dans notre guide, à partir du centre de la localité.*

ST-MARTIN-DE-BRÔMES

04800 – **334** D10 – G. Alpes du Sud – 403 h. – alt. 358
Paris 778 – Marseille 91 – Digne-les-Bains 55 – Manosque 20 – Pertuis 48.

Bleu Lavande mai-oct.
 04 92 77 64 89, info@camping-bleu-lavande.com,
Fax 04 92 77 60 32, www.camping-bleu-lavande.com
– **R** conseillée
4 ha/2 campables (35 empl.) non clos, en terrasses, gravier,
plat, bois attenant
Tarif : 16 € ★ ⇔ ▣ ⒧ (10A) – pers. suppl. 4 €
Location : 9 ⊡ (4 à 6 pers.) 200 à 380 €/sem.
Pour s'y rendre : 0,8 km à l'O du bourg et chemin empierré

Nature : ≤ le village et la chaîne
du mont Denier ⊏ ♀
Services : � ⊶ GB ⋌ ⊡ ⊕ ⊿ ⊽

ST-PONS

04400 – **334** H6 – 641 h. – alt. 1 157
Paris 797 – Marseille 227 – Digne-les-Bains 84 – Gap 74 – Embrun 54.

Le Loup Blanc du Riou (location exclusive de chalets)
 04 92 81 44 97, leloup.blanc@wanadoo.fr,
Fax 04 92 81 44 97, www.leloupblanc.com – **R** conseillée
2 ha en terrasses, herbeux, pierreux
Location : 13 ⊡
Pour s'y rendre : SO : 1 km, derrière l'aérodrome
À savoir : agréable petit village de chalets, sous une pinède

Nature : ♀♀
Loisirs : ⊡ ⊿ ⊿
Services : � ⊶ ⊕ ▥ ⊟
À prox. : ⊮ ✕ ⊁ parc aventure,
parc de loisirs, vol à voile

STE-CROIX-DE-VERDON

656

04500 – **334** E10 – 102 h. – alt. 530 – Base de loisirs
Paris 780 – Brignoles 59 – Castellane 59 – Digne-les-Bains 51 – Draguignan 53 – Manosque 44.

Municipal les Roches avr.-sept.
 04 92 77 78 99, mairie.saintecroixduverdon@orange.fr,
Fax 04 92 77 76 23, www.saintecroixduverdon.com
– **R** conseillée
6 ha (233 empl.) plat et en terrasses, vallonné, accidenté,
herbeux, gravillons
Tarif : (Prix 2007) ★ ⇔ ▣ 13,10 € – ⒧ (6A) 1,50 €
⊡ 1 borne 6 €
Pour s'y rendre : 1 km au NE du bourg, à 50 m du lac de
Ste-Croix - pour les caravanes, le passage par le village est
interdit
À savoir : bel ombrage sous les oliviers et amandiers

Nature : ≤ ♀♀
Services : � ⊶ GB ⋌ ⊠ ⊕ ▥
cases réfrigérées
À prox. : ✗ ⊨ ◊ canoë, pédalos

SEYNE

04140 – **334** G6 – G. Alpes du Sud – 1 440 h. – alt. 1 200
 Office de tourisme, place d'Armes 04 92 35 11 00, Fax 04 92 35 28 84
Paris 719 – Barcelonnette 43 – Digne-les-Bains 43 – Gap 54 – Guillestre 71.

Les Prairies saison
 04 92 35 10 21, info@campinglesprairies.com, www.cam
pinglesprairies.com – **R** conseillée
3,6 ha (108 empl.) non clos, plat, pierreux, herbeux
Tarif : 22,50 € ★ ⇔ ▣ ⒧ (10A) – pers. suppl. 5 € – frais de
réservation 16 €
Location : 8 ⊡ (4 à 6 pers.) 250 à 540 €/sem. – 8 ⊡ (4 à
6 pers.) 290 à 600 €/sem.
Pour s'y rendre : S : 1 km par D 7, rte d'Auzet et chemin à
gauche, bord de la Blanche

Nature : ≤ ⊏ ♀♀
Loisirs : ⊡ ⊿ ⊿ ⊿
Services : ⊶ GB ⋌ ▥ ⊡ ⊿ ⊕ ▥
⊿
À prox. : ✗ ⊠ ⊁

SISTERON

✉ 04200 – **334** D7 – G. Alpes du Sud – 6 964 h. – alt. 490
🛈 *Office de tourisme, 1, place de la République* ☎ *04 92 61 12 03, Fax 04 92 61 19 57*
Paris 704 – Barcelonnette 100 – Digne-les-Bains 40 – Gap 52.

⚠ **Municipal des Prés-Hauts** mars-oct.
☎ 04 92 61 19 69, *camping.sisteron@wanadoo.fr*,
Fax 04 92 61 19 69, *www.sisteron.fr* – **R** conseillée
4 ha (141 empl.) plat et peu incliné, herbeux
Tarif : 17,30 € ⚹ ⬌ 🔲 (10A) – pers. suppl. 3,50 €
Location : 8 ▭ (4 à 6 pers.) 260 à 530 €/sem.
Pour s'y rendre : N : 3 km par rte de Gap et D 951 à droite,
rte de la Motte-du-Caire, près de la Durance
À savoir : emplacements bien délimités dans un cadre
verdoyant

Donnez-nous votre avis
sur les terrains que nous recommandons.
Faites-nous connaître vos observations et vos découvertes.
par mail à l'adresse : leguidecampingfrance@fr.michelin.com.

VALENSOLE

✉ 04210 – **334** D9 – 2 334 h. – alt. 566
🛈 *Syndicat d'initiative, place des Héros de la Résistance* ☎ *04 92 74 90 02*
Paris 758 – Brignolles 64 – Castellane 72 – Digne-les-Bains 46 – Manosque 21 – Salernes 58.

⚠ **Oxygène** 19 avr.-13 sept.
☎ 04 92 72 41 77, *sarloxygene@libertysurf.fr*,
Fax 04 92 72 41 77, *www.camping-oxygene.com*
– **R** conseillée
2,5 ha (100 empl.) non clos, plat, pierreux, herbeux, haies de
lauriers
Tarif : 21 € ⚹ ⬌ 🔲 (10A) – pers. suppl. 5 €
Location : 6 ▭
▭ 1 borne artisanale 9 €
Pour s'y rendre : SO : 19 km par D 6, rte de Manosque et D 4,
rte d'Oraison, au lieu-dit les Chabrands, à 300 m de la Durance
(accès direct), accès conseillé par D 4 - par A 51 sortie 18
Manosque

657

Massif de la Sainte-Baume

Le VERNET

☒ 04140 – **334** G7 – 104 h. – alt. 1 200
Paris 729 – Digne-les-Bains 32 – La Javie 16 – Seyne 11.

△ **Lou Passavous** 15 avr.-oct.
𝒫 04 92 35 14 67, *loupassavous@wanadoo.fr, www.loupas
savous.com* – **R** conseillée
1,5 ha (60 empl.) plat, non clos, peu incliné, herbeux,
pierreux
Tarif : 19,50 € ✶ ⬥ 🚗 ▣ (6A) – pers. suppl. 3,65 € – frais
de réservation 10 €
Pour s'y rendre : N : 0,8 km par rte de Roussimat, bord du
Bès

Nature : 🌿 ⬥ ♀	
Loisirs : 🍴 pizzeria 🏊	
Services : ♿ ⛽ GB 🔧 🛒 🍴 ⬥ ⊕ 🛁	
🏧	
À prox. : 🍽 🎿 🎣 🐎	

VILLARS-COLMARS

☒ 04370 – **334** H7 – 209 h. – alt. 1 225
Paris 774 – Annot 37 – Barcelonnette 46 – Colmars 3 – St-André-les-Alpes 26.

△△ **Le Haut-Verdon** 3 mai-14 sept.
𝒫 04 92 83 40 09, *campinglehautverdon@wanadoo.fr*,
Fax 04 92 83 56 61, *www.lehautverdon.com* – **R** conseillée
3,5 ha (109 empl.) plat, pierreux
Tarif : 28 € ✶ ⬥ 🚗 ▣ (6A) – pers. suppl. 5 € – frais de
réservation 15 €
Location (permanent) : 6 ▦ (4 à 6 pers.) 270 à
600 €/sem. – 4 ▦ (4 à 6 pers.) 250 à 550 €/sem.
🚐 1 borne artisanale 3 €
Pour s'y rendre : par D 908, bord du Verdon, accès très
déconseillé par le col d'Allos

Nature : ⬥ ▭ ♀♀ (pinède)	
Loisirs : pizzeria, snack 🏠 🏊 🍽	
🎿	
Services : ⛽ GB 🔧 🛒 🍴 ⊕ ⬥ 🛁 🌀	
🛁 🏧	

VOLONNE

658

☒ 04290 – **334** E8 – G. Alpes du Sud – 1 514 h. – alt. 450
Paris 718 – Château-Arnoux-St-Aubin 4 – Digne-les-Bains 29 – Forcalquier 33 – Les Mées 17 – Sisteron 14.

△△△ **L'Hippocampe** ♣♣ – 22 mars-sept.
𝒫 04 92 33 50 00, *camping@l-hippocampe.com*,
Fax 04 92 33 50 49, *www.l-hippocampe.com* – **R** conseillée
8 ha (447 empl.) plat, herbeux, verger
Tarif : 32 € ✶ ⬥ 🚗 ▣ (10A) – pers. suppl. 6,50 € – frais de
réservation 30 €
Location : 138 ▦ (4 à 6 pers.) 245 à 973 €/sem. – 6 ▦ (4
à 6 pers.) 319 à 980 €/sem. – 45 bungalows toilés
🚐 1 borne artisanale 5 € – 🚐 11 €
Pour s'y rendre : SE : 0,5 km par D 4
À savoir : cadre agréable, au bord de la Durance

Nature : ⬥ ▭ ♀♀	
Loisirs : 🍴 pizzeria, self-service,	
snack 🍸 nocturne 🕺 discothèque,	
salle d'animation 🏊 🎿 🍽 🎿 ca-	
noë, pédalos	
Services : ♿ ⛽ GB 🔧 🍴 🛁 🌀 ⊕	
🌀 🔧 🐾 🛁 🛁 🏧	
À prox. : 🐎	

VOLX

☒ 04130 – **334** D9 – 2 690 h. – alt. 350
Paris 748 – Digne-les-Bains 51 – Forcalquier 15 – Gréoux-les-Bains 22 – Manosque 9 – Reillanne 22.

△ **Municipal la Vandelle** juin-sept.
𝒫 04 92 79 35 85, *mairie.volx@wanadoo.fr*,
Fax 04 92 79 32 26, *www.camping.volx.com* – **R** conseillée
2 ha (50 empl.) plat, peu incliné et terrasses, herbeux,
pierreux, bois attenant
Tarif : (Prix 2007) ✶ 3,55 € ⬥ 🚗 1,95 € ▣ 3,75 € –
(10A) 3,70 €
Pour s'y rendre : SO : à 1,3 km du bourg

Nature : 🌿 ♀♀	
Loisirs : 🎿	
Services : ♿ ⛽ 🔧 ⊕ 🏧	

*Donnez-nous votre avis sur les terrains que nous recommandons.
Faites-nous connaître vos observations et vos découvertes
par mail à l'adresse : leguidecampingfrance@fr.michelin.com.*

ANCELLE

✉ 05260 – **334** F5 – 619 h. – alt. 1 340 – Sports d'hiver : 1 350/1 807 m ⚡13 ⚡
🚩 *Syndicat d'initiative, Mairie* ✆ *04 92 50 89 51, Fax 04 92 50 89 89*
Paris 665 – Gap 17 – Grenoble 103 – Orcières 18 – Savines-le-Lac 30.

Les Auches Permanent
✆ 04 92 50 80 28, *info@lesauches.com*, Fax 04 92 50 84 58,
www.lesauches.com – places limitées pour le passage
– **R** conseillée
2 ha (90 empl.) peu incliné, terrasses, herbeux
Tarif : 18,90 € ⚹ 🚐 🗐 ⚡ (3A) – pers. suppl. 4,50 € – frais
de réservation 10 €
Location ⚓ : 8 🚏 (4 à 6 pers.) 250 à 510 €/sem. – 11
🏠 (4 à 6 pers.) 250 à 635 €/sem. – studios
Pour s'y rendre : sortie N par rte de Pont du Fossé et à
droite

> **Nature :** 🏞 ←
> **Loisirs :** snack 🍴 🛶 🎿
> **Services :** ⚹ ⛽ GB 🗐 🏧 🗐 ⊕ 🗐

L'ARGENTIÈRE-LA-BESSÉE

✉ 05120 – **334** H4 – G. Alpes du Sud – 2 289 h. – alt. 1 024
Paris 696 – Briançon 17 – Embrun 33 – Gap 74 – Mont-Dauphin 18 – Savines-le-Lac 44.

Les Écrins 22 avr.-15 sept.
✆ 04 92 23 03 38, *contact@camping-les-ecrins.com*,
Fax 04 92 23 09 89, *www.camping-les-ecrins.com*
– **R** conseillée
3 ha (120 empl.) plat, herbeux, pierreux
Tarif : 15,30 € ⚹ 🚐 🗐 ⚡ (10A) – pers. suppl. 4,60 €
Pour s'y rendre : S : 2,3 km par N 94 rte de Gap, et D 104 à
droite
À savoir : près d'un plan d'eau et d'un stade d'eau vive

> **Nature :** ←
> **Loisirs :** 🍴 🛶 🎣
> **Services :** ⚹ ⛽ (juil.-août) GB 🗐 🏧
> ⊕ 🏖 🗐 🗐 🗐
> **À prox. :** 🗐 🎿 🐎 🛶 sports en eaux
> vives

BARATIER

✉ 05200 – **334** G4 – 461 h. – alt. 855
Paris 704 – Marseille 214 – Gap 39 – Digne 90 – Briançon 51.

Les Airelles juin-13 sept.
✆ 04 92 43 11 57, *info@lesairelles.com*, Fax 04 92 43 69 07,
www.lesairelles.com – **R** conseillée
5 ha/4 campables (130 empl.) peu incliné à incliné, terrasses,
plat, pierreux, herbeux
Tarif : 18 € ⚹ 🚐 🗐 ⚡ (10A) – pers. suppl. 4,80 €
Location : 28 🏠 (4 à 6 pers.) 290 à 600 €/sem.
Pour s'y rendre : SE : 1,2 km par D 40, rte des Orres et rte à
droite, accès direct au village par chemin forestier

> **Nature :** 🏞 ← 🌳🌳
> **Loisirs :** 🍴 snack, pizzeria 🍴 🗐
> nocturne 🛶 🎿
> **Services :** ⚹ ⛽ GB 🗐 🗐 🏖 🗐 ⊕
> 🗐

Le Verger Permanent
✆ 04 92 43 15 87, *camping.leverger@wanadoo.fr*,
Fax 04 92 43 49 81, *www.campingleverger.fr* – **R** indispensable
4,3 ha/2,5 campables (110 empl.) peu incliné, en terrasses,
herbeux, pierreux
Tarif : 16,20 € ⚹ 🚐 🗐 ⚡ (2A) – pers. suppl. 4,50 € – frais
de réservation 14 €
Location : pavillons
Pour s'y rendre : sortie O, pour caravanes, accès conseillé
par le village
À savoir : Entrée fleurie et site agréable

> **Nature :** 🏞 ← 🗐 🌳🌳
> **Loisirs :** snack 🍴 🎿
> **Services :** ⛽ GB 🗐 🗐 🗐 🏖 ⊕ 🗐 🗐
> **À prox. :** 🗐 🗐

Les Grillons 15 mai-10 sept.
✆ 04 92 43 32 75, *info@lesgrillons.com*, Fax 04 92 43 32 75,
www.lesgrillons.com – **R** conseillée
1,5 ha (90 empl.) peu incliné, herbeux
Tarif : 17,50 € ⚹ 🚐 🗐 ⚡ (10A) – pers. suppl. 4 € – frais de
réservation 10 €
Location : 10 🚏 (4 à 6 pers.) 270 à 550 €/sem.
Pour s'y rendre : N : 1 km par D 40, D 340 et chemin à
gauche

> **Nature :** 🏞 ← 🌳
> **Loisirs :** 🗐 🎿
> **Services :** ⚹ ⛽ 🗐 🗐 🏖 🗐 ⊕ 🗐

BARATIER

▲ **Les Esparons** 15 juin-1er sept.
ℰ 04 92 43 02 73, *info@lesesparons.com,*
Fax 04 92 43 02 73, *www.lesesparons.com* – **R** conseillée
1,5 ha (83 empl.) plat et peu incliné, herbeux
Tarif : **₮** 4,20 € ⇦ 🗉 4,30 € – (₺) (6A) 4 € – frais de réservation 15 €
Location 🏡 : 6 🏠 (4 à 6 pers.) 250 à 545 €/sem.
Pour s'y rendre : Sortie N par D 40 et D 340
À savoir : Agréable verger près d'un torrent

Nature : 🐾 ← ⌂ ♤♤
Loisirs : 🛝 ⅃
Services : ⅋ ⊶ ⅌ 🗍 ⅍ 🏵 🖾

▲ **Les Deux Bois** mai-15 sept.
ℰ 04 92 43 54 14, *info@camping-les2bois.com,*
Fax 04 92 43 54 14, *www.camping-les2bois.com* – **R** conseillée
2,5 ha (100 empl.) plat, incliné à peu incliné, terrasses, herbeux, pierreux
Tarif : (Prix 2007) 19,70 € **₮** ⇦ 🗉 (₺) (10A) – pers.
suppl. 4,50 € – frais de réservation 15 €
Pour s'y rendre : Accès au bourg par D 204

Nature : 🐾 ← ♀
Loisirs : ♈ snack, pizzeria 🛝 ⅃
Services : ⅋ ⊶ ⅁⅌ ⅌ 🖩 🗍 ⅍ 🏵 🖾
À prox. : ⅍ ⅀

BARRET-SUR-MÉOUGE

✉ 05300 – **334** C7 – 232 h. – alt. 640
Paris 700 – Laragne-Montéglin 14 – Sault 46 – Séderon 21 – Sisteron 25.

▲ **Les Gorges de la Méouge** mai-sept.
ℰ 04 92 65 08 47, *campinggorgesdelameouge@wanadoo.fr,* Fax 04 92 65 05 33, *www.camping-meouge.com* – **R** conseillée
2,5 ha (95 empl.) plat, herbeux
Tarif : 18,90 € **₮** ⇦ 🗉 (₺) (6A) – pers. suppl. 4,20 €
Location : 13 🏠 (4 à 6 pers.) 360 à 469 €/sem.
🛒, 🚐 10 €
Pour s'y rendre : sortie E par D 942, rte de Laragne-Montéglin et chemin à droite, près de la Méouge

Nature : 🐾 ← ♤♤
Loisirs : ⅍⅍ ⅃
Services : ⅋ ⊶ ⅌ 🗍 ⅍ 🏵 ⅀ ⅌ 🖾

660

BRIANÇON

✉ 05100 – **334** H2 – G. Alpes du Sud – 10 737 h. – alt. 1 321 – Sports d'hiver :
🄳 *Office de tourisme, 1, place du Temple* *ℰ* 04 92 21 08 50, Fax 04 92 20 56 45
Paris 681 – Digne-les-Bains 145 – Embrun 48 – Grenoble 89 – Gap 119.

▲ **Les 5 Vallées** juin-25 sept.
ℰ 04 92 21 06 27, *infos@camping5vallees.com,*
Fax 04 92 20 41 69, *www.camping5vallees.com* – **R** conseillée
5 ha (116 empl.) plat, peu incliné, herbeux
Tarif : **₮** 5,98 € ⇦ 2,29 € 🗉 3,95 € – (₺) (6A) 3,60 €
Location (déc.-25 sept.) 🏡 : 24 🏠 (4 à 6 pers.) 441,25 à 556,60 €/sem.
🛒 1 borne eurorelais 5 €
Pour s'y rendre : S : 2 km par N 94

Nature : ← ♤♤
Loisirs : 🎱 🛝 ⅃
Services : ⅋ ⊶ ⅁⅌ ⅌ 🗍 ⅍ 🏵
🖾 ⅁ ⅌
À prox. : ⅊

CEILLAC

✉ 05600 – **334** I4 – G. Alpes du Sud – 276 h. – alt. 1 640 – Sports d'hiver : 1 700/2 500 m ⅍6 ⅊
🄳 *Office de tourisme, le village* *ℰ* 04 92 45 05 74, Fax 04 92 45 47 05
Paris 729 – Briançon 50 – Gap 75 – Guillestre 14.

▲ **Les Mélèzes** 30 mai-5 sept.
ℰ 04 92 45 21 93, *camping-les-melezes@wanadoo.fr,*
Fax 04 92 45 01 83 – **R** conseillée
3 ha (100 empl.) peu incliné, accidenté et terrasses, pierreux, herbeux
Tarif : 19,10 € **₮** ⇦ 🗉 (₺) (10A) – pers. suppl. 5 €
Pour s'y rendre : SE : 1,8 km
À savoir : site et cadre agréables au bord du Mélezet

Nature : 🐾 ← ♀
Loisirs : 🛝
Services : ⊶ ⅁⅌ ⅌ 🖩 🗍 ⅍ 🏵
⅌ 🖾

CHORGES

✉ 05230 – **334** F5 – 1 882 h. – alt. 864

🛈 *Office de tourisme, place Centrale* 𝄞 *04 92 50 64 25, Fax 04 92 50 93 44*
Paris 676 – Embrun 23 – Gap 18 – Savines-le-Lac 12.

Le Serre du Lac Permanent
𝄞 04 92 50 67 57, *campserredulac@aol.com*,
Fax 04 92 50 67 57, *www.campingleserredulac.com* – places
limitées pour le passage – **R** conseillée
2,5 ha (91 empl.) en terrasses, pierreux, herbeux
Tarif : 17,80 € ⁂ 🚗 🔲 (15A) – pers. suppl. 5,40 €
Location : 45 🚐 (4 à 6 pers.) 280 à 470 €/sem. – 16 🏠 (4
à 6 pers.) 350 à 560 €/sem.
Pour s'y rendre : SE : 4,5 km par N 94 rte de Briançon et rte
de la baie de St-Michel

> Nature : ⩤ 🗔
> Loisirs : 🏠 ⚓
> Services : 👤 ⚡ 🗐 🔲 🗑 🔺 ⊕ 🚮 🛒
> 🏧

Avant de vous installer, consultez les tarifs en cours,
affichés obligatoirement à l'entrée du terrain,
et renseignez-vous sur les conditions particulières de séjour.
Les indications portées dans le guide ont pu être modifiées depuis la mise à jour.

EMBRUN

✉ 05200 – **334** G5 – G. Alpes du Sud – 6 152 h. – alt. 871

🛈 *Office de tourisme, place Général-Dosse* 𝄞 *04 92 43 72 72, Fax 04 92 43 54 06*
Paris 706 – Barcelonnette 55 – Briançon 48 – Digne-les-Bains 97 – Gap 41 – Guillestre 21 – Sisteron 88.

Municipal de la Clapière fin avr.-fin sept.
𝄞 04 92 43 01 83, *info@camping-embrun-clapiere.com*,
Fax 04 92 43 50 22, *www.camping-embrun-clapiere.com*
– **R** conseillée
6,5 ha (367 empl.) plat, accidenté et en terrasses, pierreux,
herbeux
Tarif : 18,80 € ⁂ 🚗 🔲 (10A) – pers. suppl. 4,90 €
Location (permanent) : 6 🚐 (4 à 6 pers.) 375 à
540 €/sem. – 14 🏠 (4 à 6 pers.) 416 à 640 €/sem.
🚐 1 borne
Pour s'y rendre : SO : 2,5 km par N 94, rte de Gap et à droite
À savoir : près d'un plan d'eau

> Nature : ♀♀
> Loisirs : 🏠 🌙 nocturne 🏄
> Services : 👤 ⚡ (juil.-août) 🔳 🗐 🔲
> 🗑 🔺 ⊕ 🏧
> À prox. : 🍴 🍷 ✕ 🐎 ⚒ ⛷ 🟦 🚣 ⚓
> 🦢 💧 parcours sportif

661

Massif de la Sainte-Victoire

ESPINASSES

✉ 05190 – **334** F6 – 587 h. – alt. 630
Paris 689 – Chorges 19 – Gap 25 – Le Lauzet-Ubaye 23 – Savines-le-Lac 29 – Turriers 16.

La Viste 15 mai-15 sept.
  ℘ 04 92 54 43 39, *camping@laviste.fr*, Fax 04 92 54 42 45,
http://www.laviste.fr – alt. 900 – **R** conseillée
4,5 ha/2,5 campables (160 empl.) plat, terrasse, peu incliné, accidenté, herbeux, pierreux
Tarif : (Prix 2007) 21,30 € ✶ ⇔ 🔲 (5A) – pers. suppl. 5,95 € – frais de réservation 15 €
Location : 31 🏠 (4 à 6 pers.) 288 à 750 €/sem.
Pour s'y rendre : NE : 5,5 km par D 900ᴮ, D 3 rte de Chorges et D 103 à gauche rte de Rousset
À savoir : belle situation dominant le lac de Serre-Ponçon

| Nature : ⛰ ≤ lac de Serre-Ponçon, montagnes et barrage ⚲ |
| Loisirs : 🍹 🍴 snack 🏓 🎮 🏊 |
| Services : 🚻 ⛟ GB 🚿 🔲 🛒 ♨ ⚐ ♨ |
| 🔲 ⚰ 🚮 |
| À prox. : sports en eaux vives |

*The classification (1 to 5 tents, **black** or **red**) that we award to selected sites in this Guide is a system that is our own. It should not be confused with the classification (1 to 4 stars) of official organisations.*

GAP

✉ 05000 – **334** E5 – G. Alpes du Sud – 36 262 h. – alt. 735
🏢 *Office de tourisme, 2a, cours Frédéric Mistral* ℘ 04 92 52 56 56, Fax 04 92 52 56 57
Paris 665 – Avignon 209 – Grenoble 103 – Sisteron 52 – Valence 158.

662

Alpes-Dauphiné avr.-nov.
  ℘ 04 92 51 29 95, *alpes.dauph@wanadoo.fr*,
Fax 04 92 53 58 42, *www.alpesdauphine.com* – alt. 850
– **R** conseillée
10 ha/6 campables (185 empl.) incliné, en terrasses, herbeux
Tarif : 21,70 € ✶ ⇔ 🔲 (6A) – pers. suppl. 5,90 € – frais de réservation 15 €
Location : 35 🛖 (4 à 6 pers.) 230 à 490 €/sem. – 10 🏠 (4 à 6 pers.) 300 à 630 €/sem. – gîtes
🚐 1 borne artisanale 5,50 €
Pour s'y rendre : N : 3 km, sur N 85, rte de Grenoble

| Nature : ≤ ⚲ |
| Loisirs : 🍹 🍴 pizzeria 🎬 🏓 🏊 |
| Services : 🚻 ⛟ GB 🚿 🔲 🛒 ♨ 🗑 |
| ⚐ ⚰ 🚮 🔲 ♨ |

La GRAVE

✉ 05320 – **334** F2 – G. Alpes du Nord – 511 h. – alt. 1 526 – Sports d'hiver : 1 450/3 250 m 🚡2 🎿2 🎿
🏢 *Office de tourisme, route nationale 91* ℘ 04 76 79 90 05, Fax 04 76 79 91 65
Paris 642 – Briançon 38 – Gap 126 – Grenoble 80 – Col du Lautaret 11 – St-Jean-de-Maurienne 66.

La Meije 10 mai-sept.
  ℘ 06 08 54 30 84, *nathalie-romagne@wanadoo.fr*,
Fax 04 76 79 93 34, *www.camping-delameije.com*
– **R** conseillée
2,5 ha (50 empl.) plat, terrasse, peu incliné, herbeux
Tarif : 13,60 € ✶ ⇔ 🔲 (4A) – pers. suppl. 3 €
Pour s'y rendre : E : dir. Briançon par D 1091
À savoir : magnifique panorama sur le glacier de la Grave et sur la Meije

| Nature : ⛰ ≤ ⚲ |
| Loisirs : ✂ 🎣 🏊 |
| Services : 🚻 ⛟ 🚿 ⚐ ⚰ 🔲 |
| À prox. : 🚣 canoë, sports en eaux vives |

Le Gravelotte 10 juin-20 sept.
  ℘ 04 76 79 93 14, *roland.jacob@cario.fr*, Fax 04 76 79 92 39,
www.camping-le-gravelotte.com – **R** conseillée
4 ha (75 empl.) plat, herbeux
Tarif : 14,50 € ✶ ⇔ 🔲 (5A) – pers. suppl. 3,70 €
Pour s'y rendre : O : 1,2 km par D 1091 rte de Grenoble et chemin à gauche
À savoir : agréable situation au pied des montagnes et au bord de la Romanche

| Nature : ≤ |
| Loisirs : 🍹 🏊 🎣 |
| Services : 🚻 ⛟ GB 🚿 🔲 ⚐ 🗑 ♨ 🔲 |

GUILLESTRE

✉ 05600 – **334** H5 – G. Alpes du Sud – 2 211 h. – alt. 1 000 – Base de loisirs
🛈 *Office de tourisme, place Salva* ℘ *04 92 45 04 37, Fax 04 95 45 19 09*
Paris 715 – Barcelonnette 51 – Briançon 36 – Digne-les-Bains 114 – Gap 61.

⚠ **Parc Le Villard** fermé 2 nov.-14 déc.
℘ 04 92 45 06 54, *info@camping-levillard.com*,
Fax 04 92 45 00 52, *www.camping-levillard.com* – **R** conseil-
lée
3,2 ha (120 empl.) plat et peu incliné, herbeux, pierreux
Tarif : 19,80 € ✶ 🚗 🅴 🔌 (10A) – pers. suppl. 4,50 €
Location 🏠 : 16 🛖 (4 à 6 pers.) 360 à 520 €/sem. – 6
🏠 (4 à 6 pers.) 400 à 550 €/sem.
Pour s'y rendre : O : 2 km par D 902ᴬ, rte de Gap, bord du
Chagne

Nature : ✳ ≤ 👁
Loisirs : snack 🍴 🏓 ✗ 🎣 🛶
Services : 👤 🔦 GB 🚐 🏧 🗑 🚿 ⊕ 🔳
🏧

⚠ **St-James-les-Pins** Permanent
℘ 04 92 45 08 24, *camping@lesaintjames.com*,
Fax 04 92 45 18 65, *www.lesaintjames.com* – **R** indispensa-
ble
2,5 ha (100 empl.) plat et peu incliné, pierreux, herbeux
Tarif : 15,90 € ✶ 🚗 🅴 🔌 (5A) – pers. suppl. 3 €
Location : 13 🏠 (4 à 6 pers.) 260 à 610 €/sem. – 🛏
🚐 1 borne artisanale 4,60 € – 5 🅴
Pour s'y rendre : O : 1,5 km par rte de Risoul et rte à droite
À savoir : agréable pinède, au bord du Chagne

Nature : ✳ ≤ 👁👁
Loisirs : 🍴 🏓 🛶
Services : 👤 🔦 GB 🚐 🏧 🗑 🚿 ⊕ 📞
📞 🔳
À prox. : ✗ 🏊

⚠ **La Ribière** juin-14 sept.
℘ 04 92 45 25 54, *camping.la.ribiere@wanadoo.fr*,
Fax 04 92 53 77 57, *www.laribiere.fr* – **R** conseillée
5 ha/2 campables (50 empl.) peu incliné, plat, terrasses,
herbeux, pierreux
Tarif : 12,90 € ✶ 🚗 🅴 🔌 (10A) – pers. suppl. 3 €
Location 🏠 : 5 🚐 (2 à 4 pers.) 210 à 230 €/sem.
🚐 1 borne artisanale 5,50 € – 7 🅴
Pour s'y rendre : au S du bourg, accès par chemin près du
carrefour D 902ᴬ et D 86, rte de Risoul
À savoir : au bord du Chagne

Nature : 🌾 ≤ 👁
Loisirs : 🛶
Services : 👤 🔦 🚐 🏊 ⊕ 🔳
À prox. : 🔲 🏊

663

NÉVACHE

✉ 05100 – **334** H2 – G. Alpes du Sud – 290 h. – alt. 1 640 – Sports d'hiver : 1 400/2 000 m ✗ 2 ✗
🛈 *Office de tourisme, Ville Haute* ℘ *04 92 20 02 20*
Paris 693 – Bardonècchia 18 – Briançon 21.

⚠ **Fontcouverte** juin-21 sept.
℘ 04 92 21 38 21 – croisement difficile pour caravanes –
alt. 1 860 – **R**
2 ha (100 empl.) plat, peu incliné, terrasses, pierreux,
herbeux
Tarif : 8,40 € ✶ 🚗 🅴 – pers. suppl. 2,20 €
Pour s'y rendre : NO : 6,2 km par D 301ᵀ, aux Chalets de
Fontcouverte
À savoir : Site agréable au bord d'un torrent et près de la
Clarée

Nature : 🌾 ≤ 👁
Loisirs : 🛶
Services : 👤 🔦 🚐
À prox. : ✗

ORCIÈRES

✉ 05170 – **334** F4 – G. Alpes du Nord – 810 h. – alt. 1 446 – Sports d'hiver : – Base de loisirs
🛈 *Office de tourisme, maison du Tourisme* ℘ *04 92 55 89 89, Fax 04 92 55 89 64*
Paris 676 – Briançon 109 – Gap 32 – Grenoble 113 – La Mure 73 – St-Bonnet-en-Champsaur 26.

⚠ **Base de Loisirs** juil.-août
℘ 04 92 55 89 68, *admin.orcieres@remy-loisirs.com*,
Fax 04 92 55 89 75 – alt. 1 280 – **R** conseillée
1,2 ha (48 empl.) non clos, plat, pierreux, gravillons
Tarif : 15,80 € ✶ 🚗 🅴 🔌 (6A) – pers. suppl. 2,40 €
Location : gîte d'étape
Pour s'y rendre : SO : à 3,4 km d'Orcières, à la base de loisirs,
à 100 m du Drac Noir et près d'un petit plan d'eau

Nature : 🌾 ≤ montagnes 👁
Loisirs : 🍷 snack
Services : 👤 🔦 GB 🗑 🏊 ⊕ 🔳
À prox. : 🏓 ⛸ 🏊 🛶 🎿 parcours
de santé, parapente

ORPIERRE

✉ 05700 – **334** C7 – G. Alpes du Sud – 256 h. – alt. 682

🛈 *Office de tourisme, le Village* ✆ 04 92 66 30 45, Fax 04 92 66 32 52

Paris 689 – Château-Arnoux 47 – Digne-les-Bains 72 – Gap 55 – Serres 20 – Sisteron 33.

Les Princes d'Orange avr.-28 oct.

✆ 04 92 66 22 53, *campingorpierre@wanadoo.fr*,
Fax 04 92 66 31 08, *www.campingorpierre.com* – accès aux
emplacements par forte pente, mise en place et sortie des
caravanes à la demande – **R** conseillée
20 ha/4 campables (100 empl.) plat et peu incliné, en
terrasses, pierreux, herbeux
Tarif : 25,30 € ✶ ⇌ 🗉 (10A) – pers. suppl. 7 €
Location : 15 [⚏] (4 à 6 pers.) 310 à 575 €/sem. – 4 [⌂] (4
à 6 pers.) 325 à 585 €/sem. – 3 bungalows toilés
Pour s'y rendre : S : à 300 m du bourg, à 150 m du Céans

> Nature : ⬥ ≤ Orpierre et montagnes ⌀
> Loisirs : ♈ pizzeria ⛺ ♨ ⛳ ⚐
> Services : ♿ ⚊ ⟳ ⏚ ⚑ ⊕ ⚏
> À prox. : ✗ ♜

PONT-DU-FOSSÉ

✉ 05260 – **334** F4 – G. Alpes du Sud

Paris 673 – Marseille 204 – Gap 24 – Grenoble 102.

Le Diamant mai-sept.

✆ 04 92 55 91 25, *camping.diamant@libertysurf.fr*,
Fax 04 92 55 95 97, *www.campingdiamant.com* – **R** conseillée
4 ha (100 empl.) plat, herbeux, peu pierreux
Tarif : 20,30 € ✶ ⇌ 🗉 (10A) – pers. suppl. 4,20 €
Location : 12 [⚏] (4 à 6 pers.) 160 à 490 €/sem.
Pour s'y rendre : SO : 0,8 km par D 944 rte de Gap
À savoir : Au bord du Drac

> Nature : ≤ ⌀⌀
> Loisirs : ⛺ ♨ ⚐
> Services : ♿ ⚊ GB ⟳ ⏚ ⊕ ⚏
> ⚑ 🗉 ⚏
> À prox. : ⚏

Municipal le Châtelard 15 juin-15 sept.

✆ 04 92 55 94 31, *comstjeanstnicolas@wanadoo.fr*,
Fax 04 92 55 95 29 – **R** conseillée
2 ha (60 empl.) plat, herbeux, pierreux
Tarif : (Prix 2007) ✶ 3,45 € 🗉 4,70 € – 🅗 (6A) 2,40 €
Pour s'y rendre : E : 1 km par D 944 et chemin à droite,
chemin pour piétons reliant le camp au village
À savoir : Au bord du Drac

> Nature : ⬥ ≤ ⌀
> Loisirs : ⛺ ⚐
> Services : ♿ ⚊ GB ⟳ ⟳ ⏚ ⚏ ⊕
> ⚏ ⚑ 🗉
> À prox. : ✗

PRUNIÈRES

✉ 05230 – **334** F5 – 232 h. – alt. 1 018 – Base de loisirs

Paris 681 – Briançon 68 – Gap 23 – Grenoble 119.

Le Roustou mai-sept.

✆ 04 92 50 62 63, *info@campingleroustou.com, www.cam
pingleroustou.com* – **R**
11 ha/6 campables (180 empl.) plat, incliné à peu incliné,
terrasses, gravier, herbeux
Tarif : 22,20 € ✶ ⇌ 🗉 (4A) – pers. suppl. 6,30 €
Location : 26 [⌂] (4 à 6 pers.) 414 à 706 €/sem.
Pour s'y rendre : S : 4 km, sur N 94
À savoir : Site et cadre agréables entre lac et montagnes

> Nature : ⬥ ≤ ⛺ ⌀ ≋
> Loisirs : ♈ snack ⛺ ✗ ⛳ ⚐
> Services : ♿ ⚊ GB ⟳ ⏚ ⊕ 🗉
> ⚏

RÉALLON

✉ 05160 – **334** G5 – 194 h. – alt. 1 380

🛈 *Office de tourisme, Pra Prunier* ✆ 04 92 44 25 67, Fax 04 92 44 32 52

Paris 691 – Embrun 16 – Gap 34 – Mont-Dauphin 34 – Savines-le-Lac 13.

Municipal de l'Iscle Permanent

✆ 04 92 44 27 08, *reallon.mairie@wanadoo.fr*,
Fax 04 92 50 71 13, *www.reallon-ski.com* – alt. 1 434
– **R** conseillée
0,8 ha (50 empl.) peu incliné, gravier, pierreux, herbeux
Tarif : ✶ 4 € ⇌ 1,50 € 🗉 3,50 € – 🅗 3,55 €
Pour s'y rendre : NO : 2 km par D 241
À savoir : Agréable site montagnard, près du Réallon

> Nature : ⬥ ≤ montagnes
> Loisirs : ⛺ ✗ ≋ (plan d'eau)
> Services : ⚊ GB ⟳ ⏚ ⚏ ⊕ 🗉

La ROCHE-DE-RAME

✉ 05310 – **334** H4 – 678 h. – alt. 1 000
Paris 701 – Briançon 22 – Embrun 27 – Gap 68 – Mont-Dauphin 12 – Savines-le-Lac 38.

⚠ **Le Verger** mai-sept.
    𝒫 04 92 20 92 23, *info@campingleverger.com,*
    Fax 04 92 20 92 23, *www.campingleverger.com* – **R** conseil-lée
    1,6 ha (50 empl.) peu incliné, en terrasses, herbeux, verger
    Tarif : 17,80 € ✶ 🚐 🄴 🄸 (6A) – pers. suppl. 4,80 €
    🄲🄱 1 borne artisanale 3,50 € – 🚐 10 €
    Pour s'y rendre : NO : 1,2 km par N 94, rte de Briançon et chemin des Gillis à droite

> Nature : 🌿 ≤ ⚲
> Loisirs : 🎦
> Services : 🚿 ⚊ 🅒 ⅏ 🗄 🄸 ⊕ 🅩 🝔

⚠ **Municipal du Lac** mai-15 sept.
    𝒫 06 10 03 57 28, *camping.lelac@laposte.net,*
    Fax 04 92 20 90 31, *www.campingdulac.fr.fm* – **R** conseillée
    1 ha (95 empl.) plat, peu incliné, herbeux
    Tarif : 16 € ✶ 🚐 🄴 🄸 (9A) – pers. suppl. 3,40 €
    Pour s'y rendre : sortie S
    À savoir : au bord du lac

> Nature : ≤ ⚲
> Loisirs : 🍴 🎦 🏊 (plage) 🚣
> Services : 🚿 ⚊ 🅒 🗄 🝔 ⊕ 🅦 🝔 🝔
> À prox. : canoë

> *Benutzen Sie*
> *– zur Wahl der Fahrtroute*
> *– zur Berechnung der Entfernungen*
> *– zur exakten Lokalisierung eines Campingplatzes (mit Hilfe der Angaben im Ortstext)*
> *die für diesen Führer unentbehrlichen **MICHELIN-Karten**.*

La ROCHE DES ARNAUDS

✉ 05400 – **334** D5 – 953 h. – alt. 945
Paris 672 – Corps 49 – Gap 15 – St-Étienne-en-Dévoluy 33 – Serres 28.

⚠ **Au Blanc Manteau** Permanent
    𝒫 04 92 57 82 56 – alt. 900 – **R** indispensable
    4 ha (40 empl.) plat, pierreux, herbeux
    Tarif : 17 € ✶ 🚐 🄴 🄸 (10A)
    Pour s'y rendre : SO : 1,3 km par D 18 rte de Ceüze, bord d'un torrent

> Nature : ❄ 🌿 ≤ ⚲
> Loisirs : 🍴 🎦 🏊 🚲 ✳ 🛝
> Services : 🚿 ⚊ ⅏ 🗄 🝔 ⊕ 🝔 🝔

665

ROSANS

✉ 05150 – **334** A6 – 493 h. – alt. 708
🅱 *Syndicat d'initiative, Écomusée* 𝒫 04 92 66 66 66
Paris 694 – Carpentras 82 – Nyons 41 – Orange 83 – Sault 71 – Sisteron 60 – Valence 139.

⚠ **Les Rosières**
    𝒫 04 92 66 62 06, *camping-des-rosieres@wanadoo.fr,*
    Fax 04 92 66 68 90, *www.perso.wanadoo.fr/camping-des-rosieres* – **R** conseillée
    9 ha/3 campables (50 empl.) plat, peu incliné, herbeux
    Location : 12 🛖 – 5 🏠
    Pour s'y rendre : NO : 2,4 km par D 94, rte de Nyons et chemin à gauche

> Nature : 🌿 ≤
> Loisirs : 🍴 snack 🏊 ✳ 🛝 ✳ 🛝 (centre équestre)
> Services : 🚿 ⚊ 🗄 ⊕ 🝔 🝔 🝔

ST-APOLLINAIRE

✉ 05160 – **334** G5 – 106 h. – alt. 1 285
Paris 684 – Embrun 19 – Gap 27 – Mont-Dauphin 37 – Savines-le-Lac 8.

⚠ **Campéole Le Lac**
    𝒫 04 92 44 27 43, Fax 04 92 43 46 93, *www.campeole.fr* – croisement difficile pour caravanes et camping-cars – alt. 1 450 – **R** conseillée
    2 ha (77 empl.) en terrasses et peu incliné, herbeux
    Location : 🛖
    À savoir : Belle situation dominante

> Nature : 🌿 ≤ lac de Serre-Ponçon et montagnes
> Services : ⚊ 🗄 🝔 ⊕ 🝔 🝔
> À prox. : 🍴 snack 🛝 🏊

ST-CLÉMENT-SUR-DURANCE

✉ 05600 – **334** H5 – 229 h. – alt. 872

Paris 715 – L'Argentière-la-Bessée 21 – Embrun 13 – Gap 54 – Mont-Dauphin 6 – Savines-le-Lac 24.

⚠ **Les Mille Vents** 10 juin-7 sept.

    🕿 04 92 45 10 90 – **R** conseillée

    3,5 ha (100 empl.) plat, terrasse, herbeux, pierreux

    Tarif : (Prix 2007) 12 € ✱ ⛺ 🚗 🅿 (5A) – pers. suppl. 2,60 €

    Pour s'y rendre : E : 1 km par N 94, rte de Briançon et D 994ᴰ
    à droite après le pont

    À savoir : Au bord de la rivière

> Nature : ≤ 🌳
> Loisirs : 🏓 🛝
> Services : 🛁 ⚡ 🍴 🏪 🛒 🕸 ⊛ ♨ 🗑

ST-FIRMIN

✉ 05800 – **334** E4 – 438 h. – alt. 901

🛈 *Syndicat d'initiative, pont Richards* 🕿 04 92 55 23 21

Paris 636 – Corps 10 – Gap 31 – Grenoble 74 – La Mure 34 – St-Bonnet-en-Champsaur 18.

⚠ **La Villette**

    🕿 04 92 55 23 55 – **R** conseillée

    0,5 ha (33 empl.) en terrasses, peu incliné, herbeux, pierreux

    Pour s'y rendre : NO : 0,5 km par D 58 rte des Reculas

> Nature : 🌲 ≤ 🌳
> Services : ⚡ 🍴 🕸 ⊛
> À prox. : 🍴 🛝

Le SAUZÉ-DU-LAC

✉ 05160 – **334** F6 – 87 h. – alt. 1 052

Paris 697 – Barcelonette 35 – Digne-les-Bains 74 – Gap 40 – Guillestre 41.

⚠ **La Palatrière** mai-sept.

    🕿 04 92 44 20 98, *lapalatriere@wanadoo.fr, www.lapala
    triere.com* – **R** conseillée

    3 ha (30 empl.) en terrasses, pierreux, herbeux

    Tarif : 20 € ✱ ⛺ 🅿 – pers. suppl. 5,50 €

    Location (avr.-oct.) : 10 🏠 (4 à 6 pers.) 270 à 700 €/sem.
    🚐 4 🅿 20 € – 🚙 20 €

    Pour s'y rendre : S : 4,6 km par D 954

    À savoir : Belle situation dominant le lac de Serre-Ponçon

> Nature : 🌲 ≤ 🌳
> Loisirs : 🍷 snack 🍕 🏓 🛝
> Services : 🛁 ⚡ GB 🍴 🏪 🕸 ⊛ 🗑

SERRES

✉ 05700 – **334** C6 – G. Alpes du Sud – 1 204 h. – alt. 670

🛈 *Office de tourisme, rue du lac* 🕿 04 92 67 00 67, Fax 04 92 67 16 16

Paris 670 – Die 68 – Gap 41 – Manosque 89 – La Mure 75 – Nyons 65.

⚠ **Domaine des Deux Soleils** mai-sept.

    🕿 04 92 67 01 33, *dom.2.soleils@wanadoo.fr,*
    Fax 04 92 67 08 02, *www.domaine-2soleils.com* – alt. 800
    – **R** conseillée

    26 ha/12 campables (72 empl.) en terrasses, pierreux, herbeux

    Tarif : 21,25 € ✱ ⛺ 🅿 (6A) – pers. suppl. 3,50 € – frais de
    réservation 22,75 €

    Location : 8 🛖 (4 à 6 pers.) 280 à 495 €/sem. – 14 🏠 (4
    à 6 pers.) 280 à 495 €/sem.

    Pour s'y rendre : SE : 0,8 km par D 1075, rte de Sisteron puis
    1 km par rte à gauche, à Super-Serres

> Nature : 🌲 🗁 🌳
> Loisirs : snack 🏓 ⸫ 🛝 🏊
> Services : 🛁 ⚡ GB 🍴 🏪 🕸 ⊛ 🗑 🚿

VEYNES

✉ 05400 – **334** C5 – 3 093 h. – alt. 827

🛈 *Office de tourisme, avenue Commandant Dumont* 🕿 04 92 57 27 43, Fax 04 92 58 16 18

Paris 660 – Aspres-sur-Buëch 9 – Gap 25 – Sisteron 51.

⚠ **Les Prés** juin-27 sept.

    🕿 04 92 57 26 22, *campinglespres05orangr.fr, www.cam
    ping-les-pres.com* – alt. 960 – **R** conseillée

    0,35 ha (25 empl.) plat et peu incliné, herbeux

    Tarif : 15,80 € ✱ ⛺ 🅿 (6A) – pers. suppl. 3,20 €
    🚐 1 borne flot bleu – 3 🅿 12 €

    Pour s'y rendre : NE : 3,4 km par D 994, rte de Gap puis
    5,5 km par D 937 rte du col de Festre et chemin à gauche, au
    lieu-dit le Petit Vaux, près de la Béoux

> Nature : 🌲 ≤ 🌳
> Loisirs : 🏓 🚲 🏖 (piscine pour
> enfants)
> Services : 🛁 ⚡ GB 🍴 ⊛ 🗑

VILLARD-LOUBIÈRE

✉ 05800 – **334** E4 – 62 h. – alt. 1 026
Paris 648 – La Chapelle-en-Valgaudémar 5 – Corps 22 – Gap 43 – La Mure 46.

▲ **Les Gravières** 15 juin-15 sept.
      𝄐 04 92 55 35 35, *evp05@wanadoo.fr*, Fax 04 92 55 35 35,
      www.vegapassion.com – **R** conseillée
      2 ha (50 empl.) plat, pierreux, herbeux, sous-bois
      Tarif : 20 € 👤 🚗 🔲 🖫 (5A) – pers. suppl. 4 €
      🛒🛏 15 €
      Pour s'y rendre : E : 0,7 km par rte de la Chapelle-en-
      Valgaudémar et chemin à droite
      À savoir : Cadre et site agréables au bord de la Séveraisse

Nature : 🌿 ≤ 🌳
Loisirs : 🏠 🎿 🎣
Services : 🚿 🔌 (juil.-août) 🐾 🚮 ☺ 🖼

Alpes-Maritimes (06)

ANTIBES

✉ 06600 – **341** D6 – G. Côte d'Azur – 72 412 h. – alt. 2
🖪 *Office de tourisme, 11, place du Général-de-Gaulle* 𝄐 *04 92 90 53 00, Fax 04 92 90 53 01*
Paris 909 – Aix-en-Provence 160 – Cannes 11 – Nice 21.

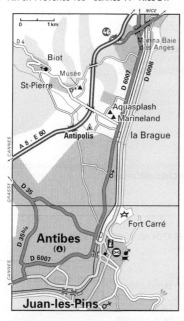

▲▲▲ **Antipolis** 5 avr.-14 sept.
      𝄐 04 93 33 93 99, *contact@camping-antipolis.com*,
      Fax 04 92 91 02 00, *www.camping-antipolis.com* – places li-
      mitées pour le passage – **R** conseillée 🐾 (juil.-août)
      4,5 ha (260 empl.) plat, herbeux
      Tarif : 29 € 👤 🚗 🔲 🖫 (10A) – pers. suppl. 8,50 € – frais de
      réservation 27 €
      Location : 220 🏠 (4 à 6 pers.) 291 à 847 €/sem.
      Pour s'y rendre : 5 km au N par D 6007 et chemin à gauche,
      bord de la Brague

Nature : 🌲 🌳🌳 (peupleraie)
Loisirs : 🍴 snack, pizzeria 🏠 ⛱ 🎿 🏊
Services : 🚿 🔌 ⊖🔳 🐾 🖥 🚮 ☺ 🛒 📞 🖼 sèche-linge 🧺 🐾
À prox. : parc d'attractions, parc aquatique

AURIBEAU-SUR-SIAGNE

✉ 06810 – **341** C6 – G. Côte d'Azur – 2 612 h. – alt. 85

🛈 *Syndicat d'initiative, place en Aïre* ✆ *04 93 40 79 56, Fax 04 93 40 79 56*

Paris 900 – Cannes 15 – Draguignan 62 – Grasse 9 – Nice 42 – St-Raphaël 41.

Le Parc des Monges 5 avr.-27 sept.

✆ 04 93 60 91 71, *contact@parcdesmonges.fr,*

Fax 04 93 60 91 71, *www.parcdesmonges.com* – **R** conseillée

1,3 ha (54 empl.) plat, pierreux, herbeux

Tarif : 27,90 € ✹ 👫 ➡ 🅴 🔌 (10A) – pers. suppl. 4,70 €

Location 🏠 : 6 🚐 (4 à 6 pers.) 225 à 580 €/sem. – 8 🏚
(4 à 6 pers.) 335 à 630 €/sem.

Pour s'y rendre : 1,4 km au NO par D 509, rte de Tanneron

À savoir : Au bord de la Siagne

> Nature : 🌿 ⌂ 🌳
> Loisirs : 🏊
> Services : & ⚡ 🚿 🍴 🛒 ⊙ 🔥 ♨ 🧺
> À prox. : 🍽 ✖ snack 🛁 ⛵ 🎣

Le BAR-SUR-LOUP

✉ 06620 – **341** C5 – G. Côte d'Azur – 2 543 h. – alt. 320

🛈 *Office de tourisme, place Francis Paulet* ✆ *04 93 42 72 21, Fax 04 93 42 92 60*

Paris 916 – Cannes 22 – Grasse 10 – Nice 31 – Vence 15.

Les Gorges du Loup 24 mars-27 sept.

✆ 04 93 42 45 06, *info@lesgorgesduloup.com,*

Fax 04 93 42 45 06, *www.lesgorgesduloup.com* – accès aux emplacements par forte pente, mise en place et sortie des caravanes à la demande – **R** conseillée

1,6 ha (70 empl.) fort dénivelé, en terrasses, pierreux, herbeux

Tarif : 22,20 € ✹ 👫 ➡ 🅴 🔌 (10A) – pers. suppl. 4,20 € – frais de réservation 15 €

Location : 9 🚐 (4 à 6 pers.) 260 à 550 €/sem. – 6 🏚 (4 à 6 pers.) 260 à 550 €/sem. – 1 studio

Pour s'y rendre : 1 km au NE par D 2210 puis 1 km par chemin des Vergers à dr.

À savoir : Petites terrasses souvent à l'ombre d'oliviers centenaires

> Nature : 🌿 ≤ ⌂ 🌳
> Loisirs : 🍴 🏓 🏊
> Services : ⚡ 🅿 (tentes) 🚿 🛒 ⊙ 🔥 ♨

Benutzen Sie
– zur Wahl der Fahrtroute
– zur Berechnung der Entfernungen
– zur exakten Lokalisierung eines Campingplatzes (mit Hilfe der Angaben im Ortstext)
die für diesen Führer unentbehrlichen **MICHELIN-Karten** .

La BOCCA

✉ 06150 – **341** C6

🛈 *Office de tourisme, 1, avenue Pierre Semard* ✆ *04 93 47 04 12, Fax 04 93 90 99 85*

Paris 903 – Marseille 174 – Nice 39 – Antibes 15 – Cannes 4.

Le Parc Bellevue avr.-sept.

✆ 04 93 47 28 97, *contact@parcbellevue.com,*

Fax 04 93 48 66 25, *www.parcbellevue.com* – **R** conseillée

5 ha (250 empl.) plat et en terrasses, herbeux

Tarif : 26,40 € ✹ 👫 ➡ 🅴 🔌 (6A) – pers. suppl. 4 €

Location : 17 🛖 (2 à 4 pers.) 180 à 380 €/sem. – 63 🚐
(4 à 6 pers.) 230 à 590 €/sem.

Pour s'y rendre : N : derrière le stade municipal

> Nature : ⌂ 🌳
> Loisirs : snack, pizzeria 🍴 🏓 🏊
> Services : & ⚡ 🚿 🛒 ⊙ ♨ 📞 🔥
> 🧺

Ranch-Camping 5 avr.-oct.

✆ 04 93 46 00 11, *dstallis@free.fr,* Fax 04 93 46 44 30,
www.leranchcamping.fr – **R** conseillée

2 ha (130 empl.) peu incliné, en terrasses, herbeux, pierreux

Location : 🚐 – 🚐 – 🏚

Pour s'y rendre : 1,5 km au NO par D 9 puis bd de l'Esterel à dr.

> Nature : ⌂ 🌳
> Loisirs : 🍴 🏓 🏊 (petite piscine)
> Services : & ⚡ ⊙🅱 🚿 🅼 🛒 ⊙ ♨ 🔥
> 📞 🧺 ♨

CAGNES-SUR-MER

✉ 06800 – **341** D6 – G. Côte d'Azur – 43 942 h. – alt. 20
🅱 *Office de tourisme, 6, boulevard Maréchal Juin* ✆ *04 93 20 61 64, Fax 04 93 20 52 63*
Paris 915 – Antibes 11 – Cannes 21 – Grasse 25 – Nice 13 – Vence 9.

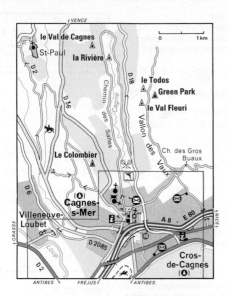

La Rivière mars-déc.
✆ 04 93 20 62 27, Fax 04 93 20 72 53, *www.campinglari
viere06.fr* – **R** conseillée
1,2 ha (90 empl.) plat, herbeux, gravier
Tarif : 20,30 € ✝ ⬅ 🔲 🔧 (6A) – pers. suppl. 3,80 €
Location (avr.-sept.) ✂ : 4 🛏 (4 à 6 pers.) 240 à
430 €/sem.
Pour s'y rendre : 3,5 km au N par rue J.-Féraud et chemin
des Salles, bord de la Cagne

> Nature : 🏞 🗺 ♋
> **Loisirs :** snack, pizzeria 🍴 ⛱ ⛷
> **Services :** 🔛 ⬛🅱 ⚲ 🛁 🔥 ⊘ 🚿 ⛟
> 🔲 🧺

Le Val de Cagnes fév.-oct.
✆ 04 93 73 36 53, *valdecagnes@wanadoo.fr*,
Fax 04 93 73 36 53, *www.camping-leval-cagnes.com*
– **R** conseillée
1,1 ha (34 empl.) en terrasses, herbeux, pierreux
Tarif : (Prix 2007) 26,50 € ✝ ⬅ 🔲 🔧 (6A) – pers.
suppl. 3,80 €
Location ✂ : 4 🛏 (4 à 6 pers.) 280 à 520 €/sem.
🚐 1 borne artisanale – 5 🔲
Pour s'y rendre : 3,8 km au N par rue J-Féraud et chemin
des Salles
À savoir : Fleurs, plantations et pierres de la région agré-
mentent les emplacements

> Nature : 🏞 🗺 ♋
> **Loisirs :** 🍴 ⛷
> **Services :** 🔛 ⚲ 🔥 ⊘ 🚿 ⛟ 🔲

Le Colombier avr.-sept.
✆ 04 93 73 12 77, *campinglecolombier06@wanadoo.fr*,
Fax 04 93 73 12 77, *www.campinglecolombier.com*
– **R** conseillée ✂
0,5 ha (33 empl.) plat, peu incliné, herbeux, gravier
Tarif : 24 € ✝ ⬅ 🔲 🔧 (6A) – pers. suppl. 4,10 €
Location : 2 🛏 (4 à 6 pers.) 250 à 520 €/sem.
🚐 1 borne artisanale 6 €
Pour s'y rendre : 2 km au N en dir. des collines de la rte de
Vence et au rond-point chemin de Ste-Colombe

> Nature : 🏞 🗺 ♋♋♋
> **Loisirs :** 🍴 ⛷ (petite piscine)
> **Services :** 🔛 ⚲ 🔥 🔥 ⊘ 🔲 sèche-
> linge

La COLLE-SUR-LOUP

✉ 06480 – **341** D5 – G. Côte d'Azur – 6 697 h. – alt. 90

🛈 *Syndicat d'initiative, 28, rue Maréchal Foch* 📞 *04 93 32 68 36, Fax 04 93 32 05 07*

Paris 919 – Antibes 15 – Cagnes-sur-Mer 7 – Cannes 26 – Grasse 19 – Nice 18 – Vence 7.

Les Pinèdes ♣♣ – 15 mars-30 sept.

📞 04 93 32 98 94, *camplespinedes06@aol.com*,
Fax 04 93 32 50 20, *www.lespinedes.com* – **R** conseillée
3,8 ha (155 empl.) fort dénivelé, en terrasses, gravillons, herbeux

Tarif : 33,50 € ✶ 🚙 🅴 🔌 (10A) – pers. suppl. 3,30 € – frais de réservation 20 €

Location : 24 🛖 (4 à 6 pers.) 290 à 660 €/sem. – 6 🏠 (4 à 6 pers.) 250 à 670 €/sem.

🚐 1 borne artisanale 6 € – 30 🅴 33,50 € – 🔌 10 €

Pour s'y rendre : 1,5 km à l'O par D 6 rte de Grasse, à 50 m du Loup

> Nature : 🏕 99
> Loisirs : 🍸 🍴 🏊 🧗 🎯 🛶
> Services : ⚡ GB 🅰 🧺 🔥 😊 🅰
> 🔄 🅰 🍴 cases réfrigérées
> À prox. : 🏊

Le Vallon Rouge avr.-sept.

📞 04 93 32 86 12, *info@auvallonrouge.com*,
Fax 04 93 32 80 09, *www.auvallonrouge.com* – **R** conseillée
3 ha (103 empl.) plat, en terrasses, herbeux, gravillons, sablonneux

Tarif : 33,80 € ✶ 🚙 🅴 🔌 (10A) – pers. suppl. 4,20 € – frais de réservation 20 €

Location : 24 🛖 (4 à 6 pers.) 210 à 690 €/sem. – 6 🏠

Pour s'y rendre : 3,5 km à l'O par D 6, rte de Grasse, bord du Loup

> Nature : 🏞 🏕 99
> Loisirs : pizzeria, snack 🏊 🧗 🏊
> Services : 🚿 ⚡ GB 🅰 🧺 🔥 🅰
> 🅰 🍴 🅰 sèche-linge 🅰 🅰

Le Castellas Permanent

📞 04 93 32 97 05, *lecastellas.camping@wanadoo.fr*,
Fax 04 93 32 97 05, *www.camping-le-castellas.com* – places limitées pour le passage – **R** conseillée
1,2 ha (60 empl.) plat, herbeux, gravier

Tarif : 22,50 € ✶ 🚙 🅴 🔌 (10A) – pers. suppl. 3 €

Location 🚫 : 20 🛖 (4 à 6 pers.) 420 à 600 €/sem.

Pour s'y rendre : 4,5 km à l'O par D 6, rte de Grasse, bord du Loup

> Nature : 99
> Loisirs : 🏊 🏊
> Services : 🚿 GB 🅰 🔥 😊 🍴 🅰
> sèche-linge

670

CROS-DE-CAGNES

✉ 06800 – **341** D6

Paris 923 – Marseille 194 – Nice 12 – Antibes 11 – Cannes 24.

Schéma à Cagnes-sur-Mer

Green Park ♣♣ – avr.-sept.

📞 04 93 07 09 96, *info@greenpark.fr*, Fax 04 93 14 36 55, *www.greenpark.fr* – places limitées pour le passage – **R** conseillée
5 ha (156 empl.) plat, en terrasses, herbeux, gravillons

Tarif : (Prix 2007) 27,50 € ✶ 🚙 🅴 🔌 (16A) – pers. suppl. 6 €

Location (22 mars-15 oct.) : 30 🛖 (4 à 6 pers.) 287 à 868 €/sem. – 36 🏠 (4 à 6 pers.) 266 à 994 €/sem.

🚐 1 borne raclet 9,50 €

Pour s'y rendre : 3,8 km au N, chemin du Vallon des Vaux

> Nature : 🏞 🏕 9
> Loisirs : 🍸 🍴 pizzeria 🏊 🧗 🏊
> 🚴 🏊 terrain omnisports
> Services : 🚿 ⚡ GB 🅰 🔥 😊 🅰
> 🔄 🍴 sèche-linge 🅰
> À prox. : 🍴 🅰

Le Val Fleuri 15 fév.-1er nov.

📞 04 93 31 21 74, *valfleur2@wanadoo.fr*,
Fax 04 93 31 21 74, *www.campingvalfleuri.fr* – **R** conseillée
1,5 ha (93 empl.) en terrasses, plat, herbeux, pierreux

Tarif : 23,10 € ✶ 🚙 🅴 🔌 (10A) – pers. suppl. 4 €

Location (avr.-1er nov.) : 🛖 (4 à 6 pers.) 280 à 580 €/sem. – 2 studios

Pour s'y rendre : 3,5 km au N, chemin du Vallon des Vaux

> Nature : 🏞 99
> Loisirs : 🍸 🧗 🏊
> Services : 🚿 ⚡ GB 🅰 🧺 🔥 😊 🍴
> À prox. : 🍴

△△ **Le Todos** avr.-sept.
    ℘ 04 93 31 20 05, *info@letodos.fr*, Fax 04 93 14 36 55,
    www.letodos.fr – **R** conseillée
    1,6 ha (68 empl.) plat et terrasses, herbeux, pierreux
    Tarif : (Prix 2007) 26,50 € ✶ ⇔ 🅴 🄚 (10A) – pers.
    suppl. 6 €
    Location : 11 🛏 (4 à 6 pers.) 343 à 728 €/sem. – 9 🏠 (4
    à 6 pers.) 301 à 630 €/sem.
    🚐 1 borne artisanale
    Pour s'y rendre : 3,8 km au N, chemin du Vallon des Vaux

| Nature : 🌳 🏞 ♤♤ |
| Loisirs : 🏊 🎣 |
| Services : 🚿 ⚡ GB 🐾 🅖 ☺ 📶 🖫 |
| À prox. : 🍴 ✕ pizzeria 🚲 🚗 🅖 |
| nocturne 🏃 🚴 ⚽ ⛳ terrain om- |
| nisports |

ÉZE

✉ 06360 – **341** F5 – G. Côte d'Azur – 2 509 h. – alt. 390
🛈 *Office de tourisme, place du Général-de-Gaulle* ℘ 04 93 41 26 00, Fax 04 93 41 04 80
Paris 938 – Antibes 33 – Cannes 45 – Menton 17 – Nice 12.

△ **Les Romarins** 15 avr.-20 sept.
    ℘ 04 93 01 81 64, *romarins06@aol.com*, Fax 04 93 76 70 43,
    www.campingromarins.com – **R**
    0,6 ha (41 empl.) fort dénivelé, en terrasses, pierreux,
    herbeux
    Tarif : ✶ ⇔ 🅴 20 € – 🄚 (10A) 4,40 €
    Pour s'y rendre : 4 km au NO par D 46, Col d'Èze et D 2564,
    rte de Nice et de la Grande Corniche
    À savoir : réservé aux tentes

| Nature : 🌳 ⩽ baie de Villefranche et |
| St-Jean-Cap-Ferrat ♤ |
| Loisirs : 🍴 |
| Services : 🚿 ⚡ 🅖 🗻 🖫 |

*Ce guide n'est pas un répertoire de tous les terrains de camping
mais une sélection des meilleurs campings dans chaque catégorie.*

ISOLA

✉ 06420 – **341** D2 – G. Alpes du Sud – 526 h. – alt. 873
🛈 *Office de tourisme, Immeuble le Pelvos, isola 2000* ℘ 04 93 23 15 15, Fax 04 93 23 14 25
Paris 897 – Marseille 246 – Nice 76 – Cuneo 79 – Borgo San Dalmazzo 71.

△ **Le Lac des Neiges** Permanent
    ℘ 04 93 02 18 16, *lac.des.neiges@wanadoo.fr*,
    Fax 04 93 02 19 40, *www.lacdesneiges.com* – alt. 875 – **R** in-
    dispensable
    3 ha (98 empl.) plat, pierreux, herbeux
    Tarif : 19,80 € ✶ ⇔ 🅴 🄚 (10A) – pers. suppl. 3,95 €
    Location : 10 🛏 – gîtes
    🚐 1 borne flot bleu 2 € –
    Pour s'y rendre : 0,5 km à l'O du bourg, sur D 2205, rte
    d'Auron près de la Tinée et d'un lac

| Nature : 🏞 ♤ |
| Loisirs : 🍴 snack 🎣 🏊 🚴 ⛳ 🛶 |
| pédalos, kayak |
| Services : 🚿 🚿 GB 🐾 Ⓜ 🕳 ☺ 🗻 |
| 📶 🚗 |
| À prox. : ⚽ |

MANDELIEU-LA-NAPOULE

✉ 06210 – **341** C6 – G. Côte d'Azur – 17 870 h. – alt. 4
🛈 *Office de tourisme, avenue de Cannes* ℘ 04 92 97 99 27, Fax 04 93 93 64 66
Paris 890 – Brignoles 86 – Cannes 9 – Draguignan 53 – Fréjus 30 – Nice 37 – St-Raphaël 32.

△△ **Les Cigales** Permanent
    ℘ 04 93 49 23 53, *campingcigales@wanadoo.fr*,
    Fax 04 93 49 30 45, *www.lescigales.com* – **R** conseillée
    2 ha (115 empl.) plat, herbeux, gravier
    Tarif : 46,50 € ✶ ⇔ 🅴 🄚 (6A) – pers. suppl. 6 € – frais de
    réservation 25 €
    Location (mars-8 nov.) : 39 🛏 (4 à 6 pers.) 325 à
    815 €/sem. – 8 appartements
    🚐 1 borne artisanale – 10 🅴
    Pour s'y rendre : 505, av. de la Mer
    À savoir : Beau cadre de verdure au bord de la Siagne,
    ponton d'amarrage

| Nature : 🌳 🏞 ♤♤ |
| Loisirs : 🏊 🎣 |
| Services : 🚿 🚿 GB 🐾 🕳 🅖 🗻 ☺ 🗻 |
| 📶 🖫 |
| À prox. : 🎣 🍴 ✕ snack 🚗 ⛳ golf |

671

MANDELIEU-LA-NAPOULE

 **Les Pruniers** 5 avr.-18 oct.
 ℘ 04 92 97 00 44, *contact@bungalow-camping.com*,
 Fax 04 93 49 37 45, *www.bungalow-camping.com* – places li-
 mitées pour le passage – **R** conseillée
 0,8 ha (55 empl.) plat, herbeux, gravier
 Tarif : ✶ 5,20 € ⟋⟍ 4 € 🅴 26 € – 🔌 (20A) 4 €
 Location : 36 ⌂ (4 à 6 pers.) 280 à 710 €/sem.
 Pour s'y rendre : Par av. de la Mer et r. de Pinéa
 À savoir : Au bord de la Siagne, ponton d'amarrage

Nature : ⊏⊐ ♀♀
Loisirs : 🎦 🏌 🏊
Services : ⊶ ⒼⒷ ⊘ 🔧 ⚙ ☂ 🗑 📶 🖼
🧺
À prox. : ♈ ✕ crêperie ⚒ golf

MENTON

✉ 06500 – **341** F5 – G. Côte d'Azur – 28 812 h.
🅱 *Office de tourisme, 8, avenue Boyer* ℘ *04 92 41 76 76, Fax 04 92 41 76 78*
Paris 966 – Marseille 218 – Nice 32 – Antibes 55 – Cannes 67.

⚠ **Municipal St-Michel** fév. (fête des citrons) et avr.-oct.
 ℘ 04 93 35 81 23, Fax 04 93 57 12 35 – accès difficile pour
 caravanes et camping-car – **R**
 2 ha (131 empl.) en terrasses, plat, herbeux, gravillons
 Tarif : (Prix 2007) 19,85 € ✶ ⟋⟍ 🅴 – pers. suppl. 3,75 €
 Pour s'y rendre : 1,5 km au NE, rte de Sospel et à dr. après la
 voie ferrée, au plateau St-Michel

Nature : ♀♀ (oliveraie)
Loisirs : ♈ snack, pizzeria, le soir
uniquement
Services : ⊶ ⒼⒷ ⊘ ⚙ 🗑 🖼 🧺 cases
réfrigérées

ST-ÉTIENNE-DE-TINÉE

✉ 06660 – **341** C2 – 1 528 h. – alt. 1 147
🅱 *Office de tourisme, 1, rue des communes de France* ℘ *04 93 02 41 96*
Paris 788 – Grenoble 226 – Marseille 262 – Nice 90 – Valence 279.

⚠ **Municipal du Plan d'Eau** juin-sept.
 ℘ 04 93 02 41 57, *mairiecompta.7@wanadoo.fr*,
 Fax 04 93 02 46 93 – **R** conseillée
 0,5 ha (23 empl.) terrasses, herbeux, pierreux
 Tarif : 8,50 € ✶ ⟋⟍ 🅴 – pers. suppl. 2,30 €
 🚐 1 borne artisanale 3 € – 6 🅴 8,50 €
 Pour s'y rendre : au N du bourg
 À savoir : dominant un joli petit plan d'eau

Nature : 🌿 ⊂⊏
Loisirs : ⚒ ⚓ (plage) 🏊
Services : ⊶ Ⓟ ⒼⒷ ⊘ Ⓜ
À prox. : canoë, parcours de santé

Lac du Basto, vallée des Merveilles

B. Kaufmann/Michelin

ST-MARTIN-D'ENTRAUNES

⊠ 06470 – **341** B3 – 88 h. – alt. 1 050
Paris 778 – Annot 39 – Barcelonnette 50 – Puget-Théniers 44.

⚹ **Le Prieuré** mai-1er oct.
    𝄞 04 93 05 54 99, *le.prieure@wanadoo.fr*,
    Fax 04 93 05 53 74, *http://www.le-prieure.com* – alt. 1 070 –
    R indispensable
    12 ha/1,5 campable (35 empl.) peu incliné à incliné, terrasse,
    herbeux, pierreux
    Tarif : 19,30 € ✳ 🚗 ▣ 🔌 (10A) – pers. suppl. 4,20 € – frais
    de réservation 10 €
    Location 🛖 : 6 🏠 (4 à 6 pers.) 336 à 494 €/sem. – 6
    bungalows toilés – 10 gîtes
    Pour s'y rendre : E : 1 km par D 2202, rte de Guillaumes puis
    1,8 km par chemin à gauche, après le pont du Var

Nature : 🌳 ≤ 🌿
Loisirs : snack (le soir) 🏠 🏃 🛶
🐟 🏊 (petite piscine)
Services : ⚬🍴 ⊞ ♻ 🔧 ⊛ ▣ 🚿

ST-MARTIN-VÉSUBIE

⊠ 06450 – **341** E3 – G. Alpes du Sud – 1 098 h. – alt. 1 000
🎫 *Office de tourisme, place Félix Faure* 𝄞 04 93 03 21 28, Fax 04 93 03 21 44
Paris 899 – Marseille 235 – Nice 65 – Cuneo 140 – Cagnes-sur-Mer 64.

⚹ **A la Ferme St-Joseph** 20 avr.-20 oct.
    𝄞 06 70 51 90 14, *contact@camping-alafermestjo
    seph.com, www.camping-alafermestjoseph.com*
    – **R** conseillée
    0,6 ha (50 empl.) incliné, plat, herbeux
    Tarif : (Prix 2007) ✳ 3 € 🚗 2,60 € ▣ 5,50 € – 🔌 (3A) 3 € –
    frais de réservation 10 €
    🚐 🚙 16 €
    Pour s'y rendre : S : au stade par D 2565 et à gauche

Nature : 🌳 ≤ 🌿 (verger)
Services : ⚬🍴 (juil.-août) ♻ 🗄 ♨ ⊛
🚿
À prox. : 🍴 🏊

673

ST-SAUVEUR-SUR-TINÉE

⊠ 06420 – **341** D3 – G. Alpes du Sud – 337 h. – alt. 500
🎫 *Syndicat d'initiative, Mairie* 𝄞 04 93 02 00 22, Fax 04 93 02 05 20
Paris 816 – Auron 31 – Guillaumes 42 – Isola 2000 28 – Puget-Théniers 44 – St-Étienne-de-Tinée 28.

⚹ **Municipal** 15 juin-15 sept.
    𝄞 04 93 02 03 20, *mairie.st-sauveur-sur-tinee@wanadoo.fr*,
    Fax 04 93 02 05 20, *www.saintsauveursurtinee.fr*
    – **R** conseillée
    0,37 ha (20 empl.) plat et terrasses, pierreux, gravillons
    Location : gîte d'étape
    Pour s'y rendre : 0,8 km au N sur D 30 rte de Roubion, avant
    le pont, au bord de la Tinée, chemin piétonnier direct pour
    rejoindre le village

Nature : ≤ 🌿🌿
Loisirs : 🍴
Services : ⚬🍴 🅿 (tentes) ⊛
À prox. : 🛶

TOURRETTES-SUR-LOUP

⊠ 06140 – **341** D5 – G. Côte d'Azur – 3 870 h. – alt. 400
🎫 *Office de tourisme, 2, place de la Libération* 𝄞 04 93 24 18 93, Fax 04 93 59 24 40
Paris 936 – Marseille 188 – Nice 35 – Antibes 25 – Cannes 37.

⚹ **La Camassade** Permanent
    𝄞 04 93 59 31 54, *courrier@camassade.com*,
    Fax 04 93 59 31 81, *www.camassade.com* – **R** conseillée
    1,8 ha (40 empl.) en terrasses, plat, pierreux
    Tarif : ✳ 4,60 € 🚗 3,15 € ▣ 10,30 € – 🔌 (2A) 2,40 € – frais
    de réservation 10 €
    Location : 5 🚐 (4 à 6 pers.) 270 à 530 €/sem. – 2 🏠 (4 à
    6 pers.) 220 à 450 €/sem.
    Pour s'y rendre : 2,5 km au SO par D 2210, rte de Grasse et
    chemin à gauche, rte de l'ancienne gare

Nature : 🌳 🏡 🌿🌿
Loisirs : 🏠 🏊
Services : 👤 ⚬🍴 ⊞ ♻ 🔧 🗄 ⊛ 🚰 📞
🚿 sèche-linge

SOSPEL

✉ 06380 – **341** F4 – G. Côte d'Azur – 2 885 h. – alt. 360

🛈 *Office de tourisme, 19, avenue Jean Médecin ℰ 04 93 04 15 80, Fax 04 93 04 19 96*

Paris 967 – Breil-sur-Roya 21 – L'Escarène 22 – Lantosque 42 – Menton 19 – Nice 41.

⚠ **Domaine Ste-Madeleine** 29 mars-4 oct.
    ℰ 04 93 04 10 48, camp@camping-sainte-madeleine.com,
    Fax 04 93 04 18 37, *www.camping-sainte-madeleine.com*
    – **R** conseillée
    3 ha (90 empl.) en terrasses, herbeux, pierreux
    Tarif : 22,30 € ✶ ⇐⇒ 🅴 🚿 (15A) – pers. suppl. 4,20 €
    Location 🚫 (5 juil.-16 août) : 10 🏠 (4 à 6 pers.) 275 à
    575 €/sem. – 3 🛏
    Pour s'y rendre : 4,5 km au NO par D 2566, rte du col de
    Turini

> Nature : 🌿 ⩽ ♤♤
> Loisirs : 🏕 ⚓
> Services : 🔥 ⚬━ ⛟ 🖥 🔁 🔊 ⊕ 🏪

⚠ **Le Mas Fleuri** (location exclusive de mobile homes et
    chalets) Permanent
    ℰ 04 93 04 14 94, camping-le-mas-fleuri@wanadoo.fr,
    Fax 04 93 04 14 86, *www.camping-mas-fleuri.com* – empl.
    traditionnels également disponibles – **R** conseillée
    11,5 ha plat, en terrasses
    Tarif : – frais de réservation 20 €
    Location : 8 🚐 (4 à 6 pers.) 270 à 490 €/sem. – 16 🏠 (4
    à 6 pers.) 290 à 550 €/sem. – gîtes
    Pour s'y rendre : 2 km au NO par D 2566, route du col de
    Turini et à gauche

> Nature : 🌿 ⩽ ♤
> Loisirs : 🍸 ✕ snack 🎱 ⚓
> Services : 🔥 ⚬━ ⛟ ⛟ 🖥 🔁 🏪 ⚗

VENCE

✉ 06140 – **341** D5 – G. Côte d'Azur – 16 982 h. – alt. 325

🛈 *Office de tourisme, 8, place du Grand Jardin ℰ 04 93 58 06 38, Fax 04 93 58 91 81*

Paris 923 – Antibes 20 – Cannes 30 – Grasse 24 – Nice 23.

⚠ **Domaine de la Bergerie** 25 mars-15 oct.
    ℰ 04 93 58 09 36, info@camping-domainedelaberge
    rie.com, Fax 04 93 59 80 44, *www.camping-domainedela*
    bergerie.com – **R** conseillée
    30 ha/13 campables (450 empl.) plat et en terrasses,
    rocailleux, herbeux
    Tarif : (Prix 2007) 26,90 € ✶ ⇐⇒ 🅴 🚿 (5A) – pers. suppl. 5 €
    – frais de réservation 15 €
    🚰 1 borne artisanale 4 € – 🚐 18 €
    Pour s'y rendre : 4 km à l'O par D 2210, rte de Grasse et
    chemin à gauche
    À savoir : Ancienne bergerie joliment restaurée

> Nature : 🌿 🗐 ♤♤♤
> Loisirs : 🍸 ✕ 🏕 🍴 ⚓ parcours
> sportif
> Services : 🔥 ⚬━ ⛟ ⛟ 🖥 🔁 🔊 ⊕
> 🎣 🚿 🏪 ⚗ ⚗

VILLENEUVE-LOUBET

✉ 06270 – **341** D6 – G. Côte d'Azur – 12 935 h. – alt. 10

🛈 *Office de tourisme, 16, avenue de la Mer ℰ 04 92 02 66 16, Fax 04 92 02 66 19*

Paris 915 – Antibes 12 – Cagnes-sur-Mer 3 – Cannes 22 – Grasse 24 – Nice 15 – Vence 10.

à Villeneuve-Loubet-Plage S : 5 km – ✉ 06270

⚠ **La Vieille Ferme** Permanent
    ℰ 04 93 33 41 44, info@vieilleferme.com,
    Fax 04 93 33 37 28, *www.vieilleferme.com* – **R** conseillée
    2,9 ha (153 empl.) en terrasses, plat, gravillons, herbeux
    Tarif : 37,94 € ✶ ⇐⇒ 🅴 🚿 (10A) – pers. suppl. 5 € – frais de
    réservation 28 €
    Location : 31 🏠 (4 à 6 pers.) 310 à 720 €/sem.
    🚰 1 borne raclet
    Pour s'y rendre : 2,8 km au S par D 6007, rte d'Antibes et à
    dr., bd des Groules

> Nature : 🗐 ♤♤
> Loisirs : 🎱 🏕 🛁 🍴 (découverte
> en saison)
> Services : 🔥 ⚬━ ⛟ ⛟ 🏢 🔁 ⊕ ⊕ ⚗
> ⚗ 🚿 sèche-linge ⚗ cases réfri-
> gérées
> **À prox. :** ✕

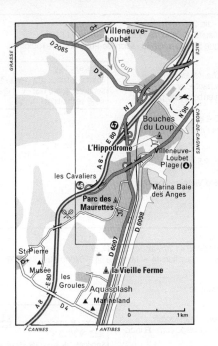

Parc des Maurettes 10 janv.-15 nov.
   🕿 04 93 20 91 91, *info@parcdesmaurettes.com*,
Fax 04 93 73 77 20, *www.parcdesmaurettes.com*
– **R** conseillée
2 ha (140 empl.) en terrasses, pierreux, gravier
Tarif : (Prix 2007) 34,20 € 🚻 🚗 ▣ (🛉) (10A) – pers.
suppl. 4,85 € – frais de réservation 24 €
Location : 14 🏠 (4 à 6 pers.) 338 à 648 €/sem.
🚐 1 borne artisanale 6 €
Pour s'y rendre : 730 av. du Dr.-Lefebvre par D 6007
À savoir : agréable espace relax'balnéo

Nature : 🗆 ♤♤
Loisirs : 🎮 🎱 jacuzzi informa-
tions touristiques 🏊🎿
Services : ♿ ⚡ 🅿 (tentes) 🍴 🚿
🛁🎣😊🧺🧹🌀🔥 🌀 sèche-linge
À prox. : 🍖

L'Hippodrome Permanent
   🕿 04 93 20 02 00, *blsced@aol.com*, Fax 04 92 13 20 07,
www.meublecamping-hippodrome.com/– **R** conseillée
0,8 ha (46 empl.) plat, gravillons
Tarif : 29,90 € 🚻 🚗 ▣ (🛉) (10A) – pers. suppl. 5 € – frais de
réservation 16 €
🚐 1 borne flot bleu
Pour s'y rendre : 1 et 2 av. des Rives, à 400 m de la plage,
derrière Géant Casino

Nature : 🗆 ♤♤
Loisirs : 🎮 🏊🎿 🎯 (découverte en
saison)
Services : ♿ ⚡ 🌀🛁🎣😊🧺🌀
🔥 🌀 sèche-linge réfrigérateur
À prox. : 🍖 snack

Si vous recherchez :
👥 *Un terrain offrant des équipements et des loisirs adaptés aux enfants*
🌳 *Un terrain agréable ou très tranquille*
L - M *Un terrain effectuant la location de caravanes, de mobile homes,
de bungalows ou de chalets*
P *Un terrain ouvert toute l'année*
🚐 *Un terrain possédant une aire de services pour camping-cars*
Consultez le tableau des localités

AIX-EN-PROVENCE

✉ 13090 – **340** H4 – G. Provence – 134 222 h. – alt. 206

🛈 *Office de tourisme, 2, place du Général-de-Gaulle* 𝒫 *04 42 16 11 61, Fax 04 42 16 11 62*

Paris 752 – Aubagne 39 – Avignon 82 – Manosque 57 – Marseille 30 – Salon-de-Provence 37 – Toulon 84.

Chantecler ⚐⚐ – Permanent
𝒫 04 42 26 12 98, *info@campingchantecler.com*,
Fax 04 42 27 33 53, *www.campingchantecler.com* – ℞
8 ha (240 empl.) plat à peu incliné et en terrasses, pierreux, herbeux
Tarif : (Prix 2007) ⚐ 6,10 € ⚐ 3,60 € 🄴 7 € – ⚡ (5A) 3,70 €
Location ⚐ : 23 ⚐ (4 à 6 pers.) 453 à 599 €/sem. – 10 ⚐ (4 à 6 pers.) 625 à 728 €/sem.
⚐ 1 borne artisanale
Pour s'y rendre : par centre-ville : 2,5 km au SE, accès par cours Gambetta, av. du Val St-André
À savoir : Vue sur la Montagne-Ste-Victoire. Location à la nuitée hors sais.

Nature : ⚐ ⚐
Loisirs : ⚐ snack ⚐ ⚐ ⚐ ⚐
Services : ⚐ ⚐ GB ⚐ ⚐ ⚐ ⚐ ⚐ ⚐
⚐ ⚐ sèche-linge ⚐ ⚐

ARLES

✉ 13200 – **340** C3 – G. Provence – 50 513 h. – alt. 13

🛈 *Office de tourisme, boulevard des Lices* 𝒫 *04 90 18 41 20, Fax 04 90 18 41 29*

Paris 719 – Aix-en-Provence 77 – Avignon 37 – Cavaillon 44 – Marseille 94 – Montpellier 84 – Nîmes 32 – Salon-de-Provence 46.

O : 14 km par N 572 rte de St-Gilles et D 37 à gauche

Crin Blanc ⚐⚐ – avr.-sept.
𝒫 04 66 87 48 78, *camping-crin.blanc@wanadoo.fr*,
Fax 04 66 87 18 66, *www.camping-crin-blanc.com* – ℞ indispensable
4,5 ha (153 empl.) plat, herbeux, pierreux
Tarif : 23 € ⚐ ⚐ 🄴 ⚡ (10A) – pers. suppl. 4,50 € – frais de réservation 19 €
Location (permanent) : 30 ⚐ – 12 ⚐ (4 à 6 pers.) 720 €/sem.
Pour s'y rendre : Au SO de Saliers par D 37

Nature : ⚐
Loisirs : ⚐ snack, pizzeria ⚐ ⚐ ⚐
⚐ ⚐ ⚐ ⚐
Services : ⚐ ⚐ GB ⚐ ⚐ ⚐ ⚐ ⚐
⚐ ⚐ ⚐ ⚐
À prox. : ⚐

676

CARRO

✉ 13500 – **340** F6 – G. Provence

Paris 787 – Marseille 44 – Aix-en-Provence 51 – Martigues 13 – Aubagne 61.

L'Hippocampe, les Chalets de la Mer (location exclusive de chalets) Permanent
𝒫 04 42 80 73 46, *hippocampe@semovin-martigues.com*,
Fax 04 42 40 56 09, *www.semovim-martigues.com*
– ℞ conseillée
3 ha plat, gravier
Location ℗ : 50 ⚐ (4 à 6 pers.) 394,40 à 991,60 €/sem.
Pour s'y rendre : rte de la Tramontane

Nature : ⚐ ⚐
Loisirs : snack ⚐ ⚐ ⚐
Services : ⚐ ⚐ GB ⚐ ⚐ ⚐ ⚐

CEYRESTE

✉ 13600 – **340** I6 – 3 636 h. – alt. 60

Paris 804 – Aubagne 18 – Bandol 18 – La Ciotat 5 – Marseille 34 – Toulon 36.

Ceyreste 15 mars-11 nov.
𝒫 04 42 83 07 68, *campingceyreste@yahoo.fr*,
Fax 04 42 83 19 92, *www.campingceyreste.com* – ℞ conseillée
3 ha (150 empl.) en terrasses, pierreux
Tarif : 20 € ⚐ ⚐ 🄴 ⚡ (6A) – pers. suppl. 6 €
Location : 70 ⚐ (4 à 6 pers.) 360 à 550 €/sem.
Pour s'y rendre : N : 1 km par av. Eugène-Julien

Nature : ⚐ ⚐ ⚐
Loisirs : ⚐ ⚐ ⚐
Services : ⚐ ⚐ ⚐ ⚐ ⚐ ⚐ ⚐ ⚐
⚐ ⚐ ⚐ ⚐ cases réfrigérées
À prox. : parcours de santé

CHÂTEAURENARD

✉ 13160 – **340** E2 – G. Provence – 12 999 h. – alt. 37

🏛 *Syndicat d'initiative, 11, cours Carnot* ✆ *04 90 24 25 50, Fax 04 90 24 25 52*
Paris 692 – Avignon 10 – Carpentras 37 – Cavaillon 23 – Marseille 95 – Nîmes 44 – Orange 40.

⛺ **La Roquette** mars-oct.
✆ 04 90 94 46 81, *contact@camping-la-roquette.com,*
Fax 04 90 94 46 81, *www.camping-la-roquette.com* – **R** indispensable
2 ha (75 empl.) plat, herbeux
Tarif : 18,60 € ⭑ ⇔ 🅔 ⑭ (6A) – pers. suppl. 4,80 €
Location ⚡ : 8 🛖 (4 à 6 pers.) 322 à 480 €/sem.
Pour s'y rendre : E : 1,5 km par D 28 rte de Noves et à droite,
près de la piscine - par A 7 sortie Avignon-Sud

> Loisirs : 🍴 snack 🏊 🚲 ⛱
> Services : 🚿 ⛽ GB 🚗 🏧 🖪 🐾 🅰
> 🚐 🚮 🖪
> À prox. : ✂ 🎣

La COURONNE

✉ 13500 – **340** F5 – G. Provence
Paris 786 – Marseille 42 – Aix-en-Provence 49 – Martigues 11 – Aubagne 59.

⛰ **Le Mas** 🏬 – 8 mars-11 oct.
✆ 04 42 80 70 34, *camping.le-mas@wanadoo.fr,*
Fax 04 42 80 72 82, *www.camping-le-mas.com* – places limitées pour le passage – **R** conseillée
5,5 ha (300 empl.) en terrasses, plat, pierreux
Tarif : 28,50 € ⭑ ⇔ 🅔 ⑭ (4A) – pers. suppl. 6,60 €
Location ⚡ : 150 🛖 (4 à 6 pers.) 196 à 693 €/sem. – 40
🏠 (4 à 6 pers.) 273 à 728 €/sem.
🚐 1 borne eurorelais 10 €
Pour s'y rendre : 4 km au SE par D 49 rte de Sausset-les-Pins
et à dr., à la plage de Ste-Croix

> Nature : 🗙🗙
> Loisirs : 🍴 snack, pizzeria 🏠 🏸
> 🏊 ⛱
> Services : 🚿 ⛽ GB 🚗 🖪 🏖 🅰 📞 🖪
> sèche-linge 🗙
> À prox. : 🚣 ✕

⛰ **Municipal L'Arquet** mars-28 sept.
✆ 04 42 42 81 00, *arquet@semovim-martigues.com,*
Fax 04 42 42 34 50, *www.semovim-martigues.com* ✉
13500 Martigues – **R** conseillée
6 ha (330 empl.) plat, terrasse, sablonneux, pierreux
Tarif : (Prix 2007) 23,70 € ⭑ ⇔ 🅔 ⑭ (10A) – pers.
suppl. 5,10 € – frais de réservation 15,50 €
Location : 18 🛖 (4 à 6 pers.) 163 à 565 €/sem.
🚐 1 borne artisanale 9,10 €
Pour s'y rendre : 1 km au S, chemin de la Batterie, à 200 m
de la mer

> Nature : 🗙🗙
> Loisirs : 🏠 🏸 🚲
> Services : 🚿 ⛽ GB 🚗 🖪 🅰 🖪
> sèche-linge 🚣 🗙

677

⛰ **Les Mouettes** avr.-sept.
✆ 04 42 80 70 01, *campinglesmouettes@wanadoo.fr,*
Fax 04 42 80 70 01, *www.campinglesmouettes.fr*
– **R** conseillée
2 ha (131 empl.) terrasse, plat, pierreux
Tarif : 21,70 € ⭑ ⇔ 🅔 ⑭ (6A) – pers. suppl. 5,20 €
Location : 12 🛖 (4 à 6 pers.) 155 à 550 €/sem. – 17 🏠 (4
à 6 pers.) 200 à 560 €/sem. – 13 studios
Pour s'y rendre : plage de Ste-Croix

> Nature : 🗙🗙
> Loisirs : 🍴 pizzéria (le soir)
> Services : ⛽ GB 🚗 🅰 🚐 🚮 🖪
> À prox. : 🚣

GRAVESON

✉ 13690 – **340** D2 – G. Provence – 3 188 h. – alt. 14

🏛 *Office de tourisme, cours National* ✆ *04 90 95 88 44, Fax 04 90 95 81 75*
Paris 696 – Arles 25 – Avignon 14 – Cavaillon 30 – Nîmes 38 – Tarascon 12.

⛰ **Les Micocouliers** 15 mars-15 oct.
✆ 04 90 95 81 49, *micocou@free.fr, http://micocou.free.fr*
– **R** conseillée
3,5 ha/2 campables (60 empl.) plat, pierreux, herbeux
Tarif : 22,80 € ⭑ ⇔ 🅔 ⑭ (8A) – pers. suppl. 6 € – frais de
réservation 10 €
Location : 4 🛖 (4 à 6 pers.) 360 à 640 €/sem.
🚐 🛵 10 €
Pour s'y rendre : SE : 1,2 km par D 28, rte de Châteaurenard
et D 5 à droite, rte de Maillane

> Nature : 🗙
> Loisirs : ⛱
> Services : 🚿 ⛽ GB 🚗 Ⓜ 🖪 🅰 📞
> 🖪

MALLEMORT

✉ 13370 – **340** G3 – 4 984 h. – alt. 120

🛈 *Office de tourisme, avenue des Frères Roqueplan* ℰ *04 90 57 41 62, Fax 04 90 59 43 34*
Paris 716 – Aix-en-Provence 34 – Apt 38 – Cavaillon 20 – Digne-les-Bains 124 – Manosque 72.

ᨕ **Durance Luberon** avr.-15 oct.
ℰ 04 90 59 13 36, *duranceluberon@orange.fr,*
Fax 04 90 57 46 62, *www.campingduranceluberon.com* –
pour les caravanes, l'accès par le centre ville est déconseillé,
accès par N 7 et D 561, rte de Charleval – **R** conseillée
4 ha (110 empl.) plat, herbeux
Tarif : (Prix 2007) 21,60 € 🛉 ⇌ 🗉 🗓 (10A) – pers.
suppl. 4,80 € – frais de réservation 15 €
Location : 6 ⟨🚐⟩ (4 à 6 pers.) 370 à 480 €/sem.
⟨🚐⟩ 1 borne artisanale 4 € – 🚐 14 €
Pour s'y rendre : SE : 2,8 km par D 23, à 200 m du canal, vers
la centrale E.D.F. - par A7 sortie 26 et 7

Nature : 🌿 🗀 ♀
Loisirs : snack 🚗 🚴 ✂ 🏊
Services : ♿ ⚡ 🚿 M 🗊 🗓 🗄 ⊕ 🚐
🗔 🛱 🗑 🗑
À prox. : 🐎

Donnez-nous votre avis sur les terrains que nous recommandons.
Faites-nous connaître vos observations et vos découvertes
par mail à l'adresse : leguidecampingfrance@fr.michelin.com.

MAUSSANE-LES-ALPILLES

✉ 13520 – **340** D3 – 1 968 h. – alt. 32

🛈 *Office de tourisme, place Laugier de Monblan* ℰ *04 90 54 52 04, Fax 04 90 54 39 44*
Paris 712 – Arles 20 – Avignon 30 – Marseille 81 – Martigues 44 – St-Rémy-de-Provence 10 –
Salon-de-Provence 29.

ᨕ **Municipal les Romarins**
ℰ 04 90 54 33 60, *camping-municipal-maussane@wana*
doo.fr, Fax 04 90 54 41 22 – **R** conseillée
3 ha (144 empl.) plat, herbeux, pierreux
Pour s'y rendre : Sortie N par D 5, rte de St-Rémy-de-
Provence

Nature : 🗀 ♀♀
Loisirs : 🛏 🚗 ✂
Services : ♿ ⚡ 🗓 ⊕ 🚐 🗔 🗑
À prox. : 🏊

678

MOURIÈS

✉ 13890 – **340** E3 – 2 752 h. – alt. 13

🛈 *Office de tourisme, 2, rue du Temple* ℰ *04 90 47 56 58, Fax 04 90 47 67 33*
Paris 713 – Arles 29 – Les Baux-de-Provence 12 – Cavaillon 26 – Istres 24 – Salon-de-Provence 22.

ᨕ **Le Devenson** 29 mars-15 sept.
ℰ 04 90 47 52 01, *devenson@libertysurf.fr,*
Fax 04 90 47 63 09, *www.camping-devenson.com*
– **R** conseillée
12 ha/3,5 campables (60 empl.) en terrasses, pierreux,
rocheux, oliveraie
Tarif : 18,40 € 🛉 ⇌ 🗉 🗓 (5A) – pers. suppl. 4,50 €
Pour s'y rendre : NO : 2 km par D 17 et D 5 à droite
À savoir : Agréable situation sous les pins et parmi les oliviers

Nature : 🌿 ≤ 🗀 ♀♀(pinède)
Loisirs : 🛏 🏊
Services : ⚡ 🚿 🗓 🏔 ⊕ 🗑 cases
réfrigérées

PUYLOUBIER

✉ 13114 – **340** J4 – 1 473 h. – alt. 380

🛈 *Syndicat d'initiative, square Jean Casanova* ℰ *04 42 66 34 45*
Paris 775 – Aix-en-Provence 26 – Rians 38 – St-Maximin-la-Ste-Baume 19.

ᨕ **Municipal Cézanne** avr.-4 nov.
ℰ 04 42 66 36 33, *contact@le-cezanne.com,*
Fax 04 42 66 36 33, *www.le-cezanne.com* – **R** conseillée
1 ha (50 empl.) peu incliné et en terrasse, pierreux, herbeux
Tarif : 18 € 🛉 ⇌ 🗉 🗓 (7A) – pers. suppl. 5 €
Pour s'y rendre : Sortie E par D 57, au stade
À savoir : Au pied de la Montagne Ste-Victoire

Nature : ♀♀
Loisirs : ✂
Services : ⚡ 🚿 ⊕ 🍴 📞 🗑

ST-ÉTIENNE-DU-GRÈS

✉ 13103 – **340** D3 – 2 103 h. – alt. 7
Paris 706 – Arles 16 – Avignon 24 – Les Baux-de-Provence 15 – St-Rémy-de-Provence 9 – Tarascon 8.

▲ **Municipal du Grès** Permanent
    𝄞 04 90 49 00 03, *campingmunicipaldugres@wanadoo.fr*,
    www.mairie-saintetiennedugres.fr – **R** conseillée
    0,6 ha (40 empl.) plat, herbeux, pierreux
    Tarif : 12,80 € ✶ ⟺ 🔲 🔌 (10A) – pers. suppl. 3 € – frais de
    réservation 8 €
    🚐, 1 borne 3 € – 6 🔲 13 € – 🛶 13 €
    Pour s'y rendre : Sortie NO par D 99, rte de Tarascon, près
    du stade, à 50 m de la Vigueira

> Nature : 🗒 ♀♀
> Services : ⓐ ♨ ⚡ 𝆑 🔌

ST-RÉMY-DE-PROVENCE

✉ 13210 – **340** D3 – G. Provence – 9 806 h. – alt. 59
🛈 *Office de tourisme, place Jean Jaurès* 𝄞 04 90 92 05 22, *Fax* 04 90 92 38 52
Paris 702 – Arles 25 – Avignon 20 – Marseille 89 – Nîmes 45 – Salon-de-Provence 39.

⋀⋀ **Mas de Nicolas** 15 mars-15 oct.
    𝄞 04 90 92 27 05, *camping-masdenicolas@nerim.fr*,
    Fax 04 90 92 36 83, *www.camping-masdenicolas.com*
    – **R** conseillée
    4 ha (140 empl.) plat, peu incliné, herbeux, pierreux
    Tarif : 19 € ✶ ⟺ 🔲 🔌 (6A) – pers. suppl. 6,30 € – frais de
    réservation 17 €
    Location : 23 🛖 – 11 🏠
    🚐, 1 borne artisanale 5 €
    Pour s'y rendre : Sortie N rte d'Avignon puis 1 km par D 99
    (déviation) rte de Cavaillon, à dr. et r. Théodore-Aubanel à
    gauche

> Nature : 🕊 ← 🗒 ♀♀
> Loisirs : 🍴 🎱 ♨ 🏊 hammam ja-
> cuzzi ⚡ 🏊
> Services : ♿ ⚡ GB 🚿 🔲 🏧 ⓐ ♨
> 🚮 𝆑 🔌 🖥

⋀⋀ **Monplaisir** mars-2 nov.
    𝄞 04 90 92 22 70, *reception@camping-monplaisir.fr*,
    Fax 04 90 92 18 57, *www.camping-monplaisir.fr* – **R** conseil-
    lée
    2,8 ha (130 empl.) plat, herbeux, pierreux
    Tarif : 23 € ✶ ⟺ 🔲 🔌 (6A) – pers. suppl. 6,50 € – frais de
    réservation 17 €
    Location : 7 🛖 (4 à 6 pers.) 350 à 640 €/sem. – 2 🏠 (4 à
    6 pers.) 350 à 640 €/sem.
    🚐, 1 borne artisanale
    Pour s'y rendre : 0,8 km au NO par D 5 rte de Maillane et
    chemin à gauche
    À savoir : Agréable cadre fleuri autour d'un mas provençal

> Nature : 🕊 🗒 ♀♀
> Loisirs : 🍴 🎱 ⚡ 🏊
> Services : ♿ ⚡ GB 🚿 🔲 Ⅲ 🏧 🏧
> 🚮 ⓐ 𝆑 🔌 🖥 sèche-linge 🚮 ⚓
> À prox. : 🛒

679

⋀⋀ **Pégomas** mars-oct.
    𝄞 04 90 92 01 21, *contact@campingpegomas.com*,
    Fax 04 90 92 01 21, *www.campingpegomas.com*
    – **R** conseillée
    2 ha (105 empl.) plat, herbeux
    Tarif : 21,30 € ✶ ⟺ 🔲 🔌 (6A) – pers. suppl. 6 € – frais de
    réservation 17 €
    Location 🛶 : 6 🛖 (4 à 6 pers.) 200 à 500 €/sem.
    🚐, 1 borne artisanale
    Pour s'y rendre : Sortie E par D 99^A rte de Cavaillon et à
    gauche, à l'intersection du chemin de Pégomas et av.
    Jean-Moulin (vers D 30, rte de Noves)

> Nature : 🗒 ♀♀
> Loisirs : 🍴 ⚡ 🏊
> Services : ♿ ⚡ GB 🚿 Ⅲ 🏧 ⓐ 🔌
> 🔌 🖥 sèche-linge cases réfrigérées
> À prox. : 🍴

Benutzen Sie
– zur Wahl der Fahrtroute
– zur Berechnung der Entfernungen
– zur exakten Lokalisierung eines Campingplatzes (mit Hilfe der Angaben im Ortstext)
die für diesen Führer unentbehrlichen **MICHELIN-Karten** .

STES-MARIES-DE-LA-MER

✉ 13460 – **340** B5 – G. Provence – 2 478 h. – alt. 1
🛈 *Office de tourisme, 5, avenue Van Gogh 🕿 04 90 97 82 55, Fax 04 90 97 71 15*
Paris 761 – Aigues-Mortes 31 – Arles 40 – Marseille 131 – Montpellier 67 – Nîmes 55 – St-Gilles 36.

Le Clos du Rhône Pâques-1er nov.
🕿 04 90 97 85 99, *leclos@saintesmaries.com*,
Fax 04 90 97 78 85 – **R** conseillée
7 ha (448 empl.) plat, sablonneux
Tarif : (Prix 2007) 27,50 € 🛉 ⇔ 🅴 (10A) – pers. suppl. 8,40 €
Location : 50 (4 à 6 pers.) 353 à 708 €/sem. – 6 (4 à 6 pers.) 229 à 596 €/sem. – 10 bungalows toilés
1 borne artisanale
Pour s'y rendre : 2 km à l'O par D 38 et à gauche
À savoir : près du petit Rhône et de la plage

Nature : 𝟁
Loisirs :
Services : sèche-linge, cases réfrigérées
À prox. :

SALON-DE-PROVENCE

✉ 13300 – **340** F4 – G. Provence – 37 129 h. – alt. 80
🛈 *Office de tourisme, 56, cours Gimon 🕿 04 90 56 27 60, Fax 04 90 56 77 09*
Paris 720 – Aix-en-Provence 37 – Arles 46 – Avignon 50 – Marseille 54 – Nîmes 76.

Nostradamus mars-oct.
🕿 04 90 56 08 36, *gilles.nostra@wanadoo.fr*,
Fax 04 90 56 65 05, *www.camping-nostradamus.com* – **R** conseillée
2,7 ha (83 empl.) plat, herbeux
Tarif : 22,50 € 🛉 ⇔ 🅴 (6A) – pers. suppl. 5,60 € – frais de réservation 15 €
Location (permanent) : 12 (4 à 6 pers.) 316 à 630 €/sem.
1 borne artisanale 6 €
Pour s'y rendre : NO : 5,8 km par D 17, rte d'Eyguière et D 72D à gauche
À savoir : Au bord d'un canal

Nature :
Loisirs :
Services :

680

Var (83)

Les ADRETS-DE-L'ESTEREL

✉ 83600 – **340** P4 – 2 063 h. – alt. 295
🛈 *Office de tourisme, place de la Mairie 🕿 04 94 40 93 57*
Paris 881 – Cannes 26 – Draguignan 44 – Fréjus 17 – Grasse 30 – Mandelieu-la-Napoule 15 – St-Raphaël 18.

Les Philippons avr.-sept.
🕿 04 94 40 90 67, *info@philipponscamp.com*,
Fax 04 94 19 35 92, *www.philipponscamp.com* – **R** conseillée
5 ha (150 empl.) en terrasses, pierreux, herbeux, fort dénivelé
Tarif : 25,50 € 🛉 ⇔ 🅴 (10A) – pers. suppl. 5,20 € – frais de réservation 12 €
Location (avr.-15 oct.) : 10 (4 à 6 pers.) 220 à 730 €/sem.
Pour s'y rendre : 3 km à l'E par D 237, rte de l'Église d'Adrets. A8, sortie 39
À savoir : Cadre sauvage sous les oliviers, eucalyptus, chênes-lièges

Nature :
Loisirs : pizzeria
Services : sèche-linge, réfrigérateurs

AGAY

✉ 83530 – **340** Q5 – G. Côte d'Azur
🛈 *Syndicat d'initiative, place Giannetti* 🕾 *04 94 82 01 85, Fax 04 94 82 74 20*
Paris 880 – Cannes 34 – Draguignan 43 – Fréjus 12 – Nice 65 – St-Raphaël 9.

Esterel Caravaning ♣ ▲ –15 mars-27 sept.
  🕾 04 94 82 03 28, *contact@esterel-caravaning.fr*,
Fax 04 94 82 87 37, *www.esterel-caravaning.fr* – **R** conseillée
12,5 ha (485 empl.) en terrasses, peu incliné, pierreux
Tarif : 58 € – ♣ 🚗 🔲 (ℓ) (10A) – pers. suppl. 8,50 € – frais de
réservation 40 €
Location : 245 (4 à 6 pers.) 190 à 910 €/sem.
🛒 1 borne artisanale
Pour s'y rendre : 4 km au NO
À savoir : réservé aux caravanes

| Nature : 🏞 ⌂ 오오 |
| Loisirs : 🍷 🗶 pizzeria 🏠 📺 🛝 ᴸ⌂ poneys squash, terrain omnisports, skate park |
| Services : 🕭 ⚬ᗷ GB 🏧 🛒 👙 – 18 sanitaires individuels (🚿 ↢ wc) 🅰 🗦 🖵 🛎 🐾 📞 🖵 sèche-linge 🧺 🌿 |

Campéole le Dramont ♣ ▲ –15 mars-15 oct.
  🕾 04 94 82 07 68, *cpldramont@atciat.com*,
Fax 04 94 82 75 30, *www.campeole.com* – **R** conseillée
6,5 ha (400 empl.) vallonné, plat, sablonneux
Tarif : 42,90 € – ♣ 🚗 🔲 (ℓ) (10A) – pers. suppl. 9,30 € – frais
de réservation 25 €
Location 🏚 : 76 (2 à 4 pers.) 336 à 525 €/sem. – 55
(4 à 6 pers.) 602 à 896 €/sem. – 71 (4 à 6 pers.)
483 à 861 €/sem. – 65 bungalows toilés
🛒 1 borne raclet 7 €
Pour s'y rendre : au Dramont, 5 km à l'O par D 559, rte de
St-Raphaël

| Nature : 🏞 오오 ⛰ |
| Loisirs : 🍷 pizzeria, snack 🏠 📺 📺 ᴸ⌂ |
| Services : 🕭 ⚬ᗷ GB 🐾 🛒 👙 🅰 🖵 sèche-linge 🧺 🌿 |
| À prox. : canoë-kayak, terrain omnisports, école de plongée |

Vallée du Paradis ♣ ▲ –15 mars-15 oct.
  🕾 04 94 82 16 00, *contact@camping-vallee-du-paradis.fr*,
Fax 04 94 82 72 21, *www.camping-vallee-du-paradis.fr* –
places limitées pour le passage – **R** indispensable
3 ha (197 empl.) plat, herbeux
Tarif : 61 € – ♣ 🚗 🔲 (ℓ) (10A) – pers. suppl. 9,10 € – frais de
réservation 29 €
Location 🏚 : 141 (4 à 6 pers.) 287 à 952 €/sem.
Pour s'y rendre : 1 km au NO, bord de l'Agay

| Nature : ≪ ⌂ 오 |
| Loisirs : 🍷 pizzeria, snack 🏠 📺 📺 ᴸ⌂ 🚤 🛶 🛟 🌀 ponton d'amarrage, kayak |
| Services : 🕭 ⚬ᗷ GB 🐾 🏧 🛒 👙 🅰 🖵 sèche-linge 🧺 🌿 |

Les Rives de l'Agay mars-début nov.
  🕾 04 94 82 02 74, *reception@lesrivesdelagay.fr*,
Fax 04 94 82 74 14, *www.lesrivesdelagay.fr* – **R** conseillée
2 ha (171 empl.) plat, herbeux, sablonneux
Tarif : 39,50 € – ♣ 🚗 🔲 (ℓ) (6A) – pers. suppl. 7 € – frais de
réservation 20 €
Location : 39 (4 à 6 pers.) 259 à 830 €/sem.
Pour s'y rendre : 0,7 km au NO, bord de l'Agay et à 500 m de
la plage

| Nature : ⌂ 오오 |
| Loisirs : 🍷 pizzeria 🏠 🌀 ponton d'amarrage |
| Services : 🕭 ⚬ᗷ GB 🐾 🏧 🛒 👙 🅰 🌿 🖵 🛎 🖵 sèche-linge 🧺 🌿 |

Azur Rivage
  🕾 04 94 44 83 12, *azurivage@aol.fr*, Fax 04 94 44 84 39,
www.camping-azur-rivage.com – **R** conseillée
1 ha (66 empl.) plat, en terrasses, peu incliné, pierreux
Location : 25
🛒 1 borne artisanal
Pour s'y rendre : à Anthéor-Plage, 5 km à l'E
À savoir : près de la plage

| Nature : 오오 |
| Loisirs : 🍷 🗶 🌀 |
| Services : 🕭 ⚬ᗷ 🛒 🅰 🖵 🧺 🌿 |

Agay-Soleil mars-2 nov.
  🕾 04 94 82 00 79, *camping-agay-soleil@wanadoo.fr*,
Fax 04 94 82 88 70, *www.agay-soleil.com* – **R** conseillée 🏚
(juil.-août)
0,7 ha (53 empl.) plat, peu incliné, terrasses, sablonneux
Tarif : (Prix 2007) 32,18 € – ♣ 🚗 🔲 (ℓ) (6A) – pers.
suppl. 5,60 €
Location 🏚 : 5 (4 à 6 pers.) 330 à 640 €/sem. – 2 🏠
(4 à 6 pers.) 405 à 725 €/sem.
🛒 1 borne 8 €
Pour s'y rendre : 0,7 km à l'E

| Nature : ≪ ⌂ 오오 ⛰ |
| Loisirs : 🍷 pizzeria 🏠 |
| Services : 🕭 ⚬ᗷ M 🏧 🛒 👙 🅰 📞 🖵 🌿 |
| À prox. : 🏄 base nautique |

AGAY

⚠ **Royal-Camping** 14 fév.-11 nov.
    𝒫 04 94 82 00 20, *contact@royalcamping.net,*
Fax 04 94 82 00 20, *www.royalcamping.net* – **R** conseillée
0,6 ha (45 empl.) plat, herbeux, gravier
Tarif : 32,50 € ⭐ 🚗 📧 🔌 (6A) – pers. suppl. 5 € – frais de
réservation 17 €
Location : 9 🚐 (4 à 6 pers.) 315 à 620 €/sem.
Pour s'y rendre : 1,5 km au S, plage du camp Long

Nature : 🌳🌳⚘
Loisirs : 🏕
Services : 🚰 🐕 🍴 ⊕
À prox. : 🏖 🏊 🍺 🍴 🛶

AUPS

✉ 83630 – **340** M4 – G. Côte d'Azur – 1 903 h. – alt. 496
🅗 *Syndicat d'initiative, place Frédéric Mistral* 𝒫 04 94 84 00 69, Fax 04 94 84 00 69
Paris 818 – Aix-en-Provence 90 – Castellane 71 – Digne-les-Bains 78 – Draguignan 29 – Manosque 59.

⚠ **International Camping** avr.-sept.
    𝒫 04 94 70 06 80, *info@internationalcamping-aups.com,*
Fax 04 94 70 10 51, *www.internationalcamping-aups.com*
– **R** conseillée
4 ha (150 empl.) plat, pierreux, herbeux
Tarif : 23,50 € ⭐ 🚗 📧 🔌 (10A) – pers. suppl. 6,40 € – frais
de réservation 50 €
Location : 22 🚐 (4 à 6 pers.) 300 à 500 €/sem.
Pour s'y rendre : 0,5 km à l'O par D 60, rte de Fox-Amphoux
À savoir : cadre pittoresque et soigné

Nature : 🌿 🏕 ⚘
Loisirs : pizzeria, discothèque 🎾 🛝
Services : 🚰 GB 🐕 🍴 ⊕ 🏪 🛶

BORMES-LES-MIMOSAS

682

✉ 83230 – **340** N7 – G. Côte d'Azur – 6 324 h. – alt. 180
🅗 *Office de tourisme, 1, place Gambetta* 𝒫 04 94 01 38 38, Fax 04 94 01 38 39
Paris 871 – Fréjus 57 – Hyères 21 – Le Lavandou 4 – St-Tropez 35 – Ste-Maxime 37 – Toulon 39.

⚠ **Manjastre** Permanent
    𝒫 04 94 71 03 28, *manjastre@infonie.fr,* Fax 04 94 71 63 62,
http://perso.infonie.fr/manjastre – **R** conseillée ✂
(juil.-août)
3,5 ha (120 empl.) en terrasses, pierreux, plat et peu incliné
Tarif : 27,78 € ⭐ 🚗 📧 🔌 (10A) – pers. suppl. 5,89 € – frais
de réservation 10 €
🚐 1 borne 5 €
Pour s'y rendre : 5 km au NO, sur D 98, rte de Cogolin
À savoir : Bel ensemble de terrasses parmi les mimosas et
les chênes-lièges

Nature : 🌿 🏕 🌳🌳
Loisirs : 🍴 🛝 🛝
Services : 🚿 🚰 GB ▥ 🍴 🛁 ⊕ 🛶 ⟐ ⚘ 🍴 🏪 sèche-linge 🛶

CADIÈRE-D'AZUR

✉ 83740 – **340** J6 – G. Côte d'Azur – 4 239 h. – alt. 144
🅗 *Office de tourisme, place Général-de-Gaulle* 𝒫 04 94 90 12 56, Fax 04 94 98 30 13
Paris 815 – Grenoble 310 – Marseille 45 – Nice 169 – Toulon 22 – Valence 260.

⚠ **La Malissonne** (location exclusive de mobile homes,
bungalows et villas) mars-10 nov.
    𝒫 04 94 90 10 60, *domainemalissonne@wanadoo.fr,*
Fax 04 94 90 14 11, *www.domainemalissonne.com* – empl.
traditionnels également disponibles – **R** indispensable
4,5 ha en terrasses, peu incliné, pierreux, herbeux
Tarif : (Prix 2007) ⭐ – frais de réservation 23 €
Location ✂ (juil.-août) : 24 🚐 (4 à 6 pers.) 168 à
924 €/sem. – 17 🏠 (4 à 6 pers.) 189 à 980 €/sem. – 20
villas
Pour s'y rendre : 1,8 km au NO sur D 66, rte de la Ciotat -
accès conseillé par St-Cyr-sur-Mer

Nature : 🏕 ⚘
Loisirs : 🍴 pizzeria, snack 🏕 🎣 🏊 🎾 🛝
Services : 🚿 🚰 GB 🐕 🍴 🛁 ⊕ ⟐ ⚘ 🏪 🏊 🛶

CALLAS

✉ 83830 – **340** 04 – G. Côte d'Azur – 1 388 h. – alt. 398
🛈 *Office de tourisme, place du 18 juin 1940* 📞 *04 94 39 06 77, Fax 04 94 39 06 79*
Paris 872 – Castellane 51 – Draguignan 14 – Toulon 94.

⛰ **Les Blimouses** mars-déc.
📞 *04 94 47 83 41, camping.les.blimouses@wanadoo.fr,*
Fax *04 94 76 77 76, www.campinglesblimouses.com*
– **R** conseillée
6 ha (170 empl.) plat à incliné, en terrasses, pierreux, herbeux
Tarif : 18,50 € 🏕 ⛺ 🔲 (10A) – pers. suppl. 4 € – frais de
réservation 20 €
Location : 30 🚐 (4 à 6 pers.) 360 à 630 €/sem. – 6 🏠 (4
à 6 pers.) 380 à 590 €/sem.
Pour s'y rendre : 3 km au S par D 25 et D 225 rte de
Draguignan

> Nature : 🌳 ♀♀
> Loisirs : snack ⛱ 🏊 🎿
> Services : 🚿 ⚡ 🏪 🐕 🍽 🛒 🛗 ⚗
> 📞 📺 🔄

CAVALAIRE-SUR-MER

✉ 83240 – **340** 06 – G. Côte d'Azur – 5 237 h. – alt. 2
🛈 *Office de tourisme, Maison de la Mer* 📞 *04 94 01 92 10, Fax 04 94 05 49 89*
Paris 880 – Draguignan 55 – Fréjus 41 – Le Lavandou 21 – St-Tropez 20 – Ste-Maxime 22 – Toulon 61.

⛰ **Cros de Mouton** 15 mars-9 nov.
📞 *04 94 64 10 87, campingcrosdemouton@wanadoo.fr,*
Fax *04 94 64 63 12, www.crosdemouton.com* – accès aux
emplacements par forte pente, mise en place et sortie des
caravanes à la demande – **R** conseillée
5 ha (199 empl.) en terrasses, pierreux, fort dénivelé
Tarif : 28,20 € 🏕 ⛺ 🔲 (10A) – pers. suppl. 7,90 € – frais
de réservation 20 €
Location : 29 🚐 – 37 🏠
Pour s'y rendre : 1,5 km au NO

> Nature : 🌳 ⛰ ♀♀
> Loisirs : 🍹 🍴 pizzeria 🎱 ⛱ 🎿
> Services : 🚿 ⚡ 🏪 🐕 🍽 🛒 🛗 ⚗ 🔄
> 🛒 📞 📺 🏊 🔄

683

⛰ **Roux**
📞 *04 94 64 05 47, camping.roux@wanadoo.fr,*
Fax *04 94 64 05 46 59, www.campingroux.com* – **R** conseillée
4 ha (245 empl.) peu incliné, en terrasses, pierreux
Location : 8 studios – 6 appartements
Pour s'y rendre : 3 km au NE par D 559, rte de la Croix-
Valmer et à gauche, rte du cimetière

> Nature : 🌳 ♀♀
> Loisirs : snack 🎱 ⛱
> Services : 🚿 ⚡ 🏬 🛒 🛗 ⚗ 📞 📺 🏊
> 🔄

La CROIX-VALMER

✉ 83420 – **340** 06 – G. Côte d'Azur – 2 734 h. – alt. 120
🛈 *Office de tourisme, esplanade de la Gare* 📞 *04 94 55 12 12, Fax 04 94 55 12 10*
Paris 873 – Brignoles 70 – Draguignan 48 – Fréjus 35 – Le Lavandou 27 – Ste-Maxime 15 – Toulon 68.
Schéma à Grimaud

⛰ **Sélection Camping** 🏖 – 15 mars-15 oct.
📞 *04 94 55 10 30, camping-selection@wanadoo.fr,*
Fax *04 94 55 10 39, www.selectioncamping.com* – **R** indispensable ✂ (juil.-août)
4 ha (215 empl.) en terrasses, pierreux, herbeux
Tarif : 32,50 € 🏕 ⛺ 🔲 (10A) – pers. suppl. 10 € – frais
de réservation 30 €
Location : 47 🚐 (4 à 6 pers.) 360 à 930 €/sem. – 15 🏠 (4
à 6 pers.) 360 à 930 €/sem. – 6 studios – 8 appartements
🚐 1 borne 5 €
Pour s'y rendre : 2,5 km au SO par D 559, rte de Cavalaire et
au rond-point chemin à dr.

> Nature : 🌳 ⛰ ♀♀
> Loisirs : 🍹 snack 🍴 diurne 🏃 salle
> d'animation ⛱ 🎱 🏊
> Services : 🚿 ⚡ 🏪 🐕 🏬 🛒 🛗 ⚗ 📞
> 📺 sèche-linge 🏊 🔄

La FAVIÈRE

✉ 83230 – **340** N7
Paris 882 – Marseille 105 – Toulon 44 – Cannes 102 – La Seyne 49.
Schéma au Lavandou

▲▲▲ **Le Camp du Domaine** ▲▲ – 15 mars-oct.
℘ 04 94 71 03 12, *mail@campdudomaine.com,*
Fax 04 94 15 18 67, *www.campdudomaine.com* – **R** indispensable ✆ (juil.-août)
38 ha (1200 empl.) plat, accidenté et en terrasses, pierreux,
rocheux
Tarif : 36 € ⍟ ⛺ ▣ (⚡) (10A) – pers. suppl. 7,50 €
Location ✆ : 30 ⛟ (4 à 6 pers.) 500 à 800 €/sem. – 70
⛺ (4 à 6 pers.) 600 à 950 €/sem.
⛟ 1 borne artisanale
Pour s'y rendre : S : 2 km
À savoir : hors juil.-août, excursions avec chauffeur

Nature : ⛺ ♉♉ ⛰
Loisirs : ♟ ✗ pizzeria, snack ⛱ ⚐ 🏀 terrain omnisports 🛝🚴
Services : ⚿ ⛽ ⃝ ▦ 🚿⚐ ♨ ⚘ ⚐ 🖫 📞 🔲 sèche-linge ⚒ ⚘ cases réfrigérées
À prox. : ⚓ canoë, pédalos

⚒ ✗ *ATTENTION...*
⚘   *ces éléments ne fonctionnent généralement qu'en saison,*
🎿 🐎 *quelles que soient les dates d'ouverture du terrain.*

FRÉJUS

✉ 83600 – **340** P5 – G. Côte d'Azur – 46 801 h. – alt. 20 – Base de loisirs
🅱 *Office de tourisme, 325, rue Jean Jaurès* ℘ 04 94 51 83 83, Fax 04 94 51 00 26
Paris 868 – Brignoles 64 – Cannes 40 – Draguignan 31 – Hyères 90.

▲▲▲ **La Baume la Palmeraie** ▲▲ – 15 mars-27 sept.
℘ 04 94 19 88 88, *reception@labaume-lapalmeraie.com,*
Fax 04 94 19 83 50, *www.labaume-lapalmeraie.com* – places
limitées pour le passage – **R** conseillée
26 ha/20 campables (780 empl.) plat et peu incliné, herbeux,
pierreux
Tarif : 41 € ⍟ ⛺ ▣ (⚡) (6A) – pers. suppl. 12 € – frais de
réservation 32 €
Location : 111 ⛟ (4 à 6 pers.) 315 à 930 €/sem. – 22 ⛺
(4 à 6 pers.) 455 à 1 335 €/sem. – 180 bastidons (studios)
Pour s'y rendre : 4,5 km au N par D 4, rte de Bagnols-en-
Forêt
À savoir : important espace aquatique

Nature : ⛺ ♉♉
Loisirs : ♟ ✗ snack, pizzeria ⛱ ⚐ 🏀 🎵 hammam jacuzzi discothè-que 🛝🚴 ⚽ 🔲 🎿 ⛷ piste de roller, skate, théâtre de plein air
Services : ⚿ ⛽ ⃝ ▦ 🚿 🖫 ♨ ⚘ ⚐ ⚘ 📞 🔲 sèche-linge ⚒ ⚘

▲▲▲ **Domaine du Colombier** ▲▲ – 15 mars-19 oct.
℘ 04 94 51 56 01, *info@clubcolombier.com,*
Fax 04 94 51 55 57, *www.clubcolombier.com* – places limitées pour le passage – **R** conseillée
10 ha (400 empl.) en terrasses, vallonné
Tarif : 52 € ⍟ ⛺ ▣ (⚡) (16A) – pers. suppl. 8 € – frais de
réservation 30 €
Location : 121 ⛟ (4 à 6 pers.) 301 à 1 540 €/sem.
Pour s'y rendre : 2 km au N par D 4, rte de Bagnols-en-Forêt

Nature : ⬿ ⛺
Loisirs : ♟ ✗ snack, pizzeria ⛱ ⚐ 🏀 🎵 discothèque 🛝🚴 🔲 ⛷
Services : ⚿ ⛽ ⃝ ▦ ⚿ 🖫 ♨ ⚘ ⚐ ⚘ 📞 🔲 sèche-linge ⚒ ⚘

▲▲▲ **Holiday Green** 29 mars-sept.
℘ 04 94 19 88 30, *info@holiday-green.com,*
Fax 04 94 19 88 31, *www.holidaygreen.com* – places limitées
pour le passage – **R** conseillée ✆
15 ha (680 empl.) en terrasses, plat, herbeux, pierreux, fort
dénivelé
Tarif : 47 € ⍟ ⛺ ▣ (⚡) (10A) – pers. suppl. 9 € – frais de
réservation 30 €
Location : 230 ⛟ (4 à 6 pers.) 315 à 1 350 €/sem.
Pour s'y rendre : 6 km au N par D 4, rte de Bagnols-en-Forêt

Nature : ⬿ ⛺ ♉♉ (pinède)
Loisirs : ♟ snack, pizzeria ⛱ ⚐ 🏀 discothèque 🚴 ⚽ 🔲 🎿 ⛷ ter-rain omnisports
Services : ⚿ ⛽ ⃝ ▦ ⚿ 🖫 ♨ 📞 ⚘ 🔲 sèche-linge ⚒ ⚘

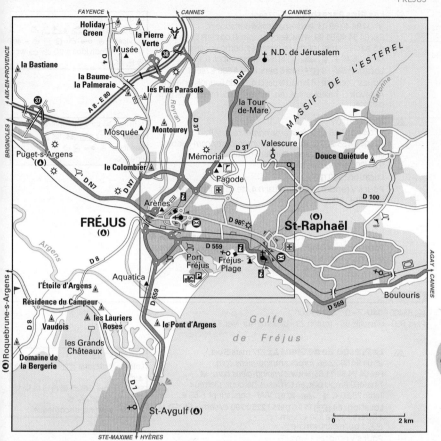

685

▲▲▲ **La Pierre Verte** ♣♣ – 5 avr.-29 sept.
 📞 04 94 40 88 30, *info@campinglapierreverte.com*,
Fax 04 94 40 75 41, *www.campinglapierreverte.com*
– **R** conseillée
28 ha (440 empl.) en terrasses, et accidenté, pierreux,
rochers
Tarif : 34 € ∗ ♦ 🅴 🄑 (6A) – pers. suppl. 8 € – frais de
réservation 25 €
Location : 150 🚐 (4 à 6 pers.) 350 à 810 €/sem.
Pour s'y rendre : 6,5 km au N par D 4, rte de Bagnols-en-
Forêt et chemin à dr.

> Nature : 🏞 🛶 🌿🌿
> Loisirs : 🍷 ✕ snack, pizzeria 🛖 🎡
> 🏃 🚴 🎠 🏓 🎿 terrain om-
> nisports
> Services : 🔥 🔌 ⊞ 🐕 📷 🗑 📫 @ 🔄
> 🧺 🐾 ❄ 🔲 sèche-linge 🔲 🔄

▲▲ **Le Pont d'Argens** avr.-15 oct.
📞 04 94 51 14 97, Fax 04 94 51 29 44 – **R** conseillée
7 ha (500 empl.) plat, herbeux
Tarif : 29 € ∗ ♦ 🅴 🄑 (6A) – pers. suppl. 7,50 € – frais de
réservation 35 €
Location : 36 🚐 (4 à 6 pers.) 430 à 750 €/sem.
🚐 1 borne artisanale 5 €
Pour s'y rendre : 3 km au S par D 559, rte de Ste-Maxime
(accès direct à la plage)
À savoir : Au bord de l'Argens

> Nature : 🌿🌿
> Loisirs : 🍷 snack 🛖 🚴 🎿
> Services : 🔥 🔌 ⊞ 🐕 🗑 🛗 @
> 🐾 🔲 sèche-linge 🔲 🔄
> À prox. : parc de loisirs aquatiques

FRÉJUS

⚠ Les Pins Parasols 5 avr.-27 sept.
🏕 04 94 40 88 43, *lespinsparasols@wanadoo.fr*,
Fax 04 94 40 81 99, *www.lespinsparasols.com* – **R** conseillée
4,5 ha (189 empl.) plat et en terrasses, herbeux, pierreux
Tarif : 26,40 € ✳ ⇔ 🔲 ⑴ (6A) – pers. suppl. 6,15 €
Location ⚡ : 9 🚐 (4 à 6 pers.) 198 à 680 €/sem.
Pour s'y rendre : 4 km au N par D 4, rte de Bagnols-en-Forêt
À savoir : beaux empl. en terrasses au milieu des pins
parasols

> Nature : ⌐ 🙾🙾
> Loisirs : pizzeria 🖼 🚣 🏊 ⛷
> Services : ♿ ⚬ 🐕 🔲 🗓 ⛻ ♨ – 48
> sanitaires individuels (🏠 ⇔ 🚽 wc)
> ☺ 🖫 🖳 🚰

⚠ Montourey
🏕 04 94 53 26 41, *info@campingmontourey.fr*,
Fax 04 94 53 26 75, *www.campingmontourey.com* – places
limitées pour le passage – **R** indispensable
5 ha (200 empl.) plat, herbeux
Location : 130 🚐
Pour s'y rendre : 4 km au N par D 4, rte de Bagnols-en-Forêt
et chemin à dr.

> Nature : 🗇 ⌐ 🙾🙾(peupleraie)
> Loisirs : snack 🖼 🏃 ✳ ⛷
> Services : ♿ ⚬ 🗓 ⛻ ☺ 🖫 sèche-
> linge 🚰

*Avant de prendre la route, consultez **www.ViaMichelin.fr** :*
votre meilleur itinéraire, le choix de votre hôtel, restaurant,
des propositions de visites touristiques.

GIENS

✉ 83400 – **340** L7 – G. Côte d'Azur
Paris 869 – Marseille 93 – Toulon 29 – La Seyne-sur-Mer 37 – Hyères 14.
Schéma à Hyères

⚠ La Presqu'Île de Giens ♨ – 22 mars-5 oct.
🏕 04 94 58 22 86, *info@camping-giens.com*,
Fax 04 94 58 11 63, *www.camping-giens.com* – **R**
7 ha (460 empl.) plat, en terrasses, herbeux, pierreux
Tarif : 25,80 € ✳ ⇔ 🔲 ⑴ (16A) – pers. suppl. 6,60 €
Location : 64 🚐 (4 à 6 pers.) 225 à 790 €/sem. – 56 🏠 (4
à 6 pers.) 330 à 850 €/sem.
🚐 1 borne artisanale
Pour s'y rendre : 1 km à l'E

> Nature : ⌐ 🙾🙾
> Loisirs : 🍽 pizzeria 🖼 🆈 diurne 🏃
> 🚣
> Services : ⚬ 🏧 🐕 🔲 🗓 ⛻ ☺ 🕿 📞
> 🖫 sèche-linge 🖳 🚰
> À prox. : bowling, discothèque

Site de Port-Miou

G. Magnin/Michelin

GRIMAUD

✉ 83310 – **340** O6 – G. Côte d'Azur – 3 780 h. – alt. 105

🅱 *Office de tourisme, 1, boulevard des Aliziers* 🕿 *04 94 55 43 83, Fax 04 94 55 72 20*

Paris 861 – Brignoles 58 – Fréjus 32 – Le Lavandou 32 – St-Tropez 12 – Ste-Maxime 12 – Toulon 64.

<P>Schéma à Ramatuelle</P>

⛰ **Domaine des Naïades** ♨ – 5 avr.-1er nov.

🕿 04 94 55 67 80, *info@lesnaiades.com*, Fax 04 94 55 67 81, *www.lesnaiades.com* – places limitées pour le passage

– **R** conseillée

27 ha/14 campables (306 empl.) en terrasses, herbeux, sablonneux, pierreux

Tarif : 49,20 € 🌟 ♦ ⇔ 🔲 🔌 (10A) – pers. suppl. 8 €

Location : 🏕 (4 à 6 pers.) 301 à 1 155 €/sem.

🚐 1 borne

Pour s'y rendre : 5,5 km à l'E par D 14

Nature : 🖵 ♀♀
Loisirs : ♀ snack, pizzeria 🎣 🏃 🐎 🏊 🛶
Services : ♿ ⊶ 🅶🅱 ✂ 🗄 🔥 ◎ 🌙 🛒 🏮 sèche-linge 🏊 ⛲

HYÈRES

✉ 83400 – **340** L7 – G. Côte d'Azur – 51 417 h. – alt. 40

🅱 *Syndicat d'initiative, 3, avenue Ambroise Thomas* 🕿 *04 94 01 84 50, Fax 04 94 01 84 51*

Paris 851 – Aix-en-Provence 102 – Cannes 123 – Draguignan 78 – Toulon 19.

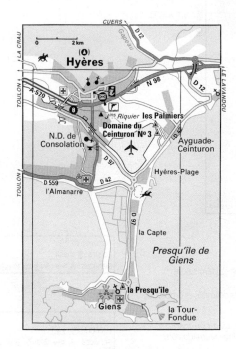

⛰ **Les Palmiers** ♨ – 15 mars-15 oct.

🕿 04 94 66 39 66, *contact@camping-les-palmiers.fr*, Fax 04 94 66 47 30, *www.camping-les-palmiers.fr* – places limitées pour le passage – **R** conseillée

5,5 ha (345 empl.) plat, herbeux, pierreux

Tarif : 61 € 🌟 ♦ ⇔ 🔲 🔌 (10A) – pers. suppl. 9,10 € – frais de réservation 28 €

Location 🐾 : 🏕 (4 à 6 pers.) 395 à 904 €/sem.

Pour s'y rendre : à 800 m du Port de Hyères, dir. l'Ayguade

Nature : 🐾 🖵 ♀♀
Loisirs : ♀ pizzeria 🍴 🎣 nocturne 🏃 🦶 ♨ hammam discothèque 🎾 🏊 🛝 🎣 🏓 🛶
Services : ♿ ⊶ 🅶🅱 ✂ 🗄 🔥 ◎ 🌙 🏮 sèche-linge 🏊 ⛲

HYÈRES

 Le Ceinturon 3 16 mars-sept.
    📞 04 94 66 32 65, *ceinturon3@securmail.net*,
    Fax 04 94 66 48 43, *www.provence-campings.com/azur/*
    ceinturon3.htm – ℞
    2,5 ha (200 empl.) plat, herbeux, sablonneux
    Tarif : 26,20 € ⚹ ⛺ 🔲 (ᵬ) (10A) – pers. suppl. 5,35 €
    Location ⚞ : 36 🏠 (4 à 6 pers.) 295 à 630 €/sem.
    Pour s'y rendre : à Ayguade-Ceinturon, 5 km au SE, à 100 m
    de la mer

> Nature : 🌳🌳
> Loisirs : 🍸 snack 🏸🏖
> Services : 🚿 ⛽ 🔲 🛎 🧺 ⓐ 🧴 📶
> 🔲 sèche-linge 🔲 🛒
> À prox. : 🍴

Le LAVANDOU

✉ 83980 – **340** N7 – G. Côte d'Azur – 5 449 h. – alt. 1 – Base de loisirs
🅸 *Office de tourisme, quai Gabriel-Péri,* 📞 04 94 00 40 50, Fax 04 94 00 40 59
Paris 873 – Cannes 102 – Draguignan 75 – Fréjus 61 – Ste-Maxime 42 – Toulon 41.

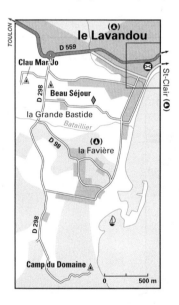

 Beau Séjour 15 avr.-sept.
    📞 04 94 71 25 30 – ℞
    1,5 ha (135 empl.) plat, gravier
    Tarif : (Prix 2007) ⚹ 4,90 € 🔲 4 € – (ᵬ) (6A) 3,60 €
    Pour s'y rendre : SO : 1,5 km
    À savoir : beaux emplacements délimités et ombragés

> Nature : 🔲 🌳🌳
> Loisirs : 🍸 snack
> Services : 🚿 ⛽ 🐾 🔲 🧺 ⓐ 🛒

 Clau Mar Jo 15 mars-15 oct.
    📞 04 94 71 53 39, *contact@camping-clau-mar-jo.fr*,
    Fax 04 94 24 38 73, *www.camping-claumarjo.com*
    – ℞ conseillée
    1 ha (71 empl.) plat, herbeux
    Tarif : 31,60 € ⚹ ⛺ 🔲 (ᵬ) (15A) – pers. suppl. 5,80 € – frais
    de réservation 28 €
    Location : 21 🔲 (4 à 6 pers.) 310 à 810 €/sem.
    Pour s'y rendre : SO : 2 km

> Nature : 🔲 🌳🌳
> Loisirs : 🔲 🏸🏖
> Services : 🚿 ⛽ ⊖🅱 🐾 🔲 ⓐ 🔲 🚼
> 🔲

Utilisez le guide de l'année.

MONTMEYAN

✉ 83670 – **340** L4 – G. Côte d'Azur – 399 h. – alt. 480
Paris 832 – Marseille 88 – Toulon 87 – Draguignan 46 – Manosque 44.

▲ **Château de l'Eouvière**
  ℘ 04 94 80 75 54, *contact@leouviere.com*,
  Fax 04 94 80 75 54, *www.leouviere.com* – **R** conseillée
  30 ha/5 campables (81 empl.) en terrasses, herbeux,
  pierreux
  Location : 2 ⌂ – 2 appartements
  Pour s'y rendre : 0,5 km au S par D 13, rte de Cotignac

| Nature : 🌿 ♀♀ |
| Loisirs : 🎮 🏊 |
| Services : ♿ ⚡ 🔲 ⊕ 🗑 ⛽ |

Le MUY

✉ 83490 – **340** O5 – 7 826 h. – alt. 27
🛈 *Office de tourisme, 6, route de la Bourgade* ℘ 04 94 45 12 79, Fax 04 94 45 06 67
Paris 853 – Les Arcs 9 – Draguignan 14 – Fréjus 17 – Le Luc 26 – Ste-Maxime 23.

▲▲▲ **Les Cigales** ♣♣ – avr.-28 sept.
  ℘ 04 94 45 12 08, *contact@les-cigales.com*,
  Fax 04 94 45 92 80, *www.les-cigales.com* – **R** conseillée
  10 ha/4 campables (199 empl.) en terrasses, pierreux,
  herbeux, fort dénivelé, rochers
  Tarif : 33 € ✶ 🚗 🔲 🅿 (6A) – pers. suppl. 8,50 € – frais de
  réservation 10 €
  Location : 6 ⌂ (4 à 6 pers.) 280 à 670 €/sem. – 35 🏠 (4
  à 6 pers.) 200 à 900 €/sem.
  ⛽ 1 borne raclet
  Pour s'y rendre : 3 km au SO, accès par l'échangeur de
  l'autoroute A 8 et chemin à dr. avant le péage
  À savoir : agréable cadre boisé

| Nature : 🏷 ♀♀ (pinède) |
| Loisirs : 🍴 snack, pizzeria 🎮 🏓 ja-cuzzi discothèque 🚶 🚲 🎯 🏊 🐎 terrain omnisports, accrobran-ches |
| Services : ♿ ⚡ GB 🐕 📺 M 🔲 🗑 🧺 ⚒ ⊕ 🐾 🗑 sèche-linge ⛽ réfrigé-rateurs |

NANS-LES-PINS

689

✉ 83860 – **340** J5 – 3 159 h. – alt. 380
🛈 *Office de tourisme, 2, cours Général-de-Gaulle* ℘ 04 94 78 95 91, Fax 04 94 78 60 07
Paris 794 – Aix-en-Provence 44 – Brignoles 26 – Marseille 42 – Rians 35 – Toulon 71.

▲▲▲ **Village Club La Sainte Baume** ♣♣ – avr.-sept.
  ℘ 04 94 78 92 68, *ste-baume@wanadoo.fr*,
  Fax 04 94 78 67 37, *www.saintebaume.com* – **R** indispensable
  5 ha (160 empl.) plat, peu incliné, pierreux, gravier
  Tarif : 33 € ✶ 🚗 🔲 🅿 (10A) – pers. suppl. 8 €
  Location : 104 ⌂ (4 à 6 pers.) 240 à 931 €/sem. – 12 🏠
  (4 à 6 pers.) 240 à 798 €/sem. – bungalows toilés
  Pour s'y rendre : N : 0,9 km par D 80 et à droite, par A 8 :
  sortie St-Maximin-la-Ste-Baume

| Nature : 🌿 🏷 ♀♀ |
| Loisirs : snack, pizzeria 🎮 🏓 jacuzzi discothèque 🚶 🎯 🏊 🐎 |
| Services : ♿ ⚡ GB 🐕 🔲 🗑 ⊕ 🐾 🐕 🗑 sèche-linge ⚒ ⛽ |
| À prox. : 🐎 poneys |

PUGET-SUR-ARGENS

✉ 83480 – **340** P5 – 6 368 h. – alt. 17
Paris 863 – Les Arcs 21 – Cannes 41 – Draguignan 26 – Fréjus 5 – Ste-Maxime 24.
Schéma à Fréjus

▲▲▲ **La Bastiane** ♣♣ – 21 mars-18 oct.
  ℘ 04 94 55 55 94, *info@labastiane.com*, Fax 04 94 55 55 93,
  www.labastiane.com – **R** indispensable
  4 ha (170 empl.) plat et terrasses, pierreux, herbeux
  Tarif : 37,34 € ✶ 🚗 🔲 🅿 (6A) – pers. suppl. 7,17 € – frais
  de réservation 30 €
  Location : 20 ⌂ (2 à 4 pers.) 140 à 525 €/sem. – 44 ⌂
  (4 à 6 pers.) 231 à 847 €/sem. – 6 🏠 (4 à 6 pers.) 252 à
  784 €/sem.
  Pour s'y rendre : 2,5 km au N
  À savoir : ensemble soigné

| Nature : ♀♀ |
| Loisirs : 🍴 ✗ pizzeria 🎮 🏓 disco-thèque 🚶 🚲 🎯 🏊 terrains omnisports |
| Services : ♿ ⚡ GB 🐕 🔲 🗑 ⊕ 🐾 🗑 ⛽ |

RAMATUELLE

✉ 83350 – **340** 06 – G. Côte d'Azur – 2 131 h. – alt. 136
🛈 *Office de tourisme, place de l'Ormeau* 🖉 *04 98 12 64 00, Fax 04 94 79 12 66*
Paris 873 – Fréjus 35 – Hyères 52 – Le Lavandou 34 – St-Tropez 10 – Ste-Maxime 15 – Toulon 70.

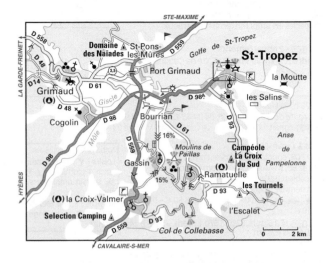

Yelloh! Village les Tournels ♠♣ – 15 mars-9 janv.
🖉 04 94 55 90 90, *info@tournels.com*, Fax 04 94 55 90 99,
www.tournels.com – **R** conseillée
20 ha (975 empl.) accidenté, en terrasses, herbeux, pierreux
Tarif : 42 € ♦ 🚗 🅴 🄗 (5A) – pers. suppl. 7 € – frais de
réservation 30 €
Location : 140 (4 à 6 pers.) 203 à 973 €/sem. – 110 🏠
(4 à 6 pers.) 175 à 1 071 €/sem.
🚐 1 borne flot bleu 8 €
Pour s'y rendre : 3,5 km à l'E, rte du Cap Camarat
À savoir : espace forme aquatique couvert de qualité

Nature : ⪡ 🗔 ♤♤
Loisirs : 🍸 snack, pizzeria 🎬 🏓 🎣
🛁 hammam jacuzzi 🎠 🚲 🎿 ⚕
🎯 🏊 🏊 terrain omnisports, amphi-
théâtre, discothèque
Services : ♿ ⚡ GB ⚙ 🏪 🍴 💈 ⊙ ♨
🚿 ♨ 👖 🔲 sèche-linge 🧺 cases
réfrigérées
À prox. : 🐴

Campéole la Croix du Sud ♠♣ – avr.-15 oct.
🖉 04 94 55 51 23, *cplcroixdusud@atciat.com*,
Fax 04 94 79 89 21, *www.camping-saint-tropez.com* –
places limitées pour le passage – **R** indispensable
3 ha (120 empl.) en terrasses, herbeux, pierreux, sablonneux
Tarif : 36,10 € ♦ 🚗 🅴 – pers. suppl. 8,80 € – frais de
réservation 25 €
Location : 16 (4 à 6 pers.) 476 à 819 €/sem. – 11 🏠 (4
à 6 pers.) 539 à 868 €/sem. – 20 bungalows toilés – mobile
homes (sans sanitaire)
Pour s'y rendre : 3 km à l'E par D 93, rte de St-Tropez

Nature : 🌿 ♤♤
Loisirs : 🍸 snack 🏓 🎿 🏊
Services : ♿ ⚡ GB ⚙ 🔥 ⊙ ⚲ ♨ 🔲
🧺

Si vous recherchez :

⚓ *Un terrain au bord de l'eau avec possibilité de baignade*
🌿 *Un terrain agréable ou très tranquille*
L *Un terrain effectuant la location de caravanes, de mobile homes,*
de bungalows ou de chalets
P *Un terrain ouvert toute l'année*
🚐 *Un terrain possédant une aire de services pour camping-cars*
Consultez le tableau des localités

ROQUEBRUNE-SUR-ARGENS

✉ 83520 – **340** 05 – G. Côte d'Azur – 11 349 h. – alt. 13

🚹 *Syndicat d'initiative, 12, avenue Gabriel Péri* ☎ *04 94 19 89 89*

Paris 862 – Les Arcs 18 – Cannes 49 – Draguignan 23 – Fréjus 14 – Ste-Maxime 21.

Schéma à Fréjus

Domaine de la Bergerie ▲▲ – 25 avr.-sept.

☎ 04 98 11 45 45, *info@domainelabergerie.com*,
Fax 04 98 11 45 46, *www.domainelabergerie.com* – places limitées pour le passage – **R** conseillée
60 ha (700 empl.) accidenté, en terrasses, pierreux
Tarif : 40 € 🚶 🚗 🔲 💧 (6A) – pers. suppl. 9 € – frais de
réservation 30 €
Location (15 fév.-15 nov.) : 20 🚐 (2 à 4 pers.) 392 à
588 €/sem. – 80 🚐 (4 à 6 pers.) 294 à 966 €/sem. – 70
🏠 (4 à 6 pers.) 364 à 1 085 €/sem.
Pour s'y rendre : 8 km au SE par D 7, rte de St-Aygulf et D 8 à
dr., rte du Col du Bougnon, bord d'étangs

> Nature : 🌳🌳
> Loisirs : 🍴 🍽 snack, pizzeria 🏠 🏳
> 🏊 🚣 hammam jacuzzi discothè-
> que, salle d'animation 🏃 🚴 ⛳
> 🎣 🏓 🏊 ⛷ 🎿 terrain omnisports,
> théâtre de plein air
> Services : 🚿 🔌 GB 🚗 🗑 🛒 🔵 🚐
> 🚰 🚲 🔲 sèche-linge 🧺 🚿

Les Pêcheurs ▲▲ – avr.-sept.

☎ 04 94 45 71 25, *info@camping-les-pecheurs.com*,
Fax 04 94 81 65 13, *www.camping-les-pecheurs.com*
– **R** conseillée
3,3 ha (220 empl.) plat, herbeux
Tarif : 40 € 🚶 🚗 🔲 💧 (10A) – pers. suppl. 2,50 € – frais de
réservation 20 €
Location : 28 🚐 (4 à 6 pers.) 260 à 1 010 €/sem.
🚐 1 borne artisanale
Pour s'y rendre : 0,7 km au NO par D 7 (hors schéma)
À savoir : agréable cadre boisé et fleuri au bord de l'Argens
et près d'un plan d'eau

> Nature : 🏞 🌳🌳🌳
> Loisirs : 🍴 snack 🏠 🏳 diurne 🏃 🚃
> hammam jacuzzi 🏃 🏓 🏊 🏓 ca-
> noë
> Services : 🚿 🔌 GB 🚗 🗑 🛒 🔵 🚐
> 🚲 🔲 sèche-linge 🧺 🚿
> À prox. : 🚤

Lei Suves avr.-15 oct.

☎ 04 94 45 43 95, *camping.lei.suves@wanadoo.fr*,
Fax 04 94 81 63 13, *www.lei-suves.com* – places limitées
pour le passage – **R** conseillée
7 ha (310 empl.) en terrasses, plat, pierreux, herbeux
Tarif : 39 € 🚶 🚗 🔲 💧 (6A) – pers. suppl. 7,50 € – frais de
réservation 20 €
Location 🍽 : 25 🚐 (4 à 6 pers.) 310 à 720 €/sem.
Pour s'y rendre : 4 km au N par D 7 et passage sous
l'autoroute A 8 (hors schéma)
À savoir : cadre boisé agréable et soigné

> Nature : 🏞 🏕 🌳🌳
> Loisirs : 🍴 snack, pizzeria 🏳 🏃 🏃
> 🍽 🏊 terrain omnisports, théâtre
> de plein air
> Services : 🚿 🔌 GB 🚗 🗑 🔵 🚐 🚰
> 🚲 🔵 🔲 🧺 🚿

Moulin des Iscles avr.-sept.

☎ 04 94 45 70 74, *moulin.iscles@wanadoo.fr*,
Fax 04 94 45 46 09, *www.campingdesiscles.com* – **R** conseil-
lée
1,5 ha (90 empl.) plat, herbeux
Tarif : 22,90 € 🚶 🚗 🔲 💧 (6A) – pers. suppl. 3,30 €
Location : 5 🚐 (2 à 4 pers.) 220 à 430 €/sem. – 2 🚐 (4 à
6 pers.) 410 à 700 €/sem. – 5 studios
Pour s'y rendre : 1,8 km à l'E par D 7, rte de St-Aygulf et
chemin à gauche (hors schéma)
À savoir : au bord de l'Argens

> Nature : 🏞 🌳🌳
> Loisirs : snack 🏠 🎣 🏓 canoë
> Services : 🚿 🔌 GB 🚗 🗑 🛒 🔵 🏓
> 🔵 🚲 🔵 🔲 🧺 🚿

Si vous recherchez :

▲▲ *Un terrain offrant des équipements et des loisirs adaptés aux enfants*
🏞 *Un terrain agréable ou très tranquille*
L - M *Un terrain effectuant la location de caravanes, de mobile homes,*
de bungalows ou de chalets
P *Un terrain ouvert toute l'année*
🚐 *Un terrain possédant une aire de services pour camping-cars*
Consultez le tableau des localités

ST-AYGULF

✉ 83370 – **340** P5 – G. Côte d'Azur
🚉 *Office de tourisme, place de la Poste* ℰ *04 94 81 22 09, Fax 04 94 81 23 04*
Paris 872 – Brignoles 69 – Draguignan 35 – Fréjus 6 – St-Raphaël 9 – Ste-Maxime 14.

Schéma à Fréjus

▲▲▲ L'Étoile d'Argens ▲▲ – avr.-sept.

ℰ 04 94 81 01 41, *info@etoiledargens.com*,
Fax 04 94 81 21 45, *www.etoiledargens.com* – **R** indispensable
11 ha (493 empl.) plat, herbeux
Tarif : 54 € 🏕 ♦ 🚗 📧 [¡] (10A) – pers. suppl. 8,50 € – frais de réservation 25 €
Location 🏠 : 80 🚐 (4 à 6 pers.) 280 à 1 022 €/sem.
Pour s'y rendre : 5 km au NO par D 7, rte de Roquebrune-sur-Argens et D 8 à dr., bord de l'Argens
À savoir : beaux emplacements spacieux et ombragés. Navette fluviale pour les plages (durée : 30 mn)

> Nature : 🐾 ▱ 🌳
> Loisirs : 🍴 ✗ pizzeria 🎣 🏓 jacuzzi discothèque 🏊 🚲 ⚽ ✗ 🎯 🚣 terrain omnisports, ponton d'amarrage
> Services : 🚿 ⛽ GB 🅟 📺 🍽 🕃 ⊙ 🚰 🗜 🛁 🚾 📺 sèche-linge 🏪 🏬
> À prox. : golf

▲▲▲ Au Paradis des Campeurs 20 mars-16 oct.

ℰ 04 94 96 93 55, Fax 04 94 49 62 99, *www.paradis-des-campeur.com* – **R**
6 ha/3,5 campables (180 empl.) terrasse, plat, herbeux
Tarif : 26,50 € 🏕 ♦ 🚗 📧 [¡] (6A) – pers. suppl. 6 €
Location : 11 🚐 (4 à 6 pers.) 270 à 570 €/sem.
🚐, 1 borne artisanale
Pour s'y rendre : 2,5 km au S par D 559, rte de Ste-Maxime, à la Gaillarde, accès direct à la plage (hors schéma)

> Nature : ▱ 🌳
> Loisirs : 🍴 ✗ 🕃 🏊
> Services : 🚿 ⛽ GB 🅟 📺 🍽 🕃 ⊙ ③ 🗜 🚾 📺 sèche-linge 🏪 🏬
> À prox. : discothèque

▲▲▲ Résidence du Campeur 22 mars-sept.

ℰ 04 94 81 01 59, *info@residence-campeur.com*,
Fax 04 94 81 01 64, *www.residence-campeur.com* – places limitées pour le passage – **R** indispensable
10 ha (451 empl.) plat, gravier
Tarif : 48,10 € 🏕 ♦ 🚗 📧 [¡] (10A) – pers. suppl. 8,30 € – frais de réservation 27 €
Location : 110 🚐 (4 à 6 pers.) 260 à 950 €/sem.
Pour s'y rendre : 3 km au NO par D 7, rte de Roquebrune-sur-Argens

> Nature : ▱ 🌳
> Loisirs : 🍴 ✗ pizzeria 🕃 🎣 🏓 🏊 ✗ 🎯 🚣 🏊
> Services : ⛽ GB 🅟 – 451 sanitaires individuels (🗜 🚰 🚾 wc) ③ 🗜 🚾 🕃 📺 sèche-linge 🏪 🏬
> À prox. : cinéma de plein air

▲▲ Les Lauriers Roses 19 avr.-27 sept.

ℰ 04 94 81 24 46, *camp.leslauriersroses@wanadoo.fr*,
Fax 04 94 81 79 63, *www.info-lauriersroses.com* – accès aux emplacements par forte pente, mise en place et sortie des caravanes à la demande – **R** conseillée
2 ha (95 empl.) en terrasses, fort dénivelé, plat, pierreux
Tarif : 31 € 🏕 ♦ 🚗 📧 [¡] (6A) – pers. suppl. 7,25 € – frais de réservation 12 €
Location 🏠 : 10 🚐 (4 à 6 pers.) 290 à 620 €/sem.
Pour s'y rendre : 3 km au NO par D 7, rte de Roquebrune-sur-Argens

> Nature : 🐾 ≤ 🌳
> Loisirs : 🕃 🏊 🏊
> Services : 🚿 ⛽ 🕃 ③ ⊙ 🗜 📺 🏬
> À prox. : 🏪

▲ Vaudois mai-sept.

ℰ 04 94 81 37 70, *camping.vaudois@wanadoo.fr*,
Fax 04 94 81 37 70 – **R** conseillée
3 ha (110 empl.) plat, herbeux
Tarif : 26 € 🏕 ♦ 🚗 📧 [¡] (6A) – pers. suppl. 4,80 €
Pour s'y rendre : 4,5 km au NO par D 7, rte de Roquebrune-sur-Argens, à 300 m d'un plan d'eau

> Nature : 🌳
> Loisirs : 🕃 🏊
> Services : 🚿 ⛽ GB 🅟 📺 🍽 🕃 ⊙ 🕃 📺
> À prox. : 🎣

Benutzen Sie
– zur Wahl der Fahrtroute
– zur Berechnung der Entfernungen
– zur exakten Lokalisierung eines Campingplatzes (mit Hilfe der Angaben im Ortstext)
die für diesen Führer unentbehrlichen **MICHELIN-Karten** .

ST-CLAIR

✉ 83980 – **340** N7 – G. Côte d'Azur
Paris 881 – Marseille 104 – Toulon 44 – Cannes 100 – La Seyne 49.

⚑ **St-Clair** avr.-20 oct.
ℰ 04 94 01 30 20, Fax 04 94 71 43 64 – **R** conseillée
2 ha (69 empl.) plat
Tarif : 31,20 € ✶ 🚗 🔲 (16A) – pers. suppl. 3,50 €
Location : 31 studios
Pour s'y rendre : sortie E, à 150 m de la plage

> Nature : 🛏 ♨️
> Loisirs : 🛖
> Services : 🕭 ⚊ 🌳 🛒 🔲 🛎 ⊗ ♨ 🔲
> À prox. : ✗ ✗

ST-CYR-SUR-MER

✉ 83270 – **340** J6 – 8 898 h. – alt. 10
🄱 *Office de tourisme, place de l'Appel du 18 Juin, les Lecques* ℰ 04 94 26 73 73, Fax 04 94 26 73 74
Paris 810 – Bandol 8 – Brignoles 70 – La Ciotat 10 – Marseille 40 – Toulon 23.

⚑ **Le Clos Ste-Thérèse** avr.-1er oct.
ℰ 04 94 32 12 21, *camping@clos-therese.com*,
Fax 04 94 32 29 62, *www.clos-therese.com* – accès aux emplacements par forte pente, mise en place et sortie des caravanes à la demande – places limitées pour le passage
– **R** conseillée
4 ha (123 empl.) accidenté et en terrasses, pierreux
Tarif : 28 € ✶ 🚗 🔲 (10A) – pers. suppl. 5,40 € – frais de réservation 20 €
Location : 5 🛖 (4 à 6 pers.) 322 à 695 €/sem. – 20 🏠 (4 à 6 pers.) 322 à 695 €/sem. – 2 villas
Pour s'y rendre : 3,5 km au SE par D 559 rte de Bandol

> Nature : 🛏 ♨️
> Loisirs : 🍸 🛖 Spa ♨ 🏊
> Services : 🕭 ⚊ GB 🌳 🔲 🛎 ⊗ ⊗ 🍴
> ☎ 🔲 ♨
> À prox. : ✗ golf

693

ST-MANDRIER-SUR-MER

✉ 83430 – **340** K7 – G. Côte d'Azur – 5 232 h. – alt. 1
🄱 *Office de tourisme, place des Résistants* ℰ 04 94 63 61 69, Fax 04 94 63 57 97
Paris 836 – Bandol 20 – Le Beausset 22 – Hyères 30 – Toulon 13.

⚑ **La Presqu'île** (location exclusive de mobile homes) 5 avr.-28 sept.
ℰ 04 94 30 74 70, *info@homair-vacances.fr*,
Fax 04 94 30 70 14, *www.homair-vacances.fr* – **R**
2,5 ha en terrasses, pierreux, fort dénivelé
Location : 🛖 (4 à 6 pers.) 959 €/sem.
Pour s'y rendre : 2,5 km à l'O, carrefour D 18 et rte de la Pointe de Marégau, près du port de plaisance, 400 m de la plage

> Nature : ♨️ (pinède)
> Loisirs : 🍸 snack 🛖 ⚊ ♨ 🏊
> Services : 🕭 ⚊ GB 🌳 🔲 🔲 ♨
> À prox. : 🛒 ✗

ST-PAUL-EN-FORÊT

✉ 83440 – **340** P4 – 1 139 h. – alt. 310
Paris 884 – Cannes 46 – Draguignan 27 – Fayence 10 – Fréjus 23 – Grasse 31.

⚑ **Le Parc** ♨️ –
ℰ 04 94 76 15 35, *campingleparc@wanadoo.fr*,
Fax 04 94 84 71 84, *campingleparc.com* – **R** indispensable
3 ha (100 empl.) en terrasses, pierreux, herbeux
Pour s'y rendre : 3 km au N par D 4 rte de Fayence puis chemin à dr.

> Nature : 🍃 ♨ (chênaie)
> Loisirs : snack 🛖 ⚊ diurne ♨ 🏊
> ✗ 🛒 🏊
> Services : 🕭 ⚊ 🔲 🛎 ⊗ 🔲 sèche-linge 🧺

ST-RAPHAËL

⊠ 83700 – **340** P5 – G. Côte d'Azur – 30 671 h.
🛈 *Office de tourisme, rue Waldeck Rousseau 🕿 04 94 19 52 52, Fax 04 94 83 85 40*
Paris 870 – Aix-en-Provence 121 – Cannes 42 – Fréjus 4 – Toulon 93.

Schéma à Fréjus

Douce Quiétude ♣♣ – 29 mars-11 oct.
🕿 04 94 44 30 00, *info@douce-quietude.com*,
Fax 04 94 44 30 30, *www.douce-quietude.com* – places limitées pour le passage – **R** conseillée
10 ha (400 empl.) plat, vallonné, en terrasses, herbeux,
pierreux
Tarif : 49,50 € ★ 🚗 🗉 🗐 (10A) – pers. suppl. 9,50 € – frais
de réservation 30 €
Location : 220 🚐 (4 à 6 pers.) 350 à 1 330 €/sem.
Pour s'y rendre : sortie NE vers Valescure puis 3 km par bd
Jacques-Baudino

| Nature : ⅏ 🗀 ⚏⚏ |
| Loisirs : 🍴 ✗ snack 🍹 ⚲ 🕹 ⚓ hammam jacuzzi discothèque ⛷ 🚲 ⚓ ⚒ 🎾 🚣 🏊 ⚃ |
| Services : ⚲ 🚰 ⅁Ⅎ ⚿ 🗟 🗑 ⚁ 🚮 🚻 ⚄ 🛆 sèche-linge ⚞ ⚟ |

*Om een reisroute uit te stippelen en te volgen,
om het aantal kilometers te berekenen,
om precies de ligging van een terrein te bepalen
(aan de hand van de inlichtingen in de tekst),
gebruikt u de* **Michelinkaarten** *,
een onmisbare aanvulling op deze gids.*

SALERNES

⊠ 83690 – **340** M4 – G. Côte d'Azur – 3 269 h. – alt. 209
🛈 *Office de tourisme, place Gabriel Peri 🕿 04 94 70 69 02, Fax 04 94 70 73 34*
Paris 830 – Aix-en-Provence 81 – Brignoles 33 – Draguignan 23 – Manosque 65.

Municipal les Arnauds 2 mai-sept.
🕿 04 94 67 51 95, *lesarnauds@ville-salernes.fr*,
Fax 04 94 70 75 57, *www.village-vacances-lesarnauds.com*
– **R** conseillée
2 ha (52 empl.) plat, herbeux
Tarif : 23 € ★ 🚗 🗉 🗐 (10A) – pers. suppl. 6,50 €
Location (permanent) : 4 🏠 (4 à 6 pers.) 255 à
457 €/sem. – 21 appartements
Pour s'y rendre : sortie NO par D 560 rte de Sillans-la-
Cascade et à gauche - accès au village par chemin piétonnier
longeant la rivière
À savoir : belle décoration arbustive et florale, près de la
Bresque

| Nature : ⅏ 🗀 ⚏⚏ |
| Loisirs : 🔲 ⛷ ⚒ 🏊 (plan d'eau) |
| Services : ⚲ 🚰 ⅁Ⅎ ⚿ 🗟 🗑 ⚁ 🛆 🚻 🗑 sèche-linge cases réfrigérées |

Les SALLES-SUR-VERDON

⊠ 83630 – **340** M3 – G. Alpes du Sud – 186 h. – alt. 440
🛈 *Office de tourisme, place Font Freye 🕿 04 94 70 21 84, Fax 04 94 84 22 57*
Paris 790 – Brignoles 57 – Digne-les-Bains 60 – Draguignan 49 – Manosque 62 – Moustiers-Ste-Marie 15.

Les Pins avr.-18 oct.
🕿 04 98 10 23 80, *camping.les.pins@wanadoo.fr*,
Fax 04 94 84 23 27, *www.campinglespins.com* – **R** indispensable
3 ha/2 campables (104 empl.) plat et en terrasses, gravier,
pierreux, herbeux
Tarif : 21,40 € ★ 🚗 🗉 🗐 (6A) – pers. suppl. 5,20 € – frais
de réservation 25 €
🚐 1 borne artisanale
Pour s'y rendre : sortie S par D 71 puis 1,2 km par chemin à
dr., à 100 m du lac de Ste-Croix, accès direct pour piétons du
centre bourg
À savoir : agréable cadre ombragé, petite pinède attenante

| Nature : ⚟ ⚏⚏ |
| Loisirs : 🔲 ⛷ |
| Services : ⚲ 🚰 ⅁Ⅎ ⚿ 🗟 🗑 ⚁ 🛆 🚻 🗑 sèche-linge cases réfri-gérées |
| À prox. : 🏊 ⚓ ⚓ parcours de santé, canoë |

✉ 83110 – **340** J7 – G. Côte d'Azur – 16 995 h. – alt. 1
Paris 824 – Aix-en-Provence 75 – La Ciotat 23 – Marseille 55 – Toulon 13.

 Campasun Mas de Pierredon ⚐⚑ – 5 avr.-15 sept.
℘ 04 94 74 25 02, *pierredon@campasun.com*,
Fax 04 94 74 61 42, *www.campasun.com* – **R** conseillée
6 ha/2,5 campables (122 empl.) plat et en terrasses, pierreux, herbeux
Tarif : 36 € ⚹ ⚐ 🔲 🔌 (10A) – pers. suppl. 7,40 € – frais de réservation 25 €
Location : 6 🏚 (4 à 6 pers.) 280 à 750 €/sem. – 40 🏠 (4 à 6 pers.) 360 à 860 €/sem. – 8 bungalows toilés
🚐 1 borne eurorelais 5 €
Pour s'y rendre : 3 km au N par rte d'Ollioules et à gauche après le pont de l'autoroute (quartier Pierredon)

> Nature : 🌳 ⚭ 🌿🌿
> Loisirs : 🍸 ✗ 🎱 🎯 🎣 🎿 ⛰ 🎿
> 🏊
> Services : 🚻 ⚡ 🅶🅱 🔲 🗑 🍳 – 16
> sanitaires individuels (🚿 💧 🚽 wc)
> 🅰 ♨ 🧺 📶 🔲 🧼

 Campasun Parc Mogador 15 mars-2 nov. et 20 déc.-3 janv.
℘ 04 94 74 53 16, *mogador@campasun.com*,
Fax 04 94 74 10 58, *www.campasun.com* – **R** conseillée ✂ (juil.-août)
3 ha (180 empl.) terrasse, plat, herbeux, pierreux
Tarif : 36 € ⚹ ⚐ 🔲 🔌 (10A) – pers. suppl. 7,40 € – frais de réservation 25 €
Location : 12 🏚 (4 à 6 pers.) 262 à 735 €/sem. – 20 🏠 (4 à 6 pers.) 360 à 860 €/sem.
🚐 1 borne eurorelais 4,20 €
Pour s'y rendre : 167 chemin de Beaucours
À savoir : location à la nuitée hors sais.

> Nature : 🌿 ⚭ 🌿🌿
> Loisirs : snack, pizzeria 🎱 🎯 🎿
> Services : 🚻 ⚡ 🅶🅱 🐕 🔲 🗑 🍳 🅰 🧼
> 🧺 📶 🔲 🧼

695

✉ 83690 – **340** M4 – G. Côte d'Azur – 1 087 h. – alt. 300
🛈 *Office de tourisme, rue Amboise Croizat* ℘ *04 94 67 50 00, Fax 04 94 67 50 00*
Paris 835 – Aups 8 – Brignoles 38 – Draguignan 21 – St-Maximin-la-Ste-Baume 48.

 Le Ruou ⚐⚑ – 29 avr.-oct.
℘ 04 94 70 67 70, *info@leruou.com*, Fax 04 94 70 64 65,
www.leruou.com – places limitées pour le passage – **R** indispensable
4,3 ha (100 empl.) en terrasses, plat, herbeux, fort dénivelé
Tarif : 34,30 € ⚹ ⚐ 🔲 🔌 (10A) – pers. suppl. 5,90 € – frais de réservation 23,50 €
Location : 39 🏚 (4 à 6 pers.) 229 à 821 €/sem. – 19 🏠 (4 à 6 pers.) 257 à 779 €/sem. – 26 bungalows toilés
🚐 1 borne 5 € – 12 🔲 20 €
Pour s'y rendre : 5,4 km au SE par D 251, rte de Barbebelle et D 560, rte de Flayosc, accès conseillé par D 560
À savoir : beaux emplacements en terrasses

> Nature : ⚊ 🌿🌿 (pinède)
> Loisirs : 🍸 snack, pizzeria 🎱 🎯
> 🎣 🎿 🏊
> Services : 🚻 ⚡ 🅶🅱 🐕 🅰 🌲 🅰 ♨ 📶
> 📶 🔲 sèche-linge 🧼

Si vous recherchez :
⚊ *Un terrain au bord de l'eau avec possibilité de baignade*
🌿 *Un terrain agréable ou très tranquille*
L *Un terrain effectuant la location de caravanes, de mobile homes, de bungalows ou de chalets*
P *Un terrain ouvert toute l'année*
🚐 *Un terrain possédant une aire de services pour camping-cars*
Consultez le tableau des localités

APT

✉ 84400 – **332** F10 – G. Provence – 11 172 h. – alt. 250
🛈 Office de tourisme, 20, avenue Ph. de Girard ✆ 04 90 74 03 18, Fax 04 90 04 64 30
Paris 728 – Aix-en-Provence 56 – Avignon 54 – Carpentras 49 – Cavaillon 33 – Digne-les-Bains 91.

Le Lubéron 4 avr.-12 oct.
✆ 04 90 04 85 40, leluberon@wanadoo.fr,
Fax 04 90 74 12 19, www.camping-le-luberon.com – **R** indispensable
5 ha (110 empl.) plat et peu incliné, terrasses, gravillons, herbeux
Tarif : 20,15 € 🟊 ⛺ 🔲 (6A) – pers. suppl. 6,10 € – frais de réservation 18 €
Location 🏕 : 9 🏠 (4 à 6 pers.) 310 à 650 €/sem. – bungalows toilés
Pour s'y rendre : SE : 2 km par D 48 rte de Saignon

Les Cèdres 15 fév.-nov.
✆ 04 90 74 14 61, lucie.bauillet@yahoo.fr,
Fax 04 90 74 14 61 – **R** conseillée
1,8 ha (75 empl.) plat, herbeux, pierreux
Tarif : 🟊 2,50 € ⛺ 2 € 🔲 4 € – (½) (10A) 3,50 €
Location : 3 bungalows toilés
🚐 1 borne raclet 4 €
Pour s'y rendre : sortie NE par D22, rte de Rustrel

*LES GUIDES VERTS **MICHELIN***
Paysages, monuments
Routes touristiques
Géographie
Histoire, Art
Itinéraire de visite
Plans de villes et de monuments

696

AUBIGNAN

✉ 84810 – **332** D9 – 3 837 h. – alt. 65
🛈 Office de tourisme, Hôtel-Dieu ✆ 04 90 62 65 36
Paris 675 – Avignon 31 – Carpentras 7 – Orange 21 – Vaison-la-Romaine 25.

Le Brégoux mars-oct.
✆ 04 90 62 62 50, camping-lebregoux@wanadoo.fr,
Fax 04 90 62 65 21, www.camping-lebregoux.fr – **R** conseillée
3,5 ha (170 empl.) plat, herbeux
Tarif : 12,75 € 🟊 ⛺ 🔲 (½) (10A) – pers. suppl. 3,25 €
Location : 4 🏠 (4 à 6 pers.) 220 à 460 €/sem.
Pour s'y rendre : 0,8 km au SE par D 55 rte de Caromb et chemin à dr.

AVIGNON

✉ 84000 – **332** B10 – G. Provence – 85 935 h. – alt. 21
🛈 Office de tourisme, 41, cours Jean Jaurès ✆ 04 32 74 32 74, Fax 04 90 82 95 03
Paris 682 – Aix-en-Provence 82 – Arles 37 – Marseille 98 – Nîmes 46 – Valence 126.

Le Pont d'Avignon 10 mars-26 oct.
✆ 04 90 80 63 50, Fax 04 90 85 22 12, www.camping-avignon.com – **R** conseillée
8 ha (300 empl.) plat, herbeux, gravillons
Tarif : 25,42 € 🟊 ⛺ 🔲 (½) (10A) – pers. suppl. 4,51 € – frais de réservation 20 €
Pour s'y rendre : sortie NO rte de Villeneuve-lès-Avignon par le pont Edouard-Daladier et à dr., dans l'île de la Barthelasse

BEAUMES-DE-VENISE

✉ 84190 – **332** D9 – G. Provence – 2 051 h. – alt. 100
🛈 *Office de tourisme, place du Marché* ✆ *04 90 62 94 39*
Paris 666 – Avignon 34 – Nyons 39 – Orange 23 – Vaison-la-Romaine 23.

⚠ **Municipal de Roquefiguier** mars-12 nov.
    ✆ 04 90 62 95 07, *sandrine.lesenne@fr.oleane.com* – 🛱
    1,5 ha (63 empl.) peu incliné et en terrasses, herbeux,
    pierreux
    Tarif : (Prix 2007) 👤 2,40 € 🚗 1,60 € 🅴 2,70 € –
    [⚡] (6A) 2,35 €
    🚐 1 borne
    Pour s'y rendre : sortie N par D 90, rte de Malaucène et à dr.,
    bord de la Salette

> Nature : ⇇ ☖ ♀
> Loisirs : 🏖 🏋 ⛷
> Services : ♿ ☕ GB ♨ ⚙ ◎ ⚖ 🏪
> réfrigérateur, congélateur
> À prox. : ✕

BEAUMONT-DU-VENTOUX

✉ 84340 – **332** E8 – 286 h. – alt. 360
Paris 676 – Avignon 48 – Carpentras 21 – Nyons 28 – Orange 40 – Vaison-la-Romaine 13.

⚠ **Mont-Serein** 15 avr.-15 sept.
    ✆ 06 63 96 16 42, *info@ventoux.fr*, Fax 04 90 65 23 10,
    www.ventoux.fr – alt. 1 400 – 🛱 conseillée
    1,2 ha (60 empl.) plat, pierreux, herbeux
    Tarif : 18,40 € 👤 🚗 🅴 [⚡] (10A) – pers. suppl. 4,20 €
    Location : 4 🏠
    Pour s'y rendre : E : 20 km par D 974 et D 164ᴬ, r. du
    Mont-Ventoux par Malaucène, accès conseillé par Malaucène
    À savoir : agréable situation dominante

> Nature : 🌲 ⇇ Mont-Ventoux et
> chaîne des Alpes ☖
> Loisirs : 🏛
> Services : ☕ GB ♨ ▥ ◎ ⚖ 🏪 🛒

BÉDOIN

✉ 84410 – **332** E9 – 2 609 h. – alt. 295
🛈 *Office de tourisme, Espace Marie-Louis Gravier* ✆ *04 90 65 63 95, Fax 04 90 12 81 55*
Paris 692 – Avignon 43 – Carpentras 16 – Vaison-la-Romaine 21.

⚠ **Municipal la Pinède** 15 mars-oct.
    ✆ 04 90 65 61 03, *la-pinede.camping-municipal@wana*
    doo.fr, Fax 04 90 65 95 22, *www.camping-municipal-la-pi*
    nede.new.fr – 🛱 conseillée
    6 ha (121 empl.) en terrasses, pierreux, herbeux
    Tarif : 14,70 € 👤 🚗 🅴 [⚡] (10A) – pers. suppl. 3,40 €
    Pour s'y rendre : sortie O par rte de Crillon-le-Brave et
    chemin à dr., à côté de la piscine municipale

> Nature : ♀♀ (pinède)
> Services : ♿ ☕ GB ♨ 🏠 🏪 ◎ ⚖
> 🏪
> À prox. : ✕ 🏊 🚐

697

BOLLÈNE

✉ 84500 – **332** B8 – G. Provence – 14 130 h. – alt. 40
🛈 *Office de tourisme, place Reynaud de la Gardette* ✆ *04 90 40 51 45, Fax 04 90 40 51 44*
Paris 634 – Avignon 53 – Montélimar 34 – Nyons 35 – Orange 26 – Pont-St-Esprit 10.

⚠ **La Simioune** Permanent
    ✆ 04 90 30 44 62, *la-simioune@wanadoo.fr*,
    Fax 04 90 30 44 77, *www.la-simioune.fr* – 🛱 conseillée
    2 ha (80 empl.) plat et en terrasses, sablonneux
    Tarif : 👤 3,50 € 🚗 1 € 🅴 3,50 € – [⚡] (6A) 2,50 € – frais de
    réservation 12 €
    Location : 3 🏠 (4 à 6 pers.) 320 à 580 €/sem.
    Pour s'y rendre : 5 km au NE par rte de Lambisque (accès
    sur D 8 par ancienne rte de Suze-la-Rousse longeant le Lez)
    et chemin à gauche
    À savoir : bâtiments en bois, style ranch

> Nature : 🌲 ♀♀ (pinède)
> Loisirs : 🍴 🏊 🐎 poneys (centre
> équestre)
> Services : ♿ ☕ 🏠 🏪 ◎ ⚖ 📞 📺 🏪
> 🚿

BONNIEUX

✉ 84480 – **332** E11 – G. Provence – 1 417 h. – alt. 400
🛈 *Office de tourisme, 7, place Carnot* ℘ *04 90 75 91 90, Fax 04 90 75 92 94*
Paris 721 – Aix-en-Provence 49 – Apt 12 – Cavaillon 27 – Salon-de-Provence 45.

⚠ **Municipal du Vallon** 15 mars-15 oct.
℘ 04 90 75 86 14, *campinglevallon@wanadoo.fr,*
Fax 04 90 75 86 14 – **R**
1,3 ha (80 empl.) plat et en terrasses, pierreux, herbeux, bois attenant
Tarif : 16,10 € ★ ⬅ 🔲 🔋 (10A) – pers. suppl. 2,70 €
Pour s'y rendre : sortie S par D 3, rte de Ménerbes et chemin à gauche

Nature : 🌳 ⩽ 🏞 ♀
Services : ⚡ 🗓 🔊 ⊕ 🚿 🏧 🔥
À prox. : 🚴 ⚒

CADENET

✉ 84160 – **332** F11 – G. Provence – 3 883 h. – alt. 170
🛈 *Office de tourisme, 11, place du Tambour d'Arcole* ℘ *04 90 68 38 21, Fax 04 90 68 24 49*
Paris 734 – Aix-en-Provence 33 – Apt 23 – Avignon 63 – Digne-les-Bains 109 – Manosque 49 – Salon-de-Provence 34.

⚠ **Val de Durance** 26 avr.-21 sept.
℘ 04 42 20 47 25, *info@homair.com*, Fax 04 42 95 03 63,
www.homair.com – **R** conseillée
10 ha/2,4 campables (232 empl.) plat, herbeux, pierreux
Location : 140 🏠
Pour s'y rendre : SO : 2,7 km par D 943 rte d'Aix, D 59 à dr. et chemin à gauche
À savoir : au bord d'un plan d'eau et à 300 m de la Durance

Nature : 🌳 ⩽ 🏞 ♀♀
Loisirs : 🍸 snack 🏠 🏀 🚴 🏊 ⛵ terrain omnisports
Services : ⚡ ⚡ GB 🔊 🗓 ⊕ 🚿 🏧 🔥 🏊 🚲

*Nos **guides hôteliers,** nos **guides touristiques** et nos **cartes routières** sont complémentaires. Utilisez-les ensemble.*

698

CAROMB

✉ 84330 – **332** D9 – 3 117 h. – alt. 95
🛈 *Office de tourisme, 64, place du Cabaret* ℘ *04 90 62 36 21, Fax 04 90 62 36 22*
Paris 683 – Avignon 37 – Carpentras 10 – Malaucène 10 – Orange 29 – Vaison-la-Romaine 19.

⚠ **Le Bouquier** 23 mars-12 oct.
℘ 04 90 62 30 13, *lebouquier@wanadoo.fr,*
Fax 04 90 62 30 13, *www.lebouquier.Com* – **R** indispensable
1,5 ha (50 empl.) en terrasses, plat, gravier, pierreux
Tarif : 15 € ★ ⬅ 🔲 🔋 (10A) – pers. suppl. 3,50 €
Location : 🏠 (4 à 6 pers.) 300 à 450 €/sem.
Pour s'y rendre : N : 1,5 km par D 13, rte de Malaucène

Nature : 🏞 ♀
Loisirs : 🏊 (petite piscine)
Services : ⚡ ⚡ 🅿 (tentes) 🔊 🏧 🗓 🔊 ⊕ 🚿 🔥 🔥

CARPENTRAS

✉ 84200 – **332** D9 – G. Provence – 26 090 h. – alt. 102
🛈 *Office de tourisme, place Aristide Briand* ℘ *04 90 63 00 78, Fax 04 90 60 41 02*
Paris 679 – Avignon 30 – Cavaillon 28 – Orange 24.

⚠ **Municipal Lou Comtadou** mars-oct.
℘ 04 90 67 03 16, *info@campingloucomtadou.com,*
Fax 04 90 46 01 81, *www.campingloucomtadou.com* – **R** conseillée
1 ha (99 empl.) plat, pierreux, herbeux, petit plan d'eau
Tarif : 23,50 € ★ ⬅ 🔲 🔋 (6A) – pers. suppl. 5 € – frais de réservation 15 €
Location : 6 🏠 (2 à 4 pers.) 190 à 330 €/sem. – 4 🏠 (4 à 6 pers.) 260 à 420 €/sem. – 3 bungalows toilés
🏠 1 borne
Pour s'y rendre : 1,5 km au SE par D 4, rte de St-Didier et rte à dr., près du complexe sportif

Nature : 🏞 ♀♀
Loisirs : 🏠 🏀
Services : ⚡ ⚡ GB 🔊 🗓 🔊 ⊕ 🚿 🔥
À prox. : ⚒ 🏊 🚣

CUCURON

✉ 84160 – **332** F11 – G. Provence – 1 792 h. – alt. 350
🏢 *Office de tourisme, rue Léonce Brieugne* 𝄞 *04 90 77 28 37*
Paris 739 – Aix-en-Provence 34 – Apt 25 – Cadenet 9 – Manosque 35.

△ **Le Moulin à Vent** 15 mars-6 oct.
𝄞 04 90 77 25 77, *Camping_bressier@yahoo.fr* – **R** conseillée
2,2 ha (80 empl.) plat et peu incliné, en terrasses, pierreux
Location ⛺ : 5 ⌂ (4 à 6 pers.) 420 à 480 €/sem.
🚐 1 borne artisanale 5 €
Pour s'y rendre : S : 1,5 km par D 182, rte de Villelaure puis 0,8 km par rte à gauche
À savoir : au milieu des vignes

> Nature : 🌳 ⤠ 🏕 ♀♀
> Loisirs : 🏛 ⚤
> Services : & ⊶ GB ♒ 🛒 🛁 🚿 ☺
> 🔥 ⛽ réfrigérateur, congélateur

FAUCON

✉ 84110 – **332** D8 – 380 h. – alt. 350
Paris 677 – Marseille 152 – Avignon 59 – Montélimar 68 – Orange 47.

△ **L'Ayguette** avr.-sept.
𝄞 04 90 46 40 35, *info@ayguette.com*, Fax 04 90 46 46 17, *www.ayguette.com* – **R** conseillée
2,8 ha (100 empl.) plat, vallonné, herbeux, pierreux
Tarif : 23,50 € 🚶 🚗 🔲 (i) (10A) – pers. suppl. 5,30 € – frais de réservation 10 €
🚐 1 borne artisanale
Pour s'y rendre : 2 km à l'E par D 86, rte de Vaison-la-Romaine
À savoir : cadre sauvage

> Nature : 🌳 🏕 ♀♀(pinède)
> Loisirs : snack ⚤ 🎿
> Services : & ⊶ GB ♒ 🛒 🛁 ☺ 📞 🔥
> ⛽

L'ISLE-SUR-LA-SORGUE

✉ 84800 – **332** D10 – G. Provence – 16 971 h. – alt. 57
🏢 *Office de tourisme, place de la Liberté* 𝄞 *04 90 38 04 78, Fax 04 90 38 35 43*
Paris 693 – Apt 34 – Avignon 23 – Carpentras 18 – Cavaillon 11 – Orange 35.

⋀⋀ **Airotel La Sorguette** 15 mars-15 oct.
𝄞 04 90 38 05 71, *sorguette@wanadoo.fr*, Fax 04 90 20 84 61, *www.camping-sorguette.com* – **R** conseillée
2,5 ha (164 empl.) plat, herbeux, pierreux
Tarif : 24,60 € 🚶 🚗 🔲 (i) (4A) – pers. suppl. 7 € – frais de réservation 20 €
Location : 22 🚐 (4 à 6 pers.) 364 à 595 €/sem. – 8 ⌂ (4 à 6 pers.) 399 à 623 €/sem.
🚐 1 borne artisanale 10 € – 5 🔲 – 🚐 10 €
Pour s'y rendre : 1,5 km au SE par D 900, rte d'Apt, près de la Sorgue

> Nature : ♀
> Loisirs : snack 🏛 🚴 ⚤ 🚲 🛶 canoë
> Services : & ⊶ GB ♒ 🛒 ☺ 📞 🔥 sèche-linge 🏛 ⛽ cases réfrigérées
> À prox. : ✗

LOURMARIN

✉ 84160 – **332** F11 – G. Provence – 1 119 h. – alt. 224
🏢 *Syndicat d'initiative, 9, avenue Philippe de Girard* 𝄞 *04 90 68 10 77, Fax 04 90 68 11 01*
Paris 732 – Aix-en-Provence 37 – Apt 19 – Cavaillon 73 – Digne-les-Bains 114.

△ **Les Hautes Prairies** 21 mars-3 nov.
𝄞 04 90 68 02 89, *leshautesprairies@wanadoo.fr*, Fax 04 90 68 23 83, *www.campinghautesprairies.com* – **R** conseillée
3,6 ha (158 empl.) peu incliné, plat, herbeux, pierreux
Tarif : 🚶 4,90 € 🚗 2,90 € 🔲 4,50 € – (i) (10A) 4,10 € – frais de réservation 18 €
Location (permanent) : 2 🚐 (4 à 6 pers.) 371 à 567 €/sem. – 16 ⌂ (4 à 6 pers.) 399 à 644 €/sem.
Pour s'y rendre : E : 0,7 km par D 56, rte de Vaugines

> Nature : 🏕 ♀
> Loisirs : 🍽 ✗ snack ⚤ 🎿
> Services : & ⊶ ♒ 🛒 🚿 ☺ 🏛 🔥 🏛

MALEMORT-DU-COMTAT

✉ 84570 – **332** D9 – 1 203 h. – alt. 208

Paris 688 – Avignon 33 – Carpentras 11 – Malaucène 22 – Orange 33 – Sault 35.

⚠ **Font Neuve** mai-sept.

   𝒫 04 90 69 90 00, *camping.font-neuve@libertysurf.fr*,
   Fax 04 90 69 91 77 – **R** indispensable
   1,5 ha (54 empl.) plat et peu incliné, terrasses, herbeux,
   pierreux
   Tarif : 19 € 🚶 🚐 🔲 🔌 (10A) – pers. suppl. 4 €
   Location : 4 🏠 (4 à 6 pers.) 357 à 420 €/sem.
   Pour s'y rendre : 1,6 km au SE par D 5, rte de Méthanis et
   chemin à gauche

Nature : ⟋ ⇐ ⊏⊐ ♤♤
Loisirs : ✕ 🛝 🎱 🏊
Services : ♿ 🚰 🖧 Ⓜ 🏕 🗑 ⊕ 🗄 ▽
🖼 🛁

MAUBEC

✉ 84660 – **332** D10 – 1 581 h. – alt. 120

Paris 706 – Aix-en-Provence 68 – Apt 25 – Avignon 32 – Carpentras 27 – Cavaillon 9.

⚠ **Les Royères du Prieuré** avr.-15 oct.

   𝒫 04 90 76 50 34, *camping.maubec.provence@wana
   doo.fr*, Fax 04 32 52 91 57, *www.campingmaubec-lube
   ron.com* – **R** conseillée
   1 ha (93 empl.) plat et en terrasses, pierreux, herbeux
   Tarif : 11,60 € 🚶 🚐 🔲 🔌 (10A) – pers. suppl. 2,50 € – frais
   de réservation 10 €
   Location (permanent) 🦌 : gîte d'étape
   🚐 1 borne flot bleu
   Pour s'y rendre : au S du bourg, chemin de la Combe de
   St-Pierre
   À savoir : belles terrasses ombragées

Nature : ⟋ ⇐ ♤♤
Services : 🚰 ▣ 🖧 🏕 ⊕ 🖼

700

MAZAN

✉ 84380 – **332** D9 – G. Provence – 4 943 h. – alt. 100

🎫 *Office de tourisme, 83, place du 8 Mai* 𝒫 04 90 69 74 27

Paris 684 – Avignon 35 – Carpentras 9 – Cavaillon 30 – Sault 34.

⚠ **Le Ventoux** mars-15 nov.

   𝒫 04 90 69 70 94, *camping.leventoux@orange.fr*,
   Fax 04 90 69 70 94, *www.camping-le-ventoux.com*
   – **R** conseillée
   0,7 ha (49 empl.) plat, pierreux, herbeux
   Tarif : (Prix 2007) 🚶 5,20 € 🚐 3,60 € 🔲 4,40 € –
   🔌 (6A) 3,50 €
   Location : 4 🚐 (4 à 6 pers.) 335 à 480 €/sem. – 5 🏠 (4 à
   6 pers.) 470 à 675 €/sem.
   Pour s'y rendre : N : 3 km par D 70, rte de Caromb puis
   chemin à gauche, de Carpentras, itinéraire conseillé par
   D 974, rte de Bédoin

Nature : ⟋ ⇐ ♤♤
Loisirs : 🍴 ✕ 🛝 🏊
Services : ♿ 🚰 ▣ 🍴 🖧 🏕 🗑 ⊕ 🖼
sèche-linge 🛁

MURS

✉ 84220 – **332** E10 – G. Provence – 415 h. – alt. 510

Paris 704 – Apt 17 – Avignon 48 – Carpentras 26 – Cavaillon 27 – Sault 33.

⚠ **Municipal des Chalottes** avr.-15 sept.

   𝒫 04 90 72 60 84, *mairiedemurs@wanadoo.fr*,
   Fax 04 90 72 61 73 – **R** conseillée
   4 ha (50 empl.) peu incliné à incliné et accidenté, pierreux
   Tarif : 12 € 🚶 🚐 🔲 🔌 (6A) – pers. suppl. 3 €
   Pour s'y rendre : sortie S par D 4, rte d'Apt puis 1,8 km à dr.
   par rte et chemin, après le V.V.F.
   À savoir : cadre boisé et situation agréable

Nature : ⟋ ⇐ ♀
Loisirs : 🛝
Services : ♿ 🚰 (juil.-août) 🖧 🏕 ⊕

ORANGE

⊠ 84100 – **332** B9 – G. Provence – 27 989 h. – alt. 97

🛈 *Office de tourisme, 5, cours Aristide Briand* ℘ *04 90 34 70 88, Fax 04 90 34 99 62*

Paris 655 – Alès 84 – Avignon 31 – Carpentras 24 – Montélimar 55 – Nîmes 56.

Le Jonquier 15 mars-sept.
℘ 04 90 34 49 48, *info@campinglejonquier.com*,
Fax 04 90 51 16 97, *www.campinglejonquier.com*
– **R** conseillée
2,5 ha (75 empl.) plat, herbeux
Tarif : 28 € ✶ ⇌ 🅴 🛉 (6A) – pers. suppl. 5 € – frais de réservation 15 €
Location (mars-18 oct.) : 6 ⛺ (4 à 6 pers.) 285 à 770 €/sem. – 2 bungalows toilés
🅿 1 borne artisanale 7,50 €
Pour s'y rendre : 4 km au NO : par N 7 rte de Montélimar et r. à gauche passant devant la piscine, quartier du Jonquier, r. Alexis-Carrel - par A 7 : sortie N, D 17 rte de Caderousse et chemin à dr.

> Nature : 🌿 ⛺ 🌳
> Loisirs : 🛁 jacuzzi ✹ ♨ 🏊 (petite piscine)
> Services : 🚿 ⚬ GB 🅾 🗄 🚿 ⊙ 🍴 🖥 sèche-linge

PERNES-LES-FONTAINES

⊠ 84210 – **332** D10 – G. Provence – 10 170 h. – alt. 75

🛈 *Office de tourisme, place Gabriel Moutte* ℘ *04 90 61 31 04*

Paris 685 – Apt 43 – Avignon 23 – Carpentras 6 – Cavaillon 20.

Municipal de la Coucourelle avr.-sept.
℘ 04 90 66 45 55, *camping@ville-pernes-les-fontaines.fr*,
Fax 04 90 61 32 46, *ville-pernes-les-fontaines.fr* – **R** indispensable
1 ha (40 empl.) plat, herbeux
Tarif : 13 € ✶ ⇌ 🅴 🛉 (10A) – pers. suppl. 3,50 €
Pour s'y rendre : E : 1 km par D 28, rte de St-Didier, au complexe sportif
À savoir : cadre arbustif

> Nature : 🌿 ⛺ 🌳
> Loisirs : 🏸
> Services : 🚿 ⚬ GB 🅾 🚿 ⊙ 🚿 🚰 🖥
> À prox. : ✹ 🏊 🅿

701

PERTUIS

⊠ 84120 – **332** G11 – G. Provence – 17 833 h. – alt. 246

🛈 *Office de tourisme, place Mirabeau* ℘ *04 90 79 15 56, Fax 04 90 09 59 06*

Paris 747 – Aix-en-Provence 23 – Apt 36 – Avignon 76 – Digne-les-Bains 97 – Manosque 36.

Municipal les Pinèdes 15 mars-15 oct.
℘ 04 90 79 10 98, *campinglespinedes@free.fr*,
Fax 04 90 09 03 99, *www.campinglespinedes.com*
– **R** conseillée
5 ha (180 empl.) plat, en terrasses, herbeux, pierreux
Tarif : (Prix 2007) 14,80 € ✶ ⇌ 🅴 🛉 (10A) – pers. suppl. 3,40 €
Location : 10 ⛺ (4 à 6 pers.) 160 à 450 €/sem. – 6 🏠 (4 à 6 pers.) 195 à 490 €/sem.
🅿 1 borne 3,50 € – 🚐 12.80 €
Pour s'y rendre : E : 2 km par D 973, route de Manosque et av. Pierre-Augier à dr.

> Nature : ⛺ 🌳🌳
> Loisirs : 🍷 snack 🛁 🕯 diurne 🏃
> 🏸
> Services : 🚿 ⚬ GB 🅾 🗄 ⊙ 🚿 🚰
> 🖥
> À prox. : ✹ 🗺 (découverte en saison) ⛷

Le PONTET

⊠ 84130 – **332** C10 – 15 594 h. – alt. 40

Paris 688 – Marseille 100 – Avignon 5 – Aix 83 – Nîmes 50.

Le Grand Bois mai-15 sept.
℘ 04 90 31 37 44, Fax 04 90 31 46 53 – **R** conseillée
1,5 ha (134 empl.) plat, herbeux
Tarif : 20 € ✶ ⇌ 🅴 🛉 (5A) – pers. suppl. 4 €
Location : 🛏 – (hôtel)
🅿 1 borne artisanale 4 €
Pour s'y rendre : NE : 3 km par D 62, rte de Vedène et rte à gauche, au lieu-dit la Tapy, Par A 7 : sortie Avignon-Nord
À savoir : agréable cadre boisé

> Nature : ⛺ 🌳🌳
> Loisirs : 🛁 🏊
> Services : 🚿 ⚬ GB 🅾 🌊 ⊙ 🚿 🚰 🍴 📞 🖥

ROUSSILLON

✉ 84220 – **332** E10 – G. Provence – 1 161 h. – alt. 360

🛈 *Office de tourisme, place de la poste* ℰ *04 90 05 60 25, Fax 04 90 05 63 31*

Paris 720 – Apt 11 – Avignon 46 – Bonnieux 12 – Carpentras 41 – Cavaillon 25 – Sault 31.

Arc-en-Ciel 15 mars-oct.
  ℰ 04 90 05 73 96, *campingarcenciel@wanadoo.fr*
  – **R** conseillée
  5 ha (70 empl.) accidenté et en terrasses
  Tarif : 15,20 € 🛉 ⇦ 🔳 🕅 (10A) – pers. suppl. 4 €
  Pour s'y rendre : SO : 2,5 km par D 105 et D 104 rte de Goult
  À savoir : agréable site dans une pinède

Nature : 🦢 ♌♌
Loisirs : 🏕 🚲
Services : ♿ ⟞ 🆖 🐕 🔳 ⊛ 🗑
À prox. : 🐎

Le THOR

✉ 84250 – **332** C10 – G. Provence – 6 619 h. – alt. 50

Paris 688 – Avignon 18 – Carpentras 16 – Cavaillon 14 – L'Isle-sur-la-Sorgue 5 – Orange 30.

Domaine Le Jantou avr.-sept.
  ℰ 04 90 33 90 07, *jantou@franceloc.fr*, Fax 04 90 33 79 84,
  www.lejantou.com – **R** conseillée
  6 ha/4 campables (195 empl.) plat, herbeux
  Tarif : (Prix 2007) 27,52 € 🛉 ⇦ 🔳 🕅 (10A) – pers.
  suppl. 6,50 € – frais de réservation 23 €
  Location (permanent) : 30 🛖 (4 à 6 pers.) 217 à
  546 €/sem.
  🛠 1 borne artisanale
  Pour s'y rendre : O : 1,2 km par sortie N vers Bédarrides,
  accès direct à la Sorgue, accès conseillé par D 1 (contourne-
  ment)

Nature : 🦢 ♌♌
Loisirs : 🏕 ♨ 🚲 🏊 ⛵
Services : ♿ ⟞ 🆖 🐕 🔳 🔳 ⊛ ⊝ ⩳
➤ 🦮 🔳 sèche-linge 🔧 réfrigé-
rateurs
À prox. : 🛒

702

VAISON-LA-ROMAINE

✉ 84110 – **332** D8 – G. Provence – 5 904 h. – alt. 193

🛈 *Office de tourisme, place du Chanoine-Sautel* ℰ *04 90 36 02 11, Fax 04 90 28 76 04*

Paris 664 – Avignon 51 – Carpentras 27 – Montélimar 64 – Pont-St-Esprit 41.

Carpe Diem 🐾♨ – fermé 24 déc.-6 janv.
  ℰ 04 90 36 02 02, *contact@camping-carpe-diem.com*,
  Fax 04 90 36 36 90, *www.campings-franceloc.fr* – **R** conseillée
  10 ha/6,5 campables (232 empl.) en terrasses, plat et peu
  incliné, herbeux
  Tarif : (Prix 2007) 32,70 € 🛉 ⇦ 🔳 🕅 (6A) – pers. suppl. 7 €
  – frais de réservation 20 €
  Location (22 mars-Toussaint) : 79 🛖 (4 à 6 pers.) 133 à
  896 €/sem. – 14 🏠 (4 à 6 pers.) 154 à 798 €/sem. – 6
  bungalows toilés
  🛠 1 borne
  Pour s'y rendre : 2 km au SE, à l'intersection du D 938, rte
  de Malaucène et du D 151, rte de St-Marcellin
  À savoir : originale reconstitution d'un amphythéâtre autour de la piscine

Nature : 🦢 🔳 ♌♌
Loisirs : ♈ snack, pizzeria 🏕 🎮 🏃
🎯 🏓 🔳 🏊 ⛵
Services : ♿ ⟞ 🆖 🐕 🔳 ⊛ ⊝ ⩳ 🔳
🔳 🔧 cases réfrigérées

Le Soleil de Provence 15 mars-oct.
  ℰ 04 90 46 46 00, *info@camping-soleil-de-provence.fr*,
  Fax 04 90 46 40 37, *www.camping-soleil-de-provence.fr*
  – **R** conseillée
  4 ha (153 empl.) plat et en terrasses, peu incliné, herbeux,
  pierreux
  Tarif : 25,50 € 🛉 ⇦ 🔳 🕅 (10A) – pers. suppl. 6 € – frais de
  réservation 10 €
  Location 🐾 : 14 🛖 (4 à 6 pers.) 279 à 610 €/sem.
  🛠 1 borne artisanale 2,30 €
  Pour s'y rendre : 3,5 km au NE par D 938, rte de Nyons

Nature : ⩽ Ventoux et montagnes
de Nyons 🔳 ♀
Loisirs : 🏕 🎮 🏊 ⛵
Services : ♿ ⟞ 🐕 🔳 🔳 ⊛ ⊝ 🔳

Théâtre Romain 15 mars-5 nov.

    04 90 28 78 66, *info@camping-theatre.com*,
Fax 04 90 28 78 76, *www.camping-theatre.com* – **R** conseillée

1,2 ha (75 empl.) plat, herbeux, gravillons

Tarif : 24 € 🏕 ⛺ 🚐 (10A) – pers. suppl. 6 € – frais de réservation 11 €

Location 🏠 : 6 🚐 (4 à 6 pers.) 330 à 650 €/sem.
🚐 1 borne artisanale 5 €

Pour s'y rendre : au NE de la ville, quartier des Arts, chemin du Brusquet, accès conseillé par rocade

Nature : 🏞 🌳
Loisirs : 🏊 (petite piscine)
Services : 🚿 🛒 GB 🍴 🔲 ⚡ ⚐
À prox. : 🍴

VILLES-SUR-AUZON

✉ 84570 – **332** E9 – G. Alpes du Sud – 1 030 h. – alt. 255
Paris 694 – Avignon 45 – Carpentras 19 – Malaucène 24 – Orange 40 – Sault 24.

Les Verguettes 22 mars-15 oct.

    04 90 61 88 18, *info@provence-camping.com*,
Fax 04 90 61 97 87, *www.provence-camping.com* – **R** indispensable

2 ha (88 empl.) plat, peu incliné et terrasses, herbeux, pierreux

Tarif : 22,40 € 🏕 ⛺ 🚐 (6A) – pers. suppl. 5,70 € – frais de réservation 23 €

Location : 4 🚐 (4 à 6 pers.) 430 à 560 €/sem. – 2 🏠 (4 à 6 pers.) 504 à 622 €/sem.

Pour s'y rendre : sortie O par D 942, rte de Carpentras

Nature : 🌳 🌳
Loisirs : 🍴 🏊
Services : 🚿 🛒 GB 🍴 🔲 ⚡ réfrigérateurs

VIOLÈS

✉ 84150 – **332** C9 – 1 536 h. – alt. 94
Paris 659 – Avignon 34 – Carpentras 21 – Nyons 33 – Orange 14 – Vaison-la-Romaine 17.

Les Favards fin avr.-1er oct.

    04 90 70 90 93, *favards@free.Fr*, Fax 04 90 70 97 28,
www.favards.com – **R** conseillée

20 ha/1,5 campable (49 empl.) plat, herbeux

Tarif : 🏕 5 € ⛺ 🚐 4 € – 🚐 (10A) 3 €

Pour s'y rendre : 1,2 km à l'O par D 67, rte d'Orange

À savoir : au milieu des vignes

Nature : 🏞 🌳
Loisirs : 🍴 🏊
Services : 🚿 🛒 Ⓜ ⚡ 🔲

703

VISAN

✉ 84820 – **332** C8 – 1 612 h. – alt. 218
Paris 652 – Avignon 57 – Bollène 19 – Nyons 20 – Orange 27 – Vaison-la-Romaine 16.

L'Hérein 15 mars-15 oct.

    04 90 41 95 99, *accueil@camping-visan.com*,
Fax 04 90 41 91 72, *www.camping-visan.com* – **R** indispensable

3,3 ha (120 empl.) plat, herbeux, pierreux

Tarif : 18,60 € 🏕 ⛺ 🚐 (10A) – pers. suppl. 3,50 € – frais de réservation 10 €

Pour s'y rendre : O : 1 km par D 161, rte de Bouchet, près d'un ruisseau

Nature : 🌳 🌳
Loisirs : snack 🍴 🏊
Services : 🚿 🛒 GB 🍴 🔲 ⚡

RHÔNE-ALPES

S. Sauvignier/Michelin

Terre de contrastes et carrefour d'influences, la région Rhône-Alpes offre mille et une facettes. Du haut des montagnes alpines, la beauté touche au sublime : ce paradis des skieurs dominé par le mont Blanc, toit de l'Europe, déploie un spectacle unique de cimes immaculées et glaciers éblouissants. Quittez cette nature préservée, et vous plongez dans l'intense animation de la vallée du Rhône, symbolisée par la course puissante du fleuve. Des voies romaines au TGV, la principale artère de circulation entre Nord et Midi s'est forgé une réputation de locomotive économique. Sur cette « grand-route des vacances », les touristes bien inspirés s'échappent des bouchons routiers pour goûter la cuisine des bouchons lyonnais et celle des tables renommées qui ont fait de la capitale des Gaules un royaume du palais.

Rhône-Alpes is a land of contrasts and a crossroads of culture. Its lofty peaks are heaven on earth to skiers, climbers and hikers are drawn by the beauty of its glittering glaciers and tranquil lakes, and stylish Chamonix and Courchevel set the tone in alpine chic. Step down from the roof of Europe, past herds of cattle on the mountain pastures, and into the bustle of the Rhône valley: from Roman roads to TGVs, the main arteries between north and south have forged the region's reputation for economic drive. Holidaymakers rush through Rhône-Alpes in their millions every summer, but those in the know always stop to taste its culinary specialities. The region abounds in restaurants, the three-star trend-setters and Lyon's legendary neighbourhood *bouchons* making it a true kingdom of cuisine.

ARS-SUR-FORMANS

✉ 01480 – **328** B5 – G. Lyon Drôme Ardèche – 1 102 h. – alt. 248

🛈 *Office de tourisme, rue Jean-Marie Vianney* 𝄢 *04 74 08 10 76, Fax 04 74 08 15 42*

Paris 431 – Bourg-en-Bresse 45 – Lyon 38 – Mâcon 46 – Villefranche-sur-Saône 10.

🛖 **Municipal le Bois de la Dame** avr.-sept.
𝄢 04 74 00 77 23, *mairie.ars-sur-formans@wanadoo.fr,*
Fax 04 74 08 10 62 – **R** conseillée
1 ha (103 empl.) peu incliné et terrasse, herbeux, pierreux
Tarif : (Prix 2007) 13 € 🛖 ⋆ 🚐 🔲 ⚡ (10A) – pers.
suppl. 1,70 €
Pour s'y rendre : 0,5 km à l'O du centre bourg, près d'un
étang

Nature : 🦊 🌳	
Loisirs : 🏸 ✂	
Services : 🚿 ⟲ 🛒 🔲 ☺ 📦	
À prox. : 🎣	

ARTEMARE

✉ 01510 – **328** H5 – 970 h. – alt. 245

Paris 506 – Aix-les-Bains 33 – Ambérieu-en-Bugey 47 – Belley 18 – Bourg-en-Bresse 82 – Nantua 43.

🛖 **Le Vaugrais** Permanent
𝄢 04 79 87 37 34, *contact@camping-le-vaugrais.fr,*
Fax 04 79 87 37 46, *www.camping-le-vaugrais.fr*
– **R** conseillée
1 ha (33 empl.) plat, herbeux
Tarif : 15 € 🛖 ⋆ 🚐 🔲 ⚡ (5A) – pers. suppl. 3 €
🚐 1 borne artisanale – 1 🔲 – 🚐 10 €
Pour s'y rendre : O : 0,7 km par D 69ᵈ rte de Belmont, à
Cerveyrieu, bord du Séran

Nature : ← 🏞	
Loisirs : 🎣	
Services : 🚿 ⟲ GB ⚡ ☺ 🛒 ⟲ 🏐	
À prox. : 🏊	

*LES GUIDES VERTS **MICHELIN***
Paysages, monuments
Routes touristiques
Géographie
Histoire, Art
Itinéraire de visite
Plans de villes et de monuments

708

BOURG-EN-BRESSE

✉ 01000 – **328** E3 – G. Bourgogne – 40 666 h. – alt. 251

🛈 *Office de tourisme, 6, avenue Alsace Lorraine* 𝄢 *04 74 22 49 40, Fax 04 74 23 06 28*

Paris 424 – Annecy 113 – Besançon 152 – Chambéry 120 – Genève 112 – Lyon 82 – Mâcon 38.

🛖 **Municipal de Challes** avr.-15 oct.
𝄢 04 74 45 37 21, *camping-municipal-bourgenbresse@wa
nadoo.fr,* Fax 04 74 45 59 95 – **R** conseillée
1,3 ha (120 empl.) plat, peu incliné, goudronné, herbeux
Tarif : ⋆ 3,38 € 🚐 2,64 € 🔲 6,50 € – ⚡ (6A) 2,20 €
🚐 1 borne artisanale – 6 🔲 13,13 €
Pour s'y rendre : Sortie NE par rte de Lons-le-Saunier, à la
piscine
À savoir : Emplacements agréablement ombragés

Nature : 🌳🌳	
Loisirs : snack	
Services : ⟲ GB ⚡ 🏐 🔲 ☺ 🛒 ⟲ 📦	
À prox. : 🏊	

CHAMPDOR

✉ 01110 – **328** G4 – 425 h. – alt. 833

Paris 486 – Ambérieu-en-Bugey 38 – Bourg-en-Bresse 51 – Hauteville-Lompnes 6 – Nantua 28.

🛖 **Municipal le Vieux Moulin** Permanent
𝄢 04 74 36 01 79, *champdor@wanadoo.fr,*
Fax 04 74 36 07 92, *www.champdor.com* – **R** conseillée
1,6 ha (60 empl.) plat, herbeux
Tarif : 10,70 € 🛖 ⋆ 🚐 🔲 ⚡ (8A) – pers. suppl. 3,30 €
Location : gîtes
Pour s'y rendre : NO : 0,8 km par D 57ᵃ, rte de Corcelles
À savoir : Près de deux plans d'eau

Nature : ←	
Loisirs : 🏓 🏸 ✂	
Services : 🚿 ⟲ (juil.-août) ⚡ 🏐 ☺	
À prox. : 🚣 (bassin) 🎣	

CHÂTILLON-SUR-CHALARONNE

⊠ 01400 – **328** C4 – G. Lyon Drôme Ardèche – 4 137 h. – alt. 177

🖪 *Office de tourisme, place du Champ de Foire* ℘ *04 74 55 02 27, Fax 04 74 55 34 78*

Paris 418 – Bourg-en-Bresse 28 – Lyon 55 – Mâcon 28 – Meximieux 35 – Villefranche-sur-Saône 27.

Municipal du Vieux Moulin mai-sept.
℘ 04 74 55 04 79, *campingvieuxmoulin@orange.fr*,
Fax 04 74 55 13 11 – places limitées pour le passage
– **R** conseillée
3 ha (140 empl.) plat, herbeux
Tarif : (Prix 2007) 19,45 € ⚹ ⇔ 🖪 [½] (10A) – pers.
suppl. 4,55 € – frais de réservation 10 €
🖾 1 borne flot bleu 5,10 € – 1 🖪 19,45 €
Pour s'y rendre : Sortie SE par D 7 rte de Chalamont, bord
de la Chalaronne, à 150 m d'un étang (accès direct)
À savoir : Cadre verdoyant et ombragé en bordure de
rivière

> Nature : ≫ ᎗᎗
> Loisirs : 🍴 ⚄ 🛶
> Services : ᕣ ⚊ ☞ ⅁⅁ ᢙ 🖫 ᵶ ☺ 🖻
> À prox. : 🐾 🍴 snack ※ ⅏ ⅄

CHAVANNES-SUR-SURAN

⊠ 01250 – **328** F3 – 485 h. – alt. 312

Paris 442 – Bourg-en-Bresse 20 – Lons-le-Saunier 51 – Mâcon 57 – Nantua 37 – Pont-d'Ain 27.

Municipal mai-sept.
℘ 04 74 51 70 52, *denis.jdlc@wanadoo.fr*,
Fax 04 74 51 71 83 – **R** conseillée
1 ha (25 empl.) plat, herbeux
Tarif : 8,80 € ⚹ ⇔ 🖪 [½] (10A) – pers. suppl. 3,20 €
Pour s'y rendre : Sortie E par D 3 rte d'Arnans
À savoir : cadre verdoyant au bord du Suran

> Nature : ≫ ≪ ᕲ
> Loisirs : ᚗ
> Services : ᢙ ᗛ ☺

CORMORANCHE-SUR-SAÔNE

⊠ 01290 – **328** B3 – 904 h. – alt. 172 – Base de loisirs

Paris 399 – Bourg-en-Bresse 44 – Châtillon-sur-Chalaronne 23 – Mâcon 10 – Villefranche-sur-Saône 33.

La Pierre Thorion mai-sept.
℘ 03 85 23 97 10, *contact@lac-cormoranche.com*,
Fax 03 85 23 97 11, *www.lac-cormoranche.com* – **R** conseillée
48 ha/4,5 campables (117 empl.) plat, herbeux, sablonneux,
bois attenant
Tarif : 18,50 € ⚹ ⇔ 🖪 [½] (10A) – pers. suppl. 5 €
Location 🏚 : 5 🛖 (4 à 6 pers.) 210 à 470 €/sem. – 12
🛖 (4 à 6 pers.) 230 à 490 €/sem.
Pour s'y rendre : Sortie O par D 51ᴬ et 1,2 km par rte à dr.,
à la base de loisirs
À savoir : Décoration arbustive des emplacements, près
d'un beau plan d'eau

> Nature : ᕲ ᚗ
> Loisirs : 🍴 salle d'animation ⚄ ᚙ
> ⅄ ⅏ (plage) 🏊 ᗅ
> Services : ᕣ ⚊ ⅁⅁ ᢙ 🖫 ☺ ᵶ ⚞
> 🖾 sèche-linge ᵶ

709

CULOZ

⊠ 01350 – **328** H5 – 2 622 h. – alt. 248

🖪 *Syndicat d'initiative, 6, rue de la Mairie* ℘ *04 79 87 00 30, Fax 04 79 87 09 73*

Paris 512 – Aix-les-Bains 24 – Annecy 55 – Bourg-en-Bresse 88 – Chambéry 41 – Genève 67 – Nantua 63.

Le Colombier 18 avr.-21 sept.
℘ 04 79 87 19 00, *camping.colombier@free.fr*,
Fax 04 79 87 19 00, *http://camping.colombier.free.fr*
– **R** conseillée
1,5 ha (81 empl.) plat, gravillons, herbeux
Tarif : 19,50 € ⚹ ⇔ 🖪 [½] (10A) – pers. suppl. 5,50 € –
frais de réservation 30 €
Location 🏚 : 8 🛖 (4 à 6 pers.) 220 à 450 €/sem.
Pour s'y rendre : E : 1,3 km, au carrefour du D 904 et
D 992, bord d'un ruisseau
À savoir : Près d'un centre de loisirs

> Nature : ≪ ᕲ ᚗ
> Loisirs : ᚙ
> Services : ᕣ ⚊ ⅁⅁ ᢙ 🖫 ᵶ ☺ ᗅ
> ⚞ ⚇ 🖻 ⚂
> À prox. : ※ 🎣 ⅏ 🏊 (petit plan
> d'eau)

DIVONNE-LES-BAINS

✉ 01220 – **328** J2 – G. Franche-Comté Jura – 6 171 h. – alt. 486 – ⚓ (mi mars-fin nov.)
🛈 *Office de tourisme, rue des Bains ℘ 04 50 20 01 22, Fax 04 50 20 00 40*
Paris 488 – Bourg-en-Bresse 129 – Genève 18 – Gex 9 – Lausanne 46 – Nyon 9 – Les Rousses 27 – Thonon-les-Bains 51.

Le Fleutron 26 avr.-28 sept.
℘ 04 42 20 47 25, *info@homair.com*, Fax 04 42 95 03 63, *www.homair.com* – **R** conseillée
8 ha (253 empl.) incliné, en terrasses, pierreux, herbeux
Tarif : (Prix 2007) 32 € 🛉 ⟵ 🅴 🛂 (10A) – frais de réservation 25 €
Location : 200 🛏 (4 à 6 pers.) 123 à 658 €/sem.
Pour s'y rendre : N : 3 km, après Villard
À savoir : Cadre boisé adossé à une montagne

Nature : 🌳 ♤♤
Loisirs : 🍸 snack 🏕 ⚙ 🍴 🏊
Services : ⚡ GB 🐕 🏛 ⊛ 🏖 🚿 🛁 🔋

GEX

✉ 01170 – **328** J3 – G. Franche-Comté Jura – 7 733 h. – alt. 626
🛈 *Office de tourisme, square Jean Clerc ℘ 04 50 41 53 85, Fax 04 50 41 81 00*
Paris 490 – Genève 19 – Lons-le-Saunier 93 – Pontarlier 110 – St-Claude 42.

Municipal les Genêts mai-sept.
℘ 04 50 41 61 46, *camp-gex-@cc-pays-de-gex.fr*, *www.pays-de-gex.org* – **R** conseillée
3,3 ha (140 empl.) peu incliné et plat, goudronné, gravillons, herbeux
Tarif : 15,90 € 🛉 ⟵ 🅴 🛂 (16A) – pers. suppl. 3,60 €
Pour s'y rendre : E : 1 km par D 984 rte de Divonne-les-Bains et chemin à droite

Nature : ≤ 🏞
Loisirs : snack 🏕
Services : ♿ ⚡ 🐕 🏛 🔋 ⊛ 🏖 🚿 🔋
À prox. : 🍴 🏊

HAUTECOURT

✉ 01250 – **328** F4 – 676 h. – alt. 370
Paris 442 – Bourg-en-Bresse 20 – Nantua 24 – Oyonnax 33 – Pont-d'Ain 15.

L'Île de Chambod 26 avr.-28 sept.
℘ 04 74 37 25 41, *camping.chambod@free.fr*, Fax 04 74 37 28 28, *www.campingilechambod.com* – **R** conseillée
2,4 ha (110 empl.) plat, herbeux
Tarif : 🛉 4,80 € ⟵ 2,80 € 🅴 3,30 € – 🛂 (10A) 3,80 €
Pour s'y rendre : SE : 4,5 km par D 59 rte de Poncin puis rte à gauche, à 300 m de l'Ain (plan d'eau)

Nature : ≤ 🏞 ♀
Loisirs : 🍸 snack 🏊
Services : ♿ ⚡ GB 🐕 🔋 🏖 ⊛ 📞 🔋
À prox. : 🚵 🏊 🎣 parcours sportif

MASSIGNIEU-DE-RIVES

✉ 01300 – **328** H6 – 498 h. – alt. 295
Paris 516 – Aix-les-Bains 26 – Belley 10 – Morestel 37 – Ruffieux 16 – La Tour-du-Pin 41.

Le Lac du Lit du Roi 12 avr.-28 sept.
℘ 04 79 42 12 03, *info@camping-savoie.fr*, Fax 04 79 42 19 94, *www.camping-savoie.com* – **R** indispensable
4 ha (120 empl.) en terrasses, herbeux
Tarif : 25 € 🛉 ⟵ 🅴 🛂 (6A) – pers. suppl. 6,50 € – frais de réservation 15 €
Location : 10 🛏 (4 à 6 pers.) 230 à 650 €/sem. – 5 🏠 (4 à 6 pers.) 345 à 690 €/sem.
🛏 1 borne artisanale – 5 🅴
Pour s'y rendre : N : 2,5 km par rte de Belley et chemin à droite
À savoir : Situation agréable au bord d'un plan d'eau formé par le Rhône

Nature : 🌳 ≤ lac et collines 🏞 ♀ 🏔
Loisirs : 🍸 snack 🚣 🎣 🏊 🏊 ♀
Services : ♿ ⚡ GB 🐕 🔋 ⊛ 🏖 🚿 📞 📞 🔋

MATAFELON-GRANGES

✉ 01580 – **328** G3 – 483 h. – alt. 453
Paris 460 – Bourg-en-Bresse 37 – Lons-le-Saunier 56 – Mâcon 75 – Oyonnax 15.

▲ **Les Gorges de l'Oignin** avr.-sept.
℘ 04 74 76 80 97, *camping.lesgorgesdeloignin@wana
doo.fr*, Fax 04 74 76 80 97, *www.gorges-de-loignin.com*
– **R** conseillée
2,6 ha (128 empl.) en terrasses, gravier, herbeux
Tarif : 21,80 € ✶ ⇐ 🗐 🗲 (10A) – pers. suppl. 4,80 € –
frais de réservation 10 €
Location 🏷 : 4 🛏 (4 à 6 pers.) 256 à 522 €/sem. – 10
🏠 (4 à 6 pers.) 266 à 542 €/sem.
Pour s'y rendre : À 0,9 km au Sud du bourg par chemin
À savoir : Près d'un lac

Nature : ≤
Loisirs : 🍸 snack 🏋 🏊
Services : 🕭 🖵 ⊖ 🖰 ⚕ Ⓜ �░ 🗟 🖪
☺ ⚐ 🗑 🛁 ⚏ 🖳
À prox. : 🚣 🎣

MONTREVEL-EN-BRESSE

✉ 01340 – **328** D2 – 1 994 h. – alt. 215 – Base de loisirs
🛈 *Office de tourisme, place de la Grenette* ℘ 04 74 25 48 74
Paris 395 – Bourg-en-Bresse 18 – Mâcon 25 – Pont-de-Vaux 22 – St-Amour 24 – Tournus 36.

▲ **La Plaine Tonique** 🚶‍♀ – 17 avr.-26 sept.
℘ 04 74 30 80 52, *plaine.tonique@wanadoo.fr*,
Fax 04 74 30 80 77, *www.laplainetonique.com* – **R** conseillée
27 ha/15 campables (548 empl.) plat, herbeux, pierreux
Tarif : 22,90 € ✶ ⇐ 🗐 🗲 (10A) – pers. suppl. 5,40 €
Location 🏷 : 46 🏠 (4 à 6 pers.) 313 à 589 €/sem. – 18
appartements – gîte d'étape, gîtes
🛏 1 borne flot bleu 2 €
Pour s'y rendre : E : 0,5 km par D 28, à la base de plein air
À savoir : Au bord d'un lac et d'un bel ensemble aquatique

Nature : 🏕 🖵 🏞
Loisirs : 🍸 🍴 snack 🛖 🖭 nocturne
🏃 🏋 🏹 🎾 🎣 ░ 🏊 🛶 🚣 ⚓
parcours sportif
Services : 🕭 🖵 ⊖ 🖰 ⚕ 🗟 ☺ ⚐ 🗑 🛁 ⚏ point d'informations touristiques

MURS-ET-GÉLIGNIEUX

✉ 01300 – **328** G7 – 204 h. – alt. 232
Paris 509 – Aix-les-Bains 37 – Belley 17 – Chambéry 42 – Crémieu 41 – La Tour-du-Pin 24.

▲ **Île de la Comtesse** 30 avr.-13 sept.
℘ 04 79 87 23 33, *camping.comtesse@wanadoo.fr*,
Fax 04 79 87 23 33, *www.ile-de-la-comtesse.com*
– **R** conseillée
3 ha (100 empl.) plat, pierreux, herbeux
Tarif : 27,90 € ✶ ⇐ 🗐 🗲 (6A) – pers. suppl. 7,50 € – frais
de réservation 28 €
Location : 24 🏠 (4 à 6 pers.) 269 à 709 €/sem.
🛏 1 borne eurorelais 5 €
Pour s'y rendre : SO : 1 km sur D 992, rte des Abrets
À savoir : Près du Rhône (plan d'eau)

Nature : ≤
Loisirs : 🍸 snack 🛖 🖭 🚲 🏊
Services : 🕭 🖵 ⊖ 🖰 ⚕ 🗟 ☺ ⊙ 🖳
⚏ 🖪 🛁 🎣
À prox. : 🎣

PONCIN

✉ 01450 – **328** F4 – 1 360 h. – alt. 255
🛈 *Office de tourisme, 10, place Bichat* ℘ 04 74 37 23 14, Fax 04 74 37 23 14
Paris 456 – Ambérieu-en-Bugey 20 – Bourg-en-Bresse 28 – Nantua 25 – Oyonnax 36 – Pont-d'Ain 7.

▲ **Vallée de l'Ain** avr.-28 sept.
℘ 04 74 37 20 78, *campingvalleedelain@wanadoo.fr*,
Fax 04 74 37 20 78, *www.chez.com/campingponcin* –
places limitées pour le passage – **R** conseillée
1,5 ha (89 empl.) plat, herbeux
Tarif : 17,90 € ✶ ⇐ 🗐 🗲 (16A) – pers. suppl. 3,90 €
Location 🏷 : 4 🛏 (4 à 6 pers.) 277 à 397 €/sem. – 3
🏠 (4 à 6 pers.) 292 à 457 €/sem.
🛏 1 borne – 6 🗐 4 €
Pour s'y rendre : NO : 0,5 km par D 91 et D 81 rte de
Meyriat, près de l'Ain

Nature : 🌳
Loisirs : 🍸 snack 🏊
Services : 🖵 ⊖ 🖰 ⚕ 🗟 ⚏ ⊙ 🖳 🖪
À prox. : 🎿 🚣 🎣

711

⊠ 01190 – **328** C2 – G. Bourgogne – 2 004 h. – alt. 177

🛈 *Office de tourisme, 2, rue Maréchal de Lattre de Tassigny* ℘ *03 85 30 30 02, Fax 03 85 30 68 69*
Paris 380 – Bourg-en-Bresse 40 – Lons-le-Saunier 69 – Mâcon 24.

▲ **Champ d'Été** mai-15 oct.
℘ 03 85 23 96 10, *pdv.ain@wanadoo.fr*, Fax 03 85 23 99 12,
www.cc-pontdevaux.com – **R** conseillée
3,5 ha (150 empl.) plat, herbeux
Tarif : 21 € ✶ ⇔ 🖃 🗓 (10A) – pers. suppl. 4 €
Location (permanent) : 30 🏠 (4 à 6 pers.) 215 à
550 €/sem. – ⇔ – gîtes
🚐 1 borne 2 € – 20 🖃 24 €
Pour s'y rendre : NO : 0,8 km par D 933 direction Mâcon et
chemin à droite, près d'un plan d'eau

Loisirs : 🏊 🖾 🛝 ⚽
Services : 🛆 ⚲ (juil.-août) 🇬🇧 🐾 🖃 ⊛ 🗑 🚿
À prox. : 🏇 🐴 poneys

▲ **Les Ripettes** avr.-sept.
℘ 03 85 30 66 58, *info@camping-les-ripettes.com*,
www.camping-les-ripettes.com
2,5 ha (54 empl.) plat, herbeux
Tarif : 16,50 € ✶ ⇔ 🖃 🗓 (10A) – pers. suppl. 3,50 €
Pour s'y rendre : 4 km au NE par D 2 rte de St-Trivier-de-
Courtes et D 58 à gauche
À savoir : Partie campable verdoyante et très soignée

Nature : 🖵 ⚲
Loisirs : 🛝
Services : ⚲ 🇬🇧 🐾 🖃 🛁 ⊛ 📞 🗑 sèche-linge

Pour choisir et suivre un itinéraire
Pour calculer un kilométrage
Pour situer exactement un terrain (en fonction des
indications fournies dans le texte) :
*Utilisez les **cartes MICHELIN** ,*
compléments indispensables de cet ouvrage.

712

⊠ 01240 – **328** D4 – G. Lyon Drôme Ardèche – 1 187 h. – alt. 240
Paris 436 – Bourg-en-Bresse 15 – Châtillon-sur-Chalaronne 18 – Pont-d'Ain 22 – Villars-les-Dombes 15.

▲ **Intercommunal l'Étang du Moulin** 18 juin-août
℘ 04 74 42 53 30, *moulin@campingendombes.fr*,
Fax 04 74 42 51 57, *www.camping-etang-du-moulin.fr*
– **R** conseillée ✄
34 ha/4 campables (182 empl.) plat, herbeux, bois attenant
Tarif : 20,40 € ✶ ⇔ 🖃 🗓 (6A) – pers. suppl. 4,50 € – frais
de réservation 10 €
Location : 10 🏠 (4 à 6 pers.) 390 à 540 €/sem.
🚐 1 borne raclet 4 € –
Pour s'y rendre : À la base de plein air, SE : 2 km par D 70B
rte de St-Nizier-le-Désert puis 1,5 km par rte à gauche, près
d'un étang
À savoir : Superbe piscine géante (5500m^2) dans un site
agréable

Nature : 🖵 ⚲
Loisirs : 🍹 🏊 🛶 ⚽ 🎯 🛝 🚣
Services : 🛆 ⚲ 🇬🇧 🐾 🖃 🛁 ⊛ 🗑

⊠ 01470 – **328** F6 – 960 h. – alt. 218 – Base de loisirs
Paris 481 – Belley 29 – Bourg-en-Bresse 57 – Crémieu 24 – Nantua 69 – La Tour-du-Pin 33.

▲ **Le Point Vert** 15 avr.-15 oct.
℘ 04 74 36 13 45, *nelly@camping-ain-bugey.com*,
Fax 04 74 36 71 66, *www.camping-ain-bugey.com* – places
limitées pour le passage – **R** conseillée
1,9 ha (137 empl.) plat, herbeux
Tarif : 21,50 € ✶ ⇔ 🖃 🗓 (6A) – pers. suppl. 5,50 €
Location : 6 🏘 (4 à 6 pers.) 400 à 500 €/sem.
Pour s'y rendre : O : 2,5 km, à la base de loisirs
À savoir : Au bord d'un plan d'eau

Nature : ≤ ⚲ ⛰
Loisirs : 🖼 🛝 🚣
Services : 🛆 ⚲ 🇬🇧 🐾 🖃 ⊛ 🛁 🗑 🖃 🚰
À prox. : 🍹 🍴 🚴 ⚽ 🏊 (plage) 🎣

SEYSSEL

✉ 01420 – **328** H5 – G. Franche-Comté Jura – 801 h. – alt. 258
Paris 517 – Aix-les-Bains 33 – Annecy 41 – Genève 52 – Nantua 48.

L' International juin-sept.
ℰ 04 50 59 28 47, *camp.inter@wanadoo.fr*,
Fax 04 50 59 28 47 – **R** conseillée
1,5 ha (45 empl.) en terrasses, herbeux
Tarif : 19,50 € **†** 🚗 🄴 🄿 (10A) – pers. suppl. 4,50 € –
frais de réservation 12 €
Location (avr.-oct.) : 13 🏚 (4 à 6 pers.) 260 à
605 €/sem.
Pour s'y rendre : SO : 2,4 km par D 992, rte de Culoz et
chemin à droite

> Nature : 🌿 ⟨ 🏕 ♀
> Loisirs : snack 🏊 🚲 🛝
> Services : 🔌 GB 🔗 🄵 🛁 ☺ 🌊 📞
> 🄱

VILLARS-LES-DOMBES

✉ 01330 – **328** D4 – G. Lyon Drôme Ardèche – 4 190 h. – alt. 281
🛈 *Office de tourisme, 3, place de l'Hôtel de Ville* ℰ *04 74 98 06 29, Fax 04 74 98 29 13*
Paris 433 – Bourg-en-Bresse 29 – Lyon 37 – Villefranche-sur-Saône 29.

Mnicipal les Autières 28 avr.-9 sept.
ℰ 04 74 98 00 21, *autieres@campingendombes.fr*,
Fax 04 74 98 05 82, *http://www.campingendombes.fr* –
places limitées pour le passage – **R** conseillée
5 ha (238 empl.) plat, peu incliné, herbeux
Tarif : (Prix 2007) 16,10 € **†** 🚗 🄴 🄿 (6A) – pers.
suppl. 3,50 €
Pour s'y rendre : Sortie SO, rte de Lyon et à gauche, av.
des Nations, près de la piscine
À savoir : Cadre agréable au bord de la Chalaronne

> Nature : 🏕 ♀
> Loisirs : 🍽 snack 🏟 🏊
> Services : 🛁 🔌 GB 🔗 🄵 ☺ 🄱
> À prox. : 🍴 🎣 🛝 🏊

Ardèche (07)

713

AUBENAS

✉ 07200 – **331** I6 – G. Lyon Drôme Ardèche – 11 018 h. – alt. 330
🛈 *Office de tourisme, 4, boulevard Gambetta* ℰ *04 75 89 02 03, Fax 04 75 89 02 04*
Paris 627 – Alès 76 – Mende 112 – Montélimar 41 – Privas 32 – Le Puy-en-Velay 91.

La Chareyrasse (location exclusive de mobile homes et
bungalows toilés) 28 juin-août
ℰ 04 42 54 27 68, *camping-la-chareyrasse@wanadoo.fr*,
Fax 04 42 53 43 19, *www.camping-la-chareyrasse.fr* – **R**
2,3 ha plat, herbeux, pierreux
Location : 28 🏚 (4 à 6 pers.) 420 à 650 €/sem. –
bungalows toilés
Pour s'y rendre : SE : 3,5 km par rte à partir de la gare, à
St-Pierre-sous-Aubenas
À savoir : Agréable cadre boisé, au bord de l'Ardèche

> Nature : 🌿 ♀♀
> Loisirs : 🍽 pizzeria 🏊 🛝 🎣 🄱 🔀
> Services : 🛁 🔌 GB 🔗 🎞 🛁 🄱 🛒
> 🚿
> À prox. : 🍴

BERRIAS ET CASTELJAU

✉ 07460 – **331** H7 – 566 h. – alt. 126
Paris 668 – Aubenas 40 – Largentière 29 – St-Ambroix 18 – Vallon-Pont-d'Arc 22 – Les Vans 10.

Les Cigales avr.-sept.
ℰ 04 75 39 30 33, *contact@camping-cigales-ardeche.com*,
Fax 04 75 39 30 33, *www.camping-cigales-ardeche.com*
– **R** conseillée
3 ha (70 empl.) plat et peu incliné, terrasses, herbeux
Tarif : 20 € **†** 🚗 🄴 🄿 (5A) – pers. suppl. 3 €
Location 🚫 : 7 🏚 (4 à 6 pers.) 230 à 500 €/sem. –
gîtes
Pour s'y rendre : NE : 1 km, à la Rouvière
À savoir : Cadre agréable et fleuri

> Nature : 🌿 ♀
> Loisirs : 🍽 snack 🏟 🏊 🎾 🔀
> Services : 🛁 🔌 🔗 🄵 🛁 🄱 🄱
> 🚿

BERRIAS ET CASTELJAU

▲▲ **La Source** 26 avr.-15 sept.
    ✆ 04 75 39 39 13, *camping.la.source@wanadoo.fr*,
    www.camping-lasource.fr – **R** conseillée
    2,5 ha (81 empl.) plat, pierreux, herbeux
    Tarif : 19,80 € ✟ ⟶ 🚐 🅴 ⚡ (6A) – pers. suppl. 4,50 €
    Location : 22 🚐 (4 à 6 pers.) 210 à 559 €/sem.
    Pour s'y rendre : Sortie NE, rte de Casteljau

Nature : 🐾 ▱ ♀
Loisirs : snack, pizzeria 🍴 🎱 🏊
Services : ♿ ⊶ ⚙ 🚿 ♨ ⊕ 🌙 🔌 🎱 🚰

CASTELJAU

✉ 07460 – **331** H7
Paris 665 – Aubenas 38 – Largentière 28 – Privas 69 – St-Ambroix 30 – Vallon-Pont-d'Arc 32.

▲▲ **La Rouveyrolle** avr.-14 sept.
    ✆ 04 75 39 00 67, *info@campingrouveyrolle.fr, www.cam pingrouveyrolle.fr* – **R** conseillée
    3 ha (100 empl.) plat, herbeux, pierreux
    Tarif : 29 € ✟ ⟶ 🚐 🅴 ⚡ (10A) – pers. suppl. 7 € – frais de réservation 25 €
    Location : 52 🚐 (4 à 6 pers.) 280 à 710 €/sem.
    Pour s'y rendre : À l'E du bourg, à 100 m du Chassezac

Nature : 🐾 ▱ ♀♀
Loisirs : ♟ ✗ 🍴 🎣 🏊
Services : ♿ ⊶ GB ⚙ 🚿 ♨ ⊕ 🌙 🔌
🎱 🚰
À prox. : 🏊 🛶 canoë

▲▲ **Les Tournayres** 15 mars-15 nov.
    ✆ 04 75 39 36 39, *camping-lestournayres@bigfoot.com*,
    Fax 04 75 39 36 39, *www.lestournayes.ca26.com*
    – **R** conseillée
    1,3 ha (30 empl.) peu incliné et plat, herbeux
    Tarif : 22,50 € ✟ ⟶ 🚐 🅴 ⚡ (5A) – pers. suppl. 6 €
    Location : 5 🚐 (4 à 6 pers.) 280 à 490 €/sem. – 8 🏠 (4 à 6 pers.) 380 à 590 €/sem.
    🚐 🍴
    Pour s'y rendre : N : 0,5 km rte de Chaulet plage

Nature : ▱ ♀
Loisirs : ♟ snack 🎱 🏊
Services : ♿ ⊶ ⚙ 🚿 ♨ ⊕ 🌙 🔌
À prox. : 🛶 canoë

▲▲ **Chaulet Plage** 15 mars-1ᵉʳ nov.
    ✆ 04 75 39 30 27, *contact@chaulet-plage.com*,
    Fax 04 75 39 35 42, *www.chaulet-plage.com* – **R** conseillée
    1,5 ha (62 empl.) en terrasses, pierreux, herbeux
    Tarif : 12,50 € ✟ ⟶ 🚐 🅴 ⚡ (6A) – pers. suppl. 3 €
    Location : 12 🏠 (4 à 6 pers.) 336 à 490 €/sem. – gîtes
    Pour s'y rendre : N : 0,6 km, rte de Chaulet-Plage
    À savoir : Site agréable, accès direct au Chassezac

Nature : 🐾 ♀♀ ⛰
Loisirs : ♟ snack 🛶 canoë
Services : ♿ ⊶ GB ⚙ 🚿 ♨ ⊕ 🌙
🎱 🚰 🚰

CHASSAGNES

✉ 07140 – **331** H7
Paris 644 – Lyon 209 – Privas 67 – Nîmes 85 – Avignon 93.

▲▲ **Les Chênes** avr.-sept.
    ✆ 04 75 37 34 35, *reception@domaine-des-chenes.fr*,
    Fax 04 75 37 20 10, *www.domaine-des-chenes.fr*
    – **R** conseillée
    2,5 ha (122 empl.) en terrasses, herbeux, pierreux
    Tarif : 25 € ✟ ⟶ 🚐 🅴 ⚡ (10A) – pers. suppl. 4 € – frais de réservation 20 €
    Location : 24 🚐 (4 à 6 pers.) 240 à 645 €/sem. – maisonnettes

Nature : 🐾 ≼ ♀
Loisirs : ♟ pizzeria 🎱 🏊
Services : ♿ ⊶ GB ⚙ 🚿 ♨ ⊕ 🌙
🎱
À prox. : 🛶 canoë

▲▲ **Lou Rouchétou**
    ✆ 04 75 37 33 13, *rouchetou@libertysurf.fr*,
    Fax 04 75 94 95 28, *www.lou-rochetou.com* – **R** conseillée
    1,5 ha (100 empl.) plat et peu incliné, herbeux, pierreux
    Location : 12 🚐
    À savoir : Au bord du Chassezac

Nature : 🐾 ≼ ♀♀ ⛰
Loisirs : ♟ pizzeria 🏊 🏊 🛶
Services : ♿ ⊶ 🚿 ♨ ⊕ 🎱 🚰 🚰

CHASSIERS

✉ 07110 – **331** H6 – 866 h. – alt. 340
Paris 643 – Aubenas 16 – Largentière 4 – Privas 48 – Valgorge 22 – Vallon-Pont-d'Arc 24.

⋀⋀⋀ **Les Ranchisses** ♣♣ – 12 avr.-2 nov.
  𝒫 04 75 88 31 97, *reception@lesranchisses.fr*,
  Fax 04 75 88 32 73, *www.lesranchisses.fr* – **R** indispensable
  4 ha (150 empl.) plat, peu incliné, herbeux
  Tarif : 38,50 € ⋆ ⇔ ▣ ⚡ (10A) – pers. suppl. 8 €
  Location : 50 ⛺ (4 à 6 pers.) 239 à 966 €/sem. – 8 🏠
  (4 à 6 pers.) 308 à 1 001 €/sem. – bungalows toilés
  ⛺ 1 borne artisanale
  Pour s'y rendre : NO : 1,6 km, accès par D 5, rte de
  Valgorge
  À savoir : Sur le domaine d'un mas de 1824, au bord de la
  Ligne

  | Nature : ⊏⊐ 🌳 ⚠ |
  | Loisirs : ☂ ✗ pizzeria ⛹ ⛷ ✂ ⅄ |
  | ⅃ ⤵ terrain omnisports |
  | Services : ⚐ ⊶ GB ⚒ M ▥ ⚑ ⊛ |
  | ⛺ ⌁ ⚲ ⚏ ▣ ⚑ ⚲ |

Benutzen Sie
– zur Wahl der Fahrtroute
– zur Berechnung der Entfernungen
– zur exakten Lokalisierung eines Campingplatzes (mit Hilfe der Angaben im Ortstext)
*die für diesen Führer unentbehrlichen **MICHELIN-Karten** .*

CHAUZON

✉ 07120 – **331** I7 – 255 h. – alt. 128
Paris 649 – Aubenas 20 – Largentière 14 – Privas 51 – Ruoms 6 – Vallon-Pont-d'Arc 14.
Schéma à Vallon-Pont-d'Arc

⋀⋀ **La Digue** 15 mars-Toussaint
  𝒫 04 75 39 63 57, *info@camping-la-digue.fr*,
  Fax 04 75 39 75 17, *www.camping-la-digue.fr* – croisement
  difficile pour caravanes – **R** conseillée
  2 ha (106 empl.) plat et en terrasses, herbeux
  Tarif : 23,50 € ⋆ ⇔ ▣ ⚡ (10A) – pers. suppl. 5,20 € –
  frais de réservation 9 €
  Location : 13 ⛺ (4 à 6 pers.) 275 à 640 €/sem. – 15 🏠
  (4 à 6 pers.) 275 à 690 €/sem.
  Pour s'y rendre : E : 1 km du bourg, à 100 m de l'Ardèche
  (accès direct)

  | Nature : ⌇ 🌳 |
  | Loisirs : ☂ snack ⛷ ✂ ⅃ |
  | Services : ⚐ ⊶ GB ⚒ ▥ 🛒 ⚑ ⊛ |
  | ⚲ ⚏ ▣ ⚲ |
  | À prox. : 🚣 |

715

Site du Pont d'Arc

Damase J/Michelin

Le CHEYLARD

✉ 07160 – **331** I4 – 3 514 h. – alt. 450

🏛 *Office de tourisme, rue du 5 Juillet 44* ℘ *04 75 29 18 71, Fax 04 75 29 46 75*

Paris 598 – Aubenas 50 – Lamastre 21 – Privas 47 – Le Puy-en-Velay 62 – St-Agrève 19 – Valence 59.

Municipal la Chèze Pâques-Toussaint
℘ 04 75 29 09 53, *mosslercat@wanadoo.fr,*
Fax 04 75 29 09 53, *www.camping-de-la-cheze.com*
– **R** conseillée
3 ha (96 empl.) plat et en terrasses
Tarif : 13 € 🛉 ⛺ 🔲 🔌 (5A) – pers. suppl. 3 €
Pour s'y rendre : Sortie NE par D 120, rte de la Voulte puis à droite, 1 km par D 204 et D 264, rte de St-Christol, au château
À savoir : Belle situation dominante dans le parc d'un château

Nature : 🌄 ≤ le Cheylard et montagnes 🌳🌳
Loisirs : 🏓 🚴 parcours de santé
Services : 🚿 ⛽ 🅶🅱 🚐 🗑 🅰 🔋

CRUAS

✉ 07350 – **331** K6 – G. Lyon Drôme Ardèche – 2 400 h. – alt. 83

🏛 *Office de tourisme, 9, place George Clemenceau* ℘ *04 75 49 59 20, Fax 04 75 51 47 43*

Paris 594 – Aubenas 49 – Montélimar 16 – Privas 24 – Valence 39.

Les Ilons Permanent
℘ 04 75 49 55 43, *contactcamping@wanadoo.fr,*
Fax 04 75 49 55 43, *www.campinglesilons.com* – **R** indispensable
2,5 ha (80 empl.) plat, herbeux, gravillons
Tarif : 19 € 🛉 ⛺ 🔲 🔌 (10A) – pers. suppl. 4 € – frais de réservation 20 €
Location (avr.-sept.) 🚫 : 7 🛏 (4 à 6 pers.) 350 à 500 €/sem.
🚐 1 borne artisanale 3,50 €
Pour s'y rendre : E : 1,4 km rte du Port, près d'un plan d'eau, à 300 m du Rhône

Nature : 🌄 🌳
Loisirs : 🏓 🚴 🏕 🏊 ⛵
Services : 🚿 ⛽ (15 juin-août) 🅶🅱 🚐 🍴 🗑 🅰 🚗 🔋
À prox. : ✂

DARBRES

✉ 07170 – **331** J6 – 212 h. – alt. 450

Paris 618 – Aubenas 18 – Montélimar 34 – Privas 21 – Villeneuve-de-Berg 14.

Les Lavandes 12 avr.-sept.
℘ 04 75 94 20 65, *sarl.leslavandes@online.fr,*
Fax 04 75 94 20 65, *www.les-lavandes-darbes.com*
– **R** conseillée
1,5 ha (70 empl.) plat, en terrasses, herbeux, pierreux
Tarif : 22 € 🛉 ⛺ 🔲 🔌 (6A) – pers. suppl. 3,50 € – frais de réservation 15 €
Location : 12 🏠 (4 à 6 pers.) 250 à 530 €/sem.
Pour s'y rendre : Au bourg

Nature : ≤ 🌳🌳
Loisirs : 🍴 snack 🚴 🏊
Services : ⛽ 🅶🅱 🚐 🗑 🅰 🔋 🚗

ECLASSAN

✉ 07370 – **331** K3 – 702 h. – alt. 420

Paris 534 – Annonay 21 – Beaurepaire 46 – Condrieu 42 – Privas 80 – Tournon-sur-Rhône 21.

L'Oasis 19 avr.-28 sept.
℘ 04 75 34 56 23, *oasis.camp@wanadoo.fr,*
Fax 04 75 34 47 94, *www.oasisardeche.com* – accès aux emplacements par forte pente, mise en place et sortie des caravanes à la demande – **R** conseillée
4 ha (59 empl.) en terrasses, pierreux, herbeux
Tarif : 22,20 € 🛉 ⛺ 🔲 🔌 (6A) – pers. suppl. 4,10 €
Location : 4 🛏 (2 à 4 pers.) 220 à 370 €/sem. – 16 🏠 (4 à 6 pers.) 310 à 615 €/sem.
Pour s'y rendre : NO : 4,5 km par rte de Fourany et chemin à gauche
À savoir : Agréable situation en terrasses, près de l'Ay

Nature : 🌄 ≤ 🏞 🌳
Loisirs : 🍴 ✗ snack, pizzeria 🏓 🚴 🏕 🏊 ⛵
Services : 🚿 ⛽ 🅶🅱 🚐 🗑 🅰 🚗 🚾 🔋 🚿

716

FÉLINES

✉ 07340 – **331** K2 – 1 106 h. – alt. 380
Paris 520 – Annonay 13 – Beaurepaire 31 – Condrieu 24 – Tournon-sur-Rhône 46 – Vienne 34.

⚠ **Bas-Larin** avr.-sept.
    ✆ 04 75 34 87 93, *camping.baslarin@wanadoo.fr*,
    Fax 04 75 34 87 93, *www.bas-larin.com* – **R** conseillée
    1,5 ha (67 empl.) incliné à peu incliné, en terrasses, herbeux
    Tarif : 19,50 € ✶ ⬚ 🔲 (✦) (10A) – pers. suppl. 3,50 €
    Location : 4 ⬚⬚ (4 à 6 pers.) 370 à 520 €/sem.
    Pour s'y rendre : SE : 2 km, par D 820 rte de Serrières et
    chemin à droite

| Nature : ⬚ ♀ |
| Loisirs : ▼ snack 🔲 ⚗ ⚗ 🔺 ⚗ |
| Services : ⬚ ⬚ ⚗ ⬚ ⬚ ⚗ ⬚ ⬚ ⬚ ⚗ 🔲 ⬚ |

GRAVIÈRES

✉ 07140 – **331** G7 – G. Lyon et la vallée du Rhône – 369 h. – alt. 220
Paris 636 – Lyon 213 – Privas 71 – Nîmes 92 – Alès 48.

⚠ **Le Mas du Serre** avr.-1er oct.
    ✆ 04 75 37 33 84, *camping-le-mas-du-serre@wanadoo.fr*,
    www.campinglemasduserre.com – **R** conseillée
    1,5 ha (75 empl.) plat, peu incliné, terrasses, herbeux
    Tarif : 20 € ✶ ⬚ 🔲 (✦) (5A) – pers. suppl. 5 €
    Pour s'y rendre : SE : 1,3 km par D 113 et chemin à gauche,
    à 300 m du Chassezac
    À savoir : Belle situation autour d'un ancien mas

| Nature : ⬚ ⩽ ♀♀ |
| Loisirs : ⚗ ⚗ |
| Services : ⬚ ⬚ ⚗ 🔲 ⬚ ⬚ 🔲 |
| À prox. : ⬚ |

ISSARLÈS

✉ 07470 – **331** G4 – G. Lyon Drôme Ardèche – 166 h. – alt. 946
⧉ *Syndicat d'initiative, le Village* ✆ 04 66 46 26 26, Fax 04 66 46 20 61
Paris 574 – Coucouron 16 – Langogne 36 – Le Monastier-sur-Gazeille 18 – Montpezat-sous-Bauzon 35 –
Privas 71.

⚠ **La Plaine de la Loire** 10 mai-20 oct.
    ✆ 04 66 46 25 77, *campinglaplainedelaloire@ifrance.com*,
    www.campinglaplainedelaloire.ifrance.com – alt. 900
    – **R** conseillée
    1 ha (55 empl.) plat, herbeux
    Tarif : 13,40 € ✶ ⬚ 🔲 (✦) (6A) – pers. suppl. 3 €
    Pour s'y rendre : O : 3 km par D 16, rte de Coucouron et
    chemin à gauche avant le pont
    À savoir : Au bord de la Loire

| Nature : ⬚ ⩽ ♀ |
| Loisirs : ⚗ ⚗ |
| Services : ⬚ ⚗ ⬚ ⬚ ⬚ ⬚ |

JAUJAC

✉ 07380 – **331** H6 – 1 065 h. – alt. 450
⧉ *Syndicat d'initiative, place du Champ de Mars* ✆ 04 75 93 28 54, Fax 04 75 93 28 54
Paris 612 – Privas 44 – Le Puy-en-Velay 81.

⚠ **Bonneval** Pâques-fin sept.
    ✆ 04 75 93 27 09, *bonneval.camping@wanadoo.fr*,
    Fax 04 75 93 23 83, *www.campingbonneval.com* ✉ 07380
    Fabras – **R** conseillée
    3 ha (60 empl.) plat, peu incliné et en terrasses, herbeux
    Tarif : (Prix 2007) 21,50 € ✶ ⬚ 🔲 (✦) (5A) – pers.
    suppl. 4 €
    Location (Pâques-fin oct.) : 4 ⬚⬚ (4 à 6 pers.) 340 à
    530 €/sem.
    Pour s'y rendre : NE : 2 km par D 19 et D 5, rte de
    Pont-de-Labeaume, au lieu-dit les Plots, à 100 m du Lignon
    et des coulées basaltiques

| Nature : ⬚ ⩽ Chaine du Tanargue |
| ♀♀ |
| Loisirs : ▼ ⚗ ⚗ ⚗ |
| Services : ⬚ ⬚ (saison) ⚗ ⬚ ⬚ 🔲 |
| À prox. : ⬚ |

Si vous désirez réserver un emplacement pour vos vacances,
faites-vous préciser au préalable les conditions particulières de séjour,
les modalités de réservation, les tarifs en vigueur et les conditions de paiement.

JOANNAS

✉ 07110 – **331** H6 – 304 h. – alt. 430
Paris 650 – Aubenas 23 – Largentière 8 – Privas 55 – Valgorge 15 – Vallon-Pont-d'Arc 30.

▲▲▲ **Le Roubreau** 22 mars-14 sept.
  ☎ 04 75 88 32 07, *campingroubreau@aol.com*,
  Fax 04 75 88 31 44, *www.leroubreau.com* – **R** conseillée
  3 ha (100 empl.) plat et peu incliné à incliné, herbeux,
  pierreux
  Tarif : 23,50 € ⚹ ⇔ 🔲 – pers. suppl. 7 € – frais de
  réservation 7,50 €
  Location : 10 🚐 (4 à 6 pers.) 300 à 530 €/sem. – 19 🏠
  (4 à 6 pers.) 300 à 530 €/sem.
  🚐 1 borne raclet 8 €
  Pour s'y rendre : O : 1,4 km par D 24, rte de Valgorge et
  chemin à gauche
  À savoir : Au bord du Roubreau

> Nature : 🏞 ≤ 🏕 �♂
> Loisirs : 🍷 snack 🎮 🏊 🎯 🛶 ⛵
> Services : ♿ ⚷ (juil.-août) GB 🚙
> 🗑 ♨ ☕ 🚽 📞 🔲 🧺
> À prox. : canoë

▲▲ **La Marette** avr.-sept.
  ☎ 04 75 88 38 88, *reception@lamarette.com*,
  Fax 04 75 88 36 33, *www.lamarette.com* – **R** conseillée
  4 ha (55 empl.) en terrasses et accidenté, herbeux, bois
  Location 🚫 : 23 🚐 (4 à 6 pers.) 250 à 600 €/sem.
  Pour s'y rendre : O : 2,4 km par D 24, rte de Valgorge

> Nature : 🏞 ≤ 🏕 ♀♀
> Loisirs : 🍷 🎮 🏊 🚲 🛶 ⛷
> Services : ♿ ⚷ GB 🚙 🗑 ♨ 🔲 🧺

JOYEUSE

✉ 07260 – **331** H7 – G. Lyon Drôme Ardèche – 1 483 h. – alt. 180
🛈 *Office de tourisme, montée de la Chastellane* ☎ 04 75 89 80 92, Fax 04 75 89 80 95
Paris 650 – Alès 54 – Mende 97 – Privas 55.

▲▲ **La Nouzarède** avr.-sept.
  ☎ 04 75 39 92 01, *campingnouzarede@wanadoo.fr*,
  Fax 04 75 39 43 27, *www.camping-nouzarede.fr*
  – **R** conseillée
  2 ha (103 empl.) plat, herbeux, pierreux
  Tarif : 27,25 € ⚹ ⇔ 🔲 ⚡(10A) – pers. suppl. 5,20 € –
  frais de réservation 14 €
  Location : 40 🚐 (4 à 6 pers.) 229 à 680 €/sem.
  Pour s'y rendre : Au N du bourg par rte du stade, à 150 m
  de la Beaume (accès direct)

> Nature : 🏕 ♀
> Loisirs : 🍷 ✗ snack, pizzeria 🎮
> 🏊 🛶
> Services : ♿ ⚷ GB 🚙 🗑 ♨ ☕ ⛷
> 🚽 🔲 🧺 🧺
> À prox. : 🎯 🛷 🛶 canoë

▲▲ **Bois Simonet** (location exclusive de chalets) avr.-sept.
  ☎ 04 75 39 58 60, *boissimo@aol.com*, Fax 04 75 39 46 79,
  www.bois-simonet.com – **R** conseillée
  2,5 ha en terrasses, pierreux
  Location : 33 🏠 (4 à 6 pers.) 250 à 989 €/sem.
  Pour s'y rendre : N : 3,8 km par D 203, rte de Valgorge

> Nature : 🏞 ≤ vallée de la Beaume
> 🏕 ♀(pinède)
> Loisirs : 🍷 snack 🏊 🚲 🛶
> Services : ⚷ GB 🚙 🗑 ♨ ☕ 📞 🔲
> 🧺

LABLACHÈRE

✉ 07230 – **331** H7 – 1 520 h. – alt. 182
Paris 653 – Aubenas 27 – Largentière 16 – Privas 58 – St-Ambroix 31 – Vallon-Pont-d'Arc 22.

▲▲ **Le Ch'ti Franoi** Pâques-oct.
  ☎ 04 75 36 64 09, *campinglechti@wanadoo.fr*, *www.cam
  pinglechtifranoi.com* – **R** conseillée 🚫
  2,8 ha (40 empl.) plat et peu incliné, terrasses, pierreux,
  herbeux
  Tarif : 22 € ⚹ ⇔ 🔲 ⚡(3A) – pers. suppl. 3,50 € – frais de
  réservation 50 €
  Location : 27 🚐 (4 à 6 pers.) 160 à 570 €/sem.
  Pour s'y rendre : NO : 4,3 km par D 4 rte de Planzolles

> Nature : 🏞 ≤ 🏕
> Loisirs : 🍷 snack 🎯 🏊 🛷 🛶
> Services : ♿ ⚷ GB 🚙 🗑 ♨ ☕ ⛷
> 🔲
> À prox. : canoë

LABEAUME

✉ 07120 – **331** H7 – G. Lyon Drôme Ardèche – 493 h. – alt. 116
Paris 659 – Lyon 197 – Privas 55 – Nîmes 99 – Avignon 93.

Schéma à Vallon-Pont-d'Arc

Le Peyroche 29 mars-14 sept.
& 04 75 39 79 39, *reception@camping-peyroche.com*,
Fax 04 75 39 79 40, *www.camping-peyroche.com* – **R** indispensable
8 ha/5 campables (160 empl.) plat, herbeux, sablonneux
Tarif : 22 € ⚹ ⇔ 🅴 (5A) – pers. suppl. 3,70 € – frais de réservation 35 €
Location (23 mars-21 sept.) 🛖 : 19 (4 à 6 pers.) 279 à 669 €/sem. – bungalows toilés
Pour s'y rendre : E : 4 km
À savoir : Au bord de l'Ardèche

Nature : 🌳 ⚠
Loisirs : snack ☇ 🚲
Services : ⚹ ⚡ GB 🅰 🔥 ℗ ⟲ 🖥 ♨ ⚖

LALOUVESC

✉ 07520 – **331** J3 – G. Lyon Drôme Ardèche – 494 h. – alt. 1 050
🏢 *Office de tourisme, rue Saint-Régis &* 04 75 67 84 20, Fax 04 75 67 80 09
Paris 553 – Annonay 24 – Lamastre 25 – Privas 80 – St-Agrève 32 – Tournon-sur-Rhône 39 – Valence 56 – Yssingeaux 43.

Municipal le Pré du Moulin 10 mai-27 sept.
& 04 75 67 84 86, Fax 04 75 67 85 69 – **R** conseillée
2,5 ha (70 empl.) en terrasses, peu incliné, herbeux
Tarif : 11,45 € ⚹ ⇔ 🅴 (6A) – pers. suppl. 2,40 €
Location : 13 (4 à 6 pers.) 138 à 330 €/sem. – huttes
Pour s'y rendre : Au N de la localité

Nature : 🌿
Loisirs : 🎮 ☇ ✕ 🎯
Services : ⚹ ⚡ GB 🅰 ℗ ♨ ⟲ 🖥

LAMASTRE

✉ 07270 – **331** J4 – G. Lyon Drôme Ardèche – 2 467 h. – alt. 375
🏢 *Office de tourisme, place Montgolfier &* 04 75 06 48 99, Fax 04 75 06 37 53
Paris 577 – Privas 55 – Le Puy-en-Velay 72 – Valence 38.

Le Retourtour 12 avr.-28 sept.
& 04 75 06 40 71, *campingderetourtour@wanadoo.fr*,
Fax 04 75 06 40 71, *www.campingderetourtour.com* – **R** conseillée
2,9 ha (130 empl.) plat et peu incliné, herbeux, gravillons
Tarif : 19,70 € ⚹ ⇔ 🅴 (8A) – pers. suppl. 3,90 €
Location : 11 (4 à 6 pers.) 239 à 559 €/sem.
🚐 1 borne artisanale
Pour s'y rendre : NO : 2,6 km par D 533 et chemin à droite, à Retourtour Plage
À savoir : Près d'un plan d'eau

Nature : 🌿 ♀
Loisirs : 🍴 snack, pizzeria 🎮 🎲 nocturne 🔥 ☇ 🎯
Services : ⚹ ⚡ 🅰 ♨ ℗ ⟲ 🖥 ⚖
À prox. : ✕ 🏖 (plage)

LARNAS

✉ 07220 – **331** J7 – G. Lyon et la Vallée du Rhône – 90 h. – alt. 300
Paris 631 – Aubenas 41 – Bourg-St-Andéol 12 – Montélimar 24 – Vallon-pont-d'Arc 24.

Le Domaine d'Imbours 🏕 – 22 mars-4 oct.
& 04 75 54 39 50, *imbours@franceloc.fr*,
Fax 04 75 54 39 20, *www.domaine-imbours.com* – **R** indispensable
270 ha/10 campables (250 empl.) plat, peu incliné à incliné, pierreux, herbeux
Tarif : 33,70 € ⚹ ⇔ 🅴 (6A) – pers. suppl. 4,60 € – frais de réservation 25 €
Location : 114 (4 à 6 pers.) 189 à 1 043 €/sem. – 45 🏠 (4 à 6 pers.) 231 à 1 113 €/sem. – hôtel - gîtes
Pour s'y rendre : SO : 2,5 km par D 262. Pour caravanes, de Bourg-St-Andéol passer par St-Remèze et Mas du Gras (D 4, D 362 et D 262)

Nature : 🌿 🌳
Loisirs : 🍴 ✕ snack 🎮 🎲 nocturne 🏃 ☇ 🚲 🎯 ✕ 🔲 🏊 ⛷ terrain omnisports
Services : ⚹ ⚡ GB 🅰 ♨ ℗ ⟲ ⚖ ⟲ 📦 ⚖
À prox. : 🚣 canoë

LAURAC-EN-VIVARAIS

✉ 07110 – **331** H6 – 784 h. – alt. 182
Paris 646 – Alès 60 – Mende 102 – Privas 50.

Schéma à Vallon-Pont-d'Arc

⚠ **Les Châtaigniers** avr.-sept.
🖉 04 75 36 86 26, *chataigniers@hotmail.com,*
Fax 04 75 36 86 26, *www.chataigniers-laurac.com*
– **R** conseillée
1,2 ha (71 empl.) plat, peu incliné, herbeux
Tarif : 17 € ⚡ ⛺ 🅴 🔌 (10A) – pers. suppl. 3,50 €
Location ⚤ (juil.-août) : 7 🛖 (4 à 6 pers.) 250 à
510 €/sem.
Pour s'y rendre : Au SE du bourg, accès conseillé par D 104

Nature : ♀♀	
Loisirs : 🏠 🏖 🛝	
Services : 🚿 ⚡ GB 🐕 🗄 🛋 ⓦ 🚮	

MAISON-NEUVE

✉ 07230 – **331** H7
Paris 662 – Aubenas 35 – Largentière 25 – Privas 67 – St-Ambroix 22 – Vallon-Pont-d'Arc 21.

⚠⚠ **Pont de Maisonneuve** avr.-1er oct.
🖉 04 75 39 39 25, *camping.pontdemaisonneuve@wana
doo.fr,* Fax 04 75 39 39 25, *www.camping-pontdemaison
neuve.com* ✉ 07460 Beaulieu – **R** conseillée
3 ha (100 empl.) plat, herbeux
Tarif : 15,10 € ⚡ ⛺ 🅴 – pers. suppl. 3,50 €
Location : 11 🛖 (4 à 6 pers.) 280 à 504 €/sem.
Pour s'y rendre : Sortie S par D 104 rte d'Alès et à droite,
rte de Casteljau, après le pont
À savoir : Au bord du Chassezac

Nature : ♀♀	
Loisirs : 🍴 🏠 🏖 ✂ 🛝 🎣	
Services : 🚿 ⚡ GB 🐕 🗄 🛋 ⓦ 🚮 🛁	
À prox. : canoë	

Benutzen Sie
– zur Wahl der Fahrtroute
– zur Berechnung der Entfernungen
– zur exakten Lokalisierung eines Campingplatzes (mit Hilfe der Angaben im Ortstext)
die für diesen Führer unentbehrlichen **MICHELIN-Karten** .

720

MALARCE-SUR-LA-THINES

✉ 07140 – **331** G7 – 258 h. – alt. 340
Paris 626 – Aubenas 48 – Largentière 38 – Privas 79 – Vallon-Pont-d'Arc 42 – Villefort 21.

⚠ **Les Gorges du Chassezac** mai-août
🖉 04 75 39 45 12, *campinggorgeschassezac@wanadoo.fr,*
www.campinggorgeschassezac.com – **R** conseillée
2,5 ha (80 empl.) plat, peu incliné et en terrasses, pierreux,
herbeux
Tarif : 17 € ⚡ ⛺ 🅴 🔌 (6A) – pers. suppl. 3 €
Location : 10 🛖 (4 à 6 pers.) 300 à 450 €/sem.
Pour s'y rendre : SE : 4 km par D 113, rte des Vans, lieu-dit
Champ d'Eynès
À savoir : Au bord du Chassezac (accès direct)

Nature : 🌲 ⩽ ♀♀	
Loisirs : 🎣 🎣	
Services : ⚡ (juil.-août) 🐕 🗄 ⓦ 🚮 🛁	

MALBOSC

✉ 07140 – **331** G7 – 169 h. – alt. 450
Paris 644 – Alès 45 – La Grand-Combe 29 – Les Vans 19 – Villefort 27.

⚠⚠ **Le Moulin de Gournier** 21 juin-août
🖉 04 75 37 35 50, *moulindegournier@aol.com, www.cam
ping-moulin-de-gournier.com* – **R** conseillée
4 ha/1 campable (29 empl.) en terrasses, pierreux, herbeux
Tarif : 19 € ⚡ ⛺ 🅴 🔌 (10A) – pers. suppl. 6 €
Pour s'y rendre : NE : 7 km par D 216 rte des Vans
À savoir : Cadre agréable au bord de la Ganière

Nature : 🌲 🏕 ♀	
Loisirs : snack 🚲 🎣 🎣	
Services : 🚿 ⚡ 🐕 🗄 ⓦ 🚮 🛁	

MARS

✉ 07320 – **331** H3 – 216 h. – alt. 1 060
Paris 579 – Annonay 49 – Le Puy-en-Velay 44 – Privas 71 – Saint-Étienne 67.

⚠ **La Prairie** 15 mai-15 sept.
  📞 04 75 30 24 47, millardjf@camping.laprairie.com,
  Fax 04 75 30 24 47, www.camping.laprairie.com – **R** conseillée
  0,6 ha (30 empl.) clos, plat, herbeux, sablonneux
  Tarif : 13,10 € ✶ ⟷ 🔲 (6A) – pers. suppl. 3 €
  Location : 3 🚐 (2 à 4 pers.) 305 à 350 €/sem.
  🚐, 1 borne artisanale 4 €
  Pour s'y rendre : au NE du bourg par D 15, rte de St-
  Agrève et chemin à gauche

> Nature : 🏞 ≤
> Loisirs : snack 🏊 🚲
> Services : 🚿 ⊶ 🏧 ⊛
> À prox. : 🎣 ❌ ⛵ (plan d'eau) golf
> (18 trous)

Les MAZES

✉ 07150 – **331** I7 – G. Lyon Drôme Ardèche
Paris 669 – Lyon 207 – Privas 58 – Nîmes 83 – Avignon 84.
                    Schéma à Vallon-Pont-d'Arc

⚠ **La Plage Fleurie**
  📞 04 75 88 01 15, info@laplagefleurie.com,
  Fax 04 75 88 11 31, www.laplagefleurie.com – **R** indispensable
  12 ha/6 campables (300 empl.) plat et peu incliné, terrasses,
  herbeux
  Location : 97 🚐
  Pour s'y rendre : O : 3,5 km
  À savoir : Au bord de l'Ardèche

> Nature : ≤ 🌳🌳 ⛰
> Loisirs : 🍹 ❌ snack, pizzeria 🎯
> 🏊 🛶 🎣
> Services : 🚿 ⊶ 🔲 ⊛ 🏧 🔁 🚿

⚠ **Beau Rivage** mai-13 sept.
  📞 04 75 88 03 54, campingbeaurivage@wanadoo.fr,
  Fax 04 75 88 03 54, www.beaurivage-camping.com
  – **R** conseillée
  2 ha (100 empl.) plat et terrasse, herbeux
  Tarif : 26,70 € ✶ ⟷ 🔲 (6A) – pers. suppl. 5,30 € – frais
  de réservation 16 €
  Location : 14 🚐 (4 à 6 pers.) 285 à 600 €/sem.

> Nature : 🏞 🌳🌳 ⛰
> Loisirs : snack 🏊 🛶 🎣 canoë
> Services : 🚿 ⊶ GB 🐕 🔲 🔁 🚿 ⊛
> 🍹 ☎ 🔁 🚿

721

⚠ **Arc-en-Ciel** mai-6 sept.
  📞 04 75 88 04 65, info@arcenciel-camping.com,
  Fax 04 75 37 16 99, www.arcenciel-camping.com
  – **R** conseillée
  5 ha (218 empl.) plat et peu incliné, herbeux, pierreux
  Tarif : 28,50 € ✶ ⟷ 🔲 (10A) – pers. suppl. 5,50 € –
  frais de réservation 12 €
  Location 🐾 : 49 🚐 (4 à 6 pers.) 250 à 720 €/sem.
  À savoir : Au bord de l'Ardèche (plan d'eau)

> Nature : 🏞 🌳🌳 ⛰
> Loisirs : 🍹 pizzeria 🚗 🏊 🛶 🎣
> Services : 🚿 ⊶ GB 🐕 🔲 🔁 🚿 ⊛
> 🍹 ☎ 🔁 🚿

MEYRAS

✉ 07380 – **331** H5 – 775 h. – alt. 450
🎫 Office de tourisme, Route Nationale 102 📞 04 75 36 46 26, Fax 04 75 36 45 28
Paris 609 – Aubenas 17 – Le Cheylard 54 – Langogne 49 – Privas 46.

⚠ **La Plage** 30 mars.-26 oct.
  📞 04 75 36 40 59, contact@lecampingdelaplage.com,
  Fax 04 75 36 43 70, www.lecampingdelaplage.com
  – **R** conseillée
  0,8 ha (45 empl.) en terrasses et plat, herbeux, pierreux
  Tarif : 28 € ✶ ⟷ 🔲 (10A) – pers. suppl. 5 €
  Location : 22 🚐 (4 à 6 pers.) 210 à 600 €/sem. – 12 🏠
  (4 à 6 pers.) 230 à 630 €/sem. – appartements
  Pour s'y rendre : À Neyrac-les-Bains, SO : 3 km par N 102,
  rte du Puy-en-Velay
  À savoir : Agréable situation au bord de l'Ardèche

> Nature : 🏞 ≤ 🚐 🌳🌳
> Loisirs : 🍹 🚗 salle d'animation
> 🏊 🛶 ⛳ 🎣
> Services : 🚿 ⊶ GB 🐕 🏧 🔲 🔁 🚿
> ⊛ 🐾 🍹 ☎ 🔁 🚿
> À prox. : canoë

MEYRAS

Le Ventadour 29 mars-5 oct.
04 75 94 18 15, *jplai2@wanadoo.fr*, Fax 04 75 94 18 15,
www.leventadour.com – **R** conseillée
3 ha (142 empl.) plat et peu incliné, herbeux
Tarif : 22 € ⚹ ⟶ 🔲 (10A) – pers. suppl. 4,50 € – frais
de réservation 13 €
Location : 12 (4 à 6 pers.) 289 à 549 €/sem.
12 €
Pour s'y rendre : SE : 3,5 km, par N 102 rte d'Aubenas,
bord de l'Ardèche

Nature :
Loisirs : snack, pizzeria
Services :
À prox. : canoë

MONTRÉAL

07110 – **331** H6 – 462 h. – alt. 180
Paris 649 – Aubenas 22 – Largentière 5 – Privas 53 – Vallon-Pont-d'Arc 22.
Schéma à Vallon-Pont-d'Arc

Le Moulinage (location exclusive de chalets, mobile
homes et bungalows toilés) 26 avr.-13 nov.
04 42 54 27 68, *campingdumoulinage@wanadoo.fr*,
Fax 04 42 53 43 19, *www.ardeche-camping.com* – **R**
4 ha peu incliné, terrasses, herbeux, pierreux
Location : 16 (4 à 6 pers.) 400 à 600 €/sem. – 22
(4 à 6 pers.) 300 à 650 €/sem. – 5 bungalows toilés –
avec sanitaires
Pour s'y rendre : SE : 5,5 km par D 5, D 104 et D 4 rte de
Ruoms
À savoir : au bord de la Ligne

Nature :
Loisirs : snack
Services :
À prox. : canoë

Benutzen Sie
– zur Wahl der Fahrtroute
– zur Berechnung der Entfernungen
– zur exakten Lokalisierung eines Campingplatzes (mit Hilfe der Angaben im Ortstext)
*die für diesen Führer unentbehrlichen **MICHELIN-Karten** .*

722

Les OLLIÈRES-SUR-EYRIEUX

07360 – **331** J5 – 797 h. – alt. 200
Office de tourisme, le pont 04 75 66 30 21, *Fax 04 75 66 20 31*
Paris 593 – Le Cheylard 28 – Lamastre 33 – Montélimar 53 – Privas 19 – Valence 34.

Le Mas de Champel 26 avr.-24 sept.
04 75 66 23 23, *masdechampel@wanadoo.fr*,
Fax 04 75 66 23 16, *www.masdechampel.com* – **R** conseillée
4 ha (95 empl.) en terrasses, herbeux
Tarif : 27,90 € ⚹ ⟶ 🔲 (6A) – pers. suppl. 6,90 € – frais
de réservation 25 €
Location : 34 (4 à 6 pers.) 249 à 699 €/sem. –
bungalows toilés
Pour s'y rendre : Au N du bourg par D 120, rte de la
Voulte-sur-Rhône et chemin à gauche, près de l'Eyrieux

Nature :
Loisirs : snack
Services :

Domaine des Plantas ⚹ – 5 avr.-fin sept.
04 75 66 21 53, *plantas.ardeche@wanadoo.fr*,
Fax 04 75 66 23 65, *www.campings-franceloc.fr* – **R** conseillée
27 ha/7 campables (100 empl.) en terrasses, pierreux,
herbeux
Tarif : 31 € ⚹ ⟶ 🔲 (10A) – pers. suppl. 7,50 € – frais
de réservation 23 €
Location : 51 (4 à 6 pers.) 147 à 749 €/sem. – 21
(4 à 6 pers.) 175 à 868 €/sem.
Pour s'y rendre : E : à 3 km du bourg par rte étroite, accès
près du pont, bord de l'Eyrieux

Nature :
Loisirs : pizzeria noc-turne
Services :

Les OLLIÈRES-SUR-EYRIEUX

🏕 **Eyrieux-Camping** ♣♦ – 29 mars-14 sept.
    ℏ 04 75 66 30 08, *blotjm@aol.com*, Fax 04 75 66 63 76,
    www.eyrieuxcamping.com – **R** conseillée
    3 ha (94 empl.) en terrasses, plat, herbeux
    Tarif : 23,50 € ✶ ⇔ 🅴 [4] (6A) – pers. suppl. 5 € – frais de
    réservation 25 €
    Location : 21 ⛺ (4 à 6 pers.) 252 à 616 €/sem. – 29 🏠
    (4 à 6 pers.) 280 à 672 €/sem.
    Pour s'y rendre : Sortie E par D 120, rte de la Voulte-sur-
    Rhône et chemin à droite, à 100 m de l'Eyrieux (accès direct)

> Nature : ⩽ 🗔 ♀
> Loisirs : ♟ snack 🏕 🏓 🚲 ⁰🔥 🎣 ⛵
> 🏊 ⬞ terrain omnisports
> Services : ♿ ⌒ GB ⚫ 🚿 ⬧ ⊕ ◉ ⟍
> ⟍ 🖭 ⬚ réfrigérateurs

ORGNAC-L'AVEN

✉ 07150 – **331** I8 – 341 h. – alt. 190
Paris 655 – Alès 44 – Aubenas 49 – Pont-St-Esprit 23 – Privas 84 – Vallon-Pont-d'Arc 18.
    Schéma à St-Remèze

🏕 **Municipal**
    ℏ 04 75 38 63 68, *info@orgnacvillage.com*,
    Fax 04 75 38 61 92, *www.orgnacvillage.com* – **R** conseillée
    2,6 ha (150 empl.) plat, pierreux
    Pour s'y rendre : Au N du bourg par D 217, rte de Vallon-
    Pont-d'Arc

> Nature : ♀♀(chênaie)
> Loisirs : 🏠 ✂ 🏊
> Services : ♿ ⌒ 🚿 ⊕ ◉
> À prox. : ⬞

*The classification (1 to 5 tents, **black** or red) that we award to*
selected sites in this Guide is a system that is our own.
It should not be confused with the classification (1 to 4 stars) of official organisations.

PRADONS

✉ 07120 – **331** I7 – 295 h. – alt. 124
Paris 647 – Aubenas 20 – Largentière 16 – Privas 52 – Ruoms 4 – Vallon-Pont-d'Arc 12.
    Schéma à Vallon-Pont-d'Arc

723

🏕 **Les Coudoulets** 19 avr.-15 sept.
    ℏ 04 75 93 94 95, *camping@coudoulets.com*,
    Fax 04 75 39 65 89, *www.coudoulets.com* – **R** conseillée
    3,5 ha/2,5 campables (123 empl.) plat et peu incliné,
    pierreux, herbeux
    Tarif : 27,30 € ✶ ⇔ 🅴 [4] (10A) – pers. suppl. 5,70 € –
    frais de réservation 8 €
    Location : 6 ⛺ (4 à 6 pers.) 230 à 550 €/sem. – 10 🏠
    (4 à 6 pers.) 250 à 590 €/sem. – gîtes
    ⛽ 1 borne artisanale – 🚐 10 €
    Pour s'y rendre : Au NO du bourg
    À savoir : Accès direct à l'Ardèche

> Nature : 🌿 🗔 ♀ ⛰
> Loisirs : ♟ snack 🏓 🏊
> Services : ♿ ⌒ GB ⚫ 🚿 ⬧ ⟍ 🖭 ⊕
> ⟍ ⟍ 🖭
> À prox. : ✂ canoë

🏕 **International**
    ℏ 04 75 39 66 07, *contact@cia-ardeche.com*,
    Fax 04 75 39 79 08, *www.cia-ardeche.com* – **R** conseillée
    1,5 ha (45 empl.) peu incliné, plat, herbeux
    Location : 14 🏠
    Pour s'y rendre : NE sur D 579, rte d'Aubenas
    À savoir : Accès direct à l'Ardèche (escalier)

> Nature : ♀
> Loisirs : 🏠 🏓 ✂ 🏊 🏊
> Services : ♿ ⌒ 🚿 ⊕ ⟍ 🖭
> À prox. : canoë

🏕 **Laborie** avr.-sept.
    ℏ 04 75 39 72 26, *camping-de-laborie@wanadoo.fr*,
    Fax 04 75 39 72 26, *www.campingdelaborie.com*
    – **R** conseillée
    3 ha (100 empl.) plat, herbeux
    Tarif : 22,70 € ✶ ⇔ 🅴 [4] (10A) – pers. suppl. 3,80 €
    Location : 8 ⛺ (4 à 6 pers.) 200 à 530 €/sem.
    Pour s'y rendre : NE : 1,8 km par rte d'Aubenas
    À savoir : Au bord de l'Ardèche

> Nature : 🌿
> Loisirs : ♟ 🏠 🏓 🏊 🏊 🎣
> Services : ♿ ⌒ GB ⚫ 🚿 ⊕ ◉
> À prox. : canoë

PRADONS

▲ **Le Pont** Pâques-sept.
  ℘ 04 75 93 93 98, *campingdupont07@wanadoo.fr*,
  Fax 04 75 36 84 13, *www.campingdupontardeche.com*
  – **R** conseillée
  1,2 ha (65 empl.) plat, herbeux, pierreux
  Tarif : 20,50 € ⚹ ⟵ 🅴 (10A) – pers. suppl. 4,90 €
  Location : 8 🏠 (4 à 6 pers.) 240 à 550 €/sem. – chalets
  (sans sanitaires)
  Pour s'y rendre : O : 0,3 km par D 308 rte de Chauzon
  À savoir : Accès direct à l'Ardèche (escalier)

Nature : 🗖 ♀♀
Loisirs : 🍴 🏠 ⚓ 🏊 🎣 ⤳
Services : 🕭 ⚡ GB 🅰 🖻 🚿 🔄 ⊕ 🛒
🖀 🖭
À prox. : canoë

PRIVAS

✉ 07000 – **331** J5 – G. Lyon Drôme Ardèche – 9 170 h. – alt. 300
🛈 *Office de tourisme, 3, place du Général-de-Gaulle* ℘ 04 75 64 33 35, Fax 04 75 64 73 95
Paris 596 – Alès 107 – Mende 140 – Montélimar 34 – Le Puy-en-Velay 91 – Valence 41.

▲ **Ardèche Camping** avr.-27 sept.
  ℘ 04 75 64 05 80, *jcray@wanadoo.fr*, Fax 04 75 64 59 68,
  www.ardechecamping.fr – **R** indispensable
  5 ha (166 empl.) plat, terrasses, peu incliné à incliné,
  herbeux
  Tarif : 22,50 € ⚹ ⟵ 🅴 (10A) – pers. suppl. 5 € – frais
  de réservation 15 €
  Location : 12 🏠 (4 à 6 pers.) 294 à 707 €/sem. – 16 🏠
  (4 à 6 pers.) 294 à 693 €/sem.
  Pour s'y rendre : S : 1,5 km par D 2 rte de Montélimar et
  bd de Paste à droite, bord de l'Ouvèze

Nature : ⩽ ♀
Loisirs : ⚓ 🏊
Services : 🕭 ⚡ GB 🅰 🖻 🚿 🔄 ⊕
🛒 🖭
À prox. : 🍴 🍽 🏊

724

RIBES

✉ 07260 – **331** H7 – 284 h. – alt. 380
Paris 656 – Aubenas 30 – Largentière 19 – Privas 61 – St-Ambroix 39 – Vallon-Pont-d'Arc 28.

▲ **Les Cruses** 5 avr.-sept.
  ℘ 04 75 39 54 69, *les-cruses@wanadoo.fr*,
  Fax 04 75 39 42 00, *www.campinglescruses.com*
  – **R** conseillée
  0,7 ha (37 empl.) en terrasses
  Tarif : 14,20 € ⚹ ⟵ 🅴 (6A) – pers. suppl. 4,50 € – frais
  de réservation 16 €
  Location : 6 🏠 (4 à 6 pers.) 260 à 600 €/sem. – 16 🏠
  (4 à 6 pers.) 290 à 680 €/sem.
  Pour s'y rendre : SE : 1 km du bourg, par D 450
  À savoir : Agréable sous-bois

Nature : 🌳 ♀♀
Loisirs : 🏠 ⚓ 🚲 🏊 (petite pis-
cine)
Services : ⚡ (juil.-août) 🅰 🖻 🚿 🔄
⊕ 🔄 🖭
À prox. : 🍽 canoë

ROSIÈRES

✉ 07260 – **331** H7 – 993 h. – alt. 175
🛈 *Office de tourisme, le Grillou* ℘ 04 75 39 51 98, Fax 04 75 39 51 12
Paris 649 – Aubenas 22 – Largentière 12 – Privas 54 – St-Ambroix 34 – Vallon-Pont-d'Arc 20.

▲▲ **Arleblanc** mars-11 nov.
  ℘ 04 75 39 53 11, *info@arleblanc.com*, Fax 04 75 39 93 98,
  www.arleblanc.com – **R** indispensable
  7 ha (167 empl.) plat, herbeux
  Tarif : 26,75 € ⚹ ⟵ 🅴 – pers. suppl. 4 €
  Location : 40 🏠 (4 à 6 pers.) 357 à 565 €/sem. – gîtes
  Pour s'y rendre : Sortie NE rte d'Aubenas et 2,8 km par
  chemin à droite, longeant le centre commercial Intermarché
  À savoir : Situation agréable au bord de la Beaume

Nature : ♀♀
Loisirs : 🍴 🍽 pizzeria ⚓ 🍽 🎣 🏊
🎣 ⤳
Services : 🕭 ⚡ GB 🅰 🖻 🚿 🔄 ⊕
🔄 🖭 🖀 🖭 🔄 🔄
À prox. : 🐎 canoë

La Plaine avr.-20 sept.
℘ 04 75 39 51 35, *campinglaplaine@aol.com*,
Fax 04 75 39 96 46, *www.campinglaplaine.com* – **R** indispensable
4,5 ha/3,5 campables (128 empl.) plat, peu incliné, herbeux
Tarif : 26 € ⚹ ⇔ 🅴 ⚡ (10A) – pers. suppl. 4,50 € – frais de réservation 15 €
Location : 45 ⬚ (4 à 6 pers.) 200 à 640 €/sem.
Pour s'y rendre : NE : 0,7 km par D 104 rte d'Aubenas

Nature : 🗔 🞈🞈
Loisirs : 🍸 🛋 🛟 🎣 🞈 🞈
Services : ♿ ⚡ 🐾 🖪 🞈 🞈 🞈
À prox. : 🛒 canoë

Les Platanes avr.-oct.
℘ 04 75 39 52 31, *camping.lesplatanes@laposte.net*,
Fax 04 75 39 90 86, *www.campinglesplatanes-ardeche.com* – **R** conseillée
2 ha (90 empl.) plat, herbeux
Tarif : 24,50 € ⚹ ⇔ 🅴 ⚡ (10A) – pers. suppl. 4,50 €
Location 🞈 : 14 ⬚ (4 à 6 pers.) 250 à 680 €/sem.
Pour s'y rendre : Sortie NE rte d'Aubenas et 3,7 km par chemin à droite longeant le centre commercial Intermarché
À savoir : Accès direct à la Beaume

Nature : 🞈 ≤ 🞈🞈 🞈
Loisirs : 🍸 snack 🛋 🛟 🞈 🞈
Services : ♿ ⚡ (juil.-août) ⒼⒷ 🐾
🖪 🞈 🞈 🞈 🞈 🞈
À prox. : 🐎 canoë

Le Saut du Loup avr.-sept.
℘ 06 82 37 01 17, *contact@campinglesautduloup.com*,
www.campinglesautduloup.com – **R** indispensable
5 ha/1,5 campable (40 empl.) en terrasses, peu incliné, pierreux, herbeux
Tarif : 10 € ⚹ ⇔ 🅴 ⚡ (4A) – pers. suppl. 5 €
Location : 4 ⬚ (4 à 6 pers.) 170 à 290 €/sem.
Pour s'y rendre : N : 3 km par D 104 et par D 212, rte de Laurac, puis chemin à droite
À savoir : Cadre sauvage et naturel

Nature : 🞈 🞈🞈
Services : ♿ ⚡ (juil.-août) 🐾 🖪 🞈
🖪

725

Les Hortensias mai-sept.
℘ 04 75 39 91 38, *campingleshortensias@wanadoo.fr*,
www.camping-leshortensias.com – **R** conseillée
1 ha (34 empl.) plat, herbeux, sablonneux
Tarif : 21 € ⚹ ⇔ 🅴 ⚡ (6A) – pers. suppl. 3,50 €
Location : 19 ⬚ (4 à 6 pers.) 200 à 560 €/sem. – gîte
Pour s'y rendre : NO : 1,8 km par D 104, rte de Joyeuse, D 303, rte de Vernon à droite, et chemin à gauche

Nature : 🞈 🗔 🞈🞈
Loisirs : 🛟
Services : ♿ ⚡ (juil.-août) 🐾 🖪 🞈
🞈 🖪
À prox. : 🞈 (plan d'eau) 🞈 canoë

RUOMS

✉ 07120 – **331** I7 – G. Lyon Drôme Ardèche – 2 132 h. – alt. 121
🇮 *Syndicat d'initiative, rue Alphonse Daudet* ℘ 04 75 93 91 90
Paris 651 – Alès 54 – Aubenas 24 – Pont-St-Esprit 49.
Schéma à St-Remèze

Domaine de Chaussy ⚤⚤ – 2 avr.-sept.
℘ 04 75 93 99 66, *infos@domainedechaussy.net*,
Fax 04 75 93 90 56, *www.domainedechaussy.com* – **R** conseillée
18 ha/5,5 campables (250 empl.) plat et peu accidenté, herbeux, pierreux, sablonneux
Tarif : 39 € ⚹ ⇔ 🅴 ⚡ (10A) – pers. suppl. 8 € – frais de réservation 20 €
Location : 103 ⬚ (4 à 6 pers.) 224 à 899 €/sem. – hôtel - 17 pavillons
Pour s'y rendre : E : 2,3 km par D 559 rte de Lagorce

Nature : 🞈 🞈🞈(chênaie)
Loisirs : 🍸 🞈 pizzeria 🛋 🞈 nocturne 🞈 hammam jacuzzi 🛟 🞈
🞈 🞈 🞈 🛟 🞈 parcours de santé
Services : ♿ ⚡ ⒼⒷ 🐾 🖪 🞈 🞈 🞈
🖪 🞈 🞈
À prox. : canoë

RUOMS

Domaine de la Bastide ♣♣ – 22 mars-25 oct.
🕿 04 75 39 64 72, *info@rcn-labastideenardeche.fr*,
Fax 04 75 39 73 28, *www.rcn-campings.fr* – **R** conseillée
7 ha (300 empl.) plat, herbeux, pierreux
Tarif : 21 € ♣ ⛺ 🔲 🔌 (6A) – pers. suppl. 5,30 € – frais de réservation 14 €
Location : 28 🏠 (4 à 6 pers.) 184 à 818 €/sem.
Pour s'y rendre : SO : 4 km, à Labastide
À savoir : Accès direct à l'Ardèche

Nature : ⩽ 🏞 ⌂
Loisirs : 🍽 ✗ pizzeria 🏓 🎠 🛥
🏊 ✂ 🔥 🎣
Services : 🚿 🕿 GB 🚐 🏧 🗄 🧺 ⊕
🌊 ♨ 🚰 📶 🔳 🚾
À prox. : canoë

Yelloh-Village La Plaine 5 avr.-14 sept.
🕿 04 75 39 65 83, *info@yellohvillage-la-plaine.com*,
Fax 04 75 39 74 38, *www.yellohvillage-la-plaine.com*
– **R** conseillée
4,5 ha (217 empl.) plat, peu incliné, sablonneux, herbeux
Tarif : 40 € ♣ ⛺ 🔲 🔌 (6A) – pers. suppl. 7 €
Location ✂ : 55 🚐 (4 à 6 pers.) 329 à 973 €/sem.
Pour s'y rendre : S : 3,5 km
À savoir : Au bord de l'Ardèche

Nature : 🌿 ⩽ 🏔 ⌂
Loisirs : 🍽 ✗ 🏊 🔥 🏓 🎣 terrain omnisports
Services : 🚿 🕿 GB 🚐 🏧 🗄 🧺 ⊕
⊕ 🌊 ♨ 🚰 📶 🔳 🚾
À prox. : canoë

Les Paillotes 22 mars-27 sept.
🕿 04 75 39 62 05, *contact@campingspaillotes.com*,
Fax 04 75 39 62 05, *www.campingspaillotes.com* – places limitées pour le passage – **R** indispensable
1 ha (45 empl.) plat, herbeux
Tarif : 33 € ♣ ⛺ 🔲 🔌 (10A) – pers. suppl. 7 €
Location : 29 🚐 (4 à 6 pers.) 230 à 720 €/sem. – bungalows toilés
Pour s'y rendre : N : 0,6 km par D 579 rte de Pradons et chemin à gauche

Nature : 🗺
Loisirs : 🍽 🏊 🎣
Services : 🚿 🕿 🚐 🗄 ⊕ 🌊 ♨ 🚰
📶 🔳
À prox. : canoë

726

La Grand'Terre ♣♣ – 5 avr.-13 sept.
🕿 04 75 39 64 94, *grandterre@wanadoo.fr*,
Fax 04 75 39 78 62, *www.campinglagrandterre.com*
– **R** conseillée
10 ha (300 empl.) plat, sablonneux, herbeux
Tarif : 31 € ♣ ⛺ 🔲 🔌 (10A) – pers. suppl. 7,50 €
Location ✂ (juil.-août) : 30 🚐 (4 à 6 pers.) 400 à 790 €/sem.
Pour s'y rendre : S : 3,5 km
À savoir : Au bord de l'Ardèche (accès direct)

Nature : 🏔
Loisirs : 🍽 snack, pizzeria 🎪 ⊕
nocturne 🏓 🏊 ✂ 🎣
Services : 🚿 🕿 GB 🚐 🗄 🧺 📶 ⊕
📶 🔳 🚾
À prox. : canoë

La Chapoulière mi-mars-mi-oct.
🕿 04 75 39 64 98, *camping@lachapouliere.com*,
Fax 04 75 39 64 98, *www.lachapouliere.com* – **R** conseillée
2,5 ha (100 empl.) plat et peu incliné, herbeux
Tarif : (Prix 2007) 30 € ♣ ⛺ 🔲 🔌 (6A) – pers. suppl. 7 €
Location ✂ : 14 🚐 (4 à 6 pers.) 285 à 605 €/sem.
🚐 1 borne artisanale – 🚾 10 €
Pour s'y rendre : S : 3,5 km
À savoir : Au bord de l'Ardèche

Nature : 🌿 🏔
Loisirs : 🍽 pizzeria 🎪 🎣 🛥
Services : 🚿 🕿 GB 🚐 🗄 🧺 📶 ⊕
🚰 📶 🔳
À prox. : ✂ 🐎 canoë

Le Petit Bois avr.-sept.
🕿 04 75 39 60 72, *vacances@campinglepetitbois.fr*,
Fax 04 75 93 95 50, *www.campinglepetitbois.fr* – **R** conseillée
2,5 ha (84 empl.) peu incliné et plat, en terrasses, pierreux, rochers, herbeux
Tarif : 28 € ♣ ⛺ 🔲 🔌 (10A) – pers. suppl. 5,80 € – frais de réservation 10 €
Location ✂ : 21 🚐 (4 à 6 pers.) 301 à 714 €/sem. – 14 🏠 (4 à 6 pers.) 350 à 714 €/sem. – gîtes
Pour s'y rendre : N : 0,8 km du bourg, à 80 m de l'Ardèche - accès piétonnier à la rivière par une rampe abrupte

Nature : 🌿
Loisirs : 🍽 🎪 🏓 🎣 (couverte hors saison) 🏊
Services : 🚿 🕿 GB 🚐 🗄 🧺 📶 ⊕
📶 🔳
À prox. : 🎣 canoë

▲ **Le Carpenty** 26 avr.-août
    𝒫 04 75 39 74 29, *jean-luc.blachere@wanadoo.fr,*
    www.campinglecarpenty.com – **R** conseillée
    0,7 ha (45 empl.) plat, pierreux, herbeux
    Tarif : 17,50 € ⚹ �̲ 🅴 🄶 (10A) – pers. suppl. 3,50 €
    Location 🛁 : 14 🚐
    Pour s'y rendre : S : 3,6 km
    À savoir : Au bord de l'Ardèche (accès direct)

Nature : 🌳🌳
Loisirs : 🏖 🏊
Services : 🛁 🚿 ⚙ 🗑 ⚱ ♨ 🚻 📮

SABLIÈRES

✉ 07260 – **331** G6 – 101 h. – alt. 450
Paris 629 – Aubenas 48 – Langogne 58 – Largentière 38 – Les Vans 25.

⛰ **La Drobie** avr.-15 nov.
    𝒫 04 75 36 95 22, *ladrobie@tiscali.fr,* Fax 04 75 36 95 68,
    www.ladrobie.com – **R** conseillée
    1,5 ha (80 empl.) incliné, en terrasses, herbeux, pierreux
    Tarif : 17 € ⚹ 🚲 🅴 🄶 (12A) – pers. suppl. 3,50 €
    Location : 10 🚐 (2 à 4 pers.) 216 à 350 €/sem. – 10 🏠
    (4 à 6 pers.) 320 à 400 €/sem.
    Pour s'y rendre : O : 3 km par D 220 et rte à droite, bord
    de rivière - pour caravanes : itinéraire conseillé depuis Labla-
    chère par D 4

Nature : 🌊 ≤
Loisirs : 🍴 🍽 🏖 🎿 🛝 🏊 ⛵
Services : 🛁 🚿 GB ⚙ 🗑 ⚱ ♨ 📮
🚮 🚾

Donnez-nous votre avis
sur les terrains que nous recommandons.
Faites-nous connaître vos observations et vos découvertes.
par mail à l'adresse : leguidecampingfrance@fr.michelin.com.

ST-AGRÈVE

727

✉ 07320 – **331** I3 – 2 688 h. – alt. 1 050
🅱 *Office de tourisme, Grand'Rue* 𝒫 04 75 30 15 06, *Fax 04 75 30 60 93*
Paris 582 – Aubenas 68 – Lamastre 21 – Privas 64 – Le Puy-en-Velay 51 – St-Étienne 69 – Yssingeaux 34.

⛰ **Riou la Selle** mai-sept.
    𝒫 04 75 30 29 28, *jmc-rolin@wanadoo.fr,*
    Fax 04 75 30 29 28, *www.campinglerioulaselle.fr*
    – **R** conseillée
    1 ha (29 empl.) plat et peu incliné, terrasses, herbeux
    Tarif : 20 € ⚹ 🚲 🅴 🄶 (16A) – pers. suppl. 5,20 €
    Location : 2 🏠 (4 à 6 pers.) 280 à 480 €/sem.
    Pour s'y rendre : SE : 2,8 km par D 120, rte de Cheylard,
    D 21, rte de Nonières à gauche et chemin de la Roche, à
    droite

Nature : 🌊 ⛺ 🌳🌳
Loisirs : 🍴 🛝 🏊
Services : 🛁 🚿 (juil.-août) GB ⚙
🏢 🗑 ♨ ♨ 🚮 📮 🚾

ST-ALBAN-AURIOLLES

✉ 07120 – **331** H7 – 736 h. – alt. 108
Paris 656 – Alès 49 – Aubenas 28 – Pont-St-Esprit 55 – Ruoms 7 – Vallon-Pont-d'Arc 15.
Schéma à Vallon-Pont-d'Arc

⛰ **Le Ranc Davaine** 🚹♿ – 15 mars-14 sept.
    𝒫 04 75 39 60 55, *camping.ranc.davaine@wanadoo.fr,*
    Fax 04 75 39 38 50, *www.camping-ranc-davaine.fr* – **R** in-
    dispensable
    13 ha (435 empl.) plat et peu incliné, rocailleux, herbeux
    Tarif : 41 € ⚹ 🚲 🅴 🄶 (10A) – pers. suppl. 9,80 € – frais
    de réservation 30 €
    Location 🛁 : 174 🚐 (4 à 6 pers.) 294 à 1 008 €/sem. –
    14 🏠 (4 à 6 pers.) 399 à 1 022 €/sem.
    Pour s'y rendre : SO : 2,3 km par D 208 rte de Chandolas
    (hors schéma)
    À savoir : Près du Chassezac

Nature : ⛺ 🌳
Loisirs : 🍴 🍽 pizzeria 🛋 🍹 nocturne 🎯 🎣 🎠 discothèque 🏖
🛝 🏓 🏊 ⛵ 🎿 canoë
Services : 🛁 🚿 GB ⚙ 🗑 ♨ ♨ ⚱
🚰 🚾 🚾 📮 🚮 🚾

ST-ALBAN-AURIOLLES

△△ **Le Mas du Sartre**
  📞 04 75 39 71 74, masdusartre@wanadoo.fr,
  Fax 04 75 39 71 74, *www.masdusartre.com* – **R** conseillée
  1,6 ha (49 empl.) plat et peu incliné, en terrasses, pierreux,
  herbeux
  Location : 🚐 – 🏠
  Pour s'y rendre : À Auriolles, NO : 1,8 km

Nature : 🎭🎭
Loisirs : snack 🍴 ⚓ 🛝
Services : ♿ ⚡ Ⓜ 🏕 ☺ 🧺 ⚙
À prox. : canoë

ST-CIRGUES-EN-MONTAGNE

✉ 07510 – **331** G5 – G. Lyon Drôme Ardèche – 285 h. – alt. 1 044
🏢 *Syndicat d'initiative, place de l'Église 📞 04 75 38 96 37, Fax 04 75 38 94 95*
Paris 586 – Aubenas 40 – Langogne 31 – Privas 68 – Le Puy-en-Velay 55.

△ **Les Airelles** avr.-oct.
  *📞 04 75 38 92 49, camping.les.airelles@free.fr, www.cam
  ping-les-airelles.fr* – **R** conseillée
  0,7 ha (50 empl.) en terrasses et peu incliné, pierreux,
  herbeux
  Tarif : 16 € 🚶 🚗 🔲 🚰 (6A) – pers. suppl. 4 €
  Location : 🛏
  🚐 🚐 13 €
  Pour s'y rendre : Sortie N par D 160, rte du Lac-d'Issarlès,
  rive droite du Vernason

Nature : 🍃 ⚓ 🌿
Loisirs : 🍴 snack, pizzeria 🍴 🏖 🎣
Services : ⚡ 🏕 🐎 ☺ 💧 🚿 🧺
À prox. : ⚓ 🎿 🐎 (centre éques-tre) 🚐

ST-JEAN-DE-MUZOLS

✉ 07300 – **331** K3 – 2 394 h. – alt. 123
Paris 541 – Annonay 34 – Beaurepaire 53 – Privas 62 – Romans-sur-Isère 22 – Tournon-sur-Rhône 4.

△ **Le Castelet** avr.-15 sept.
  📞 04 75 08 09 48, courrier@camping-lecastelet.com,
  Fax 04 75 08 49 60, *www.camping-lecastelet.com*
  – **R** conseillée
  3 ha (66 empl.) en terrasses, plat, herbeux, pierreux
  Tarif : 15 € 🚶 🚗 🔲 🚰 (5A) – pers. suppl. 4 €
  Location : 3 🚐 (4 à 6 pers.) 350 à 540 €/sem. – 3 🏠 (4
  à 6 pers.) 360 à 560 €/sem.
  Pour s'y rendre : SO : 2,8 km par D 238, rte de Lamastre,
  bord du Doux

Nature : 🍃 ⚓ 🗭 🌿
Loisirs : 🍴 🍴 ⚓ 🛝 🏖 🎣
Services : ⚡ ⚙ 🏕 🏕 ☺ 🧺

Le Beaufortin

F. Isler/Michelin

ST-JEAN-LE-CENTENIER

✉ 07580 – **331** J6 – 573 h. – alt. 350
Paris 623 – Alès 83 – Aubenas 20 – Privas 24.

△ **Les Arches** mai-15 sept.
  𝒫 04 75 36 75 45, *info@camping-les-arches.com*,
  Fax 04 75 36 75 45, *www.camping-les-arches.com*
  – **R** conseillée
  1,2 ha (47 empl.) en terrasses, plat, peu incliné, herbeux
  Tarif : 20,60 € 🏕 ⟵ 🔲 🗲 (10A) – pers. suppl. 3,90 €
  Location (permanent) : 10 🏠 (4 à 6 pers.) 180 à
  575 €/sem.
  🚐 1 borne artisanale
  Pour s'y rendre : O : 1,2 km par D 458A et D 258, rte de
  Mirabel puis chemin à droite

Nature : ♨
Loisirs : 🎯 ≅ (plan d'eau)
Services : 🚿 ⟵ GB ⟲ 🖼 ⟰ ⊕ 🔲

ST-JULIEN-EN-ST-ALBAN

✉ 07000 – **331** K5 – 1 022 h. – alt. 131
Paris 587 – Aubenas 41 – Crest 29 – Montélimar 35 – Privas 9 – Valence 32.

△ **L'Albanou** 28 avr.-22 sept.
  𝒫 04 75 66 00 97, *camping.albanou@wanadoo.fr*,
  Fax 04 75 66 00 97, *www.camping-albanou.com*
  – **R** conseillée
  1,5 ha (60 empl.) plat, herbeux
  Tarif : 20,50 € 🏕 ⟵ 🔲 🗲 (6A) – pers. suppl. 4,50 €
  🚐 1 borne artisanale – 6 🔲
  Pour s'y rendre : E : 1,4 km par D 104, rte de Pouzin et
  chemin de Celliers à dr., près de l'Ouvèze

Nature : ♨ ⟵ 🛏 ♀
Loisirs : 🎯 ⛵ ⟰
Services : 🚿 ⟵ GB ⟲ 🖼 ⟰ ⊕ 🔲
⛟

ST-JUST

✉ 07700 – **331** J8 – 1 161 h. – alt. 64
Paris 637 – Montélimar 36 – Nyons 51 – Pont-St-Esprit 6 – Privas 66.

△△ **La Plage** 15 avr.-9 sept.
  𝒫 04 75 04 69 46, *info@campingdelaplage.com*,
  Fax 04 75 04 69 46, *www.campingdelaplage.com*
  – **R** conseillée
  2,5 ha (117 empl.) plat, herbeux
  Location 🏠 : 4 🚐 (4 à 6 pers.) 255 à 470 €/sem.
  Pour s'y rendre : S : 2,5 km par D 86, rte de Pont-St-Esprit
  et à dr. avant le pont, à 100 m de l'Ardèche

Nature : 🛏 ♀♀
Loisirs : 🎯 ⟰
Services : ⟵ GB ⟲ 🖼 ⊕ ☎ 🔲
À prox. : ≅

ST-LAGER-BRESSAC

✉ 07210 – **331** K5 – 663 h. – alt. 180
Paris 591 – Aubenas 45 – Montélimar 21 – Pont-St-Esprit 58 – Privas 14 – Valence 36.

△ **Les Civelles d'Ozon** 25 mars-15 oct.
  𝒫 04 75 65 01 86, *tour-a@wanadoo.fr*, Fax 04 75 65 20 96,
  www.camping-ardeche-lescivelles.com – **R** conseillée
  1,3 ha (40 empl.) plat, pierreux, herbeux
  Tarif : 17 € 🏕 ⟵ 🔲 🗲 (12A) – pers. suppl. 3 €
  Location : 7 🚐 (4 à 6 pers.) 260 à 500 €/sem.
  Pour s'y rendre : E : 0,5 km par D 322, rte de Baix, bord
  d'un ruisseau

Nature : 🛏
Loisirs : 🎯 ⛾ ⟰
Services : 🚿 ⟵ (saison) ⟲ ⊕ ⟰ ⟱
☎ 🔲

Pour choisir et suivre un itinéraire
Pour calculer un kilométrage
Pour situer exactement un terrain (en fonction des
indications fournies dans le texte) :
Utilisez les **cartes MICHELIN** ,
compléments indispensables de cet ouvrage.

ST-LAURENT-DU-PAPE

✉ 07800 – **331** K5 – G. Lyon Drôme Ardèche – 1 295 h. – alt. 100
Paris 578 – Aubenas 56 – Le Cheylard 43 – Crest 29 – Privas 25 – Valence 19.

⛰ **La Garenne** mars-oct.
℘ 04 75 62 24 62, *info@lagarenne.org*, Fax 04 75 62 24 62,
www.lagarenne.org – **R** conseillée
6 ha/4 campables (116 empl.) plat, en terrasses, pierreux,
herbeux
Tarif : 30,50 € ⚹ ⇔ 🅔 ⚡ (4A) – pers. suppl. 5,50 € – frais
de réservation 15 €
Pour s'y rendre : Au N du bourg, accès près de la poste

> Nature : 🌳
> Loisirs : ✗ snack 🏕 ⚓ ❀ ⛱
> Services : ♿ ⚷ 🚿 🛁 🔥 ⊕ 🗑 🧺
> ♿

ST-LAURENT-LES-BAINS

✉ 07590 – **331** F6 – G. Lyon Drôme Ardèche – 182 h. – alt. 840
🛈 *Office de tourisme, le village* ℘ 04 66 46 69 94
Paris 603 – Aubenas 64 – Langogne 30 – Largentière 52 – Mende 56.

⛰ **Le Ceytrou**
℘ 04 66 46 02 03, *campingleceytrou@wanadoo.fr*,
Fax 04 66 46 02 03, *http://campingleceytrou.free.fr*
– **R** conseillée
2,5 ha (60 empl.) plat et peu incliné, terrasses, pierreux,
herbeux
Pour s'y rendre : SE : 2,1 km par D4
À savoir : Agréable situation au coeur des montagnes du
Vivarais Cévenol

> Nature : 🌿 ≤ 🌳
> Loisirs : 🏕 ❀ ♨ ≈ 🎣
> Services : ♿ ⚷ 🚿 ⊕ 🔥 🗑

730

ST-MARTIN-D'ARDÈCHE

✉ 07700 – **331** I6 – 642 h. – alt. 46
🛈 *Office de tourisme, place de l'Église* ℘ 04 75 98 70 91
Paris 641 – Bagnols-sur-Cèze 21 – Barjac 27 – Bourg-St-Andéol 13 – Pont-St-Esprit 10 – Vallon-Pont-d'Arc 30.

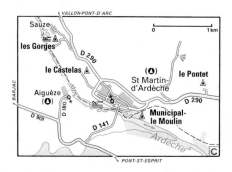

⛰ **Le Pontet** 2 avr.-sept.
℘ 04 75 04 63 07, *contact@campinglepontet.com*,
www.campinglepontet.com – **R** conseillée
1,8 ha (100 empl.) plat et terrasse, herbeux
Tarif : 22,40 € ⚹ ⇔ 🅔 ⚡ (10A) – pers. suppl. 5,20 € –
frais de réservation 8 €
Location : 5 🛏 (4 à 6 pers.) 250 à 495 €/sem. – 8 🏠 (4
à 6 pers.) 370 à 600 €/sem.
🚐 1 borne artisanale 3 € – 4 🅔 – 🌙 7 €
Pour s'y rendre : E : 1,5 km par D 290 rte de St-Just et
chemin à gauche

> Nature : 🌿 🌳🌳
> Loisirs : 🍸 snack 🏕 ⚓ ⛱
> Services : ♿ ⚷ 🖥 ✂ 🚿 🛁 ⊕ ⚙
> 🗑 ♿

ST-MARTIN-D'ARDÈCHE

⚠ **Les Gorges** avr.-15 sept.
   ✆ 04 75 04 61 09, *info@camping-des-gorges.com*,
Fax 04 75 04 61 09, *www.camping-des-gorges.com* – **R** in-
dispensable
1,2 ha (92 empl.) plat, terrasses, herbeux, pierreux
Tarif : 26 € 👤 ⇔ 🔲 🗲 (5A) – pers. suppl. 6,50 € – frais de
réservation 30 €
Location : 🛖 (4 à 6 pers.) 280 à 700 €/sem.
Pour s'y rendre : NO : 1,5 km, au lieu-dit Sauze
À savoir : Près de l'Ardèche

Nature : ⩽ 🎯🎯
Loisirs : 🍴 ✕ 🏠 🗲 🎿 🏊 🎣
Services : 🚿 ⚡ GB 🕸 🏢 🔲 🚮 🔥
🅿 🍴 🛁 🚰

⚠ **Le Castelas** 14 mars-11 nov.
   ✆ 04 75 04 66 55, *camping-le-castelas@wanadoo.fr*,
Fax 04 75 04 66 55, *www.camping-le-castelas.com* – **R** indispensable
1,1 ha (65 empl.) peu incliné, herbeux
Tarif : 11 € 👤 ⇔ 🔲 🗲 (4A) – pers. suppl. 2,60 € – frais de
réservation 10 €
Pour s'y rendre : Sortie NO par D 290 et chemin à gauche,
à 250 m de l'Ardèche

Nature : ⩽ vieux village d'Aiguèze 🌳
Loisirs : 🏠 🗲
Services : ⚡ GB 🕸 🔲 🅿 🏢
À prox. : ✕ 🎿 🏊 🎣

⚠ **Municipal le Moulin** 5 avr.-28 sept.
   ✆ 04 75 04 66 20, *contact@camping-lemoulin.com*,
Fax 04 75 04 60 12, *www.camping-lemoulin.com*
– **R** conseillée
6,5 ha (200 empl.) plat, peu incliné, sablonneux, herbeux
Tarif : 21,50 € 👤 ⇔ 🔲 🗲 (6A) – pers. suppl. 3,50 €
Location : 6 🛖 (4 à 6 pers.) 220 à 490 €/sem.
Pour s'y rendre : Sortie SE par D 290 rte de St-Just et à
droite (D 200), bord de l'Ardèche

Nature : 🌳
Loisirs : snack 🗲 🏊 🎣
Services : ⚡ GB 🕸 🔲 🏢 🅿 🚮
🏢 🚰

731

✉ 07200 – **331** I6 – 241 h. – alt. 140
Paris 639 – Aubenas 12 – Largentière 16 – Privas 44 – Vallon-Pont-d'Arc 20 – Viviers 37.
Schéma à Vallon-Pont-d'Arc

⚠ **Le Chamadou** 22 mars-15 oct.
   ✆ 0820 36 61 97, *reservations@camping-le-chama
dou.com*, Fax 04 75 37 08 04, *www.camping-le-chama
dou.com* ✉ 07120 Balazuc – **R** conseillée
1 ha (86 empl.) peu incliné, plat, herbeux
Tarif : 22,50 € 👤 ⇔ 🔲 🗲 (6A) – pers. suppl. 5 € – frais de
réservation 14 €
Location : 14 🛖 (4 à 6 pers.) 320 à 900 €/sem. – gîtes
Pour s'y rendre : SE : 3,2 km par D 579, rte de Ruoms et
chemin à gauche, à 500 m d'un étang

Nature : 🌿 ⩽ 📺 🌳
Loisirs : 🍴 pizzeria, snack 🏠 🎿 🗲
Services : ⚡ GB 🕸 🔲 🚮 🅿
🔥 🏢
À prox. : 🎣

✉ 07170 – **331** I6 – 160 h. – alt. 220
Paris 636 – Alès 64 – Aubenas 23 – Pont-St-Esprit 63 – Ruoms 25 – Vallon-Pont-d'Arc 16.
Schéma à St-Remèze

⚠ **Le Sous-Bois** 15 avr.-15 sept.
   ✆ 04 75 94 86 95, *camping.lesousbois@wanadoo.fr*,
Fax 04 75 37 78 36, *www.le-sous-bois.com* – **R** conseillée
2 ha (50 empl.) non clos, plat, herbeux, pierreux
Tarif : 21,40 € 👤 ⇔ 🔲 🗲 (6A) – pers. suppl. 5 €
Location : 4 🛖 (2 à 4 pers.) 225 à 405 €/sem. – 7 🛖 (4
à 6 pers.) 265 à 570 €/sem.
Pour s'y rendre : S : 2 km par D 558 rte de Vallon-Pont-
d'Arc, puis chemin empierré à dr.
À savoir : au bord de l'Ibie, agréable cadre sauvage

Nature : 🌿 🎯🎯
Loisirs : 🍴 pizzeria, (dîner seule-ment) 🗲 🚲 🎿
Services : ⚡ ⚡ (juil.-août) GB 🕸
🔲 🚮 🅿 🏢 🚰

ST-PRIVAT

✉ 07200 – **331** I6 – 1 427 h. – alt. 304
Paris 631 – Lyon 169 – Privas 26 – Valence 65 – Alès 79.

△ **Le Plan d'Eau** 26 avr.-14 sept.
🕿 04 75 35 44 98, *leplandeau@wanadoo.fr,*
Fax 04 75 35 44 98, *www.campingleplandeau.com*
– **R** conseillée
3 ha (100 empl.) plat, pierreux, herbeux
Tarif : 29,70 € ⚹ ➔ 🔲 🗲 (8A) – pers. suppl. 5,70 € – frais
de réservation 20 €
Location 🏷 : 6 🚐 (2 à 4 pers.) 180 à 425 €/sem.
Pour s'y rendre : SE : 2 km par D 259 rte de Lussas
À savoir : Au bord de l'Ardèche

Nature : 🏞 ♤♤
Loisirs : 🍸 snack 🎱 🏊 🎣
Services : 🕭 ⚡ 🅶🅱 🖗 📁 🚿 🔊 🚮 ⊛
📞 🕻 🎮

ST-REMÈZE

✉ 07700 – **331** J7 – 555 h. – alt. 365
Paris 645 – Barjac 30 – Bourg-St-Andéol 16 – Pont-St-Esprit 27 – Privas 60 – Vallon-Pont-d'Arc 14.

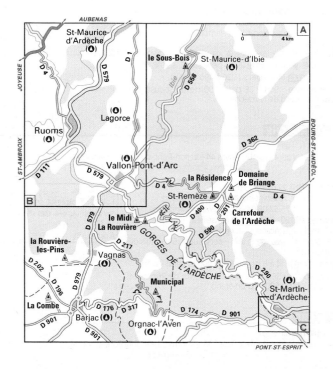

△ **Carrefour de l'Ardèche** 14 mars-oct.
🕿 04 75 04 15 75, *carrefourardeche@yahoo.fr,*
Fax 04 75 04 35 05, *www.ardechecamping.net* – **R** conseillée
1,7 ha (90 empl.) plat, peu incliné, herbeux, pierreux
Tarif : 24 € ⚹ ➔ 🔲 🗲 (6A) – pers. suppl. 6 € – frais de
réservation 16 €
Location : 13 🚐 (4 à 6 pers.) 270 à 620 €/sem. – 5 🏠
(4 à 6 pers.) 300 à 490 €/sem.
Pour s'y rendre : Sortie E, par D 4, rte de Bourg-St-Andéol

Nature : ⇐ 🗀
Loisirs : 🍸 snack 🍴 🏊 🎱
Services : 🕭 ⚡ 🅶🅱 🖗 📁 🚮 🕻 🎮
📁 🚿
À prox. : canoë

ST-REMÈZE

⚠ **La Résidence** avr.-15 oct.
 📞 04 75 04 26 87, *mail@campinglaresidence.net*,
 Fax 04 75 04 39 52, *www.campinglaresidence.net*
 – **R** conseillée
 1,6 ha (60 empl.) peu incliné à incliné, en terrasses, herbeux,
 pierreux, verger
 Tarif : 20 € 🧍 🚗 🅴 🅷 (5A) – pers. suppl. 7 € – frais de
 réservation 10 €
 Location : 22 🛖 (4 à 6 pers.) 200 à 590 €/sem.
 Pour s'y rendre : Au bourg vers sortie E, rte de Bourg-St-
 Andéol

Nature : ⩽ ♀
Loisirs : ✗ ⛵ 🛶
Services : ⚹ ⚷ ☎ GB ♻ 🖥 ⚐ 🚰 🚿 🗑 ♨
À prox. : canoë

⚠ **Domaine de Briange** mai-sept.
 📞 04 75 04 14 43, *briange@free.fr*, Fax 04 75 04 14 43,
 www.campingdebriange.com – **R** conseillée
 4 ha (80 empl.) plat, peu incliné, herbeux, sablonneux,
 pierreux
 Tarif : 20 € 🧍 🚗 🅴 🅷 (6A) – pers. suppl. 6 €
 Location (avr.-15 nov.) : 17 🏠 (4 à 6 pers.) 270 à
 540 €/sem.
 Pour s'y rendre : N : 2 km par D 362, rte de Gras

Nature : 🌿 ♀
Loisirs : snack ⛵ ✂ 🛶
Services : ⚹ ⚷ GB ♻ 🖥 ⚐ 🚰
À prox. : canoë

Si vous recherchez :
👪 *Un terrain offrant des équipements et des loisirs adaptés aux enfants*
🌿 *Un terrain agréable ou très tranquille*
L - M *Un terrain effectuant la location de caravanes, de mobile homes,*
 de bungalows ou de chalets
P *Un terrain ouvert toute l'année*
🚐 *Un terrain possédant une aire de services pour camping-cars*
Consultez le tableau des localités

733

ST-SAUVEUR-DE-CRUZIÈRES

✉ 07460 – **331** H8 – 491 h. – alt. 150
Paris 674 – Alès 28 – Barjac 9 – Privas 81 – St-Ambroix 9 – Vallon-Pont-d'Arc 22.

⚠ **La Claysse** avr.-sept.
 📞 04 75 35 40 65, *camping.claysse@wanadoo.fr*,
 Fax 04 75 36 68 65, *www.campingdelaclaysse.com*
 – **R** conseillée
 5 ha/1 campable (60 empl.) plat et terrasses, herbeux
 Tarif : 19,50 € 🧍 🚗 🅴 🅷 (6A) – pers. suppl. 4,50 € – frais
 de réservation 10 €
 Location 🌤 : 13 🛖 (4 à 6 pers.) 180 à 540 €/sem.
 Pour s'y rendre : Au NO du bourg, bord de la rivière

Nature : ♀
Loisirs : snack 🍴 ⛵ 🚲 🛶 ⛵ 🌊
Services : ⚷ ♻ 🖥 ⛰ ♨ 🗑
À prox. : site d'escalade

ST-SAUVEUR-DE-MONTAGUT

✉ 07190 – **331** J5 – 1 248 h. – alt. 218
🛈 *Syndicat d'initiative, quartier de la Tour* 📞 04 75 65 43 13, Fax 04 75 65 43 13
Paris 597 – Le Cheylard 24 – Lamastre 29 – Privas 24 – Valence 38.

⛰ **L'Ardéchois Camping** 25 avr.-sept.
 📞 04 75 66 61 87, *ardechois.camping@wanadoo.fr*,
 Fax 04 75 66 63 67, *www.ardechois-camping.fr* – **R** conseillée
 37 ha/5 campables (107 empl.) en terrasses, herbeux
 Tarif : 27,50 € 🧍 🚗 🅴 🅷 (10A) – pers. suppl. 6,25 € –
 frais de réservation 23 €
 Location : 5 🛖 (4 à 6 pers.) 295 à 645 €/sem. – 4 🏠 (4
 à 6 pers.) 285 à 585 €/sem.
 Pour s'y rendre : O : 8,5 km par D 102, rte d'Albon
 À savoir : Au bord de la Glueyre

Nature : 🌿 ⩽ ♀♀
Loisirs : 🍴 ✗ 🍽 ⛵ 🚲 🛶 ⛵ 🌊
Services : ⚹ ⚷ GB ♻ 🖥 🚿 ♨ 🚰
♨ 🗑 🚿
À prox. : canoë

SALAVAS

✉ 07150 – **331** |7 – 504 h. – alt. 96
Paris 668 – Lyon 206 – Privas 58 – Nîmes 77 – Avignon 79.
Schéma à Vallon-Pont-d'Arc

Le Péquelet avr.-sept.
℘ 04 75 88 04 49, *info@lepequelet.com*,
Fax 04 75 37 18 46, *http://lepequelet.com* – **R** conseillée
2 ha (60 empl.) plat, herbeux
Tarif : 26 € ✶ ⇐ 🅴 (6A) – pers. suppl. 7 € – frais de
réservation 10 €
Location : 9 ⌂ (4 à 6 pers.) 390 à 650 €/sem.
Pour s'y rendre : Sortie S par D 579, rte de Barjac et 2 km
par rte à gauche
À savoir : Au bord de l'Ardèche (accès direct)

Nature : ⅋ ⌁ ⵚⵚ ⛰
Loisirs : 🎮 ✗ ⌘ ⟍ canoë
Services : ⚂ ⌷ ⏍ ⟋ 🖪 ⌃ ⌇ ⚇
📞 🖥

Benutzen Sie
– zur Wahl der Fahrtroute
– zur Berechnung der Entfernungen
– zur exakten Lokalisierung eines Campingplatzes (mit Hilfe der Angaben im Ortstext)
*die für diesen Führer unentbehrlichen **MICHELIN-Karten** .*

SAMPZON

✉ 07120 – 183 h. – alt. 120
Paris 660 – Lyon 198 – Privas 56 – Nîmes 85 – Avignon 86.
Schéma à Vallon-Pont-d'Arc

Yelloh! Village Soleil Vivarais ♣⚊ – 5 avr.-14 sept.
℘ 04 75 39 67 56, *info@soleil-vivarais.com*,
Fax 04 75 39 64 69, *www.soleil-vivarais.com* – **R** indispensable
12 ha (350 empl.) plat, herbeux, pierreux
Tarif : 43 € ✶ ⇐ 🅴 (10A) – pers. suppl. 7 € – frais de
réservation 30 €
Location : 214 ⌂⌂ (4 à 6 pers.) 294 à 938 €/sem. – 6 ⌂
(4 à 6 pers.) 336 à 980 €/sem. – bungalows toilés
⌂⌂ 1 borne artisanale
À savoir : au bord de l'Ardèche, sur la presqu'île de Sampzon, bel espace aquatique

Nature : ≤ ⵚⵚ ⛰
Loisirs : 🍸 ✗ pizzeria ⛱ nocturne
🏋 discothèque ⟍⟍ ⛷ ✦ ⛵
⛴ ⟍
Services : ⚂ ⌷ ⏍ ⟋ 🖪 ⌃ ⌇ ⚇
⌇ ⟍ ⌇ 📞 🖥 ⌂ ⟍
À prox. : canoë

Aloha Plage avr.-20 sept.
℘ 04 75 39 67 62, *reception@camping-aloha-plage.fr*,
Fax 04 75 89 10 26, *www.camping-aloha-plage.fr*
– **R** conseillée
1,5 ha (120 empl.) plat, terrasses, peu incliné, herbeux,
sablonneux
Tarif : 27 € ✶ ⇐ 🅴 (10A) – pers. suppl. 6 € – frais de
réservation 12 €
Location : 30 ⌂⌂ (4 à 6 pers.) 219 à 702 €/sem. –
bungalows toilés
À savoir : Au bord de l'Ardèche, sur la presqu'île de Sampzon (accès direct)

Nature : ⵚⵚ ⛰
Loisirs : 🍸 ⟍ ⟍
Services : ⚂ ⌷ ⏍ 🖪 ⌇ ⚇ 🖥
À prox. : canoë

Sun Camping avr.-sept.
℘ 04 75 39 76 12, *sun.camping@wanadoo.fr*,
Fax 04 75 39 76 12, *www.suncamping.com* – **R** indispensable
1,2 ha (70 empl.) plat, terrasses, herbeux
Tarif : 25,20 € ✶ ⇐ 🅴 (10A) – pers. suppl. 4,70 € –
frais de réservation 8 €
Location ✗ : 8 ⌂⌂ (2 à 4 pers.) 195 à 356 €/sem. – 8
⌂⌂ (4 à 6 pers.) 294 à 590 €/sem.
Pour s'y rendre : À 200 m de l'Ardèche
À savoir : Sur la presqu'île de Sampzon

Nature : ⵚⵚ
Loisirs : 🍸 pizzeria ⟍⟍
Services : ⚂ ⌷ (juil.-août) ⏍ ⟋
🖪 ⌇ ⚇ 🖥
À prox. : ⌘ ✗ ⟍ ⛴

734

⚠ **Le Mas de la Source** avr.-sept.
  📞 04 75 39 67 98, *camping.masdelasource@wanadoo.fr*,
  Fax 04 75 39 67 98, *www.campingmasdelasource.com* – **R**
  indispensable
  1,2 ha (30 empl.) en terrasses, plat, herbeux
  Tarif : 30,50 € ⚹ 🚗 📧 (6A) – pers. suppl. 6,30 € – frais
  de réservation 15,50 €
  Location (mai-sept.) 🏕 : 4 🏠 (4 à 6 pers.) 200 à
  680 €/sem.
  À savoir : Sur la presqu'île de Sampzon, au bord de l'Ardèche (accès direct)

Nature : 🏞 🏕 ♀♀ ⛰
Loisirs : 🛝 🏊 🎣
Services : 🚿 🔌 GB 🏧 🖤 🛁 ⊛ 🚮
🚾 🖼
À prox. : canoë

✉ 07290 – **331** J3 – 1 592 h. – alt. 485
Paris 542 – Annonay 13 – Lamastre 36 – Privas 87 – St-Vallier 21 – Tournon-sur-Rhône 29 – Valence 47 –
Yssingeaux 54.

⚠ **Municipal le Grangeon** avr.-fin oct.
  📞 04 75 34 96 41, *Josianedelmas@aol.com* – **R** conseillée
  1 ha (52 empl.) en terrasses, herbeux
  Tarif : ⚹ 2,50 € 🚗 1,90 € 📧 2,60 € – ⚡ (5A) 3,40 €
  Location (permanent) 🏕 : 5 🏠 (4 à 6 pers.) 205 à
  375 €/sem.
  Pour s'y rendre : SO : 1,1 km par D 578^A, rte de Lalouvesc
  et à gauche
  À savoir : Au bord du Ay

Nature : ⛰ 🏕
Loisirs : 🍽 snack 🖼
Services : 🚿 🔌 🏧 🖼 🛁 🚾 🖼
À prox. : 🚣 (plan d'eau aménagé)

✉ 07300 – **331** L3 – G. Lyon Drôme Ardèche – 9 946 h. – alt. 125
🏢 *Office de tourisme, 2, place Saint-Julien* 📞 04 75 08 10 23
Paris 545 – Grenoble 98 – Le Puy-en-Velay 104 – St-Étienne 77 – Valence 18 – Vienne 60.

735

⚠ **Les Acacias** avr.-sept.
  📞 04 75 08 83 90, *info@acacias-camping.com*,
  Fax 04 75 08 83 90, *www.acacias-camping.com* – **R** conseillée
  2,7 ha (80 empl.) plat, herbeux
  Tarif : 19,26 € ⚹ 🚗 📧 ⚡ (6A) – pers. suppl. 4,18 €
  Location : 12 🏠 (4 à 6 pers.) 250 à 520 €/sem. – 4 🏠
  (4 à 6 pers.) 270 à 550 €/sem.
  🚐 1 borne eurorelais 6 €
  Pour s'y rendre : O : 2,6 km par D 532, rte de Lamastre,
  accès direct au Doux

Nature : ♀♀
Loisirs : snack 🖼 🛝 🎯 🏊 🎣
Services : 🚿 🔌 GB 🏧 🖼 🛁 ⊛ 🖤
📞 🖼
À prox. : ✕

✉ 07200 – **331** I6 – G. Lyon Drôme Ardèche – 1 750 h. – alt. 270
Paris 626 – Aubenas 6 – Montélimar 44 – Privas 31 – Vals-les-Bains 3 – Villeneuve-de-Berg 19.

⚠⚠ **Domaine de Gil** 12 avr.-21 sept.
  📞 04 75 94 63 63, *info@domaine-de-gil.com*,
  Fax 04 75 94 01 95, *www.domaine-de-gil.com* – **R** indispensable
  4,8 ha/2 campables (80 empl.) plat, herbeux, pierreux
  Tarif : 33 € ⚹ 🚗 📧 ⚡ (10A) – pers. suppl. 6 € – frais de
  réservation 20 €
  Location : 40 🏠 (4 à 6 pers.) 213 à 785 €/sem.
  🚐 1 borne
  Pour s'y rendre : Sortie NO par D 578^B, rte de Vals-les-Bains
  À savoir : Au bord de l'Ardèche

Nature : ⛰ 🏕 ♀♀ ⛰
Loisirs : 🍽 ✕ 🖼 🎆 nocturne 🛝
🏊 🎯 🏊 🎣 golf (8 trous)
Services : 🚿 🔌 GB 🏧 🖼 🛁 ⊛ 🚮
🚾 🖤 🖼 🛁

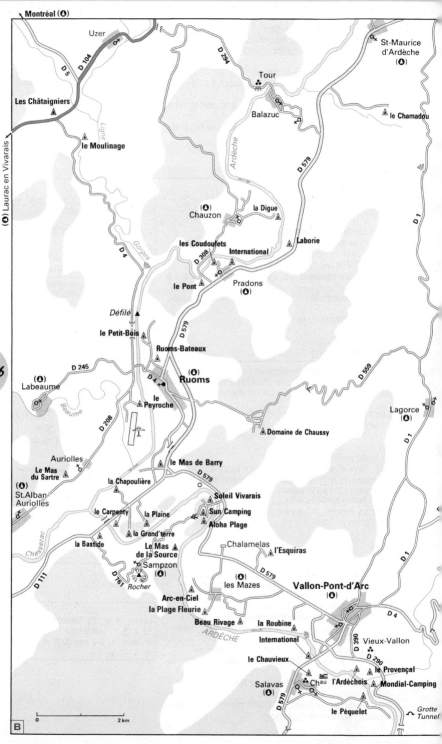

Montréal (**O**)

Uzer

D 104

D 5

Les Châtaigniers

le Moulinage

(**O**) Laurac en Vivarais

D 294

St-Maurice
d'Ardèche
(**O**)

Tour

Balazuc

le Chamadou

Ligne

Ardèche

D 579

D 1

Chauzon
(**O**)

la Digue

les Coudoulets

Laborie

International

D 308

le Pont

Pradons
(**O**)

Gorges

D 4

D 579

Défilé

le Petit-Bois

Ruoms-Bateaux

D 245

D 4

Ruoms
(**O**)

D 559

Labeaume
(**O**)

le Peyroche

Beaume

D 208

Lagorce
(**O**)

D 1

Domaine de Chaussy

Auriolles

le Mas de Barry

Le Mas
du Sartre

St.Alban-
Auriollés
(**O**)

la Chapoulière

D 579

Soleil Vivarais

le Carpenty

la Plaine

Sun Camping

Aloha Plage

Chassezac

la Bastide

la Grand'terre

Le Mas
de la Source

Chalamelas

l'Esquiras

D 579

Sampzon
(**O**)

D 761

Rocher

les Mazes
(**O**)

Vallon-Pont-d'Arc
(**O**)

D 1

Arc-en-Ciel

la Plage Fleurie

Beau Rivage

la Roubine

D 4

ARDÈCHE

International

Vieux-Vallon

D 390

le Chauvieux

D 290

le Provençal

Salavas
(**O**)

Ch^au

l'Ardéchois

Mondial-Camping

D 579

le Péquelet

Grotte
Tunnel

B

0   2 km

ürstner

ovation au
·ice du bien-être

NEW BÜRSTNER NEXXO FAMILY
An ultra-modern Luton motorhome

The route of wisdom : a low price tag and equipment that defies all competition. Those are the strengths of the Nexxo Family, a new family of Bürstner alcove models, based on the Ford Transit. The family is made up of 4 exclusive models for 4 to 6 people. Compact, the Nexxo Family offers a modern line in perfect harmony with that of the streamlined Ford Transit. Inside it benefits from completely new fittings set off by specially selected upholstery designs.

You have everything to gain by rolling up in a Bürstner Nexxo Family.

BÜRSTNER S.A.
ROUTE DES QUATRE VENTS / F-67160 WISSEMBOURG
TÉL. 03 88 54 90 90 / FAX 03 88 54 20 51 / info@burstner.com
Literature available by phone or on our Internet site.

www.burstner.com

VAGNAS

✉ 07150 – **331** I7 – 430 h. – alt. 200

Paris 670 – Aubenas 40 – Barjac 5 – St-Ambroix 20 – Vallon-Pont-d'Arc 9 – Les Vans 37.

Schéma à St-Remèze

▲ **La Rouvière-Les Pins** Pâques-15 sept.
🖉 04 75 38 61 41, *rouviere07@aol.com, www.rou
viere07.com* – **R** conseillée
2 ha (100 empl.) plat et peu incliné, terrasses, herbeux
Pour s'y rendre : Sortie S par rte de Barjac puis 1,5 km par
chemin à droite

> Nature : 🌿 ⚲
> Loisirs : 🍴 pizzeria, snack 🏊 🚣
> 🛶
> Services : ⚡ 🅶🅱 📶 🚿 ⊕ 🔧 🌐 🖤
> 🔲

VALLON-PONT-D'ARC

✉ 07150 – **331** I7 – G. Lyon Drôme Ardèche – 2 027 h. – alt. 117

🄳 *Office de tourisme, 1, place de l'ancienne gare* 🖉 04 75 88 04 01, Fax 04 75 88 41 09

Paris 658 – Alès 47 – Aubenas 32 – Avignon 81 – Carpentras 95 – Montélimar 59.

▲▲ **L'Ardéchois** 15 mars-sept.
🖉 04 75 88 06 63, *ardecamp@bigfoot.com,*
Fax 04 75 37 14 97, *www.ardechois-camping.com*
– **R** conseillée
5 ha (244 empl.) plat, herbeux
Tarif : 42 € 🚶 🚗 🔲 ⚡ (6A) – pers. suppl. 8,90 € – frais de
réservation 40 €
Location 🏠 : 24 🚌 (4 à 6 pers.) 443 à 910 €/sem.
🚐 1 borne artisanale 8,90 €
Pour s'y rendre : SE : 1,5 km
À savoir : Accès direct à l'Ardèche

> Nature : ≤ 🏕 ⚲⚲ 🌳
> Loisirs : 🍴 ✕ snack 🏊 🌙 nocturne
> 🚣 🏐 🛶 🎣 balnéo, canoë
> Services : ⚡ ⚡ 🅶🅱 📶 🚿 ⊕ 🌐 🖤
> 🐾 🖤 🔲 🚿
> À prox. : 🏇

▲▲ **Mondial-Camping** 10 mars-sept.
🖉 04 75 88 00 44, *reserv-info@mondial-camping.com,*
Fax 04 75 37 13 73, *www.mondial-camping.com*
– **R** conseillée
4 ha (240 empl.) plat, herbeux
Tarif : (Prix 2007) 38 € 🚶 🚗 🔲 ⚡ (10A) – pers.
suppl. 7,50 € – frais de réservation 30 €
Location 🏠 : 21 🚌 (4 à 6 pers.) 390 à 745 €/sem.
🚐 1 borne artisanale 5 €
Pour s'y rendre : SE : 1,5 km
À savoir : Accès direct à l'Ardèche

> Nature : ≤ ⚲⚲ 🌳
> Loisirs : 🍴 ✕ snack, pizzeria 🏊
> discothèque 🚣 🏐 🛶
> canoë
> Services : ⚡ ⚡ 🅶🅱 🚿 📶 🚿 ⊕
> 🐾 🖤 🖤 🔲 🚿
> À prox. : 🏇

▲▲ **La Roubine** 👫– 21 avr.-13 sept.
🖉 04 75 88 04 56, *roubine.ardeche@wanadoo.fr,*
Fax 04 75 88 04 56, *www.camping-roubine.com*
– **R** conseillée
7 ha/4 campables (135 empl.) plat, herbeux, sablonneux
Tarif : 38,50 € 🚶 🚗 🔲 ⚡ (10A) – pers. suppl. 7,20 € –
frais de réservation 30 €
Location 🏠 : 21 🚌 (4 à 6 pers.) 250 à 840 €/sem.
Pour s'y rendre : O : 1,5 km
À savoir : Au bord de l'Ardèche (plan d'eau)

> Nature : 🌿 🏕 ⚲⚲ 🌳
> Loisirs : 🍴 ✕ snack, pizzeria 🏊
> 🚣 🏐 🛶
> Services : ⚡ ⚡ 🅶🅱 📶 🚿 ⊕
> 🖤 🖤 🔲 🚿 🌐

▲▲ **Le Provençal**
🖉 04 75 88 00 48, *camping.le.provencal@wanadoo.fr,*
Fax 04 75 88 02 00, *www.camping-le-provencal*
3,5 ha (200 empl.) plat, herbeux
Location : 🚌
Pour s'y rendre : SE : 1,5 km
À savoir : Accès direct à l'Ardèche

> Nature : ≤ 🏕 ⚲⚲ 🌳
> Loisirs : 🍴 ✕ 🏊 🚣 🏐 🛶
> Services : ⚡ 📶 🚿 ⊕ 🖤 🔲 🚿 🌐
> À prox. : 🏇 canoë

▲ **Le Chauvieux** 29 avr.-7 sept.
🖉 04 75 88 05 37, *camping.chauvieux@wanadoo.fr,*
Fax 04 75 88 05 37, *www.camping-le-chauvieux.com*
– **R** conseillée
1,8 ha (100 empl.) plat et peu incliné, herbeux, sablonneux
Tarif : 24,50 € 🚶 🚗 🔲 ⚡ (6A) – pers. suppl. 5,20 € – frais
de réservation 10 €
Location 🏠 : 10 🚌 (4 à 6 pers.) 245 à 615 €/sem.
Pour s'y rendre : SO : 1 km, à 100 m de l'Ardèche

> Nature : ⚲⚲
> Loisirs : 🍴 snack, pizzeria 🚣
> Services : ⚡ ⚡ 🅶🅱 🚿 📶 🚿
> 🐾 🖤 🖤 🔲 🚿 🌐
> À prox. : 🏊

737

VALLON-PONT-D'ARC

⚠ **International** fin avr.-fin sept.
℘ 04 75 88 00 99, *inter.camp@wanadoo.fr*, *www.interna
tionalcamping07.com* – **R** conseillée
2,7 ha (130 empl.) plat, peu incliné, herbeux, sablonneux
Tarif : 29 € ⚹ 🚗 ▣ 🔌 (6A) – pers. suppl. 7 € – frais de
réservation 15 €
Location (15 mars-sept.) : 10 ⛺ (4 à 6 pers.) 330 à
690 €/sem.
⛺ 1 borne – 🚐 15 €
Pour s'y rendre : SO : 1 km
À savoir : Bord de l'Ardèche

Nature : ⬚
Loisirs : 🍴 snack ⚓
Services : 👤 🔑 GB 🐾 🗄 🛁 ⊛ 🛒

⚠ **La Rouvière** ♣♣ – mi-mars-mi-sept.
℘ 04 75 37 10 07, *ardbat@aol.com*, Fax 04 75 88 03 99,
www.campinglarouviere.com – **R** conseillée
3 ha (152 empl.) en terrasses, peu incliné et plat,
sablonneux, pierreux, herbeux
Tarif : 22 € ⚹ 🚗 ▣ 🔌 (6A) – pers. suppl. 5,30 € – frais de
réservation 10 €
Location : 23 ⛺ (4 à 6 pers.) 360 à 600 €/sem.
Pour s'y rendre : SE : 6,6 km par D 290, rte des Gorges, à
Chames (hors schéma)
À savoir : Accès direct à l'Ardèche

Nature : ⬚
Loisirs : snack ⚓ canoë, terrain omnisports
Services : 🔑 GB 🐾 🗄 🛁 ⊛ 🛒

⚠ **Le Midi** avr.-sept.
℘ 04 75 88 06 78, *info@camping-midi.com*,
Fax 04 75 88 06 78, *www.camping-midi.com* – **R** conseillée
1,6 ha (52 empl.) en terrasses, peu incliné, herbeux,
sablonneux
Tarif : 20 € ⚹ 🚗 ▣ 🔌 (10A) – pers. suppl. 6 € – frais de
réservation 10 €
Pour s'y rendre : SE : 6,5 km par D 290, rte des Gorges, à
Chames (hors schéma)
À savoir : Accès direct à l'Ardèche

Nature : ⬚
Loisirs : ⚓
Services : 👤 🔑 🐾 🗄 ⊛ 🛒

⚠ **L'Esquiras** avr.-sept.
℘ 04 75 88 04 16, *esquiras@wanadoo.fr*,
Fax 04 75 88 04 16, *www.camping-esquiras.com*
– **R** conseillée
0,5 ha (34 empl.) plat, peu incliné, herbeux, pierreux
Tarif : 23,50 € ⚹ 🚗 ▣ 🔌 (6A) – pers. suppl. 5 € – frais de
réservation 10 €
Location : 10 ⛺ (4 à 6 pers.) 280 à 600 €/sem.
⛺ 1 borne artisanale 3 € – 5 ▣ 8 € – 🚐 10 €
Pour s'y rendre : NO : 2,8 km par D 579, rte de Ruoms et
chemin à droite après la station-service Intermarché

Nature : ⬚
Loisirs : snack ⚓
Services : 👤 🔑 (juil.-août) GB 🐾 🗄 🛁 ⊛ 🛒

Les VANS

✉ 07140 – **331** G7 – G. Provence – 2 664 h. – alt. 170
🛈 *Office de tourisme, place Ollier* ℘ 04 75 37 24 48, Fax 04 75 37 27 46
Paris 663 – Alès 44 – Aubenas 37 – Pont-St-Esprit 66 – Privas 68 – Villefort 24.

⚠ **Le Pradal** avr.-sept.
℘ 04 75 37 25 16, *camping.lepradal@free.fr*, *www.cam
ping-lepradal.com* – **R** conseillée
1 ha (36 empl.) en terrasses, peu incliné, herbeux, pierreux
Tarif : 19 € ⚹ 🚗 ▣ 🔌 (6A) – pers. suppl. 6 €
Pour s'y rendre : O : 1,5 km par D 901, rte de Villefort

Nature : ⬚
Loisirs : 🍴 ⚓
Services : 👤 🔑 🐾 🗄 ⊛

*Avant de vous installer, consultez les tarifs en cours,
affichés obligatoirement à l'entrée du terrain,
et renseignez-vous sur les conditions particulières de séjour.
Les indications portées dans le guide ont pu être modifiées depuis la mise à jour.*

VION

☒ 07610 – **331** K3 – G. Lyon Drôme Ardèche – 753 h. – alt. 128
Paris 537 – Annonay 30 – Lamastre 34 – Tournon-sur-Rhône 7 – Valence 25.

L'Iserand 5 avr.-28 sept.
℘ 04 75 08 01 73, *iserand@tele2.fr*, Fax 04 75 08 55 82,
www.iserandcampingardeche.com – **R** conseillée
1,3 ha (60 empl.) en terrasses, pierreux, herbeux
Tarif : 18 € ⚹ ⬚ ▣ ▣ (10A) – pers. suppl. 5 €
Location 📶 : 8 ⬚ (4 à 6 pers.) 300 à 550 €/sem.
Pour s'y rendre : N : 1 km par D 86, rte de Lyon

> Nature : ≼ ♀
> Loisirs : snack, pizzeria ⚹ ⬚ ⬚
> Services : ⬚ ⬚ GB ⬚ ⬚ ⬚ ⬚ ⬚

VIVIERS

☒ 07220 – **331** K7 – G. Lyon Drôme Ardèche – 3 413 h. – alt. 65
🛈 *Office de tourisme, 5, place Riquet* ℘ 04 75 52 77 00, Fax 04 75 52 81 63
Paris 618 – Montélimar 12 – Nyons 50 – Pont-St-Esprit 30 – Privas 42 – Vallon-Pont-d'Arc 35.

Rochecondrie Loisirs avr.-15 oct.
℘ 04 75 52 74 66, *campingrochecondrie@wanadoo.fr*,
Fax 04 75 52 74 66, *www.campingrochecondrie.com*
– **R** conseillée
1,5 ha (80 empl.) plat, herbeux
Tarif : 22,20 € ⚹ ⬚ ▣ ▣ (6A) – pers. suppl. 5,50 €
Location 📶 : 10 ⬚ (4 à 6 pers.) 230 à 510 €/sem.
Pour s'y rendre : NO : 1,5 km par D 86, rte de Lyon, accès
direct à l'Escoutay

> Nature : ⬚ ♀
> Loisirs : ⬚ ⬚ ⬚ ⬚
> Services : ⬚ GB ⬚ ⬚ ⬚ ⬚
> À prox. : ⬚

VOGÜÉ

☒ 07200 – **331** I6 – G. Lyon Drôme Ardèche – 726 h. – alt. 150
🛈 *Syndicat d'initiative, quartier de la gare* ℘ 04 75 37 01 17
Paris 638 – Aubenas 9 – Largentière 16 – Privas 40 – Vallon-Pont-d'Arc 24 – Viviers 36.

739

Domaine du Cros d'Auzon 5 avr.-15 sept.
℘ 04 75 37 75 86, *cros.d.auzon@wanadoo.fr*,
Fax 04 75 37 01 02, *www.camping-cros-auzon.com*
– **R** conseillée
18 ha/6 campables (170 empl.) plat, pierreux, sablonneux,
herbeux
Tarif : 27,90 € ⚹ ⬚ ▣ ▣ (6A) – pers. suppl. 6,90 € – frais
de réservation 28 €
Location (5 avr.-oct.) : 28 ⬚ (4 à 6 pers.) 215 à
845 €/sem. – hôtel, motel
⬚ 1 borne eurorelais 2 € – 🍴 15 €
Pour s'y rendre : S : 2,5 km par D 579 et chemin à droite à
Vogüé-Gare
À savoir : Site et cadre agréables, au bord de l'Ardèche

> Nature : ⬚ ⬚ ♀♀
> Loisirs : ⬚ snack ⬚ ⬚ nocturne
> ⬚ ⬚ ⬚ ⬚ ⬚ ⬚ ⬚ ⬚
> parcours sportif
> Services : ⬚ ⬚ GB ⬚ ⬚ ⬚ ⬚ ⬚
> ⬚ ⬚ ⬚ ⬚
> À prox. : canoë

Les Peupliers 5 avr.-sept.
℘ 04 75 37 71 47, *campingpeupliers@aol.com*,
Fax 04 75 37 70 83, *girard.jean-jacques@club-internet.fr*
– **R** conseillée
3 ha (100 empl.) plat, herbeux, sablonneux, pierreux
Tarif : 24,10 € ⚹ ⬚ ▣ ▣ (6A) – pers. suppl. 5 € – frais de
réservation 19 €
Location : 5 ⬚ (2 à 4 pers.) 240 à 390 €/sem. – 6 ⬚ (4
à 6 pers.) 315 à 525 €/sem. – 11 ⬚ (4 à 6 pers.) 350 à
625 €/sem.
⬚ 1 borne eurorelais
Pour s'y rendre : S : 2 km par D 579 et chemin à droite, à
Vogüé-Gare
À savoir : Au bord de l'Ardèche

> Nature : ⬚ ♀♀
> Loisirs : ⬚ snack ⬚ ⬚ ⬚ ⬚
> Services : ⬚ GB ⬚ ⬚ ⬚ ⬚
> À prox. : canoë

VOGÜÉ

⚠ **Les Roches** mai-août
 📞 04 75 37 70 45, *hm07@free.fr*, Fax 04 75 37 70 45,
 www.campinglesroches.fr – **R** conseillée
 2,5 ha (120 empl.) accidenté, plat, herbeux, rocheux
 Tarif : 25 € ⚹ 🚐 🅿 ⚡ (10A) – pers. suppl. 5,20 €
 Location 🎣 : 8 🚚 (4 à 6 pers.) 245 à 600 €/sem.
 🚐 1 borne artisanale 4 €
 Pour s'y rendre : S : 1,5 km par D 579, à Vogüé-Gare, à
 200 m de l'Auzon et de l'Ardèche
 À savoir : Cadre sauvage

Nature : 🌊 ♤♤
Loisirs : 🍷 🏠 🛶 ✂ 🛝
Services : ⚹ 🔑 🐕 🗄 🖨 ♨ ◎ 🧺
🖨
À prox. : 🏊

⚠ **Les Chênes Verts** juil.-août
 📞 04 75 37 71 54, *chenesverts2@wanadoo.fr*,
 Fax 04 75 37 71 54, *www.chenesverts.com* – accès aux emplacements par forte pente, mise en place et sortie des caravanes à la demande – **R** conseillée
 2,5 ha (42 empl.) en terrasses, pierreux, herbeux
 Tarif : 21 € ⚹ 🚐 🅿 ⚡ (10A) – pers. suppl. 4 €
 Location (avr.-sept.) : 26 🚚 (4 à 6 pers.) 250 à
 450 €/sem.
 Pour s'y rendre : SE : 1,7 km par D 103, rte de St-Germain

Nature : ♤♤
Loisirs : snack 🛶 🛝
Services : ⚹ 🔑 (avr.-sept.) 🐕 ◎ 🧺
🖨 🖨
À prox. : ✂

⚠ **L'Oasis des Garrigues** mars-oct.
 📞 04 75 37 03 27, *oasisdesgarrigues@wanadoo.fr*,
 Fax 04 75 37 16 32, *www.oasisdesgarrigues.com* – **R** indispensable
 1,2 ha (61 empl.) plat, herbeux, pierreux
 Tarif : 23,40 € ⚹ 🚐 🅿 ⚡ (10A) – pers. suppl. 4,50 € –
 frais de réservation 20 €
 Location (permanent) : 8 🚚 (4 à 6 pers.) 330 à
 540 €/sem.
 🚐 1 borne artisanale 3 €
 Pour s'y rendre : S : 2 km par D 579, au rond-point et à
 droite

Loisirs : 🍷
Services : ⚹ 🔑 GB 🐕 🗄 🖨 ♨ ◎ 🧺
À prox. : 🏊 🎣 canoë

*La catégorie (1 à 5 tentes, **noires** ou **rouges**) que nous attribuons*
aux terrains sélectionnés dans ce guide est une appréciation qui nous est propre.
Elle ne doit pas être confondue avec le classement (1 à 4 étoiles)
établi par les services officiels.

Le lac de Serre-Ponçon

BARBIÈRES

✉ 26300 – **332** D4 – 647 h. – alt. 426
Paris 586 – Lyon 124 – Valence 23 – Grenoble 79.

⚏ **Le Gallo-Romain** 26 avr.-14 sept.
    𝒫 04 75 47 44 07, *info@legalloromain.net,*
    Fax 04 75 47 44 07, *www.legalloromain.net* – **R** conseillée
    3 ha (62 empl.) plat et peu incliné, terrasses, herbeux,
    pierreux
    Tarif : 26,50 € 🛉 ⛺ 🅴 (6A) – pers. suppl. 4,25 € – frais
    de réservation 15 €
    Location : 14 🛖 (4 à 6 pers.) 180 à 520 €/sem.
    Pour s'y rendre : SE : 1,2 km par D 101, rte du Col de
    Tourniol, bord de la Barberolle

> Nature : 🌿 < 🏞 ♨♨
> Loisirs : 🍴 pizzeria 🏠 🎿 🤾
> Services : 🛉 ⚏ ⊖ 🚿 Ⓜ ▥ 🗄 👤
> ⓐ 📞 ⒲ 🖥 sèche-linge 🧺

BENIVAY-OLLON

✉ 26170 – **332** E8 – 57 h. – alt. 450
Paris 689 – Lyon 227 – Valence 126 – Avignon 71 – Salon 98.

⚏ **L'Écluse** mai-13 sept.
    𝒫 04 75 28 07 32, *camp.ecluse@wanadoo.fr,*
    Fax 04 75 28 16 87, *www.campecluse.com* – **R** indispensa-
    ble
    4 ha (75 empl.) plat et en terrasses, accidenté, gravillons,
    pierreux, herbeux
    Tarif : 20,70 € 🛉 ⛺ 🅴 (6A) – pers. suppl. 4,60 € – frais
    de réservation 10 €
    Location (5 avr.-5 nov.) 🏊 (juil.-août) : 10 🛖 (4 à 6
    pers.) 240 à 650 €/sem. – 10 🏠 (4 à 6 pers.) 240 à
    650 €/sem.
    Pour s'y rendre : S : 1 km sur D 347, bord d'un ruisseau
    À savoir : Sous les cerisiers, au milieu d'une vigne

> Nature : 🌿 < 🏞 ♨♨
> Loisirs : 🍴 snack 🏠 🎣 🎿 🛶 🤾
> Services : ⚏ 🐕 👤 🚿 ⓐ 🖥

741

BOURDEAUX

✉ 26460 – **332** D6 – 563 h. – alt. 426
🛈 *Office de tourisme, rue Droite* 𝒫 04 75 53 35 90
Paris 608 – Crest 24 – Montélimar 42 – Nyons 40 – Pont-St-Esprit 83 – Valence 51.

⚏ **Les Bois du Châtelas** 12 avr.-28 sept.
    𝒫 04 75 00 60 80, *contact@chatelas.com,*
    Fax 04 75 00 60 81, *www.chatelas.com* – **R** conseillée
    17 ha/7 campables (80 empl.) en terrasses, peu incliné,
    pierreux, herbeux
    Tarif : 28,80 € 🛉 ⛺ 🅴 (10A) – pers. suppl. 5,10 € –
    frais de réservation 13 €
    Location (permanent) : 33 🛖 (4 à 6 pers.) 265 à
    670 €/sem. – 25 🏠 (4 à 6 pers.) 300 à 755 €/sem.
    🚐 1 borne artisanale 1 € – 10 🅴 14 €
    Pour s'y rendre : SO : 1,4 km par D 538, rte de Dieulefit
    À savoir : Restaurant et village chalets panoramiques

> Nature : 🌿 < 🏞
> Loisirs : 🍴 🍴 snack, pizzeria 🏠
> 🛁 hammam jacuzzi 🎣 🚲 ⁀ 🎿
> 🛶 🤾
> Services : 🛉 ⚏ ⊖ 🚿 Ⓜ ▥ 🗄
> ⓐ 🍴 ⒲ 🖥 🛢 🧺
> À prox. : ✕ 🐎

Si vous recherchez :
  ⚏ *Un terrain au bord de l'eau avec possibilité de baignade*
  🌿 *Un terrain agréable ou très tranquille*
  L *Un terrain effectuant la location de caravanes, de mobile homes,*
     de bungalows ou de chalets
  P *Un terrain ouvert toute l'année*
  🚐 *Un terrain possédant une aire de services pour camping-cars*
Consultez le tableau des localités

✉ 26170 – **332** E8 – G. Alpes du Sud – 2 226 h. – alt. 365
🛈 *Office de tourisme, 14, boulevard Eysserie ℘ 04 75 28 04 59, Fax 04 75 28 13 63*
Paris 685 – Carpentras 39 – Nyons 29 – Orange 50 – Sault 38 – Sisteron 72 – Valence 130.

🔺 **Domaine de la Gautière** avr.-sept.
℘ 04 75 28 02 68, *accueil@camping-lagautiere.com*,
Fax 04 75 28 24 11, *www.camping-lagautiere.com*
– **R** conseillée
6 ha/3 campables (40 empl.) incliné à peu incliné, terrasses,
pierreux, herbeux
Tarif : 19,80 € ♦ 👬 🔳 🔌 (10A) – pers. suppl. 4,85 €
Location (fév.-25 nov.) : 8 🛏 (4 à 6 pers.) 320 à
565 €/sem. – 3 🏠 (4 à 6 pers.) 268 à 460 €/sem.
Pour s'y rendre : SO : 5 km par D 5, puis à droite, chemin
du Domaine de Roustillan
À savoir : En grande partie sous les oliviers

Nature : 🏞 ≤ ᫦
Loisirs : 🎮 🏖 🛶
Services : ♿ ⚡ GB ⚙ 🗄 🏠 ⊕ 🔄

🔺 **Les Éphélides** 15 mai-1er sept.
℘ 04 75 28 10 15, *ephelides@wanadoo.fr*,
Fax 04 75 28 13 04, *www.ephelides.com* – **R** indispensable
2 ha (40 empl.) plat, herbeux, pierreux
Tarif : 20,90 € ♦ 👬 🔳 🔌 (10A) – pers. suppl. 4 € – frais
de réservation 12 €
Location (avr.-15 oct.) : 6 🛏 (4 à 6 pers.) 340 à
520 €/sem. – 5 🏠 (4 à 6 pers.) 390 à 590 €/sem. –
bungalows toilés
Pour s'y rendre : SO : 1,4 km par av. de Rieuchaud
À savoir : Sous les cerisiers, près de l'Ouvèze

Nature : 🏞 ≤ ᫦
Loisirs : snack 🏖 🛶
Services : ♿ ⚡ GB ⚙ 🗄 🏠 ⊕ 🔄
À prox. : 🍴 🐎 piste de skate-
board

Ce guide n'est pas un répertoire de tous les terrains de camping
mais une sélection des meilleurs campings dans chaque catégorie.

742

✉ 26120 – **332** D4 – 5 861 h. – alt. 212
🛈 *Office de tourisme, place Génissieu ℘ 04 75 59 28 67, Fax 04 75 59 28 60*
Paris 569 – Crest 21 – Die 59 – Romans-sur-Isère 18 – Valence 12.

🔺 **Le Grand Lierne** 5 avr.-28 sept.
℘ 04 75 59 83 14, *grand-lierne@franceloc.fr*,
Fax 04 75 59 87 95, *www.grandlierne.com* – **R** conseillée 🐾
(5 juil.-23 août)
3,6 ha (160 empl.) plat, pierreux, herbeux
Tarif : 36,60 € ♦ 👬 🔳 🔌 (10A) – pers. suppl. 7,50 € –
frais de réservation 25 €
Location (26 avr.-6 sept.) 🐾 : 87 🛏 (4 à 6 pers.) 168 à
840 €/sem. – 6 🏠 (4 à 6 pers.) 168 à 840 €/sem.
Pour s'y rendre : NE : 5 km par D 68, rte de Peyrus, D 125 à
gauche et D 143 à droite - par A 7 sortie Valence Sud et
direction Grenoble

Nature : 🏞 🗠 ᫦᫦
Loisirs : 🍴 snack 🎮 ⚙ 🏖 🎣 🎿
🔲 (petite piscine) 🛶 ⛷
Services : ♿ ⚡ GB ⚙ 🗄 🏠 ⚗ ⊕ 🔄
📞 🔄 🏊 🧊 cases réfrigérées

✉ 26330 – **332** C2 – 1 276 h. – alt. 253
Paris 531 – Annonay 29 – Beaurepaire 19 – Romans-sur-Isère 27 – St-Marcellin 41 – Tournon-sur-Rhône 25 –
Valence 41.

🔺 **Château de Galaure** avr.-sept.
℘ 04 75 68 65 22, *www.galaure.com* – **R**
12 ha (200 empl.) plat, herbeux
Tarif : 28 € ♦ 👬 🔳 🔌 (10A) – pers. suppl. 5 €
Pour s'y rendre : SO : 0,8 km par D 51, rte de St-Vallier
À savoir : Plaisant domaine verdoyant et ombragé

Nature : ᫦᫦
Loisirs : 🍴 🎮 🏖 🛶 ⛷ skate
board
Services : ♿ ⚡ 🗄 🏠 🧊 ⊕ 🔄
À prox. : 🍴 🔲 ⚓ parcours de
santé, tyrolienne

CHÂTEAUNEUF-DU-RHÔNE

✉ 26780 – 332 B7 – G. Lyon Drôme Ardèche – 2 220 h. – alt. 80
Paris 615 – Aubenas 42 – Grignan 23 – Montélimar 9 – Pierrelatte 15 – Valence 60.

⚠ **Municipal la Graveline** 7 juin-août
    ℘ 04 75 90 80 96, *chateauneufdurhone@wanadoo.fr*,
    Fax 04 75 90 69 49, *www.chateauneuf-du-rhone.fr*
    – **R** conseillée
    0,6 ha (66 empl.) plat et peu incliné, herbeux
    Tarif : 7 € ✶ 🚐 🔲 ⚡ (6A)
    Pour s'y rendre : Sortie N par D 73, rte de Montélimar puis
    chemin à droite

> Nature : 🌿 ♀
> Services : ⊶ 🗑 ⊕
> À prox. : ✖ 🛶

CHÂTILLON-EN-DIOIS

✉ 26410 – 332 F5 – 523 h. – alt. 570
🛈 *Office de tourisme, square Jean Giono* ℘ 04 75 21 10 07
Paris 637 – Die 14 – Gap 79 – Grenoble 97 – La Mure 65.

⚠ **Le Lac Bleu** avr.-sept.
    ℘ 04 75 21 85 30, *info@lacbleu-diois.com*,
    Fax 04 75 21 82 05, *www.lacbleu-diois.com* – **R** conseillée
    9 ha/3 campables (90 empl.) plat, herbeux, pierreux
    Tarif : 23 € ✶ 🚐 🔲 ⚡ (6A) – pers. suppl. 5,70 € – frais de
    réservation 10 €
    Location : 45 🛖 (4 à 6 pers.) 196 à 497 €/sem. – 3 🏚
    (4 à 6 pers.) 259 à 630 €/sem. – 5 bungalows toilés
    🚐 1 borne raclet – 10 🔲 10,50 €
    Pour s'y rendre : SO : 4 km par D 539, rte de Die et D 140,
    de Menglon, chemin à gauche, avant le pont

> Nature : ≤ ♀ ⛰
> Loisirs : ♟ ✖ pizzeria 🏠 🕹 🏇
> 🏊 🌊
> Services : ♿ ⊶ GB ⋌ 🗑 ⊕ 🏊 ☎
> 📶 📺 🛒

CREST

✉ 26400 – 332 D5 – G. Lyon Drôme Ardèche – 7 739 h. – alt. 196
🛈 *Office de tourisme, place du Docteur Rozier* ℘ 04 75 25 11 38, Fax 04 75 76 79 65
Paris 585 – Die 37 – Gap 129 – Grenoble 114 – Montélimar 37 – Valence 28.

⚠ **Les Clorinthes** ♣♦ – avr.-sept.
    ℘ 04 75 25 05 28, *clorinthes@wanadoo.fr*,
    Fax 04 75 76 75 09, *www.lesclorinthes.com* – **R** conseillée
    4 ha (160 empl.) plat, peu incliné, herbeux
    Tarif : 20,50 € ✶ 🚐 🔲 ⚡ (6A) – pers. suppl. 4,90 € – frais
    de réservation 18,50 €
    Location : 6 🛖 (4 à 6 pers.) 290 à 580 €/sem. – 4 🏚 (4
    à 6 pers.) 270 à 560 €/sem.
    Pour s'y rendre : Sortie S par D 538 puis chemin à gauche
    après le pont, près de la Drôme et du complexe sportif

> Nature : ≤ ♀
> Loisirs : ♟ pizzeria, snack 🏠 🕹
> diurne 🏇 🏊 🚲 🌊
> Services : ♿ ⊶ GB ⋌ 🗑 🏊 🏊 ⊕
> 📶 📺
> À prox. : ✖ 🐎 poneys skate parc

DIE

✉ 26150 – 332 F5 – G. Alpes du Sud – 4 451 h. – alt. 415
🛈 *Office de tourisme, rue des Jardins* ℘ 04 75 22 03 03, Fax 04 75 22 40 46
Paris 623 – Gap 92 – Grenoble 110 – Montélimar 73 – Nyons 77 – Sisteron 103 – Valence 66.

⚠ **Le Glandasse** avr.-sept.
    ℘ 04 75 22 02 50, *camping-glandasse@wanadoo.fr*,
    Fax 04 75 22 04 91, *www.camping-glandasse.com*
    – **R** conseillée
    3,5 ha (120 empl.) plat, peu incliné, herbeux, pierreux
    Tarif : 20,70 € ✶ 🚐 🔲 ⚡ (10A) – pers. suppl. 5 € – frais
    de réservation 10 €
    Location : 2 🛖 (4 à 6 pers.) 280 à 560 €/sem. – 9 🏚 (4
    à 6 pers.) 280 à 560 €/sem.
    Pour s'y rendre : SE : 1 km par D 93, rte de Gap puis
    chemin à droite
    À savoir : Au bord de la Drôme

> Nature : 🌿 ≤ 🏕 ♀♀
> Loisirs : snack, pizzeria 🏠 🏊 🚲
> 🌊 🛶 canoes
> Services : ♿ ⊶ GB ⋌ 🗑 🏊 🏊 ⊕
> 📶 📺 sèche-linge 🛒

DIEULEFIT

✉ 26220 – **332** D6 – G. Lyon Drôme Ardèche – 3 096 h. – alt. 366
🛈 *Office de tourisme, 1, place Abbé Magnet* ℘ 04 75 46 42 49, Fax 04 75 46 36 48
Paris 614 – Crest 30 – Montélimar 29 – Nyons 30 – Orange 58 – Pont-St-Esprit 69 – Valence 57.

   Municipal les Grands Prés
      ℘ 04 75 46 87 50, info@camping-grandspres.com,
      www.camping-grandpres.com – **R** conseillée
      1,8 ha (101 empl.) plat, herbeux
      Pour s'y rendre : Sortie O par D 540, rte de Montélimar,
      près du Jabron, chemin piétonnier reliant directement le
      camping au bourg

> Nature : 🌳 ⛰
> Loisirs : 🏕 🎣
> Services : ⚿ ⛽ 🏪 ⚴ ⊕ 🖥
> À prox. : 🛒 ✗ ⛷

GRANE

✉ 26400 – **332** C5 – 1 567 h. – alt. 175
🛈 *Syndicat d'initiative, route de La Roche-sur-Grâne* ℘ 04 75 62 66 08
Paris 583 – Crest 10 – Montélimar 34 – Privas 29 – Valence 26.

   Les Quatre Saisons Permanent
      ℘ 04 75 62 64 17, camping.4saisons@wanadoo.fr,
      Fax 04 75 62 69 06, www.camping-4saisons.com
      – **R** conseillée
      2 ha (80 empl.) en terrasses, plat, herbeux, peu incliné,
      sablonneux, pierreux
      Tarif : 20,50 € 👤 🚗 🔌 (16A) – pers. suppl. 5,50 € –
      frais de réservation 10 €
      Location : 11 🏠 (4 à 6 pers.) 285 à 420 €/sem.
      Pour s'y rendre : SE : 0,6 km par D 113, rte de la Roche-
      sur-Grâne

> Nature : 🌳 ⛰
> Loisirs : 🍴 🏖 🏊
> Services : ⚿ ⛽ 🆖 ⚴ Ⓜ 🏪 🖥 🗑
> ⊕ ⚽ 🛁 🖥 🗑
> À prox. : ✗

GRIGNAN

✉ 26230 – **332** C7 – 1 353 h. – alt. 198
🛈 *Office de tourisme, place du jeu de Ballon* ℘ 04 75 46 56 75, Fax 04 75 46 55 89
Paris 629 – Crest 46 – Montélimar 25 – Nyons 25 – Orange 52 – Pont-St-Esprit 38 – Valence 74.

   Les Truffières 20 avr.-20 sept.
      ℘ 04 75 46 93 62, info@lestruffieres.com, www.lestruffie
      res.com – **R** conseillée ✀
      1 ha (85 empl.) plat, herbeux, pierreux, bois attenant
      Tarif : 20,80 € 👤 🚗 🔌 (10A) – pers. suppl. 4,70 € –
      frais de réservation 12 €
      Location : 6 🛖 (4 à 6 pers.) 200 à 470 €/sem.
      Pour s'y rendre : SO : 2 km par D 541, rte de Donzère, D 71,
      rte de Chamaret à gauche et chemin
      À savoir : Cadre boisé

> Nature : 🌳 ⛰
> Loisirs : snack 🏖 🏊
> Services : ⚿ ⛽ 🖥 ⊕ 🖥

LUS-LA-CROIX-HAUTE

✉ 26620 – **332** H6 – G. Alpes du Sud – 437 h. – alt. 1 050
🛈 *Syndicat d'initiative, rue Principale* ℘ 04 92 58 51 85
Paris 638 – Alès 207 – Die 45 – Gap 49 – Grenoble 75.

   Champ la Chèvre 30 avr.-28 sept.
      ℘ 04 92 58 50 14, info@campingchamplachevre.com,
      Fax 04 92 58 55 92, www.campingchamplachevre.com
      – **R** conseillée
      3,6 ha (100 empl.) plat, en terrasses, peu incliné,
      incliné, herbeux
      Tarif : 18,90 € 👤 🚗 🔌 (6A) – pers. suppl. 4,40 € – frais
      de réservation 10 €
      Location (permanent) : 4 🛖 (4 à 6 pers.) 280 à
      495 €/sem. – 8 🏠 (4 à 6 pers.) 335 à 640 €/sem.
      🚐 1 borne artisanale – 2 🔲 13,80 €
      Pour s'y rendre : Au SE du bourg, près de la piscine

> Nature : 🌳 ⛰
> Loisirs : 🏖
> Services : ⚿ ⛽ 🆖 ⚴ 🖥 ⊕ 🕭 🖥
> À prox. : ⛷ 🐎

MENGLON

✉ 26410 – **332** F6 – 355 h. – alt. 550
Paris 645 – Lyon 183 – Valence 80 – Grenoble 90 – Gap 84.

L'Hirondelle ♣♣ – 26 avr.-13 sept.
    ℘ 04 75 21 82 08, *contact@campinghirondelle.com*,
Fax 04 75 21 82 85, *www.campinghirondelle.com* – **R** indispensable
7,5 ha/4 campables (100 empl.) non clos, plat et peu accidenté, herbeux
Tarif : 28,10 € ♣ ⛺ 🚗 🅴 🔌 (6A) – pers. suppl. 7,20 € – frais de réservation 18,50 €
Location (avr.-28 sept.) : 18 🛖 (4 à 6 pers.) 301 à 679 €/sem. – 20 🛖 (4 à 6 pers.) 329 à 742 €/sem.
Pour s'y rendre : NO : 2,8 km par D 214 et D 140, rte de Die, près du D 539 (accès conseillé)
À savoir : Cadre et situation agréables au bord du Bez

> Nature : 🌳 ≤ 🏕 ♨
> Loisirs : 🍴 ✕ snack, pizzeria 🎦 ☺ nocturne 🏓 ⛹ 🎱 🏊 ⛵ (plan d'eau) 🎿 terrain omnisports
> Services : & ⛽ GB ♒ 🖥 ♨ 🗲 ◎ 🖙 🐾 🖮 sèche-linge 🗲

MIRABEL-ET-BLACONS

✉ 26400 – **332** D5 – 815 h. – alt. 225
Paris 595 – Crest 7 – Die 30 – Dieulefit 33 – Grignan 48 – Valence 38.

Gervanne avr.-sept.
    ℘ 04 75 40 00 20, *info@gervanne-camping.com*,
Fax 04 75 40 03 97, *www.gervanne-camping.com*
– **R** conseillée
3,7 ha (150 empl.) plat et peu incliné, herbeux
Tarif : 21,50 € ♣ ⛺ 🚗 🅴 🔌 (6A) – pers. suppl. 5,30 € – frais de réservation 12 €
Location (avr.-5 nov.) 🚿 : 9 🛖 (4 à 6 pers.) 273 à 625 €/sem.
🚐 1 borne 4,50 € – 2 🅴 18,10 €
Pour s'y rendre : À Blacons, au confluent de la Drôme et de la Gervanne
À savoir : Cadre verdoyant au bord de la Gervanne et la Drôme (plan d'eau)

> Nature : 🌳 ♨ 🔺
> Loisirs : 🍴 pizzeria, snack 🎦 ⛹ ♒ 🏊 🎣
> Services : & ⛽ GB ♒ 🖥 ♨ ◎ 🖙 🖮 sèche-linge 🗲 🗲
> À prox. : parcours de santé

NYONS

✉ 26110 – **332** D7 – G. Provence – 6 723 h. – alt. 271
🛈 *Office de tourisme, place de la Libération* ℘ 04 75 26 10 35, Fax 04 75 26 01 57
Paris 653 – Alès 109 – Gap 106 – Orange 43 – Sisteron 99 – Valence 98.

L'Or Vert avr.-1er oct.
    ℘ 04 75 26 24 85, *camping-or-vert@wanadoo.fr*,
Fax 04 75 26 17 89, *www.camping-or-vert.com* – **R** conseillée 🚿 (juil.-août)
1 ha (79 empl.) plat et en terrasses, pierreux, gravillons, herbeux, petit verger
Tarif : ♣ 4,30 € ⛺ 🅴 5,80 € – 🔌 (6A) 3,70 €
Location (15 avr.-15 sept.) : 3 🚐 (2 à 4 pers.) 270 à 410 €/sem. – 1 🛖 (4 à 6 pers.) 410 à 550 €/sem.
Pour s'y rendre : À Aubres, NE : 3 km par D 94, rte de Serres, bord de l'Eygues

> Nature : ≤ 🏕 ♨
> Loisirs : snack 🎦 ⛹ ⛵ 🎣
> Services : ⛽ ♒ 🖥 🖮 ◎ 🖥 réfrigérateurs

Les Terrasses Provençales 5 avr.-sept.
    ℘ 04 75 27 92 36, *novezan@lesterrassesprovencales.com*,
Fax 09 58 07 92 36, *www.lesterrassesprovencales.com*
– **R** conseillée
2,5 ha (70 empl.) en terrasses, gravillons, pierreux, herbeux
Tarif : 19,70 € ♣ ⛺ 🅴 🔌 (10A) – pers. suppl. 4,50 €
Location : 2 🛖 (4 à 6 pers.) 300 à 470 €/sem.
Pour s'y rendre : NO : 7 km par D 538, puis D 232 à droite

> Nature : 🌳 ≤ ♀
> Loisirs : 🎦 🏊
> Services : & ⛽ GB ♒ 🖥 ♨ ◎ 🗲 🖙 🖮

POËT-CÉLARD

✉ 26460 – **332** D6 – 145 h. – alt. 590
Paris 618 – Lyon 156 – Valence 53 – Avignon 114 – Gap 118.

▲▲▲ **Le Couspeau** 15 avr.-sept.
  🖉 04 75 53 30 14, *info@couspeau.com*, Fax 04 75 53 37 23,
  www.couspeau.com – alt. 600 – **R** indispensable
  6 ha (133 empl.) plat, en terrasses et peu incliné, herbeux
  Tarif : 28 € 🖌 ⛺ 🔲 💧 (6A) – pers. suppl. 6 € – frais de
  réservation 16 €
  Location : 20 🛖 (4 à 6 pers.) 300 à 588 €/sem. – 24 🏠
  (4 à 6 pers.) 350 à 791 €/sem.
  Pour s'y rendre : SE : 1,3 km par D 328A
  À savoir : Situation dominante et panoramique

> Nature : 🌳 ⬲ 🏞 ♀
> Loisirs : 🍴 ✗ snack 🎣 🚴 ✗ 🏓
> 🏊 (petite piscine) 🏊
> Services : 🚿 🅾 GB 🅰 Ⓜ 🏢 ⬛ 🔧
> 🅰 🚰 🐕 🚾 🔥 sèche-linge ♨ ⛲

Le POËT-LAVAL

✉ 26160 – **332** D6 – G. Lyon Drôme Ardèche – 809 h. – alt. 311
Paris 619 – Crest 35 – Montélimar 25 – Nyons 35 – Orange 78 – Pont-St-Esprit 65 – Valence 61.

▲ **Municipal Lorette** mai-sept.
  🖉 04 75 91 00 62, *camping.lorette@wanadoo.fr*,
  Fax 04 75 46 46 45 – **R** conseillée
  2 ha (60 empl.) peu incliné à incliné, herbeux
  Tarif : 🖌 3,20 € ⛺ 🔲 3,20 € – 💧 (6A) 2 €
  🛖 1 borne – 5 🔲
  Pour s'y rendre : E : 1 km par D 540, rte de Dieulefit
  À savoir : Au bord du Jabron

> Nature : ⬲ ♀
> Loisirs : 🎣 🏊 🏊
> Services : 🚿 🅾 GB 🅰 🅰 🔥 🔧
> À prox. : ✗

RECOUBEAU-JANSAC

✉ 26310 – **332** F6 – 207 h. – alt. 500
Paris 637 – La Chapelle-en-Vercors 55 – Crest 51 – Die 14 – Rémuzat 43 – Valence 80.

▲▲▲ **Le Couriou** mai-août
  🖉 04 75 21 33 23, *camping.lecouriou@wanadoo.fr*,
  Fax 04 75 21 38 42, *www.campinglecouriou.com* – **R** indispensable
  7 ha/4,5 campables (138 empl.) non clos, en terrasses, peu
  incliné, herbeux, pierreux, gravier, bois
  Tarif : 27,70 € 🖌 ⛺ 🔲 💧 (6A) – pers. suppl. 7 €
  Location (avr.-sept.) : 12 🛖 (4 à 6 pers.) 195 à
  772 €/sem. – 15 🏠 (4 à 6 pers.) 168 à 733 €/sem.
  Pour s'y rendre : NO : 0,7 km par D 93, rte de Die
  À savoir : Espace aquatique et joli petit village de chalets

> Nature : ⬲ 🏞 ♀
> Loisirs : 🍴 snack 🎣 🎣 🏊 🏄
> Services : 🚿 🅾 GB 🅰 🔲 🔥 🏊 🅰
> 🚾 🔥 sèche-linge ⛲

SAHUNE

✉ 26510 – **332** E7 – 292 h. – alt. 330
🚩 *Syndicat d'initiative, Mairie* 🖉 04 75 27 45 35, Fax 04 75 27 45 35
Paris 647 – Buis-les-Baronnies 27 – La Motte-Chalancon 22 – Nyons 16 – Rosans 25 – Vaison-la-Romaine 31.

▲ **Vallée Bleue** avr.-sept.
  🖉 04 75 27 44 42, *info@lavalleebleue.com*,
  Fax 04 75 27 44 42, *www.lavalleebleue.com* – **R** conseillée
  3 ha (45 empl.) plat, pierreux, herbeux
  Tarif : 21 € 🖌 ⛺ 🔲 💧 (6A) – pers. suppl. 5 €
  🛖 🚐 11 €
  Pour s'y rendre : Sortie SO par D 94, rte de Nyons, bord de
  l'Eygues

> Nature : ⬲ ♀
> Loisirs : snack 🎣 🏓 🏊
> Services : 🚿 🅾 🅰 🏊 🅰 🚾 🔥

Benutzen Sie
– zur Wahl der Fahrtroute
– zur Berechnung der Entfernungen
– zur exakten Lokalisierung eines Campingplatzes (mit Hilfe der Angaben im Ortstext)
*die für diesen Führer unentbehrlichen **MICHELIN-Karten** .*

ST-AVIT

✉ 26330 – **332** C2 – 242 h. – alt. 348
Paris 536 – Annonay 33 – Lyon 81 – Romans-sur-Isère 22 – Tournon-sur-Rhône 26.

⚠ **Domaine la Garenne** 21 avr.-16 sept.
  ℰ 04 75 68 62 26, *garenne.drome@wanadoo.fr*,
Fax 04 75 68 60 02, *www.domaine-la-garenne.com*
– **R** conseillée
14 ha/6 campables (100 empl.) incliné à peu incliné, plat et
en terrasses, herbeux
Tarif : 22 € ✝ ⚓ 🅴 ⛽ (6A) – pers. suppl. 5 € – frais de
réservation 10 €
Location (fermé 25 déc.-1ᵉʳ janv.) ⚝ : 14 ▭ (4 à 6
pers.) 180 à 615 €/sem. – 8 ▭ (4 à 6 pers.) 220 à
600 €/sem.
Pour s'y rendre : NO : par D 207 et D 53
À savoir : Agréable cadre boisé

Nature : 🌳 ≤ ♧♧
Loisirs : 🎱 🏓 ⚒
Services : 👶 ⚡ GB 🛒 🚿 ♨ ⊙ 🚮 ♨♨ 🔥
À prox. : 🏊

Benutzen Sie
– zur Wahl der Fahrtroute
– zur Berechnung der Entfernungen
– zur exakten Lokalisierung eines Campingplatzes (mit Hilfe der Angaben im Ortstext)
die für diesen Führer unentbehrlichen **MICHELIN-Karten** .

ST-DONAT-SUR-L'HERBASSE

✉ 26260 – **332** C3 – G. Lyon Drôme Ardèche – 3 132 h. – alt. 202
🛈 *Office de tourisme, 32, avenue Georges Bert* ℰ 04 75 45 15 32, *Fax 04 75 45 20 42*
Paris 545 – Grenoble 92 – Hauterives 20 – Romans-sur-Isère 13 – Tournon-sur-Rhône 18 – Valence 27.

747

⚞ **Domaine du Lac de Champos** 25 avr.-14 sept.
  ℰ 04 75 45 17 81, *contact@lacdechampos.com*,
Fax 04 75 45 03 63, *www.lacdechampos.com* – **R** conseillée
43 ha/6 campables (60 empl.) plat, en terrasses, herbeux
Tarif : 14 € ✝ ⚓ 🅴 ⛽ (10A) – pers. suppl. 3,60 €
Location : 21 ▭ (4 à 6 pers.) 450 à 510 €/sem.
🚐 1 borne artisanale – 5 🅴
Pour s'y rendre : NE : 2 km par D 67
À savoir : Cadre agréable au bord du lac de Champos

Nature : ♀ ⚠
Loisirs : ♈ snack 🎱 🏓 ⚒ ⚝ 🏊
canoës, voitures à pédales
Services : 👶 ⚡ GB 🚿 ♨ ♨ ⊙ 📞
🔥 sèche-linge

⚞ **Les Ulèzes** avr.-oct.
  ℰ 04 75 47 83 20, *contact@domaine-des-ulezes.com*,
Fax 04 75 47 83 20, *www.domaine-des-ulezes.com*
– **R** conseillée
2,5 ha (40 empl.) plat, herbeux
Tarif : 22,50 € ✝ ⚓ 🅴 ⛽ (10A) – pers. suppl. 3,50 €
Location : 3 bungalows toilés
Pour s'y rendre : Sortie SE par D 53, rte de Romans et
chemin à droite, près de l'Herbasse

Nature : ▭ ♀
Loisirs : snack 🎱 🏓 ♨ ⚒
Services : 👶 ⚡ 🛒 🚿 ⊙ 🚮 ♨ 📞
♨♨ 🔥
À prox. : ♈ 🏊

ST-FERRÉOL-TRENTE-PAS

✉ 26110 – **332** E7 – 212 h. – alt. 417
Paris 634 – Buis-les-Baronnies 30 – La Motte-Chalancon 34 – Nyons 14 – Rémuzat 25 – Vaison-la-Romaine 29.

⚞ **Le Pilat** avr.-sept.
  ℰ 04 75 27 72 09, *info@campinglepilat.com*,
Fax 04 75 27 72 34, *www.campinglepilat.com* – **R** conseillée
1 ha (70 empl.) plat, pierreux, herbeux
Tarif : 23 € ✝ ⚓ 🅴 ⛽ (6A) – pers. suppl. 6 €
Location (avr.-3 nov.) ⚝ : 10 ▭ (4 à 6 pers.) 225 à
620 €/sem.
Pour s'y rendre : N : 1 km par D 70, rte de Bourdeaux,
bord d'un ruisseau
À savoir : Au milieu de la lavande

Nature : 🌳 ≤ ▭ ♀
Loisirs : snack 🎱 🏓 ⛫ ⚒ ⛵
♨ 🏊
Services : 👶 ⚡ GB 🚿 ♨ ♨ ⊙
📞 🔥 🧺

ST-MARTIN-EN-VERCORS

✉ 26420 – **332** F3 – G. Alpes du Nord – 295 h. – alt. 780
Paris 601 – La Chapelle-en-Vercors 9 – Grenoble 51 – Romans-sur-Isère 46 – St-Marcellin 34 – Villard-de-Lans 20.

△ **La Porte St-Martin** 25 avr.-1er oct.
℘ 04 75 45 51 10, *infos@camping-laportestmartin.com*,
www.camping-laportestmartin.com – **R** conseillée
1,5 ha (66 empl.) plat et en terrasses, incliné, herbeux,
gravier, pierreux
Tarif : 16,60 € ⚹ ⇋ 🔲 🅷 (10A) – pers. suppl. 5,20 €
Location (permanent) ⚡ : 3 🏠 (4 à 6 pers.) 260 à
570 €/sem.
Pour s'y rendre : Sortie N par D 103

> Nature : ≤ ♀
> Loisirs : 🍴 🚲 ⛷ (petite piscine)
> Services : & ⚐ ⚲ ☺ 🗑 🖫

ST-NAZAIRE-EN-ROYANS

✉ 26190 – **332** E3 – G. Alpes du Nord – 498 h. – alt. 172
Paris 576 – Grenoble 69 – Pont-en-Royans 9 – Romans-sur-Isère 19 – St-Marcellin 15 – Valence 35.

△ **Municipal** mai-sept.
℘ 04 75 48 41 18, *mairie-stnazaire@wanadoo.fr*,
Fax 04 75 48 44 32 – **R** conseillée
1,5 ha (75 empl.) plat et peu incliné, herbeux
Tarif : 11,60 € ⚹ ⇋ 🔲 🅷 (6A) – pers. suppl. 3,10 €
Pour s'y rendre : SE : 0,7 km rte de St-Jean-en-Royans
À savoir : Au bord de la Bourne (plan d'eau)

> Nature : 🌳 ♀♀
> Loisirs : 🍴 🎣
> Services : & ⚐ ⚲ ☺ 🖫

ST-VALLIER

✉ 26240 – **332** B2 – G. Lyon Drôme Ardèche – 4 154 h. – alt. 135
🎱 *Office de tourisme, avenue Désiré Valette* ℘ 04 75 23 45 33, Fax 04 75 23 44 19
Paris 526 – Annonay 21 – St-Étienne 61 – Tournon-sur-Rhône 16 – Valence 35 – Vienne 41.

△ **Municipal les Îsles de Silon** 15 mars-15 nov.
℘ 04 75 23 22 17 – **R**
1,35 ha (92 empl.) plat, herbeux, pierreux
Tarif : 9,70 € ⚹ ⇋ 🔲 🅷 (10A) – pers. suppl. 2,20 €
Location : 4 🏠 (4 à 6 pers.) 260 à 400 €/sem.
Pour s'y rendre : N par av. de Québec (N7) et chemin à
gauche, près du Rhône

> Nature : ≤ 🌳 ♀♀
> Loisirs : 🏊
> Services : ⚐ 🍴 ⚲ 🏧 🗑 ☺ 🖫
> À prox. : ⚒ ⛷

Site du Plan du Lac

F. Isler/Michelin

TAIN-L'HERMITAGE

✉ 26600 – **332** C3 – 5 503 h. – alt. 124

🛈 *Office de tourisme, place du 8 mai 1945* ℘ 04 75 08 06 81, Fax 04 75 08 34 59

Paris 545 – Grenoble 97 – Le Puy-en-Velay 105 – St-Étienne 76 – Valence 18 – Vienne 59.

Municipal les Lucs 15 mars-15 oct.
℘ 04 75 08 32 82, *camping.tainlhermitage@wanadoo.fr,*
Fax 04 75 08 32 82, *www.campingleslucs.fr* – **R** conseillée
2 ha (98 empl.) plat, herbeux, pierreux
Tarif : (Prix 2007) 16,60 € ✶ 🚗 🗉 🗓 (5A) – pers.
suppl. 2,30 €
🖳 1 borne
Pour s'y rendre : Sortie SE par N 7, rte de Valence, près du
Rhône

| Nature : 🗆 ♀♀ |
| Loisirs : 🏊 🎣 |
| Services : ᣛ ⊶ ⅁⅊ ♻ 🏢 🗄 ⚿ ⓐ 🖳 🖰 |
| À prox. : 🍖 snack ✗ 🏊 |

TULETTE

✉ 26790 – **332** C8 – 1 714 h. – alt. 147

🛈 *Syndicat d'initiative, place des Tisserands* ℘ 04 75 98 34 53, Fax 04 75 98 36 16

Paris 648 – Avignon 53 – Bollène 15 – Nyons 20 – Orange 23 – Vaison-la-Romaine 16.

Les Rives de l'Aygues 15 mai.- sept.
℘ 04 75 98 37 50, *camping.aygues@wanadoo.fr,*
Fax 04 75 98 37 50, *www.lesrivesdelaygues.com*
– **R** conseillée
3,6 ha (100 empl.) plat, pierreux, herbeux
Tarif : 21 € ✶ 🚗 🗉 🗓 (6A) – pers. suppl. 4,40 € – frais de
réservation 10 €
Location 🏖 : 6 🏠 (4 à 6 pers.) 340 à 556 €/sem.
Pour s'y rendre : S : 3 km par D 193, rte de Cairanne et
chemin à gauche
À savoir : Cadre sauvage au milieu des vignes

| Nature : 🐟 🗆 ♀♀ |
| Loisirs : 🍖 snack 🔲 🏊 🏓 |
| Services : ᣛ ⊶ ⅁⅊ ♻ 🗄 ⓐ 🛁 🖳 |
| 🖰 |

749

We recommend that you consult the up to date price list posted at the entrance of the site.
Inquire about possible restrictions.
The information in this Guide may have been modified since going to press.

VINSOBRES

✉ 26110 – **332** D7 – 1 089 h. – alt. 247

🛈 *Syndicat d'initiative, place de la Mairie* ℘ 04 75 27 36 63, Fax 04 75 27 69 20

Paris 662 – Bollène 29 – Grignan 24 – Nyons 9 – Vaison-la-Romaine 15 – Valence 107.

Sagittaire 🏊 – Permanent
℘ 04 75 27 00 00, *camping.sagittaire@wanadoo.fr,*
Fax 04 75 27 00 39, *www.le-sagittaire.com* – **R** indispensa-
ble
14 ha/8 campables (274 empl.) plat, herbeux, gravillons
Tarif : 32,70 € ✶ 🚗 🗉 🗓 (6A) – pers. suppl. 8 € – frais de
réservation 25 €
Location : 19 🚐 (4 à 6 pers.) 238 à 959 €/sem. – 60 🏠
🖳 1 borne raclet
Pour s'y rendre : Au Pont-de-Mirabel, angle des D 94 et
D 4, près de l'Eygues (accès direct)
À savoir : Bel ensemble aquatique et ludique

| Nature : ⪪ 🗆 ♀♀ |
| Loisirs : 🍽 ✗ snack 🔲 🎰 🏋 🎣 |
| 🏊 ✗ 🀄 🔲 🏊 🌊 (plan d'eau) 🏊 |
| terrain omnisports |
| Services : ᣛ ⊶ ⅁⅊ ♻ 🏢 🗄 🛝 ⓐ |
| 🛁 🚰 ⚿ 🖰 🖳 sèche-linge 🖳 🖰 |

Municipal Chez Antoinette 16 mars-1ᵉʳ nov.
℘ 04 75 27 61 65, *camping-municipal@club-internet.fr,*
Fax 04 75 27 61 65 – **R** conseillée
1,9 ha (70 empl.) plat, pierreux, herbeux
Tarif : ✶ 2,70 € 🚗 1,80 € 🗉 1,80 € – 🗓 (8A) 2,90 €
Pour s'y rendre : Au S du bourg par D 190, au stade

| Nature : ⪪ ♀♀ |
| Loisirs : 🏊 |
| Services : ᣛ ⊶ (mai-oct.) ⅁⅊ ⓐ 🖳 |
| réfrigérateurs |

Les ABRETS

✉ 38490 – **333** G4 – 2 705 h. – alt. 398

🛈 *Syndicat d'initiative, place Eloi Cuchet* ℱ *04 76 32 11 24*

Paris 514 – Aix-les-Bains 45 – Belley 31 – Chambéry 38 – Grenoble 49 – La Tour-du-Pin 13 – Voiron 22.

△△△ **Le Coin Tranquille** ♟♗ – 22 mars-1er nov.

ℱ 04 76 32 13 48, *contact@coin-tranquille.com*,
Fax 04 76 37 40 67, *www.coin-tranquille.com*
4 ha (180 empl.) plat, peu incliné, herbeux
Tarif : 31 € ♗ 🚐 🔲 🄙 (16A) – pers. suppl. 7 €
Location 🅿 : 14 🏠 (4 à 6 pers.) 350 à 791 €/sem.
🚐 🔔 13 €
Pour s'y rendre : 2,3 km à l'E par D 1006, rte du Pont-de-Beauvoisin et rte à gauche

Nature : 🐟 🎣 ♀♀
Loisirs : 🍴 🗙 🏛 🄶 diurne 🏃 ⛷ 🚴 ⛸ ♨
Services : 🔥 🛒 🅶🅱 🛠 🗑 🏧 🄴 🕀
🄴 sèche-linge 💆 🐾

ALLEVARD

✉ 38580 – **333** J5 – G. Alpes du Nord – 3 081 h. – alt. 470 – ♨

🛈 *Office de tourisme, place de la Résistance* ℱ *04 76 45 10 11, Fax 04 76 97 59 32*

Paris 593 – Albertville 50 – Chambéry 33 – Grenoble 40 – St-Jean-de-Maurienne 68.

△ **Clair Matin** mai-14 oct.

ℱ 04 76 97 55 19, *jdavallet1@aol.com*, Fax 04 76 45 87 15,
www.achatgrenoble.com/campingclairmatin – **R** conseillée
5,5 ha (200 empl.) plat, peu incliné et en terrasses, herbeux
Tarif : 20,70 € ♗ 🚐 🔲 🄙 (6A) – pers. suppl. 3 € – frais de
réservation 7,70 €
Location : 20 🛖 (4 à 6 pers.) 170 à 636 €/sem.
Pour s'y rendre : Sortie Sud-Ouest par D 525, rte de Grenoble à droite

Nature : 🐟 ≤ ♀♀
Loisirs : 🏛 🏊
Services : 🔥 🛒 🅶🅱 🛠 🗑 🏊 🄴 🏧
🚿 🄴 sèche-linge
À prox. : 🍴

Donnez-nous votre avis sur les terrains que nous recommandons.
Faites-nous connaître vos observations et vos découvertes
par mail à l'adresse : leguidecampingfrance@fr.michelin.com.

750

AUBERIVES-SUR-VARÈZE

✉ 38550 – **333** B5 – 1 159 h. – alt. 195

Paris 500 – Annonay 32 – Grenoble 103 – Lyon 44 – St-Étienne 63 – Valence 61.

△ **Les Nations** Permanent

ℱ 04 74 84 97 17, *jacquet.g@wanadoo.fr*,
Fax 04 74 84 95 13 – **R** conseillée
1 ha (60 empl.) plat, herbeux
Tarif : 17 € ♗ 🚐 🔲 🄙 (6A) – pers. suppl. 7 €
🚐 1 borne artisanale – 🔔 17 €
Pour s'y rendre : S : 1 km sur N 7

Nature : ♀♀
Loisirs : 🍴 🏛 🏊
Services : 🔥 🛒 🛠 🗑 🄴
À prox. : 🗙

AUTRANS

✉ 38880 – **333** G6 – 1 541 h. – alt. 1 050 – Sports d'hiver : 1 050/1 650 m ⛷13 ⛸

🛈 *Office de tourisme, rue du Cinéma* ℱ *04 76 95 30 70, Fax 04 76 95 38 63*

Paris 586 – Grenoble 36 – Romans-sur-Isère 58 – St-Marcellin 47 – Villard-de-Lans 16.

△△△ **Au Joyeux Réveil** ♟♗ – janv.-mars et mai-sept.

ℱ 04 76 95 33 44, *camping-au-joyeux-reveil@wanadoo.fr*,
Fax 04 76 95 72 98, *www.camping-au-joyeux-reveil.fr*
– **R** conseillée
1,5 ha (100 empl.) plat, herbeux
Tarif : 34 € ♗ 🚐 🔲 🄙 (6A) – pers. suppl. 5 € – frais de
réservation 10 €
Location : 16 🛖 (4 à 6 pers.) 330 à 800 €/sem. – 4 🏠
(4 à 6 pers.) 320 à 800 €/sem.
🚐 1 borne flot bleu – 18 🔲
Pour s'y rendre : Sortie Nord-Est par rte de Montaud et à droite

Nature : ❄ ≤
Loisirs : 🏛 🏃 ⛷ 🏊
Services : 🔥 🛒 🅶🅱 🛠 Ⓜ 🗑 🏧
🄴 🐾 🄴

BILIEU

✉ 38850 – **333** G5 – 922 h. – alt. 580
Paris 526 – Belley 44 – Chambéry 47 – Grenoble 38 – La Tour-du-Pin 24 – Voiron 11.

⚠ **Municipal Bord du Lac** 15 avr.-sept.
   ℘ 04 76 06 67 00, mairie.bilieu@paysvoironnais.com,
Fax 04 76 06 67 15 – places limitées pour le passage
– **R** conseillée
1,3 ha (81 empl.) plat, herbeux, en terrasses, gravillons
Tarif : (Prix 2007) 16,50 € ⚡ ⇌ 🅴 (10A) – pers.
suppl. 3,50 € – frais de réservation 15 €
Pour s'y rendre : O : 1,9 km, accès conseillé par D 50ᴰ et
D 90

> Nature : 🌿 ⬿ 🞛🞛(boulaie) ⛰
> Loisirs : ⚓ ponton d'amarrage
> Services : ♿ ⚡ 🐾 ⊞ 🗄 ⊛ 🖼

Le BOURG-D'ARUD

✉ 38520 – **333** J8 – G. Alpes du Nord – Base de loisirs
Paris 628 – L'Alpe-d'Huez 25 – Le Bourg-d'Oisans 15 – Les Deux-Alpes 29 – Grenoble 66.

⛰ **Le Champ du Moulin** fermé mai, 15 sept.-15 déc.
   ℘ 04 76 80 07 38, info@champ-du-moulin.com,
Fax 04 76 80 24 44, www.champ-du-moulin.com
– **R** conseillée
1,5 ha (80 empl.) non clos, plat, herbeux, pierreux
Tarif : 24,60 € ⚡ ⇌ 🅴 (10A) – pers. suppl. 4,90 € –
frais de réservation 15 €
Location : 4 🏚 (4 à 6 pers.) 210 à 532 €/sem. – 10 🏚
(4 à 6 pers.) 266 à 455 €/sem. – 4 appartements
🚐 1 borne artisanale – 20 🅴
Pour s'y rendre : Sortie Ouest par D 530
À savoir : Entouré par les montagnes de l'Oisans, bord du
Vénéon

> Nature : ❄ 🌿 ♀
> Loisirs : 🍽 snack, le soir uniquement
> 🎱 🎮
> Services : ♿ ⚡ 🆖 🐾 ⊞ 🗄 ♨ ⊛
> ♨ 🐾 🖼 🧴
> À prox. : à la base de loisirs : ⚓ ⛵
> ⚲ ⚓ ⚓ sports en eaux vives, parc
> aventure

Le BOURG-D'OISANS

✉ 38520 – **333** J7 – G. Alpes du Nord – 2 984 h. – alt. 720 – Sports d'hiver : ⛷
🆑 Office de tourisme, quai Girard ℘ 04 76 80 03 25, Fax 04 76 80 10 38
Paris 614 – Briançon 66 – Gap 95 – Grenoble 52 – St-Jean-de-Maurienne 72 – Vizille 32.

⛰ **À la Rencontre du Soleil** 3 mai-sept.
   ℘ 04 76 79 12 22, rencontre.soleil@wanadoo.fr,
Fax 04 76 80 26 37, www.alarencontredusoleil.com
– **R** conseillée
1,6 ha (73 empl.) plat, herbeux
Tarif : 29,50 € ⚡ ⇌ 🅴 (10A) – pers. suppl. 6,40 €
Location (permanent) 🅿 : 6 🏚 (4 à 6 pers.) 260 à
620 €/sem. – 10 🏚 (4 à 6 pers.) 250 à 670 €/sem.
Pour s'y rendre : 1,7 km au NE, rte de l'Alpe-d'Huez

> Nature : ⬿ 🞛 🞛🞛
> Loisirs : pizzeria, snack 🎱 ⚓
> terrain omnisports
> Services : ♿ ⚡ 🆖 🐾 🗄 ♨ ⊛ 🖼 🧴
> À prox. : 🛒

⛰ **Le Colporteur** 🧍‍♂️ – 10 mai-21 sept.
   ℘ 04 76 79 11 44, info@camping-colporteur.com,
Fax 04 76 79 11 49, www.camping-colporteur.com
– **R** conseillée
3,3 ha (135 empl.) plat, herbeux
Tarif : 28 € ⚡ ⇌ 🅴 (15A) – pers. suppl. 6 € – frais de
réservation 13 €
Location (fermé nov.-21 déc.) : 32 🏚 (4 à 6 pers.) 300 à
520 €/sem.
🚐 🚐 10 €
Pour s'y rendre : Au Sud de la localité, accès par rue de la
piscine
À savoir : Au bord d'une petite rivière

> Nature : 🌿 ⬿ 🞛 🞛🞛
> Loisirs : 🍽 snack, pizzeria, unique-
> ment le soir 🎱 ⚓ ⚓
> Services : ♿ ⚡ (saison) 🆖 🐾 🗄
> ♨ ⊛ 🐾 🖼 🧴
> À prox. : 🛒 ⚲ ⚓

Utilisez les **cartes MICHELIN,**
complément indispensable de ce guide.

Le BOURG-D'OISANS

⚠ **La Cascade** 15 déc.-sept.
℘ 04 76 80 02 42, *lacascade@wanadoo.fr,*
Fax 04 76 80 22 63, *www.lacascadesarenne.com*
– **R** conseillée
2,4 ha (140 empl.) plat, herbeux, pierreux
Tarif : 29,30 € ✶ ⇔ 🔲 🗲 (16A) – pers. suppl. 6,50 € –
frais de réservation 17 €
Location (permanent) : 18 🏠 (4 à 6 pers.) 313 à
745 €/sem.
Pour s'y rendre : NE : 1,5 km rte de l'Alpe-d'Huez, près de
la Sarennes

Nature : ❄ ⬅ ▭ 🌳🌳
Loisirs : 🎪 ⚽ ⏄
Services : 🔌 🖴 ⏄ 🏧 🔧 🚿 ⚥ 🚾
📦
À prox. : 🛒

CHARAVINES

✉ 38850 – **333** G5 – 1 423 h. – alt. 500
🛈 *Office de tourisme, rue des Bains* ℘ 04 76 06 60 31, Fax 04 76 06 60 50
Paris 534 – Belley 47 – Chambéry 49 – Grenoble 40 – La Tour-du-Pin 65 – Voiron 13.

⚠ **Les Platanes** avr.-sept.
℘ 04 76 06 64 70, *campinglesplatanes@wanadoo.fr,*
Fax 04 76 06 64 70, *www.campinglesplatanes.fr* – **R** conseillée
1 ha (67 empl.) plat, herbeux
Tarif : 16 € ✶ ⇔ 🔲 🗲 (6A) – pers. suppl. 4,10 € – frais de
réservation 12 €
Pour s'y rendre : Sortie Nord par D 50ᴰ, rte de Bilieu, à
150 m du lac

Nature : 🌳🌳
Loisirs : 🎪
Services : 🚿 🔌 ⏄ 🏧 🔧 ⚥ 📦
À prox. : 🛒 🍴 snack ❋ ⛵ (plage)
⚓ 🛶 pédalos

Ne pas confondre :
⚠ ... à ... ⚠⚠⚠ : *appréciation* **MICHELIN**
et
★ ... à ... ★★★★ : *classement officiel*

CHORANCHE

✉ 38680 – **333** F7 – 130 h. – alt. 280
Paris 588 – La Chapelle-en-Vercors 24 – Grenoble 52 – Romans-sur-Isère 32 – St-Marcellin 20 –
Villard-de-Lans 20.

⚠ **Le Gouffre de la Croix** 10 mai-14 sept.
℘ 04 76 36 07 13, *camping.gouffre.croix@wanadoo.fr,*
Fax 04 76 36 07 13, *www.camping-choranche.com*
– **R** conseillée
2,5 ha (52 empl.) non clos, plat, herbeux, en terrasses
Tarif : 19,50 € ✶ ⇔ 🔲 🗲 (6A) – pers. suppl. 4,10 € – frais
de réservation 15 €
Pour s'y rendre : au SE du bourg, rte de Chatelas, bord de
la Bourne
À savoir : cadre sauvage et boisé au fond de la vallée

Nature : 🌊 ⬅ 🌳🌳
Loisirs : 🍴 ⛵ ⚓
Services : 🚿 🔌 🚿 🌲 ⚥ 📦

ENTRE-DEUX-GUIERS

✉ 38380 – **333** H5 – G. Alpes du Nord – 1 477 h. – alt. 380
Paris 553 – Les Abrets 24 – Chambéry 24 – Grenoble 39 – Le Pont-de-Beauvoisin 16 – St-Laurent-du-Pont 5.

⚠ **L'Arc-en-Ciel** mars-15 oct.
℘ 04 76 66 06 97, *info@camping-arc-en-ciel.com,*
Fax 04 76 66 06 97, *www.camping-arc-en-ciel.com* – places
limitées pour le passage – **R** conseillée
1 ha (50 empl.) plat, herbeux
Tarif : 19 € ✶ ⇔ 🔲 🗲 (4A) – pers. suppl. 4,80 €
Location : 4 🏠 (4 à 6 pers.) 210 à 470 €/sem.
🚐 1 borne artisanale 4,50 € – 3 🔲
Pour s'y rendre : Au bourg, par rue piétonne vers les
Échelles, près du vieux pont, bord du Guiers

Nature : ⬅ 🌳🌳
Loisirs : 🎪 ⚽ ⏄ 🏊
Services : 🚿 🔌 🖴 ⏄ 🏧 🔧 🌲 ⚥ 📦
🚾 📦 sèche-linge
À prox. : ❋ 🎿

FARAMANS

✉ 38260 – **333** D5 – 734 h. – alt. 375
Paris 518 – Beaurepaire 12 – Bourgoin-Jallieu 35 – Grenoble 60 – Romans-sur-Isère 50 – Vienne 32.

⚠ **Municipal des Eydoches** Permanent
   ℘ 04 74 54 21 78, *mairie.faramans@wanadoo.fr*,
   Fax 04 74 54 20 00 – places limitées pour le passage
   – **R** conseillée
   1 ha (60 empl.) plat, herbeux
   Tarif : 16,60 € 🖈 ⇔ 🗉 🚿 (5A) – pers. suppl. 3,90 €
   🚐 1 borne artisanale 5 €
   Pour s'y rendre : Sortie Est par D 37, rte de la Côte-St-
   André

Nature : ♀
Services : ᴕ �o━ ♂ 🎹 🗉 ⊕ 🏖 🐾
🗐
À prox. : 🏑 🏸 golf, practice de golf

La FERRIÈRE

✉ 38580 – **333** J6 – 214 h. – alt. 926
Paris 613 – Lyon 146 – Grenoble 52 – Chambéry 47 – Annecy 95.

⚠ **Neige et Nature** 15 mai-15 sept.
   ℘ 04 76 45 19 84, *contact@neige-nature.fr*, *www.neige-nature.fr* – alt. 900 – **R** conseillée
   1,2 ha (45 empl.) plat, peu incliné, terrasses, herbeux
   Tarif : 19,20 € 🖈 ⇔ 🗉 🚿 (10A) – pers. suppl. 5,10 €
   Location (permanent) : 2 🏠 (4 à 6 pers.) 280 à
   560 €/sem.
   Pour s'y rendre : À l'Ouest du bourg, bord du Bréda
   À savoir : Cadre verdoyant et soigné

Nature : 🌳 < 🏕 ♀
Loisirs : 🎮
Services : ᴕ o━ ♂ M 🎹 🗉 🏖 ⊕ 🐾
🗐 🌡
À prox. : 🏊 (bassin)

Le FRENEY-D'OISANS

✉ 38142 – **333** J7 – 221 h. – alt. 926
🅱 *Syndicat d'initiative, Le Village* ℘ 04 76 80 05 82, Fax 04 76 80 05 82
Paris 626 – Bourg-d'Oisans 12 – La Grave 16 – Grenoble 64.

⚠ **Le Traversant** Permanent
   ℘ 04 76 80 18 84, *lin.pradelles@wanadoo.fr*,
   Fax 04 76 80 18 84, *www.le-traversant.com* – **R** conseillée
   1,5 ha (67 empl.) non clos, en terrasses, plat, gravillons,
   herbeux
   Tarif : 22,50 € 🖈 ⇔ 🗉 – pers. suppl. 5,50 €
   Location : 3 🏠 (4 à 6 pers.) 300 à 550 €/sem.
   🚐 1 borne artisanale 4 €
   Pour s'y rendre : S : 0,5 km par D 1091 rte de Briançon

Nature : < ♀♀
Loisirs : 🍴 🎮 🏸
Services : o━ ♂ 🗉 ⊕ 🐾 🐾 🗐

753

GRESSE-EN-VERCORS

✉ 38650 – **333** G8 – G. Alpes du Nord – 299 h. – alt. 1 205 – Sports d'hiver : 1 300/1 700 m 🎿16 🎿
🅱 *Office de tourisme, le Faubourg* ℘ 04 76 34 33 40, Fax 04 76 34 31 26
Paris 610 – Clelles 22 – Grenoble 48 – Monestier-de-Clermont 14 – Vizille 43.

⚠ **Les 4 Saisons** mai-sept. et 20 déc.-15 mars
   ℘ 04 76 34 30 27, *pieter.aalmoes@wanadoo.fr*,
   Fax 04 76 34 39 52, *www.camping-les4saisons.com*
   – **R** conseillée
   2,2 ha (90 empl.) en terrasses, plat, pierreux, gravillons,
   herbeux
   Tarif : 21,90 € 🖈 ⇔ 🗉 🚿 (10A) – pers. suppl. 4,90 €
   Location 🎿 : 7 🛖 (4 à 6 pers.) 310 à 480 €/sem. – 3
   🏠 (4 à 6 pers.) 400 à 590 €/sem.
   🚐 1 borne artisanale 5 € – 10 🗉 16 €
   Pour s'y rendre : SO : 1,3 km, au lieu-dit la Ville
   À savoir : Situation agréable au pied du massif du Vercors

Nature : ❄ 🌳 < massif du Vercors
Loisirs : 🎮 🏓 🏊
Services : ᴕ o━ 🏧 ♂ 🎹 🗉 ⊕ 🗐
À prox. : 🍴 snack 🐾 🏑

LALLEY

✉ 38930 – **333** H9 – 184 h. – alt. 850

🛈 *Syndicat d'initiative, Mairie* ℘ *04 76 34 70 39, Fax 04 76 34 75 02*

Paris 626 – Grenoble 63 – La Mure 30 – Sisteron 80.

Belle Roche 5 avr.-sept.
℘ 04 76 34 75 33, *gildapatt@campingbelleroche.com,*
Fax 04 76 34 11 25, *www.campingbelleroche.com* – alt. 860
– **R** conseillée
2,4 ha (60 empl.) plat, terrasse, pierreux, herbeux
Tarif : ♣ ⟵ 🖪 15,40 € – ⁅ (10A) 3,50 €
⊏🖥 1 borne artisanale
Pour s'y rendre : Au Sud du bourg, par rte de Mens et
chemin à droite
À savoir : Situation agréable face au village

Nature : ⬡ ≤ ⊏⊐
Loisirs : ♟ snack ⟶ ⛱
Services : ✆ ⟜ GB ⟲ Ⓜ 🖪 ⊕ ℘
🖪 ⛟
À prox. : ✕

MÉAUDRE

✉ 38112 – **333** G7 – G. Alpes du Nord – 1 039 h. – alt. 1 012 – Sports d'hiver : 1 000/1 600 m ⚡10 ⛷

🛈 *Office de tourisme, le Village* ℘ *04 76 95 20 68, Fax 04 76 95 25 93*

Paris 588 – Grenoble 38 – Pont-en-Royans 26 – Tullins 53 – Villard-de-Lans 10.

Les Buissonnets 15 déc.-Toussaint
℘ 04 76 95 21 04, *camping-les-buissonnets@wanadoo.fr,*
Fax 04 76 95 26 14, *www.camping-les-buissonnets.com* –
places limitées pour le passage – **R** conseillée
2,8 ha (100 empl.) peu incliné, herbeux et plat
Tarif : 16,20 € ♣ ⟵ 🖪 ⁅ (2A) – pers. suppl. 4 €
Location 🅿 : 13 ⟳ (4 à 6 pers.) 280 à 430 €/sem.
⊏🖥 1 borne artisanale 4 € – ⛟ 10 €
Pour s'y rendre : NE : 0,5 km par D 106 et rte à droite, à
200 m du Méaudret

Nature : ❄ ⬡ ≤ ⍉
Loisirs : 🎮 ⟶
Services : ✆ ⟜ GB ⟲ ⍐ 🖪 ⊕
℘ 🖪
À prox. : ✕ ⛱

Les Eymes fermé vacances de printemps et de Toussaint
℘ 04 76 95 24 85, *camping.les.eymes@free.fr,*
Fax 04 76 95 20 35, *www.camping-les-eymes.com*
– **R** conseillée
1,3 ha (40 empl.) en terrasses et peu incliné, herbeux,
pierreux, bois attenant
Tarif : 16,60 € ♣ ⟵ 🖪 ⁅ (16A) – pers. suppl. 6 €
Location : 6 ⟳ (4 à 6 pers.) 325 à 440 €/sem. – 3 ⌂ (4
à 6 pers.) 390 à 580 €/sem.
⊏🖥 7 🖪 14 € – ⛟ 12.60 €
Pour s'y rendre : N : 3,8 km par D 106ᶜ, rte d'Autrans et rte
à gauche

Nature : ⬡ ≤
Loisirs : snack ⟶
Services : ✆ ⟜ GB ⟲ ⍐ 🖪 ⊕ ⛟
✕ 🖪 ⛟ ⛟

MEYRIEU-LES-ÉTANGS

✉ 38440 – **333** E4 – 725 h. – alt. 430 – Base de loisirs

Paris 515 – Beaurepaire 31 – Bourgoin-Jallieu 14 – Grenoble 78 – Lyon 54 – Vienne 27.

Base de Loisirs du Moulin 15 avr.-sept.
℘ 04 74 59 30 34, *contact@camping-meyrieu.com,*
Fax 04 74 58 36 12, *www.camping-meyrieu.com*
– **R** conseillée
1 ha (75 empl.) plat, peu incliné, en terrasses, herbeux
Tarif : (Prix 2007) 21 € ♣ ⟵ 🖪 ⁅ (10A) – pers.
suppl. 4,70 €
Location ✕✕ 🅿 : 7 ⌂
Pour s'y rendre : SE : 0,8 km par D 56ᴮ, rte de Châtonnoy
et rte de Ste-Anne à gauche, à la base de loisirs, près d'un
plan d'eau
À savoir : Les emplacements en terrasses dominent le lac

Nature : ⬡ ⊏⊐ ♨
Loisirs : 🎮 ⛹ ⟶
Services : ✆ ⟜ GB ⟲ 🖪 ⊕ ⛟ ⛟
🖪
À prox. : ♟ snack ⟶ ⟶ ♨ ⛵
pédalos, canoë, kayak

754

MONTALIEU-VERCIEU

✉ 38390 – **333** F3 – 2 178 h. – alt. 213 – Base de loisirs
🛈 *Office de tourisme, 1, rue du Rhône ☎ 04 74 88 48 56*
Paris 478 – Belley 36 – Bourg-en-Bresse 54 – Crémieu 25 – Nantua 66 – La Tour-du-Pin 34.

⚠ **Vallée Bleue** avr.-28 oct.
☎ 04 74 88 63 67, *camping.valleebleue@wanadoo.fr,*
Fax 04 74 88 62 11, *www.camping-valleebleue.com*
– **R** conseillée
120 ha/1,8 campable (119 empl.) plat, peu incliné, herbeux,
gravier
Tarif : 17 € 🚶 🚐 🔲 [½] (6A) – pers. suppl. 5,50 €
Location : 7 🛏 (4 à 6 pers.) 213 à 488 €/sem.
Pour s'y rendre : Sortie Nord par D 1075 rte de Bourg-en-
Bresse puis 1,3 km par D 52F à dr., à la base de plein air et de
loisirs
À savoir : Au bord du Rhône rive gauche (plan d'eau)

Nature : 🌊 ≤ ⚲
Loisirs : 🍸 snack 🏊 ≈ ⛵ 🚣
Services : 👫 ⚷ 🆖 🛒 🗐 🗑 ⊕ 🚿 ♨ 🖻
À prox. : ✗ 🚴 ⛵ 🎿 ⚓ 🏇 pédalos, jet ski, squad, ponton d'amarrage

Benutzen Sie
– zur Wahl der Fahrtroute
– zur Berechnung der Entfernungen
– zur exakten Lokalisierung eines Campingplatzes (mit Hilfe der Angaben im Ortstext)
die für diesen Führer unentbehrlichen MICHELIN-Karten .

PALADRU

✉ 38850 – **333** G5 – G. Lyon Drôme Ardèche – 863 h. – alt. 503
Paris 523 – Annecy 84 – Chambéry 47 – Grenoble 43 – Lyon 72.

⚠ **Le Calatrin** avr.-sept.
☎ 04 76 32 37 48, *lecalatrin@wanadoo.fr,*
Fax 04 76 32 42 02, *www.paladru.com* – **R** conseillée
2 ha (60 empl.) en terrasses, plat, herbeux
Tarif : 17 € 🚶 🚐 🔲 [½] (6A) – pers. suppl. 6,50 €
Pour s'y rendre : À la sortie du bourg, direction Charavines

Nature : 🌊 ≤
Loisirs : 🛏 🦢
Services : 👫 ⚷ 🚿 🛒 🗐 🗑 ⊕ 📞 📱 🖻
À prox. : 🍸 snack ≈ (plage)

PETICHET

✉ 38119 – **333** H7
Paris 592 – Le Bourg-d'Oisans 41 – Grenoble 30 – La Mure 11 – Vizille 11.

⚠ **Ser-Sirant** mai-sept.
☎ 04 76 83 91 97, *campingsersirant@wanadoo.fr,*
Fax 04 76 30 83 69, *www.euro-campsite.com* – **R** conseillée
2 ha (100 empl.) plat, terrasse, herbeux, pierreux, bois
attenant
Tarif : 22 € 🚶 🚐 🔲 [½] (10A) – pers. suppl. 4,90 € – frais
de réservation 15 €
Location 🐾 : 6 🛏 (4 à 6 pers.) 406 à 616 €/sem.
🛏 1 borne flot bleu 2 € – 6 🔲 6 €
Pour s'y rendre : Sortie Est et chemin à gauche

Nature : 🌊 ⚲⚲ ⛰
Loisirs : 🍸 🛏 ≈ 🦢 barques de pêche
Services : ⚷ 🚿 🗐 ⊕ 📞 📱 🖻
À prox. : ♨

ROCHETAILLÉE

✉ 38520 – **333** I7
Paris 613 – Lyon 146 – Grenoble 41 – Chambéry 96 – Gap 94.

⚠ **Belledonne** 14 mai-13 sept.
☎ 04 76 80 07 18, *belledon@club-internet.fr,*
Fax 04 76 79 12 95, *www.le-belledonne.com* – **R** conseillée
3,5 ha (180 empl.) plat, herbeux
Tarif : 28,20 € 🚶 🚐 🔲 [½] (6A) – pers. suppl. 6,10 € – frais
de réservation 15 €
Location : 17 🛏 (4 à 6 pers.) 215 à 615 €/sem.
À savoir : Ensemble très verdoyant et fleuri

Nature : ≤ ⚲⚲
Loisirs : 🍸 snack, pizzeria 🛏 🎣 ≈ hammam ≈ 🚴 ⛵ 🎿 parcours sportif
Services : 👫 ⚷ 🆖 🚿 🗐 🗑 🛁 🗑 ⊕ 🖻 sèche-linge 🔌 🚰

ROCHETAILLÉE

Le Château ♣♣ – 13 mai-14 sept.
 ℘ 04 76 11 04 40, *jcp@camping-le-chateau.com*,
Fax 04 76 80 21 23, *www.camping-le-chateau.com*
– **R** conseillée
2,6 ha (135 empl.) plat, herbeux
Tarif : 29,90 € ⚡ ⛺ 🅴 (6A) – pers. suppl. 6,50 € – frais
de réservation 16 €
Location (24 mai-16 déc.) : 35 ⛺ (4 à 6 pers.) 200 à
710 €/sem.
⛺ 1 borne artisanale – 6 🅴

Nature : ← □ ♀♀
Loisirs : 🍴 snack, pizzeria 🏛 🎣 🏓
🎳 ⛵ jacuzzi 🏊 ⛳ ⛷ mur d'escalade
Services : ♿ ⚡ GB ♻ Ⓜ 🅿 🚿 ☺
🔥 🚽 ♨ 📶 🔘 sèche-linge 🔌 🚮

✉ 38520 – **333** K8 – G. Alpes du Nord – 106 h. – alt. 1 470
🅱 *Office de tourisme, la Ville* ℘ 04 76 80 50 01
Paris 635 – L'Alpe-d'Huez 31 – La Bérarde 12 – Le Bourg-d'Oisans 21 – Grenoble 73.

Municipal la Bérarde juin-sept.
 ℘ 04 76 79 20 45, Fax 04 76 79 20 45 – croisement parfois
impossible hors garages de dégagement – alt. 1 738 – **🏕**
2 ha (165 empl.) non clos, peu incliné et plat, en terrasses,
pierreux, herbeux, rocher
Tarif : 15,30 € ⚡ ⛺ 🅴 (10A) – pers. suppl. 2,40 €
Pour s'y rendre : SE : 10,5 km par D 535 à la Bérarde, accès
direct au hameau par petit pont de bois
À savoir : Très agréable site sauvage au bord du Vénéon

Nature : 🏞 ← Parc National des
Écrins ♀
Loisirs : 🏛 🎣
Services : ⚡ ♻ 🚰 🅿 ☺ 🔘
À prox. : 🔌 🍴 ✕

*La catégorie (1 à 5 tentes, **noires** ou **rouges**) que nous attribuons
aux terrains sélectionnés dans ce guide est une appréciation qui nous est propre.
Elle ne doit pas être confondue avec le classement (1 à 4 étoiles)
établi par les services officiels.*

756

✉ 38370 – **333** B5 – G. Lyon Drôme Ardèche – 3 605 h. – alt. 160
Paris 501 – Annonay 35 – Givors 26 – Le Péage-de-Roussillon 10 – Rive-de-Gier 24 – Vienne 15.

Le Daxia avr.-sept.
 ℘ 04 74 56 39 20, *info@campingledaxia.com*,
Fax 04 74 56 45 57, *www.campingledaxia.com* – **R** conseil-
lée
7,5 ha (120 empl.) plat, herbeux
Tarif : 17,65 € ⚡ ⛺ 🅴 (6A) – pers. suppl. 3,70 €
⛺ 1 borne artisanale
Pour s'y rendre : S : 2,7 km par D 4 rte de Péage-du-
Roussillon et chemin à gauche, accès conseillé par N 7 et
D 37
À savoir : Beaux emplacements délimités, au bord de la
Varèze

Nature : 🏞 □ ♀♀
Loisirs : 🍴 pizzeria, le soir unique-
ment 🏛 🏊 ⛳ 🏓 🏊 🎣
Services : ♿ ⚡ GB 🅿 🚿 🔥 ☺ 🔘
🚮

✉ 38380 – **333** H5 – G. Alpes du Nord – 4 222 h. – alt. 410
🅱 *Office de tourisme, place de la Mairie* ℘ 04 76 06 22 55, Fax 04 76 06 21 21
Paris 560 – Chambéry 29 – Grenoble 34 – La Tour-du-Pin 42 – Voiron 15.

Municipal les Berges du Guiers 15 juin-15 sept.
 ℘ 04 76 55 20 63, *camping.st-laurent-du-pont@wana
doo.fr*, Fax 04 76 06 21 21, *www.chartreuse-tourisme.com*
– **R** conseillée
1 ha (45 empl.) plat, herbeux
Tarif : 15,70 € ⚡ ⛺ 🅴 (5A) – pers. suppl. 4,50 € – frais
de réservation 10 €
Pour s'y rendre : Sortie Nord par D 520, rte de Chambéry
et à gauche, bord du Guiers Mort, chemin et passerelle pour
piétons reliant le camp au village

Nature : ← ♀
Services : ♿ ⚡ GB ♻ 🅿 ☺ 🔘
À prox. : 🏊 ✕ ⛷

ST-LAURENT-EN-BEAUMONT

✉ 38350 – **333** I8 – 372 h. – alt. 900
Paris 613 – Le Bourg-d'Oisans 43 – Corps 16 – Grenoble 51 – Mens 22 – La Mure 10.

Belvédère de l'Obiou avr.-15 oct.
    ℘ 04 76 30 40 80, *info@camping-obiou.com*,
Fax 04 76 30 44 86, *www.camping-obiou.com* – **R** conseillée
1 ha (45 empl.) plat, peu incliné, terrasses, herbeux
Tarif : 23,90 € ⚹ ⟚ 🅔 ⓗ (10A) – pers. suppl. 4,80 € –
frais de réservation 15 €
Location (mai-sept.) : 5 🚐 (4 à 6 pers.) 287 à
623 €/sem.
🚰 1 borne artisanale 5 €
Pour s'y rendre : SO : 1,3 km par N 85, au lieu-dit les Egats

> Nature : ⟨ ♀
> Loisirs : snack 🍴 🏖 🚲 🏊 (petite piscine découverte l'été)
> Services : 🚿 ⚡ GB 🏧 🛒 🗄 ♨ ☺
> 🔧 ⚙ 🧺 🚰
> À prox. : 🍽

ST-MARTIN-DE-CLELLES

✉ 38930 – **333** G8 – 118 h. – alt. 750
Paris 616 – Lyon 149 – Grenoble 48 – Saint-Martin-d'Hères 49 – Échirolles 42.

La Chabannerie 15 mai.-sept.
    ℘ 04 76 34 00 38, *camping.chabannerie@yahoo.fr*,
Fax 04 76 34 00 38, *www.camping-chabannerie.eu*
– **R** conseillée
2,5 ha (49 empl.) en terrasses, plat, peu incliné, pierreux,
herbeux
Tarif : 18 € ⚹ ⟚ 🅔 ⓗ (10A) – pers. suppl. 4 €
Pour s'y rendre : N : 1 km sur D 252^A et chemin à droite

> Nature : 🌲 ⟨ ⊏ ♀♀(sapinière)
> Loisirs : 🍴 🏊
> Services : ⚡ GB 🏧 🛒 ♨ 🔧 ⚙ 🗄
> 🚰

ST-PIERRE-DE-CHARTREUSE

✉ 38380 – **333** H5 – G. Alpes du Nord – 770 h. – alt. 885 – Sports d'hiver : 900/1 800 m 🎿1 🎿13 🎿
🅱 *Office de tourisme, place de la Mairie* ℘ 04 76 88 62 08, Fax 04 76 88 68 78
Paris 571 – Belley 62 – Chambéry 39 – Grenoble 28 – La Tour-du-Pin 52 – Voiron 25.

De Martinière mai-14 sept.
    ℘ 04 76 88 60 36, *camping-de-martiniere@orange.fr*,
Fax 04 76 88 69 10, *www.campingdemartiniere.com*
– **R** conseillée
1,5 ha (100 empl.) non clos, plat et peu incliné, herbeux
Tarif : 21,90 € ⚹ ⟚ 🅔 ⓗ (6A) – pers. suppl. 5,40 € – frais
de réservation 8 €
Location 🚫 : 4 🚐 (4 à 6 pers.) 243 à 490 €/sem.
🚰 1 borne artisanale – 2 🅔
Pour s'y rendre : SO : 3 km par D 512, rte de Grenoble
À savoir : Site agréable au coeur de la Chartreuse

> Nature : ⟨ ♀
> Loisirs : 🍴 🏖 🏊
> Services : ⚡ GB 🏧 🛒 🗄 ♨ ☺ 🚰
> À prox. : ✗

La SALLE-EN-BEAUMONT

✉ 38350 – **333** I8 – 241 h. – alt. 756
Paris 614 – Le Bourg-d'Oisans 44 – Gap 51 – Grenoble 52.

Le Champ Long avr.-15 oct.
    ℘ 04 76 30 41 81, *champ.long@tiscali.fr*,
Fax 04 76 30 47 21, *www.camping-champlong.com* – accès
aux emplacements par forte pente, mise en place et sortie
des caravanes à la demande – **R** conseillée
5 ha (97 empl.) non clos, en terrasses, plat, vallonné,
accidenté, herbeux, pierreux
Tarif : 18,50 € ⚹ ⟚ 🅔 ⓗ (10A) – pers. suppl. 3,80 € –
frais de réservation 11 €
Location (fermé 16 oct.-14 nov.) : 11 🏠 (4 à 6 pers.)
300 à 650 €/sem.
🚰 1 borne artisanale 5 € – 10 €
Pour s'y rendre : SO : 2,7 km par N 85, rte de la Mure et
chemin du Bas-Beaumont à gauche, mise en place des
caravanes pour les empl. à forte pente

> Nature : 🌲 ⟨ Vallée et lac ⊏
> ♀♀(sapinière)
> Loisirs : 🍴 snack 🍴 🏖 🚲 🏊
> Services : 🚿 ⚡ GB 🏧 🗄 ♨ 🗑 🚰

THEYS

✉ 38570 – **333** I6 – G. Alpes du Nord – 1 572 h. – alt. 615
🛈 *Syndicat d'initiative, ℰ 04 76 71 05 47*
Paris 595 – Allevard 18 – Le Bourg-d'Oisans 75 – Chambéry 38 – Grenoble 30.

⋀⋀ **Les 7 Laux** juin-15 sept.
ℰ 04 76 71 02 69, *camping.les7laux@wanadoo.fr,*
Fax 04 76 71 08 85, *www.camping-7-laux.com* – alt. 920
– **R** conseillée
1 ha (61 empl.) plat, peu incliné, en terrasses, herbeux,
pierreux
Tarif : 20,90 € ⋆ ⟶ 🅴 🄲 (10A) – pers. suppl. 5,20 € –
frais de réservation 7,60 €
Location ⛺ : 2 🚐 (4 à 6 pers.) 260 à 530 €/sem. – 1
🏠 (4 à 6 pers.) 280 à 575 €/sem.
🚐 1 borne artisanale 4 €
Pour s'y rendre : 3,8 km au S, à 400 m du col des Ayes
À savoir : Agréable structure fleurie et soignée, belle situation dominante

| Nature : 🌳 ≤ 🏕 ⚲ |
| Loisirs : 🏠 🚴 ⛴ |
| Services : 🚿 🛒 GB 🅰 🛁 📷 🔌 🛎 |
| 🏠 sèche-linge 🔌 |

TREPT

✉ 38460 – **333** E3 – 1 540 h. – alt. 275 – Base de loisirs
Paris 495 – Belley 41 – Bourgoin-Jallieu 13 – Lyon 52 – Pérouges 35 – La Tour-du-Pin 21.

⋀⋀⋀ **Les 3 Lacs du Soleil** 28 avr.-sept.
ℰ 04 74 92 92 06, *info@les3lacsdusoleil.com,*
Fax 04 74 83 43 81, *www.les3lacsdusoleil.com* – **R** conseillée
25 ha/3 campables (160 empl.) plat, herbeux
Tarif : 31 € ⋆ ⟶ 🅴 🄲 (6A) – pers. suppl. 7 €
Location : 8 🚐 (4 à 6 pers.) 406 à 784 €/sem. – 8 🏠 (4
à 6 pers.) 357 à 700 €/sem. – 27 bungalows toilés
Pour s'y rendre : 2,7 km à l'E par D 517, rte de Morestel et
chemin à dr., près de deux plans d'eau

| Nature : 🌳 ⚲ 🏔 |
| Loisirs : ▼ snack 🏠 🍽 diurne 🏃 |
| 🚴 🏓 🎣 ⛴ 🌊 (plage) 🌳 🚣 |
| Services : 🚿 🛒 GB 🅰 📷 🔌 🛎 🛎 |
| 🏠 sèche-linge |

VERNIOZ

✉ 38150 – **333** C5 – 888 h. – alt. 250
Paris 500 – Annonay 38 – Givors 25 – Le Péage-de-Roussillon 12 – Rive-de-Gier 41 – Vienne 14.

⋀⋀⋀ **Le Bontemps** avr.-sept.
ℰ 04 74 57 83 52, *info@campinglebontemps.com,*
Fax 04 74 57 83 70, *www.campinglebontemps.com*
– **R** conseillée
6 ha (175 empl.) plat, herbeux, étangs
Tarif : 24 € ⋆ ⟶ 🅴 🄲 (6A) – pers. suppl. 6 € – frais de
réservation 20 €
Location ⛺ : 2 🚐 (4 à 6 pers.) 240 à 420 €/sem. – 3
🏠 (4 à 6 pers.) 300 à 500 €/sem.
🚐 1 borne artisanale – 10 🅴 10 €
Pour s'y rendre : 4,5 km à l'E par D 37, rte de Cour-et-
Buis et chemin à dr., bord de la Varèze

| Nature : 🌳 🏕 ⚲⚲ |
| Loisirs : ▼ snack 🏠 🍽 🏋 salle |
| d'animation 🚴 🎯 🏓 🎣 ⛴ 🚣 |
| poneys |
| Services : 🚿 🛒 GB 🅰 📷 🛁 🌀 🔌 |
| 🌳 🚮 🏠 sèche-linge 🚿 |

VILLARD-DE-LANS

✉ 38250 – **333** G7 – G. Alpes du Nord – 3 798 h. – alt. 1 040 – Sports d'hiver : 1 160/2 170 m 🚠2 🚡27 ⛷
🛈 *Office de tourisme, 101, place Mure Ravaud ℰ 08 11 46 00 15, Fax 04 76 95 98 39*
Paris 584 – Die 67 – Grenoble 34 – Lyon 123 – Valence 67 – Voiron 44.

⋀⋀ **L'Oursière** fermé fin sept.-début déc.
ℰ 04 76 95 14 77, *info@camping-oursiere.fr,*
Fax 04 76 95 58 11, *www.camping-oursiere.fr* – **R** conseillée
4 ha (186 empl.) plat, peu incliné, pierreux, gravier, herbeux
Tarif : 22 € ⋆ ⟶ 🅴 🄲 (10A) – pers. suppl. 4,70 € – frais
de réservation 8 €
Location ⛺ : 16 🚐 (4 à 6 pers.) 252 à 609 €/sem.
🚐 1 borne artisanale 5 €
Pour s'y rendre : sortie N par D 531, rte de Grenoble,
chemin piétonnier reliant le camping au village

| Nature : ❄ ≤ |
| Loisirs : ❄ 🚴 |
| Services : 🚿 🛒 GB 🅰 🛁 📷 🔌 🛎 |
| 📷 🚮 |
| À prox. : 🏓 ⛴ 🌳 bowling, pati- |
| noire |

VIZILLE

✉ 38220 – **333** H7 – G. Alpes du Nord – 7 465 h. – alt. 270

🛈 *Office de tourisme, place du Château* ℘ *04 76 68 15 16, Fax 04 76 78 94 49*

Paris 582 – Le Bourg-d'Oisans 32 – Grenoble 20 – La Mure 22 – Villard-de-Lans 49.

⚠ **Le Bois de Cornage** 25 avr.-1er oct.

℘ *06 83 18 17 87, campingvizille@wanadoo.fr, www.cam pingvizille.com* – **R** conseillée

2,5 ha (128 empl.) peu incliné, en terrasses, herbeux

Tarif : 15,70 € 🚶 🚗 🔲 💡 (6A) – pers. suppl. 4,80 €

Location (permanent) : 14 🛖 (4 à 6 pers.) 290 à 430 €/sem.

Pour s'y rendre : sortie N vers N 85, rte de Grenoble et av. de Venaria à droite

À savoir : en partie ombragé d'arbres centenaires

> Nature : 🌳 ≼ ♀♀
> Loisirs : pizzeria, le soir uniquement 🚲 ⅃
> Services : 🔌 🖤 🏠 🍴 🛒 ⚙ 🚿 🛁 📺 ⚐

Loire (42)

BALBIGNY

✉ 42510 – **327** E5 – 2 616 h. – alt. 331

Paris 423 – Feurs 10 – Noirétable 44 – Roanne 29 – St-Étienne 56 – Tarare 28.

⚠ **La Route Bleue** 15 mars-sept.

℘ *04 77 27 24 97, camping.balbigny@wanadoo.fr,* Fax 04 77 27 24 97, *www.laroutebleue.com* – **R** conseillée

2 ha (100 empl.) plat, peu incliné, herbeux

Tarif : 14,20 € 🚶 🚗 🔲 💡 (6A) – pers. suppl. 3,80 €

🛖 1 borne artisanale – 8 🔲 12,80 € – 🚐 10 €

Pour s'y rendre : 2,8 km au NO par D 1082 et D 56 à gauche, rte de St-Georges-de-Baroille

À savoir : Site agréable au bord de la Loire

> Nature : 🌳 ♀
> Loisirs : 🍴 snack 🛋 ⅃ 🎣
> Services : 👤 🔌 🏧 🖤 🍴 ⚙ 🛒 📺 sèche-linge

759

BELMONT-DE-LA-LOIRE

✉ 42670 – **327** F3 – 1 501 h. – alt. 525

🛈 *Syndicat d'initiative, place des rameaux* ℘ *04 77 63 64 27, Fax 04 77 63 64 27*

Paris 405 – Chauffailles 6 – Roanne 35 – St-Étienne 108 – Tarare 46 – Villefranche-sur-Saône 50.

⚠ **Municipal les Écureuils** juin-sept.

℘ *04 77 63 72 25, mairie@belmontdelaloire.fr,* Fax 04 77 63 62 71, *www.belmontdelaloire.fr* – **R** conseillée

0,6 ha (28 empl.) peu incliné à incliné, en terrasses, gravillons, herbeux

Tarif : (Prix 2007) 8,23 € 🚶 🚗 🔲 💡 (5A) – pers. suppl. 2 €

Location (permanent) : 9 🛖 (4 à 6 pers.) 222 à 289 €/sem.

Pour s'y rendre : O : 1,4 km par D 4, rte de Charlieu et chemin à gauche, à 300 m d'un étang

> Nature : 🌳 🛶
> Services : 👤 🖤 🍴 ⚙ 📺
> À prox. : 🍴 🎣

CORDELLE

✉ 42123 – **327** D4 – 779 h. – alt. 450

Paris 409 – Feurs 35 – Roanne 14 – St-Just-en-Chevalet 27 – Tarare 41.

⚠ **Le Mars**

℘ *04 77 64 94 42, escampo@aol.com, Fax 04 77 64 94 42, www.camping-de-mars.com*

1,2 ha (65 empl.) plat et en terrasses, peu incliné, herbeux

Location : 7 🛖

Pour s'y rendre : 4,5 km au S par D 56 et chemin à dr.

À savoir : Agréable situation dominant les gorges de la Loire

> Nature : 🌳 ≼ 🛶
> Loisirs : 🍴 🍽 snack, pizzeria 🛋 📺 nocturne 🎮 🚲 ♪ ⅃
> Services : 🔌 🍴 ⚙ 🛒 🚾 📺
> À prox. : 🎣

FEURS

✉ 42110 – **327** E5 – G. Lyon Drôme Ardèche – 7 669 h. – alt. 343
🚩 *Office de tourisme, place du Forum* ℰ *04 77 26 05 27, Fax 04 77 26 00 55*
Paris 433 – Lyon 69 – Montbrison 24 – Roanne 38 – St-Étienne 47 – Thiers 68 – Vienne 93.

Municipal du Palais 15 mars-oct.
ℰ 04 77 26 43 41, Fax 04 77 26 43 41 – **R**
9 ha (385 empl.) plat, herbeux, petit étang
Tarif : 🛉 2,50 € 🚐 2,20 € 🗐 2,70 € – 🗐 (16A) 3 €
🚐 1 borne eurorelais 2,50 €
Pour s'y rendre : Sortie N par D 1082 rte de Roanne et à dr., rte de Civens

| Nature : 🗘🗘 |
| Loisirs : 🏊 |
| Services : 🛉 🖛 GB 🗗 ▥ 🗗 🕅 ⊛ 🚿 🗄 |
| À prox. : 🛶 🛝 |

JEANSAGNIÈRE

✉ 42920 – **327** C5 – 103 h. – alt. 1 050
Paris 440 – Lyon 111 – Saint-Étienne 84 – Clermont-Ferrand 88 – Villeurbanne 114.

Village de la Droséra (location exclusive de chalets)
Permanent
ℰ 04 77 24 81 44, *patrick@ladrosera.fr*, Fax 04 77 24 81 44,
www.ladrosera.fr – **R** conseillée
16 ha en terrasses, pierreux, herbeux, rochers
Location : 10 🛖 (4 à 6 pers.) 490 à 725 €/sem.
Pour s'y rendre : 5 km au N par D 101

| Nature : 🗘 ≼ sur les Monts du Forez 🗘🗘 |
| Loisirs : 🗙 🏠 🏊 🟦 parc de promenade, sentiers de randonnée |
| Services : 🖛 GB 🗗 |

MONTBRISON

✉ 42600 – **327** D6 – G. Lyon Drôme Ardèche – 14 589 h. – alt. 391
🚩 *Office de tourisme, cloître de Cordeliers* ℰ *04 77 96 08 69, Fax 04 77 96 20 88*
Paris 444 – Lyon 103 – Le Puy-en-Velay 99 – Roanne 68 – St-Étienne 45 – Thiers 68.

Le Bigi 31 mai-15 sept.
ℰ 04 77 58 06 39, *andre.drutel@orange.fr*,
Fax 04 77 58 06 39, *www.camping-le-bigi.fr* – places limitées pour le passage – **R** conseillée
1,5 ha (37 empl.) en terrasses et peu incliné, herbeux, gravillons
Tarif : 13,20 € 🛉 🚐 🗐 🗐 (5A) – pers. suppl. 3,20 €
Location (15 juin-15 sept.) : 6 🛖 (4 à 6 pers.) 300 à 450 €/sem.
🚐 1 borne artisanale 6 €
Pour s'y rendre : SO : 2 km par D 113 rte de Lérigneux

| Nature : ≼ 🗀 🗘 |
| Loisirs : 🗀 🗙 🏊 |
| Services : 🖛 GB 🗗 🖥 |

Les NOËS

✉ 42370 – **327** C3 – 163 h. – alt. 610
Paris 401 – Lyon 109 – Saint-Étienne 100 – Clermont-Ferrand 101 – Villeurbanne 113.

Parc Résidentiel de Loisirs (location exclusive de chalets) Permanent
ℰ 04 77 64 21 13, *gsndesnoes@free.fr*, *http://gsndes noes.free.fr* – **R** indispensable
1 ha en terrasses, herbeux
Location 🛉 🅿 : 8 🛖 (4 à 6 pers.) 180 à 400 €/sem. – 1 gîte
Pour s'y rendre : Au bourg

| Loisirs : 🚲 🏊 🎣 |
| Services : 🗗 |
| À prox. : 🖥 sèche-linge 🍽 🗙 🏌 quad |

La PACAUDIÈRE

✉ 42310 – **327** C2 – 1 168 h. – alt. 363
🚩 *Syndicat d'initiative, le Petit Louvre* ℰ *04 77 64 11 06*
Paris 370 – Lapalisse 24 – Marcigny 21 – Roanne 25 – Thiers 89 – Vichy 48.

Municipal Beausoleil mai-sept.
ℰ 04 77 64 11 50, *lapacaudiere@wanadoo.fr*,
Fax 04 77 64 14 40 – **R** conseillée
1 ha (35 empl.) peu incliné, herbeux
Tarif : 🛉 2,50 € 🚐 1,55 € 🗐 1,85 € – 🗐 (6A) 2,80 €
Pour s'y rendre : 0,7 km à l'E par D 35, rte de Vivans et à dr., près du terrain de sports et du collège

| Nature : 🗀 |
| Loisirs : 🗀 🏊 🗙 🏌 🏊 |
| Services : 🛉 🖛 🗗 🖥 🕅 ⊛ 🗄 🗃 🖥 |

PONCINS

☒ 42110 – **327** D5 – 754 h. – alt. 339
Paris 446 – Lyon 77 – Saint-Étienne 50 – Clermont-Ferrand 109 – Villeurbanne 81.

⚠ **Le Nid Douillet** (location exclusive de chalets)
Permanent
    ☎ 04 77 27 80 36, *salechaudron@wanadoo.fr*,
Fax 04 77 27 02 70, *www.le-nid-douillet.com* – **R** conseillée
2 ha plat, herbeux
Location : 6 🏠 (4 à 6 pers.) 325 à 500 €/sem.
Pour s'y rendre : 2 km au S par D 60 et 500 m par chemin
à dr.

> Nature : 🐾
> Loisirs : snack 🎱 🏊
> Services : ⚡ 🅖🅑 🚿
> À prox. : 🐎

POUILLY-SOUS-CHARLIEU

☒ 42720 – **327** D3 – 2 720 h. – alt. 264
Paris 393 – Charlieu 5 – Digoin 43 – Roanne 15 – Vichy 75.

⚠ **Municipal les Ilots** 15 mai-15 sept.
    ☎ 04 77 60 80 67, *mairie.pouilly-sous-charlieu42@wana
doo.fr*
1,5 ha (57 empl.) plat, herbeux
Tarif : (Prix 2007) ⚹ 2 € ⛺ 🅔 2,20 € – 🔌 3 €
Pour s'y rendre : sortie N par D 482 rte de Digoin et à dr.,
au stade, bord du Sornin

> Nature : 🐾 🌳
> Services : ⚡ 🚿 🔲 😊 🔳
> À prox. : ✂ 🎣

Si vous recherchez :
  👥 *Un terrain offrant des équipements et des loisirs adaptés aux enfants*
  🐾 *Un terrain agréable ou très tranquille*
L - M *Un terrain effectuant la location de caravanes, de mobile homes,*
     de bungalows ou de chalets
P   *Un terrain ouvert toute l'année*
 🚐 *Un terrain possédant une aire de services pour camping-cars*
Consultez le tableau des localités

761

ST-GALMIER

☒ 42330 – **327** E6 – G. Lyon Drôme Ardèche – 5 293 h. – alt. 400
🅱 *Office de tourisme, Le Cloître, 3, boulevard Cousin* ☎ *04 77 54 06 08, Fax 04 77 54 06 07*
Paris 457 – Lyon 82 – Montbrison 25 – Montrond-les-Bains 11 – Roanne 68 – St-Étienne 24.

⚠ **Val de Coise**
    ☎ 04 77 54 14 82, *cplvaldecoise@atciat.com*,
Fax 04 77 54 02 45, *www.camping-valdecoise.com* – places
limitées pour le passage – **R** indispensable
3,5 ha (100 empl.) plat, en terrasses, peu incliné, herbeux
Location : bungalows toilés
Pour s'y rendre : E : 2 km par D 6 rte de Chevrières et
chemin à gauche, bord de la Coise

> Loisirs : 🎱 🏓 🎣 🏊
> Services : ⚡ 🔲 🚿 🔳 😊 🔳
> À prox. : 🎣

ST-GENEST-MALIFAUX

☒ 42660 – **327** F7 – 2 691 h. – alt. 980
🅱 *Office de tourisme, 1, rue du Feuillage* ☎ *04 77 51 23 84, Fax 04 77 51 23 85*
Paris 528 – Annonay 33 – St-Étienne 16 – Yssingeaux 46.

⚠ **Municipal de la Croix de Garry** avr.-sept.
    ☎ 04 77 51 25 84, *gite.camping@st-genest-malifaux.fr*,
Fax 04 77 51 26 71 – alt. 928 – places limitées pour le passage – **R** conseillée
2 ha (85 empl.) plat, terrasses, peu incliné, herbeux
Tarif : (Prix 2007) 16 € ⚹ ⛺ 🅔 🔌 (6A) – pers. suppl. 2 €
Location (permanent) 🚫 : 8 🏠 (4 à 6 pers.) 250 à
450 €/sem. – gîte d'étape
Pour s'y rendre : sortie S par D 501, rte de Montfaucon-
en-Velay, près d'un étang et à 150 m de la Semène

> Nature : ≼
> Services : 🚻 ⚡ 🚿 🔲 🔳 😊 🔳
> À prox. : ✂ 🎣

ST-PAUL-DE-VÉZELIN

✉ 42590 – **327** D4 – 299 h. – alt. 431
Paris 415 – Boën 19 – Feurs 30 – Roanne 26 – St-Just-en-Chevalet 27 – Tarare 39.

⚠ **Arpheuilles** mai-6 sept.
   𝒫 04 77 63 43 43, *arpheuilles@wanadoo.fr*,
   Fax 04 77 63 48 83, *www.camping-arpheuilles.com* – croise-
   ment difficile pour caravanes – **R** conseillée
   3,5 ha (80 empl.) peu incliné, en terrasses, herbeux
   Tarif : 22,50 € ⚹ 🚐 ▣ ⊞ (6A) – pers. suppl. 4,50 €
   Pour s'y rendre : N : 4 km, à Port Piset, près du fleuve
   (plan d'eau)
   À savoir : Belle situation dans les gorges de la Loire

> Nature : 🦜 ≤ ♀ 🏔
> Loisirs : 🍽 🎣 🏊 🛴 🛥 🚣 canoë,
> catamaran
> Services : 🚿 � 🗑 ⊕ 🖘 🧺 📶 🏧
> 🏊

ST-SAUVEUR-EN-RUE

✉ 42220 – **327** F8 – 1 105 h. – alt. 780
Paris 541 – Annonay 22 – Condrieu 39 – Montfaucon-en-Velay 24 – St-Étienne 29 – Vienne 61.

⚠ **Municipal des Régnières** 5 avr.-28 sept.
   𝒫 04 77 39 24 71, Fax 04 77 39 25 33 – places limitées pour
   le passage – **R** conseillée
   1 ha (40 empl.) en terrasses, plat, herbeux, pierreux
   Tarif : 16,50 € ⚹ 🚐 ▣ ⊞ (10A) – pers. suppl. 3,80 € –
   frais de réservation 8 €
   Pour s'y rendre : SO : 0,8 km par D 503 rte de Monfaucon,
   près de la Deôme

> Nature : ≤ 🏞
> Loisirs : 🍽 snack 🎣 🏊 (bassin)
> Services : 🔌 🚿 ⊕ 🖘 🧺 📶
> À prox. : 🏇

Rhône (69)

ANSE

✉ 69480 – **327** H4 – 4 744 h. – alt. 170
🛈 *Office de tourisme, place du 8 mai 1945* 𝒫 04 74 60 26 16, Fax 04 74 67 29 74
Paris 436 – L'Arbresle 17 – Bourg-en-Bresse 57 – Lyon 27 – Mâcon 51 – Villefranche-sur-Saône 7.

⚠ **Les Portes du Beaujolais** mars-oct.
   𝒫 04 74 67 12 87, *campingbeaujolais@wanadoo.fr*,
   Fax 04 74 09 90 97, *www.camping-beaujolais@wanadoo.fr*
   – **R** conseillée
   7,5 ha (198 empl.) plat, herbeux
   Tarif : 18,70 € ⚹ 🚐 ▣ – pers. suppl. 4,80 €
   Location (permanent) : 20 🛖 (4 à 6 pers.) 300 à
   374 €/sem. – 38 🏠 (4 à 6 pers.) 350 à 495 €/sem.
   🚐 1 borne flot bleu 5 €
   Pour s'y rendre : sortie SE, rte de Lyon et 0,6 km par
   chemin à gauche avant le pont, au confluent de l'Azergues
   et de la Saône

> Nature : 🏞 ♀
> Loisirs : 🍽 snack 🎣 🏊 🚲 🎣 🏇
> 🛴
> Services : 🚿 🔌 ⊟ 🚿 ▦ 🗑 ⊕ 🖘
> 🧺 📶 📶 🏧 🍴
> À prox. : 🚣

CUBLIZE

✉ 69550 – **327** F3 – 1 047 h. – alt. 452
🛈 *Office de tourisme, lac des Sapins* 𝒫 04 74 89 58 03, Fax 04 74 89 58 68
Paris 422 – Amplepuis 7 – Chauffailles 29 – Roanne 30 – Villefranche-sur-Saône 41.

⚠ **Intercommunal du Lac des Sapins** avr.-sept.
   𝒫 04 74 89 52 83, *camping@lacdessapins.fr*,
   Fax 04 74 89 58 90, *www.lac-des-sapins.fr* – places limitées
   pour le passage – **R** conseillée
   4 ha (155 empl.) plat, herbeux, pierreux, gravillons
   Tarif : 16,50 € ⚹ 🚐 ▣ ⊞ (10A) – pers. suppl. 3 €
   Location (permanent) 🏕 : 18 🏠 (4 à 6 pers.) 240 à
   390 €/sem.
   Pour s'y rendre : S : 0,8 km, bord du Reins et à 300 m du
   lac (accès direct)

> Nature : 🦜 ≤ 🏞
> Loisirs : 🏐 terrain omnisports
> Services : 🚿 🔌 ⊟ 🚿 ▦ 🛒 ⊕ 🖘
> 🧺 📶
> À la base de loisirs : 🎣 🏇 🛥 🏊
> 🚣

DARDILLY

✉ 69570 – **327** H5 – 7 589 h. – alt. 338
Paris 457 – Lyon 13 – Villeurbanne 21 – Vénissieux 26 – Caluire-et-Cuire 17.

Indigo Lyon Permanent
📞 04 78 35 64 55, *lyon@camping-indigo.com*,
Fax 04 72 17 04 26, *www.camping-indigo.com* – **R** indispensable
6 ha (150 empl.) plat, herbeux, gravillons
Tarif : (Prix 2007) 21,64 € ✶ ⬅ 🅴 🚻 (10A) – pers. suppl. 3,72 € – frais de réservation 17 €
Location : 30 🛏 (4 à 6 pers.) 165 à 490 €/sem. – 5 🏠 (4 à 6 pers.) 210 à 410 €/sem.
🚐 1 borne artisanale 3,50 €
Pour s'y rendre : Par A 6 : sortie Limonest

> Nature : ♀
> Loisirs : 🍽 snack 🎮 🏓 ⛵
> Services : ♿ ⚡ GB 🐕 🚿 🛒 ♻ ⓐ 🚗 🚱 ♨ 🧺 sèche-linge

FLEURIE

✉ 69820 – **327** H2 – G. Lyon Drôme Ardèche – 1 190 h. – alt. 320
Paris 410 – Bourg-en-Bresse 46 – Chauffailles 44 – Lyon 58 – Mâcon 22 – Villefranche-sur-Saône 27.

Municipal la Grappe Fleurie mi-mars-mi-oct.
📞 04 74 69 80 07, *camping@fleurie.org*, Fax 04 74 69 85 18,
www.fleurie.org – **R** conseillée
2,5 ha (96 empl.) plat, herbeux
Tarif : 16 € ✶ ⬅ 🅴 – pers. suppl. 5,70 €
Location : 4 🏠 (4 à 6 pers.) 360 à 460 €/sem.
🚐 1 borne artisanale
Pour s'y rendre : 0,6 km au S du bourg par D 119E et à dr.
À savoir : Au coeur du vignoble

> Nature : 🌳 ≤ 🏞
> Loisirs : 🏓 ⚽ 🍴 ⛵
> Services : ♿ ⚡ GB 🐕 🛒 ♻ ⓐ 🚗 🚱 ♨ 🧺 sèche-linge
> À prox. : 🏊 ✗

MORNANT

✉ 69440 – **327** H6 – G. Lyon Drôme Ardèche – 4 672 h. – alt. 380
Paris 478 – Givors 12 – Lyon 26 – Rive-de-Gier 13 – St-Étienne 36 – Vienne 23.

Municipal de la Trillonière avr.-sept.
📞 04 78 44 16 47, *communication@ville-mornant.fr*,
Fax 04 78 44 91 70, *www.ville-mornant.fr* – **R** conseillée
1,5 ha (60 empl.) peu incliné, plat, herbeux
Tarif : (Prix 2007) ✶ 2,85 € ⬅ 🅴 3,05 € – 🚻 3,70 €
Pour s'y rendre : Sortie S, carrefour D 30 et D 34, près d'un ruisseau
À savoir : Au pied de la cité médiévale

> Services : ♿ ⚡ 🐕 ⓐ
> À prox. : ✗ ⛽ ⛵

POULE-LES-ÉCHARMEAUX

✉ 69870 – **327** F3 – 834 h. – alt. 570
Paris 446 – Chauffailles 17 – La Clayette 25 – Roanne 47 – Tarare 46 – Villefranche-sur-Saône 39.

Municipal les Écharmeaux mai-sept.
📞 04 74 03 60 98, *dominique.moutot@orange.fr*
– **R** conseillée
0,5 ha (24 empl.) en terrasses, gravillons, herbeux
Tarif : 10 € ✶ ⬅ 🅴 🚻 (16A) – pers. suppl. 1,50 €
Pour s'y rendre : À l'Ouest du bourg
À savoir : Terrasses individuelles surplombant un étang

> Nature : 🌳 ≤ 🏞
> Loisirs : ⚽
> Services : ⚡ 🛒 🚿 ⓐ

Si vous recherchez :
👥 *Un terrain offrant des équipements et des loisirs adaptés aux enfants*
🌳 *Un terrain agréable ou très tranquille*
L - M *Un terrain effectuant la location de caravanes, de mobile homes, de bungalows ou de chalets*
P *Un terrain ouvert toute l'année*
🚐 *Un terrain possédant une aire de services pour camping-cars*
Consultez le tableau des localités

☒ 69590 – **327** F6 – G. Lyon Drôme Ardèche – 3 069 h. – alt. 558
Paris 489 – Andrézieux-Bouthéon 26 – L'Arbresle 36 – Feurs 30 – Lyon 40 – St-Étienne 33.

Intercommunal Centre de Loisirs de Hurongues 7 avr.-7 oct.
℘ 04 78 48 44 29, *camping.hurongues@wanadoo.fr*,
Fax 04 78 48 44 29 – **R** conseillée
3,6 ha (120 empl.) peu incliné et en terrasses, pierreux
Tarif : (Prix 2007) ⋆ 4 € ⇔ 🗉 4 € – ⓖ (13A) 4 €
🚐 1 borne artisanale 4 €
Pour s'y rendre : O : 3,5 km par D 2 rte de Chazelles-sur-Lyon, à 400 m d'un plan d'eau
À savoir : Agréable cadre boisé autour d'un parc de loisirs

Nature : 🏞 ☐ 99
Loisirs : 🎮
Services : ⊶ ☕ ☿ 📶 🗄 🛗 ⊛ 🗑
À prox. : 🚣 ⚒ 🏊 🎣

☒ 69440 – **327** G6 – 856 h. – alt. 700
Paris 488 – Andrézieux-Bouthéon 38 – L'Arbresle 37 – Feurs 43 – Lyon 37 – St-Étienne 38.

Municipal du Châtelard mars-nov.
℘ 04 78 81 80 60, *mairie-ste-catherine@wanadoo.fr*,
Fax 04 78 81 87 73, *www.cc-paysmornantais.fr* – alt. 800 –
places limitées pour le passage – **R** conseillée
4 ha (61 empl.) en terrasses, herbeux, gravier
Tarif : 8,95 € ⋆ ⇔ 🗉 ⓖ (6A) – pers. suppl. 2,10 €
Pour s'y rendre : 2 km au S, lieu-dit le Châtelard

Nature : 🏞 ≤ Mont Pilat et Monts du Lyonnais ☐
Loisirs : 🎮
Services : ⊶ ☿ 🗄 ⊛ 🗑

Savoie (73)

☒ 73260 – **333** M4 – 2 664 h. – alt. 461
Paris 641 – Lyon 174 – Chambéry 74 – Albertville 25 – Sallanches 69.

Marie-France mars-oct.
℘ 04 79 24 22 21, Fax 04 79 22 94 81, *www.camping-studios-savoie.com* – **R** conseillée
0,5 ha (30 empl.) plat, en terrasses, herbeux
Tarif : 12,30 € ⋆ ⇔ 🗉 ⓖ (10A) – pers. suppl. 2,40 €
Location (permanent) : 40 studios

Nature : ≤ ☐ 99
Loisirs : 🏋
Services : ⅍ ⊶ ☿ 🗄 📞 🗑
À la base de loisirs : 🍴 ✕ 🚣 ⚒ 🏊 ≞
🏊 🛶 🎣 🐎 rafting, canoë-kayak, parcours sportif

☒ 73100 – **333** I3 – G. Alpes du Nord – 25 732 h. – alt. 200 – ♨
🛈 Office de tourisme, place Maurice Mollard ℘ 04 79 88 68 00, Fax 04 79 88 68 01
Paris 539 – Annecy 34 – Bourg-en-Bresse 115 – Chambéry 18 – Lyon 107.

International du Sierroz 15 mars-15 nov.
℘ 04 79 61 21 43, *campingsierroz@aixlesbains.com*,
Fax 04 79 63 35 08, *www.aixlesbains.com/campingsierroz* –
R
5 ha (290 empl.) plat, herbeux, gravier
Tarif : 20,10 € ⋆ ⇔ 🗉 ⓖ (10A) – pers. suppl. 3,80 €
Location : 14 🚐 (4 à 6 pers.) 340 à 580 €/sem.
🚐 1 borne artisanale 7 €
Pour s'y rendre : 2,5 km au NO, bd Robert-Barrier
À savoir : Cadre boisé, proche du lac

Nature : ☐ 99
Loisirs : 🍴 🎮
Services : ⅍ ⊶ ☕ ☿ 📶 🗄 🛗 ⊛
≞ ⊽ 🗑 sèche-linge 🏧 ⌂
À prox. : 🎣 ◊

AUSSOIS

✉ 73500 – **333** N6 – G. Alpes du Nord – 628 h. – alt. 1 489
🛈 *Office de tourisme, route des Barrages* ℘ *04 79 20 30 80, Fax 04 79 20 40 23*
Paris 670 – Albertville 97 – Chambéry 110 – Lanslebourg-Mont-Cenis 17 – Modane 7 – St-Jean-de-Maurienne 38.

⚠ **Municipal la Buidonnière** Permanent
℘ 04 79 20 35 58, *camping@aussois.com,*
Fax 04 79 20 35 58, *www.aussois.com* – **R** conseillée
4 ha (160 empl.) en terrasses et peu incliné, pierreux, herbeux
Tarif : 16,85 € ✳ 🚐 🅴 🖅 (10A) – pers. suppl. 5,35 €
Pour s'y rendre : Sortie S par D 215, rte de Modane et chemin à gauche

> Nature : 🌳 🕊 ≤ Parc de la Vanoise 🏕
> Loisirs : 🏠 🏊 🏓 ⛳ 🎿 🛶 (bassin) parcours sportif
> Services : 🚿 ⛽ ⏷ 🕝 🏪 🖅 🖨 🗑 ⊙ 🧺 sèche-linge

La BÂTHIE

✉ 73540 – **333** L4 – 2 022 h. – alt. 360
Paris 589 – Albertville 9 – Bourg-St-Maurice 46 – Méribel-les-Allues 32 – Moûtiers 18.

⚠ **Le Tarin** Permanent
℘ 04 79 89 60 54 – **R** conseillée
1 ha (43 empl.) plat, herbeux
Tarif : 11,50 € ✳ 🚐 🅴 🖅 (16A) – pers. suppl. 3 €
Pour s'y rendre : O : 0,5 km par D 66, rte d'Esserts-Blay, près D 1090 (voie express : sortie 33)

> Nature : ≤ ♀
> Loisirs : 🍽 ✗ discothèque
> Services : 🚿 ⛽ 🕝 🏪 🖅 ⊙ 🗑 🚰

BEAUFORT

✉ 73270 – **333** M3 – G. Alpes du Nord – 1 985 h. – alt. 750
🛈 *Office de tourisme, Route du Grand Mont* ℘ *04 79 38 37 57, Fax 04 79 38 16 70*
Paris 601 – Albertville 21 – Chambéry 72 – Megève 37.

⚠ **Municipal Domelin** juin-sept.
℘ 04 79 38 33 88, *camping-beaufort@oarange.fr,*
Fax 04 79 38 33 88 – **R** conseillée
2 ha (100 empl.) plat, peu incliné, herbeux
Tarif : (Prix 2007) ✳ 3,10 € 🚐 2 € 🅴 2,80 € – 🖅 2,55 €
Pour s'y rendre : N : 1,2 km par rte d'Albertville et rte à droite

> Nature : 🕊 ≤ ♀
> Services : 🚿 ⛽ (juil.-août) 🖅 ⊙ 🧺 sèche-linge

⚠ **Les Sources** mi-mai-mi-sept.
℘ 04 79 38 31 77, *campingsources@roselend.com,*
Fax 04 79 38 31 77, *www.campingsources.com* – alt. 1 000 –
R indispensable
0,9 ha (55 empl.) plat, herbeux
Tarif : 18,40 € ✳ 🚐 🅴 🖅 (10A) – pers. suppl. 6,70 €
Pour s'y rendre : SE : 5 km par D 925, rte de Bourg-St-Maurice, à 100 m du Doron
À savoir : Dans un site agréable, au pied des cascades

> Nature : 🕊 ≤ ♀
> Loisirs : 🏠
> Services : 🚿 ⛽ 🕝 🏪 ⊙ 🧺
> À prox. : 🚲

BOURGET-DU-LAC

✉ 73370 – **333** I4 – G. Alpes du Nord – 3 945 h. – alt. 240
🛈 *Office de tourisme, place Général Sevez* ℘ *04 79 25 01 99, Fax 04 79 26 10 76*
Paris 531 – Aix-les-Bains 10 – Annecy 44 – Chambéry 13 – Grenoble 67.

⚠ **International l'Île aux Cygnes** 26 avr.-28 sept.
℘ 04 79 25 01 76, *camping@bourgetdulac.com,*
Fax 04 79 25 32 94, *www.bougetdulac.com* – **R** conseillée
2,5 ha (267 empl.) plat, herbeux, gravillons
Tarif : ✳ 4,20 € 🚐 🅴 5,90 € – 🖅 3,70 € – frais de réservation 15 €
Location : 4 🏠 (4 à 6 pers.) 320 à 535 €/sem.
🚐 1 borne
Pour s'y rendre : N : 1 km, au bord du lac

> Nature : ≤ ♀♀ 🏖
> Loisirs : snack 🏠 🌙 diurne 🏊 🚲
> Services : ⛽ 🕝 🏪 🖅 ♨ ⊙ 🗑 🚰 🌊 🧺 sèche-linge 🏊 🚿
> À prox. : ✗ 🎣 🏊 🛶 🚤 ⛵ 🚣 ponton d'amarrage

BOURG-ST-MAURICE

✉ 73700 – **333** N4 – G. Alpes du Nord – 6 747 h. – alt. 850 – Sports d'hiver : aux Arcs : 1 600/3 226 m ≰6 ≴54 ⅄
🛈 *Office de tourisme, 105, place de la Gare* ℰ 04 79 07 12 57, Fax 04 79 07 24 90
Paris 635 – Albertville 54 – Aosta 79 – Chambéry 103 – Chamonix-Mont-Blanc 74 – Moûtiers 28 – Val-d'Isère 33.

⛰ **Le Versoyen** 25 mai-2 nov. et 15 déc.-2 mai
ℰ 04 79 07 03 45, *leversoyen@wanadoo.fr*,
Fax 04 79 07 25 41, *www.leversoyen.com* – **R** conseillée
3,5 ha (200 empl.) plat, herbeux, goudronné, pierreux, bois attenant
Tarif : 13,90 € – 👤 ⇌ 🅔 [½] (10A) – pers. suppl. 4,65 € – frais de réservation 10 €
Location ⚕ : 11 ⌸ (4 à 6 pers.) 250 à 480 €/sem.
⌸ 1 borne artisanale 3 € – 25 🅔
Pour s'y rendre : Sortie NE par D 1090, rte de Séez puis 0,5 km par rte des Arcs à dr., près d'un torrent
À savoir : Navette gratuite pour le funiculaire

Nature : ❀ ⅏ ⇜ ⚲
Loisirs : 🎬 🏊
Services : ⚲ GB 🐾 ▥ 🗄 ☺ 💈 🚿 sèche-linge
Au parc de loisirs : 🐎 ⚒ 🔝 🔲 🛝 🐴 parcours sportif

BRAMANS

✉ 73500 – **333** N6 – 362 h. – alt. 1 200
🛈 *Office de tourisme, Chef-lieu* ℰ 04 79 05 03 45, Fax 04 79 05 36 07
Paris 673 – Albertville 100 – Briançon 71 – Chambéry 113 – St-Jean-de-Maurienne 41 – Torino 107 – Val-d'Isère 68.

⛰ **Municipal Le Val d'Ambin** mai-sept.
ℰ 04 79 05 03 05, *campingdambin@aol.com*,
Fax 04 79 05 23 16, *www.camping-bramansvanoise.com* – **R** conseillée
4 ha (166 empl.) non clos, plat et terrasses, vallonné, herbeux, petit étang
Tarif : 12 € – 👤 ⇌ 🅔 [½] (9A) – pers. suppl. 2,80 €
Pour s'y rendre : 0,7 km au NE de la commune, près de l'église et à 200 m d'un torrent, accès conseillé par le Verney, sur D 1006
À savoir : Belle situation panoramique

Nature : ⅏ ⇜
Loisirs : 🎬 🏊 ⚒ 🎣
Services : ⚲ ⚲ (juil.août) 🐾 ▥ 🗄 ☺ 🛱 ⏦ 📶 sèche-linge
À prox. : 🛶

BRIDES-LES-BAINS

✉ 73570 – **333** M5 – G. Alpes du Nord – 593 h. – alt. 580
🛈 *Office de tourisme, place du Centenaire* ℰ 04 79 55 20 64, Fax 04 79 55 20 40
Paris 612 – Albertville 32 – Annecy 77 – Chambéry 81 – Courchevel 18.

⛰ **La Piat** 12 avr.-12 oct.
ℰ 04 79 55 22 74, *campinglapiat@wanadoo.fr*,
Fax 04 79 55 28 55 – **R** conseillée
2 ha (60 empl.) en terrasses, herbeux
Tarif : (Prix 2007) 👤 3,10 € ⇌ 1 € 🅔 3,80 € – [½] 3,60 €
Location : 5 ⌸ (4 à 6 pers.) 255 à 385 €/sem.
⌸ 1 borne artisanale 3 €
Pour s'y rendre : Au bourg, au S de la station, accès par centre ville

Nature : ⇜ ⚲
Services : ⚲ ⚲ GB 🐾 ▥ 🗄 🛱 ☺ 📶 sèche-linge

CHALLES-LES-EAUX

✉ 73190 – **333** I4 – G. Alpes du Nord – 3 931 h. – alt. 310 – ⚕ (début avril-fin oct.)
🛈 *Office de tourisme, avenue de Chambéry* ℰ 04 79 72 86 19, Fax 04 79 71 38 51
Paris 566 – Albertville 48 – Chambéry 6 – Grenoble 52 – St-Jean-de-Maurienne 71.

⛰ **Municipal le Savoy** mai-sept.
ℰ 04 79 72 97 31, *camping73challes-les-eaux@wanadoo.fr*,
Fax 04 79 72 97 31, *www.ville-challeseseaux.com* – **R** conseillée
2,8 ha (88 empl.) plat, herbeux, gravillons
Tarif : 15,60 € – 👤 ⇌ 🅔 [½] (10A) – pers. suppl. 3,10 € – frais de réservation 10,80 €
Location : 6 🏠 (4 à 6 pers.) 190 à 406 €/sem.
Pour s'y rendre : Par rue Denarié, à 100 m de la D 1006
À savoir : Beaux emplacements bordés de haies, à proximité d'un plan d'eau

Nature : ▭ ⚲
Loisirs : 🎬 🏊
Services : ⚲ ⚲ GB 🐾 🗄 ☺ 🛱 ⏦ 📶
À prox. : ⚒ 🛶

CHANAZ

✉ 73310 – **333** H3 – 442 h. – alt. 232
Paris 521 – Aix-les-Bains 21 – Annecy 53 – Bellegarde-sur-Valserine 44 – Belley 18 – Chambéry 36.

▲ **Municipal des Îles** Permanent
📞 04 79 87 58 51, *camping@chanaz.fr*, Fax 04 79 54 58 51,
www.campingchanaz.o-m.fr – places limitées pour le passage – **R** conseillée
1,5 ha (103 empl.) plat, gravier, herbeux
Tarif : ✹ 4 € ⇔ 2 € 🅴 5,90 € – ⓖ (10A) 4,20 €
Location : 8 🏠 (4 à 6 pers.) 242 à 542 €/sem.
Pour s'y rendre : O : 1 km par D 921, rte de Culoz et chemin à gauche après le pont, à 300 m du Rhône (plan d'eau et port de plaisance)
À savoir : Près d'un pittoresque village et du canal de Savière

Nature : ≤ 😊😊
Loisirs : 🏖
Services : 🕭 ⛽ ♿ 🛒 🍴 🛁 ⊕ ♨ 🚐
À prox. : 🍴 snack 🏄 ⛳ 🏊 (petite piscine) 🛶 ponton d'amarrage

Le CHÂTELARD

✉ 73630 – **333** J3 – G. Alpes du Nord – 546 h. – alt. 750
🅱 *Office de tourisme, place de la Grenette* 📞 04 79 54 84 28
Paris 562 – Aix-les-Bains 30 – Annecy 30 – Chambéry 35 – Montmélian 35 – Rumilly 32.

▲ **Les Cyclamens** 15 mai-15 sept.
📞 04 79 54 80 19, *info@camping-cyclamens.com*,
www.camping-cyclamens.com – **R** conseillée
0,7 ha (34 empl.) plat, herbeux
Tarif : ✹ 3,50 € ⇔ 🅴 4,30 € – ⓖ (6A) 2,80 €
🚐 1 borne artisanale 4 € – 2 🅴 11,30 € – 🚐 13.30 €
Pour s'y rendre : Vers sortie NO et chemin à gauche, rte du Champet

Nature : 🌳 ≤ 😊😊
Loisirs : 🏖 🏄
Services : 🕭 ⛽ ♿ 🛒 🛁 ⊕ 🚐

CHINDRIEUX

✉ 73310 – **333** I3 – 1 092 h. – alt. 300
Paris 520 – Aix-les-Bains 16 – Annecy 48 – Bellegarde-sur-Valserine 39 – Bourg-en-Bresse 96 – Chambéry 33.

▲ **Les Peupliers** avr.-sept.
📞 04 79 54 52 36, *contact@camping-lespeupliers.info*,
Fax 04 79 52 20 45, *www.camping-lespeupliers.info*
– **R** conseillée
1,5 ha (65 empl.) plat, herbeux, gravier
Tarif : 15,50 € ✹ ⇔ 🅴 ⓖ (6A) – pers. suppl. 3 € – frais de réservation 15 €
Location : 4 🏠 (4 à 6 pers.) 199 à 399 €/sem.
Pour s'y rendre : S : 1 km par D 991 rte d'Aix-les-Bains et chemin à droite, à Chaudieu

Nature : ≤ 🏞 😊😊
Loisirs : 🏄 🍴
Services : 🕭 ⛽ 🅶🅱 ♿ 🛒 🛁 ⊕ ♨ 🚐

FLUMET

✉ 73590 – **333** M3 – G. Alpes du Nord – 769 h. – alt. 920
🅱 *Syndicat d'initiative, avenue de Savoie* 📞 04 79 31 61 08, Fax 04 79 31 84 67
Paris 582 – Albertville 22 – Annecy 51 – Chambéry 73 – Chamonix-Mont-Blanc 43 – Megève 10.

▲ **Le Vieux Moulin** 20 déc.-15 avr. et juin-sept.
📞 04 79 31 70 06, Fax 04 79 31 70 06 – alt. 1 000
– **R** conseillée
1,5 ha (80 empl.) non clos, plat, herbeux, gravier
Tarif : ✹ 4,40 € 🅴 4,40 € – ⓖ (3A) 5,05 €
Pour s'y rendre : NE : 1,8 km par D 1212, rte de Megève et rte à dr., à 200 m du télésiège et des téléskis
À savoir : Au bord de l'Arly

Nature : ❄ ≤
Loisirs : 🏖
Services : 🕭 ⛽ ♿ 🏍 ⊕ 🚐
À prox. : 🍴 ✗

767

Avant de prendre la route, consultez **www.ViaMichelin.fr :**
votre meilleur itinéraire, le choix de votre hôtel, restaurant, des propositions de visites touristiques.

LANDRY

✉ 73210 – **333** N4 – 628 h. – alt. 800
Paris 630 – Albertville 49 – Bourg-St-Maurice 7 – Moûtiers 23.

L'Eden fermé 16 sept.-14 déc.
🖉 04 79 07 61 81, *info@camping-eden.net*,
Fax 04 79 07 62 17, *www.camping-eden.net* – alt. 740
– **R** conseillée
2,5 ha (133 empl.) peu incliné, en terrasses, plat, herbeux,
gravillons
Tarif : 25,40 € 🛉 ⟵ 🔳 🕅 (10A) – pers. suppl. 5,70 €
Pour s'y rendre : 0,7 km au NO par D 87ᴱ, après le passage
à niveau, près de l'Isère

Nature : ☀ ≤ ⊡ ♤♤
Loisirs : 🍴 snack, le soir uniquement
🏠 🛝
Services : 🛁 ⟞ ⊝🖶 ⟅ Ⓜ ▥ 🔄 ☺
🝡 🝙 🝚 🝠 🖼 🝬

LANSLEVILLARD

✉ 73480 – **333** O6 – G. Alpes du Nord – 431 h. – alt. 1 500 – Sports d'hiver : 1 400/2 800 m 🚡1 🎿21 🎿
🄷 *Office de tourisme, rue Sous Église* 🖉 04 79 05 99 15
Paris 689 – Albertville 116 – Briançon 87 – Chambéry 129 – Val-d'Isère 51.

Caravaneige Municipal fermé mai-14 juin et 16
sept.-14 déc.
🖉 04 79 05 90 52, *mairielanslevillard@wanadoo.fr*,
Fax 04 79 05 90 52, *http://www.camping-valcenis.com/*
– **R** conseillée
3 ha (100 empl.) plat, herbeux, pierreux
Tarif : 20,20 € 🛉 ⟵ 🔳 🕅 (10A) – pers. suppl. 6,20 € –
frais de réservation 30 €
🚐 1 borne artisanale 5,50 € – 🚽 12.40 €
Pour s'y rendre : Sortie SO, rte de Lanslebourg, bord d'un
torrent

Nature : ☀ ≤
Loisirs : 🍴 ✕ 🏠 🛝
Services : 🛁 ⟞ ⟅ Ⓜ ▥ 🔄 ☺ 🖼 sè-
che-linge 🝙
À prox. : ✕ 🝈

LÉPIN-LE-LAC

768

✉ 73610 – **333** H4 – 282 h. – alt. 400
🄷 *Office de tourisme, place de la Gare* 🖉 04 79 36 00 02
Paris 555 – Belley 36 – Chambéry 24 – Les Échelles 17 – Le Pont-de-Beauvoisin 12 – Voiron 33.

Le Curtelet 15 mai-sept.
🖉 04 79 44 11 22, *lecurtelet@wanadoo.fr*,
Fax 04 79 44 11 22, *www.camping-le-curtelet.com*
– **R** conseillée
1,3 ha (94 empl.) peu incliné, herbeux
Tarif : 15 € 🛉 ⟵ 🔳 🕅 (6A) – pers. suppl. 3,90 € – frais de
réservation 10 €
Pour s'y rendre : NO : 1,4 km

Nature : ≤ ♀ ⩟
Loisirs : 🍴 🛝
Services : 🛁 ⟞ (juil.-août) ⟅ Ⓜ 🔄
🝡 🝭 ☺ 🖼 sèche-linge
À prox. : ✕ 🝈

LESCHERAINES

✉ 73340 – **333** J3 – 556 h. – alt. 649 – Base de loisirs
🛈 *Office de tourisme, le Pont* ℰ *04 79 63 37 36*
Paris 557 – Aix-les-Bains 26 – Annecy 26 – Chambéry 29 – Montmélian 39 – Rumilly 27.

⛰ **Municipal l'Île** 19 avr.-28 sept.
ℰ 04 79 63 80 00, *camping-lescheraines@wanadoo.fr*,
Fax 04 79 63 80 00, *www.iles-du-cheran.com* – **R** conseillée
7,5 ha (250 empl.) non clos, plat, terrasses, herbeux
Tarif : 14,70 € 🛉 ⛺ 🅴 ⏢ (6A) – pers. suppl. 3,70 € – frais
de réservation 10 €
Location (permanent) : 10 ⛺ (4 à 6 pers.) 233 à
445 €/sem. – 5 🏠 (4 à 6 pers.) 266 à 490 €/sem. – 5
bungalows toilés
Pour s'y rendre : SE : 2,5 km par D 912, rte d'Annecy et rte
à droite, à 200 m du Chéran
À savoir : Au bord d'un plan d'eau, entouré de montagnes
boisées

Nature : 🌳 ≤ ♀ ⛰
Loisirs : 🏛
Services : ⅍ ⚡ GB ⚙ 🗟 ⛽ ⊕ ⅍
♲ 📶 sèche-linge
À la base de loisirs : 🍴 snack ⅍ ✗
⚓ ≋ ⅍ 🐴 poneys pédalos, canoë

Les MARCHES

✉ 73800 – **333** I5 – 2 135 h. – alt. 328
Paris 572 – Albertville 43 – Chambéry 12 – Grenoble 44 – Montmélian 6.

⛰ **La Ferme du Lac** 15 avr.-sept.
ℰ 04 79 28 13 48, *lafermedulac@wanadoo.fr*,
Fax 04 79 28 13 48, *www.campinglafermedulac.fr* – **R** indispensable
2,6 ha (100 empl.) plat, herbeux
Tarif : 🛉 4 € ⛺ 🅴 5 € – ⏢ (10A) 2,80 €
⛺ 1 borne 4 € – 8 🅴 9,80 € – 🚐 9,80 €
Pour s'y rendre : SO : 1 km par D 1090, rte de Pontcharra
et D 12 à dr.

Nature : ♀♀
Loisirs : 🏛 ⅍
Services : ⅍ ⚡ ⚙ 🗟 ⛽ ⅍ ⊕ ⅏
📶

MONTCHAVIN

✉ 73210 – **333** N4 – G. Alpes du Nord
🛈 *Office de tourisme, maison de Montchavin - des Coches* ℰ *04 79 07 82 82*
Paris 672 – Lyon 206 – Chambéry 106 – Albertville 57 – Sallanches 101.

⛰ **Caravaneige de Montchavin** fermé oct.
ℰ 04 79 07 83 23, *info@montchavin-lescoches.com*,
Fax 04 79 07 80 18, *www.montchavin-lescoches.com* –
alt. 1 250 – **R** conseillée
1,33 ha (90 empl.) herbeux, en terrasses
Tarif : 20,40 € 🛉 ⛺ 🅴 ⏢ (10A) – pers. suppl. 4,40 €
⛺ 1 borne artisanale
Pour s'y rendre : au bourg
À savoir : Superbe situation dominante

Nature : ❄ 🌳 ≤ Vallée et monta-
gnes de la Tarentaise ♀
Loisirs : 🏛
Services : ⅍ ⚡ GB ⚙ 🎬 🗟 ⊕ ⅍
📶 sèche-linge
À prox. : ⅍ 🍴 ✗ ✗ ⅍ patinoire

NOVALAISE-LAC

✉ 73470 – 1 432 h. – alt. 427
Paris 524 – Belley 24 – Chambéry 21 – Les Échelles 24 – Le Pont-de-Beauvoisin 17 – Voiron 40.
Schéma à Lépin-le-Lac

⛰ **Le Grand Verney** avr.-oct.
ℰ 04 79 36 02 54, *contact@camping-legrandverney.com*,
Fax 04 79 36 02 54, *www.camping-legrandverney.com* –
places limitées pour le passage – **R** conseillée
2,5 ha (112 empl.) plat, peu incliné et en terrasses, herbeux
Tarif : 20,30 € 🛉 ⛺ 🅴 ⏢ (4A) – pers. suppl. 4,10 €
Location : 15 ⛺ (4 à 6 pers.) 300 à 560 €/sem.
Pour s'y rendre : SO : 1,2 km, au lieu-dit le Neyret

Nature : ≤ 🏡 ♀
Loisirs : ⅍
Services : ⅍ ⚡ GB ⚙ 🗟 ⅍ ⊕ ⅍
♲ 📶

PRALOGNAN-LA-VANOISE

✉ 73710 – **333** N5 – G. Alpes du Nord – 756 h. – alt. 1 425 – Sports d'hiver : 1 410/2 360 m ⚡ 1 ⚡ 13 ⚡
🛈 *Office de tourisme, avenue de Chasseforêt ℰ 04 79 08 79 08, Fax 04 79 08 76 74*
Paris 634 – Albertville 53 – Chambéry 103 – Moûtiers 28.

Le Parc Isertan 22 déc.-19 avr.et 24 mai-27 sept.
ℰ 04 79 08 75 24, *camping@camping-isertan.com*,
Fax 04 79 01 41 50, *www.camping-isertan.com* – **R** conseillée
4,5 ha (180 empl.) non clos, en terrasses, herbeux, pierreux
Tarif : 22,40 € ✶ ⬅ 🚐 🔲 🔌 (10A) – pers. suppl. 5 €
Location : 3 🏕 (4 à 6 pers.) 255 à 725 €/sem. – 3 🏠 (4
à 6 pers.) 255 à 775 €/sem. – 🛏
🚐 1 borne artisanale – 12 🔲 14 € – 🚐 19.50 €
Pour s'y rendre : Au S du bourg
À savoir : Site agréable au bord d'un torrent

| Nature : ⚘ ⚘ ⬳ |
| Loisirs : ☂ ✗ pizzeria 🖼 |
| Services : ⚹ ⊶ GB ⚒ 🏢 🗂 ⬳ ⚘ |
| ⚘ |
| À prox. : ⚡ ⚡ ⚘ ⚘ ⚘ ⚘ mur |
| d'escalade, patinoire |

La ROCHETTE

✉ 73110 – **333** J5 – G. Alpes du Nord – 3 098 h. – alt. 360
🛈 *Office de tourisme, Maison des Carmes ℰ 04 79 25 53 12, Fax 04 79 25 53 12*
Paris 588 – Albertville 41 – Allevard 9 – Chambéry 28 – Grenoble 47.

Municipal le Lac St-Clair juin-sept.
ℰ 04 79 25 73 55, *campinglarochette@orange.fr*,
Fax 04 79 25 78 25, *www.larochette.com* – **R** indispensable
2,2 ha (65 empl.) plat et peu incliné, herbeux
Tarif : ✶ 2,70 € ⬅ 1,60 € 🔲 4,10 € – 🔌 (10A) 2,70 €
Location (permanent) ⚡ : 8 🏠 (4 à 6 pers.) 194 à
281 €/sem.
Pour s'y rendre : SO : 1,4 km par D 202 et rte de Détrier à
gauche

| Nature : ⬳ ♀ |
| Services : ⚹ ⊶ ⚒ ⬳ ⚘ ⚘ ⚘ ⚘ 🖥 |
| À prox. : snack ⚘ ⚘ |

La ROSIÈRE 1850

✉ 73700 – **333** O4 – G. Alpes du Nord – alt. 1 850 – Sports d'hiver : 1 100/2 600 m ⚡20 ⚡
Paris 657 – Albertville 76 – Bourg-St-Maurice 22 – Chambéry 125 – Chamonix-Mont-Blanc 52 – Val-d'Isère 32.

La Forêt 22 juin-15 sept., 15 déc.-26 avr.
ℰ 04 79 06 86 21, *campinglaforet@free.fr*,
Fax 04 79 40 16 25, *www.campinglaforet.free.fr* – alt. 1 730
– **R** conseillée
1,5 ha (67 empl.) non clos, en terrasses, peu incliné,
pierreux
Tarif : 22 € ✶ ⬅ 🚐 🔲 🔌 (10A) – pers. suppl. 4,40 €
Location : 2 🏕 (4 à 6 pers.) 310 à 590 €/sem. – huttes
Pour s'y rendre : S : 2 km par D 1090, rte de Bourg-St-
Maurice, chemin piétonnier reliant le camping au village
À savoir : Agréable situation surplombant la vallée

| Nature : ⚘ ⚘ ⬳ ♀♀(sapinière) |
| Loisirs : ☂ ⚡ ⚘ (petite piscine) |
| Services : ⚹ ⊶ GB ⚒ 🏢 🗂 ⚘ 🖥 |
| À prox. : ⚘ |

RUFFIEUX

✉ 73310 – **333** I2 – 666 h. – alt. 282
🛈 *Office de tourisme, Saumont ℰ 04 79 54 54 72*
Paris 517 – Aix-les-Bains 20 – Ambérieu-en-Bugey 58 – Annecy 51 – Bellegarde-sur-Valserine 36.

Saumont mai-28 sept.
ℰ 04 79 54 26 26, *camping.saumont@wanadoo.fr*,
www.campingsaumont.com – **R** conseillée
1,6 ha (66 empl.) non clos, plat, herbeux, gravier
Tarif : 20,50 € ✶ ⬅ 🚐 🔲 🔌 (10A) – pers. suppl. 4 € – frais
de réservation 10 €
Location (5 avr.-28 sept.) : 15 🏕 (4 à 6 pers.) 240 à
620 €/sem.
Pour s'y rendre : O : 1,2 km accès sur D 991, près du carrefour du Saumont, vers Aix-les-Bains et chemin à droite,
bord d'un ruisseau

| Nature : 🖼 ♀♀ |
| Loisirs : ☂ ⚘ ⚘ |
| Services : ⚹ ⊶ GB ⚒ 🏢 🗂 ⬳ ⚘ |
| ⚘ ⚘ ⚘ ⚘ 🖥 sèche-linge |

RHÔNE-ALPES

Savoie (73)

ST-ALBAN-DE-MONTBEL

✉ 73610 – **333** H4 – 447 h. – alt. 400
Paris 551 – Belley 32 – Chambery 21 – Grenoble 74 – Voiron 33.

Schéma à Lépin-le-Lac

⚠ **Base de Loisirs du Sougey** ♨♨ – mai-15 sept.
℘ 04 79 36 01 44, *info@camping-sougey.com*,
Fax 04 79 44 19 01, *www.camping-sougey.com* – **R** conseillée
4 ha (159 empl.) plat, terrasses, incliné, herbeux, gravillons
Tarif : 24,10 € ✱ ⇔ ▣ (10A) – pers. suppl. 3,60 € –
frais de réservation 15 €
Location ♨ : 3 ▦ (4 à 6 pers.) 240 à 570 €/sem. – 8
▤ (4 à 6 pers.) 260 à 610 €/sem.
Pour s'y rendre : NE : 1,2 km, à 300 m du lac

> Nature : ▭ ♀
> Loisirs : 🎱 ✳ ⚓ 🚲
> Services : ♿ ⚷ GB ◔ M 🗇 🖎 ☺
> ⚎ ♒ ⚑ 🖫 sèche-linge
> À prox. : ⚎ ♈ snack ⚓ ✗ ⚎
> pédalos

ST-COLOMBAN-DES-VILLARDS

✉ 73130 – **333** K6 – 195 h. – alt. 1 100
🚹 *Office de tourisme, chef-lieu* ℘ 04 79 56 24 53
Paris 643 – Lyon 176 – Chambéry 76 – Grenoble 106 – Saint-Martin-d'Hères 107.

⚠ **La Perrière** 9 juin-22 sept.
℘ 04 79 59 16 07, *saint-colomdan@franceloc.fr*,
Fax 04 79 59 15 17 – **R** conseillée
2 ha (46 empl.) en terrasses, plat, herbeux, gravier, bois
attenant
Tarif : ✱ 3,50 € ⇔ 2,50 € ▣ 4,50 € – ﴾ 3,50 €
Location : 6 appartements – 2 gîtes
▦ 1 borne artisanale 3,50 € – 15 ▣ 6,50 € – ⚎ 17 €
Pour s'y rendre : SO : 0,7 km par rte du col du Glandon (D
9), à 100 m d'un petit plan d'eau

> Nature : ≤ montagnes et pic du Puy
> Gris (2 950 m) ♀
> Services : ♿ ◔ 🗇 ☺
> À prox. : ⚎ ⚒ terrain omnisports,
> escalade (via ferrata et mur)

771

ST-JEAN-DE-COUZ

✉ 73160 – **333** H5 – 215 h. – alt. 630
Paris 561 – Aix-les-Bains 31 – Chambéry 16 – Le Pont-de-Beauvoisin 24 – St-Laurent-du-Pont 14 – La
Tour-du-Pin 44.

⚠ **La Bruyère** 20 avr.-8 oct.
℘ 04 79 65 74 27, *camping-labruyere@orange.fr*,
Fax 04 79 65 74 27 – **R** conseillée
1 ha (60 empl.) plat, herbeux
Tarif : 12,50 € ✱ ⇔ ▣ ﴾ (6A) – pers. suppl. 3,20 €
Pour s'y rendre : S : 2 km par D 1006 et rte de Côte Barrier
À savoir : Au pied du Massif de la Chartreuse

> Nature : ⚲ ≤ ▭ ♀
> Loisirs : 🎱 ⚓
> Services : ⚷ ◔ ☺ ⚎

ST-JEAN-DE-MAURIENNE

✉ 73300 – **333** L6 – G. Alpes du Nord – 8 902 h. – alt. 556
🚹 *Office de tourisme, place de la Cathédrale* ℘ 04 79 83 51 51, Fax 04 79 83 42 10
Paris 641 – Lyon 174 – Chambéry 75 – Saint-Martin-d'Hères 105 – Meylan 104.

⚠ **Municipal les Grands Cols** déb. mai-fin sept.
℘ 04 79 64 28 02, *info@campingdesgrandscols.com*,
Fax 04 79 64 28 02, *www.campingdesgrandscols.com*
– **R** conseillée
2,5 ha (80 empl.) en terrasses, plat, herbeux
Tarif : 18 € ✱ ⇔ ▣ ﴾ (16A) – pers. suppl. 5 €
Location (déb. avr.-fin sept.) : 6 ▦ (4 à 6 pers.) 300 à
550 €/sem.
▦ 1 borne artisanale 5 € – ⚎
Pour s'y rendre : Au SE de la ville par rte de St-Michel-de-
Maurienne (av. du Mont-Cenis) et à droite avant le pont de
l'Arvan

> Nature : ≤ montagnes
> Loisirs : snack 🎱 ⚓ terrain om-
> nisports
> Services : ⚷ GB ◔ M ☺ ⚎ ⚑
> 🖫

SÉEZ

✉ 73700 – 333 N4 – 1 968 h. – alt. 904
🅷 Office de tourisme, rue Célestin Freppaz 𝄞 04 79 41 00 15
Paris 638 – Albertville 57 – Bourg-St-Maurice 4 – Moûtiers 31.

▲ **Le Reclus** fermé nov.
𝄞 04 79 41 01 05, contact@campinglereclus.com,
Fax 04 79 41 01 05, www.campinglereclus.com – **R** conseillée
1,5 ha (108 empl.) peu incliné et en terrasses, herbeux,
pierreux
Tarif : 17 € 🚶 🚐 🅴 🅷 (10A) – pers. suppl. 4 € – frais de
réservation 10 €
Location : 5 🛖 (4 à 6 pers.) 250 à 480 €/sem. – yourte
Pour s'y rendre : Sortie NO par D 1090, rte de Bourg-St-
Maurice, bord du Reclus

Nature : ※ ΩΩ
Loisirs : 🏠
Services : ♿ ⚡ ⊟ ⚙ 📷 🗄 ⊕ 📞
🔲 sèche-linge

Si vous recherchez :

👨‍👧 *Un terrain offrant des équipements et des loisirs adaptés aux enfants*
🦢 *Un terrain agréable ou très tranquille*
L - M *Un terrain effectuant la location de caravanes, de mobile homes,*
de bungalows ou de chalets
P *Un terrain ouvert toute l'année*
🚐 *Un terrain possédant une aire de services pour camping-cars*
Consultez le tableau des localités

SOLLIÉRES-SARDIÈRES

✉ 73500 – 333 N6 – 162 h. – alt. 1 350
🅷 Office de tourisme, 𝄞 04 79 20 52 45
Paris 678 – Bessans 21 – Chambéry 118 – Lanslebourg-Mont-Cenis 8 – Modane 16 – Susa 46.

▲ **Le Chenantier**
𝄞 06.63.84.19.16, veillem@wanadoo.fr, Fax 04 79 20 53 43,
www.lechenantier.fr – **R** conseillée
1,5 ha (58 empl.) non clos, en terrasses, herbeux, pierreux,
bois attenant
Pour s'y rendre : À l'entrée de Sollières-Envers, à 50 m de
l'Arc et de la D 1006

Nature : 🦢 ⋖
Services : ♿ ⚡ 🗄 🔀 ⊕ 🔲
À prox. : 🦢

TERMIGNON

✉ 73500 – 333 N6 – G. Alpes du Nord – 426 h. – alt. 1 290
🅷 Office de tourisme, place de la Vanoise 𝄞 04 79 20 51 67, Fax 04 79 20 51 82
Paris 680 – Bessans 18 – Chambéry 120 – Lanslebourg-Mont-Cenis 6 – Modane 18 – Susa 43.

▲ **La Fennaz** juil.-août
𝄞 04 79 20 51 41, info@campingtermignon.com,
Fax 04 79 20 52 46, www.campingtermignon.com
– **R** conseillée
1,5 ha (83 empl.) peu incliné et en terrasses, incliné,
herbeux, pierreux
Tarif : 🚶 3,10 € 🚐 1,60 € 🅴 2,70 € – 🅷 (3A) 2,20 €
Pour s'y rendre : À 0,8 km au Nord de la commune

Nature : 🦢 ⋖ montagnes
Services : ⚡ ⚙ ⊕
À prox. : 🏄 ⚔ ⚙

▲ **Les Mélèzes** 25 déc.-7 oct.
𝄞 04 79 20 51 41, info@campingtermignon.com,
Fax 04 79 20 52 46, www.campingtermignon.com
– **R** conseillée
0,7 ha (66 empl.) plat, herbeux
Tarif : 13,90 € 🚶 🚐 🅴 🅷 (5A) – pers. suppl. 3,10 €
Location (permanent) : 2 🛖 (2 à 4 pers.) 240 à
260 €/sem. – 7 🛖 (4 à 6 pers.) 300 à 360 €/sem. – 1 🏠
(4 à 6 pers.) 260 à 310 €/sem.
Pour s'y rendre : Au bourg, bord d'un torrent

Nature : 🦢 ⋖ ΩΩ
Loisirs : 🏠 🦢
Services : ♿ ⚡ (15 juin-15 sept.) ⚙
📷 ⊕ 📞 🔲

La TOUSSUIRE

✉ 73300 – **333** K6 – G. Alpes du Nord – alt. 1 690
Paris 651 – Albertville 78 – Chambéry 91 – St-Jean-de-Maurienne 16.

▲ **Caravaneige du Col** 30 juin-août, 15 déc.-18 avr.
    ℘ 04 79 83 00 80, *campingducol@free.fr*,
    Fax 04 79 83 03 67, *www.camping-du-col.com* – alt. 1 640
    – **R** conseillée
    0,8 ha (40 empl.) plat, herbeux
    Tarif : 16 € **†** 🚐 🗉 [½] (2A) – pers. suppl. 4,10 €
    Location : 3 🛖 (4 à 6 pers.) 400 à 440 €/sem. – 2
    appartements
    🚐 1 borne artisanale 6 €
    Pour s'y rendre : À 1 km à l'E de la station, sur la rte de
    St-Jean-de-Maurienne
    À savoir : Navette gratuite pour la station

Nature : ❄ ⌇ ⮜ Les Aiguilles d'Arves
Loisirs : 🍴 snack 🎱 ⛵
Services : & ⊶ ⌾ ⊙⌇ 🏧 🗍 ♨ ☺ 🌐 sèche-linge

VALLOIRE

✉ 73450 – **333** L7 – G. Alpes du Nord – 1 243 h. – alt. 1 430 – Sports d'hiver : 1 430/2 600 m ⛷2 ⛷31 ⛷
🛈 Office de tourisme, rue des Grandes Alpes ℘ 04 79 59 03 96, Fax 04 79 59 09 66
Paris 664 – Albertville 91 – Briançon 52 – Chambéry 104 – Lanslebourg-Mont-Cenis 57 – Col du Lautaret 25.

⛰ Ste Thècle
    ℘ 04 79 83 30 11, *camping-caravaneige@valloire.net*,
    Fax 04 79 83 35 13 – **R** conseillée
    1,5 ha (81 empl.) plat, peu incliné, terrasses, herbeux,
    pierreux
    🚐 1 borne artisanale
    Pour s'y rendre : Au N de la localité, au confluent de deux
    torrents

Nature : ❄ ⌇ ⮜
Loisirs : 🎱 ⛵
Services : & ⊶ ⌾ 🗍 ☺ 🌐
À prox. : patinoire, bowling ✂ 🎿 ⛸ terrain omnisports

VILLAREMBERT

✉ 73300 – **333** K6 – 290 h. – alt. 1 296
🛈 Office de tourisme, le Corbier ℘ 04 79 83 04 04, Fax 04 79 83 02 90
Paris 647 – Aiguebelle 49 – Chambéry 87 – St-Jean-de-Maurienne 12 – La Toussuire 7.

▲ **Municipal la Tigny** juil.-août
    ℘ 04 79 56 74 65, *mairie.villarembert@wanadoo.fr*,
    Fax 04 79 83 03 64 – **R** conseillée
    0,3 ha (27 empl.) non clos, plat et peu incliné, terrasses,
    gravier, herbeux
    Tarif : **†** 3,20 € 🚐 2,10 € 🗉 2,70 € – [½] (5A) 2,70 €
    Pour s'y rendre : Sortie S par D 78 et chemin à gauche
    À savoir : Cadre verdoyant près d'un ruisseau

Nature : ⮜ ⚘
Loisirs : ⛵
Services : ☺ ♨ ☇

773

Haute-Savoie (74)

ALEX

✉ 74290 – **328** K5 – G. Alpes du Nord – 792 h. – alt. 589
Paris 545 – Albertville 42 – Annecy 12 – La Clusaz 20 – Genève 49.
                            Schéma à Doussard

▲ **La Ferme des Ferrières** juin-sept.
    ℘ 04 50 02 87 09, *campingfermedesferrieres@voila.fr*,
    Fax 04 50 02 80 54, *www.camping-des-ferrieres.com*
    – **R** conseillée
    5 ha (200 empl.) peu incliné à incliné, herbeux
    Tarif : 14 € **†** 🚐 🗉 [½] (5A)
    Pour s'y rendre : O : 1,5 km par D 909, rte d'Annecy et
    chemin à droite

Nature : ⌇ ⮜ ⚘
Loisirs : 🍴 🎱 ⛵
Services : & ⊶ ⌾ ♨ ☺ 🌐

AMPHION-LES-BAINS

✉ 74500 – **328** M2 – G. Alpes du Nord

🖂 *Office de tourisme, 215, rue de la Plage* ℰ *04 50 70 00 63, Fax 04 50 70 03 03*

Paris 573 – Annecy 81 – Évian-les-Bains 4 – Genève 40 – Thonon-les-Bains 6.

⛺ **La Plage** fermé 3 nov.-24 déc.
ℰ 04 50 70 00 46, *info@camping-dela-plage.com*,
Fax 04 50 70 00 46, *www.campingdelaplage.fr* – **R** conseillée
0,7 ha (43 empl.) plat, herbeux
Tarif : 28 € 🛉 ⇌ 🗉 (4) (6A) – pers. suppl. 6,50 € – frais de
réservation 15 €
Location : 4 🚐 (4 à 6 pers.) 427 à 630 €/sem. – 4 🏠 (4
à 6 pers.) 427 à 630 €/sem. – studios – 3 bungalows
toilés
Pour s'y rendre : À 200 m du lac Léman

> Nature : 🌳
> Loisirs : 🍸 ⚤ 🛝 (petite piscine)
> Services : 🚿 🔌 ⟲⟳ 💈 🗎 🛒 🛎 🛴
> ⊕ 🧺 💬 📶 📮
> À prox. : 🍴 🐴 parcours sportif

ARGENTIÈRE

✉ 74400 – **328** O5 – G. Alpes du Nord – alt. 1 252 – Sports d'hiver : voir Chamonix

🖂 *Office de tourisme, 24, route du village* ℰ *04 50 54 02 14, Fax 04 50 54 06 39*

Paris 619 – Annecy 106 – Chamonix-Mont-Blanc 10 – Vallorcine 10.

⛺ **Le Glacier d'Argentière** 15 mai-sept.
ℰ 04 50 54 17 36, Fax 04 50 54 03 73, *www.campingcha
monix.com* – **R**
1 ha (80 empl.) incliné à très incliné, herbeux
Tarif : 🛉 4,80 € ⇌ 1,70 € 🗉 3,40 € – (4) (6A) 3,80 €
Pour s'y rendre : S : 1 km par rte de Chamonix, aux
Chosalets, à 200 m de l'Arve

> Nature : ≤ 🌳
> Loisirs : 🛋
> Services : 🚿 🔌 💈 ⊕ 📶 sèche-
> linge

LA BALME-DE-SILLINGY

✉ 74330 – **328** J5 – 3 729 h. – alt. 480

🖂 *Syndicat d'initiative, route de Choisy* ℰ *04 50 68 78 70, Fax 04 50 68 53 29*

Paris 524 – Dijon 250 – Grenoble 111 – Lons-le-Saunier 136 – Lyon 141 – Mâcon 139.

⛺ **La Caille** mai-sept.
ℰ 04 50 68 85 21, *contact@aubergedelacaille.com*,
Fax 04 50 68 74 56, *www.aubergedelacaille.com*
– **R** conseillée
4 ha/1 campable (30 empl.) plat, peu incliné, herbeux
Tarif : 24 € 🛉 ⇌ 🗉 (4) (12A) – pers. suppl. 5,50 €
Location (permanent) 🅿 (chalets) : 10 🏠 (4 à 6 pers.)
340 à 650 €/sem. – 7 🛏 – 2 gîtes
🚐 1 borne artisanale
Pour s'y rendre : N : 4 km par D 1508 rte de Frangy et
chemin à dr.

> Nature : 🐾 ▭ 🌳
> Loisirs : 🍸 🍴 🛋 🚲 🍴 🛝
> Services : 🚿 🔌 💈 💈 🗎 ⊕ 📶 🛴

Les BOSSONS

✉ 74400 – **328** O5 – G. Alpes du Nord – alt. 1 005

Paris 614 – Lyon 222 – Annecy 89 – Thonon 99 – Annemasse 73.

Schéma à Chamonix-Mont-Blanc

⛺ **Les Deux Glaciers** fermé 16 nov.-14 déc.
ℰ 04 50 53 15 84, *glaciers@clubinternet.fr*,
Fax 04 50 53 15 84, *www.les2glaciers.com* – **R** conseillée
1,6 ha (130 empl.) en terrasses, herbeux
Tarif : 18,30 € 🛉 ⇌ 🗉 (4) (6A) – pers. suppl. 5,20 €
Location 🏝 : 4 🏠 (4 à 6 pers.) 250 à 580 €/sem.
Pour s'y rendre : Rte du tremplin olympique
À savoir : À proximité des glaciers, cadre agréable

> Nature : ❄ ≤ 🌳🌳
> Loisirs : snack
> Services : 🚿 🔌 💈 💈 🗎 🛎 ⊕
> 💬 📶 sèche-linge 🛴

Les BOSSONS

▲ **Les Écureuils** avr.-sept.
📞 04 50 53 83 11, *contact@campingdesecureuils.fr*,
Fax 04 50 53 83 11, *www.campindesecureuils.fr* – **R** conseillée
0,6 ha (45 empl.) non clos, plat et peu incliné, herbeux, gravillons
Tarif : 15,30 € 🏕 🚗 🔲 🔌 (6A) – pers. suppl. 4,10 €
Location (permanent) : 3 🏠 (4 à 6 pers.) 400 à 500 €/sem.
Pour s'y rendre : Au bourg, à 100 m de l'Arve
À savoir : Cadre agréable au bord d'un torrent

Nature : ⬉ massif du Mont-Blanc et glaciers 🌳🌳
Loisirs : 🎮 🚲
Services : 🔌 GB 🔧 ⚙ 🗑 🚿 ⊕ 📞 📮 sèche-linge

BOUT-DU-LAC

✉ 74210 – **328** K6
Paris 553 – Albertville 29 – Annecy 17 – Megève 43.

Schéma à Doussard

🗻 **International du Lac Bleu** avr.-25 sept.
📞 04 50 44 30 18, *lac-bleu@nwc.fr*, Fax 04 50 44 84 35,
www.camping-lac-bleu.com – **R** conseillée
3,3 ha (221 empl.) plat, herbeux, pierreux
Tarif : (Prix 2007) 30,20 € 🏕 🚗 🔲 🔌 (8A) – pers. suppl. 5,80 € – frais de réservation 25 €
Location : 30 🏚 (4 à 6 pers.) 290 à 730 €/sem. – 🛏 – studios – appartements
Pour s'y rendre : Rte d'Albertville
À savoir : Situation agréable au bord du lac (plage)

Nature : ⬉ ▭ 🌳🌳 ⛰
Loisirs : 🍷 snack 🎮 🛝 🏊
Services : ♿ 🔌 (saison) GB 🔧 🗑 🛒 ⊕ 📞 📞 📮 sèche-linge 🐕
À prox. : 🚗 ✕ ✗ 🎯 ⛵ 🚤 ponton d'amarrage, point d'informations touristiques, vol biplace, parapente

Des vacances réussies sont des vacances bien préparées !
Ce guide est fait pour vous y aider... mais :
– N'attendez pas le dernier moment pour réserver
– Évitez la période critique du 14 juillet au 15 août
Pensez aux ressources de l'arrière-pays,
à l'écart des lieux de grande fréquentation.

775

Vallée du Drac Blanc (05)

CHAMONIX-MONT-BLANC

✉ 74400 – **328** 05 – G. Alpes du Nord – 9 830 h. – alt. 1 040 – Sports d'hiver :
Tunnel du Mont-Blanc : péage en 2007, aller simple : autos 32,30, autos et caravanes 42,70, camions 117,10 à 248,90, motos 21,40 - Renseignements ATMB ✆ 04 50 55 55 00
🛈 *Office de tourisme, 85, place du Triangle de l'Amitié* ✆ *04 50 53 00 24, Fax 04 50 53 58 90*
Paris 610 – Albertville 65 – Annecy 97 – Aosta 57 – Genève 82 – Lausanne 110.

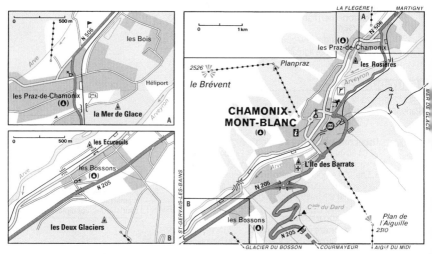

△ **L'Île des Barrats** 15 mai-sept.
✆ 04 50 53 51 44, *campingdesbarrats74@orange.fr*,
Fax 04 50 53 51 44 – **R** conseillée
0,8 ha (56 empl.) peu incliné et plat, herbeux
Tarif : ⚡ 6,40 € ⟵ 2,50 € 🅴 5,40 € – 🔌 (5A) 3,30 € – frais de réservation 15 €
🚐 1 borne artisanale 7 €
Pour s'y rendre : Au SO de la ville, à 150 m de l'Arve

Nature : ≤ Massif du Mont-Blanc et glaciers ⊏⊐ ♀
Loisirs : 🎪
Services : ⚓ ⊶ ⚙ 🖫 ⊛ ⚐ ⚐ 🗑
sèche-linge

CHÂTEL

✉ 74390 – **328** 03 – G. Alpes du Nord – 1 190 h. – alt. 1 180 – Sports d'hiver : 1 200/2 100 m ⚡2 ⚡52 ⚡
🛈 *Office de tourisme, Chef-Lieu* ✆ *04 50 73 22 44, Fax 04 50 73 22 87*
Paris 578 – Annecy 113 – Évian-les-Bains 34 – Morzine 38 – Thonon-les-Bains 39.

⋙ **L'Oustalet** ♣⚹ – 22 déc.-26 avr. et 21 juin-6 sept.
✆ 04 50 73 21 97, *oustalet@valdabondance.com*,
Fax 04 50 73 37 46, *www.oustalet.com* – alt. 1 110 – **R** indispensable – en hiver, séjour minimum 1 semaine
3 ha (100 empl.) plat et peu incliné, herbeux, pierreux, gravillons
Tarif : 28 € ⚡ ⟵ 🅴 🔌 (6A) – pers. suppl. 5,60 € – frais de réservation 16 €
Location ⚡ : 9 🛖 (4 à 6 pers.) 380 à 650 €/sem.
🚐 1 borne flot bleu 6 € – 12 🅴 6 €
Pour s'y rendre : SO : 2 km par la rte du col de Bassachaux, bord de la Dranse
À savoir : Site agréable de la vallée d'Abondance

Nature : ❄ ≤
Loisirs : ♈ 🎪 ⚙ diurne 🧍 ⛷
⚡ ⚒ 🏹 🖁
Services : ⚓ ⊶ ⊟ ⚙ 🖭 🗐 🖫
⊛ ☎ 🗑 sèche-linge
À prox. : 🖳 ✗ snack ⚓ 🚲 🅿 🏇
poneys, practice de golf

To select the best route and follow it with ease,
To calculate distances,
To position a site precisely from details given in the text :
*Get the appropriate **MICHELIN** regional map.*

776

La CLUSAZ

✉ 74220 – **328** L5 – G. Alpes du Nord – 2 023 h. – alt. 1 040 – Sports d'hiver : 1 100/2 600 m ⛷6 ⛷49 ⛷
🛈 *Office de tourisme, 161, place de l'église* ☏ *04 50 32 65 00, Fax 04 50 32 65 01*
Paris 564 – Albertville 40 – Annecy 32 – Bonneville 26 – Chamonix-Mont-Blanc 60 – Megève 27 – Morzine 65.

ΔΔΔ **Le Plan du Fernuy** 22 déc.-26 avril-16 juin-9 sept.
☏ 04 50 02 44 75, *fernuy@franceloc.fr*, Fax 04 50 32 67 02,
www.campings-franceloc.com – **R** conseillée
1,3 ha (60 empl.) en terrasses, peu incliné, gravier, herbeux
Location 🏕 : 11 ▭ (4 à 6 pers.) 290 à 870 €/sem. – 12
🏠 (4 à 6 pers.) 427 à 987 €/sem. – 5 appartements
▭ 1 borne artisanale
Pour s'y rendre : E : 1,5 km par rte des Confins
À savoir : Belle piscine d'intérieur et site agréable au pied
des Aravis

> Nature : ❄ 🌳 ≤ ▭ ♀
> Loisirs : ♟ 🏠 ⊘ diurne ⛷ 🖼
> Services : & ⚬⊸ GB ⚙ ⊞ 🖥 🛁 ☺
> ⛺ 🗑 ⚬ ⚫ 🗑 sèche-linge

CONTAMINE-SARZIN

✉ 74270 – **328** I4 – 350 h. – alt. 450
Paris 516 – Annecy 25 – Bellegarde-sur-Valserine 22 – Bonneville 46 – Genève 29.

Δ **Le Chamaloup** juin-15 sept.
☏ 04 50 77 88 28, *camping@chamaloup.com*,
Fax 04 50 77 99 79, *www.chamaloup.com* – **R** conseillée
1,5 ha (75 empl.) non clos, plat, herbeux
Tarif : 22 € 🚶 🚗 ▤ 🔌 (10A) – pers. suppl. 5,50 € – frais
de réservation 10 €
Location (permanent) : 16 🏠 (4 à 6 pers.) 300 à
560 €/sem.
Pour s'y rendre : S : 2,8 km par D 123, près de la D 1508 et
de la rivière les Usses

> Nature : ▭ ♀♀
> Loisirs : ♟ ⛷ 🏊
> Services : & ⚬⊸ GB ⚙ 🗑 ☺ ⚫ 🖼

Les CONTAMINES-MONTJOIE

✉ 74170 – **328** N6 – G. Alpes du Nord – 1 129 h. – alt. 1 164 – Sports d'hiver : 1 165/2 500 m ⛷4 ⛷22 ⛷
🛈 *Office de tourisme, 18, route de Notre-Dame de la Gorge* ☏ *04 50 47 01 58, Fax 04 50 47 09 54*
Paris 606 – Annecy 93 – Bonneville 50 – Chamonix-Mont-Blanc 33 – Megève 20 – St-Gervais-les-Bains 9.

ΔΔ **Le Pontet** fermé 22 sept.-14 déc.
☏ 04 50 47 04 04, *campingdupontet@wanadoo.fr*,
Fax 04 50 47 18 10, *www.campinglepontet.fr* – **R** conseillée
2,8 ha (157 empl.) plat, gravillons, herbeux
Tarif : 25,10 € 🚶 🚗 ▤ 🔌 (10A) – pers. suppl. 4,40 €
Location : gîte d'étape
Pour s'y rendre : S : 2 km par D 902, bord du Bon Nant
À savoir : Site agréable au départ des pistes de ski et de
randonnée

> Nature : ❄ ≤ ▭ ♀
> Loisirs : 🏠 ⛷
> Services : & ⚬⊸ GB ⚙ ⊞ 🗑 ☺ 🖼
> sèche-linge
> À prox. : ♟ ✕ snack ⚬ ⚒ ⚓ 🐎
> practice de golf

DOUSSARD

✉ 74210 – **328** K6 – G. Alpes du Nord – 2 781 h. – alt. 456
Paris 555 – Albertville 27 – Annecy 20 – La Clusaz 36 – Megève 42.

ΔΔΔ **Campéole la Nublière** 👫 – mai-21 sept.
☏ 04 50 44 33 44, *nubliere@wanadoo.fr*,
Fax 04 50 44 31 78, *www.campeoles.fr* – **R** conseillée
9,2 ha (467 empl.) plat, herbeux, pierreux
Tarif : (Prix 2007) 21,30 € 🚶 🚗 ▤ 🔌 (6A) – pers.
suppl. 6,40 € – frais de réservation 25 €
Location : 50 ▭ (4 à 6 pers.) 490 à 777 €/sem. – 70 🏠
(4 à 6 pers.) 364 à 630 €/sem. – bungalows toilés
Pour s'y rendre : N : 1,8 km
À savoir : Situation agréable au bord du lac (plage)

> Nature : ♀♀ ⚠
> Loisirs : ♟ ✕ 🏓 salle d'activité
> ⛷ 🐟
> Services : & ⚬⊸ GB ⚙ 🗑 🛁 ☺ ⚫
> 🖼 ⛺
> À prox. : 🏊 ⚓ 🐟 ⚓ ponton d'amar-
> rage, point d'informations touris-
> tiques, vol biplace, parapente

GENÈVE

ST MARTIN-BELLEVUE

BELLEGARDE

A 41

N 201

Cran-Gevrier

N 508

A 41

RUMILLY

ANNECY

Chavoire

D 909

GR

M! Baron
1252

**La Ferme
des Ferrières**

D 909

Alex

D 16

N 201

AIX-LES-BAINS

Veyrier

D 909A

Bluffy

N 508

les Puisots

le Clos Don Jean

D 269

D 169

Sévrier
(Ø)

Menthon-St-Bernard
(Ø)

GR

Au Cœur du Lac

D'ANNECY

778

D 41

GR

le Panoramic

le Solitaire du Lac

601

Talloires

S! Jorioz
(Ø)

**Municipal
les Champs Fleuris**

Duingt
(Ø)

Angon

**International
du Lac d'Annecy**

Europa

N 508

D 10

D 912

D 10

la Ravoire

D 909A

1150

Col de
Forcl

Chaparon

le Taillefer

1699

Crêt de Châtillon

les Fontaines

l'Idéal
(Ø)

International du Lac

S! Eustache

Bout du lac

**Campéole
la Nublière**

D 180

D 110

Lathuile
(Ø)

GR 96

Simon d
Verthie

897

Col de Leschaux

Doussard
(Ø)

la Serraz

D 912

GR

Eau Morte

Entrevernes

CHAMBÉRY

DOUSSARD

▲▲ **La Serraz** 27 avr.-13 sept.
  ℰ 04 50 44 30 68, *info@campinglaserraz.com*,
  Fax 04 50 44 81 07, *www.campinglaserraz.com* – **R** conseil-
  lée
  3,5 ha (197 empl.) plat, herbeux
  Tarif : 31 € 🏕 ⇔ 🅴 (6A) – pers. suppl. 6 € – frais de
  réservation 23 €
  Location : 40 🛏 (4 à 6 pers.) 240 à 645 €/sem.
  Pour s'y rendre : Au bourg, sortie E près de la poste

  Nature : ⩽ 🞌🞌
  Loisirs : 🍴 🔲 🏊 🚲 🏊
  Services : 🚿 ⚟ GB 🚙 🗂 🏕 ⊕ 🚗
  🚽 🔲

▲ **Simon de Verthier** mai-sept.
  ℰ 04 50 44 36 57 – **R** conseillée
  1 ha (26 empl.) plat, herbeux
  Tarif : 16 € 🏕 ⇔ 🅴 (2A) – pers. suppl. 2 €
  🛒 🔋 16 €
  Pour s'y rendre : NE : 1,6 km, à Verthier, près de l'Eau
  Morte

  Nature : ⩽ 🞌🞌
  Services : 🚿 ⚟ 🚙 🗂 🏕 ⊕

DUINGT

✉ 74410 – **328** K6 – G. Alpes du Nord – 797 h. – alt. 450
🖪 *Office de tourisme, rue du Vieux Village* ℰ 04 50 77 64 75
Paris 548 – Albertville 34 – Annecy 12 – Megève 48 – St-Jorioz 3.

Schéma à Doussard

▲ **Municipal les Champs Fleuris** 26 avr.-14 sept.
  ℰ 04 50 68 57 31, *camping@duingt.fr*, Fax 04 50 77 03 17,
  www.camping-duingt.com – **R** conseillée
  1,3 ha (112 empl.) plat et peu incliné, terrasses, herbeux
  Tarif : 19,15 € 🏕 ⇔ 🅴 (10A) – pers. suppl. 4,40 €
  Location : 2 🛖 (2 à 4 pers.) 330 à 440 €/sem. – 4 🛏 (4
  à 6 pers.) 375 à 510 €/sem.
  🛒 1 borne flot bleu 3,50 € – 30 🅴 14,20 € – 🔋
  Pour s'y rendre : O : 1 km

  Nature : ⩽
  Loisirs : 🏊
  Services : 🚿 ⚟ 🚙 🗂 🏕 ⊕ 🚰 🚿
  🔲 sèche-linge

779

EXCENEVEX

✉ 74140 – **328** L2 – G. Alpes du Nord – 682 h. – alt. 375
🖪 *Office de tourisme, rue des Ecoles* ℰ 04 50 72 89 22
Paris 564 – Annecy 71 – Bonneville 42 – Douvaine 9 – Genève 27 – Thonon-les-Bains 13.

▲ **La Pinède** 19 avr.-20 sept.
  ℰ 04 50 72 85 05, *cplpinede@atciat.com*,
  Fax 04 50 72 93 00, *www.campeoles.fr* – places limitées
  pour le passage – **R** conseillée
  12 ha (619 empl.) plat, peu incliné, herbeux
  Tarif : 15,70 € 🏕 ⇔ 🅴 (10A) – pers. suppl. 4 € – frais
  de réservation 25 €
  Location : 50 🛏 (4 à 6 pers.) 336 à 630 €/sem. – 47 🏠
  (4 à 6 pers.) 448 à 763 €/sem. – bungalows toilés
  🛒 1 borne artisanale
  Pour s'y rendre : SE : 1 km par D 25
  À savoir : Agréable site boisé en bordure d'une plage du
  lac Léman

  Nature : 🗖 🞌🞌
  Loisirs : 🔲 🎣 🎯 🏊 ponton
  d'amarrage
  Services : 🚿 ⚟ GB 🚙 🔳 🗂 🏕 ⊕
  🚰 🚿 🔲 sèche-linge 🧺
  À prox. : 🍴 ✕ snack 🎿 🎯 ⛵ 🚣
  pédalos

Les GETS

✉ 74260 – **328** N4 – G. Alpes du Nord – 1 352 h. – alt. 1 170 – Sports d'hiver : 1 170/2 000 m ⩲5 ⩲47 🎿
🖪 *Office de tourisme, place Mairie* ℰ 04 50 75 80 80, Fax 04 50 79 76 90
Paris 579 – Annecy 77 – Bonneville 33 – Chamonix-Mont-Blanc 60 – Cluses 19 – Morzine 7 – Thonon-les-Bains 36.

▲ **Le Frêne** 21 juin-4 sept.
  ℰ 04 50 75 80 60, Fax 04 50 75 84 39 – alt. 1 315 – **R**
  0,3 ha (32 empl.) non clos, en terrasses, peu incliné,
  herbeux
  Tarif : 19 € 🏕 ⇔ 🅴 (2A) – pers. suppl. 5 €
  Pour s'y rendre : Sortie SO par D 902 rte de Taninges puis
  2,3 km par rte des Platons à droite

  Nature : 🞋 ⩽ Aiguille du Midi, mas-
  sif du Mt-Blanc 🗖
  Loisirs : 🔲 🏊
  Services : 🚿 ⚟ GB 🚙 🗂 🏕 ⊕ 🚗
  🚽 🔲

Le GRAND-BORNAND

✉ 74450 – **328** L5 – G. Alpes du Nord – 2 115 h. – alt. 934 – Sports d'hiver : 1 000/2 100 m ⚡2 ⚡37 ⚡
🏢 *Office de tourisme, place de l'Église 🕿 04 50 02 78 00, Fax 04 50 02 78 01*
Paris 564 – Albertville 47 – Annecy 31 – Bonneville 23 – Chamonix-Mont-Blanc 76 – Megève 34.

▲▲▲ **L'Escale** fermé 21 avr.-21 mai et 22 sept.-6 déc.
🕿 04 50 02 20 69, *contact@campinglescale.com*,
Fax 04 50 02 36 04, *www.campinglescale.com* – **R** conseillée
2,8 ha (149 empl.) plat et peu incliné, terrasse, herbeux,
pierreux
Tarif : 32,10 € 🏕 ⛺ 🔌 (10A) – pers. suppl. 5,70 €
Location : 8 🛏 – 7 studios – 19 appartements
🏕 1 borne artisanale
Pour s'y rendre : À l'E du bourg, à proximité de l'église,
près du Borne
À savoir : Agréable complexe aquatique ludique

Nature : ❄ ⌛ ←
Loisirs : 🍽 ✕ 🏛 jacuzzi ⛱ ✂
🔲 ⛴
Services : 🚿 ⚡ GB ✂ ▥ 🗄 🛒 ⚘
⚐ 🗑 🐕 📶 🔳 sèche-linge 🐖
À prox. : 🏊 ⚱ ⚑ parcours sportif

▲ **Le Clos du Pin** fermé 11 mai-14 juin et 21 sept.-nov.
🕿 04 50 02 70 57, *contact@le-clos-du-pin.com*,
Fax 04 50 02 27 61, *www.de-clos-du-pin.com* – alt. 1 015 –
places limitées pour le passage – **R** conseillée
1,3 ha (61 empl.) peu incliné, herbeux
Tarif : 18,50 € 🏕 ⛺ 🔌 (10A) – pers. suppl. 3,90 € –
frais de réservation 8 €
Pour s'y rendre : E : 1,3 km par rte du Bouchet, bord du
Borne

Nature : ❄ ⌛ ← chaîne des Aravis
Loisirs : 🏛
Services : 🚿 ⚡ ✂ ▥ ▥ 🗄 🛒 ⚘
🗑 📶 🔳 sèche-linge

GROISY

✉ 74570 – **328** K4 – 2 605 h. – alt. 690
Paris 534 – Dijon 228 – Grenoble 120 – Lons-le-Saunier 146 – Lyon 154 – Mâcon 149.

▲ **Le Moulin Dollay** mai-sept.
🕿 04 50 68 00 31, *moulin.dollay@orange.fr*,
Fax 04 50 68 00 31, *www.moulindollay.fr* – **R** indispensable
3 ha (30 empl.) plat, herbeux, pierreux, bois attenant
Tarif : 19 € 🏕 ⛺ 🔌 (6A) – pers. suppl. 4 €
Location : 2 gîtes
🏕 1 borne artisanale 4 € – 6 🔳 13 € – 🚐 13 €
Pour s'y rendre : 2 km au SE, au lieu-dit Le Plot, au bord de
la rivière

Nature : 🗁 ⚘
Loisirs : 🏛 ⛱
Services : 🚿 ⚡ GB ✂ ▥ 🗄 🛒 ⚘
⚐ 🗑 🐕 📶 🔳 sèche-linge

LATHUILE

✉ 74210 – **328** K6 – 729 h. – alt. 510
Paris 554 – Albertville 30 – Annecy 18 – La Clusaz 38 – Megève 45.
Schéma à Doussard

▲▲▲ **La Ravoire** 15 mai-15 sept.
🕿 04 50 44 37 80, *info@camping-la-ravoire.fr*,
Fax 04 50 32 90 60, *www.camping-la-ravoire.fr* – **R** conseillée
2 ha (110 empl.) plat, herbeux
Tarif : 29,70 € 🏕 ⛺ 🔌 (5A) – pers. suppl. 6,10 €
Location (janv.-sept.) ⚡ : 4 🏠 (4 à 6 pers.) 430 à
720 €/sem.
Pour s'y rendre : N : 2,5 km
À savoir : Beau cadre de verdure près du lac

Nature : ← ⚘
Loisirs : 🏛 ⛱ ⛴ ⚑
Services : 🚿 ⚡ GB ✂ ▥ 🗄 ⚘
⚐ 🗑 🔳 sèche-linge
À prox. : 🎣

▲▲▲ **Les Fontaines** 10 mai-13 sept.
🕿 04 50 44 31 22, *info@campinglesfontaines.com*,
Fax 04 50 44 87 80, *www.campinglesfontaines.com*
– **R** conseillée
3 ha (170 empl.) plat, peu incliné, en terrasses, herbeux
Tarif : 22 € 🏕 ⛺ 🔌 (6A) – pers. suppl. 5,50 € – frais de
réservation 16 €
Location (Pâques-sept.) ⚡ : 45 🏚 (4 à 6 pers.) 260 à
620 €/sem. – 3 🏠 (4 à 6 pers.) 310 à 680 €/sem.
Pour s'y rendre : N : 2 km, à Chaparon

Nature : ⌛ ← ⚘⚘
Loisirs : 🍽 snack 🏛 🎱 ⛴ ⚑
Services : 🚿 ⚡ GB ✂ ▥ 🗄 ⚘
🐕 🔳 sèche-linge ⚒ 🐖

▲▲ **L'Idéal** mai-20 sept.
     🖉 04 50 44 32 97, *camping-ideal@wanadoo.fr*,
     Fax 04 50 44 36 59, *www.camping-ideal.com* – **R** conseillée
     3,2 ha (300 empl.) plat et peu incliné, herbeux
     Tarif : 25,70 € 🌟 🚗 🔲 [*] (6A) – pers. suppl. 5,50 €
     Location (12 avr.-20 sept.) 🗇 : 55 🚐 (4 à 6 pers.) 220
     à 700 €/sem.
     Pour s'y rendre : N : 1,5 km

> Nature : 🐟 ⩽ ⚲
> Loisirs : 🍴 snack 🚙 🏳 diurne 🛶
> ✂ 🛝 🎣
> Services : 🚻 ⚬⊸ GB 🐕 🗇 🚿 💧 🖨
> sèche-linge 🚮 🚿

▲ **Le Taillefer** mai-sept.
     🖉 04 50 44 30 30, *info@campingletaillefer.com*,
     Fax 04 50 44 30 30, *www.campingletaillefer.com*
     – **R** conseillée
     1 ha (32 empl.) plat, incliné, en terrasses, herbeux
     Tarif : 18,50 € 🌟 🚗 🔲 [*] (6A) – pers. suppl. 3,50 €
     Pour s'y rendre : N : 2 km, à Chaparon

> Nature : ⩽ ⚲
> Loisirs : 🍴 🏳 🛶
> Services : 🚻 ⚬⊸ 🐕 💧 🖨 sèche-
> linge

LUGRIN

✉ 74500 – **328** N2 – G. Alpes du Nord – 1 997 h. – alt. 413
🛈 *Syndicat d'initiative, Mairie* 🖉 04 50 76 00 38, Fax 04 50 76 08 62
Paris 584 – Annecy 91 – Évian-les-Bains 8 – St-Gingolph 12 – Thonon-les-Bains 17.

▲▲ **Vieille Église** 7 avr.-oct.
     🖉 04 50 76 01 95, *campingvieilleeglise@wanadoo.fr*,
     Fax 04 50 76 13 12, *www.camping-vieille-eglise.com*
     – **R** conseillée
     1,6 ha (100 empl.) plat et peu incliné, terrasses, herbeux
     Tarif : 22,35 € 🌟 🚗 🔲 [*] (10A) – pers. suppl. 5,50 €
     Location : 14 🚐 (4 à 6 pers.) 380 à 660 €/sem.
     🖙 🚐 15 €
     Pour s'y rendre : O : 2 km, à Vieille Église

> Nature : ⩽ ⚲⚲
> Loisirs : 🔥 🛝
> Services : 🚻 ⚬⊸ GB 🐕 🗇 💧 💧 🛝
> ⚐ 🖨 sèche-linge
> À prox. : 🛒

▲ **Les Myosotis** 5 mai-20 sept.
     🖉 04 50 76 07 59, *campinglesmyosotis@wanadoo.fr*,
     Fax 04 50 76 07 59 – **R** conseillée
     1 ha (58 empl.) en terrasses, herbeux
     Tarif : 16 € 🌟 🚗 🔲 [*] (6A) – pers. suppl. 2,70 €
     Pour s'y rendre : S : 0,6 km
     À savoir : Belle situation dominante sur le lac Léman

> Nature : 🐟 ⩽ ⚲
> Services : ⚬⊸ (juil.-août) 🐕 🗇 🛝 💧
> 🖨

781

MEGÈVE

✉ 74120 – **328** M5 – G. Alpes du Nord – 4 509 h. – alt. 1 113 – Sports d'hiver : 1 113/2 350 m ⛷9 ⛷70 🎿
🛈 *Office de tourisme, maison des Frères* 🖉 04 50 21 27 28, Fax 04 50 93 03 09
Paris 598 – Albertville 32 – Annecy 60 – Chamonix-Mont-Blanc 33 – Genève 71.

▲ **Bornand** 5 juin-août
     🖉 04 50 93 00 86, *camping.bornand@tiscali.fr*,
     Fax 04 50 93 02 48, *www.camping-megeve.com* – alt. 1 060
     – **R** conseillée
     1,5 ha (80 empl.) non clos, incliné et en terrasses, herbeux
     Tarif : 15 € 🌟 🚗 🔲 [*] (6A) – pers. suppl. 3,70 €
     Location (permanent) 🗇 : 4 🏠 (4 à 6 pers.) 279 à
     539 €/sem.
     Pour s'y rendre : NE : 3 km par D 1212 rte de Sallanches et
     rte de la télécabine à dr.

> Nature : ⩽ ⚲
> Loisirs : 🚙
> Services : 🚻 ⚬⊸ GB 🐕 🗇 💧 🖨
> sèche-linge
> À prox. : ✕

▲ **Gai-Séjour** fin mai-15 sept.
     🖉 04 50 21 22 58 – alt. 1 040 – **R** conseillée
     1,2 ha (60 empl.) plat, peu incliné, herbeux, pierreux
     Tarif : 12,80 € 🌟 🚗 🔲 [*] (4A) – pers. suppl. 2,70 €
     Pour s'y rendre : SO : 3,5 km par D 1212, rte d'Albertville, à
     Cassioz, bord d'un ruisseau

> Nature : ⩽ ⚲
> Services : ⚬⊸ GB 🐕 ▥ 💧

MENTHON-ST-BERNARD

✉ 74290 – **328** K5 – G. Alpes du Nord – 1 659 h. – alt. 482
🛈 *Office de tourisme, Chef-lieu ℘ 04 50 60 14 30, Fax 04 50 60 22 19*
Paris 552 – Lyon 148 – Annecy 9 – Genève 51 – Chambéry 59.
Schéma à Doussard

⚠ **Le Clos Don Jean** juin-15 sept.
  ℘ 04 50 60 18 66, *donjean74@wanadoo.fr,*
  Fax 04 50 60 18 66, *www.clos-don-jean.com* – **R** conseillée
  1 ha (60 empl.) peu incliné, plat, herbeux
  Tarif : (Prix 2007) 19,20 € ✶ ⇔ 🅴 🅙 (6A) – pers.
  suppl. 4,30 €
  Location (mai-15 sept.) : 9 🛏 (4 à 6 pers.) 390 à
  470 €/sem.
  Pour s'y rendre : Sortie par rte de Veyrier-du-lac et chemin
  à droite, au sud des Moulins

Nature : ⋙ ≤ ♀
Loisirs : 🛏
Services : ⊶ ⚡ 🗄 ⊕ 🚰

MORZINE

✉ 74110 – **328** N3 – G. Alpes du Nord – 2 948 h. – alt. 960 – Sports d'hiver : 1 000/2 100 m ⚡6 ⚡61 ⚡
🛈 *Office de tourisme, 23, Place du Baraty ℘ 04 50 74 72 72, Fax 04 50 79 03 48*
Paris 586 – Annecy 84 – Chamonix-Mont-Blanc 67 – Cluses 26 – Genève 58 – Thonon-les-Bains 31.

⚠ **Les Marmottes** 21 juin-août et 22 déc.-mi-avril
  ℘ 04 50 75 74 44, *camping.les.marmottes@wanadoo.fr,*
  Fax 04 50 75 74 44, *http://perso.wanadoo.fr/cam
  ping.les.marmottes/* – alt. 938 – **R** conseillée
  0,5 ha (26 empl.) plat, gravier, herbeux
  Tarif : 24 € ✶ ⇔ 🅴 🅙 (10A) – pers. suppl. 7 €
  Location ⚡ : 1 🛏 (4 à 6 pers.) 350 à 512 €/sem. –
  appartements
  Pour s'y rendre : à Essert-Romand, NO : 3,7 km par D 902,
  rte de Thonon-les-Bains et D 329 à gauche

Nature : ❄ ≤
Loisirs : 🛏
Services : ⅃ ⊶ ⚡ Ⓜ ⊞ 🗄 ⊕ ⊕ 🚰
🚰 🗄 sèche-linge

NEYDENS

✉ 74160 – **328** J4 – 1 100 h. – alt. 560
Paris 525 – Annecy 36 – Bellegarde-sur-Valserine 33 – Bonneville 34 – Genève 16 – St-Julien-en-Genevois 5.

⚠ **La Colombière** 20 mars-12 nov.
  ℘ 04 50 35 13 14, *la.colombiere@wanadoo.fr,*
  Fax 04 50 35 13 40, *www.camping-la-colombiere.com*
  – **R** conseillée
  2,2 ha (107 empl.) plat, herbeux, gravier
  Tarif : 30,50 € ✶ ⇔ 🅴 🅙 (6A) – pers. suppl. 6 € – frais de
  réservation 12 €
  Location (permanent) : 12 🛏 (4 à 6 pers.) 325 à
  730 €/sem. – 8 🏠 (4 à 6 pers.) 370 à 830 €/sem. – gîtes
  🛏, 1 borne artisanale 5 € – 6 🅴
  Pour s'y rendre : À l'E du bourg

Nature : ≤ 🛏 ♀
Loisirs : 🍸 ✕ 🛏 Ⓖ diurne ⚡ 🚲
🅵 (découverte en saison)
Services : ⅃ ⊶ ⅁ℬ ⚡ Ⓜ ⊞ 🗄
⊕ 🚰 🚰 🗄 🚰

Les PRAZ-DE-CHAMONIX

✉ 74400 – **328** O5 – alt. 1 060
Paris 620 – Lyon 237 – Annecy 104 – Aosta / Aoste 61 – Cluses 44.
Schéma à Chamonix-Mont-Blanc

⚠ **La Mer de Glace** 25 avr.-5 oct.
  ℘ 04 50 53 44 03, *info@chamonix-camping.com,*
  Fax 04 50 53 60 83, *www.chamonix-camping.com* – **R**
  2 ha (150 empl.) plat, herbeux, pierreux
  Tarif : 23,90 € ✶ ⇔ 🅴 🅙 (10A) – pers. suppl. 6,50 €
  Pour s'y rendre : Aux Bois, à 80 m de l'Arveyron (accès
  direct)

Nature : ⋙ ≤ vallée et massif du
Mont-Blanc ♀
Loisirs : 🛏
Services : ⅃ ⊶ ⊞ 🗄 ⊕ ⊕ 🚰 🚰 🗄
sèche-linge

PRAZ-SUR-ARLY

✉ 74120 – **328** M5 – 1 081 h. – alt. 1 036
🛈 *Office de tourisme,* ℘ 04 50 21 90 57, Fax 04 50 21 98 08
Paris 609 – Lyon 179 – Annecy 55 – Genève 75 – Aoste 91.

⚠ **Les Prés de l'Arly** Permanent
℘ 04 50 21 93 24, *camping.prearly@orange.fr,*
Fax 04 50 21 93 24 – places limitées pour le passage
– **R** conseillée
1 ha (81 empl.) non clos, plat, herbeux, pierreux
Tarif : 12,20 € 🕴 ⊸ 🅴 🔌 (3A) – pers. suppl. 4 €
Location : 4 appartements
🚐 1 borne artisanale – 🔧 8 €
Pour s'y rendre : À 0,5 km au SE du bourg, à 100 m de
l'Arly

Nature : ❄ 🦢 ≤
Loisirs : 🎦 🏸
Services : ⊶ 🗸 🏧 🗄 ⊕ 🎎 ⟰ 🖅 🖺
À prox. : ✂ 🎣 🏹 terrain multis-
ports, mur d'escalade

RUMILLY

✉ 74150 – **328** I5 – G. Alpes du Nord – 11 230 h. – alt. 334 – Base de loisirs
🛈 *Office de tourisme, 4, place de l'Hôtel de Ville* ℘ 04 50 64 58 32, Fax 04 50 01 03 53
Paris 530 – Aix-les-Bains 21 – Annecy 19 – Bellegarde-sur-Valserine 37 – Belley 45 – Genève 64.

⛰ **Le Madrid** avr.-oct.
℘ 04 50 01 12 57, *contact@camping-le-madrid.com,*
Fax 04 50 01 29 49, *www.camping-le-madrid.com*
– **R** conseillée
3,2 ha (109 empl.) plat, herbeux, pierreux
Tarif : 20 € 🕴 ⊸ 🅴 🔌 (10A) – pers. suppl. 3,60 € – frais
de réservation 15 €
Location (permanent) 🕌 : 23 🏠 (4 à 6 pers.) 260 à
410 €/sem. – 7 studios
🚐 1 borne eurorelais 3 € – 4 🅴 15,50 €
Pour s'y rendre : 3 km au SE par D 910 rte d'Aix-les-Bains
puis D 3 à gauche et D 53 à dr. rte de St-Félix, à 500 m d'un
plan d'eau

Nature : 🗔 ♀
Loisirs : 🍽 snack 🎦 🏸 🛝
Services : 🕭 ⊶ 🆖 🗸 🗄 🔌 ⊕
🎎 🖅 🖺 sèche-linge 🚿 cases ré-
frigérées
À prox. : 🎣 🏹

783

ST-FERRÉOL

✉ 74210 – **328** K6 – 798 h. – alt. 516
Paris 564 – Albertville 19 – Annecy 28 – La Clusaz 29 – Megève 34.

⚠ **Municipal les Pins** 15 juin-15 sept.
℘ 04 50 32 47 71, *st.ferreol@wanadoo.fr,*
Fax 04 50 44 49 76, *www.pays-de-faverges.com*
– **R** conseillée
1,5 ha (120 empl.) non clos, plat, herbeux
Tarif : (Prix 2007) 10,45 € 🕴 ⊸ 🅴 🔌 (10A) – pers.
suppl. 2,40 €
Pour s'y rendre : À l'E du bourg, près du stade

Nature : ≤ ♀
Services : 🕭 🗸 🗄 ⊕ 🖺

ST-GERVAIS-LES-BAINS

✉ 74170 – **328** N5 – G. Alpes du Nord – 5 276 h. – alt. 820 – 🚠 – Sports d'hiver :
🛈 *Office de tourisme, 43, rue du Mont-Blanc* ℘ 04 50 47 76 08, Fax 04 50 47 75 69
Paris 597 – Annecy 84 – Bonneville 42 – Chamonix-Mont-Blanc 25 – Megève 12 – Morzine 54.

⚠ **Les Dômes de Miage** mai-21 sept.
℘ 04 50 93 45 96, *info@camping-mont-blanc.com,*
Fax 04 50 78 10 75, *www.camping-mont-blanc.com* –
alt. 890 – **R** conseillée
3 ha (150 empl.) plat, herbeux
Tarif : 24,40 € 🕴 ⊸ 🅴 🔌 (10A) – pers. suppl. 4 € – frais
de réservation 10 €
🚐 1 borne artisanale 3 €
Pour s'y rendre : S : 2 km par D 902, rte des Contamines-
Montjoie, au lieu-dit les Bernards

Nature : 🦢 ≤
Loisirs : 🏸
Services : 🕭 ⊶ 🆖 🗸 🗄 🔌 ⊕ 📞
📞 🖺 sèche-linge
À prox. : 🍽 ✕ 🚣

ST-JEAN-D'AULPS

✉ 74430 – **328** M3 – 1 022 h. – alt. 810
🛈 *Office de tourisme, Chef-lieu* ℰ *04 50 79 65 09, Fax 04 50 79 67 95*
Paris 591 – Abondance 19 – Annecy 89 – Évian-les-Bains 31 – Morzine 8 – Thonon-les-Bains 24.

⌂ **Le Solerey** Permanent
℘ 04 50 79 64 69, *lesolerey@gmail.com*, Fax 04 50 79 64 69
0,6 ha (35 empl.) peu incliné et en terrasses, gravillons,
herbeux
Tarif : 15 € 🕴 ⇔ 🗉 [fl] (3A) – pers. suppl. 4 €
Pour s'y rendre : Sortie SE par D 902 rte de Morzine, bord
de la Dranse

| Nature : ❄ ≤ ⌂ ♀ |
| Loisirs : 🏠 |
| Services : ⚥ ⒤ 🗓 ☺ 🖼 sèche-linge |
| À prox. : ✗ |

ST-JORIOZ

✉ 74410 – **328** J5 – G. Alpes du Nord – 5 002 h. – alt. 452
🛈 *Office de tourisme, 92, route de l'Église* ℰ *04 50 52 40 56*
Paris 545 – Albertville 37 – Annecy 9 – Megève 51.

Schéma à Doussard

⌂⌂ **Europa** ♣♣ – 30 avr.-13 sept.
℘ 04 50 68 51 01, *info@camping-europa.com*,
Fax 04 50 68 55 20, *www.camping-europa.com* – **R** conseillée
3 ha (210 empl.) plat, herbeux, pierreux
Tarif : (Prix 2007) 31,80 € 🕴 ⇔ 🗉 [fl] (6A) – pers.
suppl. 5,90 € – frais de réservation 22 €
Location ♒ : 38 🚐 (4 à 6 pers.) 340 à 750 €/sem.
Pour s'y rendre : 1,4 km au SE
À savoir : Bel ensemble aquatique

| Nature : ≤ ♀ |
| Loisirs : 🍴 snack, pizzeria 🎣 🏊 ⚽ ⚐ ⚙ 🎿 terrain omnisports |
| Services : ⛟ ⚘ GB ⚥ 🗓 🖏 ⚱ ☺ |
| ⚰ 🚰 💧 👶 🖼 sèche-linge 🚿 |

⌂⌂ **Le Solitaire du Lac** 12 avr.-13 sept.
℘ 04 50 68 59 30, *campinglesolitaire@wanadoo.fr*,
Fax 04 50 68 59 30, *www.campinglesolitaire.com* – croise-
ment difficile – **R** conseillée
3,5 ha (200 empl.) plat, herbeux
Tarif : 20,50 € 🕴 ⇔ 🗉 [fl] (6A) – pers. suppl. 4,20 €
Location ♒ : 15 🚐 (4 à 6 pers.) 350 à 650 €/sem.
🚐 1 borne artisanale
Pour s'y rendre : N : 1 km
À savoir : Situation agréable près du lac (accès direct)

| Nature : 🏞 ♀♀ ⚘ |
| Loisirs : 🏠 🏊 ⚐ ⚙ 🔭 |
| Services : ⛟ ⚘ GB ⚥ 🗓 🖏 ⚱ ☺ |
| 🖼 sèche-linge 🚿 |

⌂⌂ **International du Lac d'Annecy** 15 mai-13 sept.
℘ 04 50 68 67 93, *contact@camping-lac-annecy.com*,
Fax 04 50 09 01 22, *camping-lac-annecy.com* – **R** conseillée
2,5 ha (163 empl.) plat, herbeux
Tarif : 26,15 € 🕴 ⇔ 🗉 [fl] (6A) – pers. suppl. 4,20 € – frais
de réservation 20 €
Location ♒ : 16 🚐 (4 à 6 pers.) 290 à 630 €/sem. – 3
🏠 (4 à 6 pers.) 310 à 650 €/sem.
Pour s'y rendre : SE : 1 km

| Nature : ♀ |
| Loisirs : 🍴 🏠 🏊 ⚐ 🎿 terrain omnisports |
| Services : ⛟ ⚘ GB ⚥ 🗓 🖏 ⚱ |
| 🚰 💧 👶 🖼 |

SAMOËNS

✉ 74340 – **328** N4 – G. Alpes du Nord – 2 323 h. – alt. 710
🛈 *Office de tourisme, gare routière* ℰ *04 50 34 40 28, Fax 04 50 34 95 82*
Paris 598 – Lyon 214 – Annecy 82 – Genève 63 – Lausanne 140.

⌂⌂ **Le Giffre** Permanent
℘ 04 50 34 41 92, *camping.samoens@wanadoo.fr*,
Fax 04 50 34 98 84, *www.camping-samoens.com*
– **R** conseillée
7 ha (312 empl.) plat, herbeux, pierreux
Tarif : 16 € 🕴 ⇔ 🗉 [fl] (6A) – pers. suppl. 3,50 €
Location : 6 appartements
🚐 🚗 10 €
Pour s'y rendre : SO : 1 km par D 4, rte de Morillon, bord
du Giffre
À savoir : Dans un site agréable, près d'un lac et d'un parc
de loisirs

| Nature : ❄ ≤ ♀ |
| Loisirs : ⚐ |
| Services : ⛟ ⚘ GB ⚥ ⒤ 🗓 🖏 ☺ |
| 🚰 🚰 💧 👶 🖼 |
| À prox. : 🍴 snack 🏊 ⚐ ✗ 🎿 ⛵ |
| 🏊 ⛸ patinoire, practice de golf, parcours sportif, parc aventure, base de rafting 🚐 |

SALLANCHES

✉ 74700 – **328** M5 – G. Alpes du Nord – 14 383 h. – alt. 550

🛈 *Office de tourisme, 32, quai de l'Hôtel de Ville* 𝒫 04 50 58 04 25, Fax 04 50 58 38 47

Paris 585 – Annecy 72 – Bonneville 29 – Chamonix-Mont-Blanc 28 – Megève 14 – Morzine 42.

Village Center les Îles 26 avr.-13 sept.
𝒫 04 50 58 45 36, *contact@village-center.com, www.vil lage-center.com/lesiles* – **R** indispensable
4,6 ha (260 empl.) plat, herbeux, pierreux
Tarif : 20 € ★ ⌦ 🅴 🛢 (6A) – pers. suppl. 6 € – frais de réservation 30 €
Location : 10 ⛺ (4 à 6 pers.) 280 à 672 €/sem.
Pour s'y rendre : SE : 2 km, bord d'un ruisseau et à 250 m d'un plan d'eau. Par A 40 : sortie Passy

> Nature : ≤ 🏕 🎯🎯
> Loisirs : 🍸 🎦 diurne 🎠
> Services : 🕭 🔻 ⊞ 🐾 🕭 🔥 ⚙ ⚱
> 🚰 📞 🗑 ♨
> À prox. : 🛥 🐎 (centre équestre)

SCIEZ

✉ 74140 – **328** L3 – 4 268 h. – alt. 406

🛈 *Syndicat d'initiative, port de Sciez* 𝒫 04 50 72 64 57

Paris 561 – Abondance 37 – Annecy 69 – Annemasse 24 – Genève 25 – Thonon-les-Bains 9.

Le Chatelet avr.-20 oct.
𝒫 04 50 72 52 60, *info@camping-chatelet.com,*
Fax 04 50 72 37 67, *www.camping-chatelet.com* – places limitées pour le passage – **R** conseillée
2,5 ha (121 empl.) plat, herbeux, pierreux
Tarif : 20 € ★ ⌦ 🅴 🛢 (10A) – pers. suppl. 5,30 € – frais de réservation 7 €
Location (mars-nov.) : 7 ⛺ (4 à 6 pers.) 315 à 647 €/sem.
⛽ 1 borne artisanale 4 €
Pour s'y rendre : NE : 3 km par D 1005, rte de Thonon-les-Bains et rte du port de Sciez-Plage à gauche, à 300 m de la plage

> Nature : 🌳
> Loisirs : 🚴
> Services : 🕭 🔻 ⊞ 🐾 ⚟ 🗑 🔥 🕭
> ⚙ 📞 🗑 sèche-linge
> À prox. : ✕ 🛥 🎣 pédalos

Si vous recherchez :

👫 *Un terrain offrant des équipements et des loisirs adaptés aux enfants*
🌳 *Un terrain agréable ou très tranquille*
L - M *Un terrain effectuant la location de caravanes, de mobile homes, de bungalows ou de chalets*
P *Un terrain ouvert toute l'année*
⛽ *Un terrain possédant une aire de services pour camping-cars*
Consultez le tableau des localités

SÉVRIER

✉ 74320 – **328** J5 – G. Alpes du Nord – 3 421 h. – alt. 456

🛈 *Office de tourisme,* 𝒫 04 50 52 40 56, Fax 04 50 52 48 66

Paris 541 – Albertville 41 – Annecy 6 – Megève 55.

Schéma à Doussard

Le Panoramic mai-sept.
𝒫 04 50 52 43 09, *info@camping-le-panoramic.com,*
www.camping-le-panoramic.com – **R** conseillée
3 ha (209 empl.) plat, incliné, herbeux
Tarif : 22,30 € ★ ⌦ 🅴 🛢 (4A) – pers. suppl. 3,70 € – frais de réservation 10 €
Location : 16 ⛺ (4 à 6 pers.) 260 à 630 €/sem. – 17 ⛺ (4 à 6 pers.) 260 à 610 €/sem.
Pour s'y rendre : 3,5 km au S
À savoir : Situation surplombant le lac

> Nature : ≤ ♀
> Loisirs : 🍸 snack 🍽 🎦 diurne 🚴
> 🚵 🏊
> Services : 🕭 🔻 ⊞ 🐾 🗑 🔥 ⚙ 📞
> 📞 🗑 sèche-linge ♨ 🧊
> À prox. : 🐎

SÉVRIER

⚠ **Au Coeur du Lac** avr.-sept.
    ℘ 04 50 52 46 45, *info@aucoeurdulac.com*,
    Fax 04 50 19 01 45, *www.campingaucoeurdulac.com* – **R** indispensable ⚫ (25 juin-20 août)
    1,7 ha (100 empl.) en terrasses et peu incliné, herbeux, gravillons
    Tarif : 22,70 € ⚫ ⚫ 🔲 ⚫ (5A) – pers. suppl. 4 €
    ⚫ 1 borne flot bleu – 20 🔲
    Pour s'y rendre : S : 1 km
    À savoir : Situation agréable près du lac (accès direct)

> Nature : ⚫ ⬜ ⚫
> Loisirs : ⚫ ⚫ diurne ⚫ kayak
> Services : ⚫ ⚫ GB ⚫ Ⓜ 🔲 🔲 ⚫
> ⚫ ⚫ ⚫ 🔲 ⚫
> À prox. : ⚫ ⚫ ⚫ ⚫

SEYSSEL

✉ 74910 – **328** I5 – G. Franche-Comté Jura – 1 793 h. – alt. 252
🅱 *Office de tourisme, 2, chemin Fontaine* ℘ 04 50 59 26 56
Paris 517 – Aix-les-Bains 32 – Annecy 40.

⚠ **Le Nant-Matraz**
    ℘ 04 50 59 03 68, Fax 04 50 59 03 68 – **R** conseillée
    1 ha (74 empl.) plat et peu incliné, herbeux
    Pour s'y rendre : Sortie N par D 992

> Nature : ⚫ ⬜ ⚫⚫
> Loisirs : ⚫
> Services : ⚫ 🔲 ⚫ 🔲
> À prox. : ⚫

LES GUIDES VERTS **MICHELIN**
Paysages, monuments
Routes touristiques
Géographie
Histoire, Art
Itinéraire de visite
Plans de villes et de monuments

786

TANINGES

✉ 74440 – **328** M4 – G. Alpes du Nord – 3 140 h. – alt. 640
🅱 *Office de tourisme, avenue des Thézières* ℘ 04 50 34 25 05, Fax 04 50 34 83 96
Paris 570 – Annecy 68 – Bonneville 24 – Chamonix-Mont-Blanc 51 – Cluses 10 – Genève 42 – Morzine 16.

⚠ **Municipal des Thézières** Permanent
    ℘ 04 50 34 25 59, *camping.taninges@wanadoo.fr*,
    Fax 04 50 34 39 78, *www.taninges.com* – **R** conseillée
    2 ha (113 empl.) plat, herbeux, pierreux
    Tarif : 12,05 € ⚫ ⚫ 🔲 ⚫ (10A) – pers. suppl. 2,40 €
    ⚫ 1 borne artisanale 3,70 € – 3 🔲
    Pour s'y rendre : Sortie S rte de Cluses, bord du Foron et à 150 m du Giffre

> Nature : ⚫ ⚫ ⚫⚫
> Services : ⚫ ⚫ GB ⚫ 🔲 🔲 ⚫ ⚫
> 🔲 sèche-linge
> À prox. : ⚫ ⚫ ⚫

VALLIÈRES

✉ 74150 – **328** I5 – 1 277 h. – alt. 347
Paris 533 – Lyon 132 – Annecy 30 – Genève 59 – Chambéry 44.

⚠ **Les Charmilles** avr.-oct.
    ℘ 04 50 62 10 60, *les.charmilles.camping@wanadoo.fr*,
    Fax 04 50 62 19 45, *www.campinglescharmilles.com*
    – **R** conseillée
    3 ha (81 empl.) plat, herbeux
    Tarif : (Prix 2007) 18,50 € ⚫ ⚫ 🔲 ⚫ (8A) – pers. suppl. 3,50 € – frais de réservation 10 €
    Location (permanent) : 23 ⚫ (4 à 6 pers.) 270 à 520 €/sem.
    ⚫ 1 borne – 10 🔲 9,50 € – ⚫ 9.50 €
    Pour s'y rendre : NO : 0,5 km par D 14, rte de Seyssel

> Nature : ⚫ ⚫⚫
> Loisirs : ⚫ snack ⚫ ⚫ ⚫ ⚫
> Services : ⚫ ⚫ GB ⚫ 🔲 ⚫ 🔲
> sèche-linge

VALLORCINE

✉ 74660 – **328** O4 – G. Alpes du Nord – 390 h. – alt. 1 260 – Sports d'hiver : 1 260/1 400 m ✹2 ✦
🛈 *Office de tourisme, Maison du Betté* ✆ *04 50 54 60 71, Fax 04 50 54 61 73*
Paris 628 – Annecy 115 – Chamonix-Mont-Blanc 19 – Thonon-les-Bains 96.

⚠ **Les Montets**
    ✆ 04 50 54 60 45, *camping.des.montets@wanadoo.fr,*
    Fax 04 50 54 60 45 – alt. 1 300 – **R** conseillée
    1,7 ha (75 empl.) non clos, plat, terrasse, peu incliné,
    herbeux, pierreux
    Pour s'y rendre : SO : 2,8 km par D 1506, rte de Chamonix-
    Mont-Blanc, au lieu-dit le Buet, accès par chemin de la gare
    À savoir : Site agréable au bord d'un ruisseau et près de
    l'Eau Noire

Nature : 🌄 ≤ ⛰
Loisirs : snack, (dîner seulement)
Services : ᵹ ⚬━ 🅿 (tentes) Ⓜ 🔲
À prox. : ✂ 🎣

VERCHAIX

✉ 74440 – **328** N4 – 558 h. – alt. 800
🛈 *Office de tourisme, e Forum* ✆ *04 50 90 10 08*
Paris 580 – Annecy 74 – Chamonix-Mont-Blanc 59 – Genève 52 – Megève 47 – Thonon-les-Bains 54.

⚠ **Municipal Lac et Montagne** Permanent
    ✆ 04 50 90 10 12, Fax 04 50 54 39 60 – alt. 660 – **R** indis-
    pensable
    2 ha (107 empl.) non clos, plat, herbeux, pierreux
    Tarif : (Prix 2007) ⭑ 2,10 € ⇔ 3 € ▣ 1,20 € –
    🔋 (10A) 7,40 €
    Pour s'y rendre : S : 1,8 km sur D 907, à Verchaix-Gare,
    bord du Giffre

Nature : ≤ ⛰
Loisirs : 🚣 ✂
Services : ᵹ ⚬━ 🅭 🎣 🔲 🔲 ⓐ 🔲 sè-
che-linge
À prox. : 🍽 ✖ ⛲

343 H9 – alt. 1 531
Andorra-la-Vella 13.

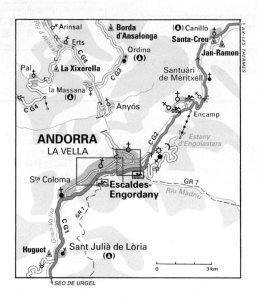

▲ **Santa-Creu** 15 juin-15 sept.
    ℘ (00-376) 85 14 62, Fax (00-376) 85 14 62
    0,5 ha peu incliné et terrasse, herbeux
    Tarif : ♣ 3,80 € 🅴 3,80 € 🅖 (3A)
    Pour s'y rendre : au bourg, bord du Valira del Orient (rive gauche)

> Nature : ≤ ♀
> Loisirs : ▾
> Services : & ⚬─ ⊙ 🖼

▲ **Jan-Ramon** 15 juin-15 sept.
    ℘ (00-376) 75 14 54, elsmeners@andorra.ad,
    Fax (00-376)75 14 55
    0,6 ha plat, herbeux
    Tarif : ♣ 3,80 € 🅴 3,80 € 🅖 (3A)
    Location : 4 🏠 – 16 appartements
    Pour s'y rendre : 0,4 km au NE par rte de Port d'Envalira, bord du Valira del Orient (rive gauche)

> Nature : ≤ ♀
> Loisirs : ▾ ✕
> Services : ⚬─ GB 🔊 ⊙ 🖼 🍴

343 H9 – alt. 1 241
🅸 Office de tourisme, avenue Sant-Antoni ℘ (00-376) 82 56 93, Fax (00-376) 82 86 93
Andorra-la-Vella 6.

▲▲▲ **Xixerella** nov.-sept.
    ℘ (00-376) 73 86 13, c-xixerella@campingxixerella.com,
    Fax (00-376) 83 91 13, www.campingxixerella.com –
    alt. 1 450 – **R** conseillée
    5 ha plat, peu incliné, en terrasses, pierreux, herbeux
    Tarif : ♣ 6,20 € 🚗 6,20 € 🅴 – 🅖 (5A) 5,70 €
    Location : 4 🏠 (4 à 6 pers.) 450 à 999 €/sem. – appartements
    Pour s'y rendre : 3,5 km au NO par rte de Pal, bord d'un ruisseau

> Nature : ≤ ♀(peupleraie)
> Loisirs : ▾ ✕ snack 🛋 🏊 🎯 🎣 🎿
> Services : & ⚬─ GB Ⓜ 🚽 📷 ⌂ ⊙
> 🖼 🏊

789

Ordino

343 H9 – alt. 1 304
Andorra-la-Vella 8.

ᗑ **Borda d'Ansalonga**
  ☎ (00-376) 85 03 74, *campingansalonga@andorra.ad*,
  Fax (00-376) 85 03 74 – **R** indispensable
  3 ha plat, herbeux
  Location : appartements
  Pour s'y rendre : 2,3 km au NO par rte du Circuit de Tristaina, bord du Valira del Nord

> Nature : ≤ ♀(peupleraie)
> Loisirs : 🍽 snack 🎱 ✧ ⚓
> Services : ♿ ⚷ ▥ ☺ 🎞 sèche-linge 🛒

Sant-Julia-de-Loria

343 G10 – alt. 909
Andorra-la-Vella 7.

ᐃ **Huguet**
  ☎ (00-376) 84 37 18, *campinghuguet@hot-mail.com*,
  Fax (00-376) 84 38 03 – **R**
  1,5 ha plat, terrasses, herbeux, gravillons
  Pour s'y rendre : Sortie S, bord du Gran Valira (rive dr.)

> Nature : ≤ ♀♀(peupleraie)
> Loisirs : 🎱 ✧ ⚓
> Services : ⚷ Ⓜ ▥ 🎞 ☺
> À prox. : 🍽 snack

Légende

Vous trouverez dans le tableau des pages suivantes un classement par région de toutes les localités citées dans la nomenclature.

Key

You will find in the following pages a cla fication by "region" of all the localities lis in the main body of the guide.

BRETAGNE	Nom de la région	**BRETAGNE**	Name of the region
56 – **MORBIHAN**	Numéro et nom du département	**56 –** **MORBIHAN**	Number and name of a département
Carnac	(Localité en rouge) Localité possédant au moins un terrain agréable sélectionné (⚠ ... ⚠⚠⚠)	Carnac	(Name of the locality printe in red) Locality with at leas one selected pleasant site (⚠ ... ⚠⚠⚠)
👥	Localité possédant au moins un camping "famille"	👥	Locality with at least one selected "family" site
🖐	Localité possédant au moins un terrain très tranquille	🖐	Locality with at least one selected very quiet, isolatec site
P	Localité possédant au moins un terrain sélectionné ouvert toute l'année	P	Town with at least one sele ted camping site open all t year round
L – M	Localité dont le camping propose exclusivement la location de mobile homes, chalets ou autres habitations légères – Localité dont un terrain au moins propose, outre des empl. traditionnels, la location de mobile homes, chalets, caravanes ou autres habitations légères	L – M	Locality with a campsite off ring only mobile home, cha and other light recreational dwelling rental – Locality with at least one site offeri mobile home, chalet, carav and other light recreational dwelling rental, in addition traditional camping spaces
🚐	Localité possédant au moins un terrain avec une aire de service ou des emplacements réservés aux camping-cars	🚐	Locality with at least one selected site with a service bay for campervans or area reserved for camper vans
🎭	Localité dont un terrain au moins propose des animations	🎭	Locality with at least one selected site offering some form of activities

● **Se reporter à la nomenclature pour la description complète des campings sélectionnés.**

● **Refer to the body of the guide** **a complete description of the select camping sites.**

Zeichenerklärung

folgenden Ortsregister werden alle im
hrer erwähnten Orte nach Region geord-
t aufgelistet.

RETAGNE	Name der Region
56 – **ORBIHAN**	Nummer und Name des Departementes
Carnac	(Ortsname in Rotdruck) Ort mit mindestens einem besonders schönen Campingplatz (⚠ ... ⚠⚠⚠⚠)
👪	Ort mit mindestens einem Familien-Campingplatz
🕊	Ort mit mindestens einem sehr ruhigen Campingplatz
P	Ort mit mindestens einem ganzjährig geöffneten Campingplatz
L – M	Ort, dessen Campingplatz ausschliesslich Mobil-Homes, Chalets oder andere Unterkünfte in Leichtbauweise vermietet – Ort mit mindestens einem Campingplatz, der außer traditionellen Stellplätzen auch Mobil-Homes, Chalets, Wohnwagen oder andere Unterkünfte in Leichtbauweise vermietet
🚐	Ort mit mindestens einem Campingplatz mit Service-Einrichtungen für Wohnmobile oder Stellplätzen, die nur für Wohnmobile reserviert sind
🎭	Mindestens ein Campingplatz am Ort mit Animation

Verklaring van de tekens

In deze lijst vindt u alle in de gids vermelde
plaatsnamen, indeling in streken.

BRETAGNE	Naam van de streek
56 – **MORBIHAN**	Nummer en naam van het departement
Carnac	(Plaatsnaam rood gedrukt) Plaats met minstens één geselecteerd fraai terrein (⚠ ... ⚠⚠⚠⚠)
👪	Plaats met minstens één Kampeerterrein voor families
🕊	Plaats met minstens één zeer rustig terrein
P	Plaats met tenminste één gedurende het gehele jaar geopend kampeerterrein
L – M	Plaats waar van de camping uitsluitend stacaravans, huisjes of andere eenvoudige accomodaties verhuurt – Plaats waar minstens één kampeerterrein niet alleen staplaatsen verhuut maar ook stacaravans, huisjes, caravans of andere eenvoudige accomodaties
🚐	Plaats met minstens één terrein met een serviceplaats voor campers of met plaatsen die alleen bestemd zijn voor campers
🎭	Plaats met minstens één kampeerterrein met animatieprogramna.

793

Die vollständige Beschreibung der
ısgewählten Plätze befindet sich im
auptteil des Führers.

● **Raadpleeg het deel met gegevens**
over de geselecteerde terreinen voor
een volledige beschrijving.

INDEX THÉMATIQUE PAR RÉGIONS

33 GIRONDE

796

797

	Pages	👥	🐾	Permanent	Location	🚐	🏕
Gimouille	185	—	🐾	—	L	—	—
Limanton	185	—	—	—	—	—	—
Luzy	185	👥	🐾	—	M	—	🏕
Montigny-en-Morvan	186	—	—	—	—	—	—
La Nocle-Maulaix	186	—	—	—	—	—	—
Ouroux-en-Morvan	186	—	—	—	M	—	—
Prémery	187	—	—	—	M	—	—
Saint-Honoré-les-Bains	187	👥	—	—	M	🚐	—
Saint-Léger-de-Fougeret	187	—	🐾	—	M	—	—
Saint-Péreuse	188	—	—	—	M	🚐	—
Les Settons	188	—	—	—	M	🚐	—
Varzy	189	—	—	—	—	—	—

71 SAÔNE-ET-LOIRE

	Pages	👥	🐾	Permanent	Location	🚐	🏕
Autun	189	—	—	—	—	🚐	—
Bourbon-Lancy	189	—	—	—	M	🚐	—
Chagny	189	—	—	—	—	—	—
Chambilly	190	—	—	—	M	—	—
Charolles	190	—	—	—	—	🚐	—
Chauffailles	190	—	—	—	M	—	—
La Clayette	190	—	—	—	M	—	—
Cluny	190	—	—	—	—	—	—
Cormatin	191	—	—	—	M	🚐	—
Couches	191	—	—	—	—	—	—
Crêches-sur-Saône	191	—	—	—	—	—	—
Digoin	191	—	—	—	M	—	—
Dompierre-les-Ormes	192	—	—	—	M	🚐	🏕
Épinac	192	—	—	—	M	—	—
Gigny-sur-Saône	192	—	🐾	—	M	—	—
Gueugnon	192	—	—	—	M	—	—
Issy-l'Évêque	193	—	—	—	M	—	—
Laives	193	—	—	—	—	—	—
Louhans	193	—	—	—	—	—	—
Matour	193	—	—	—	M	🚐	—
Palinges	194	—	—	—	M	🚐	—
Saint-Germain-du-Bois	194	—	—	—	—	—	—
Saint-Point	194	—	—	—	M	—	—
Salornay-sur-Guye	194	—	—	—	—	🚐	—
Tournus	194	—	—	—	—	—	—

89 YONNE

	Pages	👥	🐾	Permanent	Location	🚐	🏕
Ancy-le-Franc	195	—	—	—	—	—	—
Andryes	195	—	🐾	—	M	—	—
Asquins	195	—	—	—	—	—	—
Auxerre	195	—	—	—	—	🚐	—
Avallon	195	—	🐾	—	—	🚐	—
Chablis	196	—	—	—	—	—	—
L'Isle-sur-Serein	196	—	—	—	M	🚐	—
Ligny-le-Châtel	196	—	—	—	—	—	—
Migennes	197	—	—	—	M	🚐	—
Saint-Sauveur-en-Puisaye	197	—	—	—	M	🚐	—
Tonnerre	197	—	—	—	M	🚐	—
Vermenton	197	—	—	—	—	🚐	—

BRETAGNE

22 CÔTES-D'ARMOR

	Pages	👥	🐾	Permanent	Location	🚐	🏕
Bégard	202	—	—	—	M	🚐	—
Binic	202	—	—	—	M	🚐	—
Callac	202	—	—	—	—	🚐	—
Caurel	203	—	—	—	—	🚐	—
Châtelaudren	203	—	—	—	—	—	—
Erquy	203	👥	🐾	—	M	🚐	🏕
Étables-sur-Mer	205	—	—	—	M	—	—
Jugon-les-Lacs	205	—	—	—	M	🚐	🏕
Lancieux	205	—	—	—	—	—	—
Lanloup	205	—	—	—	M	🚐	—
Lannion	206	—	—	—	M	🚐	—
Lantic	206	—	—	—	M	🚐	—
Louannec	206	—	—	—	M	🚐	🏕
Matignon	206	—	—	—	M	🚐	—
Paimpol	207	—	—	—	—	🚐	—
Perros-Guirec	207	👥	—	—	M	🚐	🏕
Plancoët	208	—	—	—	—	—	—
Planguenoual	208	—	—	—	—	—	—
Pléneuf-Val-André	208	—	—	—	M	—	—
Plestin-les-Grèves	209	—	—	—	M	🚐	—
Pleubian	209	—	🐾	—	M	—	🏕
Pleumeur-Bodou	209	—	🐾	—	M	🚐	—
Pléven	210	—	—	—	—	—	—
Plouézec	210	—	🐾	—	M	🚐	—

799

801

INDEX THÉMATIQUE PAR RÉGIONS

	Pages	👥	🤿	Permanent	Location	🚐	🎭
La Trinité-sur-Mer	269	👥	—	—	M	🚐	🎭
Vannes	269	—	—	—	—	🚐	—

CENTRE

18 CHER

	Pages	👥	🤿	Permanent	Location	🚐	🎭
Aubigny-sur-Nère	274	—	—	—	M	—	—
Bourges	274	—	—	—	M	—	—
Châteaumeillant	274	—	—	—	M	🚐	—
La Guerche-sur-l'Aubois	274	—	—	—	M	—	—
Jars	275	—	—	—	M	—	—
Lunery	275	—	—	—	—	🚐	—
Saint-Amand-Montrond	275	—	—	—	—	🚐	—
Saint-Satur	276	—	—	—	—	—	—

28 EURE-ET-LOIR

	Pages	👥	🤿	Permanent	Location	🚐	🎭
La Bazoche-Gouet	276	—	—	—	—	—	—
Bonneval	276	—	—	—	—	🚐	—
Chartres	276	—	—	—	—	🚐	—
Cloyes-sur-le-Loir	277	—	—	—	M	—	—
Courville-sur-Eure	277	—	—	—	—	—	—
Fontaine-Simon	277	—	—	—	—	—	—
Maintenon	277	—	—	P	M	—	—
Nogent-le-Rotrou	278	—	—	—	—	—	—

36 INDRE

	Pages	👥	🤿	Permanent	Location	🚐	🎭
Baraize	278	—	—	—	M	—	—
Le Blanc	278	—	—	—	—	🚐	—
Buzançais	278	—	—	—	M	🚐	—
Chaillac	279	—	—	P	M	—	—
Châteauroux	279	—	—	—	—	🚐	—
La Châtre	279	—	—	—	—	—	—
Éguzon	279	—	—	P	M	🚐	—
Fougères	280	—	—	—	M	—	—
Gargilesse	280	—	—	—	—	—	—
Luçay-le-Mâle	280	—	—	—	M	🚐	—
Neuvy-Saint-Sépulchre	280	—	—	—	M	—	—
Rosnay	281	—	—	P	—	🚐	—
Valençay	281	—	—	—	—	🚐	—
Vatan	281	—	—	—	M	—	—

37 INDRE-ET-LOIRE

	Pages	👥	🤿	Permanent	Location	🚐	🎭
Azay-le-Rideau	281	—	—	—	—	🚐	—
Ballan-Miré	282	—	—	—	M	🚐	—
Bourgueil	282	—	—	—	—	—	—
Chemillé-sur-Indrois	282	—	—	—	—	🚐	—
Chinon	282	—	—	—	—	🚐	—
Descartes	283	—	—	—	M	—	—
L'Île-Bouchard	283	—	—	—	M	—	—
Marcilly-sur-Vienne	283	—	—	—	—	—	—
Montbazon	283	—	—	—	M	—	—
Montlouis-sur-Loire	284	—	—	—	M	🚐	—
Preuilly-sur-Claise	284	—	—	—	—	—	—
Saint-Avertin	284	—	—	—	M	🚐	—
Sainte-Catherine-de-Fierbois	284	👥	—	—	M	🚐	🎭
Sainte-Maure-de-Touraine	285	—	—	—	—	🚐	—
Savigny-en-Véron	285	—	—	—	—	🚐	—
Sonzay	285	—	—	—	M	🚐	—
Veigné	286	—	—	—	M	🚐	🎭
La Ville-aux-Dames	286	—	—	—	M	🚐	—
Vouvray	286	—	—	—	—	—	—

41 LOIR-ET-CHER

	Pages	👥	🤿	Permanent	Location	🚐	🎭
Bracieux	286	—	—	—	M	🚐	—
Candé-sur-Beuvron	287	—	—	—	M	—	—
Chaumont-sur-Loire	287	—	—	—	—	🚐	—
Chémery	287	—	—	—	—	🚐	—
Fréteval	287	—	—	—	M	—	—
Mareuil-sur-Cher	288	—	—	—	—	—	—
Mennetou-sur-Cher	288	—	—	—	—	—	—
Mesland	288	👥	—	—	M	—	—
Montoire-sur-le-Loir	288	—	—	—	—	—	—
Morée	289	—	—	—	—	🚐	—
Muides-sur-Loire	289	👥	—	—	M	🚐	🎭
Neung-sur-Beuvron	290	—	—	—	—	🚐	—
Nouan-le-Fuzelier	290	—	—	—	M	🚐	—
Onzain	290	👥	—	—	M	🚐	🎭
Pierrefitte-sur-Sauldre	291	👥	🐬	—	M	🚐	🎭
Romorantin-Lanthenay	291	—	—	P	M	🚐	—

20 HAUTE-CORSE

	Pages	··	🌿	Permanent	Location	🚐	🎭
Aléria	318	—	—	—	M	—	🎭
Bastia	319	—	—	—	M	🚐	—
Calacuccia	319	—	—	—	M	—	—
Calvi	319	—	—	—	M	🚐	—
Farinole	320	—	—	—	M	🚐	—
Ghisonaccia	321	—	—	—	M	🚐	🎭
L'Île-Rousse	321	—	—	—	M	🚐	—
Lozari	321	—	—	—	M	🚐	—
Lumio	322	—	🌿	—	M	—	—
Moriani-Plage	322	—	—	—	M	—	—
Palasca	322	—	—	—	M	—	—
Pietracorbara	323						
Saint-Florent	323	—	—	—	M	🚐	—
Vivario	323	—	—	—	—	🚐	—

FRANCHE-COMTÉ

25 DOUBS

	Pages	··	🌿	Permanent	Location	🚐	🎭
Bonnal	327	—	—	—	—	🚐	🎭
Chalezeule	327	—	—	—	—	🚐	—
Huanne-Montmartin	327	—	—	—	M	—	—
Labergement-Sainte-Marie	327	—	—	—	M	—	—
Levier	328	—	—	—	M	—	—
Maîche	328	—	—	—	M	—	—
Malbuisson	328	—	—	—	M	🚐	—
Mandeure	328	—	—	—	M	—	—
Montagney	329						
Ornans	329	—	—	—	M	🚐	—
Pontarlier	329	—	—	P	M	🚐	—
Quingey	330						
Saint-Hippolyte	330	—	—	—	M	—	—
Saint-Point-Lac	330						

39 JURA

	Pages	··	🌿	Permanent	Location	🚐	🎭
Arbois	330						
Bonlieu	331	—	—	—	M	—	—
Champagnole	331	—	—	—	M	🚐	🎭
Chancia	331						
Châtillon	331	—	🌿	—	M	🚐	—

	Pages	··	🌿	Permanent	Location	🚐	🎭
Clairvaux-les-Lacs	332	··	—	—	M	🚐	🎭
Dole	332	—	—	—	M	🚐	—
Doucier	332	—	—	—	M	🚐	—
Foncine-le-Haut	333	—	🌿	—	M	—	—
Lons-le-Saunier	333	—	—	—	M	🚐	🎭
Maisod	334						
Marigny	334	··	—	—	—	—	🎭
Mesnois	334						
Monnet-la-Ville	334	—	—	—	M	—	—
Ounans	335	—	—	—	M	🚐	🎭
Poligny	335						
Pont-du-Navoy	335	—	—	—	M	—	—
Saint-Claude	335						
Saint-Laurent-en-Grandvaux	336	—	—	—	M	🚐	—
Salins-les-Bains	336	—	—	—	M	—	—
La Tour-du-Meix	336	—	—	—	M	—	—
Uxelles	336	—	🌿	—	L	—	🎭

70 HAUTE-SAÔNE

	Pages	··	🌿	Permanent	Location	🚐	🎭
Cromary	337						
Fresse	337	—	—	—	M	—	—
Lure	337						
Mélisey	338	—	—	—	M	—	—
Pesmes	338	—	—	P	M	🚐	—
Renaucourt	338						
Vesoul	338	—	—	—	M	🚐	—
Villersexel	339	—	—	—	M	—	—

90 TERRITOIRE-DE-BELFORT

	Pages	··	🌿	Permanent	Location	🚐	🎭
Belfort	339	—	—	—	—	🚐	—
Lachapelle-sous-Rougemont	339	—	—	—	—	🚐	—

ÎLE-DE-FRANCE

75 VILLE-DE-PARIS

	Pages	··	🌿	Permanent	Location	🚐	🎭
Paris	343	—	—	P	M	🚐	—

77 SEINE-ET-MARNE

	Pages	··	🌿	Permanent	Location	🚐	🎭
Bagneaux-sur-Loing	343	—	—	—	—	—	—
Blandy	343						
Boulancourt	343	—	🌿	P	M	🚐	—

805

807

811

815

818

	Pages	👥	🐾	Permanent	Location	🚐	🎭
Hautecourt	710	—	—	—	—	—	—
Massignieu-de-Rives	710	—	—	—	M	🚐	—
Matafelon-Granges	711	—	—	—	M	—	—
Montrevel-en-Bresse	711	👥	—	—	M	🚐	🎭
Murs-et-Gélignieux	711	—	—	—	M	🚐	—
Poncin	711	—	—	—	M	🚐	—
Pont-de-Vaux	712	—	—	—	M	🚐	—
Saint-Paul-de-Varax	712	—	—	—	M	🚐	—
Serrières-de-Briord	712	—	—	—	M	—	—
Seyssel	713	—	—	—	M	—	—
Villars-les-Dombes	713	—	—	—	—	—	—

07 ARDÈCHE

	Pages	👥	🐾	Permanent	Location	🚐	🎭
Aubenas	713	—	—	—	L	—	—
Berrias-et-Casteljau	713	—	—	—	M	—	—
Casteljau	714	—	—	—	M	🚐	—
Chassagnes	714	—	🐾	—	M	—	—
Chassiers	715	👥	—	—	M	🚐	—
Chauzon	715	—	—	—	M	—	—
Le Cheylard	716	—	—	—	—	—	—
Cruas	716	—	—	P	M	🚐	—
Darbres	716	—	—	—	M	—	—
Eclassan	716	—	🐾	—	M	—	—
Félines	717	—	—	—	M	—	—
Gravières	717	—	🐾	—	—	—	—
Issarlès	717	—	—	—	—	—	—
Jaujac	717	—	—	—	M	—	—
Joannas	718	—	🐾	—	M	🚐	—
Joyeuse	718	—	—	—	M	—	—
Labeaume	719	—	—	—	—	—	—
Lablachère	718	—	—	—	—	—	—
Lalouvesc	719	—	—	—	—	—	—
Lamastre	719	—	—	—	M	🚐	🎭
Larnas	719	👥	—	—	M	—	🎭
Laurac-en-Vivarais	720	—	—	—	M	—	—
Maison-Neuve	720	—	—	—	M	—	—
Malarce-sur-la-Thines	720	—	🐾	—	M	—	—
Malbosc	720	—	—	—	—	—	—
Mars	721	—	🐾	—	M	🚐	—
Les Mazes	721	—	🐾	—	M	—	—

	Pages	👥	🐾	Permanent	Location	🚐	🎭
Meyras	721	—	—	—	M	🚐	—
Montréal	722	—	—	—	L	—	—
Les Ollières-sur-Eyrieux	722	👥	—	—	M	—	🎭
Orgnac-l'Aven	723	—	—	—	—	—	—
Pradons	723	—	—	—	M	🚐	—
Privas	724	—	—	—	M	—	—
Ribes	724	—	—	—	M	—	—
Rosières	724	—	🐾	—	M	—	—
Ruoms	725	👥	🐾	—	M	🚐	🎭
Sablières	727	—	🐾	—	M	—	—
Saint-Agrève	727	—	🐾	—	M	—	—
Saint-Alban	727	👥	—	—	M	—	🎭
Saint-Cirgues-en-Montagne	728	—	—	—	M	🚐	—
Saint-Jean-de-Muzols	728	—	—	—	M	—	—
Saint-Jean-le-Centenier	729	—	—	—	M	🚐	—
Saint-Julien-en-Saint-Alban	729	—	—	—	—	🚐	—
Saint-Just	729	—	—	—	M	—	—
Saint-Lager-Bressac	729	—	—	—	M	—	—
Saint-Laurent-du-Pape	730	—	—	—	M	—	—
Saint-Laurent-les-Bains	730	—	🐾	—	—	—	—
Saint-Martin-d'Ardèche	730	—	—	—	M	🚐	—
Saint-Maurice-d'Ardèche	731	—	🐾	—	M	—	—
Saint-Maurice-d'Ibie	731	—	—	—	M	—	—
Saint-Privat	732	—	—	—	M	—	—
Saint-Remèze	732	—	—	—	M	—	—
Saint-Sauveur-de-Cruzières	733	—	—	—	M	—	—
Saint-Sauveur-de-Montagut	733	—	—	—	—	—	—
Salavas	734	—	—	—	M	—	—
Sampzon	734	👥	🐾	—	M	🚐	🎭
Satillieu	735	—	—	—	M	—	—
Tournon-sur-Rhône	735	—	—	—	M	🚐	—
Ucel	735	—	—	—	M	🚐	🎭
Vagnas	737	—	🐾	—	M	—	—
Vallon-Pont-d'Arc	737	👥	—	—	M	🚐	🎭

823

INDEX DES LOCALITÉS

827

829

833

Q

T

839

W

X

842

Mes Commentaires

My Commentaries
Meine Kommentare
Mijn Opmerkingen

844

Mes Commentaires

My Commentaries
Meine Kommentare
Mijn Opmerkingen

846

Mes Commentaires

My Commentaries
Meine Kommentare
Mijn Opmerkingen

848

Mes Commentaires

My Commentaries
Meine Kommentare
Mijn Opmerkingen

850

Mes Commentaires

My Commentaries
Meine Kommentare
Mijn Opmerkingen

852

Mes Commentaires

My Commentaries
Meine Kommentare
Mijn Opmerkingen

854

Mes Commentaires

My Commentaries
Meine Kommentare
Mijn Opmerkingen

856

Mes Commentaires

My Commentaries
Meine Kommentare
Mijn Opmerkingen

858

859

Manufacture française des pneumatiques Michelin

Société en commandite par actions au capital de 304 000 000 EUR.
Place des Carmes-Déchaux – 63 Clermont-Ferrand (France)
R.C.S. Clermont-Fd B 855 200 507

Compogravure : A.P.S. Chromostyle, 37000 Tours

Impression et brochage : G. Canale & C.S.p.A. à Borgaro Torinese

Conception couverture : Laurent Muller

Maquette intérieure : Jean-Luc Cannet,

Dépôt légal : février 2008

Imprimé en Italie 01/2008

VOS COMMENTAIRES NOUS INTERESSENT !

Afin de nous aider à améliorer ce guide, merci de nous retourner ce
questionnaire à l'adresse suivante :

Michelin
« Questionnaire Guide Michelin camping France 2008 »
Service Marketing informations touristiques
46 avenue de Breteuil, 75324 Paris Cedex 07

1. Vous êtes :

Homme	☐	Femme	☐	< 25 ans	☐
25-35 ans	☐	35-50 ans	☐	> 50 ans	☐

Etudiant ☐
Agriculteur, exploitant ☐
Employé ☐
Artisan, commerçant, chef d'entreprise ☐
Retraité ☐
Ouvrier ☐
Cadre ou profession libérale ☐
Sans activité professionnelle ☐
Enseignant ☐

Région administrative où vous résidez...

2. Quelle est votre fréquence d'achat du guide camping Michelin ?

Chaque année	☐	Tous les 3 ans	☐
Tous les 2 ans	☐	Tous les 4 ans et plus	☐

3. Achetez-vous d'autres guides camping ?

☐ Oui   ☐ Non

4. Si oui lesquels ?

....
....
....

5. Pour préparer vos week-ends ou vacances, quelle est votre fréquence d'utilisation d'Internet pour la recherche d'informations touristiques ?

Jamais	☐	Occasionnelle	☐
Régulière	☐	Importante	☐

6. En matière de pratique du camping, vous privilégiez plutôt :

Des randonnées de plusieurs jours pour aller d'un camping à l'autre ☐
Des séjours complets au sein d'un camping ☐

7. Utilisez-vous ce guide pour trouver : (plusieurs réponses possibles)

Des emplacements pour tentes ☐
Des adresses d'hébergement en bungalows, mobile homes, chalets ☐
Des adresses pour camping-cars ☐

8. Vous avez acheté ce guide (plusieurs réponses possibles) :

Pour programmer vos vacances avant votre départ ☐
Pour l'utiliser pendant vos vacances ou votre séjour ☐
Pour l'offrir ☐

9. Comment jugez-vous les différents éléments de ce guide ?

Nota : 1. Très Bien   2. Bien   3. Moyen   4. Mauvais   5. Très Mauvais

	1	2	3	4	5
Le nombre de campings sélectionnés	☐	☐	☐	☐	☐
Le nombre d'adresses pour camping-car	☐	☐	☐	☐	☐
Le nombre d'adresses chalets, mobile homes	☐	☐	☐	☐	☐
Le nombre de campings économiques	☐	☐	☐	☐	☐
La répartition géographique des campings	☐	☐	☐	☐	☐
Le classement par région	☐	☐	☐	☐	☐
Les cartes	☐	☐	☐	☐	☐
Le prix des campings	☐	☐	☐	☐	☐
Les symboles (Nature, Loisirs)	☐	☐	☐	☐	☐
Les photos	☐	☐	☐	☐	☐
Les index thématiques	☐	☐	☐	☐	☐
La couverture du guide	☐	☐	☐	☐	☐
Le prix du guide	☐	☐	☐	☐	☐
Le format du guide	☐	☐	☐	☐	☐
Le poids du guide	☐	☐	☐	☐	☐

10. Notez sur 20 ce guide   …. / 20

11. Quels sont vos souhaits d'amélioration ?

....
....
....

862

12. Vous avez particulièrement apprécié un camping ou vous n'êtes pas d'accord avec certains de nos choix.
Vous avez envie de nous faire découvrir une adresse de votre connaissance.
Faites-nous part de vos remarques et de vos suggestions :

....
....
....

Nom et prénom* :..
Adresse *:...

YOUR OPINION MATTERS!

To help us constantly improve this guide, please fill in this questionnaire and return to:

Michelin
Questionnaire Guide Michelin camping France 2008
Service Marketing informations touristiques
46 avenue de Breteuil, 75324 Paris Cedex 07 FRANCE

1. You are a

Man	☐	Woman	☐	< 25 years old	☐
25-35 years old	☐	35-50 years old	☐	> 50 years old	☐

Occupation ☐
Country of residence ☐

2. How often do you buy the Michelin Camping Guide?

Every year	☐	Every 3 years	☐
Every 2 years	☐	Every 4 years or more	☐

3. Do you buy other camping guides?

☐ Yes   ☐ No

4. If yes, which ones do you buy?

....
....
....

5. How often do you use the internet when planning your weekends or holidays?

Never	☐	Occasionally	☐
Regularly	☐	Often	☐

6. When going camping, do you prefer:

Excursions and walks from a camp site to another one? ☐
Staying within the camp site? ☐

7. Do you use this guide to find: (several answers possible)

Camp sites with tent pitches? ☐
Camp sites with chalets, bungalows, mobile homes? ☐
Camping-cars sites? ☐

8. Did you get this guide (several answers possible):

To plan your holidays before your departure? ☐
To use during your holiday or stay? ☐
As a gift? ☐

9. How do you rate the different elements of this guide?

NB: 1. Very good   2. Good   3. Average   4. Poor   5. Very poor

	1	2	3	4	5
The number of camp sites selected	☐	☐	☐	☐	☐
The number of camping-car addresses	☐	☐	☐	☐	☐
The number of chalets, bungalows	☐	☐	☐	☐	☐
The number of budget camp sites	☐	☐	☐	☐	☐
The geographical spread of camping sites	☐	☐	☐	☐	☐
The classification by region	☐	☐	☐	☐	☐
The maps	☐	☐	☐	☐	☐
The price of the camp sites	☐	☐	☐	☐	☐
The symbols (Nature, Services etc.)	☐	☐	☐	☐	☐
The photos	☐	☐	☐	☐	☐
The thematic indexes	☐	☐	☐	☐	☐
The cover of the guide	☐	☐	☐	☐	☐
The price of the guide	☐	☐	☐	☐	☐
The format of the guide	☐	☐	☐	☐	☐
The weight of the guide	☐	☐	☐	☐	☐

10. Please rate this guide out of 20   …. / 20

11. Which aspects could we improve?

....
....
....

12. Was there a camp site you particularly liked or a choice you did not agree with?
Perhaps you have a favourite address of your own that you would like to tell us about? Please send us your remarks and suggestions:

....
....
....

Full name*:..
Address*:...

*Required fields. It will not be possible to request your participation in another survey if you do not complete the required fields, of if the information in these fields is incomplete, incomprehensible or incorrect.

Data provided on this questionnaire are intended for Michelin's use only. They will not be transferred to any third party and will be used for the purposes of a survey. They will also be kept to create a data base which may be used in case of future surveys, if you have given your consent by checking the appropriate box. Data will be kept for at least the time required to process this questionnaire and for 1 year at the most.

This questionnaire is subject to the terms of the French "Informatique et Liberté" law of January 6 1978. You are entitled to access, modify, rectify and delete information relating to you. To exercise this right, you should contact the Processing Manager: MFPM - Maps and Guides - 46 avenue de Breteuil – 75324 PARIS CEDEX 07.